D0918362

La vida desaforada de Salvador Dalí

avergonzada, introvertida, inhibida

Ifuego
Madrid, 11/98

Ian Gibson

La vida desaforada de Salvador Dalí

Traducción de Daniel Najmías
Revisada por el autor

EDITORIAL ANAGRAMA
BARCELONA

Título de la edición original:
The Shameful Life of Salvador Dalí
Faber and Faber
Londres, 1997

Portada:
Julio Vivas
Ilustración: foto © Philippe Halsmann/Magnum

© Ian Gibson, 1997

© EDITORIAL ANAGRAMA, S.A., 1998
Pedró de la Creu, 58
08034 Barcelona

ISBN: 84-339-0781-6
Depósito Legal: B. 18294-1998

Printed in Spain

Liberduplex, S.L., Constitució, 19, 08014 Barcelona

A Rafael y Maite Santos Torroella,
faros de esta biografía.
y, como siempre, a Carole.

ILUSTRACIONES

FRONTISPICIO:

Dalí con Gala en 1930, al poco tiempo de conocerse (Fundación Gala-Salvador Dalí, Figueres).

LÁMINAS EN COLOR

XII *Diálogo en la playa* (*Los deseos insatisfechos*), 1928 (colección privada)

XIII *Los primeros días de primavera*, 1929 (colección The Salvador Dali Museum, St. Petersburg, Florida; © 1996 Salvador Dali Museum, Inc.)

XIV *El gran masturbador*, 1929 (Museo Nacional Centro de Arte Reina Sofía, Madrid)

XV *El juego lúgubre*, 1929 (colección privada)

XVI *Los placeres iluminados*, 1929

XVII Jean-François Millet, *El Ángelus*, 1857-1859

XVIII *La profanación de la hostia*, 1929 (colección The Salvador Dali Museum, St Petersburg, Florida; © 1966 Salvador Dali Museum, Inc.)

XIX *Monumento imperial a la mujer-niña*, 1929 (Museo Nacional Centro de Arte Reina Sofía, Madrid)

XX *Guillermo Tell*, 1930 (colección privada)

XXI *Plancha de asociaciones demenciales (Fuegos de artificio)*, 1930-31 (colección privada).

XXII *La vejez de Guillermo Tell*, 1931 (colección privada)

XXIII *La persistencia de la memoria*, 1931 (Museo de Arte Moderno, Nueva York)

XXIV *La memoria de la mujer-niña*, 1931 (colección The Salvador Dali Museum, St Petersburg, Florida; © 1966 Salvador Dali Museum, Inc.)

XXV *El espectro del sex-appeal*, 1934 (Fundación Gala-Salvador Dalí, Figueres)

XXVI *Construcción blanda con judías hervidas*, 1936 (Museo de Arte de Filadelfia, colección Louise y Walter Arensberg)

XXVII *Afueras de la ciudad paranoica-crítica*, 1936 (colección privada)

XXVIII *Metamorfosis de Narciso*, 1936-1937 (Tate Gallery, Londres)

XXIX *El gran paranoico*, 1936 (Museum Boijmans Van Beuningen, Rotterdam)

XXX *El enigma sin fin*, 1938 (Museo Nacional Centro de Arte Reina Sofía, Madrid)

XXXI *Galarina*, 1944-1945 (Fundación Gala-Salvador Dalí, Figueres)

XXXII *Idilio atómico y uránico melancólico*, 1945 (colección privada)

ILUSTRACIONES EN BLANCO Y NEGRO

13 Esteban Trayter con sus alumnos en 1908 (© Enric Sabater, Andorra)
14 Los Dalí en la playa de Es Llané, *c.* 1909 (colección Antoni Pitxot, Cadaqués)
15 Es Llané, *c.* 1910, con la casa de los Dalí (colección privada)
16 Un Dalí contento, con unos seis años, en el jardín mágico de Pepito Pichot en Figueres (colección privada)
17 El cabo de Creus, «un grandioso delirio geológico» (fotografía del autor)
18 Otra instantánea del cabo de Creus (fotografía del autor)
19 La roca del cabo de Creus (cala Culip) que inspiró en parte *El gran masturbador* de Dalí
20 La segunda casa de los Dalí, calle de Monturiol, 24 (fotografía del autor)
21 Dalí con Pepito Pichot en una exhibición aérea en Figueres, mayo de 1912 (colección Antoni Pitxot, Cadaqués)
22 Juan Núñez Fernández, profesor de arte de Dalí en Figueres (colección privada)
23 Una excursión del Instituto de Figueres (colección Pere Buxeda, Figueres)
24 La capilla de San Baldiri, entre Cadaqués y Port Lligat (fotografía del autor)
25 Carme Roget, la novia del Dalí adolescente, en septiembre de 1920 (colección privada).
26 El Molí de la Torre, la finca de los Pichot en las afueras de Figueres (fotografía del autor)
27 La librería Verdaguer, en las Ramblas, Barcelona, propiedad del tío de Dalí, Anselm Domènech (colección Felipe Domènech, Barcelona).
28 El gran aliado de Dalí, el galerista Josep Dalmau, por el caricaturista Luis Bagaría (colección privada)
29 Dalí con su clase en la Escuela Especial de Pintura, Escultura y Grabado (Real Academia de San Fernando), Madrid, *c.* 1922-1924
30 José María Hinojosa, Dalí, Buñuel, María Luisa González, José Moreno Villa y José Bello en Toledo, 18 de enero de 1925 (colección María Luisa González)
31 García Lorca posa orgullosamente debajo de *Naturaleza muerta (Sifón con botella de ron)* (Fundacion Gala-Salavador Dalí, Figueres)
32 Dalí con su tío Anselm Domènech delante de *Arlequín y botellita de ron,* 1925 (colección Juan Luis Buñuel, París)

33 Dalí, García Lorca y José Bello juntos en la Residencia de Estudiantes, 1926 (colección Juan Luis Buñuel, París)
34 Pablo Picasso, *Estudio con cabeza de yeso*, 1925 (Museo de Arte Moderno, Nueva York, © 1997 Succession Picasso/DACS)
35 Lorca haciéndose el muerto en la terraza de Es Llané, Cadaqués, 1925 o 1927
36 Dalí con la Lídia en Cadaqués, *c.* 1927 (Fundación Gala-Salvador Dalí, Figueres)
37 Lorca con Dalí en Es Llané, Cadaqués, 1927 (colección privada)
38 Otra fotografía con Lorca durante el mismo verano (colección Juan Luis Buñuel, París)
39 Dalí, *El poeta en la playa de Ampurias*, 1927
40 Dalí, *La playa*, 1927
41 Dalí, San Sebastián con cabeza de lenguado, 1927
42 Dalí, *Autorretrato*, 1926
43 Dalí, *Bañista*, 1927 (colección The Salvador Dali Museum, St Petersburg, Florida; © 1996 Salvador Dali Museum, Inc.)
44 Dalí, *La miel es más dulce que la sangre*, 1927
45 Un caricaturista catalán hace un chiste a expensas de *La miel es más dulce que la sangre*
46 Dalí, *¿Una comida en estos tiempos?*
47 Buñuel, ufano, con el retrato que le hizo Dalí en 1924 (colección Juan Luis Buñuel, París)
48 La última fotografía conocida de Lorca, Dalí y Buñuel juntos, acompañados por José Moreno Villa y José Rubio Sacristán (colección Juan Luis Buñuel, París)
49 Max Ernst, *Pietà o Revolución por la noche*, 1923 (Tate Gallery, Londres; © 1997 ADAGP, París, y DACS, Londres)
50 Jean Arp, *Mesa, montaña, anclas y ombligo*, 1925 (Museo de Arte Moderno, Nueva York; © 1997 DACS)
51 Joan Miró, *El cazador*, 1923-1924 (© ADAGP, París, y DACS, Londres)
52 Joan Miró, *El carnaval de Arlequín*, 1924-1925 (© ARS, NY y DACS, Londres)
53 Yves Tanguy, *El anillo de invisibilidad*, 1925. Reproducido en *La Révolution Surréaliste* (© ARS, NY y DACS, Londres)
54 Yves Tanguy, *Animales perdidos*, 1926 (© ARS, NY y DACS, Londres)
55 Yves Tanguy, *Él hacía lo que quería*, 1927 (colección Richard S. Zeisler, Nueva York; © ARS, NY y DACS, Londres)

77 Dalí, *Metamorfosis paranoica del rostro de Gala,* 1932 (Fundación Gala-Salvador Dalí, Figueres)
78 Dalí, *Meditación sobre el arpa,* 1932-1934 (colección The Salvador Dali Museum, St Petersburg, Florida; © 1996 Salvador Dali Museum, Inc.)
79 Alberto Giacometti, *Pelota suspendida,* 1930-1931 (colección privada; © 1997 ADAGP, París, y DACS, Londres)
80 Dalí vestido de buzo antes de iniciar su conferencia sobre las profundidades surrealistas, Londres, 1936 (Whit Library, Courtauld Institute, Londres)
81 Dalí, *Paisaje con muchacha saltando a la cuerda,* 1936 (Museum Boijmans Van Beuningen, Rotterdam)
82 Cuadro, hoy en paradero desconocido, reproducido en *Vida secreta de Salvador Dalí* con el comentario «Boca misteriosa que aparece en la espalda de mi niñera» (© Enric Sabater, Andorra)
83 Escribiendo *Vida secreta de Salvador Dalí,* 1940 (Fundación Gala-Salvador Dalí, Figueres)
84 El «desenmarañamiento» por Dalí de las imágenes múltiples de *El enigma sin fin,* 1938.
85 Dalí, *Araignée du soir, espoir,* luego titulado *Violoncelo blando, araña, gran masturbador,* 1940 (colección The Salvador Dali Museum, St Petersburg, Florida; © 1996 Salvador Dali Museum, Inc.)
86 Dalí, estudio para *Familia de centauros marsupiales,* 1940.
87 El padre de Dalí en Es Llané, con su segunda esposa, Catalina (*la tieta*), a la izquierda, y Anna Maria, 1948 (colección Eulàlia Maria Bas i Dalí, Barcelona)
88 André Breton ante *Guillermo Tell* (fotografía de Pierre Argillet).
89 Dalí, *Assumpta Corpuscularia Lapislazulina,* 1952 (colección John Theodoracopouios)
90 Dalí con Reynolds Morse y Peter Moore en la inauguración del Museo Dalí de aquél, Cleveland, marzo de 1971 (Salvador Dali Museum Archives, St Petersburg, Florida)
91 Dalí pintando su retrato de Laurence Olivier durante el rodaje de *Ricardo III,* 1955 (Fundación Gala-Salvador Dalí, Figueres)
92 La casa de los Dalí en Port Lligat, 1995 (fotografía del autor).
93 Dalí con Rafael Santos Torroella y su esposa Maite (centro), Port Lligat, 1954 (colección Rafael y Maite Santos Torroella, Barcelona)
94 Dalí, *Dos adolescentes,* 1954 (colección The Salvador Dali Museum, St Petersburg, Florida; © 1996 Salvador Dali Museum, Inc.)

95 Dalí y Gala con los Albaretto, su «familia italiana» (colección Mara y Giuseppe Albaretto, Turín)
96 William Rotlein y Gala salen de un restaurante romano, 1966 (colección Mara y Giuseppe Albaretto, Turín)
97 Alain Tap, alias Peki d'Oslo, pero todavía no Amanda Lear (izquierda), con April Ashley en Milán, 1959 (colección April Ashley)
98 Peki d'Oslo improvisó este autorretrato en Barcelona, *c.* 1966 (colección Ignacio de Lassaletta, Barcelona)
99 Dalí con Amanda Lear (a su derecha), Nanita Kalaschnikoff (primera a la izquierda), los gemelos Myer y otra *beautiful people* en el Lido, París (colección Amanda Lear).
100 Un orgulloso Dalí con Amanda Lear (Fundación Gala-Salvador Dalí, Figueres).
101 El nacimiento de *El torero alucinógeno*, 1969-1970.
102 Amanda Lear posa en Port Lligat para *Roger liberando a Angélica*, 1970-1974 (colección Amanda Lear).
103 Una Gala feliz con Michel Pastore, conocido familiarmente como Pastoret (Fundación Gala-Salvador Dalí, Figueres)
104 Dalí posa delante de su fotografía de José Antonio Primo de Rivera, Port Lligat, 1974 (fotografía de Carlo Chinca).
105 Dalí con Peter y Catherine Moore, 1975-1976 (colección Moore, Cadaqués)
106 La llamada *troika* en Púbol. De izquierda a derecha: Miguel Domenech, Antoni Pitxot y Robert Descharnes (fotografía de Jordi Busquets, *El País*, Madrid).
107 Enric Sabater, que sucedió a Peter Moore como secretario de Dalí, en 1996 (fotografía de Michael Dibb).
108 Reynolds y Eleanor Morse contemplan al cadáver de Dalí acompañados del fotográfo Meli Casals (Salvador Dali Museum Archives, St Petersburg, Florida)
109 Dalí, *La cola de golondrina*, 1983 (Fundación Gala-Salvador Dalí, Figueres).

El autor y el editor dan las gracias a las siguientes instituciones y personas por su permiso para reproducir los dibujos, cuadros y fotografías relacionados en las páginas 9-16. Aunque se ha hecho todo lo posible por identificar a los propietarios, y propietarios del copyright, de las obras reproducidas, el autor y el editor ofrecen sus disculpas por cualesquier errores u omisiones aquí cometidos y agradecerían la notificación de correcciones que deberían ser insertadas en la siguiente edición o reimpresión de este libro:

Antoni Pitxot, Cadaqués, I, 9, 10, 14, 21
Fundación Gala-Salvador Dalí, Figueres, Frontispicio, II, VII, XXV, XXXI, XXXV, 36, 59, 71, 75, 76, 77, 83, 91, 100, 103, 109
Enric Sabater, Andorra, IV, 5, 13
Dasa Editions, NV, IV
Museo Nacional Centro de Arte Reina Sofía, Madrid, VI, XI, XIV, XIX, XXX, 70
Mara y Giuseppe Albaretto, VIII, 95
The Salvador Dali Museum, St Petersburg, Florida, X, XIII, XVIII, XXIV, XXXVII, XXXVIII, 43, 78, 85, 90, 94, 108
Museo de Arte Moderno, Nueva York, XVI (The Sydney and Harriet Janis Collection), XXIII, 34, 50, 56
Museo de Arte de Filadelfia (colección Louise y Walter Aresberg), XXVI
Museum Boijmans Van Beuningen, Rotterdam, XXVIII, 81
Tate Gallery, Londres, XXIX, 49
Colección Jose Mugrabi, Nueva York, XXXIII
Marquette University, Milwaukee, XXXIV (donación de Mr. y Mrs. Ira Haupt, 1959)
Playboy Enterprises, Inc., XXXVI
Eulàlia María Bas i Dalí, Barcelona, 8, 87
Pere Buxeda, Figueres, 23
El capitán Peter Moore y su esposa Catherine Moore, Cadaqués, 105
Felipe Domènech, Barcelona, 27
María Luisa González, Madrid, 30
Juan Luis Buñuel, París, 32, 33, 38, 47, 48, 58, 63, 66, 67, 69
Succession Picasso/DACS, 34
ADAGP, París, y DACS, Londres, 49, 51, 52, 60, 61, 79
ARS, NY y DACS, Londres, 53, 54, 55, 56
DACS, 50
Colección Giuseppe Nahmad, Ginebra, 53
Colección Richard S. Zeisler, Nueva York, 55
Museo Nacional de Arte Moderno, Centro Georges Pompidou, París, 62
Edmond de la Haye Jousselin, 65
Whit Library, Courtauld Institute, Londres, 80

Pierre Argillet, 88
Colección John Theodoracopouios, 89
Rafael y Maite Santos Torroella, 93
Giuseppe y Mara Albaretto, VIII, 95, 96
April Ashley, 97
Amanda Lear, 99, 102
Ignacio de Lassaletta, 98
Carlo Chinca, 104
Jordi Busquets, *El País,* Madrid, 106
Michael Dibb, 107.

A no ser que se consigne lo contrario, todas las obras de Salvador Dalí son © Fundación Gala-Salvador Dalí, Figueres.

El autor y el editor agradecen a la Fundación Gala-Salvador Dalí su permiso para reproducir las obras de Salvador Dalí que aparecen en este libro.

AGRADECIMIENTOS

Tengo que dar las gracias en primerísimo lugar a Faber y Faber, mis editores londinenses, que creyeron lo suficientemente en mí como para garantizar que este proyecto biográfico tuviera una base económica viable. Me refiero a Matthew Evans, Robert McCrum y Julian Loose.

Entre los que encabezan esta lista es mi obligación incluir también a Antoni Pitxot, director del Teatro-Museo Dalí en Figueres, sin cuya generosa complicidad no habría podido conocer al pintor, en 1986. Su colaboración mientras trabajaba en este libro ha sido siempre eficaz y generosa.

El libro está dedicado a la gran autoridad en Dalí Rafael Santos Torroella, y a su mujer Maite. No podía ser de otra manera, pues Santos Torroella no sólo me estimuló a que lo escribiera sino que puso a mi disposición, a lo largo de su redacción, el inmenso acopio de sus conocimientos dalinianos y no poca documentación. Maite tampoco me falló nunca, su claridad de mente, su memoria extraordinaria y sus agudos comentarios sobre Dalí y su *entourage* me ayudaron enormemente. Nunca podré estar con ambos excelentes amigos lo suficientemente agradecido.

En cuanto a mi mujer, Carole, a quien también dedico este libro, ha sobrellevado una vez más, y con el aguante de siempre, el peso de mis altibajos y desvelos biográficos, confirmando al mismo tiempo ser mi mejor crítico y «corrector». Le doy mi palabra de que nunca más me embarcaré en un proyecto biográfico de tal envergadura.

Merecen un agradecimiento muy especial mi agente literaria Ute Körner y su colaborador Guenni Rodewald: el estímulo y profesionalidad de ambos han sido fundamentales durante la larga redacción de este libro.

Al «asesor militar» de Dalí, el capitán Peter Moore, y a su esposa Catherine, les debo mucho. Con gran paciencia contribuyeron generosamente a mi investigación con la aportación de numerosos documentos, recuerdos y anécdotas. Para ellos mi más sincero agradecimiento. Su ayudante, Quim Miró, secundó admirablemente sus esfuerzos, enviándome por fax numerosos papeles. A él también mis gracias.

Nanita Kalaschnikoff, la mujer que después de Gala más significaba para Dalí, ha sido una colaboradora maravillosa. Infinitas conversaciones con ella en Marbella, Londres, Figueres, Cadaqués y París, además de numerosísimas llamadas telefónicas, me ayudaron a entender muchas facetas de la personalidad de Dalí que de otra manera se me hubieran escapado.

El libro habría sido mucho más pobre de no haber podido contar con la generosa colaboración de Reynolds y Eleanor Morse y el personal del Salvador Dali Museum de St Petersburg, Florida, donde Marshall Rousseau, Joan Knopf, Peter Tush y Carol Butler también me ayudaron con suma amabilidad y eficacia. Reynolds Morse me hizo el inestimable favor de permitirme consultar su inmenso diario daliniano que, cuando se publique, será sin lugar a dudas nuestra fuente de primera mano más importante sobre la vida del artista y su complicado entorno. Esperemos que se dé a conocer pronto. La biblioteca de los Morse, así como su extraordinaria colección de recortes de prensa, también me fueron de gran utilidad. A ambos fervorosos dalinianos mi más sincero agradecimiento.

También colaboró magníficamente el Museo Nacional Centro de Arte Reina Sofía en Madrid (MNCARS), materializado en las afables personas de Miguel del Valle Inclán y Antonio Majado, que contestaron mis constantes preguntas y peticiones de fotocopias con infalibles eficacia y simpatía. Con colaboradores así la tarea del biógrafo, a veces tan angustiosa, vale con creces la pena.

En Madrid me ayudaron otros amigos. José Bello, con su siempre increíble memoria, siguió proporcionándome información de primera mano sobre su amistad con Dalí, Lorca y Buñuel en la Residencia de Estudiantes, cuyo director, José García Velasco, también hizo todo lo posible por ayudarme en mis investigaciones (gracias, también, a Ana Gutiérrez). Ángeles Vian Herrero, bibliotecaria de la Facultad de Bellas Artes de la Universidad Complutense, me mostró los expedientes relativos a los años de Dalí en la Escuela Especial de Escultura, Pintura y Grabado de San Fernando y tuvo la amabilidad de sugerir vías de acceso a información que yo no lograba localizar. La Hemeroteca Municipal, donde he tenido tantos amigos a lo largo de los años, me atendió con su cortesía habitual, sobre todo Matilde López Adán. Mis amigos Alberto y Concha Reig Tapia me hicieron notables favores. José Gómez de la Serna puso su experiencia como notario amigo de Dalí a mi disposición y me explicó cómo proceder para conseguir copias de los testamentos del pintor. A este respecto la entonces ministra de Cultura, Carmen Alborch, intervino con tanta eficacia que todo resultó a partir de entonces mucho más fácil. Me complace agradecer su apoyo desde aquí. También debo dar las gracias a Miguel Domenech Martínez, que en una larga entrevista me ayudó a entender mejor ciertos aspectos legales de la situación de los Dalí cuando volvieron a residir en España al final de su vida.

Trasladándome ahora al este del país, debo dar las gracias en primer lugar a la Fundación Gala-Salvador Dalí en Figueres, sobre todo a Fèlix Fanés, director del Institut d'Estudis Dalinians, que me permitió trabajar en el archivo antes de que estuviera oficialmente abierto a los investigadores, y a su colaboradora Montserrat Aguer. También estoy en deuda con Ramón Boixadós, Ana Beristain, Margarita Ruiz Combalía y Lluís Peñuelas.

Asimismo, en Figueres me ayudaron enormemente, en la Biblioteca Municipal Fages de Climent, Mari Àngels Vayreda y Maria Lluïsa Vidal, a quienes recuerdo con gratitud y afecto. Narcís Oliveras i Terradas y su esposa me permitieron amablemente consultar su colección completa de *Empordà Federal*, la única que se conoce. Erika Serna i Coba, bibliotecaria del Arxiu Històric Comarcal, me hizo muchos favores, que le agradezco. También Eva Astarloa, del Arxiu Històric Municipal. Maria Asunció Trayter me ayudó de muchas maneras y me llevó a ver el estereoscopio que pertenecía a su antepasado Esteban Trayter, y que tanto había impresionado al Dalí niño. Alicia Viñas me mostró el Museu de l'Empordà y me presentó a su tía, Carme Roget, la novia de adolescencia de Dalí. Josep Maria Joan Rosa me acompañó amablemente a la que fue propiedad de los Pichot en las afueras de Figueres, la Torre del Molí. Alfons Romero fue una auténtica mina de información sobre la ciudad, donde Lluís Durán, su esposa y el personal del Hotel Durán me proporcionaron, en mis muchas visitas, importante información sobre Dalí y Gala y sus amigos y muchísimos momentos de grata charla. El historiador Antoni Egea Codina, por su parte, me transmitió documentación de gran interés sobre la relación de los Dalí con Llers.

En Cadaqués, Rosa Maria Salleras me evocó, en largas conversaciones, su amistad con la familia Dalí y, en especial, con Salvador. Se lo agradezco muy sinceramente. Los recuerdos de Carlos Lozano acerca del entorno daliniano de París y Port Lligat me han sido de gran utilidad. Pere Vehí compartió generosamente conmigo sus conocimientos dalinianos y me pasó copias de numerosos documentos de su extenso archivo que he podido aprovechar en esta biografía. También me facilitó el acceso a Enric Sabater, una de las personas más esquivas del que fue el mundo de Dalí. Desde entonces he podido hablar con él y ha tenido la amabilidad de proporcionarme varios documentos nuevos, así como precisiones sobre defectos contenidos en la edición inglesa de este libro.

En cuanto a la estructura geológica del cabo de Creus, con las rocas de micacita que tanto influyeron en Dalí, he contraído una importante deuda con Miguel Ángel Casares López, quien, sin pedírselo, reunió para mi uso una suculenta bibliografía al respecto y me envió utilísimas fotocopias.

Desde Roses, Quico Fransoy Molina, del Registro de la Propiedad, tuvo la amabilidad de mandarme fotocopias de documentación, muy valiosa, relativa a las propiedades de Dalí en Port Lligat y Cadaqués.

Barcelona, naturalmente, fue otro centro de mis investigaciones. La contribución a ellas de Montserrat Dalí, la prima favorita del pintor, fue fundamental, y nunca olvidaré las largas conversaciones que mantuve con ella en su piso al lado del puerto (y durante una comida memorable en el Set Portes). Montserrat Dalí me puso al tanto de la *petite histoire* de los suyos, y me ayudó a entender mucho mejor los sentimientos de la familia hacia Cataluña y España. La recuerdo con cariño. Después de su muerte, su hija Eulàlia Maria Bas i Dalí puso generosamente a mi disposición cartas de su madre y sus tíos conservadas en su archivo: a ella también mi más sincero agradecimiento.

También en Barcelona me ayudó enormemente Gonzalo Serraclara de la Pompa, proporcionándome copiosa información sobre su familia y su relación con los Dalí. Sin él nunca habría podido profundizar en los años barceloneses del padre del pintor.

En cuanto a la madre de Dalí y su familia, fuente imprescindible ha sido Felipe Domènech Biosca, que puso a mi disposición todo lo que sabe al respecto y me dio numerosas pistas que pude seguir provechosamente. Me es muy grato reconocer aquí lo que le debo a tal colaboración.

Todavía en la Ciudad Condal, el editor Eduard Fornés fue un aliado de primera. En el Archivo Diocesano, el padre Leandre Niqui Puigvert me ayudó con gran pericia a la hora de buscar la documentación relativa al segundo matrimonio de Salvador Dalí Cusí (mis gracias también al padre Josep Maria Martí Bonet). El personal del Arxiù Històric de la Ciutat (Casa de l'Ardiaca) fue siempre cortés y eficaz a pesar de tener que trabajar en condiciones difíciles por una crónica falta de espacio. Maria Lluïsa Bachs Benítez no descansó hasta localizar el certificado matrimonial de Salvador Dalí Cusí y Felipa Domènech, además de otros documentos, y mi amigo Víctor Fernández fue un excelente colaborador, enviándome enseguida los frutos de sus más recientes pesquisas dalinianas. Le agradezco, además, el haberme llevado al Museu Joan Abelló de Mollet del Vallès (Barcelona), cuyos papeles dalinianos resultaron de gran interés. Mi sincero agradecimiento a Joan Abelló Prat y a su secretaria, Victoria Pérez. También a Lluís Permanyer, que me proporcionó mucha información sobre Dalí y su entorno además de una grabación de su importante entrevista con el pintor, y a Josep Playà i Maset, autor de un excelente estudio sobre Dalí y el Empordà, a quien pude recurrir en numerosos momentos de mi investigación con la certeza de que me podría orientar. En la Biblioteca de Catalunya, el director, Manuel Jorba, y sus colaboradores me recibieron con ejemplar cortesía.

Al sur de Barcelona, en Sitges, sede de la mítica revista *L'Amic de les Arts*, María Saborit me acogió amablemente en la Biblioteca Popular Santiago Rusiñol. Recuerdo con nostalgia la sala de Miquel Utrillo, con su colección completa de *Destino* y sus muchas reminiscencias dalinianas.

A la «familia italiana» de Dalí, Giuseppe y Mara Albaretto y su hija Cristiana, debo un entendimiento más profundo no sólo de Dalí sino de la relación de Gala con William Rotlein. Fue un privilegio visitarles en su casa de Turín y ver parte de su extensa colección daliniana. Lamento que el bullicioso y generoso Giuseppe ya no esté entre nosotros.

Tengo que dar las gracias muy especialmente a Michael Dibb y Louise Allen, cuyo compañerismo y palabras de estímulo fueron vitales mientras colaborábamos juntos en dos documentales sobre Dalí para la BBC al mismo tiempo que escribía este libro. Las numerosas conversaciones con ambos a lo largo de dos años me ayudaron, sin lugar a dudas, a conocer mejor a Dalí y su mundo y a plantearme preguntas que tal vez de otra manera no se me habrían ocurrido. Doy las gracias también al encargado del montaje de las películas, Chris Swain, cuyos comentarios eran siempre útiles.

Durante los cinco años de mi investigación, un viejo amigo, Eutimio Martín, catedrático de español en Aix-en-Provence, nunca dejó de echarme cables, manteniéndose al tanto de lo que se publicaba sobre Dalí y el surrealismo en Francia y enviando libros, fotocopias y vídeos con su generosidad acostumbrada. Fue Eutimio quien logró, primero, localizar el certificado del matrimonio de Dalí y Gala en París y luego la consecución de una copia del mismo, operación muy complicada que requirió la ayuda de Gérard Dufour, de la Universidad de Aix-en-Provence, y de Antonio Portanet. Mi profundo agradecimiento a los tres. No habría creído que todavía existieran en Francia tantos impedimentos a la hora de querer investigar un matrimonio civil contraído en 1934.

Acudo con frecuencia en este libro a los trabajos de Agustín Sánchez Vidal sobre Buñuel, y sobre la relación del director con Dalí, todos ellos de excepcional valor. También me complace reconocer la generosa colaboración directa del mismo estudioso, sin duda la máxima autoridad mundial en Buñuel.

Pasé varios días apasionantes en la Edward James Foundation, en West Dean, Sussex, Inglaterra, donde me recibió con amabilidad la archivera, Sharon-Michi Kusunoki. Gracias a sus atenciones, y a los papeles que me permitió estudiar, pude resolver varias dudas cronológicas relativas a la amistad de James y Dalí, así como aspectos de su contrato.

En París, Didier Schulman y Nathalie Schoeller me organizaron una visita al Centre Pompidou para ver catálogos surrealistas, y Yves Péret, director de la Bibliothèque Littéraire Jacques Doucet, y su colaborador M. Bertonnier, me atendieron amablemente mientras leía las cartas de Dalí a André Breton. En la National Gallery de Escocia, en Edimburgo, recibí parecidas atenciones mientras escudriñaba la otra mitad de dicha correspondencia, así como demás documentos de interés para mi trabajo: mi agradecimiento sobre todo a Patrick Elliott.

En Nueva York, Michael Stout nos proporcionó a mí y al equipo televisivo una copiosa información sobre su relación profesional con Dalí y Gala, además de interesantes anécdotas. A él mi gratitud.

Es un placer dar las gracias también a Dawn Ades, David y Judy

Gascoyne, Michael Raeburn y Marilyn McCully por la generosidad con la que contestaron a mis preguntas y peticiones de ayuda.

Donald S. Lamm, mi editor norteamericano, hizo unas valiosas sugerencias que me sirvieron para mejorar el texto inglés del libro.

Jorge Herralde, mi editor español, propuso el adjetivo «desaforada» que figura en el título de este libro, como explico en la Introducción. Me pareció acertada entonces y me lo sigue pareciendo. Se lo agradezco, así como su fe en la biografía. También doy las gracias a Teresa Ariño, que cuidó con esmero esta edición.

Espero que las personas siguientes me perdonarán si no especifico lo que les debo a cada una, que sería muy largo de enumerar. Mi agradecimiento a todas y a cada una... y a las que, sin duda, habré olvidado sin querer:

Bernard Adams, Louis Adrean, Conxa Álvarez, John Anderson, Narcís-Jordi Aragó, Manuel Arroyo, Benjamí Artigas, April Ashley, Henriette Babeanu, Francisco Badia, Àngel Baró i Noguer, Joella Bayer, Isidor Bea (†), Blanca Berasátegui, Josep Maria Bernils, Jesús Blázquez, Juan Manuel Bonet, Juan y Michèle Borrás, Domingo Bóveda, Juan Luis Buñuel, Humphrey Burton, Pere Buxeda, José Luis Cano, Juan Caño Areche, Màrius Carol, Narcís Castella Calzada, Cate Arries, Elizabeth y David Challen, François Chapon, William Chislett, Cathy Coleman, Miguel y Carola Condé, Jesús Conte, Xavier Corberó, Fleur Cowles, Peter Crookston, Anna Maria Dalí Domènech (†), Andrew Dempsey, José Díaz, James Dickie, Felipe Domènech Vilanova (†), Carlos Dorado, Luis Durán, Cécile Éluard, Isidre Escofet, Ramón Estalella y señora, Alberto Estrada Vilarasa, Duncan Fallowell, José Fernández Berchí, Luis Ignacio Fernández Posada, Firmo Ferrer, Mosén Xabier Ferrer, Albert Field, Miquel Figueras i Xuclà, Dolores Devesa, Joan Florensa, Raimundo Fortuny Marqués, José Luis Franco Grande, Paul Funge, Fundación Federico García Lorca (Madrid), Tomás García García, Pere Garriga Camps, Andrew y Rosemary (†) Gibb, Daniel Giralt-Miracle, Montserrat Gómez, Thomas Glick, Emilio Gómez G. Mallo, Maruja Gómez G. Mallo (†), Carlos Gonzales, María Luisa González, Eric Green, David y Marie-Jeanne Harley, Harry Ransom Humanities Research Centre, Universidad de Tejas en Austin (Linda Ashton), L.P. Harvey, Edmond de la Haye Jousselin, Miguel Hernández, Michael D. Higgins, Miquel Horta, Frank Hunter, Rafael Inglada, Enric Jardí, Xavier Jiménez, Paz Jiménez Encina de Marquina (†), Allen Josephs, Richard Kidwell, Marc Lacroix, Carlton Lake, Michael Lambert, Donald Lamm, John Liddy, Mark Little, Tomás Llorens, Bernabé y Cecilia López García, Ana-Galicia López López, Anja Louis, Juan de Loxa, Peter Luddington (†), Rosa Maria Malet, señor y señora Marín Asensio, Josep Maria Marques, José María Martínez Palmer, Juan Ramón Masoliver (†), George Melly, César Antonio Molina, Sean y Rosemary Mulcahy, Billy O'Hanluain, Helen Oppenheimer, Karl Orend, Enrique y María Dolores Orio Trayter, Guillermo de Osma, Inés Padrosa Gorgot, Pandora, Juan Pérez de Ayala, Lluís Permanyer, José Pierre, Justo Polo, Emilia Pomés Palomer, Jaume Pont Ibáñez, Radio Televisión Española (Fernando Pérez Puente, María Carmen García-Redondo Pasual), Luis Revenga, Edward C. Riley, Carlos A. Rodríguez Zapata, Luis Romero, Robert Royal, señor Romeu (Casa del Libro Catalònia, Barcelona), Francesc Ros, Luis Saiz, Christopher Sawyer-Lauçanno, Teresa Serraclara Pla, Norio Shimizu, Beatrice y Georges de la Taille, Xavier Tarraubella, Andreu Teixidor de Ventós, Joan Tharrats, Hugh Thomas, Clifford Thurlow y Iris Gioia, Javier Tomeo, Mosén Pedro Travesa, Gillian Varley (Victoria and Albert Museum Library), Chelsea E. Vaughn, doctor Manuel Vergara, Jaume Vidal Oliveras, Carmina Virgili (Colegio de España, París), Joan Vives, Robert Whitaker, Marian White (Tate Gallery Library), Phil Wickham (British Film Institute), Jordi Xargayño Teixidor, Joaquim y Dolors Xicot.

El autor también quisiera dar las gracias a la Compañía General Fabril Editora, Buenos Aires, por Rafael Alberti, *La arboleda perdida. Libros I y II de memorias*; Change International/Équivalences, París, por Branko Aleksic, *Dali: inédits de Belgrade;* Éditions Gallimard, París, por Louis Aragon, «Angélus»; Paidós, Buenos Aires, por Alain Bosquet, *Dalí desnudado;* Éditions Gallimard, París, por André Breton, *Le Surréalisme et la peinture, nouvelle édition revue et corrigée 1928-1965* y *Oeuvres complètes*, 2 tomos; Éditions Robert Laffont, París, por Luis Buñuel, *Mon Dernier Soupir;* The Echo Press, Nueva York, por Caresse Crosby, *The Passionate Years;* Dasa Edicions, S.L., por *Secret Life of Salvador Dalí;* Quartet Books, Londres, por Salvador Dalí, *The Unspeakable Confessions of Salvador Dalí;* Randon House UK Ltd por Dalí, *The Diary of a Genius*, traducido por Richard Howard; Éditions Gallimard, París, por Paul Éluard, *Lettres à Gala* y *Oeuvres complètes*, 2 tomos; Museo de Arte Moderno, Nueva York, por *Fantastic Art, Dada, Surrealism*, edición a cargo de Alfred H. Barr, Jr, con ensayos de Georges Hugnet;

Paragon House, Nueva York, por Carlton Lake, *In Quest of Dalí;* Herederos de Federico García Lorca por extractos de las obras del poeta (*Oda a Salvador Dalí;* «Thamar y Amnón» (*Romancero gitano*); «Muerto de amor» (*Romancero gitano*); *Oda a Walt Whitman;* y «Panorama ciego de Nueva York» (*Poeta en Nueva York*), de *Obras completas,* y extracto del *Epistolario completo,* © Herederos de Federico García Lorca); Black Sparrow Press por Gerald Malanga, «Explosion of the Swan, Salvador Dalí on Federico García Lorca»; Editorial Juventud, Barcelona, por Emilio Puignau, *Vivencias con Salvador Dalí;* Editorial Juventud, Barcelona, por Stefan Zweig, *El mundo de ayer;* British Broadcasting Corporation por entrevista de Malcolm Muggeridge con Salvador Dalí, en *Panorama;* London Weekend Television por la entrevista de Russell Harty con Dalí en *Hello Dalí!,* en *Aquarius.*

El autor y sus editores lamentan cualquier omisión inadvertida o posible error, que rectificarían gustosos en siguientes ediciones de este libro.

INTRODUCCIÓN

Como fuente de información sobre sí mismo, Salvador Dalí no es nada fiable. Todavía adolescente, decidió dedicar todos sus esfuerzos a ser un mito. Lo conseguiría, pero ni entonces dejaría de seguir trabajando para acrecentar su fama. Hito vital en el proceso fue *Vida secreta de Salvador Dalí*, escrita en francés y publicada en Nueva York, en inglés, en 1942, traducida por Haakon Chevalier, cuando el pintor tenía treinta y ocho años. Sean las que fueren las otras cualidades del libro, el rigor autobiográfico no es una de ellas. Al contrario, Dalí hace allí todo lo posible por torcer, tergiversar o silenciar hechos cruciales de su vida, con el resultado de que la narración –a veces muy entretenida, por otro lado– se convierte en campo minado para el biógrafo que no ande con extrema precaución.

Dalí nunca publicó una segunda parte de *Vida secreta*, y *Diario de un genio* –editado en francés en 1964–, que tiene como propósito demostrar que la vida cotidiana de un genio es de otra índole que la de los demás mortales, es un sustituto muy pobre. Lo que sí hizo Dalí, en su constante empeño por incrementar su calidad de mito moderno, era estimular a otros escritores, sobre todo a Louis Pauwels y André Parinaud, para que editasen versiones de sus recuerdos verbales. *Las pasiones según Dalí* (1968), de Pauwels, y *Cómo llegar a ser Dalí* (1973), de Parinaud, son casi menos de fiar que *Vida secreta*, puesto que nunca se aclara cómo se elaboraron ambos textos ni hasta qué punto Pauwels y Parinaud tuvieron en ellos una intervención personal. Aun cuando ninguna biografía de Dalí puede prescindir de los cuatro libros, sobre todo de *Vida secreta* (que, a pesar a sus distorsiones, contiene entre líneas pistas e información importantes), es evidente que hay que tratarlos con un escepticismo siempre alerta. Es lo que he intentado hacer, tal vez no siempre con acierto.

A Dalí –y se entiende– no le gustaban los biógrafos (empezando por su hermana), y su reacción ante el libro *Mi vida con Picasso*, de Françoise Gilot y Carlton Lake, sugiere que los temía. Tal vez, al publicar *Vida secreta* cuando todavía era joven, esperaba despistar a tales investigadores de las vidas ajenas. Quizá calculaba incluso que, si él mismo revelaba públicamente sus «secretos», secretos que disfrazaran sus auténticas intimidades, a nadie se le ocurriría bucear más. Si fue así, se equivocó.

Y se equivocó porque Dalí constituye un formidable reto biográfico. Queremos saber qué es lo que le empujó a querer ser tan famoso como Picasso. A ser el mayor exhibicionista de la historia mundial, si no el mayor pintor. Queremos conocer los escondidos resortes de un artista que, en sus mejores momentos, fue un estímulo, un acicate, para la imaginación de su época. Y queremos saberlo porque en última instancia, si lo conseguimos, sabremos algo más acerca de la condición humana, de nosotros mismos: la auténtica meta, cabe aventurarlo, de toda biografía digna de tal nombre.

En enero de 1986, gracias al gran amigo de Dalí Antoni Pitxot, el pintor me llamó a Figueres. Quería hablarme, me previno Pitxot, de su profunda amistad con Federico García Lorca. Y me lo quería decir ya, aquel mismo día. Fui corriendo a Barajas y unas horas más tarde estaba con el Divino. Al tanto de lo que yo había escrito en el primer tomo de mi biografía del poeta acerca de su relación con éste, Dalí se empeñó en convencerme de que el granadino lo había amado sexual, no «platónicamente», y de que en este sentido había sido «un amor trágico». Y se empeñó en convencerme de que insistiera sobre ello en el segundo tomo de mi obra. Pese a su lamentable condición física, y a su dificultad para articular claramente las palabras (a consecuencia de la sonda gastronasal que le habían colocado), su mente estaba a todas luces clara.

Al salir de la Torre Gorgot estaba enfadado conmigo mismo por no haber conseguido acceder antes a Dalí, cuando todavía tenía salud (lo había intentado, pero sin el necesario tesón), y juré que volvería pronto. Pero mis investigaciones sobre Lorca me lo impidieron. Tres años después murió el pintor. Fue entonces cuando me di cuenta de que, desde aquella tarde de enero de 1986, sin darme plena cuenta de ello, había estado barajando la posibilidad de escribir una biografía suya una vez terminada la de Lorca. Pasaron otros dos antes de que pudiera empezar. Ahora, después de cinco años, la tarea está acabada, con cuánto éxito sólo podrán decirlo los demás.

El título inglés de este libro, *The Shameful Life of Salvador Dalí*, intencionadamente calcado sobre el de *Vida secreta de Salvador Dalí*, ha resultado imposible en español, ya que los adjetivos «vergonzoso» o «vergonzante» no recogen los distintos niveles de la palabra *shameful*, que tiene, además de estas acepciones, la de «lleno de vergüenza» o «avergonzado». Dicho título inglés señala que, a mi juicio, Dalí era un personaje dominado, en lo más hondo de su ser, por sentimientos de vergüenza tan agudos y tenaces que casi literalmente «le hacían la vida imposible» y que sólo pudo sobrellevarlos expresándolos en su obra, creando una máscara exhibicionista para tratar de ocultarlos, y comportándose a veces de manera vergonzante. Deseando conservar en lo esencial el título original, barajé numerosísimos adjetivos. Fue mi editor español, Jorge Herralde, quien sugirió «desaforada», término que finalmente he adoptado, pues capta bien los excesos a los que la psicología daliniana le empujó constantemente (DRAE: «Que obra sin ley ni fuero, atropellando por todo»).

No sé si se aceptará en España mi tesis de que la fuerza que le impelía a Dalí a ser el Dalí conocido por millones de personas en el mundo entero era un hondo sentimiento de vergüenza. La crítica británica sí la ha tratado con indulgencia. Lo que es cierto es que, casi diez años después de la desaparición del pintor, su vida y su obra se merecen un estudio más objetivo y más pausado de lo que habría sido posible hace una década. Mi esperanza es que este libro constituya una contribución válida y útil a tal reconsideración.

IAN GIBSON

Restábal (Granada), 11 de marzo de 1998

UNO
LOS ORÍGENES CATALANES

LAS BRUJAS DE LLERS

Como triste recordatorio de la brutal guerra civil española de 1936-1939, los restos de la localidad catalana de Llers, coronados por un castillo medieval en ruinas, se extienden por una colina desde la que se domina la llanura del Alt Empordà, a unos treinta kilómetros del Mediterráneo. En febrero de 1939, Llers estaba hasta los topes de soldados republicanos y de refugiados que huían de las tropas del general Franco. Cuando ya no quedaba duda alguna de que todo estaba perdido, los militares evacuaron la posición y volaron el arsenal, instalado en la iglesia parroquial, antes de precipitarse al exilio por el paso fronterizo de Le Perthus, a una hora de camino. La tremenda explosión hizo saltar por los aires la mayor parte del pueblo.[1]

Llers siempre ha tenido fama de ser sitio de brujas, y algunos de sus habitantes insinúan hoy con ironía que a la maligna influencia de éstas tal vez se debió el terrible destino del lugar, apenas mitigado en la posguerra por la construcción del pueblo nuevo, un poco más abajo. Hoy, Llers es sólo una sombra de lo que fue.

Los antepasados paternos de Salvador Dalí fueron gente humilde de Llers, hecho que el pintor nunca menciona en su engañosamente titulada autobiografía *Vida secreta de Salvador Dalí* ni en ningún otro escrito conocido. Sin embargo, no hay duda de que conocía sus orígenes, y es interesante señalar que en 1925 aceptó ilustrar el libro *Les bruixes de Llers,* obra de su amigo Carles Fages de Climent.

Los registros parroquiales de Llers, que por suerte sobrevivieron a la guerra civil, nos permiten seguir paso a paso la pista de los antepasados de Dalí, pero sólo hasta finales del siglo XVII.[2] Felizmente, unos documentos anteriores conservados en el Archivo Histórico de Gerona demuestran que, mientras que en un censo realizado en 1497 no se menciona ningún Dalí en Llers, en un acta notarial fechada el 12 de abril de 1558 figura entre los habitantes del pueblo un tal Pere Dalí, padre, tal vez, del Joan Dalí que, según un documento en latín del siglo XVII que obra en el mismo archivo, compró en Llers en 1591 un patio interior que a su vez heredó su hijo Gregori y luego su nieto, del mismo nombre. Éste, que vendió el patio en 1699, es el primer Dalí mencionado en los registros de Llers.[3]

Dalí no es un apellido español ni catalán, y ha desaparecido casi por completo de la península ibérica. El pintor afirmó repetidas veces que sus antepasados y, en consecuencia, su apellido, eran de origen árabe. «En mi árbol genealógico, mi linaje árabe, remontando hasta el tiempo de Cervantes, ha sido casi definitivamente establecido», nos asegura en *Vida secreta.*[4] Otros comentarios suyos indican que, al decirlo, pensaba en el famoso Dalí Mamí, pirata del siglo XVI que había luchado con los turcos y que fue el responsable, entre otras dudosas hazañas, del cautiverio de Cervantes en Argelia. Sin embargo, no hay una sola prueba que permita suponer que el artista estuviera emparentado con tal aventurero.[5]

Insistiendo en su «linaje árabe», Dalí situó una vez la fecha de dicha conexión mucho más allá del siglo XVI, al afirmar que sus antepasados descendían de los árabes que invadieron España en el 711. «De esos orígenes», añadió, «procede mi amor por todo lo dorado y excesivo, mi pasión por el lujo y mi fascinación por los trajes orientales.»[6] Una y otra vez se refiere a sus «atavismos» norteafricanos o árabes. En una ocasión atribuye a esos orígenes la causa de una ardiente sed de verano;[7] en otra, el desierto africano de su cuadro *Perspectivas* (1936-1937). A Dalí le gustaba creer que la facilidad con la que se bronceaba su piel, hasta volverse casi negra, era otro rasgo árabe.[8]

Al parecer Dalí tenía razón cuando reivindicaba sangre árabe o, al menos, mora. El apellido aparece con regularidad en el Magreb, y hay varios Dalí en los listines telefónicos de Túnez, Marruecos y Argelia (escritos indistintamente Dali, Dallagi, Dallai, Dallaia, Dallaji y, en especial, Daly).[9] Parece ser, no obstante, que el artista nunca hurgó más en su pasado familiar. Si lo hubiera hecho, podría haber descubierto que el catalán hablado en la cuenca del Ebro conservaba un interesante vestigio del pasado musulmán del país en el sustantivo árabe *dalí* –«guía» o «líder» en castellano– con el que se designaba el bastón llevado por el *daliner,* jefe de una cuadrilla de hombres empleados para remolcar barcas con una cuerda desde la orilla.[10] También podría haber caído en la cuenta de que de la misma raíz árabe proceden el catalán *adalil* y el castellano *adalid,* raíz que ha dado origen al apellido árabe Dalil, muy frecuente en el Norte de África. A Dalí le gustaba decir que llamarse Salvador era un indicio de que estaba llamado a salvar el arte español. Si se hubiera enterado de que su muy poco común apellido coincidía fonéticamente con el término que en árabe designa «guía» o «líder», lo habría proclamado a los cuatro vientos, igual que hacía al declarar que sonaba igual que el vocablo catalán *delit* (deleite). De todos modos disfrutaba a lo grande con su apellido paterno, tan inusitado, haciendo resaltar su *l* palatal y enfatizando la *í* acentuada. Salvador Dalí no podría haber tenido un primer apellido más raro y pintoresco, y ello le producía un placer infinito.[11]

A la vista de lo anterior, es posible que los primeros Dalí que se establecieron en Llers en la primera mitad del siglo XVI fueran moriscos, musulmanes que, con tal de evitar la expulsión, optaran por convertirse al cristianismo tras la caída de Granada en 1492. Pero, si fue así, no sabemos de dónde procedían.

La primera referencia a la familia en los registros parroquiales de Llers data de 1688, cuando Gregori Dalí, descrito en el documento de Gerona antes mencionado como *«laborator Castri de Llers»* y en éstos como *«jove trebellador»,* se casó con Sabyne Rottlens, hija de un carpintero de la cercana localidad de Figueres, hoy centro comarcal del Alt Empordà.[12] Igual que Gregori Dalí y su padre, los hombres de las siguientes generaciones de la familia están registrados casi invariablemente como «trabajadores», aunque unos pocos fueron herreros, incluido el tatarabuelo del pintor, Pere Dalí Ragué, nacido en Llers hacia 1780.[13] Entre las ruinas de la población se conserva un muro con un portal tapiado de ladrillo que, según los lugareños, era la entrada a la forja de los Dalí; no muy lejos se alzaba una sólida casa de piedra construida por otro antepasado del pintor, pero desapareció en la explosión de 1939.[14]

A comienzos del siglo XIX, por razones desconocidas, Silvestre Dalí Ragué, el hermano mayor de Pere, el herrero, abandonó Llers y se estableció en el aislado pueblo marinero de Cadaqués, al otro lado de la sierra costera. La primera referencia a Silvestre encontrada en los registros parroquiales de Cadaqués aparece en 1804, año del bautizo de su hijo Felipe. No se especifica su profesión.[15]

Tras perder a su primera esposa, Pere Dalí siguió a su hermano Silvestre a Cadaqués, donde, en 1817, se casó con una joven del lugar,

Maria Cruanyas.[16] Varios documentos de la parroquia lo registran como «herrero», por lo que parece seguro que a su llegada a Cadaqués siguió ejerciendo dicha actividad.[17]

Pere Dalí y Maria Cruanyas tuvieron tres hijos: Pere, Cayetano y, en 1822, Salvador, bisabuelo del futuro pintor.[18] En 1843 Salvador se casó con Francisca Viñas, cuyo padre, según el certificado de matrimonio, era «trabajador»,[19] aunque en otro documento figura como «marinero».[20] Según rumores que muchos años más tarde llegarían a oídos del escritor catalán Josep Pla, este Salvador Dalí y su esposa tuvieron desde los primeros momentos una turbulenta vida conyugal y solicitaron, sin conseguirlo, el divorcio.[21]

CADAQUÉS

Cadaqués, conocido mundialmente gracias al pintor, está separado de la llanura del Alt Empordà por la cordillera que domina el Pení, que alcanza los 513 metros. A pesar de las curvas y de lo estrecho de la carretera, hoy se puede llegar tranquilamente a Cadaqués en coche desde Figueres en unos cuarenta minutos, pero en el siglo XIX no era posible ir y volver el mismo día. De hecho, una carretera en condiciones no se construyó hasta principios de nuestro siglo. Para Cadaqués, *finis terrae* del este de España, el mar no era sólo su sustento, sino también su vía de entrada y de salida. Sus habitantes no se sentían ampurdaneses, no se interesaban por la sardana, hablaban su propia variante del catalán –*salat*– y, a diferencia de los pobladores de la llanura del Empordà, gustaban de vestir trajes de vivos colores. En el fondo, como afirmaba Josep Pla, el lugar era una isla.[22]

La bahía de Cadaqués, orientada hacia el sudeste, es la más profunda de la accidentada Costa Brava, y la más protegida de los elementos. En Cadaqués, cuando el mar se enfurece, los barcos pueden permanecer a buen resguardo en su hermoso puerto natural. Dicho puerto le permitió presumir de una importante flota mercantil hasta los primeros años del siglo XX y mantener una boyante actividad comercial en el Mediterráneo y América del Sur. En esos tiempos eran numerosos los hombres de Cadaqués que habían estado en Cuba o en África pero jamás en Figueres, y los marineros estaban ausentes a menudo durante meses.

A lo largo de los siglos Cadaqués fue cuna de soldados y de marineros, y cuando la Corona de Aragón, en la que se integraba Cataluña a partir de 1137, se embarcaba en una nueva campaña por el Mediterráneo, los *cadaquesencs* estaban siempre presentes, como fue el caso en la de 1228-1229, cuando Jaume I liberó Mallorca de la dominación árabe. A raíz de tal conquista, la variedad del catalán hablado en la isla presenta hoy una marcada influencia del *salat*.

Peligrosamente expuesto a los ataques por mar, y sin poder depender de la ayuda del interior, Cadaqués fue fortificado por los condes de Empúries, señores de la región, para defenderlo de las incursiones de árabes y turcos. Sus macizas murallas no impidieron varios saqueos, sin embargo: por los árabes en 1444 (cuando se destruyeron sus archivos), por Barbarroja, en 1534, y otras veces durante los siglos venideros. Incluso en los albores del siglo XVIII, cuando España era todavía una potencia respetable, los árabes seguían amenazando la costa.

Todo esto, sumado a los peligros propios de la pesca en la región, hizo que la gente de Cadaqués desarrollara un carácter robusto e independiente. Para Josep Pla, donde se aprecia mejor esa legendaria tenacidad es en las *parets seques* del pueblo y sus alrededores: paredes de pizarra –casi dos mil kilómetros de ellas, se ha calculado–[23] construidas con tremenda paciencia y que hicieron posible la creación de una infinidad de bancales en las laderas de las colinas. Sólo un pueblo con una enorme determinación, sostiene Pla, podía haber domeñado un entorno tan hostil y hacerlo productivo.[24]

En el siglo XIX Cadaqués vivía sobre todo del vino y de la pesca salada. Sus anchoas eran famosas, y muy solicitadas en Roma. El coral extraído de las profundidades del cercano cabo de Creus también se exportaba. De Civitavecchia y Génova los barcos volvían con madera destinada a la fabricación de toneles para vino y pescado, y a mediados de siglo la población era bastante próspera. Pero en 1883 llegó el desastre: la plaga de filoxera que ya había azotado Francia y, un año antes, la llanura del Empordà, se cebó en Cadaqués, y las colinas, con sus cuidadas terrazas, perdieron los viñedos. La devastación significó la pobreza y el exilio para muchas familias, y la población se redujo de dos mil quinientas a mil quinientas almas.[25]

Otra consecuencia de la filoxera fue un aumento del contrabando. Cadaqués siempre había sacado provecho de esta profesión, estimulada por las innumerables ensenadas y grutas de la Costa Brava, ideales para esconder cargamentos ilegales. Esta predisposición cobró ahora un nuevo ímpetu, y el pueblo, separado del resto del país por su barrera montañosa pero ubicado a sólo unos cuantos kilómetros de la frontera francesa, se convirtió en una especie de Gibraltar ampurdanés. La sal, de gran demanda en Cadaqués para curar el pescado, era el principal objetivo, pues se podía ahorrar mucho si se evitaba la tasa gubernamental que gravaba el producto. Sin embargo, las autoridades no tardaron en descubrir el motivo del brusco descenso en los ingresos provenientes de este capítulo, y comenzaron a tomar medidas represivas.[26] También se desembarcaban en Cadaqués grandes cargamentos de seda, café, esencias y hojas de tabaco, con las que se confeccionaban clandestinamente cigarros y cigarrillos que luego se exportaban. *«Cadaqués, tabaquers, contrabandistes, bons mariners i lladres»,* sentenciaba un dicho atribuido a la cercana y rival aldea costera de Port de la Selva: «Cadaqués, tabaqueros, contrabandistas, buenos marineros y ladrones.» Así, efectivamente, ganaban su vida las gentes del pueblo.

UN PARANOICO EN LA FAMILIA

Salvador Dalí Cruanyes y Francisca Viñas tuvieron dos hijos: Aniceto Raimundo Salvador, en 1846,[27] y Gal Josep Salvador, nacido el 1 de julio de 1849.[28] A los veinte años Gal vivía ya con Teresa Cusí Marcó, de Roses, casada y cinco años mayor que él, y con la hija de ésta, Catalina Berta Cusí, nacida en 1863.[29] El 25 de julio de 1871 Teresa dio a Gal una hija, Aniceta Francisca Ana, que murió al año siguiente.[30] El 25 de octubre de 1872 trajo al mundo al que sería padre del pintor, Salvador Rafael Aniceto,[31] y, el 23 de enero de 1874, al último de los hijos, Rafael Narciso Jacinto.[32] Dos meses después murió el marido de Teresa, quedando ésta libre para casarse con Gal.[33] A los futuros miembros de la familia nunca se les revelaría que Salvador y Rafael habían nacido fuera del matrimonio: los Dalí tendían a ser reservados.[34]

Poco sabemos de la familia durante esos años. En 1921 el pintor apuntaría en su diario que su padre, recordando los días felices antes de que la filoxera atacara los viñedos, le dijo que había nacido en una casa blanca al lado de la iglesia, dándole a entender a Salvador que el abuelo paterno, Gal Dalí, había sido médico.[35] En realidad, como demuestran varios documentos, fue taponero, es decir, fabricante de tapones de madera o de corcho, profesión relativamente lucrativa en Cadaqués dado el floreciente comercio de pescado, olivas y, hasta el brote de filoxera, de vino.[36]

Un documento del Registro de la Propiedad de Roses describe en detalle la pequeña casa que Gal heredó a la muerte de su madre en 1870. Situada en el número 321 de la calle del Call, su estado se califica de lamentable. Ésta, es de suponer, era la casa blanca al lado de la iglesia en la que nacieron el padre de Dalí y el hermano de éste, Rafael.[37]

Parece ser que el taponero Gal Dalí se dedicó después, durante dos o tres años, al negocio de los transportes, con un «autobús» que, tirado por caballos, iba y venía entre Cadaqués y Figueres. Según una anécdota que se recuerda vagamente en ésta, pintó dos grandes letras –*G* y *T*– en la parte posterior del carruaje: significaban no sólo las iniciales de Gal y Teresa, su mujer, sino *«Gràcies i Torneu»* (Gracias y volved). Gal Dalí era un personaje.[38]

Hacia 1881 Gal se mudó a Barcelona. Según la tradición familiar, la razón principal de tal cambio fue la tramontana, el furioso viento norte que es parte integrante de la vida del Alt Empordà y que, al llegar a la comarca, embiste los cipreses, destroza macetas, arranca antenas de televisión y cubre de sal los acantilados del cabo de Creus. La tramontana sopla con frecuencia a más de ciento veinte kilómetros por hora y es capaz de descarrilar vagones de trenes y tirar coches al mar. En Port-Bou puede ser tan feroz que la Guardia Civil solía disfrutar (y quizá siga disfrutando) de un permiso especial para subir a la parte alta de la Casa Cuartel a cuatro patas, proceder que normalmente se consideraría indigno tratándose de la Benemérita.[39]

En la costa del Alt Empordà la tramontana choca a menudo de frente con el *llebeig* (o *garbí),* viento del sudoeste que sopla desde África. En palabras de un historiador local, la región es «un impresionante laboratorio meteorológico», un «incesante campo de batalla» entre los dos grandes vientos.[40]

La tramontana puede afectar a las emociones con la misma violencia con que altera al mar y al campo, y es un eterno tema de conversación por estos contornos. Los ampurdaneses son conocidos por su intransigencia (los Dalí no fueron una excepción), cualidad que una autoridad en la zona ha atribuido a la necesidad de tener que avanzar siempre contra el viento.[41] A cualquiera que por aquí sea un poco chiflado, o que tenga tendencia a irritarse de repente, es muy probable que se le tache de *atramuntanat* (tocado por la tramontana), y en el pasado los crímenes pasionales cometidos los días de fuerte viento tenían muchas posibilidades de ser condonados. En cuanto a las personas depresivas, una racha prolongada del viento –y las rachas pueden llegar a durar ocho o diez días, sobre todo en invierno– puede ocasionar la desesperación más absoluta, e incluso se afirma que la tramontana es responsable de no pocos suicidios, especialmente en Cadaqués. El protagonista del cuento *Tramontana*, de Gabriel García Márquez, es una de tales víctimas.[42] Es muy probable, por todo ello, que Gal Dalí temiese que, si se quedaba en el pueblo, su vida corría peligro.

Sin embargo, para la gente de constitución más normal, la tramontana puede tener efectos tonificantes, y durante largo tiempo se le atribuyeron propiedades desinfectantes. En 1612, el final de una grave epidemia de fiebre en Figueres coincidió con una visita particularmente enérgica por parte del viento, considerada beneficiosa. Los agradecidos ciudadanos organizaron una peregrinación a la iglesia de Nuestra Señora de Requesens, apropiada por encontrarse entre las estribaciones de las Alberes, al norte, desde donde la tramontana sopla hacia la llanura. La procesión se convirtió pronto en un acontecimiento anual, saliendo de Figueres el primer domingo de junio y regresando unos días después. La tradición perduró hasta los primeros años del siglo XX, cuando los progresos de la medicina hicieron menos necesarias las supuestas propiedades profilácticas del viento.[43]

Cuando la tramontana arrecia, el cielo del Empordà adquiere la luminosidad, y el paisaje los contornos nítidos, que tantas veces logró plasmar Dalí en sus cuadros. Son las cualidades que Carles Fages de Climent, el autor de *Les bruixes de Llers,* evoca en su «Oració al Crist de la Tramuntana»:

Braços en creu damunt la pia fusta
Senyor! Empareu la cleda i el sembrat.
Doneu el verd exacte a nostre prat
i mesureu la tramuntana justa que
eixugui l'herba i no ens espolsi el blat.[44]

«¡Brazos en cruz sobre el madero pío, / Señor! Protege el redil y los sembrados. / Da hoy el verde exacto a nuestros prados / y envíanos la tramontana justa que / seque la hierba y nos conserve el grano.»

Si la tramontana se había convertido en una auténtica amenaza para su cordura, Gal Dalí tenía otra buena razón para trasladarse con su familia a Barcelona: en septiembre de 1882 su hijo Salvador, que ese año iba a cumplir diez, debía comenzar el bachillerato, lo que sólo podía hacer en un lugar que contase con un instituto de enseñanza media. En teoría, Gal podía haberse mudado con su familia a Figueres, que contaba con uno de los institutos más antiguos de España, pero la capital del Alt Empordà sufre tanto como Cadaqués los efectos de la tramontana y Gal probablemente pensó que más valía cortar por lo sano y marcharse a Barcelona, ciudad libre del azote del temido viento. Más importante, quizá intuyó que tendría más oportunidades de hacer dinero en la capital.

A Montserrat Dalí, la nieta de Gal, le contaron de niña cómo, jurando no regresar nunca a Cadaqués, su abuelo reunió familia y pertenencias y emprendió el camino de la estación de Figueres, llevando consigo una bolsa llena de monedas de oro. Para proteger ésta, había contratado a dos guardias armados de sendos trabucos. ¿Procedía el dinero de las ganancias obtenidas por Gal con sus tapones y su «autobús» o de unas «horas extraordinarias» dedicadas al ramo del contrabando, actividad en la que, como sabemos, tantos *cadaquesencs* estaban implicados de una manera u otra? Montserrat Dalí creía que algo de contrabando habría, pero no hay prueba alguna de que así fuera.[45]

BARCELONA

Cuando Gal Dalí Viñas llegó con su familia a Barcelona hacia 1881, la ciudad tenía casi doscientos cincuenta mil habitantes (de una población total catalana de un millón setecientos mil). En 1865 se habían derribado por fin las murallas de la ciudad medieval, el moderno trazado geométrico del Ensanche estaba a punto de terminarse y Barcelona crecía a un ritmo vertiginoso (trece años después, más de la mitad de los habitantes de Cataluña ya vivirían en la ciudad). Las fábricas de tejidos de Barcelona, que tanto habían impresionado al hispanista Richard Ford cuarenta años antes, estaban en pleno auge; gracias a la plaga de filoxera que había devastado los viñedos franceses, y que pronto atacaría al sur de los Pirineos, el precio de los vinos y del coñac catalanes estaba por las nubes. Por otra parte, tras regresar de Cuba y de otros países sudamericanos, muchos catalanes invertían su fortuna en la industria y en la construcción de extravagantes mansiones. La ciudad llevaba siete años entregada a una sed de ganancias fáciles sin precedentes, conocida popularmente como la *febre d'or,* la «fiebre del oro». Dieciséis nuevos bancos abrieron sus puertas en 1881-1882, los años álgidos de la fiebre, y en la Bolsa se amasaban grandes fortunas. «La gente sacaba sus ahorros y los invertía sin pensarlo dos veces en la Lonja [Bolsa]», escribe Robert Hughes en su magnífico libro sobre Barcelona. «Los negocios brotaban como espárragos, como pompas de jabón, como globos. Todo estaba destinado a subir. Durante varios años, los catalanes perdieron cualquier derecho que pudiesen tener sobre su supuesta virtud principal, el *seny.*»[46]

En efecto, el *seny* (sentido común, cautela) parecía olvidado, y el impetuoso Gal Dalí no fue una excepción. El canto de sirena del dinero fácil sonaba en su oído, insistente, como música celestial, y se decidió a invertir su reserva de oro en la Bolsa. ¿Por qué no hacer lo que hacían los demás? ¿Iba a enterrar los ahorros traídos de Cadaqués cuando se le brindaba ahora la oportunidad de multiplicar su riqueza?

Con todo, Gal fue lo bastante sensato como para asegurarse, primero, de que sus hijos tuvieran una buena formación. En septiembre de 1882 Salvador entró en uno de los mejores colegios privados de la ciudad, el de San Antonio, sito en la Ronda del mismo nombre y dirigido por los escolapios, matriculándose también en el instituto para cursar el bachillerato, puerta de entrada a la universidad y a las distintas profesiones.[47] Dos años después, su hermano Rafael seguiría sus pasos. Los dos fueron estudiantes aplicados, aunque Rafael demostró ser el mejor.[48]

Gal Dalí era persona amante de litigios y pasaba muchas horas en los juzgados.[49] Su abogado, Gonçal Serraclara Costa, gozaba de gran reputación en la ciudad y, como muchos catalanes hartos del lejano Madrid, quería que España fuera una república federal. En la década de los sesenta, Serraclara había representado a Barcelona en las Cortes, pero en 1869, injustamente acusado de agitación antimonárquica, se había visto obligado a exiliarse en Francia. Cuando se le permitió regresar en 1872 había abandonado la actividad política, y no tomó parte en la efímera Primera República (1873-1874), obra, en gran medida, de los catalanes. Se dedicó más bien al bufete familiar, que bajo su dirección adquirió gran prestigio en la ciudad.[50]

Josep Maria Serraclara, el hermano menor de Gonçal, trabajaba junto a éste en el despacho y, como él, era ferviente catalanista. Se hizo célebre como abogado defensor en juicios políticos y, más tarde, sería durante algún tiempo teniente de alcalde de Barcelona. En 1883 se casó con Catalina Berta, la hija que Teresa Cusí, la mujer de Gal, había tenido de su primer marido. Gal no sólo estaba ahora bien relacionado, sino que contaba con asesoría jurídica gratuita. Le venía muy bien, porque había desarrollado una tendencia paranoica a poner denuncias a personas con altos cargos, que creía le perseguían.[51]

Cuando, de repente, las cosas empezaron a andar mal en la Bolsa de Barcelona –el *boom* se había acabado– , Gal Dalí perdió de la noche a la mañana una importante cantidad de dinero. Para alguien que ya sufría alucinaciones, fue la gota que colmó el vaso. A primeras horas de la mañana del 10 de abril de 1886, salió al balcón del piso que tenía alquilado en la tercera planta de un edificio de la Rambla de Cataluña, gritando que unos ladrones querían robarlo y matarlo. Pero no había ningún ladrón. Si la policía no se lo hubiera impedido, aquella misma tarde habría conseguido caer a la calle. Seis días después se salió con la suya, tirándose de cabeza a un patio interior y muriendo en el acto. Según el diario *El Barcelonés*, el «infeliz demente» iba a ser internado ese mismo día en un manicomio. Sólo tenía treinta y seis años.[52]

El suicidio fue silenciado (el nombre de Gal no apareció en la prensa) y en el certificado oficial de defunción, basado en una declaración de Josep Maria Serraclara, se hizo constar eufemísticamente que Dalí Viñas había muerto de un «traumatismo craneal». Pese al suicidio, Gal recibió un entierro católico en el Cementerio del Este.[53]

Josep Maria Serraclara, que entonces tenía veintitrés años, y su mujer, Catalina Berta, acogieron a la desconsolada familia. Teresa Cusí, la viuda de Gal, viviría con ellos hasta su muerte en 1912, y Salvador y Rafael hasta concluir sus carreras universitarias.

La familia declaró inmediatamente tabú el asunto del suicidio de Gal, y los detalles de la muerte del abuelo se ocultaron celosamente a la siguiente generación. «En Inglaterra se dice que todas las familias tienen "un esqueleto en el armario"; bueno, en nuestra familia era el suicidio del abuelo», comentaba en 1992, poco antes de morir, Montserrat Dalí, la prima del pintor, nacida, como él, en 1904. «Cuando me enteré de lo ocurrido, yo ya era mayor y supuso para mí un auténtico golpe. Fue Catalina Berta quien me lo contó, y me dijo: "No digas ni una palabra a tu padre". Mi primo Salvador se enteró más o menos en la misma época.»[54] Podemos suponer que la revelación afectaría profundamente al pintor, que no menciona el suicidio de Gal en su obra publicada (es otro de los secretos clave nunca revelados en la mal llamada *Vida secreta*) ni jamás –en la medida en que ha sido posible averiguarlo– dijo una sola palabra al respecto a sus amigos íntimos.[55] Durante su infancia Dalí debió de oír historias sobre personas que se suicidaban en Cadaqués por influencia de la tramontana; ahora se enteraba de que su abuelo, que había huido de Cadaqués por miedo al viento, no había conseguido evitar su destino. No es de extrañar, pues, que años más tarde, sin mencionar nombres, Dalí dijera que los *cadaquesencs* son «los paranoicos más grandes producidos por el Mediterráneo»: una vez tocado por la tramontana no hay salvación.[56]

A la vista de lo anterior, tenemos buenos motivos para suponer una relación entre el empecinado silencio de Dalí sobre su abuelo, su famosa insistencia en que él no estaba loco («la única diferencia entre un loco y yo es que yo no estoy loco») y el desarrollo, cincuenta años después del suicidio, de su famoso y nunca bien definido «método paranoico-crítico». Además, la preocupación de la familia Dalí por la paranoia hereditaria (y la depresión) estaba justificada: años más tarde, Rafael, el padre de Montserrat, intentaría matarse utilizando el mismo método que su padre, impidiéndolo sólo la repentina aparición de una criada.[57]

Es posible que la ascensión y caída de Gal inspiraran la novela de Narcís Oller *La febre d'or,* ambientada en los últimos años del *boom* bolsístico (1880-1881) y publicada diez años después cuando ya todo había acabado. Oller, discípulo de Zola que creía que una buena novela tiene que ser una exposición minuciosa de la vida real, le dijo al más célebre novelista español de entonces, Benito Pérez Galdós, que había hecho un gran esfuerzo por enmascarar la identidad de los personajes de su libro, cuyo protagonista, un antiguo carpintero convertido en especulador bursátil, se llama Gil Foix. La semejanza entre los nombres Gil y Gal salta a la vista. Hay otras coincidencias que llaman la atención, entre las que destaca la reacción de Gil tras su llamativa quiebra. Es cierto que, a diferencia de Gal, Gil no se tira de un balcón, pero comete una especie de suicidio mental al refugiarse en lo que sus médicos denominan «neurastenia», víctima, igual que Gal, de alucinaciones en las que la gente intenta robarle. A nadie que conociera el lamentable caso del ex taponero de Cadaqués que procuró hacer fortuna en Barcelona pudo pasarle inadvertido el paralelismo. Pero no hay constancia alguna de una reacción en este sentido por parte de los hijos de Gal, o de otro miembro de la familia, ante la aparición de la novela, luego famosísima, de Oller.[58]

LOS HERMANOS DALÍ Y CATALUÑA

Salvador Dalí Cusí, futuro padre del artista, terminó el bachillerato en octubre de 1888, y ese mismo invierno ingresó en la Facultad de Derecho de Barcelona.[59] Rafael, por su parte, se matriculó en la Facultad de Medicina dos años después, y fue un alumno brillante.[60] Los dos tenían una personalidad y una complexión física similares: corpulentos y apasionados, disfrutaban discutiendo de religión y política y podían estallar en cualquier momento haciendo gala de un temperamento feroz; de los dos, fue Salvador el más conocido por esta tendencia, rasgo que nunca perdería.[61] Influidos sin duda por los Serraclara, Salvador y Rafael se convirtieron pronto a la causa del federalismo catalán (ambos detestaban la monarquía centralista) y se erigieron en firmes defensores de la lengua catalana, excluida por Madrid desde el siglo XVIII de la vida pública. De hecho, Salvador Dalí Cusí era partidario tan convencido de la causa federalista que, poco después de licenciarse, dio una serie de conferencias sobre el tema en el Centro Federalista-Republicano Catalán.[62] Tanto él como Rafael eran ateos y anticlericales vociferantes, y Salvador seguiría siéndolo hasta que los excesos de la guerra civil lo impulsaron a revisar su posición, tras lo cual comenzaría a comportarse como católico con la misma vehemencia que lo había caracterizado como librepensador. Salvador Dalí Cusí defendía sus convicciones del momento, fueran las que fueren, con celo apostólico («un militante permanente», lo llama Pla), y transmitiría a su hijo la habilidad de cambiar rápidamente de opinión, aunque siempre con bien fundados argumentos.[63]

Los hermanos Dalí legarían a sus hijos su fervor catalanista: Rafael a su única hija, Montserrat, y Salvador al futuro pintor y a su hermana Anna Maria. Hasta su muerte en 1993, con casi noventa años, la elocuencia de Montserrat Dalí sobre los males ocasionados por Madrid a Cataluña nunca decaería. Su obsesión, por encima de todo, era la Nueva Planta, el odiado orden impuesto en 1714 por el primer borbón español, Felipe V, después de que los catalanes hubiesen apoyado al archiduque Carlos, pretendiente habsburgo al trono, en la guerra de la Sucesión Española.

El 11 de septiembre de 1714, día en que Barcelona se rindió a las tropas borbónicas, marca, en efecto, una línea divisoria en la historia de Cataluña. Un tercio de la ciudad fue arrasado como represalia; en virtud de la Nueva Planta se abolieron las instituciones catalanas, en primer lugar la Generalitat y las universidades, cometiéndose, además, la mayor ofensa posible: la imposición del castellano como lengua de la administración, disposición según la cual los documentos oficiales, hasta entonces escritos en catalán, debían redactarse ahora obligatoriamente en español, con los consiguientes cambios en las formas de los nombres de pila. Los catalanes recibieron la medida como un ultraje. Sin embargo, aunque se concertaron esfuerzos para socavar el uso del catalán en otros ámbitos, el pueblo –ricos y pobres por igual– nunca dejó de hablar su lengua, y fue ésta la principal forma de resistencia al opresor. La subordinación de los catalanes a Madrid tuvo como símbolo la inexpugnable ciudadela que Felipe V ordenó levantar justo delante de los muros de la ciudad. ¿Cómo –preguntaba Montserrat Dalí, ya vieja, una y otra vez– podía esperarse que los catalanes sintieran algo que no fuera repugnancia por Madrid, por la lengua castellana y por la monarquía centralista? ¿No era un hecho que, cuando ella y su primo Salvador iban al colegio, el catalán seguía sin enseñarse en las aulas? ¿Que aún en ese momento los ignorantes creían que el catalán es un dialecto del español, como si no fuera una lengua por derecho propio, con una rica literatura? ¿No era cierto acaso que los enemigos de Cataluña decían hasta hace poco que los catalanes no hablan su lengua, sino que la «ladran»? Basta con recordar –añadía Montserrat– que Cataluña, que antes se extendía hasta Francia y formaba parte del Reino de Aragón, con un imperio mediterráneo, fue reducida por los Borbones a la condición de una mera provincia, pese a que su capital era tan populosa como Madrid, y hasta más rica y más civilizada. Compare las dos ciudades, decía: en Barcelona hay orgullo cívico, una vida bien ordenada, la gente se interesa apasionadamente por su ciudad, por los edificios de Gaudí, por el Ensanche; Madrid, en cambio, es caótico, sucio, ruidoso. Las finas aletas de la nariz de Montserrat Dalí se inflaban con emoción mientras hablaba, al tiempo que echaba chispas por los ojos. «En Cataluña llamamos a eso el *fet diferencial*», exclamaba. «Somos diferentes, no somos como los demás españoles.» ¿Y su primo Salvador? Sentía exactamente lo mismo que ella respecto del hecho de ser catalán, aseguraba Montserrat. En sus familias nunca se hablaba castellano porque esta lengua se asociaba con el colegio, con la represión; era una lengua impuesta, y ellos, y sus padres antes que ellos, habían llegado a odiarla profundamente. Por eso, siempre que podían, evitaban usarla. Y punto.[64]

EL NOTARIO INCIPIENTE

Salvador Dalí Cusí cursó una muy buena, aunque no extraordinaria, carrera universitaria. Tras licenciarse en Derecho en 1893,[65] trabajó durante unos años en una oficina del Registro de la Propiedad, y también a tiempo parcial con los Serraclara.[66]

En esta época el nombre de Dalí Cusí apareció fugazmente en la prensa. El 7 de junio de 1896 una bomba estalló en la cola de una procesión del Corpus en Barcelona, ocasionando la muerte de doce trabajadores. El atentado se atribuyó a los anarquistas, que por entonces proliferaban en la capital catalana. No obstante, el autor pudo haber sido un provocador a sueldo de la policía (lo cual explicaría que no muriera en el atentado ninguna personalidad). Sea como fuera, las autoridades reaccionaron con brutalidad. Anarquistas sospechosos fueron detenidos, llevados a la infame prisión militar de Montjuïc y, en muchos casos, sometidos a atroces torturas. Varios de ellos murieron, y uno se volvió loco. Cinco hombres, seguramente inocentes, fueron ejecutados con garrote vil; de los absueltos, sesenta y cinco acabaron en la severa colonia penitenciaria de Río de Oro, en el Sáhara español. Los juicios de Montjuïc, celebrados en diciembre de 1896, mostraron la otra cara de un país que ocho años antes, al inaugurarse la Exposición Universal de Barcelona, había querido impresionar al mundo con su modernidad.[67]

Entre los encarcelados tras el estallido de la bomba había un joven abogado llamado Pere Coromines. Aunque en realidad era republicano moderado, Coromines fue acusado de complicidad con los anarquistas. Citado como testigo de la defensa, Salvador Dalí Cusí declaró ser amigo íntimo de Coromines, e insistió en que éste era conocido por su patriotismo, virtud por la cual lo había elogiado el *Diario de Barcelona*, el periódico más conservador (y por ende antianarquista) de la ciudad. No había posibilidad alguna de que Coromines estuviese implicado en el atentado.[68] Hábilmente defendido por un abogado militar, el acusado quedó en libertad y más tarde sería célebre director de periódico, escritor y comentarista político.[69] Agradecido por el apoyo que le había brindado su amigo Dalí Cusí, rara vez dejaría de hacerle una visita anual.[70]

En la época de los juicios de Montjuïc, y con la finalidad de trabajar por cuenta propia, Salvador Dalí Cusí había decidido ser notario, profesión siempre rentable. El método para conseguirlo era ponerse a empollar una vez obtenida la licenciatura de Derecho (no había una titulación universitaria específica) y luego presentarse a las oposiciones convocadas por el Ministerio de Justicia cuando se producía una vacante. Una vez que se concedía una notaría, y siempre que su titular se comportara de manera impecable, tenía el sustento asegurado para toda la vida. El sistema sigue siendo muy parecido en la actualidad. Es interesante observar que tanto Salvador Dalí Cusí como su hermano optaron por profesiones que les garantizaran a la vez unos ingresos estables y una sólida posición social (los Serraclara utilizaron su influencia para conseguirle a Rafael Dalí una plaza como médico en el cuerpo de bomberos de Barcelona, puesto que nunca abandonaría). Después de lo que le había ocurrido a su padre, era como si los hermanos quisiesen correr el menor riesgo posible, y ello pese a su entusiasmo por causas progresistas.

En 1898 Salvador Dalí Cusí comenzó a concursar sin éxito por diversas notarías. Al año siguiente decidió dedicar todos sus esfuerzos a conseguir la de Figueres, alentado en ello por Josep («Pepito») Pichot Gironés, de quien se había hecho amigo íntimo en el instituto. La amistad entre ambos había continuado en la universidad barcelonesa (donde Pichot había abandonado sus estudios de Derecho en 1892 tras dos años sin aprobar un solo examen);[71] y parece probable que Dalí Cusí frecuentara el piso de la familia Pichot en la primera planta del número 21 de la calle de Montcada, caserón algo lúgubre en el corazón de la Barcelona antigua a unos pocos metros de la iglesia más bella de la ciudad, Santa María del Mar, milagro gótico de simetría y elegancia. Ramon Pichot Mateu, el padre de Josep Pichot, se había abierto camino hasta conseguir una posición importante en la empresa Vidal i Ribas, especializada en medicamentos y productos químicos; la madre, la rica y bien relacionada Antonia Gironès Bofill, mujer apasionada por las artes, era hija de Antonio Gironès, oriundo de Cadaqués que había hecho fortuna, circunstancia que no pudo resultarle indiferente al amigo *cadaquesenc* de su hijo.[72]

En un momento en que Barcelona se había convertido en uno de los centros más atractivos de la vanguardia y de la arquitectura europeas tras la Exposición Universal de 1888 –acontecimiento que proporcionara a la ciudad una nueva confianza en sí misma y en su futuro–, el salón de los Pichot era célebre por su hospitalidad, su estilo y su animación. En la segunda planta del mismo vetusto edificio vivía el joven escritor Eduardo Marquina, cuyo padre, como los Pichot, trabajaba para Vidal i Ribas. Marquina, luego uno de los dramaturgos más famosos del país, aunque hoy casi olvidado, fue el primer español en publicar traducciones de Paul Verlaine (en la revista modernista barcelonesa *Luz)* y en 1903 se casaría con Mercedes, la menor de los siete hijos de los Pichot.[73] Uno de éstos, Ramon, era pintor, y a finales de los años noventa había entablado íntima amistad con Pablo Picasso, nueve años menor que él. Existe la posibilidad de que Salvador Dalí Cusí conociera al joven Picasso en casa de los Pichot o, de no haber sido allí, en el café Els Quatre Gats, fundado por los pintores Santiago Rusiñol y Ramon Casas en 1897 e inmortalizado en la ilustración hecha por Picasso para la carta. Pero, aun cuando así no fuera, Dalí Cusí debía de haber estado al corriente de la vida bohemia que llevaban Picasso y Ramon Pichot en Barcelona e, inmediatamente después, en el París de comienzos de siglo.

Una de las más originales proezas de Josep Pichot, quien ciertamente era todo un personaje, fue casarse con su tía Àngela, hermana de su madre y conocida en la familia como «Angeleta». La boda se celebró a principios de 1900, cuando Josep tenía treinta años y ella veintiocho. Àngela Gironés había heredado una casa en Figueres, probablemente de su padre, que al parecer tenía intereses en ésta (Antonia había nacido allí),[74] y por ello el matrimonio decidió instalarse en la capital del Alt Empordà.[75] Según tradición familiar tanto de los Pichot como de los Dalí, la intervención de Josep fue decisiva a la hora de convencer a Salvador Dalí Cusí para que perseverase en sus intentos por conseguir la notaría de Figueres. De ese modo, los dos amigos podrían seguir viéndose regularmente. Además, ¿no tenía Figueres la notaría más próxima a Cadaqués?[76] Salvador no necesitaba que le insistiera Pichot pues, a diferencia de su hermano Rafael, que había heredado el odio paterno por la tramontana, recordaba con mucho cariño su lugar de nacimiento y le entusiasmaba la idea de poder volver allí con frecuencia.[77] No consiguió la notaría de Figueres en 1899, pero sí en abril de 1900, cuando se quedó vacante otra vez. Tras la oposición de rigor, obtuvo el nombramiento del Ministerio de Justicia el 27 de abril de 1900, y el 31 de mayo recibió sus credenciales del Colegio de Notarios de Barcelona, después de que Josep Maria Serraclara le adelantara el dinero necesario para efectuar el considerable depósito. El 7 de junio de ese año tomó posesión formal del puesto.[78] Dalí Cusí no perdió el tiempo y enseguida se puso a trabajar, insertando en lugar destacado de la primera plana del periódico figuerense *El Regional*, entre el 24 de junio y el 30 de agosto de 1900, la noticia de la apertura de su despacho.[79]

FELIPA DOMÈNECH

Una vez obtenido el deseado puesto, Salvador Dalí Cusí, que ya tenía veintiocho años, estaba en condiciones de casarse con su prometida, Felipa Domènech Ferrés, bonita y recatada muchacha de Barcelona dos años menor que él. Se habían conocido en Cabrils, cerca de Vilassar de Mar, cuando Salvador pasaba las vacaciones de verano en la villa que allí poseían los Serraclara.[80]

Anselm Domènech Serra, el padre de Felipa, había muerto en 1887, a la edad de cuarenta y siete años, cuando su hija apenas contaba trece. Importador de mercería y pasamanería, había viajado mucho por Francia.[81] La madre, Maria Anna Ferrés Sadurní, que a diferencia de su esposo viviría hasta una edad avanzada, era una mujer sensible y tranquila, dueña de un temperamento artístico heredado de su padre, Jaume Ferrés, que dirigía un antiguo establecimiento familiar especializado en la fabricación de «objetos artísticos». Maria Anna Ferrés le contó a su nieta Anna Maria Dalí, la hermana del pintor, que su padre había sido el primer catalán en trabajar con concha. Diversos objetos, originales o retocados, «todos hechos con arte, con un gusto y una sencillez exquisitos», fueron después reliquias de la familia Dalí: cajitas, bastones, abanicos, una urna, peinetas, hasta un libro con tapa de concha. Maria Anna era una maga de las tijeras y hacía recortables de papel que más tarde harían las delicias de sus nietos, Salvador y Anna Maria. Su sensibilidad artística quedaría demostrada también cuando, poco antes de morir, se pondría de repente a recitar de memoria poemas de Góngora. Nadie había sospechado jamás tal familiaridad con los intrincados versos del autor de las *Soledades*.[82]

La abuela Maria Anna era muy buena conversadora, y le gustaba contar que de niña había viajado con su padre en el primer ferrocarril de España, la línea de Barcelona a Mataró, viaje durante el cual habían podido tomar un vaso de agua sin derramar, decía, ¡una sola gota![83]

A la muerte de su padre, Maria Anna Ferrés había heredado el negocio familiar, situado en la calle del Call, la antigua judería de Barcelona, junto a la plaza Sant Jaume. Sus descendientes están convencidos de que la familia Ferrés era, de hecho, de origen judío.[84]

A Felipa Domènech, primera hija de Maria Anna, pronto le habían seguido dos hermanos, Anselm (1877) y Catalina (1884).

Felipa ayudaba a su madre en el taller, demostrando gran destreza como diseñadora de «objetos artísticos». Era hábil con los dedos y dibujaba bien (como su madre), y las delicadas figuritas de cera que disfrutaba modelando con velas de colores encantarían al futuro pintor durante su infancia.[85]

Anselm, nacido en 1877, comenzó desde muy joven a trabajar en la librería más famosa de Barcelona, la Llibreria Verdaguer, que también funcionaba como editorial. Fundada en 1835 por Joaquim Verdaguer, había pasado al hijo de éste, Àlvar, tío y padrino de Anselm, siendo uno de los motores de la *Renaixença,* el renacimiento literario catalán. El hijo de Àlvar Verdaguer murió de niño, y sus tres hijas mostraban muy poco interés por la empresa. Era natural, pues, que Anselm se convirtiera en socio suyo, como así sucedió en 1915.[86]

La Llibreria Verdaguer se encontraba prácticamente enfrente del 27
Teatro del Liceo, en las Ramblas, y era lugar de encuentro predilecto de escritores y artistas. Anselm estaba en su salsa en ese ambiente, y al cumplir los veinte años se hallaba ya inmerso en la vida artística y literaria de Barcelona. Amante de la música, fundó la Asociación Wagneriana de Barcelona y, con Amadeu Vives y Lluís Millet, el Orfeó Català, asociación musical dedicada sobre todo a los valores autóctonos. Anselm Domènech estaba destinado a desempeñar un importante papel en el desarrollo artístico de su sobrino Salvador Dalí.[87]

En cuanto a Catalina, la hermana menor de Felipa y Anselm, nacida en 1884, era sombrerera de cierto talento.[88]

El 29 de diciembre de 1900, Salvador Dalí Cusí y Felipa Domènech Ferrés se casaron en Barcelona en la iglesia de Nuestra Señora de la Merced. Fueron testigos Àlvar Verdaguer, el librero, y Amadeu Hurtado, conocido abogado amigo del novio.[89] No sabemos dónde pasó la pareja su luna de miel, sólo que, pocas semanas después de la boda, Felipa, instalada ahora en su nueva casa de Figueres, estaba ya embarazada.

DOS

INFANCIA Y JUVENTUD
(1904-1916)

FIGUERES

En 1900, cuando Salvador Dalí Cusí llegó para hacerse cargo de su recién ganada notaría, Figueres era una floreciente ciudad de casi 11.000 habitantes. Situada en el borde de la hermosa y fértil llanura del Alt Empordà, a cinco kilómetros de Llers, tierra solariega de los Dalí, era la capital indiscutida de la comarca, posición que a lo largo de los siglos le había venido arrebatando a Castelló de Empúries, sede de los condes de Empúries en la Edad Media.

Hasta la firma de la Paz de los Pirineos en 1659, Figueres había estado bastante alejada de la frontera francesa. En virtud del nuevo acuerdo, sin embargo, por el cual España cedió a Francia el Rosellón y Perpiñán, la ciudad descubrió de repente que estaba ahora a sólo unos veintitrés kilómetros del vecino país. Esta proximidad, y las continuas hostilidades entre España y Francia, convirtieron la llanura del Empordà en una conflictiva zona fronteriza, y dieron lugar, a mediados del siglo XVIII, a la construcción, justo detrás de Figueres, de una maciza fortaleza rodeada de un foso. El castillo de San Fernando fue la réplica española al de Bellegarde, en el lado francés, y también una manera de recordar a los catalanes que estaban bajo el dominio del gobierno central de Madrid. Guarnecida por el Regimiento de San Quintín, la fortaleza desempeñó un papel fundamental en el desarrollo socioeconómico de Figueres, proporcionando trabajo a cientos de albañiles y operarios, estimulando el comercio local y creando una fuerte demanda de entretenimiento, desde la prostitución a la ópera.[1]

Desde el largo perímetro del castillo se obtienen magníficas vistas de los Pirineos orientales, coronados por el Canigó, una de las dos montañas sagradas de Cataluña (la otra, claro, es Montserrat) y objeto de veneración para los catalanes tanto franceses como españoles. Directamente al norte, otro pico, el Neulós, constituye el punto más alto de la cordillera de las Alberes, que separa el Alt Empordà de Francia. Bajo la colina, a un tiro de piedra de la fortaleza, la autopista A-7 canaliza el tráfico desde y hacia Le Perthus, claramente visible en el horizonte. En el borde marítimo de la llanura se halla Roses (lugar de nacimiento de Teresa Cusí, la esposa de Gal Dalí), y, donde se acaba la vista, en el extremo meridional de la ancha bahía, se intuyen las ruinas de Empúries, que da nombre a la región (Empúries, primero un *emporion* griego, fue más tarde, en el 218 a. de C., el lugar donde los romanos, llegados con el propósito de rechazar la amenaza cartaginesa, desembarcaron por vez primera en la península ibérica).

A comienzos del siglo XIX Figueres se había convertido en una de las poblaciones de Cataluña con mayor animación política y era un auténtico hervidero de sentimientos republicanos y federales entreverados de anticlericalismo. Una oposición intensa, aunque minoritaria, la formaban los monárquicos partidarios del *statu quo* impuesto por Madrid. Figueres editaba sus propios periódicos, tanto conservadores como progresistas, tenía varios clubes y centros sociales, una plaza de toros (inaugurada en 1894), sociedades musicales, un teatro visitado regularmente por las principales compañías teatrales y operísticas de España, y, los jueves, un mercado rico en productos del campo ampurdanés y animado por los llamativos vestidos tradicionales de los campesinos. En 1877 Figueres había quedado conectada por ferrocarril a Barcelona, y desde 1896 tenía luz eléctrica. En agosto de 1898 había hecho su entrada, desde Francia, el primer automóvil.[2] En la construcción, el modernismo empezaba a hacerse notar, levantándose algunos buenos edificios *Art Nouveau.* Los domingos, la banda militar daba conciertos en la Rambla, ocasión que aprovechaban los soldados y las muchachas del lugar para hacerse ojitos. En cuanto a sus aportaciones en el campo del empeño humano, Figueres podía enorgullecerse de una sólida tradición artística, literaria y científica. Entre sus hijos célebres estaba, en primer lugar, Narcís Monturiol (1819-1885), socialista defensor de los derechos de la mujer y de los trabajadores y pionero del submarino. Pep Ventura (1817-1875), creador de la versión moderna de la sardana, era otro conocido personaje local, aunque, de hecho, había nacido en Andalucía. Figueres también había sido cuna de algunos políticos destacados, entre ellos el profeta del federalismo español, Abdó Terrades (1812-1856), y de ella habían procedido, durante la desafortunda Primera República de 1873-1874, nada menos que tres ministros: Francesc Sunyer i Capdevila, Joan Tutau y el general Ramon Nouviles. Tras la restauración borbónica de 1874 la ciudad había mandado, sistemáticamente, diputados republicanos a las Cortes. Lejos de ser un páramo provinciano, pues, Figueres era una villa civilizada y próspera, influida por la cultura francesa y la proximidad de Europa.

No es de extrañar, por lo tanto, que alguien tan sociable como Salvador Dalí Cusí echara pronto raíces allí, ni que en poco tiempo se convirtiera en miembro prominente del Sport Figuerense, el club más liberal de la ciudad y notable centro de debate político. Al Sport acudía por las noches Dalí Cusí a reunirse con Pepito Pichot y sus muchos amigos nuevos, y no tardaría en destacar por la vehemencia con la que defendía la causa del federalismo catalán, tan entrañable para muchos figuerenses.[3]

SALVADOR I Y SALVADOR II

El despacho del flamante notario ocupaba la planta baja de un elegante edificio sito en la calle Monturiol número 20, en pleno centro de la ciudad, a cincuenta metros de la elegante Rambla y prácticamente enfrente del Sport. En la primera planta del mismo edificio Dalí Cusí alquiló un apartamento espacioso.

El primer hijo de Salvador y Felipa nació el 12 de octubre de 1901. La partida de nacimiento (redactada en castellano como mandaba la ley) da fe de que se lo inscribió en el Registro Civil con los nombres de Salvador Galo Anselmo: Salvador por su padre y otros antepasados del mismo nombre; Galo en homenaje a su malogrado abuelo paterno, y Anselmo por deferencia a su abuelo materno, Anselm Domènech, y el hijo de éste.[4] Sabemos muy poco de este primer Salvador, que murió con veintidós meses el 1 de agosto de 1903, víctima, según su certificado de defunción, de un «catarro gastro enterico [sic] infeccioso».[5] Es imposible saber si el diagnóstico fue correcto o no. La prensa local expresó las convencionales condolencias a los padres de la criatura, que fue enterrada en un ni-
3 cho comprado a toda prisa en el cementerio de Figueres.[6]

Años más tarde Dalí le contaría a su mecenas norteamericano Reynolds Morse que su madre había quedado tan deprimida por la pérdida de su primer hijo que su padre la llevó al lago de Requesens: el aislado paraje, a unos veinte kilómetros al norte de Figueres, al que los ciudadanos solían acudir en procesión anual para implorar a la tramontana que continuara soplando y librando a la llanura del Empordà de enfermedades. Tal vez la señora Dalí quiso acudir a la pequeña iglesia del lugar para pedir por la salud de su próximo hijo, o acaso a tomar las apreciadas aguas ferruginosas del lugar. Cualquiera que fuese el motivo de la visita, Dalí le contó a Morse que su madre, emocionada por la belleza del paraje, no pudo contener las lágrimas. Al parecer Dalí recuerda este episodio en su cuadro *Playa con teléfono*, conocido también como *El lago de montaña* (1938), en el que el estanque adquiere la forma de una ballena varada, reminiscencia, tal vez, de la colina y su reflejo en el agua de Requesens.[7] 4

Nueve meses y diez días después de la muerte de su hermano, como si hubiera sido concebido en la urgencia del dolor, vino al mundo el segundo Salvador Dalí, acontecimiento que tuvo lugar en la vivienda familiar a las 20.45 del 11 de mayo de 1904.[8] El 20 de mayo lo bautizaron Salvador Felipe Jacinto en la iglesia parroquial de San Pedro. Sus padrinos fueron su tío Anselm Domènech –el librero de Barcelona– y Teresa Cusí, su abuela paterna.[9] Contrariamente a lo que se ha afirmado, Dalí 7
no recibió el nombre de Salvador en memoria de su hermano muerto, sino, igual que éste, por su padre y su abuelo. Hubiera sido inaudito cargar al nuevo hijo con el peso del segundo y el tercer nombres de su difunto hermano, cosa que, por supuesto, los Dalí no hicieron. Con toda seguridad Felipe fue elegido como forma masculina de Felipa, la madre, mientras Jacinto fue un gesto para con el hermano del padre, Rafael, cuyo nombre completo, como se ha visto, era Rafael Narciso Jacinto.

En sus diarios adolescentes, al menos en los que se han conservado, el pintor no menciona una sola vez a su hermano muerto. Las referencias a éste en los escritos posteriores están plagadas de fantasiosa desinformación, aunque es imposible saber hasta qué punto de manera deliberada o inconsciente. En *Vida secreta* Dalí afirma que su hermano tenía siete años, no veintidós meses, cuando falleció, y que su muerte (de meningitis, afirma el pintor, en abierto desacuerdo con el certificado de defunción), se produjo tres años y no nueve meses antes de que él naciera; asimismo declara que su hermano tenía «la inconfundible morfología facial del genio» y presentaba síntomas de «alarmante precocidad».[10] Más tarde, en *Confesiones inconfesables,* Dalí afirmaría que sus

padres, al ponerle el mismo nombre que a su hermano, habían cometido «un crimen subconsciente», forzándolo así a vivir con un ideal imposible, crimen agravado por tener un retrato del niño muerto encima de una cómoda del dormitorio matrimonial, en –siempre según Dalí– significativa yuxtaposición con una reproducción del *Cristo* de Velázquez.[11] Probablemente esa fotografía es la que al morir dejó entre sus
1 efectos personales Anna Maria Dalí. Si bien el niño es hermoso (más,
sin duda, que Salvador II, y, de hecho, de aspecto casi angelical), nada
en su semblante sugiere «la inconfundible morfología facial del genio»
ni la «alarmante precocidad» señalada por el pintor. En cuanto al *Retra-*
2 *to de mi hermano muerto,* pintado en 1963, se basa en la fotografía de un
niño desconocido, bastante mayor que el fallecido.[12]

La mayor parte de lo que Dalí dice sobre su hermano es un invento disfrazado de historicidad, cuya finalidad es facilitar a los curiosos una justificación deslumbrante, aunque espuria, de las excentricidades del pintor. Y quizá también una pista falsa para confundir seriamente a los biógrafos, a quienes es muy probable que Dalí temiera. En este propósito de desorientar hay que admitir que logró brillantemente su propósito.[13]

MONTURIOL, 20

En *Vida secreta* y en otros escritos autobiográficos, Dalí ofrece una muy parca evocación del espacioso piso de la calle Monturiol, número 20, donde pasó los primeros ocho años de su vida. Es una suerte, por lo tanto, que este vacío lo haya llenado en parte su hermana Anna Maria con sus recuerdos de la primera casa familiar, que los Dalí abandonaron en 1912 cuando ella sólo tenía cuatro años.

La casa existe aún, en el actual número 6, aprisionada entre modernos bloques de apartamentos. La vivienda de los Dalí, en el primer piso, daba, al norte, a la misma calle Monturiol, donde estaba la entrada principal; al sur, a la paralela calle Caamaño, y, al oeste, al precioso jar-
6 dín de la marquesa de la Torre, cuya casa palaciega estaba orientada, en
el otro extremo del solar, hacia la Rambla. El amplio terrado comunitario, donde se lavaba la ropa, ofrecía entonces mejores vistas que hoy, y desde él los Dalí podían contemplar una extensa franja de la llanura del Empordà, con la cordillera costera de Sant Pere de Roda al fondo.

A lo largo de todo el piso, por la pared que daba al jardín, corría una amplia galería que más tarde Anna Maria recordaría con profunda nostalgia. Adornada con macetas de lirios y olorosos nardos (luego la flor preferida de Salvador), Felipa Domènech, apasionada de los pájaros, había instalado en un extremo una pajarera en la que criaba canarios y palomas (hay una breve alusión a los canarios en la primera página de *Vida secreta*).[14] Los castaños del jardín rozaban casi el balcón, confiriendo a éste gran intimidad. En un texto adolescente, escrito después de abandonar la casa, Dalí evocó el «palacio» de la marquesa de la Torre bañado por la luz de la luna, con un ruiseñor cantando en las ramas del alto eucalipto y el croar de las ranas en el estanque.[15] Si de noche el balcón era un lugar mágico, de día, según Anna Maria, era «puramente impresionista» (pájaros, sombras, flores, vestidos largos), con «una evocación de pintura flamenca» en la serena presencia de la abuela Maria Anna, vestida de luto y cosiendo en silencio.[16]

Maria Anna Ferrés y su hija Catalina, de veintisiete años, habían
llegado para vivir con los Dalí en 1910, cuando Salvador tenía seis años 12
y Anna Maria dos. Madre e hija ocupaban un pequeño apartamento en el último piso del edificio, y su llegada a Figueres tendría importantes consecuencias para toda la familia.[17]

En el entresuelo, debajo de los Dalí (y no en la planta superior, como éste dice en *Vida secreta)*, vivía la familia Matas. Los padres, Pedro y Maria, naturales de la provincia de Barcelona, habían emigrado a Buenos Aires y regresado a España con tres hijos, Úrsula, Antonia y Dionisio. A su vuelta se instalaron en Figueres, donde, en el censo de 1906, Pedro figura como comerciante.[18] Las dos familias se hicieron muy amigas, y Anna Maria recuerda cómo desde el balcón del piso de abajo subían las risas de las chicas Matas, de su madre y de la tía Catalina mientras tomaban mate y cotilleaban.[19] Este balcón, hoy tristemente reducido por el nuevo edificio vecino, era más ancho que el de los Dalí, y lo recorría una imponente balaustrada de piedra hoy desaparecida. Años más tarde Dalí le contaría a Amanda Lear que, de niño, había sentido celos de esa balaustrada, mucho más distinguida y burguesa, pensaba él, que
la reja de hierro forjado del balcón de su familia.[20] A Salvador le impre- 5
sionó, a todas luces, el estilo de vida de los Matas, y cuenta que Úrsula (catorce años mayor que él) le parecía la personificación misma de la elegancia, «el arquetipo de la belleza en 1900». El confortable salón de los vecinos, con su cigüeña disecada, sus montones de chucherías acumuladas y su barrilito de mate con la imagen de Napoleón, ídolo del

Salvador niño, expresaba, nos dice, sus más profundos deseos en materia social. A menudo lo recibían allí, y tomaba mate sorbiendo de una bombilla de plata que pasaba de boca en boca. Esas visitas crearon en Dalí un gusto que le duraría toda la vida por el trato con «las casas más importantes». Pero todo terminó en 1911, cuando la familia Matas se marchó a Barcelona.[21]

Según Anna Maria, su hermano hizo sus primeros dibujos en la galería de la casa de Monturiol, 20: pequeños cisnes y patos obtenidos al rascar la pintura roja de la mesa y dejar al descubierto la superficie blanca que había debajo. La fascinación de Felipa Domènech por los esfuerzos de su hijo se hizo patente en una frase, muy repetida, que pasó a formar parte de la memoria colectiva de la familia: «Cuando dice que dibujará un cisne, dibuja un cisne; y cuando dice que será un pato, es un pato...», decía contenta.[22] Es probable que Felipa Domènech sintiera una satisfacción muy personal ante la revelación del talento artístico de Salvador, porque esta mujer de «ternura angelical» era capaz, nos cuenta Dalí, de dibujar «con lápices de color asombrosas pinturas de fantásticos animales en una larga tira de papel» que, cuidadosamente doblada, quedaba reducida «a un librito que se desplegaba como un acordeón».[23]

En la vida de Salvador y Anna Maria ejerció una fuerte influencia el aya de ambos, Llúcia Gispert de Montcanut, evocada con cariño tanto en *Vida secreta* como en las memorias de la hermana. Dalí recuerda a Llúcia y a su abuela Maria Anna como «dos ancianas limpísimas, con los más blancos cabellos y el más delicado y arrugado cutis que haya visto nunca».[24] Anna Maria hace hincapié en la bondad de Llúcia, en su infinita paciencia y en su nariz bulbosa, objeto de mucho afecto y de constantes bromas.[25] Salvador, en cambio, recuerda preferentemente los cuentos del aya, dos de los cuales incorpora a *Vida secreta.* Llúcia solía cantarle, además, para hacerlo dormir, nanas tradicionales catalanas.[26] En 1917 o 1918, Dalí pintó un tierno retrato de Llúcia, cuyas canciones y anécdotas recordaría hasta los últimos días de su vida.[27]

Si Llúcia llevaba el folklore catalán en la sangre, Felipa Domènech y su hermana Catalina lo habían adquirido a fuerza de tesón en Barcelona, donde ambas frecuentaban el Orfeó Català, que su hermano Anselm había contribuido a fundar. Las hermanas acumularon con los años un vasto repertorio de canciones populares que gustaban de cantar cuando andaban por la casa y, sobre todo, cuando llegaba la hora de adormecer a Salvador. Anna Maria reproduce la letra de una preciosa canción de cuna que, dirigida al Ángel del Sueño, se entonaba en esas ocasiones.[28] También el padre tenía su música, y Anna Maria lo recuerda repantigado en su mecedora mientras el *Ave María* de Gounod o pasajes de *Lohengrin* sonaban en un gramófono de descomunal bocina. Don Salvador era un ferviente admirador de la sardana, y también de su principal revitalizador, Pep Ventura, y estaba orgulloso de poseer la tenora del músico. De tanto en tanto organizaba una bailada de sardanas en la Rambla, que siempre se regaba antes con manguera. El aroma característico de los parterres húmedos inundaba entonces el ambiente.[29]

EL ARTE DE SALIRSE CON LA SUYA

Salvador Dalí Domènech fue un caso crónico de «niño mimado». Sus padres, quizá culpándose hasta cierto punto de la muerte de su primer hijo, protegieron al segundo en demasía, y por lo general parecen haberle dado todo lo que se le antojaba, fomentando una pauta de comportamiento que iba a durarle siempre. «"¡Yo quiero! ¡Yo quiero!" es la verdadera alma del niño», atronaba el moralista inglés del siglo XIX: así fue, sin duda, en el caso de Salvador Dalí. Desde el día en que vino al mundo se satisfizo hasta el último de sus caprichos, y no tardó en aprender que, al poner en funcionamiento lo que Anna Maria denominaría su «genio terrible», podía siempre conseguir que sus padres acataran su voluntad. Según Anna Maria, la familia descubrió que la única manera de tenerlo tranquilo era no negarle nunca lo que quería, sino más bien convencerlo, sin que se diera cuenta de ello, para que pidiera algo más razonable.[30] El mismo Dalí recuerda que todas las mañanas, al despertar, su madre lo miraba amorosamente a los ojos y le recitaba la fórmula tradicional «*Cor què vols? Cor què desitges?*» (¿Qué quieres, corazón? Corazón, ¿qué deseas?) A medida que fue haciéndose mayor, más de una vez contestaría que lo que quería era que lo llevaran al cine.[31]

Ese gusto por el cine había nacido durante las proyecciones organizadas en casa cuando Salvador era todavía muy pequeño. Felipa Domènech operaba el rudimentario aparato manual, y Dalí recordaría dos de los filmes vistos en aquellas sesiones: *La toma de Port Arthur* (breve documental sobre la guerra ruso-japonesa) y una cinta titulada *El estudiante enamorado*. Anna Maria cuenta que su madre también les pasaba películas de Charlot y de Max Linder. Y tambien había espectáculos de linterna mágica. Cuando en 1914 abriera la Sala Edison, el primer cine de Figueres, Salvador podría ver todas las películas que quisiera.[32]

La política familiar de satisfacer cada deseo y veleidad de Salvador tuvo consecuencias nefastas para su desarrollo como ser humano. Terco como una mula cuando era cuestión de conseguir lo que quería, adorado, adulado, mimado, acicalado y tratado como rey de la casa, fue el indiscutido gallo del corral hasta la llegada de Anna Maria en enero de 1908. Ni en *Vida secreta* ni en ningún otro escrito autobiográfico se detiene Dalí a analizar el posible impacto que el nacimiento de su hermana tuvo en su sentido de la supremacía. No obstante, el episodio del cometa Halley, en 1910, contado en su famosa autobiografía, sugiere que la aparición de esta competencia inesperada fue el origen de un fuerte resentimiento. Aun cuando Dalí no le diera a su hermanita un puntapié en la cabeza aquella noche, cuando ella tenía dos años y él seis, es muy posible que sintiera ganas de hacerlo.[33]

Lo que nos cuenta Dalí acerca de cómo utilizaba sus funciones excretoras para manipular a sus padres es desternillante, pero ¿es verdad que dejaba cagarros por toda la casa, en los rincones más inaccesibles e inesperados, con la finalidad de sacar el máximo beneficio de la ansiedad que sus movimientos intestinales suscitaban en la familia?[34] ¿O que a los ocho años seguía orinándose en la cama para humillar a su padre, que le había prometido un triciclo rojo si dejaba de hacerlo?[35] La adhesión del Dalí posterior a las opiniones de Freud sobre la analidad es tan manifiesta que no podemos creer a pies juntillas el relato de sus excesos a la hora de hacer caca. Sin embargo, nadie que contemple los cuadros surrealistas de Dalí dejará de darse cuenta de su obsesión por los excrementos.

LA PRIMERA ESCUELA. ESTEREOSCOPÍA. ASOMOS DE VERGÜENZA

«Cuando yo tenía siete años mi padre decidió llevarme a la escuela», comienza Dalí el ingenioso capítulo cuarto de *Vida secreta,* titulado, a modo de advertencia a los lectores precavidos, «Falsos recuerdos de infancia.» Allí Dalí evoca, y en parte inventa, su experiencia en la Escuela Municipal de Figueres, dirigida en aquel entonces por un profesor excéntrico e innovador llamado Esteban Trayter Colomer (1851-1920). Dalí reproduce una fotografía escolar, con la fecha 15 de septiembre de 1908 claramente estampada en la esquina inferior derecha, que demuestra de modo contundente cuán poco le importa la exactitud cronológica. En la foto se ve a un orgulloso Trayter, luciendo una barba partida en dos realmente increíble que le llega casi a la cintura, junto a sus niños –unos ochenta– al iniciarse el curso. En la cuarta fila, casi a la altura del codo de su profesor, se aprecia a Dalí, pero con *cuatro* años, no siete. Un Dalí, ciertamente, de aspecto muy tímido. 13

En *Vida secreta* Dalí afirma categóricamente que sólo asistió un año a la escuela de Trayter.[36] Es posible que así lo creyera cuando se sentó a escribir su autobiografía tres décadas más tarde, pero todo sugiere que permaneció con Trayter un año más, es decir, hasta el verano de 1910, verano del cometa Halley.

¿Por qué –se pregunta Dalí– su padre, notario apreciado y pudiente, envió a su hijo a la Escuela Municipal de Figueres, destinada a los niños más pobres, cuando podría haberlo confiado a una institución privada, más apropiada para gente de su rango? Respondiéndose a sí mismo, Dalí explica que, como librepensador con simpatías anarquistas, su padre no pudo siquiera considerar las otras alternativas, todas ellas católicas.[37] También es posible que don Salvador actuara impresionado por la personalidad y la reputación de Trayter. Hombre de amplios intereses, el profesor dibujaba muy bien, coleccionaba capiteles románicos y esculturas góticas (proclividad que Dalí menciona en *Vida secreta)* y era un ardiente francófilo que hacía frecuentes visitas a París, de las que regresaba cargado de regalos tan maravillosos para sus numerosos niños que éstos lo apodaron Monsieur Lafayette (por los famosos almacenes en los que solía hacer las compras). Al parecer, su único defecto eran sus reiterados estallidos de mal genio.[38]

En 1952 Dalí volvió a tocar el asunto de Trayter, al que tilda de ateo militante:

> Cuando yo era muy pequeño, Trayter, mi primer profesor, lo único que me enseñó fue que «Dios no existe» y que «la religión era cuestión de mujeres». Esta idea me sedujo desde el principio. Al mismo tiempo encontré la confirmación empírica de esto en el seno de mi familia, en el cual las mujeres iban a la iglesia pero mi padre, que era librepensador, nunca. Además, él [Dalí padre] esmaltaba su conversación, ya de por sí suculenta y pintoresca, con una serie ininterrumpida de las más variadas blasfemias.[39]

El proselitismo de Trayter en favor del ateísmo no está documentado y, de hecho, parece altamente improbable a la vista de los muchos honores oficiales que acumuló durante su larga carrera de maestro de escuela, y también de su íntima amistad con un conocido cura de Figueres, el padre Callis.[40] No obstante, el hecho de que fuera discípulo tan ferviente de Darwin, hasta el punto de ponerle Darwina a una de sus cuatro hijas, prueba que era un pensador heterodoxo desde el punto de vista de la Iglesia católica.[41] Pero incluso si Trayter hubiera de verdad recomendado encarecidamente el ateísmo a sus alumnos, su súplica sólo habría servido para reforzar el implacable adoctrinamiento anticatólico que Salvador recibía en casa, y que continuó a lo largo de su infancia y adolescencia.[42]

La afirmación de Dalí según la cual su aguda conciencia de ser más rico que los otros alumnos de la Escuela Municipal aumentó su «natural tendencia a la megalomanía» debe tomarse probablemente en serio. Vestido esmeradamente por su indulgente madre, su aspecto debió de ofrecer un notable contraste con el de los otros niños, hijos de familias menos favorecidas.[43]

Dos o tres evocaciones dalinianas de Trayter destacan particularmente. La primera se refiere a aquellas ocasiones en que, acabada la clase, el maestro lo invitaba a su casa y le enseñaba sus tesoros (Trayter y su numerosa familia vivían a sólo unos pasos de los Dalí, en un edificio sito en el solar que hoy ocupa el Museu de l'Empordà, en una esquina de la Rambla). El estudio del profesor parecía al niño una gruta encantada, un lugar que Dalí recordaría como «el más misterioso de todos los que se apiñan en mi memoria. Tal debió de ser el gabinete donde Fausto trabajaba». Dominaba la sala una biblioteca monumental donde gruesos y polvorientos volúmenes alternaban con una variada colección de objetos «incongruentes y heterogéneos, algunos de ellos cubiertos o medio tapados por paños», que redoblaban su fascinación. Trayter gustaba de sacar un rosario gigantesco comprado en Jerusalén para su esposa, con las cuentas talladas en auténtica madera de olivo del Monte de los Olivos, o una estatuilla de Mefistófeles con un brazo articulado en el que blandía un tridente que se encendía. Una rana disecada, infalible pronóstico del tiempo, colgaba de una cuerda (Trayter la llamaba «mi niña»), y había también instrumentos diversos, «probablemente aparatos médicos», cuyo uso desconocido «me atormentaba por la escabrosa ambigüedad de sus formas explícitas».[44]

A principios de siglo, una oleada de entusiasmo por las fotografías estereoscópicas había arrasado Europa. Muy pocas familias de clase media se salvaron de esta moda, y los Trayter no fueron una excepción. El plato fuerte de la colección de maravillas del maestro era un artilugio que Dalí recordaría después como una gran caja cuadrada que contenía una especie de «teatro óptico»:

> Nunca he podido determinar ni reconstruir en mi mente cómo era exactamente. Según mi recuerdo, se veía todo como en el fondo y a través de un agua muy límpida y estereoscópica, sucesiva y continuamente coloreada con las más variadas irisaciones. Las pinturas mismas estaban contorneadas y punteadas de agujeros de color iluminados por detrás y se transformaban de una en otra de modo incomprensible que podía sólo compararse a las metamorfosis de las imágenes llamadas «hipnagógicas» que se nos aparecen en el estado de «semisueño». Fue en este maravilloso teatro del señor Trayter donde vi las imágenes que habían de conmoverme más hondamente para el resto de mi vida.[45]

Es posible que Dalí se esté refiriendo al estereoscopio francés que los descendientes de Trayter han conservado junto con algunas cajas de diapositivas dobles fabricadas en París por la empresa B. K. Photographie, y que tal vez el excéntrico profesor adquirió en Lafayette, en una de sus muchas visitas a la capital francesa. Dichas diapositivas concuerdan casi exactamente con el recuerdo que Dalí conservó de ellas: las minúsculas perforaciones de los bordes están rellenas de placas de celuloide de distintos colores, y cuando se iluminan desde atrás muestran escenas en relieve con, de hecho, las más «variadas irisaciones».[46]

Dalí nos cuenta que en el «teatro óptico» de Trayter le atraía con una fuerza especial una serie de vistas de paisajes rusos nevados y tachonados de cúpulas, y, de entre todas ellas, una secuencia de una niñita rusa en un trineo, enfundada en pieles blancas y perseguida por lobos de ojos fosforescentes:

> La niña me miraba fijamente, y su expresión de orgullo inspirador de respeto oprimía mi corazón; las aletas de su nariz eran tan animadas como su mirada, lo que le daba un poco el aspecto salvaje de un pequeño animal selvático. Esta extrema vivacidad formaba un conmovedor contraste con la infinita dulzura y suavidad que comunicaba su rostro oval y una combinación de rasgos tan milagrosamente armoniosos como los de una virgen de Rafael. ¿Era Gala? Estoy seguro de que lo era.[47]

¿Vio de verdad Dalí una niñita rusa en el estereoscopio de Trayter, o se trata de un «falso recuerdo» inventado más tarde para agradar a su compañera Gala y dar consistencia al mito de que su unión estaba predestinada? Al parecer no hay ninguna escena parecida entre las diapositivas conservadas por los descendientes del maestro, pero el hecho de que entre ellas haya otras ambientadas en Rusia sugiere que sería prudente no subestimar la sinceridad de Dalí en este punto, o dudar de que en el «teatro óptico» de su excéntrico profesor viera imágenes que realmente iban a afectarlo profundamente durante el resto de su vida. Además, tanto si Gala se preanunciaba allí como si no, es un hecho que la revelación de aquel mundo mágico fue uno de los orígenes de la fascinación por la visión estereoscópica y por las ilusiones ópticas de distinta índole que sería una característica de Dalí a lo largo de su vida.

En su evocación de la escuela de Trayter, Dalí dedica un espacio importante a su relación allí con un niño llamado Butchaques. Rubio, de ojos azules y bastante más alto que Salvador, éste no ha tardado en percatarse de que se trata del más guapo de todos sus compañeros. Dalí lo observa a escondidas, y cuando sus miradas se cruzan siente que la sangre se le hiela en las venas. Un día, cuenta Dalí, Butchaques se le acerca por detrás y le pone las manos suavemente en los hombros:

> Me estremecí y se me atragantó la saliva, lo que me hizo toser convulsivamente. Me alegré de esa tos, pues excusaba mi agitación y la disimulaba. En efecto, me había puesto como la grana al darme cuenta de que el niño que me tocaba era Butchaques.[48]

La vergüenza es una emoción relativamente rara en España, donde tradicionalmente se ha permitido a los niños expresar su agresividad y su ternura, y en general su personalidad, con más libertad que en Francia o en la cohibida Inglaterra (¡donde hasta hace poco tiempo daba la impresión de que nadie se tocaba ni se miraba!). Como resultado, el vocabulario de la vergüenza en español es mucho menos sutil que en inglés. El idioma no distingue claramente entre el rubor de la vergüenza y el del enfado, por ejemplo (diferencia establecida en inglés por los sustantivos *blushing* y *flushing*, con sus verbos correspondientes), y sería muy difícil traducir al español con éxito un libro como *Keats and Embarrassment*, de Christopher Ricks (hasta su título sería complicado, pues *embarrassment* –más o menos «turbación», pero tampoco es eso– es un concepto muy británico). Hay muy pocas descripciones de la experiencia de la vergüenza en la novela o la poesía españolas del siglo XIX (pululan en la literatura inglesa victoriana). *Vida secreta de Salvador Dalí*, donde se desarrolla pormenorizadamente el tema de los sentimientos de vergüenza experimentados por el autor durante su infancia, es única, en este sentido, en los anales de la autobiografía española.

Un poco más abajo en el mismo capítulo, Dalí cuenta cómo, tras una insólita nevada en Figueres, conoce a la versión local de la niña rusa que ha visto en el «maravilloso teatro» de Trayter, que se le aparece súbitamente un día que está sentado al lado de una fuente en las afueras de la ciudad. Sobrecogido por una «vergüenza mortal», Salvador está demasiado asustado para intentar un acercamiento directo a la niña, a la que, para adecuarla a los propósitos de su narración, llama Galuchka (pues insiste en que es una anticipación de Gala).[49] Cuando vuelve a encontrarla, esta vez en Figueres, lo domina otra vez la misma «vergüenza insuperable» y decide esperar a que anochezca antes de dar paso alguno: «A media luz y en la creciente oscuridad ya no me sentiría avergonzado. Podría entonces mirar a Galuchka a los ojos y ella no vería mi rubor.»[50]

La experiencia de la repentina vergüenza equivale a sentirse expuesto al escrutinio crítico, o a las risas, de los demás. La sensación es de que están viendo la intimidad que por nada del mundo uno quisiera tener que desvelar. El rubor expone nuestra más íntima esencia, nuestro yo más profundo, el reducto que creíamos nuestro y sólo nuestro y que ahora queda a la vista de los demás. No es sorprendente, por lo tanto, que Dalí utilice el término «expuesto» o «exponerse» en su evocación de esta dolorosa emoción capaz de llevar al suicidio, como han constatado numerosos psicólogos.[51] La mirada de Galuchka es tan penetrante que parece atravesar el cuerpo de la nodriza detrás de la que Salvador se ha escondido para evitarla, «dejándome cada vez más al descubierto y exponiéndome gradual e irremisiblemente a la devoradora acción de esa mirada adorada, pero mortalmente angustiosa», una mirada que lo coloca en «la nueva situación de sentirme expuesto, mirado por Galuchka».[52]

En otros varios pasajes de *Vida secreta* Dalí sugiere, más que declararlo explícitamente, que el miedo a sonrojarse (ereutofobia) y la vergüenza por demostrar su vergüenza fueron dos factores importantísimos en el moldeado de su personalidad, apartándolo de sus compañeros y sumiéndolo en un agudo sentimiento de aislamiento. En su *On Shame and the Search for Identity* (Sobre la vergüenza y la búsqueda de la identidad), tal vez el más penetrante estudio sobre la vergüenza publicado hasta la fecha, Helen Merrell Lynd ha dedicado páginas memorables a la «incomunicabilidad» de este sentimiento, a la vergüenza como una emoción casi imposible de verbalizar cuando se produce porque «la experiencia de la vergüenza es en sí misma aislante, enajenante, incomunicable».[53] Como explica Lynd, una persona que está sintiendo vergüenza o sonrojándose es incapaz de comunicar a nadie lo que le está ocurriendo porque la adrenalina liberada en el flujo sanguíneo la empuja a escapar o a esconderse. Lo único que puede hacer es «disimular», camuflar la turbación lo mejor posible, fingir que no le pasa nada. Lo ha visto claramente el psicoanalista español Gonzalo Lafora, en un brillante y poco conocido estudio publicado en 1936:

> Lo sexual, como causa de la vergüenza más primitiva, es el motivo más corriente de los conflictos morales del tímido y, por tanto, de las reacciones ereutofóbicas. La ruborización es la exteriorización del temor de ser descubierto, pues el sujeto se cree como desnudo ante los demás. El temor expectante de encontrar a alguien que le descubra hace aislarse al sujeto y si tiene que exponerse a las miradas de los demás procura ocultarse con diversas maniobras (lentes oscuros, barba, sombrilla, abanico, etc.), que no permitan su reconocimiento.[54]

Los testimonios de *Vida secreta* permiten suponer que tal vez ya a los siete u ocho años Dalí padecía una ereutofobia aguda que le hacía sumamente difícil mantener relaciones normales con quienes lo rodeaban, incluidos, por supuesto, sus compañeros de clase (siempre dispuestos a reírse), y que lo forzaba a encontrar formas de disfrazar su angustia.

Vale la pena observar que, al contarnos su amor por el rubio y hermoso Butchaques, Dalí insiste en que lo que le fascinaba eran las nalgas del muchacho:

> Butchaques me parecía hermoso como una niña; sin embargo, sus rodillas excesivamente gruesas me daban una sensación de inquietud, igual que sus nalgas demasiado apretadas en unos pantalones sumamente estrechos. No obstante, a pesar de mi confusión, una invencible curiosidad me impelía a mirar los apretados calzones cada vez que un movimiento brusco amenazaba desgarrarlos.[55]

Las nalgas de Butchaques vuelven a mencionarse unas páginas más adelante como el sello distintivo de ese precoz objeto de deseo.[56] En uno de sus cuadros más inquietantes, *El juego lúgubre* (1929), cuya analidad XV
explícita escandalizaría incluso a los surrealistas, los apretados pantalones cortos y las huesudas rodillas del joven recuerdan inevitablemente la descripción que hace Dalí en *Vida secreta* de su compañero de escuela.

Dalí nos pide creer que Butchaques y él se pasaban el tiempo acariciándose, y que cada vez que se separaban se daban un largo beso en la boca, pero debe de tratarse de una grotesca exageración, pues si ese afecto se hubiera expresado tan abiertamente cabe imaginar que Esteban Trayter habría tomado serias medidas represivas. Por desgracia, Joan Butchaques, más tarde fontanero de profesión, nunca daría su opinión sobre el asunto. Ya con setenta años diría que alguien le había contado que su nombre aparecía en un libro de Dalí que él desconocía. No mostraba interés por conocerlo, y se llevó a la tumba sus recuerdos del futuro artista.[57]

BARCELONA OTRA VEZ

Tras establecerse en Figueres, Salvador Dalí Cusí se mantuvo en estrecho contacto con la familia Serraclara, y, como buen hijo, escribía regularmente a su madre, Teresa Cusí, para tenerla al corriente de los asuntos familiares.[58]

Pronto se volvió costumbre de los Dalí pasar las fiestas de Navidad y Año Nuevo con los Serraclara. Este encuentro anual significaba para Salvador un emocionante viaje en tren, un seguro aluvión de cariño y de magníficos regalos, el bullicio de la gran ciudad, entretenimientos maravillosos y la ilusión de visitar el Parque Güell, esa *extravaganza* de mosaicos de vivos colores, líneas onduladas y árboles de piedra (más tarde, recordando una visita con Úrsula Matas, Dalí diría que los espacios entre aquellos árboles le habían dado «la sensación de una angustia inolvidable»).[59] Salvador anhelaba la Navidad con incontenible impaciencia y, como cabía esperar, la ocasión era una oportunidad más que idónea para sus rabietas. Durante sus visitas a Barcelona «se ponía tan nervioso que lloraba y rabiaba de continuo», cuenta Anna Maria, tal vez de oídas, pues esas visitas terminaron en 1912, cuando ella apenas tenía cuatro años. «Le regalaban tantos juguetes», sigue, «que llegaba a perder la cabeza.» Recibir regalos iba a convertirse en una de las aficiones vitalicias de Dalí. De hacerlos casi siempre se abstendría.[60]

Un día Salvador pidió que le compraran unos ajos de azúcar que vio en el escaparate de una tienda de la calle de San Fernando que ya había cerrado. La subsiguiente «célebre rabieta» fue tan excesiva, prosigue Anna Maria, que Felipa Domènech (que, según dicen, era una mujer de carácter suave) casi perdió los estribos.[61]

Además de las fiestas en Barcelona, los Dalí solían pasar algunas semanas cada verano en la villa que tenían los Serraclara en Cabrils, el pueblo cercano a Vilassar de Mar donde Salvador y Felipa se habían conocido.[62] Rafael Dalí y su familia también se contaban entre los huéspedes, y se ha conservado una encantadora fotografía de Salvador y su prima Montserrat tomados de la mano en el pueblo a la edad de tres o
8 cuatro años.

En *Vida secreta* Dalí narra dos escenas que, según él, ocurrieron en Cabrils cuando tenía siete años. La primera se refiere a la vez en que presuntamente, por pura diversión, empujó a un niño más pequeño por un puente de baja altura.[63] La segunda es más interesante. En ella Dalí cuenta cómo espiaba a una hermosa mujer que orinaba en el campo. Descubierto, siguió mirando, traspuesto, el espumoso charco, mientras «una vergüenza mortal subía a mi rostro en el flujo y reflujo de mi sangre alocada».[64] Esa «vergüenza mortal» nos recuerda las escenas con Butchaques y Galuchka, y es otra indicación de la medida en que, en el Dalí niño, la curiosidad sexual fue pronto víctima de una dolorosa represión.

CADAQUÉS Y LOS PICHOT

La casa de Pepito y Angeleta Pichot en Figueres se hallaba en el Carreró de la Barceloneta, callejón sin salida no lejos del barrio del Garrigal, famoso por sus prostitutas y sus gitanos. El Garrigal era precisamente el tipo de barrio que podía atraer a un bohemio, y el jovial Pepito hizo grandes amigos entre sus habitantes, sobre todo los calés, de fuerte presencia en Figueres a partir del siglo XVIII a consecuencia de la construcción del castillo de San Fernando, cuyos centenares de caballos necesitaban una atención constante.

La vivienda de los Pichot era un caserón laberíntico lleno de recovecos, casi inglés en apariencia, con un gran jardín y otro más recoleto, rodeado de una tapia, en el que Pepito, dando rienda suelta a su vocación de floricultor, hizo maravillas, llenándolo de rosas y otros arbustos. El pequeño Dalí visitaba con frecuencia la casa. «Era uno de los lugares más maravillosos de mi infancia», escribió.[65] 16

Los Pichot vieron frustrados sus intentos de formar una familia (Angeleta tuvo varios abortos) y finalmente adoptaron a una niña, Julia, que iba a tener su papel en las fantasías sexuales del Dalí adolescente.[66] Pepito estaba fascinado con Salvador, al que adoraba, y Dalí lo trata con gran aprecio en *Vida secreta.* Si todos los Pichot eran talentosos, «Pepito era, quizás, el más artístico de todos, sin haber, no obstante, cultivado ninguna de las bellas artes en particular».[67]

La madre del numeroso clan Pichot, Antonia Gironès, era una mujer muy emprendedora, característica transmitida a sus siete hijos. A principios de siglo Antonia había alquilado una casa de verano en Cadaqués, en la Punta d'en Pampa, a unos pocos metros de la cala de Sa Cueta.[68] La familia se sentía tan a gusto en el pueblo que Antonia decidió comprar un promontorio bajo y árido llamado Es Sortell, en el extremo 10
sudeste de la bahía, denominado «yermo» en el Registro de la Propiedad.[69] Fue una elección acertada, pese al escepticismo que manifestaron algunas personas del lugar. Pepito, el frustrado estudiante de Derecho reconvertido en fanático de la horticultura, fue el encargado de transformar el desierto lugar en exótico jardín, tarea que, pese a todos los obstáculos, llevó a cabo con pericia. La casa original, en forma de L, construida según un diseño del pintor Miquel Utrillo, amigo de Ramon Pichot, era una modesta construcción de una sola planta que se iría ampliando a lo largo de los años.[70]

Hay una preciosa foto de grupo de los Pichot tomada en Es Sortell, se supone que en 1908 si bien puede ser algo posterior. Sólo falta Pepi- 9
to, el fotógrafo. Junto a la puerta se ve a Ramon, el pintor amigo de Picasso, a quien Gertrude Stein había conocido en el París de 1907 («una criatura bastante maravillosa, alto y delgado como uno de esos Cristos primitivos de las iglesias españolas, y cuando después bailó una danza española en el famoso banquete homenaje a Rousseau, lo hizo con una religiosidad inspiradora de respeto»).[71] Junto a Ramon está su mujer, Laure Gargallo, conocida por sus amigos como Germaine, la bella por la que en 1901 se suicidara Casagemas, el amigo impotente de Picasso, y con la que el insaciable artista quizás intentó con mayor éxito un lance sexual.[72] Atractivo también se ve al escritor Eduardo Marquina, el marido de Mercedes Pichot, que mira con confianza a la cámara desde su silla de mimbre, con su hijo Lluís, de cuatro años, de pie a su lado. La ca-

rrera literaria de Marquina comienza ahora a afirmarse, y pronto conocerá sus primeros éxitos en el teatro. En el momento en que se tomó la fotografía, tres de los Pichot estaban en vías de convertirse en músicos profesionales. Detrás de Marquina, con una sonrisa deslumbrante, se ve a Ricard, alumno predilecto de Pau Casals, que a los diecisiete años había obtenido el primer premio para violoncelo del Conservatorio de París. Doce años más tarde, cuando Ricard ya era músico de renombre, Dalí pintó un retrato impresionista en el que se lo ve ensayando en Es Sortell.[73] Lluís, hermano de Ricard, es el joven atildado que aparece a la derecha de la foto con la pipa y un sombrero blanco de pescador al estilo de Cadaqués. Pocos años después, él, Ricard y el pianista figuerense Lluís Bonaterra fundarán el Trío Hispania, con el cual darán populares conciertos en Europa y en toda España. Por último, junto a Marquina y mirando a su hermano Ricard, está Maria. Conocida profesionalmente como Maria Gay (por su marido, el pianista Joan Gay), y en la familia como «Niní», es una renombrada cantante de ópera recordada después como una de las mejores Cármenes de todos los tiempos.[74]

Ya por 1908 eran evidentes las posibilidades que ofrecía Es Sortell como retiro de verano. Antonia Gironès estaba encantada con el éxito de su proyecto, y pronto el pueblo se convirtió en meca de los amigos bohemios de los hijos, que llegaban a Figueres en tren y tomaban desde allí una tartana hasta Cadaqués. Era un viaje demoledor de nueve horas, pero cada metro del mismo valía la pena pues al final del trayecto les esperaba uno de los pueblos más bellos del Mediterráneo, pueblo sin grifos en las casas donde las mujeres iban todavía al pozo a buscar agua, llevándola sobre la cabeza en grandes cántaros a sus lares.[75]

Dada la íntima amistad de Salvador Dalí Cusí y Pepito Pichot, el notario y Felipa Domènech fueron entre los primeros huéspedes de Es Sortell. No pasó mucho tiempo antes de que el notario sintiera ganas de tener o alquilar una propiedad en el pueblo donde había pasado los primeros nueve años de su vida. Comentó el asunto con Pepito, que consintió en alquilarle un establo reformado, propiedad de su hermana Maria, situado junto al mar en la pequeña playa de Es Llané (o Llaner), a unos cientos de metros de Es Sortell en dirección al centro de Cada-
15 qués.[76] Cerca del establo se alzaba una extravagante villa modernista pintada de rosa y apodada por los lugareños Es Tortell (El Tortel), porque daba la impresión de que uno podía comérselo. Del otro lado del establo, un poco más allá por la playa, Pepito Pichot alquilaba otra casa

a su amigo Juan Salleras, de Figueres, cuya hija, Rosa Maria, seis años menor que Salvador, iba a ser «adoptada» por éste tras intentar en vano comprarla con sus ahorrillos. Durante varios años éstas serían las únicas casas de Es Llané.[77]

Detrás de la playa había huertas y olivares circundados por las famosas *parets seques* del pueblo y sus alrededores y atravesados por pequeños senderos que subían por la colina, mientras que más allá de Es Sortell se abrían numerosas calas y grutas, hasta el límite marcado por el faro de Cala Nans. Éste era el paraíso infantil de Salvador Dalí, que poco a poco se ensancharía para abarcar todo Cadaqués y sus aledaños más cercanos. Dalí llegaría a querer tanto el pueblo que durante el curso escolar no dejaría nunca de soñar con las próximas vacaciones en Es Llané.

Entre las maravillas de Cadaqués que Salvador comenzó a explorar desde niño, la más fabulosa era sin lugar a dudas el cabo de Creus. Como nos recuerda en *Vida secreta,* este imponente cabo es «exactamente el épico lugar donde las montañas de los Pirineos llegan al mar en un grandioso delirio geológico».[78] Ciertamente el delirio es grandioso; pero
sombrío e intimidatorio también, pues el cabo de Creus es un lugar de 17
corrientes mortales donde ha habido incontables naufragios, aunque, en primavera, brevemente, es también un paraíso botánico. A Dalí le gustaba señalar que Creus es el punto más oriental de la península ibérica, y que la isla que se encuentra justo frente al cabo recibe los primeros rayos de sol que llegan a España cada día. Acertadamente llamada Massa d'Oros, se la conoce también como La Rateta.

Penetrados por incontables calas, hasta la más pequeña con un nombre evocador, los acantilados y peñas del cabo de Creus se componen básicamente de micacita, roca metamórfica resultante de una tremenda compresión y formada por hojas alternadas de mica y cuarzo. A menudo la micacita oscura se yuxtapone con gruesas vetas de cuarzo puro, y parece ser que de los miles de millones de pequeñas placas plateadas incrustadas en la roca el sol saca un brillo que llega a divisarse desde los lejanos barcos en altamar. Durante siglos las lluvias y la tramontana, con sus corrosivos cargamentos de arena y sal, han esculpido la micacita, fácilmente erosionable, hasta arrancarle formas fantásticas: «el Águila», «el Camello», «el Monje», «la Mujer Muerta», «el Rinoceronte», etc. En el cabo de Creus ni siquiera el visitante casual tardará 17, 18, 19
en ver cosas extrañas, en percibir imágenes inverosímiles que tan pronto adquieren la forma de un pájaro o de un animal fantasmagórico se

convierten en un arrugado perfil humano, en un palacio encantado o un grupo de plantas tropicales, todo ello a medida que el observador se va moviendo entre las rocas o se aproxima al cabo desde el mar. Creus es un vasto teatro natural de ilusiones ópticas, y la prolongada contemplación de sus metamorfosis alimentaría la obsesión incansable de Dalí por los trucos visuales, en especial la imagen doble. Su «paisaje mental», dijo una vez, se parecía a «las rocas fantásticas y proteicas del cabo de Creus», las rocas que, según algunos etimólogos, han dado nombre a Cadaqués (*cap*, cabo; *quer*, roca).[79] En otra ocasión Dalí explicó que se consideraba la encarnación humana de ese primitivo paisaje.[80] No fue Dalí el primer artista hondamente conmovido por Creus, y él mismo quedaría impresionado al enterarse de que, como sospechaba, «el sublime Gaudí» había visitado el cabo en su adolescencia y se había «nutrido de las rocas suaves y barrocas, duras y góticas de ese paraje divino».[81] No es extraño, por lo tanto, que con el paso del tiempo Dalí acabara construyendo su casa en la aldea de pescadores de Port Lligat, al pie del cabo, ni que Creus se convirtiera en uno de los escenarios clave de su obra pictórica.

Salvador se hizo pronto amigo íntimo de Lluís, el hijo de Eduardo Marquina y Mercedes Pichot, quince días menor que él, y de Pepito, el de Maria y Joan Gay, y los niños se pasaban el verano visitándose en sus respectivas casas.[82] En Es Sortell Salvador podía contemplar a diario los cuadros de Ramon Pichot, y debió de disfrutar de más de un ensayo de Ricard, Lluís y Maria. A veces la familia organizaba veladas musicales que eran auténticos acontecimientos surrealistas *avant la lettre,* aprovechando el fenómeno localmente conocido como *calma blanca,* cuando en la bahía de Cadaqués reina una calma chicha y el pueblo se refleja en ella con nitidez fantasmal. En esas ocasiones, sobre todo en las noches de luna llena, los Pichot gustaban de colocar un piano de cola en una barca provista de un fondo especialmente ancho. Los músicos, vestidos de etiqueta, se instalaban en la plataforma flotante y comenzaban a tocar mientras una pareja de dóciles cisnes hacía más intensa la magia, deslizándose por el agua oscura como si fuera un lago. Cuando se corría la voz de que los Pichot daban un concierto, la gente de Cadaqués se reunía en silencio en la playa de Es Llané, esperando en suspenso que la música llegara ondulante a través de la tranquila superficie del mar.[83]

Los Pichot no sólo eran artistas creativos, sino también bohemios cosmopolitas y extravagantes. El contacto que verano tras verano tenía Salvador con ellos y su círculo internacional de amistades, debió de ser estimulante mientras iba pasando de la infancia a la adolescencia. Incluso es posible que a sus seis años coincidiera en Es Sortell con su futuro rival, Picasso, cuando en el verano de 1910, persuadido por Ramon Pichot para que visitara Cadaqués, el artista malagueño llegó al pueblo con su pareja del momento, Fernande Olivier. Es seguro, de todas maneras, que más tarde el pequeño Dalí oiría comentar aquella visita, nunca repetida, enterándose de que Picasso (cuyo cubismo alcanzaba entonces su momento de máxima abstracción) había pintado importantes cuadros de Cadaqués durante su estancia. A Dalí, además, le gustaría una anécdota procedente de aquel verano. A Maria Pichot la importunaba por entonces un insistente tenor que, desesperado, irrumpió un día por sorpresa en su dormitorio. Picasso vio a Maria escapar por la ventana mientras gritaba *«En juliol, ni dona ni cargol»* (En julio, ni mujer ni caracol), popular dicho local. Años después Dalí gozaría recordándole a Picasso el incidente, y todos los meses de julio le enviaría un telegrama con ese original y enigmático consejo ampurdanés.[84]

Existe una hermosa fotografía de la familia Dalí en Cadaqués, más o menos en 1910 (época de la visita de Picasso), sacada en la playa delante de la casa de Es Llané. Detrás de ellos, descansando sobre sus remos, está El Beti, pescador que solía llevarlos de excursión en su barca.
Es muy probable que el fotógrafo, otra vez, fuera Pepito Pichot. A los 14
Dalí acababan de sumarse en Figueres Maria Anna Ferrés, la madre de Felipa, y la hermana de ésta, Catalina. Ambas están en la fotografía. Catalina, flanqueada por Salvador y Anna Maria, parece la felicidad en persona. Los niños la adoraban y pronto sería conocida en la familia como *la tieta*, designación afectuosa que conservaría para el resto de sus días.

EL COLEGIO HISPANO-FRANCÉS DE FIGUERES

En 1910, finalizado el segundo año de Salvador con el profesor Esteban Trayter, el notario tomó una decisión que iba a influir profundamente en la vida de su hijo: lo matriculó en el colegio inaugurado en Figueres el año anterior por los Hermanos de las Escuelas Cristianas, la orden de enseñanza francesa fundada a fines del siglo XVII por Juan Bautista de La Salle. En 1904 se había prohibido a la orden seguir manteniendo colegios en Francia (donde los jesuitas ya estaban proscritos), tras lo cual los hermanos intensificaron sus actividades en el extranjero, siendo Cataluña uno de sus primeros objetivos.[85]

El colegio de Figueres fue una prolongación española del Instituto de los Hermanos de las Escuelas Cristianas de Béziers, internado de gran prestigio. Al principio casi todos los profesores del colegio de Figueres, así como la mayor parte de sus ciento veinte alumnos, provenían de la escuela de Béziers. La enseñanza se impartía íntegramente en francés, atractivo señuelo para el francófilo Salvador Dalí Cusí, a quien ahora se le presentaba una excelente oportunidad para que su hijo aprendiera el idioma del país vecino, oportunidad que justificaba prescindir de los prejuicios anticlericales, y decidió seguir adelante. En este punto no fue menos pragmático que su hermano Rafael, quien, dejando provisionalmente de lado su hostilidad hacia la Iglesia, puso a su hija Montserrat en manos de monjas francesas en Barcelona por el mismo motivo lingüístico. Los dos hermanos Dalí habían destacado en francés en sus años con los padres escolapios, cabe subrayarlo, y es posible que su amor por esta lengua tuviera algo que ver con la admiración que les inspiraba la Revolución francesa.[86]

El soberbio complejo construido en 1909 en las afueras de la ciudad, junto a las vías del ferrocarril, llevaba el nombre oficial de Collège Hispano-Français de l'Immaculée Conception Béziers-Figueras, pero pronto se lo conocería popularmente como Els Fossos, por los hoyos que salpicaban el solar que rodeaba a los edificios.

Tanto se insistía en Els Fossos en que se hablara francés que los alumnos descubiertos utilizando el catalán o el castellano durante el recreo se exponían a un castigo, si bien no demasiado severo.[87] Para facilitarles la transición al francés, un hermano español versado en dicho idioma les daba clases especiales.[88]

Como resultado de los seis años pasados en el Colegio Hispano-Francés, Dalí cumplió las aspiraciones de su padre y adquirió un excelente francés hablado, aunque siempre conservaría un marcado acento catalán. Pero no pudo con la poco fonética ortografía francesa, y nunca llegaría a dominarla. Tampoco aprendería más tarde a deletrear correctamente el catalán y el castellano. El manejo de tres idiomas al mismo tiempo haría que fuera incapaz de escribir correctamente en ninguno de ellos.

En este punto se impone otra reflexión: si en la Escuela Municipal dirigida por Esteban Trayter la enseñanza sólo se impartía en castellano (requisito legal para todos los centros oficiales de Cataluña, donde la lengua materna seguía excluida), entre los seis y los doce años Dalí habló y escuchó hablar francés mucho más que el castellano, lengua que apenas empleaba pues en su casa y con los amigos fuera de la escuela se conversaba por lo general en catalán. Cuando dejó Els Fossos para comenzar su enseñanza secundaria, la balanza se inclinaría hacia el castellano, pero para entonces el francés ya estaría profundamente arraigado en su inconsciente (lo que ayuda a entender el placer con que el Dalí adolescente se adentraría en la literatura francesa). Sin embargo, tal situación lingüística es una circunstancia que no se menciona ni una sola vez entre los «recuerdos verdaderos» de Els Fossos incluidos en *Vida secreta,* donde Dalí da la impresión de que sólo pasó dos años y no seis con los hermanos (a los que ni siquiera identifica como franceses), con quienes, dice, no aprendió absolutamente nada y, además, nunca pasó de curso.

No se han conservado expedientes escolares de esos años que nos ayuden a evaluar la exactitud de la versión dada por Dalí de su época en el colegio. Es cierto que durante los primeros cuatro años no salió de *huitième,* pero este dato en sí no significa que no hiciera progresos anuales, pues en esa clase se atendía a niños de seis a diez años. Los dos últimos años los pasó en *septième,* pero tampoco en este caso nos aclara el único documento conservado qué asignaturas estudió, ni si lo hizo con buenos o malos resultados. Sólo podemos estar seguros de que durante esos seis años los hermanos franceses se esforzaron por inculcarle una amplia cultura general.[89]

Que el plan de estudios incluía dibujo lo prueba un breve artículo publicado por Dalí en 1927 en el que ensalza el «sentido común» de uno de sus profesores. A este hombre, cuyo nombre no consigna el pintor, le gustaba repartir entre sus alumnos sencillos dibujos hechos por él mismo con una regla, y pedirles que los rellenaran con cuidado empleando acuarelas. Su consejo era muy simple: «Pintarlos bien, pintar bien, en general, consiste en no sobrepasar la línea.» Dalí, cuyas mejores obras destacan por su atención al detalle minúsculo, pudo muy bien tener una deuda real con estas primeras lecciones. Si es así, es una lástima que no sepamos más acerca de ese «sencillo maestro», quien, aun sin ser estudiante de teoría estética, observaba una «norma de conducta» capaz de inspirar toda una ética de probidad artística.[90]

Dalí comienza el quinto capítulo de *Vida secreta,* titulado «Recuerdos reales de infancia» (a diferencia de los «falsos» del capítulo anterior) con la evocación de una vista invernal desde su clase en el colegio, vista dominada por unos cipreses en la contemplación de cuyas luces cambiantes, al ir declinando el sol, el futuro pintor se abstraía a medida que se alzaba por los árboles la sombra de la «arquitectura rectilínea» del edificio. Segundos más tarde se oía el toque del Ángelus, y toda la clase se ponía de pie «para repetir a coro la plegaria recitada por el superior con la cabeza inclinada y las manos juntas».[91]

Hoy el aula se conserva casi intacta pero, si bien desde sus grandes ventanales aún puede verse un grupo de cipreses en un extremo del campo de deportes, unas construcciones modernas quiebran el antes ininterrumpido panorama de la llanura del Empordà. En los tiempos del Dalí niño el pasillo que conducía a la clase estaba repleto de vitrinas donde los hermanos guardaban una espléndida colección de minerales, mariposas tropicales, pájaros y fósiles encima de los cuales se extendía una hilera de unos sesenta cuadros religiosos traídos de Béziers y hoy dispersos.[92] Aunque en *Vida secreta* Dalí olvida las vitrinas, recuerda claramente algunos de los cuadros y reproducciones, entre ellas uno que representaba «una cabeza de zorro asomando de una cueva, llevando un
XVII pato muerto colgado de su boca». Otro era una copia del *Ángelus* de Millet, obra que iba a ejercer una fuerte influencia en su propia producción, tanto pictórica como teórica.[93]

MONTURIOL, 24

A comienzos de julio de 1912, cuando Salvador finalizó su segundo año en Els Fossos, Dalí Cusí comenzó a anunciar en un lugar destacado de la primera plana del periódico local *La Veu de l'Empordà* que había trasladado su domicilio a Monturiol, 24. Los recuadros recordaban los que el notario había insertado en la prensa figuerense al instalarse en la ciudad doce años antes.[94]

No hay ninguna referencia a la mudanza en *Vida secreta,* donde Dalí da la impresión de haber vivido los primeros veinticinco años de su vida en la misma casa en la que nació. Anna Maria Dalí sí se explaya sobre la pérdida del paraíso de su infancia: adiós para siempre a la galería mágica con sus pájaros, sus juegos, sus nardos; a la vista sobre los jardines de la marquesa de la Torre, cuya destrucción, por razones de desarrollo urbanístico, fue la principal razón de la mudanza.*[95]

La nueva casa de los Dalí ocupaba el último piso de un imaginativo edificio de nueva construcción, obra de Josep Azemar i Pont, entonces el más célebre arquitecto de Figueres. Daba a la plaza de la Palmera –lu- 20
gar del mercado semanal de los jueves y de la feria anual de primavera– y, como correspondía al ahora próspero notario, las habitaciones eran más espaciosas y señoriales que las de la vivienda anterior (el despacho de Dalí Cusí, como antes, estaba en la planta baja). El edificio (hoy Monturiol, 10) ha sido declarado monumento oficial y no ha experimentado cambios de importancia desde 1912. Una ancha escalera central lleva a un terrado similar al de Monturiol, 20, pero con una vista mucho más abierta. El cuadro *Muchacha de Figueres* (1926) recrea con VII
exactitud parte del panorama que entonces se disfrutaba desde allí, con las montañas malva de Sant Pere de Roda en el horizonte, bordeando la llanura del Empordà, y, en primer plano, el colegio de las monjas dominicas francesas, con su característico campanario. Aunque no aparece en el cuadro, desde el terrado también podía vislumbrarse la bahía de Roses, a dieciséis kilómetros de la ciudad.

El terrado de Monturiol 24 es uno de los lugares clave de la infancia recordados en *Vida secreta.* Entonces como ahora había aquí dos lavaderos abandonados, utilizados principalmente como trasteros, y Dalí nos asegura que se le permitió pronto usar uno de ellos como estudio. No nos dice la fecha de la cesión, pero pruebas internas de su narrativa sugieren que tuvo lugar cuando tenía nueve o diez años. Era un espacio minúsculo, con lugar apenas para una pila y la criada que se encargaba de la colada, pero era más que suficiente como primer taller de un artista en ciernes. Salvador ponía su silla dentro de la pila, y la tabla de lavar colocada horizontalmente encima hacía las veces de mesa de trabajo. Cuando hacía mucho calor, se desnudaba, abría el grifo y se sentaba allí

* La casa aún sigue en pie, salvada del derribo en los años cincuenta por intercesión de la señora Abadal, esposa del promotor inmobiliario, devota de una imagen de San Guillermo que se encontraba en una hornacina ubicada en una de las esquinas de la casa y que no quería ver desaparecer. Esto es lo que dicen unos vecinos, por lo menos. Casi tocando el añorado balcón de Anna Maria Dalí se construyó un gran bloque de viviendas. El señor Abadal estrechó drásticamente la amplia terraza del apartamento de los Matas para dar cabida el nuevo edificio, y así se perdió la balaustrada de piedra por la que Salvador había sentido envidia.

a dibujar, con el agua hasta la cintura. «Era algo parecido al baño de Marat», recuerda. (Un dibujo algo anodino del niño artista en el lavadero, probablemente hecho a propósito para *Vida secreta,* acompaña esta descripción.)[96]

Aparte de Anna Maria no había otros niños en el edificio (la familia Viñas, abajo, no tenía hijos) y al parecer a la pequeña no se le permitía el acceso al coto vedado de su hermano. Salvador disponía de todo el terrado para él. A esa edad, nos cuenta, le gustaba disfrazarse de rey-niño, con un manto de armiño, una corona y un cetro que le había regalado uno de sus tíos. No nos dice si el responsable del regalo fue Rafael Dalí o Anselm Domènech, pero, fuera quien fuese, alimentó, tal vez sin saberlo, una fascinación por los disfraces que era una de las «pasiones más fuertes» de Salvador durante su infancia. Así ataviado, el futuro exhibicionista mundial disfrutaba pavoneándose por su dominio, improvisando vibrantes discursos dirigidos a sus súbditos imaginarios. Más tarde Dalí declararía que su imperiosa necesidad de escalar alturas –y de permanecer allí– databa de esos días en que era el único amo de un elevado reino en lo más alto de uno de los mejores edificios modernos de Figueres.[97]

Una pertenencia importante instalada por Dalí en su primer estudio fue una colección completa de los libritos de arte que Gowans and Gray Ltd., de Londres y Glasgow, comenzó a publicar en 1905, en edición francesa e inglesa y formato de 15 x 10 cm. Cada volumen contenía sesenta ilustraciones en blanco y negro de los grandes maestros de la pintura nacidos antes de 1800, «ofreciendo», se lee en la portada, «ejemplos de los diferentes aspectos de la obra del artista». La serie no tardó en adquirir una inmensa popularidad, y aún hoy es posible encontrar volúmenes sueltos en librerías de lance. Es probable que el padre de Salvador comenzara a adquirir la colección tan pronto como salió a la venta, o muy poco después, e incluso que se suscribiera. En cualquier caso, Salvador no dispondría de todos los volúmenes hasta 1913, año de publicación del último, el número 52, dedicado a Thomas Lawrence. La coincidencia de esta fecha con la mudanza de los Dalí significa que, a la edad de nueve años, Salvador puede muy bien haber estado en condiciones de instalar toda la serie (3.120 reproducciones en blanco y negro) en su recién adquirido estudio-lavadero del terrado. En *Vida secreta* habla con gratitud de esa colección:

> Estas pequeñas monografías que mi padre me había regalado tan prematuramente produjeron en mí un efecto que fue uno de los más decisivos

de mi vida. Llegué a saberme de memoria todas esas pinturas de la historia del arte, que me han sido familiares desde mi temprana infancia, pues pasaba los días enteros contemplándolas. Me atraían principalmente los desnudos, y la *Edad de oro* de Ingres me parecía la más hermosa pintura del mundo, y me enamoré de la niña desnuda que simboliza la fuente.*[98]

En un manuscrito adolescente Dalí ya había expresado de un modo más gráfico su deuda para con aquellos pequeños volúmenes:

Hay algo que vincula la colección Gowans con mi infancia. Desde muy pequeño recuerdo haber visto esta colección en casa, y que yo solía mirar las reproducciones con verdadero deleite. Me embelesaban los desnudos sensuales de Rubens y las escenas domésticas de los flamencos. Hoy a veces tengo que hacer un esfuerzo para separar un incidente real de una de aquellas reproducciones. Muchas veces las cosas vividas y los cuadros se funden en mi memoria. Cuando vuelvo a hojear esas páginas siento que realmente he visto todo eso, y que he conocido a esa gente desde hace mucho tiempo y muy íntimamente. Me parece que una vez merendé en ese rincón umbroso de Watteau o que, cuando era pequeño, mi aya fue esa muchacha risueña y regordeta de Teniers; que he caminado a la hora del crepúsculo por el fondo de un jardín de un edificio del Renacimiento, por alguno de esos paisajes puestos por Tiziano como fondo para sus Venus de carne dorada tendidas sobre los pliegues de preciosos y caros paños. Pero todas esas reproducciones están tan entremezcladas con otros recuerdos que muchas veces me es muy difícil saber dónde comienza la verdad y dónde la farsa [sic]. Así por ejemplo, los Lorenas y los Watteaus se confunden con mis primeros paseos a La Forêt con los Hermanos.** El edificio renacentista de Tiziano se confunde totalmente con el de la marquesa de La Torre, también de estilo renacentista, que estaba delante de nuestra casa.[99]

* Dalí se refiere al cuadro *La fuente*, reproducido en la página 41 del volumen número 47, dedicado a Ingres.

** Cabe suponer que este bosque, quizá llamado la Forêt como muestra de respeto a Watteau, se hallaba en las afueras de Figueres. Es posible que se trate del que más tarde se convirtió en el Parc-Bosc municipal de Figueres gracias a la generosidad de Pepito Pichot y otros dos conocidos figuerenses, Joaquim Cusí Fortunet y Marià Pujolà Vidal. Los hermanos en cuestión son, con toda seguridad, los maristas, a cuyo colegio Dalí asistía cuando cursaba el bachillerato.

Si el formato de los libros de arte de la casa Gowans era minúsculo, la gama que abarcaba era magnífica.* Habituados como estamos hoy a las reproducciones en color, se requiere cierto reajuste de la imaginación para apreciar cómo esas láminas en blanco y negro y a pequeña escala pudieron causar un impacto tan grande en el pequeño Dalí. Sin embargo, una vez vencidos los prejuicios, su fascinación se entiende enseguida. Delgadas además de muy pequeñas, las monografías eminentemente portátiles cabían en el más estrecho de los bolsillos, eran tomitos de los que uno podía hacerse amigo, y es muy probable que Dalí los disfrutara no sólo en la reclusión de su estudio en el terrado de Monturiol 24 sino que los llevara consigo en sus paseos por los alrededores de Figueres. Gracias a esa colección, el futuro artista empezó a obtener más o menos a los diez años un conocimiento de la obra de casi todos los grandes maestros de la pintura europea.

La mudanza a la nueva casa fue seguida casi de inmediato por una pérdida que cambió las pautas de la vida familiar de los Dalí cuando, el 5 de octubre de 1912, murió en Barcelona Teresa Cusí, la madre de Salvador y Rafael Dalí Cusí. Fue enterrada en un nicho recién adquirido en el cementerio del Este (Poble Nou), y los restos de su desgraciado marido, el suicida Gal, enterrados en otro lugar del mismo recinto, fueron trasladados a la nueva sepultura para descansar junto a ella.[100] La muerte de Teresa Cusí marcó el final de las visitas a los Serraclara por Navidad y Año Nuevo, y, para Salvador y Anna Maria, el de toda una época.[101]

PRIMEROS PASOS EN LA PINTURA

Si bien el mejor amigo de Salvador Dalí Cusí era Pepito Pichot, no hay constancia de ninguna intimidad particular con el hermano de éste, Ramon, el pintor, que pasaba la mayor parte de su tiempo en París. De todos

* Por orden de publicación los volúmenes fueron: Rubens, Van Dyck, Rembrandt, Rafael, Reynolds, Teniers el Joven, Obras maestras de la escuela flamenca, Tiziano, Hals, Murillo, Wouwerman, Velázquez, Holbein, Veronese, Raeburn, Del Sarto, Correggio, Bronzino, Watteau, Botticelli, Fra Angelico, Tintoretto, Poussin, Perugino, Miguel Ángel, Goya, Durero, Gainsborough, Lotto, Luini, Greuze, Carpaccio y Giorgione, Hogarth, Giotto, Moretto, Romney, Orcagna, Gérard Dou, Boucher, Constable, un volumen dedicado a Massaccio, Uccello, Veneziano y Castagno, Jan Steen, Claude, Morland, Lippi, De Hooch y Vermeer, Ingres, Hoppner, Gozzoli, Metsu, Nattier y Lawrence.

modos, Dalí Cusí conocía y admiraba la obra de éste, y cuando en mayo de 1913 Pichot expuso unos cuarenta pasteles, óleos y acuarelas en la Sala Edison de Figueres, el notario compró un precioso bodegón titulado *Magranes* (Granadas). Es difícil creer que el joven Salvador no viera esa exposición, que incluía numerosos cuadros inspirados por Cadaqués.[102]

Ramon Pichot no era el único artista contemporáneo con el que la familia Dalí se relacionaba. Anna Maria afirma que la primera caja de óleos de su hermano fue un regalo de un pintor alemán llamado Siegfried Bürmann, que había aparecido en Cadaqués en 1914, huyendo del Marruecos francés al estallar la Primera Guerra Mundial.[103] Según Dalí, Bürmann se pasó los años de la contienda «enseñando a las damas los pasos del tango argentino y entonando canciones alemanas con acompañamiento de guitarra».[104] Bürmann (1890-1980) había estudiado con Max Reinhardt en el Deutsches Theater de Berlín, especializándose en escenografía, y era un artista de gran talento.[105] Si es cierto que le regaló al pequeño Dalí una caja de óleos, no pudo haber sido antes de agosto de 1914, mes en que se desencadenó la guerra, cuando parece que Salvador ya había comenzado a pintar. También es posible que Anna Maria se equivocara, confundiendo a Bürmann con el vecino de la familia en Es Llané Juan Salleras, cuya hija, Rosa Maria, había sido «adoptada», como vimos, por Salvador. Artista de fin de semana, al estilo inglés, a Salleras le encantaba pintar óleos y acuarelas de Cadaqués durante sus vacaciones en el pueblo. Según ha contado Rosa Maria, Salvador ayudaba a su padre a llevar sus bártulos de pintor, y se pasaba horas mirándolo trabajar y bombardeándolo con preguntas sobre lo que hacía. Según esta versión, Salleras, emocionado por el entusiasmo del niño, le compró una caja de pinturas y le alentó a que lo intentara él mismo.[106]

Quizá tanto Bürmann como Salleras fueran importantes para Dalí. No obstante, la principal influencia temprana sobre su desarrollo artístico fue, sin lugar a dudas, Ramon Pichot, cuya obra no se le revelaría plenamente hasta unos años más tarde.

Los primeros cuadros conocidos de Dalí, una serie de cinco pequeños paisajes sin fecha, parece haberlos pintado cuando tenía diez u once años, poco después de la mudanza a Monturiol 24. La identificación del primero de ellos es motivo de disputa. Albert Field, autoridad en Dalí y dueño del óleo sobre cartón titulado *Paisaje,* insiste en que el artista siempre afirmaba que ése era su cuadro inaugural. Pero es muy difícil que pudiera haberlo pintado en 1910, a los seis años, como se ha venido diciendo: 1913 o 1914 parecen una apuesta más segura. El cuadro muestra un sendero que lleva a través de un campo hacia un grupo de edificios ocultos detrás de una hilera de cipreses. Una de las construcciones tiene una alta chimenea de aspecto industrial. Al fondo se alzan dos montañas de gran altura, subrayada por la presencia, sobre la estrecha franja de cielo en el ángulo superior derecho, de una pareja de grandes aves de presa (el movimiento hacia arriba de las anchas alas sugiere que son buitres y no águilas). Una de las montañas aparece nevada: cabe pensar que es el Canigó. Si se trata realmente de la primera pintura de Dalí, es emocionante verle, en el inicio su carrera, al abrigo, diríase, de la montaña que, después de Montserrat, es la más sagrada para los catalanes.[107]

Otro cuadro de la serie, pintado a la aguada sobre una postal, se titula *Vilabertran.* Según su propietario, el capitán Peter Moore, data de 1913. Muestra un sendero que conduce, entre campos de amapolas, a una casa rodeada de oscuros árboles al atardecer.[108]

Vilabertran es un pueblo situado a dos kilómetros al noreste de Figueres y apiñado en torno a una bella iglesia románica, Santa Maria de Vilabertran, cuyo campanario de tres pisos (siglo XII) era visible desde el aula donde estudiaba el niño Dalí en Els Fossos (pero hoy no). Con su iglesia y un estanque rodeado de árboles eufemísticamente llamado «el lago», era la meta de uno de los paseos favoritos de la familia del pintor. A mitad de camino, una fuente, la Font del Soc, era un sitio más que permitía hacer un agradable alto a la sombra. El lugar tenía además connotaciones revolucionarias, pues Abdó Terrades, el federalista catalán a quien Salvador Dalí Cusí sin duda admiraba, había celebrado allí en 1843 un sonado y nunca olvidado mitin al aire libre.[109]

LA APROXIMACIÓN DE LA ADOLESCENCIA

Existen pocos documentos relativos a la vida de Salvador Dalí entre 1912 y 1916. Aparte del ya mencionado, no se conserva papel alguno de interés en los archivos de Els Fossos, mientras ninguno de los profesores de Dalí parece haber dejado por escrito recuerdos de la escuela en aquellos años, y mucho menos del futuro pintor. En cuanto al archivo familiar de Anna Maria Dalí, su contenido, con algunas excepciones, aún permanece vedado a la investigación. El relato de aquellos años hecho por el propio

Dalí en *Vida secreta* es tan caótico, incompleto e inexacto que lo hace prácticamente inútil a fines biográficos, mientras el retrato que esboza Anna Maria de su hermano en esa época, cuando ella tenía de cuatro a ocho años, está viciado por su lectura de *Vida secreta* (en la edición argentina de 1944), que llenó su cabeza de «falsos recuerdos», así como por una total ausencia de investigación y una falta de consideración por la cronología tan palmaria como la del propio Salvador.

Del lado materno de la familia la situación no es más alentadora, pues son muchos los documentos y cartas perdidos durante la guerra civil. Tales lagunas son trágicas, porque el pequeño Dalí sentía un enorme cariño por su tío y padrino, el librero Anselm Domènech, quien, encantado con las prometedoras dotes artísticas de su sobrino, se desvivía por animarlo a que siguiera la carrera de pintor. Mientras no parece haberse conservado ninguna de las cartas de Anselm a su sobrino, una, remitida por Salvador a él y su esposa con fecha 12 de abril de 1915, ha sobrevivido. En ella les da las gracias por haberle enviado algunos pasteles para Pascua. Del texto se desprende que Carmen, la hija de Anselm, estaba con los Dalí en aquellos momentos, una indicación más de la amistad que unía a las dos familias. Al contrario de lo que cabría esperar, conociendo la caótica letra del Dalí adulto, la caligrafía de esta breve misiva es ejemplar (aunque no la ortografía), hecho que tiende a confirmar la afirmación de Salvador según la cual obtuvo una vez un premio en Els Fossos en esa asignatura.[110]

Por parte materna Dalí tenía una lejana tía soltera que, según parece, le gustaba mucho: Carolina Barnadas Ferrés, hija de Carolina, hermana de la abuela Maria Anna. Carolineta, como la llamaba con cariño la familia, murió de meningitis el 22 de diciembre de 1914 en Barcelona, con treinta y cuatro años. Dalí tenía entonces catorce. Años más tarde le contaría a su mecenas Edward James la llegada del fatal telegrama azul. Cenaban, y cuando el notario lo abrió y anunció que Carolineta había muerto, la abuela Maria Anna lanzó un terrible grito de dolor, tras lo cual la familia entera rompió a llorar. Esa muerte dejó su impronta en Dalí, que conjuraría el fantasma delicado y casi prerrafaelesco de su «prima» Carolineta en dos pinturas que tienen como marco la playa de Roses, y en numerosos dibujos en los cuales una Carolineta joven sal- 81
ta a la comba.[111]

El retrato algo confuso de Salvador que emerge de la escasa documentación de esos años es el de un niño muy sugestionable, soñador, tímido y torpe para quien las operaciones mecánicas más sencillas plantean dificultades insuperables, y para el que la fantasía y la realidad están inseparablemente unidas. Dalí recordaría que su padre solía decirle entonces que era como «el niño de Tonyà», tonto legendario de ese pueblo de la llanura del Empordà.[112] Recibimos la impresión de que para Salvador el notario era una figura distante y temible, aunque respetada, un padre exigente que dedicaba poco tiempo a su hijo, ocupado como estaba con su despacho durante el día y, por las noches, con sus reuniones en el Sport.

Si bien es cierto que Dalí admiraba a su enérgico e irascible padre, en una ocasión éste le decepcionó tanto que dio lugar a un tema obsesivo en la obra del futuro pintor. En su calidad de funcionario del Estado, Dali Cusí no podía pasar todo el verano en Cadaqués con su familia, y, cuando tenía que trabajar, se unía a ellos los fines de semana. Los niños esperaban su llegada con gran impaciencia, sobre todo porque a veces venía con regalos. Un día, el notario se demoró más de lo habitual, hasta que por fin un taxi frenó delante de la casa de Es Llané. Madre e hijos se abalanzaron a recibirlo. «¡Me he cagado!», proclamó ruidosamente el pilar de la sociedad figuerense antes de desaparecer a toda prisa en la casa, no sólo sin intentar ocultar lo que le había ocurrido, sino –al menos así le pareció a Salvador– jactándose de ello. Dalí declaró años después que se había sentido atrozmente humillado por la insistencia de su padre en convertir lo ocurrido en una «tragedia griega», cuando bien podía haberse callado sin decir nada. El incidente, que según el pintor ocurrió cuando tenía diez o doce años, lo «cambió por completo» y marcó un «giro» en su vida, por lo menos en opinión de una íntima amiga del pintor, Nanita Kalaschnikoff, a quien Dalí le relató mucho después el episodio. Tal vez se trata de una exageración. Pero para un muchacho de por sí tímido y avergonzado, con una obsesión anal fuertemente arraigada, la revelación pública del motivo por el cual su padre llegaba tarde, hecha con el mayor descaro, tuvo toda la fuerza de un au-
XIV téntico trauma, que en 1929 recrearía en *El juego lúgubre* (1929).[113]

No fue ésa la única vez que el notario hizo pasar a su hijo por una aguda experiencia de vergüenza. Un día, según ha contado Rosa Maria Salleras, Dalí Cusí riñó a su hijo en público desde el balcón de Es Llané, «como Mussolini hablando a las masas». Rosa Maria decidió pronto que en absoluto le caía bien aquel hombre violento, dominante, impredecible y a veces ordinario, capaz no sólo de hacer sufrir a su hijo sino incluso de poner a un cliente de patitas en la calle. Dalí relata que una vez vio a su padre, vestido sólo con camiseta y calzoncillos, pelear en la calle delante de su casa con un terrateniente que le había puesto furioso. De pronto el sexo paternal salió de la bragueta de los calzoncillos y, al caer los dos contendientes al suelo, empezó a dar golpes en éste «como una salchicha». «Cuando mi padre montaba en cólera», recuerda Dalí en el mismo sitio, «toda la Rambla de Figueres dejaba de respirar; la voz le salía del pecho como un huracán que lo arrastraba todo a su paso.»[114]

Por fortuna Salvador tuvo la suerte de encontrar un segundo padre en Pepito Pichot. El frustrado estudiante de Derecho convertido en horticultor aficionado, político local y *bon vivant* continuaba profundamente interesado en el joven Dalí y estaba siempre disponible para excursiones y visitas a lugares de entretenimiento. Típicamente, cuando el piloto francés Henri Tixier visitó Figueres en el verano de 1912 para realizar una exhibición de acrobacia aérea, fue con Pepito Pichot que Salvador, vestido de marinero, se fotografió en el aeropuerto improvisado
en el Camp dels Enginyers.[115] 21

Los años de Els Fossos iban llegando a su fin. Los hermanos no preparaban a los niños para el bachillerato, que entonces solían empezar a los diez años. Sin dicho título era imposible acceder a la universidad y, por tanto, a las profesiones liberales. Por ello era natural que Dalí Cusí, que albergaba grandes ambiciones para su hijo, insistiera en que éste ingresara ahora en el Instituto de Figueres (si no hubiera sido un desastre en matemáticas, probablemente lo habría hecho dos años antes).[116] Es muy posible que la perspectiva de tener que abandonar Els Fossos le angustiara profundamente a Salvador, que con los hermanos había vivido feliz y sin mayores presiones.

En junio de 1916, con sus doce años recién cumplidos, Salvador aprobó el examen de ingreso en el instituto, pese a sufrir casi una crisis nerviosa en el proceso. Luego se fue a pasar unas vacaciones muy necesarias con Pepito Pichot.[117]

TRES
ADOLESCENCIA Y VOCACIÓN
(1916-1922)

EL MOLÍ DE LA TORRE

Pepito Pichot podía satisfacer su amor a las flores cuidando el jardín de su casa de Figueres y ocupándose de Es Sortell, en Cadaqués, pero necesitaba una parcela más grande para poner en práctica sus nociones de agricultura. La oportunidad se le presentó en 1911, cuando su hermana María, la cantante de ópera, adquirió una parte del Molí de la Torre, espléndida casa de campo ubicada a orillas del río Manol, en las afueras de Figueres, y le encargó a él la administración y la producción de la propiedad.[1]

La apariencia externa del elegante edificio, construido en 1853, ha cambiado poco. Pero se ha renovado el interior y el canal del molino ya
26 no hace girar la rueda.

Fue a este delicioso refugio adonde a comienzos de junio de 1916, apenas un mes después de cumplir los doce años, llegó Salvador Dalí en una tartana, acompañado por Pepito Pichot, para convalecer de las tensiones que le habían provocado su examen de ingreso en el instituto y la perspectiva de tener que hacer frente a la dura realidad de su inmediato futuro escolar. Dalí dedica muchas páginas de *Vida secreta* (y de escritos posteriores) al mes que pasó entonces en el Molí, pero están plagadas de fantasía literaria, de inexactitudes y del deseo de impresionar al lector. Un anterior y más fiable relato de aquella estancia en el Molí, escrito (en catalán) sólo seis años después, aparece interpolado en uno de sus diarios de adolescencia con el título *Les cançons dels dotze anys. Versus em prosa i em color* (Las canciones de los doce años. Versos con prosa y color).[2]

Estas páginas presentan a un joven Dalí trastornado por la presencia de Julia, la hija adoptiva de los Pichot, que tiene unos dieciséis años y cuyo cuerpo en flor enciende sus sentidos. Una tarde, un impulso lo lleva a agarrarle los pechos cuando ella se despierta de una siesta en el jardín. Julia se ríe. Otro día, él, Julia y una amiga de ésta van a coger flores de tilo, y a tal fin acercan unas escaleras a los árboles. La visión repentina de unas bragas blancas y unos muslos desnudos excita sobremanera al chico. Una noche, acosada por Salvador para que le revele el nombre de su enamorado, Julia acaba por decírselo y aquél se pone «como la grana en la oscuridad». El detalle tiende a confirmar que los numerosos accesos de vergüenza infantil recordados en *Vida secreta* no son una mera invención narrativa.

Pero aún más que el tentador cuerpo de Julia, es la obra de Ramon Pichot lo que le llega como una revelación durante ese mes en el Molí. «A veces, en la luz difusa que penetra por las grietas del postigo», escribe Dalí en el mismo cuaderno, «contemplo el gran cuadro *pointilliste* de Ramon Pichot y me maravillo con los colores del agua en el arroyo.» El cuadro en cuestión puede haber sido *Cala Nans*, lugar pintado después por el propio Salvador. O tal vez se trataba de una tela de Cala Jugadora (cerca de Creus), hoy desconocida. Dalí diría más tarde que las rocas de Creus le habían impresionado tanto a Pichot que había incrustado en este cuadro pedacitos de mica, que relumbraban con los tempranos rayos del sol.[3]

La epifanía de la obra de Pichot se evoca con más pormenores (y tal vez con más fantasía) en *Vida secreta:*

> Estos desayunos fueron mi descubrimiento del impresionismo francés, la escuela de pintura que ha hecho en mí realmente la más profunda impresión de mi vida, pues representó mi primer contacto con una teoría estética antiacadémica y revolucionaria. No tenía bastantes ojos para ver todo lo que quería ver en esas gruesas y amorfas manchas de pintura, que parecían salpicar la tela como por azar, del modo más caprichoso y descuidado. Sin embargo, al mirarlas desde cierta distancia y guiñando los ojos, ocurría de pronto ese incomprensible milagro de la visión, en virtud del cual esa mescolanza musicalmente colorida aparecía organizada, transformada en pura realidad. ¡El aire, las distancias, el instantáneo momento luminoso, el mundo entero de los fenómenos surgía del caos! La pintura más vieja de R. Pichot recordaba las fórmulas estilísticas e iconográficas características de Toulouse-Lautrec. Exprimí de esas pinturas todo el residuo literario de 1900, cuyo erotismo quemaba profundamente mi garganta como un sorbo de Armagnac

atragantado. Recuerdo especialmente una bailarina del Bal Tabarin que se estaba vistiendo. Su rostro era perversamente ingenuo, y tenía pelos rojos en las axilas.

Pero las pinturas que más me maravillaban eran las más recientes, en que el impresionismo delicuescente terminaba en ciertas telas por adoptar francamente, de modo casi uniforme, la fórmula *puntillista.* La yuxtaposición sistemática de anaranjado y violeta producía en mí una especie de ilusión y alegría sentimental, como la que había experimentado siempre al ver objetos a través de un prisma, que los rodeaba con los colores del arco iris. Había en el comedor un tapón de cristal a través del cual todo se volvía «impresionista». A menudo llevaba yo ese tapón en el bolsillo, para observar a su través el paisaje y verlo todo de modo «impresionista».[4]

Salvador había llevado su caja de óleos al Molí, y bajo el impacto de las últimas telas de Pichot se dedicó con feroz energía a convertirse, él también, en pintor impresionista. Sus notas de 1922 indican que las puestas de sol –a partir de entonces un tema favorito– se prestaban particularmente bien a sus nuevos experimentos:

Esta mañana he pintado los gansos, bajo el cerezo, y he aprendido mucho sobre cómo hacer árboles, pero lo que más me gusta son las puestas de sol, es entonces cuando de verdad me gusta pintar y usar el cadmio directamente del tubo para el contorno de las nubes azules y malvas; así consigo una gruesa capa de pintura, necesaria, porque es muy difícil evitar que una puesta de sol parezca un cromo.

Unas líneas más abajo su seguridad se reafirma:

Ahora sé lo que hay que hacer para ser impresionista. Hay que usar el cadmio para los lugares que toca el sol. Para la sombra, malva y azul, sin aguarrás y con una gruesa capa de pintura; las pinceladas deben ser hacia arriba y abajo, y hacia los lados para el cielo; también es importante pintar las manchas que hace el sol en la arena y, sobre todo, no usar negro, porque el negro no es un color.

«¿Por qué no usas aguarrás?», le preguntaría Pepito Pichot, perplejo, al observarlo trabajar. «Porque soy impresionista», contestaría Dalí.[5]

Dada su predilección por los lugares elevados, Salvador pasó gran parte de sus días con los Pichot en lo alto de la torre que da nombre a la propiedad, evocando en *Vida secreta* los juegos y las fantasías a que allí se entregaba. Exagera sin darse cuenta la altura de la torre –el espejo deformante del tiempo ha hecho su trabajo– y se olvida de mencionar que en uno de sus primeros óleos, que suponemos pintado ese verano, intentó captar la magnífica vista de la llanura del Empordà, con la cordillera costera de Sant Pere de Roda y la bahía de Roses al fondo, y, más allá, la promesa de Cadaqués.[6]

En *Vida secreta* Dalí recuerda un imaginativo cuadro que pintara en el Molí sobre una puerta vieja y desmontada, incorpórandole auténticos tallos de cereza y gusanos vivos. La tradición familiar confirma que, al ver lo que había hecho Dalí, Pepito Pichot exclamó: «¡Esto es genial!»[7]

El mes pasado en el Molí de la Torre marcó profundamente al pintor de doce años, inspirándole no sólo sus primeros cuadros impresionistas sino, hacia 1920, un proyecto de novela, *Tardes d'estiu* (Tardes de verano) cuyo protagonista, Lluís, es un joven pintor romántico con un inconfundible parecido a Salvador.[8] En cuanto a la apetecible Julia –Julieta para la familia–, reaparecería en 1930 con el nombre, apenas camuflado, de Dulita, en «Rêverie» (Ensueño), descarada fantasía masturbatoria considerada escandalosa por los puritanos del Partido Comunista francés al publicarse en *Le Surréalisme au Service de la Révolution,* la revista de André Breton.

No tenemos información documental sobre las vacaciones de Salvador el verano de 1916 en Cadaqués, después de su temporada con Pepito Pichot y su mujer, pero podemos estar seguros de que al regresar a su querido rincón junto al mar seguiría entregado a la seria tarea de convertirse en impresionista.

EL INSTITUTO, LOS MARISTAS Y LA ESCUELA MUNICIPAL DE DIBUJO

No satisfecho con que su hijo fuera aceptado en el Instituto de Figueres para el curso 1916-1917, Salvador Dalí Cusí lo matriculó al mismo tiempo en el colegio de los maristas, en la Rambla (cuya sede, en el número 21, ocupa hoy el Banco Hispano-Americano). Fundado en 1906, el colegio complementaba la enseñanza oficial impartida en el instituto. Allí se repasaban las lecciones, se afrontaban los problemas y se impartía también alguna enseñanza religiosa, con misas a primera hora de la mañana, rosarios y homilías edificantes. Esta «doble escolaridad» entre una escuela estatal y otra privada era una práctica muy difundida en toda España entonces entre las familias de clase media decididas a que sus hijos entraran en la universidad.*[9]

Los padres de Dalí debieron de estar satisfechos de los progresos de su hijo en el instituto. Salvador se adaptó bien y mostró buena disposición a los estudios, y en mayo de 1917 aprobó todos los exámenes de primero (es imposible calcular el papel que en esos resultados desempeñaran los hermanos maristas). Las asignaturas eran Lengua española («Bien»), Geografía general y de Europa («Sobresaliente»), Nociones de aritmética y geometría («Bien»), Religión I («Sobresaliente») y Caligrafía («Sobresaliente»).[10]

El instituto tenía la suerte de contar con un excelente profesor de dibujo en Juan Núñez Fernández (1877-1963), natural de Estepona (Málaga). Núñez se había graduado en la Escuela Especial de la Real Academia de Madrid, más conocida como Academia de San Fernando, donde se especializó en grabado y obtuvo dos premios. En 1889 marchó a Roma a continuar sus estudios en la Academia Española de Bellas Artes, y en 1903 se instaló en París. Obtuvo su plaza en Figueres en 1906. Alto y bien parecido, era un hombre algo introvertido con cierto aire militar, heredado de su padre, teniente coronel del ejército español.
22 Según varias fuentes, Núñez era un profesor carismático y eficaz, con una auténtica vocación por la docencia.

De los grandes maestros Núñez admiraba con pasión a Ribera, a Rembrandt y, sobre todo, a Velázquez.[11] Magnífico grabador, en 1919 ganó una medalla en la Exposición Nacional por su aguafuerte de *El beso de Judas* de Van Dyck, hoy en la Real Academia de Bellas Artes de Madrid junto con un grabado original del rey Alfonso XIII.[12] También tenía aptitudes para el dibujo al carbón y al lápiz –la asignatura que impartía en el instituto– y de tanto en tanto pintaba óleos, aunque no con tan buenos resultados. Sus paisajes, influidos por los impresionistas y por el catalán Joaquim Mir, su pintor moderno preferido, tenían cierto encanto, pero nunca los expuso, por temor, tal vez, a críticas adversas.

* En 1924 los maristas se trasladaron a Portós, a unos veinte kilómetros al sur de Figueres. El colegio cerró durante la guerra civil y nunca volvió a abrir. Al parecer los archivos han desaparecido.

A su muerte se supo que Núñez escribía en secreto, y entre sus papeles se encontraron numerosos poemas y cuentos inéditos.[13]

Núñez no sólo enseñaba en el instituto, y poco después de su llegada a Figueres había sido nombrado director de la Escuela Municipal de Dibujo, en la que el ambicioso Salvador Dalí Cusí también matriculó a su hijo en el otoño de 1916, tres años antes de que comenzara el curso con Núñez en el instituto.

Núñez no tardó en darse cuenta de que en el hijo del notario tenía un alumno fuera de serie. Por su parte, Salvador pareció captar con igual rapidez que Núñez era el profesor que necesitaba. Los dos congeniaron perfectamente. Cabe preguntarse si Dalí le habló a Núñez de aquel profesor de Els Fossos que insistía a sus alumnos para que «no sobrepasaran la línea» cuando coloreaban dibujos, consejo que Núñez, también muy perfeccionista, habría aprobado sin reparos. Fueron tales los progresos de Salvador que a finales de ese año, coincidiendo con el buen término de su primer año de bachillerato y con su decimotercer aniversario, recibió un diploma de honor por su rendimiento en la Escuela Municipal de Dibujo. El documento, del 1 de junio de 1917, lo firmaban Núñez y el popular alcalde de Figueres, Marià Pujolà, amigo íntimo del padre de Dalí y de Pepito Pichot.[14]

Según Anna Maria, su padre estaba tan contento con Salvador que organizó en el piso familiar una exposición de sus trabajos más recientes. A los invitados se los agasajó con una *garotada*, festín de erizos de mar y plato favorito de los Dalí para celebrar ocasiones especiales, en el terrado que daba a la plaza de la Palmera.[15]

Entre la Escuela Municipal y el instituto, Núñez enseñaría arte a Dalí durante seis años, ejerciendo una influencia muy positiva en su alumno. El mismo Dalí lo admite en *Vida secreta* (aunque exagera el número de estudiantes con los que tenía que competir):

> Le devoraba una pasión auténtica por las bellas artes. Desde el principio me distinguió entre el centenar de alumnos de su clase y me invitó a su casa, donde me explicaba los misterios y los «trazos salvajes» (ésta era su expresión) de un grabado de Rembrandt original que poseía; tenía un modo muy especial de sostener este grabado casi sin tocarlo, que mostraba la profunda veneración que le inspiraba. Salía siempre de la casa del señor Núñez estimulado en el más alto grado, sofocadas mis mejillas por las mayores ambiciones artísticas.[16]

Treinta años después Dalí iría todavía más lejos en su elogio, al afirmar que, de todos sus profesores, Núñez era al que más respetaba y de quien más había aprendido.[17]

Es probable que Núñez comentara con sus alumnos la colección de quince pinturas del Prado que el Instituto de Figueres albergaba desde finales del siglo XIX (hoy están en el Museu de l'Empordà) y que incluía algunos loables cuadros de Mengs y de Juan de Arellano, unas obras flamencas de menor interés y otras de la escuela de Ribera. El hecho mismo de tener pinturas del Prado en préstamo añadía un estímulo a la enseñanza del arte en el instituto, y era una manera constante de recordar que España poseía una de las pinacotecas más importantes del mundo.[18]

En la Escuela Municipal de Dibujo y en el instituto, Dalí se hizo amigo de otro artista en ciernes, Ramon Reig Corominas (1903-1963), un año mayor que él. Considerado hoy uno de los mejores acuarelistas de Cataluña, Reig escribió con ocasión de la muerte de Núñez una emotiva necrológica en la que expresaba la veneración que sentía por su maestro y recordaba que «al corregir, lápiz en mano, nuestros trabajos, se permitía algún comentario jocoso a nuestros errores mientras de manera infalible ponía las cosas en su lugar [...] De un solo trazo, sin una duda, rápidamente, situaba un contorno o perfilaba una línea que era imposible mejorar. Don Juan Núñez era algo muy serio; algo magnífico». Reig consigna a continuación que Núñez dejó una marca indeleble en sus alumnos, a los que inculcó una tendencia a la precisión y al rigor. Era sin duda cierto.[19]

Núñez era tan buen profesor que casi podría decirse que creó una «escuela» de pintores de Figueres, algo muy difícil si se tiene en cuenta el temperamento anárquico de los ampurdaneses. Otro alumno que experimentó su influencia fue Marià Baig, dos años menor que Dalí, cuya prometedora carrera quedaría truncada al perder la vista a los cuarenta años. Baig pintó algunos bodegones y unos panes tan parecidos a los de Dalí que la única explicación posible reside en la formación impartida por Núñez.[20]

En *Vida secreta* Dalí mezcla más o menos al azar sus recuerdos de los tres establecimientos de enseñanza a los que asistió entre 1916 y 1922 (los maristas, la Escuela Municipal de Dibujo y el instituto), y a veces se hace imposible saber dónde encajar cada detalle. No sólo eso, a veces atribuye a un periodo anterior un episodio ocurrido después de 1916, tal vez con el propósito de impresionarnos con su precocidad. Un buen ejemplo es la tantas veces citada explicación en la que afirma haber «visto cosas» en el techo del parvulario de Esteban Trayter, al que, como sabemos, asistiera entre los cuatro y los seis años:

> El gran techo abovedado que cobijaba las cuatro sórdidas paredes de la clase estaba descolorido por grandes manchas pardas de humedad, cuyos irregulares contornos constituyeron por algún tiempo mi único consuelo. En el curso de mis interminables y agotadores ensueños, mis ojos seguían sin descanso las vagas irregularidades de esas mohosas siluetas, y veía surgir de este caos, informe como las nubes, imágenes cada vez más concretas, que poco a poco eran dotadas de una personalidad más y más precisa, detallada y realista.
>
> Día a día, con algún esfuerzo, lograba recuperar cada una de las imágenes que viera el día anterior y luego continuaba perfeccionando mi alucinatoria tarea; cuando, a fuerza de hábito, una de las imágenes descubiertas se hacía demasiado familiar, perdía gradualmente su interés emotivo e instantáneamente se metamorfoseaba en «otra cosa», de modo que el mismo pretexto formal se prestaba con la misma facilidad a ser interpretado sucesivamente en las más diversas y contradictorias figuraciones, y ello continuaba hasta lo infinito.
>
> Lo asombroso de este fenómeno (que había de ser la clave de mi estética futura) era que una vez vista una de estas imágenes podía siempre volverla a ver sólo con quererlo, y no sólo en su forma original, sino casi siempre corregida y aumentada de tal modo que su mejoramiento era instantáneo y automático.[21]

El Dalí niño muy bien pudo haber visto imágenes en las manchas del techo de la Escuela Municipal, pero es difícil que a una edad tan temprana éstas pudieran ser objeto del proceso de interpretación arriba descrito. Una entrada del diario de Dalí correspondiente al 21 de enero de 1920 sugiere que en *Vida secreta* atribuye a la escuela de Trayter unos recuerdos que corresponden a los maristas: «Inclinado sobre el pupitre barnizado contemplaba los rayones y desconchados de las paredes, componiendo imaginativamente con los dedos de mi mano izquierda figuras alegóricas y garabatos. Allí, bajo la mesa, había una que parecía exactamente una bailarina. Más arriba, un soldado romano.»[22] No hay pruebas de que en 1920 Dalí ya hubiera leído el *Tratado de pintura* de Leonardo da Vinci, en el que el artista analiza las diversas imágenes de paisajes, personas e incluso escenas de batallas que pueden conjurarse contemplando una mancha en la pared, cenizas en la chimenea, nubes o corrientes de agua.[23] Cuando más tarde lo hiciera, Dalí recordaría sin duda las manchas del techo y paredes escolares, encontrando en ellas a posteriori la «piedra angular» de su «estética futura», esto es, un precedente de su doble imagen «paranoica». Otro precedente, por supuesto, había sido el descubrimiento de las metamorfosis rocosas del cabo de Creus, ya comentado.[24]

Los documentos oficiales de los estudios cursados por Dalí en el instituto demuestran que no le fue tan mal, aunque a él le gustaría afirmar después que su carrera escolar había sido mediocre. Aun admitiendo la posibilidad de que algunos de sus profesores fueran excesivamente indulgentes o actuaran presionados por el padre de Dalí –amigo de algunos de ellos–, es difícil que las notas, en conjunto, fueran infladas. Tras aprobar el primer curso (1916-1917), Dalí obtendría más adelante las siguientes calificaciones:

1917-1918: Latín I («Sobresaliente»), Geografía española («Sobresaliente»), Aritmética («Aprobado»), Religión II («Sobresaliente»), Gimnasia I («Aprobado»).

1918-1919: Latín II («Aprobado»), Historia de España («Bien»), Geometría («Aprobado»), Francés I («Sobresaliente»), Religión III («Sobresaliente»), Gimnasia II («Aprobado»).

1919-1920: Teoría literaria («Sobresaliente»), Historia universal («Sobresaliente»), Álgebra y Trigonometría («aprobado»), Francés II («Bien»), Dibujo I («Bien»).

1920-1921: Psicología y Lógica («Sobresaliente»), Historia de la literatura («Bien»); Física («Bien»), Fisiología e Higiene («Sobresaliente»), Dibujo II («Sobresaliente»).

1921-1922: Ética y Derecho («Bien»), Historia natural («Aprobado»), Química general («Aprobado»), Agricultura y Técnicas agrarias («Aprobado»).

Entre los catorce «sobresalientes» de Dalí, cinco fueron matrículas de honor; en suma, unas calificaciones dignas de elogio.[25]

Los «aprobados» en artimética, geometría, álgebra y trigonometría sólo los consiguió con un gran esfuerzo y, tal vez, con cierta comprensión por parte de sus profesores. A Dalí le parecía que estas asignaturas superaban su capacidad, como lo apunta en sus diarios con angustiada insistencia, y tenía terror a que le tomaran la lección en clase.[26] Jaume Miravitlles, uno de los mejores amigos de Dalí tanto en el colegio de los maristas como en el instituto, le había dado, a instancias del notario, clases de artimética, geometría, física y química, asignaturas en las que «Met» destacaba. Pero resultó una tarea imposible. Miravitlles, quizás exagerando un poco, diría más tarde que había logrado finalmente enseñarle a Dalí a sumar y a restar, pero que nunca aprendió a dividir o multiplicar.[27]

SALTOS Y LANGOSTAS

A medida que se acercaba la adolescencia, más se acentuaba la timidez de Dalí, con los correspondientes esfuerzos frenéticos por ocultarla. «Era yo, en aquel tiempo, sumamente tímido», escribe en *Vida secreta,* «y la menor atención me hacía ruborizar hasta las orejas; pasaba el tiempo ocultándome y permanecía solitario.»[28] Diez años después, en una entrada del *Diario de un genio* correspondiente a 1953, Dalí seguiría reflexionando sobre los sentimientos de vergüenza que habían amargado su juventud:

> He gozado enormemente todos los instantes de esta jornada, cuyo tema era el siguiente: soy el mismo ser que aquel adolescente que no se atrevía a cruzar la calle o la terraza de casa de sus padres, hasta tal punto le dominaba la vergüenza. Me sonrojaba de tal manera al advertir la presencia de caballeros o damas a quienes consideraba extremadamente elegantes que, con mucha frecuencia, me sentía presa de un enorme atolondramiento y estaba a punto de desfallecer.[29]

Cuando las apariciones en público eran inevitables, Salvador ponía en escena una de las actuaciones compensatorias en las que después llegaría a ser un maestro. Cuando le hacían una pregunta en clase, por ejemplo, fingía un paroxismo con el fin de enmascarar su bochorno, usando los brazos como escudo, como si se protegiera de algún peligro, o bien se desmayaba sobre el pupitre.[30] Pero su ardid más espectacular consistía en lanzarse gritando escaleras abajo desde una altura considerable mientras sus compañeros lo observaban... y en salir ileso del trance.[31]

Si, como es comprensible, muchas veces les resultaba difícil a los contempóraneos de Dalí saber cuándo aquel raro ser iba «en serio» o cuándo fingía, en un punto estaban todos de acuerdo: el terror que a Salvador le inspiraban las langostas era auténtico.

Según afirma el artista, en un artículo publicado en 1929, le había encantado capturar estos bichos hasta la edad de siete u ocho años, y admirar sus alas antes de dejarlas otra vez en libertad. *Llagostas de camp* (langostas de campo), las llama allí Dalí.* En el manuscrito original francés de *Vida secreta* emplearía el vocablo *sauterelle,* pero no era el término correcto: no hay saltamontes francés que pueda confundirse con la *llagosta de camp* catalana, capaz de alcanzar varios centímetros de longitud y cuyo nombre científico es *Anacridium aegyptium,* la langosta egipcia de los árboles. Además, como indica su nombre, los saltamontes saltan; las langostas avanzan a rastras.[32]

Un día, nos cuenta Dalí en 1929, cogió con la mano un pequeño pez entre unas rocas delante de su casa de Cadaqués. Horrorizado, descubrió que tenía la cara igual que la de una langosta y lo tiró, gritando de miedo, al agua. Fue el comienzo de una fobia que le iba a durar toda la vida. «Desde entonces tengo auténtico horror a las langostas», escribe, «horror que se repite con la misma intensidad cada vez que veo una de estas criaturas; recordarlas me produce una impresión de espantosa angustia.»[33] En *Vida secreta* Dalí añade que el pequeño pez viscoso con cara de langosta que le dio semejante susto cuando tenía seis o siete años es habitual en Cadaqués, donde se lo conoce con el nombre de *babosa.*[34]

La «langostafobia» de Dalí impresionó hondamente a Rosa Maria Salleras, su vecina y amiga en Cadaqués. «Cuando queríamos que se enfadara», recordaba en 1993, «le mandábamos a uno de los niños más pequeños con una langosta, diciéndole que Salvador la había pedido. Él se ponía como un loco. Les tenía un pánico total. Cuando éramos críos nos las poníamos en la cara y las hacíamos caminar, y sentíamos un cosquilleo extraño. Pero Salvador llegó a odiarlas, sobre todo las patas.»[35]

Jaume Miravitlles presenció la fobia en acción en el colegio de los maristas, donde los compañeros de Dalí se divertían sacando de repente

* Otra denominación local de este animalito es *llagosta de rostoll* (langosta del rastrojo).

uno de esos insectos. En una ocasión, recordaba Met, Dalí se arrojó desde la ventana de un primer piso para escapar de una langosta, y casi se mató en el intento.[36] Otros testigos de aquella época han evocado escenas similares, [37] y el mismo Dalí se refiere a ellas brevemente en uno de sus diarios de adolescencia.[38] *Vida secreta* confirma que los compañeros de Dalí eran despiadados a la hora de explotar este terror suyo, asistidos en su sadismo por el hecho de que las langostas eran más grandes y más terroríficas en Figueres que en Cadaqués, con gruesas cabezas de forma equina. Para escapar de ese acoso, Dalí inventó la «contralangosta», truco consistente en convencer a sus torturadores de que lo que de verdad le producía horror eran las pajaritas de papel. Tan eficaz era su simulación de miedo cuando le enseñaban tal sustituto del verdadero objeto de su fobia, que muy pronto los pequeños Torquemadas se olvidaron por completo de las langostas.[39]

Pero no así Dalí, y no es de extrañar que, a la vista de la intensidad de su fobia, la *Anacridium aegyptium* proliferara en los cuadros de su primer periodo surrealista, junto con las encarnaciones de otros miedos y obsesiones.

PRIMERAS INICIATIVAS ARTÍSTICAS

Las Fires y Festes de la Santa Creu (Ferias y Fiestas de la Santa Cruz), la festividad anual de primavera en Figueres, comenzaban cada 3 de mayo después de varios meses de ajetreados preparativos. Duraban una semana, y eran una ocasión no sólo para divertirse, fraternizar, ir a los toros, concertar matrimonios y bailar sardanas en la Rambla, sino para la venta y el intercambio de una gran variedad de productos y animales. Los campesinos acudían en masa de toda la región, vestidos con sus trajes multicolores; los hoteles y las pensiones colgaban el cartel de «completo»; las gentes de la ciudad y del campo se mezclaban libremente, y en cuanto a los niños había entretenimientos para todos los gustos, desde la Mujer Barbuda y las Pulgas Amaestradas hasta la Linterna Mágica y la Calavera Danzante. Poco a poco, sin embargo, con la llegada de las máquinas modernas, automóvil incluido, las fiestas empezaron a perder su carácter y hoy se parecen muy poco a las de la infancia y adolescencia de Dalí.[40]

Las Fires de 1918 fueron particularmente memorables porque al jolgorio de costumbre se sumó la inauguración, en la restaurada Rambla, de un imponente monumento a Narcís Monturiol, el célebre hijo de la ciudad, socialista utópico y pionero del submarino. Hacía años que se venía hablando del monumento, para cuya financiación se había lanzado una suscripción popular, y la prensa local publicaba frecuentes artículos al respecto. Ahora, por fin, el sueño se había hecho realidad. La escultura que coronaba el elaborado plinto era obra de Enric Casanovas, y representaba a una mujer de pechos desnudos y anchas caderas que surgía del mar con un ramo de hojas de olivo en la mano. Coincidiendo con la feliz ocasión, un escritor figuerense, Josep Puig Pujades, dueño del periódico *Empordà Federal*, publicó un libro sobre Monturiol, *Vida d'heroi* (Vida de héroe), presentado en un banquete al que asistió, entre otros, el padre de Dalí.[41]

Salvador quedó tan impresionado por la escultura de Casanovas que ésta modificó su modo de representar la forma humana en su obra, complementando la influencia que entonces ejercían sobre él los frescos de Puvis de Chavannes, estudiados en reproducciones.[42]

Ese año las fiestas acogieron también otro acontecimiento importante. Organizada por la recién fundada Societat de Concerts en sus locales del Teatro Principal, una exposición de artistas del Empordà reunió por primera vez la producción de pintores locales contemporáneos. Dalí no figuraba entre ellos. El crítico de arte del *Empordà Federal* expresó cierta decepción por la factura tradicional de la obra de la mayoría de los pintores representados, de los cuales sólo unos pocos demostraban tener algún conocimiento de las tendencias europeas de la época. Entre las excepciones estaba Ramon Reig, el compañero de Dalí, cuyos cuatro cuadros sorprendieron favorablemente al crítico, que predijo un espléndido futuro al joven pintor.[43]

Tal vez los elogios cosechados por su amigo Reig actuaron como un estímulo para Dalí, que decidió exponer en cuanto se le presentara la oportunidad. Entretanto, durante el otoño de 1918, exultante de optimismo por el final de la Primera Guerra Mundial y las posibilidades de un nuevo orden internacional basado en la paz y en la cooperación, Dalí y otros cuatro estudiantes del instituto se disponían a lanzar una modesta revista estudiantil, *Studium*. El animador y luego director de la revista era Joan Xirau Palau, el más joven de los cuatro hermanos de una familia de Figueres muy comprometida con la política de izquierdas. Fue el padre de Xirau quien facilitó el dinero para el proyecto.[44] Xirau pudo contar con el apoyo entusiasta de Dalí, de Joan Turró –más tarde conocido médico–, de Ramon Reig y del políticamente precoz Jaume Miravitlles, ya por entonces revolucionario de pura cepa.[45]

En diciembre de 1918, justo antes de que saliera el número inaugural de la revista, Dalí expuso oficialmente por vez primera, compartiendo la muestra con otros dos pintores de Figueres, Josep Bonaterra Gras y Josep Montoriol Puig. La exposición se celebró en los salones de la Societat de Concerts, en el Teatro Principal, donde la primavera anterior Bonaterra y Montoriol habían participado en la Exposición de Pintores del Ampurdán. Bonaterra, veinte años mayor que Dalí, llegaría a ser pintor de cierto renombre en Cataluña, si no más allá; Montoriol, en cambio, no satisfaría las expectativas que despertó entonces y hoy está casi olvidado. El crítico de arte del *Empordà Federal*, camuflado bajo el seudónimo de «Puvis» (casi con toda seguridad el propietario del periódico, Josep Puig Pujades) fue categórico en su elogio del hijo del notario. «Salvador Dalí será para muchos una revelación», dijo:

> La persona que lleva dentro de sí lo que revelan las pinturas expuestas en el salón de la Societat de Concerts es ya *algo grande* en el sentido artístico... No hay derecho a hablar del joven Dalí porque dicho joven ya es un hombre... No hay derecho tampoco a decir que *promete.* Antes bien, podemos afirmar que ya *da.*
>
> La persona que siente la luz como Dalí Domènech, que vibra ante la elegancia innata de ese pescador, que a los dieciséis años se arriesga con las azucaradas y cálidas pinceladas de *El bebedor,* que tiene un sentido decorativo tan depurado como el que revelan los dibujos al carbón y entre ellos, especialmente, el de Es Baluard, es ya esa clase de artista que marcará un auténtico hito y que pintará cuadros excelentes aun cuando insista en producir cosas tan poco artísticas como *El deudor,* por ejemplo.
>
> Saludamos al novel artista y estamos totalmente seguros de que en el futuro nuestras palabras (humildes como es nuestra costumbre) tendrán el valor de una profecía: Salvador Dalí será un gran pintor.[46]

El dibujo al carbón de Es Baluard (la proa fortificada de Cadaqués) era casi con toda seguridad el que hoy se encuentra en el Salvador Dali Museum de Florida.[47] Puvis no se equivocó al destacarlo, y el mismo Dalí escribiría en 1922 que le parecía «genial».[48]

Puvis también acertó al señalar la originalidad de *El bebedor,* probablemente el cuadro que Dalí tituló *El hombre del porrón,*[49] gouache de 50 × 32 cm fechado en 1918 y notable por su audaz uso del color y por una técnica casi expresionista en la factura de la alegre cara del bebedor en el acto de alzar un porrón.[50]

El elogio de Puvis debió de agradar a Dalí, pero aún más, tal vez, el gesto del gran amigo de su padre, Joaquim Cusí Fortunet, propietario de los florecientes Laboratorios del Norte de España, especializados en productos oftalmológicos. Cusí, oriundo de Llers, sería muy pronto millonario y era, en todos los sentidos, un capitalista ilustrado. Según Anna Maria Dalí, Cusí compró dos pinturas de su hermano, «las primeras que vendió».[51] Vale la pena destacarlo: desde los inicios de su carrera, Salvador Dalí fue mimado por la prensa local y contaba no sólo con el apoyo incondicional de su familia, sino con el estímulo de un acaudalado y apreciativo amigo de ésta. Dotado de un impresionante talento y de una extraordinaria capacidad de trabajo, parecía claro que el éxito artístico no se le podía eludir a Salvador. Lo único que tenía que hacer era seguir pintando.

El 1 de enero de 1919, cuando la exposición estaba a punto de ser clausurada, se publicó el primer número de *Studium,* la pequeña revista redactada por Dalí y sus amigos: sólo seis páginas en basto papel gris, pero con estilo. Sorprende descubrir que, salvo contadas excepciones, los artículos están en castellano y no en catalán, hecho que se justifica por la encomiable voluntad de sus redactores de llegar a la comunidad estudiantil del resto del país. No obstante, la pasión catalanista está latente entre líneas, y un poema publicado en el quinto número se dedica al «ferviente catalanista y fiel admirador de las letras catalanas, Salvador Dalí Domènech».

Podemos suponer sin temor a equivocarnos que el contenido de la revista fue el resultado de largos debates. Dalí asumió la responsabilidad de escribir todos los meses un artículo sobre un pintor importante y de vez en cuando un trabajo más literario, y de proporcionar ilustraciones. Xirau se comprometió a redactar un largo ensayo, publicado por entregas mensuales, sobre «El Ampurdán a lo largo de la historia»; y Miravitlles garantizó una serie sobre su obsesión de entonces: los inventos científicos puestos al servicio de la humanidad. En cuanto a otras colaboraciones, se decidió publicar en cada número una selección de versos de «poetas ibéricos»: no españoles ni catalanes, sino «ibéricos», una señal más del idealismo «aperturista» que inspiraba la empresa. Los poetas seleccionados fueron el catalán Joan Maragall, el nicaragüense Rubén Darío, el portugués Guerra Junqueiro, el andaluz Antonio Machado, otro catalán, Jacint Verdaguer, y el madrileño Enrique de Mesa. Las notas a las selecciones de poesía estaban a cargo de Ramon Reig, cuyos comentarios sobre Rubén Darío son quizá los más interesantes. «Sus obras todas están impregnadas de un espíritu cosmopolita que en nadie como en Rubén Darío se puede hallar», señala correctamente.[52]

Las seis notas de Dalí sobre artistas célebres (de unas cuatrocientas cincuenta palabras cada una) aparecieron en números sucesivos de *Studium* bajo el título genérico de «Los grandes maestros de la pintura»: Goya, El Greco, Durero, Leonardo da Vinci, Miguel Ángel y Velázquez. Acompañados en cada caso de dos reproducciones en blanco y negro –la mayoría de ellas copiadas, seguramente, de la colección Gowans–, los artículos de Dalí confirman una vez más que el pintor se había pasado años examinando con atención esos libritos. En 1919 Dalí no había visto aún los originales de las obras reproducidas en *Studium,* y entonces tampoco existían reproducciones en color. Sin embargo, da la impresión de conocerlas íntimamente.

Los breves artículos, escritos en una prosa muy superior a la de sus colegas, expresan el profundo respeto del joven Dalí por los pintores que comenta. Vale la pena señalar lo que destaca de cada uno de ellos.

Goya le atrae por la curiosidad que muestra por todos los aspectos de la vida, por su carácter abierto al mundo que le rodea, y Dalí subraya el agudo contraste que se da entre los tapices y las telas festivas, por un lado, y las obras del periodo «negro» de la Quinta del Sordo por otro. Aprueba el hecho de que en las telas de Goya «se traducen los deseos y aspiraciones de su pueblo al compás de sus propios sentimientos e ideales». Para el Dalí adolescente, el arte debe ser útil.

Si Goya es el hombre de la tierra, con sus alegrías y sus miserias, El Greco es pura espiritualidad. Dalí discrepa con los que estiman que las formas alargadas del artista son el resultado de un defecto óptico. ¡Nada más lejos de la realidad! Esas «tan discutidas prolongaciones» expresan exactamente lo que El Greco sentía, y cumplen la que debería ser su función. El verdadero arte no conoce leyes, antes bien, es la expresión fiel de los sentimientos.

Durero, como Goya, expresa las creencias y costumbres de su pueblo, y a Dalí le parece notable por la profundidad de su pensamiento. Es interesante observar que aquí, como en el caso de El Greco, el estudiante de dieciséis años destaca la «vida infatigable» y el «trabajo incesante» de Durero. La capacidad de trabajo del propio Dalí sorprendería a todos cuantos lo conociesen.

En el artículo dedicado a Leonardo, Salvador recuerda al lector que fue el prototipo del hombre renacentista. Como tal, merece su lealtad incondicional: «Fue ante todo un espíritu apasionado y entusiasta de la vida; todo lo estudiaba y analizaba con el mismo ardor, con el mismo deleite; en la vida todo le parecía alegre y atractivo.» Las pinturas de Da Vinci son ejemplares por el «trabajo reflexivo, constante, "amoroso"» que hay en ellas. Leonardo «trabajó incesantemente, con cariño, con la fiebre del creador, resolviendo problemas de gran dificultad que dieron al arte un empuje formidable».

Las observaciones sobre Miguel Ángel son más breves que las anteriores. El elogio carece de convicción y da la impresión de haber sido escrito a toda prisa para cumplir el plazo.

Velázquez, en cambio, es merecedor de la genuina admiración de Dalí, para quien es «uno de los más grandes, tal vez el más grande de los artistas españoles y uno de los primeros del mundo». Según Dalí, por la distribución y colocación de sus colores, Velázquez parece, en ciertos casos, un impresionista *avant la lettre.* Este fervor por el pintor de *Las meninas* no le abandonará nunca.

Además de contribuir con estos comentarios sobre grandes pintores, Dalí también realizó varias ilustraciones para la revista, incluida la viñeta del título, y aportó dos textos literarios en catalán, los primeros que publicó: una breve prosa poética titulada «Capvespre» (Crepúsculo) y un poema de tema igualmente crepuscular, «Divagacions». Los dos trabajos nos recuerdan que Dalí admiraba las puestas de sol de Modest Urgell, y sugieren también que había estado hojeando las primeras poesías de Juan Ramón Jiménez y Antonio Machado, y tal vez también los versos de los simbolistas franceses que inspiraran éstas, en particular Paul Verlaine. En «Capvespre», cuando dos enamorados pasan delante de él envueltos por las sombras, el yo poético daliniano siente su soledad y desearía «sonreír como ellos». Los enamorados vuelven a aparecer en «Divagacions»:

Cuando los ruidos se adormecen

Los reflejos de un lago...
Un campanario románico...
La quietud de la tarde

que muere... El misterio
de la noche cercana... todo
se duerme y difumina... y
entonces, bajo la pálida
luz de una estrella,
a la puerta de una casa
antigua se oye hablar
bajo y después los ruidos
se duermen y la fresca
brisa de la noche mece
las acacias del jardín
y hace caer sobre
los enamorados una lluvia
de flores blancas...[53]

La pasión por el arte, el ansia desenfrenada por ser algo en la vida, la llamada del deseo erótico: todo está aquí, en *Studium*, abiertamente o entre líneas. Pero lo que más sorprende es la preocupación social de esos adolescentes: quieren cambiar el mundo.

EL REBELDE

Anna Maria Dalí ha recordado que, mientras Salvador estudiaba el bachillerato, él y su padre se pasaban las comidas discutiendo, mientras las mujeres de la casa escuchaban en respetuoso silencio sin atreverse a intervenir. A veces la discusión se acaloraba tanto que don Salvador se olvidaba de su excursión de todas las noches al Sport, donde lo esperaban sus compinches de siempre.[54] Dalí padre era gran amante de los libros y tenía una «voluminosa biblioteca» que dejó su marca en Salvador desde una edad muy temprana, entre otras cosas porque contenía tomos encuadernados de una de las mejores revistas españolas de finales del siglo XIX, *La Ilustración Española y Americana,* cuyas láminas fascinaron al pequeño Dalí.[55] Más tarde Dalí saquearía –o al menos afirmaba haberlo hecho– los estantes paternales de filosofía y política, que reflejaban las simpatías radicales de la juventud del notario. La obra que más le influyó, nos cuenta en *Vida secreta,* fue el *Diccionario filosófico* de Voltaire, por su feroz y claramente razonado anticlericalismo.[56] *Así habló Zaratustra* también impresionó a Dalí, apelando a su deseo de ser un superhombre del arte, y parece que le hizo cuestionar también el ateísmo de su padre:

> Por último llegó Nietzsche a mis manos en el momento oportuno con «¡Dios ha muerto!». Esto me sorprendió. Todo lo que había aprendido laboriosamente sobre la no existencia de Dios se volvió ligeramente sospechoso. Dios nunca había existido, ¿cómo podía morir de golpe? Inmediatamente concluí que Zaratustra era grandioso en su fortaleza, pero infantil, y que yo, Dalí, podía ser mucho mejor si quería.[57]

Dalí también disfrutaba leyendo a Kant, aunque afirma no haber entendido ni una palabra, y a Spinoza, «por cuya manera de pensar alimentaba una verdadera pasión en aquel tiempo».[58] No hay duda de que padre e hijo discutían con vehemencia éstos y otros libros, y la diaria labor de salir airoso de esas competiciones verbales fue agudizando la tendencia de Dalí a dogmatizar, rasgo que más tarde se convertiría en destacado componente de su personaje público.

Con los años, y a medida que su despacho prosperaba, Salvador Dalí Cusí, aun manteniendo su apoyo a la causa federalista catalana, se volvió menos virulento en cuestiones de política, y pasó a canalizar sus antiguas tendencias casi anarquistas en la promoción del esperanto, que había comenzado a interesarle poco después de su llegada a Figueres. Pero ya para entonces, de todas maneras, había conseguido transmitirle su radicalismo a Salvador, que en esta época se declaraba ferviente defensor de la Revolución comunista.[59]

Pocos meses después del sexto y último número de *Studium,* Dalí comenzó a llevar un diario en catalán titulado *Les meves impressions i records íntims* (Mis impresiones y recuerdos íntimos). Los únicos volúmenes que se han encontrado hasta ahora son los números 2 (10-20 de noviembre de 1919), 3 (21 de noviembre-6 de diciembre de 1919), 6 (7 de enero-1 de febrero de 1920), 9 (11 de abril-5 de junio de 1920), 10 (5 de junio-otoño de 1920) y 11 (10 de octubre-diciembre de 1920). Con excepción del volumen 6, propiedad del Salvador Dali Museum de Florida, estos diarios se conservan en la Fundación Gala-Salvador Dalí de Figueres, junto con otro cuaderno titulado *La meva vida en aquest mon* (Mi vida en este mundo), resumen de los sucesos de la vida de Dalí entre 1920 y 1921, un cuadernillo con diez páginas de impresiones apuntadas en octubre de 1921, y otro, fechado en 1922, con recuerdos de los primeros años de su vida y de la escuela. A ellos debe añadirse un manuscrito inédito e incompleto de dieciséis páginas titulado *Ninots. Ensatjos sobre pintura. Catalec dels cuadrus em notes* (Garabatos. Ensayos sobre pintura. Catálogo de los cuadros con notas), escrito en 1922, que contiene una valiosa información sobre los progresos de Dalí como artista.[60]

A pesar de las lagunas que representan los cinco volúmenes perdidos, los diarios proporcionan una información detallada sobre aspectos de la vida de Dalí en Figueres entre los quince y los dieciocho años, aunque no de sus largas vacaciones en Cadaqués, donde cada verano, tras añorar el pueblo todo el año, el escritor cede paso al pintor y se olvida de ellos. En Figueres y en Barcelona Dalí siente una fuerte nostalgia de Cadaqués, al que nombra en femenino (*«l'hermosa Cadaqués»*) y a veces se duerme soñando con el pueblo. Mientras lucha con sus asignaturas, en especial con el álgebra «odiosa y estúpida», sus pensamientos no dejan de regresar a los felices días de verano pasados en Cadaqués, en el estudio que había heredado de Ramon Pichot.[61] En una carta dirigida a su tío Anselm Domènech después de las largas vacaciones de 1919, y copiada luego en su diario, leemos:

> He pasado un verano delicioso, como todos, en el ideal y soñador pueblo de Cadaqués. Allí, junto al mar latino, me atiborré de luz y de color. He pasado los días ardientes de verano pintando frenéticamente y esforzándome por traducir la incomparable belleza del mar y de la playa soleada.
>
> Cuanto más tiempo pasa más cuenta me doy de lo difícil que es el arte; pero cada vez disfruto más, y me gusta más. Sigo admirando a los grandes impresionistas franceses: *Manet, Degas, Renoir.* Que sean ellos los que orienten con más firmeza mi camino. He cambiado totalmente de técnica, y las *gammes* son mucho más claras que antes; he abandonado por completo los azules y rojos oscuros que antes contrastaban (inarmónicamente) con la claridad y luminosidad de los otros.
>
> Continúo sin preocuparme nada del dibujo, del que prescindo totalmente. El color y el sentimiento son las metas a las que dirijo mis esfuerzos. No me preocupa ni mucho ni poco que una casa sea más alta o más baja que otra. Es el color y la gama lo que da vida y armonía.
>
> Creo que el dibujo es una parte muy secundaria de la pintura, que se adquiere maquinalmente, por hábito, y que por lo tanto no requiere un estudio detenido ni un gran esfuerzo.

El retrato me interesa cada día más, aunque técnicamente lo considero como un paisaje o un bodegón.

Recibí el libro, y te doy las gracias. Es muy interesante y está muy bien editado.

Me gustaría que vinieras aunque sólo fuera un día. Cambiaríamos impresiones y verías mis modestos *ninots.*

Te envío algo que hice muy deprisa, *Sol de la tarde.*[62]

La carta puede colocarse junto a una entrada del ensayo *Ninots,* escrito en 1922. Echando una mirada retrospectiva a los cuadros del verano de 1919, Dalí apunta que entonces vivía poseído por un «impresionismo incontrolable». Si en 1918 había admirado a los pintores José Mongrell, Eugenio Chicharro y Eduardo Hermoso (hoy casi olvidados), los dos primeros le parecían ahora «insoportables» y el último simplemente «pasable». Todo su entusiasmo actual se centraba en los impresionistas franceses.[63]

El joven Dalí retratado en las páginas de su diario de adolescencia lee atentamente dos periódicos (*La Publicitat* de Barcelona, editado en catalán, y *El Sol* de Madrid, el periódico liberal más leído de España), sin perder de vista los semanarios ilustrados de la Corte, como *Mundo Gráfico* y *Blanco y Negro.* En todos ellos sigue, absorto, los debates en el Congreso, los vaivenes de los disturbios laborales en Madrid, París y Barcelona y de un prolongado *lock-out* en esta última ciudad, la huelga de hambre del alcalde de Cork, en Irlanda, las señales de peligro que llegan desde una Alemania empeñada en el rearme y la venganza, la cuestión del reconocimiento de la Rusia de los sóviets por los aliados y, sobre todo, el avance del Ejército Rojo. Dalí se considera comunista, se identifica plenamente con los trabajadores, odia el capitalismo y es un enemigo acérrimo del *statu quo* español, con su censura de prensa y unos militares capaces de sublevarse en cualquier momento. De Alfonso XIII Dalí comenta que lo único que le interesan al monarca son la caza y las regatas.[64]

La amarga decepción de Dalí con España, que a veces roza el desdén, se nutrió con la lectura de *El mundo es ansí,* la conocida novela de Pío Baroja.[65] Para la Generación del 98, España era el paciente sobre el diván del psicoanalista. ¿Quiénes somos? ¿En qué nos hemos equivocado? ¿Cómo hemos podido perder uno de los imperios más extensos del mundo? ¿Cómo podemos volver a ser fuertes y, a propósito, qué entendemos por «fuertes»? Y así sucesivamente. Para el Dalí de estos diarios sólo hay un remedio a los males del país: una revolución sangrienta. El 12 de noviembre de 1919, por ejemplo, escribe que espera la revolución «con los brazos abiertos, bien abiertos, y al grito de ¡Viva la República de los Sóviets! Y si para conseguir una auténtica democracia y una auténtica república social antes es necesaria una tiranía, ¡que viva la tiranía!».[66] Pocos días después, comentando un formidable jaleo que acababa de armarse en las Cortes, exclama: «¡Dan ganas de tirar una bomba en el Parlamento para acabar de una vez por todas con tanta farsa, tantas mentiras, tanta hipocresía!»[67] En la capital catalana, donde sigue el *lock-out*, se vive una escalada de violencia. El 24 de noviembre de 1919 leemos: «En Barcelona han tirado otra bomba. ¡Otra vez el terrorismo! ¡Mucho mejor!»[68] El joven Dalí está convencido de que su anhelada revolución española está a punto de estallar. ¿Acaso no ha dicho Trotski, el salvador de la Revolución, que España seguirá el ejemplo de Rusia?[69] Si hasta en la tranquila Figueres la lucha de clases está adquiriendo tanta fuerza –escribe el 6 de diciembre de 1919– «¿cómo será en las grandes urbes, rebosantes de odio y egoísmo?».[70]

Si bien no hay pruebas que demuestren que el Dalí joven intentara afiliarse al Partido Comunista, no cabe duda de que estaba dispuesto a afirmar sus ideales revolucionarios en público y, en caso necesario, a rebelarse contra la autoridad. En noviembre de 1919, el director del Instituto de Figueres decidió de repente separar a los chicos del puñado de muchachas que entonces asistían allí a clase, y confinó al sexo femenino en la biblioteca. Dalí encabezó una protesta, persuadió a las chicas para que saliesen de su improvisada cárcel pedagógica y consiguió que se restableciera la antigua situación. ¿Acaso creía el director que la enseñanza mixta era inmoral?[71]

Dalí y sus amigos usaban la palabra *putrefactes* para designar a gente como el director del instituto. Un juez nombrado para investigar el comportamiento de uno de los profesores, por ejemplo, es inmediatamente calificado de *putrefacte;* y el grupo a menudo organiza sesiones de identificación y análisis de *putrefactes* en la Rambla, alternándolas con debates sobre el comunismo. El vocablo hizo furor.[72]

En su fervor revolucionario Dalí era secundado por su antiguo colega de *Studium,* Met Miravitlles, cuyo padre, Joan Miravitlles Sutrà, había estado implicado en los disturbios anarquistas de Barcelona en los años noventa, en la época del juicio a Pere Coromines, el amigo de Salvador Dalí Cusí. El 7 de enero de 1920 Dalí mantuvo una conversación con Joan Miravitlles durante un funeral en Figueres: «Estuvo en Montjuïc. Dos veces se enfrentó a la policía a golpes de botella. Son cosas que, como es natural, honran a la persona que las ha vivido porque hoy en día nadie intelectualmente honrado va a la cárcel. Me han interesado sobremanera. También me he enterado del sindicalismo de entonces... Los ojos se le encendían de odio cuando me hablaba del despotismo de la burguesía.»[73]

La precoz adhesión de Jaume Miravitlles al marxismo fue no sólo resultado del ejemplo de su padre, sino también de su amistad con Martí Vilanova, comunista apasionado que también influyó en Dalí, aunque no hay referencias a él en los diarios encontrados.[74] Martí pertenecía a un grupo de intelectuales que se reunían en los locales de Josep Soler Grau, uno de los profesores de Dalí en el instituto, en el número 4 de la calle de la Muralla. Entre los miembros del grupo estaban Pelai Martínez Paricio, luego uno de los más cualificados arquitectos jóvenes de España, y el escritor Antoni Papell Garbí. De las interminables charlas de estos amigos (un poco mayores que Dalí) sobre política y arte surgió la revista satírica *El Sanyó Pancraci.* Aunque en un principio se intentó darle periodicidad quincenal, sólo aparecieron tres números esporádicos de la misma. Hoy es una pieza de coleccionista tan rara que al parecer nadie tiene un ejemplar del segundo número (el primero apareció el 15 de agosto de 1919, y el último, el 15 de febrero de 1920).

Poco después de la desaparición de *El Sanyó Pancraci*, Dalí alquiló como estudio el local de la calle de la Muralla que le había servido de redacción, con las paredes cubiertas de manchas y en un estado más que lamentable. Lo limpió de arriba abajo y lo decoró con murales, jarras pintadas, dibujos y un imaginario retrato de Pancraci. Una de las jarras ha sobrevivido, pero de los murales, posteriormente borrados, sólo han quedado unas fotografías.[75]

En esta época también influyó sobre Dalí el poeta y filósofo mallorquín Gabriel Alomar (1873-1941), jefe del departamento de Literatura en el instituto desde 1912 y director del mismo durante un breve periodo en 1918.[76] Personalidad fascinante y enigmática, Alomar se había asegurado un oscuro nicho en la historia del arte y de la literatura en 1904 al acuñar el término «futurismo», del cual se apropió poco después, redefiniéndolo y lanzándolo a escala internacional (sin reconocimiento alguno), F. T. Marinetti, fundador del movimiento del mismo nombre.[77] Dos años más tarde, Alomar conoció a Rubén Darío (celebrado, como hemos visto, en *Studium)* y lo invitó a visitar Mallorca. Fue el inicio de una duradera amistad. Alomar es uno de los personajes de *La isla de oro,* novela inacabada de Darío inspirada en el idilio mallorquín de George Sand y Chopin, donde el profesor aparece bajo el no muy engañoso disfraz de «el Futurista».[78] Vehemente republicano federalista, Alomar se hizo pronto popular en Figueres, que en junio de 1919 lo eligió diputado a Cortes,[79] y sus libros y conferencias se comentaban con frecuencia en las páginas del *Empordà Federal.* Al igual que Jaume Miravitlles, Dalí se benefició de su contacto con este notable intelectual, profesor suyo de lengua española durante su primer año en el instituto. Según Met, fue Alomar el primero en percibir el talento literario de Dalí, y es muy posible que así fuera.[80]

Alomar entabló una cordial amistad con Pepito Pichot y el padre de Dalí. Éste, según el pintor, gustaba de citar una de las sentencias del mallorquín para justificar su particular gusto por los tacos: «La blasfemia constituye el ornato más bello del idioma catalán.»[81] Parece, sin embargo, que un día Alomar y Salvador Dalí Cusí se pelearon. Y éste se ofendió grandemente cuando, en 1931, el antiguo profesor recordó que, si Salvador había sido un *ruc* (burro) en su clase del Instituto de Figueres, ahora que era surrealista lo era cien veces más.[82]

NATURALEZA Y ARTE

Junto con el profundo desdén que sentía Dalí por los filisteos, y su identificación con el proletariado, aparece en estos escritos un amor tan intenso por la naturaleza que casi roza el panteísmo. Las descripciones de la llanura del Empordà, en especial cuando se pone el sol, revelan una aguda sensibilidad y un gran talento para la observación minuciosa. Es esta empatía con la naturaleza, escribe Dalí, lo que intenta expresar en sus cuadros. Hay un pasaje que se destaca sobre los demás. Habiendo aprobado los temibles exámenes de fin de curso (estamos en mayo de 1920), Salvador está a punto de volver a pintar. No falta mucho para la habitual estancia veraniega en Cadaqués:

> En cuanto estuve listo abrí el armario de mi habitación y saqué con cuidado unas cajas. Las abrí. Eran los tubos de pintura. Aquellos tubos

limpios y refulgentes eran para mí todo un mundo de esperanzas, y yo los miraba y los acariciaba con unas manos temblorosas de emoción, como deben de acariciarse los enamorados. Mis pensamientos volaban lejos. Detrás de esos colores entreveía todo un futuro lleno de esperanzas y de dicha. Me parecía estar pintando, y gozaba, gozaba pensando en el día feliz en que, después de un año de esfuerzo, de emociones y de mentiras, pudiera comenzar el trabajo consciente, el trabajo sagrado del que crea. Y veía mis tubos vertiendo sus colores purísimos sobre la paleta, y mi pincel que los recogía amorosamente. Veía avanzar mi obra. Sufrir creando. Extasiarme y perderme en el misterio de la luz, del color, de la vida. Fundir mi alma con la de la naturaleza... Buscar siempre más, siempre más allá... Más luz, más azul..., más sol..., abstraerme en la naturaleza, ser su sumiso discípulo... ¡Oh, me volvería loco! ¡Cuán dichoso seré el día que pueda exteriorizar todo lo que he imaginado, todo lo que he sentido y pensado en todo un año de pensar, de ver, de tener que guardar y reprimir mis ansias creadoras![83]

A la vez que escribía su diario y pintaba, Dalí trabajaba a ratos en su novela *Tardes d'estiu*, de la que sólo se conocen unas veinte páginas. Ya mencionada en relación con su estancia, a los doce años, en el Molí de la Torre, *Tardes d'estiu* refleja el pensamiento de un joven pintor, Lluís, réplica exacta del Dalí que emerge de los diarios adolescentes:

Su temperamento apasionado le hacía pintar más con el corazón que con la inteligencia, y deslumbrado por la sublime naturaleza se pasaba horas y horas buscando la luz adecuada, buscando ora un color, ora otro. Lluís ponía todos sus sentimientos en ese empeño, toda su alma. Gozaba con el sufrimiento de la creación.

Disfrutaba con el sufrimiento de la creación. Se esforzaba por expresar los movimientos de su corazón, las cosas que la naturaleza le susurraba, lo que le decía el espléndido cerezo bañado por el sol. Incansablemente sediento de arte, ebrio de belleza, miraba con sus ojos claros la sonriente naturaleza, inundada de sol y de alegría, y caía en breves momentos de éxtasis.[84]

Tardes d'estiu se nutre del amor de Dalí por Vilabertran, el pueblo en las afueras de Figueres al que había ido a menudo de excursión con sus padres cuando era niño, y donde la familia de Ramon Reig, su amigo de la

Escuela Municipal de Dibujo, había heredado una preciosa casa. Vilabertran aparece en la novela con el nombre de Horta Fresca, alusión a los huertos por los que el pueblo y sus alrededores son famosos en Figueres. Lugar romántico, escondite predilecto de los enamorados, el pequeño «lago» de Vilabertran tenía una barca y era un lugar agradable para ir de picnic. Los reflejos de un campanario románico en un lago, evocados en el primer poema de Dalí publicado –«Cuan els sorolls s'adormen» (Cuando los ruidos se duermen), citado en las páginas 102-103, aluden sin duda a este *locus amoenus;* mientras los óleos *El campanario de Vilabertran* (1918-1919) y *El lago de Vilabertran* (1920) nos dan una idea más clara de cómo era entonces. A Ramon Reig, como a Dalí, le gustaba pintar el estanque y su entorno.[85] Y también al profesor de ambos, Juan Núñez. En un cuadro de éste fechado en 1919, de calidad inferior a las dos obras de Dalí que acabamos de señalar, la barca aparece en primer plano.[86]

Años más tarde Dalí ambientaría aquí una de las escenas de su proyectada película *La carretilla de carne.* De hecho, intentaría incluso comprar el «lago» y sus alrededores, pero en vano. Y en 1973, cuando Amanda Lear lo acompañó a Vilabertran, le diría que tenía en mente construir una imitación del estanque junto a su casa de Port Lligat. La melancolía del lugar, añadió, le recordaba un lienzo de Modest Urgell, *Lo mismo de siempre,*[87] título con el cual Urgell aludía burlonamente a su obsesión por los crepúsculos, los cementerios y las ruinas, tema que gustaba también al joven Dalí y que el cuadro en cuestión desarrollaba una vez más.

Hoy la barca ya no existe, y el estanque, cubierto por una frondosa y enmarañada vegetación, se halla oculto tras una verja infranqueable, más lodazal de jungla que un trozo del paraíso perdido de Salvador Dalí.

El diario de Dalí de 1919-1920 demuestra que el joven artista está lejos de ser indiferente a la música, pese al desprecio que pudiera profesarle después, y que disfruta intensamente con los conciertos que suelen organizarse en Figueres. Mozart es uno de los compositores que más admira.[88] Es probable que por estas fechas, además, viera en Figueres sus primeras zarzuelas, representadas en el Teatro Principal por las más famosas compañías en gira por el país.[89]

A mediados de abril de 1920, cuando ya se aproximaba el final del curso, Salvador Dalí Cusí había decidido, con su habitual autoritarismo, que cuando su hijo terminase el bachillerato ingresaría en la Escuela Especial de Pintura, Escultura y Grabado de la Real Academia de Madrid. El diario registra la reacción de Dalí ante esta decisión, que considera la más importante jamás tomada respecto a su futuro. En Madrid, se promete, trabajará «como un loco» durante tres años para ganar un premio que le permita estudiar en Roma otros cuatro, tras lo cual regresará triunfante a España, hecho «un genio, y todo el mundo me admirará. Tal vez sea menospreciado e incomprendido, pero seré un genio, un gran genio, estoy seguro».[90] Es impresionante constatar cómo, a los dieciséis años –más de dos antes de su llegada a Madrid–, Dalí ya había elaborado, con tanta precisión, su programa para la próxima década, con la meta de ser genio incluida.

Otros pasajes del diario revelan que ya por 1920 Dalí calcula al milímetro cada movimiento y cada gesto suyos para conseguir el máximo efecto en los demás, y lo mismo hace con su ropa y el peinado, detalles que cuida esmeradamente. A los dieciséis años Dalí es un dandy, y lo seguirá siendo toda la vida («El vestir es esencial para triunfar», escribirá en 1952. «En mi vida son raras las ocasiones en que me he envilecido vistiendo de paisano. Siempre voy de uniforme de Dalí»).[91] A imitación del autorretrato de su idolatrado Rafael (reproducido en el frontispicio del volumen correspondiente de la colección Gowans), se deja crecer el pelo como una muchacha, rematándolo con unas extravagantes patillas. Usa un sombrero negro, de ala ancha, una corbata larga y suelta, y tiene por costumbre echarse el abrigo sobre los hombros como si fuera una capa.[92] En *Vida secreta* recuerda: «Deseaba darme lo antes posible un "aspecto insólito"; componer una obra maestra con mi cabeza.»[93]

Por suerte para Dalí, tenía una cabeza imponente. Al futuro genio le gustaba estar muy bronceado, su cabello liso era muy negro y tenía una nariz correcta y ojos verdigrises. Las pequeñas y salientes orejas eran el único rasgo irregular (tal vez Dalí pretendía ocultarlas bajo la larga melena). Con un metro setenta de estatura, Dalí superaba la altura media de los españoles de entonces.[94] Era delgado, de aspecto casi atlético, y los diarios adolescentes demuestran que tanto él mismo como las chicas de Figueres consideraban que era muy guapo. Ser consciente de su atractivo debió de ayudar a Dalí a compensar, en cierta medida, su «timidez habitual».[95]

«AQUELLO» Y «ELLAS»

Vida secreta contiene párrafos muy divertidos sobre «aquello», que le comenzó a preocupar a Dalí no mucho después de su ingreso en el Instituto de Figueres. «Aquello» era la masturbación:

Estaba absolutamente atrasado en la cuestión del «placer solitario», que mis amigos practicaban como hábito regular. Oía sus conversaciones salpicadas de alusiones, eufemismos y sobreentendidos; pero, a pesar de los esfuerzos de mi imaginación, era incapaz de comprender exactamente en qué consistía «aquello»; me habría muerto de vergüenza antes de preguntar cómo se hacía «aquello», o de referirme al asunto indirectamente, pues temía que descubriesen que no lo sabía todo y que no lo había hecho nunca. Un día llegué a la conclusión de que «aquello» podía hacerse estando solo y que también podían hacerlo dos, y aun varios a un tiempo, para ver quién lo hacía más aprisa.[96]

«Aquello» finalmente llegó... en los retretes del instituto, como aprendimos en sus diarios. Ya por 1920 el hábito masturbatorio estaba no sólo arraigado, sino imbuido de angustia. En una entrada del 17 de enero de 1920 leemos: «Por la tarde me debatí entre los apetitos y la voluntad. Ganaron los primeros, dejándome abatido y triste. He tomado una firme decisión.»[97] «Me sentía emocionalmente voluptuoso», escribe en mayo del mismo año. «Fui a los retretes. Sentí un enorme placer con el sensualismo. Al salir, me sentí abatido y asqueado de mí mismo. Como de costumbre he decidido no volver a hacerlo. Pero esta vez lo digo realmente en serio. Creo que con todo esto se pierde sangre. No es precisamente lo que me conviene.»[98]

Cabe preguntarse qué quería decir Dalí, o creía decir, al hablar de «perder sangre». Tal vez le habían enseñado, o había deducido por su cuenta, que la práctica reiterada de la masturbación, además de ser moralmente repugnante, acabaría debilitándolo, o bien lo volvería impotente, homosexual, ciego e incluso loco. Ésa era la opinión de la medicina ortodoxa en el siglo XIX (William Acton, Krafft-Ebing), y perduraría hasta bien entrado el siglo XX, como ha demostrado Alex Comfort con brutal sarcasmo en *The Anxiety Makers* (Los fabricadores de ansiedad, es decir los médicos).[99] Pero fuesen los que fueran los temores de Dalí al respecto, el hábito nunca le abandonaría. Según admisión propia, y el testimonio de varias personas que le conocieron de cerca, la masturbación fue durante toda su vida casi su único medio de llegar al orgasmo. Nunca estaría dispuesto a conceder, sin embargo, que se trataba de una tragedia; y Dalí sería el único pintor de toda la historia del arte que convertiría la masturbación en un tema central de su obra. También es el único español que ha admitido abiertamente en una autobiografía que la masturbación dominaba su vida.

Más tarde Dalí comentaría que solía ambientar sus fantasías onanistas en campanarios superpuestos, por la razón de que en su adolescencia se masturbaba en el terrado de la casa de Figueres mientras miraba ponerse el sol sobre la torre de Sant Pere, la iglesia donde había sido bautizado. Descubrió después que esa torre se parecía a la de Sant Narcís, en Gerona, y también a una torre de Delft que aparece en un cuadro de su admirado Vermeer (seguramente *Vista de Delft,* incluido en el tomo correspondiente de la colección Gowans).[100] Según una de sus amigas más íntimas, Nanita Kalaschnikoff, Dalí «tenía una fijación con las torres. Yuxtaponía los tres campanarios en su imaginación y cuando todo estaba en perfecto orden y cada detalle en su sitio, eyaculaba». Las torres con connotaciones eróticas aparecerán con frecuencia en la obra daliniana a partir del periodo surrealista.[101]

En estos momentos Dalí consumía novelas extranjeras, recomendando a Met Miravitlles que leyera a Anatole France y a «los rusos», además de a su admirado Pío Baroja.[102] También saboreaba la literatura erótica francesa (muy superior, hay que decirlo, a la española). En diciembre de 1919 apuntó en su diario que acababa de leer *Gamiani,* la novelita anónima de Alfred de Musset. «Esta obra sensual», escribe, «me ha despertado más que nunca una gran aversión al sensualismo grosero y estúpido que el autor erótico *francés* pinta con tanta agudeza y naturalidad.»[103]

Que Dalí tenía dificultades con su sexualidad lo demuestran otras muchas observaciones dispersas en el diario y en sus escritos posteriores. En *Confesiones inconfesables,* por ejemplo, describe sus tribulaciones adolescentes en los siguientes términos:

> Sufría entonces dos obsesiones que me paralizaban. Un miedo pánico a las enfermedades venéreas. Mi padre me había inculcado el horror al microbio. Esta angustia no me ha abandonado jamás, e incluso ha llegado a provocarme accesos de demencia.
>
> Pero, sobre todo, experimenté durante mucho tiempo la gran turbación de creerme impotente. Desnudo, y comparándome a mis camaradas, descubrí que mi sexo era pequeño, triste y blando. Recuerdo una novela pornográfica donde el don Juan de turno ametrallaba los vientres con una alegría feroz, diciendo que le gustaba oír a las mujeres

> crujir como una sandía. Yo estaba convencido de que jamás podría hacer crujir así a una mujer. Y esta debilidad me roía. Disimulaba esta anomalía, pero a menudo era presa de unas crisis de risa incontenibles, hasta la histeria, que eran como la prueba de las inquietudes que me agitaban profundamente.[104]

Dalí no exageraba al referirse al pequeño tamaño de su pene y, como ha confirmado un amigo suyo, su ansiedad al respecto no le abandonaría nunca.[105] En cuanto a la descripción de sus intentos por «disimular» su anomalía, se lee como un caso clínico sacado de un manual médico. «La percepción que tiene la gente de su cuerpo, la imagen que tiene del mismo, tiene mucho que ver con el sentimiento de la vergüenza», escribe Helen Merell Lynd en *Sobre la vergüenza y la búsqueda de la identidad.* «Ciertas características de nuestro cuerpo no se pueden cambiar, son incontrolables», sigue; «son, por decirlo así, lo que somos. Una repentina revelación suya..., o falta de control de ellas..., o la súbita percepción de la diferencia entre como nosotros nos vemos y como nos ven los demás: he aquí experiencias de la vergüenza profundamente asociadas a lo más hondo de nosotros, a nuestra propia identidad.» Lynd casi podría estar describiendo a Dalí (a quien no menciona en su magistral estudio).[106]

Años más tarde Dalí añadiría que el libro erótico que tanto le había impresionado se debía a la prolífica pluma de «El Caballero Audaz» (seudónimo de José María Carretero), conocido escritor de novelas galantes, y que le había aliviado enterarse de que la escena de marras no describía una cópula ortodoxa, sino sodomítica:

> Era más fácil, aunque hay que tener una erección fuerte para poder penetrar. Y mi problema es que siempre padecí de eyaculación precoz. Tanto, que en ocasiones me basta la simple visión para obtener el orgasmo.[107]

¿Cómo consiguió Salvador Dalí Cusí inculcar en su hijo un pánico a las enfermedades venéreas? Dalí afirmaría más tarde que su padre, considerando que ya era hora de que el chico conociera las cosas de la vida, dejó un día un libro médico sobre el piano. Contenía ilustraciones de «las terribles consecuencias» de la enfermedad. Su padre sostenía que dicho volumen debía exponerse en todos los hogares decentes, como advertencia a los jóvenes. En principio parece improbable que Dalí Cusí recurriera a un método tan crudo e insensible para mantener a Salvador en el buen camino, pero tal vez es cierto lo que nos cuenta el pintor. O quizás el episodio sea un «falso recuerdo» defensivo ideado por Dalí como una explicación racional de su miedo a la cópula, o de su impotencia.[108]

Por los diarios conservados sabemos que a Dalí ya le interesaban mucho las chicas. La primera que aparece en esas páginas, en noviembre de 1919, es una tal Estela («la hermosa Estela»), a quien Salvador ha conocido en la Escuela Municipal de Dibujo. Hay *billets doux,* miradas amorosas y un convencional poema de amor del pintor, breves encuentros en la Rambla bajo la mirada vigilante de la abuela de la joven y celos cuando Dalí se entera de que a Estela la corteja un militar de Barcelona.[109]

Poco después la atención de Dalí recae en otra muchacha, Carme Roget Pumerola, hija del dueño de uno de los más populares cafés de la Rambla, el Emporium, aún abierto en nuestros días. Carme es dos años mayor que Salvador y estudia en el colegio de las dominicas francesas, situado al lado de la plaza de la Palmera y visible desde el balcón de los Dalí. Carme le cuenta a Salvador que recuerda haberlo visto de pequeño cuando jugaba con Anna Maria en la playa de Es Llané.[110] Alta, guapa, rubia y progresista, con unos grandes ojos muy admirados por Salvador, Carme es, además, buena nadadora, y asiste, como Dalí, a las clases nocturnas de la Escuela Municipal de Dibujo.[111]

Carme tiene una amiga íntima y confidente, Maria Dolors («Lola») Carré, compañera de curso de Dalí en el instituto. Pronto Salvador y sus compañeros, en especial dos muchachos llamados Sala y Peix, y su amigo el pintor Ramon Reig, empiezan a salir con las dos amigas. Lola está acomplejada por su larga nariz («La nariz de Lolita vuelve de Barcelona esta tarde; ella llega mañana», se ríen sus amigos a espaldas de ella), pero eso tampoco le impide divertirse. Los jóvenes hacen escapadas a lugares fuera de la ciudad, van al cine (doblemente apreciado por las oportunidades que la oscuridad ofrece a las «iniciaciones amorosas»),[112] y se pasan horas enteras charlando y bromeando. Se intercambian mensajes y cartas, se inventan nombres aristocráticos –«la Condesa», «la Marquesa», «el Barón»–, se aprovisionan de las imprescindibles tarjetas de visita correspondientes, fingen ser ricos y un día anuncian que se disponen a salir de viaje para Italia. Reig manifiesta que personalmente piensa embarcarse para Venecia en el «lago» de Vilabertran. Dalí, más realista, estima que sería maravilloso tomar una de esas pequeñas goletas que todavía hacen la travesía entre Cadaqués e Italia, y dirigirse a Roma. Como lectura llevarán a su querido Rubén Darío. Dalí tiene incluso la fantasía, que anota junto a un dibujo, de visitar Washington para recoger una herencia de un tío rico: en medio de un notable alboroto el Barón de las Ocho Velas Rotas es recibido por un grupo de millonarios norteamericanos que celebran una magnífica recepción en su honor en el palacio de la princesa Ragadora.[113]

Dado que, según las estrictas convenciones de la época, Carme Roget no puede recibir cartas de un admirador en casa, ni siquiera tratándose del hijo del notario, Lola Carré actúa de intermediaria. Poco a poco la amistad se va haciendo más íntima, y en mayo de 1920 Carme está enamorada de Salvador y orgullosa de su creciente celebridad como pintor. Dalí, por su parte, juega con ella, analizando cada gesto y cada estado de ánimo de la muchacha (y también los suyos) de manera fría y literaria y apuntando en su diario los vaivenes de la relación. A mediados de aquel mayo, bajo el epígrafe «De cómo todo es mentira y engaño», comenta: «Después he pensado en todo eso, he visto lo cínico que soy. No estoy enamorado de Carme. No obstante, he fingido estarlo. Así se lo he dicho a Sala.»[114] Cuando vuelve a verla, finge «admirablemente». Una tarde Dalí, Carme y Lola dan un paseo a la hora del crepúsculo. Y el pintor apunta en su diario: «Contemplo la puesta de sol en los ojos de Carme, que ahora están totalmente húmedos de emoción.»[115]

Cuando Dalí se va a Barcelona a pasar una temporada con sus tíos, le escribe a Carme con frecuencia, enviando las cartas a través de Lola, y a veces dirigiéndolas a las dos amigas juntas. A menudo, como él mismo admite en su diario, estas comunicaciones son ridículas, hipócritas y exageradas. El 1 de junio de 1920 finge estar ya en la Ciudad Condal:

> Queridas amigas:
>
> Aprovecho esta oportunidad para deciros que me disculpéis por no haberme despedido de vosotras, pero me fue imposible. Aquí tan lejos de vosotras me resulta terrible, añoro mucho esos crepúsculos llenos de poesía... Allí, en el Passeig Nou..., los rojos de la puesta de sol teñían las nubes de suaves colores, y en el cielo agonizante comenzaban

a temblar las constelaciones..., allí bajo una bóveda de hojas nos quedábamos hasta que oscurecía... Entre los juncos cantaban las ranas..., más allá el grillo... En vuestros ojos se reflejaban el cielo y las estrellas... ¡Y en la vaguedad del crepúsculo soñaba con cosas siempre imposibles!

Por favor, no os riáis de todo esto...

Aquí, en Barcelona, entre tanta prosa, es hermoso recordaros, el recuerdo de vosotras es poesía...

Hasta pronto.

Salvador

Perdonad el papel, no tengo otro en este momento.[116]

En septiembre de ese mismo año las dos muchachas reciben otra carta escrita en tono parecido. Salvador se disculpa esta vez por haber interrumpido la conversación de ambas en la Rambla, y añade sus quejas habituales sobre su incapacidad para encontrar el amor:

Todo cambia, hasta el modo de pensar, por fin habéis creído en el amor... Yo también he creído en el amor... Pero para mí ha sido muy cruel... Yo siempre me he enamorado de un imposible... Me he enamorado del arte y el arte es imposible... para mí, porque tengo que estudiar. Estoy enamorado de una muchacha más hermosa que el arte, pero también más imposible.

Y las hojas empiezan a caer... y la vida es triste para vivirla sin fe, sin cualquier esperanza, amando en vano, en silencio...[117]

En medio de estos juegos amorosos, Dalí obtiene el primer premio de la Escuela Municipal de Dibujo, y anota en su diario un resumen de la ceremonia de entrega de los galardones:

El señor Núñez coge un papel y lee: «¡Salvador Dalí!» «¡Presente!», y, abriéndome paso, me acerco a la tarima. Entonces el alcalde dice en tono solemne: «Tengo una gran satisfacción al concederle el primer premio, porque, en primer lugar, honra a la familia Dalí, y, en segundo lugar, a la escuela, de la que se podrá decir que de ella ha salido un gran artista.» «Muchas gracias»... y recojo el premio, el primer premio, disimulando mis ganas de reír porque todo ha sido muy cómico. Luego, a la Rambla y después a casa, donde la familia sonreía de satisfacción de tener un hijo que honra a su familia y a la escuela (¡según las exactas palabras de un alcalde de verdad!).[118]

Carme Roget, que, como confirma la entrada del diario, estuvo presente en la entrega de premios, debió de sentirse muy orgullosa de Salvador. Una de las respuestas de la muchacha a las cartas del pintor ha sobrevivido. Dalí la había estado acosando para que le dijera por qué lo amaba, y el 28 de diciembre de 1920 Carme le respondió:

> Querido Salvador:
>
> Tu carta tan larga me ha hecho inmensamente feliz porque me has dicho la razón por la que me quieres, además de otras cosas que necesitaba mucho escuchar. Qué feliz sería cerca de ti, muy cerca, sin nadie que nos escuchara, lejos de esta humanidad estúpida que nos rodea, que nos mira, que nos escucha... y que nos critica, nosotros que quisiéramos pasar inadvertidos, que no se preocupasen de nosotros.
>
> Quieres que te diga por qué te quiero, cuando ni lo sé yo misma, sólo sé que te quiero mucho, mucho, más que ser humano jamás haya podido querer, y que tú compartes mis ideales, tú piensas como yo y te gusta ser diferente a los demás, igual que a mí.
>
> No sé cómo explicarte que te quiero, tal vez algún día mi manera de pensar no sea tan tonta como ahora, cuando no sé cómo describir lo que mi corazón está sintiendo, mi pobre corazón encadenado por tu amor, y que late muy fuerte cuando te veo, y cuando estoy a tu lado, cuando te miro.
>
> Qué feliz sería estando siempre a tu lado, que nuestro sueño pudiera hacerse realidad, allí, enfrente del mar, en una casa pequeña pero para nosotros muy hermosa, que fuera el nido de nuestros amores, cerca de las olas, tú pintando y yo sentada en el suelo a tu lado, mirando, con los ojos inmensamente abiertos, la obra maestra que te daría un nombre, un nombre que el mundo te daría y que tú guardarías para mí, para tu Carme, que quiere que seas artista pero no por el orgullo de ser la amada de un artista, no, sino porque tu voluntad se consiga, tu sueño de arte se realice, porque, para mí, cuanto menos éxito tuvieras, más podría creer que serías mío, porque tengo miedo de que si eres un gran artista te olvides de la que siempre te querrá y que te quiere mucho, muchísimo.
>
> Yo sé que no es esto lo que quieres que te diga, pero no te enfades conmigo, lo he dicho sin querer, o tal vez por algunos restos de dudas que aún tenía y que ahora he desechado para siempre.
>
> Dime por qué me solicitas, si cuando sea mayor te querré tanto como ahora. Quieres que te repita que siempre te amaré, ¿verdad? Y si otros jóvenes buscan mi amor les diré que no creo en el amor y me rei-

> ré de ellos y adoraré el amor que para mí siempre serás tú. No estés celoso de ningún joven con quien me veas hablar porque, aunque yo le hable, mis pensamientos y mi corazón vuelan hacia ti, a quien amaba antes de que tú me amaras y yo siempre rezaba a la Virgen para que me quisieras y mis ruegos han sido escuchados.
>
> Escríbeme una larga respuesta y cuando no estés a mi lado piensa mucho en mí, pinta con tesón y estudia mucho y de tanto en tanto deja descansar los pinceles o el libro para pensar en tu amada que siempre piensa en su Salvador y se duerme por las noches pensando en ti y se despierta con el mismo pensamiento, y acepta este beso que desde lejos te envía tu afectuosísima Carme.
>
> Perdona la carta porque la he escrito muy deprisa y trata de poder venir a verme el sábado y el domingo porque te añoro mucho, y sin ti me siento morir de añoranza.[119]

«El primer amor no se olvida nunca», dijo, pensativa, Carme Roget en 1993, poco antes de morir, insistiendo en que también para Salvador había sido la primera vez:

> Yo era su única novia, y seguimos juntos hasta que se marchó a Madrid. ¡Si sólo éramos unos niños! En aquellos días el amor era distinto, teníamos una relación romántica. Ahora la gente se enamora en unos segundos, se van directos a la cama y tienen dos o tres aventuras al año. ¡Nosotros éramos tan inocentes! Nuestro amor fue romántico, romántico. Una vez, cuando me besó, yo apenas me di cuenta de lo que había pasado y corrí a decírselo a mis amigas. Salvador era guapo, tenía largas patillas y sobre todo era muy cariñoso y muy gracioso. Con él siempre me tronchaba de risa.[120]

La versión del romance dado por Dalí en *Vida secreta,* donde Carme, no mencionada nunca por su nombre, es la novia «de los cinco años» («¡mi plan quinquenal!»), sugiere que no hubo entre ellos nada sexual (el sexo se limitaba a «aquello»). Dalí se pinta a sí mismo como un sádico insaciable, que atormenta a la chica con su frialdad y su negativa a amarla, y que goza reduciéndola a una posición de abyecta sumisión:

> En efecto, sabía yo y sabía ella que no la amaba; yo sabía que ella sabía que yo no la amaba; ella sabía que yo sabía que ella sabía que yo no

la amaba. No amándola, conservaba yo intacta mi soledad, libre para ejercer mis «principios de acción sentimental» en una criatura muy bella.[121]

El padre de Carme no apreciaba nada al pintor, y aún hoy hay en Figueres quien recuerda que una noche, en plena Rambla, le dio a su hija una bofetada por frecuentar a un individuo de tan dudosa reputación. También Carme comprendió que Salvador no era su compañero ideal. Cuando Dalí se marchó a Madrid en 1922, ella rompió la relación («él esperaba que yo le escribiera todos los días, pero ¿cómo iba a hacerlo? Le dije que no podíamos continuar»). Carme no tardó en encontrar otro pretendiente, un comerciante bien parecido llamado Prat, por lo visto buen jugador de fútbol, a quien Dalí decía despreciar con toda su alma... y así se lo hizo saber a Carme. Al perder a la muchacha a la que no podía amar, a Dalí le royeron los celos y se dedicó a seguirla y espiarla por todas partes. Carme Roget se casaría con su comerciante en 1928.[122]

DALÍ Y LA VANGUARDIA

El 4 de diciembre de 1919 Dalí había apuntado en su diario la muerte de Renoir, «sin duda de los mejores, o el mejor, de los impresionistas franceses», añadiendo: «Hoy debe ser un día de duelo para todos los artistas, para todos los que aman el arte y se aman a sí mismos.»[123] Tanto el diario como los cuadros de la época demuestran que al menos hasta finales de 1920 Dalí conservó íntegra su lealtad al impresionismo, que, de hecho, se había fortalecido durante una temporada en Barcelona en el verano de 1920, cuando visitó por vez primera el Palacio de Bellas Artes, y quedó tan deslumbrado ante los paisajes de Joaquim Mir (1873-1940), el pintor predilecto de su profesor Juan Núñez Fernández, que al parecer no prestó atención a las obras cubistas de André Lhote.[124] A comienzos de siglo Mir había formado parte, con Ramon Pichot, Isidre Nonell y otros, de la Colla del Safrà (Grupo del Azafrán), así llamada por el predominio de tonos azafranados de su pintura de aquellos años. Las obras posteriores del pintor, mucho más chillonas, fueron las que llamaron la atención de Dalí: «Salas y más salas y por último una que es un refugio espiritual, un lugar para pasarse horas y horas. ¡Mir! ¡Mir!... Aguas estancadas de transparencias diabólicas, árboles dorados, cielos rutilantes de un color de ensueño... Pero, más que aguas estancadas, más que crepúsculos dorados y jardines umbrosos, ¡es color, color, color! [...] Mir es un genio del color y la luz, y puede equipararse a los grandes impresionistas franceses, de los que ha sido un devoto discípulo.»[125]

Al menos uno de los cuadros pintado por Dalí después de este descubrimiento reflejó, como él mismo reconoció, el indudable impacto del extravagante cromatismo de Mir.[126]

Pero el impresionismo daliniano tenía los días contados. Probablemente fue a principios de 1921 cuando Pepito Pichot le trajo de París un regalo de su hermano Ramon, diciéndole al entregarlo algo así como «esto es para que veas que al impresionismo no le queda mucha cuerda». Se trataba de una publicación futurista profusamente ilustrada que proclamaba con gran energía la muerte del impresionismo. Editada en Milán en 1914, incluía el *Manifiesto futurista,* otros exaltados textos del movimiento y una generosa antología de reproducciones de la obra de Boccioni, Carrà, Russolo, Balla, Severini y Soffici.[127] Más o menos en 1927 Dalí le diría al crítico de arte Sebastià Gasch que el libro le había provocado «el mayor fervor y el mayor entusiasmo», convenciéndole de que el futurismo, «el límite máximo en el campo de lo accidental y lo fugitivo» era «el verdadero sucesor del impresionismo».[128] Resulta así que Ramon Pichot, el artista que había alentado al joven Dalí por los caminos del impresionismo, fue también el responsable de apartarlo de esa escuela y de enseñarle el nuevo rumbo que debía tomar. Para demostrar que había comprendido el mensaje, Dalí esbozó un dibujo futurista frente a una de las reproducciones de Carrà incluidas en el libro. Cuarenta años más tarde recordaría que durante cuatro meses había pintado influido por Boccioni, «que para mí fue no sólo el escultor, sino el pintor más importante del futurismo».[129]

En su retirada del impresionismo Dalí contó también con el apoyo de dos amigos un poco mayores que él, Joan Subias Galter y Jaume Maurici Soler, minas de información, ambos, en materia de pintura y literatura contemporáneas.

Subias Galter (1897-1984), más tarde destacado catedrático de arte y de historia y autor de más de cuarenta libros, aparece con frecuencia en los diarios adolescentes de Dalí como miembro del grupo de amigos que revoloteaban en torno a Carme Roget y Lola Carré. Igual que Dalí y Juan Núñez, Subias admiraba a Joaquim Mir.[130] En un artículo publica-

do en Figueres en mayo de 1921, elogió los carteles a la témpera que Dalí había realizado para las últimas fiestas de la Santa Creu. Como señalaron varios críticos, esos carteles y otras obras del mismo estilo tenían una clara deuda con el pintor Xavier Nogués Casas (1873-1941), conocido por su celebración de la vida rural catalana; sin embargo, como el propio Dalí escribió en 1922, los colores brillantes lo distinguían de aquel pintor. Subias supo apreciar esa originalidad y afirmó que los carteles eran excelentes, valoración que, sin duda, fue importante para Dalí en aquel momento. *Fires de la Santa Creu* (1921) nos da una buena idea de cómo II
eran las obras que hacía Dalí en aquella línea.[131]

Maurici Soler (1898-1981), talentoso poeta, era un personaje aún más interesante que Subias. En 1917, con sólo diecinueve años, había fundado el semanario figuerense *Alt Empordà,* publicación procatalanista que en cada número incluía una página literaria de altísima calidad a cargo del propio Soler, y otra de arte.[132] A principios de 1920 Soler dedicó una de las páginas literarias del periódico a la nueva poesía europea. Comprendía un pasaje de la conferencia de Apollinaire, «L'Esprit nouveau et les poètes» (dictada en 1917), traducciones catalanas de Pierre Reverdy, Philippe Soupault, Albert-Birot, Paul Dermée y Marinetti, y un interesante «Poema futurista» (de hecho, un «caligrama») de uno de los grandes rebeldes de la literatura catalana de entonces, Joan Salvat-Papasseit, poeta muy admirado por Dalí.[133] El número recogía también algunas recomendaciones irreverentes del *Manifiesto futurista,* una de la cuales pudo llamar la atención de Dalí: ¡la exaltación de los «saltos peligrosos»![134] Soler y Dalí hicieron buenas migas, y en 1921 Salvador le prepararía unos preciosos dibujos para las portadas de varios libros suyos.[135]

En cuanto a Barcelona, Dalí contaba allí, como sabemos, con un espléndido aliado en la persona de su tío Anselm Domènech, propietario de la Llibreria Verdaguer, que le facilitaba libros y revistas nuevos y lo mantenía muy bien informado con respecto de cuanto se cocía en el mundillo artístico de la capital catalana. El sanctasantórum del arte moderno en la ciudad era la galería de un amigo de Domènech, Josep Dalmau (1867-1937). El mismo pintor había recibido en su juventud la influencia del *Art Nouveau,* y en 1898 había realizado con éxito una exposición (la primera y la única suya como artista) en el café Els Quatre Gats. Como la mayoría de sus compañeros del *modernisme,* Dalmau, que había vivido en París de 1901 a 1906, era un amante de todo lo francés. Al darse cuenta de que no tenía suficiente talento para ser un pintor profesional, empero, regresó a Barcelona y se estableció como anticuario y galerista. Comenzó en la calle del Pi, y en 1911 se trasladó a un local más amplio en el número 18 de la de Portaferrissa, junto a las Ramblas. Allí, en 1912, organizó la primera exposición de arte cubista en España, con obras de Marie Laurencin, Albert Gleizes, Jean Metzinger, Juan Gris, Le Fauconier y Marcel Duchamp (cuyo *Nu descendant un escalier, numéro 2* fue la obra más discutida de la exposición).[136]

Durante la Primera Guerra Mundial Dalmau trabó amistad con varios artistas extranjeros que se habían refugiado en España, y organizó exposiciones de su obra. En 1916 montó una de las primeras muestras de arte abstracto del mundo, con Serge Charchoune como estrella, y, ese mismo año, una exposición individual de Albert Gleizes. En 1917 patrocinó la publicación de *391,* revista de vanguardia editada por el pintor franco-cubano Francis Picabia. En 1918 organizó una exposición de Joan Miró (en quien había influido fuertemente la muestra cubista de 1912), y, en octubre y noviembre de 1920, una amplia exposición de –principalmente– arte francés de vanguardia, que entre los cuarenta y cinco artistas representados incluyó a Braque, Gris, Lipchitz, Léger, Metzinger, Miró, Gleizes, Derain, Matisse, Picasso, Van Dongen, Diego Rivera y Severini.[137]

Dalmau, en resumen, dedicó una energía ilimitada a la promoción del arte contemporáneo. «Si Barcelona tiene un lugar en la historia de la vanguardia», ha escrito Jaume Vidal i Oliveras, «es gracias a su misión solitaria.»[138]

No parece probable que el joven Dalí viera ninguna de las exposiciones de Dalmau anteriores a la guerra, ni las organizadas durante los cuatro años de ésta, y sus diarios de octubre-noviembre de 1920 tampoco mencionan la muestra de la vanguardia francesa celebrada ese año en la galería. El 17 de octubre de 1920 mantiene una apasionada conversación con Joan Subias, que acaba de regresar de Barcelona. «Hablamos del Greco, la Revolución rusa y Picasso», apunta en su diario, «y más tarde de metafísica y cubismo.» Dado que la exposición de Dalmau acababa de inaugurarse, cuesta imaginar que Subias, tan amante del arte, no la hubiera visitado. Es posible incluso que le enseñara a Dalí el lujoso catálogo de la exposición, que contenía numerosas ilustraciones.[139]

UNA TRAGEDIA FAMILIAR. LA LLAMADA DE MADRID

Un domingo por la mañana, a comienzos de febrero de 1921, Carme Roget se encontró, en su camino a misa, con Salvador, Anna Maria y Catalina Domènech. Carme se quedó de piedra al enterarse de que horas antes la madre del pintor había sido trasladada a toda prisa a Barcelona, donde debía someterse a una muy difícil y peligrosa intervención quirúrgica. Los tres, enfermos de angustia, iban a asistir al oficio matutino para rezar por su feliz recuperación. Pero Felipa Domènech no se repuso, y falleció de cáncer de útero el 6 de febrero, a la edad de cuarenta y siete años, tras ser operada en la clínica Ribas i Ribas de la capital catalana. Aunque Anna Maria Dalí escribió más tarde que la tragedia los había cogido por sorpresa, una nota necrológica publicada en la prensa figuerense señala que Felipa Domènech había tenido «una larga y penosa enfermedad», lo que parece más probable. Fue enterrada en el cementerio de Poble Nou, en el mismo nicho ocupado por Gal Dalí y Teresa Cusí.[140]

Fue tal el impacto de la muerte de Felipa que su hermana Catalina, *la tieta*, tuvo una seria crisis nerviosa. Salvador Dalí Cusí la envió a reponerse a Barcelona, en casa de su amigo Joaquim Cusí Fortunet, el magnate farmacéutico. Catalina tardó casi un año en recuperarse lo suficiente como para regresar a Figueres.[141]

En *Vida secreta* Dalí afirma que la muerte de su madre fue el golpe más grande que había sufrido hasta la fecha, y que la pérdida lo determinó a conseguir la fama a cualquier precio: «Con los dientes apretados de tanto llorar, me juré que arrebataría a mi madre a la muerte con las espadas de luz que algún día brillarían brutalmente en torno a mi glorioso nombre.» Es posible que así fuera efectivamente.[142]

Pocos meses después de la muerte de Felipa, Dalí conoció el dolor de otra pérdida. Nada había sugerido que Pepito Pichot no se encontrara bien, pero en julio de 1921 murió de improviso, a los cincuenta y dos años. El diario de Dalí correspondiente a ese mes se ha perdido, pero sin duda alguna la desaparición de su gran amigo y aliado lo sumiría en un gran pesar.[143]

El diario de diez páginas de Dalí correspondiente a octubre de 1921 confirma que, una vez encajado el golpe de la muerte de su madre, el pintor se puso a trabajar con renovado vigor en la construcción de su imagen pública y de su fama, empresa a la que contribuyó la lectura de

Sonata de verano, la novela de Valle-Inclán. El extravagante individualismo del protagonista no pudo sino fascinarle. «Por fin he conocido al marqués de Bradomín», apunta. «Me parece realmente atractivo.» En una sección encabezada con el epígrafe «Pensamientos sobre mí mismo», Dalí confiesa: «No hay duda de que soy un tipo totalmente histriónico que sólo vive para posar [...] Soy un *poseur* en mi manera de vestir, de hablar e incluso, en ciertos casos, en mi manera de pintar.» Hasta reconoce que tal vez el mismo hecho de admitir que es un *poseur* sea de por sí una pose. Su estudio está desordenado..., pero sólo en apariencia. Para que la gente se entere de que está leyendo a Pío Baroja, por ejemplo, deja las novelas bien a la vista, junto al *Quijote* y otros volúmenes sobre futurismo y cubismo. Además de *poseur,* Dalí se considera ahora un «refinado egoísta», pero esto «puede no ser evidente», pues «tanto como egoísta a veces soy ingenuo, y me imagino que eso es lo que la gente advierte más». Una de sus preocupaciones principales («además de otras muchas artísticas, totalmente románticas y nobles») es que la gente lo encuentre interesante, diferente: «Es por eso que me he dejado crecer el pelo, y las patillas.» Para demostrar a sí mismo y a los demás que de veras es diferente, se está afanando por conseguir los favores de una muchacha gitana a la que llama «la Reina». «En poco tiempo he avanzado mucho por el camino de la farsa y el engaño», escribe, añadiendo que casi se está acostumbrando a ser «un gran actor en esta comedia aún más grande de la vida, la absurda vida de nuestra sociedad». Pese a estar continuamente actuando, incluso cuando está solo, su mayor ambición sigue siendo el arte, «y esto es más importante que cualquier otra cosa». La última frase de esta autoevaluación consigna: «Estoy locamente enamorado de mí mismo.»[144]

Estas páginas de octubre de 1921 demuestran que, desde la muerte de Felipa Domènech, Dalí no sólo se ha reafirmado como un redomado Narciso, sino también como marxista rebelde. Se ha suscrito al periódico marxista francés *L'Humanité* porque, explica, «ahora soy más comunista que antes». Sin embargo, hay indicios de que está empezando a perder la fe en la capacidad de los españoles para llevar a cabo la ansiada Revolución. En 1920 había escrito que España era un país en el que todo se movía tan despacio que la gente no tenía prisa ni siquiera por poner en marcha algo tan vital como la Revolución.[145] Un año más tarde ha llegado a la conclusión de que «España es una mierda, tanto el Gobierno como el pueblo», y éste porque continúa tolerando una de «las tiranías más vergonzosas de la humanidad». El tiránico gobierno en cuestión ha estado llevando las operaciones militares españolas en Marruecos con resultados desastrosos (para mayor placer de Dalí). Cuando el 10 de octubre de 1921 llega la noticia de que el ejército español ha arrebatado a Abd el Krim la colina del Gurugú, cerca de Melilla, Dalí comenta: «Nos han vuelto a ocupar el Gurugú, pero... ¡qué diferencia entre *nuestra* retirada y la de los españoles!» Y en una nota a pie de página aclara: «¡Ahora me considero totalmente moro!»[146]

Durante el otoño de 1921 Dalí, Martí Vilanova, Rafael Ramis y Jaume Miravitlles crean lo que diez años después será llamado por este último el «primer sóviet de España», un grupo llamado Renovació Social, con una efímera revista del mismo nombre.[147]

El primer y, al parecer, único número de *Renovació Social,* subtitulado *Quincenal portaveu d'un grup de socialistes d'aquesta ciutat,* apareció el 26 de diciembre de 1921, precedido de un manifiesto dirigido *«a la opinió figuerenca».* Todos los colaboradores de esta revista de cuatro páginas firmaban con seudónimo, tal vez por prudencia (con ello tenían razón, como se demostraría más tarde, al prohibir el representante local del gobierno central que el grupo se registrara como partido político). Los artículos, impregnados de un fogoso marxismo, pregonaban la lucha de clases y la dictadura del proletariado, y uno de ellos, firmado por «Jak», tiene el inconfundible sello del Dalí amargo y combativo que conocemos por sus diarios. Con feroz ironía, el autor alega que los sóviets son bárbaros, los bolcheviques matan a las mujeres y a los ancianos y se comen crudos a los niños; Lenin es un tirano y un sádico, y los escritores que apoyan el régimen (Wells, Anatole France, Gorki) son unos degenerados morales. ¡Qué extraño, por todo ello, que los rusos, pese al caos revolucionario y a la escasez de comida, estén construyendo en Moscú un museo de pintura impresionista, con cuadros expropiados a sus ricos propietarios![148]

Dalí pintaba con la misma energía con la que predicaba. En enero de 1922 su obra se vio por vez primera en Barcelona, cuando envió ocho cuadros a una ambiciosa exposición organizada en la prestigiosa Galería Dalmau por la Asociación Catalana de Estudiantes. Dado que su amigo Ramon Reig también participó en la muestra, cabe pensar que fue Juan Núñez quien los había animado a hacerlo.

Se exhibieron ciento veinticuatro obras de cuarenta estudiantes. Dalí envió *Venus sonriente, Olivos, Cadaqués, Merienda en la hierba,*

Fiesta en la ermita de San Sebastián, Mercado, Crepúsculo y *Salomé.* Un amigo íntimo de la familia Dalí, Carlos Costa, director del diario barcelonés *La Tribuna,* elogió estas obras en la primera plana del mismo, destacando *Crepúsculo* y *Mercado* y recordando a sus lectores que un año antes había augurado que el joven artista alcanzaría la fama, predicción que ahora se cumplía.[149] Otros periódicos de Barcelona también elogiaron a Dalí,[150] y en una revista ilustrada, *Catalunya Gràfica,* se publicó una reproducción en blanco y negro de *Mercado.* La obra, cuyo paradero se desconoce hoy, es una témpera que con casi total seguridad representa el mercado figuerense de los jueves, que tanto gustaba a Dalí. Según Rafael Santos Torroella, la obra muestra la clara influencia de Ramon Pichot.[151] Un distinguido jurado concedió a Dalí el Premio del Rector de la Universidad de Barcelona por el cuadro, y el *Empordà Federal,* dando orgullosamente parte de la magnífica noticia, señaló que todas las obras expuestas por Dalí se habían vendido.[152]

El éxito de Salvador en Barcelona, y las repercusiones del mismo en la prensa, debieron darle una gran alegría al notario, alegría que se repitió cuando, en julio, Dalí participó en la Exposición de Artistas Ampurdaneses, ya convertida en acontecimiento figuerense anual, celebrada ese año en el Casino Menestral. Dalí, escribió Puvis (que un año y medio antes había augurado su grandeza como pintor), «es un polvorín donde se almacenan las energías más feroces y las cualidades más sólidas».[153]

Tanto en Barcelona como en Figueres se daba ahora por seguro que Dalí poseía extraordinarias dotes artísticas y que estaba destinado a la fama.[154]

En abril de 1920, como hemos visto, Dalí Cusí había decidido que, una vez terminado el bachillerato, Salvador iba a seguir sus estudios en la Escuela Especial de Pintura, Escultura y Grabado de la Real Academia de Bellas Artes de Madrid. En junio de 1922 se aproximaba la fecha de sus últimos exámenes en el Instituto de Figueres y, a la vista de su expediente, no parecía haber razón alguna para que no los aprobara. Por lo tanto, el camino a la capital de España estaba casi allanado.

Cuando se tomó la decisión de enviar a Salvador a la Escuela Especial, probablemente fue crucial la recomendación de Juan Núñez, puesto que él mismo procedía de ese centro. Otra recomendación a favor de Madrid vino de Eduardo Marquina, el dramaturgo casado con Mercedes Pichot, que tenía muy buenas relaciones con Alberto Jiménez

Fraud, director de la madrileña Residencia de Estudiantes, donde, pensó tal vez Marquina, Salvador no sólo se beneficiaría de un ambiente cosmopolita, sino que también encontraría motivos de inspiración para dedicarse de lleno a su carrera. Los argumentos a favor de Madrid parecían contundentes, y cuando, como era de esperar, Salvador aprobó el bachillerato, se arregló para principios de septiembre una entrevista con Jiménez Fraud.

Más o menos en esa época Dalí tuvo una conversación con el pintor Marià Llavanera, catorce años mayor que él. Llavanera le dijo que su ideal estético era fundir lo mejor del arte clásico con lo mejor de la pintura moderna: el dibujo y el rigor del Renacimiento con la luz, el color y los efectos atmosféricos del impresionismo, o sea, Miguel Ángel y Cézanne abrazados en una nueva síntesis. Dalí no estuvo para nada de acuerdo. «Creo que la pintura, y todas las artes, son casi instintivas», escribe en *Ninots* pocos días después, bajo el epígrafe de «Doctrina anárquica». «Tener que seguir un camino predeterminado es una tortura [...] Creo que hay que pintar sin ninguna doctrina estética, pintar por el gusto de pintar, no aceptar restricciones, seguir los impulsos de la sensibilidad más liberada, pintar románticamente sin pensar si lo que se pinta es razonable. ¿Qué tiene que ver la lógica con la pintura? Pintar es un asunto sensual, lo esencial en un pintor es la falta de dogmas, doctrinas y métodos, un pintor no puede planear su itinerario sin violentar su sensibilidad.»[155]

En un estado mental así de «anárquico» Dalí se traslada con la familia a su querido Cadaqués, escribiendo más tarde en su diario que, pese a sus esfuerzos por ser desagradable, gustó a las veraneantes quienes, conjeturaba, habrían leído algo acerca de él en los periódicos, quedando debidamente embobadas.[156] En cuanto a sus preferencias artísticas del momento, consigna que Picasso es ahora uno de sus «preferidos».[157] Que así era lo demuestran las obras cubistas en las que ya por entonces estaba enfrascado, habiendo dejado definitivamente atrás su periodo impresionista.

Antes de abandonar Cadaqués, Dalí redacta una altisonante y burlona despedida en la que alude a una muchacha del lugar, Andrea, que lo ha cautivado:

> Adiós Cadaqués, adiós olivares y caminos llenos de quietud. Adiós marineros, maestros de la pereza y de la vida, me voy lejos, para ocuparme

inútilmente de cosas que no me hacen falta, a estudiar, a ver el Museo del Prado.

Y a ti, nena, que sabes mirar como una estatua gótica, a ti que eres joven y tienes dos pechos como dos frutas bajo tu vestido blanco, a ti que tal vez sabes que me gustas y que te amo, a ti también, ¡adiós![158]

Dalí quería, sin duda, mostrar una actitud de indiferencia en lo tocante a sus próximos estudios en Madrid, actitud que reforzaba la imagen del pintor romántico que no se interesa por los asuntos mundanos. Sin embargo, cabe pensar que ese verano pensaría constantemente en su cercana partida a la capital española. A fin de cuentas, iba a ser un paso vital en el camino hacia su máximo objetivo: el éxito y la fama a escala no sólo nacional sino mundial.

CUATRO

LOS AÑOS DE MADRID (1922-1926)

PRIMEROS PASOS EN LA «RESI» Y EN SAN FERNANDO

La Residencia de Estudiantes era la «hija» de la Institución Libre de Enseñanza, el colegio secundario progresista fundado en Madrid en 1876 por Francisco Giner de los Ríos y otros profesores universitarios de orientación liberal. «Libre» significaba, en primer lugar, ajeno a las interferencias de una Iglesia que durante siglos había estrangulado la enseñanza, y que, con la restauración de la monarquía borbónica, amenazaba con seguir haciéndolo. Y, en segundo lugar, «libre» de la injerencia del Estado. La Institución Libre de Enseñanza tuvo muchos enemigos desde el momento mismo de su fundación, pero, pese a todos los obstáculos, sobrevivió. Dedicada a formar individuos polifacéticos volcados en la construcción de una nueva España «europea» y tolerante, su impacto en la vida intelectual, política y moral de la nación sería enorme.[1]

Alberto Jiménez Fraud, el joven director de la Residencia, había sido profesor de la Institución Libre de Enseñanza durante tres años. La obsesión de Giner de los Ríos por el progreso de España, su humanidad y su convicción de que solamente la consolidación de una minoría selecta de hombres y mujeres cultos con perspectiva europea podía operar un cambio en la negra suerte del país, calaron hondo en Jiménez. Entre 1907 y 1909 pasó varios meses en Inglaterra, donde tuvo ocasión de conocer y admirar el sistema de enseñanza que imperaba en Oxford y Cambridge, sistema basado en el estrecho contacto entre profesor y alumno. Cuando, en 1910, Giner de los Ríos invitó a Jiménez Fraud a ser director de una residencia estudiantil experimental, aceptó el desafío sin pensárselo dos veces. Nunca se lamentaría de haberlo hecho. Tenía entonces veintiséis años.[2]

La primera Residencia de Estudiantes tenía sólo quince dormitorios en los que se alojaban diecisiete estudiantes: comienzo muy modesto para la que iba a ser –no es exagerado decirlo– la más extraordinaria aventura cultural de la España del siglo XX. Hay que tener en cuenta que no había en España entonces nada que se pudiera comparar con una residencia universitaria británica, y que los estudiantes que llegaban a Madrid no tenían por lo general otra opción que vivir en humildes y a menudo miserables pensiones. La nueva residencia pretendía paliar, a pequeña escala, esta carencia, ofreciendo una combinación de alojamiento cómodo, tutoría extraoficial y ambiente interdisciplinario (desde sus inicios Jiménez Fraud seleccionó cuidadosamente a los estudiantes a fin de garantizar un equilibrio entre las «dos culturas»). Se hacía hincapié en la importancia del esfuerzo comunitario y de la responsabilidad personal, y una sobria austeridad caracterizaba la organización y la decoración de la casa. En cierto modo, el director y sus colaboradores eran, como los definió V. S. Pritchett tras su visita a la Residencia en 1924, unos «puritanos alegres». De hecho se sentían misioneros al servicio de una nueva España. La frivolidad no se toleraba allí, y la diversión tenía que ser «sana».[3]

La Residencia fue un éxito rotundo e inmediato y la gran cantidad de solicitudes de plazas obligó a trasladarla pronto a un lugar más espacioso. En 1915 se empezó a construir un complejo propio ubicado en unas lomas en el extremo norte del Paseo de la Castellana, que por entonces acababa en lo que hoy es plaza de San Juan de la Cruz. El sitio, casi en pleno campo, se beneficiaba de magníficas vistas de la sierra de Guadarrama y estaba a unos veinte minutos en tranvía del centro de Madrid, que en esta época contaba apenas con unos 600.000 habitantes.

Los pabellones de la nueva Residencia, luminosos y aireados, eran de estilo neomudéjar y eminentemente funcionales, y los arquitectos se habían encargado de dotarlos de un generoso equipamiento de duchas y cuartos de baño. El poeta Juan Ramón Jiménez ayudó a diseñar los jardines, y cuando llegó Dalí, en el otoño de 1922, ya crecían con pujanza los álamos plantados a lo largo del canalillo que discurría delante de los edificios. Se trataba de un oasis en las afueras de la ciudad, justo en la linde donde ésta se fundía con la meseta castellana.

Por dentro, la Residencia era austera, como convenía al espíritu algo espartano de la casa. Excepción hecha de algunas sillas de mimbre un poco incómodas, predominaban los muebles de madera de pino, y los únicos toques de color los proporcionaban los cuadros, los azulejos vidriados y la cerámica tradicional. Los dormitorios tenían un leve aire monacal. Y para favorecer la concentración de los estudiantes regía la prohibición absoluta de hacer ruido a altas horas de la noche. El lugar se conservaba limpísimo, ¡y que Dios librara a aquel que se cogiera en el acto de tirar una colilla al suelo!

Una vez terminados los cinco pabellones, la Residencia podía alojar a ciento cincuenta estudiantes, cifra que permanecería prácticamente constante hasta 1936 y que permitía que todos los ocupantes se pudiesen conocer, por lo menos de vista. La «Resi» –así se la llamaba con cariño– era una comunidad de proporciones ideales.[4]

La mayoría de los residentes eran estudiantes de medicina que acudían atraídos por los laboratorios y por la instrucción suplementaria gratuita que se facilitaba en ellos como parte del «sistema de apoyo» universitario de Jiménez Fraud. Luego en fuerza numérica seguían los ingenieros industriales, cuya escuela funcionaba en un ala del cercano Museo de Historia Natural. En cuanto a la acusación de elitismo que a veces se dirigiría contra la Residencia, era inevitable que la abrumadora mayoría de los estudiantes que allí parasen procedieran de familias de clase media, ya que entonces la enseñanza secundaria estaba casi por completo reservada a las familias acomodadas. Sin embargo, la dirección era muy consciente de esta circunstancia, y se esforzaba por ofrecer plazas libres a los menos privilegiados.[5]

Uno de los principales empeños de Jiménez Fraud era conseguir que hombres y mujeres distinguidos, tanto españoles como extranjeros, se acercaran a la «Resi» a pronunciar una conferencia. Para tal fin se crearon dos organizaciones: la Comisión Hispano-inglesa, en 1923, y, al año siguiente, la Sociedad de Cursos y Conferencias, respaldada ésta, con gran eficacia, por un comité de damas aristocráticas con inquietudes intelectuales. Entre los conferenciantes, cuya lista sería larga, figuraban H. G. Wells, G. K. Chesterton, Albert Einstein, Louis Aragon, Paul Valéry, Howard Carter, Max Jacob, José Ortega y Gasset, Salvador de Madariaga, Roger Martin du Gard, Hilaire Belloc, Leo Frobenius y, en varias ocasiones, Eugenio d'Ors (luego uno de los más firmes defensores de Dalí). Otro catalán que disertó en la Residencia –unos años antes de la llegada del pintor– fue Pere Coromines, el amigo del notario Dalí Cusí mencionado antes en relación con los disturbios ocurridos en Barcelona a fines de siglo.

También se hacía música en la Residencia, y de gran calidad. Manuel de Falla y Andrés Segovia eran visitantes habituales, y la clavecinista Wanda Landowska, el pianista Ricardo Viñes y los compositores Darius Milhaud, Ígor Stravinski, Francis Poulenc y Maurice Ravel también hicieron acto de presencia.

En un país que padecía una triste escasez de bibliotecas modernas, la Residencia contaba con una excelente, y en constante ampliación, en la que se recibían numerosas revistas extranjeras. Permanecía abierta hasta tarde por la noche, además, a fin de fomentar la curiosidad de los estudiantes, a quienes se les permitía llevar libros a sus habitaciones. No satisfecha con ello, la Residencia también se dedicaba a tareas editoriales, publicando libros que hoy son valiosas piezas de coleccionista. Entre ellos destaca la primera edición de la poesía completa de Antonio Machado (1917) y siete volúmenes de ensayos de Miguel de Unamuno (que pasaba frecuentes estancias en la casa).

Como emblema, la «Resi» había escogido un medallón inspirado en la cabeza de una escultura ateniense del siglo V a.C. conocida como *El atleta rubio,* que representa a un hermoso joven apolíneo de cabello rizado, que para Jiménez Fraud y sus colaboradores expresaba el ideal del «perfecto ciudadano» que ellos querían formar. Aunque no de modo explícito, el verdadero lema de la casa era *Mens sana in corpore sano*: con fútbol, tenis, carreras, baños de sol y hockey, la Residencia combinaba la seriedad intelectual con una devoción por el deporte que era en gran parte resultado de la experiencia inglesa de su director. Las ingentes cantidades de té que se consumían en las habitaciones eran otra clara muestra de la influencia británica (el alcohol estaba prohibido y, con el pretexto de evitar manchas en los manteles, ni siquiera se servía vino en las comidas).[6]

John Brande Trend, que unos años más tarde sería titular de la cátedra de Español en Cambridge, se quedó encantado con la Residencia, y en su libro *A Picture of Modern Spain* (Un retrato de la España moderna), publicado en 1921, subrayó la fuerte influencia que en el pensamiento de Alberto Jiménez Fraud y sus colegas había ejercido el sistema tutorial inglés. «Oxford y Cambridge en Madrid», llamó Trend al experimento. Se olvidó de mencionarlo, pero la Residencia no tenía capilla, ausencia que sus detractores encontraban ofensiva pero que simbolizaba la voluntad de mantenerse lo más libre posible de injerencias externas de cualquier tipo.[7]

Cuando en septiembre de 1922 Dalí llegó a Madrid acompañado

de su padre y su hermana, la Residencia iniciaba el periodo más brillante de su historia.

Años más tarde Anna Maria evocaría estos días en su libro *Salvador Dalí visto por su hermana,* recordando el impacto que el excéntrico aspecto de su hermano había producido en los madrileños, con su melena casi hasta los hombros, las estrafalarias y larguísimas patillas, la capa arrastrando por el suelo y el bastón dorado. Los tres debieron de formar ciertamente un grupo de lo más insólito durante sus excursiones por la capital: la extravagancia de Salvador completada con la lozanía de la adolescente Anna Maria y el ponderado andar del corpulento notario con su imponente calva bordeada de mechones canos.[8]

La Real Academia de Bellas Artes de San Fernando, que con toda seguridad visitaron los Dalí apenas llegaron a Madrid, había sido fundada por Felipe V en 1742 y había abierto sus puertas diez años después. Instituciones similares se establecieron más tarde en Valencia, Sevilla y Zaragoza, pero no en Barcelona. «La idea era mejorar el nivel de los arquitectos y los artistas», ha escrito una autoridad en la materia, «y llevar las artes en España al nivel de otros países europeos.»[9] Las Academias eran corporaciones de enseñanza y también normativas, y se daba por sentado que en España debía imponerse, sin discusión, la estética neoclásica de inspiración francesa. En una palabra, la política estaba de por medio, y las Academias debían ser una expresión más del poder borbónico, de su gusto por el orden y la ilustración.

La Escuela Especial de Pintura, Escultura y Grabado, el departamento docente de la Real Academia, estaba ubicada en el hermoso edificio de la docta corporación sito al comienzo de la calle de Alcalá, a dos pasos de la Puerta del Sol. Era inevitable, dada la categoría de la Real Academia, que su escuela de Bellas Artes se considerara la más prestigiosa del país, lo cual no significa que fuera especialmente buena. Según Eugenio d'Ors, tanto había decaído en 1924 que ya no se respetaba la tradición y la disciplina. La Academia era, en palabras de D'Ors, «una farsa desarticulada, blanducha y fofa», aunque tal vez se tratara de un juicio demasiado severo.[10]

No debe extrañarnos el que, en vez de enviar a su hijo a una de las academias de provincias, Salvador Dalí Cusí optara por matricularlo en la venerable institución de la capital, cuyos diplomas eran la más sólida garantía de un puesto de trabajo fijo en la enseñanza. Asimismo debió de pensar que el cercano Museo del Prado sería la mejor universidad para su hijo, al margen de cómo progresara en San Fernando.

El 11 de septiembre de 1922 Dalí se inscribió para el examen de ingreso.[11] En *Vida secreta* el pintor nos evoca de manera muy divertida las vicisitudes de esos días, pero es imposible comprobar su veracidad mediante otras fuentes más objetivas. Según él, el examen de entrada consistió en dibujar el *Baco* de Iacopo Sansovino a partir de un vaciado. Los candidatos disponían de seis sesiones de dos horas –una por día– para realizar el dibujo, que tenía que obedecer a unas medidas exactas. Pero Dalí, siendo Dalí, se demostró incapaz de doblegarse a tales requisitos dimensionales, y después de seis horas de trabajo el dibujo era demasiado pequeño. A pesar de mucho borrar y empezar otra vez, el producto final lo fue aún más. Pero ya no había remedio.[12]

A la espera de los resultados, Dalí le escribe muy emocionado a su tío Anselm Domènech para decirle que Madrid le encanta. Su experiencia más conmovedora hasta la fecha ha sido ver los Velázquez del Prado. Seguro de que lo admitirán en la Escuela Especial (donde ya ha tenido la oportunidad de enterarse de lo bajo del nivel docente), le pide que cambie su suscripción al periódico comunista francés *L'Humanité* para poder recibirlo en Madrid, y que formalice otra a *L'Esprit Nouveau,* la revista parisiense portavoz del purismo de Amédée Ozenfant y Le Corbusier.[13]

Como de costumbre, Domènech cumplió, y, fiel a su carácter, Dalí se aseguraría de que en Madrid lo vieran pasearse con *L'Esprit Nouveau* bajo el brazo, y también con otra destacada publicación de vanguardia del momento, la revista milanesa *Valori Plastici.* En 1928 afirmaría que *L'Esprit Nouveau* le había abierto los ojos a «la belleza sencilla y emotiva del milagroso mundo mecánico-industrial», con sus objetos estandarizados y libres de cualquier pretensión artística.[14]

Como Dalí había previsto, aprobó el examen de ingreso pese a lo minúsculo de su dibujo, y su padre y su hermana, tras varios días consumidos por la ansiedad, pudieron partir con gran alivio para Figueres después de encomendar a Salvador a los buenos oficios de un estudiante catalán de la Escuela Especial, Josep Rigol Formaguera.[15]

El 30 de septiembre Salvador se matriculó en las asignaturas que quería cursar durante su primer año en San Fernando: Perspectiva, Enseñanza General del Modelado, Anatomía, Historia del Arte en las Edades Antigua y Media y Dibujo de Estatuas.[16]

Todo sugiere que, en esas primeras semanas en Madrid, Dalí convivió poco o nada con los otros estudiantes de la Residencia. Llevado por la ambición reflejada en sus diarios adolescentes, y frenado como nunca por su timidez, se dedicó a sus clases con voluntad de hierro, encerrándose en su habitación cuando volvía por las tardes, sin gastar ni un céntimo y destinando al Prado la mañana de los domingos.[17]

Sin embargo, poco a poco empezó a salir de su cascarón, ayudado en ello por uno de los huéspedes más simpáticos de la Residencia, José Bello Lasierra, de quien Dalí dirá, en *Vida secreta,* que fue el responsable de haberlo «descubierto»:

> Un día en que me hallaba fuera, la camarera había dejado mi puerta abierta, y Pepín Bello vio, al pasar, mis dos pinturas cubistas. No pudo esperar a divulgar tal descubrimiento a los miembros del grupo. Éstos me conocían de vista y aún me hacían blanco de su cáustico humor. Me llamaban «el músico»», o «el artista», o «el polaco». Mi manera de vestir antieuropea les había hecho juzgarme desfavorablemente, como un residuo romántico más bien vulgar y más o menos velludo. Mi aspecto serio y estudioso, completamente desprovisto de humor, me hacía aparecer a sus sarcásticos ojos como un ser lamentable, estigmatizado por la deficiencia mental y, en el mejor de los casos, pintoresco. En efecto, nada podía formar un contraste más violento con sus ternos a la inglesa y sus chaquetas de golf que mis chaquetas de terciopelo y mis chalinas flotantes; nada podía ser más diametralmente opuesto que mis largas greñas, que bajaban hasta mis hombros, y sus cabellos elegantemente cortados en que trabajaban con regularidad los barberos del Ritz o del Palace. En la época en que conocí al grupo, especialmente, todos estaban poseídos de un complejo de dandismo combinado con cinismo, que manifestaban con consumada mundanidad. Esto me inspiró al principio tanto pavor, que cada vez que venían a buscarme a mi habitación creía que me iba a desmayar.[18]

El relato tiene visos de ser bastante verídico. Años más tarde José Bello insistiría en que lo que más le había chocado de Dalí en aquellos primeros días de su amistad era su extrema timidez. El Salvador de aquellos años estaba «literalmente enfermo de timidez». La persona más inhibida que Bello había conocido jamás, se sonrojaba a menudo y mostraba un total desinterés por las mujeres.[19] Uno de los contemporáneos de Dalí en San Fernando, el escultor Cristino Mallo, estaba igualmente impresionado: «Lo formidable de este Dalí, que hizo después cosas tan escandalosas, es que por encima de todo era muy tímido.»[20] «El

Dalí de aquella época para mí se parecía a Buster Keaton», recordaba otro amigo, Rafael Sánchez Ventura. «Era de una timidez enfermiza, todo lo contrario de lo que ha sido después.»[21]

José Bello era cualquier cosa menos tímido. Nacido el 9 de mayo de 1904, dos días antes que Dalí, en la localidad aragonesa de Huesca, hijo de un renombrado ingeniero, había llegado a la Residencia en 1915, muy poco antes de que ésta se trasladara a las nuevas instalaciones. En 1921, cuando ingresó en la Facultad de Medicina, regresó a la «Resi» tras una breve ausencia, orgulloso de ser uno de los internos de mayor antigüedad. «Pepín», como lo llamaban sus camaradas de esa época, era una persona simpática, llana y noctámbula (padecía insomnio desde la infancia), y, además, sabía escuchar y sentía una profunda curiosidad por los demás. Pese a su interés por la medicina, nunca sería médico; pese a su talento literario y artístico, no produciría más que un puñado de borradores o poemas; pero tenía un don extraordinario para el humor, una poderosa inventiva y, quizá sobre todo, un fortísimo sentido de la amistad.[22]

Cuando Dalí llegó a Madrid, Pepín Bello era ya amigo de otro «residente», aragonés como él: el futuro director cinematográfico Luis Buñuel. Nacido en 1900 en Calanda, Buñuel era hijo de un rico empresario que al regresar de Cuba se había casado con la muchacha más guapa del pueblo, veinte años más joven que él, y se había procurado una vida tranquila. Igual que Dalí, Luis, el mayor de cinco hermanos, era el gallito del corral, y disfrutaba de la indulgencia incondicional de su joven, cariñosa y bonita madre, que había experimentado un hondo alivio cuando, tras examinar hasta el último rincón de las sórdidas pensiones de Madrid, llegó al vestíbulo de la Residencia que dirigía Jiménez Fraud. Allí había intuido al instante que su querido hijo estaría en buenas manos.[23]

Su querido hijo, que entró en la Residencia en el otoño de 1917, era un rebelde nato. Luis Buñuel se ajustaba más que Pepín Bello a la idea que suele tenerse de los aragoneses. Es decir, hacía gala de tozudo e independiente. Orgulloso de su buen parecido y de su cuerpo de atleta, era un fanático de la gimnasia. Todas las mañanas, hiciera el tiempo que hiciese, se le podía ver correr, saltar, hacer flexiones, darle golpes a un *punch-ball* o lanzar la jabalina, ejercicios todos que prefería practicar descalzo. Tener fuertes los bíceps y duros los abdominales le proporcionaba una satisfacción infinita (le gustaba echarse en el suelo y pedirles a los amigos que saltaran sobre su estómago), y tenía veleidades de boxeador, aunque, pese a la imagen que tanto se afanaba por proyectar, adolecía, como él mismo admitiría más tarde, de una innegable falta de combatividad. Si hemos de creer lo que cuenta en su libro de memorias, *Mi último suspiro,* la voluntad de Buñuel de demostrar su talento en los deportes y en el cuadrilátero se complementaba con asiduas visitas a los más célebres burdeles de Madrid, en esa época –al menos según él– los mejores del mundo. Frente a ejemplar tan desconcertante de masculinidad y de aparente confianza en sí mismo, sus compañeros de la Residencia dieron con un buen apodo para el fornido aragonés: Tarquino el Soberbio.[24]

Buñuel había comenzado su accidentada carrera académica en el Departamento de Agronomía de la Universidad de Madrid, que no tardó mucho en abandonar para pasarse al de Ingeniería Industrial, disciplina que pronto también dejó de entusiasmarle. Se matriculó luego en Ciencias Naturales, y durante un año se dedicó a la entomología, en cuyo estudio estaba enfrascado cuando Dalí hizo su aparición en la Residencia. (Los insectos siempre fascinarían a Buñuel, y su fobia a las arañas era comparable al pánico que a Dalí le provocaban las langostas.) Finalmente, en 1924, acabaría licenciándose en Historia.[25]

Al igual que Pepín Bello, Buñuel era un gran conversador y un trasnochador impenitente. Cuando Dalí llegó a la «Resi», Buñuel ya se conocía la capital al dedillo y se hizo inmediatamente cargo de la «iniciación» madrileña del catalán. En sus memorias –que, como las de Dalí, hay que coger con pinzas– afirma que fue él, y no Bello, quien «descubrió» al pintor.[26]

Buñuel frecuentaba varias de las tertulias literarias que en aquellos años proliferaban en Madrid. La mayor parte de los más famosos cafés se encontraban en la calle de Alcalá, entre la Puerta del Sol y la plaza de la Cibeles, a unos pasos, en algunos casos, de la Escuela de San Fernando. Políticos, poetas, toreros, médicos, actores, abogados..., todos tenían sus locales favoritos y los enterados que llegaban a la capital sabían que con sólo acercarse una noche a la Granja del Henar, por ejemplo, iban a encontrar allí, en plena faena, a una rutilante selección de representantes de la política y la literatura del momento. La ausencia casi total de mujeres en estas reuniones no llamaba entonces la atención a nadie, pues en aquella España la liberación femenina apenas había empezado (vendría con la República). Se trataba de un mundo de hombres, y las únicas mujeres que se aventuraban por él eran alguna dama de la noche o alguna extranjera emancipada y curiosa.

Buñuel, que tenía aspiraciones literarias, se consideraba anarquista. Dos años después de su llegada a Madrid se asoció a los escritores y artistas de vanguardia agrupados bajo la bandera de Ultra, nuevo movimiento inspirado en las «últimas» tendencias europeas. Entre los colaboradores de la revista del grupo, *Ultra*, que constituyó una revolución en materia tipográfica, estaban el poeta Guillermo de Torre, que pronto se convertiría en prestigiosa autoridad en arte y literatura contemporáneos (Dalí lo llama, en una carta de estos días, «nuestro equivalente de Marinetti»),[27] Jorge Luis Borges y su hermana, la pintora Norah Borges, el prolífico Ramón Gómez de la Serna y, en febrero de 1922, el mismo Luis Buñuel.[28]

Los héroes de Ultra eran, entre otros, Apollinaire, Pierre Reverdy, Jean Cocteau, Pablo Picasso, Juan Gris, Diáguilev (que había visitado España con sus Ballets Russes en 1916 y 1917), Marinetti (cuyo *Manifiesto futurista* había sido publicado por vez primera en España por Gómez de la Serna) y el poeta chileno residente en París Vicente Huidobro, que en 1918 había pasado cinco meses en Madrid.

Los ultraístas devoraban las revistas literarias francesas actuales, despreciaban el sentimentalismo (considerado tabú después del horror de la Primera Guerra Mundial) y creían que el arte debía expresar ahora el espíritu de una época cuyos auténticos representantes eran la Torre Eiffel, las máquinas, las pistas de patinaje, el *ragtime* y el *foxtrot,* los automóviles aerodinámicos, la radio, el cine, los aviones, el telégrafo, los transatlánticos, las bañistas elegantes y las cámaras Kodak. Ultra desmentía el tópico según el cual, en toda España, sólo Barcelona podía alardear entonces de un ambiente de vanguardia. De hecho, aunque Madrid estuviera geográficamente más alejado de París que la Ciudad Condal, y pese a no tener una galería de arte contemporáneo comparable a Dalmau, estaba más en contacto con Europa de lo que podría sospecharse. Dalí lo advirtió muy pronto, mandando a su amigo Joan Xirau, con quien había colaborado en la revista estudiantil *Studium,* unas «Impresiones del movimiento de vanguardia en Madrid» para su hermano Joaquim:

> En Madrid, al revés que en Barcelona, la pintura moderna de vanguardia no sólo no ha repercutido sino que ni tan sólo es conocida (excepto

por el grupo de poetas y literatos de quienes te hablaré). No obstante, en literatura, poesía sobre todo, hay una verdadera generación que de Rimbaud a Dada ha seguido todas las etapas con sus alegrías e inquietudes.

Se acentúa en el movimiento actual una tendencia muy marcada hacia la plástica, y la imagen domina en toda la poesía de casi todos los nuevos poetas, que la cultivan como elemento primordial de su poesía. Góngora..., San Juan de la Cruz, etc., son cada vez más estimados por esta nueva generación que yo creo es hoy mucho más sólida que la ya inservible pero de buena memoria, la Generación del 98.

En Barcelona, prosigue Dalí, no hay «poetas jóvenes», debido al excesivo prestigio que se otorga a la poesía de Maragall. Lo que ha ocurrido en Madrid, en cambio, es que los antecedentes poéticos eran tan francamente malos (se refiere a los últimos coletazos del modernismo) que fue inevitable, primero, la destrucción de lo anterior. Por ello Ultra tiene todas sus simpatías.[29]

El maestro indiscutible de los ultraístas es el incansable Ramón Gómez de la Serna (1888-1963), a quien acabamos de mencionar. Novelista, poeta, ensayista y fundador compulsivo de pequeñas revistas, Ramón dirige la tertulia de más solera de Madrid, Pombo, que se reúne todos los sábados en el sótano de un café situado en los aledaños de la Puerta del Sol. De talante cosmopolita y sociable, Ramón sigue muy de cerca lo que ocurre en Europa. Durante la Primera Guerra Mundial había estado en Suiza y en Francia; conoce personalmente a Tristan Tzara y a otros miembros de Dadá, de quienes cuenta divertidas anécdotas; tiene buenas relaciones con Picasso, que había frecuentado Pombo en 1917 durante su visita a Madrid con Diáguilev y los Ballets Russes, y es el inventor de la greguería:

Conferencia: la más larga despedida que se conoce.

Aquella mujer me miró como a un taxi desocupado.

El arco iris es la cinta que se pone la naturaleza después de haberse lavado la cabeza.[30]

Luis G. de Candamo ha escrito que Ramón «presagia la expresión futurista, estableciendo las intuiciones de los sueños y los entresijos del subconsciente; la lógica del absurdo, antes que nadie».[31] Antes que nadie en

Madrid, quiere decir. Ramón, de hecho, era el toque irónico y divertido que en cierto modo le faltaba a la puritana Residencia de Estudiantes, y no es de extrañar que Buñuel se convirtiera sin tardar en un *habitué* de Pombo, en amigo personal de Ramón y en un fanático de las greguerías:

> Llegábamos, nos saludábamos, nos sentábamos, pedíamos de beber, casi siempre café y mucha agua (los camareros no paraban de traer agua) y se iniciaba una conversación errabunda, principalmente literaria, un comentario literario de las últimas publicaciones, de las últimas lecturas y las noticias políticas. Nos prestábamos nuestros libros y revistas extranjeras. Criticábamos a los ausentes. A veces, un autor leía en voz alta un poema o un artículo y Ramón daba su opinión, siempre escuchada y, en ocasiones, discutida. El tiempo pasaba deprisa. Más de una noche unos cuantos amigos seguíamos hablando mientras deambulábamos por las calles.[32]

Es probable que, antes de regresar a Figueres esa Navidad, Dalí hiciera algunas visitas a Pombo.[33] En todo caso, lo seguro es que para entonces ya acompañaba a Buñuel en sus incursiones por el Madrid nocturno. A falta de diarios y de correspondencia, tenemos una prueba en *Sueños sonámbulos,* preciosa acuarela ejecutada por Dalí en estas fechas.
IV Rafael Santos Torroella ha demostrado que la obra revela una clara influencia del pintor uruguayo Rafael Pérez Barradas, amigo íntimo de Dalí, Buñuel, Pepín Bello y otros miembros del grupo, y colaborador habitual de *Ultra* y demás publicaciones vanguardistas del momento.[34] En 1913, con veintitrés años, Barradas se había despedido de su Montevideo natal y embarcado para Italia, donde entró en contacto con el futurismo. Luego pasó a París y frecuentó a los cubistas. Un año después llegó a Barcelona, trabando una sólida amistad con Josep Dalmau, quien, en 1917, organizó una exposición de sus obras que no es probable viera Dalí, pero de la cual pudo oír hablar. En 1918, desilusionado por la falta de repercusión de su pintura en la capital catalana, Barradas se había trasladado a Madrid, donde su suerte empezó a mejorar, aunque no por mucho tiempo (moriría al regresar a Montevideo en 1929).[35] A Barradas le fascinaba el callejeo y el ambiente de los cafés madrileños, e, igual que a sus amigos ultraístas, le deslumbraba la parafernalia mecánica de la sociedad urbana contemporánea. Denominó «vibracionismo» al estilo pictórico en el que intentaba expresar ese dina-

mismo: procedía tanto del cubismo como del futurismo, pero el brillante colorido y la sensación de movimiento que transmitían los cuadros eran muy de Barradas. A Dalí le impresionaron.

Sueños sonámbulos está compuesto de una serie de viñetas simultáneas que evocan un periplo nocturno por el viejo Madrid, tenuemente iluminado, en las altas horas de la madrugada. La deuda de Dalí para con Barradas es manifiesta y, además, todo permite suponer que el artista uruguayo es la figura con abrigo y sombrero que aparece a la izquierda del grupo de cuatro personajes que se hallan de pie bajo el halo de luz de una farola, en la parte inferior derecha de la acuarela. Como Santos Torroella ha demostrado, el personaje de anchos hombros y aspecto de gángster de Chicago que flanquea a Barradas no es otro que Luis Buñuel. A la derecha de éste se aprecia al inconfundible y melenudo Dalí y a una compañera suya en San Fernando, la pintora gallega Maruja Mallo, muchacha emancipada en la excluyente sociedad masculina de la época. Puesto que Barradas no aparece en ninguna de las otras escenas nocturnas plasmadas en la obra, Santos Torroella deduce que el viaje comienza en esa viñeta, momento en que el uruguayo se despide de sus amigos.[36] Más arriba, ligeramente a la derecha, vemos al grupo en otro momento de su excursión, con Buñuel a la izquierda, Dalí a la derecha y Maruja Mallo debajo, mientras, en el ángulo superior izquierdo, observamos a Dalí y a Maruja Mallo caminando hacia una cruz (tal vez han entrado en una iglesia), y, en el ángulo inferior izquierdo, otra vez a Dalí con la cabeza de Maruja apoyada en su hombro. Detrás de ellos, o así parece, está Buñuel, acompañado de unos gatos callejeros.

Sueños sonámbulos es la más lograda de una serie de magníficas acuarelas comenzadas en Figueres poco antes de la llegada de Dalí a Madrid.[37] El conjunto testimonia su nuevo interés por la vida nocturna urbana, por las tabernas, las prostitutas y los burdeles. En estas obras nos encontramos con borrachos que avanzan haciendo eses bajo la luna, parejas que buscan con urgencia el camino a casa, hombres que suben sigilosos por estrechas escaleras. Vemos a un personaje gordo quitándose la ropa frente a una prostituta que lo espera desnuda en la cama, a otro que acaricia los pechos de una muchacha en un cabaret y, en la acuarela titulada *Los primeros días de primavera,* al mismo Dalí espiando detrás de un árbol a una pareja de enamorados sentados en un banco de su ciudad natal. Sin duda alguna, el amor y los impulsos carnales preocupan mucho esos días a Salvador.[38]

UNA BODA EN LA FAMILIA

El 9 de octubre de 1922, pocas semanas después de la llegada de Dalí a la Residencia de Estudiantes, Maria Anna Ferrés, su abuela materna, murió en Figueres a la edad de ochenta años, siendo enterrada en el nicho que guardaba los restos del primer Salvador.[39] Según nos cuenta Anna Maria Dalí, sus últimas palabras fueron: «Mi nieto está en Madrid. Mi nieto será un gran pintor. El mejor pintor de Cataluña.»[40] Su muerte fue otro duro golpe para Catalina, *la tieta,* que aún no se había repuesto del todo de la pérdida de su hermana Felipa un año antes.

Muerta la abuela, Salvador Dalí Cusí decidió que sería apropiado que él y Catalina se casaran. Es de suponer que ella no puso reparos. El derecho canónico de la época impedía que lo hiciesen sin dispensa especial del Papa, al ser Catalina hermana de la difunta esposa de Dalí Cusí y tratarse, pues, de «primer grado de afinidad en la línea colateral». El 15 de noviembre, en un documento dirigido por intermedio del cura párroco de Figueres a las autoridades eclesiásticas de Gerona, sede del obispado, Dalí Cusí expuso las razones por las que él y Catalina sentían que debían unirse en matrimonio, a saber: que ya estaban viviendo bajo el mismo techo, el amor que ambos compartían por los hijos del primer matrimonio del notario, que ambos procedían de familias respetables y que Catalina era libre de hacerlo. La maquinaria eclesiástica trabajó deprisa, y la dispensa papal se concedió el 29 de noviembre de 1922. El 22 de diciembre la pareja se casó en la iglesia parroquial de San Jaime Apóstol en Barcelona. El notario tenía ahora cincuenta años; Catalina, treinta y nueve.[41]

Según Montserrat Dalí, Anna Maria y Salvador dieron su consentimiento al matrimonio, dado el lugar que Catalina ocupaba en la familia como «segunda madre», aunque Salvador diría que no veía la necesidad del mismo *(«Papa, no hi veig la necessitat!»).*[42] Uno de los biógrafos de Dalí ha afirmado que el pintor descubrió que su padre había tenido relaciones sexuales con Catalina antes de la muerte de Felipa, y que nunca se lo perdonó,[43] pero no hay una sola prueba que permita apoyar tal aseveración. Teniendo en cuenta la profesión y la posición social de Dalí Cusí en Figueres, donde todo el mundo estaba al tanto de los asuntos de los demás, la continuada presencia de Catalina en su casa una vez muerta la madre de ésta habría dado lugar a comentarios maliciosos. Y las habladurías eran algo que el notario público, cada vez más conservador, no quería para nada. Montserrat Dalí, que no asistió a la boda, creía que no se había celebrado en Figueres para evitar publicidad.[44] El lado Domènech de la familia también debió de aprobar la unión, pues Anselm, el hermano librero de Catalina, fue uno de los testigos.[45] Podemos añadir que, si Dalí hubiera creído que su padre, al casarse con Catalina, estaba traicionando la memoria de su primera esposa, o que había estado en relaciones con *la tieta* antes de la muerte de aquélla, cabe pensar que lo habría dejado claro en sus numerosos escritos autobiográficos o declaraciones, cosa que nunca hizo. La unión de Dalí Cusí con Catalina se basaba, más que nada, en las presiones sociales y, tal vez, a la vista de la desdicha de la familia al perder a Felipa Domènech, en la necesidad emocional de afirmar la cohesión del grupo.

Es posible que la boda se celebrara a finales de diciembre para que Salvador pudiera estar presente en la ceremonia una vez concluido su primer trimestre en San Fernando, pero no hay pruebas de que él o su hermana Anna Maria asistieran. Todo lo que sabemos es que a finales de ese mes Salvador estaba de vuelta en Figueres para pasar las vacaciones de Navidad, regreso debidamente registrado en la prensa local, que también anunció que el pintor formaría parte del jurado encargado de fallar los premios a las mejores carrozas y faroles infantiles *(fanalets)* en la cabalgata de Reyes.[46]

En su ciudad natal Dalí se aseguró de que la gente le viera con el último número de *L'Esprit Nouveau* bajo el brazo, recordando en *Vida secreta* que Carme Roget, debidamente impresionada, «inclinaba la cabeza, en atenta actitud, sobre las pinturas cubistas».[47]

BRETON Y PICABIA EN BARCELONA

En Madrid o en Figueres Dalí debió de enterarse de la visita hecha por André Breton aquel noviembre a Barcelona, donde pronunció una conferencia en el Ateneu, centro de la vida intelectual de la ciudad, y asistió a la inauguración de la exposición de su amigo Francis Picabia en la Galería Dalmau. Tanto el prefacio de Breton al catálogo de la exposición de Picabia como su conferencia estaban en francés (en el catálogo confesaba no saber castellano y desconocer profundamente la cultura española). La conferencia, titulada «Características de la evolución moderna y de lo que participa en ella», se dio el 17 de noviembre. Redactada en un estilo complejo más apropiado para un ensayo que para una conferencia, y sobre todo para una dirigida a un público no francés, produjo, no obstante, un impacto considerable.[48]

Las principales propuestas de Breton eran bastante sencillas: cubismo, futurismo y dadá eran manifestaciones «de un movimiento más amplio» que aún era imposible definir con exactitud: el dadaísmo (al que Breton mismo había aportado una valiosa contribución) ya había tenido su momento, y se estaba larvando ahora un movimiento nuevo y revolucionario, aún sin cristalizar. Dos años más tarde Breton iba a apropiarse del término «surrealismo», acuñado por Apollinaire en 1917, para designar el movimiento todavía «latente» en 1922.[49]

Dalí pudo haber visto o incluso conseguido un ejemplar del catálogo de Picabia con el prólogo de Breton, quizá gracias a los buenos oficios de su tío Anselm. Y conocería seguramente para entonces los cuadros de Picabia inspirados por las máquinas, bien representados en la exposición de Dalmau (varios de ellos se habían reproducido, además, en los cuatro números de la revista *391* editados por Picabia durante su estancia en Barcelona en 1917).[50] Probablemente le llamaría la atención a Dalí el desdén que, tanto en el prefacio como en la conferencia, Breton había manifestado por Cézanne, desdén que unos años después haría suyo, convirtiendo al artista en una de sus bestias negras. Para Breton, el mérito de los cuadros de Picabia residía precisamente en que, a diferencia de la obra de Cézanne, estaban «exentos de toda intención de representación». Dalí seguramente tomaría nota también de la afirmación de Breton en el sentido de que Picasso era «el artista al que más le debemos todos».[51] Con «todos» Breton se refería a la nueva camada de jóvenes escritores y pintores parisienses asociados a la revista *Littérature,* fundada por Philippe Soupault, Louis Aragon y él mismo en 1919, y en la que él y Soupault habían publicado, en 1920, extractos de *Los campos magnéticos,* texto inaugural de lo que pronto sería el movimiento surrealista. Uno de los mensajes subliminales de las declaraciones de Breton en Barcelona fue que en París, y sólo en París, se estaba forjando con arrojo el «espíritu moderno», convicción a la cual él y sus amigos iban a darle pronto unos contenidos consistentes.

FEDERICO GARCÍA LORCA

Durante sus tres primeros meses en la Residencia de Estudiantes, Dalí debió de sentirse intrigado por los comentarios que seguramente oiría acerca del residente más carismático de todos, entonces ausente: el poeta Federico García Lorca. Nacido en el pueblo granadino de Fuente Vaqueros en 1898, su padre, rico labrador, había financiado en 1918 la publicación de su primer libro, *Impresiones y paisajes* (los paisajes eran en su mayor parte los de Castilla y el norte de España, visitados en unos viajes de estudio universitarios). Lorca había llegado a la Residencia en 1919, dos años después que Buñuel, para continuar (en principio, al menos) sus estudios en la Universidad de Madrid. En 1920 había estrenado una pequeña obra de teatro, *El maleficio de la mariposa,* muy mal recibida por el público madrileño; en 1921 apareció en la capital su primera colección de versos –*Libro de poemas*–, que mereció una elogiosa crítica en la primera plana de *El Sol,* el principal periódico progresista del momento (donde, de hecho, Dalí pudo haberla leído); en el verano de 1922 Lorca había colaborado con su amigo Manuel de Falla en la organización de un magno concurso de cante jondo en la Alhambra, y ese mismo otoño su regreso se esperaba con ansiedad en la «Resi».

Dalí, con su imperiosa necesidad de brillar, tal vez tembló ante la perspectiva de tener que competir con Lorca, pues el granadino no sólo era un poeta y dramaturgo muy prometedor, sino también un excelente pianista, un buen conversador y narrador de anécdotas, y, tal vez más que cualquier otra cosa, un juglar moderno que recitaba brillantemente sus poemas ante grupos de amigos o cantaba canciones folklóricas que él mismo acompañaba al piano. Para empeorar aún más las cosas, Lorca dibujaba bien y tenía un impresionante don de gentes.

Sin embargo, había un inconveniente: era homosexual, hecho incontestable aunque todavía hoy puesto en duda por algunos de los amigos de entonces que aún sobreviven. José Moreno Villa, brazo derecho de Alberto Jiménez Fraud en la Residencia, sabía la verdad. Verdad que el mismo Lorca tenía que ocultar en lo posible, toda vez que incluso en la Residencia, el centro cultural más liberal de España, la homosexualidad era absolutamente tabú. Poeta, pintor y crítico de arte de gran talento, Moreno Villa fue uno de los pocos contemporáneos que, tras el asesinato de Lorca a manos de los fascistas en 1936, aludiría con naturalidad a ese aspecto «oscuro» de la rica personalidad del granadino. En su autobiografía *Vida en claro* (México, 1944), al evocar desde el exilio aquellos días mágicos en la Residencia, se refiere a la cuestión en estos términos: «No todos los estudiantes le querían. Algunos olfateaban su defecto [sic] y se alejaban de él. No obstante, cuando abría el piano y se ponía a cantar, todos perdían su fortaleza.»[52]

Así, a grandes rasgos, era el deslumbrante andaluz que Dalí conoció a principios de 1923, cuando Lorca regresó a la Residencia tras una larga ausencia. Los dos tenían mucho en común: un gusto compartido por Rubén Darío y la poesía francesa (ambos habían sido germanófobos durante la guerra); una infancia en la que la música, y en especial la canción popular, había desempeñado un papel importante; un interés apasionado por las injusticias sociales, y una relación incómoda con su sexualidad. Pero había entre ellos una diferencia fundamental que Dalí comentaría algunos años después con un nuevo amigo, el crítico de arte catalán Sebastià Gasch:

> Ante todo debo confesarte la ausencia más absoluta del fenómeno religioso ya desde mis primeros años. Desde entonces no recuerdo la más pequeña inquietud de orden metafísico; todo esto probablemente es de una anormalidad absoluta, pero al menos es indudable que esta anormalidad ha sido lo que más íntimamente ha estado ligado a mi vida. La primera época de Madrid, cuando se inicia mi gran amistad con Lorca, se caracteriza ya por el violento antagonismo de su espíritu eminentemente religioso (erótico) y la antirreligiosidad mía (sensual). Recuerdo las inacabables discusiones que duraban hasta las tres y las cinco de la mañana y que se han perpetuado a lo largo de nuestra amistad. Entonces, en la Residencia de Estudiantes, se devoraba a Dostoievski, era el momento de los rusos. Proust era como un terreno todavía inexplorado. Mi indiferencia ante estos escritores indignaba a Lorca. A mí todo lo que hacía referencia al mundo interior me dejaba absolutamente indiferente, mejor dicho, se me ofrecía como algo extraordinariamente desagradable. En aquel momento me apasionaba por la geometría, todo lo que fuera emoción humana era rechazado; sólo tenía cabida en mis preferencias la emoción puramente intelectual.[53]

Es muy posible, en efecto, que la amistad del pintor y Lorca se basara en tal antagonismo. En todo caso, como escribiría en *Vida secreta*, a Dalí le afectó hondamente el encuentro:

> Aunque advertí enseguida que mis nuevos amigos iban a tomarlo todo de mí sin poder darme nada a cambio –pues realmente no poseían nada de lo que yo no tuviera dos, tres, cien veces más que ellos–, por otra parte la personalidad de Federico García Lorca produjo en mí una tremenda impresión. El fenómeno poético en su totalidad y «en carne viva» surgió súbitamente ante mí hecho carne y hueso, confuso, inyectado de sangre, viscoso y sublime, vibrando con un millar de fuegos de artificio y de biología subterránea, como toda materia dotada de la originalidad de su propia forma.[54]

Más adelante, en el mismo libro, Dalí hace una confesión única en los anales de la literatura autobiográfica española:

> Durante ese tiempo conocía a varias mujeres elegantes en las que mi odioso cinismo buscó desesperadamente un pasto moral y erótico. Evitaba a Lorca y al grupo, que cada vez se convertía más en su grupo. Era éste el momento culminante de su irresistible influencia personal –y el único momento de mi vida en que creí atisbar la tortura que puede haber en los celos–. A veces estábamos paseando, el grupo entero, por el Paseo de la Castellana, en dirección al café donde celebrábamos nuestras usuales reuniones literarias y donde yo sabía que iba a brillar Lorca como un loco y fogoso diamante. De pronto, me escapaba corriendo, y en tres días no me veía nadie.[55]

Conociendo la dificultad de Dalí para manejar sus sentimientos de vergüenza, no nos sorprende que el fabuloso éxito social de Lorca le hiciera sufrir agudamente al compararlo con su propia torpeza. Una tarde, Pepín Bello, Lorca y Dalí se hallaban en un café en el que tenía lugar una animada discusión sobre arte. Tanto Bello como Lorca se sumaron al debate con vehemencia, pero Dalí permaneció en silencio. «Di algo, por amor de Dios», le susurró Bello, «o creerán que eres estúpido.» Finalmente Dalí se puso de pie y farfulló, con la mirada baja: «¡Yo también soy un buen pintor!», sentándose enseguida. Al contar esta anécdota más de setenta años después, Bello estalló en carcajadas.[56]

Dalí también debió de presenciar muchas de las improvisadas sesiones de música popular que Lorca prodigaba en la Residencia. A veces, como ha recordado Rafael Alberti, Federico organizaba concursos:

–¿De qué lugar es esto? A ver si alguien lo sabe –preguntaba Federico, cantándolo y acompañándose:

Los mozos de Monleón
se fueron a arar temprano,
¡ay, ay!,
se fueron a arar temprano...

En aquellos primeros años de creciente investigación y renacido fervor por nuestras viejas canciones y romances, ya no era difícil conocer las procedencias.

–Eso se canta en la región de Salamanca –respondía, apenas iniciado el trágico romance de capea, cualquiera de los que escuchábamos.

–Sí, señor, muy bien –asentía Federico, entre serio y burlesco, añadiendo al instante con un canturreo docente–: Y lo recogió en su cancionero el presbítero don Dámaso Ledesma.[57]

Una de las canciones favoritas de Lorca era «El zorongo gitano», que, antes de que él la arreglara y adaptara para sus sesiones folklóricas, ya habían utilizado Albéniz y Manuel de Falla (de cuyo *Noches en los jardines de España* es uno de los temas principales). Dalí nunca olvidaría las interpretaciones lorquianas de la canción. En diciembre de 1966, treinta años después del asesinato del poeta, la BBC rodó un documental sobre el pintor en Nueva York. En un momento vemos a Dalí caminando por la calle. Está tarareando una melodía. Es el «zorongo». De repente, volviéndose hacia la cámara, recita la copla más bella de la composición:

La luna es un pozo chico,
las flores no valen nada,
lo que valen son tus brazos
cuando de noche me abrazan.

«¡García Lorca!», aclara Dalí, antes de desaparecer por una puerta.[58]

Es posible que, como afirmó Breton en su conferencia de 1922 en Barcelona, Dadá estuviera ya muerto en París, pero los juegos de factura dadaísta hacían furor en esta época entre los elementos más juerguistas de la Residencia, con Lorca a la cabeza. Hasta Dalí, por lo general reacio a participar en actividades de grupo, empezó pronto a contribuir a las lúdicas reuniones que tenían lugar a diario en la casa.

En una de ellas, celebrada según Dalí «en el cuarto número 3 de la Residencia de Estudiantes» y estando presente, entre otros, Lorca y Buñuel, se comentó cómo, la noche anterior, en los jardines de la Residencia, algún romántico afectado por la luna había recitado en francés a Verlaine:

La lune blanche
Luit dans les bois;
De chaque branche
Part une voix...[59]

En ese preciso momento Guillermo de Torre, adalid del ultraísmo, había irrumpido con fuerza en la habitación. Dalí recoge la escena en unas cuartillas:

> «¡Odio universal a la luna!», dice Marinetti. ¿Qué es esto que acabo de oír? ¿Versos de Verlaine? ¡Indignos hijos del año 1923! ¿De qué os sirve haber nacido bajo las alas de los aviones? ¡Y todavía os atrevéis a llamaros gente de vanguardia y no sabéis que los motores de combustión suenan mejor que los endecasílabos? ¡Me marcho inmediatamente porque tengo miedo de que mi contacto con vosotros me convierta repentinamente en un ser antediluviano, y sobre todo porque mi sensibilidad no me permite quedarme quieto, necesito el constante reflejo de los colores y de las imágenes multiformes, vuestro ridículo sentimentalismo se comprende porque os pasáis días enteros hablando en este cuarto sin moveros. Las tertulias de vanguardia deben tener una cualidad dinámica, sólo tienen sentido si están unidas a la velocidad; los mullidos sofás del Café Platerías me están envejeciendo, esta misma noche voy a hacer averiguaciones para adquirir un autobús para nuestras reuniones.[60]

Guillermo de Torre hizo todo lo posible para enrolar a Lorca y Dalí en las filas ultraístas, en las que militaba Buñuel. Pero no tuvo mucho éxito, aunque en el poeta influyó indudablemente la insistencia del movimiento sobre la primacía de la imagen. En cuanto a Dalí, el mensaje iconoclasta de De Torre y sus amigos fue estímulo, eso sí, para su propia rebeldía, ya para entonces bien arraigada.

La versión que Dalí y Buñuel ofrecen de sus años en la Residencia es muy incompleta y, a menudo, inexacta, y Lorca sería asesinado antes de escribir ninguna. Conservamos parte de la correspondencia que intercambiaron los tres amigos, pero con enormes lagunas (ni Buñuel ni Dalí conservaban cuidadosamente sus documentos). Han sobrevivido la mayor parte de las cartas de Dalí a Lorca –comenzaron a escribirse en 1925–, pero de las de Lorca al pintor sólo han aparecido dos o tres, pese a que había docenas. En lo que respecta a la documentación de la Residencia de Estudiantes, que seguramente contenía información acerca de qué habitaciones ocupaban Lorca, Dalí y Buñuel en diferentes momentos de sus estancias en la casa, así como otros detalles de interés doméstico, la guerra civil se encargaría de que desapareciera en su mayor parte. Es casi imposible, por todo ello, reconstruir con precisión el desarrollo de la apasionada relación que unió en Madrid a tres de los genios más creativos de la España del siglo XX, relación vivida intensamente y a alta velocidad. Al leer las memorias de Dalí y Buñuel podemos observar que, en retrospectiva, la cronología lineal de aquellos años se fractura, dejando en la memoria un mosaico desordenado de incidentes luminosos.

UNA VISITA DE ALFONSO XIII Y OTROS ENTRETENIMIENTOS

Como demuestran sus diarios adolescentes, el joven Dalí sentía un profundo desprecio por Alfonso XIII. Así, cuando se anunció que el 3 de marzo de 1923 el rey iba a asistir a la inauguración de la nueva biblioteca de la Escuela Especial de Pintura, Escultura y Grabado, el pintor decidió actuar. A fin de llevar adelante su plan, reclutó a su condiscípulo Josep Rigol, que más tarde recordaría:

> Dalí, que se sentía muy antimonárquico, me dijo muy serio: «Vamos a ponerle una bomba.» Como yo ya me había acostumbrado a «sus cosas», respondí: «Bueno, pues vamos a colocársela. Pero ¿cómo la fabricaremos?» «Pues es muy sencillo», me explicó Salvador, «se coge un bote de leche vacío, lo llenamos de pólvora, le colocamos una mecha y ya está.» «¿Y de dónde sacaremos la pólvora?», insistí yo. «Eso es fácil», replicó él, «yo compraré unos cartuchos en una armería, porque será una bomba de protesta, no de matar.»
>
> El rey tenía que subir la gran escalera y en el pasamanos había unos jarrones de piedra, y en uno de ellos colocamos la bomba. En el momento oportuno le prendimos fuego a la mecha, pero la cosa no funcionó. Nadie supo nunca nada de aquel *atentado* fallido, era un

> gran secreto entre Dalí y yo. De haberse descubierto la bomba enseguida nos habrían acusado a «los catalanes», porque éramos los que organizábamos todas las *insurrecciones*. En la sala de actos, Dalí acabaría liándose a bofetadas con un elemento monárquico que le había afeado su conducta al ver que se mofaba del rey.[61]

No podemos precisar el grado de veracidad de este relato, aunque contamos con una cierta corroboración objetiva de otro estudiante, Cristino Mallo, uno de los mejores amigos de Dalí en aquellos momentos. Sesenta años más tarde Mallo afirmaría que, durante la visita del rey, Dalí y Rigol habían lucido una cinta roja en el ojal, y que estuvieron vociferando entre ellos en catalán.[62]

En la larga reelaboración que en *Vida secreta* hace Dalí de dicha visita, no menciona ni una sola vez el fallido atentado. Lo que sí recuerda, o dice recordar, es lo siguiente:

> Terminada la inspección se hicieron preparativos para retratarnos en grupo con el rey. Se ofreció un sillón al monarca; pero éste, en vez de tomarlo, se sentó en el suelo con irresistible naturalidad. Luego tomó entre el pulgar y el índice la colilla del cigarrillo que estaba fumando y la despidió haciéndola describir en el aire una curva perfecta, para caer exactamente en el centro de una escupidera, a dos o tres metros de distancia. Un estallido de amistosa risa acogió el real gesto, hazaña peculiar y característica de los chulos, esto es, la gente ordinaria de Madrid. Era una manera graciosa de halagar los sentimientos de los estudiantes, y especialmente de los criados, que estaban presentes. Habían visto ejecutada a la perfección una «hazaña» que les era familiar y que no habrían osado efectuar en presencia de los profesores o de los distinguidos alumnos.[63]

Alfonso XIII era muy dado a este tipo de gestos, por lo que es posible que la «chulería» en cuestión no fuera invento de Dalí. Pero ¿cómo hemos de entender el comentario que sigue?:

> Fue en este preciso momento cuando tuve la prueba de que el rey me había distinguido entre todos los demás. En cuanto cayó el cigarrillo en la escupidera, el rey me lanzó una rápida mirada con la intención evidente de observar mi reacción. Pero había algo más en la incisiva mirada, algo parecido al temor de que alguien descubriera su acto de

adulación al pueblo, y ese alguien no podía ser más que yo. Me ruboricé y, cuando el rey volvió a mirarme, hubo de notarlo forzosamente.

Hechas las fotografías, el rey se despidió de cada uno de nosotros, y yo fui el último en estrecharle la mano, pero también fui el único que se inclinó respetuosamente al hacerlo, llegando hasta el extremo de colocar una rodilla en el suelo. Cuando levanté la cabeza, percibí un ligero temblor de emoción en su famoso labio inferior borbónico. ¡No cabe duda alguna de que nos reconocimos mutuamente![64]

Si todo permite dudar de que Alfonso XIII «reconociera» a Dalí aquella tarde, no cabe poner en tela de juicio el impacto causado por el desenfadado monarca en el estudiante catalán que durante días había estado maquinando asustarlo con una bomba de fabricación casera. El 23 de marzo de 1923 marca el comienzo de la paulatina conversión de Dalí a la causa monárquica, y en su vida posterior nunca se cansaría de recordar la visita del rey a San Fernando y, en particular, su impresionante «hazaña» con la colilla.[65]

Parece que fue más o menos en esa época cuando Luis Buñuel (que odiaba a Alfonso XIII) fundó su Orden de Toledo, ciudad por la que había llegado a sentir pasión. Buñuel insistiría después en que la decisión de hacerlo la había tomado después de tener una visión. Fuera así o no, estaba decidido a que todos sus amigos ingresasen en ella. Entre los cofundadores estuvieron Lorca, su hermano Francisco, y José Bello. Como es natural, Buñuel se nombró a sí mismo condestable. A los otros miembros se les asignaron categorías que iban desde «caballeros» a «escuderos» y, la más baja de todas, «invitados de los invitados de los escuderos». Dalí era caballero; el pintor Manuel Ángeles Ortiz y el poeta José María Hinojosa, escuderos, y Buñuel designó a Moreno Villa jefe de los invitados de los escuderos.

Los requisitos de admisión a la orden eran mínimos: bastaba con amar Toledo incondicionalmente, emborracharse allí por lo menos una noche entera, tropezando bajo los efectos etílicos por las empinadas y estrechas calles celebradas en tantas obras literarias españolas. El que tuviera el repugnante hábito de acostarse antes de medianoche no podría jamás superar el abyecto rango de escudero.[66]

A Buñuel, como a Lorca y a Dalí, le habían fascinado desde su infancia los disfraces, y el entusiasmo de la comparsa en este sentido era contagioso. Los miembros de la orden se paseaban por Toledo en los más estrafalarios y, a veces, escandalosos atuendos. Buñuel daba rienda suelta a su necesidad compulsiva de disfrazarse de cura, compulsión que nunca le abandonaría por completo, y de Dalí siempre podía esperarse alguna extravagancia durante sus visitas a la vieja ciudad del Tajo. Hay algunas divertidas fotografías de esas expediciones, que se prolongaron durante varios años. En una de ellas, sacada el 18 de enero de 1925 –pocos días antes de que Buñuel se marchara a París– se ve a Dalí con su pipa de siempre (que nunca encendía) y el corte de pelo «a la europea» con que reemplazó, no mucho después de su llegada a Madrid, las esperpénticas patillas y la larga melena bohemia de la etapa anterior. Junto a Buñuel y Dalí están Pepín Bello, José Moreno Villa, José María Hinojosa, y la chispeante María Luisa González. Ésta, que estudiaba para bibliotecaria, había llegado, gracias a su relación con Juan Vicéns, a ser gran amiga de Buñuel, Dalí y Lorca, y visitaba con frecuencia la «Resi». Años más tarde recordaría que el historiador Américo Castro les solía dejar su casa de Toledo los fines de semana, y que en esas salidas alocadas Dalí era divertido a más no poder.[67]

El poeta Rafael Alberti, también perteneciente a la orden, ha recordado que en la taberna que frecuentaban en Toledo, la Venta del Aire (que aún existe) Dalí pintó un mural de los principales miembros: mural que por lo visto fue retirado después de la guerra civil por algunos norteamericanos, tal vez siguiendo instrucciones del pintor. Desde entonces no ha vuelto a saberse nada del mismo.[68]

Si Dalí se divertía en Toledo, también se encontraba en su salsa cuando con Lorca, Buñuel y Pepín Bello se dejaba caer por el elegante Rector's Club del Hotel Palace, local que se puso de moda con la llegada a Madrid de la orquesta de jazz The Jackson Brothers, que integraban unos estupendos músicos negros de Nueva York.[69] Dalí era un fanático del jazz, y parte de la mensualidad que le pasaba su padre la dedicaba, como Buñuel, a las últimas novedades discográficas. En *Vida secreta* recuerda aquellas noches locas del Palace, con sus copiosas libaciones, sus primeros *dry martinis* y sus hermosas mujeres. La amistad del grupo con los miembros de la banda se volvió tan íntima que Dalí dibujó para ellos un telón que representaba –así se lo hizo saber a su familia– «El paraíso de los negros», título que más tarde se apropiaría Lorca para uno de sus poemas neoyorquinos.[70]

También sucumbió Dalí a la fiebre del charlestón, y llegaría a bailarlo bien tras tomar unas lecciones en Cadaqués. Tal era la pasión de los tres amigos por la música moderna y el jazz que Buñuel intentó convencer a Jiménez Fraud para que los Jackson dieran un concierto en la Residencia. Pero Jiménez se negó: tal música era incompatible con el espíritu de una casa en la que ni siquiera se admitía al jardinero tener perro por miedo a que ladrara y perturbara la concentración de los estudiantes.[71]

Jiménez Fraud hizo bien, sin duda, en ponerse a la defensiva, porque la versión madrileña de los vertiginosos años veinte era impresionante. Dalí, Lorca y Buñuel supieron vivirla a tope, y tenemos la impresión de que fueron muy pocas las noches que se pasaron estudiando. «Éramos realmente de una magnificencia y una generosidad sin límites con el dinero ganado por nuestros padres con su trabajo», recordaría Dalí.[72]

Aquel dinero se gastaba mayormente en cafés, siendo el establecimiento más frecuentado por el trío el Oriente, situado cerca de la estación de Atocha. También se gastaba en el teatro, y sobre todo en zarzuelas. Entre éstas, la que más les chiflaba era la desternillante y picantísima *La corte de Faraón*, cuyo libreto sabían prácticamente de memoria. Décadas más tarde Dalí prometería llevar a Amanda Lear a verla en Barcelona, recordando con nostalgia sus días estudiantiles en Madrid. Y en 1979, en una entrevista grabada por Televisión Española, cantaría los versos de José (que Lorca por lo visto consideraba «sublimes»):

> Cuando te miro el cogote,
> el nacimiento del pelo,
> se me sube, se me sube, se me baja
> la sangre por todo el cuerpo...[73]

UNA EXPULSIÓN INJUSTIFICADA

Pese a todas las juergas de Toledo y al descubrimiento de la vida nocturna de Madrid, Dalí trabajó mucho durante su primer año en la Academia, tanto que ni siquiera se inventó una excusa para ir a Figueres para las Fires i Festes de 1923. No obstante, envió al *Empordà Federal* unos apuntes de tono lírico en los que evocaba las delicias de unas celebraciones que este año iba a perderse por vez primera. Las imágenes empleadas revelan una clara influencia de las greguerías de Ramón. Por ejemplo:

> A las dos de la madrugada toda la feria se queda como metida dentro de una funda.

Las ilusiones de los días de fiesta son de todos los colores.

Es una cosa bastante difícil calcular el precio de la música; pero la música de feria, es indudable que vale 0,75. ¡Toda a 0,75![74]

Un mes más tarde Dalí aprobó sus exámenes en Perspectiva, Anatomía y Dibujo de Estatuas, sacó matrícula de honor en Historia del Arte y sólo suspendió Enseñanza General del Modelado. Considerando que al mismo tiempo libraba también su batalla personal como artista creativo, se trataba de unos resultados más que aceptables. Durante el curso, tanto en Madrid como en Figueres durante las vacaciones de Navidad y Semana Santa, había pintado tan asiduamente como siempre, desarrollándose simultáneamente su obra en dos direcciones diferentes. Por un lado había seguido experimentando con el cubismo y sus derivados, influido sobre todo por Juan Gris y los «metafísicos» italianos (a quienes conocía a través de la revista *Valori Plastici)*; por otro había producido cuadros y dibujos más «realistas» inspirados básicamente por su hermana Anna Maria, tema de más de doce retratos ejecutados entre 1923 y 1926.[75] Cuando, en el verano de 1923, Dalí se instaló otra vez en su estudio de Cadaqués, debió de considerar que su primer año en Madrid había transcurrido conforme a sus planes.

Acabadas las vacaciones, Dalí regresó a Madrid para repetir el examen de Enseñanza General del Modelado, y aprobó.[76] El 29 de septiembre se matriculó en las cuatro asignaturas que quería cursar durante su segundo año en la Escuela Especial: Estudios Preparatorios de Colorido, Historia del Arte en las Edades Moderna y Contemporánea, Dibujo del Natural en Reposo y Grabado Original.[77] Entonces pasó algo inesperado. El inicio del curso coincidió con los preparativos para la elección de un nuevo catedrático de Pintura al Aire Libre que debía suceder al anterior titular de la asignatura, Joaquín Sorolla, fallecido en agosto. Los candidatos eran cuatro: tres artistas prácticamente desconocidos (Lloréns, Zaragoza y Labrada) y Daniel Vázquez Díaz, reconocido en toda Europa. Los trabajos remitidos por los cuatro en apoyo de sus candidaturas llevaban ya varias semanas expuestos al público. La prensa se interesaba por el asunto, y ningún alumno de la Academia dudaba de que Vázquez Díaz merecía el puesto. Los estudiantes contaban, además, con el firme apoyo de *El Sol,* donde el 10 de octubre el crítico de arte Francisco Alcántara declaró que Vázquez Díaz representaba lo nuevo frente a lo viejo, y que sus méritos deberían haberle asegurado ya la plaza por sí solos.[78]

Cinco académicos de San Fernando componían el jurado: el historiador del arte Elías Tormo, los pintores Cecilio Pla y José Moreno Carbonero, Rafael Domènech Gallissà y Enrique Simonet Lombardo. Cada uno de ellos tenía un voto, con lo cual el candidato triunfador necesitaba tres. La oposición tuvo lugar a puertas abiertas la tarde del 17 de octubre de 1923, en la sala de juntas de la Real Academia, abarrotada, para la ocasión, de periodistas, amigos y familiares de los artistas, de otros pintores y, por supuesto, de una nutrida representación de alumnos.

Los periódicos informaron al día siguiente sobre el tumulto desencadenado en la sala cuando se anunciaron los resultados.[79] El informe más detallado de lo ocurrido, con todo, es el del mismo Dalí, testigo presencial de ello. En una larga carta remitida poco después del suceso a su compañero Josep Rigol, ausente de la capital, el pintor escribe:

> Llegan los miembros del tribunal. Silencio, expectación. Comienza la votación nominal. Domènech: «Me abstengo.» Murmullos de desaprobación. Cecilio Pla: «Señor Vázquez Díaz.» Fuerte ovación. Elías Tormo, presidente del tribunal: «Señor Vázquez Díaz.» Ovación formidable. Moreno Carbonero: «Me abstengo.» Alboroto. Simonet: «Me abstengo.» Otro alboroto. Y Tormo anuncia: «La cátedra queda vacante.» Jaleo, bastones lanzados al aire, gritos, insultos al tribunal, «viva tal y cual», «abajo éste o el otro», barullo, confusión (y todos los demás ingredientes necesarios).
>
> Tormo y Cecilio Pla recibieron las mayores ovaciones, mientras los otros se escabulleron en el aula de Naturaleza Muerta y llamaron a la policía, que llegó en un instante. Yo no tomé parte en el follón, porque soy amigo de Vázquez Díaz y estuve con él todo el tiempo, hablando de la injusticia que le habían hecho. Si no hubiera sido por eso, sin duda habría estado entre los que más gritaban.

Según relata Dalí a continuación, una multitud de curiosos, atraídos por el tumulto, se abrió paso a la fuerza desde la calle de Alcalá. La policía fue abucheada, y el gentío no se dispersó hasta que los agentes amenazaron con disparar. Tras el altercado los estudiantes se dirigieron a las redacciones de distintos periódicos para dar su versión de los hechos y entregar una nota aclaratoria, publicada a la mañana siguiente.[80]

En su carta a Rigol, Dalí afirma que los estudiantes manifestaron su protesta en bloque, espontáneamente, sin obedecer a ningún cabecilla ni a un plan de acción previo. Sin embargo, no opinaban lo mismo las autoridades de San Fernando, que al día siguiente convocaron a Dalí y a otros estudiantes ante un consejo disciplinario sólo porque, como Salvador le dice a Rigol, «siempre habían conocido nuestras ideas». Dalí fue interrogado por el director, Miguel Blay, quien le comunicó que corrían rumores de que había sido uno de los principales participantes en la protesta. Dalí negó la acusación, y se defendió diciendo que, si podían presentar una prueba, estaba dispuesto a aceptar las consecuencias. Pero no había pruebas. Blay le pidió a Dalí que diera los nombres de los cabecillas. Dalí le respondió que no sabía quiénes eran y que, de saberlo, tampoco delataría a sus compañeros, pues él no era un vulgar confidente. El comentario provocó «gran irritación» a todos los miembros de la comisión. Por último, y siempre según Dalí, Blay le preguntó si tenía algún interés personal en el resultado de la oposición, a lo que el pintor respondería: «Considero que nadie está facultado para injerir en mis opiniones, pero en este caso he de admitir que sí, estaba a favor de Vázquez Díaz, lo cual me honra.» Acto seguido le pidieron que se retirara.

Esa noche, sigue contándole Dalí a Rigol, se enteró de que él y otros cinco estudiantes habían sido expulsados de la Escuela Especial por un año. Al día siguiente no recibieron el prometido apoyo del conjunto de los estudiantes, acobardados por la amenaza de Blay de tomar represalias si no regresaban a las aulas. Fuera de la Academia, uno de los expulsados, Calatayud Sanjuán, le dio un puñetazo a Rafael Domènech, que se había abstenido en la votación: «Era lo único que se podía hacer», escribe Dalí. Más tarde, él y sus compañeros expulsados presentaron una queja formal ante el Ministerio de Instrucción Pública.[81]

La suspensión de Dalí se confirmó en una comunicación con fecha del 22 de octubre de 1923 que le enviaron las autoridades. No sólo se le prohibía asistir a clase por un año sino que la carta especificaba que no podría presentarse por libre, al fin del curso, a los exámenes de las asignaturas en las que se había matriculado en septiembre. Ello significaba que tendría que repetir el curso entero en 1924-1925 si quería continuar en San Fernando el año siguiente. Fue una sentencia muy severa y, según los indicios de que disponemos, casi seguramente injusta.[82]

El padre de Dalí, convencido de que su hijo era inocente de los cargos que se le imputaban, aprovechó un viaje a Madrid para realizar su propia investigación sobre lo ocurrido. Blay, el director, le dijo que Salvador era «un bolchevique del arte». El notario conversó con un grupo de estudiantes, con algunos profesores y hasta interrogó a los bedeles. Cristino Mallo recordaba muy bien la visita de Dalí Cusí que, fiel a su carácter irascible, había cogido a uno de los profesores por las solapas y estuvo a punto de pegarle.[83] Tras sus averiguaciones llegó a la conclusión de que el principal culpable de lo ocurrido era Rafael Domènech, al que consideraba víctima de una manía persecutoria.[84] Días después Dalí Cusí redactó una instancia, firmada por Salvador, que se envió al Ministerio de Instrucción Pública desde Figueres el 21 de noviembre de 1923. Rezaba:

> El infraescrito estudiante oficial de la Escuela Especial de Pintura, Escultura y Grabado ha sido castigado de una manera arbitraria e injusta por un consejo de disciplina.
>
> Mi excelente conducta escolar, lo mismo en el Instituto de Figueres durante el bachillerato como en la Escuela misma podría servirme para obtener con arreglo al R. D. [Real Decreto] de 3 de junio 1909 una remisión o modificación del castigo impuesto, si realmente éste fuera justo, pero siendo como es injusto no puedo acogerme a sus benévolas disposiciones porque el artículo 10 pone como condición indispensable para obtenerla del Ministerio que al solicitarla preste acatamiento al acuerdo en que la corrección se me impone, cosa que no puedo hacer en modo alguno ya que tal acatamiento está reñido con la convicción que tengo de mi completa inocencia.
>
> Por lo expuesto resulta que el R. D. proporciona a los culpables los medios necesarios para que las correcciones disciplinarias que se les hayan impuesto puedan serles aminoradas y hasta perdonadas, y en cambio no da a los inocentes el camino para obtener su reivindicación. Es por ello que no proporcionándome la ley los medios de defensa necesarios me veo en el triste caso de tener que soportar con resignación una corrección disciplinaria arbitrariamente impuesta por cuyo motivo precisa que se tenga en cuenta el caso para lo sucesivo, modificando el R.D. en forma tal que los culpables no disfruten de mayores privilegios que los inocentes.
>
> A fin de que en lo sucesivo los perjudicados sin culpa no se encuentren en mi situación.
>
> Suplico a V. E. se sirva modificar el R. D. de 3 de junio 1909 en la forma indicada.[85]

El padre de Dalí adjuntó una copia de este bien razonado documento a una tajante carta suya a Miguel Blay, director de la Real Academia de San Fernando. Llevaba fecha del 23 de noviembre de 1923:

> Muy Sr. mío y de mayor consideración. Después de hablar con los alumnos, profesores y empleados de la Escuela he formado mi opinión completamente favorable a mi hijo.
>
> No pudiendo acatar la decisión del Consejo de Disciplina no nos queda otro remedio que cumplir resignadamente el castigo y esperar el Sepbre próximo para matricular nuevamente a mi hijo, el cual, hasta la terminación de sus estudios, observará una conducta escolar y académica tan intachable que llegarán Vds a arrepentirse de haberlo castigado a tan grave pena.
>
> Adjunto la instancia al Ministerio.[86]

Por lo que respecta a las versiones posteriores de Dalí sobre lo ocurrido durante el alboroto del 17 de octubre, en *Vida secreta* afirma que, cuando se anunció el veredicto, se limitó a ponerse de pie y abandonar discretamente la sala antes de que el presidente del tribunal terminara su discurso. Según Dalí, la protesta estudiantil estalló después de que él se marchara, y no fue su partida lo que la motivó. Esta información parece menos veraz que la que transmitió en su carta a Josep Rigol poco después del incidente, y que hemos visto.[87]

Por la carta sabemos también que, tras confirmarse su expulsión, Dalí regresó a Figueres. Existe muy poca información sobre sus actividades allí, porque tanto el *Alt Empordà* como el *Empordà Federal,* nuestras principales fuentes de información sobre la vida política y cultural de la ciudad, habían sido clausurados tras el golpe de Estado del general Primo de Rivera, ocurrido el 23 de septiembre. Por otra parte parece no haberse conservado un archivo completo del periódico conservador *La Veu de l'Empordà,* que tal vez recogiera alguna información sobre el asunto. Lo que sí sabemos es que durante estos meses el pintor reanudó su contacto con su profesor de dibujo del instituto, Juan Núñez Fernández, pidiéndole que le enseñara grabado, modalidad que ahora le fascinaba. Su padre, de acuerdo con esta iniciativa, le compró una prensa, que se instaló en la casa familiar, y Núñez empezó a ir por las tardes a darle clase. Dalí afirmó años después que, gracias a Núñez, se había puesto pronto «al corriente de todas las técnicas, y además hallé varios procedimientos originales». No se conoce más que un solo testimonio de tales experimentos: el grabado de una mujer joven, firmado e impreso por Dalí en 1924.[88]

Se ha dicho que, en algún momento del año de su expulsión, Salvador regresó a Madrid, matriculándose en una escuela de pintura privada, la Academia Libre, dirigida por el artista catalán Julio Moisés Fernández en el pasaje de la Alhambra (hoy desaparecido). Pero, si así fue, no se ha encontrado documentación alguna sobre tal estancia, ni ninguna referencia en la prensa madrileña de estos meses a la presencia en Madrid del castigado alumno de San Fernando.[89]

Pese a las promesas de Dalí Cusí a Miguel Blay sobre la futura conducta de su hijo, Salvador estaba decidido a vengarse en el momento oportuno de San Fernando y de sus profesores, por quienes sentía ya un infinito desprecio. Se sabía apoyado en sus propósitos por muchos amigos y admiradores, entre ellos el influyente director de teatro y crítico Cipriano Rivas Cherif, que en marzo de 1924 publicó un artículo titulado «El caso de Salvador Dalí» en *España,* una de las principales revistas culturales de Madrid (que el propio Dalí venía leyendo por lo menos desde octubre de 1919).[90] Dalí, escribió Rivas Cherif, no había tomado parte en la protesta de San Fernando, pero era un «indeseable» y, como tal, había provocado la ira de sus convencionales profesores. «Tal vez los señores profesores tengan razón», sentenció Rivas. «Quizá contribuyan con su rigor a probar la tenacidad de un artista en su vocación libre de trabas.» Con ello Rivas Cherif dio, efectivamente, en el blanco.[91]

UNA TEMPORADA EN LA CÁRCEL

El 15 de mayo de 1924 Alfonso XIII hizo una visita oficial a Gerona. Tras el almuerzo decidió de improviso inspeccionar la cercana guarnición de Figueres. Según una nota publicada en *Abc,* Figueres, pese a su reputación de «cuna del federalismo», respondió con una asistencia masiva, dando al rey la más cálida bienvenida de todas las recibidas en Cataluña.[92]

Es muy poco probable que así fuera. Alfonso XIII nunca había sido popular en la ciudad, y mucho menos ahora que apoyaba la dictadura de Primo de Rivera. Las autoridades se habían quedado consternadas al enterarse de la inminente llegada del monarca, y, temiendo disturbios, no dudaron en arrestar a algunas de las figuras más señaladas en sus listas de potenciales alborotadores.

Después de la visita real siguió la redada. Entre los arrestados estuvieron Dalí, que fue confinado en régimen de aislamiento en Figueres el 21 de mayo,[93] y dos de sus amigos más íntimos, los militantes comunistas Martí Vilanova y Jaume Miravitlles.[94] El 30 de mayo Dalí fue trasladado a la cárcel de Gerona, donde permaneció hasta el 11 de junio, fecha en que el juez militar ordenó su puesta en libertad sin cargos.[95]

La documentación de la cárcel no menciona las razones del arresto de Dalí.[96] Al parecer se trataba de una medida tomada básicamente para intimidar a su padre, que en abril de 1923, unos cinco meses antes del golpe de Primo de Rivera, había iniciado procedimientos legales en relación con un fraude electoral perpetrado por la derecha en Figueres.[97] El terco notario, que no se dejaba amilanar fácilmente, había seguido presentando acusaciones una vez instaurada la dictadura, provocando la consiguiente irritación de los representantes de Primo de Rivera en la provincia. Al restablecerse la democracia en 1931, Dalí Cusí declararía que, en el transcurso de un interrogatorio al que fue sometido en la comisaría de Figueres en 1923, había visto, desplegada en la puerta de un armario, una lista de personas consideradas capaces de «provocar desórdenes públicos». Encabezaba la lista su hijo. Según el notario, la Guardia Civil, antes de la detención de Salvador, había registrado su habitación sin encontrar nada incriminatorio. Dalí Cusí añadió que el gobernador civil de Gerona, máximo representante de Madrid en la provincia, le había prometido dejar a su hijo en libertad si retiraba las acusaciones de fraude electoral. Es más que probable que la derecha hubiera decidido, pues, castigar al padre a través del hijo, aunque también es verdad que el historial marxista y antimonárquico del pintor era bien conocido por las autoridades locales, que tal vez recordaron incluso que, cuando fue alumno del instituto, se le había acusado de participar en la quema de una bandera española (injustamente, según cuenta Dalí en *Vida secreta*).[98]

Dalí explotó al máximo el honor de haber sido prisionero en la dictadura de Primo de Rivera, notable por su hostilidad a Cataluña, y hasta el final de sus días disfrutaría recordando su temporada entre rejas. En su versión de los hechos, las tres semanas pronto se convertirían en un mes, y las restricciones de la vida carcelaria en agradable estímulo a la imaginación. En Gerona, decía, lo habían agasajado los auténticos presos políticos y sus amigos; cuando se burló de las autoridades militares, lo habían rapado (según Dalí, Martí Vilanova conservó el cabello del pintor para un día hacérselo tragar a los responsables), y cuando lo soltaron había sido recibido como un héroe, con «una verdadera ovación», en las calles de Figueres (dada la censura entonces imperante, es imposible saber si esto es verdad o no).[99]

Aquel verano en Cadaqués Dalí debió de sacarle todo el jugo posible a su creciente popularidad, y disfrutar más aún con la perspectiva de regresar triunfante a Madrid y San Fernando. Así lo hizo en septiembre de 1924, matriculándose en las cuatro asignaturas que su expulsión le había impedido cursar el año anterior.[100]

Dalí comenzaba ahora a perder un poco de su timidez, lo suficiente, en todo caso, para participar en un arreglo del *Don Juan Tenorio* de Zorrilla, puesto en escena por Luis Buñuel en la Residencia de Estudiantes el día de Todos los Santos. La versión de Buñuel se titulaba *La profanación de Don Juan.* El aragonés interpretó al protagonista (naturalmente), y Dalí a su rival, don Luis Megías. No se ha conservado ninguna reseña de la representación, pero sí una fotografía. Treinta años después, Dalí diseñaría los decorados para una importante puesta en escena comercial del *Tenorio* en Madrid, y durante toda la vida se divertiría recitando versos de la famosa obra de Zorrilla. En cuanto a Buñuel, hay nostálgicas alusiones a *Don Juan* en su filmografía. El hecho de que Lorca hubiera tomado parte en un anterior montaje «residencial», también dirigido por Buñuel, añadía un elemento más a la red de complicidades. El *Don Juan* de Zorrilla, en definitiva, es otro hilo del denso tejido formado por el triángulo Buñuel-Lorca-Dalí.[101]

LA EPIFANÍA DE FREUD Y LA SOMBRA DE MALDOROR

En la primavera de 1922, unos cuatro meses antes de la llegada de Dalí a Madrid, la editorial Biblioteca Nueva había comenzado a publicar las *Obras completas* de Freud, gracias, en no escasa medida, al interés y apoyo de José Ortega y Gasset, uno de los pocos lectores españoles de Freud en el alemán original. Fue tal el impacto de los primeros volúmenes que la *Revista de Occidente* pudo referirse, en octubre de 1923, a la «avidez» con que se «devoraba» a Freud en España.[102] El mismo Freud manifestó su sorpresa ante el hecho de que un editor madrileño fuera el primero en acometer la difícil empresa de publicar sus obras completas en una lengua extranjera. El 7 de mayo de 1923, el padre del psicoanálisis le escribió al traductor, Luis López-Ballesteros y de Torres, para contarle que, siendo aún estudiante, había aprendido el castellano por su cuenta para estar en condiciones de leer el *Quijote* en la lengua de Cervantes. Por ello se consideraba ahora competente para juzgar su traducción, que calificó de excelente: la interpretación de su pensamiento era sumamente precisa; el estilo, elegante. El esfuerzo le parecía a Freud tanto más loable por cuanto López-Ballesteros no era ni médico ni psiquiatra.[103]

Cuando Dalí se matriculó en la Escuela Especial de San Fernando en septiembre de 1922, Biblioteca Nueva ya había publicado los dos primeros volúmenes de las *Obras completas* de Freud: *Psicopatología de la vida cotidiana,* en mayo de 1922,[104] y, poco después, un volumen, titulado *Una teoría sexual y otros ensayos,* que contenía *Tres ensayos sobre la sexualidad, Cinco conferencias sobre psicoanálisis, Introducción al estudio de los sueños* y *Más allá del principio de placer.*

José Ruiz-Castillo Franco, propietario de Biblioteca Nueva, era buen amigo de la Residencia de Estudiantes, pero aunque no hubiera sido así, los volúmenes se habrían devorado igual, nada más editarse, en el seno de aquella comunidad civilizada e inquieta, caracterizada sobre todo por su curiosidad intelectual, y uno de cuyos colaboradores, Gonzalo R. Lafora, se contaba entre los primeros psicoanalistas españoles.[105]

Luis Buñuel era de los que devoraban a Freud en esos momentos, y en sus memorias nos refiere la impresión que le produjo la lectura de *Psicopatología de la vida cotidiana.* «Huelga decir, por otra parte, que la lectura de Freud y el descubrimiento del inconsciente me aportaron mucho en mi juventud», admite algo lacónicamente.[106] Es posible que Buñuel hubiera leído *Psicopatología de la vida cotidiana* antes de la llegada de Dalí a la Residencia, y que le hablara de él y lo incitara a conocerlo. En cualquier caso, como Moreno Villa recordó en 1944, Dalí se sumergió en la lectura de Freud apenas puso los pies en Madrid.[107]

El segundo tomo de la serie provocó un impacto aún más fuerte en la Residencia, en especial *Tres ensayos sobre la sexualidad,* la obra que, en opinión de James Strachey, traductor británico de la Standard Edition de Freud, constituye, junto con *La interpretación de los sueños,* «la contribución más importante [de Freud] al conocimiento humano».[108] Desde su aparición en 1905, dichos ensayos habían ido convenciendo poco a poco a Occidente no sólo de la existencia de la sexualidad infantil, sino también de la supervivencia de ésta en las llamadas perversiones sexuales. Y cada vez se constataba una disposición mayor a aceptar la tesis de Freud según la cual la enfermedad mental suele tener raíces sexuales que se remontan a la infancia. Por lo tanto, y dada la vitalidad intelectual del Madrid de entonces, no ha de extrañarnos que su publicación se percibiera como acontecimiento de trascendental importancia cultural.

El segundo volumen de las *Obras completas* incluía el ensayo *Introducción al estudio de los sueños,* como acabamos de señalar, y puso en circulación en España una serie de conceptos freudianos que, si bien hoy son un tópico, entonces eran sumamente novedosos: la distinción entre los contenidos «latentes» y «manifiestos» de los sueños; el papel de la «represión» en la transformación en símbolos del material perturbador; los mecanismos de «desplazamiento» y «condensación», y, sobre todo, la convicción, defendida por Freud con razones que parecían contundentes, de que los sueños, aunque pueda parecer lo contrario, expresan casi siempre nuestros más hondos deseos (en gran parte inconfesados).

La incorporación en dicho volumen de *Más allá del principio de placer,* publicado en alemán sólo dos años antes, dio a los lectores españoles la temprana oportunidad de evaluar los argumentos en los cuales Freud basaba otra de sus convicciones, a saber, que la psique siempre lucha por afirmar el «principio de placer» frente al «principio de realidad».

En sus escritos autobiográficos Dalí da la impresión de que en la Residencia sólo leyó *La interpretación de los sueños,* obra que no se publicó en Madrid hasta 1924, en dos tomos.[109] El libro, escribe Dalí en *Vida secreta,* «me pareció uno de los descubrimientos capitales de mi vida, y se apoderó de mí un verdadero vicio de autointerpretación, no sólo de los sueños, sino de todo lo que me sucedía, por casual que pareciese a primera vista».[110] Puesto que sabemos que Dalí adquiría los volúmenes de Freud editados por Biblioteca Nueva apenas salían éstos a la luz, es muy probable que ya por 1924 estuviera familiarizado con los dos primeros. Tal vez había leído también, o al menos hojeado, los tomos que les siguieron, pisándoles los talones, en 1923: *El chiste y su relación con lo inconsciente* (1923) e *Introducción al psicoanálisis.*[111]

Durante la década de los años veinte Dalí leería y releería a Freud incesantemente, y en su ejemplar de *La interpretación de los sueños* hay muchos pasajes subrayados. A la vista de todo lo anterior no parece erróneo afirmar que, si en 1916 el impresionismo de Ramon Pichot lo había deslumbrado con la fuerza de una revelación, cambiando su modo de ver la naturaleza, a partir de 1922 la obra de Freud revolucionó su manera de verse a sí mismo.[112]

La edición de *La interpretación de los sueños* en Biblioteca Nueva apareció poco antes de la publicación, en 1924, del primer *Manifiesto del surrealismo* de André Breton.[113] En diciembre de este año el manifiesto fue objeto de un inteligente análisis por parte de Fernando Vela en la *Revista de Occidente,* que puso de relieve su deuda con Freud.[114] Parece difícil que Dalí no leyera el artículo, pues la revista de Ortega y Gasset era de las más discutidas en la Residencia, y es probable que acto seguido se abalanzara sobre el *Manifiesto* que, dado su conocimiento del francés, habría podido leer con relativa facilidad. Para comienzos de 1925, de todas maneras, el pintor estaba ya entregado a una orgía de autoanálisis de orientación freudiana (con afán terapéutico incluido, suponemos) y empezaba a tomar conciencia del movimiento capitaneado por André Breton, a su vez tan en deuda con Freud. Con todo, pasarían todavía unos años antes de que el impacto de éste y Breton comenzara a hacerse patente en su obra, y la conciencia de que sus particulares dotes como pintor podrían ponerse al servicio del inconsciente sólo le llegaría de manera paulatina.

Más o menos por estas mismas fechas otro autor influyó en Dalí casi con tanta fuerza como Freud, estimulándolo en su búsqueda de liberación interior: Isidore Ducasse, autodenominado conde de Lautréamont, cuyo *Cantos de Maldoror* fue uno de los textos más venerados del surrealismo. Nacido en Montevideo en 1846, Ducasse había muerto pobre y enfermo en París en 1870, poco después de la publicación de los *Cantos.*[115] El libro no dejó impronta alguna en el público lector hasta que, cincuenta años más tarde, fue rescatado del olvido gracias a su reedición, en 1920, con un prefacio de Rémy de Gourmont.[116] El texto de Ducasse titulado *Poésies,* cuyo único ejemplar conocido era el conservado en la Bibliothèque Nationale, fue asimismo reimpreso por Breton en la revista *Littérature* en 1919, y en 1920 apareció en forma de libro.[117] De la noche a la mañana Lautréamont se convirtió en figura de culto de la vanguardia parisiense, y en 1922 Breton, en su conferencia de Barcelona, lo calificó como la fuerza tal vez más liberadora de la imaginación poética contemporánea.[118] «Para nosotros, desde el mismo comienzo», ratificaría Breton treinta años más tarde, «no hubo genio que pudiera compararse a Lautréamont. Sentimos que un gran signo del tiempo se ocultaba en el hecho de que hasta entonces no hubiera llegado su hora, mientras que para nosotros sonaba con la máxima claridad».[119]

El «redescubrimiento» de Lautréamont no pasó inadvertido en Madrid, donde una vez más la Biblioteca Nueva se encargó de tomar la iniciativa con una traducción de los *Cantos* realizada por Julio Gómez de la Serna y un prólogo entusiasta y bien documentado de su hermano Ramón que, en 1909, había sido el primero en publicar extractos de *Maldoror* en España.[120] El prólogo revela el profundo respeto que Ramón sentía por Ducasse: por su coraje, su dignidad, su escepticismo radical, su rebelión contra el Dios del Antiguo Testamento y su horror ante la falta de humanidad del hombre para con sus semejantes, y también por su extraordinaria inventiva y la originalidad de su estilo. El apóstrofe de Ramón a Lautréamont nos da la medida de su admiración:

> Hay que ir por la fuerza intensa que hay en tus cantos a un escepticismo lleno de esa dignidad de que tú rebosas. Ese orgullo fiero y sostenido que en ti hay es el que puede poner tregua y orden entre los hombres. Que todos sean tan orgullosos como tú y eso evitará que tomen nada de lo de los otros, eso les hará independientes en la vida, buscando el medio, sin rebajamiento y conspiración, de vivir de sí mismos y así hasta en la posición humilde pero suya y bien preparada por ellos, podrán ser orgullosos.
>
> Tu canto incontinente y personal no es peligroso. Prepara una moral íntima que desdeña el mal, la pereza, la hipocresía, la vanidad tonta, prepara la madurez del hombre bueno, consciente de su fin, que no molesta al prójimo, ni lo desprecia sin razón, ni lo despoja de nada suyo. Tuviste el gran desprecio magnífico de no despojar al otro de nada suyo. Respetaste sus prendas y por eso despreciaste el acto de arrebatárselas. Eso te condujo a ser original en un mundo en que el orgulloso vive faltando al orgullo, es decir, vive a expensas del otro o del latricinio venal.[121]

En su prólogo Gómez de la Serna recuerda el entusiasta elogio de Lautréamont debido a Rubén Darío, tan admirado por Dalí y sus amigos del Instituto de Figueres, que se encuentra en *Los raros* (1896), colección de viñetas de escritores franceses bohemios y «decadentes», casi todos de finales del XIX, entre ellos Camille Mauclair, Leconte de Lisle, Paul Verlaine, Villiers de L'Isle Adam, Jean Richepin, Rachilde y dos extranjeros afines, Edgar Allan Poe y el portugués Eugenio de Castro.

Treinta años antes de que los surrealistas descubrieran los llamativos, por originalísimos, símiles de Ducasse, a Rubén ya le había impresionado su comparación de la belleza de un adolescente con la del «encuentro fortuito de una máquina de coser y un paraguas sobre una mesa de disección», y de la de un escarabajo «con el temblor de las manos de un alcohólico».

Lorca, que, como Dalí, había sido ferviente discípulo de Darío en su juventud, tenía un ejemplar de *Los raros*, y en *Impresiones y paisajes* (1918) había tomado prestada la evocación rubeniana de Lautréamont para una evocación de segunda mano de los ladridos de los perros a la luna descritos por Ducasse.[122] Es posible que Dalí también conociera *Los raros,* y que descubriera allí a Lautréamont. Si no fue así, tal vez Lorca le habló del libro. Lo que parece seguro, de todas maneras, es que leyó la traducción de Julio Gómez de la Serna en la Residencia (donde José Bello, animado por Rafael Alberti, había manejado el ejemplar de José Moreno Villa),[123] y que en su mente la figura de Lorca, «el tentador», llegó a ser inseparable del héroe epónimo y rebelde del texto de Ducasse. «La sombra de Maldoror se cernía sobre mi vida», escribe Dalí en un pasaje enigmático de *Vida secreta,* «y fue precisamente en ese periodo cuando, por la duración de un eclipse, la de Federico García Lorca vino a oscurecer la virginal originalidad de mi espíritu y mi carne.»[124]

Lorca se sentía ya a principios de 1925 cada vez más fascinado por el pintor. Para Dalí la situación debía de resultar difícil, pues si bien se sentía muy halagado por las atenciones del poeta, se resistía tenazmente a admitir la posibilidad de ser homosexual él mismo, o de tener inclinaciones homosexuales, y quizá temía que, si su amistad con el poeta iba un poco más lejos, corría el peligro de sucumbir. Por el momento, sin embargo, no se trataba de cortar con Lorca-Maldoror. Al contrario, Salvador lo alentó positivamente al invitarle a pasar la Semana Santa con él en Cadaqués.

Quince días antes de iniciar el viaje, Dalí recurrió a Eduardo Marquina, su «protector» en Madrid, para que le prestara cien pesetas con las que él, Federico y otros amigos pudiesen costear su «última visita» de la temporada a las nieves de la sierra de Guadarrama. Tras celebrar el rito como estaba mandado, él y Lorca tomaron el tren a Cataluña.[125]

CON LORCA EN CADAQUÉS

En 1925 la Semana Santa empezó el 5 de abril. Unos días antes, Salvador Dalí Cusí, su esposa Catalina y Anna Maria se trasladaron a Cadaqués a preparar la casa de Es Llané, cerrada desde el verano anterior, para la llegada de su invitado especial. El sol brillaba, y las escarpadas laderas del Pení eran una deslumbrante fiesta de hierbas aromáticas y flores silvestres. El taxi que llevó a Salvador y Lorca desde Figueres arribó a Cadaqués a mediodía, y unos minutos bastaron para que Anna Maria, que ya tenía diecisiete años, se sintiera intrigada por el poeta. El almuerzo se sirvió en la terraza, a la sombra del eucalipto, a pocos metros del mar. «A los postres éramos tan amigos como si desde siempre nos hubiésemos conocido», recordaría Anna María veinticinco años después.[126]

Lorca estaba encantado con Cadaqués: con las procesiones y los dulces de Semana Santa, con el magnífico retablo barroco de la iglesia parroquial, con la familia de Dalí y la gente del lugar y, tal vez sobre todo, con la desquiciada Lídia Nogués, cuya madre, Dolors Sabà, conocida como «la Sabana», había tenido fama de bruja.[127] Lídia había heredado las dotes maternas de adivina, tenía un rostro muy expresivo con ojos saltones que le daban, según Anna Maria, aspecto de cangrejo, y condimentaba su conversación con extrañas metáforas.[128] Como don Quijote, parecía por lo general perfectamente cuerda, pero enloquecía de golpe si alguien tocaba alguna de sus obsesiones. De edad indeterminada pero probablemente de unos cincuenta años cuando Lorca la conoció, regentaba en su juventud una pensión, en la que Picasso y Fernande Olivier se habían alojado en 1910 cuando visitaron a Ramon Pichot. Poco antes se había hospedado allí Eugenio d'Ors, entonces adolescente, por quien Lídia concibió una pasión que no la abandonaría hasta su muerte en 1946. Cuando se volvió loca –tal vez a consecuencia de la muerte de su marido, Nando, pescador que se ahogó en un temporal–, su imaginación siempre vívida, libre ahora de las imposiciones de la razón, floreció de modo extravagante, y se convenció de que no era otra que Teresa, la majestuosa catalana protagonista de la novela dorsiana *La ben plantada,* publicada en 1911. Lídia llegó a creer, además, que D'Ors se comunicaba con ella entre líneas desde su columna en un periódico de Barcelona, que ella leía con avidez y glosaba en las cartas con las que bombardeaba al escritor.[129] Dalí, para quien Cadaqués era el lugar más paranoico del Mediterráneo,[130] y que en 1925 probablemente sabía ya que su abuelo Gal se había suicidado acosado por alucinaciones persecutorias, no podía estar más fascinado con semejante personaje:

> Lídia poseía el cerebro paranoico más magnífico, fuera del mío, que haya conocido nunca. Era capaz de establecer relaciones completamente coherentes entre cualquier asunto y su obsesión del momento, con sublime negligencia de todo el resto, y con una elección del detalle y un juego de ingenio tan sutil y tan calculadoramente hábil, que a menudo era difícil no darle la razón en cuestiones que uno sabía eran completamente absurdas. Interpretaba los artículos de D'Ors, al pasar, con tan felices descubrimientos de coincidencias y juegos de palabras, que uno no podía dejar de maravillarse ante la desconcertante violencia imaginativa con que el espíritu paranoico puede proyectar la imagen de nuestro mundo interno en el mundo externo, no importa dónde ni en qué forma, ni con qué pretexto. Las más increíbles coincidencias ocurrían en el curso de esta amorosa correspondencia, que yo he utilizado varias veces como modelo de mis propios escritos.[131]

Estas líneas dan a entender que el famoso «método paranoico-crítico» de Dalí, desarrollado tras alistarse en las filas del surrealismo, tenía
una deuda para con Lídia Nogués. Una fotografía da fe del placer con 36
que el pintor escuchaba las elucubraciones de *«la ben plantada»* en la terraza de Es Llané. Otra es aún más interesante, pues en el dorso Lídia escribió, con su puño y letra: «Esta mujer es la bruja responsable de todo el asunto de Dalí y muchas cosas más.»[132] Lorca, por su parte, quedó tan cautivado con el extraordinario personaje que Dalí dedicó más tarde un poema en prosa, «Pez perseguido por una uva», a «una conversación entre Federico y la Lídia».[133]

Durante su estancia Lorca leyó para los Dalí y un grupo selecto de amigos su obra *Mariana Pineda,* aún sin estrenar. Anna Maria cuenta que estaba bañada en lágrimas cuando Lorca terminó, que su padre irradiaba entusiasmo y que Salvador exhibía una mirada triunfal, como diciendo: «¿Qué esperabais?»[134]

A sus anchas en casa de los Dalí, y ya perdidamente prendado de Salvador, Lorca desplegó para divertir a la compañía la alfombra mágica de sus múltiples talentos: recitales improvisados de poesía, anécdotas, pantomimas, trucos, demostraciones de sus dotes pianísticas en Es Sortell (en ausencia de los Pichot), y, para redondear, hasta algún ocasional brote de mal humor. Los familiares de Dalí eran ya admiradores incondicionales.[135]

Salvador no quería que su amigo se marchara sin conocer el cabo de Creus, y a tal fin se organizó una excursión en barca que produjo en el poeta, que tenía terror a morir ahogado, una mezcla de placer y aprensión. Unos meses más tarde, al escribirle a Anna Maria, recordaría «aquel verdadero conato de naufragio» que habían corrido en Creus, y el delicioso conejo sazonado con sal *y arena* que habían saboreado en la playa de Tudela, bajo «el Águila».[136]

Lorca disfrutó de lo lindo de las festividades de Semana Santa en Cadaqués, atiborrándose de pasteles tradicionales y sin perderse una procesión. Un día Dalí lo llevó a Gerona, a ver los famosos ritos de Pascua de la catedral. Del paisaje del Alt Empordà Lorca declaró que, después de la vega de su Granada natal, no había visto nada tan hermoso en toda España. Dalí también lo llevó a las ruinas de Empúries. Dejaron boquiabierto al poeta, en especial el gran mosaico que representa el sacrificio de Ifigenia y que le hizo experimentar inmediatamente el deseo de componer una obra sobre el mito.

Al acabar la Semana Santa, los Dalí regresaron con su huésped a Figueres, donde el notario organizó para Lorca una segunda lectura de *Mariana Pineda* y un recital de poesía. Como último gesto de aprecio, Dalí Cusí patrocinó en su honor un baile de sardanas en la Rambla. Era la primera vez que Lorca había visto tal espectáculo, que le gustó sobremanera. Terminadas las festividades, poeta y pintor partieron para Barcelona, donde pasa-
32 ron un par de días con Anselm Domènech antes de regresar a Madrid.[137]

SURREALISMO EN MADRID Y «LOS IBÉRICOS»

Lorca y Dalí no pudieron asistir a la conferencia sobre el surrealismo pronunciada por Louis Aragon en la Residencia el 18 de abril de 1925. Sin embargo, es imposible creer que no recibiesen una información detallada acerca de ella al volver a Madrid, quizá del mismo Alberto Jiménez Fraud, y hasta es posible que la leyeran, pues era habitual que los conferenciantes dejaran con el director una copia. En todo caso, muy poco después, en el número de junio de 1925 de *La Révolution Surréaliste,* se publicaron extractos clave de la conferencia, que con toda seguridad se comentaron en la Residencia.

Aragon, empleando el «tono insolente» que, como explicó al público, gustaba de usar en ciertas ocasiones, había lanzado un feroz ataque contra la sociedad occidental contemporánea, contra «los grandes poderes intelectuales (universidades, religiones, gobiernos) que se reparten el mundo y separan al individuo de sí mismo en la infancia, según un siniestro plan preestablecido». Aseguró a sus oyentes que «la vieja era cristiana» había terminado, y explicó que había venido a Madrid a predicar la buena nueva del advenimiento del surrealismo, «la llegada de un nuevo espíritu de rebelión, un espíritu resuelto a atacarlo todo»:

> Sembraremos por todas partes el germen de la confusión y del malestar. Somos los agitadores del espíritu. Todas las barricadas son válidas, todas las barreras contra vuestros execrables placeres. ¡Judíos, salid de vuestros guetos! ¡Dejad que la gente se muera de hambre, así conocerán al fin el gusto del pan del hambre! ¡Muévete, India de los mil brazos, grande y legendario Brahma! ¡Es tu hora, Egipto! Y que los traficantes de drogas se lancen sobre nuestros aterrorizados países. Que la lejana América se derrumbe bajo el peso de sus edificios en medio de sus absurdas prohibiciones. ¡Rebélate, mundo! ¡Mirad cuán seca está la tierra, cuán pronta para el fuego! Como la paja, podríamos decir.[138]

Al parecer ningún periódico de Madrid informó sobre la conferencia de Aragon, ni reprodujo extractos de la misma (dada en francés, como la de Breton unos años antes en Barcelona). No obstante, no podía negarse que el surrealismo, en la persona de uno de sus más combativos defensores, había hecho su debut en la capital de España, con el conveniente y esperado grado de provocación (para colmo, nos cuenta Buñuel, Aragon escandalizó a Jiménez Fraud preguntándole si conocía algún urinario interesante en la ciudad).[139]

La visita de Aragon coincidió con la creación en Madrid de una nueva asociación, la Sociedad de Artistas Ibéricos (con el término «ibéricos» se pretendía destacar la inclusión de Portugal). En su manifiesto, firmado entre otros por Manuel de Falla, Daniel Vázquez Díaz, el crítico musical Adolfo Salazar, Lorca y Guillermo de Torre, los «ibéricos» explicaban que la razón fundamental para poner en marcha la Sociedad era la falta en la capital española de un foro de arte moderno en el que los pintores de las distintas tendencias pudieran enseñar su obra y sentirse aceptados.[140]

El 27 de mayo de 1925 se inauguró en el Palacio de Velázquez, en el madrileño Parque del Retiro, la primera exposición de la Sociedad. En la fotografía del acto publicada en la portada de *Abc*, un tímido Dalí aparece junto a Eugenio d'Ors, Eduardo Marquina, el ministro de Instrucción Pública y Bellas Artes (García de Leániz) y el escultor Victorio Macho. La presencia de Marquina en lo que tiene visos de haber sido algo oficial se explica, probablemente, por el hecho de que la muestra incluía dos salas dedicadas a la obra de su cuñado Ramon Pichot, recientemente fallecido en París.[141]

Antes de que se inaugurara la exposición, algunos de los «ibéricos» más iconoclastas distribuyeron panfletos en los que exponían sus objetivos.[142] A la vista del feroz ataque que contenía a la Academia de San Fernando, uno de ellos se ha atribuido a Dalí:

> Los que firmamos estas líneas, expositores en el Salón de Artistas Ibéricos, deseamos hacer constar:
>
> 1. Que la lucha nos estimula y la buena voluntad del público nos adormece.
> 2. Que detestamos la pintura oficial.
> 3. Y que la comprendemos perfectamente.
> 4. Que nos parece horrible la pintura valenciana.
> 5. Que respetamos y nos parece maravillosa la pintura de los grandes maestros antiguos: Rafael, Rembrandt, Ingres, etcétera.
> 6. Que los irreverentes por lo clásico, parece ser que son precisamente los de la gente de la Academia de San Fernando, puesto que ahora empiezan a maravillarse descubriendo los comienzos del impresionismo francés, falsificados a través de la incomprensión de los pintores valencianos, que, como Muñoz Degrain, son el asombro de la Academia, y que, según nosotros, después de Sorolla pocos pintores han hecho tanto daño a la juventud.
> 7. Que admiramos nuestra época y a los pintores de nuestra época, y queremos que nuestras obras expuestas sean un homenaje cordial a: Derain, Picasso, Matisse, Braque, Juan Gris, Severini, Picabia, Chirico, Soffici, Lhote, Kisling, Gleizes, Léger, Ozenfant, Togores, Friesz, etc.[143]

José Moreno Villa, uno de los más de cuarenta «ibéricos» participantes, publicó varios artículos periodísticos sobre la muestra. Si bien se trataba de una exposición ecléctica, Moreno Villa tomó nota de que el vocabulario empleado por sus colegas para referirse a sus obras era sumamente homogéneo. Se hablaba mucho de «color denso y estable» o de «color compacto y mudo», de «material bien trabajado», de «plasticidad» (o «valor plástico»), de «peso», «volumen», «claridad», «ritmos cuidadosamente calculados» y «sensibilidad lineal». Al parecer nadie consideraba siquiera la posibilidad de que los cuadros pudiesen *significar* algo: las pinturas no *significaban,* eran objetos sólidamente construidos que existían por derecho propio. Y punto. Moreno Villa estaba convencido de que el arte español había entrado en una nueva era.[144]

La muestra significó el lanzamiento triunfal de Dalí en Madrid. Expuso once cuadros, siete de ellos en su línea cubistizante y cuatro –*Bañista* (1924), *Retrato de Luis Buñuel* (1924), *Muchacha de espaldas* (1924) y 47
Desnudo femenino (1925)– en la «realista».[145] De los primeros, uno en particular –*Naturaleza muerta* (1924), conocido también como *Sifón y* V
botella de ron– llamó por igual la atención del público y de la crítica. El cuadro debía mucho a los «metafísicos» italianos, en especial a Morandi, cuya obra Salvador había conocido y admirado por vez primera en *Valori Plastici.*[146] Sin embargo, no agradó a todo el mundo. «Representa una comida después de comida», observó la revista satírica *Buen Humor.* «Las peras que quedan es que estaban verdes –veáse el cuadro–; y todo lo que falta de esa media botella es que se lo han bebido.» Lorca le envió el recorte a Dalí, que había regresado a Cataluña, con el comentario: «Eso me parece que lo ha escrito Manuel Abril y no tiene gracia alguna.»[147]

Otro de los cuadros cubistas expuestos –*Retrato* (1923-1924)– marca con casi total seguridad la primera aparición de Lorca en la obra de Dalí, un Lorca a punto, por lo visto, de ofrecer un recital en la Residencia de Estudiantes. Toda vez que el granadino es quien en estos momentos sigue más de cerca la aventura cubista de Dalí, el cuadro puede verse no sólo como un tributo al poeta sino al crítico sensible.[148] Unos meses después Dalí daría un paso más, regalando a Lorca *Desnudo femenino* y *Sifón y botella de ron.* En una interesante fotografía vemos al poeta sentado bajo este último, dirigiendo a la cámara una mirada decididamente orgullosa. 31

Gracias a su convivencia en la Residencia de Estudiantes, Moreno Villa conocía a Dalí, al hombre y su obra, mejor que cualquier otro crítico de Madrid, y se esforzó ahora por convencer a sus lectores de que el catalán era el artista más original de toda la exposición. Más que hombre de Figueres, insiste Moreno, Dalí es un hombre de Cadaqués, donde, antes que él, Picasso y Derain han ejecutado cuadros cubistas, por lo cual Dalí no puede evitar ser «un sostenedor de la tendencia arquitectónica, constructiva y formal en pintura».[149]

Otros críticos importantes de Madrid elogian la obra de Dalí. Manuel Abril, al que Lorca ha atribuido el artículo satírico aparecido en *Buen humor* –lo que probablemente no era cierto–, destaca las dos tendencias de Dalí (su alternancia de técnicas cubistas con otras más realistas), señalando que son estrictamente simultáneas. En *Sifón y botella de ron,* escribe Abril, «la construcción musical de la plástica consigue toda su limpia exactitud y su triunfante armonía».[150] Dalí también debió de disfrutar con la «palmadita» de Eugenio d'Ors, tal vez la mayor autoridad en arte contemporáneo de todo el país.[151] Y por lo que respectaba a la reacción internacional, no le disgustaría la nota del hispanista Jean Cassou, aparecida en *Le Mercure de France,* en la cual, uniendo el nombre de Dalí al de Benjamín Palencia, definió a ambos como *«esprits clairs, bons géomètres»*.[152]

Los periódicos de Barcelona, Gerona y Figueres dieron debida cuenta de la cálida acogida que las obras de Dalí acababan de recibir en Madrid.[153] Pero si bien su padre estaba contento, ello no le impidió escribir, más o menos por esos días, a uno de los profesores de San Fernando, el pintor Cecilio Pla, preguntándole por el progreso académico de su hijo. Pla le contestó que Salvador era un buen alumno, añadiendo no sin ironía «pero no siempre asiste a clase».[154]

Esas faltas de asistencia no tenían por lo visto gran importancia. Dalí aprobó sus exámenes finales con diploma de honor en Estudios Preparatorios de Colorido, matrícula de honor en Historia del Arte en las Edades Moderna y Contemporánea y sendos aprobados en Dibujo del Natural en Reposo y Grabado de Reproducción. La promesa de Dalí Cusí, hecha al director del centro después de la expulsión de Salvador por los sucesos de 1923, se estaba cumpliendo.[155]

DALMAU Y UN CURSO POR LIBRE

Durante el verano, Lorca y Dalí se cartearon con frecuencia, y el poeta, muy ocupado ahora en componer una oda a su amigo, intentó persuadirlo por todos los medios para que visitara Granada. Pero en vano. El galerista Josep Dalmau había ofrecido montar una exposición individual de Dalí para el otoño, y el pintor trabajaba febrilmente. No se podía permitir que nada lo desviara de su propósito, ni siquiera el *Libro de los putrefactos* que él y Lorca tenían pendiente.[156]

Dalí y sus amigos de Figueres gustaban de aplicar el término *putrefacte* a los filisteos locales, como hemos visto, y, probablemente por influencia del pintor, la palabra no tardó en ponerse de moda en la Residencia para designar a todo lo que se consideraba convencional, burgués, pasado de moda o artísticamente fétido. Dalí retrató a putrefactos en una amplia variedad de modalidades, y sus ingeniosos dibujos de la especie eran muy celebrados en la «Resi». Los recuerda con nostalgia Rafael Al- 46
berti en *La arboleda perdida*:

> Dalí cazaba putrefactos al vuelo, dibujándolos de diferentes maneras. Los había con bufandas, llenos de toses, solitarios en los bancos de los paseos. Los había con bastón, elegantes, flor en el ojal, acompañados por la *bestie*. Había el putrefacto académico y el que sin serlo lo era también. Los había de todos los géneros: masculinos, femeninos, neutros y epicenos. Y de todas las edades.[157]

Según Dalí, los profesores de la Real Academia de San Fernando, con tal vez alguna mínima excepción, eran unos putrefactos redomados, y estaba ya harto de ellos. Su cercana exposición otoñal en Dalmau parecía una buena excusa para no regresar a la Escuela para el curso 1925-1926. ¿Por qué no pasarlo como alumno libre? Su padre estaba de acuerdo, pero insistió en que, en contrapartida, Salvador también utilizara el año para quitarse de encima el entonces no muy exigente servicio militar.

El 11 de septiembre de 1925 el notario escribió al secretario (y también catedrático) de San Fernando, Manuel Menéndez Domínguez, para ponerle al tanto de esta decisión (sin mencionar la exposición que Salvador preparaba para Dalmau). Vale la pena reproducir este interesante documento inédito (en el cual Dalí Cusí comete un error garrafal con el subjuntivo del verbo «andar»):

> Muy señor mío y de mayor consideración. Mi hijo a causa de tener que recibir la instrucción militar no podrá cursar como alumno oficial durante el presente curso en la Escuela de Pintura. Estudiará aquí en Figueres y se examinará en la Escuela como alumno libre. Yo creo que la

matrícula de los libres no empezará hasta el mes de Abril. Si andara [sic] equivocado le agradecería en el alma que me indicara la época precisa en que deba matricularse mi hijo para examinarse como alumno libre, ya que lo que más deseo es de que termine sus estudios bajo la dirección de los profesores y que obtenga el título de profesor de dibujo.

Me ha dicho mi hijo que ganó el premio del segundo curso de Historia del Arte y que dicho premio consiste en trescientas pesetas que ha de cobrar de la Escuela. Yo también agradeceré muchísimo a V. que me diga qué es lo que debemos hacer para cobrar dicha cantidad.

Y ya que me atrevo a molestar a V. le agradecería también que con toda franqueza me expusiera su opinión respecto a las condiciones de mi hijo para dedicarse al arte. Lo que yo deseo es que se dedique a la enseñanza del dibujo y de la pintura, procurando ganar una cátedra o desempeñando el cargo de profesor en algún establecimiento docente, pero me temo que mi hijo quizás no lleve esta intención pues le veo muy aficionado a pintar y a dibujar no para aprender y sí sólo para dar satisfacción a la pasión que siente por la pintura. En una palabra, creo que está más aficionado a ser pintor artista que profesor, cosa muy expuesta al fracaso cuando no se reúnen cualidades de artista. Una opinión de V. referente a este punto puede valer mucho y darme una orientación muy atinada.[158]

En su respuesta, fechada el 21 de septiembre de 1925, Menéndez confirmó que la matrícula libre se haría en abril de 1926 y le aseguró a Dalí Cusí que su hijo tenía «una inteligencia grande y ágil», con «unas buenas cualidades en todos los órdenes», y que personalmente le estimaba mucho. Ahora bien, en su opinión Salvador lo tenía difícil para ser profesor, por el hecho de «juguetear» con una gran agilidad de pensamiento y «con las más dispares tendencias y orientaciones artísticas», entre ellas «las tendencias más atrevidas, en zonas donde se confunden las orientaciones estéticas con taras patológicas». A continuación Menéndez alude a la voluntad de Dalí de dedicarse totalmente al arte:

> Comprenderá V. que es camino peligroso que yo no recomendaría más que a los que no necesitan de un trabajo para subvenir a las necesidades de la vida. Y esta mi opinión es la de todos los profesores que le conocen, todos... en su talento y aptitudes esperan que en el tiempo se calmará el pequeño volcán que llevamos más o menos intenso en nuestro corazón y entonces ha de ser hombre que dará frutos de valía en el arte.[159]

No conocemos la reacción del notario al leer esta carta y tropezar con la referencia a la aproximación de su hijo a las peligrosas zonas donde se confunden orientaciones artísticas con «taras patológicas». La frase le llamaría fuertemente la atención, sin duda, y probablemente le preocuparía. Quedaba entendido, de todas maneras, que Salvador no volvería a San Fernando para el nuevo curso.

Tampoco, por razones que desconocemos, haría este año el servicio militar. Tal vez era incompatible, por una cuestión de fechas, con su inminente exposición en Dalmau, a cuya preparación dedicaba ahora la inmensa energía de que siempre disponía cuando hacía algo que le interesaba. En tal empeño se sentía estimulado, además, por las postales que recibía en estos momentos de sus amigos españoles en París, entre ellos Buñuel, José María Hinojosa y Juan Vicéns (éste, con su esposa María Luisa González, estaba en vías de abrir una librería española en la capital francesa). Para Dalí, París empezaba a ser una obsesión.[160]

La exposición en Dalmau tiene lugar entre el 14 y el 27 de noviembre. Veintidós obras (diecisiete cuadros y cinco dibujos) la integran: una de 1917, tres de 1924 y dieciocho de 1925. Anna Maria, de quien hay ocho retratos, es una presencia dominante en la muestra, y un Dalí Cusí corpulento y contundente confronta al visitante desde uno de los lienzos más destacados. El catálogo, bellamente impreso, incluye, estratégicamente situadas, tres citas de Ingres, al que Dalí ha admirado profundamente desde los días en que descubriera al artista francés en los libritos de la colección Gowans.[161] Extraídas de las *Pensées* del pintor francés –uno de los libros de cabecera de Dalí–,[162] dichas citas elevan a Ingres a la condición de espíritu tutelar de la exposición. La primera de ellas, escogida tal vez para justificar las influencias que se pueden apreciar en la muestra (Picasso, Morandi, el mismo Ingres), reza: «Quien sólo quiere nutrirse de su mundo interior, pronto quedará reducido a la más miserable de todas las imitaciones, esto es, la de sus propias obras.» La segunda, incluida quizá como disfrazado tributo a aquel profesor de dibujo de los Hermanos de las Escuelas Cristianas que había insistido a sus alumnos para que «no pasaran de la línea», dice: «Dibujar es la probidad del arte.» La tercera, que puede aplicarse sin vacilar a los retratos de Anna Maria, suena igualmente dogmática: «Las formas bellas son planos rectos con curvas. Las formas bellas son aquellas que tienen firmeza y plenitud, donde los pequeños detalles no entran en conflicto con las grandes masas».[163]

La exposición es un arrollador éxito de crítica y de venta, como Dalí
se apresura a informar a Lorca, al que envía la única crítica adversa recibida con la observación «las demás no tienen interés por lo muy incondicionalmente entusiastas que son», añadiendo que incluso le han organizado un banquete (celebrado en el Hotel España de Barcelona el 21
de noviembre y al que seguirá otro en Figueres el 5 de diciembre).[164]
V Entre los cuadros más admirados están *Sifón y botella de ron* (expuesto
por primera vez en la muestra de los «ibéricos» en Madrid), el espléndido *Venus y un marinero (Homenaje a Salvat-Papasseit)* y *Figura en una*
VI *ventana* –hoy en el Reina Sofía, de Madrid–, en el que Anna Maria, vista de espaldas, contempla desde la ventana del comedor de la casa de Es
Llané las olas de la bahía de Cadaqués. En ninguna de las telas se detecta aún el más mínimo rastro de surrealismo.[165]

En *Vida secreta* y en posteriores escritos autobiográficos Dalí afirma que Picasso vio la exposición, y que quedó prendado de *Espalda de muchacha* (es de suponer que se refiere a *Figura en una ventana),* cuadro que elogiaría al regresar a París.[166] Pero el hecho es que no hay prueba alguna que permita afirmar que Picasso viera la muestra de Dalí, ni que visitara Barcelona en esas fechas. Además, aun cuando Dalí no estuviera en la galería durante cada hora de la muestra, era fácilmente localizable, y habría sido inconcebible que, de aparecer Picasso por el establecimiento, no lo avisasen inmediatamente y que acudiera corriendo a saludarlo y a extraer la máxima publicidad posible de tan afortunada efeméride. Pero de ello no hay constancia alguna.

El aluvión de reseñas a que dio lugar la exposición de Dalí hizo que su padre decidiera conservar todos los recortes relativos a la prometedora carrera de pintor de su hijo en un álbum que permitiría a la posteridad conocer hasta el último detalle de sus progresos. El último día de 1925 Dalí Cusí estampó en su álbum un debidamente altisonante prefacio. Muy revelador del carácter del notario, con sus virtudes y sus lacras, demuestra entre otras cosas la magnitud del problema que para Salvador constituía su padre. Por algo éste lo reproduciría íntegro, en 1942, en *Vida secreta*:

Salvador Dalí Domènech, aprendiz de pintor

Después de veintiún años de cuidados, inquietudes y grandes esfuerzos, puedo por fin ver a mi hijo casi en situación de arrostrar las necesidades de la vida y proveer a su propia manutención. Los deberes de un padre no son tan fáciles como a veces se supone. Continuamente se ve obligado a hacer concesiones, y hay momentos en que tales concesiones y compromisos destruyen casi totalmente los planes que ha trazado y las ilusiones que acarició. Nosotros, sus padres, no queríamos que nuestro hijo se dedicara al arte, carrera para la cual parece haber mostrado gran aptitud desde la infancia.

Continúo creyendo que el arte no debería ser un medio de ganarse la vida, que sólo debería ser un solaz para el espíritu, al cual podría dedicarse uno cuando los momentos de asueto de su modo de vida se lo permitiesen. Además nosotros, sus padres, estábamos convencidos de la dificultad de que alcanzase en el arte la preeminencia que logran tan sólo los verdaderos héroes, venciendo todos los obstáculos y reveses. Sabíamos las amarguras, los pesares y la desesperación que están reservados a los que fracasan. Y por estos motivos hicimos todo lo posible para instar a nuestro hijo al ejercicio de una profesión liberal, científica o aun literaria. Cuando nuestro hijo terminó los estudios del bachillerato, estábamos ya convencidos de la inutilidad de indicarle ninguna profesión que no fuera la de pintor, la única por la que verdadera y firmemente ha sentido vocación. No creo tener derecho a oponerme a una vocación tan decidida, especialmente teniendo en cuenta que mi hijo habría perdido el tiempo en cualquier otra disciplina o estudio, a causa de la «pereza intelectual» que padecía en cuanto se apartaba de sus predilecciones.

Al llegar a este punto, propuse a mi hijo una transacción: que concurriría a la Escuela de Pintura, Escultura y Grabado de Madrid, que seguiría todos los cursos necesarios para obtener el título oficial de profesor y que, una vez completados sus estudios, haría oposiciones para poder usar su título de profesor en un centro pedagógico oficial, asegurándose así un ingreso que le proveería de todo lo indispensable para la vida y al mismo tiempo le permitiría dedicarse al arte tanto como quisiera en las horas libres que le dejaran sus tareas de profesor. De este modo tendríamos la seguridad de que no carecería nunca de medios de subsistencia, mientras que al mismo tiempo no se le cerraría la puerta al ejercicio de sus dotes de artista. Al contrario, podría desarrollarlos sin arriesgarse al desastre económico que hace todavía más amarga la vida del que fracasa.

¡A este punto hemos llegado ya! Yo he cumplido mi palabra, procurando que mi hijo no careciese de nada de lo necesario a su formación artística y profesional. El esfuerzo que tal cosa ha requerido es muy grande, si se considera que no poseo fortuna particular, ni grande ni pequeña, y que tengo que satisfacer todos los compromisos con sólo las honradas ganancias de mi profesión, que es la de notario, y que mis honorarios, como los de todas las notarías de Figueres, son modestos. Por el momento, mi hijo continúa cumpliendo sus deberes en la Escuela, encontrando algunos obstáculos de los cuales hago menos responsable al alumno que a la detestable organización de nuestros centros de cultura. Pero el progreso oficial de su trabajo es bueno. Mi hijo ha terminado ya dos cursos y ganado dos premios, uno en Historia del Arte y otro en Estudios Preparatorios de Colorido. Digo su «tarea oficial», pues el muchacho podría hacer más de lo que hace como «estudiante de la Escuela», pero la pasión que siente por la pintura le distrae de sus estudios oficiales más de lo que debiera. Pasa la mayor parte de su tiempo ejecutando pinturas por su propia cuenta, las cuales manda a exposiciones después de cuidadosa selección. El éxito que ha tenido con sus pinturas es mucho mayor de lo que nunca hubiese yo creído posible. Pero, como ya dije, yo hubiera preferido que ese éxito viniera más tarde, después que hubiese terminado sus estudios y se hubiese creado una posición como profesor. Pues entonces no habría peligro de que no se cumpliese lo que mi hijo promete.

A pesar de todo lo que he dicho, no diría la verdad si negase que me complacen los éxitos actuales de mi hijo; pues, aunque resultase que no pudiese obtener un puesto de profesor, me dicen que la orientación artística que sigue no es enteramente errónea, y aunque esto diera mal resultado, cualquiera otra cosa que emprendiera sería decididamente un desastre aún mayor, pues mi hijo está dotado para la pintura y sólo para la pintura.

Este libro contiene la colección de todo lo que he visto publicado en la prensa sobre las obras de mi hijo en el tiempo de su aprendizaje de pintor. Contiene también otros documentos referentes a incidentes ocurridos en la Escuela y a su prisión, los cuales pueden tener interés en cuanto permitan juzgar a mi hijo como ciudadano, es decir, como hombre. Estoy coleccionando, y continuaré haciéndolo, todo lo que le mencione, sea en bien o en mal, siempre que llegue a mi conocimiento. De la lectura de todo ello algo podrá deducirse sobre el valor de mi hijo como artista y como ciudadano. El que tenga paciencia para leerlo todo, júzguele con imparcialidad.[167]

Viendo las cosas desde el punto de visto del notario, cuya juventud se había visto ensombrecida por la tragedia de su padre y por la inseguridad que generó aquélla, hay que admitir que su insistencia en que Salvador obtuviera un título de profesor de arte era razonable. Los acontecimientos, sin embargo, iban a echar pronto por tierra consideraciones tan pragmáticas.

PARÍS

En enero de 1926 el *Heraldo de Madrid,* uno de los periódicos más progresistas de España, patrocinó una exposición de arte catalán moderno en el recién inaugurado Círculo de Bellas Artes. Dalí envió dos cuadros, ambos expuestos por vez primera en su reciente muestra individual de Dalmau: *Figura en una ventana* y *Venus y un marinero.* Éste suscitó gran VI
interés, fue adquirido por el pintor Daniel Vázquez Díaz (causante involuntario de la expulsión de Dalí en 1923) y dio lugar a que Lorca enviara a Dalí un telegrama de felicitación («Un abrazo por tu cuadro de Venus. Saludos, Federico»).[168] Cipriano Rivas Cherif, que en 1924 había apoyado a Dalí contra la Academia en la revista *España,* elogió ahora *Venus y un marinero.* «Salvador Dalí sabe lo que se hace», concluyó su artículo. «Y conoce sus clásicos. Dios le conserve la vista y le tenga de su mano.»[169]

No hay pruebas de que Dalí viajara a Madrid para la exposición. Su mente estaba ahora puesta en Barcelona y, sobre todo, en París, entre otras cosas porque Luis Buñuel, que ya daba allí sus primeros pasos en el mundo del cine, le insistía (así como a Lorca) para que lo visitara.[170] Salvador no necesitaba que le insistiera mucho. A mediados de marzo estaba embebido en la pequeña novela de Raymond Radiguet *El baile del conde de Orgel,* y transmitió su entusiasmo a Lorca. Leído contra el telón de fondo de la vida posterior de Dalí y su obsesión por la aristocracia, parece claro que el brillante *roman à clef* estimuló su ambición de conquistar París y penetrar en las más altas esferas de la sociedad francesa.[171]

Además, Dalí había conseguido ya que su padre diera su consentimiento para un viaje a París, pues el 14 de marzo le entregó Josep Dalmau dos cartas de recomendación: una para Max Jacob y otra nada menos que para André Breton. Ambas confirman la importancia del papel que desempeñaba Dalmau como nexo entre la vanguardia parisiense y la de Barcelona.[172]

No podía esperarse, desde luego, que el notario permitiera que su hijo fuera solo a Francia: Salvador podía perderse, extraviar su dinero, ser atropellado al cruzar la calle..., en fin, cualquier cosa podía ocurrirle pues, como todos sabían, no tenía ni un ápice de sentido práctico. No obstante, la idea de que su hijo conociera el Louvre era buena, eso Dalí Cusí no lo podía ni quería negar, y con su habitual capacidad de decisión decretó que durante las vacaciones de Pascua su esposa y Anna Maria acompañaran a Salvador en una breve visita a la capital francesa.

Poco antes de iniciarse el viaje, Dalí escribió a su tío Anselm Domènech, agradeciéndole el envío de un libro sobre Vermeer, ahora uno de sus pintores favoritos. Le informó que pronto publicaría una colección de caricaturas de putrefactos titulada *La sección áurea de la putrefacción* (pero no la publicaría) y que se llevaba a París un nuevo cuadro «diez veces mejor que el de Venus». El lienzo, como lo aclara una indicación anterior en la misma carta, era *Venus y Eros* (más tarde titulado *Venus y cupidillos),* una de sus más bellas obras de esta época.[173] Es casi seguro que el otro fue el recién terminado *Muchacha de*
VII *Figueres,* que representa a una joven haciendo encaje en la terraza de los Dalí, la que daba a la plaza de la Palmera, con el cartel de Ford y el campanario del colegio de las dominicas francesas y, a lo lejos, las montañas de Sant Pere de Roda.

Salvador, Anna Maria y *la tieta* subieron, emocionados, al tren el 11 de abril de 1926. De las incidencias del viaje no sabemos nada. Esperándoles en la estación de París estaba Luis Buñuel, que presentó a Dalí al pintor andaluz Manuel Ángeles Ortiz, amigo íntimo de Lorca y residente en la capital francesa desde 1922.[174]

Sabiendo que Ortiz disfrutaba de un acceso privilegiado a Picasso, Dalí había persuadido a Lorca para que le escribiera antes de su viaje a París, pidiéndole que organizara una audiencia para Salvador con el famosísimo pintor.[175] Ortiz cumplió. Dalí relata brevemente la visita a Picasso en *Vida secreta* (pasando por alto, tal vez deliberadamente, que lo acompañaba Ortiz). Cuando llegaron al taller del malagueño en la rue de la Boëtie, nos cuenta Dalí, estaba tan emocionado como si lo fuera a recibir el Papa. «"He venido a verle", le dije, "antes de ir al Louvre." "Hizo usted muy bien", contestó.»[176]

La reacción de Salvador era comprensible, si se tiene en cuenta la admiración sin límites que sentía por Picasso. En *Vida secreta* cuenta que llevaba con él una copia –¿o sería el original?– de *Muchacha de Fi-*

gueres, que Picasso estudiaría, sin hacer comentario alguno, durante VII
quince minutos.[177] Muchos años después Manuel Ángeles Ortiz dijo que Dalí también le había enseñado a Picasso *Venus y un marinero,* del cual existen varias versiones, pero es casi seguro, a la vista de la carta de Dalí a su tío Anselm que acabamos de mencionar, que fuera *Venus y cupidillos.*[178]

Cuando Picasso terminó su inspección, dedicó dos horas, según Dalí, a sacar pinturas suyas, tomándose «una molestia enorme».[179] No sabemos exactamente de qué cuadros se trataba, aunque, gracias a un artículo publicado en junio de 1926 por Christian Zervos en *Cahiers d'Art,* es posible identificar algunas de las telas que por entonces se hallaban a la vista en el estudio.[180] Además de *collages* recientes había ejemplos de las dos tendencias que caracterizarían la producción picassiana entre 1926 y 1933: obras de inspiración clásica, como *Las tres gracias,* y una multitud de bodegones derivados de su periodo cubista. Los cuadros pintados por Dalí apenas regresó de su viaje demuestran que los bodegones le habían llamado fuertemente la atención, sobre todo *Estudio con cabeza de yeso,* hoy en el Museo de Arte Moderno de Nueva 34
York.

¿Le enseñó Picasso a Dalí *Las tres bailarinas* (1925), en el que, como más tarde explicaría a Roland Penrose, aparece la oscura silueta del rostro melancólico de su gran amigo y confidente, el recién fallecido Ramon Pichot?[181] Conociendo el dolor de Picasso por la pérdida de Pichot, sus recuerdos de la visita a Cadaqués en 1910 y la decisiva influencia del catalán en Dalí, es muy poco probable que los dos no hablaran del amigo desaparecido.

Si Picasso, al parecer, se olvidó pronto de la visita a su taller del joven Dalí, para éste fue una experiencia de crucial y duradera importancia.[182] Había conocido a uno de sus dos ídolos contemporáneos –Freud tendría que esperar– y ya podía alardear, y lo haría, no sólo de conocer personalmente a Picasso sino de que el gran artista conocía su obra... y había dado su beneplácito. Marzo de 1926, por ello, constituye un hito de gran relevancia en su vida.

Anna Maria Dalí, que no menciona ninguna entrevista con Picasso, escribiría años más tarde que, puesto que «su único propósito» en París era visitar el Louvre –lo cual no era el caso, como acabamos de ver– se pasaron horas y horas en el museo. Leonardo, Rafael e Ingres fueron los pintores que más habían cautivado a su hermano: estaba «literalmente en éxtasis».[183] Anna Maria se olvida también de que visitaron Versalles y el Museo Grévin, en el Boulevard Montmartre (el interés de Dalí por conocer el célebre museo de cera había nacido al leer un poema de Cocteau, «Tour du secteur calme»).[184] Tampoco menciona que la introducción de Salvador a la vida de café parisiense fue casi tan estimulante como su encuentro con Picasso.

Tal vida tenía su epicentro, por lo que tocaba al nutrido grupo de artistas españoles residentes en París, en los célebres cafés La Rotonde, Le Sélect y Le Dôme, entonces en su momento de máximo esplendor: eran los felices tiempos de Kiki de Montparnasse, del París libre, picante y creativo como nunca. Apenas Dalí pisó la ciudad, Ortiz y Buñuel lo llevaron a La Rotonde y le presentaron a sus compatriotas artistas: Hernando Viñes, Apeles Fenosa, Francisco Bores, Joaquín Peinado y otro granadino amigo de Lorca, Ismael González de la Serna, que había diseñado la portada de su primer libro, *Impresiones y paisajes.* Todos trabajaban dominados o por lo menos influidos por el cubismo, y hasta ese momento su obra se veía poco influenciada por el surrealismo.[185]

No fue el caso de otro residente español en París, Joan Miró, estrechamente vinculado a los surrealistas desde el momento de 1924 en que leyera conmovido el primer manifiesto del movimiento. «Me cambió en el sentido de querer emular su espíritu», recordaría Miró en 1977.[186] Así «cambiado», Miró había abandonado su estilo realista para comenzar a pintar bajo la influencia de alucinaciones provocadas por el hambre –vivía sin un céntimo– y por su obsesiva lectura de la nueva poesía que le habían hecho conocer los surrealistas.[187] En junio de 1925 había expuesto en la Galerie Pierre, propiedad de Pierre Loeb, su marchante, participando a finales de ese año en la colectiva La Pintura Surrealista, organizada en el mismo local.[188] Para entonces Miró era ya muy apreciado por Breton, que más tarde escribiría que la «tumultuosa entrada» del catalán en el movimiento «había marcado una etapa importante en la evolución del arte surrealista».[189]

Dalí no llegó a conocer a Miró durante su rápido paso por París, pero pudo haber visto algunos de sus cuadros. Sólo un mes antes, el 10 de marzo de 1926, la Galerie Surréaliste había abierto sus puertas en la sede del movimiento, el número 16 de la Rue Jacques-Callot, callecita en el corazón del Barrio Latino que une la rue de Seine con la rue Mazarine.[190] Miró era uno de los artistas de la galería, junto con Masson, Tanguy, De Chirico, Man Ray, Marcel Duchamp, Malkine, Picasso y

Ernst.[191] Según Roland Penrose, los últimos cuadros de Miró estaban siempre expuestos en esa época tanto en la Galerie Surréaliste como en la cercana Galerie Pierre (rue Bonaparte, 13).[192]

Nada demuestra que Dalí visitara estas salas durante su estancia en París, pero, dado su apasionado interés por todo lo que ocurría en pintura en la capital, es casi inconcebible que regresara a Figueres sin hacerlo. En cualquier caso, los miembros de la colonia española debieron de mencionar más de una vez a Miró en su presencia; y, si Picasso era la gran obsesión de Dalí, Miró, unos asequibles once años mayor que él en vez de los veintitrés del ya mítico malagueño, tal vez le parecería un modelo y un estilo de vida más fáciles de emular en estos momentos. Cabe pensar, además, que Dalí sabía que Miró, rebelde como él, se había refugiado en París en 1919 después de que una exposición en Dalmau no consiguiera despertar el entusiasmo del público barcelonés. Tampoco debió de ser un secreto para él el fuerte apego de Miró a la granja familiar de Montroig, en Tarragona, sólo comparable al amor obsesivo que Dalí sentía por Cadaqués. Los dos tenían, pues, mucho en común. Por otra parte es difícil que Dalí no hubiera visto ya en *La Révolution Surréaliste* los cuatro Mirós reproducidos allí hasta la fecha: *Maternidad* y *El cazador* (más conocido como *Paisaje catalán*), en el número 4 (15 51
de julio de 1925), y *Tierra labrada* y *La trampa* en el quinto (15 de octubre de 1925). Muy poco después de su visita a París, de todas maneras, la influencia del Miró surrealista empezaría a hacerse sentir en la obra de Dalí, así como la de los Picassos contemplados en la rue de la Boëtie.

Durante su ajetreada visita a París, Dalí volvió a ver a Juan Vicéns y María Luisa González, sus amigos de Madrid que, ya casados, se habían hecho cargo de la sucursal de la librería española León Sánchez Cuesta. Sita en el número 10 de la rue Guy Lussac, a pocos metros del Jardín de Luxemburgo, la librería se convertiría pronto en uno de los epicentros de la comunidad española parisiense, y en 1930 Buñuel inmortalizaría su escaparate en *La edad de oro*. María Luisa González se alegró al comprobar que Dalí era tan poco práctico como siempre, y totalmente incapaz de cruzar las calles de París sin aferrarse al brazo de *la tieta*, detalle también recordado por Buñuel, cuyos comentarios sobre la visita de Dalí son, con todo, desgraciadamente escuetos.[193]

Es probable que en París Dalí viera también al poeta malagueño José María Hinojosa, que, como Vicéns y María Luisa González, pertenecía a la Orden de Toledo, y para cuyo *Poema del campo* había realizado en 1925 la portada y dos ilustraciones. Hinojosa acababa de publicar su segundo poemario, *Poesía de perfil,* ilustrado por Manuel Ángeles Ortiz. Mientras el volumen anterior estaba salpicado de dedicatorias a los miembros del grupo de la «Resi», ahora eran los españoles de París los favorecidos. El cambio es indicativo del magnetismo que a mediados de los años veinte ejercía la capital francesa sobre los jóvenes escritores y artistas del otro lado de los Pirineos.

Tras cuatro o cinco días en París, Dalí, Anna Maria y Catalina Domènech tomaron un tren a Bruselas, donde Salvador pudo admirar a los pintores flamencos cuyas reproducciones en los libritos de Gowans le habían fascinado años atrás. Es casi seguro que también hicieron una visita relámpago a Brujas. Por raro que parezca, no hay referencias al viaje a Bélgica en *Vida secreta,* aunque Anna Maria sí lo evoca vagamente en su libro. El principal objetivo, cuenta ella con razón, era Vermeer, quien, según le escribiera Dalí unos meses antes a Lorca, ahora le parece «el pintor más grande que jamás haya existido».[194]

El viaje a Bélgica no pudo ser más breve: Pepín Bello recibió una postal de Dalí franqueada en Bruselas el 26 de abril, y Lorca otra enviada dos días después desde Cadaqués (ya por aquellos tiempos los ferrocarriles franceses llamaban la atención por su rapidez).[195] Apenas volvió a casa, Dalí mandó una nota a su tío Anselm. El viaje había sido «un éxito en todos los sentidos, tanto espiritual como material», y tenía montones de cosas que contarle.[196]

ADIÓS A MADRID

Poco después Dalí regresó a Madrid para matricularse como alumno libre en la Escuela Especial, donde en junio tendría que presentarse a los exámenes de las cuatro asignaturas que, teóricamente, había estado preparando por su cuenta durante el curso. En la capital coincidió con Buñuel, en una de sus breves visitas desde París, y con Lorca. Los tres se fotografiaron juntos en unos jardines cerca del Manzanares, acompañados por José Moreno Villa y otro amigo de la Residencia, José Rubio Sacris-
48 tán.

Desde su visita a Cadaqués en 1925 Lorca venía trabajando afanosamente en la *Oda a Salvador Dalí,* de la que de vez en cuando enviaba algún fragmento al pintor, aunque con tan pocas ganas que éste no hacía más que quejarse.[197] El poema se publicó finalmente en el número de abril de la *Revista de Occidente*, reconociéndose enseguida su importancia.

La *Oda a Salvador Dalí*, uno de los más bellos cantos a la amistad jamás compuestos en lengua española, hace hincapié en la adscripción de Dalí a una norma de asepsia tanto en el arte como en la vida, alaba sus «ansias de eterno limitado» y señala el empeño puesto por su «alma higiénica» en escapar de la «niebla impresionista» y de «la oscura selva de formas increíbles». Lorca, más emocional que Dalí, conocía muy bien su necesidad compulsiva de precisión y orden, su «amor a lo que tiene explicación posible», su «miedo a la emoción» que le aguarda «en la calle»:

> Al coger tu paleta, con un tiro en un ala,
> pides la luz que anima la copa del olivo.
> Ancha luz de Minerva, constructora de andamios,
> donde no cabe el sueño ni su flora inexacta.
>
> Pides la luz antigua que se queda en la frente,
> sin bajar a la boca ni al corazón del hombre.
> Luz que temen las vides entrañables de Baco
> y la fuerza sin orden que lleva el agua curva.[198]

Dalí, como es de imaginar, se sintió muy a gusto con el poema, y más todavía cuando, en julio de ese mismo año, el hispanista Jean Cassou lo señaló, en las páginas de *Mercure de France*, como muestra extraordinaria de lo que denominaba «una sensibilidad absolutamente nueva en España», sensibilidad debida a la influencia del arte contemporáneo francés (¿eran franceses Picasso y Juan Gris?) y registrada colectivamente por vez primera en la exposición del Salón de los Ibéricos. Como hemos visto, Cassou había escrito una entusiasta reseña de aquella muestra para la misma revista, destacando a Dalí y a Benjamín Palencia como *esprits clairs, bons géomètres.*[199]

Parece ser que en mayo de ese año Lorca intentó poseer a Dalí, que tal vez se mostró un poco más complaciente ahora que «su» oda había visto la luz, y, además, en una revista tan distinguida. En 1955 Dalí le contaría a Alain Bosquet que el poeta había tratado en dos ocasiones de sodomizarlo, pero que no había ocurrido nada porque él, Dalí, no era «pederasta» y, encima, le «dolía»:

> Pero yo me sentí muy halagado desde el punto de vista del prestigio. En el fondo me decía que era un maravilloso poeta y que yo le debía un poco del ojo del c... del Divino Dalí. Al final tuvo que echar mano de una muchacha, y fue ella la que me reemplazó en el sacrificio. No habiendo conseguido que yo pusiera el ojo de mi c... a su disposición, me juró que el sacrificio de la muchacha estaba compensado por el suyo propio: era la primera vez que hacía el amor a una mujer.[200]

En una entrevista posterior, concedida en 1986, Dalí declararía que la muchacha, alumna de San Fernando, se llamaba Margarita Manso. Era muy delgada, dijo, muy parecida a un chico («no tenía pechos») y sexualmente muy liberada. Tanto él como Lorca la tenían fascinada.[201] A otros amigos de aquella época también les sedujo el atractivo y la despreocupación sexual de Margarita, entre ellos el pintor y escenógrafo Santiago Ontañón, amigo de Lorca. «Era muy bonita y muy moderna», recordaba en 1987, «y en aquellos tiempos eso la hacía doblemente interesante.»[202]

Según el expediente de la Escuela Especial, Margarita Manso había nacido en Valladolid en 1908 y vivía con sus padres en Madrid, donde su madre trabajaba como modista. Ingresó en San Fernando en el otoño de 1925, a los quince años, y permaneció en la Escuela hasta finales del curso 1926-1927, aprobando todas las asignaturas sin ninguna mención especial. No está claro cuándo la conoció Dalí. Cuando visitó Versalles en abril le escribió una postal, luego no mandada, con el dibujo de un putrefacto (la dirección de su casa de Madrid estaba correctamente apuntada: «C. Columela 17, Madrid, Espagne»). ¿Quizás entonces sólo la conocía de nombre y alguien, tal vez Lorca, le había dado su dirección? Sea como fuere, se la presentarían inmediatamente después de volver a Madrid.[203]

Margarita había conocido a Lorca al poco tiempo de ingresar en San Fernando, quizá por mediación de un exótico amigo del poeta, el escultor Emilio Aladrén, también alumno de la Escuela Especial. Con Lorca y Maruja Mallo, compañera de Dalí en San Fernando, Manso tomó parte en el lanzamiento de una nueva moda que muy pronto arraigó en Madrid. Consistía, simplemente, en no llevar sombrero (en una época en que todo el mundo lo llevaba, escrupulosamente). El movimiento fue bautizado, claro está, «sinsombrerismo». «La gente pensaba que éramos totalmente inmorales, como si no lleváramos ropa, y poco faltó para que nos atacaran en la calle», recordaba Maruja Mallo en 1979, añadiendo que ella, Lorca y Margarita iban siempre juntos aquellos días.[204]

Cuando Dalí regresó a Madrid se sumó sin perder un segundo al grupo sinsombrerista. Un día decidieron visitar el monasterio benedictino de Santo Domingo de Silos. Cuando las muchachas intentaron entrar en la iglesia, los monjes opusieron enérgica resistencia. «¡Faldas, aquí no!», les dijeron, tajantes. Maruja Mallo y Margarita Manso solucionaron el problema enfundándose las chaquetas de Lorca y Dalí como pantalones (Maruja nunca pudo explicar muy bien el secreto de esta hazaña), ocultando el pelo con gorros. Así ataviadas se las arreglaron para entrar a hurtadillas en el sagrado recinto sin que las descubrieran. «Debió de ser la primera vez que unos travestidos al revés entraron en Santo Domingo de Silos», recordaría Maruja Mallo años después, riéndose a carcajadas y preguntándose al mismo tiempo qué habría sido de Margarita Manso durante o después de la guerra civil: se había esfumado.[205]

Al parecer Dalí meditaba sobre la escena sexual entre Lorca y Margarita cuando, en una carta al poeta durante el verano de 1926, escribió: «Tampoco he comprendido nada nada nada a Margarita. ¿Era tonta? ¿Loca?»[206] El comentario sugiere que en su última carta Lorca le había manifestado su propio desconcierto. Además, puede que Lorca se refiriese al mismo episodio cuando enmarcó un poema escrito esos días, titulado «Remansos», dentro de la enigmática pregunta, entre paréntesis y en cursiva: *«(Margarita, ¿quién soy yo?)»*. El poema apareció
en la portada de la revista murciana *Verso y Prosa* en abril de 1927, 40
acompañado, sin duda no por casualidad, de un soberbio dibujo a pluma de las fundidas cabezas de Lorca y Dalí en la playa de Es Llané. Tampoco nos parece casual la relación entre el título del poema y el apellido de Margarita.

En mayo de 1927 Dalí aludiría a Margarita Manso en una carta a Lorca: «Recuerdos a la Margarita, debe de ser casi una chica grande y todo.»[207] Un año más tarde, al editar Lorca el *Romancero gitano*, Dalí le diría que, en su opinión, el poema «Thamar y Amnón», con sus «pedazos de incesto» y el verso «rumor de rosa encerrada», era uno de los mejores del libro.[208] El comentario era otra alusión a la escena compartida con Margarita Manso, pues, según Dalí explicaría años después, tras hacerle el amor Lorca la había tomado en sus brazos para susurrarle al oído la estrofa que contenía el verso citado, en el que Amnón, a punto de violar a su hermana, exclama:

Thamar, en tus pechos altos
hay dos peces que me llaman,
y en la yema de tus dedos
rumor de rosa encerrada.[209]

La escena con Margarita Manso afectó hondamente a Dalí, que debió de darse cuenta, además, de que el romance «Muerto de amor» iba dedicado en el libro a ella. En años posteriores gustaría de recitar los versos del romance que evocan la extraña y cambiante luz de la luna menguante:

Ajo de agónica plata
la luna menguante pone
cabelleras amarillas
a las amarillas torres.[210]

En junio de 1926 Dalí empezó sus exámenes de fin de curso en la Escuela Especial. Su hoja de estudios consigna que fue suspendido en Colorido y Composición, Dibujo del Natural en Movimiento y Grabado Calcográfico (que consta sin explicación como asignatura repetida) y que no se presentó a Teoría de las Bellas Artes, Estudio de las Formas Arquitectónicas o Dibujo Científico.[211] ¿Dalí suspendido en Colorido y Composición, Dibujo del Natural en Movimiento y Grabado Calcográfico? Parece imposible. Pero detrás de los resultados estampados en la hoja de estudios hubo un acontecimiento que el pintor se encargaría luego de ir convirtiendo en mítico.

Dalí había sido convocado ante el tribunal examinador el 11 de junio a fin de demostrar sus conocimientos en Teoría de las Bellas Artes. Según las autoridades de San Fernando, no se presentó, pidiendo por teléfono permiso para ser examinado en una segunda sesión. Aceptada la solicitud, la nueva prueba se había fijado para la mañana del 14 de junio.[212] Salvador Dalí Cusí no aceptaría esta versión oficial de los hechos, llegando a la conclusión de que su hijo sí se había presentado el 11 de junio, pero no así el tribunal.[213]

San Fernando tenía un sistema de exámenes orales que se celebraban a puertas abiertas. El alumno sacaba de un pequeño bombo una o más bolas numeradas, cada una de las cuales designaba un tema relacionado con las asignaturas cursadas durante el año. Dalí se negó a hacerlo. Según consta en el acta, levantada apenas concluida la sesión, dijo: «No. Puesto que todos los profesores de San Fernando son incompetentes para juzgarme, me retiro.» Los miembros del tribunal, como es comprensible, encontraron intolerable la ofensa.[214]

El gesto de Dalí parece haber sido totalmente premeditado, pese a lo que más tarde querría hacer creer en *Vida secreta* y otros escritos.[215] Su amigo Josep Rigol recordaba que para llevar a cabo dignamente el desafío, Salvador se había puesto una chaqueta chillona con una gardenia en el ojal, y que, antes de entrar en la sala, se tragó una gran copa de ajenjo. Para inspirarse, dijo, aunque es más probable que la necesitara para darse ánimo.[216]

El 23 de junio se celebró una reunión extraordinaria de los profesores de San Fernando, con el objetivo de pronunciarse sobre el comportamiento de Dalí. Miguel Blay, el director, pasó revista a su expediente desde su ingreso en la Escuela, y recordó su expulsión en 1923-1924 a la vez que aludió a algunos rumores que supuestamente Dalí había hecho correr en Barcelona, en el sentido de que lo había estado acosando uno de los profesores, Rafael Domènech. Muy poco tiempo tardó el cuerpo docente de San Fernando en decidir, por unanimidad, la expulsión definitiva de Dalí. Éste o, en su defecto, su padre debían ser informados de ello inmediatamente, exhibiéndose la orden de expulsión en un lugar destacado del tablón de anuncios de la Escuela.[217]

En una carta a su familia escrita poco después de haber insultado a sus examinadores, pero por lo visto no enviada (se encuentra en el archivo de García Lorca), Dalí declaró que fue su rabia por haber sido suspendido en otras dos asignaturas lo que le había llevado a comportarse como lo hizo: «Fue la única manera de reaccionar con dignidad ante ese trato, cualquier otra cosa hubiera significado aceptar una injusticia, y es absolutamente injusto que personas totalmente ignorantes se atrevan a examinarme.» Según Dalí, su amigo el pintor canario Néstor Fernández de la Torre, al toparse casualmente en el tranvía con el académico Rafael Domènech, le había preguntado a éste por la razón de la suspensión de Dalí. Domènech habría contestado: «*No sabía nada absolutamente*, tengo recibidos, tanto del hijo como del padre, un sinfín *de groserías y faltas de educación* tales que he jurado no intervenir nunca más en nada referente a ese pintorzuelo.»

A la tarde del día siguiente, seguía Dalí, viajaría a Barcelona. Para suavizar el panorama, añadía una buena noticia: el conde Edgar Neville le había encargado un retrato de la Virgen, y le había dicho que él mismo fijara el precio. «¡Así que soy rico!», terminaba Salvador. «¡En cuanto llegue a Cadaqués comenzaré a pintar!»[218]

Durante el verano Dalí logró convencer a su padre de que, una vez más, las autoridades de San Fernando habían cometido con él una magna injusticia. El 12 de noviembre de 1926, cuando la expulsión se confirmó de manera oficial en el Boletín del Ministerio de Instrucción Pública y Bellas Artes, el notario pegó una copia del decreto en su álbum, explayándose en siete rabiosas páginas sobre «la detestable Escuela Especial de Pintura, Escultura y Grabado, de la que muy bien podría decirse que es una representante adecuada de nuestra desgraciada España». El desconocimiento de sus propias reglas; un alto índice de absentismo entre el profesorado; suspensos y aprobados arbitrarios; la Historia del Arte enseñada por ese Rafael Domènech, «uno de los pedagogos más ineptos de toda España» y, en el momento de la expulsión, director interino de la Escuela Especial. En cuanto a Grabado, era una suerte que su hijo lo hubiera aprendido con el excelente Juan Núñez en Figueres, pues si no... En suma, un desastre. No era de extrañar que Salvador hubiera tenido problemas con tan corrupta y nefanda institución.[219]

Dieciséis años después Dalí se acercaría un poco más a la verdad sobre su expulsión, al admitir tácitamente que había mentido a su padre en aras de poder proseguir sin más ataduras su carrera de pintor:

> Cualquier tribunal de profesores, en cualquier país del mundo, habría hecho lo mismo al sentirse insultado. Los motivos de mi acción eran simples: quería terminar con la Escuela de Bellas Artes y la vida de juerga de Madrid de una vez por todas; quería verme forzado a huir de todo eso y regresar a Figueres a trabajar durante un año, después de lo cual intentaría convencer a mi padre de que mis estudios debían continuarse en París. ¡Una vez allí, con la obra que llevaría conmigo, tomaría definitivamente el poder![220]

Cabe preguntarse si, al escribir estas líneas, Dalí recordaba la entrada que había escrito en su diario en abril de 1920, cuando su padre le anunciara que al terminar el bachillerato ingresaría en la Escuela de la Real Academia de Madrid. Ilusionado entonces con esta perspectiva,

Salvador había previsto que, después de trabajar «como un loco» durante tres años en San Fernando, seguiría estudiando en Roma cuatro años más, para regresar a España convertido en genio.[221] Las cosas no habían salido del todo según lo previsto, pero tampoco habían ido tan mal. Con su reciente experiencia en París actuando como un poderoso estímulo, y con San Fernando ya relegado para siempre al pasado, Dalí se puso ahora a crear las obras que le permitirían hacer su escapada definitiva a la capital francesa. Tenía la visión, el talento y la energía para ello. Pero iba a necesitar tres años de duros esfuerzos para convertir el sueño en realidad.

En cuanto a Madrid, Dalí diría en 1970 que era la ciudad de Europa que más significaba para él: «Los lugares que pintó Velázquez y los recuerdos más importantes de mi vida..., tres años con Lorca, Buñuel, los ultraístas. Para mí eso es Madrid.»

Se trataba, quizás, de una de las declaraciones más sinceras de su vida.[222]

CINCO

SAN SEBASTIÁN Y EL GRAN MASTURBADOR (1926-1927)

LORCA Y SAN SEBASTIÁN

En julio de 1926, muy pocas semanas después de su expulsión definitiva de la Real Academia de San Fernando, Dalí recibió la visita del crítico teatral Melchor Fernández Almagro, gran amigo de Lorca. A Fernández Almagro le sorprendió encontrar Cadaqués tan aislado, y le cautivó la belleza del pueblo y sus alrededores. Muerto Ramon Pichot, Dalí era ahora el pintor «oficial» de la localidad, explicó a sus lectores de *La Época* al describir la casa de Es Llané, señalando de paso que la modelo de *Figura en una ventana,* tela admirada en Madrid unos meses antes, era la hermana del pintor, «bellísima en su morenez de incipiente Venus ampurdanesa».[1]

Lo que Fernández Almagro no podía sospechar, sin embargo, era que Anna Maria, de la que Dalí había pintado por lo menos doce retratos desde 1923, estaba siendo suplantada en estos momentos, en la obra de su hermano, por la obsesiva presencia del poeta granadino.[2] Durante la visita de Lorca a Cadaqués en la primavera de 1925, Dalí había empezado algunos estudios preliminares para un retrato en el cual se vería al poeta en el acto de representar su propia muerte y putrefacción, macabra ceremonia que solía desarrollar en su dormitorio de la Residencia de Estudiantes, donde, tras «acostarle» entre todos, recuerda Dalí en *Diario de un genio,* el poeta «encontraba el medio de prolongar indefinidamente las conversaciones poéticas más trascendentales que han tenido lugar en lo que va de siglo. Casi siempre terminaba por hablar de la muerte y, sobre todo, de su propia muerte».[3] Dalí evocó aquella ceremonia –en francés– al menos en dos ocasiones,[4] y, en inglés, para al poeta Gerard Malanga. Traducimos:

> Algo totalmente propio de Lorca era su obsesión por la muerte. Se pasaba el tiempo hablando de la muerte, de su muerte; por ejemplo, ja-

> más se dormía antes de que todos sus amigos fueran a su habitación. Recuerdo una madrugada en que se hizo el muerto y dijo: «Es el segundo día de mi muerte.» Habló de su «ataúd pasando por las calles de Granada» y de un «Romance de la muerte dentro del ataúd». Todos íbamos a verle y nos angustiábamos mucho con esa pantomima, y él se reía al ver la mirada de terror en nuestras caras, y después se relajaba y parecía muy contento y dormía muy bien. Le era absolutamente necesario, todas las noches, representar su muerte.[5]

Basándose en sus dibujos del extraño ritual de Lorca, y en una fotografía del poeta «haciéndose el muerto» tomada por Anna Maria en la 35
terraza de Es Llané en 1925, Dalí empezó el cuadro *Naturaleza muerta (Invitación al sueño).* Acabado en 1926, parece haber sido la primera VIII
obra de la que Rafael Santos Torroella ha llamado «época lorquiana» de Dalí. El contorno de la cabeza de Lorca es inconfundible, y tanto en la pintura como en la fotografía aparece la mesa redonda que formaba parte del mobiliario de la terraza. Junto a la cabeza de Lorca Dalí ha colocado uno de sus *aparells* (aparatos), objetos frecuentes en sus obras a partir de 1926. Con su orificio central y sus largas y zanquivanas piernas, que dan la impresión de que pueden tropezar en cualquier momento, representan, tal vez, la sexualidad femenina tan temida por Lorca y Dalí. Al fondo, detrás de la cabeza del poeta, y entre dos verjas paralelas que acaban en una vista sobre el mar, hay un gracioso avión, alusión, cabe pensarlo, a la precisión y a la asepsia de la nueva era maquinística, tan apreciada ahora por Dalí como lo había sido por Marinetti en el *Manifiesto futurista.*

En la importante serie de cuadros y dibujos de la época lorquiana, la cabeza del poeta aparece habitualmente fundida con la de Dalí, y casi siempre, como en la obra que nos ocupa, sobre una versión estilizada de la terraza de Es Llané.

El cuadro más importante de ese periodo es, sin duda alguna, *Academia neocubista,* titulado después *Composición con tres figuras (Academia neocubista).* IX
Fue adquirido por Joaquim Cusí Fortunet, el íntimo amigo de Dalí Cusí, al exponerse por vez primera a principios de 1927, y desapareció de la vista pública durante cincuenta años.[6]

En la acepción que le suelen dar los manuales de arte, el término «academia» designa un cuadro o dibujo de un desnudo ejecutado más como ejercicio práctico que como obra de arte. En el caso de esta obra, su presencia parece aludir, con intención irónica, a la aburrida Real Academia de la que Dalí acaba de ser expulsado, y en la que el cubismo, «neo» o de cualquier otro tipo, sigue sin ser prácticamente reconocido.

Rafael Santos Torroella ha demostrado que la figura central de la composición, vista desde una ventana de la casa de los Dalí en Es Llané, es una versión, en clave marinera, de San Sebastián, patrón de Cadaqués. De ello dan fe la rama que descansa sobre el mar en calma al lado de su costado izquierdo, símbolo del árbol al que, en algunas representaciones, los verdugos amarran al santo; el hecho de que su brazo izquierdo esté por lo visto atado detrás de la espalda, y la vena abierta en la muñeca izquierda, que se repite en varios dibujos de San Sebastián
41 realizados por Dalí en esta época.[7]

Lorca y Dalí habían empezado a compartir una fascinación por San Sebastián antes de la expulsión definitiva de Salvador. Durante este verano de 1926 el poeta trabaja en una serie de tres conferencias sobre el mártir, con la idea de ilustrarlas con diapositivas, y reúne reproducciones de cuadros y esculturas del santo, pidiendo a su amigo Jorge Guillén, entonces en Valladolid, que le consiga una fotografía de la pequeña escultura de Pedro Berruguete conservada en el museo de la ciudad y que representa al santo como un joven hermoso y lánguido.[8] No cabe duda de que Lorca y Dalí están al tanto de la larga tradición artística que, desde el Renacimiento hasta nuestros días, ha elevado a San Sebastián a la categoría de protector oficioso de homosexuales y sadomasoquistas, tradición en la que, como ha escrito Cécile Beurdeley, es imposible distinguir qué es más importante: la «ambigüedad sexual» del santo o su «masoquismo extático».[9]

Meditando sobre la cuestión, Alberto Savinio, hermano de Giorgio de Chirico y ensayista admirado por Dalí, concluye que, además de la juventud del santo y su «cuerpo de efebo», existe un atractivo adicional. «La razón por la cual los invertidos sienten tal atracción por San Sebastián», escribe, «puede hallarse en la analogía entre ciertos detalles sexuales y las flechas que laceran el cuerpo desnudo del joven pariente de Diocleciano.» En otras palabras, las flechas son símbolos fálicos.[10]

Dalí habría estado de acuerdo, y también, como probablemente sabía, su admirado Freud.[11] En una carta escrita al parecer en septiembre de 1926, el pintor le recuerda a Lorca que Sebastián es el patrón de Cadaqués y le pregunta si se ha dado cuenta de que, en las representaciones del mártir, nunca se sugiere que las flechas le hieran el *culo*: alusión socarrona, cabe pensarlo, a los esfuerzos del poeta por poseerlo.[12]

La misma carta demuestra que por estas fechas Dalí ve a San Sebastián sobre todo como encarnación de la objetividad a la que, según él, debe aspirar el arte contemporáneo. La impasividad, la serenidad y la indiferencia del santo cuando las flechas le atraviesan la carne son las cualidades que el pintor está intentando expresar en su vida y en su obra (en la transcripción del documento respetamos la ortografía y falta de puntuación dalinianas):

> Otra vez te hablare de Santa Objetividad, que ahora se llama con el nombre de San Sebastian.
>
> Cadaques es un «hecho suficiente», superación es ya un exceso, un pecado benial; tambien la profundidad excesiva podria ser peor, podria ser extasis – A mi no me gusta que nada me guste extraordinariamente, huyo de las cosas que me podrian extasiar, como de los autos, el éxtasis es un peligro para la inteligencia.
>
> A las siete cuando termino de pintar es cuando el cielo hace sus cosas extraordinarias y peligrosas, es cuando en vez de contemplar el espectaculo casi siempre insoportable de la naturaleza tengo mi lección de «charleston», en casa Salisacs,* esa danza es convenientisima, ya que empobrece perfectamente el espiritu.
>
> Qué bien me siento, estoy en plena pascua de resurreccion! Eso de no sentir la angustia de querer entregarse a todo, esa pesadilla de estar sumergido en la *naturaleza* o sea en el misterio en lo confuso en lo inaprensible, estar sentado por fin, limitado a unas pocas verdades, preferencias, claras, ordenadas – suficientes para mi sensualidad espiritual.
>
> El señor catedratico me dice: pero la naturaleza tiene tambien su orden sus leyes sus medidas *superiores*.
>
> «*Superiores*», peligrosa palabra, quiere decir, superior a nosotros, orden incomprensivo para nosotros, leyes y medidas misteriosas, y ya estamos en la religion y entramos en los principios de la fe y el ocultismo y Papini ayunando y queriendo escribir una enciclopedia.**

* La casa de los Salisachs estaba cerca de la de los Dalí, en el extremo opuesto de la playa de Es Llané.

** Suponemos que Dalí se refiere al prolífico escritor italiano Giovanni Papini (1881-1956), notable por sus cambios de ideología.

> Pero gracias a dios esta oy claro donde empiezan el arte y donde el naturismo.
>
> Gethe [por Goethe] que pensava tan bien ya decia que naturaleza i arte son 2 cosas distintas. El Corbussier sabe de eso y tambien del amor.[13]

Lorca no necesitaba que nadie le recordara el terror que el pintor sentía ante la perspectiva de perder el control: lo sabía muy bien, como ya había demostrado en su *Oda a Salvador Dalí.*

IX Volviendo a la *Composición con tres figuras (Academia neocubista),* el cuadro está obviamente en deuda con *Estudio con cabeza de yeso,* de Picasso, que Dalí había visto cuando visitó al artista en París en abril de 1926.[14] Muchos elementos de éste –que a su vez quizá sea una glosa sobre *Los atributos de las artes* de Chardin–[15] pasaron directamente al lienzo de Dalí. La rama al lado del muslo izquierdo del santo es casi idéntica a la de Picasso, Dalí toma prestada la cabeza de yeso (la sombra que
34 proyecta es tan parecida a la de Picasso que casi podría sustituirse por ésta), el marco de la ventana recuerda claramente el de Picasso, en ambas obras hay nubes alargadas y un libro abierto, y el objeto que la mano del brazo cercenado sujeta con fuerza en el cuadro de Picasso reaparece en la mano izquierda del San Sebastián de Dalí.

¿Qué es tal objeto? Para Santos Torroella se trata de «un fragmento de lanza [...] a la manera del *Doríforo* de Policleto»,[16] pero ello no explica el agujero elíptico del mismo, que nos recuerda a un artefacto que aparece en *Arlequín y botellita de ron,* ejecutado por Dalí un año antes y que el mismo crítico interpreta como retrato de Lorca. En este lienzo, ambientado igual que *Composición con tres figuras (Academia neocubista)* en la casa de Es Llané, y con nubes similares (al estilo de Mantegna), el instrumento que yace en el suelo junto al as de corazones parece ser una sencilla y rústica flauta. ¿Acaso es una flauta –emblema de la música y de la poesía– lo que blande San Sebastián en su mano libre? Asimismo puede ser significativo que a la derecha de la cabeza del santo, mirando el cuadro de frente, Dalí haya introducido la clavija de una guitarra. El indicio quizá se puede leer como otra alusión a Lorca, que en *Arlequín y botellita de ron* está tocando una guitarra con dos clavijas casi idénticas.[17]

San Sebastián, visto así, parece ser, en parte al menos, una encarnación de Lorca, hipótesis reforzada por la presencia de la vena abierta en la muñeca izquierda del personaje, motivo recurrente en las representaciones dalinianas del santo y que se repite también en dos dibujos que hizo Salvador del poeta en estas fechas, en un parecido marco ampurdanés.

La presencia de Lorca en el cuadro se hace explícita, además, en la cabeza de yeso tomada de Picasso, que como Santos Torroella ha demostrado es una representación de la cara del poeta fundida con la de Dalí, con la de éste en el centro y la de Lorca, más maciza, a la derecha.[18]

Las dos figuras femeninas que dominan el primer plano del cuadro son otra prueba de la fuerte influencia que la obra de Picasso ejercía entonces sobre Dalí, como deja bien claro una comparación con las corpulentas féminas que aparecen en obras «neoclásicas» del malagueño, tales como *La fuente* (1921), *Bañista* (1921), *Mujer junto al mar* (1921) y *Dos mujeres corriendo por la playa* (1922). Fue tal la impresión que produjo en Dalí el último, que colgó una reproducción en color de la obra en la pared de su estudio, junto con otras muestras de su lealtad a Picasso.[19]

La mujer del ángulo inferior izquierdo de *Composición con tres figuras (Academia neocubista)* se repite en otros Dalís de esta época, por ejemplo en *Figura en las rocas*,[20] y pertenece a la categoría que el pintor denominaba *trossos de cony* (trozos de coño). El transparente vestido de la figura se ha desplazado hacia arriba hasta dejar al descubierto la parte inferior de su ancho cuerpo. Aumentan el erotismo de la escena la sombra que envuelve la zona genital de la mujer y los pezones erectos. No es de extrañar que Santos Torroella crea que se trata de «Venus o, mejor, la Lujuria».[21] La figura mira en dirección al santo, su puño cerrado indicando tal vez la emoción suscitada por aparición tan inesperada. La cabeza proyecta una sombra oscura análoga a la que arroja la mujer que vemos a la derecha, plácidamente sentada y absorta en la lectura, y que para Santos Torroella repesenta la «Virtud o la Reflexión, un tanto hierática pero vulgar en lo ensimismado de su postura».[22]

No se conoce ningún análisis hecho por Dalí de sus intenciones al pintar este magno cuadro. Lo único que sabemos es que estaba eufórico con lo conseguido, enviando a Lorca una fotografía del lienzo para *gallo* con el comentario: «Academia neocubista (¡si la vieras!: mide dos metros por dos).»[23]

EL ASALTO A BARCELONA

En octubre de 1926 Dalí expuso dos cuadros en el Salón de Otoño de Barcelona, celebrado en los Establiments Maragall (Sala Parés): *Mucha-*

cha cosiendo (¿1925?)[24] y *Figura en las rocas,* de reciente ejecución. Representa éste a una Anna María muy picassiana, dormitando al sol entre los rocas de Creus con la sombra de su perfil reflejada en el brazo derecho y el mar a lo lejos.[25]

Coincidiendo con el Salón de Otoño, Josep Dalmau inauguró una ambiciosa exposición en su nuevo local del Paseo de Gracia, para la que escogió el largo y completo título de Exposición del Modernismo Pictórico Catalán Comparado con una Selección de Obras de Artistas Extranjeros de Vanguardia. Dalí participó con tres cuadros: *Naturaleza muerta al claro de luna malva, La maniquí (Maniquí barcelonesa),* ambos vinculados a su relación con Lorca, y una obra sin identificar titulada *Figura.*[26]

Los cuadros de Dalí habían llamado la atención desde hacía tiempo a un prometedor crítico de arte barcelonés, Sebastià Gasch, combativo defensor de los principios del purismo y del cubismo, que conocía a través de *L'Esprit Nouveau,* la revista, ya desaparecida, de Ozenfant y Jeanneret.[27] Siete años mayor que Dalí, Gasch había publicado su primera crítica en diciembre de 1925, y en mayo de 1926 había empezado a colaborar habitualmente en *L'Amic de les Arts,* nueva revista de exquisito diseño editada, en catalán, en Sitges. En su primera colaboración, Gasch comentó la presencia de un pequeño cuadro de Dalí discretamente colgado en un rincón de las Galeries Dalmau –obra por desgracia no identificada–, por la que el crítico expresaba un entusiasmo sin límite:

> El cuadro de Salvador Dalí logra satisfacer plenamente nuestra visión, nuestra inteligencia y nuestra sensibilidad. Esta pequeña obra de arte, de estructura escultórica, arquitectónica y clásica, donde nada es resultado del capricho, la suerte o la intuición, y donde cada elemento está cuidadosamente organizado, sólo puede aumentar la sólida reputación de este artista puro, que hoy es sin duda uno de nuestros principales pintores.[28]

Gasch tenía una opinión pésima de la pintura catalana contemporánea, refiriéndose en uno de sus artículos al «estado de putrefacción de nuestro ambiente artístico».[29] Dalí, sin embargo, era una gloriosa excepción a la regla, y Gasch asumió pronto la responsabilidad de mantener informado al público acerca de la evolución del sorprendente figuerense.

En el número de noviembre de 1926 de *L'Amic de les Arts* publicó una reseña del Salón de Otoño, al que consideraba sumamente pobre, «una participación putrefacta». Dalí, sin embargo, estaba en otro nivel, era la estrella de la muestra, y Gasch se mostró muy entusiasmado con *Muchacha cosiendo,* del que reprodujo un estudio preparatorio (proporcionado, seguramente, por el mismo Dalí), que revelaba la rígida estructura geométrica responsable de lo que el crítico denominaba «la euritmia definitiva, la clara armonía y la perfecta unidad» de la obra.[30]

Gasch se dio también una vuelta por la exposición de Dalmau, que le parece muy superior a la de la Sala Parés. Según el crítico, los tres cuadros de Dalí constituyen un considerable avance respecto a su cubismo anterior. No ya «frío, razonable e implacablemente metódico», el cubismo actual de Dalí es «más sensible» y en él, según Gasch, «el instinto desempeña un papel tan importante como la razón, o incluso más; el cubismo que actualmente cultiva Picasso».[31]

En otra destacada revista, *La Gaseta de les Arts,* Gasch intentó establecer una sorprendente comparación entre el ritmo pictórico que creía detectar en las obras actuales de Dalí y un disco reciente de The Southern Syncopated Orchestra, grupo de jazz negro norteamericano.[32] A Dalí la audacia del crítico le encantó, y sin conocerlo aún personalmente le escribió:

> Su artículo en la *Gaseta de les Arts* me ha interesado enormemente ya que relaciona a mi pintura con una de mis grandes predilecciones, la música de jazz, esta fantástica música antiartística. «Artística», horrible palabra que sólo sirve para señalar las cosas que carecen totalmente de arte. Espectáculo artístico, fotografía artística, anuncio artístico, mueble artístico. ¡Horror! ¡Horror! Todos estamos de acuerdo con el objeto *puramente industrial,* el *dancing* y la poesía quintaesencial del sombrero de Buster Keaton.[33]

La carta inicia una estrecha amistad que va a durar cinco años y que dará lugar a una abundante correspondencia sobre el arte contemporáneo. La militante adhesión de Gasch al cubismo y al purismo es comparable a la de Dalí, así como su insistencia en que la finalidad del arte en absoluto es imitar la naturaleza; mientras su voluntad de *épater le bourgeois* estimula a Dalí a alcanzar con sus actuaciones un grado aún más fuerte de provocación. Además, la prosa catalana de Gasch –ágil, incisiva e irónica– gusta también a Dalí, para quien el crítico es muy pronto la persona que, después de Lorca, más significa para él, entre otras razones al garantizar que sus actividades se comenten en la prensa.

Años más tarde, terminada bruscamente su amistad, Gasch evocará al Dalí de 1926:

> Dalí tenía todo el aspecto de un «deportista». Llevaba una chaqueta marrón de «homespun», tejido áspero y rugoso, y unos pantalones color café con leche. Un conjunto extraordinariamente holgado que daba plena libertad de movimientos a un cuerpo esbelto pero con músculos de acero, fibrosos y flexibles. En realidad, una especie de uniforme, porque Dalí nunca se lo quitaba de encima cuando estaba en Barcelona, y del cual se despedía el tufillo rancio como de un bazar de provincias. Tenía el cabello negrísimo, liso, aplastado con una copiosa dosis de brillantina. La cara, con la piel estirada como la de un tambor, brillante como una porcelana esmaltada, era morena y parecía que acababa de salir de las manos de un maquillador de teatro o de un estudio de cine. Una brizna de bigote –una línea finísima, imperceptible a primera vista, como trazada con un bisturí– protegía el labio superior. En tal cara infantil de cera, dura, inexpresiva y rígida, brillaban con intensidad extraordinaria dos ojos minúsculos, febriles, terribles, amenazantes. Ojos aterradores, de un demente.
>
> El tono de su voz era áspero y ronco. De hecho, hacía pensar que padecía una ronquera crónica. Nuestro hombre era extremadamente locuaz. Las palabras brotaban sin cesar de una boca que, cuando sonreía de manera siniestra –Dalí nunca se reía abiertamente, con fuerza– descubría unos dientes pequeños y afilados como instrumentos cortantes. Hablaba de una manera atropellada y nerviosa por lo que tocaba a la forma, pero el fondo tenía una lógica implacable. Sus argumentos eran siempre sólidos. Todo lo que decía era bien articulado, coherente, convincente. Daba la impresión de alguien que, tras haber resuelto con gran esfuerzo una serie de problemas estéticos y morales, había conseguido desarrollar unas ideas clarísimas sobre todo lo divino y lo humano.[34]

Echando una mirada retrospectiva a su amistad con Dalí, Gasch destaca la ironía innata del pintor –ampurdanesa en su origen, cree él–, que le había inquietado por su «increíble crueldad», al mismo tiempo glacial, impasible y tranquila:

> El hecho es que todo lo que Dalí decía y hacía revelaba una completa falta de corazón. En él la sensibilidad estaba totalmente ausente. Por otra parte, tenía una inteligencia devastadoramente lúcida. En todas sus acciones, en todo lo que decía, y por supuesto en su pintura, el hombre cerebral es el que encontramos en primer plano.[35]

Gasch, por exacta que sea esta descripción del Dalí de superficie, no intentó nunca sondear las profundidades de la aparente crueldad del pintor, ni averiguar sus causas, ni tratar de llegar a los cimientos de su personalidad. Si lo hubiera hecho, aprovechando mejor los centenares de cartas que aquél le remitía, la tarea del biógrafo se vería hoy considerablemente aliviada. Pero Gasch murió sin publicar más que una fracción de esa correspondencia, todavía hoy inédita y cerrada a los investigadores. Si alguna vez se publica, se ampliará en mucho nuestro conocimiento del Dalí de estos años.

La presencia de Dalí en las dos exposiciones colectivas celebradas en Barcelona en el otoño de 1926 fue un preludio de su segunda exposición individual en Dalmau (31 de diciembre de 1926-14 de enero de 1927). Se exhibieron veintitrés cuadros y siete dibujos, distribuidos en dos secciones de la galería según pertenecían a la tendencia «cubista» u «objetiva» del pintor.[36] El primer cuadro relacionado en el catálogo era *Composición con tres figuras (Academia neocubista),* colgado, como no podía ser de otra manera, en el lugar más destacado de la muestra. Al menos tres de las obras expuestas giraban temáticamente en torno a las cabezas fusionadas de Lorca y Dalí: *Naturaleza muerta (Invitación al sueño), Mesa junto al mar* (más tarde rebautizada *Homenaje a Erik Satie)* y *Arlequín* (luego conocida como *Cabeza amiba).* Es posible que uno de los tres lienzos titulados *Naturaleza muerta,* imposible de identificar con seguridad, fuera el inspirado por Lorca y más tarde llamado *Pez y balcón.* La inclusión de estas pinturas en la exposición es una clara indicación de la importancia que tiene ahora el poeta para Dalí. «He pasado casi un mes en Barcelona con motivo de mi exposicion», le escribe a mediados de enero, «ahora vuelvo a estar en Figueras maravillosamente, con un nuevo estok de discos para el fonografo y infinitas cosas antiguas y de hoy para leer. Y con muchos cuadros en la *punta* de los *dedos* no en la cabeza.»[37]

Entretanto, Sebastià Gasch se había convertido en colaborador fijo de *L'Amic de les Arts,* desde cuyas páginas se ocupaba activamente de pro-

mocionar a Dalí, dos de cuyos dibujos ilustraron «Un cuento de Navidad» de J. V. Foix, publicado en el número de diciembre de 1926. Dalí sabía que podía contar con Gasch para reseñar elogiosamente su exposición en la Galería Dalmau. A finales de enero la revista reprodujo *Composición con tres figuras (Academia neocubista)* en la portada, anunció nuevos artículos sobre Dalí escritos por Gasch y el crítico Maguí Cassanyes, y publicó una imaginativa «Introducción a Salvador Dalí» firmada por Foix e ilustrada con un dibujo de las cabezas unidas de Dalí y Lorca, para el que
42 el pintor había escogido el significativo título de *Autorretrato*.

A Foix le había impresionado mucho la exposición. «Tuve la absoluta certeza de que estaba siendo testigo del exacto momento del nacimiento de un pintor», escribió.[38]

El número de febrero de *L'Amic de les Arts* incluyó la crítica de Gasch de la exposición de Dalí, ilustrada con sendas reproducciones de *Maniquí barcelonesa* y *Figuras echadas en la arena*. De esta última obra se desconoce hoy el paradero, pero a juzgar por las reproducciones en blanco y negro, las cuatro representaciones de Anna Maria tumbada en la playa hacían de este lienzo uno de los más logrados *trossos de cony* dalinianos.[39] El artículo de Gasch era una versión ampliada de los comentarios publicados en anteriores números de la revista: señalaba la meticulosa composición de los cuadros, ejemplificada en la organización triangular de *Composición con tres figuras (Academia neocubista)*; sostenía –igual que otro artículo de Gasch ya comentado– que la obra reciente de Dalí era más cálida que la anterior, y sugería que tal vez el artista se estaba dejando influir demasiado por el Picasso «neoclásico». Dios, estimaba Gasch, no había dotado a Dalí de la profunda vida interior y la rica naturaleza instintiva de Picasso y Miró. No sabemos cómo se tomaría el pintor esta afirmación, por cierto discutible, aunque imaginamos que debió de irritarle.[40]

La reacción de la crítica ante la muestra complació enormemente a Dalí, así como a su padre, que pegó las reseñas, orgulloso, en su álbum de recortes, cada vez más abultado. Cuando se clausuró la exposición, la conquista de París –su objetivo supremo– debió de parecerle a Dalí mucho más próxima.

ECOS DE TANGUY Y MIRÓ

Entretanto, en la capital francesa, un extraordinario pintor joven daba un nuevo impulso al movimiento surrealista. Hijo de padres bretones, nacido en 1900, Yves Tanguy había descubierto su vocación de improviso en 1923, al ver en una escaparate de la galería Paul Guillaume, desde un autobús que circulaba por la rue de La Boëtie, *El cerebro del niño,* de De Chirico. Con el riesgo de partirse el cuello, había saltado del vehículo en marcha para contemplar el lienzo, prestado a la galería por su propietario, André Breton. Por una insólita coincidencia, Breton también había visto el cuadro en el mismo escaparate desde un autobús unos años antes, impresionándole tanto que, como luego Tanguy, había bajado del autobús para mirarlo de cerca, decidiendo allí mismo que quería poseerlo. Si el descubrimiento de *El cerebro del niño* había afectado hondamente a Breton, puede decirse que a Tanguy, que al parecer nunca había cogido un pincel hasta entonces, le cambió la vida. De un día para otro se puso a trabajar febrilmente para recuperar el tiempo perdido, y en 1926 ya iba camino de convertirse en uno de los más destacados artistas del surrealismo.[41]

¿Qué podía haber sabido Dalí de Tanguy antes de pintar, probablemente hacia finales de 1926, el estudio para la gran tela tan enigmáticamente titulada *La miel es más dulce que la sangre,* realizada el verano siguiente? De entrada no hay prueba alguna de que Dalí llegara a conocer personalmente a Tanguy durante la vertiginosa semana pasada en París en abril de 1926. Pero si visitó la recién inaugurada Galerie Surréaliste, lo cual es probable, seguramente vería allí algunos de sus cuadros. En todo caso, apareció al poco tiempo en *La Révolution Surréaliste* (número 7, 15 de junio de 1926) una reproducción de *El anillo de invisibilidad* (1925) y, en la misma revista seis meses después, otra de *Animales perdidos* (número 8, 1 de diciembre de 1926).

El anillo de invisibilidad causó un particular impacto sobre Dalí, pese 53
a que la reproducción publicada en *La Révolution Surréaliste* hace poca justicia al original. El inmenso cielo del cuadro, unido al mar por la regla vertical situada en el borde izquierdo del mismo (a la manera de De Chirico) pudo muy bien sugerirle la posibilidad de realizar una «versión Cadaqués» de la escena. Y ciertamente las misteriosas figuras y los objetos que pueblan el cielo de Tanguy se vinculan innegablemente con los que aparecen en el estudio preliminar para *La miel es más dulce que la sangre.*[42]

En cuanto a *Animales perdidos,* no es difícil relacionar la inhóspita 54
playa (¿o es un desierto?), con su clara divisoria entre cielo y tierra, con el litoral fantasmagórico del estudio de Dalí. Además, el pez que en el cua-

dro de Tanguy forma la cabeza de la misteriosa figura de la izquierda tiene un llamativo parecido con el que el burro se esfuerza por alcanzar en
X *Aparato y mano,* que Dalí acabó en el verano de 1927, y es tentador establecer una conexión entre él y la cabeza en forma de pez de San Sebas-
41 tián, en un dibujo de la misma época.

Santos Torroella ha razonado que, en el estudio para *La miel es más dulce que la sangre,* la cabeza cortada colocada en la línea que separa la playa del cielo es una versión idealizada de la de Lorca. Es difícil no estar de acuerdo, sobre todo porque en la pintura final los rasgos del poeta son inconfundibles.[43] En lo que respecta a las negras sombras que proyectan los diversos aparatos y demás objetos dalinianos desparramados por la playa, parece indudable que proceden de De Chirico, varias de cuyas telas ya había reproducido *La Révolution Surréaliste.* Dichas sombras serán a partir de ahora uno de los rasgos típicos de la obra de Dalí. Luego está el burro podrido, el primero de los muchos que después se verán en sus cuadros y que al parecer tienen su origen en unos recuerdos de infancia de Buñuel y Pepín Bello, que se habían comentado mucho en la Residencia de Estudiantes.[44] Georges Bataille sostendría unos años después que este burro podrido de Dalí expresaba su sentimiento de fracaso sexual, puesto que el burro, deliberadamente representado por Dalí como «muerto y descompuesto», es normalmente símbolo «de una sexualidad grotesca y potente».[45]

El estudio para *La miel es más dulce que la sangre* es también de gran interés por el hecho de inaugurar la presencia en la obra de Dalí de un objeto que luego se repetirá incontables veces en sus cuadros de ese periodo, a saber, el extraño cilindro que yace delante de la cabeza de Lorca. En *El mito trágico del «Ángelus» de Millet* (1933), Dalí afirma que se trata de «una imagen delirante», la primera que se le había presentado de manera espontánea, y que le produjo entonces una angustia inexplicablemente vinculada al famoso cuadro de Millet. La aparición tuvo lugar, declara, mientras remaba furiosamente en Cadaqués, y consiste en «una forma blanca iluminada por el sol, alargada y cilíndrica, con los extremos redondeados, ofreciendo varias irregularidades. Esta forma está acostada en el suelo marrón-violáceo. Todo su contorno está erizado de pequeños bastoncillos negros, que parecen estar en suspensión en todos los sentidos, como bastones volantes». Dalí, nunca fiable en cuestión de fechas, sitúa el incidente en 1929, pero la presencia de la imagen en el estudio para *La miel es más dulce que la sangre* demuestra que debió de haber tenido dicha visión como mínimo tres años antes.[46]

Si la influencia de Tanguy es palpable en el estudio, también lo es la de Joan Miró, algunos de cuyos cuadros Dalí pudo haber visto en la Galerie Surréaliste, y cinco de los cuales se habían reproducido en *La Révolution Surréaliste* ya antes de diciembre de 1926, siendo el último *El carnaval de Arlequín,* producto, según Miró, de alucinaciones producidas por el hambre.[47] También es posible que para entonces Dalí hubiera visto algún cuadro de Miró en Dalmau. Por otra parte cabe pensar que su amigo y aliado Sebastià Gasch, que conocía personalmente a Miró, le proporcionaría más información sobre el artista. En todo caso, lo cierto es que los paisajes de Miró, con su nítida divisoria entre cielo y tierra, sus detalles meticulosos y su luz cristalina, mucho más brillante que la de Tanguy, atrajeron con fuerza a Dalí. A Miró le gustaba pintar playas e, igual que Tanguy, tendía a poblarlas –y el cielo también– de una gran abundancia de objetos y criaturas. Los que aparecen en cuadros como *El cazador (Paisaje catalán)* y *El carnaval de Ar-* 51
lequín tienen varios puntos en común con el estudio para *La miel es* 52
más dulce que la sangre –los conos de Dalí, por ejemplo, parecen calcados sobre los de Miró–, y más con el cuadro terminado, tan abarrotado de objetos. La inquietante sexualidad y la atmósfera de pesadilla, tanto del estudio como de la obra acabada, son, sin embargo, exclusivos de 44
Dalí.

LA SEGUNDA VISITA DE LORCA

«Hoy, 1 de febrero de 1927, a las seis de la mañana, el muchacho subió al castillo de Figueres para empezar su servicio militar», reza una entrada de Dalí Cusí en su álbum de recortes. Visto objetivamente, nadie, en lo que a temperamento se refiere, podía ser menos apto para el servicio militar que *el noi* (chico, muchacho), como seguía llamándolo su padre. El hecho, sin embargo, es que Dalí se salvó de los rigores del sistema. No consta que tuviera que participar en largas sesiones instructivas o en maniobras, aprender a disparar un fusil, conducir un camión o dedicarse a otras indignidades semejantes. Da la impresión de que durante la mayor parte del tiempo no tuvo que hacer nada aparte de vestirse de uniforme y divertir a sus camaradas hasta la hora de regresar a casa para dormir. Todo indica que lo pasó bien, disfrutando sobre todo, en vista de sus obsesiones anales, cuando se le imponía la tarea de limpiar los retretes. Según lo que contaría después, «adoraba los trabajos más aperreados y los siniestros W.C. de la compañía brillaban como un salón en día de gala».[48]

A principios de marzo Dalí envía a Lorca un dibujo de un gallo para la portada de la revista de este nombre que el poeta proyecta editar en Granada, informándole seguidamente de que acaba de empezar el servicio militar. Nada de ir a verlo por el momento, pues, «pero este verano, 3 meses tenemos que pasarlos juntos en Cadaqués, esto es fatal, no, fatal no, pero seguro». Dalí está escribiendo un «artículo» sobre San Sebastián, dice, y adjunta algunas reflexiones en clave irónica sobre el santo, emblema de su relación con el poeta. La carta termina, antes de proseguir en una posdata, con un: «Deseo, mon cheri, una muy larga carta tuya... En mi San Sebastian te recuerdo mucho y a veces me parece que eres tu... a ver si resultara que San Sebastian eres tu... Pero por ahora dejame que use su nombre para firmar. Un gran abrazo de tu SAN SEBASTIAN.» Parte de la carta está escrita en una tarjeta *kitsch* de intención amorosa, en la que una sirena con alas de mariposa y el pecho discretamente cubierto, ofrece una gran bandeja de frutas. En la mitad inferior de la postal, bajo el dibujo, aparecen unos ripios impresos:

A mi prenda adorada

Si una muestra no te diera
de mi amor y simpatía,
en verdad amada mía
poco atento pareciera;
dígnate pues placentera
aceptar lo que te ofrezco,
alma, vida y corazón.
Con un cariño sin igual,
un amor extenso y sin fin
y sólo me siento feliz,
cuando a tu lado puedo estar.

Dalí ha modificado el verso «un amor extenso y sin fin», subrayando «extenso» y «sin» y añadiendo al pie una nota que dice: «En vez de sin lease con, firmado San Sebastian.» El añadido debió de dejar perplejo a

Lorca, e incluso preocupado. ¿Le expresaba Dalí su rechazo de la noción romántica del amor más allá de la muerte a la vez que le sugería que, tarde o temprano, y tal vez temprano, la relación entre ambos tendría que terminar, puesto que él no podía someterse a las exigencias del poeta? No podemos saberlo, aunque es probable que lo añadido, sumado al tono jocoso de la carta en general, tuviera la intención de advertirle a Lorca que no insistiera demasiado.[49]

La segunda visita del poeta era ahora inminente. Después de luchar en vano durante cinco años para que se montara *Mariana Pineda,* Lorca había logrado por fin convencer a la gran actriz catalana Margarita Xirgu de que lo hiciera. El estreno estaba previsto para junio en Barcelona, y Lorca se apresuró a recordarle a Dalí que le había prometido hacerse cargo de la escenografía. Éste le respondió con unas «Indicaciones generales para la realización plástica de Mariana Pineda», y le manifestó su esperanza de disponer de tiempo suficiente para diseñar unos decorados dignos. Cumplió su palabra.[50]

Lorca viajó a Barcelona a finales de abril o comienzos de mayo, y apenas llegado subió a Figueres para pasar unos días con Dalí. Era la primera vez que se veían desde la expulsión del pintor de San Fernando casi un año antes, y podemos imaginar las explosivas energías liberadas por el reencuentro. Dalí, que ya tiene otra obsesión –la Nueva Objetividad– parece haber herido un poco a Lorca con algunos comentarios acerca de su libro *Canciones,* recién publicado. Cuando Lorca regresó a Barcelona para ocuparse de la puesta en escena de *Mariana Pineda,* Dalí trató de explicarse en una carta:

> Querido Federico: Dentro unos 4 dias tendre permiso de 3 meses, por lo tanto pronto estaremos juntos y sin tasa de tiempo.
>
> *Tontisimo* hijito, por que tendria que ser yo tan estupido en engañarte respecto a mi *verdadero entusiasmo* por tus canciones deliciosas; lo que pasa es que se me ocurrieron una serie de cosas seguramente, como tu dices, inadecuadas y vista a traves de una exterior pero pura modernidad; (plastica nada mas).
>
> Una cancion tuya (todo eso es mera impresion mia) me gusta quiza *mas* que el verso mas puro de las *Mil y una noches* o de una cancion popular, pero me gusta de la misma *classe* de manera.
>
> Yo pienso eso, ninguna epoca havia conocido la perfecion como la nuestra, hasta el invento de las Maquinas no havia habido cosas perfec-

tas, y el hombre no havia visto nunca nada tan *vello* ni *poetico* como un motor *niquelado* – La Maquina ha canviado *todo*, [tachado: el mundo] la epoca actual respecto a las otras es *MAS* distinta que la grecia del Partenon lo gotico. No hay mas que pensar en los obgetos mal hechos y *feisimos* anteriores a la mecanica, estamos pues rodeados de una velleza perfecta inedita, motivadora de estados nuevos de poesia –

Lehemos el Petrarca, y lo vemos consecuencia de su epoca, de mandolina arbol lleno de pajaros y cortina antigua. Se sirve de materiales de su epoca. Leo 'naranja y limon'* i no adivino las bocas pintadas de las maniquis –Leo Petrarca y sí adivino los grandes senos florecidos de encaje – [Tachado: Leo los versos de las mil y una noches y sí veo los culos] Miro Fernan Leger, Picaso Miró ect. y se que existen maquinas y nuevos descubrimientos de Historia natural –

Tus canciones son Granada sin tranvias sin habiones ahun, son una Granada antigua con elementos naturales, lejos de hoy, puramente populares y *constantes*, constantes, eso me diras, pero eso constante, eterno que decis vosotros toma cada epoca un sabor es el savor que preferimos los que vivimos en nuevas maneras de los mismos constantes– Todo eso es mi gusto (pero tu harras *lo que querras* eso ya lo sabemos), no lo perfecto probablemente, soy superficial y lo externo me encanta, por que lo externo al fin y al cabo es lo obgetivo oy lo obgetivo poeticamente es para mi lo que me gusta mas y solo en lo obgetivo veo el estrecimiento de lo Ethereo.

Para asegurarse de que Lorca capta bien lo que le quiere decir, Dalí añade un *post scriptum* ingenioso:

Otra aclaracion – La epoca de los trovadores, era la cancion para cantar con mandolina – Hoy tiene que ser la cancion para con jazz y para ser oida con el *mejor* de los instrumentos – 'El Fonografo'.[51]

Desconocemos la reacción de Lorca ante tanta insistencia por parte de Dalí, pues, salvo contadas excepciones, sus cartas al pintor siguen sin aparecer, pero sería muy raro que no le impresionara la perspicacia crítica del pintor.

Poco después, Dalí, que ya goza del anunciado permiso de tres me-

* Dalí se refiere al poema «Naranja y limón», García Lorca, *Obras completas*, I, p. 335.

ses, se reúne con Lorca en Barcelona, donde Margarita Xirgu ultima los preparativos del estreno de *Mariana Pineda* en el Teatro Goya. Dalí entrega sus diseños para la escenografía y el vestuario, y cuando él y Lorca no se dedican a supervisar los decorados o a asistir a los ensayos, frecuentan los animados cafés de la ciudad en compañía de otros jóvenes artistas y escritores.

Uno de éstos, el periodista Rafael Moragas, acude al ensayo general y, entusiasmado con los diseños de Dalí, augura que causarán sensación.[52] Sin embargo, la escenografía y los trajes provocan poco más que unas tibias muestras de admiración la noche del estreno (24 de junio), y la reflexión, por parte de al menos un crítico, de que su sobria modernidad está en cierto modo en conflicto con el tono romántico de la pieza.[53] La buena acogida de la obra bastó, sin embargo, para permitir un avance importante en la carrera de Lorca, pues Margarita Xirgu se comprometió a representar *Mariana Pineda* en provincias durante su gira de verano y a abrir con ella su temporada siguiente en Madrid. La euforia del poeta era comprensible, y también la de Dalí, que no cabía en sí de entusiasmo, y no sólo por Lorca: *Mariana Pineda* también era una buena publicidad para él.[54]

El júbilo de Lorca aumentó al darse cuenta de que Sebastià Gasch lo tomaba en serio como dibujante. «Fogoso, ardiente, vehemente, todo él apasionado, todo él una antorcha encendida, Lorca provoca una fortísima impresión», escribió Gasch en *L'Amic de les Arts.*[55] Como todos los que conocían a Lorca, Gasch se había quedado atónito al constatar que una sola persona podía tener tantos dones: poeta, dramaturgo, narrador, pianista y actor..., parecía imposible. Pero cuando Lorca le puso delante una carpeta de sus dibujos, Gasch ya no podía dar crédito a sus ojos.[56] Luego descubrió que Federico tenía ganas de exponer una selección de ellos. ¿Qué mejor sitio que las Galerías Dalmau? Dada la amistad que Gasch y Dalí tenían con el conocido galerista y promotor del arte moderno, a Lorca le pareció que podrían tantearlo en su nombre. El crítico estaba de acuerdo y obró en consecuencia. Dalmau examinó el contenido de la carpeta y dio el visto bueno. La exposición, compuesta de veinticuatro dibujos coloreados, apenas alteró la superficie del mundillo artístico barcelonés, pero Lorca quedó satisfecho, pues sirvió, entre otras cosas, como una demostración de su amistad con Dalí, cuya influencia, además, era bien visible en varios de los dibujos expuestos. Uno de ellos, *El beso,* aludía a los dibujos «lorquianos» de Dalí. Se trata de un autorretrato burlesco sobre el cual se superpone el perfil de Salvador, rozándose los labios de ambos en el beso que da título al dibujo. La sombra de la cabeza de Lorca, en rojo, es una cita directa de *Maniquí barcelonesa* y *Naturaleza muerta al claro de luna* (en los cuales se fusionan las cabezas de poeta y pintor) y a Lorca tal vez le hacía gracia que el sentido del dibujo pasara forzosamente inadvertida para todos menos para ellos dos.[57]

La exposición incluía al menos un retrato de Dalí. En otro, ejecutado por el poeta casi seguramente ese mismo verano y posiblemente expuesto también en Dalmau, vemos a Dalí sentado al pie de una alta torre bajo una luna creciente amarilla y tocado con un gorro blanco en forma de huevo. Está enfundado en una bata blanca y lleva su paleta en la mano derecha (con un descarado dedo fálico asomándose por el agujero). Se adhieren sendos pequeños peces rojos a la punta de cada dedo de la otra mano, y se ha colocado, en medio del pecho, un gran pez rojo en posición vertical. «Lorca me vio como la encarnación de la vida, tocado como uno de los dioscuros», diría Dalí más tarde. «Cada dedo de mi mano derecha había sido convertido en un pez-cromosoma.» Parece evidente que se les había ocurrido que, como Cástor y Pólux, eran almas gemelas.[58]

No es de extrañar que Dalí y Lorca hasta hicieran juntos algunos dibujos durante su compartido verano en Cataluña. Un ejemplo sería
43 *Bañista,* hoy en el Salvador Dali Museum de Florida, que, aunque firmado por Dalí, presenta claros signos de la intervención del poeta. Dalí estaba a punto de empezar a escribir en *L'Amic de les Arts,* y un día él y Gasch llevaron a Lorca a Sitges para presentarle al equipo director de la revista. En una histórica fotografía de grupo tomada en la estación, un desenfadado Dalí, vestido con su americana *homespun* y sus pantalones anchos de siempre, tiene en la mano una revista que resulta ser el número de junio de 1927 de *Science and Invention,* publicada en Nueva York. A Dalí le fascinaban los progresos de la técnica y la creciente perfección de las máquinas modernas, por lo cual la elección de la revista no debe sorprendernos. Dalí todavía no sabía nada de inglés, pero la revista, además de estar profusamente ilustrada, tenía títulos de fácil lectura: «La televisión perfeccionada por fin» (¡en 1927!), «*Metrópolis,* un film basado en la ciencia», «Las noticias científicas del mes ilustradas», «Nuevos inventos en el ojo de la cámara», «Consejos para los coches», «Nueva aguja para fonógrafo» y otros por el estilo.

También encajaba con el carácter de Dalí, cuyo interés por la ciencia crecería con los años, hacer ostentación de la revista (como había hecho unos años antes con *L'Esprit Nouveau* y *Valori Plastici).* Llevarla bajo el brazo formaba parte del juego, y le daba un aire de *dilettante* cosmopolita.

Lorca dejó una impresión indeleble en Sitges, donde, en casa del editor y director de *L'Amic de les Arts*, Josep Carbonell, improvisó al piano una de sus famosas sesiones de canciones populares. El ambiente –recordaría luego Gasch– se cargó de electricidad.[59]

Entre el grupo estaba ese día Lluís Montanyà. Nacido en Barcelona en 1903, Montanyà, especialista en literatura francesa contemporánea, escribía sobre ésta con frecuencia en *L'Amic de les Arts.* Por su conocimiento de la cultura francesa, él y Dalí debieron de tener mucho de que hablar, y no menos de los surrealistas, a quienes, en principio, Montanyà miraba con cierto desdén, desaprobando sin paliativos, por ejemplo, la novela *Muerte difícil*, de René Crevel, por su temática homosexual.[60] Montanyà, que al parecer no sospechaba que Lorca fuera homosexual, quedó tan cautivado como Gasch por el poeta andaluz. «Todo él sur», escribió en *L'Amic de les Arts*: «piel morena, ojos brillantes y vivísimos, cabello negro y profuso; gesto cordial, vehemente y enérgico, con intermitencias lánguidas».[61]

Dalí estaba orgulloso del impacto que la personalidad y los múltiples talentos de Lorca producían sobre todas las personas que iba conociendo en Cataluña, impacto celebrado por Gasch en un artículo publicado en *L'Amic.* En éste el crítico pasó a lamentar la mentalidad de aquellos catalanes para quienes el resto de España (sin hablar de Andalucía) era un libro cerrado, y cualquier cosa que viniera de más allá del Ebro digno de anatema.[62] La misma página incluía, casualmente, unas líneas sobre el montaje de *Romeo y Julieta* por los Ballets Russes de Diáguilev, con decorados de Max Ernst y Joan Miró. Cuando el ballet se representó en Barcelona, el público y los críticos de teatro habían reaccionado con total indiferencia.[63] Es probable que Dalí viera el montaje, y que incluso le presentaran a Diáguilev, porque en otro lugar del mismo número de *L'Amic* nos enteramos de que los Ballets le han invitado a diseñar los decorados de *Carmen.* El proyecto nunca pasó de ahí, pero la invitación debió de servir como un aguijón más para la mayor ambición daliniana: la consecución de una fama internacional.[64]

«SAN SEBASTIÁN»

La exposición de Lorca en Dalmau coincidió con la breve temporada de *Mariana Pineda.* Terminado el traqueteo de esos días tan intensos, el poeta se instaló con los Dalí en Cadaqués, donde pasó todo el mes de julio. Hubo excursiones, como en 1925; música, poesía y discos de jazz en la terraza frente al mar; payasadas en la playa, y también, por lo menos en lo que atañía a Dalí, trabajo. Trabajo que significaba, en primer lugar, dar el último repaso a su pieza «San Sebastián», de la que le había hablado a Lor-
37 ca allá por marzo, diciéndole, medio en broma, que se preguntaba si el
38 poeta y Sebastián no eran el mismo personaje. «San Sebastián», que señalaba la plena llegada de Dalí al escenario literario catalán, es una imaginativa exposición de su estética de la asepsia y de la Santa Objetividad. Estética que tenía una gran –y no reconocida– deuda con las detalladas descripciones de «aparatos» realizadas por Raymond Roussel, uno de los autores más admirados por Dalí, en *Impresiones de África.* No ha de extrañarnos que, cuando se publicó «San Sebastián» en el número de julio de
41 *L'Amic de les Arts,* Dalí lo dedicara a Lorca, pues el poeta aparece oblicuamente en el texto como el «alguien muy conocido» cuya cabeza recuerda a parte de la del santo. Otra referencia a Lorca, igualmente recóndita, se encuentra en la ilustración de Sebastián con la cual Dalí acompañó su texto. Era reciente, y mostraba la cabeza del santo en forma de pez aplanado. Puesto que en una carta a Lorca de principios de septiembre de 1928, en la que le hablaba de Sebastián, Dalí se había referido al poeta como «lenguado», la alusión al granadino resulta bastante obvia.[65]

«San Sebastián» constituye un hito tan importante en la vida y la carrera de Dalí que no hace falta disculparse por incluirlo íntegramente aquí, en la versión publicada por Lorca en *gallo:*

SAN SEBASTIÁN

A F. García Lorca

Ironía

Heráclito, en un fragmento recogido por Temistio, nos dice que a la naturaleza le gusta esconderse. Alberto Savinio* cree que este escon-

* Alberto Savinio, «Anadiomenon». Principi di valutazione dell'Arte contemporanea», *Valori Plastici,* Roma, I, núm. 4-5, 1919.

derse ella misma es un fenómeno de autopudor. Se trata –nos cuenta– de una razón ética, ya que este pudor nace de la relación de la naturaleza con el hombre. Y descubre en eso la razón primera que engendra la ironía.

Enriquet, pescador de Cadaqués, me decía en su lenguaje esas mismas cosas aquel día que, al mirar un cuadro mío que representaba el mar, observó: es igual. Pero mejor en el cuadro, porque en él las olas se pueden contar.*

También en esa preferencia podría empezar la ironía, si Enriquet fuera capaz de pasar de la física a la metafísica.

Ironía –lo hemos dicho– es desnudez; es el gimnasta que se esconde tras el dolor de San Sebastián. Y es también este dolor, porque se puede contar.

Paciencia

Hay una paciencia en el remar de Enriquet que es una sabia manera de inacción; pero existe también la paciencia que es una manera de pasión, la paciencia humilde en el madurar los cuadros de Vermeer de Delft, que es la misma paciencia que la del madurar los árboles frutales.

Hay otra manera aún: una manera entre la inacción y la pasión; entre el remar de Enriquet y el pintar de Van der Meer, que es una manera de elegancia. Me refiero a la paciencia en el exquisito agonizar de San Sebastián.

Descripción de la figura de San Sebastián

Me di cuenta de que estaba en Italia por el enlosado de mármol blanco y negro de la escalinata. La subí. Al final de ella estaba San Sebastián atado a un viejo tronco de cerezo. Sus pies reposaban sobre un capitel roto. Cuanto más observaba su figura, más curiosa me parecía. No obstante, tenía idea de conocerla toda mi vida y la aséptica luz de la mañana me revelaba sus más pequeños detalles con tal claridad y pureza, que no era posible mi turbación.

La cabeza del Santo estaba dividida en dos partes: una, formada por una materia parecida a la de las medusas y sostenida por un círculo

* Es casi seguro que se trata de una referencia a la obra *Figura en una ventana* (1925), hoy en el Museo Nacional Centro de Arte Reina Sofía de Madrid.

finísimo de níquel; la otra la ocupaba un medio rostro que me recordaba a alguien muy conocido; de este círculo partía un soporte de escayola blanquísima que era como la columna dorsal de la figura. Las flechas llevaban todas anotadas su temperatura y una pequeña inscripción grabada en el acero que decía: *Invitación al coágulo de sangre.* En ciertas regiones del cuerpo, las venas aparecían en la superficie con su azul intenso de tormenta del Patinir, y describían curvas de una dolorosa voluptuosidad sobre el rosa coral de la piel.

Al llegar a los hombros del santo, quedaban impresionadas, como en una lámina sensible, las direcciones de la brisa.

Vientos alisios y contraalisios

Al tocar sus rodillas, el aire escaso se paraba. La aureola del mártir era como de cristal de roca, y en su *whisky* endurecido florecía una áspera y sangrienta estrella de mar.

Sobre la arena cubierta de conchas y mica, instrumentos exactos de una física desconocida proyectaban sus sombras explicativas, y ofrecían sus cristales y aluminios a la luz desinfectada. Unas letras dibujadas por Giorgio Morandi indicaban *Aparatos destilados.*

La brisa del mar

Cada medio minuto llegaba el olor del mar, construido y anatómico como las piezas de un cangrejo.

Respiré. Nada era aún misterioso. El olor de San Sebastián era un puro pretexto para una estética de la objetividad. Volví a respirar, y esta vez cerré los ojos, no por misticismo, no para ver mejor mi yo interno –como podríamos decir platónicamente–, sino para la sola sensualidad de la fisiología de mis párpados.

Después fui leyendo despacio los nombres e indicaciones escuetas de los aparatos; cada anotación era un punto de partida para toda una serie de delectaciones intelectuales, y una nueva escala de precisiones para inéditas normalidades.

Sin previas explicaciones intuía el uso de cada uno de ellos y la alegría de cada una de sus exactitudes suficientes.

Heliómetro para sordomudos

Uno de los aparatos llevaba este título: *Heliómetro para sordomudos.* Ya el nombre me indicaba su relación con la astronomía, pero, sobre todo, lo evidenciaba su constitución. Era un instrumento de alta poesía física formado por distancias, y por las relaciones de estas distancias; estas relaciones estaban expresadas geométricamente en algunos sectores, y aritméticamente en otros; en el centro, un sencillo mecanismo indicador servía para medir la agonía del santo. Este mecanismo estaba constituido por un pequeño cuadrante de yeso graduado, en medio del cual un coágulo rojo, preso entre dos cristales, hacía de sensible barómetro a cada nueva herida.

En la parte superior del heliómetro estaba el vidrio multiplicador de San Sebastián. Este vidrio era cóncavo, convexo y plano a la vez. Grabadas en la montura de platino de sus limpios y exactos cristales, se podía leer *Invitaciones a la astronomía,* y debajo, con letras que imitaban el relieve: *Santa Objetividad.* En una varilla de cristal numerada, podía leerse aún: *Medida de las distancias aparentes entre valores estéticos puros,* y al lado, en una probeta finísima, este anuncio sutil: *Distancias aparentes y medidas aritméticas entre valores sensuales puros.* Esta probeta estaba llena, hasta la mitad, de agua marina.

En el heliómetro de San Sebastián no había música, ni voz, y era, en ciertos fragmentos, ciego. Estos puntos ciegos del aparato eran los que correspondían a su álgebra sensible y los destinados a concretar lo más insustancial y milagroso.

Invitaciones a la astronomía

Acerqué el ojo a la lente, producto de una lenta destilación numérica e intuitiva al mismo tiempo.

Cada gota de agua, un número. Cada gota de sangre, una geometría.

Me puse a mirar. En primer lugar, la caricia de mis párpados en la sabia superficie. Después, vi una sucesión de claros espectáculos, percibidos con una ordenación tan necesaria de medidas y proporciones que cada detalle se me ofrecía como un sencillo y eurítmico organismo arquitectónico.

Sobre la cubierta de un blanco paquebote, una muchacha sin senos enseñaba a bailar el *black-bottom* a los marineros empapados de viento sur. En otros trasatlánticos, los bailadores de *charleston* y *blues* veían a Venus cada mañana en el fondo de sus *gin cocktails,* a la hora de su preaperitivo.

Todo esto estaba apartado de la vaguedad, todo se veía limpiamente, con claridad de vidrio de multiplicar. Cuando posaba mis ojos sobre cualquier detalle, este detalle se agrandaba como en un *gros plan* cinematográfico, y alcanzaba su más aguda categoría plástica.

Veo a la jugadora de *polo* en el faro niquelado del *Isotta Fraschini.* No hago más que detener mi curiosidad en su ojo, y éste ocupa el máximo campo visual. Este solo ojo, súbitamente agrandado y como único espectáculo, es todo un fondo y toda una superficie de océano, en el que navegan todas las sugestiones poéticas y se estabilizan todas las posibilidades plásticas. Cada pestaña es una nueva dirección y una nueva quietud; el *rimmel* untuoso y dulce forma, en su aumento microscópico, precisas esferas a través de las cuales puede verse la Virgen de Lourdes o la pintura (1926) de Giorgio de Chirico: *Naturaleza muerta evangélica.**

Al leer las tiernas letras de la galleta

Superior
Petit Beurre
Biscuit

los ojos se me llenaban de lágrimas.

Una flecha indicadora y debajo: *Dirección Chirico; hacia los límites de una metafísica.*

La línea finísima de sangre es un mudo y ancho plano del metropolitano. No quiero proseguir hasta la vida del radiante *leucocito*, y las ramificaciones rojas se convierten en pequeña mancha, pasando velozmente por todas las fases de su decrecimiento. Se ve otra vez el ojo en su dimensión primitiva al fondo del espejo cóncavo del faro, como insólito organismo en el que ya nadan los peces precisos de los reflejos en su acuoso medio lagrimal.

Antes de proseguir mirando, me detuve otra vez en los pormenores del santo. San Sebastián, limpio de simbolismos, era un hecho en su única y sencilla presencia. Sólo con tanta objetividad es posible seguir con calma un sistema estelar. Reanudé mi visión heliométrica. Me daba perfectamente cuenta de que me encontraba dentro de la órbita antiartística y astronómica del *Noticiario Fox.*

Siguen los espectáculos, simples hechos motivadores de nuevos estados líricos.

La chica del bar toca *Dinah* en su pequeño fonógrafo, mientras prepara ginebra compuesta para los automovilistas, inventores de las sutiles mezclas de juegos de azar y superstición negra con las matemáticas de sus motores.

* El cuadro se pintó en 1918, no 1926.

En el autódromo de Portland, la carrera de Bugattis azules, vista desde el avión, adquiere un ensoñado movimiento de hidroideos que se sumergen en espiral en el fondo del acuario, con los paracaídas desplegados.

El ritmo de la Joséphine Baker al *ralenti* coincide con el más puro y lento crecimiento de una flor en el acelerador cinematográfico.

Brisa de cine otra vez. Guantes blancos a teclas negras de *Tom Mix,** puros como los últimos entrecruzamientos amorosos de los peces, cristales y astros de *Marcoussis.***

Adolphe Menjou, en un ambiente antitrascendental, nos da una nueva dimensión del *smoking* y de la ingenuidad (ya sólo delectable dentro del cinismo).***

Buster Keaton –¡he aquí la Poesía Pura, Paul Valéry!–. Avenidas postmaquinísticas, Florida, Corbusier, Los Ángeles, Pulcritud y euritmia del útil estandarizado, espectáculos asépticos, antiartísticos, claridades concretas, humildes, vivas, alegres, reconfortantes, para oponer al arte sublime, delicuescente, amargo, putrefacto...

Laboratorio, clínica.

La clínica blanca se remansa en torno de la pura cromolitografía de un pulmón.

Dentro de los cristales de la vitrina, el bisturí cloroformizado duerme tendido como una Bella Durmiente en el bosque imposible de entrelazamiento de los níqueles y del *ripolín.*

Las revistas americanas nos ofrecen *Girls, Girls, Girls* para los ojos, y, bajo el sol de Antibes, *Man Ray* obtiene el claro *retrato* de una magnolia, más eficaz para nuestra carne que las creaciones táctiles de los futuristas.****

Vitrina de zapatos en el Gran Hotel.

Maniquíes. Maniquíes quietas en la fastuosidad eléctrica de los escaparates, con sus neutras sensualidades mecánicas y articulaciones turbadoras. Maniquíes vivas, dulcemente tontas, que andan con el ritmo alternativo y contra sentido de cadera-hombros, y aprietan en sus arterias las nuevas fisiologías reinventadas de los trajes.

Bocas de las maniquíes. Heridas de San Sebastián.

* Actor y director norteamericano (1880-1940).

** El pintor cubista polaco Louis Marcoussis (1878-1941), que vivió en París.

*** Actor norteamericano (1890-1936) admirado por Dalí, entre otras razones por su bigote.

**** Referencia, parece ser, a *Il tattilismo* (El tactilismo) de Marinetti, editado en 1921.

Putrefacción

El lado contrario del vidrio de multiplicar de San Sebastián correspondía a la putrefacción. Todo, a través de él, era angustia, oscuridad y ternura aún; ternura, aún, por la exquisita ausencia de espíritu y naturalidad.

Precedido por no sé qué versos del Dante, fui viendo todo el mundo de los putrefactos: los artistas trascendentales y llorosos, lejos de toda claridad, cultivadores de todos los gérmenes, ignorantes de la exactitud del doble decímetro graduado; las familias que compran objetos artísticos para poner sobre el piano; el empleado de obras públicas; el vocal asociado; el catedrático de psicología... No quise seguir. El delicado bigote de un oficinista de taquilla me enterneció. Sentía en el corazón toda la poesía suya exquisita y franciscana y delicadísima. Mis labios sonreían a pesar de tener ganas de llorar. Me tendí en la arena. Las olas llegaban a la playa con rumores quietos de *Bohémienne endormie*, de Henri Rousseau.[66]

«San Sebastián» tuvo la fuerza de una revelación para los que, a diferencia de Lorca y de Gasch, ignoraban tanto el apego fanático de Dalí al culto de la Santa Objetividad, con su contundente rechazo al sentimentalismo, como su talento literario. Sólo Lorca estaba en condiciones de interpretar el mensaje oculto del texto, que debió de parecerle algo así como una réplica a su ya famosa *Oda,* en la que había dejado constancia del terror que al pintor le provocaban las emociones. «San Sebastián», al leerlo ahora impreso, tal vez le parecía al poeta que confirmaba el empeño de Dalí en mantenerse distante, lo suficiente, por lo menos, como para evitar todo enredo sexual con él.

En el borrador de una interesante carta a su amigo el librero Juan Vicéns, escrito mientras trabajaba sobre «San Sebastián», Dalí había defendido con ardor su fe en la Santa Objetividad, añadiendo: «Me parece absurdo tu consejo de irme a Paris», dice, «de eso estoy ya con una tan gran seguridad, que me voy ya para AÑOS enteros a vivir a Cadaques. Desde la Santa Objetividad de Cadaques todo atquiere su ritmo y proporcion, desde alli las cosas que me mandan los surrealistas son jusgadas a mis manos con una crueldad sonrriente.» Y, retomando el hilo de las dos primeras secciones de «San Sebastián», había remachado: «El milagro nace de las manos, y lo principal en una pintura es no pasar de la linea tal como lo señalan los profesores cuando en el colegio nos hacian colorear los mapas [...] Yo pinto para el placer de mis manos, con una gran paciencia que es tambien una manera de pasion. Wermer de Def pintava asi y nadie pinta nada que fuera una mas pura creacion del espiritu como sus cuadros» (en una nota Dalí refina: Vermeer es «lo mejor del Lubre»). El hermano de Els Fossos que había insistido en no pasar de la línea adquiere cierto protagonismo en estos momentos en que Dalí está obsesionado por la Santa Objetividad, pues por las misma fechas el pintor elogia su «sentido común» en un artículo para *L'Amic de les Arts.*[67]

A Josep Carbonell, director de la revista, le impresiona tanto «San Sebastián» que invita a Dalí a colaborar habitualmente en ella. El pintor acepta. Años más tarde, típicamente, Dalí dirá que despreciaba *L'Amic de les Arts* y que sólo había escrito allí para promocionarse.[68] Nada más lejos de la verdad. Por lo contrario, se toma muy en serio su colaboración, y, gracias al estímulo que le brinda, publica en las elegantes páginas de la revista algunos de sus más valiosos textos teóricos.

Dalí rebosaba de ideas y proyectos. Unos meses antes, él y Gasch habían decidido que ya era hora de lanzar un manifiesto contra el estancamiento, la pretenciosidad y la putrefacción, como lo entendían ellos, del ambiente artístico catalán. Los dos amigos, a quienes pronto se sumó Lluís Montanyà, decidieron bautizarlo como el *Manifest antiartístic.* Lorca aportó sugerencias, y Anna Maria, siempre con su Kodak a mano, lo fotografió con Salvador en una sesión de transmisión de ideas mantenida alrededor de la mesa redonda de la terraza de Es Llané. Las frentes de los dos amigos están conectadas por un cordón (el de la bata de baño del granadino) que pasa a través de una precaria torre de copas de cristal erigida entre poeta y pintor. Ambos tienen las plumas listas para apuntar los pensamientos que les lleguen. Lorca estaba tan orgulloso de esta fotografía que, dos años más tarde, la entregaría para su publicación en una pequeña revista de Nueva York, junto con otras sacadas por Anna Maria durante la misma estancia en Cadaqués. Allí rezaría el pie: «Escribiendo un manifiesto con el pintor Dalí.[69]

«LA MIEL ES MÁS DULCE QUE LA SANGRE»

Más o menos por estas fechas Dalí le contó a Gasch que había empezado dos nuevos cuadros, *El bosque de los aparatos* y *El nacimiento de Venus.*[70]

El primero fue rebautizado poco después como *La miel es más dulce que la sangre*; el segundo recibió pronto el nuevo título de *Los esfuerzos estériles*, y finalmente se llamaría *Cenicitas*. Se desconocen el paradero y las di-
44 mensiones de *La miel es más dulce que la sangre*, sólo conocido a través
XI de una fotografía en blanco y negro. *Cenicitas* tuvo mejor suerte, y hoy es una de las estrellas de la colección Dalí del Museo Nacional Centro de Arte Reina Sofía, en Madrid.

Durante el verano de 1927 *L'Amic de les Arts* informó a sus lectores que Dalí estaba trabajando con ahínco en las dos telas, que en opinión de la revista harían *molt de soroll* (mucho ruido).[71] El 12 de agosto Dalí le contó a Josep Maria Junoy, director de *Nova Revista*, que *La miel es más dulce que la sangre* inauguraba «una nueva órbita, equidistante entre el cubismo y el surrealismo, por un lado, y una pintura como la de los Brueghel, por otro».[72]

X Ambos cuadros, así como *Aparato y mano*, pintado por las mismas fechas, permiten deducir que durante el verano de 1927 alguien le enseñó o le regaló a Dalí el catálogo de la exposición *Yves Tanguy et Objets d'Amérique*, montada en París por la Galerie Surréaliste entre el 27 de mayo y el 15 de junio. El catálogo, con un prefacio de Breton y un tex-
55 to de Éluard, reproducía dos de los veintitrés cuadros expuestos: *Él ha-*
56 *cía lo que quería*, 1927, y *Extinción de luces inútiles*, 1927, así como un detalle de *¡Rápido! ¡Rápido!* A Dalí debieron de hacerle gracia esos títulos estrafalarios y arbitrarios, así como la indicación de Tanguy según la cual el alternativo *Cuando me fusilen* podía aplicarse igualmente a todos ellos.[73]

Dawn Ades, para quien la influencia de Tanguy en el Dalí de esta época es *paramount* (preponderante) –mucho más importante que la de Ernst y Miró–, está convencida de que *La miel es más dulce que la sangre* y *Aparato y mano* indican que Dalí conocía bien *Él hacía lo que quería*, «que tiene el mismo tipo de figuras dispersas ambiguamente por la tierra y el cielo» y que Dalí tomó prestadas, además, «las fantasmales configuraciones del cielo, que en Tanguy están, de hecho, rasgadas en la pintura». Es imposible no estar de acuerdo con Ades.[74] José Pierre, autor de la introducción del catálogo de la retrospectiva de Tanguy celebrada en París en 1982, señala, no sin desdén, la que denomina «sistemática hipertanguysación» de Dalí a partir de 1926, y enumera los elementos que, en su opinión, fueron «apropiados» y «confiscados» por el catalán. Entre ellos las figuras «levitadas», el uso de números y letras (como en

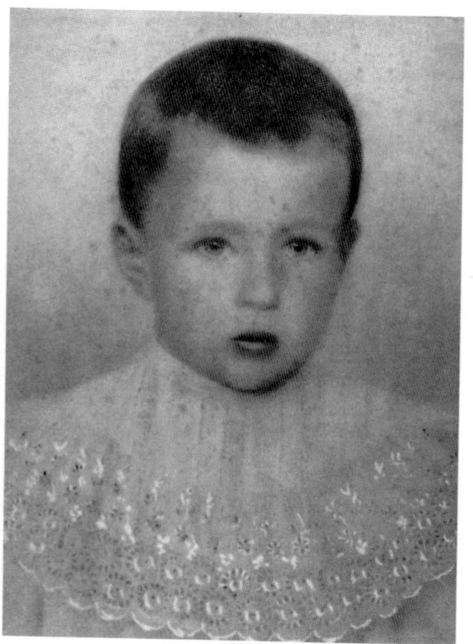

1 El hermano de Dalí, Salvador Galo Anselmo, que murió a la edad de veintidós meses en 1903, nueve meses antes del nacimiento del futuro pintor.

2 Salvador Dalí Cusí con el primer Salvador.

3 La tumba de la familia Dalí en el cementerio de Figueres, comprada para el entierro del primer Salvador.

4 El lago de Requesens, con su imagen de un monstruo marino o ballena, que parece haber inspirado el cuadro *Lago de montaña*, de Dalí (también conocido como *Playa con teléfono*), 1938.

5 Calle Monturiol, 20, la primera casa de los Dalí en Figueres, vista desde el jardín de la marquesa de la Torre antes de que se edificara sobre éste

6 El jardín de la marquesa de la Torre visto desde la calle Caamaño.

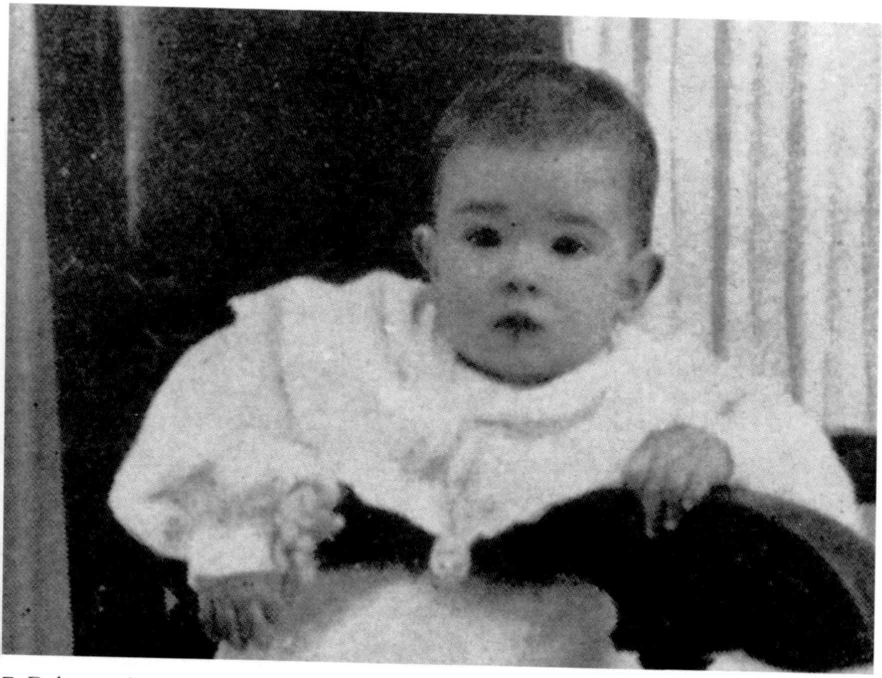

7 Dalí cuando tenía un año.

8 Dalí con su prima favorita, Montserrat.

9 La numerosa familia Pichot retratada en Es Sortell en 1908. Sólo falta Pepito, el gran amigo de Dalí, autor de la fotografía.

10 La casa de los Pichot en Es Sortell antes de que creciera el jardín.

11 Cadaqués, hoy.

12 Felipa Domènech, madre de Dalí, con su hermana menor Catalina, *la tieta*.

13 Esteban Trayter con sus alumnos en 1908. Dalí, con cuatro años, marcado con una cruz, está a dos pasos del profesor, dueño de la barba más llamativa de Figueres.

14 Los Dalí en la playa de Es Llané, *c.* 1909.

15 Es Llané, *c.* 1910, con la casa de los Dalí a la derecha y, un poco más allá, la villa modernista conocida popularmente como «Es Tortell» («El Tortel»).

16 Un Dalí contento, con seis años más o menos, en el jardín mágico de Pepito Pichot en Figueres.

17 Dalí llamó al cabo de Creus «un grandioso delirio geológico». A lo largo de los siglos las rocas de micacita han sido esculpidas y horadadas por la tramontana, la lluvia y la sal.

18 En el cabo de Creus hay sorpresas a cada instante. El «paisaje mental» daliniano, dijo una vez el pintor, se parecía a las rocas «proteicas y fantásticas» del cabo. A Lorca y Buñuel les impresionó profundamente.

19 La roca del cabo de Creus (cala Culip) que inspiró en parte *El gran masturbador* de Dalí (lámina XIV).

20 Segunda casa de los Dalí en la calle Monturiol, 24, donde se instalaron en 1912. Dalí improvisó su primer estudio en un lavadero sito en la terraza encima del edificio.

21 Dalí con Pepito Pichot.

22 Juan Núñez Fernández, profesor de arte de Dalí en Figueres.

23 Un Dalí tímido (en la primera fila) con sus compañeros del Instituto de Figueres durante una excursión.

24 La capilla de San Baldiri entre Cadaqués y Port Lligat. La campana, donada por Dalí, reproduce la efigie de su «tía».

25 Carme Roget, la novia del Dalí adolescente, en septiembre de 1920.

26 El Molí de la Torre, la finca de los Pichot en las afueras de Figueres.

27 La librería Verdaguer, en las Ramblas, Barcelona, propiedad del tío de Dalí, Anselm Domènech.

28 El gran aliado de Dalí, el galerista Josep Dalmau, por el caricaturista Luis Bagaría.

29 Dalí (segunda fila, en cuclillas) con su clase en la Escuela Especial de Pintura, Escultura y Grabado (Real Academia de San Fernando), Madrid, *c.* 1922-1924.

30 José María Hinojosa, Dalí, Buñuel, María Luisa González, José Moreno Villa y José Bello en Toledo, 18 de enero de 1925.

31 García Lorca posa orgullosamente debajo de *Naturaleza muerta (Sifón y botella de ron)*. Véase lámina V.

32 Dalí con su tío Anselm Domènech delante de *Arlequín y botellita de ron.* Según indicación de Buñuel, la fotografía se sacó en Cadaqués en 1925.

33 Dalí, García Lorca y José Bello juntos en la Residencia de Estudiantes. Fechada en 1926 por Buñuel.

34 Pablo Picasso, *Estudio con cabeza de yeso*, 1925. Dalí vio el cuadro cuando visitó a Picasso en 1926. Su influencia es evidente en obras como *Composición con tres figuras* (*Academia neocubista;* véase lámina IX).

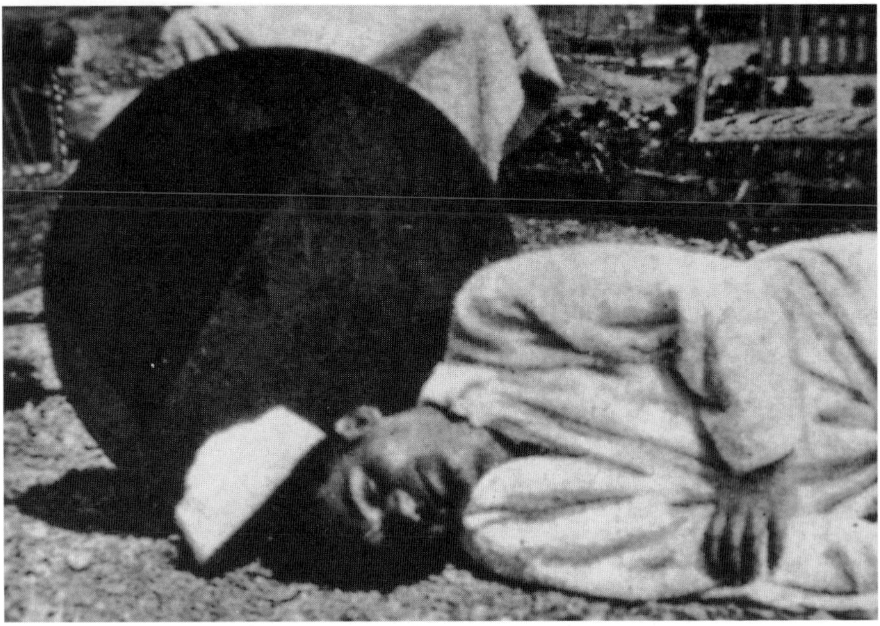

35 Lorca haciéndose el muerto en la terraza de Es Llané, Cadaqués, 1925 o 1927. Fotografía publicada en la pequeña revista neoyorquina *Alhambra*, en 1929. Compárese lámina VIII.

36 Dalí con Lídia en Cadaqués, *c.* 1927.

37 Lorca con Dalí en Es Llané, Cadaqués, 1927.

38 Otra fotografía con Lorca durante el mismo verano.

EL POETA EN LA PLATJA D'EMPÚRIES
VIST PER SALVADOR DALÍ

39 *El poeta en la playa de Ampurias,* 1927. Original y dimensiones desconocidos. Publicado en *L'Amic de les Arts,* Sitges, 30 de junio de 1927. El poeta es Lorca, que visitó las ruinas griegas y romanas de Empúries por vez primera con Dalí en 1925. Nótense los «aparatos» y demás elementos dalinianos desparramados por la playa que relacionan el dibujo con el gran cuadro *La miel es más dulce que la sangre* (ilustración en blanco y negro número 44).

BOLETIN DE LA JOVEN LITERATURA

MURCIA - 1927 - ABRIL

SALVADOR DALÍ: La playa

40 Dalí, *La playa.* Original y dimensiones desconocidos. Publicado en *Verso y Prosa,* Murcia, abril de 1927. Las cabezas fundidas de Lorca y Dalí yacen sobre la playa. Nótese la vena expuesta de la mano y muñeca cortadas, que se repite en numerosos cuadros y dibujos de la «época lorquiana» del pintor.

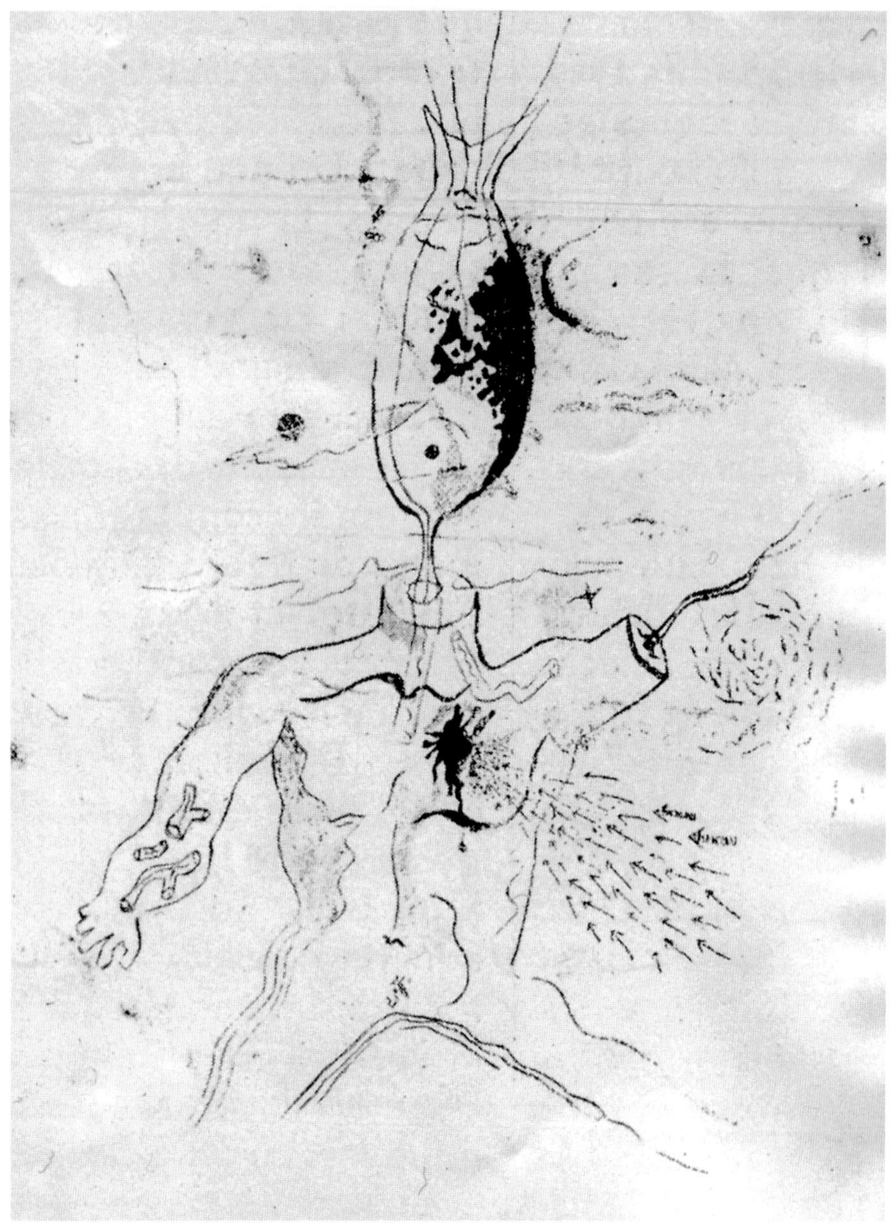

41 Dalí, *San Sebastián con cabeza de lenguado*, 1927. Original, título y dimensiones desconocidos. Publicado en *L'Amic de les Arts*, Sitges, 31 de julio de 1927. Otra alusión a García Lorca.

42 Dalí, Autorretrato, 1926. Original y dimensiones desconocidos. Publicado en *L'Amic de les Arts*, Sitges, 31 de enero de 1927. Otra vez las cabezas fundidas de Lorca y Dalí.

43 Dalí, *Bañista*, 1927. Tinta, 37,3 × 49,1 cm. García Lorca colaboró casi seguramente en este dibujo, ejecutado durante su estancia con Dalí en Cadaqués aquel verano.

44 Dalí, *La miel es más dulce que la sangre*, 1927. Paradero y dimensiones desconocidos. Una de las obras clave de la «época lorquiana» del pintor, incluye la cabeza cortada del poeta (que proyecta el perfil de la de Dalí) y lo que parece ser el cuerpo momificado de Buñuel.

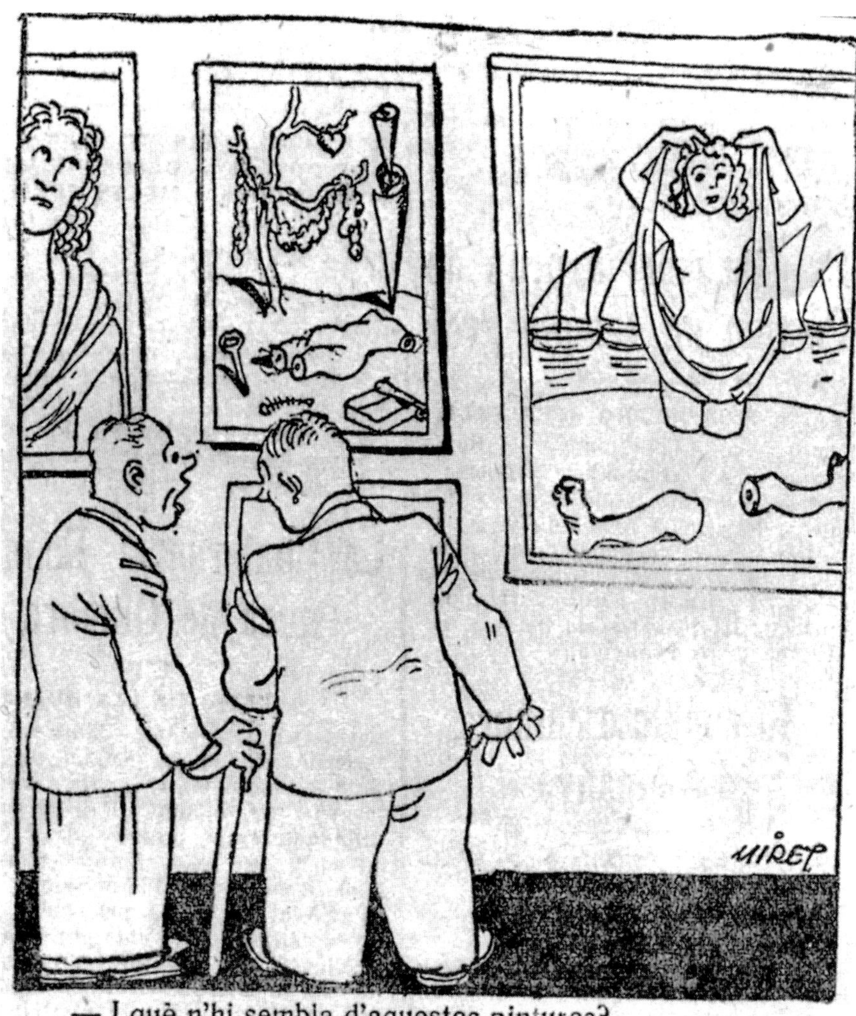

45 Un caricaturista de *La Veu de Catalunya*, Barcelona (20 de octubre de 1927), hace un chiste a expensas de *La miel es más dulce que la sangre* (véase ilustración anterior). El pie dice: «¿Y qué le parecen estos cuadros?» «Que se nota el incremento de coches que hay, pues cada día hay más accidentes.»

46 Dalí, *¿Apetito en estos tiempos?* Original y dimensiones desconocidos. Caricatura de una familia «putrefacta», ejecutada a mediados de los años veinte. Publicado, sin atribuirlo a Dalí, en *L'hora*, Barcelona, 6 de noviembre de 1931.

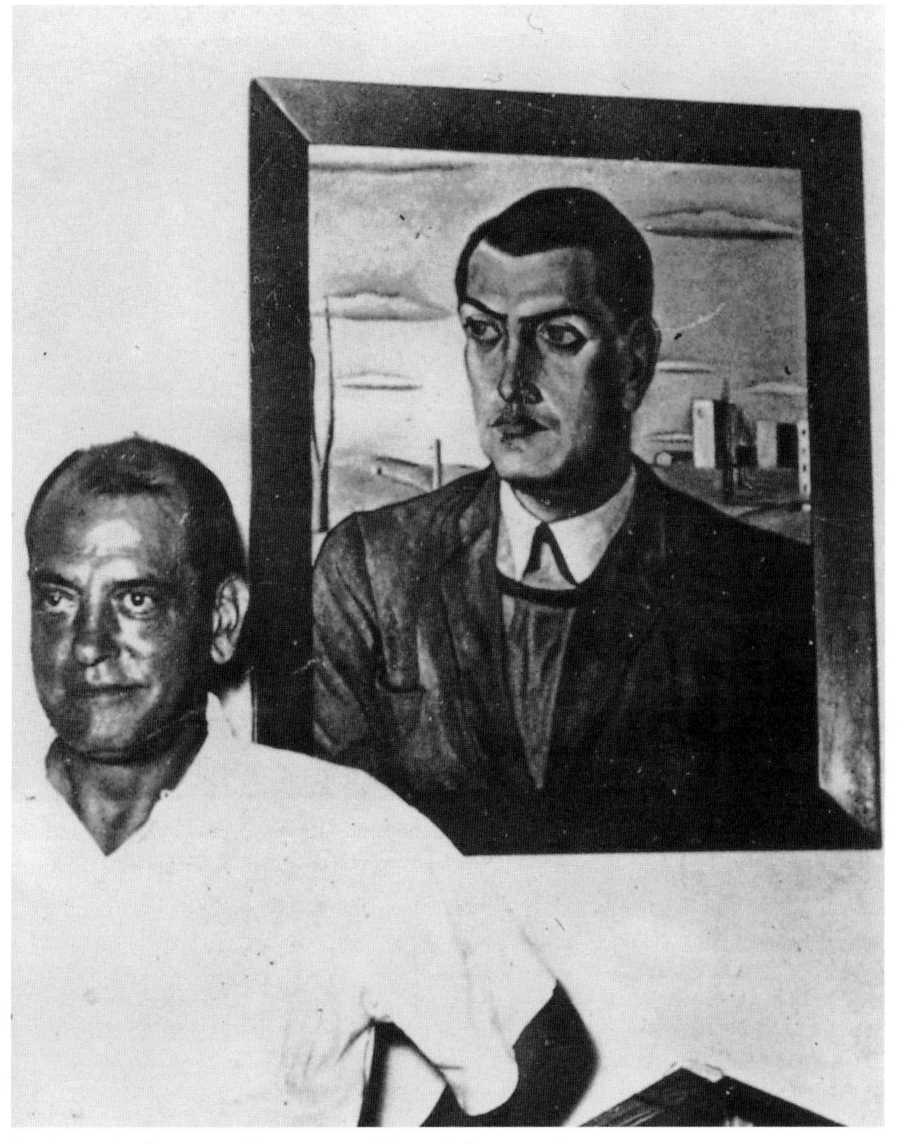

47 Buñuel, ufano, con el retrato que le hizo Dalí en 1924.

48 La última fotografía conocida de Lorca, Dalí y Buñuel juntos, acompañados aquí por José Moreno Villa y José Rubio Sacristán. Se sacó en 1927 en Madrid a orillas del Manzanares.

Aparato y mano y *Cenicitas),* las formas ectoplásmicas, los dedos fálicos y las volutas de humo *(fumées).*[75] Que Dalí se apropiara efectivamente de estos elementos, así como de varios otros (entre ellos la mano cortada y las sombras de *Extinción de luces inútiles)* está fuera de duda, aunque añadió otros suyos para engrosar el repertorio: pechos voladores, brazos y cabezas cortados, maniquíes decapitados, burros podridos y, por supuesto, los *aparells* (aparatos). Sobre todo, sin embargo, es la *luz* de los cuadros de Dalí inspirados en Tanguy lo que los distingue de las obras del francés: en lugar de los tonos apagados de las «playas mentales» de Tanguy, como las llama Pierre (que tal vez procedían de sus vacaciones en Bretaña cuando niño), las de Dalí están bañadas por la luz brillante del Empordà de la tramontana, que a su vez da lugar a sombras de una nitidez digna de De Chirico que Dalí, como hemos dicho, no tardó en explotar.[76]

Años después Dalí no ocultaría lo mucho que le debía a Tanguy, comentando un día a Agnes Tanguy, sobrina del pintor: «Se lo robé todo a su tío Yves» *(«J'ait tout piqué de Tonton Yves»).* Aunque no sabremos nunca si dijo exactamente estas palabras, la admisión de deuda parece incontestable.[77]

Lorca, presente mientras Dalí trabajaba en *La miel es más dulce que la sangre,* quedó fascinado con la playa espectral del cuadro, con sus hileras de aparatos, cuerpos mutilados y demás objetos, todos pintados con una precisión de pesadilla. En su estudio para la obra, Dalí había incluido una versión estilizada de la cabeza de Lorca entre los desechos de la playa, como vimos. Ahora la hace más realista, en la línea de la que aparece en el dibujo *El poeta en la playa de Ampurias,* publicado en 39
abril de ese mismo año. La cabeza proyecta la sombra de la de Dalí, en consonancia con otras obras de la «época lorquiana», y yace semienterrada en la arena entre una maniquí decapitada recostada junto a un charco de su propia sangre y un burro podrido, infestado de moscas. Cerca hay otra cabeza cortada, casi seguramente la de Dalí, separada de la del poeta por un brazo cercenado. Y a los pies de la maniquí yace un cadáver ennegrecido, tan cubierto de moscas como el burro. Se ha aventurado que representa a Luis Buñuel, con quien Dalí se escribía con frecuencia en esos momentos y que estaba tratando por todos los medios de separarlo de Lorca. De las bocas de Dalí y del poeta mana un fino chorro de sangre.[78]

A finales de ese mes, en camino de regreso a Granada, Lorca escribió a Dalí una emotiva carta desde Barcelona en la cual aludía a *La miel es más dulce que la sangre* y a *Cenicitas*:

Mi querido Salvador: Cuando arrancó el automóvil, la oca empezó a graznar y decirme cosas del Duomo de Milán.* Yo estuve a punto de tirarme del coche para quedar contigo (contiguito) en Cadaqués, pero me detenía el expresivo reloj pulsera de *Pepe* y la nariz de *Pepe* que echaba en la mañana al baño maría de París un coralito de sangre duro duro [sic] en su cara lastimosa.** Al despedirme de los Qucurucuchs [sic]*** en el recodo de la carretera, te he visto pequeño comiéndote una manecita roja con aceite y utilizando un pequeño tenedor de yeso que te sacabas de los ojos. Todo con una ternura de pollo recién salido del cascarón y tiu tiu y de [¿pirulí?] mano. ¡Ay!****

Ahora sudo y [¿hace?] un calor insoportable. Cadaqués tiene la alegría y la permanencia de bellezas neutra[s] [de]l sitio donde ha nacido Venus, *pero que ya no se recuerda.*

Va hacia la belleza pura. Desaparecieron las viñas y se exaltan día por día las aristas que son como las olas y las olas (onadas) que son como las aristas. Un día la luna [¿se?] mojará con elasticidad de pez mojado, y la torre de la iglesia oscilará de goma blanda sobre las casas, duras o *lastimosas,****** de cal, o de pan mascado. Yo me entusiasmo pensando en los descubrimientos que vas a hacer de Cadaqués y recuerdo al Salvador Dalí neófito lamiendo la cáscara del crepúsculo sin entrar dentro todavía, la cáscara rosa palidísima de cangrejo puesto boca arriba. Hoy ya estás dentro. Desde aquí siento (¡ay, hijo mío, qué pena!) el chorrito suave de la bella sangrante del bosque de aparatos y oigo crepitar dos bestiecitas como el sonido de los cacahuetes cuando se parten con los dedos. La mujer seccionada es el poema más bello que se puede hacer de la sangre y tiene más sangre que toda la que se derra-

* Anna Maria Dalí tenía ocas en un jardín detrás de la casa familiar de Es Llané. «¡Échales maíz a las ocas!», le dirá Lorca en una carta (*Epistolario completo,* p. 507). El sentido de la referencia al Duomo se nos escapa.

** Pepe era tío de Rosa Maria Salleras, vecina de los Dalí.

*** Los Cucurucucs, dos islotes situados uno a cada lado de la bahía de Cadaqués.

**** Lorca se refiere a la última vista de Cadaqués desde la curva de la carretera en el lugar llamado Perefita, en la falda del Pení. Desde allí, naturalmente, en absoluto se habría podido ver a Dalí, aunque hay un panorama espléndido de la bahía de Cadaqués.

***** El subrayado indica que Lorca está utilizando una palabra cara a Dalí. En la prosa «Mi amiga y la playa», por ejemplo, encontramos unas *«bèsties abatudas y llastimosas».*

mó en la Guerra Europea, que era sangre *caliente* y no tenía otro fin que el de *regar* la tierra y aplacar una sed simbólica de erotismo y fe. Tu sangre pictórica y en general toda la concepción plástica de tu estética fisiológica tiene un aire concreto y tan proporcionado, tan lógico y tan verdadero de pura poesía que adquiere la categoría *de lo que nos es necesario* para vivir.*

Se puede decir «iba cansado y me senté a la sombra y frescura de *aquella sangre*», o decir «bajé el monte y corrí toda la playa hasta encontrar la cabeza melancólica donde se agrupaban los deliciosos bestecitos [sic] crepitantes tan útiles para la buena digestión».

Ahora sé lo que pierdo separándome de ti. La impresión que me da Barcelona es la impresión de que todo el mundo juega y suda con una preocupación de *olvido*. Todo es confuso y embistiente como la estética de la llama, todo indeciso y despistado. Allí en Cadaqués la gente se siente sobre el suelo todas las sinuosidades y poros de las plantas de los pies. Ahora veo cómo en Cadaqués me sentía los hombros. Es una delicia para mí recordar las curvas resbaladizas de mis hombros donde por primera vez he sentido en ellos la circulación de la sangre en cuatro tubitos esponjosos que temblaban con movimientos de nadador herido.

Quisiera llorar pero con el llanto sin conciencia de Lluís Salleras** y con el canto estupendo de cuando tu padre tararea la sardana *Una llàgrima.****

Me he portado como un burro indecente contigo que eres lo mejor que hay para mí. A medida que pasan los minutos lo veo claro y tengo verdadero sentimiento. Pero esto sólo aumenta mi cariño por ti y mi adhesión por tu pensamiento y calidad humana.

Esta noche como con todos los amigos de Barcelona y brindaré por ti y por mi estancia en Cadaqués, pues las plazas del exprés estaban tomadas.

Saluda a tu padre, a tu hermana Ana María a quien tanto quiero, y a Raimunda.****

Acuérdate de mí cuando estés en la playa y sobre todo cuando pintes las crepitantes y [¿únicas?] cenicitas, ¡ay mis cenicitas! Pon mi nom-

* En la fotografía en blanco y negro de *La miel es más dulce que la sangre* no se 44
aprecia, claro está, la calidad de la sangre que evoca Lorca. El estudio para el cuadro, que probablemente conocía también el poeta, sí permite apreciarla. Se reproduce en *DOH*, p. 76.

** Vecino de los Dalí en Es Llané, hermano de Rosa Maria Salleras.

*** Se trata, tal vez, de la famosa sardana *Per tu ploro.*

**** No hemos logrado identificar a este personaje.

bre en el cuadro para que mi nombre sirva para algo en el mundo* y dame un abrazo que bien lo necesita tu

Federico

¡Hace un calor espantoso!

¡Pobrecito!

Que hagas el artículo de mi exposición y que me escribas, hijito.[79]

¿En qué sentido se había portado Lorca con Dalí «como un burro»? Rafael Santos Torroella cree que el poeta se refería a una segunda, y muy reciente, tentativa de poseer físicamente al pintor. En cualquier caso, parece seguro que, al terminar la estancia de Lorca en Cadaqués, Dalí estaba ya seriamente preocupado por el rumbo que tomaba la relación con su amigo. Desesperado por demostrar su heterosexualidad y afirmar su independencia, puede que Dalí creyese que estaba ahora en peligro de sucumbir a impulsos homosexuales inconfesables.

Si fue Lorca quien propuso para *La miel es más dulce que la sangre* el efímero título alternativo de *El bosque de los aparatos*,[80] el nombre definitivo del cuadro se apropiaría de una expresión misteriosa de Lídia Nogués, que ésta solía proclamar en ocasiones de particular solemnidad.[81] Dalí seguía siendo virgen, y, como sabemos por *Vida secreta* y posteriores escritos autobiográficos y declaraciones a la prensa, era un masturbador compulsivo. Es posible que el título *La miel es más dulce que la sangre* encierre también una alusión al onanismo, que pronto se convertirá en uno de los *leitmotivs* de la obra daliniana. La pista nos la da él mismo en *Vida secreta,* donde evoca una sesión masturbatoria ocurrida en París:

> Una vez más arrebataba a mi cuerpo ese placer solitario acostumbrado, más dulce que la miel, mientras mordía un ángulo de mi almohada iluminado por un rayo de luna, clavando en él mis dientes hasta perforar la tela empapada en saliva.[82]

Si masturbarse es un placer más dulce que la miel, y la miel es más dulce que la sangre, nos preguntamos si la sangre, en el contexto de este cuadro, no representa el coito (y el temor que suscita), con lo que el título equivaldría a «masturbarse es más dulce que hacer el amor». En la

* Dalí puso el «nombre» de Lorca en el cuadro al colocar la que parece ser su cabeza seccionada en la línea que separa mar y playa.

Oda a Walt Whitman de Lorca, escrita dos años más tarde en Nueva York, hay una estrofa que apoya esta interpretación, y que puede incluso contener una alusión, consciente o no, a *La miel es más dulce que la sangre,* cuadro que, como sabemos, tenía un especial significado para el poeta:

> Porque es justo que el hombre no busque su deleite
> en la selva de sangre de la mañana próxima.
> El cielo tiene playas donde evitar la vida
> y hay cuerpos que no deben repetirse en la aurora.[83]

La aversión que producía en Dalí la idea de los genitales femeninos y de la «selva de sangre» (metáfora del coito) era tan intensa como la que sentía el poeta, y nunca lo abandonaría. Y en cuanto a la masturbación, constituiría siempre su principal válvula de escape sexual.

En 1950 Dalí diría que consideraba *La miel es más dulce que la sangre* uno de sus cuadros más importantes, explicando que contenía «todas las obsesiones de mi entrada en el surrealismo».[84] Estas obsesiones también aparecen en el otro cuadro en el que trabajaba afanosamente durante el verano de 1927, *El nacimiento de Venus* (luego titulado *Esfuerzos estériles* y, por último, *Cenicitas).* Gracias a las minuciosas investigaciones de Santos Torroella, hoy se suele aceptar que las dos cabezas de *Cenicitas* son las de Lorca (en la línea de playa y mar) y la de Dalí (en primer plano). El lienzo contiene uno de los más atractivos desnudos femeninos de Dalí, visto por detrás y, como en *La miel es más dulce que la sangre,* decapitado. Dalí, que se confesaba adorador del trasero femenino, como sabemos, siempre insistiría en que detestaba tanto los pechos grandes como los genitales femeninos, declarando su preferencia, entre los orificios del cuerpo humano, por el ano.[85] En *El nacimiento de Venus* la cabeza de Lorca tiene una vez más los ojos cerrados. ¿Está representando su propia muerte? ¿Soñando? ¿O acaso los ojos cerrados sugieren la indiferencia del poeta ante el tormento que en el cerebro de Dalí desencadena la contemplación de las atrayentes nalgas femeninas? No hay modo de saberlo. Lo único que podemos afirmar es que el cuadro, como lo sugiere su segundo título *(Los esfuerzos estériles),* parece reflejar otra vez los conflictos emocionales y sexuales que entonces afligían a los dos amigos.

Hay que mencionar brevemente otro cuadro del verano de 1927. *Aparato y mano* va más lejos que las obras que hemos venido comentan-

do en su despliegue de los problemas sexuales de Dalí. El escenario,
VIII como en *Naturaleza muerta (Invitación al sueño),* es una versión estilizada de la terraza de la casa de los Dalí en Cadaqués. Pero ¿cómo entender el tambaleante e inseguro aparato antropomórfico que aparece aquí, coronado por una mano roja que ostenta el motivo de la vena que encontramos en otros cuadros de ese verano? Para Paul Moorhouse, el aparato es un autorretrato que representa a Dalí como «un autómata dominado por una obsesión onanista», con una mano masturbadora y tumescente en lugar de un cerebro. En torno a la figura revolotean las causas de la obsesión: una elegante bañista vestida con traje transparente, un par de pechos voladores, un torso de mujer desnudo y decapitado, varias fantasmagóricas formas femeninas y un burro podrido daliniano con una raspa de pez dentro del cráneo, burro que además está siendo aparentemente sodomizado por la punta de un pentágono mientras intenta capturar un pez (que, según el crítico citado, simboliza los genitales femeninos).[86]

Es difícil no estar de acuerdo con Moorhouse acerca del tema del cuadro. La *rojez* de la mano (punto no mencionado, sin embargo, por el crítico inglés) se refiere, seguramente, a la vergüenza, la culpa y la angustia implícitas en la masturbación compulsiva de Dalí, y quizás al miedo a ser cogido in fraganti. Incapacitado por la vergüenza para experimentar la satisfacción sexual en el mundo exterior, preocupado por su adicción a un hábito tradicionalmente reprobado, Dalí se encontraba ante un doloroso dilema. *Aparato y mano* es el primero de una larga serie de cuadros, dibujos y textos que girarán en torno a la masturbación. Entre sus otros logros, Dalí fue el primer artista de la historia en hacer del onanismo uno de los temas centrales de su obra.

«LA NEFASTA INFLUENCIA DEL GARCÍA»

Entre tanto, Luis Buñuel, alarmado por la creciente intimidad que adquiría la amistad de Lorca y Dalí, escribía cosas desagradables a ese tranquilo amigo de los tres que era Pepín Bello. Buñuel no lo reconocía abiertamente, por supuesto, pero leyendo entre líneas sus celos saltan a la vista. «Recibí una carta asquerosa de Federico y su acólito Dalí», escribe desde Bretaña el 28 de julio de 1927. «Lo tiene [a Dalí] esclavizado.»[87] El adjetivo que Buñuel aplicaba a la carta de Lorca coincidía, para mayor regocijo del aragonés, con el nombre del «segundo» pueblo granadino del poeta (Asquerosa, hoy Valderrubio). El tono jocoso no consigue ocultar la ponzoña:

> Dalí me escribe cartas asquerosas.
> Es un asqueroso.
> Y Federico dos asquerosos.
> Uno por ser de Asquerosa y otro porque es un asqueroso.[88]

No ha aparecido ninguna de las cartas escritas por Buñuel a Dalí durante estos meses, ni las respuestas del pintor, pero parece lícito suponer que aquél empleaba todos los medios a su alcance para minar los sentimientos de Dalí por Lorca. El 5 de septiembre de 1927, en otra carta a José Bello, Buñuel volvió a la carga:

> Federico me revienta de un modo increíble. Yo creía que el novio [Dalí] es un putrefacto pero veo que lo contrario es aún más. Es su terrible estetismo el que lo ha apartado de nosotros. Ya sólo con su narcisismo extremado era bastante para alejarlo de la pura amistad. Allá él. Lo malo es que hasta su obra podría resentirse.
>
> Dalí influenciadísimo. Se cree un genio, imbuido por el amor que le profesa Federico. Me escribe diciendo: «Federico está mejor que nunca. Es el gran hombre. Sus dibujos son geniales. Yo hago cosas extraordinarias, etc., etc.» Y es el triunfo fácil de Barcelona. Qué desengaños terribles se iba a llevar en París. Con qué gusto le vería llegar aquí y rehacerse lejos de la nefasta influencia del García. Porque Dalí, eso sí, es un hombre y tiene mucho talento.[89]

La carta nos da la medida del Buñuel de entonces. Sabiendo cuánto le preocupaba a Dalí la cuestión de su virilidad, no le era difícil aprovecharse de la angustia que le provocaba la homosexualidad de Lorca. No obstante, pese a sus esfuerzos, pintor y poeta siguieron escribiéndose. Dalí no era dado a sentimentalismos. Podemos estar seguros, por ello, de que no exageraba cuando, años más tarde, afirmó que Lorca fue el mejor amigo de su juventud.

SEIS

HACIA EL SURREALISMO (1927-1928)

UNA VISITA DE JOAN MIRÓ

Joan Miró amaba su paisaje catalán natal tanto como Dalí el suyo, y todos los veranos regresaba desde París a su querido Montroig, en Tarragona. El 21 de agosto de 1927 le escribió desde allí a Sebastià Gasch, contándole que para principios de septiembre esperaba la visita de su marchante, Pierre Loeb, y que le gustaría que éste viera la obra de Dalí, así como la de Francesc Domingo y de cualesquiera otros pintores jóvenes que Gasch sugiriera. Todo debía mantenerse en el más riguroso secreto: «Le escribiré a Dalí», sigue Miró, «pidiéndole permiso para llevar a este *amigo* a verle (no se debe saber que es Pierre) y para que tenga preparadas suficientes cosas para dar una idea de su producción.»[1]

Miró no sólo no conocía todavía a Dalí sino que, al parecer, no había visto aún cuadro suyo alguno. Gasch le envió la dirección del pintor en Figueres, y Miró se puso en contacto con él. Dalí le contestó respetuoso el 1 de septiembre de 1927. Le encantaría ver a Miró y a su amigo, dijo, añadiendo que acababa de terminar dos lienzos que en su opinión inauguraban una nueva etapa «mucho más representativa de mi manera de ser que cualquier otra cosa que haya producido hasta ahora».[2]

Miró y Loeb llegaron a Figueres a mediados de septiembre. Tras su partida, Dalí le escribió a Gasch:

> Anteayer recibí la visita de su amigo Miró y de su acompañante. La visita fue rapidísima. Miró me produjo una fuerte impresión personal, y no hace falta decir que apenas hablamos. Lo que más les interesó fueron las dos últimas telas que he pintado: *Bosque de los aparatos* [*La miel es más dulce que la sangre*] y *Aparato y mano.* Coincidieron en afirmar que ciertos trozos recuerdan a Yves Tanguy, pero con una técnica muy

superior, con mucha más *naturalidad* y una plasticidad infinitamente mayor. En cuanto a las pinturas, dentro de la nueva objetividad, y mirando el retrato de Anna Maria, dijeron que era mejor que Severini. El amigo de Miró me dijo únicamente que quería mantenerse en estrecho contacto conmigo.[3]

Esta última observación hace pensar que, pese al secretismo que envolvía la visita, Miró había revelado la identidad de Loeb, y sugiere que Dalí quedó decepcionado al constatar que el marchante no iba a ficharlo allí mismo.

Dalí le escribió entusiasmado a Lorca para ponerlo al tanto de la visita de Miró. La carta indica que ambos habían hablado del pintor durante el verano:

> Contentisimo de que te impresione Miró. Miró a dicho cosas nuevas despues de Picasso,[4] no se si te dige que estoy en contacto con Miró y que éste vino a Figueras i ahora volvera a Cadaques a ver mis ultimas cosas; es una cosa de una *Pureza* (1) enorme, i de una gran *alma* – El cree que yo soy mucho mejor que todos los jovenes que ay en Paris, i me escrive diciendo que lo tengo maravillosamente preparado, para tener exito *grande* allí. Sabras que *él* a tenido un exito de venta enorme. Tu no digas nada pero yo creo estar haciendo cosas gordas. Pinto con una furia tremenda travajo como una vestia bruta una *linea* o un punto, lo borro i lo reago mil veces.

El «(1)» remitía a una nota a pie en que Dalí comentaba la expresión «Pureza»: «Todo lo contrario de lo que esa palabra significa para Juan Ramon, Benjamin Palencia y otros grandes PUERCOS. Miró pinta pollitos con *pelos* y sexos, etc.»[5] La presencia de elementos explícitamente sexuales en la obra de Miró produjo en Dalí, de hecho, el efecto de una fuerza liberadora, y en este sentido muchos de sus cuadros y dibujos de 1927 y 1928 tienen una deuda innegable con el pintor de Montroig.

Poco después de la visita de Miró, Dalí le envió fotografías de su obra, informándole de que también había remitido una selección a Pierre Loeb. Miró le contestó afectuosamente el 31 de octubre, prometiendo notificarle con tiempo la fecha de su regreso a París a fin de que pudiera enviarle más material para enseñarlo allí.[6]

Desde el momento en que Miró se hizo cargo generosamente de él, Dalí no desaprovechó ninguna ocasión para elogiarlo en los artículos críticos que comenzaba a enviar regularmente a *L'Amic de les Arts.* Entre ellos destaca el titulado «La fotografía, pura creación del espíritu», publicado en el número de la revista correspondiente al 30 de septiembre de 1927. En consonancia con sus opiniones sobre la Santa Objetividad, Dalí elogia las posibilidades de la cámara fotográfica para registrar con precisión el mundo exterior, hecho que ha liberado para siempre a la pintura de esa onerosa carga. De ahora en adelante, escribe, si alguien quiere pintar una medusa será «absolutamente necesario representar una guitarra o un arlequín tocando un clarinete».[7]

Dawn Ades ha señalado que estas opiniones de Dalí sobre la fotografía estaban en deuda con el libro *Painting, Photography, Film* de Lazlo Moholy-Nagy (1925), y que había captado enseguida las consecuencias para su obra pictórica de las manipulaciones de la realidad hechas posibles por la cámara (con primeros planos, *ralentis,* sobreimposiciones, fundidos, montaje, rayos X, etc.), técnicas que ya asoman en *La miel es más dulce que la sangre* y *Cenicitas.*[8]

«¿ES DALÍ SURREALISTA?»

Entretanto, animado por la reacción positiva de Miró y Loeb ante *La miel es más dulce que la sangre* y *Aparato y mano,* Dalí envió ambos al Salón de Otoño de Barcelona, celebrado en la Sala Parés entre el 8 y el 21 de octubre de 1927. Como había pronosticado *L'Amic de les Arts* durante el verano, los cuadros dieron lugar a muchos comentarios, desencadenando al mismo tiempo un debate sobre si ahora Dalí era o no surrealista.[9]

Entre los críticos para quienes Dalí lo era sin lugar a dudas destacaba Rafael Benet. Gasch y Lluís Montanyà sostenían con firmeza la opinión contraria. Gasch llevaba ya más de un año atacando el surrealismo. En octubre de 1926 lo había calificado de «grupo minúsculo y estéril de siniestros amantes del escándalo por el escándalo».[10] En septiembre de 1927 reconoció que su actitud hacia el surrealismo era «francamente condenatoria»,[11] y en octubre añadió, con una referencia sarcástica a Freud, que lo sublevaba la «inmoralidad» sexual de algunos cuadros surrealistas.[12] Por lo tanto, Gasch estaba predispuesto a interpretar la vacilación de Dalí ante el surrealismo como un rechazo del mismo. En el número de octubre de *L'Amic de les Arts,* coincidiendo con la exposición de la Sala Parés, fue incluso más lejos y sostuvo que Dalí era «el arquetipo del antisurrealista». «Nadie odia tanto el surrealismo como Dalí», pontificó. «La amistad fraterna que nos une me faculta para hacer esta afirmación con total seguridad.» Pero Dalí en absoluto odiaba el surrealismo. Gasch estaba equivocado de cabo a rabo.[13]

Muy pronto, y sin ninguna explicación ni *mea culpa,* Gasch cambió de opinión y se puso a predicar que la pintura contemporánea debería, realmente, ser una combinación de purismo y surrealismo en la línea que practicaba Dalí. Pero esta nueva postura de Gasch duró poco, y su hostilidad hacia los principios básicos del movimiento cobraría renovada vehemencia en 1928.[14]

Mientras los críticos no terminaban de ponerse de acuerdo sobre si Dalí era o no surrealista, los dos cuadros suyos expuestos en el Salón de Otoño seguían provocando inquietud, admiración y los comentarios jocosos de los ignorantes. Una ingeniosa caricatura publicada en *La Veu de* 45
Catalunya daba una imaginativa explicación para los miembros amputados que pueblan las playas de *La miel es más dulce que la sangre* y *Cenicitas*: se registraba en estos momentos un crecimiento del parque móvil, lo cual daba lugar a cada vez más desgracias en las carreteras.

Dalí expuso su opinión sobre la polémica en una hoja insertada en el número de octubre de *L'Amic de les Arts.* Razonó que, mientras la pintura «artística» sólo podía tener sentido para los *cognoscenti,* su producción de aquel momento apelaba directamente al inconsciente y podía ser entendida inmediatamente por las personas sencillas (los niños, por ejemplo, o los pescadores de Cadaqués), pero no por esa raza de obtusos que eran los críticos de arte. La gente había perdido la capacidad de ver con claridad el mundo objetivo: ya no usaba los ojos, y encontraba «comunes y corrientes» las cosas comunes y corrientes, cuando, en realidad, éstas son extraordinarias. «Ver es inventar», subrayaba, citando su reciente artículo sobre la fotografía. ¿Era Dalí, entonces, como parecían pensar algunos críticos, un pintor surrealista? El pintor se curaba en salud:

> Todo esto me parece más que suficiente para hacer ver la distancia que me separa del surrealismo, pese a la intervención en el fenómeno que podríamos denominar transposición poética, de la más pura subconsciencia y del más libre instinto. Pero esto ya me llevaría demasiado lejos, y son justamente las cosas que los críticos deben analizar y aclarar.[15]

No es la voz de alguien que odia el surrealismo. Antes bien, demuestra que Dalí es cada vez más consciente de la relevancia del movimiento para su vida y su obra. Se va percatando, de hecho, de que el surrealismo, a diferencia del impresionismo o del cubismo, no es simplemente una nueva tendencia artística, sino un movimiento revolucionario y subversivo que quiere cambiar el mundo al nutrirse, liberándolas, de las energías latentes de la psique. A la vista de su temperamento, de sus lecturas de Freud y hasta de sus problemas personales, ¿cómo podía serle indiferente el movimiento? Años más tarde, reflexionando sobre *La miel es más dulce que la sangre,* afirmaría rotundamente que el cuadro –lo acabamos de ver– expresaba «todas las obsesiones de mi entrada en el surrealismo».[16]

Además de Gasch y Montanyà –críticos, no escritores creativos–, Dalí tenía en *L'Amic de les Arts* otro colega que combinaba con sofisticación los diversos oficios de poeta, ensayista, novelista, crítico y periodista: Josep Vicenç Foix. Nacido en Barcelona el mismo año que Miró (1893), Foix había publicado sus primeras poesías en 1917, vinculándose pronto a la vanguardia barcelonesa y actuando como director de la revista *Trossos* en los últimos meses de su efímera existencia. Foix no sólo simpatizaba con Breton: era, en opinión tanto de Gasch como de Montanyà, un auténtico surrealista.[17] En efecto, a juzgar por los textos sumamente imaginativos y cuasisurrealistas que había venido publicando en *L'Amic de les Arts* desde sus inicios en 1926, su proximidad al movimiento era innegable. Dalí sentía una gran admiración por este *littérateur* de pluma mordaz y aguda, ilustrando varios de sus escritos en *L'Amic,* y parece imposible que él y Foix no hablaran, y a fondo, del surrealismo. De cualquier modo, el apoyo de Foix fue importante para Dalí en estos momentos de su evolución, tal vez sobre todo por el respaldo entusiasta que le prestaba desde sus artículos y comentarios de *La Publicitat,* donde colaboraba habitualmente. Siempre atento a lo que le convenía, Dalí tendía ahora cada vez más a escoger a amigos que le pudiesen ser útiles. Foix lo era, y en sumo grado.

EL PINTOR COMO POETA

Después de aquellos tempranos versos publicados en *Studium,* la revista del Instituto de Figueres, Dalí parecía haber perdido el afán de escribir poesía. En el otoño de 1927 creía haberlo recuperado. «¿No crees tú», escribe a Lorca, «que los únicos poetas, los únicos que realmente realizamos poesía *nueva* somos los pintores? ¡Sí!» Para demostrarlo incluía la versión en castellano de una composición que acababa de redactar a vuelapluma en catalán:

Poema de las cositas

Ay una cosita mona, que nos mira sonriendo.
Estoy contento, estoy contento, estoy contento, estoy contento.
Las agujas de coser se clavan con dulzura en los niquelitos
pequeños y tiernos.
Mi amiga tiene la mano de corcho y llena de puntas de París
(tachuelas negras).
Mi amiga tiene las rodillas de humo.
El azucar se disuelve en el agua, se tiñe con la sangre y
salta como una pulga.
Mi amiga tiene un reloj pulsera de masilla.
Los dos pechos de mi amiga: el uno es un movidisimo avispero
y el otro una calma garota.
Los pequeños erizos, los pequeños erizos, los pequeños erizos,
los pequeños erizos, los pequeños erizos: pinchan.
El ojo de la perdiz es encarnado.
Cositas, cositas, cositas, cositas, cositas, cositas,
cositas, cositas, cositas, cositas, cositas.
Hay cositas quietas, *como un pan.*

Dalí le preguntó a Lorca a continuación si le gustaba la composición, esperando, obviamente, que le dijera que sí. Desconocemos la opinión del poeta, y hasta es posible que nunca se la diera. Pero es lógico suponer que el poema no debió de parecerle una obra maestra de la lírica contemporánea, aunque contemporánea sin duda lo era, e interesante también, sobre todo por contener elementos que más tarde Dalí incorporaría a su pintura, como ese reloj pulsera de masilla, antecedente de los famosos relojes blandos de los años treinta.[18]

Dalí también le envía el poema a Pepín Bello, pidiéndole su opinión, y, por si acaso, dándole la suya: «Que lejos del extasis ñoño sentimental y antipoetico de un Juan Ramon por ejemplo! Juan Ramon, Jefe de los putrefactos españoles.»[19]

En otra carta a Bello, fechada el 24 de octubre de 1927, Dalí le anuncia que está a punto de publicar un artículo sobre cine en *La Gace-*

ta Literaria, la más ambiciosa y difundida revista cultural española de la época, editada quincenalmente en Madrid por el escritor Ernesto Giménez Caballero.

A diferencia de *L'Amic de les Arts,* que sólo publica en catalán, *La Gaceta Literaria,* revista de gran formato, se dirige al mundo «ibérico», como proclama orgulloso su nombre completo: *La Gaceta Literaria Ibérica, Americana, Internacional.* Durante los primeros meses de su andadura (el primer número sale el 1 de enero de 1927), la revista causa gran impresión a ambos lados del Atlántico. Salvador ha conocido al dinámico Giménez Caballero en Madrid, y es buen amigo, como sabemos, del secretario de la revista, Guillermo de Torre, adalid de los ultraístas a principios de los años veinte. En otoño de 1927, Lorca, Gasch y Montanyà ya son colaboradores de *La Gaceta,* mientras Buñuel actúa como corresponsal parisiense de la sección de cine. A la vista de todo ello no era de extrañar que el ambicioso Dalí se sumara a la revista de Giménez Caballero para obtener una promoción adicional. Su primera colaboración fue un dibujo del joven filósofo figuerense Joaquim Xirau, reproducido en el número correspondiente al 1 de diciembre de 1927.

El prometido artículo de Dalí sobre el cine («Film-arte, fil[m]-antiartístico») apareció quince días después, dedicado a Buñuel. Como era de prever, Dalí arremete contra las películas de argumento convencional, tales como la célebre *Metrópolis* de Fritz Lang, que dice despreciar. «El mundo del cine y el de la pintura son bien distintos; precisamente las posibilidades de la fotografía y del cinema están en esta ilimitada fantasía que nace de las cosas mismas», insiste, abundando en la estética que había intentado ilustrar con el «Poema de las cositas». «El anónimo filmador antiartístico filma una blanca confitería, una anodina y simple habitación cualquiera, la garita del tren, la estrella del *policeman,* un beso en el interior de un taxi. Una vez proyectada la cinta resulta que se ha filmado todo un mundo de cuento de hadas de inenarrable poesía.» De la misma manera, dadas las posibilidades de la cámara, un terrón de azúcar puede ocupar un lugar más relevante que el más grandioso paisaje urbano... y ser más fascinante. Se trata, claro está, de la Santa Objetividad aplicada al cine.[20]

Poco después a Dalí se le ocurriría que el film documental era el vehículo ideal para capturar la realidad del mundo exterior, porque a las virtudes de la fotografía añadía la del movimiento. En particular le fascinaba la capacidad del cine para expresar las metamorfosis. Si bien tal capacidad hoy no sorprende a nadie, en los años veinte parecía casi milagrosa. El surrealismo, empeñado como estaba en bucear en el inconsciente, no tardó en darse cuenta de las posibilidades del cine para simular los cambios de perspectiva y transformaciones, a menudo asombrosos por su carácter inesperado y por su originalidad, que caracterizan el lenguaje onírico. Fruto de este proceso sería *Un perro andaluz* de Buñuel y Dalí.

Miró, entretanto, seguía ocupándose en París de la carrera de Salvador, enseñando fotografías de su obra, conversando con marchantes y, es de suponer, intentando convencer a Pierre Loeb para que firmara con él un contrato. El 7 de diciembre éste agradeció a Dalí las fotografías que le había enviado, le alentó a que le mandara más y le dijo, cautamente, que «contemplaba la posibilidad» de representarlo... cuando dejara de saltar de una tendencia a otra y desarrollara una fuerte personalidad propia. «Estoy seguro de que pronto encontrará *una dirección*», concluía, «y con los dones que posee usted, tendrá, estoy seguro, una excelente carrera como pintor.» Tratándose de Pierre Loeb, era un verdadero elogio.[21]

Una semana después Dalí recibió una comunicación de Paul Rosenberg, el marchante de Picasso, que le recordó que se había puesto en contacto con él en enero de 1927, después de la exposición de Dalmau, y le manifestó su sorpresa al no haber recibido respuesta. Rosenberg había visto fotografías de las obras recientes de Dalí (¿gracias a Miró?) y le pidió que lo visitara cuando llegara a París. Teniendo en cuenta el gran peso de Rosenberg en el mundo del arte, era otra excelente noticia.[22]

Poco después llegó una carta de Miró, fechada el 17 de diciembre de 1927, que demuestra una vez más el relevante papel que desempeñaba entonces el pintor en la promoción de Dalí en París. Miró estaba a punto de regresar a Francia:

> Amigo Dalí:
>
> Muy contento de haber recibido sus dibujos.
>
> Usted sin duda es un hombre muy dotado y con una brillante carrera por delante, *en París.*
>
> Pierre también me ha escrito, muy impresionado, y parece estar bien dispuesto hacia usted.
>
> Me escribió antes diciéndome que había entregado algunas de las fotografías suyas a Zervos, de *Cahiers d'Art.*
>
> Creo que lo tenemos todo bien preparado, y que lo único que hace falta ahora es dar cada minuto *golpes de martillo.*

¿Le ha enviado estos últimos dibujos suyos a Pierre? Me gustaría que lo hiciera. Los que yo tengo prefiero conservarlos para poder enseñarlos personalmente a otra gente.

Antes de marcharme le pediré fotografías de cosas suyas pertenecientes a otras etapas o a estados de ánimo suyos diferentes. Creo que es muy importante que se conozcan también.

En fin, no deje de actuar, con insistencia, pero sin la más pequeña impaciencia. Deseándole buena salud, me complace ser buen amigo y compañero suyo. Miró.[23]

A lo largo de estos meses, mientras las cartas entre Dalí y Miró van y vienen, y *L'Amic de les Arts* se hace eco de que Dalí está en contacto «con dos de los más famosos marchantes de París»,[24] el desleal y envidioso Luis Buñuel sigue con cínica fascinación los esfuerzos de Dalí por abrirse paso en la capital francesa. En una larga carta a Pepín Bello del 8 de noviembre de 1927, Buñuel escribe que ha publicado el artículo de Dalí sobre el cine en *La Gaceta Literaria* sólo «por misericordia», pues no dice nada que él mismo no haya dicho ya en *Cahiers d'Art*. «Por cierto que el tal Dalí se queda rezagado», prosigue Buñuel. «Yo estoy muy enterado de que envía fotos a los marchantes de aquí. Rosenberg ha dicho que no dibuja mal y Pierre, el de los surrealistas, dice que está influenciado por Miró. No le han comprado nada y ése es todo su éxito. En cambio en España todos dicen que ¡genial!, ¡modernísimo! Se queda atrás. Federico tiene la culpa.» A continuación Buñuel confiesa lo contento que lo ha puesto el «fracaso» de *Mariana Pineda* en Madrid, con los decorados de Dalí.[25] En realidad, la obra no había fracasado; tampoco era Lorca responsable en sentido alguno de nada retrógrado en la pintura del momento de Dalí. Pero el poeta era homosexual, y para Buñuel eso lo convertía en blanco legítimo de todas las burlas.

Poco después del estreno de *Mariana Pineda* en Madrid, Dalí le había escrito a Lorca una carta que daba fe del creciente poder que el surrealismo ejercía ahora sobre su manera de ser, pese a sus ambiguas manifestaciones públicas al respecto. Tras describir con entusiasmo los cuadros en que estaba trabajando, y que lo hacían «morir de alegría», expresó su especial satisfacción con la invención de algunos «pechos extraviados», que no había que confundir, insistía, con los *voladores* que ya poblaban sus lienzos. Seguidamente el tono se hizo más íntimo, más burlón, más en clave de tomarle el pelo a su admirador:

> Debes ser rico; si estuviera contigo haria de putito para conmoverte y robarte billetitos que iria a mojar (esta vez) en el agua de los burros.
>
> Estoy tentado de mandarte un retazo de mi pijama color langosta, mejor dicho, color «sueño de langosta», para ver si te enterneces desde tu opulencia y me mandas dinerito.

A continuación Dalí ataca a Margarita Xirgu, que por lo visto sigue sin pagarle un céntimo por los decorados de *Mariana Pineda,* y comenta que con quinientas pesetas él y Lorca podrían lanzar su «revista ANTIARTISTICA», con la cual montarían una campaña sin cuartel contra los valores «putrefactos» que los dos detestan.[26]

El tono de guasa de esta carta no serviría para aliviar, cabe pensarlo, la tristeza que el poeta experimentaba lejos de su amigo. Mientras tanto, entre bastidores, Buñuel redoblaba sus esfuerzos para asegurar que la separación de Lorca y Dalí fuera lo más definitiva posible.

ARP, BRETON

Dalí admiraba al artista alemán Hans (o Jean) Arp, aunque sólo conocía su obra por fotografías. El 21 de noviembre de 1927 se inauguró en París, en la Galerie Surréaliste, una importante exposición de la producción reciente de Arp. Dalí consiguió (o le enseñaron) un ejemplar del catálogo, en el que encontró un prólogo de André Breton que le afectó hondamente. La exposición coincidía con la publicación en *La Révolution Surréaliste* de un denso extracto del largo ensayo de Breton titulado «El surrealismo y la pintura», que había ido apareciendo por entregas en la revista desde 1925.[27] La prueba de que Dalí leyó ese extracto, y también el prólogo de Breton al catálogo de Arp, nos la ofrece el artículo que escribe ahora para *L'Amic de les Arts,* «Nuevos límites de la pintura», cuya primera parte se publica el 29 de febrero de 1928. Quince días antes, Salvador Dalí Cusí había apuntado en su álbum la buena noticia de que su hijo acababa de concluir el servicio militar.[28]

El tema principal de «Nuevos límites de la pintura» es que, gracias al surrealismo, la pintura y la poesía se han liberado ahora definitivamente de la obligación de representar la naturaleza convencional de los objetos del mundo exterior. Se está produciendo «un cambio de sensibilidad». Un arte basado en sensaciones ya no es válido. El artista mira ahora hacia adentro. El artículo demuestra que a Dalí le ha impresionado considerablemente el párrafo dedicado por Breton, en su introducción al catálogo de la exposición de Arp, a la obra de éste *Mesa, montaña, anclas y ombligo*:

> Con Arp, los días de la *distribución* han terminado. Hasta ahora la palabra «mesa» era una palabra mendicante [*parole mendiante*]: quería que comiéramos, que nos apoyáramos en ella o no, que escribiéramos. La palabra «montaña» era una palabra mendicante: quería que la contempláramos, que la escaláramos o no, que respirásemos hondo. La palabra «anclas» era una palabra mendicante: quería que nos paráramos, que algo se oxidara o no, y que luego volviéramos a zarpar. *En realidad* (si es que ahora sabemos lo que queremos decir por realidad), una nariz puede estar perfectamente en su lugar junto a un sillón, adoptar incluso la forma de un sillón. ¿Qué diferencia hay *básicamente* entre una pareja de bailarines y una colmena? Los pájaros nunca han cantado mejor que en este acuario.[29]

En «Nuevos límites de la pintura» Dalí glosa así el párrafo de Breton:

> Para nosotros, el lugar de una nariz, lejos de estar necesariamente en un rostro, nos parece más adecuado encontrarlo en un brazo de canapé; ningún inconveniente, tampoco, a que la misma nariz se sostenga encima de un pequeño humo. No en vano Yves Tanguy ha lanzado sus delicados *messages* [...] He aquí cosas innecesarias de decir, de tan evidentes que son desde el día (este día pertenece por derecho propio al surrealismo) que se inició la autonomía poética de las cosas y de las palabras, que dejan de ser (como las denomina André Breton) *paroles mendiantes*.[30]

El *Segundo mensaje* de Tanguy había aparecido poco antes en *La Révolution Surréaliste* (número 9-10, 1 de octubre de 1927), pero Dalí aludía claramente a los «mensajes» contenidos en obras anteriores, y a los que él no había permanecido indiferente.[31]

Bajo el impacto del prólogo de Breton al catálogo de Arp, la noción de «la autonomía poética de las cosas y las palabras», que Dalí ya iba elaborando en sus propios escritos teóricos, se convirtió en un nuevo artículo de fe que el pintor iba a blandir con su fanatismo de siempre en cartas y artículos durante todo 1928 (no siempre con el debido reconocimiento a Breton). Así por ejemplo, la pareja de bailarines y las abejas, y también la expresión «en realidad», subrayada en el texto de Breton, reaparecen como por arte de magia en el artículo titulado «Realidad y sobrerrealidad».[32] Y dice Dalí en una carta a Lorca:

> En realidad, no hay ninguna relacion entre dos danzantes y un panal de abejas, a menos que sea la relacion que hay entre Saturno y la pequeña cuca que duerme en la crisalida, o a menos de que en realidad no exista *ninguna diferencia* entre la pareja que danza y un panal de abejas.[33]

De igual modo Dalí tomó, de los comentarios de Breton sobre Ernst en *El surrealismo y la pintura*, la noción de un objeto al que se le permite cambiar la proyección de su sombra... si tiene ganas de hacerlo.[34] Pero no todos sus ejemplos eran robados. En «Nuevos límites de la pintura» concede autonomía también a la vista (¿por qué razón los ojos han de depender de cabezas?), e insiste en que se otorgue vida propia a las manecillas de un reloj, idea a la que regresa en la carta a Lorca que acabamos de citar:

> Los minuteros de un reloj (no te figes en mis ejemplos, que no los busco precisamente poeticos) empiezan a tener un valor real en el momento en que dejan de señalar las horas del reloj y, perdiendo su ritmo *circular* y su mision arbitraria a que nuestra inteligencia los ha sometido (señalar las horas), se *evaden* de tal reloj para articularse al sitio al que corresponderia el sexo de las miguitas de pan.[35]

Para asegurarse de que su admiración por Breton no pasara inadvertida, Dalí citó, en la segunda entrega de «Nuevos límites de la pintura» (publicada el 30 de abril de 1928), otro párrafo de la introducción del fundador del surrealismo al catálogo de Arp:

> Todo lo que amo, todo lo que pienso y siento, me inclina hacia una filosofía particular de la inmanencia, de la que se desprende que la sobrerrealidad estaría contenida dentro de la realidad misma y no sería superior ni exterior a ella. Y recíprocamente, ya que el continente sería también el contenido. Se trataría casi de un vaso comunicante entre el continente y el contenido. Es decir, que rechazo con todas mis fuerzas

> las tentativas que, tanto en pintura como en escritura, podrían tener como consecuencia directa substraer el pensamiento de la vida, como también colocar la vida bajo la tutela del pensamiento. Lo que uno esconde no vale más ni menos que lo que uno descubre; y lo que uno se esconde a sí mismo, ni más ni menos que lo que permitimos que los otros descubran. Una ruptura, correctamente constatada y sufrida, da fe a la vez de nuestro comienzo y de nuestro fin.

«Naturalmente», comenta Dalí después de la cita. «Nuevos límites de la pintura», con sus guiños de aprobación a Tanguy y Ernst, así como su explícita admiración por Breton, demuestra que a principios de 1928 Dalí se aproximaba cada vez más al surrealismo. Sin embargo, seguía manteniendo que su actitud hacia el movimiento era de independencia. En la tercera entrega del ensayo, publicada el 31 de mayo de 1928, glosó una recomendación de Miró, hecha el año anterior, según la cual había llegado la hora de «asesinar el arte» (en el sentido de acabar con la corrupción de la pintura):

> ¡¡Asesinato del arte, qué elogio más bello!! Los surrealistas son gente que se dedican, honestamente, a eso. Mi pensamiento está muy lejos de identificarse con el suyo, pero ¿podemos dudar aún que sólo para los que se jueguen todo por él será toda la alegría de la próxima inteligencia?
>
> El surrealismo expone el cuello, los otros continúan coqueteando y muchos guardan una manzana para la sed.[36]

Puede que el impacto producido en Dalí por el prólogo de Breton se viera reforzado por la inclusión del texto al final de *El surrealismo y la pintura,* publicado por Gallimard en febrero de 1928.[37] Es probable que Dalí consiguiera pronto un ejemplar de la profusamente ilustrada plaqueta bretoniana por mediación de Anselm Domènech[38] o de Miró. O bien pudo tener acceso al ejemplar de Sebastià Gasch.[39] Sin duda le impresionaría la portada, en la que los nombres de los pintores seleccionados por Breton aparecen en caracteres destacados: Ernst, De Chirico, Miró, Braque, Arp, Picabia, Picasso, Man Ray, Masson y Tanguy. Dalí, a un paso de declararse incondicionalmente surrealista, tal vez tomaría la decisión, al contemplar la portada, de asegurarse que su propio nombre figurara en las siguientes ediciones del libro. Si así fuera no se equivocó, aunque para ello tendría que esperar hasta 1945.

EL «MANIFEST GROC»

El *Manifest antiartístic*, en el que Dalí venía trabajando desde el verano de 1927 y que había sufrido infinitas transformaciones desde entonces, estaba en la recta final. Lorca se había retirado, o lo habían retirado (la iniciativa del manifiesto debía ser un asunto estrictamente catalán). En octubre Dalí le había contado a Pepín Bello que el documento sería firmado por «sastres, motoristas, bailarines, banqueros, cineastas, maniquies, artistas de music-hall, aviadores y burros podridos».[40] Ahora los únicos cosignatarios serían Sebastià Gasch y Lluís Montanyà. En los meses anteriores al fin de su servicio militar, Dalí enviaba cada día a Montanyà «cartas kilométricas» en relación con el manifiesto, sugiriendo, o imponiendo, pequeños cambios, recortes, retoques. Otras veces llegaban telegramas con una nueva modificación de última hora. Gasch y Montanyà visitaban a menudo a Dalí en Figueres, donde mantenían discusiones interminables.[41]

El manifiesto apuntaba más que nada contra el estancamiento del «establecimiento» artístico catalán, rebelándose el trío con particular vehemencia, según recordaría Gasch, contra lo que ellos denominaban el «falso helenismo» de ciertos escritores catalanes. En una de sus cartas a Gasch, Dalí lanzaba un furioso ataque contra una bailarina llamada Aurea:

> ¡Aurea! ¡Aurea! Pura cuestión de estómago; sólo se puede reaccionar contra todo esto siendo *abiertamente insultante.* ¿Para qué sirve la Fundación Bernat Metge si no saben distinguir entre Grecia y Aurea?* Para nosotros, Grecia está en las arrugas antisépticas del jersey de la golfista; para ellos, en los repugnantes pliegues que cubren el cuerpo de Aurea, pestilente con sus gasas y sus dorados. Tenemos que DENUNCIAR todas estas cosas, sin ninguna duda. De lo contrario, no quedará claro que nosotros no tenemos absolutamente NADA en común con los puercos peludos e intelectuales de Cataluña [...] ¿Cuándo llegará el día que podamos imprimir públicamente «EL GRAN PUERCO VELLUDO Y PUTREFACTO ÀNGEL GUIMERÀ»?[42]

Guimerà (1845-1924), conocido sobre todo por su drama rural *Terra baixa* (1897), era una de las vacas sagradas de la cultura catalana, y

* Fundación creada en los años veinte para fomentar la traducción al catalán de los clásicos griegos y latinos.

Gasch y Montanyà, más moderados en la expresión que Dalí, tuvieron que disuadirle para que no incluyera esa frase en el manifiesto, que, al fin y al cabo, iba a llevar también la firma de ambos críticos. Los dos se sentirían una y otra vez obligados a poner freno a la «impetuosidad» de Dalí en estos momentos, tarea realmente arriesgada.[43] Dalí se reservó su ataque contra Guimerà para una ocasión posterior. En cuanto a Aurea, los censores del general Primo de Rivera en Barcelona se ocuparon de que su nombre desapareciera del documento, sustituyéndolo por la inocua expresión «bailarinas seudoclásicas».[44]

El *Manifest antiartístic* apareció, sin título, en marzo de 1928. Pronto se lo apodó *Manifest groc* (Manifiesto amarillo) por el color de las hojas en que se imprimió.[45] Gasch se ocupó de la distribución, asegurándose de que ningún catalán que tuviera un nombre en la literatura, el arte, el comercio o el periodismo se quedara sin ejemplar. El documento, en su metamorfosis final y pública, expresaba la rabia por lo que Dalí, Gasch y Montanyà llamaban «el grotesco y tristísimo espectáculo de la intelectualidad catalana de hoy, encerrada en un ambiente claustrofóbico y putrefacto». Los firmantes insistían (como lo habían hecho los ultraístas en Madrid ocho años antes) en que la sociedad había entrado definitivamente en la época posmaquinista en la que predominaba un nuevo estado de espíritu, simbolizado por el avión, el cine, el jazz, el gramófono, los transatlánticos y cosas por el estilo. El deber del artista era expresar ese estado y no otro. Al final se añadía una lista de pintores, escritores y poetas admirados por los autores del manifiesto: Picasso, Gris, Ozenfant, De Chirico, Miró, Lipchitz, Brancusi, Arp, Le Corbusier, Reverdy, Tzara, Éluard, Aragon, Desnos, Maritain, Maurice Raynal (el crítico), Christian Zervos, Breton y, entre Cocteau y Stravinski, nada menos que García Lorca. No cabe duda de que largas y agitadas discusiones habían precedido a la confección de la lista definitiva de notables. Lorca debió de sentirse halagado al verse incluido, pero al dar a conocer el manifiesto en su revista *gallo* se ocupó, en un gesto de modestia, de que su nombre se omitiera discretamente.

Si hacemos caso a Gasch, no hubo diario o revista en Barcelona, ni periodiquillo de los suburbios o de provincias, que no comentara el manifiesto, registrándose reacciones que iban desde la indulgencia al desdén. La veracidad de esta afirmación de Gasch la confirma hasta cierto punto el álbum de Salvador Dalí Cusí, donde los recortes relativos a la publicación del manifiesto llenan varias páginas.[46]

La valoración más negativa del manifiesto llegó de la pluma del crítico de arte Rafael Benet, en una carta personal dirigida a Gasch que puso lívido a Dalí. El documento, decía Benet, no era más que un refrito futurista y, además, esnob. Lo peor de todo era que no había ofendido a nadie.[47] Hoy puede afirmarse que la acusación de refrito, aunque justificada en gran medida, no captó el meollo del manifiesto, cuyo propósito era retar a los artistas catalanes a que abandonaran el color local y abrieran los ojos al mundo moderno. Aunque no lograra esta meta, contribuyó a aumentar la fama de Dalí en Cataluña. Lo cual no dejaría de complacer en absoluto al figuerense.

CONFERENCIAS Y PINTURA

El 13 de mayo de 1928 Dalí y otros dos colegas de *L'Amic de les Arts,* Josep Carbonell, su director, y J. V. Foix, dieron sendas conferencias en el Ateneu El Centaure de Sitges sobre «las más recientes tendencias artísticas y literarias».[48] La breve intervención de Dalí fue un modelo de claridad y agudeza. Siguiendo el precedente del *Manifest groc,* atacó la «pátina» del arte contemporáneo catalán, preguntándose por qué no se había demolido todavía el Barrio Gótico de Barcelona; recordó al público que, cuando se construyó, el Partenón era una flamante novedad, no una ruina, y propuso a aquellos que «se preocupaban por la civilización» un programa consistente en diez recomendaciones:

1. Abolición de la sardana.
2. Combatir, por tanto, todo lo regional, típico, local, etc.
3. Considerar con menosprecio todo edificio que sobrepase los veinte años de antigüedad.
4. Propagar la idea de que realmente vivimos en una época posmaquinista.
5. Propagar la idea de que el hormigón armado existe de verdad.
6. Que, efectivamente, existe la electricidad.
7. Necesidad, por razones de higiene, de que haya baños, y de cambiarse de ropa interior.
8. Tener la cara limpia, o sea, sin pátina.
9. Usar los objetos más modernos de nuestra época.
10. Considerar a los artistas como un obstáculo a la civilización.

Dalí terminó su discurso con un magnífico floreo:

> Señores: Por respeto al arte, por respeto al Partenón, a Rafael, a Homero, a las pirámides de Egipto, al Giotto, proclamémonos antiartistas.
>
> Cuando nuestros artistas se bañen diariamente, hagan deporte, vivan fuera de la pátina, entonces será el momento de preocuparnos nuevamente por el arte.[49]

Por coincidencia, se celebraban en Figueres en esas fechas una serie de conferencias sobre arte, para complementar una exposición de pintores locales a la que Dalí había contribuido con nueve obras, cuatro de ellas de su «época lorquiana»: *Naturaleza muerta (Invitación al sueño), Aparato y mano, La miel es más dulce que la sangre* y *Arlequín.* Entre los conferenciantes figuraban dos polémicos críticos de arte, Joan Sacs y Rafael Benet, con quienes Dalí había tenido sus más y sus menos en varias ocasiones. Se había anunciado que Dalí clausuraría el ciclo el 21 de mayo con una charla sobre las últimas tendencias artísticas, y el salón de actos se llenó hasta los topes de ciudadanos de Figueres ansiosos de escuchar a su polémico pintor. Se desconoce el texto de la conferencia, pero, según una noticia publicada en la prensa local, Dalí se comportó impecablemente en esta ocasión (quizá porque su familia estaba entre el público). Con claridad y precisión, y valiéndose de numerosas diapositivas, resumió el desarrollo de la pintura moderna desde el cubismo hasta al surrealismo, manifestó su simpatía por este último movimiento y comentó elogiosamente la teoría freudiana del inconsciente, según la cual éste «obedece a leyes totalmente distintas de las de la mente despierta». Al parecer el público disfrutó con la conferencia, a cuyo término Josep Puig Pujades leyó extractos de *Gertrudis,* el último libro de Foix.[50]

Ramon Bassols, el popular alcalde de Figueres, tomó luego la palabra. Varios miembros de la nutrida concurrencia advirtieron que se iba poniendo pálido mientras hablaba, atribuyéndolo a la emoción del momento. Cuando Bassols abandonó la tarima, tropezó y cayó fulminado en brazos de Puig Pujades, muriéndose en el acto. La prensa, tanto la local como la de Barcelona, dio amplia cobertura al desagradable suceso.[51] «Los periódicos satíricos sostuvieron que le habían matado las enormidades dichas en el curso de mi conferencia», nos quiere hacer creer Dalí en *Vida secreta.* Aunque en realidad no hubo tales «enormidades», el incidente sirvió para inflar la creciente reputación de Dalí como orador de lengua peligrosa.[52]

Después de tan sonado acontecimiento, Dalí se retira a Cadaqués a concentrarse en su pintura. Entre las obras ejecutadas durante el verano destaca una serie de paisajes marinos que incorporan arena real (o guijarros), conchas y trozos de boyas de corcho traídas por las olas a Es Llané o Es Sortell.[53] Se trataba de una técnica con la cual Dalí había empezado a experimentar hacia fines de 1927, influido por André Masson y Picasso.[54] En dichas obras los elementos de *collage* están por lo general pegados sobre un fondo casi incoloro, y contribuyen a menudo a crear un escenario para actividades tan descaradamente eróticas que sólo podrían pasar inadvertidas a los muy obtusos, los muy hipócritas o los muy reprimidos. Al igual que en *La miel es más dulce que la sangre,* del verano anterior, aparece también de vez en cuando algún burro podrido, mientras los pájaros y las vacas fantasmales demuestran que Dalí ha estado estudiando atentamente a Max Ernst.

Uno de los cuadros más sexualmente provocativos del verano fue *Diálogo en la playa,* cuyo título posterior, *Los deseos insatisfechos,* aclara su XII temática. La mano a la izquierda, con su dedo fálico, es la de Dalí el masturbador compulsivo, que ya asomara un año antes en *Cenicitas.* Pero es también el aparato sexual masculino: el dedo índice representa un pene erecto; el medio y el anular, los testículos. En cuanto al orificio peludo de borde rojo situado entre el pulgar y el índice, sugiere a todas luces una vagina. Estamos ante uno de los primeros experimentos de Dalí con la doble imagen. El dedo fálico apunta hacia la otra presencia dialogante, claramente femenina, que un anodino espacio grisáceo separa de la mano, como si las figuras ocupasen dos islas desde las cuales estuviesen intentando comunicarse, en vano, por encima de una infranqueable extensión de agua. La forma roja, filiforme, ubicada al lado del orificio femenino repite la que se yuxtapone al dedo pulgar que aparece en el pináculo de la forma tanguyesca y espectral que se eleva hacia el cielo, y que Santos Torroella interpreta como representación de los deseos insatisfechos que dieron el segundo título a la obra: ambas conducen nuestra vista nuevamente hacia el espacio que, destacado con el mismo tono de rojo, se aprecia en el centro de la mano masturbadora.[55]

Diálogo en la playa, que revela la influencia formal de Miró, puede leerse como expresión de la desesperación de Dalí ante la soledad sexual en la que lo sumía su incapacidad para encontrar pareja, y para la cual la práctica compulsiva de la masturbación era la única salida.

La mano masturbadora aparece en otros varios cuadros de este verano, notablemente en el repelente *Beigneuse* (sic), también llamada *Desnudo femenino,* y en *Bañista,* donde una vez más se trasluce la inconfundible influencia de Miró.[56] En otra obra de tema parecido –*Figura masculina y*
57 *figura femenina en la playa*–, hoy sólo conocida por una fotografía contemporánea en blanco y negro, la mano se yuxtapone a ideogramas de pechos que tienen una evidente deuda con Jean Arp. Dalí admiraba a éste, como sabemos, y otras telas de estos meses, en particular la serie de pescadores y mujeres en la playa de Cadaqués, están en clara deuda con el pintor alemán.

OTRA VEZ GARCÍA LORCA

A finales de julio de 1928 se publicó en Madrid el *Primer romancero gitano* de García Lorca. El éxito del libro fue inmediato, extraordinario, y el conocido crítico Ricardo Baeza afirmó en la primera plana de *El Sol* que Lorca había forjado «el más personal y singular instrumento de expresión poética en español desde las grandes innovaciones de Rubén Darío».[57] No podía haberle prodigado mayor elogio. Otras reseñas fueron igualmente favorables. Los romances, con su originalísima combinación de elementos tradicionales y modernos, gustaron no sólo a los críticos sino al público en general, y la primera edición se agotó en poco tiempo. A los treinta años, y casi de la noche a la mañana, Lorca se convirtió en el poeta joven más famoso y admirado de España: un clásico vivo.

La publicación del *Romancero* coincidió con una aguda crisis personal en la vida de Lorca a la que aludió crípticamente en cartas a varios amigos. Dalí conocía la atormentada relación que unía al granadino con el joven escultor Emilio Aladrén, que había sido compañero del pintor en la Academia de San Fernando, y en su respuesta a una infeliz misiva de Lorca le escribió la que era sin duda una de sus cartas más sentidas. Carta de la cual, sin embargo, sólo conocemos el fragmento transcrito orgullosamente por el mismo Lorca en una comunicación a su joven amigo colombiano Jorge Zalamea, y que decía:

Tú eres una borrasca cristiana y necesitas de mi paganismo. La última temporada en Madrid te entregaste a algo a lo que no te debiste entregar nunca. Yo iré a buscarte para hacerte una cura de mar. Será invierno y encenderemos lumbre. Las pobres bestias estarán ateridas. Tú te acordarás que eres inventor de cosas maravillosas y viviremos juntos con una máquina de retratar.[58]

Emocionado, Lorca le contó a Zalamea que Dalí iría a verlo a Granada aquel septiembre. Pero no tuvo lugar la esperada visita. Es probable que, una vez más, Dalí le dijera que estaba demasiado ocupado con su trabajo.

Aquel agosto Dalí leyó detenidamente el *Romancero gitano* y sometió a despiadado análisis los dieciocho poemas (varios de los cuales, además, ya sabía prácticamente de memoria). A principios de septiembre le escribió a Lorca una larga carta en la que formuló sus objeciones a los romances, a la vez que afirmaba que contenían «la substancia *poetica mas gorda que ha existido*». Como Lorca debió de esperar, conociendo el *Manifest groc* y los últimos artículos de Dalí, el pintor consideraba que sus romances eran demasiado tradicionales, demasiado cargados de color local y anecdóticos, demasiado atados a «las normas de la poesia antigua, incapaz de emocionarnos ya ni de satisfacer nuestros deseos actuales», pese a sus pretensiones de originalidad. Incluso las más arriesgadas imágenes de Lorca le sonaban a Dalí estereotipadas y «conformistas». Su queja principal, con todo, era que el poeta no se hubiera abandonado a los dictados del inconsciente. En otras palabras, que Lorca no era aún surrealista.

Dalí no pudo por menos de sermonear a su amigo en términos que, una vez más, recordaban sus comentarios sobre el prefacio de André Breton al catálogo de Jean Arp:

> Tu te mueves dentro de las nociones aceptadas i anti-poeticas –hablas de un ginete i este supones que va arriva de un caballo i que el caballo galopa, *esto es mucho decir*, porque *en realidad* seria *conveniente averiguar* si realmente es el ginete el que va arriva, si las riendas no son una continuacion organica de las mismisimas manos, si en realidad mas veloz que el caballo resultan que son los pelitos de los cojones del ginete i que si el caballo precisamente es algo inmobil aderido al terreno por raizes vigorosas... ect ect. Figurate pues lo que es llegar como tu haces al concepto de un Gardia civil – Poeticamente, un guardiacivil en rea-

lidad no existe... a menos que sea una alegre i mona silueta viva i reluciente precisamente por sus calidades i sus piquitos que le salen por todos lados i sus pequenas correas que son parte viceral de la misma vestiecita ect ect

Pero tu... putrefactamente –el guardia civil– que hace? tal tal –tal. tal. irrealidad irrealidad. –Anti poesia– formacion de nociones arbitrarias de las cosas: Hay que dejar las cositas *libres* de las ideas convencionales a que la inteligencia las a querido someter – Entonces estas cositas monas ellas solas obran de acuerdo con su real i *consubstancial* manera de ser – Que ellas mismas decidan la dirección del curso de la proyección de sus sombras!

La carta expresaba la genuina preocupación del pintor por un aspecto de la personalidad poética de Lorca que, de hecho, éste mismo ya consideraba obsoleto. Raras veces Dalí se había mostrado tan epistolarmente cariñoso con su amigo, tan tierno:

> Federiquito, en el libro tuyo que me lo he llevado por esos sitios minerales de por aqui a leer, te he visto a ti, la vestiecita que tu eres, vestiecita erotica con tu sexo i tus *pequeños ojos de tu cuerpo*, i tus pelos i tu miedo de la muerte i tus ganas de que si te mueres *se enteren los señores,** tu misterioso espiritu echo de pequenos *enigmas* tontos de una estrecha correspondencia horóscopa i tu dedo gordo en estrecha correspondencia con tu polla i con las humedeces de los lagos de baba de ciertas especies de *planetas peludos* que hay – Te quiero por lo que tu libro revela que eres, que es todo el rebes de la realidad que los putrefactos an forjado de ti, un gitano moreno de cabello negro corazon infantil ect ect todo ese Lorca *Nestoriano*** decorativo anti-real, inexistente, solo posible de haber sido creado por los cerdos artistas lejos de los pecitos i de los ositos i siluetas blondas, duras i liquidas que nos rodean ect ect. ti vestia con tus pequeñas huñas – ti que abeces la muerte te coge la mitad el cuerpo, o que te suve por [*el brazo asta*] las uñitas asta el ombro en esfuerzo esterilisimo; yo he vevido la muerte en tu espalda en aquellos momentos en que te ausentabas de tus grandes brazos que no eran otra cosa que dos fundas crispadas del plegamiento inconciente e inutil del planchado de las tapices de la residencia... a ti, Lenguado que se ve

* Versos, respectivamente, de los romances «Muerto de amor» y «El emplazado».

** Alusión al pintor canario Néstor Martín F. de la Torre, amigo del poeta.

en tu libro quiero i admiro, a ese lenguado gordo que el dia que pierdas el miedo te cagues con los Salinas, abandones la Rima, en fin el arte tal como se entiende entre los puercos – [h]aras cosas divertidas, orripilantes, crispadas, poeticas como ningun poeta a realizado.

adios creo en tu inspiracion, en tu *sudor*, en tu fatalidad astronomica.

Este invierto [sic] te invito a l'anzarnos en el vacio. Yo ya estoy en el desde hace dias, nunca abia tenido tanta seguridad

aora se algo de *Estatuaria* y de claridad real ahora lejos de toda Estetica

Abrazos Dali

El surrealismo es *uno* de los medios de Evasion
Es *esa* Evasion lo importante
Yo voy teniendo mis maneras al margen del surrealismo, pero eso es algo vivo – Ya ves que no hablo de el como antes, tengo la alegria de pensar muy distintamente de el verano pasado que fino he?

Lorca, cuya contestación a la carta de Dalí se desconoce, estaba mayormente de acuerdo con el criterio del pintor sobre sus romances (prolongación de lo que había escrito sobre *Canciones* un año antes) y en absoluto pudo sentirse herido por sus comentarios, por otro lado muy halagadores para con su persona y su genio poético. «Carta aguda y arbitraria que plantea un pleito poético interesante», la llamaría Lorca poco después, lacónicamente, en una carta a Gasch, añadiendo: «Claro que mi libro no lo han entendido los putrefactos, aunque ellos digan que sí. A pesar de todo, a mí ya no me interesa nada o casi nada. Se me ha muerto en las manos de la manera más tierna. Mi poesía tiene ahora otro vuelo más agudo todavía. Me parece que un vuelo personal».[59]

Dalí informó a Lorca que pensaba ampliar sus ideas en un artículo, dedicado a él, para *La Gaceta Literaria.* Titulado «Realidad y sobrerrealidad», aparecería el 15 de octubre de 1928 sin la prometida dedicatoria, pero repitiendo casi palabra por palabra lo que había dicho en su larga carta al poeta.[60]

Lorca no necesitaba que lo espoleasen mucho para embarcarse en la aventura propuesta por Dalí, que iba a llevarlo hasta el umbral mismo del surrealismo. Las obras que compone inmediatamente tras la recepción de la carta dan fe del respeto que le suscita la sagacidad crítica del pintor, así como lo harán luego *Poeta en Nueva York* y *El público.* Es difícil creer que Lorca no contestara la carta de Dalí, pero el hecho es que desconocemos su respuesta.

EL ESCÁNDALO DEL SALÓN DE OTOÑO

En los primeros días de agosto de 1928 Dalí había aceptado una oferta para exponer en el Salón de Otoño de Barcelona, celebrado anualmente en la Sala Parés, propiedad de Joan Maragall, y al mismo tiempo dar otra conferencia. Pocas semanas después, cuando su antiguo amigo y aliado Josep Dalmau lo invitó a participar en una exposición colectiva en su galería, Dalí le informó del compromiso ya contraído con la Sala Parés, esperando que su presencia en las dos muestras no fuera incompatible.[61]

Dalí le envió a Maragall el escandaloso *Diálogo en la playa* y *Pulgar, playa, luna y pájaro putrefacto,* obra que a nadie podía parecerle ofensiva.[62] Cuando Maragall recibió *Diálogo en la playa* no pudo dar crédito a sus ojos, y a principios de septiembre le escribió a Dalí para explicarle, con exquisito tacto, que no podía exponer la obra. Si lo hacía, alegaba, perjudicaría el buen nombre de su galería y ofendería seriamente al público. Maragall no creía tampoco que la obra contribuyera precisamente a consolidar el prestigio del pintor, y le pidió, por tanto, que la retirara voluntariamente.[63]

En su airada respuesta, fechada el 4 de septiembre de 1928, Dalí se defendió diciendo que el cuadro era producto de la inspiración, de «los elementos mas puros y mas autenticos» de su alma. Además, si, como solía decir la gente, obras como *Diálogo en la playa* eran «ininteligibles», ¿cómo podría el público ofenderse? De todos modos, a la vista de la actitud de Maragall, había decidido retirar *ambas* obras. Esperaba, añadía, que Maragall supiera lo que hacía. Y, sin cerrar del todo la puerta a una solución de compromiso, terminó amenazando con que, a menos que el galerista cambiara de opinión *cuanto antes,* expondría las dos obras en otro sitio.[64]

Ese mismo día Dalí escribió a Dalmau, adjuntándole sendas copias de la carta de Maragall y de su respuesta. Le explicó que en realidad estaba encantado con las objeciones de éste, pues demostraban que la pintura aún podía tener «el valor subversivo de horrorizar y traumatizar al público», y le pidió su sincera opinión sobre el asunto y si estaría dispuesto a exponer las obras. En una posdata añadió que si Dalmau aceptaba exponer *Diálogo en la playa,* valdría la pena señalar en el catálogo que había sido rechazado por el Salón de Otoño. Es obvio que Dalí intentaba conseguir con todo ello la máxima publicidad.[65]

Dalmau no le contestó hasta el 6 de octubre (tal vez estuviera fuera de Barcelona esos días). En el ínterin, Dalí llegó a una transacción con Maragall: le vendió *Pulgar, playa, luna y pájaro putrefacto,* dio su aprobación a que éste lo expusiera por iniciativa propia en el Salón, y ratificó su promesa de dar una conferencia durante la muestra.[66]

Cuando Dalmau recibió la carta de Dalí, el Salón de Otoño acababa de abrir sus puertas y el galerista había visto ya el catálogo, en el que aparecía *Pulgar, playa, luna y pájaro putrefacto.* Aseguró a Dalí que para él habría sido un gran placer exponer las dos obras. Ahora era demasiado tarde, pues exponer sólo el cuadro rechazado no sería, a su juicio, profesional.[67]

El 6 de octubre de 1928, el mismo día que Dalmau le escribió a Dalí, la prensa de Barcelona se hizo eco de una nota del comité seleccionador de la Sala Parés en la que explicaba que se habían visto obligados a rechazar una de las obras del pintor, que, pese a sus méritos artísticos, «no era apropiada para ser expuesta en una galería frecuentada por un numeroso público poco preparado para ciertas sorpresas». No se decía qué tipo de sorpresas. Bajo la nota del comité, los periódicos publicaron la réplica de Dalí: debido a la no admisión del cuadro considerado ofensivo, había decidido retirar ambas obras. El hecho de que la segunda se encontrara expuesta no tenía nada que ver con él, pues pertenecía a una colección privada (es decir, a Maragall).[68]

Para complacer a Dalí, Dalmau decidió aplazar la apertura de su exposición hasta el día después de la clausura del Salón de Otoño, el 28 de octubre, y le pidió que le enviara no sólo *Diálogo en la playa* sino otras dos obras de su libre elección.[69]

Entretanto, el 16 de octubre, Dalí dio su prometida charla ante un nutrido y expectante público que, atraído por la polémica y por la reputación de incendiario provocador que el pintor se iba rápidamente granjeando, había acudido a la estrecha calle Petritxol, sede de la Sala Parés, mucho antes de la hora de la conferencia. Los dos salones estaban llenos a reventar. Se había anunciado que se estimularía al público para que contradijera las opiniones de Dalí, de modo que la velada prometía. Cuando el pintor apareció en el estrado, acompañado por Joan Maragall, lucía una «magnífica» chaqueta deportiva de lana que hacía juego con su cabello negro cuidadosamente alisado y su cara aún más morena de lo habitual tras el largo verano en Cadaqués.[70]

Con el título de «El arte catalán en relación con lo más reciente de la joven inteligencia», el propósito de la conferencia, de veinticinco minutos de duración, fue, como cabía esperar, dejar bien claro que la mayor parte del arte catalán de entonces era basura, «putrefacto», una mera prolongación del impresionismo, como si Picasso y la maquinaria de alta precisión no existieran. Sólo Miró, «uno de los valores más puros de nuestra época», se salvaba. Repitiendo, a veces literalmente, las ideas expuestas en su larga carta a Lorca un mes y medio antes (y que acababa de repetir en su artículo de *La Gaceta Literaria),* Dalí razonó con concisión, ingenio y su habitual dosis de exageración que el único arte viable era el que reflejara el «instinto y la intuición del artista» y se atreviera a recorrer «las inexploradas rutas del espíritu, de la sobrerrealidad». Una y otra vez utilizó la palabra «real» en el sentido que Breton le había dado en el *Manifiesto del surrealismo* («la función real del pensamiento»), apoyando explícitamente su argumentación en el dogma freudiano de que lo que en última instancia es «real» en el ser humano son sus procesos mentales subliminales, los «elementos más profundos del espíritu humano». La breve conferencia concluyó con una apasionada diatriba antiartística.[71]

Dalí era maestro en el arte de la exageración, poniendo mientras lo ejercía una «cara de póquer» a lo Buster Keaton y haciendo alarde de una lógica tan aplastante que sus opositores solían verse reducidos al silencio o, a lo sumo, a torpes e incoherentes balbuceos. Así fue esta vez. Maragall preguntó al público si tenía objeciones. Se oyeron algunas tímidas quejas, pero, como el mismo Dalí comentaría unos días después con desprecio, los artistas e intelectuales no subieron a la tribuna y prefirieron atacarlo desde las páginas de los periódicos, tras haber tomado la conveniente distancia de seguridad.[72]

La conferencia, cuyo texto fue dado a conocer por *La Publicitat,* hizo correr mucha tinta, tanto a favor de Dalí como en contra. Es probable que el pintor apreciara en especial el comentario de Josep Pla, que insistió en que la charla había sido un modelo de coherencia y expresó su satisfacción por el hecho de que, en sus visitas a Barcelona, Dalí cumplía la misión de todo auténtico hijo del Empordà, a saber, dejar a la gente *amb un pam de nas* (boquiabierta).[73]

Unos días después de la conferencia Dalí le pidió a Dalmau que recogiera *Diálogo en la playa* del depósito de la Sala Parés, enviándole *Desnudo femenino* y *Dos figuras en una playa* para acompañar a aquél en su próxima exposición con el galerista.[74] Entretanto, a espaldas de Dalí, su padre había decidido intervenir, escribiendo el 21 de octubre a Dalmau para pedirle que encontrara la forma de convencer a Salvador para que retirase el cuadro ofensivo.[75] A partir de este momento la situación se hizo cada vez más absurda. Dalmau, tan preocupado ahora como lo había estado antes Maragall, le sugirió a Dalí, el 26 de octubre (sin mencionar la carta de su padre) la posibilidad de cubrir los trozos más arriesgados de la obra. De lo contrario, le dijo, el establecimiento corría el peligro de ser clausurado por las autoridades, con el consiguiente perjuicio para su negocio.[76] Dalmau probablemente previó la reacción de Dalí, cuya respuesta le llegó ese mismo día. Modificar el cuadro de la manera que fuera sería comportarse peor que Maragall, le dijo el pintor. Era inconcebible. «Convencido ahora de que me es imposible exponer en Barcelona, me rindo», terminó la carta.[77] *Diálogo en la playa* no se expuso en Dalmau, ocupando su lugar *Figura masculina y figura femenina* 57
en la playa. Aunque de tema parecido al rechazado, el sustituto, como hemos visto, no era ni mucho menos tan explícito como aquél en su tratamiento de la sexualidad.

En ningún momento de esta correspondencia estuvo dispuesto Dalí a admitir que *Diálogo en la playa* pudiera considerarse indecente. No es difícil estar de acuerdo con Santos Torroella cuando escribe que el episodio ilustraba bien la tendencia innata de Dalí al doble juego.[78]

Si bien Dalí era ya la comidilla de Barcelona, se había hablado muy poco de él en la prensa madrileña desde su definitivo regreso a Figueres en 1926. A consecuencia del escándalo de la Sala Parés, esta situación empezó ahora a cambiar, sin duda para satisfacción del interesado. El 6 de noviembre de 1928, *Estampa,* uno de los más populares semanarios ilustrados de la capital, publicó una entrevista con el pintor en la que Dalí tildó de «putrefactos» a todos los artistas españoles contemporáneos, con excepción de Picasso y Miró, expresó su admiración por Ernst, Tanguy y Arp, y, al parecer por vez primera, se declaró pública y abiertamente surrealista. El momento más interesante de la entrevista se encuentra al final, cuando el periodista le hace tres preguntas: «Por último, ¿cuál es el propósito moral de su obra? ¿Y su objetivo más alto en arte? ¿Cuál es la mayor aspiración de su vida?» Dalí contestó:

Así, metódicamente: primero, la única moral es la de responder a lo más estricto de mi intimidad interior; segundo, mi deseo mayor en arte es el de contribuir a la extinción del fenómeno artístico y el de adquirir un prestigio internacional, y tercero, mi aspiración definitiva, responder siempre a un estado de espíritu vivo. Odio la putrefacción.[79]

En la fotografía que acompañaba la entrevista, sacada en la plaza de Cataluña de Barcelona, el pintor, que lleva su habitual americana de lana, luce una expresión de inquebrantable voluntad y mira a la cámara con ojos de auténtico fanático. Sólo le queda ahora la conquista de París. Sin que lo sepa, una feliz circunstancia está a punto de facilitarle la realización de este magno sueño. Circunstancia a la que no será ajeno Luis Buñuel, que lleva ya cuatro años en la capital francesa.

SIETE
EN EL VÓRTICE SURREALISTA
(1929)

«UN PERRO ANDALUZ»

El 29 de diciembre de 1928 Dalí le escribió a Pepín Bello desde Figueres para comunicarle que estaba a punto de lanzar una revista surrealista, con colaboraciones de Luis Buñuel y de «nuestro grupo catalan». Con la carta le enviaba unas preguntas. Las contestaciones de Pepín debían responder a su «sinceridad *mas brutal* de la que siempre he esperado mucho» y se publicarían en la nueva revista. Las «preguntas» eran:

> Me gustan sobre todo las patas de... (ejemplos) las gallinas, burros, etc., de las orugas.
> La musica...
> Los libros de...
> Los discos...
> Los paisages...
> Los vestidos...
> Los bigotes...
> Los culos...
> Los cuadros...
> Los automoviles...
> Los sillones...[1]

Bello contestó a vuelta de correo. A Dalí le encantaron sus respuestas, sobre todo «Me gustan los culos de los santocristos», y el caligrama satírico, no solicitado, sobre el Ateneo de Madrid, entonces algo lánguido.[2]

La proyectada revista nunca se publicó, apropiándose en su lugar Dalí del que sería el último número de *L'Amic de les Arts.* Pero antes de que éste viera la luz se puso en marcha otra empresa aún más apasionante.

Como hemos visto, Luis Buñuel era un gran admirador de Ramón Gómez de la Serna, cuya tertulia literaria había frecuentado en su época de «residente». En otoño de 1928 Buñuel estaba preparando una película basada en una serie de cuentos breves de Gómez de la Serna sobre la vida en una gran ciudad. «Para enlazarlos», recuerda Buñuel en sus memorias, «se me ocurrió presentar en forma de documental las distintas etapas de formación de un periódico. Un hombre compra un periódico en la calle y se sienta en un banco a leerlo. Entonces aparecerían uno a uno los cuentos de Gómez de la Serna en las distintas secciones del periódico: un suceso, un acontecimiento político, una noticia deportiva, etc. Creo que al final el hombre se levantaba, arrugaba el periódico y lo tiraba.»[3]

Buñuel convenció a su madre para que financiara la película, que iba a llamarse *Caprichos,* pero Gómez de la Serna no terminó el guión prometido.[4] Entonces Buñuel comunicó el esquema a Dalí, que, al encontrarlo «sumamente mediocre», le dijo que acababa de escribir el esbozo de un guión, breve «pero genial, que era todo lo contrario del cine corriente».[5] Más tarde Dalí declararía que había apuntado el guión tal como le iba viniendo a la cabeza –suponemos que en catalán– en la tapa de una caja de zapatos.[6]

A Buñuel le gustó mucho el esbozo de Dalí, y a mediados de enero de 1929 le escribió a Bello desde París para decirle que iba a pasar enseguida quince días en Figueres para trabajar con Salvador «sobre unas ideas comunes y muy cinematográficas». Aunque se hundiera el mundo, dijo, el rodaje empezaría en abril. De la carta se desprende que Buñuel y Dalí ya habían conversado largo y tendido del proyecto, pero, por desgracia, no queda constancia del contenido de esas charlas ni se conoce correspondencia u otra documentación relativas al mismo.[7] Tampoco se ha encontrado el esbozo original de Dalí, aunque no cabe duda de que existió, pues en una carta que Buñuel le envió seis meses más tarde, poco antes del estreno de *Un perro andaluz,* éste reconoció el «primer papel» del pintor «en *la concepción* de la película».[8]

Buñuel viajó a Figueres según lo previsto, y después de una semana de trabajo conjunto el guión estaba listo. Una tarde los dos amigos toparon con el director y (hasta su clausura por el régimen de Primo de Rivera) propietario del *Empordà Federal,* Josep Puig Pujades, uno de los más firmes partidarios de Dalí en la ciudad, y le invitaron a escuchar una lectura del guión. Buñuel, el encargado de la misma, le dijo a Puig

Pujades que el título de la película era *Dangereux de se pencher en dedans*, variante jocosa de la conocida advertencia que se leía en las ventanillas de los trenes franceses (la primera idea había sido *La marista de la ballesta).*[9] Puig Pujades, impresionado, escribió en un periódico local:

> Toda la película es una serie de hechos normales que dan la impresión de anormalidad. No son hechos arbitrarios, pues todos tienen su razón de existir, pero la manera de engarzarse entre sí y de truncarse nos produce una sensación tormentosa... Advertimos que tenemos que maravillarnos de todo, por vulgar o cotidiano que nos aparezca, o de nada.

¿Qué esperaban conseguir Buñuel y Dalí? «Se trata de un intento inédito en la historia del film», le dijo Buñuel a Puig Pujades, añadiendo: «Nos proponemos la visualización de ciertos resultados subconscientes que creemos no pueden ser expresados más que por el cine.» La película era inclasificable, una obra sin precedentes, un producto «tan alejado del film de objetos como del onírico o del film absoluto». Tendría algo de sonido, y más que la puesta en común de sus sentimientos y de los de Dalí, era el resultado de «un cierto número de violentas coincidencias» que ya les venían preocupando desde hacía tiempo. Confirmando lo dicho en su carta a José Bello, Buñuel le explicó a Puig Pujades que esperaba terminar el rodaje en mayo. La película iba a estrenarse en el Studio des Ursulines en París, antes de pasar al Cineclub de Madrid y a otras «salas especializadas» de Berlín, Ginebra, Praga, Londres y Nueva York.

Por lo que respectaba a la elaboración del guión, Buñuel le dijo a Puig Pujades que él y Dalí habían trabajado juntos en perfecta armonía. «Nunca se podrá dar una colaboración más íntima y convergente», afirmó; «al corregirnos recíprocamente, o al sugerirnos uno a otro ideas y conceptos, era talmente como si nos hiciéramos una autocrítica.»[10]

Cincuenta años más tarde Buñuel sería más explícito:

> Estábamos tan identificados que no había discusión. Trabajamos acogiendo las primeras imágenes que nos venían al pensamiento y en cambio rechazando sistemáticamente todo lo que viniera de la cultura o de la educación. Tenían que ser imágenes que nos sorprendieran, que aceptáramos los dos sin discutir. Por ejemplo: la mujer agarra una raqueta para defenderse del hombre que quiere atacarla. Entonces éste

mira alrededor buscando algo y (ahora estoy hablando con Dalí): «¿Qué ve?» «Un sapo que vuela.» «¡Malo!» «Una botella de coñac.» «¡Malo!» «Pues veo dos cuerdas.» «Bien, pero ¿qué viene detrás de las cuerdas?» «El tipo tira de ellas y cae, porque arrastra algo muy pesado.» «Ah, está bien que se caiga.» «En las cuerdas vienen dos grandes calabazas secas.» «¿Qué más?» «Dos hermanos maristas.» «¿Y después?» «Un cañón.» «Malo; que venga un sillón de lujo.» «No, un piano de cola.» «Muy bueno, y encima del piano un burro..., no, dos burros podridos.» «¡Magnífico!» O sea, que hacíamos surgir imágenes irracionales, sin ninguna explicación.[11]

El método, tal como lo evoca Buñuel, se parecía mucho a la práctica de la escritura automática surrealista, desarrollada primero por Breton y Soupault en *Los campos magnéticos.* No es de extrañar, por tanto, que cuando a finales de 1929 Buñuel publicara el guión en *La Révolution Surréaliste,* se sintiera en condiciones de declarar: *«Un perro andaluz* no existiría si no existiera el surrealismo.»[12]

A diferencia de Dalí, Buñuel sabía escribir a máquina, y se había llevado la suya a Figueres. No sabemos, al no haber aparecido los borradores del guión, si la utilizó para apuntar las secuencias en el mismo momento de ser mutuamente aceptadas. Parece más probable, de todas maneras, que se escribieran a mano, y que tras cada sesión Buñuel hiciera una copia en limpio mecanografiada de lo conseguido, discutiendo con Dalí las nuevas posibilidades que se le fueran ocurriendo mientras así trabajaba.[13]

¿Qué imágenes de la versión final del guión se deben a Dalí, cuáles a Buñuel? Resulta muy difícil dilucidarlo. El 10 de febrero de 1929, poco después de su estancia en Figueres, Buñuel le contó a José Bello que en la película habían metido «todas nuestras cosas» de la Residencia de Estudiantes.[14] No exageraba: él, Dalí, Bello, Lorca y otros amigos de la «Resi» compartían un acervo común de imágenes asimiladas y elaboradas durante los años pasados juntos en Madrid, y por lo general es imposible identificar las fuentes últimas de este material. El asunto se complica aún más por la ausencia de borradores y de información sobre el proceso de montaje de la película (lo único que se conserva es la última versión del guión, en francés, publicada por Buñuel en 1929), y por las conflictivas afirmaciones posteriores tanto de Dalí como del cineasta.

Como ejemplo de lo que vamos diciendo, consideremos la célebre

secuencia inicial del ojo cortado con una navaja. En 1929, poco después del rodaje, Buñuel le dijo a Georges Bataille que había sido idea de Dalí: el pintor había visto una nube larga y estrecha que atravesaba la luna cortándola en dos y produciéndole angustia.[15] En el retrato de Buñuel pintado por Dalí en 1924, con la Residencia de Estudiantes como marco, vemos una nube parecida cerca del ojo derecho del aragonés; y una prosa 47
de Dalí redactada en 1926 menciona el ojo de una muchacha amenazado por una navaja, el instrumento empleado en el filme.[16] Parece probable, por ello, que lo que Buñuel le dijo a Bataille fuera cierto: Dalí era la fuente de la imagen. En los años sesenta, sin embargo, Buñuel reivindicaría la secuencia como suya.[17] La cuestión se complica aún más por el hecho de que José Moreno Villa, amigo de ambos en la Residencia, parece haber contado una mañana, durante el desayuno, que había tenido un sueño la noche anterior en el que por accidente se había cortado el ojo con una navaja mientras se afeitaba.[18] Si a todo esto le añadimos que la nube que corta el ojo recuerda las de Mantegna en un cuadro sumamente admirado por Buñuel, Dalí y Lorca –*La muerte de la Virgen,* en el Museo del Prado–, veremos que aquí, en el mismo umbral de la película, tenemos ya una «cosa» de la Residencia.[19]

En los años sesenta Buñuel se atribuyó la autoría de la escena de la mano cortada, contemplada por una andrógina enajenada en plena calle parisiense, así como de la de las hormigas que salen de un agujero de la palma de la mano del protagonista. En 1982 se desdijo en cuanto a esta última imagen: las hormigas fueron idea de Dalí.[20] Por lo que respecta a la mano cortada, nuevamente cabe dudar de la memoria de Buñuel, porque brazos y manos cortados aparecen ya en la obra de Dalí en 1926 (por ejemplo, en el estudio para *La miel es más dulce que la sangre)* y pululan en sus cuadros de los tres años siguientes. También son imágenes recurrentes en la poesía y los dibujos de Lorca, y, de hecho, un tópico en el arte y la literatura europeos de la época, que además para entonces también habían producido ya más de un ojo rebanado.[21]

Buñuel le dijo a Bataille que los burros podridos encima del piano de cola eran una «obsesión compartida» por él y Dalí.[22] Y era verdad. El aragonés afirmaba haber visto uno en su infancia, y que el grotesco espectáculo le había provocado una fuerte impresión. Pepín Bello también. Pero, una vez más, fue Dalí el primero en plasmar un asno podrido en su obra, en el estudio para *La miel es más dulce que la sangre.*[23]

Si la Residencia de Estudiantes es una de las claves que nos ayuda a adentrarnos en *Un perro andaluz*, el cine mismo es otra. Dalí y Buñuel eran apasionados del séptimo arte y, a juzgar por lo que ambos escribieron sobre cine, debieron de discutir acaloradamente en la Residencia acerca de lo que les gustaba y lo que no entre las últimas cintas estrenadas. De hecho, hasta tal punto está *Un perro andaluz* plagado de alusiones a Chaplin, Keaton, Harold Lloyd y otros que apenas hay una imagen para la que no se pueda encontrar un antecedente cinematográfico.[24]

Dado el interés de Buñuel y Dalí por las teorías freudianas, no cabe duda de que la brutal primera escena de *Un perro andaluz*, con un atlético Buñuel haciendo de barbero sádico, se proponía ilustrar la formulación de Freud, desarrollada en *La interpretación de los sueños*, según la cual «la privación de los órganos de la vista en la leyenda de Edipo, y en otras leyendas, representa la castración»[25] (Buñuel admitió en 1947, además, que el único método capaz de interpretar los símbolos del film sería, quizás, el psicoanálisis.)[26] Llamada «prólogo» en el guión, la secuencia, aún hoy capaz de hacer que se desmayen personas sensibles no debidamente advertidas, abre una narración de pesadilla cuyo protagonista masculino, de carácter marcadamente afeminado, padece una honda angustia sexual. Lorca llegó a la conclusión de que él era el modelo del personaje, diciendo a su amigo Ángel del Río en Nueva York en 1930 (si podemos fiarnos de lo que cuenta Buñuel): «Buñuel ha hecho una mierdecita así de pequeñita que se llama *Un perro andaluz*; y el perro andaluz soy yo.»[27] Aunque Buñuel negó esta acusación,[28] la indignación del poeta estaba justificada: en la Residencia llamaban a veces en broma a los del sur «perros andaluces»;[29] Lorca, el sureño más notable de la casa, era el poeta andaluz más famoso de su momento; Buñuel y Dalí no veían con buenos ojos la poesía lorquiana de cariz andaluz; Lorca sabía por experiencia que su homosexualidad le resultaba difícil de aceptar a Buñuel, y la escena en que el protagonista se materializa de repente sobre la cama y «vuelve a la vida» podía aludir a las representaciones de su propia muerte y resurrección que Lorca gustaba de imponer a sus amigos en la Residencia.

Es posible, con todo, que a Lorca le llamara especialmente la atención la secuencia –atribuida por Buñuel a Dalí–[30] en la que el protagonista avanza montado en una tambaleante bicicleta por una calle de París, vestido con uniforme de criada, y cae al suelo. «El aire femenino de sus gestos sugiere que ha sido castrado», ha comentado una autoridad en Buñuel, viendo en esta escena una posible *quid pro quo* «por el infantil sadismo del prólogo».[31] Lorca debió de advertir enseguida que el episodio se nutre de su brevísimo «diálogo» *El paseo de Buster Keaton,* escrito en julio de 1925 poco después de su primera visita a Cadaqués.[32] A Dalí el texto le había gustado tanto que a principios de 1926 le sugirió a Lorca que lo incluyera en el proyectado (y nunca editado) libro de ambos, *Los putrefactos.*[33] *El paseo de Buster Keaton* se publicó por vez primera en la primavera de 1928, en la revista *gallo* de Lorca, donde Dalí, dada su condición de colaborador, probablemente lo volvería a leer. En esa obrita, salpicada de alusiones al cine, un afeminado Buster Keaton no sólo se cae de la bicicleta, como el protagonista de *Un perro andaluz,* sino que fracasa rotundamente en dos encuentros heterosexuales. En una palabra, es impotente, infeliz condición que Buñuel atribuía al propio Lorca.[34] La vinculación entre *El paseo de Buster Keaton* y la película se refuerza por el hecho de que tanto la misteriosa caja que el protagonista de *Un perro andaluz* lleva en el pecho como la corbata del personaje tienen las mismas rayas cebra que las medias de una de las muchachas del texto de Lorca, donde reza una acotación: «La JOVEN se desmaya y cae de la bicicleta. Sus piernas a listas tiemblan en el césped como dos cebras agonizantes.»[35] Dalí debió de darse perfecta cuenta de que el Keaton lorquiano era una encarnación de las dificultades sexuales del poeta. Citar *El paseo de Buster Keaton* en la película era, por tanto, especialmente malicioso por parte de él y de Buñuel.[36]

Es probable que Lorca sospechara otra alusión a su persona en los extraordinarios primeros momentos, cargados de erotismo, de la secuencia en que el protagonista intenta seducir a la muchacha, secuencia descrita así en el guión de rodaje:

> Primer plano de manos lascivas en los pechos de la muchacha, que asoman por debajo del jersey. Una repentina expresión de terrible angustia, casi mortal, le atraviesa el rostro [al protagonista]. El hombre deja caer una baba sanguinolenta sobre los pechos desnudos de la muchacha.
>
> Los pechos desaparecen y se convierten en muslos que el personaje continúa palpando. Su expresión ha cambiado. Sus ojos brillan de crueldad y lujuria. La boca, antes bien abierta, se cierra y se hace pequeña, como apretada por un esfínter.[37]

La angustia que se refleja en el rostro del protagonista al ver asomar los pechos desnudos puede reflejar el horror que Lorca sentía por los

senos y que Dalí recordaría muchos años después;[38] mientras el placer que experimenta al acariciar las nalgas de la muchacha (no los muslos) pretende seguramente aludir una vez más a la homosexualidad sugerida por la boca-esfínter del guión. En cuanto a la sangre, brota de la comisura de los labios del protagonista casi exactamente como lo hace de la
44 boca de la cabeza cortada del poeta en *La miel es más dulce que la sangre*, teniendo los ojos de ambas cabezas una idéntica mirada fija. Buñuel nunca olvidaría esta secuencia de *Un perro andaluz*, que para él expresaba la «relación secreta pero constante» entre el sexo y la muerte que le había impresionado ya durante su juventud en aquel primitivo Aragón.[39]

En suma, parece imposible dudar que al crear al protagonista masculino de *Un perro andaluz* Buñuel y Dalí pensaban realmente en Lorca, como con razón creía éste. El que así fuera es una muestra más de la medida en que las vidas de los tres estaban entrelazadas, y de cómo cada uno de ellos actuaba influido por la obra y la personalidad de los otros dos.

A Dalí le fascinaban las posibilidades que el cine le ofrecía para dar vida, por medio de fundidos y otras técnicas de montaje, a las fantásticas metamorfosis que constituyen el lenguaje natural de los sueños y que él venía tratando de expresar en sus cuadros desde 1927. Entre los logros de la película en esta línea está la sorprendente transformación de la peluda axila de una mujer en erizo de mar. Estas técnicas, como el artista diría más tarde, le dieron la oportunidad de producir un «cuadro de Dalí que adquiere movimiento».[40]

Dalí apenas podía contener su entusiasmo por este compartido proyecto cinematográfico, aún sin título definitivo, y era muy consciente de la posibilidad de que, además de otras ventajas, le trajera notoriedad allí donde más deseaba tenerla: en la capital francesa. En las semanas siguientes, que Buñuel dedicó a ultimar los preparativos para el rodaje, el aragonés debió de estar en contacto permanente con Dalí.

Tanto Buñuel como Dalí querían la máxima publicidad para su proyecto común. No contentos con la reproducción, en un periódico de Barcelona, de la entrevista con Puig Pujades,[41] decidieron propagar la noticia desde la más influyente revista cultural española del momento, la madrileña *La Gaceta Literaria,* en la que ambos colaboraban. El primero de febrero Ernesto Giménez Caballero, director de *La Gaceta* y él mismo cineasta *amateur*, reprodujo en la revista lo esencial de lo que le había dicho Buñuel a Puig Pujades, con el resultado de que el *establishment* intelectual español estuvo pronto al tanto del proyecto.[42]

De regreso en París, Buñuel le escribió a José Bello el 10 de febrero de 1929 para mantenerlo al corriente: él y Dalí estaban «más unidos que nunca», le dijo, y habían preparado el guión en «íntima colaboración». Además, Buñuel tenía listo para la imprenta un libro de poemas. Cuando él y Dalí encontraron un título para el mismo –*El perro andaluz*–, la ocurrencia los había hecho «mear de risa». «He de advertirte», añade Buñuel, «que no sale un perro en todo el libro.»[43]

Pese a alardear de que su libro de poemas estaba a punto de ver la luz, Buñuel no lo publicó ni entonces ni nunca. Poco después trasladó su título al de la película, suponemos que con la aprobación de Dalí y tal vez con otra sesión de carcajadas (esta vez a costa de Lorca), cambiando, de paso, el artículo determinado por el indeterminado.

ANDRÉ BRETON, BENJAMIN PÉRET

Mientras Buñuel hacía preparativos frenéticos para comenzar el rodaje de *Un perro andaluz*, Dalí, asistido por Sebastià Gasch y Lluís Montanyà, se ocupaba del último y «surrealista» número de *L'Amic de les Arts*. Según *La Gaceta Literaria* del 1 de febrero de 1929, este «violento número» de la revista de Sitges se proponía atacar el arte en general (Chaplin, la pintura, la música, la arquitectura, la imaginación...), defender las actividades antiartísticas (objetos surrealistas, la ingeniería, las películas idiotas, los textos surrealistas, la fotografía, el gramófono) e incluir colaboraciones de Pepín Bello, Gasch, Buñuel, J. V. Foix y Dalí. Ilustrada con fotografías y reproducciones de obras recientes de Picasso, Miró y Dalí, habría también un fragmento de una carta de Lorca (se supone que dirigida a Dalí).[44]

El número apareció a mediados de marzo y Dalí le envió inmediatamente un ejemplar a Buñuel, a quien le pareció «fantástico».[45] El noventa por ciento del número era obra de Dalí, cuya alineación con los postulados del surrealismo se hacía explícita en cada página, varias referencias elogiosas a Breton apoyando un comentario hecho por Jaume Miravitlles en París en noviembre de 1928 en el sentido de que Breton era el único autor que entonces le interesaba a Dalí.[46]

Dalí no sólo seguía absorto la obra de Breton a medida que iba apareciendo en *La Révolution Surréaliste*, sino que se hizo con libros suyos, entre ellos la *Introduction au discours sur le peu de réalité* (Gallimard, 1927), del que escribió una favorable reseña para este último número de *L'Amic de les Arts.* Era exagerado por parte de Miravitlles, con todo, afirmar que Breton era el único autor francés que le interesaba a Dalí en estos momentos, porque también leía, y con gran entusiasmo, a Benjamin Péret, a quien consideraba «el poeta francés más auténtico de nuestro tiempo» y del que recomienda a sus lectores *Le Grand Jeu.* El último número de *L'Amic* incluye un poema, en francés, tomado de *Dormir, dormir dans les pierres,* presentado efusivamente por «D.G.M» (Dalí, Gasch, Montanyà): «Oponemos a Benjamin Péret, uno de los representantes más auténticos de la poesía de nuestro tiempo y una de las más ESCANDALOSAS figuras de nuestra época, a nuestra poesía indígena (?) y a nuestro convencionalismo.» La referencia al escándalo aludía probablemente a una célebre fotografía reproducida en 1926 en *La Révolution Surréaliste,* en la que el poeta francés, luciendo un chaleco oscuro, aparece dirigiéndose a un clérigo vestido con sotana y sombrero. Al pie de la foto se lee: «Nuestro colaborador Benjamin Péret insultando a un sacerdote.»[47] Según Buñuel, la fotografía le impresionó vivamente, y es muy posible que a Dalí también.[48]

El aragonés era, como Dalí, apasionado lector de Péret, y es posible que fuera él quien se lo diera a conocer al pintor en primera instancia. En una larga carta a Pepín Bello fechada el 17 de febrero de 1929, Buñuel le dice que Péret es su ídolo y el de Dalí, y que está preparando un ensayo sobre el poeta francés, con citas, para *La Gaceta Literaria* (pero no saldría). Le propone a Bello que lo firme junto con Dalí y él. Para que Pepín las disfrute, le adjunta sus versiones españolas de tres poemas de *Le Grand Jeu:* «J'irai, veux-tu» (Yo iré, ¿quieres?), «Les Morts et leurs enfants» (Los muertos y sus niños) y «Testament de Parmentier».[49] En sus memorias Buñuel recuerda:

> Benjamin Péret era para mí el poeta surrealista por excelencia: libertad total, inspiración límpida, de manantial, sin ningún esfuerzo cultural y recreando inmediatamente otro mundo. En 1929, Dalí y yo leíamos en voz alta algunas poesías de *Le Grand Jeu* y a veces acabábamos revolcándonos por el suelo de la risa.[50]

El número surrealista de *L'Amic de les Arts* elogia el jazz, el *fox-trot* y la música moderna en general (al crítico musical le gustan especialmente «Show Me the Way to Go Home» y «What! No Spinach?») y, en lo que atañe al cine, la atención de Dalí recae en las posibilidades del documental, con su capacidad de representar objetivamente la realidad. El pintor imagina un film que narre «la larga vida de los pelos de una oreja» o que sea «un relato en cámara lenta de la vida de una corriente de aire», y declara que entre este tipo de películas y el surrealismo no hay ningún conflicto esencial, sino todo lo contrario: se complementan mutuamente. Lo cual era verdad.

La revista incluye las respuestas de Buñuel a un cuestionario sobre cine elaborado por Dalí. Buñuel expresa su disgusto por Chaplin, que en su opinión se ha vendido a los artistas e intelectuales; declara su afinidad con los surrealistas y, en un aparte, revela que *Nadja,* el libro de Breton editado en el verano de 1928, es uno de los preferidos de Dalí.[51] Por el artículo de éste, «La dada fotogràfica», publicado un mes antes, sabemos además que le han gustado las fotografías que ilustran la obra de Breton y que, en su opinión, le dan un «valor testimonial» imposible de obtener con reproducciones de cuadros. Imaginamos que esas fotografías debieron de abrirle aún más el apetito para trasladarse al París de los surrealistas.[52]

Dalí se había leído de punta a cabo el último número de *La Révolution Surréaliste* (número 11, marzo de 1928), que ahora recomienda a los lectores de *L'Amic de les Arts,* en especial el informe «Investigaciones sobre el sexo». Resultado de dos veladas de intenso diálogo entre los miembros del grupo, las conversaciones se habían caracterizado por una extraordinaria franqueza, yendo desde consideraciones sobre la felación, la postura «69» y la conveniencia o no de un orgasmo simultáneo, hasta la penetración anal, tanto homosexual como heterosexual, la masturbación mutua, las fantasías durante el coito, las primeras experiencias sexuales y la prostitución. En sus memorias Buñuel recuerda cuánto le había fascinado este documento, pese a llevar ya tres años en París, donde no había tardado en descubrir que, en cuestiones de sexo, los franceses veían las cosas de otra manera y eran sumamente desinhibidos en lo tocante a manifestaciones públicas de los sentimientos amorosos.[53] La publicación de un informe parecido habría sido impensable en la España de entonces, todavía bajo el yugo de Primo de Rivera (aunque no por mucho tiempo), y no es difícil imaginar el entusiasmo que despertaría también en Dalí.

Al pintor le había entusiasmado la celebración del «centenario» de la histeria incluida en el mismo número de *La Révolution Surréaliste*, e igualmente debió de gustarle el poema «Ángelus» de Louis Aragon, feroz ataque a los padres burgueses, para quienes un poco de sexo escabroso fuera de casa es compatible con el rechazo de sus hijos:

> Son nuestros padres, señores, nuestros padres
> que estiman que no nos parecemos nada a ellos,
> gente decente que, ellos,
> nunca se la han hecho chupar más que fuera del hogar
> conyugal...*

El meollo del último y «violento» número de *L'Amic de les Arts* era que sólo el surrealismo era capaz de expresar plenamente la sensibilidad de una época que había descubierto el inconsciente. Con su publicación Dalí proclamaba que él, por lo menos, se alineaba ahora con el revolucionario movimiento que había declarado la guerra a Familia, Religión y Patria. No podría haber llevado a París mejores credenciales que el último número de *L'Amic*, y es de suponer que tenía la intención de someterlo al juicio de Breton.

Parece ser, además, que en estos momentos Dalí y Buñuel albergaban el ambicioso proyecto de publicar su propia revista surrealista en la capital francesa. Coincidiendo con el viaje de Dalí, *La Gaceta Literaria* anunció:

> Se habla insistentemente de la próxima aparición de una revista de alta tensión espiritual. Se publicará en París. Y la dirigirán Salvador Dalí y Luis Buñuel. Esta revista será el órgano de un grupo, muy restringido, más o menos afín con el superrealismo. Pero con un sentido de claridad, de precisión y de exactitud absolutas. Con la máxima salud. Sin el menor contacto con lo patológico. Y con un espíritu netamente antifrancés. Al *charme* de la Isla de Francia, esa revista opondrá la intensidad racial de Cadaqués, de Montroig, de Aragón... Por su vigor, su vitalidad y su esterilización, esta revista se hallará situada en las Antípodas de la delicadeza, del perfume, del encanto de un Paul Éluard, por ejemplo.[54]

La revista nunca se haría realidad, sin embargo, su proyectado «es-

* *Ce sont nos pères Messieurs nos pères / Qui trouvent que nous ne leur ressemblons pas / Honnêtes gens qui / Eux ne se sont jamais fait sucer qu'en dehors du foyer /conjugal....*

píritu netamente antifrancés» encontró una válvula de escape alternativa en *Un perro andaluz,* cuyo rodaje Buñuel tenía ya casi preparado.

UN CATALÁN EN PARÍS

Mientras Dalí se preparaba para reunirse con Buñuel, se inauguró en Madrid una importante Exposición de Pinturas y Esculturas de Españoles Residentes en París. Resulta significativo que los organizadores (la Sociedad de Cursos y Conferencias de la Residencia de Estudiantes) incluyeran a Dalí entre los artistas seleccionados, junto a otros dos no residentes en Francia: Benjamín Palencia y el escultor Alberto Sánchez. La presencia de los tres en la muestra, explicaba el catálogo de la misma, se justificaba por «la íntima relación ideológica y técnica, a más de fraternal, que guardan con los otros». Es posible también que los organizadores estuvieran al corriente de la inminente partida de Dalí a París.[55]

Dos de los cinco cuadros de Dalí expuestos tenían fuertes asociaciones lorquianas: *Los esfuerzos estériles* (luego llamado *Cenicitas)* y *La* XI
miel es más dulce que la sangre, que fue adquirido por la duquesa de Ler- 44
ma y nunca se ha vuelto a ver.[56] El cuadro titulado *Mujer desnuda* disgustó a los puritanos. Lo integraba un trozo de corcho transformado en vaga forma de un torso, con una prominente hendidura en el centro y unido por una cuerda a una tabla en la que, a la manera de Jean Arp,
Dalí había pintado al óleo un contorno curvilíneo.[57] *Figura masculina y* 57
figura femenina en la playa, por su parte, contenía alusiones fálicas en la línea del cuadro rechazado por la Sala Parés en 1928, y, como *La miel es más dulce que la sangre,* fue adquirido por una aristócrata, en
este caso la duquesa de Peñaranda.[58] *Aparato y mano,* de tema mastur- X
batorio, como vimos, completaba la serie de obras enviadas por Dalí a Madrid.

La contribución de Dalí a la muestra fue de primerísimo orden, como no tardaron en percatarse los críticos, y su padre se apresuró a pegar las numerosas reseñas en su álbum de recortes. Tanto el notario como su hijo debieron de sentirse especialmente halagados por la crítica publicada en *Blanco y Negro,* la principal revista de la alta sociedad española, según la cual Dalí, «el conocido iconoclasta», constituía la mayor «sorpresa» de la exposición. La revista acompañó la crítica con sendas reproducciones de *Los esfuerzos estériles, Aparato y mano* y *La miel es más dulce que la sangre.*[59]

Entretanto, el 22 de marzo, Buñuel le escribe a Dalí para decirle que va a empezar el rodaje de su película el 2 de abril. Le pide que lleve consigo a París algunas hormigas, que a él le está resultando imposible conseguirlas en la ciudad. «Procura que sean cogidas el mismo día de tu viaje», le advierte, «y nada más llegar a París me las traerás al estudio y las filmaré. Tienes tiempo para procurártelas y venir hasta el día 9 inclusive. Luego será tarde. De ti depende el que no tenga que poner orugas o moscas o conejos en el agujero de la mano.» A continuación Buñuel añade instrucciones concretas para el transporte de las hormigas y la manera de mantenerlas con vida durante el trayecto.[60]

Tres días después el cineasta le escribe a Pepín Bello lamentando que éste no pueda acercarse a París para tomar parte en la película y, al mismo tiempo, «para que te tirases a la *vedette* cachonda, gordita, mamona, idiota y no fea».[61] Simone Mareuil era atractiva, sin duda, con el cuerpo que requería el guión. En cuanto al protagonista masculino, Buñuel había escogido a Pierre Batcheff, al que había conocido mientras trabajaba con los directores Henri Etiévant y Nalpas en el rodaje de *La Sirène des tropiques,* protagonizada por Josephine Baker.[62] Batcheff era estupendo para el papel, como apunta Dalí en *Vida secreta:* «Tenía exactamente el aspecto físico del adolescente con quien soñara yo para héroe.»[63] Denise Tual, la esposa de Batcheff, recordaría años después que Buñuel y Dalí habían hecho numerosos cambios en el guión tras consultar con su marido y después de muchas idas y venidas, portazos y acaloradas discusiones de los que ella fue excluida, pese a que todo ello tenía lugar en su propia casa.[64]

El rodaje parece haber empezado como estaba previsto el 2 de abril, en los estudios Billancourt en las afueras de París. El cámara fue Albert Duverger, operador de Jean Epstein. Dalí llegó unos días después, quedándose en París alrededor de dos meses y financiado, se supone, por su padre, aunque la venta de los cuadros en Madrid tal vez ayudó. Se alojó, nos cuenta, en una «desmesuradamente prosaica habitación de hotel» en la rue Vivienne, la misma calle que años antes había acogido a su ídolo Isidore Ducasse, autor de *Los cantos de Maldoror.*[65]

Pere Artigas, un periodista barcelonés, apareció en el estudio cuando estaban terminando de filmar los interiores, actividad que les ocupó una semana, y allí entrevistó a Dalí (Buñuel estaba demasiado ocupado dirigiendo). El pintor, seguro del éxito del proyecto, dijo a Artigas que se trataba de «la primera transposición surrealista que se habrá efectuado en el cine», ya que *La estrella de mar,* de Man Ray, «no es más que "otra" concepción artística que no tiene nada que ver con el surrealismo», lo cual era cierto. *Un perro andaluz,* explicó Dalí, «pertenece a la pura tendencia automática de Benjamin Péret».

Artigas vio a Buñuel filmar la escena en la que Dalí y Jaume Miravitlles interpretan a los dos hermanos maristas arrastrados por un Pierre Batcheff demente, junto con los pianos de cola coronados de burros podridos. Los animales muertos habían sido cuidadosamente colocados por Dalí, que les había aplicado pegamento a las cuencas de los ojos para simular hilillos de sangre. Según uno de los testigos, el olor que despedían los burros era de una pestilencia atroz.[66] La presencia de los maristas constituía una alusión jocosa a los curas con los que los tres –Dalí, Miravitlles y Buñuel– habían estudiado. «Habíamos ido a Billancourt preparados para todo», termina Artigas su artículo. «Pero el espectáculo superó todas nuestras previsiones. ¡Dios mío! ¿Qué será *Un Chien andalou* de Dalí y Buñuel?»[67]

El mundo no tardaría mucho en descubrirlo. Buñuel trabajó rápido, estableciendo una pauta que se repetiría en su filmografía posterior. Dalí, que diría en *Vida secreta* que había podido «tomar parte en la dirección por medio de conversaciones que teníamos cada tarde»,[68] acompañó a Buñuel a Le Havre para el rodaje de la secuencia final en la playa.
En una fotografía de grupo tomada entonces, el pintor, radiante, luce su 58
jersey favorito de cuello en uve y el cabello muy corto.

Ante la falta de cartas a su familia o amigos, nuestra única fuente de información genuinamente contemporánea sobre los días que Dalí pasó en la capital francesa es la serie de seis artículos que antes de partir le había encargado el periódico barcelonés *La Publicitat,* gracias quizás a los buenos oficios del siempre servicial J. V. Foix. Titulados «París-Documental-1929» (en el último número de *L'Amic de les Arts* Dalí se había pronunciado a favor de los «documentales literarios»), los artículos aparecieron entre el 26 de abril y el 28 de junio, y, pese a la intención declarada de su autor de no informar en sentido convencional sobre sus actividades en París, ofrecen una insustituible información acerca de lo que veía a su alrededor en la capital francesa.

Convencido como estaba del dogma freudiano de que los detalles que normalmente pasan por insignificantes son, en realidad, los verdaderamente importantes, Dalí, en su «documental literario» de seis entregas, se centra en tan aparentes banalidades como los bigotes y los esmóquines de moda en la capital francesa; informa sobre «sucesos» escogidos supuestamente al azar en los periódicos (incluidos el estado del tiempo y el número de nacimientos y óbitos registrados en la metrópolis), y relaciona con precisión lo que observa sobre las mesas de los cafés La Coupole, el Perroquet o el Select Américain, registrando, entre otras nimiedades, las recetas de los cócteles entonces más populares. Por lo que respecta a las artes, Dalí proclama a Benjamin Péret, una vez más, el héroe literario del momento, y «anota» (la palabra «anotar», en el sentido de documentar rigurosamente, se utiliza una y otra vez en estos artículos) que René Magritte acaba de pintar un cuadro de una pipa con el título *Esto no es una pipa* –en realidad se llamaba *La traición de las imágenes*–, otro de nombre *Flores del abismo* y un tercero que probablemente era *El espejo viviente.* Dalí toma un café en el Dôme con el cineasta de origen ruso Eugène Deslaw, cuyo film *La noche eléctrica* quizás había visto en Madrid (Deslaw, que siempre va con una cámara, rueda en estos momentos un documental sobre Montparnasse). En cuanto a Buñuel, está buscando hormigas en París, sin éxito (lo que sugiere que Dalí no se las llevó desde Cadaqués o que, si lo hizo, se le murieron en el camino). Hay también una referencia indirecta a Juan Vicéns, amigo de los días de la Residencia, que con su esposa, María Luisa González, regenta la Librairie Espagnole. ¿Se interesa Vicéns por el surrealismo? Naturalmente, «en la medida en que es el único movimiento vital del espíritu». Dalí va a ver boxear a Joan Miró, visita clubes de jazz, y en casa de Robert Desnos escucha discos de tangos y rumbas que el poeta acaba de traer de Cuba. En el dormitorio, junto a un objeto surrealista de De Chirico, una estrella de mar flota en alcohol, recuerdo de que la película homónima de Man Ray está basada en un poema de Desnos. Dalí también tiene oportunidad de ver el dormitorio de Miró, donde cuelga del techo un pájaro tallado por Max Ernst en un trozo de silla. René Clair, realizador de la película de vanguardia *Entr'acte* (1924), está filmando ahora un documental sobre un concurso de belleza. Dalí ha visto *White Shadows of the South Seas,* la primera película sonora exhibida en Europa: se oye el mar rompiendo sobre un arrecife de coral, y el susurro de las palmeras mecidas por la brisa. Dalí declara que él y sus amigos piensan que el sonido tiene grandes posibilidades, en especial para los documentales. En resumen, cualesquiera que sean sus pretensiones de objetividad, el entusiasmo de Dalí por París, el fabuloso París de finales de los años veinte, está omnipresente en estos seis artículos.

Cuando «París-Documental-1929» comenzó a publicarse en Barcelona, *Un perro andaluz* estaba prácticamente listo para ser estrenado. En Figueres, Buñuel le había dicho a Josep Puig Pujades que la película se mostraría primero en el Studio des Ursulines, el principal cine experimental de París, por lo que se supone que ya tenía garantizado el estreno allí antes incluso de que el guión estuviera terminado. No obstante, la razón para la elección de la sala que más tarde nos da Buñuel en sus memorias es diferente. Según el cineasta, un día se encontró con el crítico de arte E. Tériade –buen amigo de los pintores españoles residentes en París– en las oficinas de *Cahiers d'Art*, la revista de Christian Zervos, donde Tériade le presentó a Man Ray. Éste acababa de terminar el cortometraje *Les Mystères du Château du Dé,* encargo del vizconde de Noailles, mecenas de tantos artistas de la época. Necesitaba otra película para completar el programa del estreno en el Studio des Ursulines, y le pidió a Buñuel que le enseñara *Un perro andaluz.* Buñuel accedió y organizó una proyección de la cinta en dicha sala para Ray y Aragon, quienes, asombrados, se apresuraron a hacer correr la voz entre sus colegas surrealistas. Poco después Buñuel fue convocado por el grupo al Cyrano, en la Place Blanche, a pocos pasos del apartamento de Breton en la rue Fontaine, número 42, a conocer a Ernst, Breton, Tzara, René Char, Pierre Unik, Yves Tanguy, Jean Arp, Maxime Alexandre y René Magritte. Esa noche y esa reunión cambiarían la vida del aragonés.

Hasta aquí la versión dada por Buñuel en *Mi último suspiro,* donde no hay mención de que Dalí estuviese presente en la reunión de la Place Blanche.[69] Tampoco hay ninguna referencia a ese encuentro en *Vida secreta.* Treinta años después, sin embargo, Dalí diría en *Confesiones inconfesables* que Joan Miró le había presentado a Breton durante esta su segunda visita a París, y que conocer por fin al fundador del surrealismo le había impresionado profundamente:

> Inmediatamente lo miré como a un nuevo padre. Pensé entonces que se me había ofrecido algo así como un segundo nacimiento. El grupo surrealista era, para mí, una especie de placenta nutricia y creía en el surrealismo como en las tablas de la Ley. Asimilé con un apetito increíble e insaciable toda la letra y todo el espíritu del movimiento, que,

por otra parte, además, se correspondía tan exactamente a mi íntima manera de ser que lo encarnaba con la más grande naturalidad.[70]

Dalí nunca volvería a reconocer con tanta dignidad su enorme deuda para con Breton. Al contrario, haría todo lo posible por minimizarla, incluso en otro momento del mismo libro.[71]

Los recuerdos de los surrealistas de sus sendos primeros encuentros con Dalí son sumamente vagos en lo que respecta a la cronología de los mismos, pero coinciden en lo relativo a la llamativa timidez del pintor. Maxime Alexandre afirmaba recordar que un día vio a Joan Miró llegar al Cyrano con «un joven tímido, muy retraído, vestido con traje y cuello duro, como un dependiente; era el único que llevaba bigote». Se trataba de Dalí.[72] Louis Aragon también observó lo incómodo que se sentía el joven catalán en sociedad.[73] Y Georges Sadoul (luego una notable autoridad sobre cine). Dalí, recordaba éste, «tenía ojos grandes, la gracia y la timidez de una gacela».[74] Estas referencias hacen recordar la extrañeza que la mórbida timidez de Dalí había despertado entre sus nuevos compañeros de la Residencia de Estudiantes siete años antes, y concuerda con el angustioso relato que el pintor hace de esta segunda visita a París en *Vida secreta,* donde evoca la vergüenza y la alienación que experimentaba en presencia de tanta sofisticación francesa, y cómo lloraba espiando a los enamorados en el Jardín de Luxemburgo antes de masturbarse con violencia en la habitación de su sórdido hotelucho. Era tan desmesurado el exhibicionismo narcisista de Dalí que al parecer a veces ni siquiera podía masturbarse sin contemplarse en el espejo:

> La mortificación de no haber podido alcanzar a los seres inaccesibles que rozara con mi mirada henchía mi imaginación. Con mi mano, ante el espejo de mi armario, cumplía el rítmico y solitario sacrificio en el cual iba a prolongar lo más posible el incipiente placer acariciado y contenido en todas las formas femeninas que había mirado con anhelo aquella tarde, cuyas imágenes, evocadas por la magia de mi gesto, reaparecían una tras otra, por turno, viniendo a la fuerza a mostrarme por sí mismas lo que yo deseaba en cada una. Al cabo de un largo, agotador y mortal cuarto de hora, habiendo alcanzado el límite de mis fuerzas, arrebataba el placer final con toda la fuerza animal de mi crispada mano, placer mezclado como siempre a la amarga y quemante suelta de mis lágrimas –esto en el corazón de París, don-

de sentía, a todo mi rededor, la reluciente espuma de los muslos de lechos femeninos.[75]

Vida secreta añade algunos detalles pintorescos más a nuestro conocimiento de los dos meses pasados por el pintor en París. Nos enteramos, por ejemplo, de que había llevado a Francia su reciente cuadro *Los primeros días de primavera,* ejecutado en óleo y *collage,* «donde el placer libidinoso era descrito en símbolos de sorprendente objetividad», y de que Robert Desnos, del que Dalí se hizo por lo visto bastante amigo, expresó su frustración al no poder comprar el lienzo («no se parece a nada de lo que se hace en París», diría).[76] Más tarde Dalí explicaría que había pintado el cuadro, «un verdadero delirio erótico», para vengarse de los puritanos del Salón de Otoño de Barcelona, que se habían comportado tan puritanamente con él unos meses antes.[77]

Los primeros días de primavera inauguró una serie de obras en las XIII
que, resuelto a ser más surrealista que los mismos surrealistas, Dalí fue elaborando un lenguaje simbólico para delinear, con precisión microscópica, sus obsesiones eróticas. Se merece, por consiguiente, un examen atento. Una de las claves del cuadro se encuentra a la derecha de la obra, donde un anciano sobriamente vestido y de barba blanca rechaza la oferta, por parte de una niña vestida con delantal, de lo que parece ser un monedero (aunque la sombra de la mano del anciano en la playa se parece mucho a una erección). La crítica parece estar de acuerdo en que se trata nada menos que de Freud, y que su presencia en el cuadro justifica una interpretación psicoanalítica del mismo.[78] Otra indicación de que ésta fue la intención de Dalí nos lo da el *collage* de la fotografía del pintor de niño, pegado estratégicamente en los escalones que ocupan el centro del cuadro. Los escalones, las escaleras y las escaleras de mano, como Dalí seguramente sabía, están clasificados por Freud como claros símbolos del coito. La mirada del niño es intensa, alerta y debidamente perpleja..., probable razón por la que Dalí eligió esta instantánea.[79]

A la derecha de la fotografía se aprecia la primera aparición de un icono que pronto va a proliferar en la obra de Dalí: una cabeza de cera con los ojos cerrados, largas pestañas, nariz prominente y una langosta gigante pegada en el lugar que debería ocupar la boca. La forma de la cabeza, que representa a Dalí como masturbador compulsivo, se inspira en una roca de la cala de Cullaró en el cabo de Creus,[80] y no tarda- 19 rá en encontrar su máxima expresión en *El gran masturbador,* comenzado durante el verano de 1929. Por lo que respecta a la langosta, ya sabemos la fobia que tenía Dalí a tales insectos. Su presencia obsesiva en los cuadros de este periodo tal vez alude al miedo del pintor al contacto sexual y a la impotencia, mientras los ojos cerrados indican que el masturbador, olvidado de la realidad circundante, sólo se ocupa de las fantasías eróticas que se están desarrollando en el teatro de su mente. Una de estas fantasías probablemente se refiere a la niña mofletuda, de aspecto oriental, cuyo rostro nos contempla desde dentro de la cabeza del masturbador. ¿Reminiscencia de las ensoñaciones del estereoscopio de Esteban Trayter, en el que Dalí había visto a una niñita rusa en un trineo? Tal vez. Pero... ¿se trata de una carita pintada por el propio Dalí o de un *collage?* Ni siquiera de cerca es posible estar seguro (y mucho menos en una reproducción). La confusión, por supuesto, es deliberada.

La naturaleza infantil de las fantasías del masturbador se revela en las imágenes contenidas dentro de una especie de globo que sale de la cabeza de éste. El ciervo remite a las calcomanías que tanto habían gustado a Dalí de pequeño.[81] Tal vez también el motivo del pájaro que se repite debajo. El lápiz, ¿pudiera referirse al *flashback* del aula escolar en *Un perro andaluz?* Quizá. ¿Y el hombre elegante que arroja una sombra tan descarnada? ¿Es el macho seguro de sí mismo en que el tímido masturbador sueña con convertirse?

A la derecha de la cabeza del masturbador, mordiendo la piel de ésta, tenemos la primera aparición de otra imagen que pronto será un célebre icono daliniano: la cabeza del pintor en forma de jarra, símbolo freudiano, por su carácter de continente, de la sexualidad femenina.[82] Su proliferación en los cuadros de Dalí de esta época quizá indique el temor del artista, obsesionado por la impotencia, de ser homosexual. El motivo de la jarra se repite de modo menos explícito en el centro y a la derecha del cuadro, unido a la cabeza roja de pez que había aparecido en cuadros anteriores y que, si Paul Moorhouse tiene razón, simboliza para Dalí los genitales femeninos.[83]

La imagen más abiertamente erótica del cuadro aparece en primer plano, a la izquierda, donde, contra el fondo de una escena en *collage* de unos pasajeros de crucero divirtiéndose en la cubierta del mismo, Dalí ha colocado a una grotesca pareja. Salen moscas de un vórtice de clara significación genital ubicado en el centro de la roja cara de la mujer. El hombre que, abyecto, se apoya en el hombro de ella, está amordazado y, al parecer, acaba de eyacular en un cubo del que asoma un dedo fálico. Éste (por si no cayéramos en la cuenta) se encuentra encima de un agujero y de un par de pelotas y está a punto de penetrar en una vagina –en imagen doble– modelada entre las manos del hombre y que repite el motivo del órgano sexual pintado en la corbata que lleva la mujer.

Dos hombres con un aparato semejante a un trineo se encuentran junto a los escalones, uno de ellos casi a horcajadas sobre la espalda del otro. La homosexualidad implícita en la postura parece innegable. Acercándose a ellos desde la distancia vemos a un padre con un niño, motivo que pronto será obsesivo en la obra de Dalí, mientras al otro lado de los escalones una figura sentada y solitaria contempla el horizonte dando la espalda al bullicio primaveral, como excluida de él. Es la única figura del cuadro que no proyecta una sombra, como si fuera un fantasma. ¿Se trata de un *collage* o está pintado el misterioso personaje? ¿O ambas cosas? Imposible saberlo. Una vez más, como con la cabeza de la niña, Dalí confunde deliberadamente nuestra percepción.

No es sorprendente que Robert Desnos reaccionara como lo hizo al encontrarse ante esta inquietante variación del tema de la primavera como afrodisíaco. Dalí tenía ahora muy claro que la combinación de símbolos freudianos y personales le había proporcionado una fórmula original, subjetiva y objetiva a la vez, para expresar sus más profundas ansiedades y sus deseos, y este descubrimiento iba a desembocar en uno de los periodos más productivos de toda su carrera.

Mientras tanto, Joan Miró, que no cejaba en sus esfuerzos por introducir a Dalí en la alta sociedad parisiense, lo llevó una noche a cenar a casa de la duquesa de Dato, viuda de Eduardo Dato, el presidente del gobierno español asesinado en Madrid en 1921 por unos anarquistas. Distinguida mecenas, Isabel Dato residía la mayor parte del año en París, pero también regentaba un elegante salón en la capital española. El diplomático chileno Carlos Morla Lynch opinaba que, tocada con estrambótico tricornio para ir al teatro, la duquesa se parecía al Chevalier des Grieux, en *Manon Lescaut.*[84] Cabe pensar que habría oído hablar de Dalí antes de conocerlo personalmente, porque era una de las aristócratas que había adquirido cuadros en la Exposición de Artistas Españoles Residentes en París celebrada en Madrid unos meses antes.[85]

Entre los invitados de Isabel Dato aquella noche estaba la marquesa Cuevas de Vera («Toto»), otra aristócrata madrileña, amante del arte y mujer de mundo, que sería después buena amiga del pintor.[86] Al conocer a estos personajes de alcurnia Dalí debió de sentirse por fin bien encaminado socialmente, aunque por el momento su apabullante timidez le impedía brillar en la conversación.[87]

Los servicios de Miró no se limitaron a llevar a Dalí a cenar a los lujosos apartamentos parisienses de nobles damas españolas. Un favor aún más grande fue presentarle al marchante belga Camille Goemans, que vivía, como él, en la rue Tourlaque, cerca del cementerio de Montmartre.[88]

Nacido en Lovaina en 1900, Goemans, antiguo funcionario público, escritor y poeta surrealista, había cambiado Bruselas a principios de 1927 por París, donde durante dos años se encargó de la galería Jacques-Callot, sita a dos pasos de la Galerie Surréaliste. Goemans era íntimo amigo de Magritte, que lo siguió a París, y se convirtió pronto en el principal promotor del pintor en la capital francesa. Cuando Miró le presento a Dalí, acababa de inaugurar su propio local, la Galerie Goemans, en el número 49 de la rue de Seine, con una exposición de *collages* de Picasso, Arp, Ernst y Magritte.[89] A Goemans le gustaron las obras que Dalí había llevado a París, y el 14 de mayo firmó con él un contrato que estipulaba que entre el día siguiente, 15 de mayo, y el 15 de noviembre de 1929 comercializaría toda la producción del pintor catalán. A cambio Dalí recibiría 1.000 francos mensuales a partir de la fecha del contrato, comprometiéndose Goemans a organizarle una exposición durante la temporada 1929-1930.

Al parecer Dalí habló por teléfono con su padre de las condiciones de este decisivo contrato. Dos días después de la firma el notario le escribió a Miró pidiéndole su sincera opinión sobre las posibilidades de que su hijo saliera adelante. Miró le contestó el 20 de mayo, afirmando, con su habitual cautela, que personalmente estaba haciendo cuanto podía para promocionar la carrera de Salvador y que, si bien no sería fácil, confiaba en que las cosas se solucionarían ahora que había firmado con Goemans.[90] El 22 de mayo el diario barcelonés *La Veu de Catalunya* recogió la noticia del acuerdo alcanzado por Dalí con el marchante belga. El notario pegó el recorte en su álbum, añadiendo poco después el original del contrato. Salvador Dalí Cusí no podía quejarse: después de tantos sinsabores, la carrera de su hijo avanzaba con paso firme.

En casa de Goemans Dalí conoció a René Magritte, cuya obra reciente había comentado entusiasta en su serie de seis «documentales» para *La Publicitat.* David Sylvester, el biógrafo de Magritte, ha afirmado que Dalí no visitó el estudio del belga en las afueras de París, y que es probable que sólo conociera su obra por fotografías.[91] Pero es difícil creer que Magritte no dejara cuadros suyos con Goemans, por lo cual no parece descabellado suponer que Dalí viera algunos de ellos en sus visitas a la rue Tourlaque o a la galería del marchante. Otra referencia a Magritte en los artículos de *La Publicitat* sugiere que Dalí disponía de información privilegiada sobre la obra del artista, procedente, quizá, del mismo Magritte. «El pintor surrealista belga René Magritte», escribe Dalí, «"acaba de soñar" una gran calle de ciudad atestada de una multitud de gente de toda especie, todos los personajes van montados en unos caballos, pero no van a ninguna parte, se mueven dentro de un radio limitadísimo.»[92] Parece probable, además, que durante estas semanas Dalí le enseñara a Magritte parte de su obra, y que provocara el entusiasmo del belga. ¿Cómo se explica, si no, la decisión de éste de visitar a Dalí en Cadaqués durante el verano, junto con Goemans, Buñuel y Paul Éluard?

Según nos cuenta Dalí en *Vida secreta,* Goemans le había presentado a Éluard en el Bal Tabarin (del cual, como vimos, Ramon Pichot había pintado un cuadro que gustó a Salvador durante su «convalecencia» en el Molí de la Torre en 1916). Como de costumbre, el atractivo Éluard iba acompañado de una bella mujer, esta vez «una dama que llevaba un vestido adornado con lentejuelas negras». «Ése es Paul Éluard, el poeta surrealista», le susurraría Goemans a Dalí al ver entrar a la vistosa pareja. «Es muy importante y, lo que es más, compra cuadros. Su esposa está ahora en Suiza, y la dama que lo acompaña es una amiga de él.»[93]

El encuentro de Dalí y Éluard debió de tener lugar en abril de 1929, pues el poeta, siempre de un lado para otro, se ausentó de París a finales de mes y no regresó hasta después de que Dalí hubiera vuelto a España.[94] «Éluard me dio la impresión de un ser legendario», recuerda Dalí en *Vida secreta.* «Bebía con calma y parecía completamente absorto en la contemplación de las mujeres hermosas. Antes de despedirme prometió ir a verme el próximo verano a Cadaqués.»[95]

Cuesta creer que Éluard le prometiera tal cosa a Dalí apenas conocerlo, y lo más probable es que se vieran otras veces durante el mes. En todo caso Dalí se convirtió pronto en ferviente admirador de la obra de su nuevo amigo, citando con entusiasmo en «Documental-París-1929» fragmentos de *152 proverbios al gusto del día,* texto conjunto de Éluard y del poeta más admirado en estos momentos por Dalí y Buñuel, Benjamin Péret.

UN PERRO ANDALUZ SUELTO EN PARÍS

Dalí regresó a Figueres antes del estreno de *Un perro andaluz,* y el 2 de junio hizo una breve visita con su familia a Cadaqués.[96] En sus escritos autobiográficos el pintor no menciona el proceso de montaje del film o haber participado de alguna manera en él. Sin embargo, es difícil imaginar que abandonara París sin visionar el producto acabado.[97] Lo que sí nos cuenta Dalí en *Vida secreta* es que comenzó a sentirse mal poco antes de dar por terminada su estancia parisiense, contrayendo «una violenta inflamación de las amígdalas, seguida de anginas».[98] Una receta médica contenida en el álbum de recortes de su padre así lo confirma: fechada el 23 de mayo de 1929, prescribe agua en abundancia y una selección de polvos, entre ellos aspirina, hidrato de bromuro y citrato de cafeína. Tal vez Dalí había padecido una especie de crisis nerviosa.[99]

El 6 de junio de 1929 tuvo lugar el estreno de *Un perro andaluz* en el Studio des Ursulines, tras aceptar Buñuel la invitación de Man Ray para compartir cartel con *Les Mystères du Château du Dé,* que se exhibió primero.[100]

Para el film de Buñuel, si no para el de Man Ray, fue una noche memorable. El aspirante a boxeador había llenado sus bolsillos de piedras, por si la reacción del público era hostil, pero no había tenido que preocuparse. A los invitados no les gustó *Les Mystères du Chateau du Dé,* por considerarlo de un vanguardismo meramente convencional, pero el *tour de force* de diecisiete minutos de los dos españoles los electrificó en sus butacas, y más de uno resultó violentamente afectado por la escena del ojo cortado.[101] Según Buñuel, el estreno reunió a «la flor y nata» de la sociedad parisiense, «algunos aristócratas, escritores y pintores célebres (Picasso, Le Corbusier, Cocteau, Christian Bérard, el músico Georges Auric) y, por supuesto, el grupo surrealista al completo».[102] Las memorias de Buñuel nunca son demasiado fiables, por lo que es una suerte poder contar con el relato de un periodista catalán, presente en esa histórica velada, que poco después del estreno informó, impresionado, que junto a Man Ray y su mecenas, el vizconde de Noailles, se contaban entre el público figuras como Fernand Léger, Constantin Brancusi, Robert Desnos, Hans Arp, Max Ernst, Tristan Tzara, Joan Miró, Christian Zervos, Jacques Lipchitz, Roger Vildrac, André Breton, Louis Aragon, Le Corbusier, René Clair y E. Tériade.[103]

La película intrigó a casi todos los críticos presentes. Uno de ellos, André Delons, escribió unas semanas después en la revista belga *Variétés* que era «la primera vez, y subrayo, la primera vez, que unas imágenes, atravesadas por nuestros terribles gestos humanos, llevan sus deseos hasta el mismo límite, se abren camino hacia su objetivo último a través de los obstáculos que le están predestinados [...] Se tiene la impresión de presenciar un genuino retorno de la verdad, de la verdad desollada viva [...] Cualquiera que tenga ojos para mirar reconocerá sin duda que, después de esto, un *divertissement* como *Entr'acte,* por ejemplo, ya no es válido».[104] Para J. Bernard Brunius, de *Cahiers d'Art,* Buñuel había destruido de un navajazo las pretensiones de aquellos para quienes el arte era una cuestión de sensaciones agradables, había captado como nadie antes «la absurda pero implacable lógica de los sueños», y, español de pies a cabeza, había filmado movido por «esa fuerza viviente que arrastra a los auténticos hombres hacia los problemas más angustiantes».[105]

También Robert Desnos fue pródigo en elogios:

> No conozco ningún film que afecte de manera tan directa al espectador, un film concebido tan específicamente para él, que, en una relación íntima, entable conversación con él. Pero, ya sea el ojo cortado por la navaja y del que fluye, viscoso, un líquido cristalino, o el revoltijo de curas españoles y pianos de cola con su cargamento de burros muertos, no hay nada en esta película que no contenga su dosis de humor y poesía, íntimamente ligados.[106]

La reseña más memorable de todas fue la de Eugenio Montes, amigo de Dalí y de Buñuel desde los días de la Residencia de Estudiantes, que había viajado a París específicamente para el estreno en calidad de corresponsal especial de *La Gaceta Literaria.* Tras la proyección, Montes oyó a Fernand Léger, Tristan Tzara y Tériade, entre otros, coincidir en que la película marcaba un hito en la historia del cine. A Dalí le complació tanto la reseña de Montes, publicada en primera plana de la *Gaceta,* que reproduciría parte de ella en *Vida secreta.*[107] Montes había señalado la esencia española del film, aludiendo oblicuamente (para los iniciados, e invirtiendo los términos) al cuadro de Dalí *La miel es más dulce que la sangre,* y burlándose más de una vez de los franceses:

> La belleza bárbara, elemental –luna y tierra– del desierto, en donde «la sangre es más dulce que la miel», reaparece ante el mundo. No. No busquéis rosas de Francia. España es planeta. Las rosas del desierto son los burros podridos. Nada, pues, de *sprit* [sic]. Nada de decorativismos. Lo español es lo esencial. No lo refinado. España no refina. No falsifica. España no puede pintar tortugas ni disfrazar burros con cristal en vez de piel. Los Cristos en España sangran. Cuando salen a la calle van entre parejas de la Guardia Civil.[108]

En suma, la posterior afirmación de Dalí en el sentido de que *Un perro andaluz* «destruyó en una sola tarde diez años de seudointelectual vanguardismo de posguerra» no carecía de justificación.[109]

El 24 de junio Buñuel le escribe a Dalí desde París para decirle que la película va bien: Mauclaire, el propietario de Studio 28, ha conseguido por «una combina» que la censura no ponga el veto cuando se estrene públicamente; y quiere quedarse la cinta para ponerla dos meses en otoño; durante el verano se exhibirá durante tres días en una playa de lujo; Noailles se la ha alquilado para dar una sesión en su casa el 2 de julio y le ha dejado sus salones para invitar el día siguiente a sus propios invitados (Picasso ha expresado su intención de asistir). Buñuel conoce ahora a *todos* los surrealistas, que están «encantados» con la película, especialmente Queneau, Prévert, Morise y Naville, «todos "estupendos" y tal como nos los habíamos imaginado». El sábado pasado Artaud y Vitrac le pidieron prestada la película para completar una sesión que organizaban en Studio 28. La sala estuvo llena y el público, muy heterogéneo, reaccionó «maravillosamente»: «Hubo aplausos y tres o cuatro silbidos al final. Pero todos aullaron o rieron cuando era justo.» Luego vino un documental de Eugène Deslaw, que fue silbado por «vanguardista», y Buñuel se quedó convencido «de que la gente odia las casas patas arriba, y las ruedas de autos que pasan». Todas las revistas le están pidiendo fotogramas, y «con todos los que puedo hablar les ruego tengan en cuenta tu protagonismo en la *concepción* de la película»:

> Ya sabes que hasta ahora no se habla en cosas de cine más que del

metteur en scène o de los actores. Auriol, Desnos, Brunius, etc., pondrán nuestros nombres juntos, cosa interesante para presentarnos en bloque. El artículo de Montes no está mal: siento que mente a la jota vil y al puerco Ebro. Todos los días se presentan gentes que quieren conocernos.

Había más. Christian Zervos, director de *Cahiers d'Art*, le había preguntado días antes quién podía hacerle en España un buen artículo sobre Dalí. «Hecho significativo», comenta Buñuel, «que proviene en parte de la importancia que vas tomando en París, agravada con el film.»

Buñuel no podía privarse de aludir a una reciente anécdota de Lorca, que acababa de pasar como una exhalación por París (sin que lo sepa todavía el cineasta) rumbo a Inglaterra y, luego, Nueva York. Y hay algunas cosas más:

> Federico, el hijo de puta, no ha pasado por aquí. Pero me han llegado sus pederásticas noticias. Concha Méndez, la zorra ágil, ha escrito a Vinssensss [es decir, Juan Vicéns] diciéndole: «Federico ha estado en Londres y me ha contado el gran fracaso de Buñuel y Dalí. Lo siento, pobres chicos.» Como ves, las putas llenan la tierra y pronto llegarán a desalojar las custodias de sus nidos.
>
> Alberti *«m'a fait chier»* y ha llegado la hora de intervenir. Esperaré a estar contigo para trazar nuestro plan de ataque. Muchas ganas tengo de volverte a ver en una atmósfera. A mediados de agosto estaré contigo. Planes: Todos y en especial
>
> LIBRO
> Revista
> y
> Film.[110]

Charles y Marie-Laure de Noailles se habían quedado realmente pasmados tras la proyección de *Un perro andaluz*, cayéndoles muy bien Buñuel, a quien al parecer los había presentado Christian Zervos, con toda probabilidad la noche del estreno.[111] Pronto la distinguida pareja lo invitaba a cenar.[112] Los Noailles ofrecieron su ayuda para conseguir que la película obtuviera el permiso de exhibición pública –que llegó a finales de junio–[113], y el 3 de julio –no el 2, como se había previsto– *Un perro andaluz* se proyectó en la sala privada de los vizcondes, con la asistencia de Buñuel. La sala, una de las más modernas de París, hasta contaba con un equipo para la proyección de películas sonoras.[114] El astuto aragonés, cauteloso al principio ante la perspectiva de codearse con aristócratas, pronto fue incondicional de la encantadora y culta pareja. Muchos años después le diría a Max Aub: «Yo no he conocido nunca mecenas como ellos, de una discreción, de una finura, de un gusto, de una delicadeza verdaderamente ejemplares.»[115] Durante las semanas siguientes los Noailles organizaron nuevas proyecciones de la película para amigos, críticos y, como decía el mismo vizconde, «gente útil». Entre los invitados estuvieron Jean Hugo, Cocteau, Francis Poulenc, el conde Étienne de Beaumont, el director de cine danés Carl Theodor Dreyer, René Crevel y el poeta Léon Paul Fargue.[116] Noailles, todo un caballero, se ocupó de que Buñuel obtuviera una adecuada recompensa por estas funciones.[117]

Gracias en gran medida a Noailles, la fama de *Un perro andaluz* se difundía ahora rápidamente. En julio se exhibió en un festival de cortometrajes en París, donde lo vio el crítico inglés Oswell Blakeston, que encontró difícil «seguir conscientemente unos hilos concebidos para apelar a nuestro subconsciente», tomó nota de que el film tocaba el tema de la homosexualidad, y estaba seguro de que significaba «algo por sí mismo», añadiendo que esperaba tener la oportunidad de volver a verlo más de una vez.[118]

65 Charles de Noailles (1891-1981), hijo del príncipe de Poix, descendía de una antigua y acaudalada familia (con ancestros tan ilustres como Chateaubriand y Saint-Simon) que habían sido coleccionistas y amantes del arte durante varias generaciones. A Noailles le interesaba en especial la arquitectura, y llegaría después a ser una autoridad internacional en botánica y jardinería. Su esposa, Marie-Laure, era hija de Maurice Bischoffsheim, multimillonario banquero judeoamericano, y de una francesa de cierta alcurnia, madame de Croisset, descendiente del marqués de Sade y cuya madre, la condesa Joselle de Chevigne, había sido uno de los modelos que inspiraron a Proust el personaje de la princesa de Guermantes.[119] Marie-Laure había crecido rodeada de libros y de gente original, desarrolló muy joven una afición por la poesía y la pintura y, todavía adolescente, se había hecho amiga de Jean Cocteau, a quien admiraba profundamente. Cuando se casó a los veinte años con Noailles en 1923, ya había heredado la incalculable fortuna de su padre. Personaje curioso, con una gran nariz puntiaguda que la hacía parecerse

un poco a Luis XIV, Marie-Laure sería «tan autocrática como éste con amigos y amantes».[120]

Cuando Buñuel los conoció, Charles y Marie-Laure de Noailles eran ya los principales mecenas de las artes y de la literatura en Francia, y tenían cierta aura renacentista. «Su riqueza era tan inmensa que podían sentirse a salvo de las fluctuaciones de las economías nacionales y del pánico de las crisis internacionales», escribe James Lord, biógrafo de Giacometti (uno de los protegidos de los vizcondes). «No había otro límite a su papel que el impuesto por el gusto, que demostraría ser tan amplio como clarividente.»[121] En París la pareja residía y recibía en el numero 11 de la Place des États Unis, inmensa mansión que Marie-Laure había heredado de su padre. Allí ella y su marido reunieron una fabulosa colección de arte contemporáneo, con obras representativas de todos los pintores de importancia residentes en París.[122] El príncipe Jean-Louis Faucigny-Lucinge, que conocía íntimamente a los Noailles, recordaría que Marie-Laure tenía «buen ojo para la pintura», y que su innato gusto había sido apreciado nada menos que por un *connaisseur* como Bernard Berenson.[123] Pronto la joven vizcondesa ocupaba el lugar de una Misia Sert ya en decadencia, convirtiéndose en la anfitriona más solicitada de París –quien no asistía a las veladas de Marie-Laure, no existía– y, al mismo tiempo, en la comidilla de la ciudad.

El ajetreo de la vida social parisiense de los Noailles se complementaba con etapas en su villa mediterránea, ubicada en las colinas detrás de Hyères, cuyo ambiente quedó plasmado para la posteridad en el filme que en 1928 encargaron a Jacques Manuel, *Bíceps y joyas,* y en la ya citada película de Man Ray. La casa de Hyères, empezada en 1924, había sido confiada a Robert Mallet Stevens, tras consultar con Gropius y Le Corbusier. Comenzada como «una casita moderna y habitable», terminó siendo un delirio cubista que ocupaba casi dos mil metros cuadrados de terreno, con incontables habitaciones e interminables pasillos, todos diseñados para recibir la máxima iluminación natural posible, con una piscina cubierta, un gimnasio, un solárium y una pista de *squash,* un jardín cubista con terrazas debidamente embellecidas con esculturas de Giacometti, Laurens, Lipchitz y Zadkine, mobiliario ultramoderno, y, dondequiera que se posara la vista, cuadros: De Chirico, Klee, Picasso, Braque, Miró, Chagall, Masson, Ernst...

El edificio y el extenso parque adyacente los compró en 1970 el municipio de Hyères, tras la muerte de Marie-Laure, y se encuentran en proceso de restauración. Aunque la calma del lugar la quiebra hoy el rugido de los reactores (hay un aeropuerto allí abajo), no es difícil adivinar por qué en los años veinte y treinta el *beau monde* parisiense se desvivía por pasar aquí una temporada veraniega.

Los vizcondes disfrutaban rodeándose de los hombres y mujeres creativos a quienes tenían acceso gracias a su riqueza, además de a su encanto personal y su talento, y la lista de los favorecidos por su mecenazgo y su hospitalidad, en París y en Hyères, ocuparía páginas enteras. Según Pierre Bergé, que los conocía íntimamente, la pareja tenía cierta debilidad por la subversión, y «hallaba su propio equilibrio ejerciendo una influencia desestabilizadora en los demás».[124]

La iniciativa de encargar el próximo film de Buñuel y Dalí partió de Marie-Laure, impresionada por la superioridad de *Un perro andaluz* frente a *Les Mystères du Château du Dé.*[125] A Buñuel le prometieron que gozaría de total libertad para hacer lo que quisiera, y no se lo pensó dos veces.[126] Dalí estaba entonces en España, pero en el último de los artículos publicados en *La Publicitat,* escrito antes de abandonar París, anunció que el próximo proyecto de Buñuel sería un documental sobre Cadaqués y su costa que captaría «desde la uña del dedo gordo del pie de los pescadores hasta las crestas de las rocas del cabo de Creus, pasando por el temblor de las hierbas y de todo género de algas submarinas».[127] Puesto que ya se había convenido que Buñuel lo visitaría en Cadaqués ese verano, junto con los Éluard, los Magritte y Camille Goemans, parece justo suponer que el director le propuso ahora a Dalí que en agosto trabajaran allí juntos en la elaboración del guión del nuevo film.

Poco después de regresar a Cataluña, e instalado una vez más en Cadaqués, Dalí sufrió una suerte de regresión a la infancia, o al menos así nos lo dice, sumergiéndose en el lado irracional de su personalidad, siendo víctima de incontrolables ataques de risa y viendo «infinitas imágenes que no podía localizar con precisión en el tiempo, pero que estaba seguro de haber visto cuando era pequeño». Una de ellas era un ciervo que procedía de las calcomanías con las que él y su hermana habían disfrutado tanto de pequeños (y que ya había reaparecido en *Los primeros días de primavera*).

> Vi también otras imágenes más complicadas y condensadas: el perfil de una cabeza de conejo, cuyo ojo era también el ojo de un loro, que era

> mayor y vivamente colorido. Y el ojo servía todavía para otra cabeza, la de un pez que envolvía las otras dos. Este pez lo veía a veces con una langosta pegada a su boca. Otra imagen que con frecuencia surgía en mi cabeza, especialmente cuando remaba, era la de una multitud de pequeñas sombrillas de todos los colores del mundo.[128]

Dalí decidió incorporar estas y otras imágenes similares en un cuadro, siguiendo sólo los mensajes e impulsos de su subconsciente. El resultado sería *El juego lúgubre.*[129] XV

Esta obra contiene una verdadera antología de las obsesiones sexuales de Dalí, para las cuales sólo la masturbación compulsiva y el acto mismo de pintar le proporcionaban entonces una salida.

El juego lúgubre, pequeño cuadro de 44,4 × 30,3 cm que, según Dalí, pintó «con cuerpo y alma»,[130] merece un examen detenido. La cabeza del loro de vivos colores a la que Dalí se refiere en el pasaje que acabamos de citar se descubre enseguida en el centro de la obra y, fundiéndose con ella desde abajo, el cervatillo. Puede llevar un rato descubrir la cabeza de conejo dentro de la cual está encerrada la cabeza del loro: cuando de pronto «aparece», algunas personas tienen la experiencia de una súbita revelación. La parte delantera de la cabeza del conejo pretende, como indica Dalí, ser al mismo tiempo la de un pez, pero no lo consigue del todo. El oscuro interior de la oreja del conejo parece fuera de lugar, señal inequívoca de que estamos en presencia de una doble imagen. Y es así. Como ha señalado Paul Moorhouse, la oreja es también una vulva.[131]

De la cabeza del masturbador brota un vertiginoso torbellino de fantasías, o como los llamó Georges Bataille, al comentar el cuadro, de «objetos del deseo».[132] Para Dawn Ades, Dalí se apropia aquí de «una imagen tomada directamente de un cierto tipo de dibujo de médium que muestra de modo semejante la "visión" que nace de la frente de la misma».[133] El brazo derecho y los pechos desnudos de la muchacha con la cabeza en *collage* son al mismo tiempo un dedo fálico y un par de testículos. El dedo está a punto de penetrar, entre dos nalgas regordetas, en un ano cuyo borde está rodeado de hormigas (reminiscencia de *Un perro andaluz).* A la derecha del pecho izquierdo, la punta de un cigarrillo se sitúa a la entrada de otro orificio, lista para la acción y remedando así la actividad de un dedo situado encima de la cabeza del masturbador.

En esta época Dalí estaba obsesionado con las fantasías de penetración anal, ya fuera por falo o dedo. Mientras trabajaba en este cuadro le escribió a Pepín Bello, diciéndole que seguía notando el cansancio de su temporada en París e invitándolo a Cadaqués: «Te espero pues», termina la carta, «que bengas muy contento i con el dedo (siempre) metido en el consabido aguguero que es el aguguero del culo i ningun otro.»[134]

A la izquierda del dedo fálico, junto al rostro de la muchacha, Dalí ha colocado un cáliz rematado con una hostia en posición vertical, en una disposición habitual en la iconografía católica (y que Dalí pudo ver por primera vez de niño en *La Virgen con la hostia* de Ingres, incluido en el volumen correspondiente de la colección Gowans).[135] La yuxtaposición del cáliz y la hostia con un ano, y, para colmo, un ano a punto de ser penetrado digitalmente, muestra hasta qué punto Dalí estaba resuelto no sólo a cumplir al pie de la letra la proscripción de la religión pregonada por el surrealismo, sino incluso a atacar a la Iglesia con todas sus fuerzas. En este juego tenía como leal compinche a Buñuel, que en febrero le había dicho a Pepín Bello que él y Dalí pensaban escribir un libro de poemas en colaboración ese verano en Cadaqués. Algunos de los títulos propuestos eran «Mulas huyendo de una hostia consagrada», «Combate de hostias consagradas y de hormigas», «Hostia consagrada con bigote y polla» y «Hostia consagrada saliendo por el culo de un ruiseñor y saludando».[136] La blasfemia, los desafíos a Dios para que hiciera lo peor, gustaban sobremanera a los dos amigos en aquellos momentos, y la hostia era uno de los principales objetivos de sus ataques, bromas y sarcasmos. En este contexto no estaría de más reflexionar sobre la tendencia española a mezclar, en los tacos, lo religioso y lo profano. Los títulos de poemas inventados por Dalí y Buñuel no se pueden desvincular de expresiones como «me cago en Dios» o, peor, «me cago en el copón», frases que se oyen con frecuencia y que chocan profundamente a católicos de otros países (por mucho que gustaran a Hemingway).

Las vaginas –para Dalí, los más terroríficos de los orificios– abundan en el cuadro. Fundiéndose con la cabeza de la muchacha aparece la de un hombre cuya boca se ha transformado en un órgano femenino color rojo sangre. Los sombreros tienen hendiduras semejantes a vulvas, y encima del ano, en el centro del vórtice de imágenes, otra vagina imita el interior oscuro de la oreja del conejo.[137]

Éstos son algunos de los pequeños detalles. Si nos alejamos un poco para tener una vista completa de este cuadro tan lleno de pormenores, otros elementos se destacan. Vemos, por ejemplo, que la cabeza del masturbador y el magma de elementos que se extiende por debajo de ella, llegando hasta las piernas cortadas de la figura con nalgas rosáceas, forman el contorno de la cabeza de un burro (¡otro burro!), una de cuyas orejas brota de la del masturbador.

En cuanto a la pareja del ángulo inferior derecho, ya hemos comentado que aluden a la traumática tarde en Cadaqués en que, para vergüenza de Salvador, su padre llegó anunciando –al parecer sin inmutarse– que había defecado en los pantalones (véase la pág. 84). Aquí la figura paterna mira fijamente y con deleite algo, tal vez las nalgas (femeninas, es de presumir), y sostiene en la mano derecha lo que parecer ser un instrumento afilado envuelto en un trapo manchado de sangre. El joven de aspecto patético apoyado en su hombro está desnudo y, a todas luces, padece algún trastorno. ¿Qué ha ocurrido? Es casi seguro que el hombre de la barba represente la «autoridad paterna» y que ha castrado al joven, presumiblemente su hijo, que se aferra a él, por la naturaleza de sus fantasías sexuales (es de notar, además, que el joven está introduciendo uno de los dedos en un orificio que, con forma de vagina, tiene en la cabeza). Esta escena nos recuerda que la vergüenza corta como un cuchillo y que es una forma de castración emocional, impidiendo a quien la padece poder comunicarse gozosamente con los demás.[138]

¿Y la figura que corona el pedestal, cubriendo el rostro y extendiendo una mano gigantesca? Para Dawn Ades, la ocultación del rostro es otra indicación de vergüenza, y la mano grotesca denota la causa: la masturbación.[139] Quizá podemos estar de acuerdo con esta lectura, pues la mano es muy semejante a las que aparecen en otras obras de Dalí que giran directamente en torno al tema de la masturbación. Una figura juvenil ofrece un objeto a la estatua. Ades probablemente tiene razón al identificarlo como «un órgano sexual agrandado».[140] Asimismo es significativo que el anciano con el bastón que contempla el enorme monumento desde abajo se parezca mucho al Salvador Dalí Cusí que encontramos en otros cuadros de este verano y otoño, especialmente *El gran masturbador*.

En los lienzos dalinianos de esta época los leones tienden a simbolizar los deseos salvajes y terroríficos. Además, en *El juego lúgubre* el que aparece con la zarpa apoyada en una bala de cañón remite indefectiblemente a los que vigilan la entrada a las Cortes en Madrid: los parlamentos, como los padres severos, legislan, dictan la ley, y la masturbación es una actividad prohibida y vergonzante. Más arriba hemos visto que, en uno de sus diarios adolescentes, Dalí dejó constancia de sus esfuerzos por abandonar la práctica de la masturbación, temiendo que le hiciera «perder sangre» (véase pág. 113). Este peligro tal vez se indica en el cuadro mediante el objeto que se encuentra en el ángulo inferior izquierdo, identificado por Ades como «una vela reblandecida», símbolo freudiano de la impotencia,[141] interpretación reforzada por la presencia de la escalera, que, según la misma especialista, expresa aquí, a causa de su «opresivo tamaño», el temor a las relaciones sexuales.[142]

¿Cuál es, en definitiva, el tema de este cuadro en el que, como señaló Georges Bataille por vez primera, se ha infligido la castración?[143] ¿Cuál el crimen que ha merecido castigo tan terrible? Un estudio a lápiz para el cuadro aumenta la posibilidad de que el pecado fundamental no sea sólo la masturbación, sino el voyeurismo, la curiosidad por lo sexual. En el estudio la figura paterna lleva pantalones largos, parece mayor. Hay una mano agarrando un revólver, y se ven figuras desnudas entregadas a una variedad de actividades sexuales, incluida la masturbación mutua femenina, ante las que el personaje más joven –avergonzado, a diferencia del hombre– oculta el rostro.[144] En 1929 Dalí ya sabía muy bien que, pese al rumbo que tomara su vida, a los éxitos que pudieran depararle sus estratagemas exhibicionistas, nunca pertenecería a la feliz cofradía de los sexualmente desinhibidos. La vergüenza que asesina el deseo, en el feroz ataque de Swinburne contra «el mal supremo, Dios», había hecho bien su destructivo trabajo,[145] y Dalí era ya un marginado, un impotente. Ningún otro cuadro suyo lo demuestra tan claramente como *El juego lúgubre.* Como es comprensible, a la familia de Dalí no le gustó nada la obra a medida que iba creciendo ante sus ojos. Veinte años después Anna Maria Dalí escribiría que las pinturas hechas por su hermano ese verano eran «horriblemente alucinantes», unas auténticas pesadillas. Según ella, *El juego lúgubre* era «la más viva representación de los cuadros de esa época y el que mejor señala el cambio operado en su espíritu», cambio del cual eran responsables, desde luego, aquellos perversos franceses a quienes su hermano había tenido la mala suerte de conocer en París.[146]

GALA, ÉLUARD

A principios de agosto de 1929, los Magritte, Camille Goemans y la novia de éste, Yvonne Bernard, llegaron a Cadaqués, como habían prometido, ocupando el apartamento previamente alquilado para el mes.[147] Unos días después se sumaron a ellos Éluard, su esposa Gala y la hija de ambos, Cécile, que se alojaron en el hotel Miramar (hoy Residencia de la Academia). La presencia del grupo no podía pasar inadvertida. El 15 de agosto el periódico quincenal local, *Sol Ixent,* anunció que pasaban el verano en Cadaqués el «conocido marchante Goemans, de la galería de arte del mismo nombre en París», el «distinguidísimo» pintor belga Magritte y el «gran» poeta francés Paul Éluard, «acompañados de sus respectivas familias». No se mencionaba a Buñuel, lo cual sugiere que llegó después de cerrada la edición. Exactamente debajo de la nota, el periódico informaba que la revista catalana *D'ací i d'allà* acababa de publicar unas interesantísimas imágenes del film «surrealista» realizado en París por Buñuel y Dalí.[148]

A Éluard le gustaba mostrar a sus amigos fotografías de Gala desnuda, y es posible que le hubiera enseñado algunas de ellas a Dalí. Durante su estancia de dos meses en la capital francesa, además, otras personas le habían hablado a Salvador de Gala, por lo cual, antes de volver a España, parece ser que ya sentía una viva curiosidad por conocerla. La pareja de un don Juan tan experimentado como Paul Éluard tenía que ser muy especial, desde luego. Pero cuando Dalí vio a Gala en traje de baño en la playa de Es Llané, la realidad sobrepasó a su imaginación: la pequeña rusa convertida en elegante parisina era la viva encarnación de la mujer de sus sueños, la mujer que, aunque decapitada, había pintado de
espaldas en *Cenicitas* dos años antes, con los muslos perfectamente con- XI
torneados y las delicadas nalgas realzadas por una cintura de avispa. En el cuadro los pechos de la mujer sin cabeza, ocultos a la vista, son –así se deduce– de modestas dimensiones, de acuerdo con el resto del cuerpo. Para ser hermosos, los pechos, según Dalí, tenían que ser pequeños, y le repugnaban los senos grandes. Los de Gala eran de proporciones ideales («tan dulces que dan ganas de comérselos», escribió Éluard una vez).[149] Dalí nunca dejaría de decirle a quienquiera que se lo preguntara que a él lo que de verdad le gustaba era el culo femenino. Seis años antes de conocer a Gala había pintado una escena puntillista de bañistas desnudas III
en Es Llané, destacando las redondeces de sus traseros. Ahora, después de tanta espera y de tanta angustia, una Venus Calipigia de carne y hueso se había materializado ante sus ojos en el paisaje que más amaba en el mundo, lugar de sus juegos y exploraciones infantiles donde más tarde, en 1925 y 1927, había retozado con Lorca y donde, en *Composición con*

IX *tres figuras (Academia neocubista),* un San Sebastián marinero, patrón de Cadaqués, avanza seguro hacia la playa. El marco era ideal; el físico, perfecto. Fue el deseo y la locura a primera vista:

> Su cuerpo tenía todavía el cutis de una niña. Sus clavículas y los músculos infrarrenales tenían esa algo súbita tensión atlética de los de un adolescente. Pero la parte inferior de su espalda, en cambio, era sumamente femenina y pronunciada y servía de guión, infinitamente esbelto, entre la decidida, enérgica y orgullosa delgadez de su torso y sus nalgas finísimas, que la exagerada esbeltez de su talle realzaba y hacía mucho más deseables.[150]

Gala tenía brazos bellísimos y unas piernas esbeltas. Caminaba con brío, resuelta, y a su paso la gente a menudo daba media vuelta para mirarla.[151] Poco después de conocerla Dalí leería *Gradiva*, de Jensen, y el análisis hecho por Freud del extraordinario cuento. Decidió enseguida que Gala era la reencarnación de la enigmática heroína cuyo nombre latino quiere decir «la muchacha de espléndidos andares», y que devuelve a sus sentidos al despistado arqueólogo Norbert Hanold y se casa con él. De este momento en adelante Gala será la «Gradivia rediviva» de Dalí, a veces denominada *«Celle qui avance»* (La que avanza).

El rostro de Gala difícilmente podía considerarse hermoso, pero era sin duda atractivo y hasta bonito cuando tenía ganas de ser simpática. Por la forma de aceituna de su cara, Dalí la apodó luego «Oliva» u «Oliveta», pensando tal vez en las deliciosas olivas de Cadaqués. Gala tenía una boca magnífica y una sonrisa deslumbrante. Pero su nariz recta era un poco larga, y este rasgo y los ojos oscuros y no muy separados le daban el aspecto de ave de presa cuando estaba de mal humor, cosa bastante frecuente. Dalí dijo una vez que le gustaba su «rostro agresivo y desagradable».[152] En realidad el animal al cual Gala más se parecía era el gato: era sensual, elegante y en potencia una fiera. Su mirada, sobre todo cuando se fijaba en otras mujeres, tenía una intensidad feroz, capaz, escribió una vez Éluard, de atravesar murallas *(«regard perceur de murailles»).*[153] Para María Luisa González, amiga de Dalí de los años en la Residencia y luego en París, eran ojitos de rata que podían ver dentro del alma.[154]

Cuando Gala estaba animada irradiaba personalidad, y sus ojos parecían más abiertos, como en el fotorretrato hecho por Max Ernst en

1927. Otra fotografía, en la que aparece en Port Lligat a principios de 61
los años treinta, hace justicia a su seductor cuerpo y al placer que le daba
exhibirlo. No puede dudarse que Gala *avait du chien,* cualidad muy ad- 75
mirada por los franceses.[155]

Helena Ivánovna Diákonova (Gala era el apodo que le aplicaba su familia en Rusia) no era tan joven como sugería su bien cuidado cuerpo: nacida en Kazán o en Moscú el 26 de agosto de 1894, tenía exactamente treinta y cinco años cuando conoció a Dalí, es decir diez más que él.[156] Se sabe muy poco de su infancia. Su padre, Iván, era un alto funcionario moscovita; su madre, Antonina, una mujer culta que frecuentaba un círculo de escritores y artistas y había publicado una colección de cuentos infantiles. Dalí siempre insistiría en que Gala tenía sangre judía; si así fue, debía de ser por parte de madre.[157]

La casa que ocupaban Antonina e Iván estaba llena de libros. De pequeña Gala devoraba los cuentos de la condesa de Ségur, y se identificaba en su imaginación con las niñas francesas que aparecen en estos relatos, vestidas de crinolina. A los siete años empezó a estudiar francés con una institutriz nativa.[158] Tan temprana inmersión en todo lo galo se parecía a la de Dalí con los curas franceses de Els Fossos. En casa Gala aprendió también alemán, lengua cuyo conocimiento ampliaría durante los años veinte en un centro de enseñanza adulta de París.[159]

Gala perdió a su padre poco antes de cumplir los diez años. Según una de las versiones, Iván Diákonov murió en Siberia mientras buscaba oro en una expedición enviada por el zar;[160] según otras, abandonó a Antonina, se supone que por otra mujer. Sea como fuere, la madre de Gala se vio en la dura situación de tener que ocuparse sola de cuatro hijos: Gala, Lidia –siete años más pequeña– y dos varones adolescentes, Nikolái y Vadim.[161] Mujer avispada y poco convencional, Antonina no tardó mucho en juntarse con un rico abogado llamado Gomberg, padrastro extraoficial que al parecer no cayó bien a la familia, con la excepción de Gala.[162]

Desde su infancia Gala tuvo una salud delicada (quizás un trastorno de las glándulas del cuello), pasando largas temporadas en sanatorios de Moscú, [163] y en la escuela sus compañeras le tomaban el pelo por ser inútil como deportista.[164] Le apasionaba la literatura, y sería lectora voraz de novelas toda su vida. Al no poder entrar en la Universidad de Moscú, por ser mujer, estudió en el Instituto Femenino M. G. Brujonendo, y gracias a sus buenas calificaciones obtuvo un permiso especial para poder dar clases particulares a niños en su domicilio.[165]

En 1912, al cumplir los dieciocho años, sus médicos, temiendo que contrajera tuberculosis, le recomendaron una temporada en el famoso sanatorio Clavadel, cerca de Davos, en Suiza. Allí pasó dos años, y fue en Clavadel donde conoció al joven poeta francés Eugène Grindel, quien luego adoptaría el seudónimo de Paul Éluard. Un año y medio menor que Gala, Eugène padecía una tuberculosis leve. En 1914, justo antes de que estallara la guerra, Gala regresó a Rusia y Paul a París, donde fue movilizado. Se cartearon con regularidad y, en 1916, Gala atravesó Europa para reunirse con su novio y luego casarse con él.

Se han conservado una treintena de cartas escritas por Gala a Éluard durante la guerra mientras vivía con la madre de éste en París. Revelan un apasionado temperamento erótico que a veces roza la histeria. Éluard siempre diría que Gala y él eran vírgenes cuando se casaron en 1917, y al parecer era verdad. Las cartas nos descubren a una Gala religiosa, obsesionada con la pureza (educada en la Iglesia ortodoxa rusa, se convirtió al catolicismo para casarse con Éluard)[166] y que lucha por dominar sus *«qualités putainesques»* (cualidades de puta), como ella misma llama a sus fogosas tendencias.[167] Es un aspecto de su personalidad que molesta a Éluard, quien se refiere, en algunas de sus tempranas cartas, a la «suciedad» de Gala, escandalizado, al parecer, por la franqueza de sus caricias. La correspondencia demuestra que a Gala no le habían faltado pretendientes en Rusia (ya tiene plena conciencia de su indudable carisma sexual), y que estaba resuelta a hacer su propia vida y salirse con la suya, llegando al extremo de ordenarle a Éluard que evite por ella acercarse al frente de batalla y consiguiendo con ello que se sienta cobarde (ésta es la «cuestión delicada» que se menciona con frecuencia en estas cartas).[168] Una recomendación típica: «Pon bien las vendas, tú eres muy dulce y hábil, muy capaz, tú puedes servir mejor a los desdichados en tu lugar que en las malditas trincheras. No actúes contra mí. Pórtate bien con el doctor para que te retenga a su lado.»[169] Y otra: «Haz todo lo posible por ser destinado a auxiliar y no ir *nunca* al fuego, a las trincheras. Te aseguro que en un año más la guerra habrá terminado. Tienes que emplear todas tus fuerzas para poder salir vivo de esta pesadilla.»[170] Mientras espera su regreso, Gala lee ávidamente, asiste a clases de francés (ha decidido sacarse el *brevet* para dar clases de idiomas), demuestra ser un desastre en las cuestiones domésticas y le tiene a Éluard al corriente de los seductores vestidos que ha comprado «únicamente para gustarte».[171] Sus cartas concluyen por lo general con una variación de la frase «te cubro de besos» o de «beso todo tu cuerpo». Un día le escribe: «Te cubro de besos con la más dulce y la más fuerte "violencia".»[172] No hay duda de que Gala es un volcán erótico a punto de explotar:

> No pienses que soy coqueta viciosamente, de verdad te lo digo, créeme. Es sólo para ti. Me parece que cuando se vuelve del asqueroso frente a uno le gusta ver a su mujer bien vestida y perfumada (porque, no te enfades, también he comprado perfume pero te prometo no ponérmelo antes de que estés aquí, ya lo verás, el frasco estará lleno). No estés triste y enfadado. Créeme, todo esto es para gustarte.[173]

La vida de Gala con Éluard hasta que conoce a Dalí en 1929 se puede narrar brevemente. Cécile, única hija del matrimonio, nació en mayo de 1918, seis meses antes del armisticio, y con toda seguridad fue el fruto de un embarazo no planeado (en las cartas escritas a Éluard durante la guerra Gala no menciona en ningún momento su deseo de tener un hijo una vez casada). Gala no resultó ser una madre cariñosa, y, considerando que Cécile era un estorbo insoportable, se la endilgó virtualmente a su suegra. Por suerte para la niña, Paul fue un padre afectuoso y tierno. A medida que aumentaba su celebridad como poeta, Gala se sumergió con él en el vertiginoso mundo literario y artístico de la vanguardia parisiense, reflejado en la fundación, en 1919, de la revista *Littérature* de Breton, Aragon y Soupault, en la que pronto comenzó a colaborar Éluard. Dadá y su espíritu de rebeldía acababan de hacer su entrada en París, y de los subsiguientes experimentos, manifiestos y agitación nació el primer ensayo de escritura automática, *Los campos magnéticos*, y luego... el surrealismo. La intensamente supersticiosa Gala participó de lleno en estas actividades, pues su interés por las ciencias ocultas se correspondía con el de los surrealistas por fenómenos como la hipnosis, los sueños y la transmisión del pensamiento.

Si Gala había llegado virgen al matrimonio, es decir, hasta tener veintitrés años, recuperó rápidamente el tiempo perdido y, como muestran sus cartas a Éluard, aprendió pronto a dar rienda suelta y sin complejos a sus *«qualités putainesques»*. Su hambre de sexo, de hecho, era tan apabullante que rayaba en la ninfomanía. Pronto empezó a necesitar amantes, lo cual no planteaba problema alguno, y la pareja, a medida que iba tomando conciencia de su atractivo, y de la abundancia de personas dispuestas a seguir su juego, se embarcó en un estilo de vida en el que el amor libre era la regla, y la posesividad, un tabú. Una de las primeras conquistas posconyugales de Gala fue Max Ernst, al que ella y Paul conocieron en Colonia en 1921. El pintor alemán los deslumbró. En 1922, cuando Ernst –una de las más brillantes estrellas del dadaísmo– llegó a París, pisándole los talones a Tristan Tzara, se instaló en casa de los Éluard, que entonces vivían en Eaubonne, en las afueras de la ciudad. Poco después el guapo alemán comenzó a compartir la cama de sus anfitriones. Años más tarde, recordando ese extraordinario *ménage à trois,* parece que Gala evocó su irritación por el «problema anatómico» que le había impedido ser sodomizada y penetrada vaginalmente al mismo tiempo por sus dos hombres.[174]

Ernst empezó pronto a dibujar compulsivamente a Gala, y ella es uno de los «amigos» que aparecen en su cuadro *Au rendez-vous des amis* (1922) donde, en el extremo derecho de la última fila, da la espalda al resto de los componentes y señala en otra dirección con la mano derecha, indicación, tal vez, de su orgullosa independencia y de una falta total de espíritu de grupo.[175] Ernst la pintó desnuda en otro lienzo de la misma época, *La Belle Jardinière,* expuesto en 1923 y reproducido en 1925 en *La Révolution Surréaliste.*[176] Una serie de más
60 de cien dibujos del rostro de Gala realizados para ilustrar el poemario de Éluard *Au Défaut du silence,* publicado anónimamente en 1925, muestra a la musa a una luz menos halagüeña: en la abrumadora mayoría de ellos parece no sólo fea, sino eminentemente perversa, rasgo que nos recuerda el cruel apodo que le puso Philippe Soupault, «Gala la Gale» (sarna), con sus connotaciones, si bien no etimológicas, de bilis, amargura (*galle).*[177]

Las muchas fotografías que existen de Gala de los años veinte (en bailes, balnearios o playas) ilustran su creciente capacidad de seducción
59, 75 a lo largo de la década. Era, en efecto, muy «sexy», y le encantaba posar desnuda ante la cámara.[178] En esta época Éluard se ganaba muy bien la vida trabajando con su padre en una agencia inmobiliaria e invirtiendo en arte, por lo que podía permitirse el lujo de darle a su mujer la vida elegante que ella siempre había deseado, y mucho más al morir su padre en 1927. Según Jean-Charles Gateau, biógrafo de Éluard, la pareja, tras dejar a Cécile al cuidado de la madre del poeta, despilfarró entre 1927 y el verano de 1929 el equivalente a dos millones de francos de 1988. Sin embargo, cuando Gala conoció a Dalí, la herencia de Éluard no sólo se

había reducido a niveles alarmantes, sino que el poeta estaba seriamente preocupado por el dinero.[179] Gala también estaba preocupada, porque la caída en picado de sus recursos había reavivado intensos miedos infantiles a la pobreza y la inseguridad.[180]

En 1946 Éluard destruyó las cartas de Gala, sobreviviendo al holocausto sólo las anteriores a la boda, y le pidió que hiciera lo mismo con las suyas, para privar así a la posteridad de todo rastro de su vida íntima.[181] Por suerte para nosotros, Gala no respetó este deseo y conservó intactas las cartas de Éluard, cuyas réplicas y reacciones a lo que ella le decía o dejaba de decir son una fuente de inestimable valor que arroja luz sobre muchos aspectos de la personalidad de esta enigmática mujer a la que los primeros surrealistas llamaron, por su hermetismo, «Tour» (torre), y a quien Patrick Waldberg definió memorablemente como «la Sibila de las estepas».[182]

Junto al lujo, los viajes, los fabulosos hoteles y la autocomplacencia de esos años se dio también una extrema promiscuidad, como si Gala y Éluard se sintieran obligados a convencerse una y otra vez de su atractivo sexual. El voyeurismo desempeñaba cierto papel en todo ello, y ambos seguían sus respectivas conquistas con alegre complicidad. En una ocasión Éluard le escribe: «Comprende y hazle comprender que me gustaría que a veces te poseyéramos juntos, como habíamos acordado.»[183] Gala detestaba la fealdad física y las deformidades de cualquier tipo, por lo que sus amantes tenían que ser siempre bien parecidos. Esta obsesión por rodearse de «gente guapa» la compartiría después con Dalí.[184] En sus cartas Éluard se nos aparece a menudo como la vanidad en persona, un ser que se toma a sí mismo con aplastante seriedad (en ellas no hay nada de buen humor y ninguna preocupación por los sentimientos de los demás, con la excepción de Cécile). Así: «Gala mía: aquí hago el amor muy a menudo, demasiado. Pero ¡qué no daría yo por pasar una noche contigo! Todo.»[185] O: «Yo aquí muy elegante, muy guapo. Todo el mundo me adora.»[186] O: «Mi libro está en todas las librerías. Me he encargado un hermoso traje gris.»[187] A las mujeres las usa y las tira; un maravilloso dentífrico le deja los dientes blancos «como la nieve»,[188] y, en lo tocante a hacer el amor con Gala, le pide varias veces que no venga hasta acabar con sus reglas: estropearía el placer de sus coyundas.[189]

El placer incluía la masturbación mutua, y el hecho de que Gala no tuviera complejos en relación con esta práctica sería probablemente un gran alivio para Dalí, el Gran Masturbador en persona. De las cartas de

Éluard también se desprende que ya para el verano de 1929 Gala iba en pos de lo que quería con tan brutal determinación que hasta el mismo poeta se sentía horrorizado. Gala acababa de pasar unos días en el Parksanatorium de Arosa, en Suiza, donde se había hecho con un nuevo amante, un tal Baer, con quien aparece en docenas de fotografías conservadas hoy en la Fundación Gala-Salvador Dalí de Figueres. Éluard, pese a su relación con una atractiva berlinesa, Alice Apfel (apodada, naturalmente, «la Pomme»), la echaba muchísimo de menos. El dinero le preocupaba (los precios en el mercado del arte habían bajado a niveles alarmantes), había tenido que vender más acciones, y por primera vez en muchos años parecía que sólo iban a poder permitirse unas vacaciones de verano modestas. «Ahora sé que nada te detiene, eres despiadada», le escribe Éluard a Gala el 3 de julio, temeroso de perderla. Pocos días después se volvieron a ver en Leysin, el sanatorio cerca de Montreux donde René Crevel, uno de los amigos más íntimos de Gala, se trataba la tuberculosis. Luego partieron con Cécile para Cadaqués.[190]

GALA, DALÍ

Lo que ocurrió en Cadaqués demostró que los temores de Éluard no eran infundados. Desde su amorío adolescente con Carme Roget, no hay indicio alguno de que Dalí hubiera tenido la más ligera relación con nadie del sexo opuesto. Por lo que él mismo nos cuenta, vivía en un estado de permanente privación erótica, aliviada sólo con la masturbación. Al ver ahora a la mujer de sus sueños (tan desvergonzada en lo sexual como inhibido era él) se encontraba ante un acuciante dilema. ¿Cómo podía llegar a interesarle? No hay modo de corroborar las tonterías a las que, según nos cuenta en *Vida secreta*, recurrió para seducir a la misteriosa rusa (perfume de estiércol de cabra, atuendo inverosímil, axilas manchadas de sangre, collar de perlas, geranio rojo en la oreja, histéricos ataques de risa...),[191] y Gala, de lo más reservada en cuestiones de su vida privada, nunca daría su versión de todo ello (tampoco los libros de Anna Maria Dalí sobre su hermano contienen información alguna sobre el singular cortejo). Es posible, de todos modos, que antes de llegar a Cadaqués Gala sintiera curiosidad por el pintor. «Éluard no hacía más que hablarme de ese guapo Dalí. Era casi como si me estuviera empujando a sus brazos antes de que lo viera», comentaría al parecer años después.[192] Por lo tanto, pudo haber también una predisposición por parte suya. En todo caso, animada o no por Éluard, pronto empezó a flirtear con el pintor.[193]

Buñuel, que entretanto había llegado a Cadaqués, instalándose en Es Llané con Dalí y su familia, fue testigo del inicio del idilio, aunque su información al respecto es escasa. «De la noche a la mañana Dalí ya no era el mismo», recuerda en sus memorias. «Toda concordancia de ideas desapareció entre nosotros, hasta el extremo de que yo renuncié a trabajar con él en el guión de *La edad de oro.* No hablaba más que de Gala, repitiendo todo lo que decía ella. Una transformación total.»[194] Más tarde Buñuel utilizaría las palabras «transfigurado» y «trastornado» para describir el estado de Dalí en esos momentos,[195] y por una vez el relato del pintor coincide con el del aragonés. Según Dalí, éste se llevó «una decepción terrible, pues había venido a Cadaqués con la idea de colaborar conmigo en el guión de un nuevo film, mientras yo estaba más y más absorto en alimentar mi locura personal y sólo podía pensar en esto y en Gala».[196]

No contribuyó a mejorar las cosas el hecho de que Buñuel, al observar con atención a Gala en la playa, descubriera en ella algo que le disgustó profundamente. Y era que, como más tarde le diría a Max Aub, el cineasta «odiaba a las mujeres cuyo sexo quedaba en un horcajo entre dos piernas separadas». Y Gala tenía tal horcajo.[197] Las fotos sacadas durante estos días demuestran, de todos modos, que, pese a lo que pudiera sentir o decir más adelante, Buñuel no se negó a posar sonriente con los incipientes amantes en agosto de 1929.

¿Cómo reaccionó el resto del grupo ante lo que estaba ocurriendo? Desconocemos los comentarios de Goemans, pero años más tarde Georgette Magritte recordaría que Éluard no parecía celoso, y que sólo le preocupaba que la pareja pudiera tener un accidente en algún momento de sus largas caminatas. Tal vez el poeta temía que, de tan ensimismados, se desplomasen inadvertidamente por un acantilado.[198]

Mientras Dalí y Gala se paseaban, el resto del grupo se dedicaba a explorar Cadaqués y sus alrededores. Hablaron, sin duda, de la visita de Picasso y Fernande Olivier, en 1910, y es difícil imaginar que Dalí no les llevara a conocer a los Pichot y su maravilloso escondite bohemio de Es Sortell. Magritte pintó algunos cuadros durante su estancia, entre los cuales destaca *El tiempo amenazador,* en el que un torso femenino desnudo, un bombardón y una rústica silla de enea cuelgan blancos y fantasmales encima de la bahía de Cadaqués y la accidentada costa que se extiende por el sur hacia el cabo Norfeu. En los colores «brillantes y metálicos» del cuadro encuentra David Sylvester «una indicación de que Dalí estaba trabajando en estos momentos en *El juego lúgubre*».[199] Para Rafael Santos Torroella, el cuadro de Magritte intenta plasmar con toda evidencia el momento en que la tramontana se desata sobre la bahía, simbolizando el gran bombardón «la ruda voz de ancho y hondo recorrido del viento».[200] Las olas de Magritte, por otro lado, pueden verse como un tributo a las pintadas por Dalí en su ya por entonces célebre retrato de Anna Maria apoyada en la ventana de Es Llané, que el belga debió de apreciar a raíz de una visita a la familia. Magritte quedó muy prendido de Anna Maria, a la que regaló *El nacimiento de las flores,* cuadro en el que Sylvester ve también la influencia de la «consumada técnica» del Dalí de *El juego lúgubre.*[201]

Si esa técnica impresionó a Magritte durante su visita a Cadaqués, fue más bien el contenido del cuadro lo que afectó a los otros miembros del grupo, por sus aspectos anales y escatológicos. Dalí consigna que encargaron a una inquieta Gala preguntarle si era «coprófago», como sospechaban. Si le hubiera preguntado si era coprófilo, no habría podido negar tan fácilmente la acusación. «Le juro a usted que no soy "coprófago"», cuenta Dalí que le contestó. «Aborrezco conscientemente ese tipo de aberración tanto como pueda aborrecerla usted. Pero considero la escatología como un elemento de terror, igual que la sangre o mi fobia por las langostas.»[202]

Según Dalí, fue Éluard quien le sugirió el título de *El juego lúgubre.*[203] De esta circunstancia, y del hecho de que Salvador se embarcara pronto en un retrato de Éluard, podemos deducir que los dos se vieron con frecuencia durante la breve visita del poeta a Cadaqués. El retrato
64 repite varios de los motivos de *El juego lúgubre:* la cabeza del masturbador, la temible langosta (con un dedo onanista que penetra en un agujero de su estómago), un montón de hormigas infestando lo que parece ser una hostia colocada en el sitio donde debería estar la boca del masturbador, conchillas y rocas afiladas que, como la micacita que forma la base del busto, remiten a Cadaqués y Port Lligat.

Es imposible resistir la tentación de buscar alusiones a Gala en este retrato de su marido. Quizás sea relevante que la langosta haya perdido sus patas y brazos, y que éstos aparezcan entre los dedos de una delicada mano femenina posada sobre la frente del poeta, dedos que parecen querer triturar al temido insecto al mismo tiempo que una mariposa. ¿Sería demasiado aventurada la hipótesis de que tal vez la suerte corrida aquí por la langosta indique la intuición daliniana de que Gala le podría ayudar a superar sus temores sexuales? También son de notar las dos manos que se estrechan, parece que con afecto, en la parte inferior del retrato, unidas por una larga cabellera a las rocas del cabo de Creus. Al lado de las manos, el mechón de pelo hace pensar en un himen. Estos detalles aluden, cabe sospecharlo, a los paseos de Dalí y Gala y a la creciente intimidad de la pareja mientras deambulan, hablando incesantemente y tal vez cogidos de la mano, por el cabo y sus alrededores.

Las figuras que se encuentran en la playa transmiten también un mensaje perturbador. Cerca del horizonte un hombre se pasea con un niño pequeño de la mano, como en *Los primeros días de primavera,* dando la espalda a la aparición del rostro de Éluard. La lejanía de estas figuras puede indicar que Dalí siente como inminente una ruptura de su dependencia filial. Al otro lado del cuadro, un grupo de tres personas se encuentra al lado de uno de los objetos alargados, acompañados de un enjambre de bastoncillos voladores, que habían aparecido por vez primera en el estudio para *La miel es más dulce que la sangre* y que después empezaron a proliferar en la obra del pintor. Como hemos señalado antes, Dalí dijo que dicho objeto había sido su «primera imagen delirante», surgida mientras remaba en Cadaqués y produciéndole una sensación de angustia inexplicable relacionada de alguna manera con el *Ángelus* de Millet.[204] Aquí, ciertamente, ha generado angustia: uno de los hombres se tapa la cara con las manos, y el otro se apoya en el hombro de un personaje que tiene los genitales realzados (recordándonos la escena parecida de *El juego lúgubre*). Entretanto, más cerca, una pareja de individuos barbudos se llevan dos de los *aparells* triangulares frecuentes en la obra de Dalí a partir de 1927 y que, quizá, simbolizan los genitales femeninos.

Éluard, cada vez más preocupado por su situación económica, se fue de Cadaqués antes que los demás para seguir con sus trapicheos en el mercado del arte. Gala y Cécile se quedaron en el Miramar, permaneciendo allí hasta después de que los Magritte, Goemans y su novia volvieran a París a principios de septiembre. Allí les esperaba Éluard en la estación, donde le entregaron una carta de Gala. Éluard explicó en su contestación que se ocupaba afanosamente del arreglo de su nuevo apartamento en Montmartre (7, rue Becquerel, justo debajo del Sacré-

Coeur) y que esperaba tener todo a punto para comienzos de octubre. En París hacía un calor sofocante. Por ello, Gala no tenía por qué apresurarse en volver.

Siguieron rápidamente dos cartas más. Éluard había vuelto a comprar el «precioso cuadro» de Dalí (no queda claro a qué obra se refería) al marchante Charles Ratton, y pensaba en Gala todo el día. Quería verla «supremamente elegante» en París, le pedía que escribiera una carta «realmente bonita» a Goemans, se deshacía en elogios de sus atractivos sexuales y le rogaba que hiciera lo imposible por regresar a París con *El juego lúgubre,* el retrato suyo y otras dos obras de Dalí no especificadas, poniendo a Gala con ello casi en el papel de intermediaria comercial. Cabe preguntarse, de hecho, si ésta no fue la meta inicial de Gala: seducir a Dalí, como es probable que sedujera antes a De Chirico, con la intención de acceder a su obra.[205]

Según contaba Buñuel décadas más tarde, él, Dalí y Gala fueron un día con «la Lídia» en barca al cabo de Creus. Allí Buñuel, que entendía muy poco de pintura, comentó que el grandioso espectáculo geológico le recordaba al valenciano Sorolla, uno de los pintores más despreciados por Dalí. Dada su apasionada identificación con el cabo, el pintor se indignó, considerando, con razón, que el comentario no podía ser más inepto. «¿Cómo? ¿Por qué? ¿Estás ciego? Ésta es la naturaleza. ¿Qué tiene que ver...?» Y Gala: «Vosotros siempre como dos perros en celo.» Según Buñuel, la rusa, envidiosa de la amistad que les unía, no paró de meterse con ellos mientras comían en la playa, hasta tal punto que acabó por ponerse de pie de un salto y hacer como si la fuera a estrangular, mientras Dalí, de rodillas, le imploraba que desistiera.[206]

Esta escena, que Dalí no menciona en sus memorias, parece haberse desarrollado más o menos como la evoca Buñuel. Años después Cécile Éluard contaría que siempre había recordado vagamente a Buñuel como un hombre enorme con ojos reventones que quería estrangular a su madre. Creía que se trataba de algo soñado, una pesadilla, pero cuando se publicó la autobiografía de Buñuel se dio cuenta, conversando con Jean-Claude Carrière, de que el episodio había ocurrido de verdad.[207]

Si Gala estaba celosa de Buñuel, parece acertado suponer que éste, muy sensible pese a su aspecto de hombre duro, se mosqueó profundamente al descubrir que la rusa, además de interponerse entre él y Salvador, interrumpía ahora su trabajo sobre el guión de su próxima película.

En *Vida secreta* Dalí evoca una crucial escena amorosa con Gala, desarrollada en el marco de «uno de los lugares más truculentamente desiertos y minerales de Cadaqués». Según Dalí, le preguntó en esta ocasión a Gala con insistencia, mientras su diálogo se hacía más apasionado: «¿Qué quieres que te haga?» Después de un largo silencio ella contestaría: «Quiero que me mates» (en el francés daliniano del manuscrito original, *«ge veux que vous me fesiez crever!»*).[208] Dalí, al parecer, tomó la frase al pie de la letra, y nos cuenta que Gala le reveló entonces que desde su infancia había sentido un «horror insuperable» al momento de la muerte, por lo cual deseaba que éste la cogiera por sorpresa. No se le ocurre a Dalí que tal vez, al usar el término *crever*, lo que le pedía Gala en realidad, como apropiada culminación de su escena amorosa, era un coito enérgico. Sea como fuere, Dalí ni la mató ni la penetró. La pena es que no tengamos la versión de Gala.[209]

A Dalí le llamó la atención el parecido del nombre de Gala con el de su abuelo Gal, el suicida, tanto más dada la tendencia de la musa a moverse «entre los polos de la lucidez y la locura». La coincidencia no se menciona en su obra publicada, pero años más tarde, en una conversación, Dalí interpretaría dicha equivalencia onomástica retrospectivamente como un «signo premonitorio» más de que Gala le estaba predestinada.[210] También pudo impresionarle que el verdadero nombre de Gala fuera Helena, en especial cuando se dio cuenta de que, en un acto de audacia homérica, estaba a punto de robarle esa maravillosa criatura a su famoso marido.

El encaprichamiento de Dalí con Gala sembró de inmediato la discordia entre sus familiares. Por aquellos tiempos, en el conservador Empordà, salir con una francesa casi equivalía a frecuentar a una prostituta, y, para empeorar las cosas, en este caso concreto la francesa, además de sexualmente llamativa y desvergonzada, era una mujer casada. Por ello no tardaron en empezar los comentarios, subiendo de tono, claro, al enterarse los lugareños de que no se trataba de una francesa sino de una rusa afincada en París. ¡Una rusa! Nada más terrible podía ocurrirle al cada día más reaccionario Dalí Cusí (el mismo que años antes solía «ir de putas» con Pepito Pichot, según tradición familiar de éste),[211] que pronto se referiría a Gala como «la Madame». La inmediata reacción del notario fue cambiar su testamento, cosa que hizo el 26 de septiembre de 1929. Sus bienes serían ahora para Anna Maria, y no se repartirían a partes iguales entre sus dos hijos como había dispuesto en el testamento anterior. Salvador, de hecho, recibiría el mínimo necesario prescrito por la ley, cantidad que Dalí Cusí estipuló en quince mil pesetas (más o menos un millón y medio hoy). En un gesto asombroso, el notario ¡eximió a su hijo de tener que devolverle el dinero invertido en su formación profesional! Ni una sola piedra de la casa de Es Llané sería suya a menos que Anna Maria muriera antes que él, y se establecía, además, que si por cualquier motivo su hermana no pudiera heredar, Salvador tampoco gozaría de plenos derechos sobre la casa hasta la muerte de su madrastra, *la tieta* Catalina. La situación testamentaria de ésta también había cambiado radicalmente, lo cual sugiere que, a diferencia de Anna Maria, hostil a Gala desde el primer momento, Catalina Domènech se había puesto del lado de Salvador o, al menos, mostrado cierta comprensión hacia su situación. Así pues, a *la tieta* se le permitiría habitar de por vida un cuarto de Es Llané, pero nada más. La intención principal del testamento, en consonancia con el carácter irascible de Dalí Cusí, era humillar a su hijo todo lo permitido por la ley. En la práctica, aunque en términos técnicos no fuera así, el pintor podía considerarse desheredado, si es que su padre le puso al corriente, cosa que parece probable.[212]

A la vista del nuevo testamento, parece lógico deducir que Dalí Cusí y su hijo habían tenido una buena pelea en relación con Gala. Y la familia debió de respirar aliviada cuando ésta y Cécile abandonaron Cadaqués, hacia finales de septiembre, con destino a París. Gala se llevó con ella *El juego lúgubre,* como le había pedido Éluard, y tal vez otros cuadros de Dalí.[213]

Sin Gala, Salvador se dedicó ahora con energía feroz a preparar obra nueva para su exposición en Goemans, terminando pronto el *Retrato de*
XIV *Paul Éluard, La adecuación del deseo* y *El gran masturbador.*[214]

19 La cabeza que protagoniza *El gran masturbador,* inspirada en la roca de Cullaró, había hecho su primera aparición en *Los primeros días de primavera,* como hemos visto. A su representación en este nuevo cuadro de dimensiones mucho mayores, Dalí añadió, al lado del león, la langosta y demás motivos simbólicos presentes en muchas de sus telas de esta época, una alusión a la felación, otro de sus deseos secretos. Según el artista, la cara colocada junto a los prominentes genitales de la figura masculina con las rodillas ensangrentadas se inspiraba en un cromo de una mujer que olía una azucena, y se mezclaba «con recuerdos de Cadaqués, del verano, de las rocas del cabo de Creus».[215] El fuerte erotismo de la escena lo realzan el claro aspecto fálico del espádice amarillo del aro y la lengua del león. El tema de la felación va a reaparecer con frecuencia en los

cuadros de los meses siguientes, y no podemos sino sospechar que, en este punto, Gala le dio a Dalí lo que quería, o al menos parecía dispuesta a dárselo.

El brusco cambio que la llegada de Gala ya significaba en la vida de Dalí, y al que alude la pareja que se abraza en *El gran masturbador,* debajo del vientre de la langosta, no significa que el pintor pudiera o intentara abandonar sus prácticas autoeróticas. Al contrario, según contaría en 1979, Gala le había ayudado a refinar su técnica masturbatoria para tener mejores eyaculaciones. En cuanto al cuadro, refleja «la idea de culpabilidad de una cara que está por completo extinguida vitalmente a causa de haberse masturbado tanto; la nariz le toca el suelo y le sale un forúnculo horrible. Yo siempre que pierdo un poco de leche tengo la convicción de que la he malgastado. Me queda siempre un sentimiento de culpabilidad».[216] Inhibidos por la fuerza de la personalidad de Dalí, pocos periodistas se atrevieron jamás a hacerle preguntas concretas sobre sus relaciones sexuales con Gala. El escritor y periodista catalán Lluís Permanyer fue una notable excepción a la regla. ¿Hizo Dalí el amor con Gala durante las primeras semanas que pasaron juntos en Cadaqués? No, respondió el pintor, le llevó unos tres meses conseguirlo.[217]

En *Vida secreta* Dalí explica que *La adecuación del deseo* expresaba su angustia ante el reto sexual que ahora se le planteaba. «Nunca en mi vida había "hecho el amor"», escribe en *Vida secreta,* «y me representaba este acto como terriblemente violento y desproporcionado a mi vigor físico: "aquello no era para mí"».[218] Pero aquí Dalí está racionalizando. Más tarde, en sus *Confesiones inconfesables,* se acercaría mucho más a la verdad. En *La adecuación del deseo,* dice, «las fauces de los leones traducen mi espanto ante la revelación de la posesión del sexo de una mujer que va a desembocar en la revelación de mi impotencia. Me preparaba para el culatazo de mi vergüenza.»[219]

Atormentado por el sentimiento de la vergüenza, pues, solicitado por la desinhibida Gala, Dalí temía que, llegado el momento, no consiguiera o lograra mantener una erección suficiente para hacer el amor y así dejar atrás de una vez por todas su lamentable virginidad. En este sentido es interesante el grupo que se aprecia en la parte superior del cuadro, donde volvemos a ver a una figura adulta masculina en cuyo hombro reposa un angustiado joven de aspecto afeminado, como en *El juego lúgubre,* en presencia de un león. El adulto está mordisqueando la delicada mano del joven con, parece, fruición. Debajo se encuentra el motivo recurrente de un individuo que se cubre la cabeza con las manos. Para Paul Moorhouse, representa a Dalí, que está ocultando su rostro «de vergüenza y culpa».[220] A la izquierda del grupo hay una pequeña viñeta de Dalí Cusí, corpulento y canoso, diciendo adiós con la mano, señal, creemos, de que el artista ya ve como inevitable la ruptura con su familia.

En esas fechas Dalí terminó o empezó otros tres cuadros para su inminente exposición en París: *Los placeres iluminados, El enigma del deseo* y *Hombre de complexión enfermiza escuchando el ruido del mar.* Continúan los tres la exploración de la angustia sexual del pintor y tienen muchos puntos en común con las telas arriba comentadas: *collage* técnicamente tan perfecto que es imposible saber si se trata de algo pegado o de una nueva prueba de la destreza de Dalí como miniaturista, y una abundancia de leones, jarrones con rostros imbéciles, dedos exploradores, rostros avergonzados, langostas y «grandes masturbadores» desparramados por una playa espectral con referencias a los acantilados y peñascales del cabo de Creus.

El enigma del deseo, que Dalí consideraba uno de sus diez cuadros más importantes,[221] constituye una variante especialmente significativa sobre el tema del gran masturbador. Todos los detalles habituales de la cabeza del onanista están aquí presentes, pero esta vez, en lugar del remolino de fantasías eróticas que brotan de su nuca, encontramos una típica roca de micacita del cabo de Creus, en cuyos agujeros o alvéolos, como nichos de un cementerio, el pintor ha inscrito con insistencia obsesiva el lema «*Ma Mère, Ma Mère*». A través de un hueco en la roca vemos en la distancia un torso femenino desnudo. La escasez de referencias a la madre muerta es una de las características de la obra de Dalí. Aquí tenemos una excepción a la regla. ¿Por qué aparece el recuerdo de Felipa Domènech de manera tan patética en este momento de la vida de Dalí? ¿Siente acaso el artista que Gala pasará ahora a ocupar su lugar y que se convertirá en la madre perdida ocho años antes? Cabe pensarlo. Refiriéndose al grupo que se encuentra a la izquierda del cuadro, Dalí le dijo a Robert Descharnes que se trata de él mismo «abrazando a su padre».[222] Dado que la misma escena contiene también una obvia referencia a la castración, simbolizada por el cuchillo y reforzada por la terrorífica asistencia de los omnipresentes pez, langosta y león, es inevitable deducir que Dalí está aludiendo al dogma psicoanalítico de la culpabilidad edípica y a su castigo.

XVI *Los placeres iluminados* es una de las telas de Dalí que más se presta a

un análisis freudiano. De hecho, parece incluso que el anciano caballero del primer plano que, con exquisitos modales, atiende a la mujer enloquecida con las manos ensangrentadas no es otro que el mismo Freud, cuya representación aquí procede de la efectuada por Max Ernst en
Pietà o Revolución por la noche, que, puesto que pertenecía a Éluard, 49
Dalí pudo haber admirado en París, además de verlo reproducido en *La Révolution Surréaliste*.[223]

Los placeres iluminados, con sus préstamos de De Chirico (las cajas «cuadro-dentro-del-cuadro», las sombras amenazantes, el «biomorfo cefálico» con tupé en el horizonte),[224] merecería de por sí un estudio monográfico. Aquí sólo podemos comentarlo brevemente.

¿Quién es la mujer atendida por el personaje que aparece a guisa de Freud? Es difícil no ver en ella una referencia a Gala, representada como Venus saliendo de las olas (la cara, con su larga nariz, nos hace pensar de inmediato en la rusa). El cuerpo, sin embargo, con sus amplios pechos redondos, es mucho más pesado que el de Gala. Quizá la figura sea una fusión de ésta y Felipa Domènech. Sus manos ensangrentadas demuestran que acaba de cometer un acto terrible, supuestamente con el cuchillo que aparece a la izquierda, sujeto por una mano femenina contenida por otra masculina. Nuevamente, desde el punto de vista freudiano, no parecería haber duda acerca del acto perpetrado: la castración,[225] suposición reforzada por el hecho de que, como ha señalado agudamente Dawn Ades, la sombra que se ve en primer plano en el centro del lienzo, proyectada por una persona fuera del cuadro, es idéntica a la que arroja la figura paterna en cuyo hombro se apoya el hijo castrado en *El juego lúgubre.*[226] Por último, la escena nos recuerda algo que Dalí afirmó posteriormente en *El mito trágico del «Ángelus» de Millet,* en el sentido de que, en los primeros momentos de su relación amorosa, Gala asumió el lugar de la madre amenazadora y le ayudó paulatinamente a superar su miedo pánico al coito.[227]

Otras alusiones a la familia se pueden rastrear en el grupo que aparece encima del panel central, donde vemos a Dalí, otra vez en forma de jarra, acompañado ahora por su hermana, figurada de igual manera. El león, habitualmente símbolo de deseo sexual en los cuadros dalinianos de esta época, aquí representa probablemente al notario, al padre iracundo.

¿Y qué habría que decir del personaje, claramente afeminado, que apoya la cabeza contra la parte derecha del panel central? Parece ser una combinación de mirón y de la ubicua figura avergonzada de los cuadros de este periodo, habiendo conseguido Dalí hábilmente una doble imagen en la que la sombra de la cabeza es también un agujero en la pared. La cabeza da la impresión de estar ligeramente salpicada de sangre, sugiriéndose así el color emblemático de la culpa así como de la ruborosa vergüenza e indicio, cabe deducirlo, de que la figura se está masturbando.

En cuanto a la hueste de ciclistas de la caja de la derecha, las piedras que llevan en la cabeza representan, según Dalí, versiones ampliadas de los guijarros que de pequeño le gustaba recoger en la pequeña playa de Confitera, al otro lado de la bahía de Cadaqués. Estos guijarros (que al parecerse a almendras *confitadas* probablemente dieron su nombre a la playa en cuestión) hacen acto de presencia en varios cuadros de este periodo. Para Dalí simbolizaban el «deseo solidificado», por lo cual quizá sea lícito afirmar que los ciclistas pedalean en busca de satisfacción sexual.[228]

Los placeres iluminados, como muchas de las telas dalinianas de este periodo, concentra una increíble cantidad de detalles en un lienzo de pequeñísimas proporciones (mide sólo 24 × 34,5 cm). También lo hace el último cuadro pintado por Dalí para la exposición de Goemans, *Hombre de complexión enfermiza escuchando el ruido del mar,* que, como *Los placeres iluminados,* tiene una clara deuda para con De Chirico y en el cual apreciamos, una vez más, al joven angustiado que se apoya en el hombro del adulto con la sonrisa de maníaco, representado aquí en forma de jarra.[229]

Mientras en Figueres Dalí trabajaba febrilmente en estos cuadros, empezó la exhibición comercial de *Un perro andaluz* en Studio 28, propiedad de Jean Mauclaire (10, rue Tholozé, Montmartre), sala experimental con un aforo de cuatrocientas butacas. La octava temporada de Studio 28 duró desde el 1 de octubre al 23 de diciembre de 1929, y *Un perro andaluz* compartió cartel con un *thriller* de Donald Crisp, *14-101,* protagonizado por William Boyd, Alain Hale y Robert Armstrong. Las dos películas alternaban con otro doble programa, por lo cual sería inexacto decir sin más que *Un perro andaluz* estuvo «tres meses en cartel». No obstante, la película dejó indudablemente su huella, garantizando que los nombres de Buñuel y Dalí quedaran fuertemente asociados en la mente del público interesado en el cine de vanguardia.[230]

Unas semanas antes, además, en el número de la revista *Documents* correspondiente a septiembre, Georges Bataille había declarado que la película de los «dos catalanes» [*sic*] era «extraordinaria» y que el propio Buñuel estuvo mareado durante una semana después de rodar la escena del ojo cortado. Para acompañar sus comentarios, Bataille había reproducido la fotografía de *La miel es más dulce que la sangre* que, como sabemos, Dalí repartía orgulloso entre sus amigos, y que tantos puntos de contacto tenía con *Un perro andaluz.*[231]

Dalí no pudo contar con mejores credenciales a la hora de regresar a la capital francesa; pero, característicamente, ni a él ni a Buñuel les sentó bien la aceptación masiva de su película. ¿Cómo podía un film que se proponía ser subversivo y atacar hasta los últimos cimientos de la sociedad burguesa tener tan amplia capacidad de convocatoria? ¡Era indignante! En un artículo publicado por la revista barcelonesa *Mirador* el 24 de octubre, coincidiendo con el estreno de la película en la capital catalana (*Mirador,* a imitación de *La Gaceta Literaria* de Madrid, tenía un cine club), Dalí opinó que el público parisiense que afirmaba haber disfrutado con la película sólo demostraba su esnobismo, su patético afán de novedades. «Este público no ha comprendido el fondo moral de la película», insiste Dalí, «que va dirigido directamente contra él con total violencia y crueldad.» El pintor termina diciendo que el único éxito que él reconoce es el «discurso» de Eisenstein, pronunciado durante el reciente Congreso de Cine Independiente celebrado en La Sarraz, en Suiza –en el cual se supone que elogiaría la película– y el contrato que se ha firmado para la distribución de la misma en la Unión Soviética.[232]

Un perro andaluz hizo correr mucha tinta en la prensa de Barcelona, y contribuyó sin duda a aumentar la fama de Dalí en la ciudad. Hasta los adversarios catalanes del surrealismo, encabezados por Sebastià Gasch, se vieron forzados a admitir que el filme les había provocado un hondo impacto emocional. Sus inquietantes imágenes, confesó Gasch, lo persiguieron durante semanas y semanas.[233]

Unos días después del estreno (al que no consta que Dalí asistiera), el pintor cogió un tren a París tras hacer embalar sus obras con el «“maniático cuidado”» que había logrado inculcar a un sufrido ebanista de Figueres.[234]

ÉXITO EN PARÍS

Al llegar a París Dalí volvió a ver a Buñuel y, recogiendo el hilo de sus frustrados esfuerzos del verano, los dos se pusieron a trabajar juntos en el guión del nuevo film encargado por Charles y Marie-Laure de

Noailles. La correspondencia de Buñuel con el vizconde muestra que el proyecto se convirtió pronto en una continuación en toda regla de *Un perro andaluz,* vinculación que deja claro su primer título, *La Bête andalouse* (La bestia andaluza) –el animal ya es femenino–, que no se sustituirá por el de *La edad de oro* hasta bien avanzado el rodaje.[235] Por desgracia, nuestro conocimiento del guión y de su proceso de elaboración es incompleto, pues, como en el caso de *Un perro andaluz,* no se han conservado los primeros borradores y ni Buñuel ni Dalí facilitaron posteriormente un relato pormenorizado de su colaboración. Queda evidente, no obstante, que estaban totalmente de acuerdo sobre el tema de la nueva película: la lucha a muerte entre el instinto sexual y las fuerzas represivas de la sociedad burguesa (Iglesia, Familia, Patria). También es indudable que Dalí y Buñuel habían estado leyendo atentamente al marqués de Sade.

Marie-Laure de Noailles era no sólo descendiente de Sade sino que había comprado el manuscrito de *Los 120 días de Sodoma,* uno de los libros más perseguidos de Europa, a Maurice Heine, la mayor autoridad en la obra del Divino Marqués.[236] María Luisa González, la librera amiga de Dalí y Buñuel, recordaba la fascinación que este manuscrito y el ilustre parentesco de Marie-Laure ejercían entre los españoles residentes en París, incluido Buñuel.[237] El cineasta aragonés leyó con avidez *Los 120 días de Sodoma,* no en el manuscrito sino el ejemplar de la rara edición de Berlín que poseía Roland Tual, y que también había consultado Marcel Proust.[238] El libro, probablemente el más completo catálogo de prácticas sexuales jamás compilado, impresionó fuertemente a Buñuel –«más aún que Darwin»–, que se dedicó enseguida a buscar otras obras fundamentales de Sade, todas ellas inencontrables en el mercado convencional: *Justine, Juliette, La filosofía en el tocador, Diálogo entre un sacerdote y un moribundo.* Tales lecturas constituyeron para Buñuel, dijo, una auténtica «revolución cultural». Y podemos estar seguros de que las comentó con Dalí.[239]

En sus memorias Dalí no menciona su primer encuentro con Charles y Marie-Laure de Noailles, pero, dada su colaboración con Buñuel en el guión de la nueva película, es probable que ya por el otoño de 1929 estuviera frecuentando la suntuosa mansión de la Place des États Unis. En cuanto al manuscrito de Sade, debió de enterarse de su existencia por Buñuel, si no por su propietaria, y cuesta creer que no hojeara el ejemplar del libro que tenía prestado el aragonés, sobre todo porque éste había decidido finalizar la película con una escena, tomada de Sade, que muestra al duque de Blangis y sus tres lascivos compañeros de *débauche* saliendo del castillo de Seligny tras la más larga orgía sexual relatada en los anales de la literatura universal.

Fueron días excitantes para Dalí, no sólo debido a la temporada de *Un perro andaluz* en Studio 28 y a su trabajo en el guión del nuevo film, sino porque todo auguraba que la exposición en Goemans iba a ser un éxito de ventas. Antes de que se inaugurara, el vizconde de Noailles adquirió *El juego lúgubre* (compra que es de suponer organizara Éluard) y André Breton *La adecuación del deseo.* Otros cuadros se vendieron asimismo antes del *vernissage.*[240] Para coronar la euforia de Dalí, también prosperó su reencuentro con Gala, que prometió acompañarlo a España para unas cortas vacaciones una vez que los cuadros se hubieran colgado según los deseos del pintor. Dalí debió de sentir que por fin el viento soplaba a su favor: no sólo se vendían sus obras sino que había encontrado a la mujer de sus deseos.[241]

El catálogo de la exposición Goemans, que se celebró entre el 20 de noviembre y el 5 de diciembre, incluía once lienzos, todos de 1929 menos los dos últimos, y obra gráfica no especificada. *El juego lúgubre* ocupaba el lugar de honor con el número 1, seguido de *La adecuación del deseo, Los placeres iluminados, El Sagrado Corazón, La imagen del deseo* [*sic*, más conocido como *El enigma del deseo*], *El rostro del gran masturbador* [o sea *El gran masturbador], Los primeros días de primavera, Hombre de complexión enfermiza escuchando el ruido del mar* y *Retrato de Paul Éluard.* Luego, para redondear la muestra, había dos de las mejores obras de Dalí de 1927: *Los esfuerzos estériles* (después *Cenicitas*) y, comprado previamente por Éluard, *Aparato y mano.*

El Sagrado Corazón, ejecutado con tinta sobre tela, lo hizo Dalí casi 62
con toda seguridad inmediatamente tras su vuelta a París. Unos meses antes el artista había publicado en *La Gaceta Literaria* un «poema» titulado «No veo nada, nada, en torno del paisaje». La mezcolanza de elementos que el autor sí veía de hecho en el paisaje era bastante inofensiva. Pero luego venía una vista, a través de la inusual ventana de un... ano, de una serie de imágenes similares a las contenidas dentro de la cabeza del masturbador en *El juego lúgubre.* Entre ellas, «una clarísima fotografía/de un joven bien vestido escupiendo para divertirse sobre el retrato de su madre».[242] Allí nada sugería que Dalí fuera el joven en cuestión. Pero ahora, con la que tenía todos los visos de ser una deliberada provocación, incorporó la frase a *El Sagrado Corazón,* adjudicándosela esta vez sin ningún empacho a sí mismo: «A veces escupo PARA DIVERTIRME so-

bre el retrato de mi madre.» ¿Quería demostrar con ese gesto que se oponía a la familia y a la religión con tanta rabia como el mismo André Breton y sus congéneres? Probablemente. Poco después el pintor afirmaría, sin embargo, que se había limitado a seguir el dictado de su subconsciente, señalando que en los sueños a veces tratamos muy mal a las personas que más queremos, y ello aun después de muertas éstas.[243]

Que André Breton, además de comprar *La adecuación del deseo* antes de la inauguración de la exposición, escribiera también la introducción del catálogo era una señal de que el fundador del surrealismo se tomaba muy en serio ahora a Dalí, ocho años menor que él. «Dalí», empieza Breton, «se revela aquí como un hombre que vacila (y a quien el futuro demostrará que no vacilaba) entre el talento y el genio, o, como podríamos haber dicho en el pasado, entre el vicio y la virtud.» Para Breton, la obra de Dalí está contribuyendo con una fuerza arrolladora al ataque surrealista contra los valores de la sociedad contemporánea y la realidad convencional. Dalí es, para Breton, un libertador: «Con Dalí nuestras ventanas mentales se han abierto de par en par, quizá por primera vez, con él vamos a sentir cómo nos escabullimos por la trampilla que se abre al cielo leonado.» La obra de Dalí tiene la virtud de ayudarnos a ver lo que se esconde detrás de las apariencias, de ayudarnos a desarrollar nuestra capacidad para lo que Breton denomina «alucinación voluntaria». No hay lugar a dudas: «El arte de Dalí, el más alucinatorio que se haya producido hasta ahora, constituye una auténtica amenaza. Criaturas totalmente nuevas, visiblemente malintencionadas, se han puesto de repente en marcha.»[244]

Si bien la exposición constituyó un indudable éxito de ventas, la crítica fue menos unánime de lo que tal vez se hubiera podido esperar a la vista de los elogios de Breton, y en general las reseñas fueron, además, muy breves. A Dalí debieron de irritarle en especial los comentarios algo despectivos de E. Tériade en *L'Intransigeant,* quien, tras señalar que Dalí había llegado desde Cataluña con la intención de conquistar París, calificó la exposición de pretenciosa y, lo que era peor, de «la desesperación provinciana tratando de ponerse al día». Dos años antes, quizá, podría haber tenido algún interés. Tériade recomendó a Dalí, que sin lugar a dudas tenía talento, que desconfiara de las cualidades que desplegaba en esta exposición. Leyendo entre líneas, intuimos que la reseña iba dirigida tanto contra el surrealismo en general como contra el pintor español en particular.[245]

Otros críticos fueron más benévolos. A «Le Rapin», de *Comoedia*, los cuadros de Dalí le parecieron «extraños, brueghelescos, sumamente interesantes».[246] La crítica de mayor sensibilidad fue la de «Flouquet», de *Monde* (semanario de Henri Barbusse), a quien le entusiasmó el «asombroso poder» de aquellos cuadros y su ataque a la lógica y al «buen gusto». Dalí tenía más maestría para el detalle que un persa, estaba más seguro de sus recursos que un japonés. «Fuente de desasosiego», concluía «Flouquet», «expresa toda la poesía, tanto la dulce como la terrible, del freudismo.» Dalí envió el recorte, incluyendo una tarjeta de invitación al *vernissage*, a J. V. Foix, que reprodujo ambos en *La Publicitat*. También mandó el recorte, junto con otras dos reseñas, a su padre, que, como era de esperar, los pegó enseguida en el ya voluminoso álbum dedicado a la carrera del *noi*.[247]

REPUDIO PATERNO

A sabiendas de que la exposición Goemans iba a ser un éxito de ventas, Dalí y Gala se marcharon de París justo antes de la inauguración de la misma, en «un viaje de amor» a España.[248] Se dirigieron primero a Barcelona, y después pasaron unos días idílicos en Sitges, sede de la ya desaparecida revista *L'Amic de les Arts*, que les ofrecía «la desolación de sus playas atenuadas por el brillante sol invernal del Mediterráneo».[249] El 24 de noviembre un periódico sitgeano informaba a sus lectores de que Dalí se hospedaba en el Parc-Hotel Terramar, espléndido establecimiento recién inaugurado al final del paseo marítimo que, rodeado de exuberantes jardines, ofrecía la garantía de una tranquilidad total. El periódico no hacía referencia a la acompañante del pintor, hay que suponer que por discreción.[250]

Una vez concluida la estancia, Gala regresó a París mientras Dalí se dirigió a Figueres. Allí, según nos cuenta en *Vida secreta*, su padre lo interrogó sobre Goemans y el contrato.[251] Más tarde el pintor diría que Dalí Cusí también había querido entrometerse en su relación con Gala, habiendo llegado a la conclusión de que la Madame se drogaba y había convertido a Salvador en traficante. ¿Cómo, de lo contrario, podía explicar éste la procedencia de sus ya considerables ganancias?[252]

A finales de noviembre Buñuel viajó a Figueres para seguir trabajando con Dalí en el nuevo guión. En sus memorias, dictadas muchos años después, nos cuenta que, cuando llegó, se encontró con el notario bramando de rabia:

> El padre abre la puerta bruscamente, indignado, y pone a su hijo en la calle, llamándole miserable. Dalí replica y se defiende. Yo me acerco. El padre, señalando a su hijo, me dice que no quiere volver a ver a ese cerdo en su casa. La causa (justificada) de la cólera paterna es ésta: durante una exposición celebrada en Barcelona, Dalí había escrito en uno de sus cuadros, con tinta negra y mala letra: «Escupo en el retrato de mi madre.»[253]

Las memorias de Buñuel suelen ser poco fiables, como hemos señalado, pero en este punto su relato es bastante exacto, aparte de la confusión entre París y Barcelona. Parece claro que para fines de noviembre a Dalí Cusí ya le habían llegado rumores de la inscripción que su hijo había incorporado a *El Sagrado Corazón,* palabras que él, su hija y su segunda esposa interpretaron como un escandaloso insulto a la memoria de la difunta Felipa Domènech.[254] Salvador había renegado públicamente de la base fundamental de su vida, escribe Anna Maria en el libro sobre su hermano.[255] El problema se agravó el 15 de diciembre, cuando Eugenio d'Ors publicó en *La Gaceta Literaria* de Madrid un artículo en el que reproducía *El juego lúgubre* y, reconociendo que Dalí era «un temperamento realmente dotado por las Gracias e inflamado en una de las vocaciones más genuinas, claras y dichosas que nuestra pintura moderna haya conocido», lo criticaba por su obscenidad, su ánimo de escandalizar y, sobre todo, por la ofensiva inscripción del cuadro expuesto en París, citada de manera incompleta como «*J'ai craché sur ma mère*».[256]

Según se cuenta en Figueres, cuando Dalí Cusí echó de su casa a Salvador se le oyó al notario lanzar a voz en cuello una profecía que decía más o menos: «¡Por no obedecer a tu padre serás siempre un pobre diablo! ¡Terminarás en la miseria, comido por los piojos, sin un solo amigo..., y tendrás suerte si tu hermana te lleva un plato de sopa!» Tan funesto presagio, cercano a la maldición, no habría sido extraño en boca de Salvador Dalí Cusí, ciertamente, pero el pintor nunca lo mencionó en su obra publicada ni, por lo que sabemos, en ninguna conversación.[257]

Un año más tarde Dalí padre daría su propia versión de lo ocurrido en una carta a Lorca:

> No sé si estará enterado de que tuve que echar de casa a mi hijo. Ha sido muy doloroso para todos nosotros, pero por dignidad fue preciso tomar tan desesperada resolución. En uno de los cuadros de su exposición en París tuvo la vileza de escribir estas insolentes palabras: «Yo escupo sobre mi madre.» Suponiendo que estuviera borracho cuando lo escribió, le pedí explicaciones, que no quiso dar, y nos insultó a todos nuevamente. Sin comentarios.
>
> Es un desgraciado, un ignorante, y un pedante sin igual, además de un perfecto sinvergüenza. Cree saberlo todo y ni siquiera sabe leer y escribir. En fin, usted ya lo conoce mejor que yo.
>
> Su indignidad ha llegado al extremo de aceptar el dinero y la comida que le da una mujer casada, que con el consentimiento y beneplácito del marido lo lleva bien cebado para que en el momento oportuno pueda dar mejor el salto.
>
> Ya puede pensar la pena que nos da tanta porquería.[258]

Cuando Dalí Cusí echó a Salvador de su hogar le permitió que fuera con Buñuel a la casa veraniega de la familia en Cadaqués, esperando, tal vez, que se retractara, cosa que no hizo. Desde el pueblo Buñuel le escribió emocionado a Noailles el 29 de noviembre para decirle que el guión del nuevo film sería aún mejor que el de *Un perro andaluz,* y que no regresaría a París hasta que estuviera plenamente elaborado, en unos ocho o diez días.[259] Pese a lo que el cineasta escribió años después, y a lo que acababa de ocurrir en Figueres, no hay indicio contemporáneo alguno de que él y Dalí no trabajaran en perfecta armonía en su segundo guión.

Antes de la partida de Buñuel, que tuvo lugar alrededor del 6 de diciembre,[260] Dalí recibió una carta de su padre sentenciándolo a un «destierro irrevocable del seno de la familia» y, presumiblemente, informándole –si no lo había hecho ya– de que quedaba virtualmente desheredado tras los cambios efectuados en su testamento.[261] A la vista de la excelente acogida de su exposición en París, así como de su floreciente relación con Gala, y recordando tal vez los resultados positivos de su autoinducida expulsión de la Academia de San Fernando tres años antes, Dalí pudo interpretar esa nueva circunstancia, al menos en un principio, más bien como positiva que negativa, es decir, como un estímulo para su éxito y su liberación personal. Sea como fuere, la llegada de la carta le impulsó a cortarse el cabello y a enterrarlo en la playa de Es Llané, afirmación simbólica no de contrición, suponemos, sino de que es-

taba a punto de embarcarse en una nueva vida. No satisfecho con este
66 gesto, se rapó al cero y le pidió a Buñuel que lo fotografiara con un erizo de mar sobre la cabeza, en una primera alusión a la leyenda de Guillermo Tell que pronto se convertiría en uno de los *leitmotivs* de su pintura.

El 14 de diciembre Buñuel le informó a Noailles desde Zaragoza que el nuevo guión estaba terminado y que, como le había anticipado, era muy superior al de *Un perro andaluz.*[262]

Dalí se quedó solo unos días en Cadaqués después de irse Buñuel. Luego, tras hartarse de comer erizos de mar, alquiló un taxi para que lo llevara a la estación de Figueres (o tal vez directamente a Perpiñan). Nunca olvidaría esos momentos:

> La carretera que conduce de Cadaqués al paso montañoso del Pení da una serie de vueltas y revueltas, desde cada una de las cuales puede verse el pueblo de Cadaqués retrocediendo en la distancia. Una de estas vueltas es la última desde donde puede verse aún Cadaqués, convertido en una pequeña mota.* El viajero que ama este pueblo vuelve entonces involuntariamente la cabeza para echar una última mirada amistosa de despedida, llena de una serena y efusiva promesa de regreso. Nunca había dejado yo de volverme para echar esta última mirada a Cadaqués. Pero ese día, cuando el taxi llegó a la curva de la carretera, en lugar de volver la cabeza, continué mirando derechamente ante mí.[263]

Detrás, en Cadaqués y en el apartamento de Figueres, quedaban la mayoría de las pertenencias personales de Dalí: docenas de cuadros, cientos de dibujos, muchos libros (incluidos los de su adorada Colección Gowans y los volúmenes de Freud editados por la madrileña Biblioteca Nueva) y montones de correspondencia. Pasarían cinco años antes de que volviera a hablar con su padre, y gran parte de este valioso material nunca le sería devuelto. Tal apropiación sería causa de futuros y agrios conflictos entre el pintor y su familia. Como expresaría Montserrat Dalí, su prima, muchos años después: «Fue realmente terrible. Salvador se marchó sin nada cuando muchas de esas cosas eran suyas y sólo suyas.»[264]

* Se trata del lugar llamado Perefita.

OCHO
PARÍS, GALA Y «LA EDAD DE ORO» (1929-1930)

EL «SEGUNDO MANIFIESTO SURREALISTA»

Cuando el 30 de diciembre de 1929 Luis Buñuel regresó a París, Dalí ya estaba allí, «a consecuencia», le escribió Buñuel a Charles de Noailles, « de algunos acontecimientos que ya le contaré cuando nos veamos». Con Dalí en París, el guión definitivo del nuevo film podía acelerarse, y Buñuel le comunicó a su mecenas que, en efecto, todo iba muy bien.[1]

El regreso de Dalí coincidió con la publicación del que sería el último número de *La Révolution Surréaliste,* que marcó la entrada oficial del pintor y de Buñuel en el movimiento. El abultado número despegaba con el *Segundo manifiesto surrealista* de Breton e incluía reproducciones de dos cuadros de Dalí, *La adecuación del deseo* y *Los placeres ilumi-* XVI
nados, además del guión de *Un perro andaluz,* para el que Buñuel había redactado una breve e incisiva introducción:

> La publicación de este guión en *La Révolution Surréaliste es la única que autorizo.*[2] Expresa, incondicionalmente, mi completa identificación con el pensamiento y la actividad surrealistas. *Un perro andaluz* no existiría si no existiera el surrealismo.
>
> Un film logrado, eso es lo que piensa la gente que lo ha visto. Pero ¿qué puedo yo hacer contra los que adoran todo lo nuevo, incluso cuando la novedad en cuestión atenta contra sus convicciones más profundas? ¿Qué puedo hacer contra una prensa amordazada o hipócrita? ¿Contra la masa de imbéciles que encuentran *bello* o *poético* lo que en realidad no es otra cosa que una desesperada y apasionada incitación al asesinato?[3]

Dalí ingresó en el surrealismo en un momento de crisis para el movimiento, y Breton estimaba en mucho el entusiasmo casi fanático del nuevo adepto, recordando en 1952: «Durante tres o cuatro años Dalí fue la encarnación del espíritu surrealista, y lo hizo brillar con todo su esplendor como sólo podía hacerlo alguien que no había tomado parte en los episodios, a veces ingratos, de su gestación.»[4] Muy poco antes de su llegada se habían producido deserciones y expulsiones, y, en particular, las relaciones del movimiento con el Partido Comunista daban lugar a muchos problemas. El manifiesto se enfrentó con esta última cuestión sin ambages. Breton mantuvo que el materialismo dialéctico y el surrealismo no sólo eran compatibles sino que deberían complementarse, y se lamentó de que el Partido Comunista, como él mismo había tenido ocasión de comprobar, gracias a su penosa experiencia como afiliado, se empecinara en no entender los objetivos del movimiento que él dirigía. Según Breton, éste estaba indisolublemente comprometido con el «proceso del pensamiento marxista», pero iba más lejos:

> ¿Por qué debemos aceptar que el método dialéctico sólo puede aplicarse correctamente a la solución de los problemas sociales? La máxima ambición de nosotros, los surrealistas, es brindarle posibilidades de aplicación que de ninguna manera chocan con sus preocupaciones prácticas e inmediatas. Realmente no consigo entender por qué, pese a lo que piensen algunos revolucionarios cortos de miras, deberíamos abstenernos de plantear los problemas del amor, del sueño, de la locura, del arte y de la religión, siempre que consideremos estos asuntos desde el mismo ángulo desde el cual ellos (como nosotros) contemplan la Revolución.[5]

¿Dónde se sitúa el surrealismo sobre una cuestión que en ese momento divide a la directiva de la Internacional, a saber, la posición de Trotski y de los otros disidentes dentro del Partido? Aunque Breton da a entender con diplomacia que las diferencias que se están ventilando son meramente «tácticas», el documento no deja duda alguna sobre su apoyo a Trotski. Dado el compromiso de Breton con la libertad humana, y su horror a toda mentalidad cerrada, no podía ser de otra manera.

El manifiesto revela a su autor, una vez más, como severo moralista, entregado ahora a «la rigurosa disciplina del espíritu a la que estamos resueltos a someterlo todo». Nada que no signifique una revolución total del espíritu satisfará al surrealismo. El arte, la literatura, la poesía..., todos son secundarios frente al objetivo supremo de provocar una profunda «crisis de conciencia». Breton subraya que el movimiento, cinco años después de su nacimiento, se halla aún en su fase inicial, y declara, con inconfundible tono bíblico, que «muy pocos de aquellos que se ofrecen pueden estar a la altura de los propósitos del surrealismo».

El método para alcanzar esos objetivos es, como antes, la apelación al subconsciente:

> Recordemos que el núcleo del surrealismo no es otra cosa que la recuperación total de los poderes de la mente por medio nada menos que de un vertiginoso descenso interior, de la iluminación sistemática de nuestros lugares ocultos y el progresivo oscurecimiento de los demás. Un paseo perpetuo por plena zona prohibida.[6]

El *Segundo manifiesto* produjo una honda impresión en Dalí, que proporcionó una portada para su publicación en forma de libro a finales de junio, y firmó una declaración conjunta con quince surrealistas más en apoyo del fundador del movimiento, que en esos momentos estaba bajo el fuego de los disidentes.[7]

Poco después de unirse al bando surrealista, e inspirado por la insistencia de Breton sobre la importancia de las actividades en grupo, Dalí redactó el esbozo de un guión para una película documental de cinco minutos de duración con el propósito de explicar el surrealismo al público. El comentario, de una claridad admirable, tiene una deuda explícita con Breton, y subraya que la exploración del subconsciente propiciada por Freud constituye el auténtico meollo del procedimiento surrealista. La película arranca con la imagen de una muchacha en el acto de practicar la escritura automática. Luego, un dibujo animado de un árbol ilustra la interrelación de la mente consciente (tronco, ramas, frutas) y el inconsciente (raíces, tubérculos), interrelación condicionada, según el comentario, por la tensión freudiana entre el principio de placer (las profundidades de la mente, los sueños, las fantasías) y el principio de realidad (la vigilia, la lógica, el utilitarismo, la moral). Luego aparecen los surrealistas, a quienes vemos realizar un experimento con un colaborador dormido, bajar al metro de París (imagen del inconsciente), ejecutar un *cadavre exquis,** recurrir al *collage* para transformar

* «Cadáver exquisito»: juego surrealista con papel doblado que consiste en la creación de dibujos o frases por varias personas, cada una de las cuales desconoce la contribución de las demás. El nombre del juego procede de la primera frase así obtenida: *Le cadavre-exquis-boira-le vin-nouveau* (El cadáver-exquisito-beberá-el vino-nuevo).

unas imágenes banales en vehículos de enigmas y de «desorientación poética», y fabricar «objetos surrealistas». Por medio de un diagrama que ilustra diferentes lecturas de su cuadro *Durmiente, caballo, león invisibles,* Dalí intenta demostrar cómo el «delirio paranoico», que considera una actividad normal de la mente cuando soñamos, puede ser simulada en la vida despierta por las imágenes. La película termina con unas palabras optimistas de André Breton sobre el enorme potencial del surrealismo.

Si bien el esbozo de guión cita la escena del asesinato de *Un perro andaluz,* no hay referencias a *La edad de oro,* lo que sugiere que Dalí lo escribió antes. Es posible que pretendiera rodar el documental después de terminada su segunda película con Buñuel. Si fue así, sus esperanzas se vieron frustradas. No se conocen más referencias al proyecto.[8]

El reencuentro de Gala y Dalí en París fue un éxito, y tres semanas después huyeron juntos de la ciudad. En *Vida secreta* Dalí recuerda que sentía la urgente necesidad de concentrarse en un cuadro que se le había ocurrido durante sus últimos días en Cadaqués: el retrato de un «hombre invisible».[9] Gala eligió el lugar de la escapada: el Hôtel du Château en Carry-le-Rouet, pequeño lugar de veraneo situado cerca de Martigny, a unos veinticinco kilómetros de Marsella, al que los amantes llegaron el 11 de enero.

Éluard decidió al instante que no podía vivir sin Gala, y prometió unirse con ella en Marsella la semana siguiente, siempre que se concretara una venta que tenía entre manos.[10] Pero la venta no se realizó, y sus cartas se hicieron cada vez más lastimeras:

> Te deseo tanto que enloquezco, muero de la sola idea de volverte a encontrar, de verte, de besarte. Quiero que tu mano, tu boca, tu sexo no se aparten de mi sexo. Nos masturbaremos en la calle, en los cines, con la ventana abierta. Esta mañana me he masturbado magníficamente pensando en ti, y mi imaginación no se cansa. Te veo por todas partes, en todo, sobre todo. Muero de amor por ti. Tu sexo me cubre el rostro, devora el mío, me cubre con tu belleza, cubre todo con tu belleza, con tu genio. Todo en ti es hermoso: tus ojos, tu boca, tus cabellos, tus senos, tu vello, tus nalgas, tu sexo, tus manos que no abandonan jamás lo que masturban, ese espacio que hay entre tus muslos, cerca de tu sexo, tus hombros. Me embriago pensando en cada una de las partes de tu cuerpo.[11]

Dalí y Gala se quedaron en Carry-le-Rouet hasta marzo. Más tarde Dalí escribiría que fueron meses de maravillosa iniciación sexual.[12] Un dibujo de la habitación, realizado para *Vida secreta,* muestra a la pareja abrazada en el suelo y rodeada de montones de leña, y fue quizás por esas fechas cuando Dalí le escribió a Buñuel una carta de seis páginas sobre los goces del amor físico.[13] Según el pintor, en dos meses no salieron ni una sola vez del hotel. Mientras trabajaba en *El hombre invisible,* que avanzaba penosa y lentamente, Gala estudiaba su tarot, que anunciaba «una carta de un hombre moreno, y dinero», y de tanto en tanto contestaba a las desenfrenadas misivas de Éluard.[14]

La carta que auguraba el tarot llegó, pero el remitente no era un hombre moreno, sino el pálido y casi calvo vizconde de Noailles. El resumen de este episodio que nos da Dalí en *Vida secreta* es algo inexacto.[15] Lo que realmente ocurrió fue que Noailles, a quien el 8 de febrero Buñuel le había comunicado que Goemans estaba a punto de cerrar su galería –su esposa lo había abandonado por otro hombre–, le pidió al aragonés que le dijera a Dalí que estaba dispuesto a ocupar provisionalmente el lugar de Goemans y a hacerle efectivos los pagos mensuales que, de otro modo, el artista perdería. Buñuel transmitió a Dalí la generosa oferta de Noailles.[16]

Se daba el caso de que en estas fechas Salvador recibía constantes mensajes de la Lídia de Cadaqués, que conservaba y estudiaba como «documentos paranoicos de primer orden». En la diminuta aldea de Port Lligat, al pie del cabo de Creus, los hijos de Lídia tenían una barraca destartalada y sin techo en la que guardaban sus aparejos de pesca. «Con el elemento de capricho que caracteriza siempre mis decisiones», escribe Dalí en *Vida secreta,* «[la barraca] se convirtió en un momento en el único sitio en que quería, en que podía vivir. Gala quería sólo lo que yo deseaba.» Así se lo escribió a Lídia, que contestó que sus hijos estaban de acuerdo en vender la barraca.[17] Seguro de que Noailles estaría dispuesto a ayudar, Dalí le comunicó que acababa de recibir noticias de París que le informaban de que la galería Goemans pronto volvería a abrir sus puertas: noticias tranquilizadoras, con su promesa de nuevas ventas. A continuación, tras recordarle a Noailles que le había ofrecido recientemente su ayuda en caso de necesitarla, Dalí se atrevió a preguntarle si tendría a bien adelantarle el dinero necesario para instalarse en Cadaqués. Con veinte mil francos, le decía, podría no sólo comprar la barraca sino hacerla habitable. Noailles recibiría a cambio un cuadro, de las dimensiones que él fijara, de entre la próxima producción del pintor.[18] El 3 de marzo el espléndido Noailles remitió el cheque por el importe solicitado y le puso a Dalí al tanto, entusiasmado, de que el 24 de febrero Buñuel había empezado a rodar los interiores de su nueva película en los estudios Billancourt.[19]

A pesar de lo que nos cuenta en *Vida secreta,* Dalí no visitó a Noailles en Hyères. Al recibir el cheque le remitió una efusiva carta:

> Le agradezco infinitamente el cheque de veinte mil francos, que acabo de recibir. Le debo, por lo tanto, un cuadro, que usted podrá escoger de todos los que realice el año próximo. Estoy totalmente emocionado con la idea de esta casa en Cadaqués, que resuelve a todas luces del mejor modo posible el aspecto práctico de mi vida.
>
> Le tendré al corriente de mi actividad y le enviaré fotos de la barraca.
>
> Ya he reservado plaza en el barco que zarpa para Barcelona el próximo sábado.
>
> He intentado en vano hacer efectivo el cheque, pero confío en cobrarlo rápidamente en Marsella el lunes que viene. En caso de no poder hacerlo se lo remitiré por correo certificado con el ruego de que en su lugar me envíe un giro, en caso de que eso sea posible y cómodo para usted.
>
> Reciba una vez más mi sincero agradecimiento, querido señor de Noailles, y por favor salude de mi parte a la señora de Noailles.[20]

Con el tiempo, y como pago a su generosidad, Noailles recibiría *La vejez de Guillermo Tell.*

«LA EDAD DE ORO»... E ÍTACA

Desde Carry-Le-Rouet Dalí había estado bombardeando a Buñuel con sugerencias de última hora para el guión de *La Bête andalouse,* como aún seguía llamándose la película.[21] Especialmente obsesionado con la escena amorosa en el jardín (desarrollada mientras los invitados están escuchando *Tristán e Isolda),* su propuesta de mejora incluía pormenorizados dibujos:

> En la escena de amor él puede besarle la punta de los dedos de ella i arrancarle una uña con los dientes [dibujo indicado por una flecha],

puede verse ese desgarron horrible con una mano falsa de maniqui, i una uña calada con un papel, de manera que se vea el desgarron [dibujo indicado por una flecha], aqui ella puede hacer un chillido corto agudo, pero escalofriante, despues sigue todo normalmente.

Este elemento de horror me parece muy bueno, mucho más fuerte que el hojo cortado;* no era partidario de emplear un elemento de horror, pero habiendo este que es superior al anterior, hay que emplearlo; nunca si hubiera sido igual o inferior de intensidad, i sobre todo en *esa* escena de amor viene tan justo como matiz!

A Buñuel la escena en cuestión le obsesionaba tanto como a Dalí, y le dijo a Noailles que, si salía bien, por sí sola sería «mucho más fuerte que todo *Un perro andaluz*».[22] Decidió incorporar la sugerencia de Dalí, aunque algo modificada: en la película los amantes se chupan los dedos mutuamente, con glotonería, y luego el hombre acaricia el rostro de la muchacha con una mano a la que, vista de cerca, le faltan todos los dedos (se utilizó la mano mutilada de un lisiado).[23]

En la misma carta Dalí proporcionó a Buñuel unas sugerencias para que pudiera realizar su «coño tan soñado, en cine»:

En la escena de amor ella tiene durante un momento la cabeza inclinada así [dibujo indicado por una flecha] (Todo este momento lo veo como el abanico de Windermer).** El la mira y se pueden ver los labios de ella temblando –aqui hay dos soluciones: 1) se desvanece ligeramente el rostro i los labios se surimpresionan levemente hasta casi ver unos verdaderos lavios de *coño depilado* para que se parezcan más a los anteriores; o vien 2) los labios en gran plano rodeados de fondo blanco de la cara i *alrededor de los labios* empieza a aparecer levemente la surimpresion de unos planos de chal (pelos del coño) que rodean el escote (blanco, mismo fondo que la cara anterior que hacía de fondo a la boca), sigue la surimpresion asta verse la foto en gran plano i ya con la boca desaparecida de el busto de ella con la respiracion acelerada del pecho asi [dibujo]. Las plumas son movidas por el aire [dibujo]. Senos moviendose [dibujo].

La realizacion de un coño-boca sera clarisima, imposible de cortar,

* En *Un perro andaluz.*

** Alusión a *El abanico de Lady Windermere,* película de E. Lubitsch (1925), que Buñuel había comentado en *La Gaceta Literaria,* Madrid, 1 de abril de 1927.

pues las dos fotos la una es una boca de verdad i la otra un escote rodeado de plumas de verdad.

[Dibujo indicado por una flecha; debajo, la siguiente aclaración] Momento de la suma posesion. La boca *mojada* i babeante debe entreabrirse, sin verse *dientes,* sino lengua.

[...] En la escena de amor *ella* va casi desnuda, hay que ver mucho los pechos y mucho el *culo.*

El escote lo veo así [dibujo]. Hombros absolutamente desnudos.

Buñuel no trató de realizar el ingenioso «coño-boca» daliniano (otra indicación de hasta qué punto el pintor estaba entonces obsesionado con las imágenes dobles y múltiples). Tampoco hizo que la protagonista apareciera casi desnuda, probablemente porque sabía que tal atrevimiento no sería admitido por la censura.

Dalí terminó su carta con una lista de nuevas recomendaciones:

Ver pasar muy aprisa un tren *lleno de franceses* en las ventanillas, pero muy *rapido.* Pero esto para otro film.

Algun personaje puede llevar la bragueta ligeramente *desabrochada* (muy poco!), que se vea la camisa, pero tan poco que la gente crea que ha sido *inadvertidamente* i hecho sin intención [de] molestarle; ese personaje se le ve *bastante* i incluso alguna vez se acerca al aparato.

[En el margen izquierdo] Si realizas bien esta escena de amor puede ser de un erotismo genial, no crees? A mi me gusta mucho.

MUY BUENO

En la escena de amor i antes de apagar la luz debe *oirse* mear (i ruido del videt, agua) en el orinal; meada larga i 2 o 3 cortas, después suena el beso, etc.; todo esto con la mujer hermosa excitante, el jardin, etc., será de una poesia terriblemente cachonda.

[En el margen izquierdo] Ruido muy *caracteristico* que todo cristo reconocera. Antes ella puede decir alguna cosa para que sea mas claro: espera un momento, buelbo enseguida o *enseguida estoy* junto a ti.

Buñuel incorporó al hombre con la bragueta desabrochada (una de las imágenes que provocaría la ira de los censores) y apreció grandemente las sugerencias de Dalí en cuanto al bidé-orinal, que, añadiendo un toque escatológico suyo, utilizó en otra escena.

La colaboración sobre el guión estaba provocando en Dalí un estado de febril, y muy inventiva, conmoción. En otra carta a Buñuel envió nuevos dibujos e ideas, esta vez para la incorporación a la cinta de esperpénticas sensaciones táctiles, nada menos. La primera hoja está encabezada por el croquis de un aparato daliniano que transmitiría al público las sensaciones pertinentes. Una flecha indica los pelos, otra el agua caliente con la cual se rociarían los dedos del público al oírse el ruido del bidé. Dalí explica:

> Pienso mucho en el cine tactil, seria facil i cojonudo si lo pudieramos aplicar en nuestro film como simple ilustracion. Los espectadores apoyan las manos sobre una tabla, en la cual sincronicamente aparecen materias distintas; un personaje acaricia una piel, en la tabla pasa con piel, etc. Sería [de] efectos totalmente surrealistas i escalofriantes. Un personaje toca un muerto i en la tabla los dedos se unten en macilla! Si pudieramos con 6 o 7 sincronizaciones tactiles vien escogidas.
>
> Hay por lo menos que pensar eso para otra vez, el publico se tiraría de cabeza.

En la parte inferior de la página, por si Buñuel no capta su idea, Dalí añade un dibujo de unos espectadores masculinos en estado de flagrante erección mientras contemplan una «teta» en la pantalla y toquetean con lascivia los pechos artificiales que se han materializado en las mesitas colocadas delante de ellos.

Una página final de sugerencias dalinianas fue tomada en consideración por Buñuel al ir rematando el guión. Decía:

> De la misma manera que hay el hombre empolvado puede haber tambien un hombre *ensangrentado*, orriblemente, que pase correctamente entre los viandantes –o bien, de la misma manera que envejecen o rejuvenecen, puede él ensangrentarse horriblemente el rostro durante un instante (muy bueno).
>
> ***
>
> Hay que poner tambien como sea en el dialogo de amor, como hablando de algo que los dos conocen, lo de «siempre había (ella) deseado la muerte de mis hijos». El: «amor mio» –en este momento el puede decir «amor mio» con la cara ensangrentada.
>
> ***
>
> Cuando estan en el barro *ella* grita como *si la degollasen* – Antes de

empezar a caer las cosas de la ventana, dentro la abitacion se hoye un piano muy dulce, el vals de las olas, como si fuese a empezar una escena nostalgica i lenta, sentimental.

Sobre todo aquello!!! los burros y piano, insiste ahora.

***

Detalle, en la reunión: una muger se levanta de una silla con el culo ensangrentado. Eso casi imperceptible, en un angulo cualquiera.

En la calle documental, un ombrecito, perdon, cojito, se *cubre,* se levanta i sigue, pero tambien perdido entre otros muchos.

***

Algo del personage en la escena de amor, una foto de su mano *contrayendose,* etc.; es identica, la misma, que la foto de un momento despues del director, antes de llorar.

Buñuel rechazó la propuesta de la mujer con el culo ensangrentado, y en *La edad de oro* no hay burros ni pianos que acompañen, al compás del vals, al pino ardiendo, la jirafa, el arzobispo y otros trastos que el enfurecido protagonista arroja por la ventana. Pero sí incorporó Buñuel el diálogo en *off* propuesto por Dalí, y se encargó de que los rasgos de Gaston Modot apareciesen salpicados de sangre:

Ella: ¡Te he esperado tanto tiempo! ¡Qué alegría! ¡Qué alegría haber asesinado a nuestros hijos!

Él: Amor mío, amor mío, amor mío, amor mío, amor mío, amor mío.[24]

En sus memorias, Buñuel minimiza la contribución de Dalí al guión de *La edad de oro,* y da a entender que sólo aceptó una de las sugerencias del pintor: la escena en que un hombre camina por un parque público con una piedra en la cabeza y pasa delante de una estatua tocada de la misma manera.[25] No obstante, las cartas citadas y las modificaciones del guión apuntadas a lápiz por Buñuel demuestran que Dalí trabajó en estrecha colaboración con él hasta el momento en que empezó el rodaje del film a principios de marzo, y que el cineasta sopesó a conciencia cada una de sus propuestas, cosa que confirma, además, una carta que Buñuel le escribió a Pepín Bello el 11 de mayo de 1930: «El argumento, como el del *Perro andaluz,* lo hice en colaboración con Dalí.» Buñuel, con intención o sin ella, no le hizo justicia retrospectiva a Dalí.[26]

Buñuel había mantenido a Noailles al tanto de los preparativos para empezar el rodaje de *La bestia andaluza,* contándole el 28 de febrero que Serguéi Eisenstein, nada menos, ¡le había pedido un pequeño papel en el film! *«C'est vraiment la gloire»,* contestó el vizconde.[27] El rodaje comenzó el 3 de marzo de 1930, el mismo día en que el benevolente Noailles le remitió a Dalí el cheque con el que adquirir su deseada barraca en Port Lligat.[28]

Ramón Gómez de la Serna estaba en París en estos momentos y habló con Buñuel, que le declaró que su segunda película iba a ser aún más subversiva que la primera (con una perturbadora referencia a Cristo incluida). Gómez de la Serna no lo dudaba, y así se lo hizo saber a los lectores de *El Sol.*[29]

PORT LLIGAT Y PARANOIA

Dalí había recibido una invitación para dar una conferencia sobre el surrealismo en el Ateneu de Barcelona, y comunicó ahora a Breton –que había hablado él mismo en el Ateneu en 1922, como sin duda Dalí recordaba ahora– su inminente viaje a Cataluña. La postal, una fotografía de la playa de Carry-le-Rouet, la había transformado en una glosa sobre el estudio de Seurat para *Tarde de domingo en la isla de la Grand Jatte.* Este *objet trouvé* es otra demostración de la excelente relación que ya existía entre Breton y su nuevo y explosivo acólito.[30]

Dalí y Gala viajaron a Barcelona por mar, embarcando en Marsella el 10 de marzo.[31] Desde la capital catalana se dirigieron a Cadaqués para cerrar el trato con Lídia. Allí, siguiendo las instrucciones del padre de Dalí, escandalizado al enterarse de los planes de su hijo, el Hotel Miramar se negó a darles alojamiento, por lo que tuvieron que hospedarse en una pequeña pensión donde una de las antiguas criadas de los Dalí en Es Llané hizo todo lo posible por que estuvieran cómodos.[32]

La barraca de una sola planta que Bienvenido Costa Noguer, hijo de Lídia, le había vendido a Dalí por 250 pesetas, tenía veintiún metros cuadrados.[33] Era sumamente primitiva, sin luz ni agua, y cuesta imaginar que a Gala, acostumbrada a la buena vida parisiense, le entusiasmara su adquisición. Aunque tal vez viera sus posibilidades.[34]

Si Cadaqués todavía estaba muy aislado en 1930, Port Lligat, a 68
veinte minutos a pie por una vereda que pasaba delante del cementerio,

podía considerarse el fin del mundo. Más accesible por mar que por cualquier otro medio de transporte, sus únicos habitantes eran una docena de taciturnos pescadores que ejercían su oficio en las traicioneras aguas del cabo de Creus. Pero Dalí había vuelto a casa, al lugar, como diría tantas veces, que más amaba en el mundo, y nunca se arrepentiría de esta decisión. Ítaca y Omphalos a la vez, Port Lligat se convirtió enseguida en el centro de su universo, y le emocionó descubrir que en la bahía que llegaba casi hasta la puerta de la barraca, cerrada por la negra
74 isla de Sa Farnera, había anclado a principios del siglo XVI la flota del emperador Carlos V. Al pintor le pareció un excelente augurio. Port Lligat significa «puerto atado» y, de hecho, se parece más a un lago encerrado que a una extensión de mar. Esto también le gustaba a Dalí. Aquí estaría seguro. Aquí y en ningún otro punto del globo construiría su casa, ampliando la propiedad a medida que su suerte mejorara. Y así fue.

Después de una semana de preparativos para la reforma de la barraca, Dalí y Gala regresaron a Barcelona, donde el 22 de marzo de 1930 el pintor pronunció en el Ateneu su conferencia «Posición moral del surrealismo», apropiado título para una charla ante la que su amigo Jaume Miravitlles definiría como «la más prestigiosa tribuna moral» de Cataluña.[35]

Fue la primera vez que Dalí se había aventurado a hablar en calidad de miembro oficial del movimiento liderado por Breton. Los lectores de biografías no esperan, por regla general, tener que asistir a una conferencia, y la excusa para invitarles a que lo hagan ahora es que la charla nos brinda la esencia misma del pensamiento y manera de ser de Dalí en este crucial momento de su desarrollo artístico. La seriedad moral del *Segundo manifiesto* de Breton impregna todo el documento, y es evidente también que Dalí ha estado repasando *La interpretación de los sueños,* releyendo *Más allá del principio de placer* y sumergiéndose, quizá por vez primera, en *Tótem y tabú:*

Posición moral del surrealismo

En primer lugar, considero indispensable denunciar el carácter eminentemente envilecedor que supone el acto de dar una conferencia, y aún más el acto de escucharla. Es, pues, con las mayores excusas que reincido en semejante acto, que sin duda puede considerarse como el más alejado del acto surrealista más puro, que, como explica Breton en su *Segundo manifiesto*, consistiría en bajar a la calle, revólver en mano, y disparar al azar, todo lo que se pueda, sobre la multitud.

Sin embargo, en cierto nivel de relatividad, el innoble acto de la conferencia puede utilizarse todavía con intenciones altamente desmoralizadoras y confusionistas. Confusionistas porque, paralelamente a los procedimientos [de desmoralización]* (que cabe considerar como buenos siempre que sirvan para arruinar de una vez por todas las ideas de familia, patria y religión), nos interesa igualmente todo lo que pueda contribuir también a la ruina y el descrédito del mundo sensible e intelectual, que en el proceso entablado a la realidad puede condensarse en la voluntad rabiosamente paranoica de sistematizar la confusión, esta confusión tabú del pensamiento occidental que ha acabado cretinamente reducida a la nada de la especulación, o a la vaguedad o a la estupidez.

El innoble esnobismo ha vulgarizado los hallazgos de la psicología moderna, adulterándolos hasta el punto inaudito de hacerlas servir para amenizar sutilmente las conversaciones espirituales de los salones, y sembrar una estúpida novedad en el inmenso pudridero de la novela y el teatro modernos. Con todo, los mecanismos de Freud son muy feos, y, por encima de todo, muy poco aptos para el consuelo de la sociedad actual.

En efecto, estos mecanismos han iluminado los actos humanos con una claridad lívida y deslumbrante.

Existen las *relaciones* de afecto familiar.

Existe la abnegación: una esposa amantísima cuida a su marido durante una larga y cruel enfermedad que dura dos años; lo cuida noche y día con una abnegación que supera todos los límites de la ternura y del sacrificio. Seguramente, como recompensa de tanto amor, el marido sana; seguidamente la mujer cae enferma de una grave neurosis. Como es lógico, la gente piensa que esta enfermedad es consecuencia del agotamiento nervioso. Nada, sin embargo, más lejos de eso, pues para las personas felices el agotamiento nervioso no existe. El psicoanálisis y la interpretación paciente de los sueños de la enferma confirman el intensísimo deseo subconsciente (ignorado, en consecuencia, por la enferma) de quitarse de encima a su marido. Y es por ese motivo que la cura del hombre provoca su enfermedad. El deseo de muerte se vuelve contra ella. La abnegación extrema se utiliza como defensa del deseo inconsciente.**

* Al parecer falta una palabra en la frase «paral·lelament als procediments». El sentido general sugiere «desmoralización».

** Todo este párrafo glosa un pasaje de *Tótem y tabú*. Véase Freud, *Obras completas*, vol. VIII, 1923, págs. 91-93.

Una viuda se pega un tiro sobre la tumba de su marido. ¿Quién lo entiende? Los hindúes lo comprenden cuando procuran evitar los males deseos de sus mujeres por medio de una ley que manda quemar vivas a las viudas.

Existe también una abnegación de otro tipo, la abnegación altamente desinteresada entre familiares. En efecto, durante la Gran Guerra se ha podido comprobar estadísticamente un altísimo grado de sadismo entre las enfermeras de la Cruz Roja. Y sobre todo las más abnegadas, las que, tras abandonar una posición de bienestar burguesa y a menudo privilegiada, acudían en masa al campo de batalla, fueron sorprendidas más de una vez cortando con sus tijeras muchos centímetros de más, por puro placer, registrándose además numerosísimos casos de auténtico martirologio. Por lo visto, para compensar tantas penurias, era necesario un placer muy intenso. A menos que, como es muy probable, el mecanismo psíquico de esas dulces enfermeras se complicara, además, con las seducciones de la virtud masoquista.

La revisión de los sentimientos humanos llamados elevados, que nos ofrece, cómodamente, la psicología moderna, sería interminable. Y en realidad dicha revisión no es del todo necesaria para poder enunciar cómo, en el plano *moral*, en la crisis de conciencia que el surrealismo pretende antes que nada provocar, una figura como la del marqués de Sade se presenta hoy ante nosotros con la pureza de un diamante, y, en cambio, por citar como ejemplo uno de nuestros personajes locales catalanes, nada puede parecernos más bajo, más innoble, más digno de oprobio, que los «buenos sentimientos» del gran cerdo, del gran pederasta, del inmenso putrefacto peludo Àngel Guimerà.*

Recientemente he escrito en un cuadro que representa al Sagrado Corazón: «*J'ai craché sur ma mère.*»** Eugenio d'Ors, a quien considero un perfecto *con,* ha visto en esta inscripción un mero insulto privado, una mera manifestación cínica. Está de más decir que esa interpretación es falsa y que le quita todo el sentido realmente subversivo a dicha inscripción. Se trata, al contrario, de un conflicto moral de orden muy semejante al que nos plantea el sueño, cuando en él asesina-

* Dalí da rienda suelta por fin al desprecio por el dramaturgo catalán que Gasch y Montanyà le habían obligado a contener cuando los tres preparaban el borrador final del *Manifest groc* en 1927.

** Como hemos visto, lo que Dalí escribió realmente fue «*Parfois je crache par plaisir sur le portrait de ma mère*».

mos a un ser querido; y este sueño es general. El hecho de que los impulsos subconscientes sean con frecuencia de una extrema crueldad para nuestra conciencia es una razón más para no dejar de manifestarlos allí donde estén los amigos de la verdad.

La crisis de índole sensorial, el error, el confusionismo sistematizado, provocados por el surrealismo en el orden de las imágenes y de la realidad, son, también, recursos altamente desmoralizadores. Y si hoy puedo decir que el *modern style,* que en Barcelona está representado de modo excepcional, es lo que hoy puede gustarnos sinceramente, es porque en ello reside una prueba de asco e indiferencia total por el arte, el mismo asco que hace que consideremos la tarjeta postal como el documento más vivo del pensamiento popular moderno, pensamiento tan profundo y agudo que escapa al psicoanálisis (me refiero especialmente a las tarjetas postales pornográficas).

***

El nacimiento de las nuevas imágenes surrealistas ha de considerarse antes que nada como el nacimiento de las imágenes de la desmoralización. Es necesario insistir en la perspicacia particular de la atención en la paranoia, reconocida por todos los psicólogos como forma de enfermedad mental que consiste en organizar la realidad de manera tal que sirva para controlar una construcción imaginativa. El paranoico que se cree envenenado descubre en todo lo que le rodea, hasta en los detalles más imperceptibles y sutiles, los preparativos de su propia muerte. Recientemente, por un proceso claramente paranoico, he conseguido una imagen de mujer cuyas posición, sombras y morfología, sin alterar ni deformar en lo más mínimo su aspecto real, son, al mismo tiempo, las de un caballo.* No hay que olvidar que se trata únicamente de una intensidad paranoica más violenta, que nos permite obtener la aparición de una tercera imagen, y de una cuarta, y de hasta treinta imágenes. En este caso sería interesante saber qué representa en realidad la imagen en cuestión, cuál es la verdad, y, enseguida, se plantea la duda mental de saber si las mismas imágenes de la realidad son sólo un producto de nuestra facultad paranoica.

Pero esto no es nada más que un pequeño incidente. Quedan todavía los grandes sistemas, estados más generales ya estudiados, la alucinación, el poder de la alucinación voluntaria, el pre-sueño,** la ilumina-

* *Durmiente, caballo, león invisibles.*

** Más tarde Dalí preferiría el término «imágenes hipnagógicas».

ción, el sueño diurno (ya que soñamos sin interrupción), la alienación mental y muchos otros estados no menos importantes que el denominado estado normal del putrefacto enormemente normal que toma café.

Sin embargo, la normalidad de la gente que pulula por las calles, sus acciones de orden práctico son traicionadas dolorosamente por el automatismo. Todos se doblegan dolorosamente ante unos sistemas que creen normales y lógicos, y se agitan por ellos, pero todas sus acciones, todos sus gestos, responden inconscientemente al mundo de la irracionalidad y de las convenciones de las imágenes entrevistas y perdidas en los sueños; por eso, cuando encuentran imágenes que se les parecen creen que es el amor y dicen que el mero hecho de mirarlas los hace soñar.

El placer es la aspiración más legítima del hombre. En la vida humana el principio de realidad se alza contra el principio de placer. Una defensa rabiosa se impone a la inteligencia, defensa de todo lo que a través del abominable mecanismo de la vida práctica, de todo lo que a través de los innobles sentimientos humanitarios, a través de las frases bonitas –como amor al trabajo, etc., en las que nosotros nos cagamos– pueda conducir a la masturbación, al exhibicionismo, al crimen, al amor.

Principio de realidad versus principio de placer; la verdadera postura de la verdadera desesperación intelectual es precisamente la defensa de todo lo que, por el camino del placer y a través de todo tipo de prisiones mentales, pueda minar la realidad, esta realidad cada vez más sometida, más humillada, a la violenta realidad de nuestro espíritu.

La revolución surrealista es, más que cualquier otra cosa, una revolución de orden moral, esta revolución es algo vivo, lo único con contenido espiritual en el pensamiento occidental moderno.

La revolución surrealista ha reivindicado: la escritura automática, el texto surrealista, las imágenes anteriores al sueño, los sueños, la alienación mental, la histeria, la intervención del azar, las encuestas sexuales, la injuria, las agresiones antirreligiosas, el comunismo, el sueño hipnótico, los objetos salvajes, los objetos surrealistas, la tarjeta postal.

La revolución surrealista ha reivindicado los nombres del conde de Lautréamont, de Trotski, de Freud, del marqués de Sade, Heráclito, Uccello, etc.

El grupo surrealista ha provocado tumultos sangrientos en la Brasserie de Lilas, en el Cabaret Maldoror, en los teatros y en plena calle.

El grupo surrealista ha publicado varios manifiestos que insultan a Anatole France, a Paul Claudel, al mariscal Foch, a Paul Valéry, al cardenal Dubois, a Serguéi Diáguilev y a otros.

> Me dirijo a la nueva generación de Cataluña con objeto de anunciar que se ha provocado una gravísima crisis moral del orden establecido y que quienes persistan en la amoralidad de las ideas decentes y sensatas tienen el rostro cubierto por mis escupitajos.[36]

La conferencia ofendió profundamente a algunos de los presentes, y, según Jaume Miravitlles, provocó la dimisión forzosa del presidente del Ateneu, Pere Coromines, el viejo amigo del padre de Dalí.[37] Uno de los más escandalizados fue Sebastià Gasch, que décadas más tarde recordaría que las palabras y el comportamiento del pintor aquella noche lo habían molestado sobremanera, atacando «de una manera muy violenta mis más íntimas convicciones». Vista la declarada animadversión de Gasch hacia el surrealismo, su reacción fue, sin duda, inevitable.[38]

La prensa prestó poca atención a la conferencia de Dalí debido al hecho de coincidir ésta con la llegada a Barcelona de un nutridísimo contingente de intelectuales madrileños –entre ellos José Ortega y Gasset, Américo Castro, Ramón Menéndez Pidal y el futuro presidente de la Segunda República, Manuel Azaña– empeñados en expresar su apoyo a la cultura catalana. Dalí, de hecho, había escogido para su conferencia un momento dramáticamente inoportuno y, en medio de una masiva cobertura periodística de los actos de confraternidad con los intelectuales venidos desde Madrid, con planas enteras en los diarios, lo único que consiguió fue una lacónica nota en *La Publicitat:* «Se extendió en consideraciones sobre la guerra declarada por los surrealistas a la moral, la patria, la religión y la familia. Habló de asuntos domésticos y privados e insultó la memoria de un catalán ilustre. No se registraron incidentes.»[39]

A Dalí debió de sentarle como un tiro en la espalda no sólo la falta de repercusión de su conferencia en la prensa, sino el hecho de que el público del Ateneu no reaccionara agresivamente ante su provocación. Doce años después iba a a reescribir la historia al afirmar que la conferencia había terminado cuando, tras insultar a Àngel Guimerà, el público le había arrojado sillas y tuvo que abandonar la sala escoltado por la policía. Nada más lejos de la verdad.[40]

Uno de los aspectos más fascinantes de la conferencia es el interés que revela por la paranoia, vislumbrado ya en el guión inédito de Dalí sobre el surrealismo. En «El burro podrido», texto teórico publicado en julio de este año en *Le Surréalisme au Service de la Révolution,* el pintor continuaría explorando el tema, declarando que a su juicio la paranoia abría incalculables posibilidades al surrealismo:

> Creo que se acerca el momento en que, aprovechando el componente paranoico y activo de nuestro pensamiento, será posible (simultáneamente con procedimientos automáticos y otros estados pasivos) sistematizar la confusión y contribuir al total descrédito del mundo de la realidad.

El énfasis está sobre aprovechamiento, sistematización. Y la concesión hecha, entre paréntesis, a «procedimientos automáticos y otros estados pasivos», sólo sirve para subrayar que Dalí da prioridad ahora al ordenamiento y control del inconsciente frente al desenfrenado automatismo recomendado por Breton en su primer manifiesto.

El interés de Dalí por la paranoia, como lo demuestran la conferencia del Ateneu y «El burro podrido», es inseparable de su interés por las imágenes dobles y múltiples. Ya para cuando escribe «El burro podrido» ha añadido una tercera imagen, la del león, al cuadro mencionado en la conferencia. Finalmente titulado *Durmiente, caballo, león invisibles,* esta obra, dirá Dalí más tarde, había surgido mientras contemplaba las rocas del cabo de Creus, cuyas formas y metamorfosis fantásticas le habían fascinado desde la infancia.[41] Los esfuerzos de Dalí por inducir en quien contempla el cuadro un estado semejante al delirio paranoico no están totalmente logrados, sin embargo, y las extremidades, tanto del caballo como de la mujer, sufren considerables distorsiones en el proceso de acomodación al esquema de la doble imagen.[42] En *El hombre invisible,* cuadro empezado en las mismas fechas, la cabeza del hombre y el contorno general de su figura sentada son mucho más visibles de lo que Dalí pretendía (el hombre no aparece «de repente» como el conejo de *El juego lúgubre*), y el brazo derecho, por ejemplo, no puede leerse como tal sino sólo como una mujer desnuda vista de espaldas (en una postura idéntica a la de la joven enterrada en la arena al final de *Un perro andaluz*). Tampoco la mano izquierda puede interpretarse más que como mano. La derecha, en cambio, posee un carácter alucinatorio más intenso, al igual que la mujer-caballo, tomada de *Durmiente, caballo, león invisibles,* que se sitúa detrás del ya ubicuo motivo de la jarra, que representa a un Salvador imbécil junto a su hermana.

Llegado el verano de 1930 Dalí ya había inventado el que denominaba «pensamiento paranoico-crítico», en el que la doble imagen desempeñaba un papel fundamental.[43] La palabra «método» no tomaría el lugar de «pensamiento» hasta, probablemente, 1932,[44] y constituiría, sin duda, un hallazgo brillante, al dar a entender que existía una técnica para provocar y experimentar el tipo de fenómenos paranoicos que interesaban a Dalí. Pero, si bien es cierto que el término «método paranoico-crítico» pronto se haría famoso (su inventor se encargaría de que así fuera), el «método» en sí permanecería elusivo al máximo; tanto, de hecho, que Dalí llegaría a decir que él mismo nunca lo había entendido del todo (y que, de cualquier manera, ¡sólo funcionaba si uno tenía la suerte de estar casado con Gala!).[45] La finalidad del «método» era harina de otro costal. «En términos generales», escribe Dalí en *Diario de un genio*, «se trata de la sistematización más rigurosa de los fenómenos y materiales más delirantes, con la intención de hacer tangiblemente creadoras mis ideas más obsesivamente peligrosas.»[46]

Dalí nunca aclaró, sin embargo, cuáles eran esas ideas obsesivas y peligrosas, ni tampoco dio a entender que si, a partir de 1930, había empezado a fascinarle cada vez más la paranoia, se debió en parte a la revelación de que Gal, su abuelo paterno, había sufrido delirios paranoicos tan intensos que lo llevaron al suicidio. Es difícil creer que ese descubrimiento –atestiguado, como hemos visto, por su prima Montserrat– no le afectara hondamente, no sólo porque de golpe aparecía un ominoso esqueleto en el armario de la familia, sino porque, sopesando el comportamiento de su padre y de su tío Rafael, tan demencial a veces como el del inestable progenitor de éstos, debió de preguntarse si él mismo no habría heredado una tendencia parecida. Puede suponerse que fue precisamente con vistas a reducir esta posibilidad, a disipar este temor, por lo que Dalí elaboró un «método» que, enfrentándose a la paranoia por medio de su simulación, intentaba mantener bajo control la incidencia potencial de la enfermedad.

¿Cuánto sabía en realidad Dalí en 1930 sobre la paranoia (término que en griego clásico significa «mente perturbada», y que había sido apropiado durante el siglo XIX para designar la demencia alucinatoria y, en particular, la especie de manía persecutoria padecida por el abuelo Gal)?[47] Habría topado, seguramente, con varias referencias al fenómeno en *La interpretación de los sueños,* pero, lo que es más importante, puede que leyera las *Conferencias introductorias al psicoanálisis,* en las que Freud reitera su convicción de que la paranoia «es siempre consecuencia de una defensa contra impulsos homosexuales de extrema intensidad».[48] Conociendo el miedo que a Dalí le producía la posibilidad de tener tendencias homosexuales, podemos imaginar que la frase lo dejaría helado. Y tal vez el «método paranoico-crítico», además de un recurso para mantener a raya la paranoia y aprovechar el inconsciente, se concibió como una defensa contra un impulso sexual aterrador.

«El burro podrido» fue leído con fascinación por un joven psicoanalista francés que escribía en esos momentos una tesis doctoral sobre la paranoia: Jacques Lacan. A éste le parecía que Dalí tenía razón al querer aprovechar la energía paranoica para fines creativos, y se puso en contacto con el pintor.[49] No parece que describiera posteriormente su encuentro con Dalí, y no hay manera de comprobar la veracidad de la divertida versión del mismo ofrecida a nuestra curiosidad en *Vida secreta.* Lo que sí es cierto es que el interés de Lacan por las teorías del pintor estimuló a éste para seguir investigando el fenómeno paranoico y aprovechándolo para sus propios fines.

OTRA ARREMETIDA DE DALÍ CUSÍ

El padre de Dalí no se había quedado de brazos cruzados desde que se enteró de que Salvador había comprado una barraca en Port Lligat y que pensaba instalarse allí para vivir en pecado con la esposa adúltera de Paul Éluard. Cuando Dalí y Gala regresaron a Cadaqués después de la conferencia de Barcelona para ver cómo avanzaba la reforma de su pequeña propiedad, sufrieron el acoso de la Guardia Civil, azuzada por el temible notario. En 1972 Dalí recordaría que en aquella ocasión su padre había hecho de la existencia de él y Gala una pesadilla: «Para ver a los Pichot teníamos que ir en barca para no pasar delante de la casa de mis padres en Es Llané.» Aquel lugar, que tanto amaba, se había convertido en «un terrón de azúcar empapado de hiel».[50]

Dalí y Gala sólo estuvieron unas horas en Port Lligat. Una carta del notario a Buñuel escrita poco después de la marcha de la pareja nos pinta de cuerpo entero al padre con quien Salvador tenía ahora que vérselas:

> Mi estimado amigo: Supongo en su poder mi carta del sábado último.
>
> Si conserva todavía amistad con mi hijo podría hacerme un favor. Yo no le escribo porque ignoro la dirección que tiene.

Ayer pasó por Figueres según me enteraron y marchó a Cadaqués con la Madame. Tuvo la fortuna de permanecer en Cadaqués sólo un par de horas porque por la noche la guardia civil cumpliendo órdenes que tiene recibidas le visitó. Se ahorró un disgusto pues de haberse quedado a dormir en Cadaqués lo hubiera pasado mal.

Salió ayer tarde por la noche para París donde creo permanecerá 8 días. V sabrá el domicilio de la madame, podría enterarle [a mi hijo] de que no pretenda volver a Cadaqués por la sencilla razón de que no podrá permanecer en dicho pueblo ni tan siquiera dos o tres horas. Luego la cosa se le complicará de tal manera que no podrá volver a Francia.

Todos los perjuicios que se le causen corren de su cuenta (de la de mi hijo) porque supongo que V le advertirá.

No tiene mi hijo ningún derecho a amargar mi vida. Cadaqués es mi refugio espiritual, mi tranquilidad de espíritu se perturba con la permanencia de mi hijo en dicho pueblo. Además es el sanatorio de mi mujer que queda destruido si mi hijo con su conducta indecente lo ensucia.

No estoy dispuesto a sufrir más. Por esto lo he preparado todo para que durante este verano no se me moleste.

Hoy por hoy con el medio empleado tengo suficiente para que mi hijo no nos ensucie durante este verano y el siguiente. Cuando este medio no sirva recurriré a todo lo que tenga a mano incluso el atentado personal. Mi hijo no irá a Cadaqués, no debe ir, no puede ir.

Este verano no, el próximo tampoco, porque tengo otros medios para impedir que me moleste, pero cuando los medios de que hoy dispongo no sirvan será preciso que nos demos los dos de palos para quién gana y le advierto que como quiero ganar a toda costa procuraré la ventaja de mi parte y valiéndome de gente que me ayuda a dar los palos o buscando ocasión propicia de darlos sin recibirlos. Esto no es ninguna vileza porque pongo en conocimiento del interfecto mis intenciones y por consiguiente si quiere ir a Cadaqués puede tomar todas las precauciones para defenderse o para agredir (como quiera).

Sus teorías me han convencido completamente. Él cree que en el mundo la cuestión es hacer todo el mal posible y yo también lo creo así. Mal espiritual no puedo causarle ninguno porque es un hombre que está completamente envilecido pero puedo causarle un mal físico porque todavía tiene carne y huesos.

Le abraza su amigo affmo.

Salvador Dalí[51]

Al regresar a París, a salvo por el momento de la violencia paterna, parece improbable que Salvador no fuera corriendo a ver a Buñuel, que terminó de rodar los últimos interiores de su película entre el 24 y el 26 de marzo, y, del 30 de marzo al 1 de abril, los exteriores hablados. El 4 de abril Buñuel y su equipo llegaron al cabo de Creus para rodar las escenas de los bandidos, el desembarco de los «mallorquines» (la jerarquía católica «putrefacta», representada por los arzobispos que se convierten
69 en esqueletos fosilizados) y la fundación de la Roma imperial. Max Ernst interpretaba al jefe de los bandoleros, que incluían a varios miembros de la colonia española en París y también al surrealista inglés Roland Penrose.[52]

Dalí había decidido no acompañar a Buñuel a Cadaqués, probablemente para evitar un encontronazo con su padre, pero, más importante, porque estaba preocupado por la salud de Gala. Antes de partir con ella en viaje de convalecencia a Málaga, por invitación del poeta José María Hinojosa, el pintor debió de visitar la exposición de *collages* organizada por Camille Goemans, que había conseguido provisionalmente reabrir su galería. La exposición se inauguró el 28 de marzo de 1930 con obras de Arp, Braque, Duchamp, Ernst, Gris, Miró, Magritte, Man Ray, Picabia, Picasso, Tanguy y el propio Dalí, representado por *Los primeros días de primavera*. Ésta fue, de hecho, la última exposición de Goemans y poco después la galería cerraría sus puertas para siempre.[53]

Seguramente, Dalí recibió pronto noticias de la suerte de Buñuel en Cadaqués. Cuando el equipo llegó hacía mal tiempo, pero al día siguiente escampó y el rodaje empezó sin mayores problemas en Tudela, la aislada playa del cabo de Creus cuyas extrañas formaciones de micacita le había enseñado Dalí a Buñuel el verano anterior, y donde, en 1925, Lorca se había recompuesto de los terrores provocados por la excursión en barca desde Cadaqués.[54] El entusiasmo en el pueblo había sido extraordinario al ir Buñuel reclutando a improvisados actores entre los ribereños. Cuando todo terminó, el periódico local *Sol Ixent* comentó:

> Figúrense nuestros lectores al abuelo Firmo, a Enriquet de la Maula, a Mario Coll y a algún otro haciendo el papel de obispos, vestidos de pontifical en la playa de Tudela. Manel de la Maula y la hija de Enriquet como curas. Josep Albert de cardenal, etc., etc., y dirán si no tenemos razón cuando afirmamos que Cadaqués es una especie de Holly-

wood en pequeño, lleno de estrellas del cine capaces de rivalizar con John Gilbert, Chaney, los Barrymore, Mary Pickford, etc. etc.[55]

Antes de marcharse, Buñuel filmó en Es Llané unas breves y fascinantes secuencias mudas de Dalí Cusí y su esposa, Catalina Domènech. En ellas el macizo notario engulle erizos de mar con intenso deleite, riega el jardín que con tanta paciencia había cultivado en la ladera rocosa detrás de la casa, fuma su sempiterna pipa balanceándose en la mecedora... y mira con seguridad a la cámara. ¡Así era Salvador Dalí Cusí a sus cincuenta y ocho años! ¡He aquí el imponente personaje que, en los retratos de Dalí, da la impresión de ser el dueño de Cadaqués! Viendo estas imágenes, rescatadas sesenta años después de rodadas, no se necesita mucha imaginación para comprender el problema que Dalí Cusí planteaba a su hijo. Tal vez por ello mismo las filmó Buñuel. Atendiendo complacida a las necesidades del notario, *la tieta*, doce años menor que él, parece más una sumisa criada que una esposa. A Dalí Cusí le gustó tanto la filmación de Buñuel que insistió hasta conseguir que la pasaran en el cine del pueblo.[56]

Entretanto, Salvador había pintado la primera obra importante en la cual aludía directamente a su relación con Gala. *Monumento imperial a la mujer-niña* suele considerarse de 1929, pero es casi seguro que Dalí la ejecutó en París a principios de 1930. La mujer-niña del título, según diría después Dalí, es Gala. El «monumento» se inspira en las fantasmagóricas rocas de micacita de Creus entre las que se había ido desarrollando el romance de Dalí y Gala, y expresa «todos los terrores» de la infancia y adolescencia del pintor, que ahora ofrece a la musa en sacrificio. «Quería que esta pintura fuera un amanecer al estilo de Claudio de Lorena», prosigue, aludiendo con ello a *Embarque de Santa Paula en Ostia* (en el Museo del Prado), «con la morfología del *modern style* a la altura del mal gusto de Barcelona».[57] XIX

Si bien el cuadro puede no expresar *todos* los «terrores pueriles» de Dalí (no aparece la odiada langosta, por ejemplo), contiene ciertamente una amplia antología de sus obsesiones del momento. Aquí están otra vez los leones rugientes; las idiotizadas caras de Dalí y de Anna Maria en forma de jarra (cuyo ojo compartido hace imposible ver ambas al mismo tiempo); una minúscula cabeza del Gran Masturbador, ahora luciendo una corona (ángulo inferior izquierdo); los ojos fijos y dementes de la agresiva figura paterna; una mano masturbatoria con un cigarrillo entre los dedos, como en *El juego lúgubre,* y dos rostros (uno rematando toda la estructura) que se ocultan de vergüenza o terror. No obstante, hay algunos elementos nuevos. El cuadro contiene la primera referencia a la pareja orante del *Ángelus* de Millet, pronto otro obsesivo motivo daliniano; Napoleón, el héroe del Dalí niño, ocupa un nicho en el monumento junto a la Mona Lisa; y hay un extraordinario cameo, en el ángulo inferior izquierdo, donde vemos a una pareja de cierta edad cuyo lecho va a ser agredido por un coche con faros que inundan la escena de una fantasmal luz verde (¿ataque al matrimonio convencional?).

En cuanto a Gala, que ha inspirado el monumento y recibe un merecido reconocimiento de la figura arrodillada en el ángulo inferior derecho, está sugerida tanto por las atrayentes nalgas femeninas que figuran en el mismo centro del cuadro como por el busto de la izquierda. Aquí la mujer, aunque hermosa, parece agotada; alusión, quizás, a la pleuresía que afectaba a Gala estos días y que preocupaba hondamente a Dalí y a Éluard (a éste tanto que le dijo a Gala que se le ponía el pelo blanco).[58] «Su dolencia le había dado tal aspecto de fragilidad», recuerda Dalí en *Vida secreta,* «que, al verla en su nocturna camisa rosa té, parecía una de esas hadas dibujadas por Rafael Kishner, que parecen a punto de morir por el mero esfuerzo de oler una de las decorativas gardenias cuyo tamaño y peso son el doble de los de sus cabezas.»[59] Era obvio que Gala necesitaba unas vacaciones, pero bien lejos del atrabiliario padre de su amante, quien tal vez sea el personaje que, a la derecha del monumento, lleva un niño de la mano y señala una roca claramente fálica bañada por la luz de un amanecer al estilo de Claudio de Lorena. Los alvéolos de la roca, como en tantas otras obras de esa época, contienen una colección de llaves y hormigas, expresivas de los temores sexuales del pintor.

INTERLUDIO MALAGUEÑO

La revista *Litoral,* de Málaga, publicada esporádicamente entre noviembre de 1926 y junio de 1929, era una de las mejor editadas y de las más influyentes de España. Sus colaboradores habituales incluían a los poetas Manuel Altolaguirre y Emilio Prados (los fundadores), Luis Cernuda, Rafael Alberti, Vicente Aleixandre y Federico García Lorca, al amigo de éste el pintor Manuel Ángeles Ortiz (que había presentado a Dalí a Picasso en París en 1926), al poeta y pintor José Moreno Villa y a otro poeta malagueño, José María Hinojosa, para cuyo *Poema del campo* (1925) Dalí había realizado la portada y el frontispicio. El propio Dalí había enviado un dibujo para el número especial de *Litoral* dedicado a Góngora en el tricentenario de su muerte.[60]

Hinojosa, que se había sumado al consejo de redacción de *Litoral* en mayo de 1929, disponía de medios propios y era el principal sostén financiero de la revista. En marzo de 1930 se encontraba en París, y al ver a Dalí y Gala después de su vuelta de Barcelona los invitó a pasar unas semanas en Málaga para Pascua, a cambio de un cuadro del pintor. Puesto que parecía que unas semanas junto al mar podían ayudar a Gala a recuperarse de su pleuresía, la pareja aceptó la invitación, saliendo de París a principios de abril con rumbo a España.[61]

Tras pasar unos días en Barcelona, donde Gala recibió un diluvio de cartas y telegramas de Éluard,[62] se embarcaron en un tren infestado de moscas con destino a Málaga, durando tres días –según Salvador– el pesado viaje en un vagón de tercera. El 15 de abril un periódico malagueño informaba que Dalí, «el gran pintor catalán», estaba pasando una temporada en Torremolinos, entonces una aldea minúscula sin un solo turista.[63] Hinojosa instaló a los amantes en El Castillo del Inglés, ubicado en una colina con vistas a la pequeña cala de La Carihuela. La encantadora propiedad había pertenecido a un inglés excéntrico y filántropo, y acababa de transformarse en el que se ha llamado el «primer hotel de la Costa del Sol», el Santa Clara.[64] En *Vida secreta* el anejo del hotel, ocupado por los amantes, se convierte en «una casita de pescadores que dominaba un campo de claveles al borde de un acantilado».[65]

En 1930 la Semana Santa comenzó el 14 de abril, y Dalí y Gala fueron a Málaga a ver las procesiones. Era la primera vez que el pintor visitaba la ciudad natal de Picasso, y creyó ver por todas partes tipos físicos parecidos a su gran rival.[66]

La vida en el Torremolinos preturístico era primitiva. «Gala, con estructura de chico, tostada por el sol, se paseaba por el pueblo con los pechos desnudos», recordaba Dalí once años más tarde. Los pescadores, muy libres en sus costumbres (eran anarquistas), no se inmutaron ante la desenfadada semidesnudez de la rusa. Más afectado resultó el poeta malagueño José Luis Cano, que entonces tenía veinte años, a quien Emilio Prados presentó a la extravagante pareja. «La mirada de Gala me impresionó», ha escrito Cano. «Sus ojos fulguraban como si quisiesen quemar todo lo que miraban. Llevaba Gala, por todo vestido, una ligera faldilla roja, y sus senos, muy morenos y puntiagudos, lucíalos al sol con una perfecta naturalidad.»[67] Otro joven poeta malagueño, Tomás García, también ha recordado los pechos desnudos de Gala, y su sorpresa cuando le dijo que echaba de menos a su marido y se fue corriendo a ponerle un telegrama que decía «Paul, amor mío, te quiero».[68] José Luis Barrionuevo, amigo de Hinojosa, ha confirmado que Gala mandaba numerosos telegramas a Éluard.[69]

El grupo de *Litoral* no pudo por menos de advertir la pasión que sentía Dalí por Gala. Ésta, más parisina que las mismas parisinas, estaba acostumbrada a besar en público sin inhibiciones, algo inaudito en España, y no se paró en barras en Málaga. ¿No estaba de vacaciones con su amante? Dalí, ufano por estas atenciones, reaccionó lo mejor que pudo, dada su timidez, suscitando la ira de un participante de una de las procesiones de Semana Santa que le espetó que esperara hasta que volviera a *Madrid.*[70] Manuel Altolaguirre evocaría después aquellos interminables arrumacos. Trabajaba entonces en la oficina de turismo, y él explicaba a los preguntones que Gala y Dalí eran egipcios, y que él se limitaba a cumplir su deber profesional al servirles de guía. En una visita a Torremolinos encontró a Dalí y a Gala bañándose desnudos y decepcionados porque no lograban atraer a ningún mirón.[71]

Una tarde –el 18 de mayo de 1930– Emilio Prados propuso que hiciesen juntos un «cadáver exquisito». Dalí y Gala estaban de acuerdo. Gala dibujó la cabeza; Dalí, el cuello; Darío Carmona (otro miembro del grupo de *Litoral*) los brazos y el pecho; José Luis Cano, el abdomen y los genitales, y Prados, las piernas. Resultó un «cadáver» estupendo.[72]

Años más tarde Darío Carmona recordaría la timidez de Dalí en Torremolinos («puede parecer absurdo, pero Dalí era un poco tímido») y su horror a los saltamontes (se metía en la casa si veía alguno en el ca-
67 mino a la playa). Un día se encontró con Dalí y Gala en Málaga. Los dos estaban muy bronceados. El catalán, vestido como hippy *avant la lettre*, llevaba la chaqueta abierta para que la gente pudiera apreciar la morenez de su piel, y el collar de cuentas de cristal verde que no le abandonó durante toda su estancia. «¡Mohammed, un penique, Mohammed, un penique!», le gritaban los niños en inglés.[73]

Prados y Altolaguirre le pidieron a Dalí que se sumara a ellos para lanzar una revista surrealista que actuara como portavoz español del movimiento. La idea le entusiasmó. El poeta malagueño Vicente Aleixandre también prestó su apoyo.[74] Pero Hinojosa, que al parecer había sido quien en primer lugar tuvo la idea, se estaba volviendo ahora cada vez más católico y de derechas y, molesto con el «aspecto revolucionario» que tomaba el proyecto, retiró su oferta de apoyo económico. Nunca se editaría la revista.[75]

Durante las cinco semanas pasadas por la pareja en Torremolinos, Dalí trabajó sin descanso en *El hombre invisible.*[76] Y fue entonces, probablemente, cuando añadió al cuadro las figuras femeninas con el estómago cubierto de rosas. Se trataba, casi seguramente, de una alusión a la dolorosa complicación ginecológica que empezaba a afectar a Gala y que no se resolvería hasta el verano siguiente mediante una operación que la dejaría estéril. Dalí, al borde de la desesperación ante el peligro que se cernía sobre Gala, pintaría este año otro cuadro, *Rosas ensangrentadas,* en el cual la figura femenina es ya la protagonista: atada a una columna como San Sebastián, la mujer se retuerce de dolor mientras resbala por sus muslos la sangre de las rosas que lleva sobre el vientre.[77]

Éluard estaba tan preocupado por la salud de Gala como Dalí. La echaba mucho de menos (sólo consolado por la colección de fotografías en que figuraba desnuda), intuía que la estaba perdiendo y, por si fuera poco, tenía graves problemas económicos. De éstos Gala no quería saber nada, obsesionada como estaba ella misma con el dinero y la seguridad. Todos sus esfuerzos se dirigían ahora a consolidar el éxito de Dalí.[78]

La partida de Dalí se anunció en la prensa malagueña el 22 de mayo de 1930.[79] La pareja regresó a París vía Madrid, donde pasaron unos días y fueron filmados por el dinámico Ernesto Giménez Caballero, director y propietario de *La Gaceta Literaria,* en la terraza de su casa-imprenta. Una de las secuencias se ha conservado. Se trata de unos pocos segundos que muestran a Gala radiante y seductora como nunca. Cuando envía un descarado beso a la cámara podemos entender por qué tantos hombres la encontraron irresistible. Dalí la mira como si no pudiera creer posible tanta dicha. Años después Giménez Caballero diría que Gala, a la que aún no conocía, le había parecido entonces «tensa y arácnida». Es posible que la intimidara (Giménez Caballero sabía hacerlo), pero no hay señales de tensión ni de mujer-araña en estas imágenes de felicidad.[80]

El escultor Cristino Mallo, compañero de Dalí en San Fernando, lo encontró cambiado. «Venía muy cambiado y con un bigotito encima del labio. Recuerdo que me vio por la calle. Él iba con Gala en un simón; me llamó y me la presentó.»[81] Dalí llevó a Gala a la Residencia de Estudiantes, y es difícil imaginar que allí no le hablara de Lorca (que acababa de llegar a Cuba después de ocho meses en Nueva York). Natalia Jiménez de Cossío, la esposa de Alberto Jiménez Fraud, también recordaba años después esa visita, y que Gala convenció a José Moreno Villa para que le regalara un cuadro de Dalí que éste le había dado unos años antes. Dalí prometió enviarle otro para reemplazarlo, pero nunca lo haría.[82]

Unos días después Gala y Dalí regresaron a París, donde Buñuel daba los últimos toques a su película, que se llamaba ahora, como le explicó a Pepín Bello, *¡Abajo la Constitución!,* añadiendo que el título no tenía nada que ver, por supuesto, con ninguna constitución pasada o presente.[83] No sabemos a quién se le ocurrió el título definitivo de *La edad de oro,* que probablemente contiene una alusión irónica a la famosa escena del *Quijote* en la que el Caballero de la Triste Figura arenga a un grupo de cabreros sobre los placeres de la vida sencilla.[84] Tampoco sabemos si Dalí visitó la sala de montaje ni si hizo nuevas sugerencias de última hora. En sus memorias Buñuel dice que a Dalí el film «le gustó mucho» cuando lo vio por vez primera. «Parece una película americana», diría. Puede que ésta fuera realmente su reacción, pero no hay documentación contemporánea que lo corrobore.[85]

Mientras tanto, con Camille Goemans fuera del negocio, Dalí había firmado un contrato con un nuevo marchante, Pierre Colle, recomendado por el siempre útil Charles de Noailles.[86]

El 30 de junio de 1930 se proyectó por primera vez la versión final sonorizada de *La edad de oro,* en el cine privado de los Noailles. Debido a algunas dificultades técnicas, el estreno no tuvo todo el éxito que se esperaba. Durante los días siguientes, y sin incidentes de ningún tipo, los Noailles organizaron proyecciones del film para selectos grupos de amigos y críticos. El vizconde no cabía en sí de júbilo. «Tengo la impresión de que en este momento no se habla de otra cosa en todo París», escribió el 10 de julio a Buñuel, que, como Dalí, había regresado a España a principios de mes.[87]

VERANO EN PORT LLIGAT

La barraca de pescadores convertida en nido de amor de Dalí y Gala había hecho espléndidos progresos, y Salvador se apresuró a enviarle fotografías a Noailles, que contestó, bromeando, que si alguna vez dejaba la pintura, podría dedicarse con provecho a la arquitectura.[88]

La vuelta de la pareja a Port Lligat, donde se quedaron hasta el otoño, coincidió con la publicación del primer número de *Le Surréalisme au Service de la Révolution,* que Éluard envió enseguida a Dalí, recomendándole a Gala que lo leyeran de cabo a rabo.[89] Es lícito imaginar que lo primero que hizo Dalí fue comprobar que «El burro podrido», dedicado orgullosamente «A Gala Éluard», se había impreso correctamente.

Le Surréalisme au Service de la Révolution, editado aún más sobriamente que su predecesora, *La Révolution Surréaliste,* llevaba en la portada, de color verde, un enigmático emblema, que, según le explicó Éluard a Gala, simbolizaba la conjunción de Saturno y Urano, que, por extraño que pudiera parecer la coincidencia, había presidido los nacimientos de Breton, Aragon y el suyo.[90] El número inaugural de la nueva revista explicaba con claridad las posibilidades que creía ahora tener el surrealismo para servir a la Revolución, expresando por el colonialismo francés en Indochina un odio tan vehemente como el que profesaba a la bandera francesa, al ejército francés, a la Marsellesa, a la cristiandad en general y a la Iglesia católica en particular. Sin embargo, en lo tocante a la labor del artista creativo, Breton insistía en mantener sus distancias con el Partido Comunista: por encima de todo el artista debe ser fiel a su inspiración. Esta actitud pronto desembocaría en fricciones con el Partido y llevaría finalmente a la ruptura de relaciones.

El número incluía una «Declaración» en la que los partidarios de Breton juraban lealtad a su líder:

> Resueltos a usar, y hasta a abusar, en todo momento la autoridad que nos confiere la práctica consciente y sistemática de la escritura y de otros modos de expresión, y de acuerdo con André Breton en todos los aspectos y resueltos a *aplicar* las conclusiones que se derivan de la lectura del *Segundo Manifiesto Surrealista,* los abajo firmantes, sin hacerse ilusiones sobre la eficacia de las revistas «literarias y artísticas», han decidido apoyar la publicación, que, con el título *El Surrealismo al Servicio de la Revolución* les permitirá no sólo reaccionar de inmediato contra la escoria que se dice pensante, sino también preparar el cambio definitivo de las energías intelectuales hoy vivas en provecho de la inevitable revolución.

Dalí y Buñuel firmaron el documento, junto con Maxime Alexandre, Louis Aragon, Joë Bousquet, René Char, René Crevel, Paul Éluard, Max Ernst, Marcel Fournier, Camille Goemans, Georges Malkine, Paul Nougé, Benjamin Péret, Francis Ponge, Marco Ristic, Georges Sadoul (en líos con las autoridades militares por haber escrito una carta insultante a un cadete), Yves Tanguy, André Thirion, Tristan Tzara y Albert Valentin.

El primer número de la nueva revista otorgó un sitio de honor a los dos españoles, pues, además de «El asno podrido» de Dalí, contenía tres fotogramas a toda página de *La edad de oro* que mostraban a la protagonista femenina, Lya Lis, al borde del orgasmo, una fotografía atribuida incorrectamente a Buñuel de un arzobispo enguantado en el acto de acariciar a una hermosa mujer mientras le pregunta «¿Tienes frío?» y dos reproducciones de *El hombre invisible* de Dalí, aún inacabado.

Todo el número, como el *Segundo manifiesto* de Breton, transpiraba seriedad, y los pocos toques de humor apuntaban, con ácido desdén, hacia la sociedad burguesa y todos los que discrepaban del surrealismo. El grupo que, tras la expulsión de los disidentes, se había apiñado en torno a Breton, estaba decidido a contribuir a la destrucción de una sociedad considerada por ellos putrefacta, y a la creación de un nuevo orden. Dalí estaba sin duda alguna de acuerdo.

Entretanto el pintor inició su primer verano de trabajo y placer en Port Lligat. Pese a sus amenazas, el notario no podía hacer nada para impedir que Salvador se instalara a la vuelta de la esquina, y no nos consta que se produjeran otros intentos de intimidación. Los gozos veraniegos, que en primer lugar significaban el milagro de Gala, incluían esperar la anunciada visita de René Char, Éluard y la última conquista de éste, María Benz, alias «Nusch», bella y frágil muchacha que el poeta había visto en junio en el bulevar Hausmann y a la que se había acercado sin perder un instante. Nusch no tardó en sucumbir, y poco después Éluard le escribió a Gala para preguntarle si podía llevarla a Cadaqués.[91] La rusa no puso pegas, y tal vez se sintió aliviada al saber que su marido había encontrado otro amor. Pero Éluard aún creía que entre ellos todo seguía igual, escribiendo desde Cannes, adonde había ido a pasar unos días con Nusch, que no había noche que no soñara con ella: «Aquí tengo la misma habitación que tuvimos el año pasado. Yo no soy como tú, soy sensible a nuestros recuerdos. Te veo desnuda en esta habitación y lloro sobre esas tres semanas tan dichosas que pasé aquí contigo.»[92] No se conocen las respuestas de Gala, pero para el poeta fueron tranquilizadoras, y le gustaron sobre todo sus vívidas descripciones de cuadros («Gala auténtica»), suponemos que de Dalí.[93]

El 13 de agosto, Éluard, Nusch y René Char se embarcaron en Marsella en un carguero italiano, el *M.N. Catalani,* rumbo a Barcelona, y de allí fueron a Cadaqués, parando en el Miramar, el mismo hotel en el que Paul, Gala y Cécile se habían hospedado exactamente un año antes (y que posteriormente no había querido alojar a Dalí y a Gala).[94] Parece que sólo se quedaron unos días. A Dalí Cusí debió de sacarle de sus casillas enterarse de que Éluard, abandonado por su mujer, se había atrevido a regresar a Cadaqués con otra, como si no hubiera pasado nada. En Port Lligat René Char sacó una memorable fotografía de las dos radiantes parejas.[95]

Durante el verano Dalí siguió lidiando con los problemas técnicos que le planteaba *El hombre invisible,* y escribió dos textos, «La cabra sanitaria» y «El Gran Masturbador», que a finales del año incluiría en *La mujer visible,* pequeño volumen que Gala le ayudó a preparar para la imprenta. El primero, fechado el 13 de agosto de 1930, es una disertación casi impenetrable, como presagia su arbitrario título, sobre la crisis del «pensamiento poético contemporáneo». Éste, según Dalí, sólo podía revitalizarse con una inyección de su propio «pensamiento paranoico-crítico», de su «delirio de interpretación paranoica». En cuanto a «El Gran Masturbador», describe con todo detalle un escenario, inspirado tal vez en la novela *Locus solus* de Raymond Roussel, en el que, en un sendero bordeado de fuentes, dos cabezas del Gran Masturbador aparecen acompañadas de esculturas de Guillermo Tell, ya por entonces una de las figuraciones más compulsivas con que Dalí representaba a su padre. A la sombra de las dos esculturas más grandes, una pareja intenta hacer el amor, pero sólo consiguen orinarse uno encima del otro. Abundan las imágenes escatológicas, lo que sugiere que, pese a la epifanía de Gala, Dalí continúa obsesionado con los excrementos; y hay una larga lista de criaturas en estado de putrefacción, incluidos, por supuesto, unos burros. En otras veredas de este insólito jardín se agrupa un heterogéneo montón de chucherías que incluye hostias consagradas, mocos secos, artefactos *Art Nouveau* y «numerosas especies de animales en celo», entre ellos la estatua de una pareja realizando un acto de coprofagia.[96]

Dalí seguía mosqueado por la falta de repercusión pública de la conferencia que había pronunciado en el Ateneu de Barcelona en marzo, debido, como hemos visto, a la llegada a la Ciudad Condal de una nutrida comisión de destacados intelectuales madrileños, y se desahogó en una nota publicada en el número de octubre de *Le Surréalisme au Service de la Révolution:*

> Creo que es absolutamente imposible que exista en la tierra (con excepción, naturalmente, de la horrenda región de Valencia), un lugar que haya producido nada tan abominable como lo que comúnmente se conoce como intelectuales castellanos y catalanes; estos últimos son verdaderos puercos, llevan los bigotes siempre llenos de verdadera y auténtica mierda además, la mayoría de ellos se limpian el culo con papel en lugar de enjabonarse el agujero *comme il faut,* como se hace en otros países, y los pelos de sus cojones y sobacos rezuman una infinidad purulenta de pequeños y furiosos «Maître Millets» y «Àngel Guimeràs». A veces estos intelectuales se ofrecen corteses reuniones en honor de ellos mismos, y conceden recíprocamente que sus respectivas lenguas son muy hermosas y bailan danzas realmente fabulosas como la sardana, por ejemplo, que por sí misma bastaría para cubrir de oprobio y vergüenza un país entero si no fuera imposible, como ocurre en la región catalana, añadir un solo aspecto vergonzoso más a los que ya forman el paisaje, las ciudades, el clima, etcétera, de este innoble país.[97]

Dalí y Gala regresaron a París en octubre para el estreno de *La edad de oro,* ocupando otra vez el apartamento que Éluard había alquilado en la rue Becquerel. Pese a tal usurpación, Éluard sigue experimentando un profundo cariño por «le petit Daris», a quien Gala ahora dedica todas sus energías.[98]

EL ESCÁNDALO DE «LA EDAD DE ORO»

El 22 de octubre de 1930 Charles y Marie-Laure de Noailles organizaron un pase privado de *La edad de oro* en el Cinéma du Panthéon, al que invitaron a lo más granado de la sociedad parisiense. El plan de distribución de las butacas muestra que entre los trescientos invitados (otra cosa es que todos asistiesen) se encontraban Cocteau, Pierre Colle, Gertrude Stein, Nancy Cunard, Picasso, Julien Green, André Gide, Brancusi, André Malraux, Darius Milhaud, Paul Morand, Giacometti, Georges Bataille, Robert Desnos, Blaise Cendrars, Carl Dreyer, Marcel Duchamp,

Pierre Batcheff (protagonista de *Un perro andaluz)* y Fernand Léger. Dalí y Gala estaban delante de Yves Tanguy y Maurice Heine, a unas pocas butacas de Éluard y Breton.[99]

El gran ausente de la velada fue el propio Buñuel, que sólo regresó a París unos días más tarde. Allí le dio un detallado informe de la sesión su amigo Juan Vicéns. Muchos de los aristocráticos amigos de los Noailles se habían sentido tan indignados por el film que se marcharon sin decir una palabra a sus anfitriones y se negaron a asistir a la recepción ofrecida por éstos después de la proyección en su mansión de la Place des États Unis.[100]

Paris-Soir informó sobre la proyección bajo el título «La vizcondesa de Noailles apadrina *La edad de oro*». Dado que se sabía que Marie-Laure descendía de judíos, a ojos de la extrema derecha francesa su gesto equivalía a subvencionar la subversión «bolchevique».[101] Jean Cocteau, gran amigo de la vizcondesa, salió en su defensa unos días después desde las páginas de *Le Figaro,* que publicó una elogiosa reseña de su film *Vida de un poeta,* también financiado por los Noailles. De éstos, decía Cocteau, se burlaban ahora los de su propia clase social, ridiculizándolos e insultándolos por la generosidad sin parangón con la cual estaban dispuestos a apoyar nuevas tentativas artísticas. Cocteau tuvo palabras de admiración para la película de Buñuel:

> Escenas como la de la vaca o la del director de orquesta en *La edad de oro* pueden considerarse como un acontecimiento de capital importancia, a saber, la aparición del *gag tragique.* No me cabe duda de que serán objeto de burla. No obstante, lo cierto es que existen y que ya nada puede detener el oscuro río del que son la fuente.[102]

Entretanto, los cazatalentos de la Metro-Goldwyn-Mayer habían invitado a Buñuel a Hollywood. Con *La edad de oro* convertida en la comidilla del *tout Paris,* el 28 de octubre el cineasta embarcó en Le Havre a bordo del *Leviathan,* con destino a Nueva York, adonde llegó el 3 de noviembre.[103] Antes de seguir viaje a Los Ángeles vio a Ángel del Río, el amigo de Lorca en la Universidad de Columbia, quien le dijo que el poeta estaba convencido de que el «perro andaluz» de su primera película era él. En este punto, como ya vimos, Lorca no andaba muy equivocado, pese a las posteriores declaraciones de Buñuel.

Para entonces Lorca ya había regresado a España tras su temporada en Nueva York y Cuba, quedándose estupefacto al enterarse de que Dalí vivía con una mujer. «¡Es imposible!», le exclamaría al poeta Rafael Alberti. «Si sólo se le pone tiesa cuando alguien le mete un dedo en el culo!» Lorca sabía mucho de los gustos de Dalí... pero no conocía a Gala.[104]

La edad de oro acababa de recibir el certificado de exhibición librado por los censores, y su estreno comercial estaba previsto para principios de noviembre en Studio 28. Pero problemas técnicos obligaron a aplazarlo hasta el 28 del mismo mes. En el vestíbulo del cine se expusieron cuadros de Arp, Dalí, Ernst, Tanguy y Man Ray, junto con fotografías y otros documentos surrealistas. Dalí aportó *La hostia en un anillo, El nacimiento del día, La viuda* y *Durmiente, caballo, león invisibles.*[105]

En ausencia de Buñuel, Dalí había redactado muy deprisa una nota sobre el tema de la película, seguida de una sinopsis de la misma. La hoja se puso a la venta la noche del estreno:[106]

> Mi idea general al escribir con Buñuel* el guión de *La edad de oro* era mostrar la línea recta y pura de «comportamiento» de un individuo que persigue el amor a través de los innobles ideales humanitarios, patrióticos y otros miserables mecanismos de la realidad.
>
> *Salvador Dalí*
>
> *Resumen del guión*
>
> Unos escorpiones viven entre las rocas. Subido sobre una de estas rocas un bandido ve un grupo de arzobispos que cantan sentados en un paisaje mineral. El bandido corre a anunciar a sus amigos la presencia cercana de los mallorquines** (los arzobispos). Llegado a su cabaña, encuentra a sus amigos en un extraño estado de debilidad y de depresión. Cogen sus armas y salen todos con la excepción del más joven, que no puede ni levantarse. Se ponen a andar entre las rocas; pero, uno tras otro, sin poder más, se caen al suelo. Entonces, el jefe de los bandidos se desploma sin esperanza. Desde el sitio donde se encuentra, oye el ruido del mar y ve a los mallorquines que, ahora, se han convertido en esqueletos desparrados entre las rocas.
>
> Una enorme caravana marítima llega al litoral en este sitio rudo y

* Según Bouhours, las palabras «con Buñuel» las añadió André Breton. Véase Sánchez Vidal, «The Andalusian Beasts», pág. 200.

** Nota marginal del original: «Mallorquines: habitantes de la isla de Mallorca (España).»

desierto. La caravana se compone de curas, militares, monjas, ministros y diversas gentes vestidas de paisano. Todos se dirigen hacia el sitio donde reposan los restos de los mallorquines. Imitando a las autoridades que encabezan el cortejo, todos se quitan los sombreros.

Se trata de fundar la Roma imperial. Se está poniendo la primera piedra cuando unos gritos agudos hacen que se distraiga la atención general de la multitud. En el barro, a dos pasos, un hombre y una mujer se debaten amorosamente. Se les separa. Pegan al hombre y unos policías se lo llevan.

Este hombre y esta mujer serán los protagonistas de la película. El hombre, gracias a un documento que revela su gran relevancia y la alta misión humanitaria y patriótica que le ha confiado el gobierno, es puesto en libertad. A partir de este momento, toda su actividad está volcada hacia el amor. Durante una escena de amor no consumada presidida por la violencia de los actos fracasados, al protagonista le llama por teléfono la alta personalidad que le ha encomendado la responsabilidad de la misión humanitaria en cuestión. Este ministro lo acusa. Porque ha abandonado su tarea, unos miles de viejos y de niños inocentes han muerto. Esta acusación es acogida por el protagonista de la película con insultos y, sin querer saber más del asunto, vuelve al lado de la mujer amada en el mismo momento en que una inexplicable coincidencia logra, aún más definitivamente, separarla de él. A continuación le vemos tirar por una ventana un pino en llamas, un enorme instrumento agrícola, un arzobispo, una jirafa, plumas. Todo ello en el preciso instante en que los supervivientes del castillo de Selligny salen por el puente levadizo cubierto de nieve. El conde de Blangis es, a todas luces, Jesucristo. Este último episodio se acompaña de un pasodoble.

Los autodesignados guardianes de la sociedad burguesa, tan rabiosamente satirizados en *La edad de oro,* captaron enseguida el fuerte carácter subversivo de la película. Las notas de Dalí para el programa les proporcionaban toda la munición adicional que podían desear. En el otoño de 1930 el fascismo ya cobraba fuerza en París, y se habían producido algunos incidentes violentos. Apenas se estrenó la película empezaron a correr rumores de que los esbirros de la extrema derecha pensaban atacar Studio 28. Lo hicieron la noche del 3 de diciembre, cuando miembros de la Liga Patriótica y de la Liga Antisemita interrumpieron la película en el preciso momento en que la custodia es retirada de un taxi y abandonada en la calle, para permitir que baje del vehículo una mujer con bellas piernas enfundadas en medias de seda (tanto Dalí como Buñuel eran especialistas entonces, como sabemos, en burlarse de la hostia). Al grito de «¡Os enseñaremos que todavía hay cristianos en Francia!» y «¡Mueran los judíos!», los matones arrojaron tinta violeta contra la pantalla e intimidaron a los espectadores con palos antes de lanzar botes de humo y de malos olores para obligarles a salir a la calle. Luego, como broche final, destruyeron todo lo que encontraron a su paso en el vestíbulo, rasgando los cuadros, rompiendo, o robando, los libros y revistas surrealistas expuestos y cortando la línea de teléfono. *Durmiente, caballo, león invisibles,* de Dalí, quedó prácticamente destruido (pintaría luego dos versiones nuevas), pero sus otros tres cuadros no sufrieron daños. La policía tardó media hora en intervenir, demora tal vez deliberada. Se efectuaron unas veinticinco detenciones simbólicas. Una vez remendada la pantalla, la proyección se reanudó con el aplauso del público, y más de sesenta espectadores firmaron una protesta colectiva antes de marcharse.[107]

A la mañana siguiente Dalí le escribió al vizconde de Noailles, que se encontraba en Hyères. Ante todo quería aclarar un punto relativo a las notas del programa:

> Después de la última visita que le hice me he enterado de que en una carta dirigida al señor Mauclaire* usted ha dicho que el hecho de haberse mencionado en el programa de *La edad de oro* la identificación del Cristo con el conde de Blangis le parecía molesto. Puesto que soy yo precisamente quien ha redactado el guión** me siento obligado a ofrecerle explicaciones con la mayor franqueza al respecto, explicaciones que lamento profundamente no haber podido darle personalmente, debido a la naturaleza siempre incompleta y terriblemente poco comunicativa de una carta.
>
> La sinopsis del guión me fue solicitada (como ocurre siempre en estos casos) con mucha precipitación y de urgencia, lo que no me habría impedido en absoluto consultarle antes si no hubiera estado convencido de su total aprobación, ya que en este resumen de *La edad de oro* no hago más que escribir escenas aceptadas en la película, en la cual, naturalmente, adquieren un valor aun más directamente subversivo.
>
> Es cierto que se habría podido no insistir sobre ciertas escenas de la

* Jean-Placide Mauclaire, fundador de Studio 28 en 1928.

** Es decir, sinopsis del guión.

película, toda vez que el público puede perfectamente darse cuenta de estos pasajes mientras está viendo la película, pero entonces hay un grave problema, puesto que el programa no se destina sólo a los espectadores de la película sino también a muchísima gente que probablemente no la verá nunca. Es por ello que se ha previsto enviar este programa profusamente al extranjero y a España (por ejemplo), donde la actitud de Buñuel y mía se sigue. Suprimiendo la idea de Cristo traicionaría evidentemente la idea de Buñuel (ya que fue él quien me sugirió toda la escena cuando yo estaba en Carry-le-Rouet, y yo estuve totalmente de acuerdo, también –Buñuel estaba decidido a incluir este pasaje).

Para resumir: por una parte yo sabía que Buñuel habría estado muy dolido por una tal mutilación del guión y por otra no creía que aquello le podía molestar a usted puesto que todo esto está ya en la película acentuado con mucha más fuerza y violencia con el detalle de la joven martirizada etc etc.

Espero, querido señor, que pueda ahora apreciar cuál fue exactamente mi papel en la preparación del programa en cuestión, que lamento muchísimo le haya podido parecer excesivo, pero de todas maneras creí estar actuando escrupulosamente desde todos los puntos de vista.[108]

Durante los días y semanas que siguieron no hubo un solo periódico ni revista de París que dejara de reseñar, comentar, atacar o elogiar *La edad de oro*. Si *Un perro andaluz* había hecho sonar juntos por vez primera los nombres de Buñuel y Dalí en la capital francesa, la nueva película los catapultó a la fama. Noticias del escándalo llegaron también a España, Inglaterra e incluso a Estados Unidos. Los Noailles enviaron a Buñuel paquetes llenos de recortes, que éste pegó, además de los procedentes de otras fuentes, en un álbum que hoy se conserva en el archivo Noailles del Centro Pompidou, y que ofrece una lectura apasionante.

Las reseñas aparecidas en la prensa de derechas no dejaban lugar a dudas, ciertamente, acerca de la ferocidad de los represores en una ciudad en que, si la literatura y el teatro estaban –de momento al menos– libres de censura, el cine, y en especial el sospechoso de propagar tendencias marxistas, tenía que someterse al examen inquisitorial de la censura municipal. A comienzos de 1930 la policía había impedido nada menos que a Eisenstein la proyección en la Sorbona de *La línea general*, tras una conferencia sobre el cine ruso contemporáneo, y se habían registrado otros casos de flagrante violación del derecho a la libertad de expresión en el cine.[109] De los principales periódicos conservadores del momento, *Le Figaro* fue el que con mayor vehemencia condenó *La edad de oro,* apoyando abiertamente a los grupos que habían actuado con violencia contra una película «bolchevique» que no sólo atacaba a la religión, la familia y la patria, sino que era también repugnante y pornográfica. El objetivo de *La edad de oro* era corromper. ¡Debía, pues, prohibirse! A Paul Ginisty, jefe de la sección de censura del Ministerio de Bellas Artes, se le pidió que la retirara, pese a que el primero de octubre la Comisión de Censura había autorizado su proyección. Y a Dalí, cuyas notas para el programa escandalizaron a la derecha casi tanto como la misma película, se le dio a entender que Francia no lo necesitaba para nada.[110]

L'Ami du Peuple (versión populista de *Le Figaro*) también lanzó furiosas diatribas contra el film, y sugirió, en gracioso juego de palabras, que un título más apropiado que *L'Âge d'or* sería *L'Âge d'ordure* (La edad de mierda). Sin nombrar a Buñuel y Dalí, el periódico llamó metecos a los responsables de haber producido semejante porquería. El fascismo *à la française* enseñaba los dientes.[111]

Entretanto los principales críticos de cine de la capital elogiaron de manera unánime la película. Para Jean-Paul Dreyfus, de *La Revue du Cinéma,* el film pretendía subrayar el mensaje implícito en *Un perro andaluz,* a saber, que Buñuel y Dalí despreciaban la burguesía, con su implacable voluntad de suprimir la vida de los instintos. Además, puesto que el subtítulo de *La edad de oro* proclamaba que se trataba de una película surrealista, debía juzgarse como tal y no como otra cosa. Con gran perspicacia, Dreyfus vio en el contenido blasfemo de la película una prueba de que a Buñuel le obsesionaba la religión que decía detestar: la cinta demostraba que había pasado demasiados años bajo el yugo de los hermanos maristas. También estimaba que el film hacía gala de un humor sutil y melancólico distinto a todo lo que se había visto en cine hasta la fecha. *La edad de oro,* estaba seguro, les quitaría a cientos y cientos de espectadores su complacencia.[112]

Unos días más tarde, en el periódico comunista *L'Humanité,* Léon Moussinac declaró que nunca en la historia del cine habían recibido la burguesía y sus «accesorios» –la policía, la religión, el ejército, la moral, la familia, el Estado– tantas patadas en el culo. No podía dudarse que la película servía a la causa de la Revolución. El ataque a la burguesía se infligía, además, con supremo arte:

> Aunque se trata de un film intelectual, lleno de literatura, sentimos sin dificultad la violencia directa de la mayor parte de las imágenes, imágenes que es imposible parafrasear. Si decimos, por ejemplo, que muestran a un ciego arrojado al suelo, a una anciana abofeteada, a un arzobispo lanzado por la ventana, a un hijo asesinado por su padre, a un Jesucristo que parece que vuelve de una orgía, no conseguiremos transmitir su verdadero significado.[113]

Otro agudo crítico, Louis Chavance, señaló el uso innovador de las secuencias documentales (los escorpiones al principio de la película y la lava hirviendo insertada en la secuencia del retrete) como una tentativa de trasladar el *collage* al lenguaje cinematográfico. A Chavance le había llamado la atención el que, a diferencia de *Un perro andaluz*, la nueva película de Buñuel no se desarrollaba en una atmósfera onírica. La razón era que esta vez el director no quería dejar al público escapatoria alguna y sí forzarlo a mirar, de frente, los sufrimientos que produce la represión de las emociones tal como se efectúa en el mundo real.[114]

La campaña montada por la prensa de derechas iba cobrando fuerza día tras día, y de repente recibió el inesperado apoyo de la embajada italiana, que protestó porque a su juicio el film contenía una parodia insultante del pequeño rey Víctor Manuel y de su mucho más alta reina. Y no sólo eso, ¡el título del film contenía una alusión satírica al régimen de Mussolini! A la embajada no se le había escapado que a la ceremonia de la fundación de la Roma imperial la película le atribuía la fecha explícita de 1930, y se quejó, con complicada sintaxis, de que el «carácter repulsivo de algunas secuencias [...] da lugar a que el hecho de que muchas de las escenas se ambienten en Roma sea aún más penoso para los italianos».[115]

El jefe de policía de París, el prefecto Jean Chiappe, *bête noire* de los surrealistas, vio de pronto su mesa inundada de peticiones para que prohibiera la película. El personaje no necesitaba que se lo pidieran dos veces. El 5 de diciembre de 1930 Studio 28 recibió la orden de cortar las dos secuencias de los arzobispos; el 8, de retirar de la sinopsis del programa la frase «El conde de Blangis es, a todas luces, Jesucristo»; el 9, de llevar nuevamente la película a la Comisión de Censura, donde iba a revisarse la autorización concedida. El 10 de diciembre se prohibió la exhibición del film; el 11 de diciembre se inició una acción judicial contra Jean-Placide Mauclaire, propietario de la sala, y al día siguiente la policía confiscó dos copias de la película, una en el cine y la otra en casa de Mauclaire.[116]

Le Figaro brindó por el éxito de su campaña y cubrió de elogios a Chiappe, que habría declarado que consideraba su deber preservar «el ambiente, no puritano pero sí elegante y vigoroso que constituye el encanto de París».[117]

Charles de Noailles, que había invertido su dinero en la película, fue expulsado del exclusivo Jockey Club por su relación con la misma, rechazado por los círculos aristocráticos a los que pertenecía por nacimiento y, según parece, amenazado con la excomulgación. Sus cartas a Buñuel, ya en Hollywood, demuestran que lo único que deseaba ahora era desaparecer de vista. Hasta pidió al cineasta que hiciera todo lo posible por mantener su nombre alejado del escándalo. Buñuel, que sentía una profunda admiración por el vizconde y su esposa, le prometió que asumiría él toda la responsabilidad.[118]

Los surrealistas, furiosos por lo ocurrido y considerándolo una prueba manifiesta de que el fascismo estaba arraigando en Francia, se pusieron de inmediato en acción e imprimieron un folleto de cuatro páginas titulado «L'Affaire de "L'Âge d'or"» en el que informaban detalladamente acerca de los hechos, citando profusamente los artículos de prensa, y un «Revue-programme» en el que subrayaban el contenido revolucionario de la película, cuyo tema veían como la lucha entre el instinto sexual y el de la muerte, desencadenado en la psique del hombre moderno en unos momentos en que la «putrefacta» sociedad capitalista, al borde del colapso, «intentaba sobrevivir recurriendo a los sacerdotes y a la policía como únicos puntales».[119]

Buñuel no le perdonaría nunca al prefecto Chiappe el haberse puesto al frente de la campaña para la prohibición de su película, que no volvería a exhibirse con carácter público hasta casi cincuenta años después. ¡Y eso que el aragonés había contado con el éxito comercial de la misma para lanzar en serio su carrera de cineasta! Unos treinta años más tarde se tomaría una dulce venganza en *Memorias de una doncella* (1964), en que un grupo de extrema derecha recorre las calles de París al grito de «¡Viva Chiappe! ¡Abajo los judíos!».[120]

«LA MUJER VISIBLE»

La noticia del escándalo que rodeó al estreno comercial de *La edad de oro* llegó enseguida a España, donde *Abc* «informó» con sarcasmo que, para ganar dinero, Buñuel había huido a Hollywood, dejando en la estacada a sus compañeros surrealistas («A la hora de contar en dólares, no existen escuelas ni preocupaciones de arte»).[121] Intrigado e incrédulo, el siempre alerta Giménez Caballero («Gecé»), director de *La Gaceta Literaria,* se dirigió sin tardanza a París para entrevistarse con Dalí, dándose por satisfecho con la afirmación de que Buñuel en absoluto había escapado. ¡Faltaba más! Gecé quedó impresionado con el apartamento de la rue Becquerel («magnífico y desbordante»), al que le hizo pasar una criada muy elegante, y por el hecho de que Dalí seguía cohabitando con «Madame Éluard». Giménez Caballero empezaba entonces a formular las directrices del fascismo español, y se mostró encantado con la «acción directa» de los matones que habían atacado Studio 28, acción que estimó altamente surrealista y subversiva. Hasta recomendó a Dalí y sus amigos que llegaran a un acuerdo con los provocadores: así podrían hacer un fondo común de energías subversivas. Dalí negó de plano que hubiera «disensiones» dentro del movimiento surrealista. Alineándose estrechamente con Breton y el *Segundo manifiesto,* explicó que, por razones de «higiene», se habían producido *expulsiones,* no discrepancias, y manifestó su total lealtad al movimiento surrealista ortodoxo, «el único grupo genuinamente subversivo y vital en el pensamiento contemporáneo».[122]

El 15 de diciembre de 1930 las Éditions Surréalistes publicaron la lujosa *plaquette* de Dalí *La mujer visible.* La mujer visible, claro está, es Gala, cuya penetrante mirada nos asalta desde la portada y la página anterior al frontispicio, que reproducen el retrato, asimismo titulado *La mujer visible,* realizado por Max Ernst en 1925. La presencia de Gala lle- 61
na las páginas del primer libro de Dalí, que contiene tres textos ya mencionados –«El burro podrido», «La cabra sanitaria» y «El Gran Masturbador»– y un cuarto escrito de peso, «Amor». Tres dibujos crudamente eróticos ilustran algunos pasajes de este texto (uno de ellos, el del frontispicio, en heliograbado), y hay una reproducción en blanco y negro de *Durmiente, caballo, león invisibles.* Dos fotografías, de un edificio de Domènech i Montaner en Barcelona y una casa de Figueres, dan fe de la admiración del artista por la arquitectura modernista catalana.

«Amor», el más coherente de los cuatro textos, explora la relación entre los sueños, la sexualidad y el instinto de muerte. «Las sangrientas ósmosis entre el sueño y el amor ocupan toda la vida del hombre», afirma Dalí en una frase memorable. El escrito demuestra, una vez más, que Dalí se considera un adepto freudiano. La repugnancia, por ejemplo, la interpreta como una defensa frente al deseo, y el verdadero amor (en este punto Dalí supera a su maestro) consistiría en comerse los excrementos de la amada, como ya había sugerido en «El Gran Masturbador». Dado que la imperiosa necesidad de dormir puede interpretarse como un deseo de muerte, Dalí se interesa por las posturas que la gente adopta al acostarse. Podría filmarse un provechoso documental sobre este tema, propone, y lo ideal sería que los amantes se quedaran dormidos en la posición del «69» o en la de la ceremonia en la cual, tras el coito, la hembra de la mantis religiosa devora al macho. Dalí ya conocía lo que dice Fabre sobre este rito en *La vida de los insectos*, libro que había inspirado a Buñuel las imágenes de los escorpiones en los momentos iniciales de *La edad de oro*.

Dalí había proporcionado una portada y frontispicio escandalosos para *La Inmaculada Concepción* de Breton y Éluard, publicado en noviembre, y había escrito una elogiosa nota publicitaria en la que afirmaba que los textos, con su simulación de diferentes estados de demencia, expresaban el «contenido latente» del sueño surrealista.[123] Ahora que los tres estaban en tan buenas relaciones, Breton y Éluard le pagaron con la misma moneda al elogiar *La mujer visible*, subrayando la importancia de la contribución de Dalí al surrealismo:

> En 1935, la misión, y la de Dalí más que la de ningún otro, es sacar al hombre de las cavernas de las mentiras que, con la complicidad de innumerables autoridades públicas, erige en torno a sí mismo...
>
> De las grandes aptitudes de Dalí, definidas a nivel artístico, depende hoy la liquidación de una trillada fórmula que, digámoslo claramente, es la del mundo burgués, reducido a utilizar, como única defensa, el arma de la censura, cada vez más afilada y, en consecuencia, tanto más frágil.
>
> El pensamiento dialéctico fundido con el pensamiento psicoanalítico, uno y otro coronados por lo que Dalí llama con audacia pensamiento paranoico-crítico, es el instrumento más admirable propuesto hasta ahora para relegar a las ruinas de la inmortalidad a la mujer-fantasma de rostro verdigris, ojos sonrientes y espesos rizos que no es sólo el espíritu de nuestro nacimiento, es decir, del *Art Nouveau*, sino también el aún más atractivo fantasma del *futuro*.[124]

En Figueres, Josep Puig Pujades le enseñó al padre de Dalí un ejemplar de *La mujer visible* que probablemente el periodista recibiera del autor. Repugnó tanto al notario que acto seguido redactó un nuevo testamento desheredando totalmente a Salvador sin más. Para justificar su acción trajo a colación el cuadro del Sagrado Corazón de Jesús sobre el que su hijo había inscrito en 1929 «He escupido sobre mi madre» (cita errónea procedente de la versión de Eugenio d'Ors publicada en *La Gaceta Literaria*), y reprodujo, con ligeros errores, la frase de «Amor» relativa a «las alcobas matrimoniales no ventiladas por la mañana que emiten un asqueroso olor a ácido úrico, tabaco, buenos sentimientos y muerte». No sabemos si Dalí Cusí le comunicó al pintor que lo había desheredado, pero lo cierto es que hacerlo no hubiera sido ajeno a su carácter.[125]

El año terminó con un balance positivo para Dalí. No puede decirse lo mismo del movimiento surrealista, aunque Breton apreciaba la inyección de energía e ideas proporcionada por el catalán. La tensión política, centrada en las relaciones del movimiento con el Partido Comunista, iba en aumento. El Segundo Congreso Internacional de Escritores Revolucionarios, celebrado en Járkov del 6 al 11 de noviembre de 1930, se había cebado en Freud y Trotski, molestando profundamente a Breton, que el 28 de noviembre, junto con André Thirion, sugirió la idea de fundar una alternativa Asociación de Escritores y Artistas Revolucionarios (AEAR), cuyo objetivo sería «aproximar» el psicoanálisis y el marxismo. Pocos días después, el primero de diciembre de 1928, Aragon y Georges Sadoul, que habían asistido al congreso de Járkov con órdenes de Breton de defender las posturas surrealistas, firmaron una carta «autocrítica» denunciando el «freudismo» y el «trotskismo» del grupo, manifestando Aragon su desacuerdo con el *Segundo manifiesto* y dando su palabra de acatar la disciplina del Partido Comunista. Su ambigua actitud respecto a Dalí, y luego a Breton y sus partidarios más cercanos, presagiaba la inminente ruptura.[126]

Dalí, por su parte, colaboraba a gusto en estos momentos con los comunistas, y diseñó, a instancias de Thirion, dos carteles para la celebración del décimo aniversario de la fundación del Partido en Francia. En uno de ellos, que recuerda los esbozos prosoviéticos ejecutados por el pintor unos diez años antes en Figueres, una bandera roja con las letras URSS flota sobre una hoguera en la que arden los símbolos de la odiada burguesía, incluido un cáliz. Debajo Dalí ha apuntado, con modestia desacostumbrada: «Creo que el motivo de las llamas y también las ondas de la bandera es algo que Tanguy podría hacer especialmente bien, sin duda mucho mejor que yo.»[127]

NUEVE

LA SALIDA A FLOTE (1931-1934)

EL NUEVO RÉGIMEN ESPAÑOL

Tras siete años en el poder, el general Primo de Rivera se había exiliado en París en 1930. Desde entonces, una sucesión de gobiernos provisionales, siempre de composición mayormente militar, había prometido convocar unas elecciones generales... pero sin hacerlo. Finalmente, el 12 de abril de 1931, hubo elecciones municipales, las primeras desde 1923, cuando las aboliera Primo de Rivera. Los resultados demostraron que la mayoría de los votantes no estaban dispuestos a perdonarle a Alfonso XIII su apoyo a la dictadura, y que querían una república. Siguiendo el ejemplo de Primo de Rivera, el rey se exilió en París, con la voluntad, quizá, de impedir así el estallido de una guerra civil. Ni siquiera los monárquicos más relevantes estaban dispuestos ya a defenderlo públicamente, y predominaba el sentimiento de que no se le debía haber permitido salir libremente de España.

El 14 de abril de 1931, apenas dos días después de las elecciones, se proclamó la Segunda República. Su llegada era saludada con júbilo por los españoles de mentalidad democrática, y con previsible hostilidad por la Iglesia católica. Sólo unas semanas después, el 7 de mayo, el cardenal Segura, primado de España, atacó en una agresiva carta pastoral las reformas propuestas por el gobierno republicano provisional, entre las que se incluían la legalización del divorcio y la prostitución, una más justa distribución de la tierra y la enseñanza laica. El 11 de mayo seis conventos y un edificio jesuita fueron incendiados en Madrid, y en otras ciudades se registraron incidentes similares, con el consiguiente endurecimiento de la oposición católica a la joven República.[1]

Los surrealistas, Dalí incluido, siguieron el desarrollo de la situación española con fascinación y gran preocupación. Poco después de la quema de conventos lanzaron un panfleto de extraordinaria virulencia, *Au feu!* (¡Fuego!), en el cual, perdiendo todo sentido de la proporción, manifestaron su apoyo a los incendiarios y declararon que la República ya se había convertido en farsa burguesa orquestada por la Iglesia y los terratenientes. El gobierno provisional estaba traicionando al pueblo. Sólo una auténtica revolución marxista traería la salvación a España: incendiar más iglesias sería una venganza por las hogueras de carne humana encendidas durante siglos por el clero español; los tesoros de la Iglesia debían pagar las armas necesarias para transformar la «Revolución burguesa» en proletaria. En cuanto a los curas, había que cazarles en sus guaridas y destruir sus símbolos y edificios. «Todo lo que no sea violencia, cuando se trata de religión, de Dios el espantapájaros, de los parásitos de la oración, de los profesores de la resignación, equivale a pactar con la innombrable escoria *(vermine)* de la cristiandad, que debe ser exterminada», despotricaba el documento. A los surrealistas les daba asco que a Alfonso XIII se le hubiera otorgado asilo en París, donde le rendía ahora honores la derecha francesa, y aún más la llegada a Francia de sacerdotes españoles que venían huyendo de los «magníficos ramos de chispas ahora visibles sobre las cumbres de los Pirineos». Había que devolver al rey a España para que lo juzgara el pueblo, y los ateos, revolucionarios y trabajadores franceses debían seguir luchando para que un día Dios fuera barrido de la superficie de la tierra. Firmaban *Au feu!* Benjamin Péret, René Char, Yves Tanguy, Louis Aragon, Georges Sadoul, Georges Malkine, André Breton, René Crevel, André Thirion, Paul Éluard, Pierre Unik, Maxime Alexandre y diez anónimos «camaradas extranjeros», entre los cuales, suponemos, figuraban Dalí y Buñuel.[2]

COLLE Y LEVY

Todo esto ocurría en vísperas de la importante exposición de Dalí en la Galería Pierre Colle (29, rue Cambacérès, muy cerca de la rue de la Boëtie), que tuvo lugar entre el 3 y el 15 de junio de 1931. Los dieciséis cuadros expuestos, once de ellos procedentes de colecciones privadas, eran el inacabado *El hombre invisible* (1929-1931), *Los esfuerzos estériles (Cenicitas)* (1927), *Personaje crepuscular* (1928), *El juego lúgubre* (1929), *La adecuación del deseo* (1929), *Retrato de Paul Éluard* (1929), *Durmiente, caballo, león invisibles* (1930), *Amanecer* (1930), *Durmiente, caballo, león invisibles* (1930), *Guillermo Tell* (1930), *La memoria de la mujer-niña* (1932), *La persistencia de la memoria* (1931), *Conjunto masoquista* (1931) y tres obras recientes, sin fechar en el catálogo: *Momento de transición, La profanación de la hostia* y *Sentimiento fúnebre*. También se expusieron siete cuadros al pastel y una escultura en cobre, *Gradiva,* todos de 1930, y «tres objetos *modern style*» comentados en las notas del catálogo por un Dalí para quien «la ornamentación delirante y de toda belleza de las bocas de metro *modern style*» constituía ahora «el símbolo perfecto de la dignidad espiritual».[3]

XXIII El cuadro que suscitó mayor interés en Colle fue *La persistencia de la memoria,* en el que hacían su debut los luego celebérrimos «relojes blandos» dalinianos. En *Vida secreta* Dalí describe la epifanía de esta pieza única de relojería, sugiriendo que su creación no era ajena al hecho de que acababa de ingerir un trozo de Camembert especialmente fuerte:

> Me levanté para ir a mi estudio, donde encendí la luz para dar una última mirada, como tengo por costumbre, a la obra que estaba pintando. Esta pintura representaba un paisaje cercano a Port Lligat, cuyas rocas estaban iluminadas por un transparente y melancólico crepúsculo; en el primer término, un olivo con las ramas cortadas y sin hojas. Sabía que la atmósfera que había logrado crear con este paisaje había de servir de marco a alguna idea, a alguna sorprendente imagen; pero no sabía en lo más mínimo lo que sería. Me disponía a apagar la luz, cuando instantáneamente «vi» la solución. Vi dos relojes blandos, uno de ellos colgando lastimosamente de la rama del olivo.[4]

Tras esta «visión» Dalí se había puesto a trabajar con renovada energía. Cuando Gala regresó a casa quedó maravillada con el último invento de su amante. «Nadie podrá olvidarla una vez vista», exclamaría.[5] El artista había pintado una de sus imágenes más llamativas y enigmáticas, sin lugar a dudas, y el reloj blando pronto proliferaría en su obra casi tanto como la cabeza del Gran Masturbador.

Varias de las obras expuestas en Colle aludían al repudio paterno y a la oposición que Dalí Cusí seguía mostrando a la relación de su hijo
XX con Gala. *Guillermo Tell* se refiere a ello de una manera particularmente expresiva, y parece girar sobre todo en torno a los sentimientos de vergüenza generados por la comparación con un padre autoritario, sen-

sual y a veces violento, sentimientos muy exacerbados por el impuesto destierro de la casa familiar. *Guillermo Tell* es una de las telas más sexualmente crudas jamás pintadas por Dalí, ciertamente, y la imagen del enorme y repugnante pene de Tell (repetido en el del caballo), logra que muchas personas se vuelvan, confusas o asqueadas, cuando se expone la tela. Como ha escrito Paul Moorhouse, es imposible no percatarse de las alusiones a la castración:

> El héroe se ha convertido en una barbuda figura paterna que blande unas tijeras, y cuya intención queda clara por la obsesiva repetición de referencias fálicas. Su pene y el del caballo están plenamente expuestos, y tienen un eco en el motivo de la huevera sobre el plinto y en los huevos del nido. Los genitales del joven están ocultos por una hoja, por lo que no queda claro si la castración es inminente o si ha tenido lugar ya. El agua que mana del agujero en la pared sugiere, no obstante, una mutilación.[6]

La presencia del piano de cola con su correspondiente burro podrido es una obvia alusión a *Un perro andaluz,* y nos recuerda que Dalí culpaba a su padre de su impotencia, al haber colocado sobre el piano de la familia, cuando él todavía era niño, un libro sobre enfermedades venéreas con repelentes dibujos de genitales femeninos.[7] El pianista es también Guillermo Tell (tiene la misma cabeza que aparece en otros cuadros de la serie). Se ha cagado en los pantalones, con el mismo desenfado que el padre de *El juego lúgubre,* reforzando esta asociación paterna la presencia del símbolo recurrente del león. El enorme tamaño del pene del personaje, subrayado también en otras obras de la serie de Guillermo Tell, puede ser una reminiscencia del no despreciable miembro de Dalí Cusí, vislumbrado por Salvador aquella tarde en que rebotó como una salchicha mientras el notario rodaba por el suelo, desabrochado, en indecorosa pelea con un cliente.[8]

Otro lienzo expuesto en Colle, *La memoria de la mujer-niña,* poste- XXIV
rior a *Guillermo Tell,* recuerda *Monumento imperial a la mujer-niña.* Su título indica que Gala es otra vez la protagonista. El busto situado en medio de la pieza central (una variación más sobre las rocas del cabo de Creus) representa, indudablemente, a Tell (la cabeza de éste es la misma que la del pianista en *Guillermo Tell).* Ahora sangra por ambos ojos, lo que sugiere una agudización del temor a la castración. Uno de los aspec-

tos más interesantes del cuadro es que a Tell le han salido los mismos pechos que enseña Gala en *Rosas ensangrentadas,* alusión realzada por la presencia de las mismas flores rojas. ¿Está dando a entender Dalí que su padre, que había visto a Gala en la playa de Es Llané en el verano de 1929 y sido testigo del inicio de su relación, no era indiferente a los atractivos físicos de la rusa? Cuadros posteriores de la misma serie permiten sospechar que así fue, en efecto, y que el artista, humillado por la fuerza de su padre y, por extensión, por su virilidad, había comenzado a fantasear que el notario sería el más capaz de los dos para satisfacer a Gala.

Las inscripciones en los alvéolos de la roca (ilegibles por lo general en las reproducciones) arrojan un poco de luz sobre el tema del cuadro. El agujero a la izquierda de la cabeza de Tell contiene la omnipresente llave, que, siguiendo a Freud, Dalí usa como obsesivo símbolo fálico. Su constante presencia en los cuadros y dibujos de esta época indica la extrema preocupación por la impotencia y la apremiante inquietud de Dalí ante la inevitable necesidad de tener que penetrar a Gala. En el agujero superior derecho se lee diez veces la expresión «Ma Mère», repetición del motivo central de *El enigma del deseo.* Ello tal vez quiera decir que Gala ha llegado ahora a ser para Dalí la madre perdida doce años antes. El agujero del centro contiene la inscripción «Fantaisie diurne», título de otro cuadro de la misma serie, y en el alvéolo inferior Dalí ha escrito «Le gran chienalie chanasie», «Le gran masturbateur», «Guillaume Tell», «Olivette Olivette Olivette» y «Concretion nostalgique d'un clé» (materialización nostálgica de una llave). El primer lema, que suena a disparate, puede ser una referencia a Lorca, vía *Un perro andaluz* (la frase juega con la palabra *chien,* perro), y Olivette era uno de los apodos cariñosos aplicado por Dalí a Gala. Así pues, el pintor estaría aludiendo a sus amores y ansiedades. También hay una inscripción que indica interés por el sadomasoquismo: en el lado izquierdo del medallón que cubre el abdomen de Guillermo Tell, y otra vez no claramente visible ni siquiera en las mejores reproducciones, hay una viñeta de dos mujeres desnudas que, junto a unas hormigas, un Gran Masturbador, el motivo del jarrón y una llave, están enzarzadas en un acto de flagelación.[9]

La profanación de la hostia, expuesta en Colle por vez primera, es
XVIII una de las obras más sacrílegas de Dalí (aunque más tarde trataría de exonerarse afirmando que era un cuadro «de esencia católica»).[10] Si bien pudo haberla empezado en 1929 –fecha que se le atribuye habitualmente–, es casi seguro que no se terminó hasta 1930, tras la expulsión de

Dalí del seno de su familia. La tela desarrolla un motivo que había iniciado su andadura en *El juego lúgubre,* donde la profanación consistía en colocar la hostia junto a un ano a punto de ser penetrado por un dedo. En el nuevo lienzo, la hostia y el cáliz se encuentran delante de la boca del Gran Masturbador, de la cual mana un líquido sanguinolento que cae dentro del cáliz. Rafael Santos Torroella ha sugerido que el líquido es, de hecho, esperma, simbolizado por medio de la saliva, y esta posibilidad se refuerza por la presencia de la sangre, que para Dalí se asocia a menudo con la masturbación (recordemos que en su diario adolescente había expresado su temor a que el exceso de masturbación le hiciera «perder sangre»).[11] El mismo crítico ha señalado otro posible origen para dicho motivo, a saber, una anécdota incluida en un libro de Ernesto Giménez Caballero, *Yo, inspector de alcantarillas* (1928), en la que un viejo jesuita recuerda cómo un compañero suyo de colegio solía alardear de haber eyaculado encima del cáliz, exclamando «me corro en Dios y en la Virgen, su madre, y en el copón bendito». Dalí, que había estado en estrecho contacto con Giménez Caballero en 1928, cuando publicaba con frecuencia en *La Gaceta Literaria,* conocería forzosamente el atrevido libro y muy bien pudo haberle impresionado este alarde de osadía. Es incluso posible que la fanfarronada de *El Sagrado Corazón* por la que su padre lo echó de casa estuviera calcada sobre la misma frase.[12]

Dalí también tendría presente el retablo de Paolo Uccello, asimismo titulado *La profanación de la hostia,* en uno de cuyos paneles una hostia sangra después de intentar en vano quemarla unos judíos.[13] Y cabe aventurar que estaría al tanto de que, en *El manual secreto del confesor* de Bouvier (vilipendiado por Max Ernst en su artículo «Danger de pollution», publicado en *Le Surréalisme au Service de la Révolution* en diciembre de 1931), la eyaculación en el Sagrado Cáliz se califica de pecado particularmente espantoso.[14]

La vertiginosa estructura que ocupa el centro de la obra, con elementos *Art Nouveau* que la relacionan con *El gran masturbador,* contiene otras cuatro cabezas de onanistas, cada una con una langosta pegada a la boca y, para intensificar la sensación de espanto, hormigas. Desde la lejana playa, una mujer de porte estatuario y dimensiones en apariencia enormes mira altiva en dirección a los masturbadores, indiferente a las figuras que la rodean (entre las que destaca un hombre desnudo situado exactamente detrás de ella). Pero es en el oscuro primer plano donde, en la sombra, está ocurriendo algo realmente insólito. Aquí aparece una vez

más la testa del león, nueva alusión al padre furioso, yuxtapuesta a la figura masculina de mirada alucinada y lasciva, dotada ahora con un enorme
XV pene, a quien conocemos por *El juego lúgubre*. Como en éste, un personaje joven se apoya, avergonzado y sumiso, sobre el hombro del adulto. A su derecha se ve a una muchacha en una postura similar. Los centelleantes blancos de los ojos de una mujer sugieren un estado de violenta excitación. Nalgas y pechos desnudos brillan voluptuosos en la penumbra.

Una vez en posesión de una buena idea pictórica, Dalí tendía a repetirla a machamartillo, obsesivamente. Tras inventar la cabeza del Gran Masturbador, las produjo a centenares; el Reloj Blando había empezado a proliferar apenas concebido, y ahora la hostia y el cáliz profanados inician su andadura, repitiéndose en docenas de cuadros y dibujos de los meses y años siguientes.[15]

La exposición de Dalí en Colle marcó la aparición en su vida de Julien Levy, joven e inquieto neoyorquino que preparaba en estos momentos la inauguración de una galería de arte contemporáneo en la Madison Avenue de Nueva York. Levy –cuya esposa, Joella, era hija de la poetisa y pintora inglesa Mina Loy– hablaba un buen francés, se interesaba por la fotografía, coqueteaba con el cine y era amigo íntimo de Marcel Duchamp, que lo había introducido en los círculos artísticos de París en 1927. Allí había conocido Levy a muchos artistas y escritores expatriados (entre ellos James Joyce), además de a Man Ray y los surrealistas. Dos años más tarde había visto su primer Dalí, *Los placeres iluminados*, en el escaparate de Goemans. Ahora, en 1931, se encontraba otra vez en París, en busca de cuadros surrealistas para su galería, y acababa de conocer a Pierre Colle, «un hombre más joven que yo, moreno, magnético y ardiente de entusiasmo», con el cual trabó enseguida amistad.[16]

Levy, fascinado por la exposición de Dalí (aunque tenía ligeros recelos respecto de lo que estimaba la versatilidad excesiva del catalán), adquirió *La persistencia de la memoria* por el precio al detallista de doscientos cincuenta dólares, más de lo que jamás había pagado por un cuadro. Se lo enseñó a su padre, de paso en París. Éste dio el visto bueno, aunque opinó que un título más idóneo sería *Relojes fláccidos*. Ante tal aprobación paternal, Levy ya no dudaba de que al gran público norteamericano le encantaría el cuadro. No andaba equivocado.[17]

En la brillante y aguda autobiografía de Levy, *Memoir of an Art Gallery*, no queda claro si conoció a Dalí personalmente ese mismo verano de 1931. Pero, si no fue así, el encuentro se produjo poco después:

Cuando lo conocí, Dalí no confirmó mi idea preconcebida de que a lo mejor iba a resultar superficial o adulador. Lo encontré inquietante. Y nunca ha dejado de serlo, no a causa de cualquier ambigüedad sino, más bien, de su inquebrantable intensidad y franqueza. Clavó en mí la inquietante mirada de sus ojos negros,* se arrimó a mí, sus manos inquietas cogiéndome ahora por la manga, ahora por la solapa, o revoleándolas con energía mientras me contaba su última teoría daliniana, la más revolucionaria de todas cuantas hubiera concebido, su obra más reciente y aún no vista, tal vez aún inacabada, y de pronto viva y nítida en su imaginación. [18]

Levy y Colle se entendieron tan bien que acordaron que el norteamericano sería el primer galerista en organizar una muestra de Dalí en Nueva York. La ciudad no era todavía el centro de arte en que se convertiría más tarde, y la pintura contemporánea europea se conocía allí poco y mal. Levy descubrió con deleite y asombro que le iba a corresponder a él cambiar esa situación. Sin embargo, la exposición individual de Dalí aún tendría que esperar dos años. Mientras tanto, Levy regresó a Nueva York con *La persistencia de la memoria* («veinticuatro centímetros por treinta y tres de dinamita daliniana»), que sería expuesto por primera vez en diciembre de 1931 en el Wadsworth Atheneaum (Hartford, Connecticut), al cual el generoso marchante joven prestaría su muestra colectiva *Surrealism: Paintings, Drawings and Photographs* antes de inaugurar con ella su propia galería neoyorquina en enero de 1932.

Acompañando *La persistencia de la memoria* en la exposicion surrealista de la galería Levy figuraban otros dos Dalís procedentes de colecciones particulares (*Soledad* y *Bord de la mer).* Compartiendo la muestra con ellos había obras de Picasso, Ernst, Pierre Roy, Duchamp, Man Ray, Jean Cocteau, Joseph Cornell y una selección de fotografías de Eugène Atget, Man Ray, Moholy-Nagy y otros. La exposición fue un enorme éxito. «Una agradable locura impera en la nueva e interesante galería de Julien Levy, con su mezcolanza de cuadros, dibujos, carteles y otros objetos surrealistas», escribió *Art News* el 16 de enero de 1932. «El señor Levy ha hecho un gran esfuerzo por ponernos al tanto de lo que pretenden estos hombres ultramodernos, y hay que felicitarlo por la

* Dalí, en realidad, tenía los ojos color gris verdoso, no negro.

equilibrada selección de representantes del bando surrealista.»[19] «Los historiadores del arte contemporáneo», reflexionaría el mismo Levy años después, «nunca me convencerán de que la primera exposición surrealista norteamericana no fuera la mía.» *La persistencia de la memoria* se comentó y se reprodujo en numerosas publicaciones. «Aparecieron viñetas del cuadro en los tabloides más chabacanos», recordaba Levy, «y de costa a costa no hubo periodista que no escribiera algo sobre *Relojes fláccidos*.»[20]

A Dalí debieron de llegarle pronto noticias de que en Nueva York había un público ansioso de conocer mejor su obra. Levy, por su parte, convencido ahora de que podía promover con éxito en Estados Unidos la producción del catalán, le compró a Paul Éluard *Los placeres iluminados* (el primer Dalí que había visto) y, a André Breton, *La adecuación del deseo*.[21]

Levy no era el único aficionado norteamericano que había admirado la exposición de Dalí en la Galería Pierre Colle. También la había visto Alfred Barr, primer director del Museo de Arte Moderno de Nueva York (MOMA), inaugurado en 1929, y uno de los profesores de Bellas Artes de Julien Levy en Harvard. Barr y Dalí se conocieron por estas fechas en una cena ofrecida por los vizcondes de Noailles. El director del MOMA, recordaría Dalí, era «joven, pálido y de aspecto muy enfermizo; sus gestos eran rígidos y rectilíneos como los de las aves que picotean –en realidad, estaba picoteando los valores contemporáneos–, y se tenía la sensación de que poseía la gracia de atrapar precisamente los granos llenos, nunca la cáscara. Su información en cuestión de arte moderno era enorme». La esposa de Barr profetizó que Dalí tendría un éxito fulminante en Estados Unidos, y lo alentó a que visitara el país. A partir de 1931, de hecho, Nueva York nunca estaría lejos de los pensamientos de Dalí.[22]

LA MUJER ESTÉRIL... Y CADAQUÉS

Entretanto el problema ginecológico de Gala, que había empezado a afectarla el verano anterior, empeoró. Descubrió ahora, espantada, que se le había formado un fibroma. Aunque la historia clínica no se ha encontrado, parece que el especialista consultado, el doctor René Jacquemaire, decidió extirpar el tumor sin pérdida de tiempo. Cuando Ernesto Giménez Caballero vio a Dalí en París hacia el 20 de julio de 1931, el pintor le contó que Gala acababa de someterse a «una operación terrible. Un fibroma en el sexo» y que al día siguiente la llevaba a los Pirineos franceses. Es posible que la operación fuera una histerectomía. Gala «es la mujer estéril y de sal, que fecunda y endulza el arte de Dalí», comentó Giménez unas semanas después en *La Gaceta Literaria*, añadiendo que el pintor «cree que éste es un amor perverso, porque ella es la mujer de un camarada y porque es estéril y violenta. Esta creencia le hace sublimar su amor propio, y le da fuerzas para seguir viendo perversa y adorable a la mujer visible». Esta definición de Gala como mujer estéril y violenta –acuñada por Dalí– sería consagrada por Éluard y Breton en su *Dictionnaire abrégé du surréalisme*, publicado en 1938.

Dalí le habló a Giménez de los planes que existían para organizar una exposición de objetos surrealistas, y le anunció que estaba diseñando un parque de atracciones surrealista, que incluiría una bola dentro de la cual los visitantes tendrían la ilusión de regresar al óvulo materno. Giménez llegó a la conclusión, correctamente, de que el proyecto (nunca llevado a cabo) era para los Noailles.[23]

El lugar de reposo elegido para la convalecencia de Gala fue Vernet-les-Bains, encantador balneario de los Pirineos orientales al pie del Canigó. Ella llegó allí el 21 de julio acompañada por René Crevel, ahora uno de los mejores amigos de la pareja. Dalí, que tuvo que quedarse en París, les siguió dos días después, y también les hizo una breve visita Paul Éluard.[24]

Dalí logró animar al neurótico Crevel y, cuando no pintaba, mantenía con él largas discusiones. «Mis conversaciones con Dalí giran en torno a la ausencia de una filosofía contemporánea, en torno al deseo y la voluntad general de crear esa filosofía», le escribió Crevel a la vizcondesa de Noailles.[25]

El 30 de julio, tras la partida de Éluard, los tres se trasladaron a Port Lligat, anunciando el *Empordà Federal* de Figueres, el 15 de agosto, que Dalí, «el formidable artista y gran comunista», acababa de llegar de Vernet para instalarse en su casa junto al mar.[26] Crevel estaba radiante en compañía de los Dalí, y muy impresionado por el paisaje del cabo de Creus. «Al fin he conocido Cadaqués, estoy viviendo y escribiendo aquí», le contó a Marie-Laure. «La pintura y los escritos de Dalí nos sorprenden a cada minuto. Está escribiendo un poema sobre Guillermo

Tell y sigue trabajando en *El hombre invisible*» (el poema, anunciado unos meses después en *L'Amour et la memoire,* nunca se publicó). La barraca de pescadores, ahora muy reformada, le parecía «cómoda, al estilo de una casa de muñecas», y Cadaqués «increíblemente atrasado», con la pobreza y el analfabetismo a la orden del día. Los lugareños los miraban boquiabiertos, sobre todo cuando Gala aparecía luciendo su «pijama» –vestido muy de moda entonces– y Dalí un jersey Lacoste rojo y pantalones cortos. Salvador seguía ocupándose del retrato de Marie-Laure de Noailles comenzado tiempo atrás en París. «Qué suerte tienes tú que consigues inspirar a los artistas», le comentó Crevel a su amiga.[27]

Durante su temporada en Port Lligat Crevel trabajó en *Dalí o el antioscurantismo,* ensayo publicado en noviembre de ese año (la valoración más inteligente de la obra de Dalí hasta la fecha), retozó con Gala en el jardín, se maravilló ante las metamorfosis del cabo de Creus y participó en las sesiones de fotografía con una sábana que Dalí recuerda en *La ve-*
XXII *jez de Guillermo Tell.* A André Thirion le impresionaron hondamente éste y otros cuadros ejectuados en estos meses, que interpretó como un apasionado homenaje a la Gala que Dalí había temido perder en la intervención quirúrjica.[28] Al parecer el pintor explicó más tarde que *La vejez de Guillermo Tell* expresaba su repudio y el de Gala por Dalí Cusí,[29] pero esto es sólo una parte de la historia. Detrás de la sábana, como ha escrito uno de los biógrafos de Dalí, dos mujeres le están haciendo «cosas que no se pueden decir» a Guillermo Tell (presumiblemente una masturbación o una felación), mientras la pareja que representa a Gala y Dalí se aleja avergonzada o asqueada.[30] Contra la columna de la izquierda se apoya una figura que recuerda a la vulnerable Gala de *Monumento imperial a la mujer-niña,* y al fondo se ve el cuerpo desnudo de la musa adornada por las mismas rosas que aparecen en *El hombre invisible* y *Rosas ensangrentadas.* La figura está abrazando a un personaje masculino que, se supone, es Dalí.

Dalí o el antioscurantismo da fe de la profunda impresión que había producido en Crevel *La mujer visible,* las teorías de Dalí sobre la paranoia y, en especial, su defensa del *Art Nouveau.* Crevel quería ver con sus propios ojos los edificios de Gaudí que habían encendido la imaginación de su amigo en la infancia, esas «realizaciones de deseos solidificados» cuya genialidad Dalí se encargaba de proclamar en París. El pintor lo acompañó por ello a Barcelona, y Crevel escribió entusiasmado a Marie-Laure y al príncipe Jean-Louis Faucigny-Lucinge para describirles la asombrosa variedad de «increíble» arquitectura modernista que atesoraba la ciudad.[31]

Crevel también les habló de la animación y las miserias del célebre barrio chino de Barcelona, al que Dalí había llevado a Lorca unos años 71
antes, y les dijo que estaba muy sorprendido por el fervor político de los jóvenes militantes izquierdistas que iba conociendo.[32]

Entre éstos se contaba Jaume Miravitlles, el viejo amigo de Dalí, convertido ahora en una de las principales figuras de un joven partido comunista no estalinista, el Bloc Obrer i Camperol (Bloque Obrero y Campesino), fusión de dos grupos escindidos de la Segunda Internacional.[33] Met, que hasta su muerte disfrutaría recordando que había sido uno de los maristas arrastrados por el suelo en *Un perro andaluz,* luchaba entonces con su acostumbrada vehemencia para impedir que la Segunda República perdiera su empuje revolucionario, y se interesaba por las relaciones entre el surrealismo y el comunismo. De sus conversaciones con Dalí y Crevel salió una invitación para que ambos dieran una conferencia en Barcelona, en un mitin organizado a tales efectos por el Bloc.

El acto se celebró el 18 de septiembre de 1931, presidido por Miravitlles, que lo abrió diciendo a la numerosa concurrencia de trabajadores y de estudiantes (con algunos pocos intelectuales de clase media) que, justo después de la revolución rusa, Dalí, Martí Vilanova, Rafael Ramis y él habían creado en Figueres lo que podía considerarse el primer sóviet español. Por lo tanto, Dalí era de confianza: su historial revolucionario se remontaba a la adolescencia. No obstante, insistió Miravitlles, existían diferencias fundamentales entre el surrealismo y el comunismo, en especial la relativa importancia atribuida a la cuestión económica: los surrealistas querían una revolución desde dentro, un cambio radical en el interior del ser humano, mientras el comunismo estaba convencido de que sólo una nueva estructura económica sería capaz de cambiar la sociedad. Pese a esta divergencia, tenían un poderoso común denominador: el odio a la burguesía y el decidido ánimo de destruirla.[34]

Crevel habló primero, en francés y con un intérprete. A juzgar por el resumen catalán, al público no debió de resultarle en absoluto fácil seguir el hilo de su intervención. Tras señalar que el surrealismo era un movimiento, no una escuela, insistió en que daba prioridad a la acción colectiva sobre la individual. El surrealismo se había opuesto a la guerra francesa en el Rif contra Abd el Krim, y, por supuesto, apoyaba la revolución en España. Crevel atacó el *establishment* intelectual, para él un dócil instrumento al servicio de la burguesía, se explayó sobre la cuestión de los prejuicios raciales y el antisemitismo y manifestó su odio a la Iglesia católica, para terminar citando la definición del surrealismo debida a Breton: «Automatismo puro mediante el cual se intenta expresar la función real del pensamiento, en ausencia de todo control ejercido por la razón y libre de toda consideración estética o moral.» Crevel tuvo la impresión de que su charla le había salido bien.[35]

A continuación le tocó el turno a Dalí. Su conferencia se titulaba, como la actual revista del movimiento, «El surrealismo al servicio de la revolución». El pintor empezó atacando el *establishment* cultural catalán, como lo había hecho en el Ateneu en 1930, y les pidió a los periodistas «burgueses» presentes que se retiraran. Algunos lo hicieron. Seguidamente declaró que el surrealismo había desarrollado un método para penetrar en lo que él denominaba «zona subterránea y proletaria de la mente». La «surrealidad» estaba en abierta oposición a la «realidad» capitalista, a las convenciones del pensamiento capitalista, y su objetivo era desmoralizar a la sociedad burguesa. Que estaba consiguiendo su propósito lo demostraban los ataques de que era objeto. Dalí explicó a continuación que, si bien los surrealistas eran comunistas, la necesidad de conciliar a Marx y Freud chocaba a menudo contra el «cretinismo de los representantes oficiales de la literatura proletaria», como Henri Barbusse, por ejemplo. Dalí subrayó que no pretendía afirmar que el surrealismo sería el «estado mental» del proletariado en el futuro, pero dijo que sí creía que era el único movimiento vital contemporáneo compatible con el comunismo. En un momento en que el gobierno provisional español daba claras señales, a su juicio, de ser antirrevolucionario en sus intenciones, recomendaba a los comunistas que emprendiesen la revolución *moral.* El resumen de su discurso (falta el manuscrito) concluye:

> [Dalí] instó al público, en nombre de los surrealistas, a que descendieran al mundo subversivo del surrealismo. «Malditas sean las veinticinco mil escuelas proyectadas, los Ortega y Gasset y los Marañones de España, gente que conserva las innobles ideas de patria y familia. En un momento en que a los presos les disparan por la espalda, el silencio de los intelectuales los hace cómplices...» Recomendó que se dejara de lado el sentimentalismo, que se escupiera sobre la bandera nacional, amenazando a los padres con pistolas y descendiendo al mundo de la subver-

sión. Y afirmó que el grupo político más idóneo para la juventud catalana era el comunista y que el único ejemplo que valía la pena seguir era el de los sindicalistas que habían combatido en esa misma calle.* Terminó su discurso con un «¡Viva el sindicato de la construcción!».[36]

La estrecha identificación del pintor con el Bloc Obrer i Camperol
quedó ratificada en los siguientes números de *L'hora,* revista del Partido, que reprodujo varias viñetas antiburguesas realizadas por Dalí en los 46
años veinte, y que más tarde se incluirían, con una excepción, en el libro
de Miravitlles *El ritmo de la revolución* (1933).

Por lo que a *L'hora* le concernía, Dalí era miembro de pleno derecho del Bloc. No obstante, algunos simpatizantes de la organización no estaban convencidos de su total compromiso con la causa. Incluso Miravitlles tenía sus dudas, como se desprende de su panfleto *Contra la cultura burguesa,* publicado poco después del acto. Met apreciaba la eficacia de los ataques subversivos de Dalí, y del surrealismo en general, a los valores burgueses. Pero éstos no significaban que el surrealismo fuera la respuesta idónea a los problemas del proletariado. Ningún trabajador digno de tal nombre podía seguir el consejo de Dalí de «regresar a las fuentes prístinas del crimen, del exhibicionismo y de la masturbación», escribió Met, displicente, pues crimen, exhibicionismo y masturbación «no son más que elementos decadentes incrustados en el capitalismo».[37]

No disponemos de más información sobre las relaciones de Dalí con Miravitlles y el Bloc Obrer i Camperol, en gran parte por culpa del desmantelamiento o dispersión de archivos durante la guerra civil. Para seguir el desarrollo de la participación y el pensamiento políticos del Dalí de estos años, nuestra principal fuente de información es su incompleta correspondencia con André Breton, dividida entre París y (aunque resulte sorprendente) Edimburgo.

DALÍ Y EL «OBJETO SURREALISTA»

El «objeto surrealista» fue una de las creaciones más originales del movimiento y el resultado final de titubeos que se remontaban al cubismo analítico. Al revelar las estructuras ocultas o secretas de objetos familia-

* La de Mercaders.

res –guitarras, periódicos, botellas, mesas, casas, etc.–, los experimentos habían inaugurado una original y revolucionaria manera de ver el mundo exterior. Pronto se sintió la necesidad de liberar al objeto de las limitaciones que se le imponían al representarlo sobre una superficie plana, y en este aspecto los surrealistas no dudaban en reconocer como predecesor directo a Marcel Duchamp, con su «invención» de lo que él denominaba el *objet tout fait,* cuyo primer ejemplo fue una rueda de bicicleta montada sobre un taburete (1913). Dos años después, Duchamp había reemplazado el término francés con la palabra inglesa *ready-made.* Su esfuerzo más célebre en el género sigue siendo *Fuente,* expuesto en 1917: un orinal de porcelana con un no disimulado caño fálico.[38]

Los *ready-mades* de Duchamp despertaron el entusiasmo de los daístas, con su voluntad de escandalizar a la sociedad de posguerra, sacándola de su letargo y de sus convencionalismos. *Regalo,* de Man Ray (1921) –una plancha con afilados dientes que la hacía inservible para su tarea original– era un brillante e ingenioso eslabón en la cadena que conduciría al «objeto surrealista». El movimiento heredó la fascinación de Dadá por el *ready-made,* e inició una experimentación más rigurosa, percatándose enseguida del potencial del género para expresar mensajes inconscientes. El primer número de *La Révolution Surréaliste* (1 de diciembre de 1924) indicó el camino a seguir al ilustrar su prólogo con una fotografía de Man Ray en la que se apreciaba un inquietante objeto no identificado envuelto en arpillera y atado con cuerdas.[39]

Ese mismo año Breton vio en un sueño un libro extraño. Su lomo era un gnomo de madera con una larga barba asiria que le llegaba a los pies, y las páginas estaban hechas de espesa lana negra. «Me gustaría poner en circulación algunos objetos como éste», escribió en su *Introducción al discurso sobre el poco de realidad,* plaqueta publicada por Gallimard en 1927; «el futuro de estos objetos me parece sumamente problemático e inquietante.»[40] Muy pronto él y otros miembros del grupo se pusieron afanosamente a crear artefactos de inspiración onírica. En 1928 Breton publicó en *La Révolution Surréaliste* una fotografía de un objeto fabricado por él y Aragon. Llamado *Aquí yace Giorgio de Chirico,* consistía en una caja que contenía una extraña colección de minúsculos objetos entre los que había una torre de Pisa, debidamente inclinada, y una máquina de coser.[41]

Un artículo publicado por Dalí en el último y «surrealista» número de *L'Amic de les Arts* (31 de marzo de 1929), antes de su segundo viaje a

París, demuestra que había ya leído la *Introducción al discurso sobre el poco de realidad.* Bajo el epígrafe «Objetos surrealistas. Objetos oníricos», había escrito:

> Junto a los *objetos surrealistas* ya creados y definidos, Breton ha propuesto la confección de nuevos objetos que, respondiendo igualmente a las urgencias del fetichismo humano, suponen un lirismo particular que viene a tener con el lirismo del objeto surrealista lo que el texto surrealista con el texto onírico.
>
> Estos nuevos objetos, que podrían ser considerados como *objetos oníricos,* satisfarían, como dice Breton, el eterno deseo de verificación; sería necesario, añade, confeccionar en la medida de lo posible algunos objetos a los que solamente pudiéramos aproximarnos entre sueños y que parecen tan poco defendibles si se los considera en relación con la utilidad o en relación con el placer.[42]

En sus cuadros de finales de los años veinte, Dalí había atestado sus escenas de playa con representaciones bidimensionales de objetos que merecían, prácticamente, el nombre de surrealistas, siendo el más obvio ejemplo los esqueléticos *aparells* que proliferan en *La miel es más dulce* 44
que la sangre. Y podría afirmarse que la caja que guarda la mano amputada en *Un perro andaluz* fue el primer objeto surrealista en aparecer en una película. Era natural, por lo tanto, que Dalí se dedicara ahora a crear con gran entusiasmo objetos tridimensionales.

Uno de los primeros fue *Plancha de asociaciones demenciales,* tam- XXI
bién llamado *Fuegos de artificio* (1930-1931), en el que utilizó una exquisita caja de cohetes, petardos, bengalas, buscapiés y otros artilugios pirotécnicos. Cada objeto estaba cuidadosamente etiquetado por otra mano, como si toda la caja fuera un pieza de museo, y sobre los fuegos artificiales Dalí pintó pequeñas y meticulosas miniaturas de sus iconos obsesivos de entonces: zapatos de tacón alto (uno de ellos con un vaso de leche dentro, otro frotando un clítoris), Guillermo Tell sangrando por los ojos, hormigas, grandes masturbadores (uno con la tremebunda langosta pegada a la boca), el motivo del jarrón con la cara de un Dalí cretino, un imaginativo coito (la mujer encima), el lascivo adulto de siempre, con su repelente sonrisa, y, sobre el más voluminoso petardo de la colección, con la etiqueta «Volcán en erupción», una mujer con medias negras alzando una pierna para exhibir sus genitales.

En algún momento de 1931 Breton le pidió a Dalí y a André Thirion que le sugirieran propuestas para intensificar las actividades surrealistas de grupo. Thirion, animado por Aragon, optó por acciones anticlericales; Dalí, por la proliferación de objetos surrealistas.[43] Ambas sugerencias fueron aceptadas. El anticlericalismo se hizo virulento en las páginas de *Le Surréalisme au Service de la Révolution*, con Georges Sadoul como principal exponente, y en diciembre de 1931 Breton, en el mismo sitio, pedía a todos sus amigos que pusieran en práctica la propuesta daliniana de fabricar «objetos animables, abiertamente eróticos, es decir, destinados a proporcionar, por medios indirectos, una particular emoción sexual».[44]

En el mismo número de la revista Dalí publicó su artículo «Objetos surrealistas», que contenía un «catálogo general» de las variantes del género: *Objetos de funcionamiento simbólico* (origen automático), *objetos transustanciados* (origen afectivo), *objetos arrojadizos* (origen onírico), *objetos envueltos* (fantasías diurnas), *objetos-máquinas* (fantasías experimentales) y *objetos moldeados* (origen hipnagógico). A continuación analizaba la primera categoría, apuntando que en sucesivos artículos se iría dedicando a las otras cinco (cosa que nunca hizo). «Los objetos de funcionamiento simbólico», explicaba, se prestaban a un mínimo de funcionamiento mecánico y se basaban en «las fantasías y representaciones susceptibles de ser provocadas mediante la ejecución de acciones inconscientes.» Dalí no tenía duda alguna de que tales acciones inconscientes eran fantasías eróticas de carácter esencialmente perverso. Reconocía que su inmediato punto de partida para la crea-
79 ción de estos objetos era la *Bola suspendida* de Giacometti (1930-1931), reproducida en el mismo número de la revista, que describe en los siguientes términos:

> Una bola de madera con una cavidad femenina pende de una fina cuerda de violín encima de una forma en creciente, una de cuyas aristas roza la cavidad. El espectador se siente instintivamente tentado a hacer deslizar la bola sobre esa arista, pero la longitud de la cuerda sólo le permite hacerlo parcialmente.

La única objeción de Dalí al objeto de Giacometti era que aún dependía excesivamente de la escultura (era, como dijo Crevel en el mismo número, una «escultura animada»).[45] El auténtico objeto surrealista, en cambio, debía estar totalmente libre de preocupaciones formales por parte del artista. Los objetos de funcionamiento simbólico descritos por Dalí, e ilustrados en ese mismo número de la revista, son el sutilmente erótico *Mano enguantada y mano roja*, de Valentine Hugo,[46] *Sillín de bicicleta, esfera y follaje*, de Breton,[47] un objeto de Gala, *Esponjas y tazón de harina* –demostración de que la musa no carecía de talento creativo– y *Zapato y vaso de leche*, del propio Dalí, más tarde rebautizado *Objeto escatológico de funcionamiento simbólico*, que él mismo luego describiría así:

> Un zapato de mujer dentro del cual se ha colocado un vaso de leche tibia en el centro de una pasta de forma dúctil y color excrementicio.
>
> El mecanismo está diseñado para sumergir un terrón de azúcar, sobre el que se ha pintado la imagen de un zapato, en la leche, a fin de observar cómo se disuelve el azúcar y, en consecuencia, la imagen del zapato. Diversos accesorios (vellos púbicos pegados a un terrón de azúcar, una pequeña fotografía erótica) completan el objeto, que se acompaña de una caja con terrones de azúcar de repuesto y una cuchara especial para remover granos de plomo colocados dentro del zapato.

Siguiendo las meditaciones de Breton sobre la ciudad del futuro contenidas en su *Introducción al discurso sobre el poco de realidad*, Dalí imaginó un mundo a punto de ser inundado de objetos revolucionarios que alterarían radicalmente sus percepciones:

> Los museos pronto se llenarán de objetos cuya inutilidad, tamaño y aglomeración obligarán a construir torres especiales en los desiertos para su almacenamiento. Las puertas de esas torres estarán hábilmente camufladas y en su lugar fluirá una ininterrumpida fuente de auténtica leche, que la arena caliente absorberá con avidez.[48]

A lo largo de la década se produjeron enjambres de objetos surrealistas, de infinita variedad y siempre con el ánimo de subvertir la realidad convencional. El mismo Dalí realizó una amplia gama de tales artefactos y redactó numerosos textos teóricos sobre ellos. En la primavera de 1932 le informó a J. V. Foix de que en París iba a celebrarse pronto una exposición «muy completa» de objetos surrealistas (luego se aplazaría), insistiendo en que, cuando eran genuinos, dichos objetos estaban totalmente libres de intervención consciente por parte del artista.[49] En septiembre de 1932 Dalí publicó sus elucubraciones sobre los «objetos comestibles»,[50] y un mes más tarde le comunicó a Breton que estaba trabajando en «objetos líquidos» y «objetos ciegos», así como en un artículo sobre «el canibalismo de los objetos» para su amigo Edward W. Titus, director de la revista inglesa *This Quarter,* editada en París.[51] El número de mayo de 1933 de *Le Surréalisme au Service de la Révolution* incluyó sus sugerencias para la creación de una nueva categoría, el «objeto psicoatmosférico-anamórfico», que debía de elaborarse en la oscuridad total (tal vez se trataba del «objeto ciego»).[52] Algunos de los objetos de Dalí causarían un tremendo impacto tanto en el público como en sus colegas surrealistas, sobre todo *Busto de mujer retrospectivo* (1933) y *Esmoquin afrodisíaco* (1936).

CÓMO ESCANDALIZAR AL PARTIDO COMUNISTA FRANCÉS

En diciembre de 1931 Dalí publica *El amor y la memoria,* llamado «poema» en el colofón, aunque esta denominación sería discutible. El texto oscila entre la claridad y la opacidad, como ocurre a menudo en Dalí, y constituye en esencia un himno a Gala y al cambio que supuso su aparición en la vida del pintor. A fin de subrayar lo profundo de ese cambio, Dalí compara a Gala con la mujer que había sido más importante en su vida inmediatamente antes de que la rusa lo cogiera por asalto. Es decir, su hermana Anna Maria. Y hay que ver cómo evoca a quien había sido tantas veces su modelo:

La imagen de mi hermana
el ano rojo
de sangrante mierda
la polla
semiinflada
apoyada con elegancia
contra
una inmensa
lira
colonial
y personal
el testículo izquierdo

medio hundido
en un vaso
de leche tibia
el vaso de leche
colocado
dentro
de un zapato de mujer...

Siguen cuatro secciones, cada una de las cuales se incia con el verso «la imagen de mi hermana» y revela otros aspectos de su anatomía más íntima. Luego le toca el turno a Gala:

Lejos de la imagen de mi hermana
Gala
sus ojos parecidos a su ano
su ano parecido a sus rodillas
sus rodillas parecidas a sus orejas
los pechos parecidos a los grandes labios de sus genitales
los grandes labios de sus genitales parecidos a su ombligo
el ombligo parecido al dedo de la mano
el dedo de la mano parecido a su voz
su voz parecida al dedo del pie
el dedo del pie parecido al vello de las axilas
el vello de las axilas parecido a su frente
la frente parecida a sus muslos
sus muslos parecidos a las encías
las encías parecidas a su cabello
el cabello parecido a las piernas
las piernas parecidas a su clítoris
su clítoris parecido a su espejo
su espejo parecido a su andar
su andar parecido a sus cedros...

El texto nos pone amablemente al tanto de las características que Dalí aprecia en el temperamento de la musa. La mujer a la que ama «íntegramente»:

me da nociones degradantes
de egoísmo

de una absoluta falta de piedad
de deseable crueldad.

Tal es la voraz intensidad de su obsesión por Gala, nos dice a continuación Dalí, que la tortura más atroz infligida ahora a un amigo le provocaría antes una erección que sentimientos de lástima.

No sabemos cómo reaccionó Breton ante el «poema», pero podemos imaginarlo, ya que en otras ocasiones expresaría su seria preocupación cuando Dalí emitía en su presencia opiniones parecidas.

El amor y la memoria es una demostración del estrecho vínculo que unía a Dalí con Anna Maria antes de la llegada de Gala, y sugiere la presencia de un fuerte elemento incestuoso en su relación. ¿Vio Anna Maria un ejemplar del «poema»? No parece probable, a menos que Dalí, en un acto de suprema crueldad, se encargara personalmente de enviarle uno. Si lo hizo, podemos imaginar que el impacto sobre su hermana debió de ser devastador.

La publicación de *El amor y la memoria* coincidió con la aparición de otro provocativo texto daliniano, «Rêverie» (Ensueño), en el cuarto número de *Le Surréalisme au Service de la Révolution* (diciembre de 1931). Escrito, según Dalí, en Port Lligat el 17 de octubre de 1930, al levantarse de su siesta habitual, el texto se propone documentar, con distanciamiento clínico, una fantasía onanista surgida al meditar sobre *La isla de los muertos* de Böcklin, cuadro que fascinaba a Dalí y que se proponía analizar en su proyectado libro *La pintura surrealista a través del tiempo* (anunciado en *El amor y la memoria).* La fantasía, que se prolonga varios días, combina dos escenarios clave de la juventud de Dalí: el Molí de la Torre de los Pichot, y la Font del Soc, fuente rodeada de cipreses que se encuentra a medio camino entre Figueres y Vilabertran y a la que la familia solía ir de paseo cuando Salvador era niño. En cuanto a la voluptuosa Dulita, de once años de edad, objeto del deseo en esa ensoñación, se inspira en Julieta, la hija adoptiva de Pepito Pichot, cuyos encantos eróticos recuerda Dalí, como hemos visto, en su diario en 1922, y más tarde en *Vida secreta.*

Con la escrupulosa atención al detalle que lo caracteriza, Dalí proporciona al lector precisas indicaciones relativas a cada fase de su plan para sodomizar a Dulita en el establo de la Torre. Para su iniciación contrata los servicios de la madre viuda de la muchacha, Matilde –que acepta «por masoquismo», pues está enamorada del narrador–, y de Gallo, vieja prostituta, que le enseñan a Dulita un álbum de postales pornográficas. Ya que Dalí es adorador del culo, Dulita está bien dotada en este aspecto. Erecciones de diversos grados de rigidez se suceden a medida que avanza la fantasía, con Dalí tocándose sin parar el miembro («movilizándolo», guardándolo y volviéndolo a sacar). Pero cuando, tras seis densas páginas, está a punto de consumarse la penetración, Dulita (¡oh, sorpresa!) se convierte en Gala.[53]

Tal vez lo más interesante de «Rêverie» sea el carácter obsesivo de la fantasía, cuyos «detalles y matices más microscópicos» el mismo texto reconoce: para llegar al orgasmo, cada aspecto debe estar organizado con precisión infalible; de lo contrario, no habrá eyaculación. Así es Dalí.

«Rêverie» era obsesivo, sin duda. Y también chocante, incluso para la mentalidad comunista ortodoxa. El 3 de febrero de 1932, Aragon, Unik, Sadoul y Maxime Alexandre, los únicos surrealistas entonces afiliados al Partido Comunista francés, fueron convocados al cuartel general del partido (120, rue Lafayette) para responder por la publicación del pecaminoso texto. «Lo único que queréis es complicar las relaciones simples y sanas entre hombres y mujeres», pontificaría un funcionario, según le contó Aragon a Breton. La exhortación a abjurar del surrealismo fue recibida con una «negativa tumultuosa», según Alexandre.[54]

Está claro que Aragon, al margen de lo que dijera en la sede del Partido Comunista, tenía ya serios recelos respecto de Dalí. Según André Thirion, que lo conocía bien, Aragon había regresado de Járkov en noviembre de 1930 convencido de que Freud era un contrarrevolucionario y habiendo perdido totalmente su sentido del humor. La divinización de Freud por parte de Dalí, y la ostentación que éste hacía de su vida interior, irritaban cada vez más a Aragon durante 1931, y Thirion tuvo que dedicar tiempo y energía a la tarea de intentar convencerlo no sólo de que el catalán era de vital importancia para el surrealismo sino de que había que permitírsele actuar a su aire, siempre que al hacerlo no resultara excesivamente intolerable.[55]

A principios de marzo de 1932 Breton publicó *Miseria de la poesía*, defensa a ultranza y minuciosamente razonada del rabioso poema antiimperialista y procomunista de Aragon, «El frente rojo», publicado en enero, que ofendió tanto al ejército francés que el autor se enfrentaba a la posibilidad de pasarse cinco años en prisión acusado de incitar a la desobediencia militar y al asesinato.[56] Pero si bien es cierto que Breton despreciaba el *establishment* político francés, al que calificaba de «profascista», deploraba igualmente la campaña lanzada desde el Partido Comunista contra el trotskismo y el surrealismo. El 9 de febrero de este mismo 1932, una diatriba publicada en *L'Humanité* se había referido con desdén al «revolucionarismo» de los surrealistas, que tachó de «meramente verbal».[57] Breton estaba furioso y en una durísima nota a pie de página dejó ahora bien claro su desprecio por el puritanismo sexual de los comunistas y por su rechazo de los «magníficos descubrimientos» de Freud. Los comunistas habían sido incapaces, declaró, de ver más allá del «contenido manifiesto» de «Rêverie», que a él le parecía «muy bello».[58]

Cuando apareció *Miseria de la poesía* Dalí se encontraba en Cataluña. Desde allí le escribió a Breton, comentando con sarcasmo la absurda popularidad del cine soviético, con su ingenuo idealismo, entre la burguesía catalana. Más importante, adjuntaba una copia de las respuestas de Dalí a la encuesta sobre el deseo distribuida por iniciativa de un grupo de surrealistas yugoslavos.[59] Las preguntas tenían que ver con las más profundas convicciones del pintor:

> 1. ¿Qué importancia atribuye a los deseos del hombre y a sus exigencias más inmediatas, y, en particular, a sus propios deseos y exigencias?
> *Atribuyo una muy gran importancia a los deseos del hombre y la máxima importancia a mis propios deseos.*
>
> 2. ¿Cree que sus deseos y exigencias pueden estar en conflicto con su vocación y sus obligaciones (en el sentido más amplio de estos dos términos)? En caso afirmativo, explique cuáles son estas exigencias, estos deseos, estas obligaciones. ¿Cómo resuelve este conflicto teóricamente y cómo en situaciones prácticas?
> *No puedo concebir mi vocación (!) ni mis obligaciones separadas de mis deseos porque mi vocación y mis obligaciones son la realización de mis deseos.*
>
> 3. ¿Tiene deseos secretos, de los que suelen considerarse reprochables, inmorales o bajos, o que usted mismo encuentra viles, infames y repelentes? En caso afirmativo, ¿qué hace al respecto? ¿Lucha contra ellos o los satisface con la imaginación? ¿O en la práctica? ¿Qué papel desempeña la fuerza de voluntad en esos casos? ¿Y su conciencia?
> *No tengo el menor problema en hacer públicos mis deseos considerados más vergonzosos, lo cual no significa que lo haya logrado plenamente, pese a mis muy marcadas tendencias exhibicionistas. Tengo deseos ocultos, ocultos para mí mismo, puesto que cada día descubro deseos nuevos. Creo que nuestros deseos secretos representan nuestro verdadero potencial, y también*

que la auténtica cultura del espíritu sólo puede residir en nuestros deseos. Ningún deseo es reprochable, la única falta es reprimirlos. Para recurrir a la terminología corriente, todos mis deseos son viles, infames, repelentes, etcétera... Concedo gran importancia a la voluntad, empujando el mecanismo de ésta hasta el «delirio paranoico» puesto al servicio de la realización de mis deseos.

4. ¿Tiene algún ideal elevado? ¿Qué hace para ponerlo en práctica? ¿Qué deseos le parecen más nobles?
No tengo ideales «elevados». Los que considero más nobles son los que considero «más humanos, es decir, más perversos».

5. ¿Cree que la palabra «deseo» se justifica en todos los casos en los que habitualmente se emplea? ¿Cree que tal vez deberíamos distinguir entre las diversas necesidades que solemos llamar deseos? ¿Considera, por ejemplo, que existe una diferencia esencial entre las necesidades sensoriales (la necesidad de escuchar música)? ¿Qué importancia y qué papel les atribuye a cada una de ellas?
El término «deseo» me parece justificable en todos los casos con potencial de libido, es decir, en todos los casos habituales. No veo una diferencia fundamental (véase «sublimación»).

6. ¿Cree, al contrario, que ciertas distinciones se han establecido erróneamente y que deberían suprimirse y dar una definición más concisa a la noción? ¿Considera, por ejemplo, que la pasión y la ambición son distintas del deseo?
Lo mismo para todos los conceptos en general.

7. ¿Qué importancia atribuye a los padres y a los profesores de los jóvenes en relación con el deseo? ¿Qué peligros detecta en los malos métodos educativos, si existen, y cuál es la utilidad de los buenos en ese caso? ¿Qué opina de los actuales métodos de enseñanza, o de los que se han empleado en diferentes países y épocas, en relación con los febriles deseos de la juventud?
Despertar el mayor número de deseos posible; fortalecer el principio de placer (la aspiración más legítima del hombre) frente al principio de realidad. La consecuencia del método opuesto (fortalecimiento del principio de realidad frente al principio de placer) es una degradación moral. Sade: el único educador perfecto para los desenfrenados deseos de la juventud.[60]

Las respuestas de Dalí van al corazón de las convicciones surrealistas sobre la naturaleza humana y de su rechazo de la moral cristiana (considerada aberración monstruosa cuyo propósito inconfesado es esclavizar al hombre). Fiel a su temperamento fanático, y estimulado ahora por una mujer que lleva años dando rienda suelta a sus deseos, Dalí está resuelto a desembarazarse de la vergüenza –de la vergüenza que asesina el deseo– de una vez por todas, a vivir la vida de los instintos. Pero no le va a resultar tan fácil.

Mientras tanto, Gala, que al parecer nunca sintió la tentación de abandonar a Dalí en estos momentos ni dudó que acabaría saliendo adelante, controlaba los aspectos prácticos de su actividad artística. Por Julien Levy sabemos que, en lo tocante a la obra de Dalí, la musa se comportaba ya como «una tigresa defendiendo a su cría», considerando que todos los marchantes, él incluido, eran unos predadores (Levy, empero, se sentía motivado más por el entusiasmo que por la codicia).[61]

Dos semanas después de recibir la carta de Dalí, y mientras en París se había desencadenado una polémica por la reciente salida de Aragon de las filas surrealistas, Breton, en compañía de su amante del momento, la pintora Valentine Hugo, hizo una visita relámpago a Dalí y Gala en Port Lligat, antes de dirigirse a Grimaud, en el Var, para reunirse con Éluard. Años más tarde Valentine Hugo recordaría que a Breton Port Lligat le había parecido decrépito y que le habían molestado mucho las moscas. Tales inconvenientes no le impidieron, sin embargo, participar en la creación de un «cadáver exquisito» que desde Cadaqués enviaron al poeta y ensayista surrealista yugoslavo Marco Ristic. Unos días más tarde llegó Crevel. Como de costumbre, Dalí mantuvo a su amigo Foix al corriente de los más recientes acontecimientos, diciéndole que era su intención convertir Port Lligat en un «centro surrealista» y que pensaba publicar un libro para que el movimiento se conociera entre el gran público. Foix cumplió y propagó la buena nueva desde *La Publicitat.*[62]

Sebastià Gasch, cuyo desprecio por el surrealismo seguía incólume, decidió ahora publicar una diatriba contra el mismo. Y hacerlo nada menos que en *La Publicitat,* periódico que Dalí, gracias a Foix, había llegado a considerar su territorio. El comunismo de los surrealistas, alegó Gasch, era una «farsa solemne», puesto que publicaban sus efusiones en ediciones de lujo para deleite de ricos y de esnobs. ¿Qué tenía que ver eso con la causa de los trabajadores? En cuanto a la pintura de Dalí, Gasch estimaba que se había deteriorado hasta el nivel de «un

Mantegna en descomposición».[63] Dalí, furioso, le envió una carta venenosa:

> Imbécil Gasch: El hecho de que desde hace ya algún tiempo hayas abandonado tus ridículos artículos vanguardistas por el periodismo más abyecto y estúpido que jamás haya existido en el mundo, no hace más que confirmar el criterio de infeliz simpático que siempre he tenido de tu fracasada e insignificante persona. El artículo sin precedentes de *La Publi* me revela una incultura y un desconocimiento totales y, además, me da a conocer tu valoración del surrealismo, razón por la cual sería suficiente decirte que te considero el último de los «cons» y te advierto que si continúas ocupándote de estos asuntos (con el music-hall ya tienes bastante para desahogarte), serás castigado dentro de unos días cuando vaya a Barcelona.[64]

Aunque el prometido castigo no se aplicó, la amistad, reflejada en cientos de cartas escritas durante los días heroicos de *L'Amic de les Arts*, había llegado a un brusco final.[65]

El 11 de mayo de 1932 Dalí estaba otra vez en París, donde el 26 del mismo mes se inauguró su segunda exposición en la Galería Pierre Colle.[66] El catálogo, que se abría con el poema «Salvador Dalí», de Éluard, incluía un total de veintisiete obras, quince de ellas desconocidas o no localizables hoy, entre ellas la titulada *La juventud de Guillermo Tell* (que es de suponer nos ayudaría a entender mejor el papel desempeñado entonces por este mito en la obra de Dalí).

La vejez de Guillermo Tell (propiedad de Charles de Noailles) figura XXII
en primer lugar en el catálogo, preeminencia que indica la importancia que sigue teniendo para Dalí su difícil relación con su padre. Los objetos surrealistas están muy presentes en la exposición, dos por derecho propio (*Reloj hipnagógico* y *Reloj basado en la descomposición de los cuerpos*), y otros figurando en los cuadros *Objeto antropomórfico indicando la pérdida de memoria, Objeto envuelto y objeto hipnagógico, Objetos delirantes sistematizados* y *Objetos surrealistas indicativos de la memoria instantánea*.

El cuadro que más impresionó al público fue *Alucinación parcial. Seis apariciones de Lenin sobre un piano* (1931). Años más tarde Dalí diría que los halos fosforescentes en torno a las cabezas de Lenin que brotan de las teclas se le habían ocurrido una noche en el momento de dor-

mirse.[67] El dibujo a tinta china *Metamorfosis paranoica del rostro de Gala* era, sin embargo, un trabajo mucho más original. Nos muestra a Gala en su faceta más vulnerable, el polo opuesto de la cruel arpía retratada por Max Ernst. De todos los cuadros y dibujos de Dalí que tienen como
77 tema a Gala, éste es probablemente el más sutil. Entre los objetos (en su mayor parte eróticos) que forman las dos metamorfosis de la cabeza de la musa, no podemos dejar de observar el tintero y la pluma: una clara indicación de que, si Dalí Cusí seguía obsesionando a su hijo, tampoco solía estar lejos de los pensamientos de Gala.

Coincidiendo con la exposición de Colle, los surrealistas de Belgrado publicaron la encuesta sobre el deseo a la que habían contestado, además de Dalí, Éluard, Breton y Crevel, y también un breve fragmento de una «novela surrealista» del catalán, *¡Viva el surrealismo!*[68] En febrero de ese año Dalí le había hablado a Foix de este proyecto, en el que los personajes serían Gala, Dulita (célebre gracias a «Rêverie»), Breton, Marlene Dietrich, René Crevel, Buster Keaton, un tal Kaerguiski (?) y diversos objetos surrealistas. Ninguno de éstos aparece en el fragmento de Belgrado, que tiene más el aire de un ensayo sobre el surrealismo que de una novela. Dalí anunció la inminente aparición de la obra ese verano, pero la novela no se editó ni entonces ni después y tampoco se conoce el manuscrito. Rafael Santos Torroella ha sugerido que algunos episodios pudieron ser incorporados a los pasajes más fantasiosos de *Vida secreta,* pero de ello no hay constancia documental.[69]

«BABAOUO»

Dalí y Gala llevaban viviendo desde la primavera de 1930 en el piso del número 7 de la rue Becquerel, debajo del Sacré-Coeur. Pero a principios de julio de 1932, en vísperas del divorcio de Gala y Éluard –otorgado el 15 del mismo mes–[70] se mudaron al otro lado de París. El modesto estudio estaba situado en el número 7 de la rue Gauguet, tranquilo callejón sin salida, no muy lejos del parque Montsouris, que linda en su parte posterior con otro llamado Villa Seurat, famoso entonces por su nutrida colonia de pintores y escritores, entre ellos Henry Miller.[71] El «moderno edificio funcionalista» que albergaba el estudio era, según Dalí, ejemplo de «arquitectura autopunitiva», «la arquitectura de la gente pobre... y nosotros éramos pobres». Pero Gala no tardó en decorarlo a su gusto:

Así pues, no pudiendo tener escritorios Luis XIV, decidimos vivir con inmensas ventanas y mesas de acero cromado con un montón de vidrios y espejos. Gala tenía el don de hacerlo «brillar» todo, y en cuanto entraba en un sitio, todo se ponía a relucir con furia. Entretanto, esa rigidez casi monástica excitaba aún más mi sed de lujo. Me sentía como un ciprés creciendo en una bañera.[72]

La mudanza coincidió con la publicación de *Babaouo. Es una película surrealista,* según rezaba la cubierta. En la portada se leía: «*Babaouo, guión inédito, precedido de una sinopsis de una historia crítica del cine y seguido de Guillermo Tell, ballet portugués.*» En 1978 Dalí contaría que, cuando apareció *Babaouo,* la gente supuso que él era el héroe epónimo del mismo.[73] Era una suposición justificada, tanto en el caso del guión como del ballet (que, según se hace constar, está «extraído» del film), pues ambos están salpicados de referencias autobiográficas y préstamos de los cuadros dalinianos de la época: relojes blandos, huevos al plato «sin el plato», ciclistas con piedras en la cabeza y cosas por el estilo. Así, la mujer que en su desesperación amorosa convoca a Babaouo al Château de Portugal al inicio de la película (cuya acción se desarrolla en 1934, «durante una guerra civil en algún país europeo»), se llama Matilde Ibáñez, nombre de una muchacha que Dalí había conocido en Barcelona (y también de la madre de Dulita en «Rêverie»).[74] La referencia a la transformación de ciertas habitaciones en la antigua Cámara Agrícola de Figueres parece un guiño muy personal y recóndito de Dalí hacia su primer maestro, Esteban Trayter, que había vivido en el edificio sobre cuyo solar se edificara la sede del mencionado organismo. El paisaje descrito en el guión es, sin duda alguna, el cabo de Creus –aunque no se nombra–, con sus rocas de micacita, y la anciana y sus dos excéntricos hijos pescadores nos recuerdan inmediatamente a Lídia y sus desafortunados vástagos (que terminaron sus días en un psiquiátrico). Además, tanto en la película como en el ballet hay constantes alusiones a *Un perro andaluz* y a *La edad de oro.* La orquesta, por ejemplo, interrumpida cuando intenta ejecutar la obertura de *Tannhäuser* en el andén de una estación de metro, trae a colación las frustradas tentativas de los amantes de *La edad de oro* por consumar su pasión (al compás del también frustrado clímax de *Tristán e Isolda);* la multitud que pasa despreocupada entre los impasibles músicos, o corre entre los miembros de la orquesta para alcanzar el tren, evoca la escena del carro, asimismo de *La edad de oro*, que, ignorado por los invitados, atraviesa con gran estruendo el salón; el tango *Renacimiento* que se oye a lo largo de toda la película recuerda a los dos que suenan en *Un perro andaluz;* el extraño ruido que saluda a Babaouo cuando llega al Château de Portugal, y que resulta ser el del mar que rompe en la playa, remite enseguida a los insistentes tambores que resuenan en la secuencia del Château de Seligny al final de *La edad de oro* (y que a su vez son los de Calanda). Y así otras cosas por el estilo. Nos quedamos con la impresión de que Dalí quería poner de relieve que su contribución a ambas películas había sido tan vital como la de Buñuel (lo dice abiertamente, además, en la sinopsis de la historia del cine con que se inicia el libro). Parece claro que Dalí ya sospechaba que Buñuel –que se encontraba ahora algo distanciado del grupo de Breton–[75] trataba de restar importancia a su colaboración en las cintas. Esta sospecha iría creciendo a lo largo de los años siguientes.

No sabemos si Dalí hizo alguna gestión para que se rodara *Babaouo.* El guión tenía indudable potencial, y hay algunas escenas memorables –la ciudad fantasma vista desde el cuarto piso del teatro vacío, por ejemplo–, fascinantes efectos sonoros e incluso una extraordinaria secuencia que de repente pasa del blanco y negro al color. Si Dalí hubiera conocido a algún acaudalado patrocinador entusiasta del cine, el proyecto podría haber prosperado. Pero no conocía a ninguno, al haberse retirado discretamente de tales actividades Charles de Noailles después del escándalo de *La edad de oro.*

Babaouo fue el segundo en la que iba a ser una larga serie de frustrados proyectos cinematográficos dalinianos. En cuanto a *Guillermo Tell,* el «ballet portugués», el pintor le dijo a Noailles que se lo había leído a Léonide Massine y que, en contra de lo esperado, el coreógrafo le había manifestado su deseo de montarlo. Pero esta iniciativa también se quedó en agua de borrajas.[76]

Recibidos por Dalí los primeros ejemplares de *Babaouo* (que según el colofón se terminó de imprimir el 12 de julio de 1932), salió con Gala hacia Cataluña, anunciando J. V. Foix en *La Publicitat* del 28 de julio que el pintor acababa de volver a Port Lligat, donde tenía previsto quedarse tres meses.

Por esos días Montserrat Dalí, la prima de Salvador, pasaba una temporada en Cadaqués, donde veía diariamente en Es Llané al notario, a Anna Maria y a *la tieta.* El 25 de julio Montserrat escribió a su madre:

> Creía que Salvador no estaba aquí pero nos hemos topado con él esta tarde. Desde el comedor del hotel he visto pasar dos tipos estrafalarios con pijamas chillones y que yo creía que eran dos mujeres muy lanzadas. Después hemos ido a tomar un vermú en la plaza y allí hemos visto sentados a los dos tipos, que han resultado ser Salvador y su *mujer*, tal como suena, y el hecho es que han estado aquí un mes más o menos.

Montserrat pensaba, equivocadamente, que estaban ya casados, y siguió contando:

> Ella es la rusa que tiene cuarenta y ocho años y una hija de dieciocho; iba con un pijama azul y él con uno rojo igual que el de una mujer. De esta manera se paseaba por el pueblo, y delante de todos sus conocidos, con gran cinismo. Naturalmente yo he hecho como si no le conociera. Puesto que mi tío no sale nunca de la casa y el jardín, no es fácil que lo haya visto.

Unos días después le contestó su madre desde Barcelona, no sin humor:

> Veo que has tenido ocasión de conocer a la nueva prima, no me extraña que él vista pijama de mujer, pues como dicen que en la casa no llevan nada, a lo más un collar, cuando sale cualquier cosa le debe parecer bien y se debe poner lo primero que le viene a mano. Ya me dirás cómo habéis sabido lo de la boda. ¡Pobre Salvador (padre), qué pena me da![77]

Por las mismas fechas Dalí y Gala recibieron la tercera visita de René Crevel, a quien siguieron Breton y Valentine Hugo. Breton había terminado *Los vasos comunicantes* mientras paraba con Éluard en Castellane, y al parecer estaba de buen humor (a pesar de las moscas), expresando su admiración por *Babaouo.* Buñuel también recibió una invitación a Port Lligat, pero no pudo aceptarla. El cineasta le dijo a Charles de Noailles que Dalí le había enviado *Babaouo,* y que algunos pasajes le resultaban «divertidos», aunque la parte teórica le parecía «bastante rara».[78]

Cuando Breton y Valentine Hugo se marcharon, Dalí pasó unos días en Barcelona con Crevel. Allí vio a Foix –que el 2 de septiembre había anunciado en su columna la publicación de *Babaouo* e incluido una traducción catalana del prólogo–,[79] a Zdenko Reich (surrealista yugoslavo disidente) y a su viejo amigo Jaume Miravitlles, no menos deprimido que el pintor por el comportamiento y la táctica de los comunistas en estos momentos. Dalí le escribió a Breton a comienzos de octubre, diciéndole que estaba cada vez más convencido de la imbecilidad de aquellos burócratas del Partido que, de manera estereotipada, repetían las «abstractas e incomprensibles» órdenes de Moscú. La Tercera Internacional se estaba distanciado totalmente de la vida, de lo que realmente ocurría en el mundo. Un buen ejemplo de tal distanciamiento, a juicio de Dalí, era el idealista e ingenuo film ruso *El camino de la vida* (1931), sobre la reeducación de los delincuentes infantiles, que se iba a proyectar ahora en Barcelona y, para más inri, ¡nada menos que para la Organización de Jóvenes Católicos! Dalí explicó que el principal motivo de su visita a Barcelona era tratar de poner en marcha dos revistas surrealistas: una inspirada en *This Quarter* (que acababa de sacar un número monográfico dedicado al surrealismo) y la otra en *Los vasos comunicantes,* del que le habían entusiasmado algunos extractos publicados en *Le Surréalisme au Service de la Révolution.* (Ninguna de las proyectadas revistas vería la luz.) La prensa de Barcelona mostraba cierto interés por el surrealismo, prosiguió, y había una posibilidad de que Anticipación, un nuevo grupo teatral, montara una pieza surrealista y la llevara a Madrid (no lo haría). En cuanto a su propio trabajo, Dalí le dijo a Breton que estaba ampliando su gama de objetos surrealistas y que había ideado las variedades «líquida» y «ciega». Llevaría a París nuevos cuadros, parte de una novela y, sobre todo, su inquebrantable voluntad de ser lo más útil posible al surrealismo.[80]

Más o menos en estas fechas Dalí envió a Foix una información más detallada acerca de sus «objetos ciegos». El escritor reprodujo la carta en *La Publicitat* con algunas observaciones irónicas.[81] Dalí le mandó también un ejemplar del número surrealista de *This Quarter,* que incluía traducciones de varios de sus «poemas» y un largo texto teórico, «El objeto a través de la experimentación surrealista».[82] Como de costumbre, Dalí estaba resuelto a sacar el máximo provecho de la influencia de su amigo en uno de los principales periódicos de la capital catalana. En cuanto a París, parece ser que allí ya conocía a una extraordinaria y emprendedora mujer que desempeñaría un papel decisivo en su carrera.

YANQUIS EN PARÍS

Caresse y Harry Crosby eran una joven y rica pareja norteamericana con veleidades literarias que a comienzos de los años veinte, después de los horrores de la Primera Guerra Mundial, se habían sumado al torrente de extranjeros que se establecían en París. Ya por 1927, cuando fundaron allí una editorial, la Black Sun Press, los Crosby eran figuras muy conocidas dentro del mundo literario anglosajón, por llamarlo así, que entonces tenía indudable relevancia en la capital francesa, con el irlandés James Joyce a la cabeza. Caresse –nacida Mary Peabody, en 1892– contaría la aventura parisiense suya con mucha gracia en *The Passionate Years* (Los años apasionados), libro mucho menos conocido que *París era una fiesta* de Hemingway pero que contiene una evocación de la ciudad durante los años veinte tanto o más entretenida. Como da a entender el título de sus memorias, Caresse y Harry vivían a tope su vida. Eran atractivos, muy liberados sexualmente, creativos y extraordinariamente generosos con su dinero, que nunca faltaba gracias a la conexión familiar de Harry con el banco Morgan and Company. Caresse parecía una de esas bellezas Kodak de los cuadros de Dalí de mediados de la década: tenía generosos senos (razón, tal vez, que la impulsó a inventar el sostén), bellas piernas en un momento en que las piernas hacían furor, desbordaba energía y se consideraba a sí misma «la chica que nunca decía no». Uno de los hombres a los que no lo dijo fue Manuel Ángeles Ortiz, el joven pintor andaluz, amigo de Lorca, que había llevado a Dalí a ver a Picasso en 1926. Ortiz, que al parecer convenció a Caresse de que era «un gitano español de sangre azul» –nada más lejos de la verdad–, hizo un excelente dibujo de la norteamericana.[83] En cuanto a Harry, su físico, su fortuna, su temeraria actitud vital, sus coches de carreras (tuvo hasta un Bugatti), su poesía intensa y romántica y su rebeldía le aseguraban siempre el éxito con las mujeres. ¿Por qué prefería vivir lejos de Estados Unidos? «Porque no quiero dedicarme a la hipocresía perpetua..., porque me gustan las jarras de vino...,* porque soy enemigo de la sociedad y puedo juntarme con otros enemigos de la sociedad..., porque no soy coprófago...»[84]

Hoy la Black Sun Press forma parte de la mitología del París de los años veinte, y sus publicaciones son piezas de coleccionista que se bus-

* Referencia, claro está, a la oprobiosa Ley Seca.

can afanosamente y desaparecen en cuanto se anuncian en algún catálogo especializado, sobre todo la edición por los Crosby de parte de *Work in Progress* (Obra en marcha), de James Joyce, cuyas negociaciones previas Caresse recuerda con humor en *Los años apasionados*.[85]

La hospitalidad de los Crosby era proverbial, especialmente la dispensada en el viejo molino que habían descubierto en 1927 cerca de Senlis, al norte de París, enquistado entre los terrenos del Château de Ermenonville, propiedad de su amigo el conde Armand de la Rochefoucauld (uno de los más ricos y solicitados jóvenes aristócratas de Europa). El lugar había pertenecido a Jean-Jacques Rousseau en los tiempos en que andaba enamorado de la duquesa de Montmorency, y, según Caresse, Giuseppe Cagliostro, el alquimista, «había elaborado su fórmula mágica junto al arroyo del Moulin». El lugar, con una torre y diez habitaciones, era un refugio ideal. Harry, como era previsible, lo compró sin pensárselo dos veces, y Caresse lo rebautizó Moulin du Soleil como muestra de respeto al culto solar de su fogoso marido. Éste, sin embargo, no pudo disfrutar del Moulin más que dos veranos: en diciembre de 1929, él y una amiga se suicidaron juntos en Nueva York, sin dar explicación alguna.[86]

Caresse, profundamente dolida pero sin desanimarse, siguió recibiendo en el Moulin, en el que organizaba «banquetes lucúleos», como los llamaría más tarde. Entre los invitados, algunos de ellos habituales, estaban D. H. Lawrence, Hart Crane, André Breton, René Crevel, Max Ernst, el grupo de escritores ingleses, norteamericanos e irlandeses asociados a la revista *Transition,* y Julien Levy, que solía llegar con su cámara Bell & Howell de 16 milímetros a cuestas. «Aquella colección de mujeres atractivas y de hombres de talento reunidos en el lujoso marco del Moulin», escribiría después Levy, «hacía pensar en una reunión organizada por María Antonieta en su choza del Trianon. Y también los intrincados celos y flirteos que por todos lados se encendían y apagaban.»[87]

En *Vida secreta* Dalí afirma que fue el simpático René Crevel quien les presentó a él y a Gala a Caresse un día de verano (seguramente en 1932), llevándolos a comer al apartamento de la norteamericana. Dalí quiere hacernos creer que en esa ocasión todo lo que había en el salón de los Crosby era blanco, con excepción del mantel y la vajilla: los manjares, la bebida (leche), las cortinas, el teléfono, la alfombra, la ropa de Caresse, sus pendientes, los zapatos, las pulseras.[88] En *Los años apasiona-*

dos Crosby lo niega todo. De todas maneras los Dalí y ella se entendieron de maravilla. Caresse se convirtió en una de sus mejores amigas en París, y pronto Dalí y Gala empezaron a pasar los fines de semana en el Moulin du Soleil. Para entonces Dalí ya estaba acostumbrado a frecuentar los salones de la aristocracia parisina, donde poco a poco iba perdiendo su timidez (si bien aún necesitaba recurrir de tanto en tanto al alcohol),[89] pero esto era diferente:

> Cada fin de semana visitábamos el Moulin du Soleil. Comíamos en el establo, llenos de pieles de tigre y loros disecados. Había una biblioteca sensacional en el segundo piso, y también una enorme cantidad de champaña enfriándose, con brotes de menta, en todos los rincones, y muchos amigos, una mezcla de surrealistas y gentes de sociedad que iban allí porque sentían de lejos que era en este Moulin du Soleil donde «ocurrían cosas». En esa época el fonógrafo no cesaba de suspirar «Night and Day», de Cole Porter, y por primera vez en mi vida hojeé el *New Yorker* y *Town and Country*. Cada imagen procedente de América la husmeaba, por decirlo así, con la voluptuosidad con que se acogen las primeras emanaciones de las inaugurales fragancias de una comida sensacional en la que se va a participar.[90]

Caresse Crosby animó a Dalí a exponer en Nueva York, segura de que allí triunfaría, y reforzando así la presión que ya ejercían en este sentido Julien Levy, Pierre Colle y Alfred Barr. Al principio el pintor opuso cierta resistencia a la idea de atravesar el Atlántico, viaje que, por su miedo a ahogarse, le aterrorizaba tanto como a Lorca unos años antes, pero poco a poco se fue convenciendo de que en Nueva York, donde la muestra surrealista de enero de 1932 en la Galería Levy había tenido tanta aceptación, no sólo podría tener éxito sino, aún más importante, ganar dinero.

EL ZODÍACO

El dinero representaba todavía un acuciante problema. Pese a la creciente notoriedad de Dalí, él y Gala seguían teniendo dificultades económicas; el contrato con Pierre Colle estaba a punto de acabar, y el marchante no era lo bastante fuerte para renovarlo; para los Dalí el mercado todavía era muy limitado y sus magros ahorros habían tocado fondo.[91]

Se acercaba, sin embargo, un respiro. Hay opiniones contrarias sobre quién dio con la fórmula. El príncipe Jean-Louis Faucigny-Lucinge, admirador del pintor, declararía posteriormente que un día, Gala, después de confiarle que ella y Dalí estaban pasando por serios apuros, le propuso una solución para evitar que Salvador tuviera que «venderse». Consistía en que doce solventes amantes del arte, uno por cada mes del año, aceptaran hacer un pago anual al artista a cambio de un cuadro de su propia elección, obteniendo así un importante beneficio a cambio de su mensualidad. «De este modo», diría Gala, «no pasaremos más estrecheces y Dalí podrá trabajar tranquilo.» Faucigny-Lucinge se comprometió a participar en la curiosa iniciativa y a buscar a otros miembros. Así nació el llamado Zodíaco.[92] El escritor franco-estadounidense Julien Green siempre ha mantenido, sin embargo, que fue su hermana Anne quien tuvo la brillante idea de «los doce» después de que Dalí –y no Gala– le pidiera ayuda. A tal fin el pintor la habría hecho pasar a su dormitorio, cerrando, para sorpresa de Anne, la puerta tras él. «Anne, no tenemos dinero», le diría apesadumbrado. Según Green, la idea de fundar el Zodíaco la había tenido su hermana en aquel mismo instante. Parece, en realidad, que no hay manera de saber a ciencia cierta cuál de las dos versiones se aproxima más a la verdad.[93]

Si bien Anne Green conocía a Dalí desde hacía ya dos años, su hermano se encontró con el pintor por vez primera el 24 de noviembre de 1932, cuando su amigo el pintor Christian Bérard les llevó a él y a Anne a ver la tercera exposición del catalán en Pierre Colle, abierta entre el 22 de noviembre y la tarde de su visita. Se exponían once obras: *Comienzo automático de un retrato de Gala (inacabado), El nacimiento de los deseos líquidos, La situación líquido-arqueológica de Lenin (Sueño transformado), La nostalgia del caníbal (Imagen instantánea), Huevos al plato sin plato, Guillermo Tell ha muerto (Presentimiento alucinatorio), Casa para un erotómano, Arquitectura surrealista, Recuerdo sentimental, El complejo de las rosas* (dibujo) y *Estudio (El nacimiento de los deseos líquidos).*[94]

Fascinados con la muestra, el 28 de noviembre Anne y Julien Green visitaron a Gala y a Dalí en su estudio de la rue Gauguet. El hecho de llegar demasiado temprano y, por lo visto, interrumpir la siesta de la pareja, no estropeó la tarde: Gala y Dalí estuvieron encantadores. «Gala tiene tal vez treinta años. Un rostro atractivo y grave», escribió Green en su diario aquella noche, demostrándose con ello, una vez más, que Gala aparentaba muchos menos años de los que realmente tenía (treinta y nueve en aquellos momentos). En cuanto a los cuadros de Dalí, Green apuntó: «Me pierdo en la contemplación de ese mundo maravilloso en el que uno se siente arrastrado hacia el más lejano de los sueños de la infancia. La impresión que produce ese extraordinario universo es extraña pero *posible;* parece, en cierto modo, *propagar el silencio,* se despliega en medio del silencio como una planta bajo un reflector de luz.» Los Green compraron dos cuadros, y el escritor estimaba que el suyo era «hermoso como una de esas enormes mariposas azules y negras que se guardan bajo cristal». Si bien no consigna el título de la obra en su diario, más tarde diría que se llamaba *La persistencia del crepúsculo.* Hoy es de paradero desconocido.[95]

La visita a la rue Gauguet marca el inicio de una amistad entre Dalí y Green que, según el escritor, se conservaría intacta durante cincuenta y siete años. En cuanto a la operación Zodíaco, se puso en marcha inmediatamente. El 26 de diciembre de 1932 Dalí le escribe a Charles de Noailles –que ha decidido asociarse al club– que los otros once miembros se han encontrado bastante más rápido de lo esperado. Dalí los relaciona de uno a once en un orden que tal vez no refleje la cronología de las respectivas incorporaciones: Caresse Crosby, el arquitecto Emilio Terry, Julien y Anne Green, la marquesa Margaret («Toto») Cuevas de Vera (nieta de John D. Rockefeller y esposa del mecenas chileno Jorge de Piedrablanca de Guana, marqués de Cuevas de Vera; Dalí la había conocido unos años antes, como vimos, en casa de Isabel Dato),[96] el ilustrador André Durst («lo he conocido, está de verdad interesado en mis cosas»), la condesa Anna Laetitia de Pecci-Blunt, René Laporte («editor de *Los vasos comunicantes* de Breton»), el príncipe Faucigny-Lucinge, Félix Rolo («no lo conozco, fue Boris Kochno quien nos presentó») y el diplomático Robert de Saint-Jean, amigo íntimo de Julien Green. En la misma carta Dalí le informa a Noailles de que, en el primer sorteo, le ha tocado a Anne Green, actuando el vizconde en ausencia suya, el cuadro correspondiente al primer mes de la operación Zodíaco, es decir, enero de 1933.[97]

A Julien Green le correspondió febrero, y regresó al estudio de los Dalí a recoger su cuadro:

Me dan a elegir entre una tela grande con un admirable paisaje de rocas al fondo, pero con el primer plano ocupado por una especie de general ruso con patillas, desnudo y con la cabeza afligida inclinada para enseñar las conchas y perlas que le llenan el cráneo, y otra pequeña con maravillosos tonos lilas y grises, más dos dibujos. Escojo el cuadro pequeño. Dalí me habla de Crevel, enfermo pero «estoico». Pondera largamente la belleza de su pintura, me explica con todo detalle el significado del cuadro que he elegido, que llama «Transformación geológica» y que representa a un caballo convirtiéndose en una roca en medio de un desierto. Me dice que está a punto de irse a España y se refiere aterrorizado a las formalidades aduaneras y a los miles de molestias nimias de un viaje en *ferrocarril,* porque él es una especie de niño pequeño al que le asusta la vida.[98]

Green no señala que al fondo del cuadro, más conocido por su título francés *Le Devenir géologique* (El devenir geológico), se ve una figura masculina que lleva a un niño de la mano. La frecuente repetición de este motivo en los cuadros de 1932 y 1933 indica hasta qué punto Dalí aún sigue abrumado por el rechazo que le ha infligido su padre.[99]

El Zodíaco fue un éxito rotundo. Recordando ese año de 1933, Julien Green escribiría que los cuadros adquiridos por el grupo se expusieron con tal efecto «en las paredes más miradas de París» que, en menos de un año, Dalí se hizo famoso.[100] Se trata de una afirmación algo exagerada, pero es cierto que el sistema dio al artista, entonces en uno de sus mejores momentos creativos, todo un año de seguridad económica cuando más la necesitaba para poder dedicarse sin agobios a pintar y a promocionarse. Dalí se dedicaría a esta tarea con la febril energía y el tesón que lo caracterizarían a lo largo de su vida.

«MALDOROR» Y EL «ÁNGELUS» DE MILLET

El 28 de enero de 1933 Dalí escribe a Charles de Noailles, reservándose hasta el final de la carta la «gran noticia»: esa misma tarde va a firmar un contrato con Albert Skira según el cual realizará cuarenta grabados para *Los cantos de Maldoror* de Lautréamont. Skira, joven suizo editor de libros de arte, instalado en París desde 1928, tiene una pequeña oficina sita en el número 25 de la rue de la Boëtie, al lado de Picasso (que le envía mensajes desde su taller del sexto piso por medio de una trompeta de juguete).[101] En 1933 Skira ya goza de reputación internacional y, como Dalí le recuerda a Noailles, ha publicado recientemente una magnífica edición de las *Metamorfosis* de Ovidio, ilustrada por Picasso, y otra de la poesía de Mallarmé con dibujos de Matisse. Dalí está encantado con la idea de figurar al lado de tales lumbreras, y, además, de disponer de doce meses para completar su trabajo.[102]

En 1948 Skira afirmaría con rotundidad que fue René Crevel quien le convenció de que debería contratar a Dalí para la edición de *Los cantos de Maldoror.*[103] Ello tiende a desmentir la versión posterior de Dalí según la cual el encargo fue el resultado de una intervención por parte de Picasso.[104]

Una vez firmado el contrato, Dalí y Gala regresaron, en febrero, a Port Lligat. Dos días después de su llegada Gala le escribe a Skira, pidiéndole que les envíe las planchas de cobre almacenadas en su apartamento de la rue Gauguet, pues Dalí quiere ponerse a grabar sin demora. Éste añade una nota a pie de página: ya ha empezado los dibujos y está satisfecho con lo conseguido, rebosante de ideas y entusiasmado con el libro «de ambos». Él y Gala engullen «fenomenales» erizos de mar. Para completar su felicidad, le pide a Skira que por favor le ingrese en su cuenta los *petits sous* que le debe.[105]

El 10 de marzo de 1933 Dalí sigue sin recibir las planchas (y el dinero), y comienza a impacientarse.[106] Poco después llegan aquéllas, y Gala le informa a Skira que Dalí está ya grabando.[107] Luego le escribe el mismo Dalí. Trabaja de sol a sombra sin parar, dice, y está muy contento con los resultados. Necesita que el editor le envíe más planchas de cobre y que se encargue de que el próximo pago mensual llegue puntualmente, porque él y Gala empiezan a estar «sin una blanca». Ello sugiere que han estado gastando alegremente el dinero del Zodíaco, dedicándolo, tal vez, a nuevas mejoras en la casa.[108]

Durante marzo y abril Dalí sigue con los grabados, utilizando para ello los conocimientos adquiridos en Figueres con Juan Núñez Fernández, los únicos que tiene. No sabemos cuánto logró avanzar antes de regresar a París. Las brillantes investigaciones de Rainer Michael Mason han demostrado de modo contundente, de todas maneras, que en algún momento del año los dibujos de Dalí para *Los cantos de Maldoror* fueron grabados por una mano distinta de la suya, como había ocurrido con el frontispicio de *La mujer visible* (1930) y con sus ilustraciones para *La In-*

maculada Concepción (1930), de Breton y Éluard, *Artine* (1930), de René Char, y *El revólver de pelo blanco* (1932), de Breton. Las planchas de *Maldoror* fueron preparadas en el taller parisino de Roger Lacourière, el grabador de Skira, por el procedimiento de heliograbado perfeccionado en dicho establecimiento. Por ello, y pese a la portada del libro, que especifica que las ilustraciones son «aguafuertes originales» de Dalí, no puede decirse que lo sean en el sentido de la definición dada en 1937 por la Chambre Syndicale de l'Estampe, du Dessin et du Tableau de París, según la cual «se consideran grabados, estampas y litografías originales las pruebas tiradas en negro o en colores, de una o varias planchas, completamente concebidas y ejecutadas a mano por el mismo artista, sea cual fuere la técnica empleada, con exclusión de todo procedimiento mecánico o fotomecánico. Únicamente las estampas que responden a esta definición tienen derecho a la denominación "Estampas originales"».[109] Mason subraya que «el hecho de que Dalí, como pura hipótesis, retocase tal detalle o tal marca a la punta seca, no cambia nada.» Los heliograbados de *Maldoror* no son, en definitiva, obras originales del artista. Además, en el taller de Lacourière nadie parece haberlo visto trabajar jamás sobre ellos.[110]

Dalí no sólo proclamaba que fue Picasso quien le había sugerido a Skira que lo contratara para ilustrar *Maldoror*, sino que llegaría incluso a declarar, en 1977, que él y Picasso habían producido un grabado conjunto en las mismas fechas: «Dalí es el único pintor con el que Picasso quiso colaborar. Ahora se ha demostrado, pues han encontrado un grabado cuyo original hicimos juntos. Yo ponía unos huevos fritos; se lo pasaba a él, que añadía una silla; me lo devolvía y le dibujaba una tabla de planchar, y así...»[111] Una prueba a grafito del grabado se conserva en el Museo Picasso de París, atribuida a Dalí y a su gran rival.[112] Pero Mason ha demostrado que no fue así y que, sin que Picasso lo supiera, se efectuaron añadidos dalinianos a una plancha del malagueño *(Tres bañistas II)*, de la que se tiraron nuevas pruebas. Mason sugiere que Éluard ayudó a Dalí en esta empresa –que demuestra otra vez la obsesión de éste con Picasso–, y que el trabajo se realizó en el taller de Roger Lacourière.[113] El grabado resultante fue un engaño, como también lo fueron, propiamente hablando, los «aguafuertes originales» para *Maldoror*. Se habían sentado unos precedentes peligrosos, a los que posteriormente seguirían abusos mucho mayores.

Las ilustraciones dalinianas para *Los cantos de Maldoror* se relacionan mucho más con las obsesiones personales del artista que con el tex-

to de Lautréamont, en especial las que giran en torno al *Ángelus* (1857- XVII
1859) de Jean-François Millet, esa siempre popular representación de una pareja de campesinos en el acto de repetir el Ave María a la hora de la puesta del sol.

De niño, en el colegio La Salle de Figueres, a Dalí le había conmovido una reproducción del *Ángelus* colgada en un pasillo fuera de la clase, suscitándole «una oscura angustia» tan aguda que el recuerdo de las dos siluetas inmóviles lo perseguiría durante años «con la constante inquietud provocada por su continua y ambigua presencia», asociada siempre con el crepúsculo. Luego, la memoria consciente del cuadro se iría disipando, volviendo bruscamente en 1929 al ver otra vez una reproducción de la obra. En este momento, dice Dalí, «se apoderó violentamente de mí la misma inquietud y el original trastorno emotivo».[114]

A raíz de este recuerdo recobrado, las «dos siluetas inmóviles» del *Ángelus* se incorporaron ese mismo año al *Monumento imperial a la* XIX
mujer-niña, primer tributo pictórico importante de Dalí a Gala. Más tarde, en junio de 1932, una «imagen delirante» igualmente poderosa del *Ángelus* se le presentó con tal fuerza que se vio obligado a explorarla no sólo en numerosos cuadros y dibujos, sino en su largo ensayo, *Interpretación paranoico-crítica de la imagen obsesiva del «Ángelus» de Millet.*[115] En febrero de 1933, cuando Skira le encargó los grabados para *Maldoror,* Dalí le dijo a J. V. Foix que el ensayo estaba casi listo y que aparecería en un volumen con unos treinta «documentos fotográficos». Se trataba de un «anticipo», le dijo, de su libro *La pintura surrealista a través del tiempo,* ambicioso proyecto anunciado con frecuencia por el artista pero nunca publicado y, probablemente, jamás terminado.[116] La aparición inminente de *Interpretación paranoico-crítica de la imagen obsesiva del «Ángelus» de Millet* se anunció en el sexto y último número de *Le Surréalisme au Service de la Révolution* (15 de mayo de 1933), pero, por razones nunca aclaradas, tampoco se editó. Lo que sí se dio a conocer, en el primer número de *Minotaure* –la nueva y exquisita revista ilustrada de Albert Skira lanzada un mes más tarde–, fue el «prólogo» del ensayo. Titulado «Nuevas consideraciones generales sobre el mecanismo del fenómeno paranoico desde el punto de vista surrealista», iba acompañado de fotografías del *Ángelus* y de otras obras de Millet.

El prólogo reconoce la deuda de Dalí para con la tesis de Jacques Lacan, *Sobre la psicosis paranoica en sus relaciones con la personalidad,* editada en 1932. El libro no sólo había estimulado a Dalí para seguir con sus investigaciones sobre la paranoia sino que le había convencido de que éstas iban bien encaminadas. No hay pruebas de que Dalí y Lacan se hubieran vuelto a ver después de su primer encuentro, pero no puede haber sido casualidad el que, en *Minotaure*, el artículo de Dalí fuera seguido inmediatamente por uno del psiquiatra.

En cuanto al manuscrito del ensayo inédito, Dalí lo dejaría atrás en 1940, cuando los alemanes invadiesen Francia, y sólo reaparecería veinte años más tarde. Dalí lo publicó sin revisarlo en 1963, añadiendo un nuevo prólogo sobre sus recientes investigaciones y algunas notas marginales. Su título definitivo sería *El mito trágico del «Ángelus» de Millet. Una interpretación paranoico-crítica.*[117]

El ensayo constituye sin duda la contribución más original de Dalí a la crítica del arte. También es hondamente revelador de sus conflictos emocionales a comienzos de los años treinta. Refinando la técnica del seudoautoanálisis empleada en el polémico «Rêverie», y teniendo muy presente el trabajo *Leonardo da Vinci y un recuerdo de infancia*, de Freud, Dalí intenta llegar a la raíz de la fascinación que ha ejercido en él desde su juventud el aparentemente banal cuadro de Millet. La única explicación posible de la increíble popularidad de la obra, razona –siguiendo la teoría freudiana de los sueños–, es que su contenido *manifiesto* enmascara un significado *latente* mucho más importante. Y este contenido latente, concluye Dalí, se relaciona indefectiblemente con la angustia edípica: con el deseo del niño por, y su simultáneo miedo a, la madre. Observemos, nos pide Dalí, que en el cuadro de Millet el marido es de complexión más débil que la mujer (que, a juzgar por su abultada silueta, puede muy bien estar embarazada); el hombre tiene los ojos bajos porque está rezando, cierto, pero también revela un aspecto sospechosamente avergonzado, ¿no es así? ¿Por qué? Porque bajo el sombrero esconde un miembro erecto. La horquilla clavada en la tierra es una obvia alusión al coito, y también al acto de tragar. ¿Y la carretilla? ¿No simboliza acaso una sexualidad vacilante? De hecho, ¿no parece el hombre más hijo de la mujer que marido? ¿Un hijo que desea a su madre? Así se desarrolla el razonamiento de Dalí, después del cual es ya imposible ver el *Ángelus* con los mismos ojos.

El ensayo recoge recuerdos de historias leídas a Dalí cuando niño (cuentos poblados de animales y plantas exóticos en un crepúsculo terciario) y de lugares visitados en aquellos lejanos días: una colina con fósiles en las afueras de Figueres, las rocas de Creus (con sus extrañas metamorfosis), un prado húmedo cerca de Port Lligat habitado por ranas, saltamontes y... mantis religiosas. Cuando, probablemente en Madrid, Dalí leyó la descripción de la mantis religiosa contenida en *La vida de los insectos,* de Fabre (uno de los libros favoritos de Buñuel), le había asombrado descubrir no sólo que la hembra mata a su pareja tras el coito, sino, a veces, *durante* el mismo. ¿No ha adoptado la mujer del *Ángelus* una postura semejante a la de la hembra de la mantis, no está a punto de saltar sobre su víctima? La sospecha se vuelve convicción: la escena del *Ángelus* es «la variante materna del mito inmenso y atroz de Saturno, Abraham, el Padre Eterno con Jesucristo y del mismo Guillermo Tell devorando a sus propios hijos».[118]

Dalí explica que padece una fijación edípica «de carácter sumamente importante y determinante». Eso ya lo sabíamos, pero la siguiente revelación nos coge desprevenidos, pues ahora afirma que fue su madre quien le hizo aborrecer del sexo, «chupando, devorando» su pene cuando era pequeño. Dalí concede que, más que un hecho histórico verídico, podría tratarse de un «falso recuerdo», pero de cualquier modo quiere hacernos creer ahora que fue su madre la culpable de su impotencia,[119] impotencia tan tenaz que sólo Gala ha sido capaz de aliviarla, pues «los recursos de ese amor sobrepasan en intuición vital los más sutiles conocimientos del tratamiento psicoanalítico».[120] Ya no es cuestión de Dalí Cusí, del libro sobre enfermedades venéreas dejado por éste sobre el piano: Dalí se remonta ahora más atrás en el tiempo, prácticamente hasta la cuna. Nunca repetiría tal acusación a su madre, pero la formula aquí con tanta energía que es difícil creer que lo hace con ligereza.

Puesto que Dalí había decidido que el *Ángelus* reflejaba sus más profundos miedos y frustraciones, no ha de extrañarnos que el tema apareciera de modo compulsivo en docenas de cuadros y dibujos (siguiendo la pauta del Gran Masturbador y del reloj blando). La mayor parte de ellos se ejecutaron entre 1933 y 1934, pero el *Ángelus* volvería a aflorar esporádicamente en su obra durante el resto de su vida.

Por lo que toca a los cuadros, *Meditación sobre el arpa* (*c.* 1932- 78
1934) constituye tal vez la manifestación más contundente sobre el tema del *Ángelus.* Aquí la figura masculina se encuentra en innegable estado de erección, provocada por la proximidad de la mujer desnuda, algo regordeta, que le rodea el cuello con los brazos. A los pies de ambos, y con la cabeza colocada junto a los genitales del hombre, se arrodi-

lla una monstruosa criatura enmascarada. Tal vez la máscara ocupe el papel de las manos que en otros cuadros dalinianos intentan ocultar el rostro, tapando así la vergüenza producida al estar en presencia de una escena sexual. En contra de su costumbre, parece ser que Dalí nunca «explicó» este cuadro, pero su significado edípico es más que evidente.

El tema del *Ángelus* es un componente fundamental de los dibujos de Dalí para *Los cantos de Maldoror* de Skira, y ello se debía –razonó el artista agudamente cuando el libro apareció en 1934– a que en su opinión la pintura de Millet era el equivalente pictórico exacto del famoso símil de Lautréamont: la tierra arada desempeña el papel de la mesa de disección; la horquilla clavada en la tierra el del bisturí; el hombre y la mujer, los del paraguas y de la máquina de coser. El paraguas es un «flagrante» símbolo sexual (con su simulación de la tumescencia y la desentumescencia), como Dalí había aprendido de Freud, y la máquina de coser, casi tan obviamente, la mujer castradora (con su aguja la mujer «vacía» al hombre de la misma forma que la mantis religiosa mata al macho, haciendo que el paraguas-pene se desinfle). Conclusión: el *Ángelus* de Millet es «hermoso como el encuentro fortuito, sobre una mesa de disección, de una máquina de coser y un paraguas». La tesis es brillante, y razonada con toda la lógica y el fanatismo por los que Dalí se estaba volviendo notorio.[121]

Cinco o seis de las ilustraciones para *Maldoror* aluden directamente al *Ángelus*. De las otras, las más llamativas desarrollan el tema del canibalismo que Dalí cree haber descubierto en el cuadro de Millet, y ofrecen a nuestra consideración la imagen recurrente de un cuerpo retorcido sostenido por muletas y entregado a rebanar los mejores trozos de sí mismo mientras en la otra mano sujeta un tenedor listo para el exquisito festín. En otra estampa una figura masculina se come a un niño cuyo cerebro ha sido perforado por una máquina de coser. Por todas partes formas viscerales se yuxtaponen con huesos y costillas, como si hubiéramos entrado en la tienda de un carnicero. Hay también una abundancia de tinteros, recuerdo de la notaría de Dalí Cusí en Figueres, y, contrastando con los horrores que están teniendo lugar en primer plano, en seis láminas se observa la presencia distante de padre e hijo, cogidos de la mano: icono compulsivo de tiempos familiares menos tormentosos. [122]

En las ilustraciones para *Maldoror* encontramos también a un Dalí ligeramente mayor, el mismo niño que, con un aro en la mano, contem-

pla, en *El espectro del sex-appeal*, hipnotizado, la horripilante aparición XXV
que se ha materializado en una playa del cabo de Creus. Dicho lienzo (pintado en 1934 y no en 1932, como se ha afirmado tan a menudo) es hoy uno de los tesoros del Teatro-Museo de Figueres. De minúsculas dimensiones (17 × 13 cm), el artista lo definiría como «fantasma erótico de primera categoría».[123] Contemplándolo en 1995, Nanita Kalaschnikoff, la gran amiga del pintor, recordó cómo cambiaba la voz del pintor al presentarse la más leve posibilidad de contacto sexual. «Para él la sexualidad fue siempre un monstruo», comentó, «y nunca superó la angustia que le producía. Ésa fue su tragedia.»[124]

COLLE Y LEVY OTRA VEZ

Entre el 7 y el 18 de junio de 1933 tuvo lugar en la Galería Pierre Colle una amplia muestra del grupo surrealista, con esculturas, objetos, cuadros y dibujos de veintidós artistas. La sorpresa fue la presencia de algunas obras de Picasso, brevemente atraído en estos momentos por el movimiento de Breton. Entre las ocho aportaciones de Dalí figuraban dos de sus más logrados objetos surrealistas: el temprano *Plancha de asociaciones demenciales (Fuegos de artificio)* y el reciente *Busto de mujer retrospectivo*.[125]

A esta exposición le siguió, del 19 al 29 de junio, la tercera y última muestra individual de Dalí en dicha galería. Como introducción al catálogo se incluía una enrevesada y divertida carta abierta de Dalí a Breton, en la cual, después de hacer una larga lista de sus obsesiones del momento (que iban desde Luis II de Baviera hasta el *trompe l'oeil)* el artista procedía a justificar su admiración por el pintor francés Ernest Meissonier (1815-1891), que había caído actualmente en un descrédito casi total pero cuya técnica, meticulosa y académica, le parecía a Dalí «el medio más complejo, inteligente y extrapictórico para los inminentes delirios de exactitud irracional a los que me parece que el surrealismo está inmediatamente abocado». Si De Chirico, tan reivindicado por los surrealistas, empleó técnicas académicas para lograr su «revolución de la anécdota», ¿por qué no podía hacerlo también Dalí? Terminaba pidiéndole a Breton que confiara en su «lealtad incondicional al surrealismo».[126]

Se expusieron veintidós cuadros, diez dibujos y dos objetos, de los cuales siete lienzos y dos dibujos ya se habían presentado en Colle en noviembre del año anterior. Varias de las obras habían sido cedidas en préstamo por los miembros del Zodíaco u otros amigos (Julien Green, André Durst, la marquesa Cuevas de Vera, Robert de Saint-Jean, Emilio Terry, el príncipe Jean-Louis Faucigny-Lucinge, René Laporte y el conde Étienne de Beaumont). Con una excepción, los dibujos y objetos expuestos son imposibles de identificar hoy, y lo mismo ocurre con al menos siete de las telas. Dado que Dalí había estado trabajando hacía poco en su ensayo sobre Millet, no era sorprendente que el tema del *Ángelus* figurara de manera prominente en por lo menos tres de las obras expuestas: *El arpa invisible, fina y media* (1932), *Meditación sobre el arpa* –las dos primeras obras relacionadas en el catálogo– y *Gala y el «Ángelus» de Millet precediendo la llegada inminente de las anamorfosis cónicas.*

El crítico Georges Hilaire tomó nota de la extrema atención que Dalí prestaba al detalle. Para Hilaire, el catalán era un soñador en busca de la precisión absoluta, de nítidos perfiles geométricos. Aquí no cabían misterio, ambigüedad. Las cosas en sí, sin explicar. Marcadamente individuales. Dalí era «un paranoico de temperamento geométrico».[127]

Clausurada la exposición los Dalí regresaron a Port Lligat para el verano. Desde allí, a finales de julio, el pintor volvió a escribirle a Breton..., pero esta vez privadamente. En su carta el pintor razonó que, si el Objeto había conseguido ahora la categoría de «especialidad» surrealista, lo mismo debía ocurrir con la política. Y por política entendía la actitud del movimiento hacia Hitler (quien unos meses antes, el 30 de enero de 1933, había recibido los plenos poderes que ya utilizaba para aplastar a la oposición). El fenómeno nazi merecía un examen urgente y profundo desde un punto de vista surrealista, razonaba Dalí, porque los comunistas, que deberían ser receptivos en este punto, se mostraban incapaces de comprender nada de lo que estaba ocurriendo. Les había oído decir una y otra vez que la revolución de Hitler no era importante, que no significaba nada, que pronto se esfumaría. Pero ¿cómo podían ser tan ciegos? ¿Y Occidente tan estúpido como para buscar una solución de compromiso con los nazis? El surrealismo tenía el deber de aclarar la cuestión de Hitler, y de hacerlo antes de que Georges Bataille, de quien se rumoreaba que estaba preparando un panegírico del dictador en ciernes, les quitara la iniciativa. Dalí opinaba, por lo tanto, que aquel otoño, cuando estuviesen todos juntos otra vez en París, los surrealistas deberían publicar un manifiesto colectivo sobre la situación alemana en el que establecieran una «postura absolutamente nueva», tanto más cuanto que el movimiento había sido oficialmente excluido ahora de la comunista Asociación de Escritores y Artistas Revolucionarios (AEAR), que los mismos surrealistas habían contribuido a fundar.[128]

Al parecer fue ésta la primera vez que Dalí mencionaba a Hitler en su correspondencia con Breton. La carta no expresa admiración por el Führer, pero sí deja entrever cierta fascinación. No habría de pasar mucho tiempo para que Breton empezara a creer que el interés del pintor por Hitler era excesivo.

El 13 de septiembre, J. V. Foix anunció en *La Publicitat* que Man Ray acababa de llegar a Cataluña para sacar fotografías del cabo de Creus y de edificios modernistas destinadas a un próximo artículo de Dalí en *Minotaure* («Sobre la belleza terrible y comestible de la arquitectura *modern style»).*[129] Eufórico con el descubrimiento de que Gaudí había visitado Creus en su adolescencia, Dalí estaba ahora convencido de que la arquitectura de aquél estaba profundamente marcada por el «delirio geológico» del cabo. Una de las fotografías de Man Ray muestra un trozo de micacita del cabo de Creus con los característicos alvéolos que Dalí había reproducido en tantos cuadros y dibujos, llenándolos de llaves, hormigas y otros simbólicos objetos y de inscripciones. Dalí le pondría un ingenioso pie en *Minotaure:* «Intento de geología *Art Nouveau,* fracasado como todo lo que viene directamente de la naturaleza privada de la imaginación.»[130]

En octubre, tras visitar en Barcelona una exposición de su admirado Modest Urgell, pintor de cementerios, ruinas y crepúsculos,[131] Dalí regresó a París, y es de suponer que Gala le llevó a Breton las «al menos» seis pipas que le había comprado en septiembre, según le escribiera entonces, detalle que indica las excelentes relaciones que existían a estas alturas entre la pareja y el líder surrealista.[132] Instalados otra vez en la rue Gauguet, el 21 de octubre Gala y Dalí almorzaron con Julien Green, quien apuntó en su diario que el pintor le había hablado de Freud «como un cristiano habla del Nuevo Testamento». Green le preguntó si su vida se había vuelto más llevadera tras leer al Maestro. «Todo se había hecho más fácil para él gracias a la solución de conflictos», respondió Dalí. Para Green, Dalí quería decir con ello que la obra de Freud le había ayudado a convertirse en un ser humano más libre.[133]

Los preparativos para la primera exposición de Dalí en Nueva York –que debía celebrarse en la Galería Julien Levy (602, Madison Avenue) entre el 21 de noviembre y el 8 de diciembre de ese año– estaban ya bastante avanzados. Levy tenía unas excelentes relaciones con Pierre Colle, quien actuó ahora en nombre del artista, envió los cuadros, muy generosamente, sin pago previo ni ventas garantizadas, y se hizo cargo de los gastos de transporte.[134] De las veintiséis obras expuestas en Levy, diez habían formado parte de la última muestra de Dalí en la galería Colle. El pintor había trabajado sin descanso durante el verano, siendo su productividad tan insólita que para Rafael Santos Torroella constituyó uno de los más intensos esfuerzos de su vida, aún más impresionante si tenemos en cuenta que al mismo tiempo escribía *La pintura surrealista a través del tiempo*.[135]

Fue la primera vez que los neoyorquinos se enfrentaron no sólo a una nutrida selección de obras de Dalí sino también a sus estrafalarios títulos, no ideados precisamente para facilitar la comprensión de las mismas. En cuanto al cuadro del Bosco incluido al final del catálogo –*Las tentaciones de San Antonio*–, sólo podemos suponer que su presencia pretendía señalar el nexo existente entre el surrealismo y anteriores expresiones de una tendencia pictórica idéntica o similar.[136]

Al público le encantó la exposición, encontrándola extraña y desconcertante, y según Julien Levy tuvo un éxito total de ventas.[137] Las críticas fueron también muy positivas. Lewis Mumford, del *The New Yorker*, señaló que los paisajes oníricos de Dalí tenían una cualidad dura y precisa muy ajena al sentimentalismo y a la vaguedad con los cuales los artistas tendían a representar los sueños. Los calificó de «pesadillas congeladas».[138] A Dalí le entusiasmaron las reseñas llegadas desde Nueva York, que enseguida comunicó a Foix.[139] El pintor debió de pensar que, si sus cuadros triunfaban sin su presencia, una visita personal a la metrópoli seguro que sería todo un acontecimiento.

Coincidiendo con la exposición de Nueva York, Josep Dalmau, el viejo amigo y promotor catalán del pintor, que se había visto obligado a cerrar su galería, organizó, del 8 al 21 de diciembre de 1933, una exposición de Dalí en la Galeria d'Art Catalònia de Barcelona (Ronda de Sant Pere, 3), a la que asistió el artista. Se expusieron *El nacimiento de los deseos líquidos, El enigma de Guillermo Tell* (lienzo que no ha de confundirse con el cuadro del mismo título, pero de dimensiones mucho mayores, en el que aparece Lenin), fotografías de Man Ray de otros seis cuadros clave de Dalí, tres dibujos, un objeto surrealista y veintisiete grabados de los cuales veinticinco eran las primeras pruebas de los realizados para *Los cantos de Maldoror* de Skira.[140]

El crítico Magí A. Cassanyes, amigo de Dalí desde los días de *L'Amic de les Arts,* se entusiasmó con la exposición y en particular con *El enigma de Guillermo Tell* (que Dalí le había enseñado unos meses antes), así como con las ilustraciones para *Maldoror.* Desconocemos hoy el paradero de dicho cuadro, cuyas dimensiones, según Cassanyes, eran minúsculas. Reproducido en el quinto número de *Minotaure* (febrero de 1934), donde acompaña el artículo de Dalí «Los nuevos colores del sex-appeal espectral», se trata de una obra análoga a *El espectro del sex-appeal.* Aquí está otra vez el niño Dalí, con su traje de marinero y un aro en la mano. Pero ahora tiene una chuleta en la cabeza y mira fijamente, no una monstruosa aparición en la playa, sino una extraña materialización antropomórfica formada por las nubes. Junto a él está su aya, mirando hacia abajo, ensimismada, mientras a su derecha se ven dos hombres acostados, enzarzados en una conversación y totalmente ignorantes del fenómeno que se está produciendo en el cielo. Cassanyes estaba seguro de que el cuadro constituía otro ejemplo de la valentía de Dalí al ir buceando en sus angustias.[141] En cuanto a los grabados, el crítico los consideraba «documentos sismográficos plasmados con una imparcialidad implacable y sin ninguna solución de compromiso ni atenuación». Y siguió: «Si los sueños y las aspiraciones inconfesables son, como de ello estamos convencidos plenamente, lo más real, puro y evidente del hombre, nada tiene de sorprendente que hoy, cuando la mediocridad satisfecha descubre con mayor persistencia cada día su total nulidad, este camino hacia el nuevo mundo de sorpresas, revelaciones y divagaciones que es el surrealismo atraiga *exclusivamente* nuestro interés y nuestra atención.»[142]

Como es natural, no todo el mundo estuvo de acuerdo. Para otro crítico, Just Cabot, los numerosos visitantes que acudían a la exposición lo hacían atraídos más por el sensacionalismo que rodeaba al nombre del artista que por el valor intrínseco de la obra expuesta, que calificó de mediocre. Para Cabot, Dalí era el «seudogenio de Figueres».[143]

Durante su breve paso por Barcelona, Dalí pronunció una conferencia, informando a Breton de la favorable acogida dispensada a la misma. En su respuesta Breton elogió su artículo «Sobre la belleza terrible y comestible de la arquitectura *modern style»,* que acababa de aparecer en *Minotaure,* y le comunicó que se estaba organizando una magna exposición surrealista para la Galerie de Paris, villa situada justo enfrente del Grand Palais. Por esa y otras razones, él y el resto del grupo esperaban su regreso con creciente impaciencia.[144]

Breton tuvo razón al elogiar el artículo de Dalí. Uno de los mejores que había escrito hasta la fecha, era fruto de una fascinación por Gaudí y el *Art Nouveau* –llamado por Dalí *modern style*– que se remontaba a sus primeras visitas de niño a Barcelona, donde le había asombrado el parque Güell, con sus retorcidas columnas «blandas», sus grutas y sus deslumbrantes mosaicos. Más tarde había llegado el impacto de los edificios de Gaudí en el Paseo de Gracia y, por supuesto, el asombroso templo inacabado de la Sagrada Familia.

En el artículo Dalí recuerda que en 1929, en *La mujer visible*, había sido quizá el primer pintor de su generación en considerar la arquitectura *Art Nouveau* como «el fenómeno más original y extraordinario de la historia del arte». Desde entonces ha llegado a la conclusión de que dicho arte es una creación del mundo de los sueños. En las líneas fluidas de una sola ventana modernista, afirma, vemos al gótico metamorfosearse en estilo helénico, oriental e, incluso, renacentista. Sólo el lenguaje onírico es comparable. Además, el *Art Nouveau*, como los sueños, expresa el deseo sexual. Dalí ha oído a la gente decir, al contemplar los edificios modernistas de Barcelona, que uno podría «comérselos». Es eso, exactamente. Y, puesto que cuando amamos a una persona queremos comerla, considera que el *Art Nouveau* es también intensamente erótico. En las lámparas que alumbran las bocas del metro de París, Dalí ha encontrado una corroboración extraordinaria de que dicho arte expresa el deseo de comerse a la persona amada: ¡nadie se ha dado cuenta de que son mantis religiosas! La instantánea del fotógrafo húngaro Brassaï reproducida en el artículo de Dalí (Brassaï había conocido a Dalí y a Gala en el estudio de Picasso el año anterior y los había fotografiado en su piso de la rue Becquerel) nos obliga a reconocer esta vez como acertada la interpretación «paranoico-crítica» de Dalí. ¡Las lámparas se parecen de verdad, y mucho, a mantis religiosas![145]

Dalí termina su artículo redefiniendo la famosa afirmación de Breton según la cual «la belleza será convulsiva o no será». «La nueva edad surrealista del "canibalismo de los objetos"», proclama, «justifica igualmente la siguiente conclusión: La belleza será *comestible* o no será.»

El artículo constituía un estupendo *tour de force*, y Breton no podía por menos de admirarlo. No fue el único. Jean Wahl, crítico de *La Nouvelle Revue Française*, tomó nota de la importancia de la contribución de Dalí a este número de *Minotaure*, que incluía, además del trabajo mencionado, unos comentarios sobre pintura dirigidos a E. Tériade, un breve artículo sobre el fenómeno del éxtasis (acompañado de un *collage* de fotografías sacadas por el catalán), un dibujo *(El jinete de la muerte)* y cuatro grabados de la inminente edición de *Los cantos de Maldoror*. Comentó Wahl:

> Dalí es un descubridor y un descubrimiento, sin duda uno de los ejemplos más auténticos del surrealismo. Sus declaraciones a Tériade sobre la objetividad y el delirio; su búsqueda de imágenes capaces de extasiarnos; su elogio (coincidente con el de Breton) del *Art Nouveau* «convulsivo-ondulatorio», «aterrador y sublime»; su idea de un espacio onírico en el que debería moverse el artista; su fórmula, tan baudelaireana, según la cual la «belleza no es otra cosa que la suma de la conciencia de nuestras perversiones»..., todo ello inquieta y excita el espíritu...

Tal panegírico aparecido en tal publicación, era la demostración, si alguien todavía la necesitaba, de que ya por 1934 Dalí era considerado en París como uno de los más auténticos y originales exponentes del surrealismo.[146]

EL DALÍ DE GERTRUDE STEIN

La escritora norteamericana Gertrude Stein se las daba de conocer a todo el mundo en París, pero todavía no la habían presentado a Dalí y a Gala. No podía ser. Picasso, buen amigo de Stein, prometió llevarlos un día a su casa. La pareja llegó..., pero no el malagueño. La evocación que hace Stein del encuentro en su *Everybody's Autobiography* (La autobiografía de todo el mundo), publicada en 1937, es no sólo divertida sino que contiene unos comentarios agudos sobre la personalidad de Dalí. Además tiene la ventaja de ser casi contemporánea. Stein había estado en España y, como vimos, apreciaba al gran amigo de Picasso, Ramon Pichot, muerto en 1925. Sobre España y sus habitantes tenía ideas contundentes (tenía ideas contundentes sobre todo). Los auténticos españoles, por ejemplo, «no tienen noción alguna de la hora del día»; son «muy brutales, no, brutales no, insensibles a los sentimientos humanos», y, claro, no escuchan nunca: «No oyen lo que estás diciendo ni escuchan pero utilizan para lo que quieren hacer lo que no están oyendo.» Dalí no era una excepción a la regla, pero no le importaba a Stein porque le gustaba mucho su bigote, «el más bello bigote de cualquier europeo y ese bigote es sarraceno, de eso no cabe duda, y es un bigote muy bello y de eso no cabe duda».[147]

A Stein le había llamado la atención el hecho de que el padre de Dalí fuera notario. Intuía que, por lo que respecta a las artes, los hijos de notarios corresponden más o menos a los de los pastores protestantes en Estados Unidos y Gran Bretaña (donde no hay notarios), lo cual tal vez sea verdad: tienden a ser rebeldes. Parece ser, a juzgar por lo que cuenta Stein, que el mismo Dalí le contó que su padre le había echado de casa, informándola acerca del cuadro responsable de todo el asunto (el del Sagrado Corazón), aunque es posible que la fuente de la escritora fuera Picasso, a quien por lo visto Dalí y Gala visitaban en esta época con cierta frecuencia, y que estaba seguramente al tanto de lo ocurrido. Stein, de todas maneras, entiende a Dalí:

> Sabía mucho de Freud y tenía la rebelión de tener un notario como padre y teniendo a su madre muerta desde que era niño. Y por ello aquel cuadro con la inscripción era natural y lo convirtió en el más importante de los pintores que eran surrealistas. La línea errabunda de Masson había dejado de errar y él estaba perdido en estos momentos, Miró había descubierto lo que quería pintar y pintaba una y otra vez la misma cosa, así que llegó Dalí y todo el mundo sabía de él.[148]

Stein se olvidó de mencionar que había otra razón, tal vez más relevante, para el repentino impacto que causó Dalí al llegar a París: el hecho de que la obra de Yves Tanguy no poseía la «chispa» que requería el surrealismo en 1929-1930. Brassaï, que había sacado algunas de las fotografías para el artículo de Dalí sobre *Art Nouveau* en *Minotaure*, lo captó claramente. «En cuanto a Yves Tanguy, si sus playas desiertas de planetas muertos ejercían un atractivo fantasmagórico, no deslumbraban con aquella "belleza convulsiva"» con la cual soñaban Breton y Éluard.» Dalí, por el contrario, era «el soñado pintor del sueño, del éxtasis, de la furia erótica». Su triunfo era inevitable.[149]

CASI OTRA EXPULSIÓN

Desde 1930 habían pasado cuatro años y, si bien Breton valoraba todavía a Dalí como artista y amigo, le preocupaban cada vez más algunos de sus puntos de vista y desplantes. El 23 de enero de 1934 le escribió una larga carta en la que le dijo que llevaba tiempo tratando de escucharle con tolerancia, aun cuando encontraba inaceptables las cosas que era capaz de soltar (por ejemplo, su declarada preferencia por los accidentes de tren en los que los pasajeros de tercera clase sufrían más). Dalí se había justificado al presentarse como víctima de una perversión sexual tan única que la expresión de tales opiniones no podía acarrear riesgo alguno. Pero Breton no estaba convencido. Las opiniones en cuestión habían dañado permanentemente el surrealismo. Le repugnaba, sobre todo, el «antihumanitarismo» de Dalí. ¿Cómo podía decir que disfrutaba con las desgracias de sus amigos? Hasta muy poco antes Breton había creído que Dalí reservaba para sus compañeros surrealistas las «paradójicas y delirantes» ideas que le inspiraba Hitler. Sin embargo el jueves anterior le había oído alabar en público al gobierno nazi por sus «peores exacciones». ¿Podían acaso él y Dalí seguir perteneciendo al mismo bando?

A Breton también le había indignado oír a Dalí defender la pintura académica y manifestar su desprecio por el «arte moderno». ¿Cómo podía adoptar esa postura y pedir un retorno a Meissonier justo cuando el arte moderno recibía violentos ataques tanto en la Alemania nazi como en la Rusia comunista? Para colmo, el pintor se declaraba ahora a favor de la «profunda realidad de la familia» y de la autoridad paterna, lo cual, concluía Breton, explicaba su peligrosa fe en Hitler. El líder surrealista estaba convencido: Dalí se había vuelto un reaccionario. El surrealismo implicaba antes que nada cierto rigor moral, cierta preocupación por la integridad ética, y no podía ni debía abandonar sus principios, su creencia en la necesidad de la revolución proletaria. Dalí se movía ahora en otra dirección.

Además, estaba la cuestión de *El enigma de Guillermo Tell.* Breton se muestra horrorizado por este gigantesco cuadro, con su representación de Tell disfrazado de un Lenin sonriente con una grotescamente alargada nalga sostenida por una muleta. Breton consideraba la obra académica y «ultraconsciente»: a duras penas podía calificarse de surrealista. ¿Y qué decir de la reciente exposición privada de cuadros en el estudio de Dalí? ¿Qué tenía que ver tal proceder con el surrealismo? Breton había estado entre los invitados, y le había chocado observar a Dalí haciendo concesiones a la «sociedad». El pintor quería halagos, quería que le quisiesen. Y eso era incompatible con la esencia del surrealismo.

Seguidamente vino la madre del cordero. ¿Estaría Dalí dispuesto, a la luz de todo ello, a firmar una declaración para el primer número de la nueva revista surrealista que Breton pensaba lanzar, en la que negara cualquier forma de adhesión al fascismo alemán? El texto debería dejar claro también que no había discrepancias fundamentales entre sus opiniones y las esperanzas puestas por los surrealistas en una revolución proletaria. ¿Y sería el pintor lo bastante respetuoso como para renunciar a sus ataques sistemáticos contra los logros artísticos de los últimos sesenta u ochenta años, sobre todo en un momento en que los artistas alemanes se veían obligados a abandonar su país? Breton insistió en que Dalí contestara sus preguntas por escrito, de inmediato y sin ambigüedades. De sus respuestas dependía que pudieran seguir juntos, algo que él, Breton, deseaba sinceramente.[150]

Dalí se sentó enseguida a contestarle, y con la ayuda de Gala redactó una carta de ocho páginas, atendiendo los puntos de Breton uno por uno.

Por lo que tocaba a su supuesto «antihumanitarismo», la respuesta era previsible. Sí, era verdad que experimentaba placer cuando a sus amigos les ocurría alguna desgracia. Si se trataba de amigos íntimos, el placer era explícitamente sexual, y hasta llegaba a provocarle una erección. Una perversión sexual, de acuerdo, pero ¿era culpa suya? Además, él no hacía sino seguir los dictados de Sade, su guía en lo relativo a la moral (como había dejado bien claro en sus respuestas a la encuesta sobre el deseo realizada por los surrealistas yugoslavos).

¿El arte moderno? Dalí recordó a Breton que ya había expresado su postura en la carta abierta que le dirigiera desde la tribuna del catálogo de su última exposición en Pierre Colle, y que el mismo Breton había elogiado. Desde entonces, sus opiniones no habían cambiado. No obstante, y para que constara, quería aclarar que sólo se refería al arte moderno producido fuera de la órbita del surrealismo. Para ser preciso, estaba a favor de Tanguy, Ernst, De Chirico, Magritte, etc., y en contra de artistas como Utrillo, Mondrian, Vlaminck, Kisling, Derain, Ozenfant, Chagall y Matisse. Los primeros se nutrían del inconsciente, los otros eran «intelectualistas». Gris, Braque y el ala experimental del cubismo se salvaban de su anatema, y, por supuesto, Picasso, ese «fenómeno vital que con mucha frecuencia supera las más ambiciosas previsiones surrealistas». Dalí concluía esta sección de su extensa carta insistiendo en que sólo una técnica académica (indefendible, estaba de acuerdo, desde un punto de vista estético) era capaz de plasmar las visiones e imágenes del inconsciente, de ese «nuevo mundo delirante al que comenzamos a tener acceso». En una palabra, Böcklin era más surrealista que Matisse.

En cuanto a la acusación de hitlerianismo, pocas textos serían mandados más rápidamente a la hoguera por nazis (y comunistas) que *La mujer visible, El amor y la memoria* y el poema que acababa de escribir (no identificado). Esto lo sabía muy bien Breton. El pintor reveló a continuación que había escrito un «amplio estudio» sobre el racismo alemán en el que demostraba que Hitler era una nodriza con unos testículos y un prepucio muy malolientes, comprimidos como los genitales de Napoleón. ¡Apostaba a que esas consideraciones «paranoico-críticas» no caerían muy bien en el Tercer Reich! Tampoco sus cuadros correrían mejor suerte que sus libros, ni en Rusia ni en la Alemania nacionalsocialista. Negaba de plano que estuviera a favor de Hitler, pero insistía no obstante en su derecho a interpretar el fenómeno por sí mismo, dado que los comunistas no se preocupaban en absoluto por hacerlo. El hitlerianismo, añadió, le estaba sacudiendo sus convicciones en el ámbito político, como le ocurriría además a cualquiera que no padeciera un «misticismo frenético». Era su deber tratar de profundizar en las causas ocultas del fenómeno.

Dalí dijo luego que, en la medida de lo posible, subordinaría siempre sus ideas personales a las exigencias del grupo surrealista. Por lo que tocaba a *El enigma de Guillermo Tell*, ¿qué diferencia había entre exponerlo en su estudio o en Pierre Colle, donde con toda seguridad lo habría hecho si la galería no hubiera cerrado? Todos sabían que con su obra él trataba siempre de provocar al mayor número posible de personas. *El enigma de Guillermo Tell* no era una excepción, tanto más cuanto que el protagonista era su padre, el padre que quería devorarlo, y que el trozo de carne colocado encima de la nalga representaba sus testículos. Podría haber añadido, como lo haría treinta años después, que él era el niño que el canibalista Tell acunaba en sus brazos, y que, si se miraba el cuadro de cerca, se podía apreciar junto al pie izquierdo del protagonista una pequeña cáscara de nuez, que en realidad era una cuna en la que se hallaba Gala a punto de ser aplastada por el monstruo. En 1974 Dalí recordaría que la obra reflejaba uno de «los momentos más peligrosos de su vida».[151]

En lo relativo a la palinodia exigida por Breton, Dalí estaba dispuesto a firmar un manifiesto colectivo surrealista en esta línea con tal de que no supusiera renegar de nada de lo que hubiera escrito hasta el momento. Pero nada más. Terminó pidiéndole a Breton (como había hecho en ocasiones anteriores) que creyera en su «incondicionalidad surrealista» y en que tenía la situación bajo control.[152]

Tal vez como antídoto a estas tensiones, Dalí y Gala decidieron casarse. Desde hacía un año Éluard había estado urgiendo a Gala a que lo hiciera, advirtiéndole de que, si se muriera Dalí, podría quedarse ella sin nada, sobre todo en vista de que el notario lo había desheredado y probablemente se quedaría con todos los cuadros encontrados en Port Lligat.[153]

La ceremonia tuvo lugar en el ayuntamiento del catorce *arrondissement* de París la mañana del 30 de enero de 1934. Éluard no asistió: tal vez habría encontrado demasiado penosa la ceremonia, que simbolizaba la pérdida de Gala. Los testigos fueron Yves Tanguy (lo cual hace deducir que los Dalí tenían una relación estrecha con él en esos momentos) y un tal André Gaston, descrito como «artiste-peintre» en el documento oficial (así como Tanguy), que vivía en el mismo edificio donde la pareja tenía su estudio, en la rue Gauguet número 7.[154]

Dalí había preparado otro disgusto para Breton en esos momentos. El 2 de febrero de 1934 se inauguró en el Grand Palais una exposición dedicada al decimoquinto aniversario del Salon des Indépendents. Los surrealistas habían tomado la decisión de no participar, pero, despreciando tal disciplina de grupo, Dalí no sólo lo hizo sino que mandó *El enigma de Guillermo Tell* (y un inofensivo dibujo titulado *El canibalismo de los objetos*), explicando a Charles de Noailles que de ese modo esperaba que su obra llegara a un amplio público.[155] Para Breton fue la gota que colmó el vaso. El día de la inauguración, él, Brauner, Ernst, Hérold, Hugnet, Oppenheim, Péret y Tanguy aprobaron una resolución. Proponía que Dalí, culpable de «varios actos contrarrevolucionarios tendentes a la glorificación del fascismo hitleriano», fuera excluido del movimiento surrealista por ser «un elemento fascista» y que, además, se le combatiera por todos los medios posibles. También proponía la exclusión, hasta que revisara sus opiniones, de Pierre Yoyotte, acusado de ayudar y secundar al catalán en su «actividad contrarrevolucionaria».[156] Roger Caillois, que se marchó antes de que terminara la reunión, propuso por escrito que se expulsara a Dalí por mantener opiniones sobre el conflicto racial (según el pintor algo muy distinto de la lucha de clases) incompatibles con la adhesión del surrealismo a la causa del proletariado.[157] El airado cónclave, con Breton a la cabeza, se personó acto seguido en la exposición del Grand Palais con la intención de rasgar el ofensivo cuadro, llevándose un chasco al descubrir que lo habían colgado tan alto que estaba fuera del alcance de sus bastones.[158]

El día siguiente se comunicó la resolución de expulsar a Dalí a todos los miembros del grupo y se convocó una reunión especial el día 5 de febrero para discutir el asunto. A Crevel, Éluard, Giacometti y Tzara, ausentes de París en ese momento, se les pidió que formularan su opinión por escrito.[159] Dalí, por su parte, recibió una displicente carta de Breton, en la que, tras amonestarlo por no haber asistido a las reuniones celebradas los días 2 y 3 de febrero, le explicitaba los términos de la resolución y le advertía que era imprescindible su asistencia el 5 de febrero.

Cuando iba por la mitad de la carta, Breton había recibido un *pneumatique* (comunicación exprés mandada por tubo neumático) en que Dalí defendía su causa con, parece ser, elocuencia. Pero ello no hizo cambiar de parecer a Breton, que dijo a continuación que, si bien sentía por el pintor admiración y afecto genuinos, en ese momento era su deber más elemental dejar de lado sus sentimientos personales en aras de la pureza revolucionaria del movimiento surrealista. Si Dalí, pues, no actuaba con decisión para aclarar su actitud a satisfacción del grupo, de entonces en adelante se lo consideraría representante de una desviación muy peligrosa.[160]

No se conoce ninguna versión estrictamente contemporánea de la reunión del 5 de febrero. Las posteriores, incluida la de Dalí, son contradictorias, y en más de una ocasión parecen incorporar material anecdótico procedente de reuniones anteriores. En todo caso, la más detallada es la de Georges Hugnet, que es ratificada en líneas generales por la de Marcel Jean. Según ella, Dalí estaba resfriado y se presentó en rue de la Fontaine con un termómetro y varias capas de jerséis, que se ponía y quitaba constantemente, convirtiendo al parecer el «juicio» en poco menos que una farsa. Incluso a Breton le resultó difícil mantener la seriedad, hubo estallidos de risa, y Dalí se las ingenió –era ya dueño de una imponente labia– para salir de apuros... por el momento.[161]

La extrema incomodidad que la actitud de Dalí hacia Hitler provocaba ahora en Breton se comprende mejor si tenemos en cuenta que por esas fechas Francia estaba desgarrada por tensiones políticas gravísimas, y que el 6 de febrero de 1934, el día siguiente al «juicio» de Dalí, los fascistas provocaron en París unos disturbios que se saldaron con doce muertos. Se convocó inmediatamente una huelga general y Eduard Daladier, primer ministro desde hacía sólo unos días, se vio obligado a dimitir. La Tercera República parecía hacer agua.[162]

A Paul Éluard también le preocupaba la obsesión de Dalí por el Führer. Él y Tzara le habían escrito a Breton para quejarse de los ataques de los que el pintor era objeto dentro del grupo, contó el poeta a Gala. Pero no había duda de que la actitud «hitleriano-paranoica» de Dalí tendría «consecuencias casi insalvables» en caso de que no se retractara. «Es *absolutamente necesario* que Dalí encuentre otro tema de delirio», recomendaba Éluard.[163]

Tras evitar la expulsión por un pelo, Dalí y Gala regresaron a Port Lligat, donde a comienzos de marzo recibieron una encantadora carta de Breton, llena de noticias. Estaba preparando una nueva edición de *El surrealismo y la pintura* y le sorprendía que Dalí –que naturalmente estaba incluido– no le hubiera enviado ya las ilustraciones prometidas. La consecuencia era que la publicación había tenido que aplazarse hasta el regreso del pintor a París. Pero Breton no parecía irritado. El quinto número de *Minotaure* estaba en marcha, y quería que Dalí escribiera algo sobre fantasmas, maniquíes y cosas por el estilo, estimando que sería una buena excusa para aprovechar las hermosas fotografías que Man Ray había sacado en Cadaqués, con una serie en la que aparecía el pintor con una barra de pan sobre la cabeza (Dalí enviaría «Los nuevos colores del sex-appeal»). Breton se refirió seguidamente a su voluntad de restablecer una actividad de grupo eficaz –siempre uno de los principales objetivos del surrealismo– y terminó expresando la ferviente esperanza de que Dalí y Gala olvidaran las recientes «dificultades», que estaba seguro eran pasajeras. Asimismo, quería ratificarles una vez más la sinceridad de su afecto. Tratándose de Breton, era una carta muy cálida, casi fraterna. Dalí le respondió con idéntica afabilidad, culpando a una criada de haber traspapelado las ilustraciones. Así que, después de la tormenta, parecía que habían regresado los días de calma.[164]

La euforia de la reconciliación continuó impregnando su correspondencia a lo largo de los meses siguientes. El 11 de abril, mientras Julien Levy exponía los grabados y dibujos de *Maldoror* en Nueva York,[165] el pintor dio una conferencia sobre surrealismo en el Ateneu Enciclopèdic Popular de Barcelona, aprovechando la oportunidad, le informó a Breton, para zanjar la cuestión de su supuesta conversión al hitlerianismo. Al terminar la conferencia, dijo, un grupo de comunistas lo habían acosado con preguntas molestas, logrando momentáneamente poner al público en su contra, pero había conseguido salir airoso del trance. La única noticia periodística sobre el suceso que se ha encontrado sugiere, no obstante, que Dalí no logró convencer a todos los presentes de su inocencia. «A Dalí sólo le faltó declararse nazi», comentó *La Publicitat.*[166]

Por una llamativa coincidencia, Federico García Lorca había desembarcado en Barcelona la mañana de la conferencia de Dalí tras una triunfal estancia de seis meses en Buenos Aires. Unos días después, una entrevista con el poeta apareció en la primera plana de *La Publicitat.* El ahora muy famoso Lorca expresó su descontento con el teatro contemporáneo español, y dejó claro que haría todo lo posible por revolucionarlo.[167] Lorca y Dalí no se vieron en Barcelona (el poeta salió para Madrid la misma noche de su llegada), pero podemos estar seguros de que el pintor leyó la entrevista, ya que consideraba *La Publicitat* como su periódico en Barcelona, y de que se quedaría impresionado ante el meteórico ascenso de su amigo, convertido ahora en toda una celebridad internacional. Unos días después le envió una postal desde Cadaqués:

> Querido Lorquito: Estoy seguro de que nos «divertira» que nos viesemos de nuevo, quieres? Has pasado por Barcelona, que lastima que no hubieras venido a Cadaques donde paso unos meses, despues el 2 de mayo voy a Paris por un mes.
>
> Tengo un gran proyecto de opera que se basa en personajes importantes Sacha Masoch, Luis II de Baviera, Bogen [¿por Wagner?], etc. Pienso que podriamos hacer *algo* juntos si vinieras podriamos entendernos ahora sobre muchas cosas. Gala tiene una curiosidad terrible de conocerte.

¿Había visto Federico el último número de *Minotaure* (número 3-4, publicado en diciembre de 1933), seguía Dalí? Quería que leyera su artículo sobre arquitectura *modern style,* el de Éluard sobre postales y la importante *mise au point* de Breton sobre el tema de la comunicación. Firmando «Tu Buda» (como había hecho alguna vez en los días de la Residencia de Estudiantes), Dalí terminó ordenando a Lorca que le contestase inmediatamente. El poeta difícilmente pudo recibir una invitación más apremiante para reanudar su amistad con Dalí, pero si le contestó –y nos cuesta imaginar que no lo hiciera–, no se conoce la carta.[168]

Rafael Santos Torroella ha comentado, con su habitual agudeza, el contenido y significación de la tarjeta postal en relación con la amistad de Dalí y Lorca:

Parece como si, por la mención de Gala a continuación de haber afirmado que «ahora» se podrían entender mejor sobre muchas cosas, Dalí quisiera significar la superación definitiva del conflicto íntimo en que habían desembocado sus relaciones amistosas y del cual aquél había hecho escudo y símbolo aleccionador a su *San Sebastián.* Sin embargo, el señuelo que le brinda a Lorca de trabajar juntos en un proyecto de ópera, entre cuyos importantes personajes estaban tan notorios ejemplos de desviación y decadentismo eróticos como Luis II de Baviera y el barón austríaco Leopold von Sacher-Masoch (de quien, como es sabido, tomó su nombre la perversión masoquista) induce a la sospecha de que Dalí, con Gala o sin ella, en modo alguno había dado por agua pasada su estrecha amistad con Federico.[169]

El descubrimiento por parte de Dalí de Sacher-Masoch era inevitable, tarde o temprano, dada su obsesión por Sade y por las desviaciones sexuales en general, y hay numerosas alusiones al autor de *La Venus de las pieles* en sus dibujos de la época. En cuanto a Luis II de Baviera, protector de Wagner y fundador del festival de Bayreuth, se estaba convirtiendo en otra obsesión daliniana, sobre todo por los excesos eróticos que se le atribuían. Habiendo leído, hacía unos días, que Lorca estaba decidido a revolucionar el teatro español, Dalí, sin duda correctamente, pensaba ahora que un proyecto que girara en torno a personajes tan singulares podría entusiasmar al popular poeta-dramaturgo-músico granadino. Pero la deseada colaboración nunca tendría lugar.

EXPOSICIONES: BRUSELAS, LONDRES, PARÍS

Dalí y Gala estaban de vuelta en París a principios de mayo, con la mente puesta ahora en Bruselas, donde iba a salir de un momento a otro un número surrealista de la revista *Documents 34,* coincidiendo con una exposición sobre *Minotaure* organizada por Albert Skira. El número tenía un fuerte tono antifascista (las muertes de febrero en París preocupaban seriamente a los editores de la revista), pero ello no se refleja en el artículo de Dalí incluido en el mismo, «Las últimas modas de excitación intelectual para el verano de 1934», destacable sólo porque al parecer es el primero en el que el pintor se refiere a sí mismo públicamente en tercera persona, práctica que pronto se volverá habitual. «Si desea "conservarse anacrónicamente" en la medida de lo posible y aconsejable», escribe, «preste mucha atención a las ideas y los sistemas de Salvador Dalí, algunos de los cuales "continuarán".» Lo único que el lector tiene que hacer es practicar la «actividad paranoico-crítica», tal como la define su creador («método espontáneo de conocimiento irracional basado en la objetivación crítica y sistemática de las asociaciones e interpretaciones delirantes») y cuyo uso ya ha quedado demostrado, según él, en *El mito trágico del «Ángelus» de Millet.* El artículo –uno de los menos logrados de Dalí– hace pensar que el meditar tanto sobre la paranoia comenzaba a influir seriamente en la relación de Dalí con el mundo que lo rodeaba.[170]

Dalí viajó a Bruselas para la exposición sobre *Minotaure* (12 de mayo-3 de junio de 1934), escribiendo desde allí a Foix. Entre sus obras expuestas estaban *El gran masturbador* (que siempre se negaría a vender), un cuadro sin identificar de Gala junto al mar, y un dibujo de grandes dimensiones, *El canibalismo de los objetos.* Breton había cedido en préstamo *Guillermo Tell.*[171]

La muestra de Bruselas coincidió con la exposición «Bores, Beaudin, Dalí», celebrada en Londres en la Galería Zwemmer entre el 14 de mayo y el 2 de junio de 1934. El catálogo incluía cinco dibujos (no identificables hoy) y un grabado, *Fantasía,* de una «edición firmada de 100», no incluido por Michler y Löpsinger en su obra estándar sobre la obra gráfica de Dalí. En el catálogo se anunciaba que, al no haber llegado a tiempo los grabados de *Los cantos de Maldoror,* éstos se expondrían en una fecha posterior. Es casi seguro que Dalí y Gala fueron a Londres para la exposición, hospedándose allí con un nuevo y riquísimo amigo suyo, Edward James, en su lujosa residencia de Wimpole Street.[172]

Edward James conocía a Charles y Marie-Laure de Noailles, y gracias a ésta se había introducido en el mundo del ballet y de la música en París y comenzado a encargar obras a jóvenes compositores como Darius Milhaud, Poulenc y Henri Sauguet. A James le interesaba el surrealismo, y había ayudado a financiar la publicación de *Minotaure* desde sus inicios. Más tarde afirmaría que se había enterado de la existencia de Dalí por vez primera en 1932, en la casa de los Noailles en Hyères, donde pudo admirar su llamativo retrato de Marie-Laure. No se sabe con exactitud cuándo se conocieron personalmente él y Dalí, aunque parece que fue en Hyères el verano siguiente, y que a ese encuentro seguiría otro unas semanas más tarde en Mas Juny, la espectacular propiedad del pintor Josep Maria Sert en Palamós.

Dada la admiración de Dalí por los aristócratas, y en especial por los aristócratas ricos, y su urgente necesidad de un mecenas, Edward James debió de parecerle la respuesta a sus sueños. Nacido en 1907, tres años después que Dalí, y ahijado de Eduardo VII, James había heredado una inmensa fortuna de su padre, acaudalado hombre de negocios, al alcanzar la mayoría de edad. Guapo, sensible, encantador, excéntrico, brillante *raconteur* y amante de la poesía y del arte, parecía destinado a la felicidad y al éxito. Sin embargo, dentro de este minúsculo y atildado personaje se escondía un niño muy infeliz y neurótico, permanentemente dañado por el rechazo de su madre, Evelyn Forbes («la anfitriona más admirada de la época eduardiana»),[173] y víctima de los habituales abusos sadomasoquistas ingleses como interno en su primera escuela y luego en Eton. Hacia el final de su vida, en un poema que lleva el acertado título de «La suma», escribiría James:

> Fortuna, con su rueda, me dio riqueza
> de granjas y castillos y campos y colinas...
> luego, con cruel sigilo, mezcló con éstos
> la maldición de una voluntad enferma y débil.
>
> A tal privado niño rico, no pertenecería
> sólo dinero; para que hubiera armonías
> Fortuna le dio el don de la poesía:
> pero no le dio amor. Ésa es mi suma.[174]

Cuando, en 1934, James se divorció de la bailarina Tilly Losch, ésta afirmó ante los jueces que era homosexual. Sus biógrafos tienden a estar de acuerdo, aunque, si lo era, James no «enseñaba el plumero» (como el cantante de jazz y escritor George Melly expresó una vez, imitando la chillona voz de James: «Edward era y *no era* homosexual»).[175] Muy recatado en su vida privada, James lo era, ciertamente, y a Dalí, siempre fascinado por la ambigüedad sexual, este lado oculto de su nuevo amigo debió de parecerle casi tan interesante como su fortuna.[176] James no era todavía el mecenas de Dalí, pero estaba a punto de serlo, y es probable que fuera él quien le llamara la atención a Zwemmer sobre el arte del catalán y le sugiriera que lo expusiese.

Era la primera vez que la obra de Dalí se mostraba en Londres. El joven poeta David Gascoyne, que pronto se trasladaría a París para conocer a los surrealistas, apenas podía contener su entusiasmo al contemplar las obras dalinianas. «Salvador Dalí es el más importante de todos los pintores literarios vivos», sentenció en el *New English Weekly*.[177]

Entretanto, Skira había estado preparando la presentación a bombo y platillo de *Los cantos de Maldoror,* que tuvo lugar el 13 de junio en la librería Quatre Chemins (99, Boulevard Raspail). Se expusieron los cuarenta y dos grabados impresos en el libro y treinta dibujos relacionados con ellos. En el catálogo, como anticipamos, Dalí se explayaba sobre las alusiones al *Ángelus* de Millet contenidas en tantas de las obras expuestas.

Pierre Colle había cerrado ya definitivamente su negocio, de modo que para su muestra de fin de temporada Dalí eligió ese año la cercana Galería Jacques Bonjean (3, rue d'Argenson). La exposición, muy variada, estuvo abierta entre el 20 de junio y el 13 de julio y recibió una entusiasta crítica de Louis Chéronnet en *Art et Décoration*.[178] Como introducción al catálogo, un breve texto de Dalí aclaraba que las obras expuestas eran «fotografías instantáneas hechas a mano de imágenes subconscientes, surrealistas, extravagantes, paranoicas, hipnagógicas, extrapictóricas, fenomenales, superabundantes, superfinas, etc., imágenes de la Irracionalidad Concreta». La insistencia sobre la fotografía sintonizaba con otras manifestaciones de Dalí de esta época en el mismo sentido, a saber: que el arte surrealista, o en todo caso el arte surrealista daliniano, consistía en la anotación meticulosa y académica de imágenes que manaban de las profundidades del subconsciente.

Se expusieron en Bonjean cuarenta y siete cuadros y dibujos, además de dos esculturas, cuatro objetos surrealistas y una selección de las ilustraciones de Dalí para *Los cantos de Maldoror*. De los cuadros y dibujos, diecisiete procedían de colecciones particulares, principalmente de los componentes del Zodíaco. De las obras expuestas por vez primera, el minúsculo *El espectro del sex-appeal* era, sin duda, la estrella, y *Esqueleto atmosférico sodomizando a un piano de cola* (1934) la más calculada para no dejar indiferente al público. Si Rafael Santos Torroella está en lo cierto, el cuadro, ambientado en la playa de Port Lligat, alude a los intentos de Lorca por poseer al pintor y muestra que, pese al advenimiento de Gala, éstos seguían muy presentes en la mente de Dalí.[179]

Una vez inaugurada la exposición los Dalí regresaron a Port Lligat, donde en agosto Gala recibió una carta de Éluard en la que le decía que iba a casarse con Nusch al día siguiente y que estaba preocupado al darse cuenta de que se sentía abrumado de melancolía. Soñaba todavía con

Gala desnuda, la echaba de menos cada día más, y estaba seguro de que un día volverían a unirse.[180]

Pero era demasiado tarde: todos los esfuerzos de Gala se dirigían ahora a conseguir que Dalí llegara a ser famosísimo y, con ello, asegurar su fortuna conjunta. Ello conllevaba, entre otras cosas, organizar con rigor el lado práctico de la vida del pintor y asumir a su lado un papel social deslumbrante..., en París, Barcelona y, en esos momentos, la villa de Josep Maria Sert, a la que acude la pareja ahora otra vez, quizás acompañada de Edward James.[181] Por lo que respecta al dinero, Gala ya debía de estar convencida de que si iban a conseguirlo en grandes cantidades, ello sería en Estados Unidos, donde Julien Levy preparaba una nueva exposición de Salvador para el otoño. Iba a ser una muestra con una diferencia, pues esta vez, como Dalí le informa a Foix, él estaría presente... en persona.[182]

Foix seguía siendo el mejor aliado de Dalí en Barcelona, sobre todo porque el pintor sabía que, gracias al escritor y periodista podía contar siempre con que se hablara de él en *La Publicitat.* No obstante, Dalí tuvo un motivo de enfado en agosto, cuando, al proyectarse *La edad de oro* en un cineclub barcelonés, el anuncio insertado en *La Publicitat* hizo caso omiso del hecho de que era coguionista de la cinta. El disgusto de Dalí era una prueba más de cuán en serio se tomaba su participación en la película, que ya se había convertido en mítica. Dalí le pidió a Foix que interviniera, pero, dado que era el cine-club y no el periódico el que había redactado el anuncio, era muy poco, por no decir nada, lo que el escritor y articulista podía hacer. ¿Fue Buñuel de algún modo responsable por la omisión del nombre de Dalí? El pintor sospechaba que sí. Sus temores se confirmarían al regresar a París aquel otoño y descubrir que su nombre había desaparecido de los créditos de *Un perro andaluz,* repuesta entonces en Studio 28. Dalí envió enseguida una amarga carta a Buñuel, cuya respuesta, que no se conoce, no le satisfizo. Volvió a escribirle, esta vez más enfadado. Y pronto empezaría a pensar en cómo vengarse.[183]

REVOLUCIÓN EN BARCELONA

Los surrealistas, con Crevel a la cabeza, seguían los avatares de la Segunda República española con intenso interés y preocupación. La revolución que esperaban no se había hecho realidad, era cierto, pero sin embargo entre 1931 y 1933 se había avanzado mucho en el esfuerzo de empujar al país hacia la modernidad. La batalla más dura se había librado en el ámbito de la enseñanza primaria y secundaria, controlada durante siglos por la Iglesia. En 1931, de una población de 25 millones, el 32,4% era analfabeto, y se calculaba que eran necesarias 27.150 nuevas escuelas. En treinta años de monarquía sólo se habían construido 11.128, pero en 1934 la República ya había creado 13.570.[184]

El afán reformista de la República, moldeado en no poco grado por el espíritu emanado de la Institución Libre de Enseñanza y de su «hija», la Residencia de Estudiantes, no se limitaba a la enseñanza. Entre las medidas polémicas aprobadas antes de que la derecha ganara las elecciones de 1933, estaban el divorcio, la secularización de los cementerios y hospitales, la reducción del número de órdenes religiosas, y el inicio, ciertamente tímido, de la reforma agraria, imprescindible para satisfacer las aspiraciones de los campesinos sin tierra.[185]

No había sido fácil. Apenas instaurada la República, la Iglesia había iniciado sus ataques a la nueva democracia, como hemos visto, y los descontentos monárquicos habían empezado a conspirar para derrocarla. En el verano de 1932 se había conseguido sofocar sin mayores dificultades un levantamiento militar, pero, detrás del telón, el complot continuaba. Los conspiradores eran ayudados, sin querer, por los mismos republicanos que, en el otoño de 1933, desgarrados por divisiones internas, no se habían puesto de acuerdo para formar un frente común electoral. Resultado: las derechas, estimuladas por el avance del fascismo en Europa, obtuvieron la victoria. En los dos años siguientes se aboliría gran parte de la legislación progresista aprobada durante el bienio anterior, paralizándose por completo la reforma agraria. Se restablecería la pena de muerte, y la CEDA, la coalición de derechas dirigida por José María Gil Robles, se haría cada vez más militante, hasta el punto de crear una organización juvenil casi fascista. Por su parte, Falange Española, el partido fascista propiamente dicho, recurriría a tácticas cada vez más agresivas, de inspiración hitleriana.[186]

La situación viró dramáticamente a peor en el otoño de 1934, cuando el 1 de octubre, a raíz de una remodelación del gobierno, la CEDA (que antes no tenía cartera) obtuvo tres ministerios clave: Agricultura, Trabajo y Justicia. La izquierda supuso que estos nombramientos auguraban el inicio de una toma de poder fascista modelada sobre la que había desembocado en la otorgación de plenos poderes a

Hitler el año anterior, y se convocó una huelga general revolucionaria para el 4 de octubre.

La huelga fue seguida masivamente en las provincias vascas, en la cuenca minera de Asturias y en Cataluña. El 6 de octubre se proclamó en Barcelona la «República Catalana dentro de la República Federal Española». El atrevido y peligroso intento sólo duró diez horas, siendo ahogado por el ejército casi sin derramamiento de sangre. En Asturias la rebelión corrió mejor suerte, y no fue aplastada hasta el 15 de octubre por unidades del ejército de África, esta vez con numerosas pérdidas de vidas. Miles de presos políticos llenaban de golpe las cárceles españolas. Se había dado un paso más en el camino hacia la guerra civil.[187]

Dalí había llegado a Barcelona desde Port Lligat unos días antes de la revuelta para asistir a una exposición de sus últimas obras en la Llibreria Catalònia y dar una conferencia titulada «El misterio surrealista y fenomenal de la mesita de noche». La muestra, abierta del 2 al 4 de octubre, incluía sólo cinco obras, todas de proporciones minúsculas: *El destete del mueble-alimento, Jilguero, jilguero* (más tarde rebautizada como *¡Cardenal, cardenal!*), *Imagen mediúmnica-paranoica, Materialización del otoño (... A las siete ya es de noche)* e *Imagen hipnagógica de Gala.*[188]

Dalí no pudo dar su conferencia el 5 de octubre, fecha en que estallaron los disturbios en Barcelona y los catalanes salieron a la calle para desafiar al gobierno central. Del pintor no se podía esperar tal arrojo, pese a sus pretendidos sentimientos revolucionarios. Si podemos dar algún crédito al divertido e ingenioso relato de esas horas incluido en *Vida secreta,* el 6 de octubre él y Gala salieron flechados hacia la frontera francesa en un taxi conducido por un anarquista, logrando salvar la vida por un pelo, lo cual parece poco verosímil. En el libro no se menciona el encuentro de Dalí con Foix en Barcelona dos días antes (cuidadosamente documentado por Santos Torroella); tampoco la importante entrevista concedida a Just Cabot (el crítico que había expresado su desprecio por la anterior exposición de Dalí en la Llibreria Catalònia).[189]

Dalí le leyó a Cabot la conferencia que las circunstancias le habían impedido pronunciar. Más poema surrealista que charla, analizaba aquel aparentemente banal objeto, la mesa de noche, en función de las diferentes nociones del espacio corrientes desde Euclides a Einstein. La exposición del complicado tema, informó Cabot, estaba debidamente salpicada «de alguna irreverencia y de alguna alusión escatológica» (como era de esperar en una conferencia surrealista). El artista, ilusionado con su inminente viaje a Nueva York, manifestó que ya era hora de que los norteamericanos le vieran la cara, y que creía que el surrealismo estaba a punto de iniciar una relevante andadura al otro lado del Atlántico. Para contribuir a ese proceso, llevaría con él un proyecto cinematográfico basado en Wagner, Sacher-Masoch y Luis II de Baviera (adaptación al cine, por lo visto, del proyecto operístico propuesto a Lorca).

En cuanto a lo que intentaba conseguir con sus cuadros surrealistas, Dalí nunca se había expresado con tanta claridad en una entrevista periodística (aunque sí, numerosas veces, ante Breton). Al comentar Cabot que la precisión casi «caligráfica» de sus lienzos sorprendía a la gente, Dalí repuso:

> Es que mi ambición estriba en darle al mundo imaginativo el mismo grado de objetividad y de realidad que al mundo corriente. Lo que revoluciona el surrealismo es, sobre todo, el argumento, y para explicarlo acudo a los medios de expresión de siempre. Lo nuevo son los temas, derivados del freudismo. Así, adoptando los medios más conocidos y tradicionales, las imágenes tienen una eficacia mayor y convencen más. La abstracción ha conducido al decorativismo, mientras que mi modo de hacer redescubre las grandes fuentes de la pintura. Ahora miro los cuadros de Vermeer, de Leonardo, etc., y –aparte de la realización– me fijo en su aspecto enigmático, que es necesario comprender de nuevo, de modo diferente..., en una palabra, se ha de rehacer la historia de la pintura.

Dalí explicó que era consciente de que la aplicación de la teoría freudiana al arte podía ocasionar malentendidos. Por ejemplo, aquella inscripción en un cuadro suyo que había sido irresponsablemente interpretada como un insulto a su madre, ¿cómo podía nadie seguir creyendo que había sido pensada como tal? La alegación era absolutamente falsa, porque siempre había tenido «en la mayor estima» a su madre y a su padre. Y siguió: «En el caso a que aludo, para mí sólo se trataba de poner en evidencia, y ello del modo más dramático posible, la ruptura, el traumatismo, entre lo consciente y lo inconsciente. Una prueba de que esta ruptura existe la constituye el sueño, muy corriente y muchas veces comprobado, de asesinar a una persona querida, lo que no quiere decir que en el plano consciente se tenga que cometer el asesinato.» Pero con tales razonamientos no iba a convencer a su padre.[190]

UN INTENTO DE RECONCILIACIÓN FAMILIAR

En estas fechas, de hecho, Dalí se esforzaba por convencer al notario de que lo perdonara y lo volviera a acoger en el seno de la familia. Se comprende, por ello, que en su entrevista con Cabot planteara la cuestión del cuadro culpable del repudio paterno. Aunque le había escrito directamente a su padre sobre la cuestión, su principal esperanza residía en su comprensivo tío Rafael, que acababa de recibir una carta suya y que ahora escribió a su hermano en Figueres (la comunicación no está fechada):

> He recibido una carta certificada de tu hijo que adjunto. No pierdas la carta y me la darás cuando nos veamos. Yo que no guardo nada he guardado todo lo de tu hijo desde que era niño y tengo dibujos y cuadros de la edad de cuatro años, lo que quiere decir que ya tenía la seguridad más absoluta de que llegaría a ser un artista célebre. Tú y yo nos encontramos ya a unos diez años de morirnos. Tengo la seguridad de que tu hijo ha hecho un acto de contrición verdadera.
>
> Tú tienes la palabra y ya me dirás lo que tengo que hacer. Por tu vida ejemplar y por tu austeridad no vacilaré un momento en acatar tus designios.[191]

Que el pintor hubiera suscitado el asunto otra vez con Rafael Dalí antes de huir de los disturbios de Barcelona parece desprenderse de la contestación (marcada «carta reservada») del notario, fechada el 17 de octubre de 1934 (el «han abusado» del primer párrafo se refiere, parece claro, a Dalí y Gala):

> He recibido tu carta. Agradezco tus buenos sentimientos pero tengo que decirte que han abusado de tu buen corazón.
>
> Has obrado con demasiada precipitación. No podías perdonar al chico [*noi*] sin que se cumpliesen las condiciones para ello que yo imponía, y que son:
>
> Primera: desagravar la memoria de su madre tan criminalmente ultrajada.
>
> Segunda: una entrevista con el chico en la cual tú estuvieras presente toda vez que en la entrevista tengo que hacer unos cargos tan gra-

ves que si conserva el chico sólo unos rudimentos de dignidad al oírlos por fuerza le tendrán que subir los colores a la cara. Fundándome en dichos cargos quiero imponer condiciones para el futuro.

Así es que tú das la cosa por hecha, pues, y no es así. Parece que no comprendiste bien la *precipitada* conferencia telefónica que me pediste, seguramente con el deseo que tenías de obtener la reconciliación.

Si supieras quién estaba en la familia al lado de tu hija y de tu esposa te estremecerías.

No puedo poner sobre el papel lo que tengo que contarte personalmente. Si voy a Barcelona iré a verte para hablar contigo a solas.

He recibido una carta del chico en París. Como siempre no le contesto porque, si va a haber reconciliación, quiero sentar bien las cosas y poner todos los puntos y comas.

No le digas nada al chico de esta carta ni de todo lo que en el futuro te explique. Quiero que oiga todo directamente de mí si es que llega a haber esta entrevista en la que tú tienes que estar presente.

Dalí Cusí añadió una posdata que reflejaba su mentalidad notarial: «Guarda esta carta entre tus papeles. Podría ser que algun día tuvieras que leerla delante de mí.»[192]

Es interesante constatar que Dalí Cusí seguía refiriéndose a Salvador como «el chico», pese a que el pintor había cumplido los treinta años. Era como si no le concediera madurez varonil alguna. Tal actitud era, de hecho, uno de los factores que más había provocado el agudo problema que tenía el pintor con su formidable padre.

Rafael Cusí no era de los que se dan fácilmente por vencidos. Siguió insistiendo, y poco antes de que Salvador y Gala saliesen rumbo a Nueva York le pudo comunicar al pintor una buena noticia. Había hablado por teléfono con su padre y el notario le había prometido recibir a los dos cuando regresaran de su periplo estadounidense. Dalí exultaba de alegría, estimando prematuramente que la reacción de su padre significaba ya una «reconciliación», lo cual no era el caso en absoluto.[193]

Los sucesos de octubre de 1934 y el susto que se llevó en Barcelona parecen haber convencido a Dalí de que la guerra civil era una posibilidad real en España. Aquel mayo ya había hecho algunos dibujos preparatorios para un ambicioso cuadro que representara a gente desgarrándose entre sí. Pese a lo que afirma en *Vida secreta,* sin embargo, no comenzó el lienzo cuando regresó a París ese otoño, sino a principios de

1936, fecha en que una guerra civil española ya era algo más que una posibilidad. La gran tela, una de las mejores de esta época, llevaría pri-
XXVI mero el título *Construcción blanda con judías hervidas* y sería rebautizada más tarde, con notable oportunismo, *España. Premonición de la guerra civil.* Según Dalí, representaba «un vasto cuerpo humano de donde brotaban monstruosas excrecencias de brazos y piernas que se desgarraban recíprocamente en un delirio de autoestrangulación».[194]

En *Vida secreta* Dalí no menciona que el 24 de octubre de 1934, quince días antes de embarcarse para Nueva York, se inauguró su primera muestra individual londinense en la Galería Zwemmer. Abierta hasta el 10 de noviembre, la integraban dieciséis cuadros, veinte dibujos (diecisiete de ellos sin identificar en el catálogo de la exposición), dieciséis grabados de *Los cantos de Maldoror* y el aguafuerte *Fantasía,* de paradero hoy desconocido. De los dieciséis cuadros mencionados en el catálogo, sólo dos pueden identificarse hoy con cierta seguridad: *Metamorfosis vegetal* (comprado por el célebre fotógrafo Cecil Beaton) y *Huevos al plato sin plato.*

La exposición tuvo sólo una modesta repercusión. En *The Listener* el crítico Herbert Read encontró un parecido entre Dalí y El Bosco, cuya *Coronación con espinas* acababa de adquirir la National Gallery: ambas obras, dijo, se inspiraban en el inconsciente.[195] Douglas Goldring, en *The Studio,* quedó sorprendido por la «curiosa afinidad» entre Dalí y los prerrafaelitas, en especial *El chivo expiatorio* y *La huida a Egipto,* de Holman Hunt, y *Sir Isumbras en el vado,* de Millais. Como los prerrafaelitas, Dalí era un «virtuoso de la pintura», la diferencia estaba en sus temas, «sorprendentes y revolucionarios». «No hay muchas exposiciones durante el año que me hagan sentir la tentación de volver a visitarlas», terminaba Goldring su breve reseña, «pero he de confesar que ésta ha ejercido en mí una fascinación especial.»[196] Anthony Blunt no estaba tan seguro. Inquieto ante las visiones de pesadilla de Dalí, advirtió en *The Spectator* que muchos pintores «se han condenado a sí mismos a la segunda categoría por negarse a tomar la realidad material como base de su trabajo». Para Blunt, la pintura surrealista pertenecía más al ámbito de la «exposición psicosexual» que al del arte, y el lenguaje de Dalí le parecía tan personal «que incluso a quienes les gustan sus temas les resultará difícil quedar satisfechos».[197] Al parecer Clive Bell no visitó la exposición, pero sí vio algunos dibujos y cuadros de Dalí unas semanas después en la muestra organizada por Zwemmer a mediados del invierno. Los odió enseguida. «Estas pinturas son basura, pensada, me figuro yo, para engañar a los que se las dan de elegantes y al día, y lo consiguen», despotricó desde su columna en el *New Statesman and Nation.* Los dibujos de Dalí, según el conocido crítico, eran tan falsos como sus cuadros. Su pincel, «ni nervioso ni expresivo», era «meramente preciso». No había nada que decir en su favor:

> Cada año, en la exposición de verano de la Royal Academy, hay docenas de cuadros mejor dibujados y mejor pintados que éstos. En cuanto a su trascendencia literaria, a la que los admiradores parecen atribuir una grandísima importancia, no sé qué mensaje puede transmitirse al pegar a un poste de farol de precisos trazos los genitales de una mujer, dibujados con idéntica precisión, pero sí sé que conceptos tan bonitos no convertirán a un Meissonier de décima categoría en uno de quinta. No: si tengo que aburrirme con chistes malos y malos dibujos, prefiero la revista *Punch.*[198]

La palabra surrealismo no aparecía en la reseña de Bell, que daba la impresión de ignorarla totalmente. El movimiento no tardaría mucho, sin embargo, en ganar adeptos en Inglaterra.

NUEVA YORK

El 7 de noviembre de 1934 Dalí y Gala zarparon de Le Havre a bordo del *Champlain.* Con ellos iba Caresse Crosby, que hacía su trigésima travesía del Atlántico.[199] La simpática inventora del sujetador había ayudado a la pareja a organizar el viaje, prometiendo entregarlos sanos y salvos a Julien Levy. Pero sus esfuerzos no reciben reconocimiento alguno en *Vida secreta,* donde Dalí da a entender que la presencia a bordo de Caresse fue una mera casualidad.[200] A quien sí le muestra agradecimiento es a Picasso, quien, según Dalí, les prestó dinero para el viaje.[201] ¿Era cierto? El supuesto detalle nunca ha sido confirmado, y, conociendo la obsesión de Dalí por el artista malagueño, podría tratarse de una invención más, como la historia del grabado «conjunto».

Lo que Crosby cuenta de los preparativos para la odisea y de la travesía en sí es casi tan divertido como el relato de Dalí, y probablemente más veraz. Había sido necesaria toda su determinación y habilidad organizadora para que el artista consintiera en emprender el viaje, y, llegado el momento, se había instalado en el tren varias horas antes de la partida:

> En un compartimiento de tercera clase, junto a la locomotora, se sentó como un cazador al acecho, asomándose por detrás de los lienzos que lo rodeaban por todos lados. Había enganchado una cuerda a cada cuadro. Estas cuerdas estaban atadas a su vez o bien a su ropa o a sus dedos. Estaba muy pálido y muy nervioso. «Me pongo junto a la máquina», dijo, «para llegar más deprisa.»[202]

Los Dalí se pasaron la mayor parte de la travesía en su camarote, sólo apareciendo, enfundados en sus abrigos, para comer o para participar, con terrible seriedad, en las prácticas para casos de emergencia. Cuando el *Champlain* atracó en Nueva York a las doce de la mañana del 14 de noviembre,[203] Caresse Crosby concertó el primer encuentro de Dalí con los periodistas, acompañó a éstos al camarote del pintor e hizo de intérprete. Fue la presentación de Dalí a la prensa de Nueva York..., y se quedó encantado de la vida:

> Dalí era realmente una pieza cinegética de primera división para los cazadores de noticias, con todos sus cuadros otra vez atados a él y él atado a ellos. «Quieren ver una obra tuya», le expliqué. «Estos caballeros son de la prensa», le susurré en francés, «y, ya sabes, pueden tomarte o dejarte.» Me entendió enseguida, se quitó de encima los arreos y comenzó a rasgar el papel que envolvía el más grande y pesado de los cuadros. «Esto es importante», dije yo. «Permítanme que les cuente algo sobre el surrealismo.» Improvisé una breve exposición, y cuando le preguntaron a Dalí cuál era su cuadro favorito, respondió: «El retrato de mi esposa.» «Sí», añadí yo, «ya ven ustedes que la ha pintado con costillas de cordero en el hombro.» «¿Costillas de cordero?», rugieron al unísono. ¡Ése fue el momento! Los lápices comenzaron a moverse; las cámaras, a disparar.[204]

Caresse Crosby cuenta que al día siguiente Gala y las costillas de cordero causaron un gran efecto «en todas las ediciones matutinas». Pero, en realidad, hicieron su primera aparición en los medios de comunicación aquella misma tarde, muy pocas horas después de la llegada de la pareja, al salir una nota humorística en el *New York Evening*

Journal acompañada de una fotografía de Gala y Dalí. Con Caresse de intermediaria, Dalí había intentado explicar a los norteamericanos qué era el surrealismo. El periodista no lo había captado del todo, ni siquiera al ofrecer Dalí un ejemplo: «Él pintaría un piano que incluso podría parecer un piano. Pero no sería culpa suya. Lo que estaría intentando conseguir sería algo realmente distinto, algo parecido a un sueño.» Observando el frenético correr de los lápices, el *showman* Dalí había intuido enseguida que la ingenua y generosa América le iba a brindar sus dólares.

Algunos de los periódicos matutinos, si no todos (como afirma Crosby) incluyeron breves entrevistas con el pintor. La aparecida en la página 22 del *New York Times* es bastante representativa. «LLEGA SALVADOR DALÍ», se titulaba, y debajo: «Pintor surrealista trae veinticinco obras para exponer aquí.» Dalí había tratado de aclarar su *modus operandi* artístico:

> Hago todo mi trabajo subconscientemente. Nunca uso modelos ni pinto del natural o paisajes. Todo es imaginación. Es decir, que cuando trabajo veo todo como en un sueño, y no decido el título hasta que termino de pintar. A veces me lleva algún tiempo saber qué he pintado. Todas las escenas de mi imaginación tienen a España como fondo..., mi Cataluña o, tal vez, el sur de Andalucía.

La referencia a Andalucía llama fuertemente la atención, puesto que Dalí no había pintado nada inspirado en ella, con la única excepción de los decorados para *Mariana Pineda* de Lorca, siete años antes. ¿Pretendía aludir secretamente al poeta en el preciso momento en que pisaba por vez primera Nueva York? Quizás no sea demasiado aventurado imaginar que, al desembarcar en Manhattan, Dalí recordara que cinco años antes le había precedido Lorca, algunos de cuyos poemas neoyorquinos, hondamente influidos por el surrealismo, conocía sin lugar a dudas.

Caresse Crosby subvalora las medidas tomadas por Dalí para facilitar su aceptación en Yanquilandia. Con Julien Levy había preparado incluso una hoja de gran formato, *New York Salutes Me* (Nueva York me saluda), que se distribuyó justo antes de que desembarcara, como si de la primera plana de un diario se tratara. Encabezado por la definición del surrealismo promulgada por Breton en el primer *Mani-*

*fiesto,** el documento presentaba a Dalí como el Juan Bautista del surrealismo en Estados Unidos.

La publicidad para su exposición en la galería de Julien Levy superó todas las expectativas del artista. Unos días antes de la inauguración escribió a J. V. Foix, seguro de que su amigo repetiría en un lugar destacado de *La Publicitat* todo cuanto le dijera. Le contó que la curiosidad de los neoyorquinos por el surrealismo era *enorme.* Había habido «largos artículos e interviús» la misma noche de su llegada (lo cual era una exageración). El Museo de Arte Moderno ya le había comprado un cuadro (lo cual era verdad). Iba a dar una conferencia y quizás a hacer «una gran película». «Nueva York es una ciudad totalmente böckliniana», le aseguraba a Foix, aludiendo a *La isla de los muertos,* «llena de tumbas monumentales, de cipreses, de perros y de humedades fósiles.»[205]

La muestra de Dalí en la Galería Levy se inauguró el 21 de noviembre de 1934, y permaneció allí hasta el 10 de diciembre. Veintidós obras se incluían en el catálogo, cuya introducción reproducía las mismas observaciones sobre «fotografía en color hecha a mano» con las que Dalí había encabezado las notas para su muestra del verano anterior en la Galería Bonjean. A su llegada el pintor había declarado al *New York Times* que todas las obras expuestas las había ejecutado «en los dos últimos meses». Pero no era cierto. Una decena de ellas se habían expuesto ya en Bonjean: *Yo a la edad de diez años cuando era el niño-saltamontes* era de 1933 y había figurado en la primera muestra del pintor en Levy, y Dalí también había llevado *Monumento imperial a la mujer-niña*
70 (1929) y la inacabada *El hombre invisible,* empezada el mismo año. Sólo una minoría de los cuadros expuestos eran de muy reciente factura, en realidad. Entre ellos estaba *El destete del mueble-alimento,* en el cual reaparece la ya por entonces recurrente figura de una nodriza sentada en la playa de Port Lligat, pero con una diferencia: esta vez tiene abierta en el torso una ventana que ofrece una desacostumbrada vista del mar.

A los neoyorquinos les encantó la exposición, calificada por Henry McBride, de *The Sun,* como la actualmente más de moda, «muy polémica y muy difícil».[206] En general, las reseñas fueron favorables, y Edward Alden Jewell, del *New York Times,* decano de los críticos de

* «Automatismo psíquico puro, mediante el cual se propone transcribir el funcionamiento real del pensamiento: dictado del pensamiento en la ausencia de cualquier control ejercido por la razón, más allá de cualquier control estético o moral.»

arte de Manhattan, se mostró especialmente entusiasta: Dalí era «uno de los mejores», un magnífico dibujante que sobresalía en el detalle minúsculo y preciso.[207] El corresponsal en Nueva York del periódico barcelonés *La Vanguardia,* Aurelio Pego, informó del enorme éxito de Dalí y señaló que, desde su primera exposición en Levy, los norteamericanos habían avanzado mucho en su entendimiento del surrealismo. *La persistencia de la memoria,* con sus relojes blandos, era ya famosa en todo el país, y sólo dos meses antes el pintor había recibido una «mención de honor» en la muestra anual de arte moderno celebrada en el Carnegie Institute de Pittsburgh. Sin duda, y al margen de la indiferencia con que lo trataba Barcelona, Dalí era el «embajador parisiense y catalán del surrealismo» en Estados Unidos. A Pego le había sorprendido descubrir que el pintor no fumaba ni bebía, pues había supuesto que las visiones plasmadas en las obras del figuerense eran producto de una estimulación artificial. Dalí se encargó de aclarar las cosas. Pintaba sus obsesiones para permanecer cuerdo. No necesitaba drogas que le ayudasen. Su arte era su terapia, y las drogas podrían dañar o destruir lo que él consideraba una «facultad privilegiada».[208]

Clausurada la exposición, Dalí le envió una postal a su tío Anselm Domènech para decirle que había sido «un éxito sin precedentes». Se habían vendido diez cuadros, entre ellos uno al Museo de Arte Moderno y dos al Wadswort Athenaeum de Hartford. Él y Gala tenían previsto regresar a Europa dentro de un mes, y estaba deseando volver a pintar porque iba a exponer en Londres en junio del año siguiente.[209]

El 28 de diciembre de 1934 André Breton recibió una carta de Dalí que le interesó tanto que le contestó a vuelta de correo, empezando con un «Queridísimo amigo». No conocemos la comunicación de Dalí, pero la respuesta de Breton demuestra que el pintor le había asegurado que estaba haciendo todo lo posible por propagar la buena nueva del surrealismo en Norteamérica. Dalí llevaba tiempo tratando de persuadir a Breton para que creara una plataforma específicamente surrealista encargada de cuestiones políticas. Breton le dio ahora su beneplácito, subrayando que las diferencias entre ellos nunca habían sido más que de método. La carta da fe de cuánto le preocupaban a Breton en esos momentos las divisiones internas del grupo. Tal vez la política de tratar de apaciguar los ánimos que había venido empleando en los últimos años merecía una crítica, concedía, pero había sido y seguía siendo esencial para impedir la desintegración del movimiento. Ahí estaba el caso de

Minotaure. Ahora que el surrealismo ya no tenía su propia publicación periódica, era imprescindible mantener como fuera el contacto con la revista de Skira, pero ¿cuál era la consecuencia de ello? El hecho de que el número actual incluía, junto a textos surrealistas, ¡a un reaccionario como Paul Valéry!

Breton se quejó luego de que él y Dalí se veían poco o nada en París, y que cuando se encontraban no sacaban nada en limpio. Era vital que cuando el pintor regresara se reservara el tiempo necesario para que pudiesen elaborar juntos un pormenorizado plan de acción que ambos se comprometerían a ejecutar escrupulosamente. En particular debían organizar las sesiones públicas planeadas antes de las vacaciones de verano, y no llevadas a cabo, y revitalizar los experimentos de grupo, que ahora languidecían, a los que Dalí había hecho una contribución tan positiva. Por último, la próxima exposición surrealista, prevista para finales de enero de 1935, debía ser rigurosa y brillante. Breton reveló luego que pasaba por serios problemas económicos y que había tenido que venderle a Julien Levy su última colección de *La Révolution Surréaliste.* ¿Le haría Dalí el favor de darle las gracias al galerista por su carta y de decirle que sentía no haberle contestado ¡pero que no tenía dinero para los sellos!? Breton terminó con algunas noticias sobre las actividades de los surrealistas yugoslavos y un poco de cotilleo parisiense. Se trata de una comunicación hasta tierna que muestra no sólo el cariño de Breton por Dalí, sino su aprecio por la dedicación de éste a la causa del surrealismo. Le habla como amigo, de igual a igual.[210]

Dalí también le escribió entusiasmado a Éluard para informarle de la buena acogida que había tenido su exposición. Le había sorprendido en particular la cobertura prestada a la muestra por la prensa «con la mayor tirada del mundo», desde publicaciones de sociedad como *Vanity Fair* hasta los periódicos más populares. La «irracionalidad concreta» estaba a la orden del día, y se habían dedicado páginas enteras al surrealismo e incluso a Lautréamont. Su experiencia en Nueva York le había convencido de que para llevar el surrealismo a las masas se necesitaban tácticas de choque como el *trompe l'œil,* capaces de facilitar la objetivación del mundo surrealista «del modo más fetichista y espectacular». Creía que el surrealismo debía adoptar ahora una postura ideológica de extremo rigor para capitalizar el interés que despertaba a escala internacional. Ello incluía la necesidad de construir una plataforma política (como llevaba tiempo diciéndole a Breton) y de esbozar «una nueva religión antimística, materialista, basada en el progreso del conocimiento científico (sobre todo en las nuevas ideas sobre el espacio, inaccesibles no sólo a los griegos, sino también a la cristiandad; una religión, en suma, capaz de llenar el vacío de imaginación dejado por el colapso de las ideas metafísicas en nuestra época)». Dalí terminaba asegurándole a Éluard que se esforzaba al máximo para promocionar los ideales del surrealismo.[211]

Para celebrar el éxito de la muestra se organizó en la Casa de las Españas, epicentro de la cultura española en Nueva York, una fiesta en honor de Dalí. Tuvo lugar el 10 de diciembre. Ángel del Río, el profesor de literatura española de la Universidad de Columbia que cinco años antes había acompañado a Lorca en su visita a la ciudad (y había oído sus quejas por *Un perro andaluz),* fue el encargado de presentar al pintor. A Dalí no se le había pedido que hiciera uso de la palabra, pero, dado el gran interés de los invitados en saber cómo ejecutaba sus cuadros surrealistas, improvisó una breve charla. Como hacía con frecuencia en estas fechas, volvió a citar la definición del surrealismo promulgada por Breton en el primer *Manifiesto,* que sabía recitar de memoria, y explicó que su único método consistía en transcribir, sin intervención de la razón o de consideraciones estéticas o morales, las imágenes que afloraban desde su subconsciente. Pintar así, dijo –según informe del diario hispanoneoyorquino *La Prensa*–, era para él una cuestión de vida o muerte, «una especie de sistema curativo para liberarse de la obsesión que lo dominaba». Su obra podía compararse a la de alguien que «comunicara los sentimientos que le produce una visión pesimista de la vida». Parece ser que fue durante esta improvisada charla cuando Dalí lanzó por vez primera en público la frase que repetiría *ad nauseam* casi hasta el día de su muerte: «La única diferencia entre un loco y yo es que yo no estoy loco.»[212]

Dalí pronunciaría al menos tres veces durante su estancia en Nueva York una versión más elaborada de esta improvisada charla sobre el surrealismo. El 18 de diciembre lo hizo en el Wadsworth Athenaeum de Hartford, Connecticut, donde la conferencia, ilustrada con diapositivas, estuvo precedida de una proyección de *Un perro andaluz.*[213] El 7 de enero de 1935 regresó a la Casa de las Españas, hablando de las conexiones entre Lautréamont y Freud e insistiendo en que el surrealismo buscaba una plena revolución moral del individuo y la liberación de los instintos. El arte, dijo en esta ocasión, era una mera herramienta de trabajo para alcanzar tal meta. Entre la docena de diapositivas proyectadas estaban *Durmiente, caballo, león invisibles,* con sus múltiples imágenes «paranoicas», dos telas de Picasso y la *Madonna con el Niño y Santa Ana,* de Leonardo da Vinci, la obra analizada por Freud en el famoso ensayo que tanto había impresionado a Dalí.[214] Luego, el 11 de enero de 1935, el pintor estuvo en el Museo de Arte Moderno. Esta vez la charla, pronunciada en francés con un resumen en inglés, se titulaba «Cuadros surrealistas e imágenes paranoicas» y se ilustró con diapositivas de obras de Ernst, Picasso y Dalí, así como de algunos grabados del siglo XVII en los que el catalán creía haber encontrado precedentes surrealistas. Dalí reiteró que era discípulo de Freud, y que en sus cuadros se limitaba a transcribir las imágenes que le proporcionaba su subconsciente. La justificación para ese procedimiento le parecía obvia:

> El subconsciente habla un lenguaje simbólico que es realmente un lenguaje universal, porque no depende de un hábito especial [sic] ni de un estado de cultura o inteligencia, sino que habla con el vocabulario de las grandes constantes vitales, del instinto sexual, del sentimiento de muerte, de la noción física del enigma del espacio; esas constantes vitales universalmente repetidas en todo ser humano. Para entender una pintura *estética* es necesario entrenarse, contar con una preparación cultural e intelectual; en cambio, para el surrealismo, el único requisito es ser receptivo e intuitivo.

Por si alguien no lo entendía bien, Dalí subrayó que, aunque a veces ni él mismo comprendía las imágenes que aparecían en su obra, de ello no cabía deducir que esas imágenes carecían de significado. En todo caso, su primer deber como pintor surrealista era plasmar, no interpretar.[215]

A mediados de enero Dalí le informó a Foix del «colosal» éxito de su exposición en Levy. Había vendido doce cuadros «a precios elevadísimos», la cobertura periodística había sido extraordinaria, y estaba convencido de que «las tendencias irracionales y poéticas del surrealismo pueden despertar aquí una verdadera revolución espiritual». El 19 de enero él y Gala regresarían a Europa a bordo del *Île de France,* y tenían previsto pasar dos meses en Port Lligat «a hacer una cura de soledad» después de la «colosal agitación de estos dos meses». Foix, naturalmente, reprodujo el contenido de la tarjeta en *La Publicitat.*[216]

Caresse Crosby y Joella Levy decidieron de repente organizar una fiesta de despedida que los Dalí no olvidaran nunca, enviando invitaciones a toda prisa para un «Bal Onirique» en el Coq Rouge el 18 de enero de 1935, al cual cada uno tenía la obligación de acudir difrazado de su sueño recurrente favorito.[217] Dalí ayudó a Caresse a montar un decorado debidamente surrealista en el que una bañera llena de agua, suspendida sobre la escalinata de la galería, amenazaba con derramar su contenido sobre los juerguistas, y un gramófono lanzaba desde las tripas de una enorme vaca embalsamada las últimas canciones francesas. La velada fue un éxito rotundo y atrajo el interés de la prensa popular. Bajo unos llamativos titulares a dos páginas el *Sunday Mirror* dio cuenta del insólito acontecimiento:

> La alta sociedad se deshizo por superar al pintor Dalí. Si se hubieran dado una vuelta por el Coq Rouge la noche de la fiesta habrían visto mujeres ataviadas con deslumbrantes vestidos blancos y serpientes verdes que emergían de sus cabezas, un hombre con las mejillas al parecer convertidas en alfileteros, otro vestido de frac, pero sin pantalones, una mujer cubierta totalmente por delante pero (a primera vista) de desnuda elevación trasera, otra pariendo una muñeca por la cabeza, y otras novedades igualmente desconcertantes.

El *Sunday Mirror* publicó fotografías en color de Dalí, Gala y Caresse Crosby, acompañadas de una descripción de sus atuendos. Dalí llevaba la cabeza «cuidadosamente vendada con cientos y cientos de metros de gasa. Su camisa, de pechera almidonada, tenía una abertura en forma de vitrina. Detrás de la vitrina reposaba cierta prenda de seda rosa que es uno de los elementos básicos de la vestimenta femenina. Se conoce como sujetador». Sin duda la vitrina de Dalí pretendía ser una alusión, y quizás un homenaje, a su anfitriona, que iba disfrazada de Caballo Blanco del Deseo Onírico, aunque en la fotografía del *Sunday Mirror* se parece más al Conejo Blanco de *Alicia en el País de las Maravillas.* Otra fotografía muestra a Gala pariendo una muñeca por la cabeza. Se trata de un bebé de juguete con los brazos abiertos y una langosta enroscada en las sienes. Más tarde Dalí diría que el bebé estaba siendo devorado por hormigas, pero no se ve ninguna en la fotografía. El pintor se olvidaría de mencionar el resto del atuendo de Gala: un suéter ajustado que le realzaba los pechos, aparentemente desnudos, y una falda transparente de celofán rojo hasta los tobillos encima de una minifalda que le permitía lucir sin estorbos sus bonitas piernas. El periodista del

Sunday Mirror le pidió a Gala que le explicara de qué iba el baile onírico. «Se trataba de un experimento para ver hasta qué punto los neoyorquinos aprovechaban la oportunidad de expresar sus sueños», contestaría la Musa. «Sólo unos pocos lo han conseguido. Los otros pueden pensar que se están expresando a sí mismos, pero en realidad se han traicionado.» Comentario muy típico de Gala, que siempre tenía lista la afilada hoja de su lengua.

Caresse Crosby quiere hacernos creer que «todos los periódicos de la ciudad» se ocuparon de la fiesta y publicaron fotografías. Pero en absoluto fue así, aunque el pintoresco baile onírico contribuyó sin duda a acrentar la fama de Dalí, además de sus posibilidades de venta, en Nueva York.[218]

Unas horas después, en la mañana del 19 de enero de 1935, Dalí y Gala partieron como estaba previsto para Europa en el *Île de France*. Cuando llegaron a París se enteraron de que el baile onírico había tenido un inesperado efecto secundario. Unos meses antes, un tal Hauptmann había sido condenado por el secuestro y asesinato del hijo de Charles Lindbergh, el famoso aviador, y su esposa Anne. Los brutales detalles del sangriento acto habían trastornado a la sociedad norteamericana. ¿No habría sido el esperpéntico tocado de Gala una deliberada y provocativa alusión al horrible suceso? Según Dalí, a nadie en Nueva York se le había ocurrido tal posibilidad hasta que el corresponsal del *Petit Parisien* enviara un telegrama a su periódico con la «sensacional noticia». Sea como fuere, la tal «noticia» se olvidó muy pronto.[219]

Dalí había probado ahora el sabor de la buena vida en Nueva York, y empezaba a ganar mucho dinero, aunque no sabemos cuánto. Lo suficiente, seguramente, como para abrirle –a él y a Gala– el apetito de mucho más. Además no sólo había establecido excelentes relaciones con la prensa y comprendido su importancia para promocionarse a escala nacional en Estados Unidos, sino que había hecho un trato con el *American Weekly* para publicar a lo largo de 1935 una serie de artículos ilustrados sobre sus impresiones «surrealistas» de Nueva York. Mientras se dirigían hacia París en el *Île de France*, Dalí y Gala tendrían tal vez la sensación de que la fama internacional y el éxito financiero estaban casi al alcance de la mano.

DIEZ

LA CONSOLIDACIÓN DE LA FAMA (1935-1940)

UNA RECONCILIACIÓN A MEDIAS

Una de las primeras cosas que hizo Dalí al regresar a Europa fue aceptar la oferta de su padre para conversar cara a cara sobre la posibilidad de una reconciliación. El reencuentro tuvo lugar en Figueres el domingo 3 de marzo en presencia de Rafael Dalí y su mujer, María Concepción (pero no de Gala, cabe pensar que por prudencia). Salvador no había visto al notario desde 1929 y la entrevista fue «muy emocionante», según una carta de la esposa de Rafael Dalí a su hija Montserrat, fechada el 5 de marzo: «El asunto no está solucionado del todo, pues hay que lligar [sic] muchos cabos. El tío Salvador luchando entre el corazón y la cabeza, pues a pesar de tener esta muy clara, me he convencido que le domina aun mas el buen sentimiento. En fin, es muy largo de esplicar [sic], a nuestra vista tendremos tela para rato.»[1]

Montserrat Dalí se enteraría de los pormenores de lo ocurrido al regresar sus padres a Barcelona. Según contaba años después, el notario, gritando, había recriminado amargamente a su hijo; Salvador se había puesto a llorar; y, finalmente, padre, hijo y tío se habían arrojado el uno en brazos del otro, a lágrima viva, sin poder contenerse. Cabe imaginar que, con los sentimientos de los tres formidables Dalís así desencadenados, el espectáculo tendría proporciones épicas.[2]

Inmediatamente después de la entrevista todos se trasladaron «en un auto particular» a Cadaqués, donde Anna Maria ya llevaba varios días con una amiga. Rafael y su esposa acordaron con Salvador visitarlo en Port Lligat el jueves siguiente, pero el médico se impacientó tanto que fue corriendo a ver la casa de su sobrino antes de lo previsto, el martes.[3]

Cadaqués estaba en carnavales, pero Rafael no pudo disfrutarlos como hubiera querido debido a la tremenda tramontana que soplaba esos días, recordándole, quizá, la locura y el suicidio de su padre. «Mi pueblo natal sería un paraíso si no fuera por la tramontana», comentó en una postal a Montserrat fechada el 7 de marzo.[4]

A Rafael Dalí le debió de impresionar la transformación operada desde 1930 en la barraca de pescadores comprada por su sobrino a los hijos de Lídia Nogués, pues gracias a la adquisición de varias propiedades adyacentes el lugar se había ido convirtiendo en un laberinto de estrechos pasadizos, escaleras y espacios secretos, elocuentes de las sinuosidades de la complicada psique daliniana.

Después de la tormentosa sesión de Figueres, y tras ponderar cuidadosamente la cuestión, Dalí Cusí revocó el testamento por el cual había desheredado a Salvador en enero de 1931 y redactó uno nuevo, firmado el 6 de abril de 1935. Anna Maria seguía siendo heredera universal del notario, y había una provisión adecuada para *la tieta.* En cuanto al pintor, el derecho a «la legítima» que en los bienes del notario le correspondía según la legislación catalana, es decir, la mitad de la cuarta parte de la herencia, le fue restituido. Pero había una pega, y era que Dalí Cusí insistía que en la legítima se computara lo que Salvador había recibido ya de él, según constaba en una carta de pago firmada por su hijo ante el notario en la misma fecha del nuevo testamento. En dicha carta de pago, el pintor reconoció haber recibido ya de su padre veinticinco mil pesetas (unas seiscientas cincuenta mil de hoy) «en total satisfacción de su legítima paterna».

El notario legó a Salvador, «como especial gracia y para que pueda servirle también de complemento de legítima», una pensión vitalicia de doscientas pesetas mensuales (unas cuarenta y tres mil de hoy), cuyo pago confió a Anna Maria.

El testamento demostraba que el pintor había sido aceptado otra vez en el seno de la familia, pero también que Dalí Cusí estaba decidido a seguir favoreciendo a su hija. Fue, por lo que respectaba al padre, una reconciliación cauta. Pero, con todo, una reconciliación.[5]

Un año después, contento con el rumbo que llevaba su relación con Salvador, Dalí Cusí haría un nuevo testamento por el que legaba a su hijo «una cantidad igual a la octava parte de la herencia» (es decir, la legítima) pero sin que esta vez se computaran las cantidades ya entregadas.[6] Durante los últimos quince años de su vida redactaría nada menos que otros nueve testamentos. En todos ellos Anna Maria seguiría siendo heredera universal, sin que por ello el notario olvidara los derechos legítimos del hijo pródigo.[7]

LA MUERTE DE CREVEL

En el verano de 1935, once años después de la aparición del primer *Manifiesto* de Breton, el surrealismo tenía ya una innegable pujanza en Europa y se extendía a otros continentes. En marzo, se recibió a Breton y Éluard con los brazos abiertos en Praga, donde al mes siguiente se publicó el primer número del significativamente titulado *Bulletin International du Surréalisme.*[8] Luego, en junio, se celebró en Santa Cruz de Tenerife la Segunda Exposición Internacional del Surrealismo. Breton había esperado que Dalí acompañara al grupo de París a la exótica isla (cuyas flora y fauna lo cautivaron), pero, por razones que desconocemos, el artista no lo hizo. Éluard, enfermo, tampoco pudo asistir, y René Crevel sólo consiguió llegar hasta Madrid. A Breton le indignó descubrir que, bajo el gobierno de derechas entonces en el poder en España, la censura era aún más represiva que la francesa. No cuesta trabajo imaginar su cólera cuando a él y Péret las autoridades les impidieron proyectar *La edad de oro.*[9]

El joven escritor inglés David Gascoyne acababa de llegar a París para preparar un pequeño libro sobre el surrealismo y, recomendado por Éluard, había recibido el encargo de Dalí de traducir al inglés su recién publicado ensayo *La conquista de lo irracional.* Gascoyne se dedicó a su tarea cada mañana durante una semana, acudiendo al estudio del pintor en la rue Gauguet, donde tuvo la oportunidad de conversar largos ratos con él y con Gala. Gascoyne, que se dio cuenta de la timidez subyacente de Dalí, quedó fascinado con Gala, que siempre iba vestida con suma elegancia. Un día Éluard fue a almorzar con Cécile. Recordaba Gascoyne:

> «¿Sabéis cuál es el poema de amor más hermoso que he escrito?», preguntó el poeta; todos dijimos que no. Entonces, fue a los estantes y trajo un ejemplar de *Nuits partagées* y leyó en la mesa una página en voz alta. Fue algo extraordinario. Dalí, allí sentado, jugueteando con un trozo de pan, y Gala luciendo una amplia sonrisa de inmensa gratificación. En ese momento me di cuenta de que ella ejercía un poder magnético sobre por lo menos dos hombres de genio.[10]

El 20 de junio de 1935, al llegar a la rue Gauguet para seguir trabajando, Gascoyne se encontró con un Dalí muy angustiado a punto de salir a la calle. Algo terrible le había ocurrido a Crevel, le dijo el pintor, que se iba corriendo al hospital. A su regreso anunció que el escritor se había suicidado. Gascoyne, que desconocía la intensa amistad que unía a Crevel, Gala y Dalí, fue testigo, esa tarde, del profundo dolor y desconcierto de la pareja.[11]

En una carta remitida a Foix poco después, Dalí opinaba que, aunque la causa directa del suicidio de Crevel había sido la certeza de que iba a seguir enfermo (padecía una tuberculosis incurable), también había contribuido su desesperación ante la negativa sistemática del Partido Comunista a asumir los postulados del surrealismo. Gracias en particular a los esfuerzos de Crevel, los surrealistas habían sido invitados –aunque a regañadientes– al Congreso de Escritores para la Defensa de la Cultura, cuya inauguración en París estaba prevista para el 25 de junio. Pero los organizadores se habían negado a que hablaran Breton y sus correligionarios. Crevel estaba hondamente decepcionado. «El antagonismo de nuestro grupo con los comunistas ha llegado a su punto culminante con el suicidio de Crevel», enfatizó Dalí.[12]

Crevel había abierto la llave del gas tras engancharse en la chaqueta una tarjeta en la que había escrito una sola palabra: «Asco.» Cerca de su cuerpo había un pequeño maletín repleto de manuscritos y correspondencia entre los cuales se encontraba una larga carta de Dalí, sin fecha, en la que el pintor comentaba un texto político que le había sugerido Crevel.

De la carta se desprende que los dos se entendían muy bien, y que ambos consideraban una estupidez tanto la actitud comunista oficial sobre el surrealismo como la «fosilización dogmática» que estaba inmovilizando a su juicio el pensamiento marxista. Para Crevel, obsesionado por la necesidad de reconciliar el surrealismo con el marxismo, la deseada armonía todavía era posible. Pero Dalí, que acababa de asistir a dos reuniones convocadas por Breton con el objeto de redefinir la posición política de los surrealistas, había perdido ya toda esperanza. Dichas reuniones han confirmado su escepticismo respecto a los comunistas, le explica a Crevel. Ha llegado a la conclusión de que la guerra no sólo es inevitable, sino incluso necesaria para acabar con tanta confusión *(la grande marmelade)*. En el horizonte Dalí ya ve venir «un gran periodo histórico "a lo Edad Media",* neorromanticismo, *racismo*, en suma, todas las realidades vitales subestimadas y malentendidas por el marxismo y que únicamente parecen comprender los surrealistas». En una palabra, el fascismo. Dalí le recomienda a Crevel que de momento no le envíe su texto a Breton, y le pide para terminar que conteste con la franqueza que siempre ha caracterizado su relación, y que él mismo le acaba de demostrar en su comentario.

Es posible que la carta de Dalí fuera la última recibida por Crevel antes de que decidiera matarse. Y, quién sabe, hasta pudo ser incluso la gota que colmó el vaso de su desesperación.[13]

CON EDWARD JAMES Y LORCA

Se acercaba el momento de volver para el verano a Port Lligat, pero primero había que arreglar algunas cosas. A principios de julio Dalí fue a Londres a ocuparse de los preparativos de su próxima exposición, en la Galería Alex, Reid & Lefebre, y es de suponer que se alojó en casa de Edward James. Al regresar a París se dedicó a cuidar la edición de *La conquista de lo irracional,* que se terminó de imprimir el 20 de julio de 1935 (mil doscientos ejemplares en francés y mil en inglés para Julien Levy de Nueva York). Unos días después, Gala y Dalí salieron hacia Cataluña.[14]

La conquista de lo irracional (diecinueve páginas en pequeño formato) tenía un frontispicio en color de *El Ángelus de Gala* y treinta y cinco reproducciones en blanco y negro de otras obras de Dalí. El ensayo intenta establecer la primacía, después del anterior énfasis del surrealismo sobre al automatismo pasivo, del «método paranoico-crítico» daliniano. Con tal finalidad Dalí introduce su texto con el elogio prodigado un año antes por Breton: «Dalí ha dotado al surrealismo de un instrumento de importancia fundamental, en concreto, el método paranoico-crítico, que ha demostrado inmediatamente ser aplicable a la pintura, a la poesía, al cine, a la construcción de típicos objetos surrealistas, a la moda, a la escultura, a la historia del arte e incluso, en caso necesario, a todos los tipos de exégesis.»

El título del ensayo, como el del método en sí, fue una *trouvaille,* encapsulando de forma memorable el pensamiento daliniano de entonces:

* «Une grande période historique "moyen ageusse [sic]".»

irracionalidad, sí, pero en vez de seguir permitiendo que el inconsciente se expresara sin trabas, había que ponerle ahora bridas y convencerlo de que debía trabajar, *conquistándolo.* Y trabajo había, porque, en opinión de Dalí, la gente añoraba la alimentación espiritual que antes solía proporcionarle el catolicismo y que ahora sólo podía darle el surrealismo o... el nacional-socialismo. No es que Dalí se ponga abiertamente de lado del nazismo, pero hay indudables indicios de su simpatía por él, sobre todo en las alusiones a aquellos contemporáneos que, «sistemáticamente cretinizados» por una muchedumbre de desórdenes ideológicos y sociales, entre ellos «hambres afectivas paternas y de toda especie», «buscan en vano morder en la dulzura chocha y triunfal de la espalda rolliza, atávica, tierna, militarista y territorial de una nodriza hitleriana». El análisis que hace Dalí de esta supuesta hambre echa mano de vocablos y frases prestados de la órbita del fascismo («hambre de imperio», «conquistas gloriosas», «ambiente territorial») y sugiere que su profunda necesidad de reconciliarse con su padre se relacionaba con su creciente aprobación de Hitler.

Dalí, además, describía ahora sus propios objetivos profesionales casi en términos idénticos. «Toda mi ambición en el terreno de la pintura», escribe, «es materializar las imágenes de la irracionalidad concreta con la más imperialista furia de decisión.» Para conseguirlo, tanto el *trompe l'œil* como cualquier otro truco ilusionista –y, por supuesto, «el más desacreditado academicismo»– eran medios perfectamente legítimos. Todo era aceptable cuando la meta principal era conseguir «el valor objetivo, en el plano real, del mundo delirante y desconocido de nuestras experiencias irracionales.»

El fotógrafo Brassaï fue testigo de la vehemencia con la cual Dalí renegaba ahora de la «espontaneidad» de la actividad automática pregonada por Breton en el primer manifiesto. «Era establecer, sobre las ruinas de una democracia igualitaria y anárquica, la monarquía absoluta, el reino de un individualismo feroz, imperialista», recuerda en *Conversaciones con Picasso.* Según Brassaï, Dalí prodigaba entonces la palabra «imperialista», tan cara al fascismo.[15]

A Breton *La conquista de lo irracional* debió de molestarle profundamente, tanto por su fascismo encubierto como por la evidencia de que la megalomanía daliniana iba en aumento. Pero no tenemos constancia de su reacción tras la publicación del mismo.

A finales de julio Dalí y Gala visitaron a los Sert en Mas Juny, en Palamós, donde Edward James estaba entre los invitados. Dalí pasaba por unos momentos de intenso ímpetu creativo, y, según James, había empezado a pintar maravillas.[16] Pero ese año las diversiones veraniegas de Mas Juny terminaron pronto en tragedia. El príncipe Alexis Mdivani, hermano de Roussie, la esposa de Sert, paraba en la villa con su amante, Maud von Thyssen-Bornemisza. El 1 de agosto salieron para Perpiñán en el Rolls del príncipe. A pocos kilómetros de Mas Juny se produjo un espectacular accidente y Mdivani murió en el acto (su compañera sólo tuvo leves heridas).[17] Tras el desgarrador entierro en Palamós, la mayoría de los huéspedes, incluido Edward James, se dispersaron, pero Dalí y Gala se quedaron con Roussie Sert unos días. Poco después, ya en Cadaqués, Dalí le contó a James que había sido estremecedor presenciar el dolor de sus amigos. El pintor adoraba a Roussie (cuyo rostro, diría después, se parecía a la muchacha del retrato de Vermeer en el museo de La Haya).[18] Verla hundida en una desesperación y una angustia tan grandes era espantoso, y le había resultado difícil reanudar el trabajo. No obstante, estaba inmerso otra vez en la «ciudad imaginaria» suya... y de James.[19]

Se trataba de *Afueras de la ciudad paranoico-crítica* uno de los mejores y más complejos cuadros de Dalí de este periodo, que James se había XXVII
comprometido a adquirir. Lo empezó en casa de los Sert justo antes de la tragedia (más tarde afirmaría haberlo «pintado» allí, en el sentido de haberlo terminado, lo cual no era cierto).[20] Contiene dos elementos arquitectónicos tomados de Palamós: el alto pórtico del edificio de la izquierda (a la manera de De Chirico) se inspiró en el del Casino La Unión, y la cúpula que lo corona es una versión estilizada de la que remataba el imponente palacio *Art Nouveau* de la familia Ribera. Ambos edificios fueron demolidos en los años setenta.[21]

El cuadro, de dimensiones modestas (46 × 66 cm), es casi una antología de las obsesiones de Dalí en esa época. A la derecha, una evocación en clave de tarjeta postal de la calle del Call de Cadaqués demuestra que el pueblo forma parte visceral de la ciudad «paranoico-crítica», a entrar en la cual nos invita una Gala amable que ofrece un racimo de uvas. Pero ¿por qué escogió Dalí representar a Cadaqués con esta y no otra calle? No, se supone, porque, como indica su nombre, fuera una vez eje del barrio judío del pueblo (*call* significa «gueto» en catalán). Tampoco sólo por el hecho de ser tan pintoresca (a Cadaqués no le faltan rincones pintorescos). Más probable es que el artista la escogiera porque, como él sabía muy bien, Gal, su abuelo paranoico, había vivido a unos pasos de allí. En primer plano, encima de la caja fuerte, vemos una llave dorada, y, en la cerradura de la misma, la pequeñísima imagen de un niño que se repite en la figura que se ve bajo el arco al final de la calle. ¿Nos está sugiriendo Dalí, tal vez, que Gal es la llave o clave, o una de ellas, que permite comprender su personalidad y su obsesión por la paranoia? Parece una hipótesis razonable. Cadaqués, que según Dalí es cuna de «los más grandes paranoicos que produce el Mediterráneo»,[22] era el lugar donde había nacido aquel infeliz abuelo que, en un ataque de locura, se había suicidado en Barcelona antes de alcanzar los cuarenta años. ¿Cómo podía el pintor olvidarlo jamás? ¿O no temer haber heredado él también una tendencia paranoica parecida?

El ruinoso pórtico de la ciudad «paranoico-crítica», sostenido por una muleta y conteniendo un truco óptico deudor de Magritte, tiene un eco en la torre del fondo con su campana en forma de muchacha. Al parecer Dalí decía que esa torre era una evocación de la de Vilabertran, el pueblo situado a unos kilómetros de Figueres que durante su adolescencia visitara a menudo con sus amigos.[23] Pero es difícil reconocer parecido alguno con la alta y románica torre –torre de verdad– del pueblo. En cuanto a la muchacha-campana, se inspira en la espadaña del colegio de monjas dominicas de Figueres a la que había asistido Anna Maria Dalí, edificio visible desde
VII el terrado de la casa familiar, como ya sabemos por *Muchacha de Figueres.* Dicha espadaña tenía un arco de medio punto coronado por un frontón clásico (pero sin el remate con bola que figura en *Afueras de la ciudad paranoico-crítica*), y fue destruida durante la guerra civil.

Hemos visto que en varias ocasiones Dalí afirmó que sus fantasías masturbatorias de adolescencia se ambientaban por lo general en tres campanarios superpuestos: el de Sant Pere en Figueres, el de Sant Narcís de Gerona y el de una iglesia de Delft pintada por Vermeer (véase página 114). La espadaña de la escuela de Anna Maria se les agregó posteriormente, y parece lícito suponer que la oscilante muchacha-campana, tan ubicua en la obra del artista a partir de 1935, representa a Dalí como masturbador. Años más tarde el artista donaría una muchacha-campana a la pequeña capilla de Sant Baldiri, que guarda la entrada al cementerio de Cadaqués. Y allí está todavía.[24]

81 En *Paisaje con muchacha saltando a la cuerda* (1936), los tres campanarios aparecen de manera explícita. En primer plano, como en *Afueras de la ciudad paranoico-crítica* y tantos otros cuadros y dibujos de los años siguientes, vemos a una muchacha vestida de blanco saltando a la comba. Dalí le dijo a Antoni Pitxot que representaba a su prima Carolineta (tía en reali-

dad), la que muriera en 1914 cuando él tenía doce años, ocasionando gran dolor a la familia.[25] Carolineta se nombra explícitamente en los títulos de varios cuadros ejecutados a partir de 1933-1934, en concreto en las dos versiones de *Aparición de mi prima Carolineta en la playa de Roses (presentimiento fluídico).* Asociada siempre con el verano, sentimos la tentación de deducir que esta algo lejana pariente, a quien el joven Dalí veía en sus viajes a Barcelona y que es muy posible visitara algunas veces a la familia en Figueres, fuera una de las primeras mujeres que despertó su curiosidad sexual. A la vista del testimonio de estos cuadros y dibujos, hasta parece que, con el tiempo, Carolineta se convirtió en una de las participantes en sus fantasías eróticas.

Varios elementos de *Afueras de la ciudad paranoico-crítica* sirven deliberadamente para confundir e inquietar al espectador. La forma del racimo de uvas, por ejemplo, está repetida en la delineación de las nalgas del caballo (y de sus testículos); las cuencas vacías de la calavera corresponden a los espacios interiores de las asas del ánfora cercana; el edificio con arcadas se repite en miniatura en el cojín del ángulo inferior izquierdo; la cerradura del cajón de la cómoda, encima del cojín, tiene su equivalente en la de la caja fuerte del ángulo inferior derecho, y así sucesivamente. Si la paranoia, en la concepción de Dalí, implica la «asociación delirante» de imágenes, no hay mejor ejemplo que este cuadro del empeño del artista por expresar el fenómeno en su pintura y, al mismo tiempo, de inducir en el espectador, si no un delirio paranoico, por lo menos un *dérèglement des sens.*

James y los Dalí se llevaban ahora estupendamente. A partir de la muerte de Mdivani empezaron a cartearse con frecuencia –siempre en francés, lengua que James dominaba– y pronto dejaron el *vous* y comenzaron a tutearse. Tras una visita a Salzburgo, donde, según dijo, la música le había ayudado a sobrellevar el dolor de la muerte del príncipe, James bajó en coche a Florencia, cogió un tren a Nápoles y se instaló en la casa que había alquilado en Ravello a Lord Grimthorpe, la Villa Cimbrone. La finca estaba situada encima de los acantilados que dominan la ciudad, y gozaba de magníficas vistas de Amalfi y de la bahía de Salerno. Era un retiro ideal, y James no tardó en invitar a los Dalí a que le visitaran allí en octubre. Pero, siempre impaciente, decidió que no podía esperar tanto tiempo y se montó en un tren con destino a España. Allí pasó diez días con la pareja, la mitad en Cadaqués y el resto en Barcelona.[26]

Edward James ¡siempre moviéndose de un lado para otro, siempre impulsivo e impredecible! Gracias a su incapacidad para permanecer mucho tiempo en el mismo sitio, tuvo el privilegio de presenciar en Barcelona el reencuentro de Dalí y Lorca, que estaba entonces en la cumbre de su éxito como el poeta y dramaturgo joven más popular de España. Tanta alegría le dio al granadino estar otra vez con Salvador que hizo algo muy inusual en él: se comportó mal con la gente. La noche del 28 de septiembre Lorca tenía que haber participado en un recital de música y poesía organizado en su honor. Había un lleno total, la orquesta y el coro estaban listos, la expectación iba en aumento... pero todos esperaron en vano. El carismático Federico se había ido a Tarragona con Dalí, sin dar explicación alguna, y no apareció.[27]

Lorca había llegado a Barcelona con motivo de una temporada de sus obras de teatro, y era la comidilla de la ciudad. Cuando el joven periodista Josep Palau i Fabre (más tarde notable autoridad en Picasso) obtuvo una entrevista con él, el poeta le habló sin parar de la renovación de su amistad con Dalí. Iban a trabajar juntos en un proyecto, diseñarían juntos los decorados... «Somos almas gemelas», declaró entusiasta. «Y aquí está la prueba: siete años sin habernos visto y hemos coincidido en todas las cosas talmente como si hubiéramos estado hablando cada día. Genial, genial Salvador Dalí.»[28] El comentario de Lorca –«somos almas gemelas»– recuerda el dibujo que había hecho del pintor en 1927, representándolo (según Dalí) en forma de dioscuro (véase la pág. 214).[29]

Al parecer Gala quedó tan fascinada con Lorca como éste con la mujer que había logrado seducir, y retener, a Dalí. Según diría el pintor en 1952, Gala quedó «*bouleversée* (boquiabierta) ante ese fenómeno lírico y viscoso total», mientras que Lorca, embobado también, no hizo en tres días más que hablar de ella.[30] En cuanto a James, apenas cabía en sí de entusiasmo, escribiendo a una amiga inglesa que ya conocía a numerosos amigos de Dalí en Barcelona, pero especialmente a García Lorca, que había leído para ellos toda una noche. Lo consideraba «un poeta realmente grande», quizás el único de tanta estatura a quien hubiera tratado.[31]

El aspecto y modales de James divirtieron al poeta. Según Dalí, el día del encuentro James iba vestido de tirolés, con pantalones cortos y una camisa de encaje. A Lorca le pareció «un colibrí vestido como un soldado de los tiempos de Swift».[32]

James invitó a Lorca a que acompañara a los Dalí a Ravello, pero el poeta, con su intensa temporada en Barcelona y otros compromisos, no pudo aceptar. Dalí y Federico nunca volverían a estar juntos.

Años más tarde, consciente o inconscientemente, Dalí daría una versión muy inexacta de su último encuentro con el «mejor amigo» de su juventud, afirmando que se habían visto justo antes de que empezara la guerra civil. Si hubiera insistido lo suficiente, dijo, Lorca lo habría acompañado a Italia y escapado así del destino que le esperaba en Granada. Pero todo ello es invento, o un engaño de la memoria, porque pasarían todavía nueve meses antes de que estallara la fratricida contienda.[33]

Desde Ravello y Roma Dalí envió entusiastas postales a Foix («Italia está resultando más surrealista que el Papa. Roma es el paroxismo del imperialismo del *trompe l'œil»).*[34] Es difícil creer que, tras el resurgir de su amistad, no le escribiera también a Lorca, pero no se ha encontrado correspondencia de esos días. La visita a Italia fue un éxito. James le contó a Edith Sitwell que se había encariñado mucho con Dalí y Gala, y que durante el último año había progresado enormemente el pintor, abandonando muchas de las «molestas y desafortunadas obsesiones» que habían perjudicado su obra. Ahora lo consideraba «el hombre más normal y feliz que quepa imaginarse, ya no dañado por los nervios».[35]

Los Dalí, a su vez, estaban encantados con James. Al regresar a rue Gauguet a finales de octubre, Dalí le dijo que le fascinaba su «extraordinario espíritu poético-crítico» y que le alegraba que hubieran llegado a entenderse tan bien. Le aseguraba que él y Gala lo querían de veras, y que su ausencia estaba dejando en su espalda un hueco como el de la nodriza de *El destete del mueble-alimento.*[36]

En noviembre James invitó a los Dalí a Londres, y allí les presentó al arquitecto Hugh Casson, ocupado entonces en la reforma de Monkton, la casa (diseñada por Edwin Lutyens) que James había adquirido para su esposa, pero que, tras el divorcio, se disponía a convertir ahora en su refugio particular. Dalí propuso que las paredes exteriores se pintaran de color morado. Y así se hizo. Pero sus sugerencias para el interior surrealista se consideraron demasiado complejas.[37]

Para entonces James estaba tan convencido del genio de Dalí que había decidido ser su mecenas. En marzo de 1936 el artista, que se encontraba trabajando incansablemente en Port Lligat, necesitaba diez mil francos para comprar una barraca vecina. James le adelantó cinco mil por su «gran cuadro» y consiguió que Lord Berners pusiera el resto. ¿Qué menos podía hacer Edward por sus «queridísimos amigos», como ahora los llamaba?[38]

Dalí había conocido a Gerald Berners en París, en los conciertos organizados por la princesa de Polignac, cuyo inmenso salón había sido decorado por Josep Maria Sert «con tormentas de embriones de elefantes».[39] Compositor y escritor, Berners había estado relacionado con los Ballets Russes, y disfrutaba de una fortuna casi tan espléndida como la de James. Nominalmente adjunto a la embajada británica en Roma, Berners se paseaba por la ciudad en un Rolls Royce tan espectacular que los italianos lo tomaban por el embajador. Homosexual notorio, tenía fama la liberal hospitalidad que brindaba a sus amigos en su casa de Faringdon, en Oxfordshire. Según parece, a Dalí le cayó muy bien Berners desde el mismo momento de su encuentro.[40]

El inicio del mecenazgo de James coincidió con la última comunicación conocida del pintor a Lorca, una postal enviada en marzo de 1935 desde Port Lligat. Dalí había visto la reciente reposición de *Yerma* en Barcelona:

> Querido Federiquito – Que l'astima me a d'ado que no nos hayas benido a ver en PARIS, tan bien que lo hubieramos pasado i tenemos que hacer cosas juntos otra vez – Yerma es una cosa llena de ideas *oscurisimas* y surrealistas – Pasamos dos messes en Port-Lligat acer una cura de analisis i objetividad, i comer todas estas cossas extravagantes que NADIE CONOCE i que son las habas hetophadas [o sea, estofadas] de primera calidad, super finas y lisas que dan gusto de verlas i son los mismisimos misterios de Eleussis pour lo que al condimento se refiere – *Dime lo que haces y lo que piensas hacer.* Estaremos siempre contentos de verte adelantar acia nuestra cassa, te acuerdas de aquella estructura estrambotica de carne i hueso (pero que parecia mentira) que se titulaba Max Aub?
>
> Gala te manda su afeccion i yo te abrazo.[41]

Los Dalí se quedaron en Cadaqués hasta comienzos de junio, carteándose con Edward James, al que ahora llamaban con el cariñoso apodo de «Petitou». Le dijeron que no habían podido comprar la barraca de al lado y que, en cambio, un vecino de Cadaqués (Emilio Puignau) estaba añadiendo una nueva planta a la casa, por lo que pronto esperaban poder alojarlo con el debido confort.[42] Hacía un tiempo atroz, y Dalí se pasaba los días pegado al caballete «como el mono del cuadro de Teniers». También estaba escribiendo un artículo sobre los prerrafaelitas para *Minotaure* y diseñando la próxima portada de la revista. En mayo Gala le contó a James que Dalí estaba trabajando con un frenesí que superaba todo lo que ella había visto antes, y que estaba contento con los cuadros que había acabado. Su exposición de Londres sería sin duda la más completa y hermosa hasta la fecha, con una gran diversidad de obras. Dalí añadió una nota a la carta de Gala. Para la gran exposición surrealista colectiva que también se iba a celebrar en Londres, ¿le prestaría *Rostro paranoico* (que fusionaba la doble imagen de un pueblo africano, descubierta por Dalí en una postal, con la cabeza de Picasso)?[43] James estuvo de acuerdo. En estos momentos tenía la ilusión de decorar una de las habitaciones de Wimpole Street con rocas del cabo de Creus. Pero su arquitecto le había dicho que la casa se vendría abajo. ¿Qué podía hacer? Dalí se ofreció a pintarle un mural de Creus cuando fuera a Londres en junio: sería menos peligroso... y más eficaz.[44]

Mientras tanto se celebró en la Galería Charles Ratton de París, entre el 22 y el 29 de mayo, una fascinante Exposición Surrealista de Objetos (no confundir con exposición de Objetos Surrealistas). La integraban Objetos Naturales, Objetos Naturales Interpretados, Objetos Naturales Incorporados (dos objetos de Max Ernst), Objetos Perturbados, Objetos Perdidos, Objetos Perdidos Interpretados, Objetos Americanos, Objetos Oceánicos, Objetos Matemáticos, un Ready-Made y un Ready-Made Asistido de Marcel Duchamp, y, por último, objetos surrealistas propiamente dichos: una amplia selección de obras de Arp, Bellmer, Breton, Jacqueline Breton, Serge Brignoni, Claude Cahun, Calder, Dalí (*Esmoquin afrodisíaco* y *Monumento a Kant)*, Gala *(La escalera de Cupido y Psique)*, Oscar Domínguez, Duchamp, Ernst, Àngel Ferrant, Giacometti, S. W. Hayter, Georges Hugnet, Marcel Jean, Magritte, Léo Malet, Man Ray, Ramon Marinel·lo, E. L. T. Mesens, Miró, Paul Nougé, Meret Oppenheim (la famosa taza de piel, plato y cuchara), W. Paalen, Roland Penrose, Picasso, Jean Scutenaire, Max Servais e Yves Tanguy. Por si aún hubiera hecho falta, esta muestra fue la prueba definitiva de que el Objeto Surrealista «había llegado».[45]

La exposición de Ratton, que Dalí definió en una carta a Foix como «la mejor de las manifestaciones colectivas surrealista hechas hasta hoy»,[46] coincidió con la aparición de un número especial de la revista *Cahiers d'Art*, de Christian Zervos. Incluía un artículo de Dalí, «¡Honor al Objeto!», así como sus comentarios sobre la primera incursión pública de Gala en el mundo del arte, *La escalera de Cupido y Psique* – maqueta para un apartamento surrealista– y su propio *Esmoquin afrodisíaco,* ya para entonces uno de los más populares objetos surrealistas conocidos. Dalí señaló que los pequeños vasos que cubrían el esmoquin contenían «pippermint», un licor verde *(crème de menthe)* al cual se imputaban fuertes propiedades afrodisíacas. Entre las solapas Dalí había colocado un minúsculo sujetador (¿homenaje a Caresse Crosby?) y debajo de éste un anuncio del fabricante (Diamond Dee Uplift). Dalí consideraba que el esmoquin sería apropiado para salidas en noches apacibles pero preñadas de emoción, siempre que la persona que lo llevara empleara como medio de transporte una máquina de gran potencia que viajara sin embargo muy despacio (para no molestar a los licores).

«¡Honor al Objeto!» contenía las elucubraciones de Dalí sobre el simbolismo de la esvástica, y mostraba el creciente interés que el fascismo ahora le suscitaba. En la concepción «paranoica» de Dalí, la cruz gamada simbolizaba la fusión de izquierda y derecha, la resolución de «movimientos antagónicos». Cualquier persona al tanto de la propaganda fascista de la época habría captado enseguida que Dalí estaba a favor del nacionalsocialismo, insistiendo en que trabajaba por una nueva síntesis entre las fuerzas de la revolución y de la reacción con el propósito de uncirlas al yugo de una acción común. Ernesto Giménez Caballero había sentado ya las bases teóricas del fascismo español en *Genio de España* (1932), libro que casi seguramente habría leído el pintor en 1936 y que quizás discutió con el autor. En *Genio de España* Giménez Caballero afirmaba sin reparos que el fascismo era inseparable del imperialismo, que la fusión de energías de la derecha y de la izquierda sólo tenía sentido en la persecución de un objetivo que, dicho abiertamente, era la dominación de los débiles por los fuertes. Todo ello influiría con seguridad en Dalí, tan empeñado en conseguir la celebridad personal internacional como Hitler lo estaba en la conquista física de otros países (y tal vez continentes).

Al final de su artículo Dalí plantea el desarrollo del Objeto Surrealista en términos que le hacen sonar como Führer del movimiento fundado por Breton. Una nueva era está empezando y en adelante el objeto surrealista (gracias, por supuesto, a Dalí) «sabrá imponer su hegemonía paranoico-crítica». Dado el programa del artista para conseguir la fama mundial, programa que había comenzado a elaborar cuando tenía apenas dieciséis años, no es de extrañar que Hitler lo fascinara cada día más, y ello en parte, precisamente, por su baja estatura, su patente vulgaridad y sus orígenes humildes. «¡Honor al Objeto!» demuestra que Breton tenía ya razones de sobra para desconfiar de la sinceridad de la adhesión de Dalí a la causa del proletariado.

LA EXPOSICIÓN SURREALISTA DE LONDRES (1936)

El surrealismo ya empezaba a tener su influencia en el Reino Unido, donde artistas como Roland Penrose –amigo de James e «instigador y embajador del surrealismo en Gran Bretaña»–, Paul Nash, Henry Moore, Eileen Algar, John Banting, Humphrey Jennings, Julian Trevelyan y, después, Conroy Maddox e Ithell Colquohoun, «habían pasado largas temporadas en Francia y dependían de un habitual contacto con el Continente».[47] Los surrealistas británicos carecían de un líder de la estatura intelectual y del empuje de André Breton (si bien la llegada de E. L. T. Mesens desde Bélgica en 1939 iba a subsanar parcialmente esa deficiencia). No obstante, en 1935 sus voces empezaban a oírse en un país mucho más puritano que Francia, donde los años veinte, apenas rozados por el espíritu rebelde de Dadá, se habían caracterizado, en palabras de Penrose, «por un conservadurismo y una insularidad asfixiantes».[48] Como en Francia, el fascismo se estaba haciendo más ruidoso en Gran Bretaña; muchos artistas buscaban modos de expresión más libres, y el surrealismo, con su apasionado compromiso con la sociedad, y su programa de liberación personal, parecía ofrecer una esperanza de cambio. Además, el *Manifiesto* de 1924 había rendido homenaje a varios escritores británicos precursores del surrealismo, en particular a William Blake, como señaló David Gascoyne a los potenciales adeptos en su estudio pionero *A Short Survey of Surrealism* (Un breve informe sobre el surrealismo), publicado en noviembre de 1935. Como consecuencia de todo ello, la organización de una magna exposición surrealista en Londres para el verano de 1936 parecía muy oportuna. Como dijo Penrose (que había desempeñado el papel de uno de los bandidos en *Un perro andaluz),* él y sus amigos esperaban que la muestra «demostrara a los londinenses que les esperaba una revelación. Podría liberarlos del estreñimiento de la lógica impuesto por la mentalidad convencional de las escuelas privadas del país».[49]

La Exposición Surrealista Internacional se abrió en las New Burlington Galleries (Burlington Gardens) el 11 de junio, y siguió abierta hasta el 4 de julio de 1936. Integraban el comité organizador inglés

Hugh Sykes Davies, David Gascoyne, Humphrey Jennings, Rupert Lee, Diana Brinton Lee, Henry Moore, Paul Nash, Roland Penrose y Herbert Read (autor de una breve introducción para el catálogo). Del lado francés estaban André Breton, Paul Éluard, Georges Hugnet y Man Ray. Mesens representaba a Bélgica y Dalí a España.

Breton inauguró la muestra en presencia de unas dos mil personas. Se trataba de un proyecto ambicioso, ciertamente, con más de cuatrocientos cuadros, dibujos, esculturas y objetos creados por sesenta y ocho artistas, veintitrés de ellos británicos. En total estuvieron representadas catorce nacionalidades. La curiosidad del público fue tan grande que a veces el tráfico se quedaba paralizado en Bond Street, y se calculó que unas veinte mil personas visitaron la exposición.[50]

Los Dalí no asistieron a la inauguración de la muestra, habiéndole escrito Gala a James que no llegarían hasta el 21 de junio y que irían directamente a casa de Lord Berners, en Faringdon. Parece ser que James fue con ellos y que, antes de visitar a Berners, aterrizaron en una fiesta dada por Cecil Beaton en su casa de Ashcombe, en Wiltshire. Luego la pareja se instaló con James en Wimpole Street.[51]

Durante la exposición se pronunciaron cinco conferencias: Breton, «Límites, no fronteras, del surrealismo» (16 de junio); Herbert Read, «El arte y el inconsciente» (19 de junio); Éluard, «Poesía surrealista» (24 de junio); Hugh Sykes Davies, «Biología y surrealismo» (26 de junio), y Dalí, «Auténticas fantasías paranoicas» (1 de julio). También se celebró un debate público sobre el surrealismo, en el que destacó una ponencia de Herbert Read sobre la posición política del movimiento. Éluard dio un recital de poemas suyos y de Lautréamont, Baudelaire, Rimbaud, Cros, Jarry, Breton, Mesens, Péret y Picasso (David Gascoyne y otros leyeron traducciones inglesas). Dentro y fuera del edificio tuvieron lugar apasionadas discusiones sobre el movimiento que por primera vez llegaba a Londres, y hubo una masiva cobertura periodística.[52] La prensa, informó Herbert Read, había preparado «un arsenal de burlas, comentarios despectivos e insultos».[53] Y no solamente la prensa conservadora: *The Daily Worker,* diario del Partido Comunista británico, equivalente a *L'Humanité* en Francia, manifestó un claro desdén por la exposición y sus organizadores. «La impresión general es que aquí hay un grupo de jóvenes que simplemente no tienen agallas para hacer nada con seriedad, y que intentan justificarse recurriendo a un complicado engaño de racionalización», predicó el órgano comunista el día después de la inauguración. Los surrealistas reaccionaron enérgicamente ante la actitud del partido. Los fascistas británicos, por su parte, amenazaron con destrozar la exposición, pero se abstuvieron.[54]

Dalí envió tres cuadros –*El sueño* (propiedad de Marie-Laure de Noailles), *Amanecer* (de Paul Éluard) y *Cabeza paranoica* (de Edward James)–, el grabado *Fantasía* (de la Galería Zwemmer), un dibujo –*El jinete de la muerte* (de David Gascoyne)– y cuatro series de estudios a lápiz para *Los cantos de Maldoror*.[55]

La editorial londinense Faber and Faber acababa de publicar un breve tratado de Breton, *What is Surrealism?*, preparado y traducido por David Gascoyne. Incluía la reseña de Breton de la exposición de Dalí en Goemans en 1929, y el catalán era uno de los cuatro artistas favorecidos con una ilustración (su objeto surrealista *Busto de mujer retrospectivo).* Más importantes eran los comentarios de Breton sobre la contribución de Dalí al surrealismo contenidos en el ensayo principal del librito (y que dio título al mismo). En su recorrido por los orígenes del movimiento y por sus objetivos y sus logros hasta la fecha, el ensayo era generoso en su valoración de Dalí, «cuyo excepcional ardor interior», escribió Breton, «ha sido para el surrealismo, durante todo este periodo, un fermento inestimable». En opinión de Breton, Dalí no sólo era un magno pintor surrealista, sino uno de los más relevantes teóricos del movimiento. Se trataba de un verdadero encomio, y a Dalí debió de encantarle verlo impreso en Londres, donde esperaba lucrativas ventas de su exposición en Alex, Reid & Lefevre, a punto de inaugurarse.[56]

La importancia de Dalí para el movimiento de Breton desde otros puntos de vista quedó subrayada en *Surrealism,* libro de ensayos de varios autores publicado poco después de clausurada la Exposición Internacional. Preparado por Herbert Read (y con una combativa introducción suya), el libro tuvo un considerable éxito y se hizo rápidamente una segunda edición. Read había tomado nota del interés que en Dalí suscitaban los prerrafaelitas y dudaba que hubiera un inglés capaz de «aproximarse a estos artistas con la frescura y la libertad que Salvador Dalí, por ejemplo, aporta a su revalorización».[57] La observación parece dejar claro que Read conocía el artículo de Dalí «El surrealismo espectral del eterno femenino prerrafaelita», publicado en el último número de *Minotaure.* El artículo demuestra que el pintor se había familiarizado con la colección de prerrafaelitas de la Tate Gallery, que cabe pensar visitaría acompañado de Edward James, y es notable por la reivindicación daliniana del «flagrante surrealismo» del movimiento, reivindicación coherente, después de todo, con su defensa, a partir de 1929, del *Art Nouveau*.[58]

En cuanto a Georges Hugnet, encargado por Read de la selección de textos surrealistas incluida en el volumen, la poesía de Dalí le parecía «tan increíblemente auténtica que hace parpadear, una especie de confesión completa en la cual el poeta describe su amor, sus delirios y sus obsesiones. Libre y violenta, escoge el modo de expresión más directo: la exteriorización de los deseos». Como prueba, Hugnet aporta un fragmento de «El Gran Masturbador». ¡Un poema inspirado en la masturbación para gozo y deleite de los ingleses! No se podía haber aducido un texto daliniano más llamativo en apoyo de la creencia del surrealismo en «la liberación total de los impulsos» y en la necesidad de deshacerse de impedimentos tales como la represión sexual o la censura.[59]

Por lo que tocaba a la promoción de Dalí en Barcelona, J. V. Foix seguía siendo su aliado más fiable. Por lo tanto, el pintor se apresuró a informarle del éxito de la Exposición Surrealista de Londres. En cuanto a su muestra individual en Alex, Reid & Lefevre, que estaba a punto de inaugurarse, le dijo que siete de las obras más importantes se habían vendido ya. «El surrealismo prende maravillosamente en Londres», siguió con entusiasmo, parafraseando a Herbert Read en el catálogo de la Exposición Internacional, «pues resucita los ocultos atavismos latentes en la tradición inglesa de los W. Blake, Lewis Carroll, el prerrafaelismo, etc.» Poco después aparecerían en *La Publicitat* unos comentarios de Foix sobre las últimas noticias surrealistas llegadas de Londres, con Dalí a la cabeza.[60]

En Alex, Reid & Lefevre Dalí expuso veintinueve cuadros y dieciocho dibujos. El catálogo incorporaba una página diseñada por el artista, en la que se indicaba que las obras expuestas comprendían:

INSTANTÁNEAS EN COLOR INSPIRADAS POR:

SUEÑOS
FANTASMAS OBJETIVOS Y SUBJETIVOS
FANTASÍAS DIURNAS
IMÁGENES HIPNAGÓGICAS
OBJETOS IRRESISTIBLES
OBJETOS-SERES
ESPECTROS MORFOLÓGICOS
MALESTARES LILIPUTIENSES
ASOCIACIONES PARANOICAS

ONIRISMO EXPERIMENTAL
CAPRICHOS INTRAUTERINOS
CAJONES DE CARNE
RELOJES MALEABLES
APARTAMENTOS MUY VELLUDOS
IMÁGENES SUBCONSCIENTES
IMÁGENES DE IRRACIONALIDAD CONCRETA[61]

La confianza de Gala en la exposición estaba plenamente justificada, pues incluía varios cuadros muy notables, entre ellos *Afueras de la ciudad paranoico-crítica.* El número cinco del catálogo debería haber rezado *Construcción blanda con judías hervidas,* no *albaricoques hervidos,* por lo cual suponemos que el traductor confundiría el francés *haricots* (judías) con el inglés *apricots* (conociendo la caótica ortografía daliniana, es muy probable que el pintor escribiera *haricots* sin la *h*). Hemos comentado antes la génesis de este cuadro (véanse las páginas 429-430). Sin duda se trata de una de las mejores obras de Dalí de esta época, la máxima expresión del tema de canibalismo, autofagia y automutilación que había dominado tantas obras atormentadas de los cuatro años anteriores. Cuando la guerra civil estallara en julio de 1936, Dalí empezaría a decir que el cuadro era profético, subtitulándolo *Premonición de la guerra civil.* Pero XXVI
no hay pruebas de que dicho subtítulo se le hubiera ocurrido antes de que los generales rebeldes se alzaran contra la República. Es significativo a este respecto que el subtítulo no figura en el catálogo de Alex, Reid & Lefevre ni en el número de *Minotaure* del 15 de julio de 1936, donde el cuadro se reprodujo por vez primera.[62]

Como Dalí había esperado, su muestra individual le dio un importante nombre en Londres y le reportó sustanciales beneficios económicos. A la hora del almuerzo del primer día ya había vendido diez cuadros «por un precio medio bastante superior a cien libras cada uno», según una fuente citada por *The Star,* y cinco dibujos que le dieron no menos de treinta y cinco libras cada uno.[63] En general, las reseñas fueron benévolas. En *The Studio,* un crítico anónimo declaró que, de las nuevas figuras vinculadas al surrealismo, «el de más talento es sin lugar a dudas Salvador Dalí, que pinta como un prerrafaelita que se ha vuelto loco». El mismo crítico señalaba que al público le gustaban especialmente los aspectos de la pintura de Dalí que ésta compartía con la obra de «figuras eminentemente respetables como Holman Hunt». Pero también hubo burlas y cartas de indignación a los periódicos. El sarcasmo del crítico de *The Daily Telegraph* fue bastante típico: «Estos cuadros del subconsciente revelan tanta maestría y habilidad que se puede aguardar con interés la vuelta del artista a la plena conciencia.»[64]

Pero ni la exposición individual ni las obras de Dalí mostradas en la Exposición Internacional Surrealista atraparon tanto la imaginación del público como la conferencia pronunciada por el pintor en Burlington Gardens el 1 de julio. Dado que el título de la charla era «Auténticas fantasías paranoicas», y su tema, las ventajas que proporciona la inmer-
80 sión en el inconsciente, Dalí decidió vestirse de manera memorable. *The Star* informó:

> El Sr. Dalí y trescientas personas acudieron a la conferencia, y el Sr. Dalí llegó debidamente ataviado para desempeñar su papel.
>
> Llevaba un traje de buzo, decorado como un árbol de Navidad.
>
> La escafandra tenía encima un radiador de automóvil.
>
> Sobre el pecho había unas manos de plastilina pegadas.
>
> Alrededor de la talla había un cinturón con una daga.
>
> Llevaba un taco de billar e iba escoltado por dos perros grandes.
>
> Para añadir más misterio a su actuación, habló en francés, a través de altavoces.
>
> A mitad de su perorata comenzó a acalorarse y le pidió a alguien que le quitara la escafandra.
>
> Se había atascado y no sirvió una llave inglesa, pero el taco de billar vino al pelo, sirviendo como abrelatas.
>
> De vez en cuando el operador proyectó las diapositivas ladeadas o cabeza abajo, pero nadie se dio cuenta... o a nadie le importó. «El surrealismo es así.»
>
> Pero si alguien cree que todo esto es divertido..., que espere: hay gente que compra esas chifladuras.
>
> ¿Quién ríe el último?
>
> Al señor Dalí le preguntaron por qué había venido vestido de buzo. «Para demostrar que me sumergía en las profundidades de la mente humana», contestó.[65]

Dalí declaró que había estado a punto de asfixiarse cuando lo socorrieron. Es posible. Según uno de los periódicos, fue Edward James («el ex esposo de Miss Tilly Losch, la bailarina, quien hizo las veces de encantador presidente») quien consiguió quitarle a Dalí la recalcitrante escafandra.[66] David Gascoyne reivindicaría por su parte el honor de haber encontrado una llave inglesa, tarea nada sencilla en Bond Street, una de las calles más lujosas de la capital.[67]

Lo cierto es que a James le interesaba mantener a Dalí con vida, pues por esos días intentaba negociar un contrato que le diera el control total sobre la producción del artista durante dos años. El 20 de junio, Robert Bernstein, el abogado de James en París, le había enviado un proyecto de contrato, redactado en forma de acuso de recibo y aprobación incondicional por James de los términos estipulados al respecto en una hipotética carta de Dalí. En ésta el pintor aceptaba que todos los cuadros, acuarelas y dibujos que produjera entre el 1 de julio de 1936 y el 1 de julio de 1938 serían propiedad de James, y que estaba estrictamente prohibido que él, Dalí, vendiera a otra persona cualquier obra ejecutada durante dicho periodo. El número y tamaño de las obras se especificarían en el contrato, así como las cantidades debidas a Dalí cada mes. Si Dalí no entregaba el número de obras acordado, los pagos se reducirían proporcionadamente.»[68]

John Lowe, biógrafo de James, ha escrito que ese proyecto de contrato «con todos los detalles estipulados» se firmó durante el verano de 1936. Pero no fue así. El documento definitivo por el cual Dalí cedía a James los derechos sobre el conjunto de su producción no se firmaría hasta finales de 1936 y, como veremos, no entraría en vigor hasta el 1 de junio de 1937.[69]

Lo que James sí consiguió ese verano fue un barroco contrato por el cual Dalí le vendía su cuadro *Retrato geodésico de Gala.* Firmado por Dalí y el abogado de James en Londres el 31 de julio de 1936, el acuerdo permitía al artista conservar el cuadro, por su cuenta y riesgo, hasta el 30 de julio de 1939. Dalí recibió veinte mil francos en el momento de la firma, quedando para la entrega del cuadro los cinco mil restantes. Fue un contrato extraordinariamente generoso por parte de James. Y le acarrearía graves problemas, porque Dalí retendría el cuadro más tiempo de lo acordado. Hoy la obra se encuentra en el Museo de Arte de Yokohama.[70]

LA MUERTE DE GARCÍA LORCA

Dalí y Gala estaban todavía con James en Wimpole Street cuando llegó la noticia de que se había producido el largamente esperado golpe fascista en España. En una carta a Dalí escrita dos años más tarde, y quizá nunca enviada, James sostendría que en aquellos momentos el pintor había manifestado la esperanza de que venciera la República, reaccionando con entusiasmo cada día al enterarse de alguna pretendida victoria anarquista o comunista. Según James, Dalí había llegado incluso a ridiculizar a una amiga de ambos, Yvonne de Casa Fuerte, porque, como católica, estaba a favor de Franco. A la vista de la creciente simpatía de Dalí por el fascismo en esta época, es difícil confiar en la exactitud de la versión de James. O tal vez habría que deducir que el pintor fingía seguir apoyando la República mientras, en realidad, esperaba a ver qué pasaba.[71]

En agosto James se reunió con los Dalí en París, haciéndoles partícipes de un original plan suyo para ayudar a la República. Se trataba de recolectar fondos para la compra de bombarderos mediante un acuerdo con el gobierno español según el cual éste le cedería en préstamo algunos Grecos del Museo del Prado. Los cuadros se expondrían en Burlington House, y los fondos conseguidos con las entradas se enviarían a España. James explicó su propuesta a Sir Kenneth Clark, entonces director de la National Gallery, que pareció interesarse por ella.[72]

James hizo que Dalí le presentara a Luis Buñuel, que en este momento desempeñaba una misión política, en parte secreta, para la embajada de la República en París. En sus memorias Buñuel recuerda que transmitió la oferta de James a Álvarez del Vayo, ministro de Asuntos Exteriores. A éste le habría gustado aceptar, pues el gobierno necesitaba bombarderos con urgencia. Pero no podía hacerlo: la opinión pública internacional, pese a las garantías ofrecidas, no vería con buenos ojos un intercambio de material de guerra por obras del Museo del Prado.[73]

En septiembre Dalí se enteró de que los fascistas habían matado a Lorca en Granada. Al principio a los amigos del poeta les resultó imposible dar crédito al aciago rumor, pero poco a poco, al no demostrar los rebeldes que el poeta estaba vivo –lo cual habría sido muy fácil de haber sido así– y al conocerse cada vez más pormenores de la brutal represión que se llevaba a cabo en Granada, la verdad acabó imponiéndose.

No hay constancia documental de cómo reaccionó Dalí al oír por vez primera el rumor. Años más tarde, reescribiendo como solía hacerlo la historia, recordaría en *Vida secreta:*

> Al estallar la revolución, mi gran amigo, el poeta de *la mala muerte* Federico García Lorca, murió ante un pelotón de ejecución en Granada, ocupada por los fascistas. Su muerte fue explotada con fines de propagan-

da. Esto era innoble, pues sabían tan bien como yo que Lorca era por esencia la persona más apolítica del mundo. Lorca no murió como símbolo de una u otra ideología política, murió como víctima propiciatoria de ese fenómeno total e integral que era la confusión revolucionaria en que se desarrolló la guerra civil. Por lo demás, en la guerra civil la gente no se mataba siquiera por las ideas, sino por «razones personales», por razones de personalidad; y, como yo, Lorca tenía personalidad de sobra y, con ella, mejor derecho que la mayoría de los españoles a ser fusilado por españoles. El sentido trágico de la vida que poseía Lorca se distinguía por la misma constante trágica por que se distingue el destino de todo el pueblo español.[74]

Puede que Dalí no fuera consciente del alto grado de compromiso político contraído por Lorca durante los cinco años de la República y sobre todo en los turbulentos meses anteriores a la guerra, cuando expresó su vehemente apoyo al Frente Popular, firmó manifiestos de izquierda, apareció en público para condenar el fascismo e incluso declaró, en una entrevista periodística publicada aquel junio, que la derecha granadina era no sólo «la peor burguesía de España», sino que conspiraba contra la democracia. No obstante, Dalí tenía razón al sospechar que había habido factores de enemistad personal en el asesinato del poeta, pues con su irresistible carisma Lorca despertaba tanta envidia como admiración, como bien sabía Dalí por los años madrileños que habían compartido, y además le despreciaban las derechas por homosexual.[75] Más tarde el artista afirmaría que, al enterarse de la muerte de Federico, había exclamado «¡Olé!», usando el término en el sentido que se da en el toreo para elogiar un pase brillante: Lorca, obsesionado por la muerte, había realizado su destino a la perfección.

Enfrentado a la pérdida del «mejor amigo de su juventud», Dalí no pudo por menos de recordar cómo, en la Residencia, el poeta había luchado por conjurar su intenso miedo a morir mediante la compulsiva representación de sus últimos momentos, entierro y gradual descomposición, mientras sus amigos seguían el ritual con fascinación y horror.[76] Ahora que, con apenas treinta y ocho años, Lorca había sido sacrificado, Dalí percibió que algo se había quebrado también en su propia vida. El recuerdo de Federico lo seguiría de cerca durante el resto de su vida. Cuando las cosas iban bien, le daría las gracias por ayudarlo; la voz, la música y la poesía de Lorca sonarían de modo constante en sus oídos y se reflejarían en su pintura y en su obra literaria, y nunca dejaría de aludir con orgullo a la *Oda a Salvador Dalí.* A decir verdad, es tan imposible entender a Dalí sin tener en cuenta su amistad con Lorca como lo es concebir su vida y su obra sin Gala. Y es una desgracia el que nuestro conocimiento de ambas relaciones sea tan penosamente deficiente.

En *Vida secreta,* donde racionaliza su decisión de no regresar a España en 1936 y alinearse políticamente, Dalí afirma que la noticia de la muerte de Lorca y la «sofocante atmósfera de parcialidad» creada en París por la guerra civil le decidieron a emprender un viaje por la Italia de Mussolini.[77] Su evocación de la visita es un tisú de inexactitudes: Dalí no pasó aquel otoño «una larga temporada» con Edward James en la Villa Cimbrone,[78] y la visita a Lord Berners en Roma, así como el breve viaje a Sicilia (donde pintaría *Impresiones de África),* tuvieron lugar en 1938, no 1936. El único detalle históricamente exacto que nos proporcionan esas entretenidas páginas es que el pintor y Gala estuvieron efectivamente en las Dolomitas, donde, alojados en el Hotel Tre Croci, de Cortina d'Ampezzo, esperaron en vano una visita de James.

Desde allí Dalí escribió a Breton para decirle que las montañas lo estimulaban mentalmente hasta el punto de no poder dormir y de sentir ganas de estallar en carcajadas en todo momento. Otra razón para tal estado de excitación era la proximidad de la exposición Arte Fantástico, Dadá, Surrealismo –organizada por Alfred Barr y prevista para diciembre en el Museo de Arte Moderno de Nueva York– y, coincidiendo con ésta, de la tercera muestra de Dalí en la galería de Julien Levy. El pintor terminaba la breve e intrascendental misiva con un *«On vous aime».*[79]

Hacia el 5 de octubre de 1936, tras pasar de Cortina a Florencia,[80] el artista y Gala regresaron a París, donde acababa de aparecer el noveno número de *Minotaure,* que incluía una fotografía en color (y un detalle) de *Construcción blanda con judías hervidas,* ya estratégicamente rebautizada *España. Premonición de la guerra civil.* Dalí, le comunicó Gala a James, estaba trabajando febrilmente en la preparación de obras para su muestra en Nueva York. ¿Podría Petitou prestarles *Rostro paranoico, El automóvil de la muerte* y *La ciudad de los cajones* para la exposición del MOMA? Unos días después Dalí le pidió a James que le prestara también *Canibalismo del otoño* y *Niño mirando la luna.* James optó por una solución de compromiso, enviando *Rostro paranoico* y *La ciudad de los cajones.*

Justo antes de que Dalí y Gala embarcaran para Nueva York, el pintor recibió una afligida carta de Breton, fechada el 22 de noviembre de

1936, en la que se quejaba porque Dalí no le había devuelto un libro de Gilbert Lély, el manuscrito mecanografiado de un artículo del mismo (ambos, es de presumir, sobre Sade) y tampoco el ejemplar de *Ubú encadenado*, de Jarry, que le había prestado. Breton añadió una lista de promesas de Dalí no cumplidas y le recordó los muchos favores que le había hecho, entre ellos la corrección de sus textos antes de ser publicados (habitualmente escritos –no lo dijo por cortesía– en un francés de ortografía abominable). ¿No podría Dalí ser más considerado? No se trataba, sin embargo, de una carta hostil. Breton tenía la impresión de que Dalí le fallaba, y se despidió afirmando que entre ellos no debía haber nunca lugar para ninguna irracionalidad.[81]

CON JULIEN LEVY EN NUEVA YORK

El 7 de diciembre de 1936 Dalí y Gala llegaron a Nueva York a bordo del *Normandie.* La fecha del viaje, como la de la muestra individual del pintor, las había dispuesto cuidadosamente el siempre avispado Julien Levy para que coincidieran con la inauguración de Arte Fantástico, Dadá, Surrealismo, la magna exposición organizada por Alfred Barr en el Museo de Arte Moderno. Levy estaba seguro de que Dalí no tardaría en hacer su agosto en Nueva York. El galerista lo había visto el verano pasado en la rue Gauguet, y le impresionó el cambio que se había operado en el catalán desde su anterior encuentro. «Dalí ya no era aquel extranjero medio tímido, medio malicioso, sino un artista caro y elegante de presencia imponente», recuerda en *Memoir of an Art Gallery.* Levy, que conoció aquel mismo día a Edward James, se había quedado de una pieza al enterarse de que el fastidioso inglés estaba comprando «todas» las mejores obras del pintor. Se habían caído bien, de todas maneras, y James prometió prestarle cuadros para la exposición de Nueva York. Cumpliría su palabra.[82]

Julien Levy se había encargado de que The Black Sun Press, la editorial de Caresse Crosby, establecida ahora en Manhattan (¡adiós a los fabulosos días de París!), publicara su hermoso libro *Surrealism* a tiempo para las dos exposiciones de Dalí y del MOMA. Ello significaba más propaganda para Dalí (y para su autor). También la edición neoyorquina del libro del mismo título preparado por Herbert Read para la editorial londinense Faber and Faber. Nueva York estaba en vísperas de inaugurar su Gran Temporada Surrealista, no cabía ya duda, con Dalí como protagonista.

Arte Fantástico, Dadá, Surrealismo se inauguró el 9 de diciembre de 1936 con enorme éxito de crítica y público. Como explicaba Barr en el catálogo (que se reimprimiría en una versión ampliada y de mejor factura en julio de 1937), se trataba de la segunda de una serie de exposiciones pensadas «para presentar de un modo histórico y objetivo los principales movimientos del arte moderno» (la primera, El Cubismo y el Arte Abstracto, se había celebrado la primavera anterior). La exposición, que seguiría abierta hasta el 17 de enero de 1937, con una masiva afluencia de público, incluía seis obras de Dalí: *Los placeres iluminados* (1929), *La fuente* (1930), la ya famosísima *La persistencia de la memoria* (1931), *Rompecabezas de otoño* (1935) y los dos cuadros cedidos por Edward James, *Rostro paranoico* y el dibujo a tinta *La ciudad de los cajones,* ambos de 1936.

Para el catálogo, Barr le había encargado a Georges Hugnet dos artículos de orientación histórica sobre Dadá y el surrealismo. Dalí había ejecutado para un libro de Hugnet, *Onan,* en 1931, un frontispicio debidamente erótico, y estaba por lo visto en buenas relaciones con el joven escritor, que había ingresado en las filas surrealistas más o menos cuando él. Era normal, pues, que esperara de Hugnet una cálida apreciación de lo que había aportado al movimiento. Y así resultó:

> En el mismo momento en que Breton, en su *Segundo manifiesto surrealista,* avanza hacia una evaluación del espíritu surrealista, un nuevo pintor asume un papel de importancia capital. Las contribuciones poéticas, pictóricas y críticas de Salvador Dalí hicieron que la investigación surrealista tomara una dirección particular, e impulsaron con fuerza los experimentos que hasta entonces sólo se habían realizado de la manera más provisional. Su obra es como una inmensa flor carnívora que se abre bajo el sol del surrealismo. Conmovido por la expresión lírica de ciertas obras de Ernst y Tanguy, más que seducido por sus procesos plásticos, y llevando hasta sus últimas consecuencias algunas declaraciones del *Primer manifiesto,* da rienda suelta a los sueños y las alucinaciones, que representa de la manera más fiel y meticulosa. Insiste en su gusto por las cromolitografías, la más pintoresca, la más completa y la menos accidental imitación de la naturaleza. Desprecia todos los experimentos con superficies y todos los viejos clichés del arte de

pintar. Él pone su «manera», su talento pictórico, directamente al servicio del delirio. El *trompe l'œil* es su salvavidas. Crea un mundo febril en el que desempeñan su papel simulaciones, enfermedades físicas, condiciones nerviosas, fenómenos sexuales, inhibiciones. Su gama abarca, sin incoherencias, desde el *collage* hasta el cromo, desde los objetos *ready-made* hasta las más perfectas ilusiones ópticas, desde De Chirico hasta Picasso, pasando por Millet y Meissonier..., y siempre por el método de la asociación paranoica. Sus experimentos, aunque notablemente fructíferos, no podrían vulgarizarse con éxito. Su concepción de la finalidad de la pintura explica su tendencia antiartística, su fascinación por las imágenes dobles y el deseo de que sus cuadros sean como «instantáneas hechas a mano». Su método de crítica subjetiva, su interpretación de las más conocidas obras de arte en función de obsesiones recurrentes, su aceptación de todas las aberraciones tanto en sus cuadros como en sus escritos, y el respeto que le inspiran los sueños en su integridad y por contradictorios que sean, son, todas ellas, contribuciones esenciales a la documentación surrealista.[83]

Aunque a Dalí le tuvo que complacer tal panegírico, quedó descontento con el espíritu de fondo del prefacio de Hugnet, comentándole a Breton que en su opinión el texto era deficiente desde un punto de vista ideológico y hasta histórico. Dadá (¡al cual se habían dedicado veinte páginas frente a las dieciocho dedicadas al surrealismo!) debía haber merecido sólo «tres líneas de historia, como si fuera algo realmente remoto». Se confundía así a una prensa crédula y a un público ignorante, y para empeorar las cosas Hugnet no había dado la debida importancia a la posición actual del surrealismo frente a «lo irracional», esto es, a su deseo de explotar las energías del inconsciente en vez de dar fe pasivamente del funcionamiento del mismo (como en la primera fase del movimiento). En fin, el propio Breton debería haber escrito el prefacio.[84]

El 10 de diciembre, el día después de abrir sus puertas Arte Fantástico, Dadá, Surrealismo, le tocó el turno al *vernissage* de la exposición de Dalí en Levy, y el 14 de diciembre, víspera de la inauguración pública de la muestra, el artista recibió un espaldarazo definitivo cuando la portada de *Time,* nada menos, reprodujo una llamativa fotografía suya obra de Man Ray. ¡El *noi* lo había conseguido, y ello con sólo treinta y dos años! ¡La portada de *Time!* «EL SURREALISTA SALVADOR DALÍ. Un pino en llamas, un arzobispo, una jirafa y una nube de plumas volaron por la ventana», rezaba el pie. Un año antes (sin mencionar a Buñuel) *Time* se había referido a la colaboración de Dalí en *La edad de oro,* y al pintor debió de encantarle ahora esta nueva alusión a la ya mítica película, que se había proyectado «a puerta cerrada» en Manhattan en 1932.[85] En sus páginas interiores *Time* reseñaba la exposición del MOMA e incluía un detallado y cariñoso resumen de la carrera de Dalí. «El surrealismo», decía, «nunca habría despertado el interés que está despertando en Estados Unidos si no fuera por Salvador Dalí, este atractivo catalán de treinta y dos años, voz suave y discreto bigote de actor de cine.» *Time* añadía, con evidente admiración, que Dalí tenía «un don para la publicidad que pondría verde de envidia a cualquier agente de prensa de un circo». Cabe pensar que, si Breton vio este número de *Time,* la naturaleza y el tono de los elogios brindados a Dalí le habrían dolido considerablemente.[86]

Dalí, que apenas hablaba una palabra de inglés, desconocía la magnitud de la difusión de *Time.* Lo supo al darse cuenta de que, de repente, no podía salir a la calle sin que lo reconocieran y le pidieran autógrafos. Era normal que a uno le conocieran en la Rambla de Figueres, y hasta en Barcelona, pero... ¡en la Quinta Avenida! «La gloria», recordaría después, «me embriagó como una mañana de primavera.» Naturalmente: había dedicado cada minuto de su vida desde 1916 a conseguirla y ahora se había salido, casi milagrosamente, con la suya.[87]

Julien Levy y Dalí habían ideado un espectacular catálogo-souvenir (impreso en París) para la tercera exposición individual del artista en Nueva York. En su portada se veía a una mujer con hombros peludos, un cajón abierto en vez de cara y pechos desnudos colgantes desde debajo de los cuales dos cintas, enganchadas con argollas a los pezones, podían tirarse hacia abajo para revelar una tira de minúsculas reproducciones de algunas de las obras expuestas. «Un tesoro de pequeñas reproducciones plegadas como un acordeón y retenidas por correas», llamó Edward Alden Jewell al novedoso mecanismo en el *New York Times.*[88] Encima del hombro izquierdo de la mujer había una lista de las características de las obras expuestas, copiada palabra por palabra del catálogo de la exposición del verano anterior en Alex, Reid & Lefevre. A la derecha, en caligrafía daliniana, se explicaba al público que el artista copiaba «lo invisible directamente de la naturaleza». Había tres indicaciones más: «Imágenes inquietantes», «Epidermas [sic] de las orquestas» y «Sofás de saliva». Se exponían veinte lienzos, doce dibujos (no identificados en el catálogo) y el popular objeto surrealista *Esmoquin afrodisíaco.*[89]

La exposición fue triunfal. Tras sus bromas sobre el carácter algo *risqué* del catálogo, Edward Alden Jewell añadió: «En cuanto a la técnica, Dalí se ha superado. Lo digo seriamente, pinta como los ángeles. No creo que nunca haya pintado mejor que ahora.»[90] Y probablemente era cierto: el apoyo de Edward James le había permitido a Dalí crear, sin presiones económicas, obras de primer orden. Tanto era así que el crítico de *Art News,* que desconocía la relación especial que existía entre los dos, estaba desconcertado. «Parece extraordinario», comentó la revista, «que Salvador Dalí pueda seguir pintando tales cuadros con tanta energía y con júbilo tan frenético.»[91]

El cuadro que más interés suscitó fue *Construcción blanda con judías hervidas-premonición de la guerra civil* –así titulado esta vez– que un crítico consideró no sólo la obra maestra de Dalí, sino «la indiscutible obra maestra del surrealismo hasta la fecha».[92] El recientemente ejecutado *Canibalismo del otoño* fue otro recordatorio de la guerra civil española, en la que pronto perderían la vida muchos norteamericanos de las Brigadas Internacionales. «Estos seres ibéricos, devorándose entre sí en otoño», comentaría Dalí después, «expresan el *pathos* de la guerra civil considerada (por mí) como un fenómeno de historia natural, contrariamente a Picasso, quien la consideraba como un fenómeno político.»[93]

¡Otra vez Picasso, percibido siempre como el gran rival! El comentario de Dalí, aunque retrospectivo, subraya la diferencia entre la actitud de ambos ante el hecho de la guerra civil española. En vano buscaremos alguna declaración de Dalí en la que apoyara la República o condenara el infame Pacto de No Intervención firmado por los gobiernos francés y británico mientras Alemania e Italia seguían suministrando aviones y material bélico a Franco. Dalí observó aquel «fenómeno de historia natural» desde lejos, y puesto que en esa fase de la guerra nadie podía prever su resultado, decidió mantener la boca cerrada, al menos en público, pensando tal vez que así, viendo los toros desde la barrera, podría volver a su país ganara quien ganase. Nada más lejos de esta actitud que la indignación apasionada y la preocupación por la justicia tantas veces apuntadas veinte años antes en sus diarios de adolescencia.

Bonwit Teller, los famosos grandes almacenes de la Quinta Avenida, habían encargado escaparates surrealistas a una serie de artistas para coincidir con la inauguración de Arte Fantástico, Dadá, Surrealismo en el

MOMA. Como era previsible, fue el de Dalí el que más llamó la atención del público, una verdadera multitud de seis filas que contemplaban boquiabiertos, desde la acera, sus extravagantes invenciones. Dalí había escogido el tema «Era una mujer surrealista, era como la figura de un sueño» («el título más coherente», bromeó un periodista «jamás puesto hasta la fecha a una obra de Dalí»). Sobre un telón de fondo de nubes de papel maché descansaba una maniquí (la «Mujer Surrealista»), con un vestido negro y la cabeza hecha con rosas rojas. Desde grietas abiertas en unas paredes desconchadas, largos brazos rojos se extendían para alcanzarla, u ofrecerle regalos, pero ninguno conseguía tocarla. Así de elusiva era la Mujer Surrealista. A su lado, sobre una mesita de noche, estaba el teléfono-bogavante que Dalí había diseñado para Edward James. «Creíamos que a estas alturas todo el mundo ya sabía qué era el surrealismo», siguió el mismo reportero. «Salvador Dalí, su máximo exponente, es un publicitario nato que consigue que hasta un Harry Reichenbach parezca un aficionado.» Reichenbach era un agente de prensa muy conocido en Nueva York por sus sensacionalistas trucos publicitarios.[94]

Julien Levy también sabía de publicidad. Su oportuno libro *Surrealism* incluía una excelente antología de textos del movimiento, impresos en papel de distintos colores, y una esmerada selección de reproducciones en blanco y negro. En su entusiasta introducción, Levy no se esforzó por ocultar la profunda admiración que le suscitaba Breton. Tampoco la que sentía por Dalí, como escritor además de artista, que recibió más espacio que cualquier otro miembro del grupo comentado: siete reproducciones *(El destete del mueble-alimento, Los placeres iluminados, La persistencia de la memoria, Afueras de la ciudad paranoico-crítica, La adecuación del deseo, Esmoquin afrodisíaco, Finis)* y fragmentos de *Babaouo,* de «El burro podrido» y de *El amor y la memoria.*

El texto de Levy demuestra que sabía poco o nada del Dalí anterior a la época de París, y que el artista le había estado contando unas cosas fantasiosas de su infancia. «De niño iba a pie a la escuela atravesando las inmensas y mórbidas llanuras de Cataluña», nos asegura Levy, «con los calcinados esqueletos de los burros a la derecha y a la izquierda y siempre, junto a él, su terror, su padre, y siempre, dentro de él, esa frenética energía reprimida suya, igual a la energía de la locura.» Como sabemos, Dalí nunca había tenido que andar más de unos metros para llegar a las varias escuelas que frecuentó, y en cuanto a las vastas llanuras mórbidas de Cataluña, salpicadas de los restos de fenecidos burros, suenan más al

Sáhara o a Tejas que a las verdes praderas del Alt Empordà. Dalí le había tomado el pelo a Levy (que no había pisado jamás Cataluña, evidentemente). La alusión al padre temible, en cambio, sí correspondía en parte a la realidad.[95]

A finales de diciembre Dalí y Gala pasaron una semana en Quebec para escapar de lo que el pintor, en una carta a Breton, llama «la agitación ininterrumpida» de Nueva York. El éxito de Arte Fantástico, Dadá, Surrealismo está superando al de la exposición surrealista de Londres del verano anterior, le asegura. Su exposición individual también va bien, y tiene previsto dar algunas conferencias en las que se esforzará por exponer con la mayor claridad posible las características y los objetivos del surrealismo. El adjetivo «surrealista» está haciendo furor en Nueva York, y la gente dice cosas como «este color es más surrealista que aquél». ¿Tiene Breton noticias de Stalin? Hace siglos que Dalí no oye nada de él. «Estoy haciendo todo lo posible por nuestra actividad», termina la carta.[96]

Lo cierto es que Dalí también hacía todo lo posible por sí mismo y por Gala. A tal fin llegó ahora a un acuerdo importantísimo con Edward James, que había viajado a Nueva York para disfrutar del ambiente surrealista entonces imperante en la ciudad. El 21 de diciembre de 1936 los dos firmaron el contrato definitivo por el cual James se comprometía a adquirir toda la obra producida por Dalí entre junio de 1937 y junio de 1938, y Salvador a pintar no menos de doce telas de grandes dimensiones de unos mil cuatrocientos centímetros cuadrados cada una, dieciocho telas más pequeñas de aproximadamente trescientos centímetros cuadrados, y unos sesenta dibujos de las mismas dimensiones más o menos que éstas. En contrapartida recibiría dos mil cuatrocientas libras en mensualidades de doscientas libras. El contrato incluía cláusulas de penalización para cubrir cualquier retraso de Dalí en los plazos estipulados, y también disposiciones para hacer frente a las fluctuaciones cambiarias. Dos mil cuatrocientas libras eran muchísimo dinero, y durante un año les proporcionarían a los Dalí una estabilidad económica de la que no habían gozado nunca, ni siquiera en los balsámicos días del Zodíaco.[97]

EL NUEVO MARXISMO

Dalí estaba ahora cada vez más convencido de que Karl Marx ya no servía y de que los hermanos del mismo apellido eran los únicos Marx que valían. Durante años el pintor había disfrutado grandemente con las payasadas de éstos, y admiraba especialmente «el frenesí biológico, histérico y caníbal» de *Animal Crackers* (El conflicto de los Marx).[98] En su opinión, el más surrealista de los hermanos es Harpo. Lo había conocido brevemente el verano anterior en París, y le envía ahora un regalo de Navidad muy daliniano: un arpa con cuerdas de alambre de espino. Es probable que le anunciara al mismo tiempo su inminente llegada a Hollywood. Harpo contestó con una fotografía en la que aparecía con los dedos vendados, y le dijo que estaría encantado de que lo «pintarrajeara» si fuera a Hollywood, declarándose incondicional de *La persistencia de la memoria.*[99]

Dalí llegó allí con Gala a finales de enero de 1937, y visitó sin perder tiempo a Harpo, con quien probablemente ya había decidido que quería rodar una película. Descubrió que los ojos de Harpo brillaban con «la misma luz espectral que se observa en los de Picasso», y que, como él, el cómico admiraba a Watteau.[100] Se llevaron estupendamente, por lo visto, y el *Los Angeles Examiner* publicó una fotografía de Dalí dibujando al actor mientras éste aparentaba tocar su arpa daliniana, con un bogavante sobre la cabeza. Salvador le planteó la posibilidad de colaborar juntos en una película, y al parecer Harpo expresó en un principio cierto interés.[101]

Desde Hollywood Dalí le contó a Edward James que, además de encontrarse con Harpo, él y Gala habían visto mucho desierto y multitud de rubias platino.[102] Y a Breton le comunicó que estaba en contacto con «los tres surrealistas norteamericanos» (los hermanos Marx), Cecil B. DeMille y Walt Disney. Tenía la impresión de haberlos intoxicado a todos considerablemente y de que existían auténticas posibilidades para el surrealismo en el cine estadounidense. Como en cartas anteriores, terminó asegurándole a Breton que estaba haciendo todo lo posible por la causa surrealista.[103]

Cuando Dalí y Gala regresaron a Europa en marzo, el proyecto cinematográfico con Harpo Marx estaba muy presente en la mente del pintor. Desde el Arlberg-Wintersportshotel de Zürs, donde la pareja descansó un mes, redactó el borrador de una carta a Harpo en el que le decía que estaba a punto de empezar el guión para un cortometraje del cual éste sería el único actor. Estaba absolutamente decidido a trabajar con él, dijo, sobre todo ahora que había visto que se entendían tan bien y que tenían una imaginación tan parecida. Los decorados serían algo extraordinario, y tal vez Cole Porter podría componer la música. Se divertirían así como locos mientras al mismo tiempo revolucionaban el cine.[104]

El guión sólo ha aparecido recientemente. Trata de un hombre de negocios español, con el inverosímil nombre de Jimmy, que vive en Estados Unidos. Jimmy no es feliz con su novia, Linda. Una noche conoce y se enamora de «una hermosa mujer surrealista», cuya cara no verá nunca el espectador. El inefable romance pretende ser una síntesis bretoniana de sueño y realidad, pero el guión resulta de una banalidad aplastante. Es también muy autocomplaciente. Las obsesiones sexuales de Dalí lo pueblan de cabo a rabo, y el pintor se encarga de que muchos de sus iconos personales hagan profuso acto de presencia, entre ellos el reloj blando y el teléfono-bogavante. La hueste de ciclistas con panes en la cabeza procede directamente de *Babaouo* y las nubes que se reflejan en el espejo de la mujer surrealista recuerdan una conocida escena de *La edad de oro* (también la jirafa, aunque esta vez el guionista ha ido un poco más lejos y le ha prendido fuego). Está claro que Dalí intenta reanudar su actividad cinematográfica en el preciso punto en que la había abandonado con Buñuel.[105]

Pero sin conseguirlo. No hay constancia de cómo reaccionó Harpo al leer el guión, si es que lo vio. Tampoco de si se lo ofreció a algún productor. Parece ser que ni lo uno ni lo otro. Dalí, de todas maneras, siguió declarando impertérrito a todo el mundo que iba a hacer una película con los hermanos Marx. Al pintor jamás se le pudo acusar de falta de jactancia o de no haber puesto una tenacidad casi sobrehumana en la persecución de cada uno de sus objetivos.

«METAMORFOSIS DE NARCISO» Y «EL GRAN PARANOICO»

En Zürs, además de trabajar en su guión para Harpo, Dalí se embarcó en un nuevo experimento: la composición, en francés, de un poema «paranoico», «El mito de Narciso», ilustrado «palabra por palabra» por un cuadro.[106] Éste, para el cual Dalí hizo al menos dos estudios,[107] estuvo terminado a mediados de junio de 1937, y poco después, junto con el poema, recibió el título definitivo de *Metamorfosis de Narciso.* El poema se publicó durante el verano en las Éditions Surréalistes, con una reproducción en color del cuadro como frontispicio y dos detalles del mismo, también en color. La fotografía en blanco y negro de la cubierta del librito, obra de Cecil Beaton, muestra a Gala sentada delante de *Pareja con las cabezas llenas de nubes.* Una versión inglesa del texto, a cargo de Francis Scarpe, fue editada al mismo tiempo en Nueva York por Julien Levy, siguiendo la pauta de publicación simultánea en Francia y Estados Unidos establecida con *La conquista de lo irracional.* Ambas ediciones iban dedicadas a Paul Éluard. Como epígrafe, Dalí volvió a citar las palabras con las que Breton había elogiado su «método crítico-paranoico» en 1934.

El subtítulo del poema explica que éste constituye un «modo de observar visualmente el curso de la metamorfosis de Narciso representada en el cuadro de enfrente» (es decir, en el frontispicio). Unas líneas más abajo otro titular indica que se trata del primer poema y del primer cuadro «obtenidos enteramente mediante la aplicación integral del método paranoico-crítico». Aunque no hay que prestar demasiado crédito a tal
XXVIII afirmación, el cuadro sí merece un examen detenido.

Dado su propio ensimismamiento narcisista, no debe sorprendernos que Dalí atribuyera una gran importancia personal a este mito. Tal vez encontró un nuevo estímulo en la bella edición de las *Metamorfosis* de Ovidio, con ilustraciones de Picasso, realizada por Albert Skira. Además, conocía los *Tres ensayos sobre teoría sexual* de Freud, y las *Notas psicoanalíticas sobre un informe autobiográfico de un caso de paranoia (caso Schreber),* donde el vienés utiliza el término «narcisismo» –definido en *La interpretación de los sueños* como «el amor ilimitado que sienten los niños por sí mismos»–[108] para denominar «un estadio del desarrollo de la libido que ésta atraviesa en el camino que va del autoerotismo al objeto de amor». Freud subraya que se trata de un momento en que las fijaciones pueden producirse con facilidad y en el que se arraigan tenazmente las neurosis y la paranoia.[109] A Dalí debió de llamarle sobre todo la atención el que Freud interprete la paranoia como una defensa contra la homosexualidad. Puesto que el pintor se ufanaba ya de ser no sólo el Gran Masturbador sino el Gran Paranoico –protagonista del cuadro así titulado, ejecutado el año anterior–, sería consciente de que, para ser coherente, tendría que admitir ahora, como factor importante de su personalidad, el miedo a la homosexualidad. Pero como ha señalado Rafael Santos Torroella en su penetrante análisis de *Metamorfosis de Narciso,* Dalí nunca estaría dispuesto a dar este paso.[110]

XXIX Dalí diría que concibió *El gran paranoico* tras una conversación con Josep Maria Sert sobre Arcimboldo, y que el rostro del protagonista se inspiraba en «paisanos de l'Empordà, los mayores paranoicos de todos».[111] La extraordinaria tela hace pensar que Dalí estaba ya convencido de que los intensos sentimientos de vergüenza que siempre le habían embargado eran de carácter netamente paranoico (como, efectivamente, pueden ser). El *leitmotiv* del personaje que oculta su rostro avergonzado había aparecido por vez primera, como vimos, en 1929. Desde entonces había proliferado en su obra, haciendo acto de presencia en más de treinta cuadros y dibujos. En *El gran paranoico* el tema alcanza su expresión más elocuente. Casi todos los personajes del cuadro están tapándose la cara con las manos, o se niegan a mirar, en especial la mujer sentada cuyas nalgas forman la nariz del protagonista. Rozando este «culo-nariz» (que recuerda el «coño-boca» de las sugerencias dalinianas para *La edad de oro*) apreciamos el bonito trasero de Gala: hay que suponer que Dalí quiere señalar una vez más que sus fantasías eróticas, imbuidas de vergüenza, se centran en tal sitio. La doble figuración empleada para delinear la cabeza del Gran Paranoico es una de las más logradas jamás conseguidas por el pintor, y tal vez resulta aún más sorprendente en la repetición del motivo que se encuentra al fondo a la izquierda, donde la parte posterior de la cabeza se funde con la imagen de un angustiado grupo de personas que, todas ellas, esconden la cabeza o huyen.

Llama la atención la pareja masculina que se ve entre las rocas, justo detrás de la cabeza del Gran Paranoico; uno de ellos lleva una mancha roja en la cabeza, como si Dalí quisiera que lo mirásemos con atención. El personaje, que está ordenando al otro, que esconde abatido la cabeza, que se marche (como Dios expulsando a Adán del paraíso), tiene el inconfundible sello de Dalí padre. El notario, evidentemente, sigue representando un grave problema para el artista.

Dado el temor de Dalí a la homosexualidad, fundido ahora con su miedo a la paranoia, no es de extrañar que en el poema «Metamorfosis de Narciso» aparezcan alusiones a Lorca y, por extensión, en el cuadro del mismo título. Una de las secciones del texto contiene un reconocimiento explícito de que el pintor está pensando en el poeta mientras escribe. Apostrofa al protagonista del mismo:

Narciso, pierdes tu cuerpo,
arrebatado y confundido por el reflejo milenario de tu desaparición,
tu cuerpo herido mortalmente

desciende hacia el precipicio de los topacios con los
restos amarillos del amor,
tu blanco cuerpo, engullido,
sigue la pendiente del torrente ferozmente mineral
de las negras pedrerías de perfumes acres,
tu cuerpo...
hasta las desembocaduras mates de la noche
al borde de las cuales
ya destella
toda la platería roja
de las albas de venas rotas en «los desembarcaderos de la sangre».

En una nota al pie Dalí indica que la expresión «los desembarcaderos de la sangre» es de Federico García Lorca, pero sin mencionar la fuente exacta de la misma. La imagen se encuentra en el poema «Panorama ciego de Nueva York», inédito hasta cuatro años después de la muerte del poeta, pero que éste probablemente le recitó a Dalí cuando se encontraron por última vez en Barcelona en 1935 (o quizás le enviara una copia). Vale la pena citar el pasaje en que aparece la imagen no sólo por el préstamo que toma Dalí y el homenaje explícito que ello presupone al amigo tan recientemente asesinado, sino porque es una prueba de que la manera neoyorquina del poeta influyó fuertemente en el pintor, al menos en «Metamorfosis de Narciso». En su poema Lorca expresa la casi indecible opresión que le produce Nueva York al llegar a la metrópoli en 1929:

Es una cápsula de aire donde nos duele todo el mundo,
es un pequeño espacio vivo al loco unisón de la luz,
es una escala indefinible donde las nubes y las rosas olvidan
el griterío chino que bulle por el desembarcadero de la sangre.
Yo muchas veces me he perdido
para buscar la quemadura que mantiene despiertas las cosas
y sólo he encontrado marineros echados sobre las barandillas
y pequeñas criaturas del cielo enterradas bajo la nieve.[112]

Casi diez años antes, cuando Lorca publicó el *Romancero gitano*, Dalí había criticado, como hemos visto, lo que él consideraba su localismo andaluz a la vieja usanza. Ello no le impide aludir ahora, en «Metamorfosis de Narciso», a uno de los poemas más conmovedores de aquel poemario. Viene la referencia cuando Dalí evoca a los bailarines del fondo del cuadro, a quienes denomina «el grupo heterosexual». Los varones son un hindú, un catalán y un alemán; las mujeres, una inglesa, una rusa, una sueca, una norteamericana y

> la gran Andaluza tenebrosa
> robusta de glándulas y olivácea de angustia.

Estamos, sin lugar a dudas, ante Soledad Montoya, protagonista del «Romance de la pena negra», que busca desesperada, vuelta azabache, el amor que se le niega. La fórmula poco habitual utilizada por Dalí para describir a la «gran Andaluza tenebrosa» –«robusta de glándulas y olivácea de angustia»– se toma directamente del granadino:

> ¡Soledad, qué pena tienes!
> ¡Qué pena tan lastimosa!
> Lloras zumo de limón
> agrio de espera y de boca.[113]

La disfrazada presencia de Soledad Montoya en «Metamorfosis de Narciso» es una señal más de la intensidad con que el recuerdo de Lorca atormenta a Dalí un año después de su brutal muerte, además de hasta qué punto está imbuido de la poesía de su gran amigo.

Rafael Santos Torroella no se equivoca, seguramente, al considerar que la plena significación del poema de Dalí y, por tanto, del cuadro, sólo se aclara al final del mismo con la aparición de Gala en los últimos versos.[114] Inmerso en su narcisismo; en peligro, cuando Lorca vivía, de sucumbir a sus tendencias homosexuales, y tal vez todavía en peligro; con una actividad sexual reducida al mundo de las fantasías masturbatorias, como lo simboliza la monumental mano fósil en la cual, en el lienzo, se transforma Narciso: a Dalí le ha ofrecido una oportunidad, si no de curación, sí de supervivencia, la epifanía de la enigmática y seductora musa aparecida, como por milagro, en Cadaqués aquel verano de 1929. En este sentido es significativo que la anécdota del cuadro se sitúe en el cabo de Creus, con las inconfundibles colinas bajas del interior del macizo al fondo, ya que fue allí donde Dalí y Gala se enamoraron. Gala, si bien no aparece de un modo explícito en el cuadro, está simbolizada por el narciso que emerge de la cabeza del desesperado autocontemplativo, convertida ahora en huevo:

Cuando esta cabeza se raje,
cuando esta cabeza se agriete,
cuando esta cabeza estalle,
será la flor,
el nuevo Narciso,
Gala...,
mi narciso.[115]

Para José Pierre, *Metamorfosis de Narciso,* pese a que Dalí dijera que poema y cuadro eran los primeros «obtenidos enteramente mediante la aplicación integral del método paranoico-crítico», está muy lejos de satisfacer esa declaración de intenciones. La doble imagen, núcleo de la estética «paranoica» de Dalí desde principios de los años treinta, falta aquí por completo; la imagen, más que «doble», sólo está «desdoblada», es decir, justo lo contrario. Pierre no duda que el cuadro marca el comienzo de un declive en el compromiso de Dalí para con su propio «método» y, en consecuencia, con el surrealismo tal como lo concebía Breton. Que fuera así, en efecto, dará fe la producción daliniana de los tres años siguientes.[116]

Mientras Dalí trabajaba en *Metamorfosis de Narciso* –poema y cuadro– se mantuvo en constante contacto con Edward James, que no sólo pagó la fotografía en color del frontispicio, entonces procedimiento costoso, sino que se hizo cargo de la factura de la imprenta.[117] ¿Estaba James enamorado de Dalí además de estarlo de su arte? El pintor no da nunca a entender en su obra publicada que él y su mecenas hubieran tenido una relación homosexual, ni siquiera la más inocua. En cambio, los papeles de James sugieren que a veces casi llegaron a tenerla. En una nota, quizá de 1936, apunta que Gala se daba perfecta cuenta de lo «íntima» que era su amistad con Dalí, y que lo aceptaba, aun cuando una noche, en un hotel de Módena, montara una escena de celos. En esa ocasión, recordó o fantaseó James más tarde, Dalí había llegado llorando a su habitación (vestido sólo con la parte superior de su pijama) y le había dicho que no podía soportar más que Gala le diera la lata con insinuaciones sobre su relación con Lorca y ahora con él. James llegó a la conclusión de que las rabietas de Gala eran calculadas más que nada para que desembolsara. La táctica no fallaba nunca. Una vez –siempre según James– Dalí y él pasaturon toda la noche juntos en el Ritz de París. Cuando por la mañana tuvieron que vérselas con Gala, ésta amenazó con abandonar a Dalí y largarse a Portugal. Pero James tenía en el bolsillo un maravilloso regalo de Navidad para la airada musa: un estuche de zafiros cabujón, rubíes y esmeraldas engarzados en oro. Portugal se olvidó rápidamente y Gala, feliz, se puso enseguida a prepararles un desayuno de huevos revueltos.[118]

En otra ocasión James escribió con perspicacia sobre Dalí:

> Sus auténticas inclinaciones eran instintivamente más homosexuales que heterosexuales; Gala intentaba creer que lo había curado de su homosexualidad, pero en el fondo sabía que no lo había conseguido. No obstante había logrado mantenerla «sublimada» (si lo podemos decir así), canalizándola a través de dibujos eróticos y algunos cuadros obscenos hoy en poder de coleccionistas especializados en pornografía [...] en cuanto a la vida sexual de Dalí con su esposa, lejos de sentir celos de sus infidelidades sexuales, se lo puso todo más fácil; un día me confesó: «Dejo a Gala tomar amantes cuando quiere. Es más, la estimulo a que lo haga y la ayudo. Es que me excita.»[119]

De todo ello, sin embargo, no puede deducirse que hubiera nada abiertamente sexual entre James y Dalí. Los biógrafos de aquél parecen estar de acuerdo en que el atildado y excéntrico inglés era tan inhibido sexualmente con los hombres como con las mujeres; mientras al catalán, que lo tocaran o trataran de acariciar, con excepción de Gala, le provocaba un pánico incontrolable. Hemos de concluir, pues, que fuera la que fuera la atracción que pudiera existir entre ambos hombres, nunca encontró una salida física.

A finales de junio de 1937 Dalí le pidió permiso a James para colgar en su próxima exposición de verano en París los cuadros que, empezados antes de que su contrato hubiera entrado en vigor, había terminado un poco después. James estuvo de acuerdo. La exposición tuvo lugar entre el 6 y el 30 de julio en la Galería Renou et Colle (140, Faubourg Saint-Honoré) e incluía *Metamorfosis de Narciso, Retrato geodésico de Gala, Jirafas ardiendo, Retrato de Harpo Marx, Amor frenético, Meissonier, La invención de los monstruos, Epidermis de piano, Cara de Mae West que puede servir de apartamento surrealista, Dibujos para el cine* (se trataba del proyecto de Dalí con los hermanos Marx) y otros dibujos.[120]

James sospechaba que entre estos últimos había algunos ejecutados después del 1 de junio, y recordó a Dalí en agosto que, cuando lo visitó en París el 29 de mayo, aún no había empezado cinco dibujos de grandes dimensiones expuestos en Renou et Colle. ¡No podía haberlos hecho en dos días! También se quejó de que Dalí había terminado a toda prisa una cantidad no despreciable de dibujos justo antes de la entrada en vigor del contrato (lo había reconocido el propio artista en una carta), inundando de ese modo el mercado y reduciendo el valor de las obras posteriores, de la exclusiva propiedad de James. El inglés seguiría teniendo problemas contractuales con Dalí, y sólo aceptaría la situación por el sincero afecto que sentía por el pintor y Gala. Sincera también, por supuesto, era su admiración por el talento de Dalí. Si no hubiera sido así, nunca habría invertido tanto dinero en él. James creía que, con un salario regular y generoso, Dalí produciría obra muy superior a la que habría hecho en el caso de no tenerlo. Su contrato, escribió, era la mejor manera de permitir a Dalí crear cuadros que, pintados con tranquilidad, dejasen una huella importante en la historia de la pintura. Con ello no se equivocaba.[121]

¿Se invitó a Dalí a participar en el Pabellón Español de la Exposición Internacional de Arte y Técnicas de la Vida Moderna, inaugurada en París a comienzos de marzo de 1937? Es probable, aunque no ha aparecido documentación alguna al respecto. Lo cierto es que la ausencia de Dalí era elocuente, dado el hecho de que el principal objetivo del pabellón, protagonizado por el *Guernica* de Picasso, era ayudar a la España republicana en su lucha contra Franco, y condenar el Pacto de No Intervención. Si Dalí lo hubiera deseado o se hubiera preocupado, los organizadores lo habrían incluido sin lugar a dudas. Su abstención fue, por lo tanto, una clara señal de que no estaba dispuesto a apoyar a la República y un indicio más de hacia dónde apuntaban ya sus verdaderas simpatías.

Lo que sí hizo Dalí, rompiendo una vez más la disciplina del grupo surrealista, fue enviar ocho cuadros a la exposición Orígenes y Desarrollo del Arte Independiente Internacional, abierta en el Jeu de Paume entre el 30 de julio y el 31 de octubre y que Breton repudió por su selección «tendenciosa» de artistas.[122]

A finales de agosto, justo antes de que Dalí y Gala salieran para Austria, Hungría e Italia, el pintor le escribió a Edward James desde París para decirle que había firmado un contrato con Léonide Massine para el montaje de un ballet suyo, *Tristan Fou*, y que su gran amiga Elsa Schiaparelli diseñaría el vestuario. Dalí le aseguró a James (que había estado enfermo) que los dibujos serían, por supuesto, suyos, de acuerdo

I Ramon Pichot, *Cala Nans*, sin fecha. Óleo sobre cartón, 36 × 48 cm. Uno de los cuadros de Pichot que inspiró el impresionismo en Dalí.

II *Fires i festes de la Santa Creu*, 1921. Gouache sobre cartón, 52 × 75 cm.

III *Bañistas de Es Llané*, 1923. Óleo sobre cartón, 52 × 75 cm.

IV *Sueños sonámbulos,* 1922. Acuarela sobre papel, 51,5 × 24 cm. Un paseo nocturno por el viejo Madrid con Luis Buñuel y Maruja Mallo.

V *Naturaleza muerta (Sifón y botella de ron)*, 1924. Óleo sobre lienzo, 125 × 99 cm. Uno de los cuadros regalados a Federico García Lorca (véase ilustración 31).

VI *Figura en una ventana*, 1925. Óleo sobre lienzo, 103 × 75 cm. Anna Maria Dalí contempla la bahía de Cadaqués desde una ventana de la casa de la familia en Es Llané.

VII *Muchacha de Figueres*, 1926. Óleo sobre lienzo, 21 × 25 cm. La vista desde la terraza de la segunda casa de los Dalí en Figueres, en la calle Monturiol, 24. Se trata casi con seguridad del cuadro que Dalí mostró a Picasso en París en abril de 1926.

VIII *Naturaleza muerta (Invitación al sueño)*, 1926. Óleo sobre lienzo, 100 × 100 cm. En este cuadro Dalí plasma la ceremonia lorquiana en la que el poeta representaba su propia muerte.

IX *Composición con tres figuras (Academia neocubista)*, 1926. Óleo sobre lienzo, 200 × 200 cm. Uno de los mejores cuadros dalinianos de mediados de la década de los veinte. Desarrolla el tema de San Sebastián, que tanto fascinaba al pintor y a García Lorca.

X *Aparato y mano*, 1927. Óleo sobre panel, 62,2 × 47,6 cm. Se trata, parece, de la mano roja del masturbador, rodeado de los componentes de sus fantasías.

XI *Cenicitas,* 1927-1928. Óleo sobre panel, 64 × 48 cm. El cuadro constituye una antología de las obsesiones dalinianas del momento.

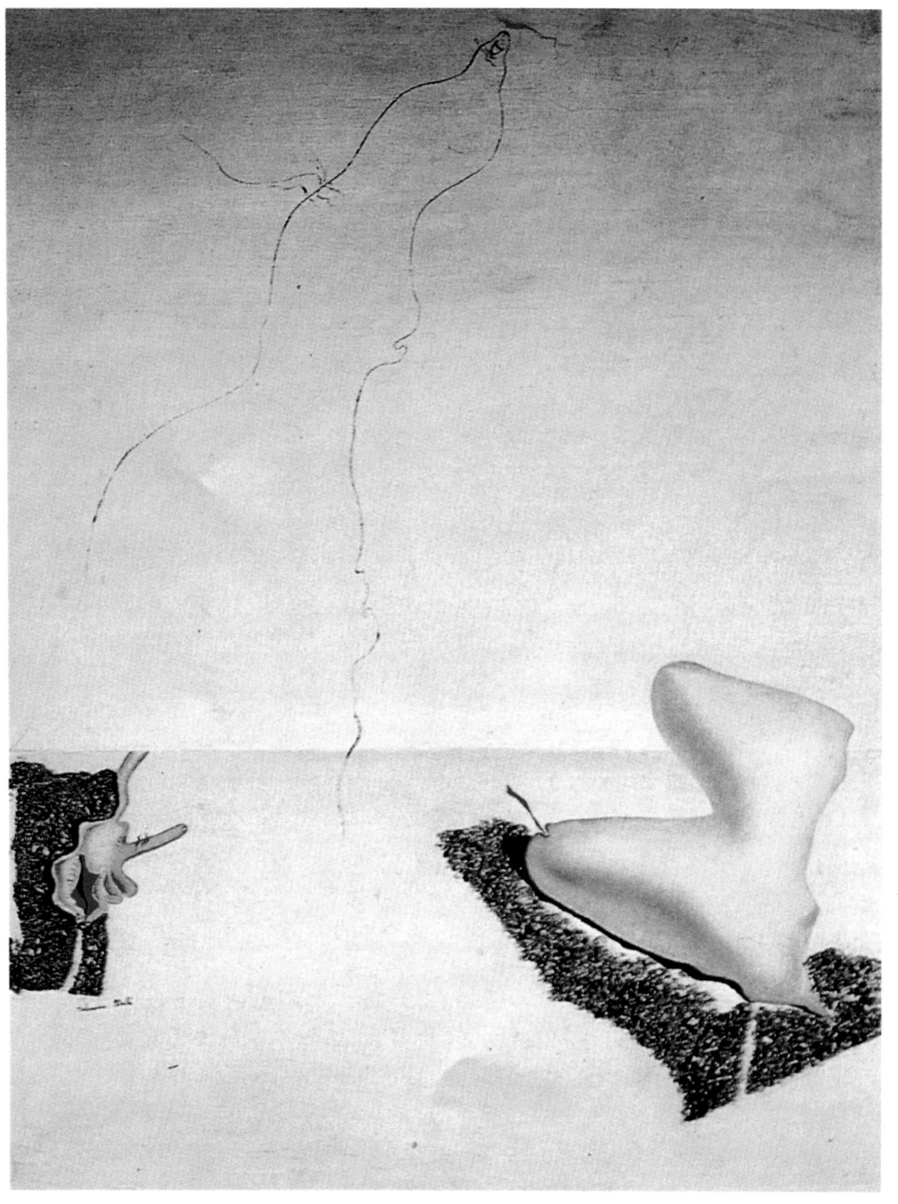

XII *Diálogo en la playa (Los deseos insatisfechos)*, 1928. Óleo, conchas y arena sobre cartón. El cuadro que se negaron a colgar en el Salón de Otoño de Barcelona.

XIII *Los primeros días de primavera,* 1929. Óleo y *collage* sobre panel, 49,5 × 64 cm. Dalí llevó este cuadro a París en 1929, donde impresionó profundamente a Robert Desnos. Marca la entrada plena de Dalí en la órbita surrealista.

XIV *El gran masturbador,* 1929. Óleo sobre lienzo, 110 × 150 cm. La cara del masturbador se inspiró parcialmente en una roca del cabo de Creus (véase ilustración 19).

XV *El juego lúgubre,* 1929. Óleo y *collage* sobre cartón, 44,4 × 30,3 cm. El título fue sugerido por Paul Éluard. Se trata del cuadro que alertó a la familia de Dalí del cambio de dirección que se operaba en su mente en el verano de 1929, y que hasta asustó a los surrealistas, dándoles a entender que Dalí era coprófago. Contiene una de las primeras representaciones del adolescente avergonzado (ángulo inferior derecho).

XVI *Los placeres iluminados*, 1929. Óleo sobre panel, 24 × 34,5 cm. Uno de los cuadros más freudianos de Dalí. Es más, parece ser que el hombre que está ayudando a la dama con las manos ensangrentadas es el mismísimo fundador del psicoanálisis, que Dalí ha tomado prestado del cuadro de Max Ernst *Pietà o Revolución por la noche* (véase ilustración 49).

XVII Jean-François Millet, *El Ángelus*, 1857-1859. Una de las obsesiones vitalicias de Dalí, el cuadro inspiró su crítica de arte más original.

XVIII *La profanación de la hostia,* 1929. Óleo sobre lienzo, 100 × 73 cm. Variación daliniana sobre la obra de Paolo Uccello del mismo título, se trata tal vez de su cuadro más sacrílego.

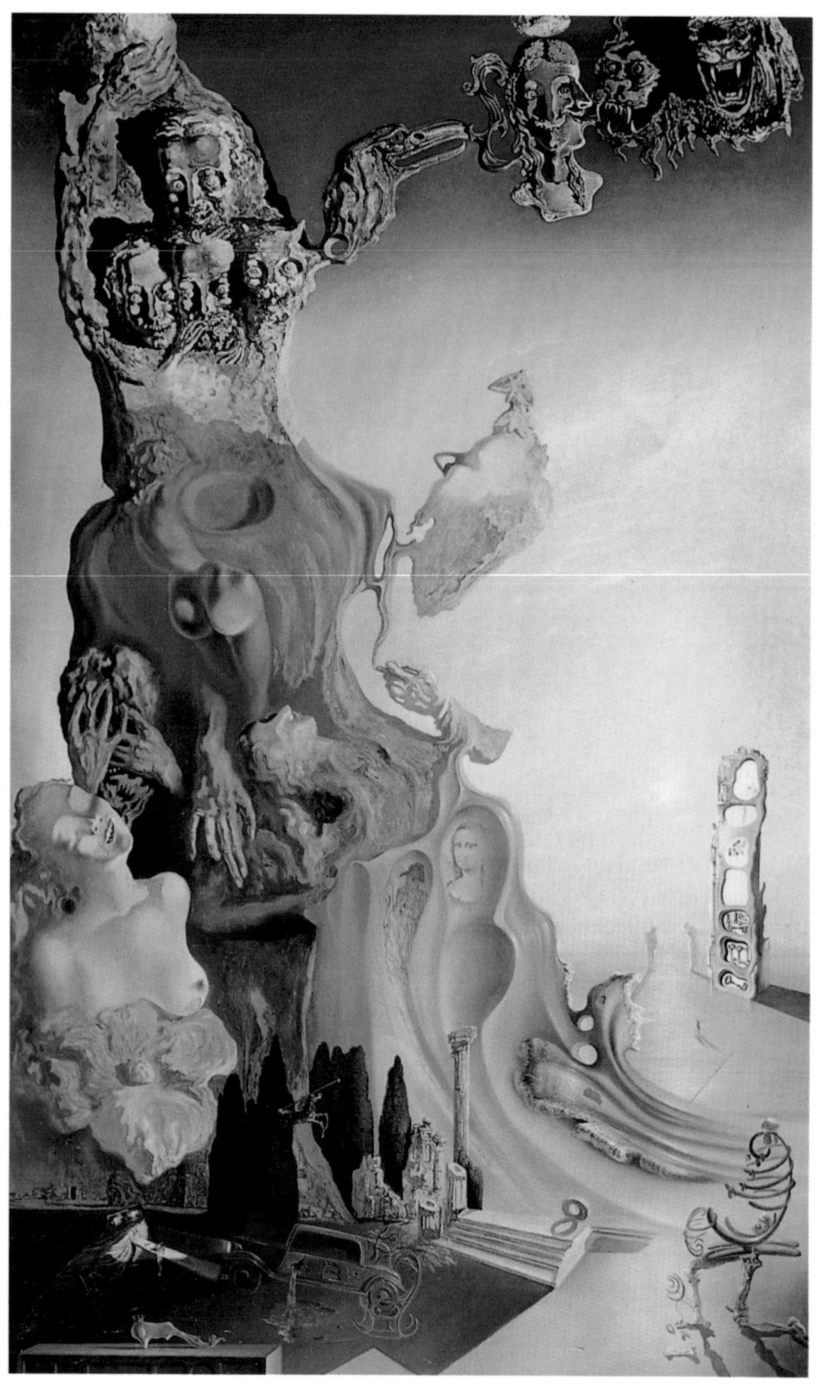

XIX *Monumento imperial a la mujer-niña*, 1929. Óleo sobre lienzo, 140 × 80 cm. La mujer-niña es Gala, que aparece aquí por vez primera en la obra de Dalí.

XX *Guillermo Tell,* 1930. Óleo sobre *collage,* 113 × 87 cm. Uno de los comentarios más picantes de Dalí sobre su relación con su padre. El cuadro pertenecía a André Breton (véase ilustración 88).

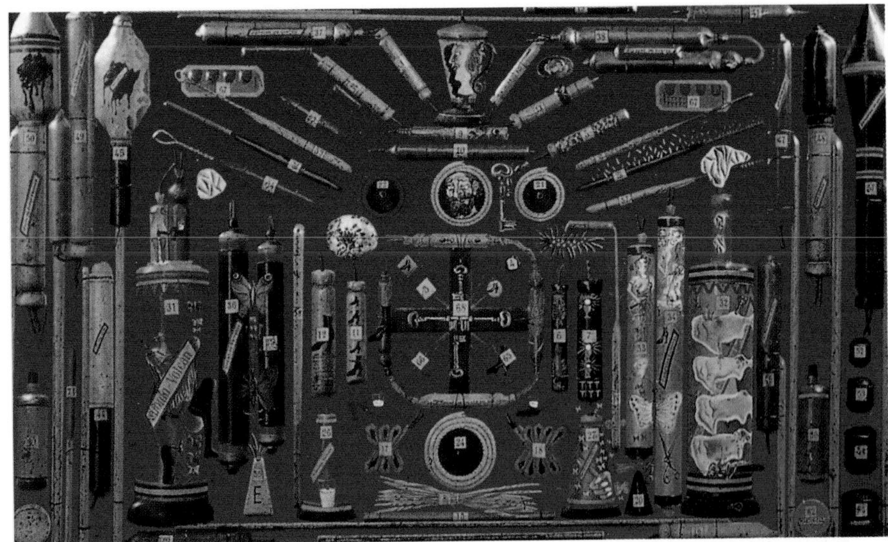

XXI *Plancha de asociaciones demenciales (Fuegos de artificio)*, 1930-1931. Óleo sobre estaño repujado, 40 × 65,5 cm. La dedicatoria reza: «Pintado para Paul Éluard por su amigo Salvador Dalí». Éluard, a quien los dibujos eróticos gustaban tanto como al propio Dalí, se quedaría sin duda contento con este *tour de force.*

XXII *La vejez de Guillermo Tell*, 1931. Óleo sobre lienzo, 98 × 140 cm. ¿Qué pasa detrás de la sábana, en la presencia del ubicuo león? Algo erótico, y mucho, desde luego. Dalí dijo que el cuadro se refería a la negativa paterna de aceptar su relación con Gala. Hay también alusiones a la operación de Gala, que Dalí temía podía acabar con su vida.

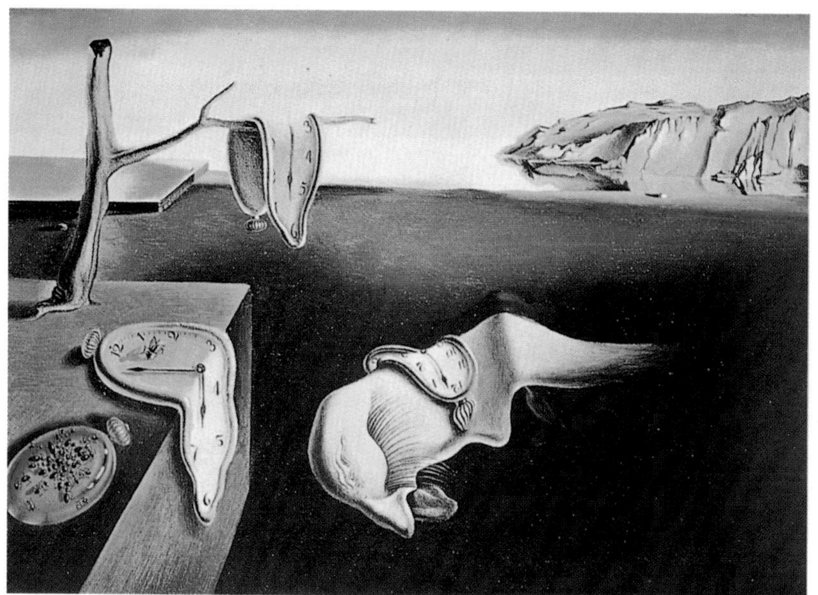

XXIII *La persistencia de la memoria*, 1931. Óleo sobre lienzo, 24 × 33 cm. Gracias al advenimiento del «reloj blando», tal vez el cuadro más famoso de Dalí.

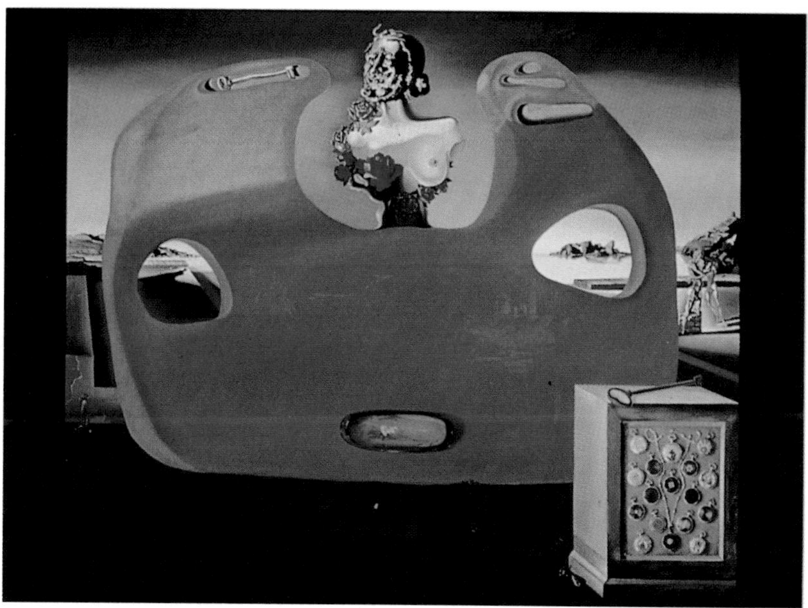

XXIV *La memoria de la mujer-niña*, 1931. Óleo sobre lienzo, 99 × 119,3 cm. El cuadro tal vez da a entender que el padre de Dalí, a lo Guillermo Tell (representado aquí como busto con senos femeninos), no era indiferente a los encantos de Gala.

XXV *El espectro del sex-appeal*, 1934. Óleo sobre lienzo, 18 × 14 cm. En este minúsculo cuadro, uno de los mejores de Dalí, el pintor expresa la angustia que le produce el cuerpo femenino.

XXVI *Construcción blanda con judías hervidas*, 1936. Óleo sobre lienzo, 100 × 99 cm. Este magnífico cuadro fue rebautizado después, con oportunismo daliniano, como *Premonición de la guerra civil.*

XXVII *Afueras de la ciudad paronoica-crítica*, 1936. Óleo sobre panel, 46 × 66 cm. El cuadro pertenecía a Edward James. La «ciudad paranoica-crítica» se compone de elementos arquitectónicos inspirados principalmente en Cadaqués y Palamós.

XXVIII *Metamorfosis de Narciso*, 1936-1937. Óleo sobre lienzo, 50,8 × 78,3 cm. Se trata del cuadro que Dalí mostró a Freud en Londres. Pertenecía a Edward James.

XXIX *El gran paranoico*, 1936. Óleo sobre lienzo, 62 × 62 cm. El cuadro pertenecía a Edward James. Sin duda una de las mejores imágenes dobles de Dalí.

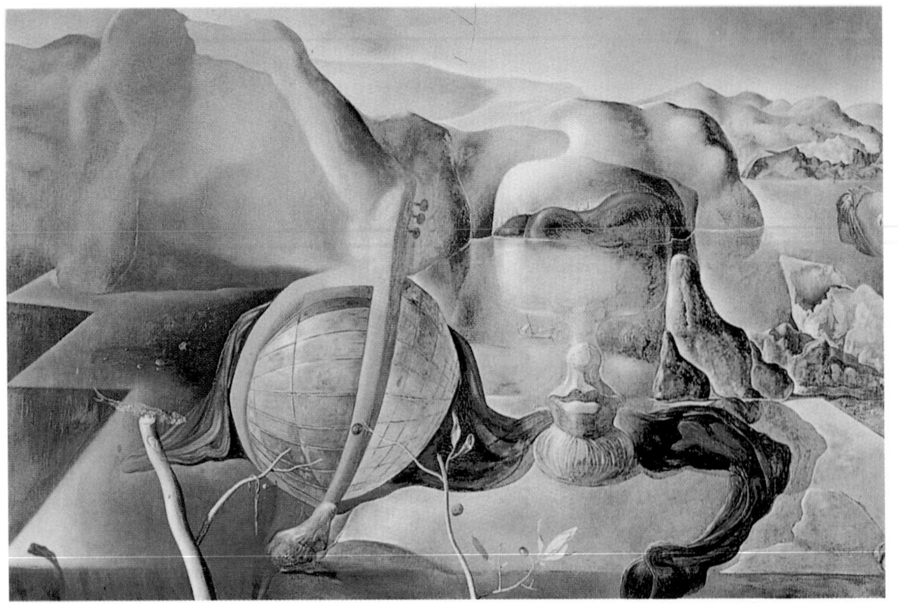

XXX *El enigma sin fin*, 1938. Óleo sobre lienzo, 114,3 × 144 cm. La presencia ubicua, melancólica, de García Lorca.

XXXI *Galarina*, 1944-1945. Óleo sobre lienzo, 64,1 × 50,2 cm. Pintado en Estados Unidos, se trata tal vez del retrato daliniano más acertado de la Musa.

XXXII *Idilio atómico y uránico melancólico*, 1945. La bomba atómica dio un fuerte impulso al arte comercial de Dalí.

XXXIII *Mi mujer desnuda contemplando su propio cuerpo transformándose en escalones, tres vértebras de una columna, cielo y arquitectura*, 1945. Óleo sobre madera, 61 × 52 cm. Uno de los mejores cuadros ejecutados por Dalí durante la década de los años cuarenta.

XXXIV *La Madona de Port Lligart,* 1949 (primera versión). Óleo sobre lienzo, 49,5 × 38,3 cm. La Asunción en clave atómica daliniana, como deidad tutelar de Port Lligat.

XXXV *Leda Atómica,* 1949. Óleo sobre lienzo, 61,1 × 45,3 cm. Gala-Leda representada «de acuerdo con la teoría moderna de "nada toca nada" de la física intra-atómica» (Dalí).

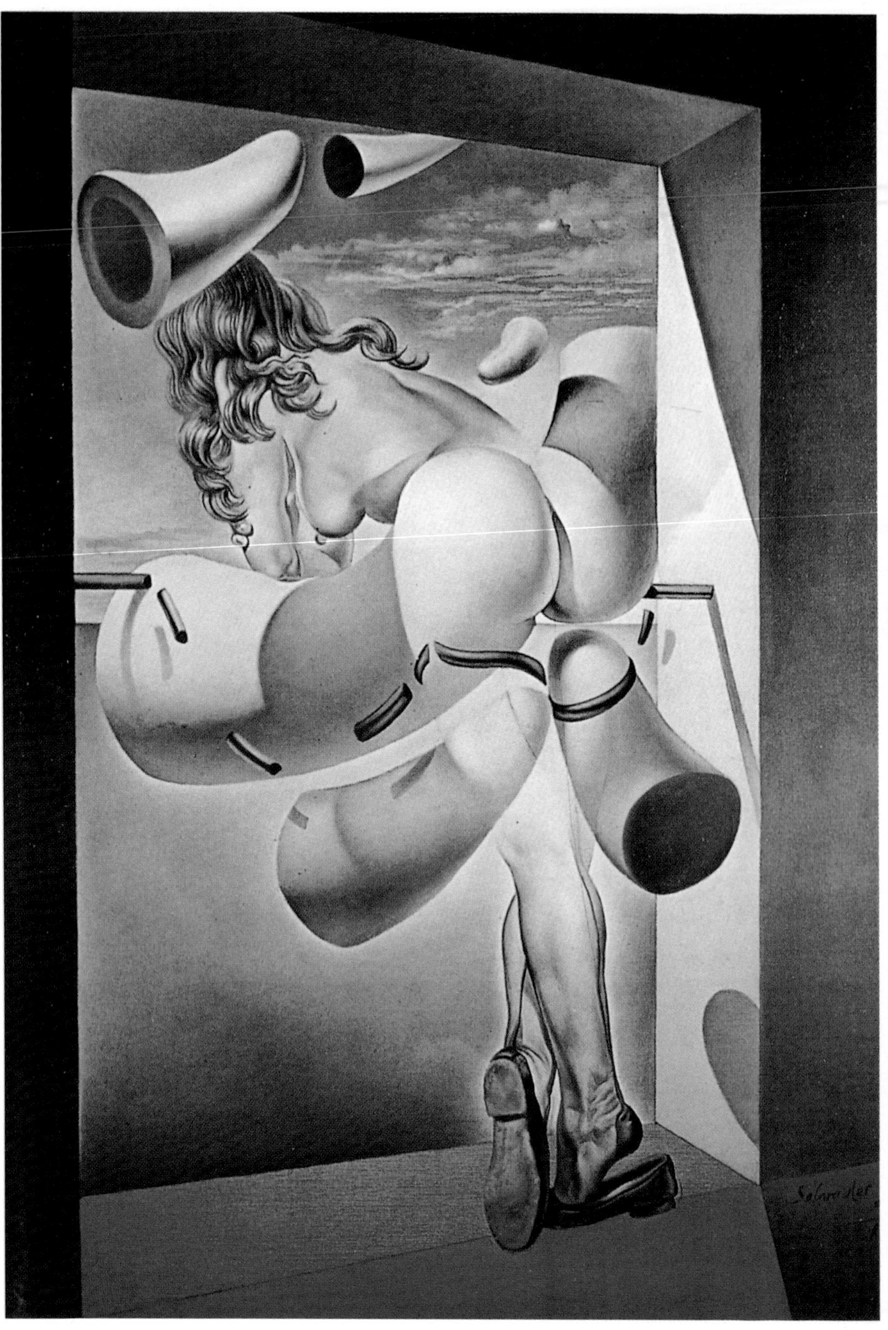

XXXVI *Joven virgen autosodomizada por los cuernos de su propia castidad,* 1954. Óleo sobre lienzo, 40,5 × 30,5 cm. Dalí se jactaba de ser el mejor pintor de culos de todos los tiempos.

XXXVII *El descubrimiento de América por Cristóbal Colón*, 1958-1959. Óleo sobre lienzo, 410 × 284 cm. Dalí y Gala tenían razón de sobra para sentirse en deuda con América, que los había inundado de dólares. Aquí, como Colón, Dalí se arrodilla en la playa, sujetando un pesado crucifijo. Gala aparece, una vez más como la Virgen María, en el estandarte.

XXXVIII *El torero alucinógeno*, 1969-1970. Óleo sobre lienzo, 398,8 × 299,7 cm. Trucos ópticos a granel y, una vez más, la presencia de García Lorca.

con lo dispuesto en su contrato, y le dijo que había encargado a Schiaparelli otro vestido para Gala... a cuenta de James. ¿No había dicho éste acaso que iba a hacerle un regalo? El inglés no olvidaría nunca ese caso de caradura daliniana. La carta de Dalí arroja alguna luz sobre los problemas por los que en este momento atraviesa *Minotaure* (James ha retirado su apoyo económico). El nuevo consejo de redacción está formado por Breton, Pierre Mabille, Maurice Heine, Éluard y Duchamp. A Dalí no se le ha consultado. Sospecha que la exclusión se debe a su amistad con James, y espera que, pese a todo, se le solicite su colaboración. Así será, pero ésta no durará mucho tiempo.[123]

PARÍS Y ROMA

La guerra civil seguía devastando España, y era imposible que Dalí regresara a Cataluña, donde, sin duda razonaría, cualquier cosa podía ocurrirle: interrogatorios en la frontera, detención, heridas, incluso la muerte. Es posible que para entonces ya le hubieran llegado vagas noticias de asesinatos en Cadaqués, desmanes anarquistas en toda la región, denuncias, ejecuciones sumarias del terror que lo impregnaba todo. A lo mejor se sabía en España que no había levantado un dedo por la República. Total, no había mejor opción que esperar hasta que las hostilidades cesaran. Entonces, ganara quien ganara, podría probablemente salvar cualquier dificultad que pudiera surgir y volver tranquilamente a casa. Mientras tanto les esperaba, en Ravello, la Villa Cimbrone de Edward James, adonde Dalí y Gala llegaron en septiembre de 1937 tras pasar por Saint-Moritz y Niza. Éluard se alegró al enterarse de que Gala y Dalí habían estado a gusto en ésta, rasgo generoso ya que era uno de los lugares en los que había sido más feliz con su ex mujer. En cuanto a Edward James, seguía intentando comprar un bombardero para los republicanos a cambio de un préstamo de cuadros del Prado.[124]

Para octubre los Dalí estaban de regreso en París, donde se mudaron enseguida a un suntuoso apartamento en el número 88 de la rue de l'Université, en el séptimo *arrondissement*, no lejos de los Invalides. Allí instalaron en el vestíbulo un enorme oso polar embalsamado, regalo de Edward James, que daba la bienvenida a los que los visitaban. Entre éstos estaba Rosa María Salleras, a quien Dalí había querido «comprar» más de veinte años antes en Cadaqués, con la promesa de ser su «ángel de la guarda». Rosa María y su familia estaban ahora exiliados en Sète, y ella le había escrito al pintor para pedirle que le encontrara trabajo en París. Dalí se ocupó inmediatamente del asunto, y cuando llegó Rosa María fue a buscarla a la estación. Él y Gala le encontraron un hotelito decente (los Dalí no hospedaban *a nadie)* y, en cuanto al trabajo, Rosa María pasó unas breves semanas con Coco Chanel, ya buena amiga de Dalí, antes de colocarse con carácter más fijo en el Museo de Etnografía. Rosa María, que entonces tenía veinticinco años, vio con frecuencia a los Dalí durante su estancia en París, comía con ellos los domingos y pudo apreciar el alto nivel de vida de que ahora disfrutaban. Gala se portó bien con ella, le compró ropa y la llevó de tiendas.

Parece ser que Anna Maria Dalí sentía celos de Rosa María, y que escribió a Salvador que también le encontrara trabajo a ella en París. Pero Salvador se negaría, diciéndole que era su deber quedarse con su padre y su madrastra. Rosa María fue testigo de primera mano de los esfuerzos de Dalí por ayudar a los suyos, a los que enviaba dinero a través de la embajada española (al regresar a Cataluña al terminar la guerra, Rosa María llevaría consigo un enorme baúl lleno de ropa que Gala y Salvador habían comprado para la familia). [125]

Entretanto, el 17 de enero de 1938 se inauguró en la Galerie des Beaux Arts (140, Faubourg Saint-Honoré) una exposición muy especial del grupo surrealista parisiense, con Dalí como uno de los «asesores técnicos» de la misma. Georges Wildenstein, dueño de la galería, dio a los surrealistas carta blanca para diseñar el decorado que quisieran, siendo Marcel Duchamp el encargado de transformar el espacioso local en escenario idóneo para las obras expuestas. En el hall recibía al público *El taxi lluvioso* de Dalí (una réplica del cual adorna hoy la entrada al Teatro-Museo de Figueres). Marcel Jean lo recordaría como «un viejo cacharro con un ingenioso sistema de tuberías que soltaba un violento chaparrón que empapaba a dos maniquíes, uno, con cabeza de tiburón, en el asiento del conductor, otro, una rubia despeinada en traje de noche, sentada en el asiento de atrás entre lechugas y endivias sobre las que arrastraban sus viscosos cuerpos enormes caracoles de Borgoña, gozosos por el diluvio». Después del hall se entraba en la *Calle Surrealista,* largo y ancho pasillo flanqueado por unas veinte maniquíes de cera creadas por Man Ray, Ernst, Duchamp, Dalí, Miró y varios surrealistas más jóvenes. Las seductoras criaturas lucían distintos grados de desnudez y algunas de ellas eran francamente eróticas. La de Dalí tenía cabeza de tucán y un huevo entre los pechos, y estaba adornada con cucharillas (de Dalí también se exponían *El gran masturbador* y *Jirafas ardiendo*). Había una mezcla de calles con nombres reales e inventados, la rue Vivienne –donde había vivido Lautréamont–, le Passage des Panoramas y la rue de la Glacière juxtaponiéndose con las ficticias rue de Tous les Diables y rue aux Lèvres. El pasillo con las maniquíes de marras conducía al salon central de la galería, transformada por Duchamp en una enorme gruta cubierta de hojas, o tal vez en claro de bosque subterráneo, con un estanque de nenúfares bordeado de juncos. En el centro del salón había un brasero encendido (símbolo de la fraternidad surrealista); cuatro inmensas camas (representación del amor) estaban colocadas contra las paredes, y el techo lo componían cientos de sacos de carbón. Extraños objetos se encendían y se apagaban en la oscuridad, y sobre puertas giratorias se exponían obras gráficas. A cada miembro del público se le entregaba una pequeña linterna para poder observar las distintas obras y hacer sus propios descubrimientos (pero hubo que suspender el experimento cuando se constató que las linternas comenzaban a «desaparecer»).[126]

El gran momento de la noche inaugural fue la danza ejecutada alrededor del estanque por la bailarina Hélène Vanel, vestida como bruja de *Macbeth*, cuya aparición justo a medianoche y coreografía surrealista habían sido ideadas por Dalí. Breton, «que no sabía nada de música ni de danza», se había opuesto en un principio a la escena, pero acabó cediendo. Según Dalí, Vanel bailó «con fervor dionisíaco» y encandiló a los presentes.[127]

«Toda la prensa se hizo eco del acontecimiento», recordaba Marcel Jean. «Y salvo contadas excepciones, sólo hubo protestas: burlas, insultos, recriminaciones, expresiones de asco. Naturalmente, el público abarrotó la Galerie des Beaux Arts todos los días de la exposición.»[128] Dalí comentó después que muchas de las obras expuestas eran «bastante pobres»: pocas entre ellas habrían emocionado a un Edgar Allan Poe, un Baudelaire o un Nietzsche. Fue un acontecimiento divertido, eso sí, aunque André Breton había demostrado una vez más ser un puritano, al insistir en que se suprimieran algunos de los detalles de las maniquíes de la *Calle Surrealista* que, a su juicio, eran demasiado picantes.[129]

Como complemento a la exposición, la Galerie des Beaux-Arts publicó un *Dictionnaire abregé du surréalisme,* compilado de manera anónima por Breton y Éluard. Tal vez Breton estimaba que, habiéndole dado al término «surrealismo» una definición medio seria medio divertida en 1924, sería útil y gracioso hacer ahora lo mismo con toda la gama de actividades surrealistas. Los miembros del movimiento desde sus primeros días, con sus diversas aportaciones; una amplia gama de citas de textos surrealistas (con claro predominio de los del mismo Breton); reproducciones de obras de los principales exponentes del grupo..., el delgado volumen era tan magistral en su concisión como irónico en su modo de expresión. Dalí estaba bien representado con reproducciones y citas de sus escritos teóricos, y clasificado, según una autodefinición no atribuida a él por los autores, «Príncipe de la inteligencia catalana, colosalmente rica».[130] Su definición de Gala también fue utilizada, esta vez con el debido reconocimiento: «Mujer violenta y esterilizada.» Había otras entradas en el diccionario debidas al ingenio de Dalí: «Anacronismo», «Muleta», «Éxtasis», «Fantasma», «Modern Style», «Paranoia», «Teléfono afrodisíaco» y «Esmoquin afrodisíaco». Se incluía una fotografía del artista pintando un retrato de Harpo, y otra en la que aparecía como «ser-objeto» disfrazado del varón del *Ángelus* de Millet (con una «incipiente erección» incluida, según él mismo señaló más tarde).[131] La sección de reproducciones iba precedida de un fotograma de *La edad de oro* con los obispos entre las rocas del cabo de Creus. Dalí salía de verdad muy bien parado, y estaba claro que los autores del diccionario lo consideraban uno de los principales miembros del movimiento.

Después de la exposición Dalí y Gala se trasladaron a Roma acompañados de Edward James, quedándose dos meses con Lord Gerald Berners en su lujosa mansión que daba al Foro. Hicieron un corto viaje a Sicilia, donde el artista (sorprendido tal vez por la cercanía de Túnez) encontró «reminiscencias mezcladas de Cataluña y África» y empezó su cuadro *Impresiones de África,* así bautizado en homenaje al libro del mismo título de Raymond Roussel, uno de sus favoritos (entre otras razones porque el autor nunca había pisado dicho continente). Desde Taormina Dalí le escribió a James. Estaba contento con *Impresiones de África* y trabajaba «en un frenesí». Esperaba acabarlo a su regreso a Roma, en casa de Berners.[132]

El cuadro muestra a Dalí pintando un lienzo que el espectador no ve. Puesto que está gesticulando, suponemos que se trata de un retrato, probablemente de Gala. Detrás del artista hay un revoltijo de imágenes dobles: los ojos de la mujer (si son los de la rusa, el parecido es muy pobre) son a la vez los negros espacios de los arcos, la silueta de un sacerdote en sombra se repite en la cabeza de un burro, la entrada de una cueva es también un árbol; las ramas más bajas de un pino parasol son a la vez un ave de presa... El mar y los acantilados recuerdan más el Empordà que África, igual que el grupo de campesinos y pescadores de la derecha. Y en la lejanía, otra vez, el motivo que, desde 1929, se ha repetido de manera obsesiva en al menos cincuenta cuadros y dibujos: la figura del padre con un niño de la mano.[133]

Si el notario nunca estaba lejos de los pensamientos de Dalí, lo mismo puede decirse de los dos «segundos padres» del artista: Picasso y Freud. Dalí siempre se jactaba de que él y Picasso eran amigos, lo cual era una exageración. Pero por lo menos se habían tratado. Ahora Dalí estaba decidido a satisfacer el que quizás era su deseo más profundo: conocer al genio que le había enseñado que el verdadero héroe es el hijo que se rebela contra su padre y lo vence. Era como si el pintor sintiera que, hasta no haber estado en presencia de Freud, hasta no haberlo visto cara a cara, hasta que no lo oyera y el otro lo escuchara..., en una palabra, hasta que no *existiera*, para Freud, Salvador Dalí Domènech, nunca se libraría de Salvador Dalí Cusí.

CON FREUD EN PRIMROSE HILL

El 11 de marzo de 1938 los alemanes invadieron Austria y una semana más tarde se anunció en París que Sigmund Freud estaba detenido. Breton se apresuró a expresar públicamente su indignación, apenas disminuida por la noticia de que los nazis se limitaban a mantener al mundialmente famoso médico bajo una estrecha vigilancia.[134] El 4 de junio Freud, su mujer y su hija Anna lograron salir de Viena. Tras pasar brevemente por París, el 6 de junio llegaron a su destino final, Londres, donde los reconfortó la cálida acogida dispensada.[135] Dalí, que al parecer había hecho varios intentos infructuosos durante los últimos años por ver a Freud en Viena,[136] le pidió ahora a Edward James la dirección de Stefan Zweig, que había traspapelado (es de suponer que los dos se habían conocido en París). Zweig, amigo íntimo de Freud, judío como él y también exiliado en Londres, era un gran admirador de la obra de Dalí, y éste estaba seguro de que a través del escritor podría llegar por fin hasta su ídolo.[137] No se equivocaba. Zweig le escribió al anciano Freud tres cartas seguidas, muy persuasivas, en nombre del artista, e informó a James de la marcha de sus gestiones. Considerando propicias las señales, éste convocó a Dalí en Londres.

En sus cartas a Freud, Zweig le dijo que en su opinión Dalí era «el único pintor genial de nuestra época, y el único que sobrevivirá» (era como si nunca hubiera oído hablar de Picasso). Dalí, además, era «el más fiel y el más agradecido discípulo de sus ideas entre los artistas». De la tercera y última carta se desprende que para entonces el pintor ya había llegado a Londres: «Durante años, conocerlo a usted ha sido el deseo de este auténtico genio. Dice que su pintura le debe más a usted que a ningún otro. Por lo tanto iré mañana a su casa con él y su esposa.» A Dalí, seguía Zweig:

> Le gustaría aprovechar la oportunidad, durante nuestra conversación, para hacerle un pequeño retrato, si eso fuera posible. Los verdaderos retratos siempre los hace de memoria, y desde su *Gestaltung* interno. A manera de legitimación le enseñaremos su último cuadro, que pertenece al señor Edward James. Creo que desde los viejos maestros nadie ha encontrado nunca colores como los suyos, y en los detalles, por simbólicos que parezcan, veo una perfección comparada con la cual todos los cuadros de nuestra época parecen palidecer. La obra se llama *Narciso* y es posible que la pintara influido por usted.
>
> Esto es simplemente una excusa, porque seremos una pequeña caravana. Pero creo que un hombre como usted debería ver una vez a un artista en el que usted ha influido como ningún otro, y al que yo siempre he considerado un privilegio conocer y apreciar. Ha venido de París sólo por dos días (es catalán) y no perturbará nuestra conversación. Es un placer para mí presentarle a quien probablemente es el más grande de sus adeptos. Espero que no encuentre impropias estas expresiones altisonantes. Es posible que a primera vista el cuadro lo sorprenda, pero me resulta impensable que no le revele a usted el valor de este artista.

A continuación Zweig añadía una idea de último momento: «A Salvador Dalí le habría gustado, por supuesto, enseñarle sus cuadros en una exposición. Pero sabemos que sale usted muy poco, o nunca, y por lo tanto le llevará su último cuadro, que, a mi entender, es el más bello.»[138]

La visita a la vivienda provisional de Freud en el número 39 de Elsworthy Road, Primrose Hill, tuvo lugar el 19 de julio de 1938. Edward James (que albergaba la esperanza de que Freud aceptara analizarlo) acompañó a Dalí y Zweig. Nada indica que Gala estuviera presente. Dado que Dalí no sabía alemán y apenas inglés, hemos de suponer que, cualesquiera que fuesen las frases que intercambiasen él y Freud, se pronunciarían en francés. Es sumamente improbable, de todas maneras, que mantuvieran una auténtica conversación, sobre todo teniendo en cuenta que Dalí se pasó la mayor parte del tiempo esbozando un retrato del Maestro mientras que éste departía con los otros.

Seis años antes, cuando Breton le enviara a Freud un ejemplar de *Los vasos comunicantes,* el médico le había confesado su ignorancia del surrealismo y sus objetivos, dando como excusa su falta de conocimiento del arte contemporáneo.[139] La carta que le envió a Zweig dos días después de la visita de Dalí demuestra que desde entonces había avanzado poco en su comprensión del movimiento. Accediendo a la petición de Dalí, no sólo había examinado con atención *Metamorfosis de Narciso,* sino que lo había comentado delante de sus invitados:

> Tengo que agradecerle sinceramente que me presentara a nuestro visitante de ayer. Hasta ahora tendía a pensar que los surrealistas –que parecen haberme adoptado como su santo patrón– eran unos tontos al ciento por ciento (o mejor dicho, como el alcohol, al noventa y cinco por ciento). Este joven español, con sus ingenuos ojos fanáticos y su indudable maestría técnica, me ha sugerido un juicio diferente. De hecho, sería muy interesante explorar desde el punto de vista del psicoanálisis la génesis de un cuadro como el suyo. Desde un punto de vista crítico podría decirse que, por definición, el Arte se negaría a ampliar tanto su alcance, a menos que la relación cuantitativa entre el material inconsciente y la elaboración preconsciente se mantuviera dentro de ciertos límites. En todo caso, hay serios problemas desde el punto de vista psicológico.[140]

Si la visita había dejado satisfecho a Freud, el nervioso Edward James apenas podía contenerse. Al día siguiente le escribió a un amigo:

> El doctor Sigmund Freud, con sus ochenta y dos años, es adorable. Está lleno de vitalidad, aunque a veces parezca algo perplejo, resultado de estar desde hace poco tiempo un poco sordo. Me habló largo rato, mientras Dalí le hacía deprisa un dibujo, muy fiel sin embargo, en su cuaderno. Salvador parecía tan inspirado, sus ojos ardían con tanto en-

tusiasmo mientras dibujaba al inventor del psicoanálisis, que el anciano murmuró en alemán: «Ese muchacho parece un fanático. No me extraña que haya una guerra civil en España si se parecen a él.»[141]

Es casi seguro que, antes de que Dalí se marchase de Londres, Zweig le comunicó el contenido de la carta de agradecimiento de Freud. Tal vez le facilitó incluso una traducción del alemán original de la misma. No cabe duda, en todo caso, que lo que Dalí creía que Freud había dicho acerca de *Metamorfosis de Narciso* influyó poderosamente en su apreciación no sólo del cuadro sino de la evolución del surrealismo. En cuanto a la observación de Freud sobre su fanatismo, comprobada por la carta de éste a Zweig, Dalí estaba encantado y se encargaría de aquí en adelante de repetirla cada vez que se le ofreciera la oportunidad. Es decir, muy a menudo.

Si Dalí apuntó sus impresiones del encuentro con Freud inmediatamente después de celebrado éste, lo cual habría sido lógico, no las conocemos. La primera referencia suya al acontecimiento que se conoce actualmente aparece en una carta a Breton de comienzos de 1939, donde da una versión de la observación de Freud que repetiría posteriormente hasta el cansancio:

> Comentó (le enseñé uno de mis cuadros) que en los cuadros de los Grandes Maestros uno tiende inmediatamente a buscar el inconsciente, mientras que, cuando se mira un cuadro surrealista, se siente la necesidad inmediata de buscar lo consciente.

El comentario de Freud merecía suscitar, según Dalí, «un debate bastante animado», y él ya había escrito un «pequeño artículo» sobre el asunto, que prometía enseñarle a Breton (el «pequeño artículo» se desconoce).[142]

El dibujo que Dalí hizo de Freud estuvo muy condicionado por su intuición anterior de que la cabeza del médico de Viena se parecía a la de un caracol. Sea como fuera la exactitud de esta intuición, el dibujo presenta a un hombre cansado y enfermo al que no le queda mucho tiempo de vida (en realidad, sólo un año más). Zweig consiguió impedir que Freud lo viera, pues temía que le produjera una terrible impresión.[143]

Algunos años después Dalí afirmaría que la «lección de tradición clásica» de la vejez de Freud le había convencido de «cuántas cosas ya se acababan en Europa con el inminente fin de su vida», y repetiría lo que ya le había señalado a Breton, a saber, que Freud, tras contemplar *Metamorfosis de Narciso,* le había dicho: «En los cuadros clásicos, busco lo subconsciente; en un cuadro surrealista, lo consciente.» Dalí afirmaba haber entendido inmediatamente el sentido de lo que acababa de decir Freud: «Se trataba de una sentencia de muerte para el surrealismo como doctrina, como secta, como "ismo". Pero confirmaba la validez del movimiento como "estado de espíritu".»[144]

La visita, pese a como Dalí interpretara posteriormente lo dicho por Freud, fue sin duda una de las experiencias más importantes de su vida. Seguidor de las enseñanzas del Maestro desde sus días de estudiante, ahora no sólo lo había conocido personalmente, sino, como lo demostraba la carta de agradecimiento remitida por el médico a Zweig, lo había impresionado. El discípulo podía sentirse altamente satisfecho, y durante el resto de su vida no perdería la oportunidad de proclamar que el fundador del psicoanálisis se había visto obligado, tras el encuentro, a reconsiderar su opinión del surrealismo.

Después de la visita a Londres, los Dalí pasaron unos días en Florencia antes de instalarse, en septiembre, en La Pausa, la mansión de Coco Chanel en Roquebrune, Cap Martin, donde el pintor trabajó frenéticamente durante cuatro meses preparando obra para su próxima exposición en Nueva York. A la pareja le preocupaba hondamente la situación en Europa, naturalmente, donde Gran Bretaña y Francia se entregaban al peligroso juego de intentar llegar a una solución de compromiso con un Hitler cada vez más agresivo. El tarot de Gala predecía la guerra, aunque «no todavía», y los huéspedes reunidos en La Pausa vivían pegados a la radio.

Entre ellos, para regocijo de Dalí, estaba el poeta Pierre Reverdy, uno de los más íntimos amigos de Coco Chanel. Director, en 1917-1918, de la revista parisiense de vanguardia *Nord-Sud,* y muy admirado por los primeros surrealistas, su luego célebre definición de la imagen poética había sido citada, elogiosamente, por Breton en su primer *Manifiesto,* donde Dalí debió de leerla: «La imagen es una pura creación del espíritu. No surge de una comparación, sino del encuentro de dos realidades más o menos distantes...» Desde entonces Reverdy había abrazado el catolicismo, si bien con espíritu independiente. En *Vida secreta* Dalí consigna que en La Pausa el «catolicismo elemental y biológico» del poeta le impresionó fuertemente: «Era "macizo", antiintelectual y mi opuesto en todo, y me dio una magnífica ocasión de fortalecer mis ideas. Reñíamos católicamente como dos gallos católicos y a eso lo llamábamos "examinar la cuestión".»[145]

Dalí pintaba entonces *El enigma de Hitler,* obra inspirada, nos dice, en unos sueños ocasionados por el Pacto de Munich, el 29 de septiembre de 1938 (aunque es posible que lo empezara antes). El cuadro inauguró una serie de lienzos tétricos que aludían a lo inevitable de la guerra y al fracaso del diálogo entre las grandes potencias, simbolizado por un teléfono roto, con su cable cortado, que en este caso cuelga sobre un plato que contiene un retrato de Hitler. El marco es la familiar playa daliniana, y la calma vítrea del mar gris sugiere que se avecina una tormenta. «Este cuadro me parecía cargado de valor profético, como anunciadora del periodo medieval que iba a extender su sombra sobre Europa», comentaría Dalí. «El paraguas de Chamberlain aparecía en este cuadro con siniestro aspecto, identificado con el murciélago, y me afectaba como algo sumamente angustioso cuando lo pintaba.»[146]

Además de preparar obra para Nueva York, el pintor esboza durante estos meses el plan del libro de memorias que va a ser *Vida secreta de Salvador Dalí.* También, aprovechando el hecho de que los Ballets Russes tienen su cuartel general en el cercano Montecarlo, empieza a trabajar con Massine en *Tristan Fou,* que Edward James le ha prometido montar en Londres. El ballet pronto se llamará *Venusberg* y, y poco después, definitivamente, *Bacanal.*[147]

Bacanal es el resultado final del proyecto de ópera en el que Dalí había invitado a Lorca a participar en 1934, y cuyo protagonista era Luis II de Baviera. En 1938, Luis II ya obsesiona a Dalí, entre otras razones porque ha descubierto que el joven monarca, protector de Wagner y fundador de Bayreuth, era un admirador tan apasionado del compositor que en sus delirios creía ser Lohengrin o algún otro héroe wagneriano. En *Bacanal,* que Dalí subtituló, orgullosamente, «Primer ballet paranoico», Luis, haciendo las veces del héroe epónimo de *Tannhäuser,* representa la escena de Venusberg, acompañado de, entre otros, su amante Lola Montes (bailarina y aventurera irlandesa), Leda y el cisne y Leopoldo von Sacher-Masoch. Las notas que Dalí redactó después para el programa son interesantes por sus comentarios elogiosos sobre Wagner. Como hombre del Empordà, dice, sus pies están bien arraigados en la llanura; no obstante, siempre le han fascinado las montañas (cabe pensar que está pensando en el Canigó). Wagner le parece la mayor de todas ellas, de modo que es natural que Venusberg (Monte de Venus) sea «la cumbre» de su «primera ascensión teatral». Dalí añade que el ballet es también un homenaje al psicoanálisis y a Freud.[148]

Que Lorca continuaba rondando los pensamientos de Dalí mientras trabajaba en *Bacanal* lo confirma un cuadro pintado durante su estancia en La Pausa, *El gran cíclope cretino* (o *imbécil),* pronto rebautizado *El enigma sin fin.* Como otras dos telas de este año –*Afgano invisible* XXX
con la aparición sobre la playa del rostro de García Lorca en forma de frutero con tres higos y *Aparición de un rostro y un frutero en una playa*–,[149] el cuadro, notable por su intrincada amalgama de imágenes múltiples (que recuerdan a *Durmiente, caballo, león invisibles,* pintado ocho años antes), presenta una «materialización» de la cabeza del poeta en la costa del cabo de Creus, cuyos acantilados se reflejan en una *calma blanca.*

Para el catálogo de su próxima exposición en Nueva York Dalí preparó una serie de esbozos en los que desenmarañaba la complicada red 84
de imágenes que se superponen en el cuadro. No explicó, sin embargo, que el gran cíclope cretino en cuestión era su amigo muerto. La mitad superior de la cabeza de Gala, insertada en el borde derecho del cuadro, como excluida de lo que ocurre en la playa, confirma que el cuadro alude a la relación del pintor con Lorca. Los ojos de Gala tienen el siniestro brillo de la medusa, y en opinión de Rafael Santos Torroella están vigilando los sentimientos más íntimos de Dalí por el amigo asesinado, sentimientos con los que el pintor aún se siente incómodo: razón, tal vez, por la cual Lorca tiene que ser degradado al nivel de «cíclope cretino» o «imbécil» en el título de la obra.[150]

A comienzos de enero de 1939 Dalí le escribe a Breton desde La Pausa una carta de la que se desprende que no se han comunicado desde el regreso del líder surrealista de su prolongado viaje a América del Sur el verano del año anterior. Tras hacerle un resumen de su visita a Freud, Dalí le informa que está intentando lanzar una nueva revista llamada *Paranoiakinesis.* Cree que sus investigaciones sobre la paranoia han avanzado satisfactoriamente y espera poder ponerle plenamente al tanto de ellas cuando regrese a París a finales de mes. Dalí aún se siente parte integrante del movimiento surrealista, está claro, y quiere llegar a un acuerdo con Breton sobre las tácticas que convendría emplear durante su próxima visita a Estados Unidos. Es vital, le dice, que no decaiga allí la actividad surrealista, vista la actual receptividad de los norteamericanos a las ideas del grupo.

Dalí pasa luego a comentar el manifiesto publicado por Breton y Trotski en México en julio de 1938 –*Por un arte revolucionario independiente*– y la reciente fundación de la resultante Federación de Arte Revolucionario Independiente (FIARI), de la que Breton es secretario general. Dalí sigue manteniendo su escepticismo, dice, hacia todas las tentativas de los surrealistas por conseguir lo que denomina «organización compulsiva», escepticismo que ya manifestó en relación con la Asociación de Escritores y Artistas Revolucionarios (AEAR) y otras iniciativas por el estilo. Termina diciéndole a Breton que acaba de releer *L'Amour fou,* libro que admira más que nunca y en el que ha encontrado «sorprendentes "posibilidades de paranoiakinesis geodésica" (cerebralmente hablando) con las que alimentar el surrealismo durante años». Pero no especifica cuáles.[151]

Breton le contestó sin demora en papel con membrete de la FIARI. La carta, encabezada «Mi querido Salvador Dalí», era cortés pero distante. Ya no había cordialidad. Quería saber más cosas de la visita a Freud, y se lamentó de que Dalí acostumbrara a comunicarle sus ideas y proyectos desde la distancia, pero que rara vez completara estas comunicaciones escritas con una visita. Estimaba que esta falta de contacto era muy nociva para la salud del surrealismo. Había que adoptar acciones de grupo no sólo en Estados Unidos sino en Europa, y se lo había recordado frecuentemente a Dalí... sin éxito.[152]

Cuando Dalí regresó a París cumplió su promesa de visitar a Breton, que se escandalizó al oírle proferir opiniones racistas. Si lo repudió en ese mismo momento no se sabe, aunque en «Las tendencias más recientes de la pintura surrealista», artículo publicado en mayo de 1939 en el que sería el último número de *Minotaure,* Breton declararía que a partir de entonces habían quedado cortados todos sus vínculos con Dalí:

> En febrero de 1939 Dalí dijo (se lo oí al mismo Dalí y me he tomado la molestia de asegurarme de que no se trataba de ninguna broma) que todos los problemas que acucian al mundo actual son de origen *racial,* y que la mejor solución, acordada por todas las razas blancas, es reducir todas las razas oscuras a la esclavitud. No sé qué puertas pueden abrirle semejantes declaraciones a su autor en Italia y en Norteamérica, los países entre los que ahora oscila, pero sé cuáles le van a cerrar. Después de esto no veo cómo, en círculos de mentalidad independiente, su mensaje podría tomarse seriamente.[153]

Dalí partió hacia Nueva York poco después de su encuentro con Breton. Pero no sin antes organizar una muestra privada de las obras que iba a exponer en Estados Unidos. La tarjeta de invitación indicaba que en el lujoso apartamento de la rue de l'Université se podían ver, entre otros cuadros y objetos, *El gran cíclope cretino, Sifón largo* y *Violetas imperiales.* La tarjeta llevaba en su parte superior una pequeña fotografía estroboscópica de una corona (símbolo de las aspiraciones imperiales de Dalí) formada por una gota de leche que estalla al chocar contra una plancha de hierro candente.[154]

AMÉRICA OTRA VEZ

La nueva estancia de Dalí y Gala en Nueva York empezó magníficamente gracias a un insólito episodio imprevisto. Al poco de llegar el pintor otra vez a la metrópoli, Bonwit Teller, los grandes almacenes de la Quinta Avenida, recordando el éxito de su escaparate en 1936, le encargaron ahora dos para promocionar sus nuevas telas de primavera. Dalí decidió representar el «complejo de Narciso», situando su faceta diurna en uno de los escaparates y su nocturna en otro. El complejo de día se representaba con una bañera anticuada forrada de caracul negro y llena de agua. En su superficie flotaban narcisos y del agua salían tres manos de cera sujetando espejos. Se disponía a entrar en la bañera una maniquí de cera *fin de siècle*, encontrada en una tienda de artículos de segunda mano y vestida ahora con una *négligée* de plumas verdes. Tenía el pelo teñido de un rojo chillón y estaba cubierta de polvo y telarañas. El complejo en su vertiente nocturna era una cama sobre la cual colgaba un baldaquín formado por una cabeza de búfalo con una paloma sangrante entre las mandíbulas. Sostenían la cama cuatro patas del mismo animal. Sobre las sábanas de satén negro reposaba otra maniquí de cera, indiferente, al parecer, a las brasas vivas que ardían debajo de la cama. El catalán esperaba que «este manifiesto de poesía elemental en plena calle» hiciera detenerse a los peatones y les diera «una auténtica visión daliniana» en compensación de todo el «decorativismo» espurio, pretendidamente surrealista, que entonces hacía estragos en Nueva York.[155]

Lo consiguió. Cuando los escaparates se inauguraron la mañana del 16 de marzo de 1939, no tardaron en atraer a masas de curiosos. La dirección colocó a gente en la calle para espiar las reacciones de la muchedumbre. Las hubo para todos los gustos, pero parece que el público coincidía por lo menos en un punto: la *négligée* transparente era decididamente picante. La dirección reaccionó deprisa. A las doce de la mañana, sin consultar a Dalí, una maniquí sentada había sustituido a la durmiente, y en lugar de llevar las plumas verdes ahora iba vestida convencionalmente. Cuando «el Surrealissimo» (como *Time* había apodado a Dalí) llegó por la tarde para admirar su trabajo, se quedó horrorizado. «Había llevado a unos amigos a ver el escaparate», declaró al *New York Post*, «y me encontré con esa horrenda cosa moderna en el centro en lugar de mi encantadora maniquí. Estropeaba todo el significado.» Dalí exigió que bajaran la cortina. La dirección le respondió que hacerlo acabaría con la reputación del establecimiento. Dalí repuso que de no hacerlo acabarían con la suya. «Entonces yo entré corriendo en el escaparate, a desordenarlo todo, para que mi nombre, firmado en la ventana, no fuera deshonrado», siguió contando Dalí al mismo periódico. «Y cuál no sería mi sorpresa cuando al empujar la bañera ésta salió disparada por la ventana.»[156]

Dalí también salió disparado por la luna rota, aterrizando, milagrosamente ileso, entre el gentío agolpado en la acera. A éste le encantó el espectáculo.[157] Segundos después un policía detuvo al pintor y lo condujo a la comisaría de la calle 51 Este. Allí intervino Edward James, hubo consultas con personas influyentes, y el juez de guardia, Louis B. Brodsky, se mostró comprensivo. Si bien no podía negarse, dijo, que la reacción de Dalí había sido exagerada, un artista tiene derecho a defender la integridad de su obra. Así que una factura por daños y perjuicios fue la única pena impuesta: y Brodsky pasó a la pequeña historia.

El incidente, sin habérselo buscado Dalí, se convirtió en una fabulosa ganga publicitaria, y el pintor no cabía en sí de júbilo al constatar cuánta cobertura gratuita le daban por él en la prensa a ambos lados del Atlántico, incluyendo fotografías de la luna rota y del momento de la intervención policial. Dalí estaba encantado también con las horas, pocas, que había pasado en una auténtica celda neoyorquina, y que debieron de traerle recuerdos de su etapa carcelaria en Figueres y Gerona quince años antes. Explotó al máximo el incidente, por supuesto, y más tarde lo consideraría «la acción más mágica y eficaz» de toda su vida, aduciendo que había recibido centenares de cartas de artistas norteamericanos elogiando su enérgico gesto.[158]

Dos días más tarde, en medio de tanta y tan inesperada publicidad,
se inauguró la exposición de Dalí en la Galería Julien Levy. El catálogo,
que incluía el desglose de las imágenes de *El enigma sin fin*, comprendía 84
veintiún cuadros y cinco dibujos y hacía caso omiso de algunos «objetos» también expuestos.[159]

Lo introducía un texto titulado «¡Dalí, Dalí!», en el que el artista insistía en que la imagen paranoica era «consustancial al fenómeno humano de la vista» y que se remontaba a la prehistoria, al hombre de las pinturas rupestres, que en las paredes rocosas de su morada primitiva tenía una visión de «la silueta exacta, del perfil truculento de sus obsesiones nutritivas y mágicas, los alucinantes contornos de la verdadera presa de su imaginación, esos animales que ha creado con tanto acierto con sólo acentuar o recalcar algunas de esas estimulantes irregularidades». Aristófanes en *Las nubes,* Leonardo da Vinci en su *Tratado de pintura,* Bracelli y Arcimboldo, Freud en *Leonardo da Vinci y un recuerdo de infancia*: todos habían «colocado involuntariamente la piedra angular epistemológica y filosófica del majestuoso edificio de la inminente "pintura paranoica"». Dalí afirma que su obsesión por la imagen doble, que tiene ya diez años de vigencia, ha dejado su impronta en el surrealismo y, en menor grado, en el neorromanticismo. No obstante, sólo en su reciente *El enigma sin fin* se ha lanzado a una «investigación sistemática» del «fenómeno paranoico». El mensaje del texto es obvio: el público puede esperar de él más de lo mismo.

El catálogo incluye una antología de elogios a Dalí de nombres famosos. A Picasso, primero de la lista, se le atribuye el siguiente comentario: «Dalí se come los kilómetros. Su imaginación me produce el efecto de un motor fuera de borda siempre en marcha.» Una vez más sale a la luz la defensa del «método paranoico-crítico» hecha por Breton. El panegírico de Stefan Zweig, aunque Dalí no lo dice, se extrae de una de las cartas con las cuales el escritor austríaco había intentado convencer a Freud para que recibiera al pintor. Y el elogio de James Thrall Soby es el más grandilocuente: «Solamente Dalí», dice, «ha conseguido hacer algo nuevo en arte, mientras los demás han sido en su mayoría pálidos reflejos del genio de Picasso.»

El día anterior a la clausura de la exposición el 18 de abril, *Life* informó que ninguna de las exposiciones de Nueva York había sido tan popular desde que en 1934 se expuso *Retrato de la madre del artista*, de Whistler. Según la revista, masas de visitantes boquiabiertos se habían quedado de una pieza delante de *Restos de un automóvil dando a luz un caballo que muerde un teléfono* y *El enigma sin fin.* Dos semanas antes de la inauguración, reveló *Life,* Dalí («uno de los pintores jóvenes más ricos del mundo») había vendido veintiún cuadros a coleccionistas privados por más de veinticinco mil dólares. Sólo quedaban dos: *El enigma de Hitler* (tasado en mil setecientos cincuenta dólares) y, por extraño que parezca, toda vez que Dalí lo había promocionado como estrella de la exposición, *El enigma sin fin* (tasado en tres mil).[160]

Como nunca, Dalí descubría ahora que el éxito llama al éxito. Antes de la clausura de la muestra se le presentó otra oportunidad de postín para promocionarse y, al mismo tiempo, ganar mucho dinero. Se trataba de un jugoso encargo para diseñar el pabellón surrealista del parque de atracciones de la Feria Mundial de Nueva York, cuya inauguración estaba prevista para principios de junio. Julien Levy, involucrado en el proyecto desde el principio, había llegado ahora a la conclusión de que éste no saldría adelante de no asociarse al nombre de Dalí. En este punto Edward James se sumó a la iniciativa, formando a propósito una sociedad y poniendo la mitad del dinero.

El contrato de Dalí llevaba fecha del 10 de abril de 1939, y se sobreentendió desde el primer momento que tendría que trabajar a toda marcha.[161] El proyecto había llevado primero el nombre de *Fondos del mar,* pero Dalí lo rebautizó en seguida *Sueño de Venus.* Su plan preveía la construcción de un palacio de coral falso con una piscina interior, en forma de ele, hecha de láminas de cristal transparentes. En ella se representaría un espectáculo cuya finalidad sería mostrar los mecanismos del inconsciente, con un decorado daliniano de relojes blandos, «mujeres-piano», un diván con la forma de los labios de Greta Garbo y «espléndidas nadadoras submarinas», cuyas volteretas expresarían los más profundos secretos de los sueños. También haría acto de presencia el inevitable «taxi lluvioso», esta vez con Cristóbal Colón al volante.[162]

Dalí no tardó en tener problemas con los organizadores de la feria y con los coinversores en el pabellón, una empresa de caucho de Chicago, a quienes molestaba su proyecto de erigir en la entrada del mismo una monumental estatua inspirada por la Venus de Botticelli y rematada por una cabeza de pez. El director de la empresa de Chicago envió un furibundo telegrama al respecto a su agente William Morris: NUESTRO ESPECTÁCULO ES SESENTA POR CIENTO UN

SHOW DE SIRENAS SUBMARINAS Y CUARENTA POR CIENTO UN SHOW SURREALISTA ENTONCES POR QUÉ LA FACHADA DEBE SER TODA SURREALISTA Y NO DAR PUBLICIDAD A LA PARTE MÁS IMPORTANTE DE NUESTRO ESPECTÁCULO [...] LA PASIÓN DE LOS HOMBRES PARA GASTARSE VEINTICINCO CENTAVOS NO LA DESPERTARÁ UNA MUCHACHA CON CABEZA DE PEZ SINO UNA SUGESTIVA SIRENA EN LA FACHADA DEL EDIFICIO [...] LA FACHADA DE DALÍ TAL VEZ CONSIGA QUE SE DETENGAN UNOS SEGUNDOS MIENTRAS SACUDEN LA CABEZA PERO LUEGO SEGUIRÁN SU CAMINO Y LO QUE QUEREMOS NOSOTROS ES QUE SE DETENGAN Y ENTREN.[163]

Así hablaba el hombre práctico en versión yanqui. Hubo una pelea tras otra, con creciente tensión en ambos bandos, modificaciones del diseño original y amargas recriminaciones.[164] El producto final, como el retocado escaparate de Bonwit Teller, resultó una parodia de la concepción original del pintor, y éste se subía por las paredes, casi literalmente. Así las cosas, Dalí y Gala embarcaron para Europa a bordo del *Champlain* el 6 de junio, antes de la inauguración de la feria, dejando en la estacada a Edward James. El 21 de junio éste redactó el borrador de un largo telegrama a Dalí: la rueda de prensa había sido un desastre, el agua de la piscina estaba sucia y se había roto parte del decorado; a los periodistas sólo les habían servido vermut y whisky; hasta el momento, y pese a haber pagado por publicidad, la única cobertura periodística había sido un cariñoso artículo del *Herald Tribune;*[165] y para colmo, Julien Levy, borracho como una cuba, había dicho a los periodistas que Dalí se había marchado antes de la inauguración a raíz de un «augurio subconsciente», y no porque tenía la obligación de reanudar su trabajo con los Ballets Russes. James decidió no enviar el telegrama a Dalí, calculando que podría afectarle demasiado, y le escribió una carta.[166]

A pesar de estos problemas iniciales, *Sueño de Venus* fue un éxito. Algunos días después del estreno la prensa comenzó a reaccionar, centrándose sobre todo en el generoso despliegue de pechos desnudos que ofrecía el espectáculo.[167] «Lo que más llama la atención del público son las sirenas ligeritas de ropa, de carne y hueso y aspecto muy normal, retozando en ese escenario mórbido», comentó un periódico.[168] La vasta zona de atracciones de la feria, señalaba *Time Magazine,* contenía «más desnudez pública que cualquier lugar del mundo que no sea Bali». *Sueño de Venus* ponía su granito, combinando con habilidad surrealismo y eroticismo, y demostraba una vez más que había «mucho de Broadway en la locura de Dalí»:

> Encima de una cama de satén rojo de doce metros de largo llamada «El diván ardiente» reposa, soñadora, una Venus desnuda. De sus cuatro desinhibidos sueños, el primero –una visión subacuática llamada «El castillo prenatal submarino de Venus»– es el que más atrae a la multitud. Un gran tanque de cristal está lleno de objetos tan submarinos como una chimenea, máquinas de escribir con teclas de goma parecidas a hongos, teléfonos de goma, un hombre hecho de raquetas de ping-pong, también de goma, una vaca momificada y una mujer de goma tumbada y pintada como el teclado de un piano. Al margen de lo que esto pueda significar como arte, los organizadores lo han hecho todo muy *dali*beradamente, metiendo en el tanque chicas de verdad, desnudas de la cintura para arriba y vestidas sólo con diminutas fajas alegres estilo fin de siglo y medias de malla. Nadando, haciendo muecas, ordeñando la vaca, tocando el «piano» [...] vistas de cerca y un poco aumentadas por el agua van a ganar más adeptos para el surrealismo que una docena de exposiciones con pretensiones intelectuales.[169]

Antes de abandonar Nueva York, Dalí había redactado un brillante panfleto titulado *Declaración de independencia de la imaginación y de los derechos del hombre a su propia locura,* del que, según cuenta Julien Levy, se arrojaron desde un avión centenares de ejemplares sobre Nueva York. En la *Declaración* Dalí expresaba su desprecio por la cretina actitud de los organizadores de la Feria Mundial que no le habían permitido erigir su estatua de la Venus de Botticelli con cabeza de pez, e instaba a los artistas norteamericanos a protestar y a defender sus derechos contra las mediocridades capaces de pontificar, literalmente, que «una mujer con cola de pez es posible; una mujer con cabeza de pez es imposible». Dalí aprovechó para repetir su convicción, ya formulada en 1926, de que el público general entendía, intuitivamente, mucho más sobre arte que los «"intermediarios de la cultura", quienes, con sus humos y sus pomposas sentencias, estorbaban la natural relación del creador con aquél».

La *Declaración* es una prueba más de que a Dalí todavía le complacía presentarse como fiel discípulo de Breton. No contento con adoptar un tono similar al empleado por el fundador en varios textos propios, cita otra vez, como si se tratara de código sagrado, la definición del surrealismo promulgada desde el primer *Manifiesto:* «Automatismo psíquico puro por medio del cual se propone expresar, por escrito, oralmente o de cualquier otro modo, el auténtico funcionamiento de la mente. Dictado del pensamiento exento de todo control racional, estético o moral.» Dalí todavía se las daba, por lo menos en público, de pertenecer al movimiento surrealista.[170]

DOS CARTAS A BUÑUEL

Cualesquiera que fuesen sus declaraciones de lealtad a Breton, Dalí se encontraba ahora inmerso en un frenesí de autopromoción tan desaforado que la revolución surrealista era una de las últimas cosas que en realidad le preocupaban. Además, la guerra civil acababa de terminar con la victoria de Franco, y Dalí ya había decidido que él era del bando del Caudillo. No hay documentos más reveladores de sus ideas y obsesiones de estos momentos que dos cartas intercambiadas con Buñuel durante los preparativos de *Sueño de Venus.*

Buñuel había sido enviado en 1938 a Hollywood por el gobierno republicano como asesor de las películas que se rodaban sobre la guerra civil, y se encontraba todavía allí. Había perdido el puesto ya antes de la victoria de Franco en abril, y sus tentativas de que Chaplin, René Clair y otros le consiguiesen trabajo alternativo no daban fruto. Empezaba a desesperar... y recurrió a Dalí.[171]

Parece ser que en la primera carta de la serie (que no se ha encontrado) Buñuel no mencionó sus apuros económicos. Comentó un rumor que había llegado a sus oídos según el cual Gala y Dalí se iban a divorciar y, por lo visto, sugirió que el pintor volviera a Hollywood. Éste le contestó desde el Hotel St. Moritz, haciendo uso liberal de enfáticos subrayados, como era su costumbre (respetamos, como siempre, la caótica ortografía y puntuación dalinianas):

> Querido hijito: Contento con tus canciones de que me hablas en tu carta, voy a rresponderte con horden 1º Nada de divorciamientos con Gala al contrario nuestra conpenetracion es absoluta i nunca hemos estado contentos juntos commo ahora pero como he passado 4

messes en casa de Chanel (con Gala) en Montecarlo, habra habido los consiguientes potins mondains «rituales» *

Ya sabes que no creo a la guerra mundial i bien que pasamos unos momentos de «peligro obgetivo» estoy persuadido que antes de 2 messes se operara un cambio brusco (ya preparado i decidido actualmente) Francia e Italia se las arreglaran i una vez el «eje» liquidado Estalin se las arreglara con Itler para que este pueda comerse la grande costilla asada de Ucrania, en este momento automaticamente el imperialismo *japones* sintiendose amenazado (Rusia-Alemania), el conflicto estallara precisamente en los Estados Unidos –

Tengo que irme de haqui 2 semanas a Monte Carlo para mi espectaculo que se dara el mes de junio a la opera de Paris i Londres enseguida despues, la ostia de Tristan que explique — Oliwood me interessa siempre en principio, pero como que mi cuestion economica se resuelve cada dia mejor i no tengo necesidad de venir, toda mi abilidad es de esperar i negarme a toda proposicion hasta el momento (que llegara *fatalmente*, con la acceleracion de mi *prestigio i popularidad)* que me hagan venir en DICTADOR – *tantos dolares* con los que hago mi film como me sale *de los cojones*, en tanto tiempo – es la unica vase de contrato que *admitire*, i esto seria imposible si acceptara cualquier cosa *provisionalmente* --comprendes el ombligo de la cuestion?

Tu nueva posicion me parece mucho mas realista que los *idealismos marxistas*, mi consejo de amigo, del Dali de Toledo, desinfectate de todos los puntos de vista marxistas, ya que el marxismo philosoficamente i a todos puntos de vista es la teoria mas inbecil de nuestra sivilizacion, todo es falso, i Marx probablemente una cumbre de abstraccion i estupidez – seria terrible que te salieras del marxismo politico y continuaras pensando en marxista por lo demas, ya que el marxismo no deja ver nada de los phenomenos de nuestra epoca, una ciencia joven i materialmente maravillosa, la «morphologia», el encuentro de la mhorphologia y de la psicoanalisis, mas vieja, ahun que muy hermosa ahun: con una sonrrisa de las mmas melancolicas e inteligentes del mundo!

Buenos días escriveme i si vienes a Nueva York veamonos en seguida Abrazos Dali

Dalí añadió una nota marginal sobre la recién concluida guerra civil española, en la que hacía referencia a dos de los más destacados líderes

* O sea, «chismorreos mundanos».

de la República, el socialista Juan Negrín (último primer ministro republicano) y Dolores Ibárruri, «la Pasionaria». Su opinión sobre ellos es tajante: «El acabamiento de los negrines i pasionarias me ha producido un pequeño asco, qué les costaba de hacerse matar! o de hacer la paz 2 meses antes que tomaran Tarragona? Todo esto es la apoteosis de la mediocridad, eso no perdona nunca!» Luego, ordenándole a Buñuel que volviera la página, siguió:

> Otra cuestion, mi individualismo se ha exacerbado, i cada vez hago las cosas con la rabia de intensibilidad [?] de lo que me pasa por la tete o sea que ahora me seria imposible de colaborar con nadie. Gala es la unica persona que escucho ya que posee un don mediunico evidente HAZAR obgetivo, interpretacion paranoica de los acontecimientos fortuitos para seguir el hilo de mis conductas frenetica-criticas.
>
> Buenos dias, aquí me pasan cosas gordisimas una de detras de otra –

A pie de página y por los márgenes de la hoja Dalí agregó unas significativas noticias y observaciones, sobre todo en relación con los sufrimientos de Anna Maria durante la guerra:

> metieron a mi hermana en prision en Barcelona los rojos 20 dias (!) i la martirizaron, se a buelto loca, esta en Cadaques, le tienen que dar la comida por la fuerza, i se caga en la cama, imaginate la tragedia de mi padre al que le an robado *todo*, tiene que vivir en una casa de huespedes en Figueres, naturalmente le mando dolares, se ha convertido en un fanatico adorador de Franco que considera un semi-dios, el glorioso caudillo como dice a cada linea de sus delirantes cartas (me an salvado todo lo de la casa de Cadaques) El ensayo revolucionario a sido tan desastroso que todo el mundo prefiere Franco. Recibo a este sugeto noticias colosales. Catalinistas de toda la vida, republicanos federales, anticlericales acerrimos, me escriven entusiastas por el nuevo regimen! al menos.

La carta constituye la documentación más temprana que tenemos acerca del cambio operado en el ánimo del padre de Dalí, del viejo librepensador con ribetes anarquistas, ahora, como resultado de las miserias de la guerra, convertido en fanático franquista. Los sufrimientos paternos no parecen inspirarle al hijo mucha ternura, sin embargo, y habiendo terminado la carta encuentra sitio, en la parte superior de la primera hoja, para estampar lo siguiente: «ESCRIVEME por Dios, don Simón! Señor don Simón, la vida es fugaz que placer mas grande/ay en el mundo/que de dar por el culo/a su propio padre moribundo! (Quevedo). Clasico español.»[172]

Buñuel, al tener la confirmación del estado boyante de las finanzas de Dalí, le pidió ahora un préstamo. El pintor estuvo contundente:

> Querido Luis: No te puedo mandar absolutamente nada, i eso es una decision tomada despues de grandes dudas i reflexiones, que voy en seguida a explicarte, i que an sido la causa de mi retarde en contestarte, ya que tengo horror de hacer esperar las respuestas tratando de dinero
>
> Esquema de mi actitud (terriblemente abrebiada pero se que conoces mi sinceridad en esas cuestiones.
>
> *
> * *
>
> Desde hace 3 años me ocupo apasionadamente de todas las cuestiones relativas al «*hazar obgetivo*». *Destino* – sueños *profeticos* – interpretacion de los echos los mas *minimos* de la vida cotidiana para poder actuar en *consecuencia* – *quiromancia* –*astrologia* (muy importante –mhorfologia aplicada a la vida inmediata ect ect ect todo eso era fatal, dados mis sentimientos casi hinumanos, de «*egoismo FRENETICO*» o sea *dominar* mientras *viva*, con el maximo de *intensidad*, todas las situaciones (principio del placer segun Froid –
>
> *
> * *
>
> Todas las predicciones i experiencias en esos ultimos tiempos se oponen a que te preste dinero – Antes de recibir tu carta me habia sido anunciada de diversas maneras distintas especialmente una medium suiza de los más importantes que estan ahora en Nueva York i que me guida mucho (soy yo en fin de cuentas que decido si no me convence). Mi situacion actual es esta – Liquidacion del complejo de Guillermo Tell, o sea Fin de hostilidad con mi padre, reconstruccion de la grande ilusion Familia sublimada en los factores raciales biologicos ect ect ect como consecuencia envio casi todo lo que puedo a Cadaques (todo lo que hare en ese sentido se incorporara a mi propia contstruccion triunfal – Al mismo tiempo se me predicho que sere solicitado por todos los mhitos [mitos] de inconformismo familial, representados por mis hantiguos amigos.

Desde Paracelso (muy bueno (!))i *Nostradamus*, el pensamiento europeo está en decadencia phenomenal – qué aporta de nuevo Negrin (medico humanista) al lado del PASADO, ISABEL LA CATOLICA, las ostias consagradas, los melones, los rosarios, las indigestiones truculentas que preceden las corridas de toros, los tambores de Calanda, las sardanas de las playas ampurdanesas i todo i todo – Negrin nos llevava a la nauseabunda mediocridad socialista hultra pasado [ultrapasado, es decir, superado] por las «falanges» realidad biologica española – Como puedes pensar a una guerra, si conocieras la situacion de las estrellas! Como estas lejos de la reallidad!

Resumen – mi vida deve *orientarse hacia España* i Familia. Destrucción sistematica del pasado *hinfantilista* y representado por los amigos de Madrid himagenes *sin consistencia real.* Gala, *hunica realidad*, ya que incorporada a mi libido en sentido *constructivo.* No puedo hablarte mas *FRANCO* que me es posible –

Viva! el *individualismo* de los tiburones (marquis de Sade) que se coman a los debiles – NICTCHE – i el Ampurdan –realista, surrealista-

Que mierda el marxismo, hultima supervivencia de la mierda cristiana – El Catoliscismo lo respecto *mucho*

MUY SOLIDO

Pide a NOALLES DINERO *No te lo negará* Dalí te lo *certifica* i sera dentro la tradición: la «configuracion ESTELAR».

ESPAÑA ES UNA *COSA GORDA*, DESTINADA A LA «*EGEMONIA MUNDIAL*» ARRIVA! *SURREALISTA*. LA FALTA de imaginación es la muerte de todo.

ESTALIN el mas bruto de los personages ANTI-IMAGINATIVOS.

Buenos dias de tu amigo DALI – 1929

Aqui hago un PAVELLON surrealista a la Feria Universal con JIRAFAS ESPLOSIVAS de verdad.[173]

¿Escribió Dalí 1929 por error en vez de 1939? La posibilidad de que no se tratara de un desliz es apoyada por una tremenda nota marginal: «En el pasado nuestra colaboracion a sido mala para mi acuerdate que me fui [sic] necesario un *esfuerzo* para que mi nombre fuera *reproducido* en el chien *Andalu.*» Diez años de luchas habían pasado, casi exactamente, desde el estreno de su primera y emblemática película conjunta. Dalí estaba ahora en la cresta de la ola, pero Buñuel atravesaba momentos muy difíciles. ¿Qué mejor ocasión para una dulce venganza? Buñuel nunca olvidaría ni perdonaría la negativa de Dalí a ayudarlo, y durante muchos años llevaría aquella carta en el bolsillo.[174]

La carta demuestra que en cuanto Franco ganó la guerra civil Dalí empezó ya a decir maravillas de Falange Española. Franco, con gran astucia, había fomentado por un lado el mito de José Antonio Primo de Rivera, fusilado por los republicanos, mientras por otro aprovechaba las energías de Falange para sus propios fines. «¡Arriba España!» era, claro está, el eslogan de los falangistas, que ahora repetía Dalí; falangista, también, era la absurda idea de que España estaba destinada a un papel hegemónico en el concierto de las naciones (al lado de Alemania e Italia). Dalí había caído, obviamente, bajo la influencia de la propaganda falangista, cuyo principal teórico era su viejo amigo Ernesto Giménez Caballero, y estaba pensando ya en un triunfal retorno a la España franquista cuando el momento fuera propicio. A Buñuel debió de asquearle no sólo la negativa de Dalí a ayudarlo sino el hecho de que el pintor abrazara ahora una ideología política anatemizada por el surrealismo.

También Dalí provocó el asco de André Breton. Cuando el pintor regresó a París en junio se encontró con el artículo de Breton «Las últimas tendencias de la pintura surrealista», aparecido en el último número de *Minotaure,* en el que, además de despreciar la indignante propuesta de Dalí para solucionar el «problema racial» (es decir, esclavizar a las razas de color), Breton comentó que su influencia sobre los nuevos artistas se encontraba ahora en «rápida decadencia» en Francia. Amenazada ya por «la profunda, la auténtica monotonía», la pintura de Dalí había quedado relegada a un segundo plano en comparación con la de Yves Tanguy. ¿Y cómo podía ser de otra manera, se preguntaba Breton, dado el obsesivo deseo de Dalí por agradar, empujado al paroxismo, que conlleva la constante necesidad de superarse en la propagación de sus paradojas?:

> A fuerza de querer refinar su método paranoico, observamos que comienza a caer en un pasatiempo del orden de las *palabras cruzadas.* Si, por el contrario, la estrella de Tanguy continúa ascendiendo, es porque conserva intactos sus ideales, porque su naturaleza no le permite caer en ningún tipo de soluciones de compromiso.[175]

A la vista de la importante deuda de Dalí para con Tanguy, y del hecho de que hasta cierto punto se consideraba rival de éste, tales palabras tuvieron que hacer mella en el catalán, como también la afirmación de Breton en el sentido de que a los nuevos pintores surrealistas (Domínguez, Paalen, Brauner, Matta y otros) les atraía más el automatismo del primer *Manifiesto* que el control de los impulsos inconscientes que ahora defendía a machamartillo Dalí. Más tarde, glosando disimuladamente el artículo de Breton, Dalí afirmaría que al regresar a París le había consternado descubrir que en su ausencia el surrealismo se había replegado a una preocupación anticuada por el automatismo, negando los avances conseguidos gracias a su «método».[176] Pero aquel método no había sido nunca digno de tal nombre. Funcionaba, a lo sumo, sólo para Dalí..., lo cual era precisamente su intención. El regreso al automatismo era inevitable, por más señas, porque constituía la más genuina contribución del surrealismo a la liberación psíquica. Pero admitir esto habría sido, para Dalí, reconocer que estaba equivocado. Y Dalí, por lo que sabemos, nunca en su vida concedería no haber tenido en todo la razón.

El artículo de Breton en *Minotaure* equivalía a la expulsión definitiva de Dalí del movimiento surrealista. No sabemos si el pintor protestó, o si los dos hombres se volvieron a encontrar o se comunicaron por alguna otra vía, pero todo sugiere que no hubo en adelante contacto de ninguna clase entre ellos.

Dalí reaccionó a su expulsión con el mismo desparpajo de que había hecho gala en 1926 al ser echado de la Real Academia de San Fernando, o cuando su padre lo expulsó de la familia en 1929. A partir de ahora sería una res sin marcar, y, poniendo en acción todas sus bien demostradas dotes para la autopromoción, propagaría el mito de que él, Salvador Dalí Domènech, era el único surrealista digno de tal nombre. En Estados Unidos, donde Breton era conocido sólo por una pequeña minoría, pero donde Dalí, al contrario, era cada día más famoso, éste sabía que no le costaría trabajo alguno convencer a un público crédulo de la verdad de su propuesta. Ahora que en Europa soplaban vientos de guerra, Dalí estaba más convencido que nunca de que su futuro y su fortuna lo esperaban al otro lado del Atlántico.

GUERRA, HUIDA

Dalí había regresado a Europa para supervisar el montaje de *Bacanal* para los Ballets Russes, cuyo estreno se preveía en el Covent Garden de Londres (no ya en París) a mediados de septiembre. A principios de agosto él y Gala fueron a descansar al Grand Hôtel de Font Romeu, balneario de los Pirineos franceses situado no lejos de la localidad española fronteriza de Puigcerdà. Desde allí Gala contestó la carta de Edward James sobre el triste destino de *Sueño de Venus.* A diferencia de lo que había ocurrido con éste, *Bacanal* iba viento en popa, le aseguró la rusa, y Dalí trabajaba febrilmente en los últimos detalles. Les encantaría alojarse en su casa de Wimpole Street cuando llegase el momento del estreno.[177]

Pero no hubo tal estreno. El primero de septiembre Hitler invadió Polonia, e Inglaterra y Francia declararon la guerra al Tercer Reich. Ante la nueva y dramática situación, los Ballets Russes trasladaron su temporada al Metropolitan Opera House de Nueva York.

Los Dalí regresaron a toda prisa a París, donde el 10 de septiembre recibieron un telegrama de Edward James, que estaba muy preocupado por la suerte de sus cuadros (que la pareja había depositado en Tailleur et Fils, en la rue Cherche-Midi). Dando por supuesto que iban a viajar a Nueva York para el estreno de *Bacanal,* James les encargó que llevaran los cuadros con ellos, añadiendo que él pagaría los gastos de transporte.[178]

James era lo de menos para los Dalí en estos momentos, sin embargo. Tras reunir sus pertenencias más necesarias, y desesperados por salir de París, se fueron corriendo a Arcachon, donde alquilaron un chalet, la Villa Flambergé (131, Boulevard de la Plage). Dalí dijo más tarde que escogió Arcachon porque tenía magníficas ostras, no estaba lejos de Burdeos, tan famoso por su gastronomía, y se encontraba lo suficientemente cerca de la frontera española como para facilitar la huida en caso necesario. Marcel Duchamp y la pintora Léonor Fini habían ya buscado refugio en los aledaños, y a poco llegaron otros artistas y amigos, entre ellos Coco Chanel.[179]

El 2 de octubre Gala contestó el telegrama de Edward James, que le había parecido «seco y no muy amable». No mencionó el asunto de los cuadros.[180] Lo hizo Dalí unos días después. Había sido imposible transportarlos a Arcachon, le dijo, pero sí habían traído *Retrato geodésico de Gala.* Dalí le pidió que, en su calidad de «presidente» de *Sueño de Venus* (aún abierto al público), le enviara ahora una invitación falsa para viajar a Nueva York. Con ésta en la mano le sería más fácil conseguir un visado. James cumplió de inmediato la misión, como solía.[181]

Léonor Fini, a quien los Dalí habían conocido en París, era una mujer bastante divertida (*«Quand c'est Fini, ça commence»,* decía bromeando Paul Éluard).[182] Demostró ahora que también podía ser útil, pues tenía una amiga con un inmenso coche norteamericano que Gala pronto requisó para viajes al campo y visitas a dos excelentes restaurantes de Burdeos: el Chapon Fin y el Château Trompette. Fini observó que Gala rara vez sonreía, y que, cuando lo hacía, era con sorna.[183]

Al parecer Gala hizo algunos viajes a París para inspeccionar el estado de los cuadros que la pareja tenía en depósito y que, como los de James, había confiado a Tailleur et Fils. Durante una de esas visitas le vendió a Peggy Guggenheim *El nacimiento de los deseos líquidos.* Gala llevó otros cuadros a Arcachon, almacenándolos en un guardamuebles de los alrededores de Burdeos.[184]

Entretanto, el montaje de *Bacanal* por el Metropolitan Opera House tropezaba con dificultades casi insalvables. Coco Chanel, que había trabajado meses enteros en Roquebrune en aquellos trajes que requerían una atención especial, se negó a enviarlos a Estados Unidos a menos que Dalí estuviera allí para supervisarlo todo. Pero Gala se opuso tercamente a que el pintor se aventurara a atravesar el Atlántico en tiempos de guerra. Edward James trató de mediar lo mejor que pudo. El 25 de octubre le envió un telegrama a Dalí para decirle que la señora Karinska, conocida diseñadora de Nueva York, podía confeccionar los trajes sirviéndose de fotografías. Massine había dicho que si el ballet no se estrenaba en noviembre, sería un absoluto fracaso. ¿Quería Dalí que James se encargase de que sus diseños se realizaran como correspondía? Creía que los iban a empezar antes de que el artista llegara. Por lo tanto, sería preferible que él supervisara el trabajo. James añadió que le divertía la idea de encontrar algunos enanos para la cama de Venus, pues conocía a algunos encantadores.[185] Dalí le contestó el 28 de octubre con una carta tan desafortunada que James nunca la olvidaría. Le dijo que dejara de «entrometerse» en ese «siniestro asunto», si apreciaba en algo su amistad. Lo que tenía que hacer era convencer a Massine para que aplazara el estreno.[186] La respuesta de James fue igualmente áspera. Le dio las gracias a Dalí por su «bonita retórica», dijo que no se podía hacer nada para detener a Massine, porque éste había conseguido todos los derechos, e insistió en que, si había intentado intervenir, era únicamente para proteger la obra y la reputación de Dalí. Pese a sentirse ofendido, James mantenía su oferta de ayuda. Si Dalí así lo quería, enviaría a un criado suyo, Thomas, desde Europa a Nueva York con los trajes de Chanel.[187]

Siguieron otras encrespadas comunicaciones entre los dos, y James aceptó finalmente la orden tajante de Dalí de que no tuviera nada más que ver con el montaje. Luego huyó al campo para olvidarse del maldito asunto. Los apuntes y borradores de cartas que escribió estos días muestran lo profundamente dolido que estaba por la actitud de Dalí. ¿No había sido él un verdadero amigo para el pintor? ¿Le había fallado alguna vez? ¿Tenía Salvador derecho a tratarlo así? Poco a poco James empezaba a darse cuenta de que la gratitud era un sentimiento desconocido para Dalí.[188]

Por su parte Chanel continuaba negándose a que sus trajes viajaran a Norteamérica sin Dalí, y a sólo cuatro días del estreno, previsto para el 9 de noviembre, hubo que preparar sustitutos a toda velocidad. Como James había temido, faltó muy poco para que la *première* fuera un fiasco absoluto, aunque el público no pareció darse cuenta de nada hasta que se produjo un retraso de cuarenta minutos entre la primera escena y la segunda. Muchos de los trajes de Madame Karinska estaban a medio terminar, iban y venían taxis desde su taller al teatro durante la función, algunas de las bailarinas nunca llegaron y más de una salió a escena llevando sólo mallas. Venus, interpretada por Niní Theilade, llevaba un *body* color carne que causó sensación. Pero John Martin, crítico del *New York Times*, no se dejó conmover: «Interpretar a un ballet como éste como serio conato de psicoanálisis u obra de arte importante sería una grave equivocación», sentenció.[189]

Dalí no se percató de la creciente irritación que contenían las comunicaciones de Edward James, y a finales de año le dijo a su sufrido mecenas que había experimentado un cambio de ánimo radical y que estaba eliminando de su vida toda huella de frivolidad (era más o menos lo que le había dicho a Buñuel). Lo único que le importaba ahora, escribió, era producir obra que se impusiera a fuerza de «un rigor feroz, implacable y deslumbrante». En cuatro meses había producido más que en cuatro años. James no debería olvidar que Picasso inventó el cubismo durante la Primera Guerra Mundial. «A mi edad, ya tan avanzada», bromeaba Dalí, «es ahora o nunca.» Luego empezó con el fracaso de *Sueño de Venus* y ahora de *Bacanal,* insinuando que James le había aconsejado mal y declarando que él, Dalí, nunca volvería a ser tan «débil».

Para justificar este nuevo empeño en ser fuerte, Dalí remite a James a la *Oda a Salvador Dalí.* En los versos iniciales del poema, ¿no se refiere Lorca a la «niebla impresionista» rechazada por los cubistas y, asimismo, por Dalí? Pues bien, ahora lo que él quiere es desterrar de su vida para siempre «la horrible niebla» de la confusión. A continuación cita el verso «Alma higiénica, vives sobre mármoles nuevos», viendo en él un llamamiento a un nuevo clasicismo.[190] En una carta dirigida a otro amigo en estos momentos, Dalí también incluye una alusión a la *Oda.* Él y Gala están llevando una auténtica existencia intrauterina en su villa, explica, y ha empezado algunas cosas importantes, con una «gran sed de límites, de contornos, de un realismo perfecto y desesperado». Esta frase es un evidente eco de otro verso de la oda lorquiana: «Un deseo de formas y límites nos gana.»[191] Los préstamos, reconocidos u ocultos, son otra demostración de la medida en que el magno poema está ya condicionando la percepción que Dalí tiene de sí mismo.

A lo largo de los meses siguientes James y los Dalí continuaron haciéndose mutuos reproches por *Sueño de Venus* y *Bacanal*, y James rogó a Dalí que no olvidara que él había perdido entre veinticinco mil y treinta mil dólares en el primero de esos proyectos.[192] En marzo de 1940 Dalí le comunicó que había pintado algunas auténticas obras de arte («¡ya las verás!») y que él y Gala pensaban viajar a Estados Unidos en otoño. En cuanto a los cuadros de James depositados en Tailleur et Files, le recomendaba que los enviara a Estados Unidos. Esto sería útil para él también, ya que podría mostrar algunos de ellos en su próxima exposición en Nueva York. Al pintor le ilusionaba la idea de regresar a Estados Unidos, donde su *Declaración de los derechos del hombre a su propia locura* se reproducía ahora hasta en periódicos de provincias.[193]

A medida que los alemanes aumentaban su presión sobre Francia, Edward James y Caresse Crosby empezaron a preocuparse por la seguridad de los Dalí. Caresse había prometido publicar *Vida secreta* con la Dial Press de Nueva York (proyecto discutido por ambos, cabe deducirlo, durante la anterior temporada neoyorquina del pintor) y quería saber cómo avanzaba el libro. En mayo le escribió:

> Doy por sentado que tú y Gala me visitaréis en mi casa de campo de Bowling Green, en Carolina, Virginia. Las habitaciones están listas y esperándoos [...] será un lugar tranquilo para tu trabajo. Me dicen que ya tienes mucho material para el libro de memorias que preveo sacar este otoño. Es absolutamente necesario que estés aquí los meses de verano para arreglar este asunto conmigo.[194]

Por si los Dalí necesitaban que los animaran más para huir a América, el estímulo llegó el 14 de junio de 1940, cuando los alemanes ocuparon París, provocando un éxodo masivo hacia el sur. Como recordaría Léonor Fini, a la pareja le entró ahora un pánico mortal. Al pro fascista Dalí ¡ya no le parecía Hitler tan pintoresco, ni tan apetecible su carne blanda! El pintor bebía mucho, y se había construido un improvisado refugio antiaéreo en el jardín, llegando incluso a preguntarse si no le sería útil procurarse una armadura.[195]

Cuando los nazis llegaron a Burdeos, los Dalí se batieron rápidamente en retirada en dirección a España, cruzando la frontera poco tiempo antes de que llegaran a ella las tropas invasoras, que el 28 de junio plantaron la esvástica en Hendaya (donde les dio la bienvenida un representante del régimen de Franco).[196] Entre las pertenencias del pintor abandonadas en Arcachon quedó el manuscrito de *El mito trágico del «Ángelus» de Millet,* no recuperado hasta años después.

Mientras Gala, siempre el miembro práctico de la pareja, marchó a Lisboa a organizar el viaje a Nueva York, Dalí cruzó España para ver a su familia en Figueres. Los encontró muy afectados por sus experiencias de la guerra, y oyó los pormenores de los padecimientos de Anna Maria a manos del Servicio de Inteligencia Militar. Franco había bombardeado Figueres, y al retirarse los republicanos habían tratado sin éxito de volar el castillo de San Fernando, causando serios daños en el intento. Parte de la ciudad estaba en ruinas.

Dalí hizo una visita relámpago a Cadaqués y allí encontró sana y salva a Lídia, que, desde la atalaya de su paranoia, había disfrutado a su manera de la guerra. Las paredes de la casa de Port Lligat estaban cubiertas de pintadas de ambos bandos, señal de las fluctuaciones de la lucha.

Después el pintor viajó a toda prisa a Madrid, donde se alojó en el Palace, escenario de tantas noches de parranda con Buñuel y Lorca. Allí vio a dos viejos amigos convertidos ahora en prohombres falangistas: los escritores Eugenio Montes (autor, en 1929, de la crítica de *Un perro andaluz* que tanto había gustado a Dalí) y Rafael Sánchez Mazas. Y conoció a otro falangista importante, el poeta y ensayista Dionisio Ridruejo.[197]

Eran momentos de euforia para el franquismo, y los periódicos proclamaban día tras día que los nazis estaban a punto de aplastar a Gran Bretaña. La caída de Francia se veía con enorme satisfacción en medios oficiales, y se le hacía saber insistentemente a la nación que, en colaboración con un Hitler victorioso por un lado y con Mussolini por el otro, el país iba a participar ahora en la creación de una nueva Europa con una expansión española imperialista en África (y, por supuesto, la garantía de un Gibraltar recuperado).[198]

Dalí estaba predispuesto a disfrutar de su llegada a la España franquista, como habían demostrado sus cartas a Buñuel, y le afectó grandemente el entusiasmo y la retórica triunfalista de los falangistas madrileños. Este grupo, le escribió a Caresse Crosby a finales de julio, era, con toda seguridad, uno de los más inteligentes, inspirados y originales de los tiempos que corrían, y profetizó que España iba a salvar ahora espiritualmente al resto del mundo, en estos momentos sumido en la mediocridad.[199] Dalí diría después que algunos «ilustres miembros» de la Falange le habían invitado a unirse al partido, pero que se había negado.[200]

En *Vida secreta* Dalí recordaría haber encontrado el país, después de tres años de guerra civil, «cubierto de ruinas, noblemente empobrecido, con reavivada fe en su destino y con el luto grabado con punta de diamante en cada corazón».[201] Olvidaría aclarar que el luto, la desesperación y la humillación a que se refería estaban grabados sobre todo en el corazón de la gente humilde; tampoco mencionaría las ejecuciones en masa de inocentes que habían empezado al final de la guerra (y que seguirían durante muchos meses). En cuanto a la «reavivada fe en su destino» que ahora le tocaba a España, se trataba exactamente de la clase de retórica barata falangista-fascista con la que Montes, Sánchez Mazas, Ridruejo y otros de su calaña llenaban diariamente las columnas de los periódicos en el verano de 1940.

A los oídos de Edward James había llegado un desconcertante rumor: Dalí estaba detenido en España. El inglés, recordando el triste destino de Lorca, casi enfermó de angustia. El 8 de julio telegrafió nada más y nada menos que a Franklin D. Roosevelt, pidiéndole que se investigara el asunto. Contestación: según la embajada norteamericana en Madrid, Dalí estaba alojado en el Hotel Palace y se preveía que el 17 de julio partiría hacia Lisboa. Para entonces Gala ya había tranquilizado a James, asegurándole que Dalí estaba vivo y coleando, esperando en Madrid que le diesen su visado. Cuando el pintor voló a Lisboa unos pocos días después, le telegrafió a James para decirle que había pasado «unos días magníficos» en España y, de paso, pedirle quinientos dólares. Es de suponer que, conociendo a James, éste se los enviaría enseguida.[202]

La prensa se ocupó poco de la breve estancia española de Dalí, apareciendo sólo unas breves alusiones al hecho. En el semanario barcelonés *Destino,* el escritor Carles Sentís, refiriéndose, no sin sarcasmo, a las huestes de ricos refugiados que entonces pasaban por Madrid camino de Lisboa, apuntó que Dalí, «un superhombre en ese mundo», había estado entre ellos.[203] La misma revista informó que Dalí había visitado el Prado, donde al parecer dijo que estaba resuelto «a rectificar la orientación y la manera de su pintura». Tan fuerte había sido el impacto –puede que diera a entender a quienes lo escucharon– de ver las excelencias del nuevo orden instaurado en España.[204]

Lisboa, bajo el dictador Oliveira Salazar, era un hervidero de rumores y contrarrumores mientras llegaban cada día más refugiados del nazismo. En *Vida secreta* Dalí recuerda que nunca se sabía con quién iba a tropezarse uno a la vuelta de la esquina. Entre los desesperados por escapar había amigos como Man Ray, Elsa Schiapparelli y Josep Maria Sert. René Clair y su esposa habían llegado también (y pronto sería el turno de Julien Green). Tampoco faltaban espías. El de más alcurnia era el resentido duque de Windsor, que trabajaba para los nazis (y para la recuperación de su trono). El duque acababa de hacer una visita a España en medio de una gran publicidad, y ahora embarcaba para ocupar su nuevo puesto de gobernador general de las Bahamas, donde el gobierno británico esperaba tenerlo lo suficientemente lejos para que desistiera de sus maquinaciones a la sombra.[205]

Los Dalí consiguieron hacerse con un billete a bordo del *Excambion,* del American Export Line, que zarpó hacia Nueva York a comienzos de agosto de 1940. Tardarían ocho años en volver a Europa.[206]

ONCE

ESTADOS UNIDOS
(1940-1948)

LA «VIDA SECRETA»

Dalí era ya famoso en Nueva York y conocía al dedillo la prensa sensacionalista norteamericana. Mientras atravesaba el Atlántico por tercera vez debió de pensar a fondo lo que iba a decir a los periodistas cuando llegara. Y lo que iba a hacer. De ninguna manera podía repetir las payasadas de sus desembarcos anteriores. Las hogazas de pan gigantescas, o las costillas estratégicamente situadas, habían perdido su poder de provocación. Tenía que darles algo nuevo, algo inesperado. Así, a medida que el *Excambion* se dirigía lentamente hacia el muelle, el 16 de agosto de 1940, Dalí, elegantísimo en un traje oscuro a rayas con una recatada Gala a su lado, sabía exactamente lo que les diría a los reporteros..., entonces y a lo largo de los meses siguientes.[1]

Les dijo que el movimiento surrealista estaba muerto y que él, su máximo exponente, se disponía a iniciar el retorno al clasicismo. Así de claro. Les dijo también que la autobiografía que estaba redactando describiría su paso de *enfant terrible* del surrealismo a salvador del arte moderno. Dalí sabía por experiencia que cuando ponía su extravagancia públicamente al servicio de sus convicciones del momento, nunca le faltaban ni discípulos en potencia ni cobertura periodística. Sabía también que lo importante ahora era expresar su nueva fórmula con la máxima energía una y otra vez, machacando. Debió de sentirse satisfecho cuando, como había calculado, los lápices se pusieron a mover como seres alocados y las cámaras a disparar. ¡El retorno al clasicismo![2]

Los Dalí se alojaron en el St. Regis y diez días después abandonaron Nueva York para instalarse con Caresse Crosby en Virginia.[3] Tras dar por terminada su etapa parisiense en 1936, Crosby había recorrido Carolina en busca de una versión norteamericana del Moulin du Soleil. Sabía exactamente lo que buscaba: una casa de la época colonial, provista de un pórtico con columnas, muchas habitaciones para sus creativos invitados, un parque con ciervos, una alameda y un estanque. Y, por supuesto, siendo Caresse Crosby, lo encontró. Hampton Manor se alzaba en medio de doscientas hectáreas de campos y bosques a unos cuarenta kilómetros al sur de Fredericksburg y a ocho de Bowling Green, «pueblecito minúsculo» según un periodista de Washington, «del tamaño de un par de campos de béisbol uno junto al otro».[4] La mansión, cuando la encontró Caresse, estaba bastante abandonada pero, aparte de esto, satisfacía a la perfección todos sus requisitos. Además, podía alardear de un pasado histórico, pues se había construido en 1836 según planos de Thomas Jefferson y, en consecuencia, era una especie de atracción turística local.[5] Cuando llegaron Dalí y Gala, Crosby ya la había restaurado con gusto exquisito. Además no sólo se había casado por tercera vez, sino que en estos momentos estaba en el proceso de divorcio.

En la primera carta que escribió Dalí a casa desde Estados Unidos, le contó a Anna Maria:

> Hace un par de semanas que estamos instalados en este lugar tranquilo en medio de un bosque centenario – Nuestra casa es extra-ordinariamente confortable, una inmensa biblioteca en la cual cada noche hacemos con Gala descubrimientos sensacionales –5 personas de servicio (todos negros como carbón de antracita) 2 caballos para montar, un lago para bañarnos «et tout et tout».

A Dalí le impresionó el tamaño de la finca («varios kilómetros a la redonda»). De vez en cuando había una cabaña habitada por negros que se pasaban la vida cantando y haciendo «pequeños trabajos», y que al pintor le recordaban a Ramón de la Hermosa, que tenía fama de ser el hombre más perezoso de Cadaqués (y ya para entonces pasado a mejor vida).

El objetivo principal de la misiva era poner a la familia al tanto de
83 que Salvador estaba escribiendo su autobiografía. Seguro de que el libro sería un éxito de ventas, le pedía a Anna Maria que le enviara fotografías de cuando era niño y le hacía una confidencia:

> Como sabes tan bien como yo, aquel periodo de escandalo anarquico se termino i en mi libro precisamente lo que deseo es hablar de mi fa-

> milia de manera a borrar definitivamente todos los errores i equivocos que hayan podido haber entre nosotros – De todas maneras mandare al padre el pasage en el que hablo de mi familia a fin de que lo aprueve i pueda dar sus sugestiones.[6]

Por su propia admisión, pues, este Dalí «reformado» se va a encargar de que la versión que dé en el libro de sus relaciones con su familia no moleste a ésta. El hijo pródigo se va a comportar bien.

Además de trabajar sin descanso en su *Vida secreta,* Dalí pinta cuatro o cinco cuadros durante su estancia en Hampton Manor para su próxima exposición en Levy. Totalmente enfrascado en sus tareas, pocas veces se aventuraría por la finca, y mucho menos por la campiña que la rodeaba, que, según le dijo a un periodista, le recordaba mucho la Touraine francesa.[7]

Anaïs Nin y Henry Miller pasaban una temporada con Caresse cuando se presentaron los Dalí. A Nin no le cayó bien Gala en absoluto, pero llegó a sentir cariño por Dalí, y él por ella. A Miller, que en estos momentos ampliaba la segunda parte de *Trópico de Capricornio,* no le gustaron ni Gala ni Dalí. En su opinión la obra del pintor era «el Estigio, el río de la neurosis que no fluye». Más tarde Nin recordaría su primer desayuno con Dalí y su musa:

> Los dos eran bajitos, y estaban sentados muy juntitos. No llamaban especialmente la atención ni el uno ni la otra, ella, vestida en tonos muy quedos, un poco apagada, y él dibujado al carbón como el dibujo que haría un niño de un español, de cualquier español, salvo los bigotes increíblemente largos. Se volvían uno hacia el otro como en busca de protección, de apoyo mutuo, no abiertos, confiados o cómodos.[8]

Gala se encargó pronto de dejar bien claro que Dalí era el principal invitado de la casa, y que era el deber de todos los demás satisfacer sus necesidades. Le mosqueaba que Dalí y Nin se hablaran en castellano (idioma que nunca aprendería Gala), y cuando Anaïs preparó un plato español, creyendo que así la pareja no sentiría tanta nostalgia de su país, Gala exclamó que por lo que a ella le tocaba no le gustaba nada la cocina aquella. Lo extraordinario era que nadie protestaba..., por lo menos al principio. «Y cada uno realizó las tareas que se le asignaron», sigue Nin. «La señora Dalí nunca alzaba la voz, nunca se preocupaba por seducir o agradar. Daba por sentado, sin decirlo, que todos estábamos allí para servir a Dalí, el gran e indiscutible genio.» Al poco tiempo, Gala irritaría profundamente a cada integrante de la concurrencia sin excepción.[9]

En septiembre, durante una ausencia de Caresse, su marido apareció inesperadamente una noche con una amiguita y, en un estallido de rabia, amenazó con destruir los cuadros de Dalí. El pintor y Gala, asustados, salieron enseguida para Washington e hicieron luego una breve visita a Edward James en Taos, Nuevo México. Allí les presentó el inglés a Frieda Lawrence, a quien Gala trató con desprecio, comentando al día siguiente (según James): «¡Pobre Eduardo! ¡A lo que has llegado! ¡Pasas el tiempo con las sobras!» James, además, estaba todavía indignado con Dalí por no haber respetado rigurosamente las condiciones del contrato que habían firmado antes de la guerra. Terminada la breve estancia, los Dalí siguieron hasta Hollywood, donde al parecer volvieron a encontrarse con James, regresando unos meses después a Hampton Manor para continuar con la autobiografía.[10]

Vida secreta se redactó en un francés caótico. Tan caótico que, al entregar el libro al traductor al inglés Haakon Chevalier (conocido por sus versiones de novelas francesas) durante el verano de 1941, éste tendría que hacer un esfuerzo casi sobrehumano.[11] Para entonces ya se había preparado una copia mecanografiada del manuscrito, siguiendo una copia en limpio hecha por Gala, en su calidad de correctora de la producción literaria de Dalí (actividad que iniciara en 1930 con *La mujer visible).* La traducción de Chevalier se lee muy bien, pero mejora tanto la prosa del original que sólo se podrá apreciar el sabor auténtico del libro cuando se publique por fin en su francés original (faltas de ortografía y puntuación esperpéntica incluidas).[12]

Vida secreta de Salvador Dalí es una autobiografía megalomaníaca escrita en gran parte sin recurrir a documentación alguna, y con la exclusión, o la distorsión, intencionada de episodios o momentos cruciales en la vida del autor. Dalí nunca menciona su virulento marxismo adolescente; no nos da las razones del repudio paterno en 1929 (no hay mención alguna de la ofensiva inscripción en el cuadro del Sagrado Corazón); pasa por alto su veneración por Breton en los primeros años de su adhesión al surrealismo; nos dice que al año de sumarse al bando surrealista ya había rechazado el automatismo, inventado el eslogan «la conquista de lo irracional» (de hecho no formulado hasta 1935)[13] y se había embarcado en un programa secreto para hacerse con el control del movimiento y redirigir su energía;[14] reclama como suyo todo el mérito de la creación de «la moda de los objetos surrealistas», sin mencionar a sus predecesores ni las instrucciones explícitas de Breton para su divulgación;[15] manifiesta su desdén por el compromiso político del movimiento surrealista cuando él mismo lo compartió durante un tiempo («personalmente la política nunca me ha interesado», miente, olvidando convenientemente, por ejemplo, su coqueteo con el Bloc Obrer i Camperol);[16] hace recaer únicamente en Buñuel el anticlericalismo de *La edad de oro*, afirmando que en 1930, cuando se rodó la película, ya le «sorprendían y le obsesionaban la grandeza y la suntuosidad del catolicismo»;[17] quiere que admiremos su estoica negativa (y la de Gala) a confesar su falta de dinero en los tiempos difíciles, omitiendo toda referencia al Zodíaco, creado precisamente para responder a sus peticiones de ayuda; se reivindica a Picasso como íntimo amigo;[18] en lo que atañe a la guerra civil española, niega que Lorca, «por esencia la persona más apolítica del mundo», pudiera ser asesinado por los fascistas más que como «víctima propiciatoria» de la «confusión revolucionaria»,[19] y así sucesivamente. Se trata de una larga cadena de traiciones: traición a los antiguos amigos, traición a sus propias palabras y a sus actos, traición a la verdad, traición incluso a la declaración de intenciones con que se abre el libro, en la que expresa el deseo de que la obra sea «un honrado intento de autorretrato».[20]

El propósito fundamental de *Vida secreta* es presentar a Dalí como una mezcla de muchacho ambicioso y brillante que sienta la cabeza a los treinta y siete años («desde mi primera infancia me he esforzado desesperadamente por estar en la "cumbre"»),[21] profeta de la guerra (tanto de la española como de la europea), «salvador» del arte moderno (al rescatar éste de la abstracción y recuperarlo para la «tradición eterna» del Renacimiento)[22] y católico español renacido (hasta llega a decirnos que ha cambiado de piel como una serpiente).[23] Otra finalidad del libro, relacionada con todo lo anterior, es la creación del mito de Gala como musa predestinada, amante, psicoterapeuta y esposa, vislumbrada ya en la infancia, vuelta a atisbar en la adolescencia y finalmente «hecha carne» en la playa de Cadaqués en 1929. Hay también otros objetivos: adular a Norteamérica, vista, tras el colapso de Europa, como Tierra Prometida; promocionar la llanura del Empordà, Cadaqués y Port Lligat como los lugares más importantes del mundo; preparar el terreno para su regreso definitivo a España, y, por supuesto, aumentar su fama y ventas en Estados Unidos en momentos en que el mercado del arte está de capa caída.

Con todas estas metas a cuestas, Dalí construye un entramado narrativo en el que realidad y ficción están inextricablemente entrelazadas. El asunto se complica aún más en los primeros capítulos del libro, al introducir Dalí lo que denomina «falsos recuerdos de infancia», que incluyen hasta algunos pretendidos recuerdos intrauterinos (muy poco nítidos, de todas maneras) inspirados por la lectura de *El traumatismo del nacimiento*, de Otto Rank.

La cronología de la narrativa daliniana es tan deliberadamente vaga como la de la anónima *Mi vida secreta*, la épica novela erótica victoriana que se las daba, como el *Quijote*, de ser una historia verdadera y de cuyo título Dalí quizá se apropió. El pintor dice ser capaz de recordar el último detalle de su temprana infancia, hasta el extremo de poder reproducir conversaciones, o describir los colores exactos de un crepúsculo, a la edad de seis años, pero a menudo el orden temporal de los acontecimientos se ha desarticulado brutalmente. Por lo que toca a la década de los treinta, episodios separados a veces por cuatro o cinco años se unen con total desparpajo para dar una impresión de coetaneidad («más o menos en esa época», «no mucho después», «más o menos en esos días comencé a aparecer», etc.). Hacia el final del libro, la cronología se vuelve cada vez más caótica.

Tal vez el aspecto más sorprendente de la autobiografía, con todo, es la declaración del autor, hecha en las últimas páginas, según la cual quiere reconciliarse con la Iglesia católica. Dalí no menciona, en relación con ello, su amistad con Giménez Caballero, editor de *La Gaceta Literaria* y principal teórico del fascismo español, pero es imposible no detectar la influencia de un libro de Giménez, *Roma madre,* publicado en Madrid en 1939 poco después de terminar la guerra civil. Puede ser que Dalí viera a Gecé cuando pasó por la capital en el verano de 1940, rumbo a Lisboa, o que alguno de los falangistas con los que habló en aquellos momentos le llamara la atención sobre el libro. Sea como fuera, la exaltación que Dalí hace de Roma, de la Roma del Vaticano, del Renacimiento, de la jerarquía y ahora, también, del imperialismo, es casi idéntica a la de Giménez Caballero, como lo es su recién descubierto entusiasmo por las especiales virtudes del catolicismo español.[24]

Dalí emerge de *Vida secreta* como un narrador de talento, y a menudo muy divertido, y la frase inaugural del libro establece el tono, entre serio y jocoso, que se mantendrá hábilmente a lo largo del mismo:

«Cuando tenía seis años quería ser cocinera* y a los siete, Napoleón. Desde entonces mi ambición ha ido aumentando sin parar.» Muchos episodios quedan vívidamente grabados en la mente del lector: la «orgía de dos días» en Madrid, por ejemplo, cuando Dalí se inicia en los placeres etílicos; o la fundación en París, en los años treinta, de una sociedad daliniana dedicada a provocar la histeria mundial mediante la colocación estratégica, en las principales capitales, de gigantescas y no explicadas hogazas de pan. Sus descripciones de la Lídia de Cadaqués son graciosas, penetrantes y hasta conmovedoras, y de vez en cuando suelta un apotegma digno de Oscar Wilde: «El cabello de la mujer elegante debe ser sano; es la única cosa de la mujer elegante que debe ser sana»; o «La gente muy rica siempre me ha impresionado; la gente muy pobre, como los pescadores de Port Lligat, también me impresiona; la gente mediana, nada.»[25]

«EL ÚLTIMO ESCÁNDALO DE SALVADOR DALÍ»

En medio de su trabajo sobre *Vida secreta* Dalí tiene su sexta (y última) exposición en la Galería Julien Levy de Nueva York, abierta entre el 22 de abril y el 23 de mayo de 1941. La tarjeta de invitación empieza: «Salvador Dalí requiere el placer de su presencia para su último escándalo: el inicio de su época clásica» (como ha dicho en su carta a Anna Maria desde Hampton Manor, el «escándalo anárquico» ya pertenece al pasado).[26] El magnífico catálogo se ha diseñado para dar sustento a dicha declaración de principios. En la cubierta hay una reproducción del *Autorretrato blando con beicon frito*, enmarcada dentro de un arco renacentista de Palladio adornado con escenas mitológicas inspiradas en la Roma clásica. Debajo, el nombre del artista se combina con *fioriture* geométricas que aluden a una de sus nuevas obsesiones, la sección áurea. Dentro hay un estrafalario texto, «El último escándalo de Salvador Dalí». Atribuido a un tal «Felipe Jacinto» (segundo y tercer nombres de pila suyos), el epígrafe en clave humorística establece el tono burlón del es-

* La traducción española, hecha sobre la versión inglesa, dice «cocinero». Pero el manuscrito francés original aclara que Dalí escribió *cuisinière* (cocinera). Un buen ejemplo, en la primera frase del libro, de lo poco que podemos fiarnos de la versión española (y tampoco, por supuesto, de la inglesa).

crito: «Las dos cosas más afortunadas que podrían ocurrirle a un pintor contemporáneo son: primero, ser español y, segundo, llamarse Dalí. A mí me han ocurrido ambas.» Felipe Jacinto afirmaba haber conocido a Dalí en París una semana antes de que estallara la guerra, y haberlo oído explayarse brillantemente sobre las consecuencias de las hostilidades a punto de desencadenarse. La «época psicológica» llegaba a un abrupto final, le había informado Dalí, y su lugar sería ocupado por la «era morfológica», caracterizada por el regreso a la forma, al control, a la estructura. Felipe Jacinto no cabe en sí: «¡Qué dicha, qué gracia y qué prodigio que en este año de 1941, año de la esterilidad espiritual, pueda aún existir un ser como Dalí, capaz de proseguir la conquista de lo irracional simplemente con convertirse en clásico y continuar la investigación de la *divina proportione* interrumpida desde el Renacimiento!»

Y más cosas por el estilo. Pero ¿cómo funcionaba todo esto en la práctica? Según una nota del catálogo, las obras se exponían en «marcos antiguos» (para realzar, sin duda, su esencia clásica). Pero la verdad es que los diecinueve cuadros no revelaban una clara ruptura con lo que Dalí había estado pintando durante los últimos años: ni los quince realizados en Francia antes de que la pareja huyera de los alemanes ni el puñado ejecutado en casa de Caresse Crosby en Virginia.

A finales de marzo Dalí le había enseñado a un periodista del *Richmond Times-Dispatch* el primer cuadro que había pintado desde su llegada a Estados Unidos, *Araignée du soir, espoir* (Araña de noche... esperanza), rebautizado poco después como *Violoncelo blando, araña, Gran*
85 *Masturbador*.[27] El periodista se había sentido halagado al ver que Dalí, pese a sus escasísimas salidas de casa, había incorporado en la tela un delicado ejemplar de la entomología de Bowling Green. La presencia del insecto, sin embargo, era más bien una reminiscencia de Europa que el resultado de haber visto uno en Virginia, pues –como Dalí apuntaría más tarde– hay una superstición francesa según la cual ver una araña por la noche es augurio de buena suerte.[28] Dalí le explicó al periodista que el objeto blando vomitado por el cañón, al lado del caballo, era un avión, de cuyas alas nacía la victoria: el poderío aéreo, según él, decidiría la guerra europea. Al parecer, el mensaje del cuadro, coherente con la insistencia de Dalí en el retorno inminente del clasicismo, era que del caos de la guerra –representada por el cañón procedente de De Chirico– emergería un nuevo orden.

Parece evidente que Dalí no le dijo al periodista que la figura central del cuadro, cuyo cuello se funde con la figura de una violoncelista fláccida tirada sobre una rama, no es otro que el Gran Masturbador (como bien indicaba el segundo título de la obra). Los dos tinteros colocados sobre el abdomen de la mujer, alusión, cabe pensar, al padre de Dalí en su calidad de notario, hacen sospechar que la escena alude a la nostalgia que Dalí siente por su tierra natal y a su temprano retrato de Lluís Pichot mientras éste ensayaba en Es Sortell. ¿Y el ángel, o Cupido, del ángulo inferior izquierdo? La figura oculta su rostro con una mano: indicio, tal vez, de que la masturbación compulsiva sigue siendo para Dalí motivo de vergüenza.

No hay nada en la composición del cuadro que sugiera un radical cambio de dirección en la obra del pintor. Pero en *Familia de centauros* 86
marsupiales, también de 1940, sí puede apreciarse la tentativa de respaldar la teoría con la práctica, subrayándose la rígida estructura geométrica de la tela, que recuerda a *Figura en las rocas* (1926), en el catálogo de la exposición, donde se reproduce un estudio preparatorio. «Más cuidado con la estructura, más equilibrio y más rigor técnico», comentó Dalí a *The New Yorker*.[29] La exposición incluyó también tres retratos de sociedad (anticipo de una de las direcciones en las que Dalí iba a desplegar su energía en los dos años siguientes); algunos dibujos sin identificar (la máxima de Ingres, «El dibujo es la probidad del arte», citada en el catálogo de 1927, se trae otra vez a colación); seis joyas sobre diseños de Dalí ejecutadas por el duque de Verdura (que había hecho una breve visita al artista en Hampton Manor) y una copa de cristal diseñada por Dalí y realizada por Steuben Glass. Por último, el catálogo reproducía una página del manuscrito de *Vida secreta,* con un anuncio demasiado optimista de The Dial Press, según el cual el libro aparecería aquel septiembre, y algunos ingeniosos añadidos publicitarios del propio Dalí: «¿Es posible recordar la vida prenatal? Explicado en el libro. ¿Por qué estos horribles rabos de gato clavados en pechos? Explicado en el libro...»

Pese a la publicidad, pese a la creciente fama de Dalí, pese al llamativo catálogo, pese al cacareado retorno del pintor al clasicismo y pese a la fe de Julien Levy en los cuadros realizados tras la llegada del catalán en agosto del año anterior,[30] no se vendieron todas las obras expuestas, ni mucho menos. «En 1941, los negocios no sólo iban muy mal, sino que prácticamente no iban», recordaría Levy.[31]

Las reseñas tampoco fueron nada del otro jueves, y pocos críticos se mostraron dispuestos a tomar en serio la conversión de Dalí al clasicismo. «Salvador Dalí se ha vuelto clásico escribió Henry McBride en el *New York Sun.* «¿Lo sabía usted? Al menos, eso dice él. Pero la verdad es que no se nota. En lo que a usted y a mí se refiere, sigue siendo el mismo Salvador de siempre.»[32] Una invectiva particularmente enérgica apareció en el número de junio de la revista *View,* firmada por el poeta Nicholas Calas, relevante miembro del grupo de exiliados surrealistas en Nueva York.[33] A Calas no le tembló el pulso a la hora de calificar a Dalí de renegado que había cambiado de camisa sólo para asegurarse la supervivencia. El redescubrimiento de España, del catolicismo, de la penitencia y del arte clásico..., todo ello, según Calas, no era más que un engaño para agradar «a los dirigentes de la contra-revolución». Dalí, el peor enemigo de sí mismo, ya no sabía lo que hacía; se parecía a aquella niña campesina que pensaba que al añadir una cinta al viejo sombrero de la abuela iba a ir vestida a la última moda.[34] En *Vida secreta* Dalí manifestaría su gratitud a Cala (sin nombrarlo) por haberle proporcionado un nuevo carné de identidad: «Dalí, antisurrealista.»[35]

Los Dalí pasaron el verano de 1941 en el lujoso Del Monte Lodge (Pebble Beach, California), que en los años siguientes se convertiría en su Port Lligat norteamericano, espejismo debido a la vaga semejanza que existe entre el litoral del Pacífico y la Costa Brava y por los topónimos españoles que abundan en la zona: Monterrey, Carmel, Buena Vista, Santa Rita, etc. La dirección de Del Monte Lodge no sólo les dio tratamiento de «vips» a la pareja, sino que, presionada por Gala («Dalí es muy útil para su establecimiento»), les hizo precios muy interesantes. Cerca de allí, en Carmel, se encontró un estudio con un jardín encantador, y muy pronto el pintor trabajaba con su habitual energía.[36]

Es posible que fuera Julien Levy quien recomendó Del Monte Lodge. Este verano, reaccionando ante la desastrosa crisis del mercado de arte de Nueva York, Levy convirtió su muestra de Dalí en exposición itinerante. El primer destino de su «caravana del arte moderno» fue el Arts Club de Chicago, entre mayo y junio.[37] Luego le tocó el turno a San Francisco, y, por último, a Los Ángeles, donde los cuadros de Dalí se expusieron en las Galerías Dalzell Hatfield entre el 10 de septiembre y el 5 de octubre de 1941.[38]

El 2 de septiembre, Dalí y Gala organizaron en Del Monte Lodge una bien promocionada «Noche en un bosque surrealista», inspirada (sin reconocimiento alguno) en el *bal onirique* que Caresse Crosby les organizó en Nueva York en 1935 y en el fantástico decorado de la exposición del grupo surrealista montada en la Galerie des Beaux Arts tres años después. En teoría la finalidad de la velada era recaudar fondos para los artistas europeos exiliados en Estados Unidos, pero en la práctica el objetivo era establecer a Gala y Dalí como una adquisición socialmente deseable para la gente bien de la Costa Oeste. La lista de elementos de decorado propuestos por Dalí para convertir el hotel en una selva surrealista, y que incluía animales prestados por el jardín zoológico local, puso los pelos de punta a la dirección del establecimiento. Pero el proyecto se llevó a cabo. Clark Gable, Bob Hope, Bing Crosby y Ginger Rogers acudieron desde Hollywood y, desde Nueva York, los Hitchcock y unos cuantos millonarios. Gala, radiante, presidió junto a Dalí la larga mesa cubierta de chismes supuestamente surrealistas (se habían colgado sacas del techo para crear el efecto de una gruta), y Bob Hope se llevó un susto de verdad cuando un sapo vivo cubierto de salsa le saltó a la cara desde uno de los platos. Todo el mundo se divirtió pero, la fiesta acabada y las cuentas hechas, no quedó ni un céntimo para los artistas exiliados. Dalí y Gala habían dejado su impronta en California, empero, y se marcharon a Manhattan satisfechos con los resultados de su iniciativa.[39]

Allí los entrevistó en el St. Regis una periodista de *American Weekly*, que apuntó que Dalí tenía un «talento para la autopromoción que haría que el difunto Barnum pareciera un aficionado». No se equivocaba: el instinto del pintor para la publicidad era infalible, tanto para organizarla él mismo como para aprovecharla cuando la «casualidad objetiva» se la servía en bandeja. Dalí le enseñó a la periodista una silla de siete patas colocada sobre los caparazones de cuatro tortugas (tratar bien a los animales nunca fue característica de Dalí). Allí arriba, en lo alto de la silla, le explicó, era donde se le ocurrían sus mejores ideas. Hizo una demostración. Abajo, Gala aclaró que el «movimiento continuo» de las tortugas estimulaba el poder creativo del Maestro. A la periodista los quelonios le parecían más bien muertos. «Sólo están dormidas, sumidas en su propio mundo inconsciente», replicó Gala. ¿Y el dinero? Los «retratos surrealistas» de Dalí se vendían como rosquillas a pesar de la guerra, le aseguró la musa, y no le faltaban nuevos proyectos.[40]

No le faltaban, desde luego. Esa misma noche los Ballets Russes de Montecarlo estrenaron en el Metropolitan Opera House *Laberinto.* Dalí había ideado el ballet, basado en el mito de Teseo y Ariadna, mientras conversaba con su amigo el marqués de Cuevas, mecenas de la compañía, y había diseñado los decorados y el vestuario durante el verano en Pebble Beach. La música era de Franz Schubert y la coreografía de Massine, con quien Dalí había trabajado en *Bacanal* en 1939. Una reconstrucción de uno de los telones de fondo de Dalí cuelga hoy en la sala central del Teatro-Museo de Figueres. Representa el torso de un gigante calvo hundido hasta la cintura en el mar frente a una isla al estilo de la de Böcklin. Tiene el cráneo partido, la cabeza gacha, como si meditara, y en su pecho se ha abierto una puerta, la entrada al laberinto. Otro de los telones se inspiraba en *El nacimiento de Venus* de Botticelli. Dalí se apropió de las olas coronadas de espuma del italiano, y trasplantó a la diosa al cielo, donde sus enormes pechos y caderas figuraban nubes. El diseño era de una ordinariez indescriptible.[41]

Laberinto no fue bien acogido por la crítica. Tampoco al propio Dalí le gustó especialmente el montaje. Pero dio bastante que hablar y sirvió además como propaganda para una insólita exposición conjunta que pronto se iba a abrir en el Museo de Arte Moderno.[42]

DALÍ Y MIRÓ AL ALIMÓN

En 1929 Dalí le había dicho a un periodista de Barcelona que en ese momento su principal objetivo era conseguir la fama internacional.[43] La exposición antológica del MOMA, inaugurada el 18 de noviembre de 1941, demostró no sólo que doce años después de aquella entrevista el artista había alcanzado su meta, sino que los norteamericanos admiraban profundamente la capacidad para promocionarse que le había ayudado en su empeño. «La fama de Salvador Dalí ha sido el centro de una intensa polémica durante más de una década», empezaba el cauto prólogo al catálogo de Dalí redactado por Monroe Wheeler, director de exposiciones y publicaciones del museo. «La opinión que nosotros tenemos de él difiere de la del público, tal como la refleja la prensa», añadió precavido, «y también, hasta cierto punto, de su autointerpretación.» Consciente de que los temas de los cuadros de Dalí podían considerarse chocantes o arbitrarios, Wheeler justificó la exposición al presentar al pintor como un artista particularmente dotado para expresar la «atormentada psique de hoy», la psique de «una época difícil». «¿No es irracional que saludemos con júbilo las conquistas revolucionarias de la ciencia, y que luego nos asuste la revolución en el arte?», preguntaba

Wheeler. «Puede que la conducta de Dalí haya sido indecorosa, pero la mayor parte de su obra es algo muy serio, tanto para nosotros como para él.»[44]

El MOMA no tenía que justificar nada respecto a la mitad de la muestra conjunta que correspondía a Miró. «Alegría, sol, salud..., color, humor, ritmo: éstas son las notas que caracterizan la obra de Joan Miró», arrancaba el catálogo-monografía preparado por James Johnson Sweeney. «Pasar de la sección Dalí a los Mirós es dejar una sala solemne y oscura –una habitación donde se están examinando radiografías clínicas, digamos– para llegar a la alegría y a la luz de una guardería», comentó Robert M. Coates en *The New Yorker*.[45] El propósito de la doble exposición, a todas luces, era demostrar cómo el surrealismo podía dar cabida tanto al lado oscuro del ser humano como al luminoso, o, como dijo Edward Alden Jewell, mostrar «cuán divergente puede ser la actuación de dos protagonistas en la misma obra de teatro». La obra, claro, se llamaba surrealismo.[46]

La tela más antigua de la sección correspondiente a Dalí fue *Cesta de pan* (1926): sus etapas impresionista y cubista no estuvieron representadas. De las obras clave ejecutadas en 1929 se expusieron dos: *Los placeres iluminados* y *La adecuación del deseo;* de 1930, *La fuente* y *La sensación de devenir. La persistencia de la memoria* (1931), el cuadro daliniano más conocido en Estados Unidos y que había sido donado recientemente al MOMA, estaba allí, claro está, así como otro del mismo año, *Sombras de la noche que cae.* Entre otros cuadros de primer orden expuestos estaban *Yo a los diez años cuando era el niño-saltamontes* (1933), *Gala y el «Ángelus» de Millet precediendo la llegada inminente de las anamorfosis cónicas* (1933), *El fantasma de Vermeer de Delft, utilizable como mesa* (1934), *Retrato de Gala* (1934) –también cedido al MOMA por un donante anónimo–, *Construcción blanda con judías hervidas-premonición de la guerra civil*–fechado aquí en 1936–, dos obras importantes prestadas por Edward James, *El sueño* (1937) e *Impresiones de África* (1938), además de *Violetas imperiales* (1938), donada por el mismo al MOMA, *Aparición de un rostro y un frutero en una playa* (1938), y, de la colección particular de Dalí, *El espectro del sex-appeal* (1934), *Burócrata medio atmosfericocéfalo ordeñando un arpa craneal* (1934), *Filósofo iluminado por la luz de la luna y del sol poniente* (1939), *Dos trozos de pan expresando el sentimiento del amor* (1940) y *Vejez, adolescencia, infancia* (1940). A los cuarenta y dos óleos se añadían el dibujo de Dalí para la cubierta del *Segundo manifiesto surrealista,* y dieciséis dibujos realizados entre 1934 y 1940.

El hecho de que Edward James hubiera prestado cuadros traídos de Francia con muchas dificultades sugiere que, pese a su enfado con Dalí por no haber respetado el contrato firmado entre ellos antes de la guerra, el excéntrico inglés estaba dispuesto a olvidar el pasado.

Las reseñas de la antológica conjunta Dalí-Miró demuestran que, al margen de las preferencias individuales de los críticos, Dalí fue la estrella del espectáculo. Nadie podía negar su capacidad para inquietar y fascinar al público. «Si a los norteamericanos les gusta rebelarse, también les gusta que los escandalicen», señaló Henry McBride, «y el señor Dalí lo ha logrado más profundamente y más veces que cualquier otro artista de los tiempos modernos.»[47] Robert M. Coates pensaba igual, pero consideraba que las tácticas de choque de Dalí eran ya tan poco novedosas que habían perdido «una buena parte del impacto que pretenden conseguir». Según Coates, una «sensación de superficialidad» predominaba en casi todas sus obras expuestas. El virtuosismo era el peor hándicap de Dalí. El artista ya se estaba repitiendo. A Coates también le disgustaba el que Dalí hubiera logrado convencer a Estados Unidos de que él y nadie más que él representaba al surrealismo, lo que significaba subestimar a otros pintores del movimiento y sus diversos estilos: Lurçat, Tanguy y Masson en Francia, por ejemplo; Peter Blume, Philip Evergood y James Guy en Norteamérica. Ello implicaba también que a la gente ya no le resultaba fácil distinguir entre «el surrealismo en el arte y el surrealismo como aventura daliniana, sus pianos colgados de un árbol, por ejemplo, o su espectáculo para mirones en la Exposición Internacional» (Coates se refería, obviamente, a *Sueño de Venus).*[48] Peyton Boswell Jr., de *The Art Digest,* opinaba que Miró no encajaba del todo dentro de «la concepción que el lego tiene del surrealismo como lo había popularizado su reconocido líder», es decir, Dalí. Miró era «más ligero, más decorativo dentro de la tendencia moderna, y, sin embargo, bastante sorprendente en sus símbolos delineados de manera muy original». Dalí, por el contrario, era:

> Veinte mil voltios de imágenes desinhibidas. La suya es una expresión artística morbosa, sádica, nihilista, aunque no puede negarse que tiene el don hipnótico de entusiasmar incluso a los que están hartos de los metros y más metros de lienzos pintados con la única intención de destrozar lino virgen [...] La voz de Dalí es una voz de su época. Cuando los tiempos cambien y el género humano reencuentre la cordura, cambiará también el gusto por esas pesadillas suyas de título seductor y pintadas

de manera exquisita. Mientras esperamos, no veo nada de malo en evadirnos un momento de la tensión que provoca la histeria mundial, despojándonos de nuestras preocupaciones ante las incongruentes yuxtaposiciones de objetos familiares que caracterizan los cuadros de Dalí.[49]

El ensayo de James Thrall Soby para el catálogo de la exposición de Dalí contenía el mejor resumen de la vida y obra del pintor publicado hasta la fecha, en gran parte porque Soby había tenido la ventaja de leer el manuscrito mecanografiado de *Vida secreta* antes de la publicación del libro. Sin embargo, tal privilegio no le impidió cometer uno o dos errores garrafales, como decir que Picasso era «catalán como Dalí», y, aunque nunca había pisado Cataluña, hablar del «amor de los catalanes por la fantasía y la santificación del instinto», lo cual no dejaba de ser una chorrada. Las observaciones de Soby sobre la influencia en Dalí de la perspectiva profunda de De Chirico, y de las imágenes dobles y los personajes-mueble de Giovanni Battista Bracelli eran originales y agudas. Opinaba que Dalí había contribuido de manera relevante a la recuperación de la anécdota en la pintura (lo cual era cierto) y que su oposición al arte abstracto estaba dejando su impronta (lo cual era falso). El «hecho innegable», de todas manera, era que Dalí era el más famoso de los jóvenes que entonces pintaban. Se imprimieron diez mil ejemplares del elegante catálogo (frente a ocho mil del de Miró), y la publicación contribuyó enormemente a aumentar el prestigio de Dalí en Estados Unidos. Cuando la retrospectiva se clausuró en febrero de 1942, tres meses después de Pearl Harbor y de la entrada de Estados Unidos en la guerra, fue llevada en gira por ocho ciudades del país: Northampton, Cleveland, Indianápolis, San Francisco, Williamsburg, Utica, Detroit y Omaha.[50] Muchas personas, que hasta entonces sólo conocían a Dalí a través de la prensa popular, quedaron sorprendidas al comprobar que, además de célebre *showman,* ¡era un importante pintor! La gira fue un éxito enorme e hizo correr ríos de tinta. Terminada su andadura, Dalí tendría motivos de sobra para considerar que, a sus treinta y ocho años, «había llegado».

LA «VIDA SECRETA» EN PÚBLICO

En septiembre de 1942 el pintor inició una campaña para promocionar *Vida secreta de Salvador Dalí,* a punto de aparecer simultáneamente en Nueva York y Londres. Para la revista *Click* diseñó un abigarrado anticipo del libro que aunaba trucos fotográficos, comentarios y dibujos. Vemos a Dalí escribiendo en su «mesa simbólica» (una chica desnuda sin cabeza echada de espaldas), un reloj blando cubre la cabeza de Gala, huevos fritos haciendo las veces de pechos cortados desfilan por una de las páginas y dos bailarinas soñadas la noche anterior por el catalán cruzan de un salto su cama. Dalí lleva su ya famoso bigote. Es moreno, elegante y innegablemente guapo.[51]

Hubo prepublicaciones de algunos extractos del libro. Dalí se apresuró a enviarle una a su hermana a principios de septiembre desde Los Ángeles, donde él y Gala se hospedaban en el Hotel Beverly Hills, frecuentado por actores famosos, entre ellos Clark Gable. A diferencia de su padre y su madrastra, Anna Maria leía inglés, que había empezado a estudiar en la Universidad de Barcelona en 1935, y a veces publicaba en la prensa alguna pequeña traducción. No era de extrañar, por ello, que pronto empezara a albergar la esperanza de que Salvador le encargara la preparación de la versión castellana de *Vida secreta* (esperanza asaz pretenciosa, hay que decirlo, que se desvanecería cuando en 1944 apareciera de repente la edición argentina).[52] En su carta Dalí le pide a Anna Maria que no se sienta molesta por el pasaje de la prepublicación en el cual se refiere al incidente del cometa Halley (en el que afirma haberle dado una patada en la cabeza cuando ella sólo tenía cuatro años). El propósito, le asegura, no es otro que retratarlo como a un niño travieso. Más adelante, añade, trata a la familia con todo cariño, «borrando completamente todos los equívocos que haya podido haber en el pasado». Luego le habla entusiasmado del lujoso Cadillac que él y Gala acaban de comprar. ¡Un Cadillac, nada menos! Han viajado en él desde el Este y están a punto de iniciar el viaje de regreso a Nueva York. Salvador ha hecho reemplazar las ventanas estándar del vehículo por unos cristales dobles de color diseñados por él, y los picaportes por otros estilo Luis XVI. En cuanto a sus cuadros, se están vendiendo tan bien que ha intentado enviarles dinero, cosa que la situación internacional hace por el momento absolutamente imposible. Intentará encontrar la manera de transferirles algunos ahorros que él y Gala dejaron atrás en Lisboa. Termina diciéndole que esperan poder regresar a España la primavera siguiente, y le pide que le escriba con más frecuencia.[53]

Si Dalí echa de menos su tierra, no cabe duda de que está disfrutando enormemente su triunfal estancia en Estados Unidos. Para coronar su satisfacción, *Vida secreta de Salvador Dalí* es un éxito editorial cuando aparece en octubre. El libro es físicamente muy bello, gracias, en no escasa medida, a Caresse Crosby, que en el dorso de la portada recibe el debido reconocimiento por parte del editor, Burton C. Hoffman (si bien éste desaparecerá injustamente en ediciones posteriores). *La persistencia de la memoria* se reproduce en color en la sobrecubierta, debajo del título. En la parte trasera de la misma hay un encantador dibujo de Gala desnuda, a guisa de niña sentada a horcajadas sobre una barca con proa en forma de cabeza de águila. La inscripción reza «*Gala, celle qui avance*»: Gala-Gradiva, ya lo sabemos, siempre se negará a vivir en el pasado. Siempre querrá avanzar. Nunca retroceder. Las tapas duras del libro son de tela negra. Pegado en el centro de la portada hay un dibujo a tinta en el que, sobre un fondo rosa, un personaje escuálido, se supone que un anacoreta, extiende el crucifijo que agarra en la mano derecha en dirección a dos cazas que han estado en combate. Uno de ellos está cayendo en picado envuelto en llamas. El mensaje, a tono con las últimas páginas del libro, en las que Dalí habla de su búsqueda de Dios, es que el mundo necesita un resurgimiento de la fe católica. O así parece.[54]

Ilustran el texto cientos de dibujos, fotografías y reproducciones, y los elogios a Dalí incluidos en la solapa posterior reproducen tres citas de personajes célebres: «La imaginación de Dalí me recuerda a un motor fuera de borda constantemente en marcha» (Picasso); «Nunca he visto un ejemplar más perfecto de español. ¡Qué fanático!» (Freud); «El libro de Dalí constituye un retrato extraño, locamente humorístico, agresivo, ofensivo, fanáticamente provocador y, sin embargo, pese a sí mismo, hermoso. Busquen lo consciente: encontrarán una inteligencia respetuosa con la tradición y un corazón que ansía encontrar la fe» (André Maurois). Hay que suponer que Maurois, para poder escribir tales palabras, habría recibido un ejemplar del libro antes de su publicación.

Entre las muchas fotografías de Dalí incluidas en el volumen, una de las más destacables es la realizada por Philippe Halsman, que muestra al pintor con las palabras VIDA SECRETA grabadas en la frente. Dalí y Halsman se habían entendido bien, en gran medida por compartir un sentido del humor igualmente alocado. A Dalí le había impresionado tanto la inventiva de Halsman como a éste el incesante chorro de ideas que manaba de la mente del pintor, y su amistad daría lugar a una esporádica colaboración a lo largo de varias décadas.

Vida secreta suscitó opiniones diversas, como sin duda Dalí había pretendido y previsto, pero incluso los críticos que lo odiaron tuvieron que reconocer su originalidad o su osadía. En la mayoría de los casos la ignorancia de España (y no digamos el desconocimiento absoluto de Cataluña) hizo difícil valorar la versión que en el libro Dalí ofrece de su pasado. Casi ningún crítico parece haber captado su irónico humor, además. Una excepción fue el escritor James Thurber, que publicó en *The New Yorker* un divertido comentario titulado «La vida secreta de James Thurber». «Lo que tenía Salvie que no teníamos el resto de los chicos», observó éste sardónicamente, «fue el escenario, personajes y trajes, perfectos todos ellos, para su desesperada pequeña rebelión contra lo decente, lo convencional y lo cómodo.»[55] Otra excepción a la regla fue un comentarista anónimo de *Time:* la autobiografía era «una jungla salvaje de fantasía, poses, carcajadas y confesiones sádicas y narcisistas»; en suma, «uno de los libros más irresistibles del año».[56] ¿Del año sólo? «Es uno de los libros más extraordinarios del siglo», opinó otro crítico.[57] Hubo quien intuyó correctamente que la vida secreta propuesta por Dalí tenía poco que ver con el hombre de carne y hueso (el libro era «tal vez la mayor hazaña de oscurantismo deliberado de todos los tiempos»),[58] y Malcolm Cowley, de *New Republic,* sentenció que un siglo después de su publicación la *Vida secreta* de Dalí sería una «prueba del derrumbe de la Europa occidental», ¡y no en el sentido militar del término![59] Clifton Fadiman, de *The New Yorker,* lo calificó de «risueña pesadilla». Dalí era un niño perverso, «y el que piense que a los niños malos no se les debería permitir que escriban sus memorias, será mejor que ni abra *Vida secreta*».[60] Elsa Maxwell sí lo abrió... y le gustó la experiencia. «Lea este libro baudeleriano y permítase un viaje gratis a través de los laberintos de las psiconeurosis», recomendó.[61] A Sol Davidson, de *The Art Digest,* el libro le pareció sádico y esquizofrénico: se leía como un relato escrito por un paciente internado en un hospital psiquiátrico.[62]

Luis Buñuel llevaba trabajando desde 1941 en el departamento de documentales del Museo de Arte Moderno de Nueva York, y sintió curiosidad por saber lo que Dalí había escrito en su autobiografía sobre él y sus trabajos en colaboración. Los escasos comentarios garrapateados por el realizador en los márgenes de su ejemplar sugieren que el libro no le gustó mucho («¡Mentira!», apunta dos veces). El pasaje en el que Dalí afirma que el anticatolicismo de *La edad de oro* fue responsabilidad exclusiva de Buñuel no atrae un comentario marginal; sin embargo fue tal alegato lo que al parecer creó el ambiente hostil que obligaría al aragonés a renunciar a su puesto en el MOMA en junio del año siguiente. Las autoridades de Washington examinaban en estos momentos el historial político de Buñuel, y al cineasta no le haría gracia alguna la retorcida tergiversación daliniana sobre el rodaje de *La edad de oro*, diseñada deliberadamente, cabe pensarlo, para que el pintor, él, no tuviera problemas en Estados Unidos.[63]

Si a Buñuel no le gustaba mucho *Vida secreta*, el conocido escritor George Orwell lo despreciaba. Su larga reseña «En beneficio del clero: apuntes sobre Salvador Dalí» constituye sin lugar a dudas la más interesante reacción estrictamente contemporánea al libro. En opinión de Orwell, Dalí era un ser humano repugnante cuya obra pictórica, extraordinaria por su impecable maestría en el dibujo, tenía «un gran valor»... como síntoma de la decadencia de la civilización capitalista. Para Orwell era indudable que se trataba de una obra perversa: «El hecho es que nos hallamos aquí ante un ataque frontal e indiscutible a la cordura y a la decencia; e incluso –puesto que algunos de los cuadros de Dalí tienden a contaminar la imaginación como una postal pornográfica– a la vida misma.» El puritano Orwell, incapaz por naturaleza de simpatizar con Dalí, estaba obsesionado con la pornografía (hay otra referencia a las postales «sucias» en la reseña), y *Vida secreta* le parecía poco menos que «un acto de *striptease*».

Las dos características fundamentales del libro son, según Orwell, la «perversidad sexual y la necrofilia», con la coprofilia pisándoles los talones. Al examinar las numerosas ilustraciones, le sorprende al autor de *Homenaje a Cataluña* la ubicuidad de los símbolos y objetos sexuales, entre ellos «nuestro viejo amigo el zapato de tacón alto» (Dalí admitía sin reparos que ése era uno de los fetiches «más activos» de su vida).[64] Orwell reconoce que las muletas y los vasos de leche caliente son una contribución original de Dalí a la larga lista de perversiones sexuales, al igual que su afición a los burros podridos. En cuanto a la insistencia con que Dalí niega ser homosexual, Orwell tiene sus dudas. ¿Qué hemos de pensar de esos «afeminados dibujos de jóvenes»? El escritor señala que cuando Dalí no pinta obras específicamente surrealistas, tiende a regresar a un compulsivo pastiche del *Art Nouveau.* Tal vez, bien pensado, se trata del estilo que mejor lo expresa. Teniendo en cuenta su experiencia personal de la guerra española, Orwell no podía dejar de sentirse muy dolido por la actitud de Dalí ante ésta, y señala cómo el pintor «evita astutamente tomar partido», luego huye «como una rata» cuando los alemanes invaden Francia y se embarca lo antes posible para Estados Unidos, con su conversión al catolicismo bajo la manga y «pasando de un salto, y sin sombra de arrepentimiento, de los elegantes salones parisienses al regazo de Abraham». En el artículo no hay una sola referencia al humor daliniano, que constituye sin duda una de las características fundamentales del libro, ni apreciación alguna del talento literario que revela. Para Orwell, *Vida secreta* «es un libro que apesta. Si fuera posible que un libro emitiera un hedor físico, sería éste... Una idea que tal vez le gustaría a Dalí».

Lo irónico del asunto fue que el serio intento orwelliano de analizar el libro chocó contra la absurda rigidez de la censura británica de la época. «En beneficio del clero» hizo una especie de «aparición fantasma» en 1944 en la revista *Saturday Book,* que estaba ya impresa y lista para ser distribuida cuando los editores (Hutchinson) decidieron suprimir el texto orwelliano por motivos de ¡obscenidad! El artículo fue eliminado a conciencia de cada ejemplar de la revista. Así era Inglaterra hace sólo cincuenta años.[65]

REYNOLDS Y ELEANOR MORSE

Cuando la antológica de Dalí llegó al Museo de Arte de Cleveland el 6 de marzo de 1942, Reynolds Morse, joven empresario de veintiocho años, natural de Denver, Colorado, fue corriendo a verla acompañado de su novia, Eleanor Reese. Morse, que se había licenciado en geología antes de entrar en el Harvard Business School, había visto algunas reproducciones de Dalí en *Life* en abril de 1939, entre las que figuraban *El sueño, El enigma de Hitler* y *El enigma sin fin.* Se había quedado fascinado. Estaba predispuesto, pues, a disfrutar enormemente de la muestra. Pero ésta superó con creces las expectativas tanto suyas como de Eleanor. «Nos acabábamos de prometer y descubrimos que teníamos otra cosa más en común, una admiración devoradora por la pintura de Dalí», escribiría Eleanor unos cuarenta años después. «Nos impresionó su soberbio talento como dibujante. La nostalgia de sus perspectivas profundas nos cautivó. Sus temas, extraños y surrealistas, nos intrigaron. En una palabra, la pintura de Dalí nos hechizó.» Los Morse recorrieron la exposición equipados con un ejemplar del catálogo de James Thrall Soby, que luego se convertiría en su «Biblia Dalí».[66]

En los meses que siguieron, Charles Roseman, excéntrico amigo de la pareja, adquirió tres Dalís en la Galería Bignou, de Nueva York (propiedad de George Keller), volviendo con ellos triunfante a Cleveland: *Yo a los diez años cuando era el niño-saltamontes* (expuesto en el MOMA, pero no en la gira), *Paranoia* y *El momento sublime.* Estimulados por la proeza de su amigo, los Morse decidieron que no tenían más opción que comprar ellos también un cuadro de Dalí. Conseguirlo les llevaría casi exactamente un año.[67]

El cuadro que adquirieron fue *Araignée du soir, espoir,* la primera obra pintada por Dalí en casa de Caresse Crosby en 1940. Como hemos visto, Dalí lo había rebautizado *Violoncelo blando, araña, Gran Masturbador,* pero los Morse prefirieron el título original francés, que tradujeron como *Daddy Longlegs of Evening –Hope!* La compra se realizó por teléfono el 21 de marzo de 1943, tras ver la fotografía de la tela que se reproducía en *Vida secreta.* Los Morse tuvieron que desembolsar seiscientos dólares. «Antes de despachar la tela», recordaría Eleanor, «el señor Keller telefoneó para preguntar si queríamos también el marco, un marco ornamental tallado en madera negra "de época" que el mismo Dalí había escogido. Por supuesto, le dijimos que sí.» Cuando recibieron la factura descubrieron espantados que el marco les costaba el doble que el cuadro: casi mil doscientos cincuenta dólares.[68]

Poco después la pareja adquirió otro Dalí, *Reminiscencia arqueológica del «Ángelus» de Millet* (1935).[69] Luego, el 8 de abril de 1943, por sugerencia de George Keller, les escribieron directamente a los Dalí para pedirles una entrevista. Ya era hora de conocerles en persona. Gala les contestó en francés, proponiéndoles una cita en el St. Regis el 13 de abril, o al día siguiente en el *vernissage* de la exposición daliniana de retratos de sociedad, que se iba a abrir en la Galería Knoedler. Los Morse optaron por el St. Regis, y el encuentro tuvo lugar en el King Cole, el famoso bar del hotel, decorado con un enorme mural de Maxfield Parrish. Marcó un giro decisivo en la vida de Eleanor y Reynolds Morse y también, hasta cierto punto, en la de Gala y Dalí.[70]

Con su llaneza habitual, Reynolds Morse le preguntó a Dalí en el curso de esta primera conversación por qué él y Gala no tenían hijos:

> Me dijo que no tenía hijos porque le daba miedo cómo podrían resultar. Luego elaboró una historia de uno de los hijos de Picasso al que se

encontró corriendo por las calles de París, medio loco y casi desnudo, cubierto sólo con un taparrabos con una calavera pintada encima. «Si el hijo de un genio como Picasso era así de loco», concluyó Dalí, «¡imagínese cómo podría salir un hijo mío!»[71]

Poco después los Morse le compraron directamente a Gala el magnífico *Burócrata medio atmosfericocéfalo ordeñando un arpa craneal* (1933). Les costó ochocientos dólares. Morse dudaba antes de soltar el dinero, pero Charles Roseman lo tranquilizó: «¡Pero Ren! ¡Si el título solo ya vale más que eso!»[72] Luego compraron los Morse la acuarela *La madona de los pájaros* (1943). A la pareja ya no los paraba nadie, y dentro de pocos años estarían en vías de formar la colección de Dalís más extraordinaria del mundo.[73]

Para Gala el éxito económico actuaba como un potente afrodisíaco, y, a medida que su fortuna y la de Dalí crecía, empezó a adquirir una bien ganada reputación de promiscua. El 24 de junio de 1943 ella y Morse almorzaron juntos en Nueva York. Para entonces los Morse poseían ya unas diez obras de Dalí y querían saber si quedaba algo disponible. Después del almuerzo Gala llevó a Reynolds al St. Regis y le dijo que, si le apetecía verla, tenía una carpeta de dibujos eróticos de Dalí. Gala fue a buscarla a su dormitorio y le indicó a su acompañante que la siguiera. Morse quedó totalmente «pasmado» con lo que vio. Tuvo la sensación de que miraba uno de los cuadernos privados de Leonardo da Vinci. Mientras examinaba la carpeta Gala le susurró que todo el mundo quería acostarse con ella. Le llevó un tiempo (como a Jimmy Ernst, hijo de Max, cuatro años antes)[74] darse cuenta de que la Musa se le ofrecía. Morse se la quitó de encima lo más cortésmente que pudo, y, tras comprarle dos dibujos eróticos, se precipitó a las escaleras. «Fue un susto tremendo», diría riéndose muchos años después. «Gala me dijo que a Dalí no le importaba, que cada uno hacía su vida, que no eran una pareja en el sentido convencional del término. Hasta llegó a sugerirme que, si consentía, llegaríamos a un acuerdo muy favorable en relación con el importe de mis compras. Yo le dije que quería a mi mujer y que me era imposible serle infiel. Creo que mi rechazo la ofendió de veras. Yo me horroricé. Podía haber sido mi madre.» En cuanto a Eleanor Morse, llegó a la conclusión de que Gala no sólo era una esnob sino una mujer «cruel, mezquina y dura», probablemente a causa de ser tártara. Como vendedora, Gala era voraz e incapaz de ponderar con objetividad los aspectos más sutiles del mercado de arte. Cuando alguien protestaba porque pedía mucho, interpretaba la queja como deslealtad a la «causa daliniana», haciéndoselo saber a los Morse, si estaban presentes, «por medio de indirectas y comentarios insidiosos». A la pareja les sorprendió constatar que Gala había logrado eliminar cualquier sentimiento maternal. Estaba siempre a la búsqueda de motivos ocultos, y parecía incapaz de imaginar que alguien pudiera ser amable u honesto.[75]

Una de las virtudes de los Morse era que no les avergonzaba admitir su ignorancia. De España sabían muy poco, y de Cataluña nada. Pero estaban dispuestos a aprender. En realidad, se *desvivían* por aprender. Dalí les hacía bromas, pero no les importaba..., los dos tenían un gran sentido del humor. A medida que llegaban a conocerlo mejor, y que adquirían más obras suyas, sus interrogatorios se hacían más insistentes. A veces ello ponía fuera de sí a Dalí. Éste seguía sin hablar casi una palabra de inglés, y le irritaba que Eleanor, que sabía un poco de francés (Reynolds, en cambio, nada), tuviera dificultades con su fuerte acento catalán. Pero al final llegaron a una *entente cordiale,* pasando los Morse a ocupar prácticamente el lugar dejado por Edward James. No disponían de la inmensa fortuna del inglés, pero su apoyo y su entusiasmo, además de su dinero, fueron sin duda muy importantes para el artista en la década de los cuarenta y también, en menor medida, más adelante.

El concepto que tenía Dalí de las relaciones sociales era que los demás mortales existían para ser utilizados. Si alguien quería ser su amigo, era asunto suyo. Pero que no esperara reciprocidad alguna. Entre las personas a utilizar, los ricos encabezaban, por supuesto, la lista. En Estados Unidos Dalí se dio cuenta rápidamente de que la mejor manera de sacarles grandes sumas a esos afortunados era convencerles de que necesitaban un retrato firmado por él. No le costó mucho esfuerzo conseguirlo y pronto se puso de moda también como retratista. Su exposición de 1943 en Knoedler fue elocuente de hasta qué punto el pintor era capaz de rebajarse cuando de ganar dólares se trataba. Los rostros de los acaudalados se habían insertado en trillados escenarios dalinianos repletos de artilugios antes originales pero ahora más vistos que el tebeo. No gustaron a los críticos. Tampoco a algunos de los clientes. La crítica más demoledora apareció en el *New York Sun:*

> No hay vitalidad en los retratos. Sólo el pesado, laborioso oficio, y una infinidad de detalles. Cada trozo valiendo tanto. Ni siquiera los intentos de reírse del dinero son válidos. Nuestra dama más elegante, la señora Harrison Williams, aparece hecha unos zorros y descalza. ¡Pero si todas las criaturas de Dios tienen zapatos! Todas menos la señora Harrison Williams. Parece un caso extremo. Y no tiene gracia. El rostro de la princesa Gourielli está tallado en la ladera de una montaña como esas monstruosidades que hizo Gutzon Borgium en el Oeste. No es nada interesante. La señora Dorothy Spreckles reposa encima de las olas sobre una especie de erizo de mar. Y así sucesivamente. Queremos expresar nuestra compasión por el artista. Tanto esfuerzo se merece una mejor finalidad.[76]

La princesa Gourielli era Helena Rubinstein, que, no bastándole su retrato, le encargó ahora a Dalí tres frescos para el comedor de su apartamento de Manhattan. Dalí estaba fascinado con Rubinstein (cuyo título era falso), y años más tarde recordaría su amistad con ella en algunas de las páginas más brillantes de sus *Confesiones inconfesables*. En 1942 Rubinstein valía cien millones de dólares, según Dalí, y sus «emplastos cubrían más del cincuenta por ciento del sexo femenino en un caparazón de ilusiones que modelaba los rostros y las almas». Rubinstein tenía «el carácter de un corsé despiadado». Había dedicado su vida a ser la Número Uno, algo que no podía escapársele a Dalí, ni dejar de impresionarle, como tampoco el descaro con que robaba ideas ajenas para sus célebres eslóganes (por ello Dalí procuraba no hablar demasiado en su presencia). En algunos aspectos Rubinstein era tan torpe y poco práctica como él. Capaz de dirigir a hombres y mujeres alrededor del mundo entero como un dictador, no sabía marcar un número de teléfono. En el corazón de su inmenso apartamento (había comprado todo el edificio porque el propietario se negaba a alquilar a judíos), tenía un dormitorio donde «se agazapaba como el Minotauro en lo más recóndito del laberinto, y esperaba a sus presas en un inmenso lecho de cristal transparente, cuyos pies y semibaldaquín curvado eran fluorescentes». Dalí y Rubinstein estaban hechos el uno para la otra. El artista nunca había visto tantas joyas reunidas sobre el cuerpo de una sola persona, ni había oído nunca a nadie hablar con tanta caradura de su riqueza. Los monólogos de Rubinstein siempre volvían al dinero: a cuánto había ganado y cuánto más pensaba ganar. El dinero era su religión, su única medida del éxito. Dalí intuyó que podía convertirla en su «vestal», pues le despertaba el deseo de esforzarse aún más por asegurar su propio ascenso a las cumbres de la riqueza más deslumbrante.[77]

EL «CLEDALISMO», «CLAVE» DE DALÍ: «ROSTROS OCULTOS»

Animado por la polémica recepción y boyantes ventas de su *Vida secreta,* Dalí decidió escribir una novela en la que desarrollaría sus opiniones sobre el derrumbe del viejo orden en Europa y la resurrección espiritual que, según él, lo seguiría. A tal fin, mientras la guerra arreciaba en varios frentes, se refugió en el otoño de 1943 en la finca del marqués de Cuevas en Franconia, New Hampshire, situada entre las montañas no lejos de la frontera canadiense. Allí, en cuatro meses, escribió *Rostros ocultos,* «a un ritmo de catorce horas por día». Hasta Dalí se quedó impresionado ante tal hazaña, de la que dedujo que él era, probablemente, «el artista más trabajador de nuestro tiempo».[78]

Haakon Chevalier, puesto al tanto por Dalí de que iba a escribir una novela, lo visitó, con cierto escepticismo, en New Hampshire. Para su sorpresa, el traductor de *Vida secreta* descubrió que, terminado el primer y extenso capítulo, toda la novela estaba ya «bien definida y muy clara» en la mente de Dalí, y la mayoría de las escenas elaboradas con todo detalle. Chevalier leyó el primer capítulo con admiración creciente: «Conocía al Dalí pintor y al Dalí solipsista; ahora empezaba a conocer al Dalí novelista.» El traductor apenas se lo creía: un pintor de fama internacional «totalmente preocupado por problemas de personajes, situaciones, intensidad dramática; analizando el modo en que Balzac, Stendhal o Cervantes habían tratado un problema determinado». Era asombroso. Dalí se movía de pronto «en un dominio totalmente distinto», y no era de extrañar que Chevalier aceptara traducir el libro al inglés en cuanto estuviera terminado.[79]

En el «Prólogo del autor» a la novela, Dalí explica que una de las razones que lo ha llevado a escribir *Rostros ocultos* es el deseo de completar la «trilogía pasional» de «ismos» inaugurada por el marqués de Sade. El «sadismo» llevó al «masoquismo», pero faltaba «el tercer término del problema, el de la síntesis y la sublimación». Dalí, siendo Dalí, se ha encargado de inventarlo: se llama «cledalismo». El término procede, según nos dice Dalí, del nombre de la aristocrática protagonista de la novela, Solange de Cléda. Pero eso es empezar la casa por el tejado. Años más tarde sería mucho más explícito al aclarar a un amigo que el cledalismo era el sistema que detentaba la «clave» (francés *clé)* para entender a Dalí: *clé-dalí*. Para encarnarlo había creado a Solange de *Cléda*.[80]

En el prólogo a *Rostros ocultos* Dalí sigue:

> El sadismo puede definirse como el placer experimentado al infligir dolor al objeto; el masoquismo, como el placer experimentado a través del dolor causado por el objeto. El cledalismo es el placer y el dolor sublimados en una identificación trascendente con el objeto. Solange de Cléda restablece la auténtica pasión normal: es una santa Teresa profana, Epicuro y Platón ardiendo en una sola llama de eterno misticismo femenino.[81]

El cledalismo desarrolla la teoría de la abnegación erótica, o sublimación, formulada por vez primera en 1927 en «San Sebastián», teoría a la que Dalí y Lorca habían dedicado largas conversaciones, desvelos y, también, mucha tinta.[82] Que Solange de Cléda es, al menos en parte, una versión femenina de San Sebastián, lo confirma el frontispicio realizado por Dalí para la novela, donde la heroína, desnuda, aparece atada, en la postura del santo, a un alcornoque, símbolo heráldico de los Grandsailles, cuyo último descendiente, el conde Hervé, es el protagonista masculino de la obra. Pese a la importancia acordada por Dalí a Solange, que muere sin que se le permita consumar su pasión por el despiadado ex político Grandsailles (que tiene mucho en común con el Dalí adolescente de *Vida secreta*, el que impone un rígido «plan quinquenal» de abstinencia a su novia), la novela, más que girar en torno al «eterno misticismo femenino», parece centrarse en la cuestión de la impotencia masculina. Mientras se nos pide que creamos que Grandsailles ha tenido incontables amantes, nunca vemos indicio de tales actividades; y en un momento dado incluso encontramos al conde, que (como Gala) es estéril, asaltado por lo que él llama «la recurrencia de mi complejo de impotencia».[83] Cualesquiera que sean las razones aducidas por el narrador en favor de la supremacía de la abstinencia sobre la indulgencia, es imposible, leyendo la novela, no recordar las declaraciones brutalmente sinceras sobre su propia ineficacia amorosa hechas por Dalí en otros lugares (por ejemplo, «Nunca he encontrado un inmenso placer en el orgasmo. Lo que importa de verdad es lo que le precede, y menos en los actos que en la mente»,[84] o «Para mí el orgasmo total es un completo fracaso. Como sabes, siempre evito el contacto físico. Un poco de voyeurismo, acompañado de masturbación, es más que suficiente»).[85]

En el prólogo a *Rostros ocultos* Dalí advierte al lector que, bajo la superficie de la ficción, late «la presencia familiar, continua y vigorosa de los mitos esenciales de mi vida y de mi propia mitología».[86] Otra pista sobre el tema de la novela la encontramos en la portada de la misma, donde, a modo de epígrafe, el autor ha estampado la primera máxima de las *Cogitationes privatae* de Descartes: «*Larvatus prodeo*» (Avanzo enmascarado). Puesto que los diarios adolescentes de Dalí muestran que a los dieciséis años ya había concebido su vida básicamente como una mascarada, la frase latina nos invita a buscar el verdadero rostro del escritor-artista entre aquellos que encontraremos ocultos en las páginas de la novela.*

Uno de los rostros más ubicuos es el de Federico García Lorca, cuya presencia, casi siempre de forma disfrazada, impregna el libro. En su prólogo Dalí nos dice que en 1922 Lorca le vaticinó una carrera literaria (como sabemos, no se conocieron de hecho hasta 1923), al opinar que su futuro estaba en la «novela pura». Dalí evoca también el proyecto de hacer una ópera concebido con Lorca en 1927, proyecto que ahora debe acometer solo, y en el prólogo a la edición castellana del libro hay una alusión a la visita que hicieron ambos a las ruinas de Empúries.[87] Al margen de este explícito reconocimiento a la relación de Dalí con el poeta, el «rostro oculto» de Lorca asoma entre las líneas del texto con la misma insistencia que desde los cuadros donde el pintor evoca a su amigo muerto. En concreto, la *Oda a Salvador Dalí* continúa afectando profundamente la percepción que Dalí tiene de sí mismo. En el poema Lorca señala la negativa apolínea del catalán ante cualquier posible enredo emocional, su búsqueda de equilibrio y de serenidad. Observando de una rosa que es «tranquila y concentrada como una estatua ciega», el poeta alaba el empeño de Dalí por ser, él también, como una estatua impasible. En *Rostros ocultos* leemos que Veronica Stevens es «tranquila

* En 1972 Dalí asistió a una «cena íntima» ofrecida por Guy de Rothschild en París a ciento cincuenta invitados, a los que se les pidió que usaran máscaras. Dalí se negó. «Mi cabeza es mi máscara», parece que contestó (Carol y otros, *El último Dalí,* pág. 44).

y concentrada como una estatua ciega», y una enigmática nota a pie de página aclara: «Federico García Lorca, hablando de su amigo.»[88] La cita se repite más adelante en la novela, referida asimismo a Veronica Stevens.[89] Otro verso de la *Oda* –«Un deseo de formas y límites nos gana»– celebra la búsqueda de sobriedad artística emprendida por poeta y pintor. En la novela hay un eco de esas palabras en una declaración de John Randolph, alias «Baba», el heroico aviador que combatió por la República durante la guerra civil pero que ahora considera que haberlo hecho fue un error:

> «No», dijo Baba, «yo también creo una vez más en las fuerzas indelebles de la tradición y la aristocracia, y hoy siento mis ilusiones revolucionarias de los días de la guerra española como una germinación distante que ya ha sido cosechada en mi vida. Una nueva sed de límites y de solidez comienza a poseernos, y cuando vuelo ya no es, como antes, la rebelión orgullosa de los arcángeles que se lanzan a conquistar un paraíso quimérico. Al contrario, me apremia el deseo de reconquistar la tierra, la tierra, con su dureza, su nobleza..., su renuncia...; recuperar la dignidad de los pies descalzos pisando la tierra. Ahora sé que el hombre debe mirar al cielo con humildad. Ya ves, esta guerra me está volviendo católico.»[90]

Puesto que los sentimientos que aquí expresa Baba son a todas luces los de Dalí, que en varios momentos de la novela se identifica de manera explícita con el narrador, la apropiación de dicho verso de la *Oda* es aquí particularmente significativa. Demuestra que para Dalí, en estos momentos, Lorca lo está instando a que regrese a la serenidad «clásica» de su época presurrealista. Es decir, Lorca se concibe como un cómplice en el proceso de la «reforma» de Dalí.

Otras imágenes lorquianas, no reconocidas explícitamente como tales, se filtran en el texto. Cuando Betka expresa su disgusto por el color verde, por ejemplo, Dalí no puede evitar hacerle decir: «¡Verde que te odio verde!», divertido juego léxico a costa de uno de los versos más célebres de Lorca;[91] y también toma prestada la descripción del alba de «Romance de la pena negra» (los gallos que cavan en busca de la aurora) para la escena de la ejecución del fiel notario de Grandsailles, Pierre Girardin, a manos de los nazis.[92]

En cuanto a Solange de Cléda, no sólo incorpora uno de los aspectos de Lorca que más afectaron a Dalí –su obsesión por su propia muerte y putrefacción, representada en las altas horas de la noche en la Residencia de Estudiantes–, sino que se convierte también en una reencarnación daliniana de Soledad Montoya, la protagonista del «Romance de la pena negra», a quien el pintor ya había evocado en 1937 en *Metamorfosis de Narciso.* Igual que Lorca, Solange es dada a cavilar sobre «la más minúscula de las ceremonias» de su entierro, «la asfixia y la presión de la mortaja», el descenso a la tumba y «la horrible aparición de las primeras gotas de los líquidos, las cremas, los bálsamos y los jugos de su propia descomposición». Y, como Soledad Montoya, esa víctima enloquecida por su frustrada pasión es objeto de una reprimenda del narrador: «Solange de Cléda, ¿qué estás haciendo con tu cuerpo? ¿Qué estás haciendo con tu espíritu?» No cabe duda de que el «Romance de la pena negra» se ha hecho carne de la carne de Salvador Dalí.[93]

En septiembre de 1928 Dalí había manifestado su rechazo de los elementos «tradicionales» del *Romancero gitano,* pero se ve que ya para 1943 se retractaba tácitamente. Aparte de los préstamos directos del más famoso poemario lorquiano, se deja sentir a través de toda la novela la presión de las imágenes poéticas lorquianas sobre lo que Haakon Chevalier denominó «la exuberante jungla» de la prosa daliniana.[94]

Si el principal objetivo de *Rostros ocultos* es exponer y explorar el cledalismo, también son elementos fundamentales la crítica de Dalí a la vieja Europa, a la que presenta como destrozada por las disensiones políticas entre izquierda y derecha, y sus predicciones y proselitismo a favor de la *nueva* Europa que, nos quiere convencer, renacerá de sus cenizas. La acción de la novela se inicia el 6 de junio de 1934, día de los disturbios fascistas de París (que, significativamente, coincidieron con el primer intento de Breton por expulsar a Dalí del movimiento surrealista), nos conduce a través de los salones del París aristocrático de antes de la guerra (Dalí saca buen provecho de su conocimiento de los mismos), se muda a Casablanca, después a Estados Unidos, y termina, en 1943, con el regreso simbólico del exiliado Grandsailles a la Francia de Vichy y su querida finca de la «llanura iluminada» de Creux de Libreux.

El mensaje central de la novela se hace explícito en las páginas finales, cuando Solange de Cléda, tras años de esperar en vano el regreso de Grandsailles (que, debido a una confusión de identidades, se ha casado con Veronica Stevens), se dispone a morir, sola como siempre, en la finca vecina, mientras el bosque de alcornoques, símbolo de señorío, tradición, fuerza y el resurgir perpetuo de la vida, empieza a producir nuevos brotes:

> En la llanura de Creux de Libreux, a las persistentes lluvias de noviembre siguieron, tras las nieblas y las nieves y los días soleados de invierno, los aguaceros de marzo. Bajo el yugo alemán Europa redescubría la tradición de su antigua unidad católica a través del sufrimiento común, y, en Libreux, el medioevo renacía con su primavera de supersticiones.[95]

La evocación que el narrador nos brinda de los salones parisienses que ahora dice desdeñar tiene una clarísima deuda con *El baile del conde de Orgel*, de Radiguet, que Dalí había leído en los años veinte (y recomendado a Lorca). Al pintor le debió de encantar descubrir, al instalarse en París, que el conde y la condesa de Orgel se habían inspirado en Étienne y Edith de Beaumont, amigos de Caresse Crosby a los que Dalí llegó a conocer personalmente, y parece indudable que Hervé de Grandsailles debe algo a este «Diáguilev de baile de disfraces», como se ha definido a Beaumont.[96] El personaje de Barbara Stevens parece inspirado más en la Hester Wayne de Radiguet (a su vez tomada de Hoytie Wiborg, atractiva y rica norteamericana de gustos lésbicos) que, como se ha aducido, en Daisy Fellowes, heredera de la fortuna Singer, y de todas maneras algo debe tener también de Caresse Crosby.[97] La fumadora de opio Cécile Goudreau se basa casi con toda seguridad en Coco Chanel, el pintor Christian Bérard aparece con su propio nombre, Alcan es Lacan, apenas disfrazado por el anagrama (aunque la semejanza entre ambos médicos no va más allá) y hay una fugaz referencia al pintor Manuel Ángeles Ortiz, amigo de Lorca (y por un tiempo amante de Caresse Crosby). No parece necesario buscar otros paralelismos entre los conocidos parisienses de Gala y Dalí, que seguramente los hay.[98] Haakon Chevalier, para quien el tema esencial de *Rostros ocultos* es «el amor en la muerte: un tratamiento en clave moderna del viejo mito de Tristán e Isolda», declaró que al traducir el libro, lo cual implicó tener largas conversaciones sobre él con Dalí, había aprendido «muchísimo sobre el proceso de creación». Estaba convencido de que el novelístico «*blitzkrieg* de Dalí en el frente literario» sería reconocido como un «logro de auténtica importancia».[99]

Rostros ocultos fue ampliamente reseñada en el momento de su publicación (abril de 1944), ciertamente, pero no todo el mundo estuvo de acuerdo con la defensa del libro realizada por Chevalier en su «Prólogo del traductor». Edmund Wilson fue probablemente el crítico más distinguido en ocuparse de la novela. La definió como «sorprendente», pero sólo porque era «una de las novelas más anticuadas» que se habían escrito en muchos años, «un popurrí de personajes y actitudes de las últimas y más escabrosas etapas del romanticismo francés». Wilson estaba en lo cierto: no hay, en la novela de Dalí, rastro de James Joyce o de Gertrude Stein. La lista de influencias señaladas por Wilson incluye a Balzac *(La muchacha de los ojos de oro)*, Villiers de l'Isle Adam y, por supuesto, Huysmans (ha olvidado a Lautréamont). El crítico se había cansado de la «tendencia incontrolable» de los personajes de Dalí a escribirse largas cartas que sonaban a parodias de las de *Werther* o *La nueva Eloísa.* Y, alerta ante el desdén que manifiesta el narrador por los «anarquistas y comunistas y por todo lo que intentan hacer», lo califica, basándose en el testimonio de la propia novela, de «especie de viejo monárquico francés esnob, como Barbey D'Aurevilly», otro de sus modelos literarios. Wilson no se equivocó al creer que, si Dalí sentía cierta simpatía por el personaje de John Randolph, el aviador republicano «reformado», es el conde Hervé de Grandsailles el que de verdad lo seduce: «Desde el punto de vista del autor, la guerra se libra para salvar el honor de la vieja Francia, traicionada por políticos innobles y ocupada por unos nazis arribistas y groseros.»

Pese a su hostilidad, Wilson estaba dispuesto a admitir que Dalí era «un tipo muy inteligente» y que el libro podía «ser entretenido». Y si la última parte del mismo «era más o menos un disparate sin ornato», la primera tenía elementos que le daban cierta «ilusión de brillantez». A Wilson le gustaba, además, la teoría según la cual Hitler era un masoquista heroico cuyo subconsciente trabajaba por su derrota y por la de su pueblo. Y creía que la relación entre Grandsailles y el notario rural Girardin tenía cierta chispa satírica. Sin embargo, su juicio global era que, si había que guiarse por el testimonio de esta novela, Dalí no era «ningún escritor». Al emitirlo, Wilson tomaba en cuenta la excelencia de la traducción firmada por Chevalier. Observando la torpeza de algunos pasajes, intuyó que éste se había desmoralizado ante «el original franco-hispánico y las orgías de verborrea desatada». En definitiva, opinaba que los modelos literarios de Dalí no eran buenos y que había sido un error apartarse de su auténtico *métier,* la pintura. Era una valoración brillante, pero injusta e incompleta, pues el crítico no había hecho ningún esfuerzo por elucidar el tema del libro o lo que quería decir «cledalismo».[100]

Tampoco estuvieron los otros críticos más agudos, y la mayor parte de las reseñas resultaron superficiales en extremo. Y bastante puritanas: Estados Unidos estaba practicando entonces uno de sus periódicos virajes hacia la intolerancia. Entre las muchas reseñas adversas, una sugería que, si todos los franceses eran como Grandsailles, más valía no enviar norteamericanos a la muerte para liberar a Francia de los nazis.[101] Otra describió el entorno del conde de Grandsailles como una «escoria febril formada por ninfómanas, drogadictos, lesbianas y otros gandules intragables, junto con algunos campesinos».[102]

Dalí, que apenas entendía inglés, no hizo caso de las críticas adversas y cuando se enteraba de que había aparecido alguna favorable, pedía que se la tradujeran. Más adelante gustaría de citar una de ellas. La actitud de Dalí ante la vida, decía:

> Es una proyección lógica del movimiento decadente que comenzó con Poe, que Baudelaire tradujo al francés y que evolucionó a través de Huysmans para regresar al mundo anglófono de la mano de Aubrey Beardsley y los muchachos del *Yellow Book.*
>
> La guerra ha silenciado la mayor parte de la brillante locura del grupo de *Transition,** y James Joyce ha alcanzado su público más vasto gracias a los dramas de Thornton Wilder. Pero Dalí sigue siendo un hito psicópata en la caída vertiginosa del hombre en una patología planetaria.[103]

Estimulado por tales comentarios, y recordando que su padre había profetizado que sería mejor escritor que pintor, Dalí empezó a planear una novela basada en la vida y milagros de Lídia, su amiga paranoica de Cadaqués, que creía ser Teresa, la protagonista de la novela de Eugenio d'Ors *La ben plantada.* En el verano de 1945, Dalí escribiría entusiasmado a su familia desde California para comunicarles la buena nueva de que la novela iba a llamarse *La verdadera bien plantada.* Todos los detalles serían reales, con una excepción: al final del libro se descubriría que

* Revista anglófona vanguardista de París (1927-1930) que agrupaba a escritores expatriados, en su mayoría norteamericanos, residentes entonces en la capital francesa. Entre ellos destacaban Joyce, Beckett y Hemingway.

el yacimiento de minerales exóticos que los hijos de Lídia creían haber descubierto en el cabo de Creus existía en realidad. Dalí pensaba que la novela sería «fabulosa», y que podría tener mucho éxito en España. Pero nunca más volvería a hablar del proyecto. Así terminaría la carrera novelística del pintor.[104]

DALÍ PUBLICISTA, DALÍ ESCENÓGRAFO

A principios de los años cuarenta Dalí y Gala habían empezado a intuir que podían ganar mucho dinero si conseguían asociar el nombre del pintor a productos comerciales. Una de las primeras incursiones de Dalí en el campo de la publicidad fue un encargo de Elsa Schiapparelli, en 1943, para promocionar su Shocking Radiance, cuatro aceites que, aseguraba su creadora, hacían maravillas con los cuerpos, rostros, labios y párpados femeninos. El dibujo botticellesco de Dalí representaba a un querubín que vertía aceite sobre los pechos de una Venus montada en una concha y entregada a contemplarse, complacida, en un espejo.[105] No tardaron en llegar nuevos encargos para el «Surrealissimo». Su anuncio para las medias Bryan fue todo un éxito. En éste el pie de una pierna elegantemente enfundada en una media de la citada marca pisaba un reloj blando colocado sobre un plinto resquebrajado, morada de una enorme hormiga negra. Poblaban el anuncio otros conocidos tópicos dalinianos: una playa interminable, acantilados estilo Creus, minúsculos personajes en la distancia, y hasta una cabeza cortada en la arena. Al pie se podía leer: «Dibujo perteneciente a una serie de ilustraciones del eminente surrealista Salvador Dalí, inspiradas en la belleza de las medias Bryan.»

Inspiradas en el afán de ganar dinero fácil, desde luego.[106] Al encargo de Bryan Hosiery siguió un contrato, en octubre de 1944, para diseñar una serie de corbatas para la McCurrach Organization Inc., de la Quinta Avenida. Dalí sacó a relucir otra selección de su gastada utilería: bogavantes, teléfonos, relojes blandos, hormigas. «Esta colección es refrescante y original», aseguraba el anuncio, «y el genio del artista ha logrado unas corbatas de exquisito buen gusto.»[107]

A decir verdad, el gusto era lo último que le interesaba en estos momentos a un pintor cuyo objetivo, como él mismo afirmaría a menudo más tarde, era cretinizar al público. A medida que aumentó el flujo de encargos, Dalí empezó a prostituirse artísticamente. Para el nuevo perfume de Leigh, Flores del Desierto, realizó tres cuadros titulados *Trilogía del desierto,* en los que echaba mano una vez más de los raídos tópicos de siempre. Se expusieron en privado en Knoedler el 30 de octubre de 1946 y los críticos que acudieron no se dejaron engañar.[108]

Las ilustraciones para libros fueron otra fuente de ingresos rápidos, suculentos y fáciles para Dalí: fáciles porque en general no eran ilustraciones propiamente dichas sino variaciones más o menos arbitrarias sobre trabajos realizados en los años treinta.[109] Durante sus ocho años transcurridos en Estados Unidos Dalí produciría docenas de tales «ilustraciones», para, entre otros libros, *Memorias fantásticas* (1944) y *El laberinto* (1945), ambos de Maurice Sandoz, *Macbeth* (1946), *Don Quijote* (1946), los *Ensayos* de Montaigne (1947), *Vino, mujeres y palabras* (1948), de Billy Rose, y *La autobiografía de Benvenuto Cellini* (1948), de Symond. En todas ellas, sobre la misma llanura o playa ampurdanesas, aparecen una y otra vez los mismos objetos y personajes: Carolineta saltando a la comba, muletas, llaves, hormigas, tinteros, el padre que lleva al niño de la mano, Dalí-niño mirando *El espectro del sex-appeal,* etcétera, etcétera. El artista se limita a repetir lo ya hecho, hasta la saciedad.[110]

Dalí también creó numerosos decorados y vestuarios para ballets. Inmediatamente después de *Laberinto* había empezado a diseñar uno basado en *Romeo y Julieta.*[111] Se trataba quizá del mismo proyecto en el que trabajó con Anne Green, la hermana de Julien, y que incluía una escena en la que una muchedumbre de ciclistas avanza con piedras en la cabeza.[112] El proyecto se quedó en agua de borrajas, pero los ciclistas (que habían aparecido por vez primera en 1929 en *Los placeres iluminados,* y luego tres años más tarde en *Babaouo)* volverían a pedalear en el telón de fondo para *Coloquio sentimental,* estrenado por el Ballet International en el International Theatre de Nueva York el 30 de octubre de 1944. El ballet se inspiraba en el breve poema homónimo de Paul Verlaine (de *Fiestas galantes*), con música de Paul Bowles y coreografía de André Eglevesky. Una vez más fue el balletófilo marqués de Cuevas quien, aprovechando los ilimitados recursos financieros de su mujer, Toto –por algo era una Rothschild–, hizo posible el montaje y contrató a Dalí para el vestuario y la escenografía.

En el telón de fondo de Dalí, los ciclistas, algunos con velos de novia, otros con mortajas, se desplazaban delante de un piano de cola en cuyo interior había una fuente con un caño que echaba agua (tanto los ciclistas como el piano evocan *Un perro andaluz*). Paul Bowles recordaría que el alma se le cayó al suelo cuando vio los decorados de Dalí, que, a su entender, no tenían nada en absoluto que ver con el espíritu del triste poema de Verlaine y tampoco con su música:

> Había hombres con barbas larguísimas montados en bicicleta a diestro y siniestro, y una enorme tortuga mecánica con luces de colores incrustadas en el caparazón [...] La marquesa [Toto Cuevas de Vera] me había asegurado repetidas veces que este ballet no tendría ninguna de las habituales travesuras de Dalí; iba a ser la esencia de Verlaine, nada más. Me habían embaucado olímpicamente.[113]

Dalí, en cambio, estaba satisfecho con su trabajo, y también con la reseña aparecida en el *New York Times* el 5 de noviembre. Al crítico le había impresionado el telón de Dalí, y opinó que el pintor había encontrado su vena más auténtica en la creación de decorados:

> Es evidente que, más que una galería de arte, lo que Dalí necesita con más urgencia es un escenario. Su surrealismo (que, enmarcado para ser colgado en una pared, hace tiempo que se ha fosilizado en una fórmula) se crece en espacios grandes y abiertos. Es allí donde su sofisticación deja de ser sólo un *dernier cri* bien memorizado y adquiere un efecto de preciosismo que, en cierto sentido, es monumental.

Dalí citó estas palabras con aprobación unas semanas más tarde, pero parece obvio que sin captar su segunda lectura, o sea el hecho obvio de que, para el crítico, sus cuadros pretendidamente surrealistas se habían convertido ya en meros estereotipos.[114]

Dos meses después, el 15 de diciembre, el Ballet International repuso en Nueva York *Bacanal,* ahora con su título original: *Tristán Loco. El primer ballet paranoico basado en el eterno mito del amor hasta la muerte.* También en esta ocasión los telones de Dalí volvieron a inspirarse en su arsenal de tópicos de los años treinta: muletas, una carretilla, cipreses a la manera de Böcklin, piel arrancada para dejar al descubierto una pared de ladrillos, los acantilados del cabo de Creus al fondo. Sobre todo ello Dalí tuvo una agarrada con John Martin, crítico del *New York Times,* que se atrevió a acusarlo de practicar una «iconoclastia deliberada» con sus diseños. La polémica siguió durante varias semanas y produjo para Dalí, inevitablemente, otro alud de publicidad, que era lo que quería.[115]

Para coronar esta sucesión de proyectos de ballet se estrenó *El café de Chinitas,* «espectáculo flamenco» basado en la canción andaluza que Lorca y su amiga Encarnación López Júlvez, «la Argentinita», habían grabado para HMV a principios de los años treinta. Dalí se encargó de diseñar el vestuario y el decorado. Su telón de fondo introdujo algunos cambios en la manida metáfora que asocia el cuerpo femenino con la guitarra. Del instrumento brotaban la cabeza y los brazos de una muchacha gitana. Las castañuelas que ésta tenía en ambas manos eran los clavos que la fijaban a una cruz en la pared. De sus brazos goteaba sangre, alusión al poeta asesinado. Según Dalí, el telón gustó a todo el mundo.[116]

Montado por el Ballet Théâtre, gracias una vez más a la largueza del marqués de Cuevas, *El café de Chinitas* se estrenó en Detroit antes de pasar al Metropolitan Opera House. A Dalí le enorgullecía haber participado en el primer homenaje que Estados Unidos rendía a su amigo muerto, y recordaría que algunos familiares de Lorca habían estado presentes la noche del estreno en Nueva York.[117]

Poco tiempo después Dalí escribió una carta a su familia, entusiasmado por los indicios de que la guerra terminaría pronto y confiando en que él y Gala podrían volver en poco tiempo y sin riesgos a Europa. Mencionó el retrato de Gala en el que llevaba seis meses trabajando sin descanso: pintado «como un Vermeer», todo el que lo veía se sentía «profundamente emocionado». Más tarde Dalí diría que *Galarina* le había exigido quinientas cuarenta horas de trabajo, y que el título se lo debía a *La Fornarina*, de Rafael. El cuadro, hoy en el Teatro-Museo de
XXXI Figueres, es, sin duda, extraordinario. Nos muestra a la Musa con su ademán más voluntarioso, más dominante. También, con el pecho izquierdo expuesto, en su vertiente más descaradamente física. Recordando en 1956 los doce años que la llevaba tratando, Reynolds Morse escribió que nunca había visto a Gala relajada. Codiciosa, exigente, crítica, era «parte tigre, parte mártir, parte madre, parte amante y parte banquero, una mezcla curiosa e inaccesible», y tan empedernida en la consecución de sus objetivos, y de los de Dalí, que no tenía amistades propias. *Galarina* lo dice todo.[118]

El crítico del *New York Times* responsable de la reseña de *Coloquio sentimental* había afirmado, y con razón, que los cuadros «surrealistas» de Dalí respondían ahora a una mera fórmula. Edward James era de la misma opinión.[119] Dalí necesitaba nuevas técnicas y nuevos temas si quería continuar interesando al público norteamericano.

Las encontró cuando Estados Unidos dejó caer la bomba atómica sobre Hiroshima. «La explosión atómica del 6 de agosto de 1945 me estremeció sísmicamente», escribe en *Confesiones inconfesables.* «Desde aquel momento el átomo fue mi tema de reflexión preferido. Muchos de los paisajes pintados en ese periodo expresan el gran miedo que experimenté con la noticia de aquella explosión.»[120] Tras la bomba, Dalí, que desde los años veinte profesaba un interés por la ciencia, empezó a explorar el potencial para su pintura del mundo de los protones y los neutrones. Así nació su «época atómica».

HITCHCOCK Y DISNEY

Pero antes hubo otro proyecto cinematográfico. En septiembre de 1945 Dalí se encontraba en Hollywood para empezar a trabajar con Alfred Hitchcock, que le había encargado las secuencias oníricas de *Spellbound* (Recuerda), filme protagonizado por Gregory Peck e Ingrid Bergman. ¿Por qué Dalí? David O. Selznick, el productor, creyó en un principio que Hitchcock había fichado a Dalí básicamente por su valor publicitario. El director le aseguró que no era así. En el cine, le explicó, las escenas oníricas solían ser borrosas, lo cual era una tergiversación de la realidad. Él las quería vívidas y nítidas. Dalí, con su dominio de las perspectivas largas, sus sombras oscuras y la solidez de sus imágenes era, estaba seguro, el más indicado para la tarea. Ésa fue la razón por la que había solicitado su intervención. A Hitchcock, de haber sido posible, le habría gustado rodar dichas secuencias a plena luz del sol, no en el estudio, forzando así al cámara a reducir la apertura para conseguir «una imagen muy dura».[121]

A Dalí le cayó bien Hitchcock («una de las escasas personas con un poco de misterio que he conocido últimamente») y puso manos a la obra, muy contento, tras acordar unos honorarios de cuatro mil dólares. Estaba satisfecho con el resultado: un decorado de pesadilla para la secuencia del baile, con quince «de los pianos más abultados y tallados con la mayor exuberancia posible» que debían colgar del techo para crear una impresión de ahogo y terror. Pero no había tenido en cuenta el coste de todo ello:

Fui a los estudios Selznick a filmar la escena de los pianos. Y me quedé de una pieza al no ver ni los pianos ni las siluetas recortadas que debían representar a las parejas que bailaban. Pero justo en este momento alguien me señaló unos pianos muy pequeñitos en miniatura que colgaban del techo y unos cuarenta enanos de carne y hueso que, según decían los expertos, darían el efecto perfecto de perspectiva que yo deseaba. Pensé que estaba soñando.

Ni Hitchcock ni Dalí estuvieron conformes con el resultado. La escena fue descartada y en las otras se introdujeron modificaciones sin informar al pintor. Era más o menos lo que había ocurrido unos años antes con *Sueño de Venus,* y Dalí se llevó un chasco parecido.[122]

La exposición Cuadros Recientes de Salvador Dalí se inauguró en la Galería Bignou muy poco después de este contratiempo, permaneciendo abierta del 20 de noviembre al 29 de diciembre de 1945. Se expusieron once óleos junto a acuarelas y dibujos no identificados en el catálogo, y una selección de las ilustraciones para *El laberinto,* de Sandoz, *La autobiografía de Benvenuto Cellini* y *Don Quijote.* En sus notas al catálogo, Dalí alardeó de haber ejecutado todas las obras «durante nueve meses consecutivos de estricta reclusión».[123] Los cuadros expuestos eran *Cesta de pan; Mi mujer desnuda contemplando su propio cuerpo transformándose en escalones, tres vértebras de una columna, cielo y arquitectura; Idilio atómico y uránico melancólico, Apoteosis de Homero (Sueño diurno de Gala)* y
XXXII *Galarina.* El cuadro que más llamó la atención del público fue *Idilio atómico y uránico melancólico,* inspirado en Hiroshima. Al igual que *Apoteosis de Homero (Sueño diurno de Gala),* contenía una selección de tópicos dalinianos derivados de los años treinta (un reloj blando, una llave y un cilindro erizado de bastoncillos), y parecía el telón de fondo para un ballet sobre la fisión nuclear, con algunos jugadores de béisbol para darle un «genuino sabor americano».

XXXIII Por el contrario, *Mi mujer desnuda contemplando su propio cuerpo transformándose en escalones, tres vértebras de una columna, cielo y arquitectura* es una de las telas más logradas y originales de todas las pintadas por Dalí durante sus ocho años en Estados Unidos. Tres años más tarde la reproduciría en color en *50 secretos mágicos,* lo cual sugiere que para el artista representaba una de las expresiones más puras del nuevo clasicismo que entonces pregonaba (simbolizado por la cabeza griega en la pared, reminiscencia del emblema de la Residencia de Estudiantes).

No obstante, la perspectiva profunda pertenece al mejor Dalí surrealista, mientras el diseño y los colores del pabellón en el que se transforma el cuerpo de Gala presentan una deuda, no reconocida, con las fantásticas construcciones rosa que figuran en *El jardín de las delicias,* del Bosco, cuadro tan admirado por los surrealistas y que Dalí y Lorca habían contemplado juntos en el Prado.

Para celebrar la inauguración de la exposición, Dalí publicó el primer número de un periódico burlesco, *Dali News,* divertida empresa en la que le ayudó su viejo amigo Jaume Miravitlles, que entonces pasaba una temporada en Nueva York. *Dali News* (gracioso juego de palabras sobre el *Daily News*) llevaba por subtítulo *Monarch of the Dailies* (Monarca de los diarios), y una nota guasona indicaba que incorporaba el *Dali Mirror* (el *Daily Mirror* era el gran rival del *Daily News*). Encima de la cabecera había una corona y un pergamino con la inscripción «GALA FIRST» (Gala la primera). Cada línea de las cuatro páginas de la megalomaníaca hoja se refería a las hazañas, proyectos y milagros de Dalí. Y, claro, llevaba publicidad. ¿Usted padece angustia intelelectual «periódica»?:

> ¿Depresión estética, fatiga, asco de la vida, depresión maniaca, mediocridad congénita, cretinismo gelatinoso, piedras de diamante en los riñones, impotencia, frigidez?
>
> TOME «DALINAL», EL FUEGO ARTIFICIAL DEL ESPÍRITU QUE LE DEVOLVERÁ LAS GANAS DE VIVIR.

Dali News advierte a sus lectores de la perfidia con la que Hollywood ha mutilado las ideas de Dalí para *Recuerda;* les asegura que la «predicción» daliniana hecha en *Vida secreta* sobre la pronta derrota de la «teoría racial del nacionalsocialismo» está a punto de demostrarse como cierta (*Vida secreta* no contiene nada parecido a tal predicción, todo lo contrario), y anuncia que Dalí está «cerca de firmar» un contrato con Walt Disney «para producir en colaboración directa una nueva película animada en un nuevo medio nunca probado hasta la fecha». De momento no es posible dar más información sobre el particular, pero los admiradores norteamericanos de los relojes blandos de Dalí pueden dormir tranquilos: «Los relojes aparecerán en la película y, gracias al virtuosismo de Disney, por primera vez los veremos moverse.»[124]

Justo antes de la inauguración de la muestra de Bignou, Dalí envió un telegrama en francés al *San Francisco Chronicle,* comunicando una primicia: su película con Disney iba a llamarse *Destino* (así, en español), y sería una fusión perfecta de fotografía en tecnicolor y dibujos. Llegaría a Hollywood el 15 de enero para empezar el trabajo.[125]

En efecto, Dalí estuvo en Hollywood para la fecha prevista y se entendió bien con Disney, que lo encontró rebosante de ideas. Disney dictaminó que la película habría de durar seis minutos y formar parte de lo que entonces se llamaba un *package film,* es decir, una cinta compuesta de una serie de episodios de corta duración. Dalí fue puesto bajo la supervisión de un joven especialista en animación, John Hench, que recordaría que Disney había decidido darle luz verde al pintor para ver qué pasaba.[126] En una entrevista concedida a la revista *Arts* en abril de 1946, Dalí hizo un resumen del argumento de *Destino.* La primera secuencia (aunque no lo dijo) se basaba en su cuadro *Cisnes reflejando elefantes* (1939), uno de sus experimentos en el manejo de la imagen doble peor resueltos de todos los suyos:

> Primero vemos un jardín de lo más convencional adornado con estatuas y una fuente en forma de cisne en el centro. Luego, el jardín desaparece. El cuello y las alas del cisne se transforman en la trompa y las orejas de un elefante patas arriba. El elefante se transforma a su vez en una pirámide sobre la que hay grabada una cabeza de Cronos hacia la cual avanza una niña. De repente, la pirámide desaparece y el largo triángulo que ocupaba en un lienzo deja ver ahora la perspectiva de una carretera.
>
> La niña se detiene en la carretera, y un momento después la vemos subida en un enorme elefante con patas de araña, con monstruos de todo tipo alrededor. Luego el paisaje cambia y otra vez vemos una pirámide, acompañada esta vez de una iglesia que flota encima de un estanque rodeado por dos manos de las que brotan dos cipreses. Alrededor del estanque circulan figuras desnudas en bicicleta. Estos personajes acaban desapareciendo en el estanque.
>
> En este momento una campana toca a muerto. La sombra de la campana se funde con la silueta de la niña y ambas comienzan a bailar. La cabeza de Cronos esculpida en la pirámide se libera con violencia de la piedra y también se pone a bailar, mientras trata de escapar de una avalancha de monstruos que cae del cielo. Cronos se arranca los monstruos del cuerpo y cada vez que lo hace se abre en él un enorme agujero.[127]

Como lo confirma uno de los dibujos realizados por Dalí para la película, la secuencia de la niña-campana fue un intento de animar la obsesiva imagen de la «prima» Carolineta saltando a la comba, que ya había aparecido cientos de veces en su obra.[128] Dalí dijo a *Arts* que había puesto «todo» en la película. Quería decir con ello, se supone, su arsenal completo de objetos surrealistas y alucinaciones. El periodista intuyó que pasaría mucho tiempo antes de que *Destino* estuviera terminado. Dalí le dijo que el film se merecía todo su esfuerzo, pues podría iniciar al público en el mundo del surrealismo mejor que la pintura o la literatura.[129]

De toda la película sólo se rodó una secuencia experimental de quince segundos. Años más tarde, John Hench la pasaría para Reynolds Morse. La secuencia contenía, según apuntó éste en su diario, «pocos pero preciosos segundos de una imagen doble en la que una bailarina en forma de cáliz se desdobla y es llevada por dos tortugas que regresan al centro de la pantalla dejando intacta la imagen original».[130] De acuerdo con otra fuente, la cabeza de la bailarina «era una pelota de béisbol en el horizonte».[131]

¿Por qué no se rodó *Destino*? Al cabo de unos meses Disney «cambió de idea sobre el futuro de los *package films*» y abandonó el proyecto.[132] De acuerdo con el contrato firmado con Dalí, el estudio se quedó los óleos y los dibujos del pintor. Nunca expuestos, hasta hoy sólo se ha reproducido un puñado de ellos.[133]

La historia de *Destino* tuvo un epílogo. Hench y Dalí habían colaborado en una escena de nieve «estereoscópica» con dos arcos de medio punto que los ojos fusionaban para que emergiera de ellos una cabeza humana. El experimento no funcionó hasta que Hench hizo algunos retoques a la nieve. Posteriormente éste convenció a *Vogue* para que publicara el resultado final de la colaboración en su número de diciembre de 1946. «Como de costumbre», escribió Reynolds Morse en su diario, Dalí quiso hacer creer «que la idea era únicamente suya y que él era el único responsable de su ejecución.»[134]

Sólo se conocen ocho o diez cartas escritas por Dalí a su familia durante sus años en Estados Unidos, aunque sin duda hubo muchas más. Las que tenemos demuestran que estaba decidido a mantener buenas relaciones con ellos. Hay constantes ofrecimientos de ayuda y expresiones de afecto, y, para probar que las cosas le van bien profesionalmente, de vez en cuando les envía un paquete de recortes de prensa. Dalí no puede admitir, ni a sí mismo ni a nadie, que *Destino* ha fracasado. En el otoño de 1946 informa a su familia de que el proyecto ha sido aplazado por unas huelgas de la industria cinematográfica en Hollywood (no dice nada sobre el cambio de planes de Disney) y que, a consecuencia de tal contratiempo, ha tenido que retrasar su regreso a Port Lligat.[135]

Los Dalí habían firmado un contrato con una agencia de recortes periodísticos para poder leer todo lo que se publicaba sobre ellos a lo largo y a lo ancho de Estados Unidos. Pero sus conocimientos del inglés seguían siendo pésimos y, según Reynolds Morse, eran todavía incapaces de descifrar si los artículos eran favorables o no. De todos modos, lo que más les preocupaba era la longitud de los mismos, no su contenido. Cuanto más espacio mejor. No importaba si eran negativos.[136]

Aunque el nombre de Dalí ya sonaba hasta en el último rincón de Estados Unidos, sólo apareció raras veces en la prensa española entre 1940 y el final de la Segunda Guerra Mundial. Era como si en la España de Franco nadie quisiera acordarse del *«enfant terrible»* del surrealismo en su explosiva modalidad catalana. La situación empezó a cambiar en septiembre de 1946, con la aparición en la revista barcelonesa *Destino* (a Dalí le sorprendió la coincidencia) de un largo e inteligente artículo titulado «Salvador Dalí visto desde Cadaqués». Firmado por «Tristán», su autor era nada menos que Josep Pla, admirador de Dalí desde la noche en que asistiera a la provocativa conferencia del pintor en el Ateneu de Barcelona en 1930. En 1943 Pla se había referido, en un artículo publicado en la misma revista, a la deuda de Dalí para con su excelente profesor de dibujo, Juan Núñez Fernández,[137] pero ahora, tras una visita a la casa paterna en Es Llané, se ha dado cuenta de que la persona y la obra del pintor requieren un tratamiento mucho más detenido. Dalí Cusí le ha prestado su ejemplar de la edición estadounidense de *Vida secreta,* recibido de Salvador, y a Pla el libro le ha parecido extraordinario.

«Tengo la firme sospecha, casi diría la convicción, de que está llegando ya el momento de empezar a hablar, en este país, de Salvador Dalí y su obra», empieza Pla su denso artículo, añadiendo a continuación que en torno al nombre de Dalí se ha urdido en España una mezquina y provinciana «conspiración del silencio realizada a gritos». El talento de Dalí se reconoce ya internacionalmente. El pintor ha marcado su época, y es perverso e inútil ignorarlo.

Pla analiza luego *Vida secreta,* que ha «leído y releído» en Cadaqués. El tenor del libro es auténticamente ampurdanés en su ironía y en su mezcla de libertad espiritual y de «timidez biológica». Sólo podía haberlo escrito «un catalán dotado de las virtudes y de los defectos típicos de un ampurdanés». Dalí es un ejemplo del furioso individualismo de la región, particularmente intenso en Cadaqués. Y, como todos los distinguidos hijos del Empordà, es a la vez insobornablemente local y frenéticamente cosmopolita. Pla piensa además que sólo los nativos del Empordà, habituados a la brutal tramontana y a la intensa luz que genera, están de veras capacitados para entender a Dalí. Éste, en resumen, «ha realizado como nadie el ideal de todos los ampurdaneses: la miopía y la presbicia, ver infinitamente cerca e infinitamente lejos, aunar la obsesión de lo micrográficamente pequeño y la del espacio infinito». En cuanto a la habilidad del pintor como «estratega social» y cosmopolita, Pla opina que se trata de un talento heredado de su madre, de los Domènech de Barcelona, más urbanos y cultos que los Dalí. Talento que a Pla también le parece prodigioso.[138]

El artículo de Pla despertó un nuevo interés por Dalí en Barcelona, y abonó el terreno para su regreso. El artista, encantado, le pidió a su familia que diera las gracias al escritor en su nombre. Asimismo les dijo que esperaba estar de regreso en España la primavera siguiente, y que el Museo de Arte Moderno de Madrid tenía previsto exponer siete u ocho cuadros de su colección particular. Serían «la credencial histórica de mi actividad espiritual durante estos cinco años de guerra».[139] La familia transmitió a *Destino* esta información, y la revista anunció en noviembre el inminente retorno del pintor.[140] Luego, en diciembre, cuando Dalí Cusí se jubiló y Figueres organizó un banquete en su honor, *Destino* ilustró su reportaje sobre el mismo con el espléndido dibujo a lápiz que Dalí había hecho de su padre en 1926. El autor del artículo era Manuel Brunet, escritor, periodista y crítico de arte barcelonés instalado en Figueres, donde había trabado amistad con la familia del artista. Brunet consignó que Dalí Cusí era un producto tan típico del Empordà como su hijo, y que cada noche en el club sus ojos «glaucos» eran los de «un Júpiter tonante»:

> Los Dalí salieron de Llers, y aquí está tal vez el secreto del notario y el secreto del pintor. Llers es país de brujas –dice la gente del Empordà–, país de brujas en todos los sentidos del vocablo. Hay tanta brujería en la composición y en el acabado de una escritura del notario Dalí como en un cuadro del pintor Dalí. Y domina en ambos ese furor dionisíaco,

que puede ser hijo de la tramontana, que en Llers es de una violencia inaudita.[141]

Dalí Cusí, apunta Brunet, utilizaba un sello especial (reproducido ahora por *Destino*), que empleaba en los documentos jurídicos por él firmados. Lleva las iniciales G y T enlazadas, por sus padres Gal y Teresa, y también por *Gràcies i Torneu.* Como hemos visto, Gal había hecho pintar las mismas iniciales en el coche de caballos que operaba entre Cadaqués y Figueres. Dalí Cusí debía de saber esto, pero no se lo explicó a Brunet. Tampoco que su padre se había vuelto loco, pese a haber logrado huir de la tramontana, y se había suicidado arrojándose desde un balcón de Barcelona.

GALA, LEDA Y LA VIRGEN

> Gala, la única mujer mitológica de nuestro tiempo.
>
> DALÍ, *Diario de un genio*[142]

Habían pasado quince años desde que Gala y Dalí se conocieran en Cadaqués. Con el aliento, el apoyo, el sentido práctico y el instinto comercial de Gala, Dalí había llegado a ser uno de los pintores más ricos y famosos del mundo. Incluso Salvador Dalí Cusí se vería obligado a reconocer que el papel de Gala había sido fundamental para hacer posible tal milagro. Un día, hacia finales de los años cuarenta, le enseñó a la futura pintora Roser Villar unos recortes de prensa que daban cuenta de los triunfos de su hijo en Norteamérica. «Sin Gala, Salvador habría terminado debajo de un puente de París», sentenció, tajante, el notario.[143]

En cuanto al propio Dalí, admitía complacido su deuda con Gala. A principios de la década de los treinta había empezado a firmar sus cuadros «Gala-Salvador Dalí», como si fueran una sola persona, y ya para finales de los cuarenta ésta era su práctica habitual;[144] en *Vida secreta* se hace explícito una y otra vez lo que le debe Dalí a su musa; en 1944 ya la había pintado y dibujado cientos de veces, y el siguiente paso había sido la invención del «cledalismo» en *Rostros ocultos.*

Suprimiendo la «c» inicial de «cledalismo» nos quedamos con «ledalismo», en la que se entremezclan las palabras «leda» y «dali». Si el

pintor empezó sopesando las posibilidades de *clé* (llave) y «Dalí», parece ser que percibió luego de repente este nuevo significado, sintiendo tal vez que se trataba de un ejemplo más del famoso «azar objetivo» surrealista. ¡Leda y Dalí! En la mitología griega, Leda, hija de Thestios, rey de Etolia, está casada con el rey de Esparta, Tíndaro. Seducida por Zeus en forma de cisne, da a luz a los gemelos Cástor y Pólux, los «dioscuros», hijos de Zeus, y tal vez también a la bella Helena, la que será Helena de Troya. Dado que el verdadero nombre de Gala era Helena, sólo hacía falta un pequeño salto para llegar a la conclusión de que ella y Dalí eran almas gemelas y, además, divinas (en 1961 el artista firmaría un estudio para *La batalla de Tetuán* así: «*Pour Hélène, son dioscure, Dalí*»).[145] Pero Dalí va más lejos, y llega a identificar a Gala con la mismísima Leda, pues para él, además de alma gemela, es la sustituta de su madre muerta. Es en esta última función que Gala aparece mitificada en *Leda atómica*, XXXIV
el estudio para la cual se expuso en la segunda muestra de Dalí en la Galería Bignou, junto con otras obras recientes, entre el 25 de noviembre de 1947 y el 3 de enero de 1948. Dalí comentó en esa ocasión:

> Por lo que yo sé –y creo que sí lo sé– en *Leda atómica* el mar se ve por primera vez separado de la tierra; es decir, que fácilmente se podría poner el brazo entre el mar y el litoral sin mojarse. En ello reside, creo, la calidad imaginativa que ha determinado el tratamiento de uno de los más misteriosos y eternos mitos en los que «lo humano y lo divino» han cristalizado a través de la animalidad.
>
> En lugar de la confusión de plumas y carne a la que nos ha acostumbrado la iconografía tradicional sobre este tema, con su insistencia en el enredo del cuello del cisne y los brazos de Leda, Dalí nos muestra la emoción libidinosa jerarquizada, suspendida y como colgando en el aire, de acuerdo con la teoría del «nada se toca» de la física intra-atómica.
>
> Leda no toca al cisne; Leda no toca el pedestal; el pedestal no toca la base; la base no toca el mar; el mar no toca el litoral. En ello reside, insisto, la separación de los elementos tierra y agua, que está en la raíz del misterio creativo de la animalidad.[146]

Leda atómica, acabado en 1949, «exalta a Gala, diosa de mi metafísica», escribió el pintor unos años más tarde.[147] Que Dalí dedicó mucha reflexión y muchas horas de trabajo a este cuadro lo corroboran no sólo el estudio inacabado expuesto en Bignou, sino los cuidados esbozos realizados en colaboración con el matemático rumano, el príncipe Matila Ghika, en el que las proporciones y la disposición de la obra se planifican con extrema precisión.[148] Pero aunque pueda admitirse que el cuadro terminado exalta a Gala como diosa de la metafísica daliniana, la impresión de «espacio suspendido» no se logra de manera satisfactoria en el tratamiento del mar, que da la impresión de estar pegado a la tierra con cola en vez de levitar encima de ella. En cuanto al cisne, copiado de un ejemplar embalsamado, se parece mucho más al modelo que a un ejemplar real del noble y mitológico pájaro.[149] El fracaso de Dalí a la hora de plasmar el rostro de Gala también es patente. En el estudio el parecido es mínimo; en la tela acabada, sólo aproximado. Dalí nunca conseguiría repetir el milagro de *Galarina,* y cuando procura embellecer a Gala, suavizar las líneas de su rostro, rejuvenecerla y hacerla más agradable, el resultado es siempre insatisfactorio.

Junto con el estudio para *Leda atómica,* la Galería Bignou expuso otros catorce óleos recientes, *Cesta de pan* (1926, vuelto a exponer «a petición del público»), un aguafuerte, ilustraciones para los *Ensayos* de Montaigne, *Pitching Horseshoes,* de Billy Rose, *Macbeth* y el próximo libro del pintor, *50 secretos mágicos para pintar,* y, como en la exposición anterior, acuarelas y dibujos sin identificar.[150]

De los óleos, *Desmaterialización cerca de la nariz de Nerón* –más tarde conocido como *La separación del átomo*– y *Equilibrio intra-atómico de una pluma de cisne,* pintados ambos en 1947 antes de completar *Leda atómica,* eran dos experimentos más en la exploración daliniana de la nueva física nuclear, con su principio de «nada toca nada», cuyas posibilidades Dalí ya explotaba al máximo.[151]

A la hora de empezar a trabajar en *Leda atómica,* ya había comenzado a tomar forma en la mente de Dalí una idea asociada. Port Lligat y Cadaqués ocupaban siempre la primera línea de sus pensamientos en América. Pensaba constantemente en su vuelta a España. Y un día se le ocurrió que Gala, además de Leda, era la deidad tutelar de su hogar a orillas del añorado Mediterráneo. ¡Nada más obvio! Ella le había animado a comprar la primera barraca, había abandonado los placeres de París para acompañarle en su aislado refugio, había trabajado codo a codo con él para ampliar la casa y hacerla habitable, la había llenado con su presencia y había ayudado allí al pintor a superar o por lo menos a convivir con sus problemas sexuales. ¿Quién, sino Gala, presidía el mágico lugar?

De deidad tutelar a «Madona» de Port Lligat no había más que un paso. La Virgen había empezado a aparecer en la obra de Dalí en 1943,[152] pero la primera adscrita específicamente a Port Lligat, aún sin representar a Gala, data de 1946: se trata de la que Dalí ideó para el frontispicio de *50 secretos mágicos para pintar,* donde el pie reza: «Madona de Port Lligat, ¡ayúdame!»

Gala era más Magdalena que Virgen María, y, si aceptaba el papel de nueva madre para Dalí, se había negado rotundamente a dar ternura a su hija Cécile. No obstante, para Dalí la idea de presentarla al mundo como la versión Port Lligat de María la Madre de Dios se fue haciendo cada vez más irresistible. Otro factor vino a reforzar esta determinación. A finales de los años cuarenta, la Asunción de María era objeto de fervoroso debate en el seno de la Iglesia, y en 1950 las deliberaciones desembocarían en la proclamación del dogma. Dalí, siempre con las antenas alertas, intuyó que podía establecer una conexión entre la Asunción y la fisión nuclear. El resultado de sus deliberaciones al respecto sería *La* XXXIV
Madona de Port Lligat.[153]

«50 SECRETOS MÁGICOS PARA PINTAR»

Coincidiendo con su exposición en la Galería Bignou, Dalí sacó el segundo número de *Dali News.* James Thrall Soby opinaba que éste había «molestado bastante» a los que acudieron a la galería, aunque personalmente, según le comentó a Reynolds Morse, admiraba la insistencia de Dalí en «la megalomanía a la que se ha entregado y a la que ha estado entregado tanto tiempo».[154]

Nadie podía negar, ciertamente, que el periódico era obra de un megalómano. El número incluía el primer capítulo de *50 secretos mágicos para pintar,* de aparición inminente (y anunciado estridentemente en otros lugares de estas cuatro páginas), proclamaba con renovado vigor la vuelta de Dalí al clasicismo, ponía por las nubes *Leda atómica* y comunicaba al gran público que el pintor se hallaba trabajando en una ópera en la que todo, incluso la música, sería creación suya (otro proyecto que nunca se materializó). *Dali News* reproducía el satírico *Retrato de Picasso* daliniano, hecho este mismo año, con el pie «EL ANARQUISTA»,[155] y a su lado el autorretrato blando del pintor con el de «DALÍ EL SALVADOR». Era obvio que Dalí estaba tan obsesionado como siempre con el pintor malagueño. Entre otras noticias dalinianas el periódico informaba de que, en 1947, Estados Unidos había dedicado más caricaturas a *La persistencia de la memoria* que a cualquier otro asunto (como muestra, se reproducía una de *The New Yorker).* Era verdad que el cuadro se hacía más popular año tras año: prueba, en opinión de Dalí, de que en él había profetizado la fisión nuclear.[156]

Reynolds Morse, que ya llevaba cuatro años coleccionando Dalís, decidió ahora que había llegado el momento de lanzarse como autoridad sobre su mundo pictórico. Su primer esfuerzo no fue un buen augurio. En una reseña publicada en un periódico de Cleveland escribió: «La nueva exposición de Salvador Dalí, que acaba de inaugurarse en la galería Bignou de Nueva York, demuestra que estamos ante uno de los grandes pintores románticos de nuestro tiempo. Atrás queda el caos del surrealismo y el frenesí de la locura personal de Dalí. En su lugar encontramos un nuevo papel romántico, un nuevo papel clásico.»[157] En Bignou los Morse habían conocido por vez primera a alguien que sabía muchísimo más sobre arte –y sobre Dalí– que ellos: Edward James. Tras decirles que la obra actual del pintor no le interesaba para nada, el inglés los arrastró a ver una exposición de Leonora Carrington en la Galería Pierre Matisse. Al regresar a Bignou encontraron a Dalí enfadado: no quería que los Morse tuvieran nada que ver con su antiguo coleccionista. «Hay que reiterarlo», escribió Reynolds en su diario, «a Dalí no le gusta que sus admiradores entablen amistad entre ellos. En el circo de Dalí se está para ser utilizado por el pintor como instrumento, para ser manipulado exclusivamente por él y en su propio beneficio. La camaradería entre sus admiradores es algo que ni a él ni a su mujer les gusta, porque les impide ejercer un dominio absoluto sobre los miembros de su corte.»[158]

En una hermosa edición de The Dial Press, y traducido por Haakon Chevalier, *50 secretos mágicos para pintar* apareció a principios de 1948. A su manera es un libro muy interesante, mezcolanza de bromas y verdades combinadas de tal forma que a veces es difícil saber cuándo Dalí quiere que le tomemos en serio o cuándo que estallemos en risas. Pese a esta ambigüedad, el tomo contiene abundantes consejos sobre el oficio de pintar, desde la forma de mezclar los pigmentos hasta la elección de los pinceles, y demuestra cuánto disfrutaba Dalí con los materiales y el vocabulario de su profesión (saborea términos como goma arábica, pómez en polvo, aguarrás rectificado o aceite de lavanda, mientras los nombres de los colores –amarillo de Nápoles, ocre quemado, azul ultramarino, verde de Verona, marrón Vandyke– tienen el poder de llevarlo a un estado próximo al éxtasis).

Algunos de los pasajes reflejan al Dalí más ingenioso y burbujeante, demostrando otra vez su talento para la anécdota y la generalización irreverente. Su descripción del *ménage à trois* en el que participan Gala, él y la Pintura es desternillante, y su «aranaeum» queda grabado en la mente del lector como ejemplo de su rica fantasía (para Dalí, las arañas son los Luca Pacioli de la naturaleza, y su «aranaeum», en caso de ser viable, nos permitiría recuperar recuerdos enterrados en el subconsciente de un modo menos caprichoso que las magdalenas de Proust).

La insistencia de Dalí sobre el retorno al clasicismo, anunciado al desembarcar en Nueva York ocho años antes, se mantiene a lo largo del libro, y hay constantes referencias a la monarquía (absoluta, por supuesto) y a las cúpulas, símbolo de las aspiraciones imperialistas. En lo tocante al catolicismo, Dalí confiesa al final del libro, exactamente como había hecho en las últimas páginas de *Vida secreta,* que aún no está en posesión de la fe, pero da a entender que la sigue buscando con ahínco.

En febrero de 1948 el periodista barcelonés Carlos Sentís, que había visto a Dalí en Nueva York, publicó en *Destino* una «Carta al padre de Salvador Dalí». Anunciando el inminente retorno del pintor a España, Sentís informaba a Dalí Cusí de que su hijo, que no había pintado ni un solo paisaje norteamericano durante sus ocho años ininterrumpidos en Estados Unidos, acababa de realizar una vista de la Costa Brava. Salvador sentía nostalgia de su tierra, quería conversar con los pescadores de Port Lligat, verlos tender sus redes en la playa. En suma, que no podía estar fuera más tiempo.[159]

Era cierto, el pintor ya rabiaba por volver a casa. En una carta a su familia, escrita en estas fechas, alude con entusiasmo a la exposición que quiere celebrar en España a su regreso. Su prima Montserrat se está ocupando de ello, también de una posible monografía sobre su obra escrita por el crítico Josep Pijoan. Además, tiene otro proyecto cinematográfico relacionado con el paisaje tan deseado: «En el mes de septiembre pienso filmar en Cadaques con una compañia americana, llevaran todo el equipamiento de Holliwood directamente a España en dos aviones especiales, la protagonista sera una muy celebre, pero no puedo ahun decir el nombre – Esto dara a ganar algun dinero a la gente de Cadaques» (el proyecto, una vez más, no se llevará a cabo). En cuanto a Port Lligat, va a construir allí un estudio y espera poder comprar una finca colindante.[160]

Después de ocho años en Norteamérica, Dalí apenas habla inglés. Gala, en cambio, sí: la representante comercial de Dalí no puede prescindir de tener un conocimiento básico del idioma, y se ha dedicado a conseguirlo con su energía habitual. Cuánto dinero han acumulado, dónde lo guardan y cómo lo administran es un misterio: lo cierto es que día a día y año tras año han amasado una fortuna. Tan cierto como el hecho de que en 1948 Dalí es el pintor de quien más se habla en Estados Unidos. ¿Quién puede competir con él? En cuanto a amigos, Dalí dice siempre que no los necesita. Tiene a Gala y esto le basta y le sobra. Prefiere tener clientes, y, gracias a su extraordinario talento publicitario, en América nunca le faltan.

A principios de julio de 1948, una vez embaladas en decenas de cajas con destino a Barcelona las muchas pertenencias adquiridas en Estados Unidos –también irá el Cadillac–, los Dalí embarcan rumbo a Le Havre. Habiendo proclamado tantas veces la buena nueva de su retorno a la ortodoxia y a la cordura, Dalí sabe que está en una posición favorable para entrar en los dominios del general Franco. Sin duda ha reflexionado largo y tendido sobre lo que va a decir a la prensa después de su prolongada ausencia. Y debe ser muy consciente de que, en la España surgida sólo nueve años antes de los escombros de la guerra civil, hasta Salvador Dalí Domènech, por muy Salvador del arte moderno que sea, tendrá que andarse con pies de plomo.

DOCE

UN EX SURREALISTA EN LA ESPAÑA DE FRANCO (1948-1959)

EL REGRESO DEL HIJO PRÓDIGO

El 21 de julio de 1948 Dalí y Gala desembarcaron en Le Havre y una semana después llegaron en tren a Figueres. Allí los esperaba un emocionado Emilio Puignau, que los puso al corriente de las mejoras que había efectuado en la casa de Port Lligat durante la larga ausencia de la pareja.[1] Acto seguido se dirigieron a Cadaqués, donde se instalaron provisionalmente en Es Llané con Dalí Cusí, Anna Maria y *la tieta.*

La revista *Destino,* que como sabemos había seguido con interés la carrera de Dalí en Estados Unidos durante los últimos años, envió a Cadaqués al conocido escritor y periodista Ignacio Agustí para entrevistar al pintor. Allí pasó tres días, conversando con Dalí, observándolo junto a su familia y tomando nota de la intensa satisfacción que le producía encontrarse otra vez en el paisaje que más le gustaba del mundo. La revista publicó en su portada una fotografía de Dalí con el ex notario. El hijo pródigo exhibía orgulloso la edición norteamericana de *50 secretos mágicos para pintar.*[2]

Para Anna Maria, con la odiada Gala a su lado bajo el techo paterno, fueron días verdaderamente difíciles. No entraba en sus planes perdonar a la rusa. Además, ya había empezado el libro en el que pensaba poner los puntos sobre las íes. Por el momento, de todas maneras, supo mantener las formas y guardar silencio. Ya se vengaría.

Un día, Montserrat Dalí, la prima favorita de Salvador, llegó a Es Llané con su hija Eulàlia. Dalí se encariñó enseguida con «Lali», y ella con él. Las fotografías tomadas esa tarde en la terraza familiar no delatan las tensiones que acechaban bajo la superficie.

Poco después Dalí le escribió a su padre desde el Hotel Ritz de Barcelona. La carta contiene una interesante revelación sobre Gala, y demuestra que el pintor estaba al tanto de que Anna Maria trabajaba en un libro de memorias:

> Querido Padre: Ante todo gracias por tu hospitalidad. En estos cortos dias pasados a tu lado mi ternura por ti no a hecho que [sic] aumentar de mismo que la admiracion por el gran caracter que eres –He lamentado que Ana Maria no me haya enseñado sus escritos, ya que si son como tu me explicastes en Figueres podrian transformarse en realidad interesante en todos sentidos pero como te dige la hermana tendria que tomarse sistematicamente una hora diaria de sus ocios hora que tendria que considerarse sagrada en la casa i que nadie viniera a interrumpir – A Gala le interesa mucho de conocer dichos escritos, ya que ella en cuestiones literarias conoce mil beces mas que yo, posee los medios para presentar los escritos a los «editores» de su propia biografia (a la cual ha trabajado 4 años seguidos) i que se prepara ya como uno de los futuros exitos editoriales de los Estados Unidos – o sea «de cara a la feina». Pero ante todo deseo conocer ahun que sea *poco* lo que Ana Maria escribe – Muchos vesos para la tieta i tu recibe todo el cariño de tu hijo que te quiere.[3]

¿Era cierto que Gala había dedicado cuatro años a redactar su autobiografía, y que ya tenía editor? Cuesta mucho creer que la revelación de Dalí fuera una burda mentira pensada sólo con la intención de persuadir a Anna Maria a que les enseñara lo que estaba escribiendo. Pero ¿quién fue el editor y qué pasó con el manuscrito? No sabemos nada al respecto. No sería sorprendente que el proyecto existiera realmente, y que algún día aquél apareciera, pues cuando Dalí le dice a su padre que Gala sabe mil veces más que él de asuntos literarios está en lo cierto. Había leído mucha más ficción que él, sin lugar a dudas, mientras en lo tocante a experiencias de pareja el pintor no podía competir con su mujer. No sería de extrañar, pues, que los editores norteamericanos hubieran aguzado el oído al enterarse de que una de las musas del surrealismo, además de compañera del famoso pintor español, tenía la intención de contar su versión de los hechos.

En Barcelona Salvador volvió a contactar con sus tíos Anselm Domènech y Rafael Dalí, y, sobre todo, con su primo, el abogado Gonzalo Serraclara, a quien no había visto desde su última exposición en la Llibreria Catalònia en 1935. A Gala le cayó bien Serraclara, que pronto empezó a actuar de representante y asesor jurídico oficioso de la pareja. A partir de ahora, cuando los Dalí estuvieran en París o en Nueva York, sería Serraclara quien apechugara con los constantes encargos de Gala, relativos básicamente a las reformas de la casa de Port Lligat.[4]

En Barcelona se armó un revuelo cuando en el puerto descargaron el Cadillac, ocupándose Serraclara de las formalidades aduaneras.[5] Gala, con el tesón que la caracterizaba, había aprendido a conducir –y muy bien– en Estados Unidos (Dalí no lo haría nunca), y su diminuta estatura detrás del volante contrastaba con las generosas dimensiones del impresionante automóvil. Un día Dalí hizo que la musa lo aparcara justo delante de la casa de su padre en Figueres. A comienzos de los años cincuenta circulaban pocos coches por España, y los que había solían ser modestos. A los figuerenses, por consiguiente, el deslumbrante Cadillac del pintor los dejó boquiabiertos. Es probable que con su gesto Dalí quisiera demostrar que había logrado poner en práctica la máxima freudiana según la cual el verdadero héroe es el hijo que se alza contra su padre y lo vence. En cuanto al notario, estaba encantado con el coche y gozaba como un niño cuando Gala lo llevaba de paseo por el campo ampurdanés. No nos consta cómo reaccionó Anna Maria, pero podemos imaginarlo.[6]

Durante estos meses Dalí hizo cuanto pudo por convencer a las autoridades españolas de su entusiasmo por el franquismo y su adhesión a la Iglesia católica. El primero de septiembre la revista *Ampurdán. Semanario comarcal de la FET y de las JONS*, de Figueres, publicó una entrevista con el pintor. En declaraciones recientes Dalí había insinuado su disgusto por el «silencio» que había rodeado su vuelta a casa, considerando que no se le brindaba una publicidad suficiente. El periodista le preguntó si se daba cuenta de que tal vez lo que le había apartado más «de la consideración de los españoles» era su «producción literaria». Dalí captó al instante la alusión a la edición argentina de *Vida secreta,* prohibida por la censura franquista, y aclaró que en su libro no atacaba la religión, como algunos creían. En este punto había habido una «mala interpretación». En cuanto a su errática conducta pasada, todo había terminado. «La fuerza de la razón me obliga a ser católico, aunque creo un deber manifestar mi poca formación religiosa», explicó. «Así como muchos hombres han experimentado la verdad religiosa por la Física, yo espero alcanzarla mediante la Metafísica y el Arte. Tenga por seguro que éste es uno de los sentimientos que más anhelo.» El contenido religioso de su obra del momento, siguió Dalí, se enmarcaba dentro de la más pura ortodoxia católica. En lo tocante a la sociedad contemporánea, dijo que creía ver por todas partes síntomas de un renacimiento espiritual, con la Iglesia de Roma a la cabeza. El catolicismo también avanzaba en Estados Unidos, y Dalí manifestó su gran admiración por el cardenal Spellman. Dado que, según uno de los tópicos predilectos del régimen franquista, la misión de España era salvar al mundo del pecado y de la decadencia moral, no nos puede sorprender que el periodista le preguntara si creía en los «destinos providenciales» del país. «¡Claro que sí!», contestó el pintor. «Y deseo que lo haga resaltar en mis declaraciones, pues estoy convencido de que a España, mejor dicho, a las naciones hispánicas, les aguarda una gran misión religiosa a realizar en común. España será espejo del mundo y cantera del catolicismo.» En suma, más o menos lo mismo que le había escrito a Buñuel en 1939. E igualmente ridículo.[7]

Estas declaraciones sentaron como un trueno a más de uno de los que habían conocido a Dalí en los años veinte y treinta, y especialmente a quienes habían combatido en defensa de la democracia durante la guerra civil y seguían sufriendo bajo un régimen brutal apoyado con servil entusiasmo por la Iglesia católica. Pero a su padre le gustaron sobremanera. El antiguo ateo, cuyo paso al catolicismo había prefigurado el de su hijo, cogió ahora la pluma y escribió a la revista para agradecerle al periodista (Miguel Alabrús) el haberse centrado en la obra y los propósitos de su hijo, y no en «las anécdotas de su vida que a nada conducen y que, por lo tanto, ni debieran ser publicadas por la prensa». Dalí Cusí prefería entender los pasados excesos de su hijo en función de «todas las enfermedades que son propias de los pintores que pretenden dar al arte nuevos caminos para descubrir horizontes que faciliten la mejor expresión de lo bello». El ex notario ofrece luego a los lectores de *Ampurdán* una homilía sobre arte. Todos los «ismos», surrealismo incluido, que pretenden ignorar el pasado «están al borde del fracaso», pues «no se trata para mejorar el arte de desintegrar y sí de *integrar;* en lugar de automatismo, técnica; en vez de destrucción, construcción; nada de reacción ni de revolución: renacimiento, fe, tradición. Esto es, renacer, para completar y mejorar, si se puede, la obra de los artistas geniales, de los grandes maestros que nos precedieron, que sí se puede porque todo lo humano puede ser superado». El consejo sonaba a soflama falangista, a refrito joseantoniano. «Éstas son», terminaba Dalí Cusí, «las actuales tendencias de mi hijo que anunció ya en su *Vida Secreta.* La vuelta al ángel, a la tradición, al clasicismo, única manera de salvar no solamente el arte, sí que [sic] también nuestra civilización.» A juzgar por la carta, las relaciones entre Dalí Cusí y su hijo no podían ser mejores.[8]

A juzgar, también, por el nuevo testamento de Dalí Cusí fechado el 6 de noviembre de 1948, Anna Maria seguía siendo la heredera universal del ex notario, como era lógico, pero la actitud hacia el pintor había cambiado, como consta en la primera cláusula del documento:

> Lega a su hijo Salvador Dalí Domènech en total pago y satisfacción de su legítima paterna y suplemento la cantidad de treinta mil pesetas. Teniendo en cuenta que la cantidad legada ha sido calculada con largueza ya que excede en mucho a la suma que por legítima paterna correspondería al legatario, dado el valor actual de los bienes de la herencia y teniendo en cuenta además que con la generosa ayuda económica que el testador ha recibido del legatario, ha podido aquél atender a los gastos que se han ocasionado para el restablecimiento de su salud, dispone lo siguiente: Si el legatario se conforma con la cantidad legada en concepto de legítima y suplemento, no quiere el testador que se imputen en la legítima ni se colacionen en la herencia la suma que consta recibida por su hijo en la escritura de carta de pago que autorizó el Notario que fue de Figueras, D. Jesús Solís, a seis de Abril de mil novecientos treinta y cinco,* ni los gastos sufridos por el otorgante con motivo de las primeras exposiciones artísticas de su hijo en las Galerías Dalmau de Barcelona y los demás que en beneficio del propio legatario ha venido pagando con posterioridad, cuyos gastos importan en la actualidad siete mil doscientas pesetas.
>
> Y si el legatario pretendiera que la suma legada no es suficiente y reclamara suplemento de legítima, quiere el testador que todas las cantidades referidas, las de la escritura ante D. Jesús Solís y las otras, deban imputarse en la legítima y colacionarse en la herencia y en su consecuencia deberán entenderse cobradas a cuenta de la legítima que resulte.[9]

Por estas fechas Dalí escribió otra vez a su familia desde el Hotel Ritz de Barcelona. Acababa de ver las pruebas (y tal vez un ejemplar adelantado) del libro *Verdad y mentira de Salvador Dalí,* del biólogo catalán Oriol Anguera, y le habían irritado profundamente:

* Véase pág. 442.

Querido padre tia i hermana: Como os decia en la targeta desde Palamos, pasamos unos dias llenos de marabilloso ambiente «cadaquense», i os damos las gracias por vuestras atenciones – Aqui no hemos parado un momento i todo el mundo a sido muy amable, el unico *disgusto* a sido un libro que an publicado sin pedirme consejo, el cual resulta de un provincianismo i mal gusto que da verguenza ya que han recogido todo lo que han podido encontrar al alcance de sus manos, en una mescolanza espantosa, pero lo peor de todo es que habian reproducido varios cuadros, incluso en color, *completamente falsos,* i que yo nunca e pintado, la desverguenza llegando al colmo de haber imitado mi firma! Esto no es todo, con una indiscrecion inexcusable reproducia una carta intima que yo habia mandado a Mirabitlles! Monserrat *(qui mal no fa, mal no pensa)* dio a reproducir *todos* los cuadros de cuando yo era pequeño de Rafael, quedando asi «muy mal catalogados» i imposible de reproducirlos despues en el libro que prepara Gudiol que sera un libro serio, bien hecho i enteramente supervisado por mi,* todo esto me induce a rogaros que por nada en el mundo degeis reproducir ningun cuadro mio, sin previamente consultarmelo de antemano, ya que el valor de tales obras puedria [sic] malograrse. Todos los coleccionistas de todos los paises del mundo, me piden cada vez el *permiso* para la reproduccion de mis obras a pesar de haberme comprado los cuadros, es una cuestion que se justifica, aparte las otras razones, por la buena educacion, solo aqui se permiten reproducir mi obra, sobre la cual siempre queda mi propiedad moral, sin ni siquiera abisarme!

En fin e llegado a tiempo, i los cuadros falsificados podran ser ahun suprimidos –**

Se que otros preparan libros i os pido me aviseis si os piden algo, el mismo ruego voy a dirigir al tio Anselmo i a los demas que poseen cuadros de mi adolescencia.

Un fuerte abrazo para todos de vuestros Dalí i Gala.[10]

El libro de Oriol Anguera demostraba claramente que, tras su lectura de la edición argentina de *Vida secreta,* el biólogo tenía serias dudas acerca de Dalí, y que le disgustaba profundamente la obsesión del pintor por el sexo y los excrementos, a su juicio seudofreudiana («Yo he vis-

* Se trata del crítico de arte José Gudiol. Su libro sobre Dalí nunca se publicó.

** Efectivamente, los falsos cuadros se suprimieron, además de la carta de Dalí a Jaume Miravitlles.

to cartas de Dalí que terminan simplemente así: *Mierda y mierda*»).[11] A Anguera el surrealismo no le hacía ninguna gracia, y cabe pensar que Dalí reaccionaría coléricamente ante la ignorancia que revelaban sus comentarios sobre el movimiento y sus partidarios. Pero ¿qué quería? Las obras de Freud estaban prohibidas bajo el régimen franquista, la represión sexual estaba a la orden del día, y el pasado del pintor se consideraba reprochable. Así fue como Dalí se dio cuenta de que tendría que esforzarse seriamente si quería que en la España de la posguerra alguien creyera que su cambio de actitud era sincero.

«LA MADONA DE PORT LLIGAT» Y OTRAS TEATRALIDADES

El primer «cuadro religioso» de Dalí, pensado para congraciarse con la
Iglesia y el Estado, fue *La Madona de Port Lligat,* en el que ya había XXXIV
comenzado a pensar en Estados Unidos y que pintó entre la primavera y el verano de 1949. La composición de la pequeña tela (48,9 × 37,5 cm) deriva claramente de las obras «atómicas» realizadas a partir de 1945, después de Hiroshima, en particular de *Leda atómica* y *Desmaterialización cerca de la nariz de Nerón,* pero el color es puro Renacimiento italiano.

El huevo que pende sobre la cabeza de la Virgen, suspendido de un hilo que a su vez cuelga de una venera, lo tomó Dalí de la *Madona con el duque de Urbino como donante,* de Piero della Francesca, más conocida como la *Madona de Brera,* obra que había reproducido el año anterior en *50 secretos mágicos para pintar.* El huevo del italiano, dice allí Dalí, «es uno de los más grandes misterios de la pintura del Renacimiento».[12] Más adelante aclararía que, dado que los antiguos consideraban la elipse como la forma natural más perfecta, el huevo era un símbolo muy apropiado para la Madre de Dios.[13] Tanto más, podría añadirse, si se tiene en cuenta que también es símbolo de la fecundidad. Dalí ya había colocado un huevo a los pies de Leda en *Leda atómica,* donde, aunque roto, XXXV
proyecta la sombra de una elipse perfecta.

El rostro de la Madona es, sin lugar a dudas, el de Gala, aunque más «bonito». Utilizar a la musa como modelo de la Virgen fue la máxima demostración, para algunos, del cinismo daliniano. Una vez decidido a convertirla en una especie de Santa María del Mar Mediterráneo, de todas maneras, no habría sido muy propio de Dalí volverse atrás. En *La*

Madona de Port Lligat la representación de la Virgen, con el hueco en el pecho, deriva directamente de *El destete del mueble alimento* (1934), en el que se ve a una niñera con un agujero en la espalda sentada en la playa delante de la casa de Dalí. Más tarde el pintor diría que en *La Madona de Port Lligat* había querido «sacralizar» aquella imagen anterior.[14]

Dalí sabe que convencer al mundo, y no sólo a la España franquista, de su sincera fe católica requiere poner en juego sus mejores armas. No basta crear una versión «nuclear» de la Virgen y el Niño. Desde los tiempos heroicos de su colaboración con Buñuel, el pintor ha tratado de volver al cine. Sin éxito, si exceptuamos las secuencias oníricas de *Recuerda* de Hitchcock. Ahora, en julio de 1949, anuncia de pronto que ha escrito un guión para una «película paranoica», titulada *La carretilla de carne,* que él mismo va a dirigir. «Así como Rossellini representa en Italia el neorrealismo, yo intentaré el neomisticismo en España», declara en una entrevista. ¿Neomisticismo? El perdiodista –Manuel del Arco– está perplejo. Dalí le explica que se trata de «integrar en el realismo, en general, la tradición mística, que es lo típico en el espíritu de España». El film demostrará cómo el fetichismo primitivo y el amor delirante pueden transformarse en sentimiento religioso. Pero ¿por qué una carretilla? Dalí contesta que las carretillas le han obsesionado toda su vida y que las ha pintado cientos de veces (por prudencia no da más explicaciones). Su película «es la vida de una mujer que, a causa de un traumatismo inicial, un crimen en que ha sido envuelta, se refugia en el objeto (la carretilla) que protege hasta quedarse sola con él, y se entrega hasta el delirio total». Poco a poco la carretilla irá adquiriendo para ella nada menos que ochenta y dos significados simbólicos, desde el ataúd al tálamo nupcial, desde la cómoda al reclinatorio. En una de las escenas, una hueste de ciclistas (¡otra vez!), cada uno con un paraguas, caerá en picado al mar desde los acantilados del cabo de Creus; en otra, una vieja sin cabello vestida de torero aparecerá tiritando en el «lago» de Vilabertran.[15]

La carretilla de carne ocupará a Dalí esporádicamente durante cuatro o cinco años, pero, como con sus proyectos cinematográficos anteriores, apenas pasará de la categoría de tema para declaraciones periodísticas y fanfarronadas.

Durante su segundo verano tras el regreso a España, Dalí trabajó en los decorados y figurines encargados para tres importantes montajes teatrales previstos para noviembre de 1949: *Don Juan Tenorio,* de Zorrilla, en Madrid; *Salomé,* de Strauss, en Londres, y *Como gustéis,* de Shakespeare, en Roma. Al pintor le entusiasmaba especialmente el encargo para *Don Juan Tenorio,* que le daba la oportunidad de reafirmarse en la capital. En Madrid Dalí se entendió estupendamente con el director de la puesta en escena, Luis Escobar, y creó diseños que, si bien no gustaron a todo el mundo, crearon la expectación deseada y luego causaron sensación. *Don Juan* se estrenó el tradicional 1 de noviembre en el María Guerrero. Tras la función, apuntó uno de los críticos presentes, hubo furiosas discusiones en la calle. Los decorados eran «monstruosos, fabulosos, locos, divinos, insultantes, sugerentes e incongruentes». El éxito del montaje fue tal que se repondría al año siguiente.[16]

Pocos días después, el 11 de noviembre, se estrenó en el Covent Garden de Londres la polémica puesta en escena de *Salomé* a cargo de Peter Brook, gran admirador de Dalí. Brook había estado en Port Lligat durante el verano para recoger los dibujos, marchándose muy entusiasmado, pero se sintió traicionado cuando Dalí se negó a ir a Londres a colaborar en el montaje (Brook le había dicho a Gala que, si el pintor no lo hacía, sería difícil materializar sus ideas de manera satisfactoria). El director inglés estaba experimentando ahora lo mismo que otros antes que él, Edward James, en particular, y dándose cuenta de que a Dalí le traía sin cuidado no cumplir su palabra. No obstante, Brook salió en defensa del pintor cuando los críticos arremetieron contra sus decorados (bastante aguados sin su presencia), señalando, entre otras cosas, que uno de ellos representaba «un cañón rocoso con una tienda y una carretera en malas condiciones», no muy apto a su juicio, y que otro parecía «un mueble-bar bíblico».[17] Brook explicó en *The Observer* que había escogido a Dalí porque era el único artista que conocía «cuyo estilo natural tiene a la vez lo que podría llamarse la decadencia erótica de Strauss y las imágenes poéticas de Wilde». Unos años después, recordando la deserción de Dalí, Brook comentaría: «Este tipo de colaboración no sirve. Dalí debería haber trabajado hasta el final. Sin embargo, cuando lo hace, siente a veces que el sello de su propia personalidad no resulta suficientemente impactante..., y entonces decide hacer algo realmente espantoso para agrandarlo. Dalí es demasiado difícil... Además ya es demasiado tarde, Dalí es demasiado anticuado.»[18]

Después le tocó el turno a *Como gustéis,* encargo de Luchino Visconti. Dalí había concebido un ingenioso decorado único, que una iluminación muy inventiva permitiría utilizar al mismo tiempo como «sala de palacio» y «bosque de Arden». Visconti estaba encantado con el trabajo del catalán.

Dalí y Gala viajaron a Roma, pero no sólo para asistir al estreno de *Como gustéis* el 26 de noviembre. El pintor estaba tan contento con *La Madona de Port Lligat* que había decidido que sería una excelente táctica enseñársela al Papa y, a la vista de lo poco convencional del cuadro, recibir del pontífice el *nihil obstat* para la versión de dimensiones mucho mayores que tenía pensado realizar.[19] Si Su Santidad daba el visto bueno, nadie podría discutir la ortodoxia católica de Dalí, con el consiguiente aumento de su prestigio ante el régimen franquista. Solicitó, pues, una audiencia papal. Se le otorgó, y el 23 de noviembre de 1949 él y Gala fueron recibidos por Pío XII. Dalí llevaba *La Madona de Port Lligat* bajo el brazo. Estuvieron juntos sólo diez minutos. Pero los suficientes.[20]

Dalí se negó, al salir de la audiencia, a divulgar los comentarios del Papa sobre su cuadro, despachando a los periodistas que le esperaban con unas cuantas generalidades sobre la necesidad de que el arte moderno fuera cristiano.[21] De regreso a Port Lligat, sin embargo, le dijo a Emilio Puignau que a Pacelli le había encantado su *Madona,* y unos meses después declararía a un periodista que había tenido la impresión de que el Santo Padre estaba a favor de que siguiera pintando en la misma línea.[22]

Más tarde Dalí aclararía que una de las principales razones de su visita al Papa había sido plantearle la cuestión de su matrimonio con Gala. Puesto que ya había vuelto al redil católico, ¿no les permitiría Pío XII ahora casarse por la Iglesia? Pero ni siquiera el Papa podía ayudarles: Gala y Éluard se habían casado por la Iglesia, el divorcio civil era nulo desde el punto de vista eclesiástico y, además, el poeta aún vivía.[23]

A André Breton le asqueó la noticia de que Dalí había visto al Papa, que le llegó justo a tiempo para poder añadir una sarcástica nota a pie de página al apartado dedicado al pintor en su *Antología del humor negro.* «Está de más decir», escribió Breton, «que lo que afirmamos sólo se aplica al primer Dalí, el que desapareció en 1935 para dar paso a la personalidad más conocida como Ávida Dollars, pintor de retratos de sociedad que acaba de abrazar la fe católica y "el ideal artístico del Renacimiento" y que ahora goza de los parabienes y del aliento del Papa.»[24]

El anagrama de Breton fue una *trouvaille* brillante, y pronto se hizo famoso. Dalí, encantado, se dedicó enseguida a propagarlo, declarando que ya le aportaba aún más dinero (con todo, diría más tarde, lo que más le encandilaba era el oro, no los billetes). Irónicamente, el adjetivo femenino del anagrama hacía que éste fuera más aplicable a Gala, que sin lugar a dudas aventajaba a Dalí en *avidez.* Gala quería, y necesitaba, muchísimo dinero, cuanto más mejor: aunque podía ser mezquina en cosas nimias, en lo que tocaba a sus placeres no tenía límite. Además, se estaba convirtiendo en jugadora compulsiva.

Como gustéis de Visconti tuvo un notable éxito, y el público que abarrotaba el teatro Eliseo salía fascinado con los decorados de Dalí y con los elefantes de largas y delgadas patas de uno de los telones. No cabía duda de que el trabajo de Dalí había contribuido mucho a la magia de la puesta en escena, y la exposición de sus figurines organizada simultáneamente en la Galería Dell'Obelisco también atrajo a un nutrido público.[25]

Dalí y Gala se dirigieron a París tras su exitosa estancia en Roma, y luego embarcaron hacia Nueva York, donde llegaron a finales de noviembre,[26] inaugurando así un calendario que seguirían invariablemente a lo largo de treinta años: primavera, verano y otoño en Port Lligat (con ocasionales escapadas a Barcelona, Madrid o Italia) e invierno en París y Nueva York. Por lo general los Dalí abandonarían Port Lligat a principios de diciembre, regresando en abril o mayo. En su casa Dalí trabajaría de sol a sombra, menos los domingos, tomándose apenas una hora para comer y hacer su siesta de costumbre. Las primeras horas de las noches de verano las dedicaría a recibir a sus admiradores. París (siempre el Hotel Meurice) y Nueva York (siempre el St. Regis) servirían sobre todo para la vida social, los negocios y la promoción.

Durante la primera década de este arreglo, Emilio Puignau ampliaría o mejoraría casi cada año el laberinto de Port Lligat durante la ausencia de la pareja. Éste creció, diría Dalí, «exactamente como una estructura biológica real, por división celular».[27] Y cuanto más se ampliara la casa, más dinero se necesitaría para mantenerla. Se contratarían criados, entre ellos Arturo Caminada, robusto *cadaquesenc* de catorce años, que sería el encargado de cuidar el jardín y la barca. Caminada permanecería al lado de los Dalí más de cuatro décadas y demostraría ser su sirviente más fiel.

DALÍ VISTO POR ANNA MARIA

En diciembre de 1949 Anna Maria Dalí, que ya tenía cuarenta años, se desahogó publicando *Salvador Dalí visto por su hermana*. Su padre había escrito una breve introducción para el libro, que se reproducía en facsímil:

Muchas amarguras me habría evitado de haber tenido el presentimiento de que, en mi vejez, podría leer este libro que refleja la historia de nuestro hogar con fidelidad absoluta.

Pienso a veces si será la mano de mi esposa la que ha guiado la de nuestra hija a través de estas páginas. Debe ser así, pues me producen tan gran bienestar.

El tema del libro de Anna Maria Dalí era que el surrealismo en general, y Gala (nunca nombrada) en particular, habían destrozado al pintor y a su familia. No cabía duda de que, al escribirlo, había tenido muy presente *Vida secreta*, haciendo cuanto podía por refutar las afirmaciones de su hermano en el sentido de haber sido un niño monstruoso y sádico. En la versión que daba Anna Maria de esos años de infancia, todo era luz y gracia. Salvador tenía sus rabietas, por supuesto, y siempre insistía en salirse con la suya, pero «se hacía querer a pesar de su genio terrible».[28] Lo cual no era sorprendente, ya que padre e hijo tenían «la misma expresión de inteligencia y de bondad, base fundamental de sus exaltados temperamentos».[29] En cuanto al exhibicionismo de Dalí, en opinión de Anna Maria era, en el fondo, bastante inofensivo: «Mi hermano tiene un carácter afable y cordial y un gran sentido del humor», le asegura al lector. «Sólo cuando un deseo anormal de llamar la atención le domina es cuando le vemos capaz de hacer las cosas más absurdas».[30]

Las conmovedoras páginas dedicadas por Anna Maria a la enfermedad y muerte de su madre nos ayudan a entender el horror y la incredulidad con que la familia se enteró de aquellas palabras que Dalí había garabateado en su cuadro del Sagrado Corazón de Jesús. ¿Cómo pudo haber hecho una cosa tan monstruosa? ¿Él, que había querido tanto a su madre? Puesto que Anna Maria insiste en que su hermano era «fácilmente influenciable», no podía haber duda acerca de quiénes tenían la culpa de su desvarío: «Su afán de llamar la atención, obrando bajo el impulso de una influencia nefasta, fue la única explicación que nos pudimos dar.»[31] La «nefasta influencia» era Gala y sus amigos surrealistas de «ojos enrojecidos».[32]

El odio que Anna Maria siente por el surrealismo tal como ella lo entiende le hace imposible comprender que ayudó a su hermano a crear sus mejores obras. Pero la versión que da de los acontecimientos anteriores a 1929 también está seriamente viciada. Mientras las evocaciones de la infancia en Cadaqués tienen un indudable encanto, desde el punto de vista cronológico la narración es tan confusa e inexacta como la mismísima *Vida secreta,* e igual de escasa la documentación en que se basa. En suma, un valiente pero tristemente insuficiente y tendencioso retrato de la relación de Dalí con su familia antes de la llegada de la atroz rusa.

Dalí y Gala estaban en Nueva York cuando, cogiéndolos por sorpresa, se publicó el libro. Dalí leyó la visión alternativa de su persona con creciente furia, y despachó una serie de cartas en las cuales se quejaba amargamente del comportamiento de su hermana. A su prima Montserrat le escribió desde el St. Regis:

> Apreciada Monserrat: Ya as visto la hipocresia *total* de mi hermana, creo que el deber de la familia es de aconsejarle que rectifique PUBLICAMENTE todas las *falsedades* obgetivas i cronologicos que *yo le señalaré,* i en este caso, i si me *pide perdon* estoy dispusto a otorgarselo dada la edad avanzada del padre, comunica esto al tio Rafael que a sido siempre el mas humano en todo esto i recibe la afeccion para ti i Gonzalo de mi parte i de Gala.[33]

Dalí se refería sin duda a la reconciliación con su padre de 1935, que su tío Rafael había logrado propiciar. Gonzalo Serraclara recibió una carta aún más enérgica:

> Querido Gonzalo – La «hipocresia» de mi familia, de publicar el libro sin decirmelo, me obliga a tomar precauciones i recoger *todos los cuadros* de casa de mi padre. Al mismo tiempo me obliga a la publicacion de TODA LA VERDAD SOBRE LA CUESTION FAMILIAR, velada por *piedad* en mi vida secreta – al mismo tiempo te mandare una nota autobiografica para que salga en el libro de Gudiol,* alusivo a esto – Quiero que todo el mundo sepa ahora en ESPAÑA que fui expulsado de mi familia i que lo he conquistado todo yo solo i con la abnegacion UNICA i eroica de mi sublime Gala –NO TE PEDIRE NINGUN PROCESO NO TINGUIS PO!** PERO SI NO REPITES MI VERSION que sabes es la verdadera peor par ti, i especialmente para tu conciencia. Bon Jour![34]

* Como hemos dicho antes, el libro de Gudiol no se llegó a publicar.

** En catalán, «no tengas miedo».

La «nota autobiográfica» de Dalí se imprimió en tarjetas que distribuyó profusamente el pintor:

> Memorándum
>
> Fui expulsado de mi familia en 1930 sin un solo céntimo. Todo mi triunfo mundial lo he conquistado con la sola ayuda de Dios, la luz del Ampurdán y la heroica abnegación cotidiana de una mujer sublime, mi esposa, Gala.
>
> Famoso: mi familia aceptó la reconciliación, pero mi hermana no ha podido resistir el especular materialmente y pseudo-sentimentalmente con mi nombre, vendiendo cuadros míos sin mi permiso y dando informaciones absolutamente falsas sobre hechos obgetivos [sic] de mi vida. Por lo que no puedo dejar de advertir a coleccionistas y biógrafos.
>
> Salvador Dalí
> Nueva York, enero de 1950.[35]

Dalí sospechaba, tal vez con razón, que si recurría al servicio postal para escribirle a su padre, Anna Maria interceptaría la correspondencia. Por ello, el 6 de enero de 1950 pidió la colaboración de un pintor amigo de Cadaqués, Jaume Figueres:

> Querido Jaumet, ya abras visto que la «hipocresia» familiar a llegado *al colmo* – te pido *lleves a mano* esta carta a mi padre (con el anuncio de las joyas), ya que sospecho que de otra manera no llegaria. Gracias! Llegaremos a principios de mayo.[36]

Es de presumir que Figueres le entregó la carta al anciano ex notario, y que en ella Dalí hacía amargos reproches a Anna Maria. No hay constancia de más correspondencia entre padre e hijo, y el 30 de enero de 1950 Dalí Cusí firmó un nuevo testamento en el que siguió nombrando heredera universal a Anna Maria. Salvador, por su parte, recibiría, «en total pago de sus derechos legitimarios paternos y como gracia o legado especial en lo que excediere de su importe, la suma de sesenta mil pesetas».[37]

En medio de todas estas contrariedades, a Dalí se le brindó una excelente oportunidad para promocionar sus recién descubiertas convicciones católicas. A principios de 1950, un Comité por la Paz con sede en

París y encabezado por Picasso y el «Deán Rojo» de Canterbury, anunció su deseo de visitar al presidente Truman, al secretario de Estado (Acherson) y a varios miembros del Congreso de Estados Unidos. El objetivo: persuadir a los norteamericanos a que tomaran la iniciativa de poner fin a la carrera nuclear con la Unión Soviética. A Dalí se le invitó a formar parte del Comité de Recepción en Nueva York. Su respuesta –réplica, más bien– se publicó en marzo en *The New York Times,* justo cuando se anunció la negativa del Departamento de Estado a conceder un visado a la delegación. Dalí quiso dejar bien claro que él no tenía nada que ver con esa comisión, pues según él la violencia y la doctrina de la violencia estaban en la base de la interpretación materialista de la historia (¿y en la fascista?). Como artista, su única aspiración era pintar cada día mejor, combatiendo así la falta de espiritualidad que amenazaba con aniquilar la «belleza artística» del pasado y del presente. La cuestión de la bomba atómica era asunto de las Naciones Unidas, y todos los antimaterialistas debían atender a «la conciencia moral más alta de nuestro tiempo, representada por el Papa y los demás líderes que oponen los valores espirituales y morales al materialismo y la violencia de la doctrina marxista.»[38]

La agencia EFE se ocupó de que la carta recibiera una publicidad masiva. No es difícil comprender por qué, en la España de Franco, la izquierda y los grupos progresistas despreciaban cada vez más a Salvador Dalí.[39]

En Nueva York Dalí concedió una entrevista a *Destino,* el semanario barcelonés. Giró en torno a su catolicismo y su clasicismo. Como ya había hecho a menudo, Dalí tergiversó grotescamente su inicial relación con Breton, aduciendo que desde el momento de incorporarse al movimiento surrealista se había dado cuenta de que estaba llamado a desplazar al fundador del mismo: «En el fondo, todo aquello era una cosa oportunista y prudente, incapaz de aceptar las consecuencias hasta el extremo que yo hubiera querido, y sobre todo sin contenido espiritual ninguno.» Recordó un breve encuentro con Breton en Nueva York (encuentro del cual no parece quedar constancia documental) después de su expulsión del movimiento, y comentó alegremente: «Yo, con mi surrealismo mediterráneo y apasionado, triunfé. Él, el autor del primer *Manifiesto del surrealismo,* fracasó en medio de la indiferencia.» El comentario nos da la medida del personaje en que se había convertido Dalí. Traicionar a Breton ya no era suficiente, había ahora que tratar de ridiculizarlo por su pretendido «fracaso».

El objetivo principal de Dalí en este momento, sigue contando a *Destino*, es «vencer lo que el surrealismo pueda contener de materialista y ateo e incorporar sus fuentes de inspiración al misticismo español, darle un contenido cristiano y místico». En cuanto a *La Madona de Port Lligat*, considera que es el «compendio» de su evolución como artista, y la demostración de su neoclasicismo. Este verano en Port Lligat va a comenzar su segunda y mucho más importante versión de dicha obra. En ella la Virgen aparecerá rodeada de pescadores y el Niño tendrá un agujero en el pecho con un trozo de pan blanco en una cesta, el «núcleo vital y metafísico» del lienzo.

Dalí tiene otro importante proyecto para el verano: un encargo del gobierno italiano para ilustrar *La divina comedia*. Ha estado leyendo la obra de Dante con apasionado interés, dice, y ha descubierto que refleja su propia evolución espiritual. Las líneas maestras del trabajo están ya decididas en su imaginación.[40] (Más tarde declarará no haber leído nunca *La divina comedia*, y disfrutará contando la historia de un eterno estudioso de la obra cuyas últimas palabras a su familia, antes de morir, fueron «Dante me asquea».)[41]

Entre sus otros logros, Dalí es ahora el español más famoso de Estados Unidos. Nada más normal, pues, que *Vogue* lo llame cuando decide publicar un artículo sobre el turismo en España. «A España, guiado por Dalí» aparece el 15 de mayo de 1950. El itinerario propuesto por el pintor para una estancia española de una semana, ilustrado con dibujos del artista, arranca con brío en Barcelona, donde Dalí incita a los visitantes a admirar las maravillas de Gaudí (redescubiertas por él mismo, naturalmente) y la hermosa iglesia gótica de Santa María del Mar, tan gravemente dañada durante la guerra civil. Tras un rápido recorrido por la Costa Brava y una visita a Montserrat, Dalí acompaña a sus lectores a Madrid, recomendándoles que en el camino se alojen en paradores nacionales. Para la capital propone el Ritz, tanto por su excelencia en sí como por estar al lado del Prado. En cuanto a éste, Dalí incluye entre sus joyas *La muerte de la Virgen*, de Mantegna, «el cuadro de todos los cuadros del museo que más impresionaba a García Lorca»; sus propias preferencias, *El cardenal*, de Rafael, y «una pequeña escena familiar» (no identificada) del mismo, y *El jardín de las delicias* («el más maravilloso y surrealista cuadro jamás pintado por El Bosco»). Tras Madrid vienen dos días en Toledo (con alusiones veladas a Buñuel y su Orden), El Escorial («para mí el lugar más hermoso del mundo») y la Ávila de Santa Teresa, seguidos de un vertiginoso paseo por Andalucía (que Dalí sólo conoce, aunque no lo dice, por el mes pasado en Málaga con Gala en 1930).

En la primeravera de 1950 los Dalí regresaron a Port Lligat, donde el pintor se puso inmediatamente a trabajar en su nueva versión de la *Madona,* para la cual Emilio Puignau, que dibuja con notable pericia, prepara la tela. Mentalmente Dalí ya ha planeado la pintura hasta el último detalle, y le enseña a Puignau algunos croquis preparatorios. Refiriéndose a Velázquez y Delacroix, le declara que ahora sólo quiere pintar lienzos de grandes dimensiones.[42]

La segunda *Madona de Port Lligat* mide 144 × 96 cm y tiene un colorido muy gris que contrasta con el de la obra más pequeña, tan vibrante. La cabeza de la Madona es ahora la de una Gala más madura, y la superabundancia de elementos simbólicos que rodean el trono atómico y «suspendido» de la Virgen desvían nuestra atención de ésta. Al cuadro le falta la gracia de la primera versión, y el ambiente es extrañamente premonitorio y tenso, como si Dalí quisiera transmitir la sensación de un Port Lligat sobre el cual cierne una tormenta.[43]

¿Ello correspondía al hecho de que Dalí sabía que al ex notario le quedaba ya poco tiempo? Posiblemente. Un día, al enterarse de que su padre está muy enfermo, se dirige a toda prisa a Es Llané, acompañado por Emilio Puignau para evitar una escena con Anna Maria. Ésta, sin embargo, los recibe con buenos modos. Dalí pasa media hora junto al lecho de su padre. «Hijo, creo que esto se acaba», Puignau oye murmurar al anciano.[44]

Y así fue. Dalí Cusí tenía un cáncer de próstata ya muy avanzado y murió poco después, el 21 de septiembre de 1950. Dalí vio a su padre de cuerpo presente, diciendo más tarde que lo había besado en los labios. A pesar de su profesado catolicismo, sin embargo, no fue a la iglesia ni asistió al entierro en el pequeño cementerio de Sant Baldiri. Anna Maria no tuvo fuerzas para estar en el sepelio tampoco, y Montserrat Dalí representó a la familia. Soplaba una tramontana tan imponente que la mujer cayó dos veces al suelo.[45]

Dalí quedó muy afectado por el fallecimiento de su padre, la persona que más le había obsesionado durante toda su vida, y según Puignau provocó en él un recrudecimiento de su profundo miedo a la enfermedad y a la muerte.[46] Su estado tampoco mejoró al conocer el último testamento de Dalí Cusí, redactado el 31 de mayo de 1950. En lugar de las sesenta mil pesetas asignadas en el testamento anterior, recibía ahora sólo veintidós mil «en total pago de sus derechos legitimarios paternos». Hubo otra mínima provisión: Dalí Cusí «además le lega como gracia o legado especial la suma de diez mil pesetas, que deberán ser aplicadas al pago de suplemento de legítima si a ello hubiere lugar». En otras palabras, el pintor había quedado una vez más virtualmente desheredado.

No sabemos cómo reaccionó Dalí al conocer el contenido del documento, del cual recibió una copia en octubre, pero podemos imaginar su rabia. Según parece tanto él como Gala pensaban que finalmente les iba a corresponder una parte de la casa de Es Llané. Al no conseguirlo, cabe deducir que fue el último testamento de Dalí Cusí –¡el último de tantos!– lo que convirtió en declarado odio el desdén que sentía Gala por Anna Maria. De ahora en adelante la rusa haría todo por asegurarse de que Dalí no perdonara nunca a su hermana.[47]

El testamento no zanjó la cuestión de las pertenencias de Dalí, sobre todo de los cuadros y dibujos que habían quedado atrás en Figueres y Cadaqués cuando fue expulsado de la familia. El pintor siempre había mantenido que, pese al repudio paterno, tales bienes seguían siendo propiedad suya. Ahora volvió a plantearle el asunto a Anna Maria, escribiéndole desde el St. Regis:

Carta a mi hermana

Querida hermana: El dia de la muerte de nuestro Padre, que Dios haya perdonado, te perdone todos los «herrores» cronologicos de tu libro, ya que los documentos de la epoca los desmienten suficientemente, pero no podia suponer que despues del tal perdon i del veso que nos dimos, tu mala fe continuara en pretender mentirosamente que los cuadros que por razones sentimentales os habia dejado guardar mientras el Padre vivia, fueran de tu propiedad, el *unico* cuadro que yo te habia regalado es tu retrato cosiendo.

***

Te pido pues reconocer la verdad i nada mas, si no la justicia, con pruevas i testimonios irrefutables se cuidara de ello. Pido

[1] reconocimiento que la pintura figura de espaldas vendida a Gudiol, fue sacada sin mi permiso de mi casa, i que la venta fue ordenada por mi padre

[2] explicacion del segundo cuadro vendido a Gudiol

[3] lista completa de todos los otros cuadros i dibujos vendidos, su precio i lugares en donde crees que se encuentran

[4] lista completa de los cuadros i dibujos regalados, me acuerdo uno a Baladia* ect.

[5] retorno *incondicional* de mis obras, aceptando yo la lista ARBITRARIA que estableces, con el conpromiso de no bender las restantes sin darme a mi antes la preferencia.

[6] retorno de las revistas i de la *enciclopedia Espasa* que mi padre siempre me prometio. Si esto se cumple dare la legitima conpleta que en justicia me corresponde a la tieta i suspenderé toda accion judicial sobre los cuadros.

Que Dios te guarde tu hermano Salvador.[48]

Que Dalí creía que su familia había sacado obras de su casa de Port Lligat lo confirma una postal enviada en diciembre de 1950 a Joaquim Cusí, el viejo amigo de Dalí Cusí que había comprado algunas de las mejores telas de la primera época de Salvador, incluida la maravillosa *Composición con tres figuras (Academia neocubista).* Dalí le dijo a Cusí que en un museo de Nueva York había descubierto veinte dibujos procedentes de Port Lligat «via Es Llané». «Es colosal», escribe, «que *aún hoy* todos los obstáculos a mi carrera provengan siempre del mismo lugar, mi familia.» Uno de los cuadros vendidos por Anna Maria acababa de ser revendido en una subasta, y Dalí estaba furioso. Hoy por hoy parece imposible establecer si tales acusaciones eran justificadas y si su familia realmente había sacado cuadros de Port Lligat.[49]

A instancias de Dalí, Gonzalo Serraclara puso a un abogado en contacto con los ejecutores del testamento después de aclararle la posición del pintor respecto a su hermana.[50] Emilio Puignau ha dejado constancia de que Dalí y Anna Maria llegaron finalmente a un acuerdo sobre los cuadros, que se repartieron mitad y mitad. Puignau se ocupó de recoger los de Dalí, y, según él, el pintor sintió una gran alegría al volver a ver aquellas obras.[51]

Dos años más tarde habría una divertida secuela a estos hechos. El 6 de septiembre de 1952, un notario de Figueres, Evarist Vallès Llopart, llegó a Port Lligat a la hora de la siesta con la intención de que Dalí le firmara un documento relativo al acuerdo alcanzado con Anna Maria. Dalí se negó a verlo, pero el notario insistió. Furioso, Dalí hizo entonces trizas el documento y echó, golpeándolo, al notario. Como funcionario públi-

* Conocido rico de Cadaqués.

co al que se le impedía por la fuerza cumplir con su deber, Vallès inició en seguida las pertinentes acciones legales. Enfermo ya de angustia con la perspectiva de pasarse un año en la cárcel (ya no estaba tan a favor como antes de pasar temporadas entre rejas), Dalí pidió ayuda a un potentado local, el millonario Miguel Mateu, ex alcalde de Barcelona e íntimo amigo de Franco, que intervino a su favor ante el ministro de Justicia en Madrid. Las cartas de Dalí a Mateu son de un servilismo rastrero y repugnante. Pese a contar con tal aliado, a Dalí se le impuso la libertad bajo fianza y la obligación de presentarse a las autoridades dos veces al mes mientras durase la investigación. Nunca había sufrido una indignidad semejante. Por último salió del apuro tras enviar sus disculpas por escrito al Colegio de Notarios. Los muchos adversarios del pintor sintieron una enorme satisfacción al ver que por una vez alguien conseguía bajarle un poco los humos. Dieciocho años después Dalí se preguntaba si su «lamentable acto» de aquella tarde no habría tenido acaso carácter edípico. Quizás, después de todo, fue a su propio padre, el tonante notario de Figueres, a quien había echado realmente a patadas de su casa de Port Lligat en un acto de indudables connotaciones simbólicas.[52]

DALÍ, MÍSTICO CATÓLICO-NUCLEAR

El 19 de octubre de 1950, apenas un mes después de la muerte de su padre, Dalí dio una conferencia en el Ateneu barcelonés que marcó el comienzo de la más desvergonzante campaña de autopromoción de toda su vida. Su finalidad era demostrar no sólo que había regresado al redil católico sino que ahora era místico, nada menos. Dalí no escogió el lugar al azar, pues fue en el Ateneu donde, en 1930, había hecho su más virulenta profesión de fe surrealista, escandalizando con ella a más de un miembro de la augusta casa.

«Por qué fui sacrílego, por qué soy místico» tuvo una publicidad previa importante. Entre la numerosa concurrencia, ávida de revelaciones dalinianas, figuraban representantes del *establishment* franquista de la ciudad y un nutrido grupo de eclesiásticos. El pintor empezó con un furioso ataque contra el escritor Manuel Brunet, natural de Vic asentado en Figueres, que, como vimos, había publicado un elogioso artículo en *Destino* cuando Dalí Cusí se jubilara en 1946. Brunet se había hecho amigo del notario y de Anna Maria, y Dalí, aunque no lo manifestó así en su conferencia, sospechaba que había ayudado a su hermana a escribir *Salvador Dalí visto por su hermana.* De ahí, en parte, la animadversión. Dalí explicó al público del Ateneu que Brunet había sido durante años su enemigo sistemático –lo cual era una grotesca exageración–, siempre preocupado por desenterrar ejemplos de sus pasados comportamientos «sacrílegos». Pero Brunet no era el único: el mundo estaba repleto de gente mediocre cuyo único propósito era desacreditar a los triunfadores. Dalí había decidido llamarlos genéricamente *brunets,* y esperaba que la palabra encontrara su debido lugar en los diccionarios (no lo haría).

En su conferencia de 1930 Dalí había ofendido al público al expresar su desdén por el dramaturgo Àngel Guimerà, fallecido en 1924. Esta vez la reacción fue parecida, en particular cuando enumeró las diferencias entre él y Brunet, que iban desde el vestir, la saliva, las corbatas y la inteligencia, hasta el relativo volumen de sus cuentas bancarias, sarcasmo que parte de los asistentes consideró, con razón, ruin y repugnante.[53]

Dalí había llevado consigo desde Port Lligat una típica horquilla de madera de dos dientes, que blandió ahora ante el público. Era, dijo, el símbolo exacto de su filosofía y de su vida: brazo izquierdo, el Dalí revolucionario y sacrílego de 1923, inspirado, en su lucha por realizarse como artista, por todos «los ángeles amoniacales de la putrefacción»; brazo derecho, el Dalí místico de 1950, el de *La Madona de Port Lligat,* la antítesis del Dalí joven, antítesis del Dalí de *El juego lúgubre;* Mango, símbolo de su unidad, de su éxtasis. ¿Unidad y éxtasis? «El éxtasis es la dialéctica, la armonía de los contrarios, de los dos Dalís antitéticos pero absolutamente auténticos, iguales en los dos bandos físicos que dividieron durante años en teoría ondulatoria y teoría corpusculares», se apresuró a aclarar el pintor. Sin dar al público tiempo de digerir una definición tan *sui generis,* Dalí proyectó una diapositiva de *La Madona de Port Lligat,* acompañándola con la lectura de un «poema teológico» escrito, dijo, mientras pintaba el cuadro. Luego añadió algunas observaciones sobre su misticismo. La unidad del universo como la había revelado Einstein reactualizaba de un modo sensacional «el sublime misticismo bíblico», y en 1950, por primera vez en la historia de la ciencia, la física estaba demostrando la existencia de Dios. El deber del artista, ahora que Picasso, con sus retratos de Dora Maar, había vuelto a un arte incapaz de mayor fealdad, era pintar otra vez como Rafael, regresar a la inmensa tradición del Renacimiento. Era el mismo mensaje que Dalí había predicado ocho años antes en Estados Unidos, con el añadido ahora del elemento místico. El misticismo católico, Dalí aseguró al público del Ateneu, iba a experimentar un gran florecimiento en los próximos cincuenta años, y los artistas españoles deberían, a partir de ahora, pintar obras religiosas. Era la obligación de la España de Valdés Leal, de Velázquez y de Zurbarán asumir la iniciativa y conseguir, una vez más, «la hegemonía espiritual de nuestra gloriosa tradición imperialista».[54]

Entre los presentes que habían oído la conferencia de 1930, Sebastià Gasch era probablemente el mejor preparado para medir la sinceridad de la actual profesión de fe del pintor. Gasch se quedó atónito cuando oyó a Dalí afirmar que siempre había sido instintivamente religioso. El crítico, que desde el principio había atacado los que él consideraba aspectos inmorales del surrealismo (provocando con ello la ira de Dalí), apenas pudo creerlo cuando el Dalí católico-místico repudió con vehemencia las ideas que en esa misma sala había propagado con intensidad fanática.[55]

Según el ahora indispensable Emilio Puignau, que había llevado a Dalí desde Port Lligat (Gala no sólo se había negado a asistir, sino incluso a que usaran el Cadillac), la velada transcurrió con relativa tranquilidad. Hubo algunos silbidos anónimos desde el fondo de la sala, desde luego, pero la sensación general, pese al mal gusto del ataque a Brunet, fue de satisfacción. Así era la asfixiante atmósfera que se respiraba en la España franquista de 1950.[56]

Del 27 de noviembre del mismo otoño hasta el 10 de enero de 1951 se expuso en la Galería Carstairs de Nueva York la segunda versión de *La Madona de Port Lligat,* donde sirvió como excelente publicidad para divulgar al otro lado del Atlántico el «regreso» del artista a la fe católica. No todos los críticos estaban convencidos de la sinceridad de la obra, que, según Reynolds Morse, fue recibida con «considerable escepticismo».[57]

Dalí se preparaba ya para ejecutar el *Cristo de San Juan de la Cruz,* que, como demuestra su título, tenía una explícita deuda con el insólito dibujo de la crucifixión atribuido al santo y que un monje carmelita, el padre Bruno de Froissart, había mostrado al pintor.[58] En Beverly Hills, Jack Warner le había presentado a Dalí al doble acrobático Russ Saunders, y se había llegado a un acuerdo para fotografiarlo atado a un panel de madera en la postura del Cristo crucificado del santo. Al regresar a Port Lligat en la primavera de 1951, Dalí enseñó las ampliaciones de Saunders, del tamaño de la pintura proyectada, a Emilio Puignau, pidiéndole que preparara un dibujo a escala de la cruz. Puignau, asombrado al principio, siguió las instrucciones de Dalí lo mejor que pudo. Al pintor le encantó lo conseguido, y el dibujo de Puignau fue trasladado al lienzo.[59]

En la inmensa tela (205 x 116 cm), Cristo cuelga sobre la claustrofóbica bahía de Port Lligat, cerrada por la isla de Sa Farnera, vista desde 74
la terraza de la casa del pintor. El mismo escenario iba a repetirse docenas de veces en dibujos y cuadros de los años cincuenta, animado ahora por la Virgen, Jesucristo y los pescadores locales además de por una concurrencia de ángeles. Uno de éstos, en *El ángel de Port Lligat* (1952), es Gala,[60] que aparece otra vez en 1956 como *Santa Elena de Port Lligat,* llevando un crucifijo, un libro (no identificado) y un sugestivo escote. La mayoría de estas obras son de un *kitsch* banal y repetitivo.[61]

En los años siguientes Dalí le encargaría a Puignau el duro trabajo mecánico para la realización de otras telas «místico-nucleares», así como *Desintegración de la persistencia de la memoria* (1952-1954), *Assumpta corpuscularia lapislazulina* (1952-53) y *Cruz nuclear* (1952). El trabajo para este último fue especialmente oneroso, con sus novecientos cincuenta cubos en perspectiva. Más tarde, al editarse reproducciones del mismo, Dalí regalaría a su talentoso ayudante una con la dedicatoria «A Emilio Puignau, responsable de los cubitos», pero nunca reconocería públicamente su deuda para con él. Después, cuando Puignau ya no pudo seguir dedicando tanto tiempo a solucionar los problemas técnicos planteados por obras de semejante envergadura, Ferrer y Jacomet, dos aparejadores de Figueres, trabajarían ocasionalmente para Dalí en la preparación de dibujos geométricos y en perspectiva.[62]

En abril de 1951 Dalí publicó su *Manifiesto místico,* que procedía directamente de la conferencia pronunciada en el Ateneu de Barcelona. Publicado en francés y en latín (para darle el apropiado toque de seriedad espiritual, se supone), proclamaba la llegada de lo que Dalí llamaba ahora su «mística paranoico-crítica». El manifiesto comienza dando por sentado que el arte moderno se halla en decadencia y que este proceso «deriva del escepticismo y la falta de fe, consecuencias del racionalismo, del positivismo y también del materialismo dialéctico y mecanicista». Por todo ello el arte moderno necesitaba que alguien lo salvara de su abyección, y ¿quién mejor que el genio catalán ex surrealista con nombre de pila «Salvador»?

La mística paranoico-crítica, explica el pintor, se basa sobre todo en los sorprendentes avances de la ciencia moderna, y, principalmente, en la «espiritualidad metafísica» de la mecánica cuántica y en el concepto de la forma consecuencia de un proceso restrictivo e inquisitorial («la libertad no tiene forma. Toda rosa crece en una prisión»). Para Dalí los edificios más hermosos del mundo son el templete de San Pietro in Montorio en Roma (1503), obra de Bramante, y El Escorial de Juan de Herrera (1557). Ambos son productos del «éxtasis», razona, retomando el tema de su conferencia del Ateneu, y representan un modelo de perfección clásica que los artistas modernos no quieren por pura vergüenza, prefiriendo buscar su inspiración en la barbarie prerrenacentista: pinturas rupestres, frescos cretenses y románicos y esas «aberraciones para deficientes mentales» que son los artefactos africanos (el Dalí racista despreciado por Breton no ha muerto).

Entonces, ¿cómo ha de volverse «místico» un artista? Dalí explica que el candidato debe someter «sus ensueños místicos» (nunca definidos) a un proceso diario de riguroso examen con vistas a fabricarse «un alma dermoesquelética –los huesos por fuera, la parte más delicada de la carne por dentro– como la que Unamuno atribuye a Castilla, donde la carne del alma sólo puede crecer hacia el cielo». Consejo muy poco práctico, hay que decir. El «éxtasis místico» que se obtendrá siguiendo este método es «"superalegre", explosivo, desintegrado, supersónico, ondulatorio y corpuscular y ultragelatinoso, pues es la erupción estética de la más alta felicidad paradisiaca que la humanidad puede alcanzar en la tierra».

¿Y qué verá el «artista místico» en su éxtasis? Tal vez la Inmaculada Virgen de Port Lligat, «dorada y corpuscular», pintada por Dalí; quizás un ángel-niño en la playa de Roses (el que aparece en *Yo mismo a la edad de seis años, cuando creía ser una niña, levantando con suma precaución la piel del mar para observar un perro durmiendo a la sombra del agua,* de 1950); o puede incluso tener la suerte de lograr una visión absolutamente personal y original, no influida por imágenes dalinianas. Pero, cualquiera que sea la experiencia, el «artista místico» debe plasmar ésta en el estilo del Renacimiento, porque el Renacimiento ha fijado para siempre las reglas de la pintura. A tal fin los guías más dignos de confianza son Pitágoras, Heráclito, Vitruvio, Luca Pacioli (autor del tratado *De la divina proporción,* tan admirado por Dalí) y San Juan de la Cruz, «el máximo exponente en poesía de esa mística española militante que ahora Dalí resucita».

El misticismo paranoico-crítico de Dalí tenía mucho más que ver con la física nuclear y la teoría de la relatividad que con la mística tal como la ha entendido la Iglesia de Roma, pese a lo que afirmaba Michel Tapié en un suelto, titulado «Sobre la continuidad daliniana», insertado a modo de reclamo en el *Manifiesto místico.* Tapié echó mano de una bien conocida táctica (que otros aplicarían al ateo Luis Buñuel) para sostener que la marcada obstinación sacrílega de la época surrealista de Dalí era «una forma circunstancial de actos [sic] de fe, en un grupo que oscilaba entre la negación estéril y el sectarismo materialista».[63]

¡Signos de incipiente espiritualidad en el Dalí joven, pues, pervertido por los degenerados surrealistas! ¡La oración disfrazada de blasfemia! Era demasiado rocambolesco, demasiado ridículo. Pero Dalí estaba contentísimo con la apología que hacía Tapié de la trayectoria que lo había llevado del materialismo a la supuesta espiritualidad. En 1930 Dalí había engañado al auditorio del Ateneu afirmando que, cuando en su obra *El Sagrado Corazón* escribió «A veces escupo para divertirme sobre el retrato de mi madre», se refería sólo a su actividad onírica. Ahora daba un paso más: «Es posible, en los sueños, maldecir a los seres que adoramos en nuestra vigilia. Y soñar que se ha escupido sobre la madre. En varias religiones el acto de escupir tiene a menudo un carácter sagrado.» Por lo tanto, él, despierto, nunca había sentido la tentación de escupir sobre el retrato de su madre, y si lo había hecho en sueños era un gesto profundamente religioso. Como siempre, Dalí no se responsabilizaba de ninguna acción suya ofensiva. Todo lo que hacía estaba justificado.[64]

En agosto de 1951, unos meses después de la aparición del *Manifiesto místico,* el periodista barcelonés Manuel del Arco, que ya había entrevistado anteriormente a Dalí, le preguntó con cierta insistencia por sus convicciones religiosas. ¿Era Dalí realmente católico? Sí, totalmente, y mucho más por haberse convertido tras un pasado tan turbulento.[65] ¿Se confesaba? ¿Comulgaba? Sí. ¿Por qué había sido sacrílego en su juventud? Porque buscaba el éxtasis a través de medios materiales. Pero todo eso había cambiado ya, añadía el pintor, y ahora buscaba el éxtasis «por el camino de la perfección, por medios espirituales». Además, creía en la resurrección de la carne.[66] ¿Iba a misa? Dalí reconoció que eso sí que era «una molestia», pero que se lo imponía en su intento por conseguir la fe.[67] ¿Pensaba convertirse en monje? No, él no era apto para la santidad: «Se puede ser místico y se puede dejar de serlo; pero no se puede ser santo y después no serlo.»[68] El misticismo de Dalí se reducía así a una especie de acrobacia mental, y no implicaba obligaciones externas.

Nada de piedad. Nada de caridad. Y, llamativamente, nada de amor tampoco. ¿Amor? La palabra no aparece una sola vez en los textos «religiosos» de Dalí. Además, si era cierto que en agosto de 1951 Dalí realmente asistía a misa y se confesaba (no lo sabemos), pronto dejaría de hacerlo. No hay referencia alguna al cumplimiento de esos deberes en el esporádico diario que empezó en 1952 y que publicó doce años después con el poco modesto título de *Diario de un genio,* y personas muy allegadas al pintor han dicho que nunca lo vieron ir a misa.[69]

En septiembre de 1951, dejando de lado brevemente la «mística nuclear», Dalí acompañó a Gala a Venecia para asistir al fastuoso baile de disfraces organizado por el millonario Carlos Béistegui. Una multitud de venecianos boquiabiertos se apiñó aquella anoche para contemplar a los invitados que descendían de las góndolas en el palacio Labia, que, restaurado para la magna ocasión, lucía toda su antigua opulencia. Los Dalí aparecieron disfrazados de gigantes de siete metros de altura (los diseños eran de Gala y Christian Dior), y, pese a la dura competencia –los atuendos de los invitados eran todos magníficos–, recibieron fuertes aplausos. La gente guapa, los famosos, los ricos, los potentados... no faltó nadie al «baile del siglo» de los Béstegui, desde Orson Welles a Lady Churchill. «La ciudad se sintió transportada y mi éxito fue tan grande que, veinte años después, algunas noches, lo sueño todavía», recuerda Dalí en *Confesiones inconfesables.*[70]

Sin embargo, en términos de propaganda, la sensación que Dalí causó en Venecia no fue nada comparada con el éxito de su conferencia «Picasso y yo», su tercera comparecencia promocional de esos meses, pronunciada en el Teatro María Guerrero de Madrid el 11 de noviembre de 1951. El acto tuvo un enorme impacto en España y en el extranjero, tan fuerte, de hecho, que en la memoria de Dalí permanecería siempre como uno de los momentos estelares de su vida. El María Guerrero acogió aquella noche a *la crème de la crème* de la sociedad madrileña además de multitud de periodistas, artistas y críticos. Todo el mundo sabía que, en lo tocante al «rojo» Picasso, bestia negra del franquismo, Dalí tendría algo explosivo que decir.

No decepcionó a su público. El segundo párrafo de la charla se haría casi legendario, y el mismo Dalí lo citaría incontables veces hasta el final de sus días:

Como siempre, pertenece España al mundo de los máximos contrastes. Esta vez en la persona de los dos pintores más antagónicos de la pintura contemporánea: Picasso y yo, servidor de ustedes.

Picasso es español; yo, también; Picasso es un genio; yo, también; Picasso tendrá unos 72, y yo tendré unos 48. Picasso es conocido en todos los países del mundo; yo, también. Picasso es comunista; yo, tampoco.

La conferencia fue sobre todo un loor al genio de España. Dalí y Picasso eran genios, naturalmente, todo el mundo lo sabía; pero también lo era Juan Gris, el madrileño que, con Picasso, había inventado el cubismo. ¡Qué ridículo que el cubismo se considerara un fenómeno francés cuando era obvio que procedía de los intrincados arabescos de la Alhambra, resucitados por un capricho atávico de la mente andaluza de Picasso! ¿Y Juan Gris? El «Herrera del cubismo», como lo llamaba Dalí, había dado un giro ascético al cubismo «dionisíaco» de Picasso. Albricias. Pero ¿cómo era posible que Gris fuera un desconocido en su propio país? Por culpa de los *brunets,* de los patéticos críticos localistas. Ellos eran los responsables. Todos los genios españoles, prosiguió Dalí, tienen que luchar contra la indiferencia y la mediocridad que caracteriza a sus compatriotas. ¿Qué mejor ejemplo que el glorioso Caudillo de España? «Antes de Franco», exclamó, «muchos políticos y nuevos gobiernos no tenían otras razones que las de venir a aumentar la confusión, la mentira y el desorden en España. Franco ha roto categóricamente con esa tradición, instaurando la claridad, la verdad y el orden en el país en uno de los momentos más anárquicos del mundo. A mí esto me parece originalísimo.» El elogio arrancó «fuertes aplausos» de un sector del público.[71]

La conferencia se volvió oscura cuando, citando literalmente su *Manifiesto místico,* Dalí trató de dilucidar la vinculación que intuía entre el «éxtasis»y la morfología de «forma inquisitorial». En este punto el público registró extrañeza, aunque la conclusión de Dalí, en el sentido de que la finalidad de la pintura española debería ser en adelante fundir el misticismo y el realismo, le pareció tener más sentido.

Al final de su conferencia Dalí leyó el telegrama que iba a enviar a Picasso:

La espiritualidad de España es hoy lo más antagónico al materialismo ruso. Tú sabes que en Rusia se purga, por razones políticas, hasta la mismísima música. Nosotros creemos en la libertad absoluta y católica del alma humana. Sabes, pues, que, a pesar de tu actual comunismo, consideramos tu genio anárquico como patrimonio inseparable de nuestro imperio espiritual, y a tu obra como una gloria de la pintura española. Dios te guarde. Madrid, 11 de noviembre de 1951. Salvador Dalí.[72]

Entre los que se quedaron desagradablemente sorprendidos por el elogio de Dalí a Franco y su régimen, y por sus condescendientes observaciones sobre Picasso, se encontraba el joven pintor Antonio Saura. Enemigo de Franco y de todo lo que representaba, había sido influido por el surrealismo y creía ingenuamente –hasta esa noche– que Dalí estaba a favor de la libertad. Por ello había ido a escucharlo en el María Guerrero. Dalí le había asqueado. «Cada declaración suya era una ofensa a la libertad y a la ruptura que unos pocos defendíamos contra viento y marea», recordaría Saura treinta y dos años después.[73]

La conferencia era exactamente lo que quería oír el gobierno, sin embargo, y parece ser que le gustó a Franco. El Caudillo había caído en la cuenta de que tal vez Dalí podía serle útil, en un momento en que el régimen recibía duros ataques desde el mundo democrático y apenas empezaba a salir del ostracismo al que las Naciones Unidas le habían condenado en 1946.

En el María Guerrero también se encontraba aquella noche un joven crítico de arte, Rafael Santos Torroella, que había conocido al pintor cuando éste regresó de América en 1948. Hijo de un funcionario de aduanas, Santos Torroella había nacido en el pueblo fronterizo de Portbou en 1914, y trabajaba en estos momentos para la editorial Cobalto, de Barcelona, que en 1948 había publicado el libro de Oriol Anguera sobre Dalí. En un principio Cobalt iba a editar también el de Anna Maria, con lo cual Santos Torroella había llegado a conocer bien a ésta, así como a su padre, e incluso había pasado con ellos unos días en Es Llané. Aunque finalmente el libro había ido a parar a manos de otro editor, la amistad continuó y se fortaleció cuando el crítico empezó a preparar una edición de las *Cartas a sus amigos* de García Lorca, que incluía fragmentos de la correspondencia del poeta con Anna Maria. El hecho de que Santos Torroella hubiera conocido a Lorca, y que incluso lo hubiera oído recitar, reforzó su relación con la familia Dalí, que recordaba al poeta con profundo cariño.[74]

El primer artículo de Santos Torroella sobre Dalí apareció justo antes de la conferencia sobre Picasso, y su primer libro sobre el pintor –más bien un ensayo– unos meses después. Éste, fruto de una rigurosa investigación, era sobrio y entusiasta a la vez, claro en su exposición y estaba enriquecido por el conocimiento que tenía el crítico del Alt Empordà. Santos Torroella admiraba al Dalí auténtico pero conocía muy bien las deficiencias de su carácter, y se atrevió a poner en tela de juicio la sinceridad del supuesto misticismo del artista, así como a señalar las excesivas citas de su obra anterior. Santos Torroella intuía que la amistad de Lorca y Dalí había sido fundamental para ambos, y que merecía ser estudiada en profundidad. Su pequeño primer volumen sentó las bases sobre las cuales edificaría con tesón el cuerpo de obra que hoy lo acredita como autoridad mundial en Dalí.[75]

La prensa española y la prensa en lengua española de todo el mundo dieron una masiva publicidad a la conferencia de Dalí, que también fue cubierta por No-Do. No todos los comentarios fueron favorables, y el periódico *Madrid,* de la línea dura del franquismo, expresó su indignación al constatar que alguien se atrevía a proponer una rehabilitación, aunque parcial, de Picasso, «defensor, cómplice, amparador de los que han causado aquí un millón de muertos; colaborador en la empresa del cerco a España durante la posguerra».[76]

Unos meses más tarde el escritor y periodista Miguel Utrillo, uno de los principales compinches de Dalí en Madrid, publicó un petulante librito llamado *Salvador Dalí y sus enemigos,* en el que no sólo se ponía del lado del pintor contra el inofensivo Manuel Brunet, sino que afirmaba que éste era el verdadero autor de *Salvador Dalí visto por su hermana,* libro que «sólo quedará como un alto ejemplo de hasta dónde pudo llegar una femineidad atrofiada».[77] La acusación era absurda, machista, repugnante y difamatoria. Utrillo documenta la tremenda polémica que siguió a la conferencia y describe el banquete organizado en honor del artista en el Hotel Palace. En un discurso pronunciado por Eugenio Montes, viejo amigo de Dalí –autor de la espléndida reseña de *La edad de oro* publicada años atrás en *La Gaceta Literaria*–, se lamentó la ausencia del fundador de Falange, José Antonio Primo de Rivera. Le correspondía ahora a España, dijo Montes, ser «la cabeza de la Cristiandad, la cabeza de la Humanidad». La retórica nacionalista de Falange, adoptada en parte por Dalí, sonaba más hueca y más irrisoria cada día.[78]

En diciembre la Galería Alex Reid & Lefevre de Londres expuso la segunda versión de *La Madona de Port Lligat* junto al *Cristo de San*

Juan de la Cruz, brindando así al público británico la oportunidad de familiarizarse con los productos del nuevo misticismo de Dalí. Las reacciones fueron diversas, en especial cuando se anunció que la Galería de Arte de Glasgow había adquirido el *Cristo de San Juan de la Cruz* por una suma muy alta.[79]

Clausurada la exposición, y antes de embarcar para Nueva York, Dalí publicó una declaración titulada «Situación de la pintura daliniana en el momento actual». «Me hicieron falta diez años para ganar mi batalla surrealista», dijo. «Me hace falta un año para ganar mi batalla *clásica, realista y mística.* Están contra mí todos los intelectuales de extrema izquierda –naturalmente–. Conmigo, todo el público instintivo, la nueva corriente de la época, los príncipes de la inteligencia. Ganaré la batalla para la pintura española.» No se podía dudar, desde luego, que Dalí era un fanfarrón nato.[80]

En Estados Unidos Dalí dio ahora una serie de conferencias en las cuales proclamaba la buena nueva de lo que ya llamaba su «mística nuclear», acompañado en parte de su camino por Reynolds y Eleanor Morse. Nadie se tomó tal buena nueva demasiado en serio. «Multitud entusiasta con Dalí, "menos con misticismo"», rezaba un titular característico de estos días.[81] Durante su gira el pintor envió un ridículo y muy comentado telegrama de condolencias a la reina Isabel, con ocasión de la muerte de su padre: «Le ruego que acepte el testimonio de mi profundo pesar y también mi esperanza y mi fe en que su reinado verá la realización del nuevo renacimiento de los valores místicos en todo el mundo.» Se desconoce la respuesta de Su Majestad, caso de que se dignara contestar.[82]

«Mi misticismo nuclear actual», escribe Dalí en su *Diario de un genio* en mayo de 1952, «no es otra cosa que el fruto, inspirado por el Espíritu Santo, de las experiencias demoníacas y surrealistas de los comienzos de mi vida.»[83] Todo muy sencillo, pues. Unas páginas más adelante Dalí se convence de que el misticismo nuclear es un movimiento que va a arrasar en el mundo, y en el que el papel de España será, por supuesto, esencial. También otros países contribuirán al éxito del mismo:

> Norteamérica, gracias a los progresos inauditos de su técnica, proveerá las pruebas empíricas (digamos, si se quiere, fotográficas o microfotográficas) de este nuevo misticismo.

El genio del pueblo judío le dará involuntariamente, gracias a Freud y Einstein, sus posibilidades dinámicas y antiestéticas. El papel de Francia será esencialmente didáctico. Ella redactará probablemente el acta de constitución del misticismo nuclear en gracia a los méritos de su inteligencia, pero, una vez más, corresponderá a España ennoblecerlo todo con el recurso de la fe religiosa y de la belleza.[84]

Dalí no podía creerse ni una sola palabra de tal galimatías, y después de 1952 irían desapareciendo las entradas del diario relativas al misticismo nuclear (al igual que las afirmaciones sobre la «suprema y gloriosa misión» de España para renovar la «gran tradición clásica del realismo y del misticismo»).[85] El artista seguirá propagando su misticismo nuclear públicamente unos cuantos años más, sin embargo, aunque cada vez con menor frecuencia, lanzando al mismo tiempo feroces ataques al «realismo socialista», utilizando la palabra «espiritual» hasta la náusea y dirigiendo de tanto en tanto una pulla a Picasso.[86]

Para Picasso, Dalí ya no existía. El artista malagueño se negaba a mencionarlo en sus conversaciones, a hablar de él, a oír su nombre y, sobre todo, a responder a ninguna de sus provocaciones. En los años cincuenta Fleur Cowles, autora de una de las primeras biografías de Dalí, le preguntó a Picasso «si un trozo de papel en blanco podía servir para expresar su reacción a Dalí». Picasso, cuenta Cowles, «rechazó incluso ese método de reconocer la existencia de Dalí». Como Picasso sabía muy bien, tal negativa a morder el anzuelo era el peor castigo que podía infligirle a su obsesivo rival.[87]

En noviembre de 1952, mientras se preparaban para su migración anual a Nueva York, los Dalí recibieron la noticia de la muerte de Paul Éluard, fallecido a la temprana edad de cincuenta y seis años. Dalí registró en su diario la muerte del poeta, sin expresar emoción alguna.[88] En cuanto a Gala, parece que ni se le pasó por la cabeza asistir al entierro. Fue una ceremonia emotiva la de aquella tarde en el cementerio de Père Lachaise. Acudieron numerosos amigos comunistas del poeta, con Picasso y Aragon a la cabeza, y dieron al poeta la despedida de un héroe. Tras la muerte de Éluard, nada impedía ya que Dalí y Gala se casaran por la Iglesia, y ésta le pidió a su hija Cécile que le consiguiera una copia del certificado de matrimonio que daba fe de que ella y Éluard se habían casado católicamente. Pasarían seis años, sin embargo, antes de que Dalí y su musa se unieran, por fin, en santo matrimonio.[89]

En diciembre Dalí expuso otra vez en la Galería Carstairs de Nueva York, con seis nuevos cuadros «religiosos»: *Assumpta corpuscularia lapislazulina, Naturaleza muerta evangélica, Cruz nuclear, Gala Plácida, El ángel de Port Lligat* y *Desintegración de la persistencia de la memoria.* Para
89 Dalí, el más importante de los seis era *Assumpta corpuscularia lapislazulina.* El cuadro, escribió en el catálogo, era «el polo opuesto de la bomba atómica. En lugar de la desintegración de la materia, tenemos aquí la integración, la reconstitución del cuerpo real y glorioso de la Virgen en el cielo». Decía creer no sólo haber pintado una obra maestra, sino una obra maestra que era el súmmum de todos los anteriores experimentos del arte moderno:

> El cuadro justifica por sí mismo todos los esfuerzos experimentales del arte moderno, puesto que he conseguido para ellos un final clásico. De lo contrario, estos experimentos habrían quedado estériles, ya que la mayoría de los grandes y valientes innovadores de hoy están regresando a la inspiración arqueológica y sólo unos pocos impetuosos pintores abstractos jóvenes continúan con «interesantes experimentos plásticos», que, por desgracia, están destinados a ser siempre arte decorativo porque sus medios son la mera expresión gráfica. Tuvimos un Seurat, con su divisionismo, que, sin saberlo, introdujo la física nuclear; también el cubismo, y especialmente Boccioni, el gran genio del futurismo, aunque se expresa en términos de velocidad, automóviles y acción. Esto es pueril, y la ausencia de significado teológico y filosófico es la causa de que todos esos esfuerzos perecieran tan pronto.
>
> Sin embargo, todos ellos habían previsto algo que luego sería la *inconmensurable y categórica gran innovación de nuestro tiempo..., una nueva concepción de la materia, la* FÍSICA NUCLEAR.[90]

Dalí tenía derecho a su propia valoración de *Assumpta corpuscularia lapislazulina*, pero es un hecho que la obra era simplemente una variación más sobre el tema del baile de protones y neutrones que había empezado a explorar unos años antes. Y era típico del artista el que, a la vista del éxito de su *Cristo de San Juan de la Cruz,* hubiera incorporado la célebre imagen en su nueva obra. La cara de Gala en el ápice del remolino nuclear tiene al menos la ventaja de mostrarla esta vez, a diferencia de en *La Madona de Port Lligat* primera, más o menos como era en esa época. «Si el superhombre de Nietzsche no se ha realizado, una supermujer nietzscheana existe en la Asunción. Sube al cielo impulsada por ángeles antimateria», comentó Dalí unos años después al referirse al cuadro.[91]

La recién descubierta espiritualidad de Dalí no le impidió escribir, durante 1954, una pieza dramática en tres actos compuesta en alejandrinos franceses: *Delirio erótico-místico.* Dalí se enorgullecía de su productividad, pero esta obra, luego rebautizada *Mártir. Tragedia lírica en tres actos,* le ocuparía durante tres décadas y por lo visto nunca conseguiría acabarla.[92] A juzgar por los fragmentos publicados, era una nulidad literaria, aunque Dalí se empeñaba en considerar que marcaba un hito revolucionario en los anales del drama erótico. Ambientada en Delft el año del nacimiento de Vermeer, tiene tres personajes: una virgen de diecinueve años (ávida de sexo), un príncipe más apto para la masturbación que para la cópula, y un confesor católico. A principios de los años setenta Dalí tendría una fantasía según la cual Catherine Deneuve haría el papel de la virgen, recitando algunos de los versos más procaces de la obra y poniéndose roja de vergüenza al hacerlo.[93] Los fragmentos demuestran, más que nada, que Dalí tenía un buen conocimiento del vocabulario erótico francés, aunque su ortografía seguía tan caótica como siempre.[94] Es significativo que en esta época también trabajaba en *Las 120 jornadas de Sodoma del Divino Marqués a la inversa,* proyecto del que no se sabe nada más.[95]

El único que al parecer le tomó el pelo a Dalí por su «misticismo nuclear» –o que al menos intentó hacerlo– fue el conocido escritor inglés Malcolm Muggeridge, en su entrevista al pintor para el programa de la BBC *Panorama* en 1955. Dalí estaba en espléndida forma, manejando un inglés bastante más ágil y divertido de lo que se esperaba Muggeridge. «Nada hay más alegre que la colisión y la explosión de conflictos intraatómicos de la física nuclear», insistió el pintor, refiriéndose a sus obras actuales. «Los electrones y los pi-mesones y los átomos, todos saltando y retozando con una sensación eu-rít-mica completamente extraordinaria.» Muggeridge puso cara de extrañeza. Siguió la conversación (no reproducimos los desenfadados fallos gramaticales dalinianos):

MUGGERIDGE: Ahora bien, todas esas maravillosas bromas suyas que ya conocemos sobre, por ejemplo, taxis lluviosos y cosas así, ¿piensa continuar con ellas?

DALÍ: Bueno, eso corresponde al primer periodo de mi vida. A aquel momento en que me interesaba el psicoanálisis, cuando vine a Londres a conocer al doctor Freud. Pero ahora sólo me interesan los tremendos progresos de la investigación nuclear y la física nuclear.

MUGGERIDGE: Entonces eso sólo fue una fase de su carrera y ahora quiere pasar a otra. ¿Toda su vida seguirá al ritmo de las explosiones atómicas?

DALÍ: Exactamente, pero de un nuevo tipo, eh, misticismo nuclear y atómico.

MUGGERIDGE: Bueno, muchísimas gracias, es una frase fascinante: misticismo nuclear.[96]

Como ha señalado Dawn Ades, refiriéndose al cuadro *Asunción antiprotónica* (1956), en el misticismo nuclear del pintor el dogma cristiano se ha convertido en «una forma superior de ciencia-ficción». Exactamente.[97]

EL DALÍ DE REYNOLDS MORSE

La edición de *La divina comedia*, encargada por el gobierno italiano a Dalí, se había malogrado, debido a las protestas de la oposición de izquierdas, indignada al constatar que se había contratado a un artista pro Franco para ilustrar una de las mayores obras de la literatura universal. El gobierno tuvo que ceder, y las ciento dos acuarelas fueron devueltas a Dalí.[98] En mayo de 1954 el pintor regresó a Roma para exponer éstas en la Sala della Aurora del Palazzo Pallavicini, junto con veinticuatro cuadros y diecisiete dibujos de distintas épocas.[99] Allí Dalí le dijo a un conocido suyo español, de inclinaciones monárquicas, que sentía una urgente necesidad de «renacer» en la Ciudad Santa. Lo consiguió el primero de junio al inicio de una rueda de prensa montada a propósito, en la que salió de repente de un «cubo metafísico» ante el asombro de los presentes. Tras leer el *Discurso sobre la figura cúbica* de Juan de Herrera, el cubo se había vuelto otra de las obsesiones dalinianas.[100]

En Roma, entrevistado por su amigo Miguel Utrillo, autor de *Salvador Dalí y sus enemigos*, el pintor anunció que pronto empezaría a rodar *La carretilla de carne* en Cadaqués y sus alrededores. Él mismo la dirigiría, y Anna Magnani interpretaría a la protagonista. Entre los demás participantes habría un centenar de cisnes, más de cien hombres barbudos parecidos a Karl Marx, los pescadores de Port Lligat y el propio Dalí en el papel de pintor de brocha gorda. En su diario Dalí describió otras escenas que con los años había ido añadiendo al guión, y apuntó que cinco de los cisnes serían destrozados por cargas explosivas colocadas en sus entrañas, su desintegración sería seguida en ralentí (un ejemplo más de la indiferencia daliniana ante el abuso y el sufrimiento de los animales). No hay constancia de que Anna Magnani estuviera al corriente del proyecto para el que el pintor decía haberla fichado. De cualquier modo, y como pasaba habitualmente con los intentos del pintor por imponerse al mundo del cine, el proyecto no pasó de allí.[101]

Reynolds y Eleanor Morse habían viajado a Roma para ayudar al pintor a montar su exposición en el Pallazzo Pallavicini, en la que se exponían seis cuadros de su propiedad. Morse tenía ahora su propia empresa, The Injectors Molding Supply Company, en Cleveland, y seguía engrosando su colección de obras de Dalí. «Recuerdo nuestra emoción», ha escrito Eleanor, «cuando vimos en todas las paredes de Roma los carteles que anunciaban la muestra, con una ampliación de nuestro *fantasma de Vermeer.*» Un día Gala los llevó de excursión y les señaló el estudio en el que Dalí había trabajado en la mansión de Lord Berners, justo al lado del Foro, en 1938. Los Morse se separaron de los Dalí y se dirigieron a España para visitar por vez primera el Empordà. Se alojaron en el Hotel Port Lligat (entonces infestado de moscas), emplazado en la colina que se alza detrás de la laberíntica casa del artista.[102]

Los Morse se quedaron deslumbrados con Cadaqués y Port Lligat. Creían estar soñando. Habían dado con el epicentro de la obra daliniana, el origen real y auténtico de las obras que venían adquiriendo desde hacía una década. Recordando esos días, Morse escribiría:

> Por extraño que parezca ahora, en 1954 el surrealismo de Dalí representaba a nivel popular sólo un mundo imaginario y onírico poblado por alucinaciones subconscientes. La idea de que el paisaje que se aprecia en sus cuadros existía de verdad y era una parte viva del surrealismo de Dalí aún no había hecho mella en el afectado mundo del arte moderno de París y Nueva York.[103]

Casi enfermos de entusiasmo, los Morse exploraron los acantilados y las grutas del cabo de Creus, las callejas de Cadaqués, las estrechas carreteras del Empordà, la extensa bahía de Roses. Pasearon por la Rambla de Figueres, se sentaron en las terrazas de los cafés de la ciudad natal de su héroe y se preguntaron en cuál de las casas colindantes habría vivido Dalí con su familia. Vieron en Es Llané a Anna Maria, que les enseñó su colección y les dio contundentes opiniones sobre Salvador y la horrible Gala. Cuando los Dalí regresaron de Roma, recibieron a la pareja en Port Lligat.[104]

En sus siguientes visitas los Morse no dejarán de visitar ni de fotografiar uno solo de los lugares relacionados con la obra de Dalí: desde las rocosa metamorfosis de Creus, las ruinas grecorromanas de Empúries, el lago de Requesens y la ruinosa fortaleza de la montaña de Montgrí –que marca los límites meridionales del imperio de Dalí– hasta el dolmen de Roses, el castillo de Quermanço y el monasterio románico de Sant Pere de Roda, encaramado encima de Port de la Selva con, a su izquierda, la capilla en ruinas de Santa Elena (¡Gala!) y, allí arriba, los restos del fuerte de San Salvador (¡Dalí!). ¿Es San Salvador, como han oído, o como les ha dicho el propio Dalí, el Montsalvat del *Parsifal* de Wagner? ¡Hay que investigarlo! Observan la larga sombra del Pení al atardecer, relacionándola con los cuadros dalinianos («undoso volante de crepúsculo», la llama atinadamente Morse);[105] contemplan los naranjas, amarillos y verdes pálidos de los líquenes de las rocas de Creus, y saborean, cómo no, las excelencias de la gastronomía local, erizos de mar incluidos. El entusiasmo de los Morse por «Dalilandia», como pronto la bautizará Reynolds, es incontenible.[106]

Dos años después, en el verano de 1956, Morse escribió en Cadaqués el primer volumen de su diario *A Dali Journal,* tratando de poner en orden los acontecimientos y experiencias de los últimos catorce años y lamentando no haber empezado antes. Para entonces él y Eleanor ya tenían amistad con algunos de los habitantes del lugar y habían descubierto que, si bien Dalí era popular en Cadaqués, nadie pensaba ni decía nada bueno de Gala, de la que además se contaba que no tenía empacho en aproximarse a los pescadores de Port Lligat cuando necesitaba desahogarse sexualmente.[107]

Poco a poco los Morse fueron conociendo mejor a Anna Maria, y adquirieron algunos de los cuadros de su colección. Gracias a ella conocieron a los Domènech de Barcelona, a quienes también compraron obras. En 1993 Morse recordaría que Dalí nunca les perdonó el haberse hecho amigos de su hermana «y que consideraba un gesto hostil y anti-Gala mencionar su nombre».[108]

Tras cada uno de sus viajes a Dalilandia –como la bautizó Reynolds– los Morse regresaban a Estados Unidos para proseguir, con renovado vigor, su campaña para convencer al público norteamericano de que Dalí era un genio comparable a Picasso, si no mayor. El coleccionar, interrogar y darle la tabarra a Dalí, el esfuerzo por comprender al hombre y su obra, combinados con el creciente cariño que le tenían él y su mujer, dieron lugar a una serie de monografías y opúsculos de Reynolds Morse que arrancó en 1954 con un breve folleto sobre las asociaciones dalinianas de Cadaqués.

Aunque Morse llegaría a ser el principal propagandista de Dalí en Estados Unidos, hay que apuntar que sus escritos sobre el pintor, que cubren un periodo de cuarenta años, adolecen de serias deficiencias. La más flagrante es su supina ignorancia del surrealismo, movimiento que (igual que Anna Maria Dalí) considera «nihilista» y destructivo.[109] El norteamericano parece convencido de que los surrealistas eran un grupo de parisinos mediocres e incompetentes, empezando con André Breton («la mente lenta y pedante de Breton pronto fue eclipsada por la brillante inteligencia de Dalí», llega a sentenciar en 1960).[110] Esa gente, como es obvio, no tenía nada que ofrecerle al genio del Empordà, cosa que Morse deja bien claro en un comentario de *Los placeres iluminados:*

> La más compleja de las telas surrealistas de Dalí, este pequeño panel es la principal afirmación visual de todos los sentimientos irracionales y freudianos que los partidarios del movimiento fueron incapaces de expresar en sus numerosos manifiestos, máximas y declaraciones.[111]

Al comentar *El juego lúgubre*, Morse da un paso más en la misma dirección:

> Dalí expuso las motivaciones eróticas del surrealismo al vincularlo a las realidades básicas. Aquí destruye todas las ilusiones poéticas que pudieron haber ofrecido refugio a los surrealistas. Tras ese golpe mortal, no tardaron en expulsar a Dalí..., demasiado tarde, sin embargo, para salvarse de ser eclipsados por el joven pintor de Barcelona [sic].[112]

En 1993, cuarenta años después de su primer encuentro con Dalí en el St. Regis, el desdén de Morse por el surrealismo seguía impertérrito. No había aprendido absolutamente nada. «La mosca», escribe en *Animal*

Crackers, «fascinaba a Dalí como a ningún otro artista, y siempre por motivos que superaban en años luz al surrealismo».[113] Al mismo libro pertenece tal vez la más patética de todas sus afirmaciones sobre la materia:

> Los tempranos experimentos de Dalí con la doble imagen en su *Alegoría del aire crepuscular*, alrededor de 1930, son una fascinante metamorfosis. Sus obras en esta vena pasaron totalmente desapercibidas, aunque eran muy superiores a las de sus compañeros surrealistas. De ello sólo había una explicación. La transformación era el epítome del surrealismo daliniano, pero al ser SURREALISTAS no entendieron en absoluto la contribución a la vez real y potencial de Dalí a su tambaleante movimiento, movimiento inoportuno, además, pues en los años de la Gran Depresión de 1930 el mundo no quería un arte que no tuviera un sentido obvio al cual aferrarse en medio de una crisis global.[114]

Otro defecto patente en todos los escritos de Morse sobre Dalí es su aceptación, sin cuestionarla nunca, del fantasmal método paranoico-crítico, que, pese a su empeño en «explicar» a Dalí a los legos norteamericanos, nunca trata de elucidar. El llamado método se da lisa y llanamente por hecho, sin más. Este fallo es tanto más grave en cuanto que Morse nos pide, por ejemplo, que creamos que a principios de 1929 dicho método «ya funcionaba, aunque todavía no se había formulado del todo su definición».[115] Para Morse, en 1973, el inexplicable método no es ya «un mero concepto literario promulgado por un payaso surrealista algo loco». Al contrario, «se ha convertido en un respetable método de estimular ideas con bio-retroalimentación por canales de ondas cerebrales así como en un medio para eliminar las peligrosas drogas alucinógenas».[116] Cuando el paso de los años permita tener una perspectiva más clara de las cosas, por consiguiente, «el cubismo de Picasso y el método paranoico-crítico de Dalí demostrarán ser las dos influencias predominantes sobre el arte del siglo XX». Ni siquiera el propio Dalí daría tanta importancia a su inexistente y nunca demostrado «método».[117]

Luego está la obsesión de Morse por la «continuidad daliniana», término tomado del estudio de Michel Tapié sobre el pintor, de 1957. La continuidad daliniana significa que Dalí se repite una y otra vez, pero Morse nunca considera la posibilidad de que tal repetición sea un defecto. Al contrario, ve en ella una enorme virtud. Si una rosa aparece en dos cuadros separados entre sí por cuarenta años, «la importancia de estas dos obras se ve intensificada por la continuidad daliniana»;[118] «La iconografía daliniana y la continuidad daliniana se vuelven inseparables cuando se rastrea de una obra a otra la figura de la nodriza sentada en la playa»;[119] podemos disfrutar de «un soberbio ejemplo de continuidad daliniana» al confrontar la figura que indica la elipse en *Guillermo Tell* (1930) y la que señala el huevo en *Niño geopolítico contemplando el nacimiento del hombre nuevo* (1943). En *La fuente* (1930), un «toque blanco de luz sagrada» encima del grial [sic] es «el mismo punto focal que reaparece veintiocho años más tarde como una manchita en la vela de *El sueño de Colón,* reafirmando así el inexorable principio que confiere tanta unidad a la obra de Dalí: ¡la continuidad daliniana!»[120] En su esfuerzo por dejar sentado que Dalí está a la altura de Picasso, Morse se apoya gozosamente en la tal continuidad. «Todo el arte de Dalí se funde en una sola unidad metafísica por el fenómeno de la continuidad daliniana», nos asegura, «mientras que en todo el inmenso catálogo de Picasso no hay nada que se asemeje remotamente a la reutilización de ciertos símbolos que unifican obras de Dalí procedentes de diversas épocas dentro de una manifestación concatenada.»[121]

En su importante libro *Dada and Surrealism* (1968), William Rubin llega a la conclusión de que Morse escribe más como apólogo de la obra tardía de Dalí que como crítico de arte o historiador capaz de arriesgar juicios de valor. Tal apreciación es acertada.[122] El monumental y todavía inédito *A Dali Journal,* en cambio, es una obra de extraordinario valor. Cuando se publique, esperemos que sin demasiados cortes (a veces Morse se ensaña con los que rodean a Dalí), el diario se revelará como nuestra fuente más detallada y fiable para las grandezas y las miserias de la vida cotidiana de Dalí, Gala y su entorno a lo largo de cuatro décadas. «Hoy», escribió Morse en 1993, «como mi madre profetizó hace ya muchos años, este diario me ha convertido en una especie de mini-Boswell de Johnson-Dalí.» La señora Morse conocía bien a su hijo. El auténtico talento de Reynolds Morse reside, sin duda alguna, en haber sido el más agudo y más constante cronista de Dalí y su mundo.[123]

EL RINOCERONTE Y EL ADN

Fue probablemente a comienzos de 1950 cuando Emmanuel Looten, poeta flamenco poco conocido, regaló a Dalí un inesperado y «gelatinoso» cuerno de rinoceronte. «¡Este cuerno me salvará la vida!», afirma Dalí haberle exclamado a Gala en aquella ocasión, y sin saber por qué.[124] El pintor no había tenido nunca la oportunidad de inspeccionar un cuerno de rinoceronte. Ahora poseía su propio ejemplar. ¡Tenía que significar algo importante! El rinoceronte pasó enseguida a engrosar la lista de iconos dalinianos obsesivos, apareciendo en dos cuadros de ese año: la segunda versión de *La Madona de Port Lligat* y *Rinoceronte en desintegración.*[125] Luego, el 5 de julio de 1952, Dalí había intuido que su espontánea predicción al recibir el regalo de Looten se estaba haciendo realidad cuando, de improviso, percibió que el cuadro de Cristo en el que trabajaba estaba compuesta nada menos que de... ¡cuernos de rinoceronte! «Había que verme caer de rodillas en mi estudio, como un auténtico loco», escribió ese día en su diario. Ahora que aquella revelación le había sido otorgada, empezó a percibir cuernos de rinoceronte en todas sus obras, incluso en las ejecutadas muchos años antes. ¿Cómo era posible no haberse percatado de ellos antes? Los veía también al aire libre: entre las rocosas metamorfosis del cabo de Creus y, sobre todo, en una protuberancia encima de la roca del Gran Masturbador en Cullaró. Estaba claro que debía explotar al máximo los cuernos de rinoceronte, para compensar así el tiempo perdido.[126]

Uno de los primeros ensayos de Dalí en el nuevo género rinoceróntico fue *Joven virgen autosodomizada por los cuernos de su propia castidad* (1954).[127] Basado en una fotografía vista en una publicación pornográfica, fue adquirido, como correspondía, por la Playboy Collection (Los
XXXVI Ángeles), pues de todas las obras de Dalí hechas en alabanza del trasero femenino, ésta es la más descaradamente erótica. Dalí no tuvo problemas a la hora de negar el carácter fálico de los cuernos que aparecen en la tela. «El cuerno del rinoceronte procede del unicornio, símbolo de la castidad», le explicó a Reynolds Morse, tomándole el pelo. «Paradójicamente, este cuadro, pese a su apariencia erótica, es el más casto de todos.»[128]

Los cuernos de rinoceronte hacen acto de presencia también en otra tela de ese año, *Dalí desnudo, en contemplación ante cinco cuerpos regulares metamorfoseados en corpúsculos, en los que aparece repentinamente la Leda de Leonardo cromosomatizada por el rostro de Gala.* Aquí los cuernos están acompañados de un elemento que aparece ahora por vez primera en la obra de Dalí, y que pronto se convertirá en un nuevo icono: la molécula de ADN. Como nieto de un abuelo paranoico y suicida,

Dalí no podía dejar de interesarse por la transmisión de los factores hereditarios, y el ácido dioxirribonucleico le fascinaba e inquietaba. Identificada ya en 1930, fue la publicación, en 1953, del modelo hecho por Crick y Watson de la doble estructura helicoidal de la molécula lo que llamó poderosamente la atención del público... y la de Dalí, como demuestra este cuadro.

El paisaje es el cabo de Creus estilizado. Un Dalí «hiperrealista» aparece de rodillas en la playa, con la pierna izquierda bajo el agua y los genitales cubiertos por un erizo de mar (hecho notable: Dalí el exhibicionista nunca nos deja ver sus genitales en toda su obra pintada y dibujística). Junto al pintor, en el lecho del mar, duerme el mismo perro que había aparecido en dos obras de 1950. La cabeza de Gala (que no se parece en nada a la verdadera) está formada por un remolino de moléculas y cuernos de rinoceronte rodeados de otras moléculas de colores.[129] Reynolds Morse estaba a punto de comprar la obra cuando Dalí introdujo éstas, que es de presumir había previsto incluir desde el comienzo. El coleccionista se quedó horrorizado, opinando que sólo añadían confusión al conjunto y que reducían «el impacto que causaba esta pequeña gran obra con Dalí allí desnudo y de rodillas»:

> Para mí se trataba de una auténtica super-obra hasta que el artista decidió «cagarla». Eso fue lo que le dije a Dalí cuando me negué a comprarle esta versión final, y mientras él fingía no entender mi audaz e impetuosa actitud, yo me mantuve en mis trece. Al final Gala entró en escena, diciendo que había fijado un precio tan alto porque Dalí se había pasado muchas horas sufriendo de rodillas delante del espejo, desnudo, tratando de captar su propia pose.[130]

Más o menos en la misma época en que las moléculas del ADN empezaron a proliferar en su obra, Dalí decidió que *La encajera* de Vermeer también estaba formada por cuernos de rinoceronte, sorprendiendo al personal del Louvre con la «copia» que le permitieron hacer del original, en la que el famoso cuadro se convertía en una explosión de conos. Después razonaría el pintor con un alarde de enmarañada lógica daliniana: «Siendo estos cuernos los únicos del reino animal construidos según una perfecta espiral logarítmica, como en esta pintura, es la misma perfección logarítmica la que guió la mano de Vermeer cuando pintó *La encajera.*»[131]

La rinomanía de Dalí condujo a un nuevo proyecto cinematográfico para ocupar el lugar de *La carretilla de carne.* Se llamaba *La prodigiosa historia de la encajera y el rinoceronte,* y para ayudarlo Dalí acogió a un fotógrafo francés de veintiocho años, Robert Descharnes, oriundo de Nevers, al que había conocido hacía poco tiempo en París. Varias secuencias de la película se rodaron entre 1954 y 1961 –una de ellas en el Zoo de Vincennes, donde un rinoceronte desganado fue achuchado varias veces, en vano, para que arremetiera contra una reproducción de *La encajera*–, pero el film nunca se terminó. Durante estos años de esfuerzo mutuo Robert Descharnes fue ganando la confianza de Dalí y Gala, sacó más de dieciocho mil fotografías de la pareja y comenzó a estudiar la vida y la obra del pintor. Con el tiempo llegaría a ser el último secretario de Dalí.[132]

El pintor se encargó de que su rinomanía obtuviera la máxima publicidad posible. El 17 de diciembre de 1955 llegó a la Sorbona en un Rolls Royce descapotable, lleno de coliflores, para dar una conferencia titulada «Aspectos fenomenológicos del método paranoico-crítico». Fue una de las actuaciones más brillantes de toda su carrera, y a los estudiantes les encantó su cuidadosamente razonada tesis de que las coliflores, los girasoles y los traseros de los rinocerontes comparten una morfología común basada en las espirales logarítmicas.[133] Uno de los presentes elogió el talento iconoclasta de Dalí. «Estamos muy necesitados de animadores de categoría que nos permitan reírnos de nuestros dioses familiares», escribió Alain Jouffroy.[134]

Posteriormente Dalí diría cuánto le había divertido descubrir, como resultado de sus investigaciones, que el rinoceronte se toma su tiempo para practicar el coito, una hora y media para ser precisos. También había descubierto que (como él) la bestia tiene una arraigada fijación anal y que es dada a estudiar sus propios excrementos, ordenándolos luego en simétricos montoncillos. En los años siguientes Dalí instrumentaría otras fantochadas rinocerónticas, se haría fotografiar por Philip Halsman en el curso de una conversación con una de las criaturas y hasta se le ocurriría lanzar con Albert Skira una revista llamada, cómo no, *Rhinocéros.* Luego un día, cuando ya no pudieran dar más de sí, desaparecerían los perisodáctilos para siempre de la obra daliniana.[135]

NUEVOS JUGADORES

A mediados de los años cincuenta salen al escenario daliniano tres personajes que, cada uno a su manera, van a desempeñar, de aquí en adelante, un papel fundamental en la vida y milagros del pintor catalán.

En primer lugar, Isidor Bea, natural de Torre del Segre, Lérida. Bea, que tiene unos cuarenta y cinco años, había estudiado arte y escenografía en Barcelona, trabajando después de la guerra civil (de la cual no le gusta hablar) a órdenes del decorador Francesc Pou antes de abrir su propio estudio con dos socios. Pronto adquiere una sólida reputación profesional como escenógrafo. En el verano de 1955 recibe un encargo inesperado: pintar en Palamós un techo basado en un pequeño cuadro de Salvador Dalí. Cuando éste acude a ver lo conseguido queda impresionado, y aún más cuando le dicen que Bea sólo ha tardado un día en hacerlo. Pide que se lo presenten.

Bea es exactamente el ayudante que Dalí necesita en una época en que está planeando una serie de telas de grandes dimensiones, pues, como escenógrafo, está habituado a diseñar telones de fondo y tiene un ojo infalible para las perspectivas. Además, es afable, discreto, totalmente de fiar y muy trabajador. En suma, la persona idónea para ocupar el vacío dejado por Emilio Puignau. Dalí decide contratarlo. Al principio hay algún regateo con Gala, a quien siempre le gusta cobrar mucho y pagar poco, pero se llega a un acuerdo. Bea trabaja primero en la preparación del gigantesco cuadro *La última cena*, para el cual instalan en Port Lligat unas poleas que permiten subir y bajar el lienzo a través de una hendidura en el suelo hasta la altura que Dalí requiera. Gracias a la intensa colaboración de Bea, la tela, que mide 167 × 295 cm, se terminará antes de que los Dalí regresen a Nueva York en otoño.[136]

«Soy pintor de nacimiento, pero pintor escenógrafo», declararía Bea en 1995, poco antes de morir. «En Barcelona nos enseñaban pintura clásica, o sea todos los trucos, las reglas básicas de cada estilo y, por supuesto, perspectiva, mucha perspectiva, y técnicas para ampliar una pequeña pintura y hacerla más grande. Para mí eso se convirtió en algo puramente mecánico y sencillo. Sin embargo, al principio no me fue fácil adaptarme al señor Dalí. Tenía una personalidad muy fuerte, muy contradictoria. Pero pronto nos entendimos. Conmigo siempre estaba perfectamente normal, pero apenas llegaba un periodista comenzaba a montar un número.» Bea no tardó en darse cuenta de que Dalí y Gala funcionaban como una sociedad anónima. «Les había llevado mucho tiempo lograr el éxito y, tras conseguirlo, no pensaban regalarle nada a nadie. Así eran ellos. Me cogieron como asistente y Dios sabe que trabajé mucho. Era una especie de robot imbuido del espíritu de Dalí.» El primer verano Bea vivió en el Hotel Port Lligat, pero luego Dalí le arregló una barraca junto a su casa. Dalí insistía en que, como él, Bea trabajara de sol a sombra, y sólo de mala gana le permitió librar los domingos al insistir éste en que, como católico practicante que era, estaba obligado a ir a misa y descansar (en cuanto a Dalí, ya no pensaba en misas y misticismos).[137]

Para la época en que Bea comenzó a ayudar a Dalí, éste conocía al inglés Peter Moore, que más tarde sería su secretario. Moore había nacido en Londres en 1919. Su padre, John Moore, irlandés de Cork, era ingeniero y trabajaba para Vickers Armstrong en Europa. Su madre era de Liverpool, de familia irlandesa. De pequeño Moore vivió con sus padres en Bruselas, Ostende y Niza. Hijo único, se llevaba bien con el ingeniero, que era todo un personaje, y siempre le estaría agradecido por haberle insistido en que aprendiera francés. «Si hablas bien el francés, serás dos personas, y ganarás el doble», le solía decir su padre. Moore le hizo caso y hasta fue más lejos porque a los diez años no sólo hablaba francés como un nativo, sino también italiano y un poco de flamenco.

A los catorce años, mientras asistía a una escuela privada en Niza, Peter Moore perdió a sus padres en un accidente automovilístico. Dado que ninguno de los dos tenía hermanos, un tutor, el señor Watkins, se hizo cargo del muchacho. Cuando en 1938, ya con casi veinte años, Moore ingresó con el número 2330713 en el Cuerpo Real de Señales del ejército británico, encontró allí su segundo hogar: «El ejército me hizo autosuficiente, duro. Todo se lo debo al ejército. Sin la guerra es probable que me hubiera pasado la vida trabajando en un *pub* irlandés.» Con sus padres muertos, sin parientes, sin novia ni otros vínculos, Moore estaba libre para dedicar todas sus energías a su carrera militar.

Así lo hizo... y le fue muy bien. El hecho de poder hacerse pasar por francés era una ventaja especialmente interesante para sus jefes y muy pronto, al estallar la guerra, fue ascendido a cabo. En 1940 se trasladó a Cherburgo con la Fuerza Expedicionaria Británica, adquiriendo el grado de sargento. Luego, en 1942, participó en el desembarco en Argel, donde se le concedió el rango de subteniente. Poco después Moore se alistó en Guerra Psicológica, «medio civil, medio militar, era la respuesta británica al Propagandastaffe de los nazis». Su jefe era Duff Cooper, ministro de Información. Moore afirma haber participado en misiones secretas y a menudo peligrosas, sobre las cuales prefiere no hablar, y se quedaría sorprendido cuando años después un biógrafo de Dalí descubriera que había trabajado para la ultrasecreta Unidad de Teletipos número 61.[138]

Durante sus años en Guerra Psicológica, Moore despachó a veces directamente con Winston Churchill, quien, al parecer, apreció sus servicios, pues, tras abandonar el ejército en 1946, le recomendó a Sir Alexander Korda, director de London Films, organización que en parte era una tapadera para actividades de espionaje en Europa. Korda lo entrevistó en Londres, le dijo que «ellos» le habían hablado muy bien de él, y le ofreció el mando de London Films International en Roma, con un sueldo de ciento cincuenta libras por semana –astronómico en aquellos tiempos– más casa y coche. Moore aceptó sin pensárselo dos veces y así fue como entró en el mundo del cine, imponiendo en la organización de la oficina romana, dice, «una disciplina militar».

Al abandonar la vida militar, Moore fue informado por el Ministerio de Guerra que, en virtud del Decreto del Ejército número 128 de 1945, se le concedía el rango honorario de capitán, publicándose dicha disposición en el suplemento de la *London Gazette* del 22 de noviembre de 1946. A partir de ese momento Moore siempre utilizaría el nombre de capitán, seguro de que, si recordaba así a la gente que era un militar británico de cierto rango, aumentarían sus oportunidades de triunfar en el mundo de los negocios. Probablemente no se equivocó (aunque el truco no habría funcionado en Gran Bretaña), siendo reforzado el efecto por su acento de clase alta, adquirida en el ejército (nadie podría sospechar que Moore era hijo de un irlandés que hablaba con un marcado acento de Cork).

En 1955 Alexander Korda rodaba *Ricardo III* con Laurence Olivier
y decidió encargarle a Dalí, con fines publicitarios, un retrato del actor. 91
El pintor ejecutó el cuadro aquel mayo en Londres, alojándose en uno de los hoteles más caros de la ciudad, el Claridges, y pidió cobrar sus altísimos honorarios (diez mil libras) en dinero italiano, cosa difícil debido al control de divisas imperante en aquel momento. Korda le dijo que hablara con su hombre en Roma. Peter Moore nunca había oído hablar de Dalí, y dice que comía con Orson Welles el día que el pintor se presentó. Tras recibir el dinero, Dalí le pidió a Moore un favor. Korda le había dicho que el capitán podía conseguirle una audiencia con el Papa. ¿Era verdad? Por estos días Moore supervisaba la instalación de un siste-

ma francés de televisión de circuito cerrado en el Vaticano y había llegado a conocer muy bien al Papa (que se interesaba mucho por la pequeña pantalla y sus posibilidades). No sería difícil, por lo tanto, concertar una audiencia. Y así se hizo. En 1949, la audiencia oficial de Dalí con el Papa sólo había durado diez minutos. Esta vez, Pacelli le dio dos horas informales. Al día siguiente Dalí manifestó su extrañeza ante el capitán al constatar que *L'Osservatore Romano* no había publicado nada sobre su encuentro con el Pontífice. «Le dije», recuerda Moore, «"Pero ¿usted piensa que el Papa sale en los periódicos cada vez que habla con su cocinero o con el electricista? Si quiere una audiencia oficial, solicítela a través de la Embajada española".»[139]

Hombre de mundo, buen conversador y narrador de anécdotas, aventurero y vividor, el atildado Peter Moore impresionó a Dalí, quizás sobre todo por sus antecedentes militares, y el pintor no tardaría en llamarlo a su lado.

La tercera persona que hace su aparición en la vida de Dalí por estas fechas es una mujer. En febrero de 1955 Dalí y Gala asisten al baile benéfico anual ofrecido por los Knickerbocker en Nueva York. Baile muy selecto: para ser invitado hay que ser rico, famoso o guapo. Muchos de los invitados son las tres cosas a la vez. Durante la velada Dalí se descubre de pronto mirando fijamente a una escultural rubia vestida de rojo que se encuentra al otro lado de la sala. Incapaz de apartar la vista de la súbita y espléndida aparición, se pone de pie y atraviesa la estancia. «Yo soy Sal-va-dor-Da-lí», proclama en inglés. «Quiero verla a usted cada día a partir de ahora. ¿Quién es usted?»

La respuesta de la mujer ataviada de rojo dejó al pintor sin palabras: reacción insólita en un Dalí de quien muy pocos podrían ya sospechar que era fundamentalmente un tímido. Resultó que la bella no sólo era española –posibilidad que no se le había ocurrido a Dalí–, pese a llamarse Nanita Kalaschnikoff, sino que había nacido en la Puerta del Sol, a sólo unos pasos de la Academia de San Fernando. Y algo más, aún más sorprendente. Nanita reveló que era hija de José María Carretero, famoso escritor de novelas galantes y semipornográficas que se había hecho rico gracias a la venta de centenares de miles de libros en los años veinte y treinta.

Carretero, fallecido en 1951, era andaluz de Montilla, y publicaba bajo el seudónimo de «El Caballero Audaz». Audaz era, desde luego, tanto en su vida personal como en la profesional. Altísimo para la media española (más de un metro noventa), ya era una celebridad en España y Sudamérica cuando Dalí llegó a Madrid en 1922, y disfrutaba de una merecida fama de mujeriego, bromista y experto en duelos. Se dice que cuando entraba en una sala arremolinando su capa madrileña, las mujeres se derretían y sus acompañantes se ponían pálidos. Todo un Don Juan. Carretero también era conocido por sus entrevistas a los famosos en la prensa de la capital. En sus memorias, Luis Buñuel lo llama «novelista de la más baja estofa»,[140] lo cual no impidió que el realizador le robara algunas escenas, para *Belle de jour*, de una de sus novelas más populares, *La bien pagada*.[141]

Dalí no podía creer que Nanita fuera hija de un escritor cuyas novelas le habían excitado tanto cuando estaba en el Instituto de Figueres. En una de ellas, recordó una vez, el cuerpo de la mujer, al ser penetrada, «sonaba como una sandía abierta con un tenedor. Y yo me dije: "Si tengo que abrir un agujero en una sandía con esta cosita que tengo, nunca seré capaz de hacerlo"».[142]

El padre de Nanita había querido bautizar a su hija con el nombre de Ambarina, por su piel pálida, pero las autoridades eclesiásticas no se lo permitieron. Así, el Caballero Audaz decidió ponerle María Fernanda, en honor a su amante de turno, la actriz María Fernanda Ladrón de Guevara.

En 1931, con la llegada de la República, Carretero, ferviente monárquico, empedernido antidemócrata y luego, a juzgar por los títulos de sus libros, fascista, decidió que no podía seguir viviendo en una España que acababa de ver cómo su rey marchaba al exilio. Además, creía que había matado a un célebre aristócrata, el conde de los Andes, en un reciente duelo (su decimotercero). En consecuencia se apresuró a salir del país con su familia, y puso rumbo a París. Nanita, que entonces tenía siete años, ingresó en un colegio francés y pronto hablaba el idioma perfectamente. Entretanto, el Caballero Audaz y su esposa se separaron: ésta ya no podía aguantar más las constantes infidelidades del personaje.

Adolescente aún, Nanita Carretero llamó la atención del artista francés Jean-Gabriel Domergue, que, tras fracasar comercialmente como paisajista, empezaba a tener más fortuna en el mundo de la publicidad. Nanita comenzó a hacerle de modelo, posó para muchos de sus cuadros y así fue lanzada al *beau monde* de la alta costura, del arte y del buen vivir por el cual iba a navegar placenteramente durante el resto de su vida. Agasajada, adulada, mimada y deseada, no tardó en darse cuenta, según ha recordado, de la justicia del dicho francés *«le destin c'est dans l'anatomie»* (el destino está en la anatomía). «A veces pensaba que me gustaría ser escritora», ha dicho, «pero por mi físico nunca me dejaban sola.»[143]

Cuando Nanita Carretero conoció a Dalí en el baile de los Knickerbocker, llevaba diez años casada con Michel Kalaschnikoff, simpático ruso formado en Inglaterra que trabajaba para Winston's –los joyeros de Nueva York– y ya era madre de tres hijas. Nanita no simpatizó con Dalí aquella primera noche («pensé que era otro loco español haciendo el burro»). Pero Dalí era Dalí, y aceptó una cita para el día siguiente. El segundo encuentro fue mejor. Dalí estaría fascinado con la bella española, y hasta su regreso a Europa iría a buscarla casi todas las tardes a la salida de su trabajo (en el popular establecimiento de cosméticos de Lilly Daché, en la calle 56). Por su porte aristocrático, acentuado por una majestuosa nariz, Dalí pronto apodó a Nanita «Luis XIV» o, sencillamente, «el Rey». Su marido lo soportaba todo con buen humor.

Gala, sorprendida con lo que estaba pasando, empezó a pensar que la bella cosmopolita representaba una amenaza para su relación con Dalí, pues sospechaba que Nanita se estaba cansando de su marido. Pero no era así. Gala también estaba celosa porque, debido a sus años madrileños, Nanita y Dalí compartían todo un mundo de experiencias del cual ella estaba excluida. Los dos gozaban tremendamente de estar juntos, ciertamente, hablando sin parar de España y cantando fragmentos de sus zarzuelas favoritas, que se sabían de memoria. También habían descubierto, encantados, que tenían los ojos casi del mismo color verdigrís: «Dalí lo llamaba una simbiosis, y siempre nos reíamos de esa coincidencia», ha recordado Nanita. Otra coincidencia: los dos habían tenido que aguantar a padres muy difíciles.[144]

A Dalí también le llamó la atención que Nanita, aunque nacida en Madrid, se sintiera profundamente andaluza, por haber pasado las vacaciones de la infancia en la casa paterna de Montilla. El pintor le habló a menudo de su amistad con Lorca, lamentando que, pese a haber recibido tantas invitaciones, nunca le hubiera visitado en Granada. A veces recitaban juntos versos del poeta. Dalí le dijo que cada vez que vendía un cuadro alzaba los ojos al cielo en agradecimiento a Federico, quien, estaba seguro, había intercedido una vez más por él.

No cabe duda de que Dalí llegó a querer a Nanita Kalaschnikoff, en la medida en que era capaz de querer a alguien, y de que ella se volvió pronto imprescindible para su bienestar. También Nanita llegó a sentir un profundo cariño por el Dalí «auténtico», por la persona que se escondía detrás de tantas capas de disfraces. La relación nunca sería abiertamente sexual, pero contenía un alto grado de complicidad erótica que la diferenciaba de la que tenía el pintor con Gala. Nanita no sólo era simpática y sociable, sino desinhibida, y posar desnuda para Dalí no le planteaba ningún problema. «Tuvo un papel vital, era la mujer con la que a Dalí le habría gustado casarse», ha dicho Peter Moore, que llegó a conocerla bien. «Y, por supuesto, a diferencia de Gala, Nanita participaba en sus juegos, cosa que Gala siempre se negó a hacer.»[145]

LOS ALBARETTO

En abril de 1956, al regresar a Europa en el *S.S. America,* Dalí redactó un pequeño opúsculo en francés titulado *Los cornudos del viejo arte moderno,* compendio de ideas desarrolladas en sus conferencias y panfletos de los seis años anteriores. Su tesis: toda la pintura moderna, o casi toda, era pura basura, y sólo un arte capaz de expresar el descubrimiento de la «continuidad de la materia» podía considerarse válido. Es decir, el arte de Dalí. El texto se publicó más tarde ese mismo año en París, añadiéndosele el artículo «Sobre la belleza aterradora y comestible de la arquitectura *modern style*», de 1933, que Dalí consideraba una de sus mayores aportaciones a la crítica artística. Tras una breve estancia en París, los Dalí regresaron a España, donde, el 16 de junio, el pintor fue recibido por vez primera por el general Franco. El encuentro, que tuvo lugar en El Pardo, fue cordial. Sin duda Dalí le agradeció efusivamente al Caudillo el decreto gubernamental, promulgado dos años antes, por el cual se protegía Port Lligat y sus alrededores de la especulación turística. Tras haberse congraciado con Franco, el pintor inició en Port Lligat su habitual temporada veraniega de trabajo.[146]

Por las mismas fechas dos médicos de Turín, Giuseppe y Mara Albaretto, pasaban sus vacaciones en Llançà, donde conocieron a Rafael
Santos Torroella y su esposa Maite, ya para entonces visitantes habitua- 93
les en casa de los Dalí. Cuando los Albaretto se enteraron de que la pareja conocía al pintor, les pidieron que se lo presentaran. Fue amor a primera vista, al menos en lo que se refería a los Albaretto, y ese mismo día le compraron un dibujo. Dalí le tomó cariño a la pequeña Cristiana,

hija del matrimonio turinés, y los invitó a que volvieran al día siguiente. Así comenzó una aventura que era casi la réplica de la que, en 1953, iniciaran con Dalí y Gala Reynolds y Eleanor Morse. Los Santos Torroella
95 fueron testigos presenciales de la transformación producida en los Albaretto, que en unos pocos meses se convirtieron en apasionados coleccionistas de Dalí. Con los años el pintor llegaría a considerarlos su «familia italiana».[147]

Al parecer la fortuna de los Albaretto procedía básicamente de Mara, hija de un rico industrial de Imperia. Pero... ¿y Giuseppe? La primera vocación de éste había sido el sacerdocio. Formado por los salesianos, un día vio una película sobre los misioneros y decidió que quería seguir su ejemplo y salvar almas. Pero, por ser hijo único, sus padres no quisieron perderlo y finalmente la orden convenció al joven de que podría profesar mejor su vocación espiritual «en el mundo». De modo que Giuseppe se licenció en odontología, ejerciendo tal profesión durante dos años antes de aceptar que no era lo que quería hacer. Luego empezó a trabajar de asesor financiero de los salesianos, ocupándose especialmente del sector de publicaciones didácticas de la orden. Y con ello ganó por lo visto mucho dinero.[148]

Ardiente, sentimental y generoso, «Beppe» Albaretto correspondía a la idea que tienen los demás europeos del típico italiano, siendo tan apasionado con su catolicismo como con todo lo demás. No convencido por el misticismo nuclear daliniano, decidió poner su frustrada vocación eclesiástica al servicio de una causa concreta: ganar el alma del Maestro para Dios. En cuanto a Gala, la consideraba un caso perdido. Mara Albaretto era una persona más tranquila que su marido, aunque sabía defenderse cuando la ocasión lo requería. Pronto los Albaretto frecuentaban asiduamente a los Dalí, dondequiera que se encontrasen éstos en Europa. «Cuando lo conocimos, Dalí no tenía un marchante que se ocupara de la promoción y la venta de su obra», ha recordado Mara Albaretto, «y lo cierto es que era mucho más conocido en América que en Europa. Tuvimos la suerte de conocerlo en ese momento, pues simplemente no había una competencia digna de ese nombre y vendía su obra a precios muy razonables.»[149]

A espaldas de Dalí, y sobre todo de Gala, los Albaretto se hicieron amigos de Anna Maria, como los Morse antes, y le compraron varios cuadros y dibujos de su hermano. «Anna Maria siempre necesitaba dinero», ha declarado Mara Albaretto. Por lo general las operaciones las manejaba la Sala Gaspar de Barcelona, «porque Anna Maria no quería ser vista en el momento de la venta».[150] Entre las adquisiciones más importantes de los Albaretto estaban el importante cuadro *Naturaleza* VIII *muerta (Invitación al sueño),* de 1926, con la cabeza de Lorca, y un encantador retrato de Anna Maria, de 1925.[151]

MÁS CUADROS GIGANTES

En noviembre de 1956, ya cercano el invierno, los Dalí siguieron su instinto migratorio e iniciaron su excursión anual a Nueva York. Como siempre, Dalí había organizado un apretado programa de actividades para su breve escala en París, que este año incluía trabajar algo más sobre su película *La prodigiosa historia de la encajera y el rinoceronte,* con Robert Descharnes, y organizar unos trucos publicitarios para promocionar las quince litografías encargadas por Joseph Forêt para su proyectada edición de *Don Quijote.* Para crear las mismas Dalí empleó una técnica mixta que incluía llenar un huevo con tinta y romperlo sobre las piedras, rayar éstas con dos cuernos de rinoceronte mojados con tinta y disparar clavos contra ellas con un trabuco. Dalí llamó este último invento «bulletisme», y hay una fotografía en la cual Max Ernst observa con cierta intranquilidad al catalán mientras éste apunta el pesado aparato.[152]

Unas semanas después los Dalí estaban otra vez en Nueva York, donde la prensa se ocupaba de *La última cena,* que acababa de ser adquirido por el millonario Chester Dale, tal vez el principal coleccionista de impresionistas franceses en Estados Unidos. Para Dale, Salvador Dalí representaba un punto de partida nuevo. En 1954 el coleccionista había quedado tan «pasmado» con el *Corpus hipercubicus* que lo había comprado para el Metropolitan Museum of Art.[153] Ahora donó *La última cena* a la Galería Nacional de Washington. Allí, en noviembre de 1956, Paul Tillich examinaría la inmensa tela. El distinguido teólogo opinó que la obra era sentimental y vulgar y que Jesús parecía «un muy buen atleta de un equipo norteamericano de béisbol». El cuadro sería una carga pesada, de hecho, para sucesivos conservadores del museo, y finalmente sería colocado en un lugar apartado de la colección donde no pudiera ofender a nadie. Según Sherman Lee, ex director del Museo de Arte de Cleveland, *La última cena* era «el cuadro individual más sobrevalorado» de todos los museos de Estados Unidos.[154] En cuanto a la opinión de Dalí, en 1965 le diría a Alain Bosquet que se habían vendido más postales de esta obra que de todas las de Leonardo y Rafael juntas, lo cual demostraba que su «estrategia» había triunfado, pues su propósito con este tipo de obras era demostrar que era capaz de pintar las telas más populares del mundo.[155]

Dalí había empezado ahora otro cuadro de dimensiones gigantes, *Santiago el Grande* (400 × 300 cm). Hoy en la Beaverbrook Art Gallery de Fredericton, en Canadá, la obra, acabada en 1957, muestra a un Santiago desnudo que surge del mar sobre un caballo, al parecer propulsado por energía atómica, para ayudar a los cristianos españoles en su lucha contra los moros invasores. El corcel es seguramente el más desproporcionado y torpe de todos los ejecutados por Dalí, mientras el atlético Cristo que se eleva con los brazos abiertos hacia la cúpula del cielo (dibujada con gran esmero por Isidor Bea) pertenece al más redomado *kitsch.*

XXXVII A *Santiago el Grande* le siguió *El descubrimiento de América por Cristóbal Colón* (1958-1959), encargado por Huntington Hartford (heredero del imperio A&P) tal vez porque la galería que estaba construyendo éste en Nueva York se hallaba en el número 2 de Columbus Circle (Círculo de Colón). Al pintar este cuadro Dalí pensaba sobre todo, con su oportunisimo de siempre, en el tercer centenario de la muerte de Velázquez, que se iba a celebrar en 1960. Los estandartes que llenan la parte derecha de la vasta tela (410 × 284 cm) recuerdan las veintiocho lanzas de *La rendición de Breda,* y Dalí explicó que el agujero en el centro de la vela superior de la nave era una referencia al de la llave en el famoso cuadro de Velázquez, la de Breda entregada por Justino de Nassau, el líder flamenco, a los conquistadores españoles.[156]

Dalí estaba convencido, o por lo menos así lo proclamaba, de que Colón, además de ser catalán, era oriundo de Gerona.[157] La tela contiene, por lo tanto, alusiones a la ciudad, simbolizada por su patrón, San Narciso, que aparece en el ángulo inferior izquierdo. La presencia de las rocas de Creus en el ángulo superior derecho podían justificarse por la misma razón (si es que Dalí necesitaba tal justificación). Isidor Bea, visto desde atrás, fue el modelo del santo: una manera de reconocer, tal vez, el crucial papel que ahora desempeñaba el ayudante en la producción de las telas dalinianas de grandes dimensiones, ésta incluida.[158]

Puesto que los españoles habían llevado el catolicismo al Nuevo Mundo, el tema del «Descubrimiento» permitió a Dalí incluir otro retrato de Gala-Virgen María, que figura esta vez en un estandarte como la Inmaculada Concepción. Dalí también citó una vez más su *Cristo de San Juan de la Cruz*, y él mismo es el personaje calvo y con bigotes que se arrodilla en la playa mientras alza un pesado crucifijo de plata. Dalí y Gala tenían sobrados motivos para estarle agradecidos a Norteamérica, que, entre otras cosas, los había bañado de dólares y que, con encargos como éste, seguía haciéndolo. Mientras Dalí trabajaba en el cuadro debió de recordar que, pese a haber descubierto el Nuevo Mundo, Colón había muerto en la penuria. Por lo que a él le tocaba, había dicho muchas veces, y continuaría diciéndolo, no tenía ninguna intención de terminar así. Todo lo contrario.

El verano anterior en Port Lligat, Reynolds Morse había tenido la «temeridad» de objetar que el erizo de mar que aparece en el primer plano de *El descubrimiento de América por Cristóbal Colón*, rodeado de anillos, era demasiado pesado y que el pintor debía quitarlo. A Dalí la observación le había irritado sobremanera. En absoluto iba a hacerlo, repuso. Además en el cuadro pintaba algo que no había ocurrido todavía pero que se comprobaría más tarde. Se trataba de una obra importantísima.[159] ¿Qué era lo que no había ocurrido aún? Al exponer la obra, Dalí declaró que la forma de pera del erizo aludía a la tierra vista desde la nave espacial americana Explorer, y que simbolizaba la «ciencia nuclear».[160] Algunos años después iría más lejos y se jactaría de que el erizo había prefigurado el lanzamiento del primer satélite dos años después.[161] En 1971 Eleanor Morse llegó a la conclusión de que Dalí había tomado literalmente la promesa de Kennedy, que en 1959 afirmó que, en diez años, Estados Unidos habría puesto al primer hombre en la luna, y de que el erizo de mar era una manera de celebrar por anticipado la proeza que iba a tener lugar el 21 de junio de 1969. Pero, incluso si estaba Eleanor Morse en lo cierto, eso no demuestra que el cuadro fuera profético, sino meramente oportunista.[162]

LOS GEMELOS DIVINOS

Otro personaje digno de recordar estaba dejando su impronta en la vida de Dalí en estos momentos: el psicoanalista y estudioso de mitología Pierre Roumeguère. Entre 1954 y 1958 Dalí tuvo frecuentes conversaciones en París con este hombre, que más tarde sería su «psiquiatra preferido».[163] Aunque las conversaciones se grabaron, no se han publicado, y no está claro si empezaron por iniciativa de Roumeguère o del pintor. Las observaciones del médico sobre su «paciente» (como llama a Dalí entre comillas en uno de sus escritos) muestran una veneración tan incondicional por el hombre y el artista, sin embargo, que hacen sospechar que la propuesta fuera suya.

Las más tempranas de dichas observaciones aparecen en un breve artículo titulado «La mística daliniana a la luz de la historia de las religiones», que revela la ferviente admiración de Roumeguère por *Vida secreta,* que considera «un documento incomparable, verdadera mina de oro sin duda para los aficionados al humor, los psiquiatras y también para los psicólogos y los estetas, que sientan la curiosidad por desmontar los mecanismos de la creación artística [...] portentoso documento humano desde todos los puntos de vista, comparable, en importancia científica, a la del presidente Schreiber, el célebre paranoico místico del que nos habla Freud».[164]

El 5 de junio de 1958 Roumeguère le leyó a Dalí su tesis, en la que razonaba que el pintor y Gala eran la reencarnación del mito de los dioscuros, Cástor y Pólux, «nacidos de uno de los huevos divinos de Leda»,[165] con Gala en el papel del mortal Cástor, ocupando el lugar del primer Salvador, y Dalí como el inmortal Pólux. Años más tarde Dalí evocó aquella tarde en una entrevista con Alain Bosquet:

> Entonces experimenté con un incomparable estrecimiento la verdad absoluta por primera vez: una tesis de psicoanálisis me ha revelado el drama que se descubre en la base misma de mi estructura trágica. Se trata de la presencia ineluctable, en el fondo de mí mismo, de mi hermano muerto, que mis padres habían adorado con cariño tan superlativo que, en el momento de mi nacimiento, me pusieron el mismo nombre, Salvador. El choque fue violento, como el de una revelación. Eso explica también los terrores que me acometían cada vez que yo penetraba en la habitación de mis padres y contemplaba la fotografía de mi hermano muerto: un niño, muy bello, todo cubierto de encajes y cuya imagen había sido retocada hasta tal punto que por contraste, durante toda la noche, yo me representaba a este hermano mío ideal en un estado de putrefacción completa. No sólo me dormía con la idea de mi propia muerte, a la par que aceptaba que me hablaba en el interior del ataúd por fin en estado de reposo. Gracias a la tesis del doctor Pierre

> Roumeguère pude comprobar que un mito arquetípico como el de Cástor y Pólux tenía, para mí, un sentido de realidad visceral. La experiencia por las entrañas ha confirmado la estructura mental de mi ser.[166]

Los escritos posteriores de Roumeguère sobre Dalí demuestran que, en lo tocante a la muerte del primer Salvador, el médico se había tragado sin cuestionarla en absoluto la inexacta versión de la misma proporcionada por el pintor en *Vida secreta,* y que sin duda le había repetido personalmente Dalí al pie de la letra. Roumeguère acepta y cree que Salvador I murió de meningitis a los siete años, tres y medio antes del nacimiento de Salvador II (cuando la realidad, como sabemos, es que falleció con veintidós meses, nueve antes de que viniera al mundo el futuro pintor); que los hermanos se parecían como dos gotas de agua, siendo Salvador I «el doble y el gemelo idéntico del otro», y que los padres habían cometido un crimen inconsciente al ponerle a su segundo hijo el nombre del hermano muerto.[167] Roumeguère hasta se inventa una voz materna que advertía al niño Dalí que, si no se envolvía bien con una bufanda, se resfriaría y moriría de meningitis como su hermano.[168] Parece evidente también que, pese a cuatro años de conversaciones, Dalí no le había dicho nada a Roumeguère acerca del suicidio de su abuelo Gal, ni de su temor a poder haber heredado del mismo una tendencia paranoide. La conclusión de Roumeguère, levantada sobre una falta de información verídica tan llamativa, es grotesca: «Dalí se quedó identificado verdaderamente con un gemelo muerto real; apenas vivió, lo más que consiguió fue sobrevivir, al borde de la locura hacia la cual sentía, con toda lucidez, que se encaminaba durante el bello verano de 1929 en Cadaqués.»[169]

Era precisamente durante aquel bello verano cuando, por supuesto, llega Gala, el milagro terapéutico, para rescatar a Dalí del fantasma internalizado de su hermano muerto y curarlo de su «psicosis» (el término es de Roumeguère).[170] Antes de la aparición del psiquiatra francés, Dalí ya había decidido que él y Gala eran gemelos divinos, como lo demuestran *Leda atómica* y sus comentarios sobre dicho cuadro. Pero la confirmación del médico tuvo un peso importante, tratándose de un «hombre culto» (si bien notablemente estrafalario).[171] La tesis de Roumeguère sobre el primer Salvador encajaba a la perfección, pues, en el esquema ya establecido por Dalí: Gala ha ocupado el lugar de Cástor, ahuyentando al espectro y restableciendo la armonía. Ella es la «exacta réplica» de Dalí, como lo había sido el primer Salvador; su «gemelo femenino vivo».[172]

Todo muy claro, muy exacto... y muy poco científico. Roumeguère afirmaría después que la revelación del «secreto» había significado para Dalí una enorme liberación, y que durante varios años, en un estado de «exultación jubilosa», la había comunicado a todo el mundo.[173] Lo cual, sin ninguna duda, era cierto. En cuanto a la pretendida liberación del pintor, no obstante, podemos ser más escépticos. El principal logro de Roumeguère, quizás, fue proveer a Dalí de un diagnóstico convincente para su aberrante comportamiento antes de conocer a Gala, conducta por la que podía asumir ahora aún menos responsabilidad que antes. Pues, ¿cómo culpar a Dalí de no haber sido todavía él mismo, sino más bien una nebulosa e insustancial versión de su hermano muerto, del hermano cuya desaparición simbolizaba el *Cristo* de Velázquez, que colgaba en el dormitorio de los padres junto a la fotografía del primer Salvador? Podría mantenerse que, lejos de ayudar a liberar a Dalí, la «revelación» de Roumeguère sólo sirvió para reforzar los muros de su prisión mental.

Eufórico con el «descubrimiento» del médico francés, Dalí decidió que, transcurridos seis años desde la muerte de Paul Éluard, era ya hora de que él y Gala se casaran por la Iglesia. Consultó, por tanto, con el antiguo párroco de Cadaqués, buen amigo suyo, Francesc Vilà i Torrent, quien, entusiasta, puso en marcha los necesarios trámites para hacer realidad tan pía resolución, que no encontraron obstáculo alguno por parte de las autoridades eclesiásticas. Se tomó la decisión entre todos de que la ceremonia, oficiada por Vilà Torrent, tendría lugar el 8 de agosto de 1958 en un sitio alejado del mundanal ruido, el santuario de los Àngels, en Sant Martí Vell, cerca de Gerona (que disfruta un espléndido panorama del paisaje del Baix Empordà, con las islas Medes al fondo). Por una vez Dalí iba a hacer algo sin publicidad, tal vez por decisión de Gala.

El 8 de agosto por la mañana la pareja se trasladó a Gerona, con la Musa al volante del Cadillac, para recoger a Francesc Vilà y los dos capellanes que lo iban a secundar, Josep Pol Arau y Josep Calzada Oliveras. Luego siguieron hasta el santuario. No hubo un solo fotógrafo, un solo periodista. Según un informe redactado después por los dos capellanes, Dalí estuvo «enfervorizado» durante la ceremonia. Gala, en cambio, «parecía más discreta, como ausente, y apenas se veía afectada».

Dalí lucía un traje negro, con su inseparable bastón en la mano. Gala iba vestida muy modestamente, sin joyas, y llevaba –apenas se lo podían creer los capellanes– unas bonitas alpargatas.

Los Dalí y los tres curas comieron luego en el restaurante La Barca de Gerona. Dalí no bebió una gota de vino y apenas probó bocado. Después fueron a ver al obispo, que quería saludarlos y darles la enhorabuena. Mientras departían con el mismo, algún desafecto a Dalí trazó sobre la amplia capota del Cadillac, cubierta de polvo a consecuencia de la ida y venida al aislado santuario, dos palabras contundentes: «¡Viva Picasso!» Un joven con una máquina fotográfica, tal vez el autor del desaire, esperaba entre un grupo de curiosos a la salida del palacio episcopal para captar la reacción de los recién casados. La de Gala fue de «disgusto y rabia incontenibles», según los capellanes, y hubo que tratar de serenarla. La de Dalí, «olímpica». «Sí, sí, viva Picasso», dijo.[174]

Al día siguiente, el fotógrafo Meli, buen amigo de ambos, sacó en Port Lligat la fotografía oficial de la boda. Una Gala sonriente, tocada con relumbrante peluca, parece haber olvidado por el momento el disgusto experimentado en Gerona.

El empeño de Dalí por promocionar su persona y su obra continuó sin descanso mientras la década se iba acercando a su fin, cada nueva exposición en Nueva York era una ocasión propicia para revelar la última novedad. En diciembre de 1958 el catálogo de la Galería Carstairs incluía un «Manifiesto antimateria» en el cual el artista proclamaba que había abandonado ya su exploración del inconsciente. ¡La antimateria y sólo la antimateria era lo que ahora le interesaba! *Los cornudos del viejo arte moderno,* cuya publicación estadounidense se había programado para coincidir con la muestra, proclamaba el mismo mensaje. Uno de los cuadros expuestos en Carstairs era *La Madona Sixtina* (conocida también como *Oreja de la Madona),* inspirada en una fotografía de Juan XXIII.[175] Vista de cerca, explicó Dalí, parecía un cuadro abstracto; desde dos metros se convertía en *La Madona Sixtina* de Rafael, y desde quince se metamorfoseaba en la oreja de un ángel. Estaba pintado «con antimateria: por consiguiente, con energía en estado puro». Lo que sí es seguro es que estaba pintado con cientos de puntitos. Pero ¿era algo más que un nuevo alarde visual daliniano? Al contemplar las oleadas de pi-mesones y protones que revoloteaban por el cuadro, así como por las otras obras expuestas, la crítica Margaret Breuning lo dudaba.[176]

Ahora que Dalí se había casado con Gala, lo propio era, naturalmente, otra audiencia papal. Además, al pintor le caía muy bien Juan XXIII, no sólo por sus interesantes orejas, sino por sus planes en relación con el Concilio Ecuménico. La audiencia tuvo lugar el 2 de mayo de 1959, en medio de una gran publicidad. Dalí informó al Papa del interesante encargo que había recibido: diseñar una catedral para el desierto de Arizona. En consonancia con los tiempos que corrían, había optado por un edificio «ecuménico», que «flotaría» a unos treinta centímetros del suelo sobre un colchón de alquitrán. El edificio tendría forma de pera puesto que, puntualizaba Dalí, en la Edad Media dicha fruta simbolizaba la Resurrección y la unidad moral del mundo que ahora iba a encarnar el venidero concilio. La reacción el Papa ante el quimérico proyecto se desconoce.[177]

Ese mismo verano Dalí produjo unas novedades más cuando Joseph Forêt le encargó tres ilustraciones y la portada para el ejemplar único de su edición de *El apocalipsis de San Juan*, anunciado como el libro más caro del mundo. Incluían tirar una bomba llena de clavos contra una plancha de cobre y aplastar encima de otra, utilizando una apisonadora, una máquina de coser Singer. Estas operaciones, y otras por el estilo, se llevaron a cabo, desde luego, con la masiva presencia de los medios de comunicación. Y empezaban a cansar a mucha gente.[178]

El año se cerró con la presentación en París del prototipo del último invento de Dalí, el «ovocípedo», revolucionario medio de transporte consistente en una esfera de plástico transparente, de un metro cuarenta de diámetro, que se movía por la mera presión del pie del piloto sobre el suelo. La ventaja del artefacto era que no sólo desplazaba convenientemente al pasajero de un sitio a otro, sino que al mismo tiempo le transmitía la sensación de haber regresado al útero materno. Forêt había organizado este número daliniano para promocionar un poco más su edición de *El apocalipsis de San Juan.* Dalí llegó vestido de astronauta, y Josephine Baker y Martine Carol asistieron para darle un lustre añadido al acto. Es difícil saber cómo Dalí podía mantener su cara de Buster Keaton en ocasiones como ésta, sin permitirse una sonrisa, pero lo lograba. Ya para entonces era un *showman* tan consumado que podía hacer las payasadas más ridículas sin inmutarse. La vergüenza, al menos en sus manifestaciones externas, había sufrido, la verdad, una severa derrota y Dalí podía presumir, sin exageración, de ser el más famoso y original exhibicionista del mundo entero.[179]

TRECE

LA «AMPLIFICACIÓN» DE TALENTOS (1960-1966)

EL CAPITÁN AL TIMÓN

Desde la retirada de George Keller de la Galería Bignou en 1948, Gala se había ocupado personalmente de todas las ventas de Dalí, cobrando siempre en metálico. Nada de talones. Dinero contante y sonante. Pero al continuar creciendo la fama del pintor y el volumen de encargos, resultaba cada vez más difícil seguir con este sistema. Era evidente que los Dalí necesitaban un secretario o *manager.* ¿Pero quién? Hacia finales de 1959 empezaron a pensar en Peter Moore.

Sir Alexander Korda había muerto en enero de 1956, y con él London Films. Lord Bernstein ofreció a Moore un trabajo en televisión, pero lo rechazó al darse cuenta de que tendría que hacer un curso de formación en Manchester. Peter Moore no tenía ganas de volver a estudiar. A principios de los años sesenta, Dalí, con quien Moore no había perdido del todo el contacto, le envió un billete de primera clase de TWA y lo llamó a Nueva York, donde le explicó que quería tenerlo como su jefe de negocios y «asesor militar». «Dalí me dijo que todas las repúblicas bananeras de Sudamérica tenían un asesor militar y que, puesto que él era más importante que ellas, se merecía tener uno también», recuerda hoy riéndose el capitán.[1] Las condiciones: nada de sueldo pero una comisión del 10% sobre todas las operaciones generadas por Moore. Éstas incluirían esculturas, corbatas, camisas, zapatos, perfumes, decoración de aviones, rompecabezas..., en suma, todo lo que se le ocurriera al capitán con la excepción de los cuadros y dibujos originales, que seguirían siendo de la exclusiva competencia de Gala.[2]

Peter Moore aceptó la oferta en el acto, y asegura que aquel primer fin de semana hizo negocios para Dalí por valor de medio millón de dólares: «Yo pensé: "Dios mío, he encontrado una mina de oro." Y comprobé muy pronto que era cierto.» Moore tiene un pico de oro heredado de su padre irlandés, y puede que la cantidad citada sea exagerada. O no. Desde luego el dinero pronto corría a raudales.

Según cuenta hoy el capitán, se sorprendió al constatar que tanto Gala como Dalí tenían una fuerte veta antisemita y que no querían saber nada de los marchantes judíos de Nueva York. En opinión de Moore se trataba de una torpeza de proporciones mayúsculas. Los judíos, en una piña, se habían puesto en contra del pintor español, con el resultado de que sus cuadros no tenían los precios que se merecían. El capitán resolvió cambiar radicalmente tal situación y decidió sin pérdida de tiempo que su misión era «amplificar» el talento de Dalí multiplicando los ingresos del Maestro, y los suyos propios.[3]

Reynolds Morse –algo antisemita él mismo– había observado también los problemas de Dalí con los marchantes judíos neoyorquinos, pero los atribuía a otro motivo. En 1973, Morse observaría que durante las dos décadas anteriores había sido imposible mencionar en Estados Unidos «factores tales como el predominio del poderoso dinero judío, así como de fuertes personalidades judías, en muchos ámbitos de las artes». Tal predominio había dado lugar, según Morse, «a una prolongada discriminación contra Dalí, por su condición de católico, en favor de Picasso, que mantenía la religión lejos de su caballete». La acusación era absurda. Si los marchantes judíos de Nueva York no querían ni oír hablar de Dalí era porque el pintor los había ofendido con sus comentarios y actitud antisemitas, no porque profesara la religión católica. Después de todo, ¿qué les importaba a ellos las creencias religiosas del pintor, sinceras o fingidas? Nada.[4]

Peter Moore no tardó en formarse una opinión muy negativa de Gala en su papel de encargada de la comercialización de los cuadros y dibujos de Dalí. Era una «marchante espantosa» que vendía habitualmente a las personas menos apropiadas al precio menos apropiado, apunta en sus memorias inéditas *Soft Watches and Hard Times* (Relojes blandos y tiempos duros). Según Moore, a Gala la timaban una y otra vez, con resultados desastrosos.[5]

El acuerdo de los Dalí con Moore, basado únicamente en comisiones, fue un acicate para que éste se inventara cada vez más maneras de ganárselas. Moore, con intuición empresarial certera, decidió explotar sobre todo el mercado de las reproducciones, que comenzaba a cobrar fuerza a principios de los años sesenta, «por la presión», escribió Reynolds

Morse en 1971, de una importante demanda, muy superior a la oferta, de obras de algunos de los más famosos artistas». En ese momento, sigue Morse, «un promotor persuadió a Dalí de que firmara una altisonante declaración según la cual una reproducción común y corriente suya, pero agraciada por su firma, tenía el mismo valor que un grabado o una litografía original, simplemente porque el contenido artístico era el mismo». Cabe deducir que el promotor en cuestión fue Peter Moore. Tal declaración significaba en la práctica, de todas maneras, que Dalí estaba dispuesto ahora a facilitar una acuarela original para su reproducción por cualquier medio que el editor escogiera, pero sin intervenir personalmente en el proceso. Luego, impresa una edición limitada de la reproducción, firmaría, eso sí, cada ejemplar. Si las reproducciones se vendían luego como «obras originales», como ocurría a menudo, se trataba de un fraude.[6]

Así empezó Dalí a prostituirse como artista, iniciando un proceso que, con su colaboración interesada, seguiría, con creciente ritmo, a lo largo de la década de los sesenta y daría lugar a los más descarados engaños. No cabe duda de que la codicia de Gala fue un factor de peso en todo ello: a la Musa, que en 1960 cumplió sesenta y seis años, lo único que le importaba ahora era conseguir enormes cantidades de dinero por adelantado. La calidad de las obras vendidas le daba igual. En los años cuarenta Dalí había ganado mucho dinero con sus anuncios-basura para empresas como Bryan Hosiery. Ahora, veinte años más tarde y muchísimo más famoso, estaba magníficamente situado para ingresar millones de dólares gracias no sólo a la venta de su persona y su trabajo con fines publicitarios, desde la ropa deportiva de Jack Winters hasta los bombones Lanvin, sino, y sobre todo, a las nuevas tecnologías de la reproducción.

Los Dalí solían insistir en cobrar al contado y sin preguntas, como hemos dicho: nada de contratos y complicaciones.

Tan descarado desprecio por las leyes de Estados Unidos, España y Francia, países entre los cuales se movían constantemente, les ponía, desde luego, en una situación altamente arriesgada. ¿Conseguía el milagro la famosa mirada de Gala, capaz, como había dicho Éluard, de penetrar muros infranqueables? ¿Recurría a ella la Musa al entrar en las zonas «Nada que declarar» con gruesos fajos de billetes extranjeros en las maletas, bolsas o alguna parte de su anatomía? Quizás. Reynolds Morse no se oponía a dicha práctica, sabiendo que, si no pagaba en metálico, no habría cuadros. «Puedo asegurar», dice, recordando un pago efectuado en 1965, «que cien mil dólares en pesetas formaban un pesado montón de billetes que yo le ayudé a Gala a meter en la maleta.»[7]

Al tener tan poca ética profesional, los Dalí tendían a corromper a todos los que hacían negocios con ellos. Además, se trataba de un programa deliberadamente elaborado por parte del pintor, como él mismo afirmaba continuamente: su objetivo era cretinizar al mundo y no era culpa suya si la gente se dejaba atrapar voluntariamente y de buena gana en su telaraña.

Peter Moore ha dicho repetidamente que, durante sus primeros siete años con Dalí, su comisión del 10% le produjo doscientos treinta mil dólares anuales, y un millón cada uno de los cinco siguientes, a medida que se disparaba el mercado de reproducciones. Moore se hizo multimillonario gracias a su gerencia de los negocios de Dalí.[8]

En febrero de 1960, justo cuando Peter Moore comenzaba a cogerle el tranquillo a su puesto de «asesor militar» de Dalí, se expuso en French and Company's de Nueva York, privadamente, *El descubrimien-*
XXXVII *to de América por Cristóbal Colón,* a la espera de la inauguración de la Galería de Arte Moderno de Huntington Hartford. En marzo ya habían visto el cuadro más de setecientas personas. A los críticos no les gustó el gigantesco lienzo. Un director del museo opinó que la obra significaba un retroceso de un siglo para la pintura, y prevaleció la sensación general de que el cuadro representaba un ejercicio daliniano más de «alto *kitsch*». A Hartford, no obstante, le encantaba la obra, que superaba sus «más altas expectativas».[9]

Uno de los primeros negocios de Moore en el campo del libro fue la edición de *La divina comedia* por Joseph Forêt, con grabados en madera de las ciento una acuarelas que Dalí había recuperado del gobierno italiano. Sin embargo, en *Confesiones inconfesables*, Dalí se jacta de que fue él (no Moore) quien convenció a Forêt para que le pagara el doble de lo que había recibido de los italianos.[10] Cuando el libro salió a la venta en mayo de 1960, las ilustraciones se expusieron en el Palais Galliera. A Dalí le gustó el *vernissage* y la adulación que creía percibir a su alrededor, y apuntó en su diario: «Es una sensación muy agradable la de comprobar esta admiración que asciende en efluvios mágicos hasta mí, poniéndole mil cuernos al arte abstracto que se muere de envidia.»[11]

De vuelta en Port Lligat aquella primavera, Dalí se puso a trabajar en *El Concilio Ecuménico* (400 × 300 cm), con el ya imprescindible Isidor Bea a su lado. Juan XXIII había anunciado el Concilio el 24 de enero de 1959, pocos meses después de su llegada al papado. Dalí, siempre al acecho de la próxima oportunidad para vender sus productos, y empeñado ahora en abordar temas de actualidad, debió de ver el concilio como una ocasión excelente para ejecutar otra obra de dimensiones colosales. Insertó en el cuadro un retrato de Gala copiado directamente de *Santa Elena de Port Lligat* (1956), escote incluido, y él mismo aparece en el ángulo inferior izquierdo del mismo, desde donde, a la manera de Velázquez ante su caballete en *Las meninas,* nos mira con gesto casi desafiante. En la parte superior del cuadro, ocultando su rostro con el brazo, está Dios Padre, representado como figura masculina desnuda sin testículos y enmarcado dentro de un arco o pórtico clásico. (En el estudio preparatorio del cuadro, llamado *La Trinidad,* Dios sí tiene testículos. Quizás Dalí los eliminó luego para no disuadir a potenciales compradores.)[12] Si bien la cabeza de Dios es invisible, se aprecian claramente las de las dos figuras que representan al Hijo y al Espíritu Santo, cuyos rostros se cuentan entre los más desagradables que aparecen en las obras «religiosas» de Dalí. Podría decirse que lo mejor del cuadro son las rocas del cabo de Creus reflejadas en una de las numerosas calas del mismo.[13]

El Concilio Ecuménico, terminado en diciembre de 1960, fue la última obra «religiosa» daliniana de grandes dimensiones y, quizás, una de las peores. Para ese mismo mes se había organizado en Nueva York una Exposición Internacional del Surrealismo en las Galerías D'Arcy, a cargo de André Breton, Marcel Duchamp, Édouard Jaguer y José Pierre. Para horror de Breton, Dalí consiguió persuadir a Duchamp, el único de los cuatro organizadores que estaba en Nueva York, de que le dejara participar en ella con su *Madona Sixtina* (u *Oreja de la Madona).* Breton y sus amigos de París imprimieron inmediatamente una hoja de protesta titulada «We Don't Ear it That Way» (juego de palabras sobre *ear* –oreja– y *hear* –oír– imposible de traducir al español), en la que reproducían la cabeza de Gala que figura en *Assumpta corpuscularia lapislazulina.* En una divertida parodia de la famosa caricatura de la Mona Lisa hecha por Duchamp, Gala lleva los puntiagudos bigotes de Dalí. Debajo de las manos unidas en actitud de oración se ha reproducido la inscripción «L.H.O.O.Q», de Duchamp, que equivale fonéticamente a *«Elle a chaud au cul»*, o sea «está caliente», con la indicación, entre comillas, «como siempre». En el panfleto se señalaba que Dalí había sido expulsado del movimiento surrealista hacía ya más de veinte años, y que desde entonces los surrealistas no habían podido dejar de considerarlo como «el ex apólogo de Hitler, el pintor fascista, clerical y racista, amigo de Franco, que hizo de España un campo de entrenamiento para la peor barbarie jamás conocida».[14] Reynolds Morse y otros han interpretado la actitud de Breton hacia el Dalí postsurrealista en función de resentimiento y hasta de envidia, al haber «triunfado» el español donde él, el fundador del movimiento, había «fracasado». Pero nada podía estar más lejos de la verdad. Breton no tenía por qué envidiar a Dalí. Todo lo contrario. Era una cuestión de asco y de indignación moral.

UN MUSEO DALÍ EN FIGUERES

El 8 de noviembre de 1960, antes de emprender su viaje anual a París y Nueva York, Dalí y Gala firmaron nuevos testamentos. Muertos ambos, sus efectos personales debían dividirse a partes iguales entre Cécile Éluard y Lidia Jarolyjmek, la hermana de Gala; todos sus cuadros, dibujos y «demás artículos de creación artística situados en España o en cualquier otra parte de Europa» serían para el Museo del Prado, y los bienes inmuebles de la pareja (la casa de Port Lligat, la conocida como «Corral de Gala» y demás fincas de Cadaqués adquiridas a lo largo de los años) irían a la Dirección General de Bellas Artes del Ministerio de Educación Nacional. No había referencia alguna a Figueres, Cadaqués o Cataluña.[15]

Desde hacía un mes Figueres tenía un nuevo alcalde, Ramón Guardiola Rovira, abogado y profesor gerundense que residía en la la ciudad desde 1951.[16] Hombre dinámico, inteligente y amante del arte, Guardiola consideraba lamentable que el Museu de l'Empordà, inaugurado en Figueres en 1945, no poseyera, al igual que las demás instituciones locales, ni un solo Dalí. ¿Dalí sin representación en su ciudad natal? Era indignante. Guardiola decidió que, como alcalde, tenía el deber de remediar tal situación.[17]

Cuando los Dalí regresaron a Port Lligat en mayo del año siguiente, Guardiola se apresuró a hacerles una visita. Su propuesta fue que una sala especial del Museu de l'Empordà se dedicara al pintor y que éste contribuyera con algunas obras, ya que, en opinión del alcalde, la ciudad y el artista tenían una deuda recíproca. Poco después, el fotógrafo figuerense «Meli» (Melitón Casals Casas), muy apreciado por Dalí, transmitió a Guardiola un mensaje del Maestro. Dalí, le dijo, tenía otros planes. Quería, no una sala en el Museu de l'Empordà, sino un museo entero en Figueres para él solo.[18]

Guardiola volvió inmediatamente a Port Lligat, donde Dalí le dijo que ya había escogido el lugar para su museo: el Teatro Principal, destruido al final de la guerra civil en 1939 cuando un contingente de soldados moros de Franco acampados dentro del recinto le prendieron fuego por un descuido. Si Figueres restauraba el edificio siguiendo sus instrucciones, declaró Dalí, donaría obras. El pintor ya había ideado, además, la forma en que lanzaría el proyecto. Figueres se había comprometido a organizar en agosto, en su honor, una corrida de toros. Sería una ocasión espléndida para anunciar a los medios de comunicación que Salvador Dalí Domènech, Salvador del Arte Moderno, iba a tener pronto su propio museo en la ciudad que lo había visto nacer. Guardiola estaba encantado. Se formó enseguida una comisión, y a los pocos días la operación museística estaba en marcha.[19]

La elección del Teatro Principal fue genial desde todos los puntos de vista, como Dalí debió de advertir cada vez más al seguir reflexionando sobre el proyecto. Diría después que la idea se le había ocurrido por vez primera en la Sala de las Cariátides del Palacio Real de Milán, bombardeada durante la guerra, en la que se había montado en 1954 su exposición de las ilustraciones para *La divina comedia,* después de clausurarse en Roma. Pero si fue realmente así no lo podemos averiguar.[20]

Terminado en 1850, el Teatro Principal de Figueres era un edificio lujoso, digno de una ciudad tan próspera y con una guarnición tan importante. Desde sus comienzos había recibido a todas las notables compañías de ópera que actuaban en el Liceu de Barcelona, así como a los muchos grupos de zarzuela y de teatro siempre en gira por España. En los años de infancia del pintor era todavía el único teatro de Figueres, y allí el niño vio sus primeras obras dramáticas y otros espectáculos. Además, fue precisamente en el vestíbulo, convertido en 1939 en un montón de piedras ennegrecidas, donde Dalí había expuesto por primera vez, en 1918, al lado de los pintores Bonaterra y Montoriol, y luego, en solitario, en 1919. Para Dalí, que ya a los dieciséis años consideraba la vida una farsa en la cual su única esperanza era ser buen actor, tener su museo en el antiguo teatro debió de parecerle no sólo profundamente metafórico, sino escrito en el destino. ¡Un teatro-museo daliniano! Quizás incluso la intervención de los moros le parecería providencial, a él, siempre tan dispuesto a alardear de sus raíces árabes, puesto que, si aquellos soldados no hubieran quemado el teatro, éste no habría estado disponible para el magnifíco proyecto.

El 12 de agosto de 1961 la corrida y demás actos de homenaje al pintor se desenvolvieron con brillantez. Dalí hizo una solemne entrada en la plaza de pie en su Cadillac descapotable, dando una vuelta al ruedo aclamado por la multitud (uno de los gigantes del baile de Béstegui había sido colocado dentro del coche para mayor efecto). Los tres toreros se lucieron, especialmente el famoso Paco Camino, y un toro de yeso lleno de fuegos artificiales fue volado espectacularmente al final de la fiesta. Sólo una cosa salió mal. A Dalí le habían asegurado que, según sus deseos, un helicóptero aparecería de improviso para recoger el último astado y lanzarlo a la bahía de Roses, como ofrenda a Neptuno. Pero una fuerte tramontana impidió que el aparato pudiera despegar.

Después, tras descubrirse una placa en la fachada de la casa natal de Dalí en la calle Monturiol, y terminada la multitudinaria recepción en el ayuntamiento, llegó el momento culminante del día, cuando, entre las ruinas calcinadas del Teatro Principal, Dalí anunció la creación de su museo. El sitio estaba predestinado, dijo a la muchedumbre. ¡Aquí había celebrado su primera exposición! Pero nada debía cambiarse, pues cada centímetro de las sucias paredes del lugar era, por sí solo, una pintura abstracta. Sería el único museo surrealista del mundo. ¡Y no tendría obras originales! Dalí instalaría en las ventanas enormes fotografías de todas sus obras, cubiertas de plástico para resistir el embate de los elementos. Los visitantes no se sentirían en absoluto decepcionados: ¡las fotografías de obras de arte ya superaban en calidad a las obras en sí! Además, todo el que se interesara por la pintura de Dalí tendría que ir a Figueres, porque sería el único lugar del mundo donde se podría contemplar el corpus entero de su producción. Por otra parte, mientras no contemplaba las fotografías, el visitante podría distraerse observando, a través de las grandes ventanas, la actividad que se desarrollaba en la lonja de pescado, situada justo detrás del edificio.

Pese a las risas y los aplausos, los respetables concejales de Figueres debieron de preguntarse aquella tarde en qué berenjenal se habían metido. ¿Un museo sin techo, sin obras originales y, en lugar de éstas, cientos de fotografías (cubiertas de plástico) de los cuadros y dibujos de Dalí? Si la propuesta no sonaba a viable atracción turística, mucho menos a centro de estudios dalinianos. Así también lo vieron en Madrid, porque, si bien Dalí había dado a entender a los medios de comunicación que la Dirección de Bellas Artes participaría en el proyecto, no hubo en el acto representación oficial alguna de dicho organismo.[21]

Dalí no tardó en darse cuenta de que habría que reconstruir totalmente el edificio y no dejarlo abierto a la lluvia y a la tramontana como había pensado en un principio. También captó que, para conseguir el dinero oficial necesario para crear «el único museo surrealista del mundo», éste tendría que albergar un fondo importante de obra original. Todo lo demás eran tonterías.

Pero tendrían que pasar diez años antes de que empezasen las obras del museo, y entonces sólo sería gracias a la tenacidad casi sobrehumana del alcalde Guardiola. Durante los años sesenta el museo ocuparía constantemente los pensamientos de Dalí, y sus planes para el mismo cambiarían una y otra vez. Sólo estaba convencido de una cosa: iba a ser un Teatro-Museo, de acuerdo con sus orígenes, y no un museo convencional. Un lugar para la exposición de creaciones artísticas, de acuerdo, pero también donde ocurrieran sorpresas, *happenings* teatrales inesperados que incidieran sobre la sensibilidad del desprevenido visitante y le hicieran experimentar las cosas de otra manera.

El 12 de agosto el pintor había anunciado que la semana siguiente estaría en Venecia, declarando que, en calidad de embajador oficioso de Figueres, plantaría allí una higuera, símbolo de la ciudad (parece ser que no lo hizo). El motivo del viaje era el estreno, en el teatro de La Fenice, de un espectáculo desarrollado en colaboración con Maurice Béjart. Integraban el programa una opereta, *La dama española y el caballero romano* –adaptada por el compositor Giulio Confalieri de *Escipión en España*, de Alessandro Scarlatti–, y *Gala,* descrita en el cartel como «un nuevo ballet de Pierre Rhallys y Maurice Béjart», con escenografía de Dalí y, como primera bailarina, Ludmilla Tcherina. Isidor Bea había preparado cinco telones basados en diseños de Dalí. Medían nueve metros por siete, y más tarde su autor daría a entender que no se le había reconocido debidamente su trabajo.[22]

Peter Moore, que viajó a Venecia con los Dalí, quedó impresionado ante la destreza escenográfica de Bea, dándose cuenta de hasta qué punto dependía el pintor de su discretísimo ayudante. Bea, ha recordado Moore, preparaba todos los lienzos de Dalí aplicando dos capas.

Luego solucionaba las perspectivas. Los cuadros «atómicos» de Dalí, con sus objetos flotantes en el espacio, eran, en gran medida, resultado de los desvelos de Bea más que de los de Dalí. Moore descubrió que a Bea también se le daban muy bien las nubes, que siempre tenía muy avanzadas antes de que Dalí les diera el «toque final».[23]

Como a Peter Brook en 1949, a Maurice Béjart no le había sido nada fácil trabajar con Dalí. El coreógrafo había consultado detalles del montaje con el pintor en Barcelona y en Port Lligat, pero en Venecia descubrió, consternado, que Gala mantenía a Dalí encerrado en su habitación para que terminara primero dos cuadros encargados por multimillonarios norteamericanos. Así que las decisiones de último momento tuvieron que ser tomadas únicamente por Béjart.[24]

La noche del estreno, el 22 de agosto de 1961, Dalí ocupó un palco encima de la orquesta vestido de gondolero, con una *barretina* catalana en la cabeza. Mientras el público esperaba que se alzara el telón, el artista empezó a pintar a grandes brochazos un lienzo que después rasgó para dejar en libertad a una docena de palomas mensajeras, que, espantadas, se dispersaron por el teatro, «buscando desesperadas su palomar», según la reseña de *Time.*

Si a Dalí le resultó divertida esta escena, no lo fue para todo el mundo. El hecho es que era un ejemplo más de su absoluta indiferencia ante las tribulaciones de los animales. En años posteriores cubriría ranas y pulpos con tinta para ver qué clase de dibujos producían al ir desplazándose por el papel; disfrutaba lanzando gatos a la piscina de Port Lligat, jactándose de haber clavado trozos de cáscaras de nuez en las patas delanteras de uno de ellos para ver si era todavía capaz de andar; entretenía a sus invitados de Port Lligat con una receta para cocinar vivo un pavo sin matarlo, y una vez llevó a la inauguración de una exposición suya un rebaño de ovejas aterrorizadas. Sobre esta última faena comentaría Reynolds Morse: «Sentimos que era un truco de mal gusto, pero el sádico artista estaba encantado con él, especialmente porque a su cliente le había costado un montón de dinero.»[25]

Cuando la noche del 22 de agosto se alzó el telón del teatro de La Fenice sobre *La dama española y el caballero romano*, se vio, según *Time,* «una fantasmal imagen pintada de Dalí con las puntas de los bigotes llegando a las cejas y los ojos mirando fijamente al público». Mientras la imagen fue desvaneciéndose, salió a escena la heroína, «con sus trenzas de dos metros sostenidas por una muleta roja». De su pecho extrajo «un reloj daliniano del tamaño de una tarta», para ofrecérselo a su pretendiente. El telón de fondo mostraba un enorme violín que andaba sobre unas patas largas y flacas. Uno de sus brazos señalaba un piano del que chorreaba leche. Un ciego miraba, sentado, un televisor; un cadáver de buey, con una trompeta en el trasero, colgaba sobre las cabezas de los cantantes (¿se esperaba que soltara un pedo?) y ocho actores dejaban caer brazadas de platos para acompañar, con graciosa estridencia, los esfuerzos de la orquesta. Sigue *Time:*

> Pese a tantas interferencias, la *mezzo* Fiorenza Cossotto y el bajo Lorenzo Alvary –los dos únicos cantantes de la ópera– luchaban por narrar la sencilla alegoría de Scarlatti, en la que un centurión ya entrado en años se esfuerza por conquistar a una coqueta catalana mucho tiempo después de que la caída del Imperio romano haya condenado al irremisible fracaso cortejo semejante. Los cantantes luchaban contra obstáculos insuperables. Hubo tres nuevos telones dalinianos, todos rebosantes de los habituales símbolos del pintor: mariposas, pechos, relojes blandos y legiones de muletas.[26]

Al finalizar *La dama española y el caballero romano,* Dalí, siempre con su *barretina,* salió de entre bastidores durante el intervalo y se paró en medio del escenario, delante del telón. Se agachó, hizo como para mirar por una cerradura, esbozó un signo cabalístico y se fue. Nadie entendió nada.[27]

Luego le tocó el turno a *Gala,* también con música de Scarlatti. El ballet comenzó en la oscuridad con un personaje que empujaba una silla de ruedas en la que un lisiado llevaba una linterna. A continuación salieron otros lisiados, que, dejando a un lado sus respectivas muletas, se pusieron a hundir marcos de alambre en siete toneles llenos de un líquido especial para hacer «extrañas pompas geométricas». Cuando la Tcherina apareció en su papel de la Mujer (Gala, claro), «empezó», según *Time,* «una de las danzas más eróticas que hemos visto desde Minsky, y la bailarina, enfundada en una malla negra muy ajustada, parecía más desnuda que si fuera vestida» (había que subrayar, cabe suponerlo, que la compañera de Dalí era una señora muy sexy). En el momento álgido del ballet, la Tcherina «emergió como la Madre Suprema, con un vestido blanco y negro y los pechos color carne. Su poder alimenticio se simbolizó con una cascada de «leche»: o sea, dióxido de carbono líquido echado desde debajo de las vigas».[28] Al corresponsal de *Le Figaro Littéraire* le pareció que todo el montaje no era más que una parodia del surrealismo. Pero ello no impediría que el ballet se repusiera en Bruselas y París el año siguiente.[29]

«LA BATALLA DE TETUÁN»

En 1860 los españoles habían conquistado la ciudad de Tetuán a los marroquíes. Orgullosa de la contribución catalana a la victoria, la Diputación de Barcelona encargó algunos cuadros conmemorativos del acontecimiento al pintor Marià Fortuny (1838-1874), calificado por Dalí como «uno de los hombres más mañosos del mundo».[30] Fortuny empezó *La batalla de Tetuán*, nunca terminado, en 1862, y desde 1920 la gigantesca tela (300 × 972 cm) se conservaba en el Museo de Arte Moderno de Barcelona. En 1962 Dalí decidió pintar una glosa irónica sobre el cuadro de Fortuny coincidiendo con el centenario de la iniciación de éste. En *La batalla de Tetuán* de Dalí el artista nos muestra a sí mismo y a una Gala radiante a la cabeza de una carga marroquí (copiada, según parece, de una fotografía aparecida en *Life*).[31] El lienzo da la impresión de querer sugerir que, pese a la espada que el general Prim blande con energía en el ángulo superior derecho del cuadro, los infieles, no los españoles, están a punto de vencer («Me considero totalmente moro», Dalí había apuntado en su diario en 1921, al leer la noticia de que el ejército acababa de retomar el Gurugú).[32]

La puesta al día por Dalí del cuadro de Fortuny está ambientada en un entorno más ampurdanés que marroquí (como había ocurrido con *Impresiones de África*, en 1938), y el promontorio que se aprecia en el horizonte recuerda al del cabo Norfeu, situado entre Cadaqués y Roses. En la cabaña del centro puede percibirse, además, una alusión a la barraca de Port Lligat comprada a Lídia en 1930. Más que homenaje a Fortuny, en realidad, la obra parece una afirmación más de la marcha triunfal por la vida de los «gemelos divinos», Salvador Dalí y Gala Diákonova, y es significativo que uno de los estudios preparatorios del cuadro esté dedicado «A Gala, de su dioscuro».[33]

El 15 de octubre de 1962 ambas telas se expusieron juntas en el Salón del Tinell de Barcelona. Dalí había afirmado públicamente que su cuadro era el producto de una indigestión, y que había intentado hacerlo lo más *kitsch* posible. Rafael Santos Torroella, que llevaba ya diez años siguiendo de cerca la evolución del artista, se atrevió a estar de acuerdo con el Divino. Sí, el cuadro era producto de una indigestión: «La multiplicidad contradictoria de sus elementos, su disolución, unas veces, en viscosa masa, y su resistencia, otras, a la absorción o asimilación correspondientes a un normal proceso digestivo, nos convencen de que, efectivamente, así ha debido de ser.» Además, la heterogeneidad de elementos contenidos en el cuadro incluían citas, una vez más, de la producción anterior del pintor. El cuadro revelaba que Dalí era un virtuoso de la pintura, en el sentido peyorativo del término, y carecía, como gran parte de su obra, de esa «emoción profunda y misteriosa» que caracteriza al auténtico arte. Dalí, que nunca sabía encajar una crítica negativa, envió una irritada réplica al periódico.[34]

La batalla de Tetuán gustó mucho, sin embargo, a Huntington Hartford (que acababa de adquirir *El descubrimiento de América por Cristóbal Colón*) cuando Dalí le mostró la obra en Nueva York. El millonario picó y lo compró para su Museo de Arte Moderno. Le costó la friolera de 60.000 dólares.[35]

El otoño de 1962 vio también la publicación de *Dalí de Gala,* de Robert Descharnes. Según éste, se les había ocurrido a él y a Dalí en 1960, simultáneamente, hacer un libro en colaboración. El resultado fue la primera obra lujosamente editada sobre el pintor. Junto con las observaciones de Descharnes, incluía reproducciones en color de una representativa selección de los cuadros de Dalí, con comentarios del artista grabados en cinta (no siempre muy iluminadores) y fotografías de éste y Gala sacadas por Descharnes en Port Lligat.

Habían pasado siete años desde el primer contacto de éste con Dalí. Su proyecto de hacer una película juntos había fracasado, como solía ocurrir con las tentativas cinematográficas del pintor, pero el francés había seguido frecuentando a la pareja. Descharnes tenía ahora un cierto conocimiento del mundo daliniano, pero todavía estaba demasiado dispuesto a tomarse a Dalí al pie de la letra. En particular, se creía ciegamente, sin cuestionarla, la muy inexacta versión del pintor sobre la muerte de su hermano (dos décadas después de la publicación de *Vida secreta* debemos creer todavía que el primer Salvador murió a los siete años), y aceptaba a pies juntillas la tesis de Roumeguère sobre el mito de Cástor y Pólux y su relación con Dalí y Gala. Tampoco demostraba Descharnes ser un agudo crítico de arte. Refiriéndose a los comentarios de Dalí sobre las reproducciones en color, por ejemplo, escribe: «No son explicaciones de las pinturas, que son productos del subconsciente de Dalí, y cuyo significado ni siquiera él puede explicar de un modo racional.» Observación muy discutible, pues sólo muy pocas de las obras ilustradas en el libro podían considerarse producto de un automatismo subconsciente y, además, todas eran susceptibles de ser «explicadas». La fuerza del libro reside más bien en la documentación fotográfica aportada por Descharnes, parte de ella brillante, que nos conduce por el laberinto de Port Lligat y nos revela el vínculo existente entre muchas obras dalinianas y el paisaje circundante. Algunas de las fotografías de la bahía de Port Lligat y de Creus son inolvidables.

A Dalí y Gala les gustó el libro. Marie-Laure de Noailles dio una fiesta para celebrar su publicación, y el 10 de diciembre de 1962 Dalí firmó ejemplares en La Hune, la famosa librería del Boulevard Saint-Germain, utilizando para ello un novedoso procedimiento. Con el brazo derecho del pintor conectado a un aparato para registrar los latidos de su corazón, cada firma «oscilograma» del Maestro expresaba una reacción personal ante quien se la pedía. No se le podía negar a Dalí su inagotable inventiva, sobre todo cuando se trataba de vender sus productos con la mayor ventaja posible.[36]

ADN, LA ESTACIÓN DE PERPIÑÁN Y LA DERIVA DE LOS CONTINENTES

Desde 1953, Dalí, convencido por lo visto de que el ADN, en su papel de transmisor del código genético a «toda célula viviente», encerraba la clave de la vida,[37] había continuado incorporando representaciones de la molécula a sus cuadros, como había hecho antes con los grandes masturbadores, las muletas, las hostias consagradas y otros motivos obsesivos. Hacia finales de 1962 empezó un cuadro con el imposible título de *Galacidalacidesoxyribonucleicacid* (su título más largo en una sola palabra, como anunció ruidosamente al mundo). El punto de partida de esta tela (305 × 345 cm) fue la inundación que en septiembre de ese año devastó la comarca barcelonesa de El Vallès, causando la muerte de cientos de inmigrantes pobres que vivían en el lecho seco del río Llobregat.

La pintura, subtitulada «Homenaje a Crick y Watson», se exhibió por vez primera en la Galería Knoedler, de Nueva York, en noviembre de 1963, junto con otras nueve obras recientes que revelaban, según un crítico, lo bien informado que estaba Dalí acerca de los sucesos contemporáneos, desde la prostitución de lujo a la música pop (alusión al cuadro *Twist en el estudio de Velázquez*).[38]

El cuadro, ejecutado con el estilo arremolinado de *El Concilio Ecuménico,* muestra a Gala, en el centro y en primer plano, mirando hacia El Vallès y su río. La figura imprecisa del ángulo superior izquierdo, que sostiene una pancarta con el título del cuadro, es, según Dalí, el profeta Isaías. Dios preside la escena en una nube en doble imagen (parecida a la representación de Venus en uno de los telones de *Laberinto*). Dentro de la cabeza de Dios se vislumbran las figuras de Cristo y de la Virgen. El Padre Eterno extiende su brazo derecho para rodear y llevar hacia el cielo el cuerpo del Hijo, de cuyo costado mana un hililo de sangre. Cuando la cabeza invertida de Jesucristo se hace de repente visible, tenemos una sensación afín a la producida por el descubrimiento de la cabeza del conejo en *El juego lúgubre*: Dalí sigue fascinado con los trucos ópticos, con la súbita revelación de que las cosas no son sólo lo que aparentan ser.

«¿Se aprecia el peso del cuerpo y del sacrificio, verdad?», le dijo Dalí al escritor Carlton Lake mientras contemplaban juntos el cuadro (un amigo de Lake, que trabajaba para el Bank of New England, le había pedido a éste que intentara averiguar de qué trataba la pintura; el banco, una vez tranquilizado, la compraría por ciento cincuenta mil dólares).[39] «Esto es lo que yo quiero destacar... A Dios llevando a Cristo al cielo», añadió Dalí.[40] Junto al cuerpo de Cristo Dalí había insertado su versión del modelo de Crick y Watson (es decir, del «bastoncillo y bolita» de la estructura espiral de la molécula de ADN), con la intención, le dijo a Lake, de expresar «el movimiento hacia arriba de Cristo sostenido por el brazo de Dios».[41]

Lake quería saber qué significaban los cubos formados por tiradores árabes que al parecer se disparan entre sí a la derecha del cuadro. Tras hablarle de sus orígenes árabes y de la importancia de la contribución islámica a la cultura española y universal, Dalí le contestó que los árabes, a diferencia de las espirales de ADN, «representan una especie de destrucción, como minerales en el proceso de aniquilarse». Al parecer pensaba en la guerra de Argelia.[42]

Como su padre, Dalí se sentía obligado a tener ideas claras y «contundentes» sobre todos los temas, con las que aplastar cualquier oposición verbal. Para una mente como la suya, el diálogo era algo impensable, siendo la única finalidad de las conversaciones hablar «a» los demás, o «contra» los demás, pero raras veces o nunca departir «con» ellos. El lenguaje existía sólo para convencer, no para dejarse convencer, y parte del juego, como Dalí lo concebía, consistía en imponer a otros proposiciones en las que él sólo aparentaba creer para divertirse. ¡Era tan agradable cretinizar a los demás! Éste había sido su proceder con el misticismo nuclear; lo era ahora con el ADN, y lo iba a ser muy pronto con... la estación de Perpiñán.

En 1963 Dalí y la estación de Perpiñán eran ya viejos amigos. La estación de ferrocarril francesa de cierta importancia más cercana a Port Lligat, era cada otoño para los Dalí el punto de partida, después de meses de trabajo en Port Lligat, hacia los placeres de París, «sus cenas gastronómicas, sus fiestas».[43] Por lo general allí sólo facturaban el equipaje y los cuadros, antes de continuar viaje en el Cadillac. Pero a veces subían al tren. Sea como fuera, la estación de Perpiñán significaba su adiós a España. Perpiñán era una frontera, no sólo entre Francia y Cataluña, sino entre los mundos privado y público de Dalí. Aquí, tras meses de aislamiento, lo reconocían muchas personas. «¡Es Dalí! ¡Mira, es Dalí!» Perpiñán le volvía a dar la medida de su fama. Era un anticipo de los inevitables éxitos nuevos que le esperaban en París y Nueva York.

Pero había más. A lo largo de los años Dalí había empezado a darse cuenta de que se le ocurrían siempre ideas brillantes en las cercanías de Perpiñán, ideas que le producían algo semejante a «una aceleración de la inteligencia».[44] Las ideas comenzaban a aflorar ya en Le Boulou, en la frontera propiamente dicha, y se volvían tan intensas a medida que el coche se aproximaba a la estación de Perpiñán que, según Dalí, le llegaban a provocar una «eyaculación mental». Este estado seguía mientras Gala se ocupaba de las formalidades del equipaje. Luego, al iniciar el viaje hacia París, la excitación empezaba a disminuir. Y al llegar a los alrededores de Lyon ya había desaparecido por completo. Era imposible que el fenómeno no tuviera una explicación.[45]

El 19 de septiembre de 1963 la estación de Perpiñán le produjo a Dalí una experiencia especialmente intensa, descrita en *Diario de un genio:*

> Pues bien, en este 19 de septiembre experimenté en la estación de Perpiñán una especie de éxtasis cosmogónico más fuerte e intenso que los anteriores. Tuve una visión exacta de la constitución del Universo. El Universo, que es una de las cosas más limitadas que existen, sería, guar-

dadas todas las proporciones, parecido por su estructura a la estación de Perpiñán, con casi la sola diferencia de que allí donde se encuentra la taquilla habría en el Universo esa escultura magnífica cuya reproducción grabada me intrigaba desde hace varios días.[46]

El grabado en cuestión, que Dalí reproduce, es ciertamente enigmático. Probablemente del siglo XVIII, muestra la escultura de un muchacho vestido con atuendo clásico y visto desde tres perspectivas diferentes. Está arrastrando una urna colocada sobre un plinto debajo del cual han brotado dos dedos. Es difícil imaginar qué relación percibió el subconsciente de Dalí entre el grabado y la estación de Perpiñán, relación que él nunca trataría de explicar.[47]

Aguardaban a Dalí en la estación de Perpiñán más revelaciones. Fue aquí, según el pintor, donde el 17 de noviembre de 1964 descubrió la posibilidad de pintar en la tercera dimensión, «introduciendo en la superficie de una pintura al óleo estructuras microscópicas con forma de lentes parabólicas como las de los ojos de las moscas». Ello para producir «el fenómeno estereoscópico del moaré, para el que mi amigo el doctor Oster ha encontrado la ecuación, dando lugar a un nuevo y paralizante realismo». Los ojos de las moscas ayudaban ahora a Dalí a conseguir nuevos logros en el campo de los trucos ópticos.[48]

Nunca hay que fiarse de Dalí cuando se trata de fechas, como sabemos, por lo que parece probable que fue en 1965, no en 1966 (como afirma él), cuando se enteró de que el metro patrón, «la medida de la tierra», había sido establecido por Pierre Méchain justo al norte de Perpiñán, en una línea recta de doce kilómetros entre Vernet y Salses. Para Dalí era otra demostración del carácter único de la zona:

> Tomé entonces un taxi y di lentamente la vuelta a la estación, examinándola como si se tratara de un monumento esotérico cuyo significado yo debiera encontrar. El sol poniente llameaba y su luz abrazaba la fachada, sobre todo la cristalera de colores central, que parecía convertirse en el epicentro de una explosión atómica. Alrededor de la estación distinguía un aura irradiada que formaba un círculo perfecto: eran los cables metálicos del tranvía, que daban la vuelta al edificio y que componían una corona centelleante de luz. Mi bita se irguió de alegría y éxtasis: yo tenía la verdad, la vivía. Todo resultaba de una evidencia deslumbrante. Frente a mí tenía el punto central del universo.[49]

Tratándose de Dalí, había que dar rápidamente expresión pictórica a esa nueva y sorprendente visión del universo. *La estación de Perpiñán* (295 × 406 cm), ejecutado en 1965, se expuso en diciembre del mismo año en Knoedler. En la invitación, redactada en un inglés más que dudoso, Dalí opinaba que la obra era su «mejor cuadro hasta la fecha»:

> Gala mirando a Dalí en un estado de antigravitación en la obra de arte «Pop-op-yes Pompier» en la que se pueden contemplar a los dos personajes «angustiantes» del *Ángelus* de Millet en un estado de hibernación atávica, destacando sobre un cielo que puede de repente estallar en una gigantesca cruz de malta justo en el corazón de la estación de Perpiñán donde todo el Universo debe comenzar a converger.[50]

La obra era, sin duda, un verdadero alarde técnico, y una vez más daba frutos la extraordinaria habilidad de Isidor Bea en el arreglo de perspectivas. Pero ¿por qué el retorno de la «angustiante» pareja del *Ángelus*? En 1963 Dalí había publicado el recuperado manuscrito de *El mito trágico del «Ángelus» de Millet,* dejado atrás en Arcachon en 1940, y la reacción de la crítica había sido alentadora.[51] Ello probablemente explica la presencia de la pareja en esta obra, acompañada por las consabidas carretillas y numerosos sacos de patatas. (En el panel de la derecha del mural imaginado por Dalí en la estación de Perpiñán, una figura masculina está a punto de penetrar a una mujer inclinada sobre uno de esos sacos: resulta difícil no ver la escena como metáfora visual de la conocida expresión «dar por saco»).

La explicación final y contundente de la misteriosa aura de Perpiñán llegó poco después, cuando Dalí decidió que hacía millones de años había habido en el golfo de Vizcaya un inmenso cataclismo que separó los continentes. Gracias a Perpiñán, en su calidad de «región sagrada» del centro del universo, Europa se había mantenido entonces firme. De lo contrario, decía Dalí, habríamos ido todos a parar a Australia, donde hoy viviríamos rodeados de canguros. Y era imposible imaginar un sino peor.[52]

La estación de Perpiñán y sus misterios demostrarían ser un magnífico recurso daliniano durante el resto de su vida, y, como sus chistes «la única diferencia entre Dalí y un loco es que Dalí no está loco» o «Picasso es comunista, yo tampoco», sacaría a relucir el asunto una y otra vez en conferencias, programas de radio y televisión y artículos. Sobre todo lo de los canguros, que casi siempre provocaría el deseado regocijo entre sus oyentes.

GALA Y WILLIAM

En agosto de 1962, Gala la Musa, la «Madona» de Port Lligat, había cumplido sesenta y ocho años. Obsesionada con volverse fea, hacía ya años que se teñía el pelo (pronto llevaría siempre una peluca) y no tardaría en pensar en su primer *lifting* además de en inyecciones rejuvenecedoras. Con cada año que pasaba, con cada nueva arruga, su hambre de chicos jóvenes parecía aumentar. Además, con Peter Moore consiguiendo precios cada vez más altos para los productos de Dalí, Gala disponía de recursos prácticamente ilimitados para costear sus veleidades eróticas. «A Gala los chicos le costaban una fortuna», ha dicho Mara Albaretto, añadiendo que parte del dinero que ella y su marido le pasaban por obras de Dalí se gastaba en amantes sin que el pintor lo supiera.[53]

No todos los jóvenes de Gala estuvieron con ella sólo por dinero o porque les prometiera una carrera en el cine o convertirlos en campeones de automovilismo; no todos eran como el muchacho llamado Eric Samon, que organizó que sus compinches robaran el coche de Gala mientras cenaba con ella en un restaurante.[54] Al contrario, algunos parecen haber estado realmente fascinados con ella como mujer, y hasta haberla querido. Por ejemplo, William Rotlein, un toxicómano de veintidós años con quien Gala topó un día por casualidad en Nueva York. Asombrada por lo que ella consideraba un raro parecido con el Dalí que había conocido en 1929, lo llevó al St. Regis, lo limpió, le compró un traje elegante, lo sacó por un tiempo de las drogas y poco después se lo llevó a España.[55]

Rotlein, además de atraer sexualmente a Gala, logró hacer aflorar los instintos maternales que con tanto éxito había reprimido durante décadas, y cuando la Musa le presentó a los Albaretto en 1963 daba ya todas las señales de estar perdidamente enamorada del joven. A Gala le encantaba viajar (Dalí lo detestaba cada vez más), y había llevado a William a Italia en el Cadillac, llegando a Turín después de pasar unos días en Montecarlo, donde solía gastar mucho dinero en el Casino. Mara Albaretto, que a estas alturas conocía muy bien a Gala y sus hábitos, se dio cuenta enseguida de que William era diferente. Un día, intrigada, Mara interrogó al chico. Hasta que llegaron a Italia, le dijo William, no había pasado prácticamente nada entre ellos. Sólo unos besitos. Pero en Verona, donde Gala tenía la costumbre de insistir en que su acompañante de turno le jurara amor eterno ante la tumba de Romeo y Julieta, se había producido el milagro. ¡Y ahora hacían de todo! ¡De todo! Mara no lo dudaba. Gala, le aseguró el joven, era fantástica en la cama. Gala, por su parte, le confió a Mara que William era el mejor amante que había tenido jamás, con una sola excepción: Paul Éluard. En este terreno, la rusa dejó bien claro que Dalí era un fracaso total y absoluto.[56]

Mara Albaretto conserva muchas cartas en las que Gala le habla de William. La que sigue, escrita en francés, es un ejemplo típico (Gala y Dalí acababan de llegar al Hotel Palace, en Madrid):

> Querida amiga, querida Mara, no tengo noticias de ti ni de William y estoy preocupada. Por favor, llámame o envíame un telegrama cuanto antes. Hemos llegado hoy y estaremos aquí una semana más o menos, luego iremos por unos días a Port Lligat. Pero por favor dame noticias tuyas y de William y de todo lo que pasa y de todo lo que hacéis en relación con él. Te beso tiernamente, Gala.

El borrador de un telegrama de William a Gala, escrito en mayúsculas, es aún más elocuente:

> MI QUERIDA GALA:
>
> NO ENTIENDO NADA STOP TE QUIERO STOP NO TOMO DROGAS STOP NO BEBO STOP ESTOY TOTALMENTE PERDIDO STOP TE QUIERO STOP ESTOY LOCO STOP POR FAVOR ENVÍAME UN TELEGRAMA O LLÁMAME POR TELÉFONO ENSEGUIDA STOP TE NECESITO STOP TE QUIERO – ESTOY ENFERMO STOP NO HAY NADA MALO ENTRE TÚ Y YO STOP NO TE ESCRIBÍ ANTES NI TE TELEGRAFIÉ PORQUE ESTOY LOCO STOP TE QUIERO STOP NO ME DEJES STOP NO QUIERO MARCHARME – TE ESPERO AQUÍ STOP WILL.[57]

Al llegar 1964 Dalí estaba convencido de que Gala iba a abandonarlo por William. Normalmente, cuando ella se marchaba una temporada con alguno de sus amantes, cosa que hacía con frecuencia, él se sentía feliz al quedarse solo una semana, incluso dos, liberado provisionalmente de su exigente presencia. Pero luego se aburría y empezaba a echarla de menos. Pero las cosas habían cambiado. Ya no se trataba de aburrimiento sino de miedo al abandono. Mara Albaretto conserva una patética carta de Dalí en la que le implora a Gala que vuelva a su lado. «Mi querida Olivette», empieza, «te necesito tanto, por favor regresa pronto.» Gala no respondió a su llamada, y Dalí estaba tan angustiado que en aquellos momentos le resultaba casi imposible trabajar.[58]

La pasión de Gala por William comenzó a amainar cuando en 1965 los Albaretto convencieron a Fellini para que olvidara por un momento el rodaje de *Julieta de los espíritus* y le hiciera a Rotlein una prueba de pantalla. Como el norteamericano no dio la talla, la mantis religiosa que había en Gala juzgó llegada la hora de eliminar al último macho de su colección. Sin embargo, la relación coleó todavía un tiempo. Al parecer la prensa española no publicó nada al respecto, pero en Italia sólo la rápida intervención por parte de los Albaretto, que pagaron a los fotógrafos, impidió la publicación de un artículo sensacionalista sobre Gala y Rotlein en una revista del corazón. En algunas de las fotografías supri- 96
midas se ve a los amantes a la salida de un restaurante, intentando evitar a los paparazzi.

Peter Moore, molesto por el efecto que este capricho de Gala tenía sobre Dalí, suspiró aliviado cuando, en 1966, la Musa le encargó que pusiera a William a bordo de un avión a Nueva York, con un billete sólo de ida. Antes de que el rechazado amante se marchara, los Albaretto se hicieron con la correspondencia cruzada entre Gala y William, para impedir que el muchacho se la vendiera a la prensa amarilla de Estados Unidos. Según parece, William murió poco después, de una sobredosis.[59]

El episodio con Rotlein era típico del modo de vivir y de querer de Gala. Sólo una ininterrumpida sucesión de muchachos podía disipar su terror a envejecer. Y apenas empezaba a cansarse de uno ponía en acción su sorprendente atractivo sexual, su encanto, su poder y su dinero para conseguir otro.

Testigo de primera mano de hasta qué punto Gala estaba resuelta a permanecer joven y sexualmente activa hasta la muerte fue un médico de treinta y ocho años que llegó a Cadaqués en 1960 y que se quedaría toda la vida, el doctor Manuel Vergara. Durante más de una década Vergara fue médico de cabecera de los Dalí cuando éstos se encontraban en Port Lligat. No eran pacientes nada fáciles, y daban por descontado que acudiría inmediatamente a Port Lligat en cualquier momento del día o de la noche, y por la razón que fuera, incluso cuando sólo se trataba de los más ligeros malestares. Malestares continuos, de hecho, porque tanto Dalí como Gala estaban obsesionados con su salud y lo llamaban al menor síntoma de resfriado. ¡Y a una tarifa única de mil pesetas al año! El doctor Vergara nunca sabría cómo había sido capaz de aceptar tal acuerdo tácito. Además si esperó recuperar algo en especie –un dibujo de Dalí, por ejemplo, o hasta un pequeño cuadro– lo único que conseguiría sería una dedicatoria ilustrada en un libro. Hombre jovial, extrovertido y práctico, a Vergara nunca dejarían de sorprenderle la vitalidad y el apetito sexual de Gala, ni tampoco su dominante personalidad. Por lo que respectaba a Dalí, se encontró con que todo lo llenaba de pavor. Vergara fue también médico de Anna Maria, y estaba, por lo tanto, en condiciones de comparar al pintor con su hermana. Ambos eran «muy especiales» en sus respectivas maneras de ser, y muy parecidos.[60]

La ninfomanía de Gala, rasgo que todo Cadaqués conocía muy bien, fue un acicate para que Dalí se rodeara de gente guapa, principalmente de aspecto andrógino, para dar la impresión de que él también era sexualmente activo. Pero la verdad es que, a sus sesenta años y en la cumbre de su fama, Dalí no hacía el amor con nadie. Seguía siendo lo que siempre había sido: el Gran Masturbador incapaz de liberarse de la cárcel de sus inhibiciones y de sus sentimientos de vergüenza.

¿Vergüenza? Muy poca gente habría podido sospecharlo a mediados de los años sesenta, cuando Dalí seguía dejando boquiabierto al mundo con sus apariciones públicas, y Peter Moore lo hacía cada semana más rico. Además, los periodistas e investigadores casi nunca le preguntaban inteligentemente a Dalí acerca de su sexualidad, pese a las obsesiones eróticas patentes en toda su obra, escrita y pictórica. Una excepción fue el escritor francés Alain Bosquet, cuyo librito *Dalí desnudado* apareció en 1966. En el curso de sus charlas sobre los más diversos temas, grabadas en París en el otoño de 1965, Bosquet le preguntó de repente a Dalí si conocía el sentimiento de la vergüenza. Y contestó el pintor:

> Muy intensamente. De niño era muy tímido, sobre todo en presencia de la gente de mundo, cuya clase social era superior a la mía. Me ruborizaba terriblemente sacándome el sombrero. Mis primeras visitas a

Marie-Laure de Noailles trascurrieron con un temor constante a un paso en falso. Ahora sucede todo lo contrario: soy yo quien intimido a los otros.[61]

Es una lástima que, al recibir una confesión tan fascinante, Bosquet no tratara de adentrarse más en este terreno. Si lo hubiera hecho con tacto, podría haber descubierto que, detrás de la fachada exhibicionista que Dalí había logrado hacer mundialmente famosa, seguía habiendo el joven avergonzado que perdía los papeles cada vez que se sentía súbitamente expuesto a la mirada ajena. La verdad es que no había fama en el mundo capaz de liberar a Dalí de su neurosis. Para ello, habría sido necesario un reajuste radical de toda su personalidad. Reajuste que Dalí nunca se planteó.

LOS ENCARGOS DE LOS ALBARETTO

Al desencadenarse la mortífera tormenta de 1962, Dalí había pintado otro óleo, *El Cristo de El Vallès,* para complementar *Galacidalacidesoxyribonucleicacid.* El cuadro, adquirido por Mara y Giuseppe Albaretto, muestra a un Cristo demacrado suspendido entre las verdosas nubes que se ciernen sobre el paisaje catalán anegado. Esta compra fue seguida por una serie de encargos de acuarelas para ilustrar libros que ocuparían a Dalí, esporádicamente, durante años.

El primer encargo, de 1963, fue para una edición de la Biblia: cien ilustraciones. Giuseppe Albaretto, siempre el sacerdote en potencia, afirmaría años después que el motivo del mismo fue conducir a Dalí hacia Dios. «El alma de Dalí estaba en peligro porque su mujer era una bruja», dijo Albaretto en 1995. «Gala lo tenía totalmente dominado, así que hice todo lo que pude para persuadirlo de que meditara sobre la religión católica.» Y era cierto que, a fin de encontrar los temas para esas ilustraciones, Dalí no tuvo más remedio que leerse la Biblia detenidamente, o, al menos, partes de ella, sobre todo del Antiguo Testamento. Albaretto opinaba que dicha lectura «transformó» al pintor, pero las ilustraciones son convencionales y aconsejan que mantengamos el escepticismo.[62]

Mientras trabajaba en la Biblia, Dalí anunció que iba a ilustrar también *Las mil y una noches.* La idea no entusiasmó nada a Beppe Albaretto:

conocía de sobra a Dalí y le parecía inevitable que las obras tendrían un fuerte contenido erótico. Pero Dalí insistió. Las cien ilustraciones, en su mayoría acuarelas y concebidas más o menos a la manera de Gustave Moreau, se cuentan entre las más alegres y frescas de toda su obra. Y, como Giuseppe Albaretto se había temido, rezuman erotismo. ¿Qué escenario más atrayente para la imaginación de Dalí, el eterno *voyeur,* que el interior de un harén? Sus visiones son notables, como también cabía esperar, por su insistencia sobre el trasero femenino. Mara Albaretto ha comentado que el noventa por ciento de las representaciones femeninas en toda la obra de Dalí muestran a la mujer de espaldas, y que el pintor hizo esas ilustraciones con mucho más gusto que las de la Biblia. Tanto peor para el fervoroso proselitismo católico de su marido.[63]

Dalí también se lo pasó en grande con las cien ilustraciones para otro proyecto de los Albaretto, la *Odisea* (1966-1970). No era de extrañar, dada su apasionada identificación con el Mediterráneo y el conocimiento de sus mitos. Los cuadros no son geniales, pero tienen, como los de *Las mil y una noches,* una frescura que falta en otras obras dalinianas de la época, y están felizmente libres de los clichés con los que Dalí atiborraba sus trabajos comerciales. Isidor Bea desempeñó un papel en su creación, como no ha dudado en reconocer Giuseppe Albaretto, ocupándose de las partes mecánicas que aburrían a Dalí.

Entre las otras ilustraciones realizadas para los Albaretto había cuarenta y seis para *Don Quijote* (1964-1968), bastante convencionales, aunque hay una muy interesante en la que Dalí funde una vista de la bahía de Port Lligat con otra de Cadaqués, como queriendo formar una síntesis ideal de los dos lugares que más quería. En cuanto a las ilustraciones para *Hamlet* (1967), Dalí anduvo escaso de ideas, como lo demuestra la proliferación de tópicos sacados de su obra anterior, relojes blandos incluidos.

EL DALÍ DE CARLTON LAKE

El día siguiente a su primer encuentro con Dalí en Knoedler, Carlton Lake había aceptado la invitación del pintor para asistir a su habitual tertulia vespertina en el St. Regis. Allí, en el King Cole Bar, Lake conoció al joyero argentino Carlos Alemany, al editor parisiense Joseph Forêt (que trataba en vano entonces de despertar el interés de los estadounidenses por su edición de un solo ejemplar de *El apocalipsis de San Juan,* en la que había colaborado Dalí) y a Albert Field.

Field, profesor de Manhattan, había visto sus primeros Dalís en la muestra conjunta del pintor y Miró en el MOMA, en 1941, veintidós años antes. La maestría técnica de Dalí, su esmero en el dibujo y el poder inquietante de sus imágenes le habían impresionado tanto que casi a partir de aquel momento había decidido dedicar su vida al estudio del catalán. Dalí el hombre también le había impresionado, y le había firmado un autógrafo. Poco tiempo después, estimulado por el excelente catálogo de James Thrall Soby de la muestra daliniana, Field había empezado a compilar un fichero de las obras del pintor. Había encontrado su vocación. En 1948, cuando Dalí y Gala volvieron a España, Field había emprendido el primero de sus numerosos viajes a Europa, donde se dedicaría con obsesiva energía a localizar cuadros y dibujos del catalán y a personas que lo conocían o le compraban obra. Como los Morse, visitaba frecuentemente Port Lligat y disfrutaba explorando la región en busca de referencias dalinianas. El fichero no tardó en alcanzar proporciones considerables.

Field había comprado uno de los cuadros más tempranos de Dalí, *Paisaje* (véanse páginas 81-82), además del minúsculo *Retrato de Gala* (1931), que había pertenecido a Paul Éluard. Luego, en 1954, Dalí lo había nombrado su «cataloguista oficial», asombrado, sin duda, por la laboriosidad del estudioso, que incluía el esfuerzo por desenmarañar el caos causado por la total indiferencia con la cual, a lo largo de los años, el artista había cambiado los títulos de sus obras o las había fechado incorrectamente.

En 1963, cuando Lake lo conoce, Field es uno de los que acude con más asiduidad a la corte daliniana de los domingos en el King Cole Bar, y disfruta enormemente con el privilegio de ser amigo y colaborador del pintor. Lake observa que el profesor habla «con precisión y meticulosidad». Refiriéndose a su proyectado «catálogo completo» de la obra de Dalí, comenta «me temo que será un largo trabajo». Y así será. *El catálogo oficial de la obra gráfica de Salvador Dalí* no aparecerá hasta 1996 (y todavía quedan los cuadros y los dibujos).[64]

Carlton Lake había sido durante años el crítico de arte del *Christian Science Monitor* en París, y hablaba bien francés. Era inteligente, agudo observador social y entendido en cuestiones de arte moderno. Además escribía muy bien, con un mordaz sentido del humor. Dalí abrió las orejas cuando Lake le dijo que estaba preparando un libro sobre Picasso en colaboración con Françoise Gilot, antigua compañera del pintor malagueño. Quizás las habría abierto aún más si Lake le hubiera dicho que, la noche antes, había decidido que también iba a escribir un largo artículo sobre él. Que llevaba un magnetófono oculto para grabar sus conversaciones con Dalí lo demuestran no sólo su detallada transcripción del brillante monólogo de Dalí la mañana siguiente, en el decimoséptimo piso del St. Regis, sino todas las que pasarían a integrar la mayor parte de *En busca de Dalí*, libro en que se convertiría el proyectado artículo. En la contraportada de la edición en rústica de la obra, además, el editor estamparía un revelador fragmento de una reseña: «El enfoque conversacional directo sugiere que se empleó un magnetófono para que el pensamiento de Dalí, suculento como un queso Camembert, apareciera con todo su sabor.» Dejando a un lado las consideraciones éticas, el método de Lake no sólo hacía fácil la redacción del libro sino que garantizaba su rigurosa exactitud. El resultado marca, incuestionablemente, un hito en los anales biográficos dalinianos. He aquí a Dalí *pris au vif* como nunca antes o después, aunque sólo durante algunos días de su vida.

En el curso de su primera sesión en el St. Regis, Dalí le propina a Lake una larga conferencia sobre lo que a él le gusta denominar *art pompier,* la pintura académica y «pasada de moda» del siglo XIX, representada por Bouguereau y Meissonier, y por la que ahora aboga como reacción contra el arte abstracto. Cada otoño, cuando Dalí sale de Port Lligat para recordarle al mundo su existencia, llega a París con una nueva idea fija. Este año se trata de Meissonier y la pintura narrativa. La gente está ansiosa por encontrar más sustancia en el arte, insiste Dalí a Lake, y por lo menos el pop art les daba algo que mirar. Pero el pop art era chabacano. El público siente nostalgia de objetos, de cosas sólidas y bien hechas. La sociedad está harta de pintores sin oficio. Dalí le informa a Lake que está trabajando en un cuadro «basado en el principio científico del moiré», material en el que ve grandes posibilidades para su obra. ¿Para «una ampliación del *trompe l'œil*»?, pregunta Lake acertadamente. Sí, concurre el pintor. Dalí, como siempre, sigue fascinado con las artimañas ópticas, quiere engañar la vista del espectador. También está trabajando, continúa, en un cuadro de grandes dimensiones basado en el símbolo del dólar *(La apoteosis del dólar),* ya que «después de la señora Dalí es lo que más amo en este mundo, porque soy un místico». Y los místicos, como seguramente sabrá el señor Lake, habían sido con frecuencia en la Edad Media alquimistas que dedicaban sus esfuerzos a transmutar los elementos básicos en oro. Dalí ama el oro, recalca, no el papel moneda. En cuanto al símbolo del dólar, el gran precursor es, *naturalmente*, Velázquez, cuyas pinceladas se componen siempre de dos líneas verticales y una curva. Es decir, de dólares.[65]

No cabe duda de que, al pintar *La apoteosis del dólar*, Dalí tenía presente su anagrama ideado por Breton, «Ávida Dollars». El anagrama le había traído mucha suerte, haciendo que ganara aún más dólares. Y ahora pasaba lo mismo con el cuadro. Tras terminarlo, diría después, «mis negocios fueron aún mejor. Y por lo que tocaba a mi celebridad, el saldo de mi cuenta corriente y la influencia de mi arte y mis ideas, yo era uno de los Reyes del Mundo.»[66]

La transcripción de Carlton Lake nos muestra a un Dalí brillante, dogmático, provocador y dueño de sus ideas, un formidable rival dialéctico con quien sólo los más corazudos se atreverían a discrepar. No es de extrañar, pues, que cuando Lake regresó a París unas semanas después para continuar su libro sobre Picasso, ya hubiera decidido escribir otro sobre el catalán. Nada de artículos.[67] Cinco meses después, en mayo de 1964, justo después del sexagésimo cumpleaños de Dalí, Lake volvió a establecer contacto con él en el Meurice, y durante diez días estuvo a su lado constantemente. La grabadora aseguraba que no se perdiera una sola palabra.

Era un buen momento para entrevistar a Dalí. Para empezar, el 13 de abril se había inaugurado en la galería Charpentier una magna retrospectiva surrealista organizada por Patrick Waldberg (con la oposición de André Breton). De Dalí se expuso, entre otras obras, *El juego lúgubre*, tan fundamental en su carrera. Luego, su recién publicado análisis «paranoico-crítico» del *Ángelus* de Millet se comentaba todavía en París. Y, además, en pocos días saldría a la venta el megalomaníaco *Diario de un genio*. A consecuencia de éstas y otras circunstancias, Dalí acaparaba los medios de comunicación más que nunca y el Meurice rebosaba de parásitos, fotógrafos, periodistas, equipos de televisión, modelos, editores y marchantes, todos controlados con afable aplomo por Peter Moore y, de tanto en tanto, ruidosamente amonestados por Gala en una de sus terroríficas imitaciones de una leona siberiana. Moore, «hombre bajo y delgado de unos cuarenta años, con ondulado cabello castaño y un pequeño bigote», lucía, la primera vez que lo vio Lake, «un ajustado traje gris oscuro con una flor roja en el ojal y llevaba un ocelote con collar de brillantes». El asesor militar aparece en las páginas de *En busca de Dalí* como el perfecto caballero inglés, pero nada indica que Lake hablara con él.[68]

Tampoco con «Luis XIV», la «escultural rubia de mediana edad con un pomposo peinado estilo siglo XVIII» que los acompañó una tarde a una fiesta. Otro miembro del grupo le dijo al norteamericano que se trataba de «una amiga muy especial de Dalí». Si Lake hubiera llegado a conocer a Nanita Kalaschnikoff, después de todo la segunda mujer en la vida del pintor, su libro habría adquirido una nueva dimensión. Pero el escritor tenía prisa, y no podía esperarse que en ocho días captara, del todo, quién era quién en la corte de Dalí, séquito que, en París y Nueva York, cambiaba día a día, como un caleidoscopio: llegaban nuevos miembros, con o sin invitación, recibían un mote apropiado y hacían furor durante unas cuantas semanas; luego desaparecían, a veces para no volver a dar señales de vida, o regresaban unos años más tarde, transformados, a veces irreconocibles. En el Meurice, Lake conoció a «la Tortuga», a «la Baronesa» y a «Mademoiselle Ginesta». Ésta tenía, se decía, la lengua más erótica de París (jinesta era el nombre genérico que Dalí ponía a las chicas de aspecto «prerrafaelita»). Pero, por desgracia, «Nefertiti» no compareció.

Robert Descharnes, seguro de sí mismo tras la buena acogida de *Dalí de Gala,* ocupaba ya un lugar de especial relevancia en el tinglado del Maestro. Le dijo a Lake que estaba organizando una exposición de la obra de Dalí en Tokio para el otoño. Dalí y Gala no querían volar al Japón –a los dos les daba miedo el avión– y el viaje en barco sería demasiado largo. «Así, pues», dijo Descharnes, «tengo que organizarlo todo yo mismo. Y no ha sido nada fácil tampoco reunir todos estos cuadros.» La exposición, después de Tokio, pasaría luego a Nagoya y Kioto, y la experiencia acumulada por Descharnes al montar y dirigirla le sería muy útil más adelante.[69]

Aunque *En busca de Dalí* no pretende abarcar al pintor en toda su complejidad, se trata de un texto de considerable profundidad, y ningún otro nos acerca tanto a los mecanismos de la mente daliniana y a la increíble energía que invertía en cada momento del día. El estilo de vida de Dalí es tan maníaco que leer este relato es casi agotador. ¿Se trata de un circo, con Dalí como maestro de ceremonias? ¿De un espectáculo de variedades sin intervalo, con Dalí como único actor? Todo eso y más. Cuando la acción pasa del Meurice a otro lugar de París –a una discoteca en Montmartre, por ejemplo–, el Cadillac descapotable con matrícula de Nueva York está siempre listo en la puerta para transportar a los íntimos del pintor con el debido lujo. Los allegados menos cercanos tienen que seguirlos como puedan. El Dalí que emerge de estas páginas es el supremo egoísta, totalmente indiferente a los sufrimientos y las tribulaciones de los demás, pero lo salvan su gracia, su vitalidad, su estar siempre rebosante de ideas y ocurrencias.

Antes de que Dalí y Gala regresaran a España a mediados de mayo, Lake le anunció al pintor que iba a escribir un libro sobre él: un artículo de revista, aunque extenso, no sería suficiente. A Dalí pareció gustarle la idea.[70] Pero primero Lake retomó el libro sobre Picasso, que se publicó aquel noviembre y fue un inmediato éxito editorial. Picasso intentó que se secuestrara, hubo presiones del Partido Comunista francés y manifiestos en contra firmados por numerosos partidarios del artista, y Lake se vio convertido en *persona non grata* en muchos círculos artísticos. En la primavera de 1965 el escritor volvió a verse con Dalí en Nueva York y recibió un ataque frontal por el libro. ¿Qué derecho tenían él y Gilot («esa portera») a insultar al Maestro? Además, ¡el libro estaba lleno de gente mediocre! Lake se dio cuenta enseguida de que la indignación de Dalí se debía en gran parte al hecho de que su nombre no aparecía ni una sola vez en el libro. De hecho, Gilot –que tenía una memoria de elefante– nunca había oído a Picasso mencionar a Dalí. Cada vez que se suscitaba la cuestión del libro de Lake y Gilot, Dalí elogiaba la obra de Brassaï *Conversaciones sobre Picasso.* ¡Ése sí que era un libro! La razón era sencilla: era el único en el que Picasso demostraba estar al tanto de la existencia de Dalí.

Dalí estaba irritado también porque en la edición norteamericana de *Diario de un genio* se habían suprimido sus apéndices relativos a los pedos, con un texto de Quevedo sobre la materia entre otras lindezas. Era culpa de los protestantes, claro. En los países católicos uno puede tirarse todos los pedos que quiera, sin que nadie rechiste, y prueba de ello es que ni siquiera en la España franquista el censor se ha molestado con el libro. No así en los tan progresistas Estados Unidos. Dalí, gran especialista él mismo en el arte de tirarse pedos, estaba indignado.

Cuando Lake volvió a reunirse con Dalí en el Meurice aquella primavera, se estaba cansando ya de las fanfarronadas del pintor y de su megalomanía. Sabía, además, que ya tenía en su poder el material que necesitaba para el grueso del libro. Un día Dalí le enseñó una fotografía en la que se veía «a un esbelto modelo masculino de unos veinte años con el pelo negro rizado y, junto a él, al artista luciendo una chaqueta con pesados brocados y una peluca negra rizada». El muchacho había sido escogido para desempeñar el papel del Dalí joven en una película. «Es uno de los muchachos más guapos que he visto en mi vida. Todo el mundo piensa lo mismo. Incluso Fellini», explicó Dalí. Unos días después Lake vio a Gala acompañada del joven de la foto. Al parecer nadie le dijo que se trataba de un tal William Rotlein. Y por lo visto Lake tampoco sospechó que era el amante de Gala.[71]

Lake comenzaba a atisbar lo que había detrás de la máscara de Dalí. Un día suscitó la cuestión de las biografías que se habían escrito sobre él hasta el momento, comentando que personalmente las encontraba bastante superficiales. «Sí, son todas muy malas», le contestó Dalí. «La de Fleur Cowles es un desastre. El trabajo de una secretaria. Y el libro de Morse no vale nada. Nada.» Se refería, probablemente, a *Dali. A Study of His Life and Work* (1958), publicado un año antes de la biografía de Cowles. ¿Y qué pensaba de *Vida secreta de Salvador Dalí?*, le preguntó luego Lake, con mano izquierda:

> Pareció sorprendido. «Pero si ése lo escribí yo», dijo. «Es posible», le dije, «pero por más teatral que pueda ser en algunos pasajes, no es de veras convincente: todos esos extremadamente pormenorizados y muy imaginativos relatos de episodios "críticos" de la infancia y la adolescencia sólo pueden tomarse –por decirlo con cierta cortesía– como metáforas demasiado exageradas.» Le dije que yo quería verlo exactamente como era, sin el escaparatismo literario.
>
> Se puso colorado, y luego asintió con la cabeza. «Eso me interesa», dijo. «Es por ese motivo que le hablo con tanta franqueza.»[72]

¡Dalí puesto en apuros por una vez! ¡El súbito rubor de la vergüenza! Hay otros momentos del libro en que Lake toma nota de una reacción similar, cuando el artista se siente contestado o desafiado. Entonces también, viéndose de repente expuesto, atrapado, la reacción es un incipiente rubor.[73] Lake ha observado algún detalle más. Por estos días se pasea por el Meurice, junto a Dalí, una despampanante modelo sueca de un metro noventa; nadie le quita los ojos de encima. Dalí quiere que la chica aparezca desnuda en uno de sus montajes publicitarios, pero Yvonne, que así se llama la amazona, tiene sus recelos. «Y mis pechos, ¿qué?», pregunta. «¡Ah!», exclama Dalí, enarcando las cejas y bajando los párpados. «Es *imprescindible* verlos.»[74] Ese momentáneo cerrar los ojos observado por Lake es muy típico de Dalí cuando se siente de golpe turbado o expuesto, como puede verse en los vídeos de algunas de sus apariciones televisivas. Es un gesto diseñado para conjurar la vergüenza, el pánico repentino. El libro de Lake permite constatar, de hecho, que Dalí sigue esclavizado por tales sentimientos, pese a las apariencias en contra. Y no debe extrañarnos que el autor concluya, coincidiendo con Marina Lussato –una de las más agradables jóvenes del séquito de Dalí en estos momentos–, que el principal problema del pintor es una agobiante y tenaz neurosis sexual.

El clímax del libro de Lake viene con su descripción de la importante retrospectiva del artista inaugurada en la faraónica Galería de Arte Moderno de Huntington Hartford el 18 de diciembre de 1966. Un equipo de la BBCTV cubría los preparativos para la muestra, y el documental complementa de manera fascinante la visión que nos da Lake del Dalí de finales de 1966. Al artista y *showman* no le resultó fácil engañar ni callar a la presentadora de la película, la dramaturga Jane Arden, quien tomó nota de que, pese al tan cacareado interés de Dalí por las matemáticas y la física, las personas que le frecuentaban eran «de muy bajo nivel intelectual». Arden no sólo era tan atractiva físicamente como la mayoría de las jóvenes que embellecían la corte daliniana, sino mucho más inteligente e incisiva. Un Dalí incómodo fue descartando la mayoría de sus preguntas, se puso lívido cuando Arden le dijo que no tenía la menor intención de ser su esclava, le informó que no necesitaba a nadie más que a sí mismo y a Gala, y aprovechó para soltar sus monólogos más estereotipados («A Dalí le gusta el dinero porque Dalí es místico, y transforma en oro todo lo que toca»; «En realidad, no me interesan nada el arte y la literatura; sólo me interesan la cibernética, la física cuántica y la biología»). Arden no se dejó impresionar por la comitiva de Dalí, ni por la sesión en la que Dalí firmó ejemplares de *Diario de un genio* mientras Peter Moore revoloteaba por ahí con un ocelote alrededor de los hombros. Moore le dijo a la BBC cuánto apreciaba Dalí tener a su servicio a alguien que había estado en Guerra Psicológica durante la lucha contra Hitler, y explicó que se había especializado entonces en «ablandar, podría decirse, la mente del enemigo, haciéndole sentir que había perdido la guerra». Según el capitán, cuando Dalí lo necesitaba para algo decía «Que venga Guerra Psicológica». En estas imágenes, Moore, que entonces tenía cuarenta y siete años, aparece como un simpático pero algo ridículo aventurero que no termina de creerse la suerte que ha tenido al convertirse en brazo derecho del Genio. Moore no es quién, desde luego, para poner freno al apetito de Dalí por el dinero fácil, ni para preocuparse demasiado al firmar acuerdos con editores poco fiables. Pero el atildado inglés, en su favor, nunca lo negaría cuando, ya mayor, reflexionara en entrevistas sobre su pasado.[75]

La retrospectiva de Huntington Hartford fue abultada, procediendo la mayoría de las obras de las colecciones de Morse y de Edward James, con importantes aportaciones de Dalí y Gala. El catálogo de la exposición incluía ciento setenta cuadros; cincuenta y nueve dibujos, gouaches y acuarelas; diez grabados y dieciocho collages, *objets d'art* y esculturas. De los cuadros ejecutados en los últimos quince años destacaban *Cristo de San Juan de la Cruz* (traído desde Glasgow), *La apoteosis del dólar* y, por supuesto, *El descubrimiento de América por Cristóbal Colón*, propiedad del museo. Ninguno de ellos podía competir con el maravilloso y minúsculo *El espectro del sex-appeal*, de 1934, en la acertada opinión de Carlton Lake «más monumental que la mayoría de los grandiosos lienzos que he visto por todas partes».[76]

Al público se le pedía que tomara el ascensor hasta el quinto piso del museo y fuera bajando poco a poco por las once galerías que albergaban la exposición. Lake hizo el viaje tres veces, en tres días sucesivos. Como resultado, creyó comprender mejor a Dalí decidiendo que no le gustaba su obra en absoluto, con la excepción de la que correspondía al gran periodo surrealista que se extendía desde 1929 hasta mediados de los años treinta. Por todos lados Dalí se repetía, se imitaba, se robaba. La cabeza de Voltaire en doble imagen, por ejemplo, que había hecho su aparición en 1940, aquí se veía por doquier. Parecía que Dalí era incapaz de dejarla en paz.

El *trompe l'œil* daliniano había tenido su sentido en 1935, pero que en 1965 Dalí siguiera explotándolo hasta la saciedad le parecía a Lake simplemente patético. Toda la exposición daba la sensación de que a Dalí sólo le preocupaba impresionar: no había calor humano. Mientras deambulaba por la retrospectiva, una frase daba martillazos en la cabeza de Lake. ¿De dónde venía? Luego dio con la clave: procedía del texto en que el proveedor de ropa y artículos de deporte, Jack Winters, que había encargado a Dalí una campaña publicitaria, aseguraba a sus potenciales clientes que «la astuta manipulación [por parte de Dalí] de todas las escuelas pictóricas ha cautivado al mundo». Era la palabra idónea: *manipulación*. Desde el día de su primer encuentro en Knoedler, Dalí le había subrayado insistentemente a Lake que el verdadero arte debe representar fielmente lo que el artista ve en el mundo exterior. Sin embargo el pintor lo reconvertía todo para sus propios fines, y no representaba nada como en realidad era. Parecía incapaz de dejar a las cosas en su sitio. Dalí era víctima de los «agobiantes requisitos de sus compulsivas rutinas *trompe l'œil*», y todos los auténticos valores se despreciaban «para que cada nuevo cuadro constituyera una exhibicionista antología de dalinismos orientados hacia la máxima cobertura periodística». Había una discrepancia flagrante entre lo que Dalí decía que tomaba en serio y lo que hacía en la práctica. ¿Por qué? Porque simplemente quería satisfacer su exhibicionismo. Lake detectaba en los cuadros de Dalí «una carencia absoluta de contenido emocional [...] sólo se podía llegar a la conclusión de que Dalí no sentía nada. Y, en consecuencia, nosotros tampoco».

Lake no dejó de observar lo que ningún otro crítico se atrevía a sugerir, es decir, «la gama completa de sugerencias narcisistas y homosexuales» evidentes en las obras expuestas. Las encontró primero en *La
fuente* (1930), donde «una figura masculina idealizada se arrodilla frente a otra, la de pie extendiendo una mano en señal de protesta y cu-
briéndose los ojos con la derecha»; luego en *Meditación sobre el arpa* 78
(1932-1933) y *La memoria de la mujer-niña* (1932); señala que en *¡Carde-* XXIV
nal, cardenal! (1934) los pechos desnudos de Gala subrayan su femineidad, pero que su tenue *short* «se abulta por delante de manera insólita
para una mujer». ¡Qué cosa más rara! Con todo, es *Dos adolescentes*, de 94
1954, el cuadro que más inquieta a Lake. Los genitales del joven

> están elaboradamente colocados para ser examinados, el pene rosado y relumbrante, cada vello del pubis amorosamente delineado. La boca del joven está abierta y sus dientes han sido retocados con acentos de blanco más brillantes para captar la luz, como en la fotografía teatral o en el arte *kitsch* de los calendarios italianos. A la derecha, de pie, como un maniquí, hay un muchacho de pelo negro, sin rostro, con modales, estilo y aparato genital en la misma línea, con la mano izquierda en el hombro y la pierna izquierda hacia atrás, el dedo gordo del pie señalando con delicadeza hacia el suelo.[77]

Lake opinaba que dichos cuadros revelaban una obsesión por la felación. Lo peor de ellos, sin embargo, era «su técnica de maquillaje teatral, tan estridente: los toques de luz, los brillos. Era la publicidad agresiva hecha carne».[78]

En cuanto al *Homenaje a Meissonier,* se trataba de «un trabajo tan descuidado que sin la firma de Dalí sólo habría conseguido colarse por una trampa en la Galería de Arte Moderno». En esta obra, que, al fin y al cabo, teniendo en cuenta el proselitismo de Dalí a favor de Meissonier, debería por lo menos haber sido digna, el pintor «parecía estar parodiando todas las tácticas del arte moderno que él y su mecenas [Huntington Hartford] detestan. Está claro que Dalí el pintor no le llega a la suela de los zapatos de Dalí el *showman*».

En su última bajada por la exposición, Lake echó un vistazo final a *La apoteosis del dólar*. «Estaba tan atiborrado y difuso», escribe, «tan deliberada y gratuitamente confuso, que de repente lo vi como el perfecto símbolo pictórico de nuestra era inflacionaria. Por lo menos en este punto, pensé, Dalí estaba al día, una especie de Sumo Sacerdote del Espectáculo considerado como la más moderna de las bellas artes.»[79]

Lake llegó a la conclusión de que los cuadros postsurrealistas de Dalí no se sostenían por sí solos y que necesitaban «el contexto dinámico de la vida cotidiana del artista, reinventada sin cesar» para adquirir «una forma con algún significado». El dilema de Dalí era que «habiendo explotado hasta la saciedad su papel de pintor histórico, no podía soportar ahora la idea de que ya no interesaba». Por lo tanto, seguía produciendo cosas que él mismo sabía que eran basura. Y Lake terminaba su libro:

> «Mi pintura es lo menos importante de mi persona», me había dicho Dalí en más de una ocasión. Como yo había observado numerosas veces antes, había siempre una pizca de verdad en todo lo que decía Dalí, pese a lo ridículas que pudieran sonar de entrada sus afirmaciones. Y ésta, dije para mis adentros, no era ninguna excepción.[80]

En general, los críticos expresaron opiniones similares a las de Lake (aunque no supieron captar, o por lo menos mencionar, las «manifestaciones de homosexualidad» que habían llamado la atención de éste). La reacción de *The New York Times* fue bastante típica: las buenas obras expuestas desaparecían bajo «las docenas de pulidas nimiedades que durante tanto tiempo han sido el sustituto de Dalí para el talento que él mismo, por abuso, acabó destruyendo».[81]

Una reseña así en un periódico como *The New York Times* debió de hacer temblar a Reynolds Morse, si no a Dalí, que declaró que «nunca lo habían presentado mejor».[82] La exposición significaba mucho para Morse, y no menos por la publicidad que podía aportar a su colección. Según una de las notas aparecidas en la prensa, el valor de dicha colección rondaba en torno a los dos millones de dólares y constituía «el envío de cuadros más caro que jamás haya llegado a Nueva York en furgoneta».[83]

El 19 de diciembre, en «Una velada con Salvador Dalí» celebrada en el museo, Morse da una charla sobre el Maestro, convirtiéndose así, escribiría después, «en el único coleccionista-crítico del mundo que haya dado una conferencia sobre la obra de un pintor vivo de semejante magnitud con el artista en persona entre el público». El programa incluye la proyección de *Un perro andaluz.*[84]

El objetivo principal de la charla es establecer que el Dalí postsurrealista no sólo es igual de bueno, sino incluso mejor que el surrealista. Otro objetivo es demostrar, una vez más, que Dalí es un genio absoluto. Morse quiere que creamos que «por sí solo Dalí ha hecho más que nadie en el mundo por poner freno a las arrolladoras corrientes de nihilismo del siglo XX»; que en *Vida secreta* el pintor «explica con lucidez sus obsesiones en un estilo que lo coloca al lado de Proust y de Joyce»; y que, cuando Dalí le dijo que había visto un ángel en Port Lligat, él «ni bromeó ni lo dudó. Es imposible saber cuán lejos está la gente de darse cuenta del genio de Dalí».

El texto de Morse revela también que, pese a la resistencia heroica y solitaria de Dalí contra el nihilismo, se habían publicado numerosas fotografías en la prensa en las que aparecía el pintor insertando un pincel en el ano de un cerdo en un sórdido club nocturno. Por lo que tocaba a las actividades comerciales del pintor, Morse las consideraba dignas de elogio («Sólo es un punto a su favor el que se haya hecho rico mediante la aplicación astuta de su dinamismo a un número increíblemente amplio de proyectos»). Y si, gracias a Dalí, Morse ha llegado a creer en los ángeles de Port Lligat, ahora opina además que se trata de un inventor extraordinario. Pues, «¿quién, salvo Dalí, podría haber concebido un método para fotografiar la sustancia del pensamiento a través de las terminaciones nerviosas del ojo humano?». Sólo Dalí, ciertamente: Dalí el genio que, además de sus otros regalos a la humanidad, «ha hecho que el buen gusto del aristócrata se vuelva aceptable al hombre corriente». En cuanto a Gala (a quien Morse dedica el «prólogo» de este «Homenaje a

Dalí»), el coleccionista declara que ha sacrificado todo por el pintor, hasta tal punto que «sus propias grandes cualidades poéticas» han quedado forzosamente «ocultas por su papel de directora financiera de las empresas de Dalí». «Hoy el mayor mérito de Gala», nos asegura Morse con total seriedad, «es la barrera de hermetismo y abnegación tras la cual las neurosis de Dalí se han nutrido y desarrollado hasta el punto de hacerse vendibles.»[85]

Dalí siguió preocupándose por las revelaciones del libro de Lake y Gilot sobre Picasso, y decidió finalmente que, pese a lo que le hubiera dicho al autor sobre la libertad que le concedía para escribir su libro, quería ver el manuscrito antes de su publicación. Cuando Lake se negó, Dalí le amenazó con «castigos obscenos».[86] No sabemos cómo reaccionó el pintor cuando *En busca de Dalí* salió a la venta en 1969, aunque no es difícil de imaginar. Morse consideró que el tratamiento otorgado a Dalí por Lake era «superficial», y el libro muy inferior a la biografía de Picasso de Roland Penrose. Lake, escribió Morse, veía a Dalí «como una especie de desorientado flautista de Hamelin rodeado de una horda de entrometidos y sicofantes en sus paseos por Nueva York y París, mientras que la devoción de Penrose por su biografiado confiere nueva profundidad a su obra y a su vida».[87] Comparación desafortunada, a todas luces, porque los objetivos de ambos libros eran muy diferentes. Por otra parte, si el Dalí de Lake es un flautista de Hamelin, no está, de ninguna manera, desorientado. Al contrario, tiene un objetivo muy claro: su propio encumbramiento, su diversión y su publicidad, sin importarle a costa de quién, Reynolds Morse incluido.

CATORCE

AMANDA LEAR Y OTRAS EXTRAVAGANCIAS (1966-1975)

«LA PESCA DEL ATÚN (HOMENAJE A MEISSONIER)»; LOUIS PAUWELS

Cerca de Roses hay una cala llamada L'Almadrava. Palabra de origen árabe, una almadraba es el lugar donde se capturan y matan los atunes (la más famosa, inmortalizada por Cervantes en *Rinconete y Cortadillo,* estaba en Zahara de los Atunes, cerca de Tarifa). La de Roses, que sobrevivió hasta poco después de principios del siglo XX, era menos conocida que la andaluza, pero no por ello dejaba de constituir una maravilla del Empordà.

En 1967 Dalí escribió que sus conocimientos de la almadraba de Roses procedían de su padre, que, «con un talento narrativo digno de Homero», había evocado para él, cuando era niño, una visión del mar vuelto rojo con la sangre de los peces arponeados. Para ilustrar su relato, el notario le había enseñado un grabado de la pesca del atún, obra de un pintor sueco no identificado.[1] Más tarde Dalí le dijo a Morse que de niño había visto la sangrienta matanza con sus propios ojos, cosa que, a la vista de lo anterior, parece improbable.[2] Sea como fuera, lo cierto es que la almadraba de Roses y el recuerdo del grabado sueco anónimo fueron el punto de partida para el enorme lienzo *La pesca del atún* (304 × 404 cm), comenzado en el verano de 1966 y terminado al año siguiente.

El cuadro es un sensacional *tour de force* y como tal fue reconocido cuando en noviembre de 1977 lo expuso Dalí por primera vez, en el Hotel Meurice, como protagonista de un «Hommage à Meissonier» (subtítulo de la obra). En el catálogo (que incluía un dibujo preliminar de la muchacha desnuda del cuadro, con unas nalgas descaradamente exageradas)[3] el pintor afirmó que *La pesca del atún* era su tela más ambiciosa hasta la fecha. Su inspiración directa, dijo, había sido Teilhard de Chardin y la noción de éste según la cual el universo es finito y limitado, no el espacio infinito que la gente suele imaginar, lo que hace posible la energía. El cosmos convergía, según Teilhard, en un solo punto y, por lo que respectaba a Dalí, se localizaba entonces en el lienzo de los atunes, en el que había intentado concentrar su «energía terrorífica», ejemplificada por el frenesí de los pescadores y de las víctimas de la sangrienta refriega.[4]

La pesca del atún fue adquirida por Paul Ricard, el del *pastis*, quien, según dicen, llegó a Port Lligat en su yate para ver algunas acuarelas y terminó pagando doscientos ochenta mil dólares por el gigantesco cuadro. Poco después se lo robaron, para mayor regocijo de Dalí, pues el incidente generó una publicidad masiva. El cuadro fue rescatado intacto: al parecer el ladrón sólo había querido demostrar que era capaz de escapar con un lienzo tan descomunal bajo el brazo.[5]

Mientras Dalí trabajaba durante los veranos de 1966 y 1967 en *La pesca del atún* era visitado por el escritor francés Louis Pauwels, a quien conocía desde hacía ya unos quince años. Pauwels nunca había estado en Port Lligat, y el cabo de Creus le produjo una fuerte impresión: Dalí, se daba cuenta ahora, sólo podía entenderse cabalmente si se tomaba en consideración el extraordinario paisaje en que se había modelado su espíritu. Pauwels grabó sus conversaciones con el pintor y las utilizó para un libro de monólogos dalinianos titulado *Las pasiones según Dalí,* publicado en marzo de 1968. El libro, que incluye algunos comentarios manuscritos de Dalí, no tiene la autenticidad del de Carlton Lake, pues Pauwels, como él mismo explica en el prólogo, había puesto en «lenguaje sencillo» un original que de sencillo no tenía nada, y las frases son breves, concisas y coherentes, nada afines a las por lo general complicadas y barrocas del propio Dalí. *Las pasiones según Dalí* no es, pues, una transcripción literal de las conversaciones, sino una reelaboración de los comentarios y declaraciones del pintor («Es el Dalí interior visto por mí», dirá Pauwels en otra parte).[6] No obstante, el libro contiene atisbos interesantes y revela al artista convencido de que lo que realmente cuenta es su personalidad, total y «visceralmente profética», y no sólo, en absoluto, su obra. Esto ya se lo había dicho a Alain Bosquet, («Un cuadro no es nada comparado con la magia que constantemente irradia mi persona»), además de a Lake.[7] El Dalí de Pauwels insiste en que es «un hombre con una visión del mundo y una cosmogonía, y que está habitado por un genio capaz de vislumbrar la estructura total de las cosas». Él es «el único pintor imperialista y clásico» del mundo, y, «chapuceras o no», sus pinturas incorporan y ordenan el mayor número posible de elementos derivados de su conocimiento y de su sensibilidad. Sin duda, es así como Dalí prefiere verse a sí mismo.[8]

El libro confirma lo intensamente catalán que se sentía el pintor, pese a lo que pudiera haber dicho a veces sobre su «españolidad». «Mis influencias son catalanas, mi propio genio viene de Cataluña, país del oro y de la ascesis», declara rotundamente ahora.[9] Por insistencia del pintor, Pauwels incluye en un apéndice de su libro un irónico pasaje sobre Cataluña firmado por Francesc Pujols, el filósofo catalán al que Dalí tanto admiraba. Dalí gustaba de parafrasear dicho pasaje cuando tenía invitados, haciendo que éstos se troncharan de risa al oírlo. Decía en parte:

> Es probable que nosotros nunca lo veamos, porque para entonces ya estaremos muertos y enterrados, pero es cierto que los que vengan después de nosotros verán a los reyes de la tierra postrarse ante Cataluña. Y entonces el lector de este libro –toda vez que sobreviva algún ejemplar del mismo, claro– se dará cuenta de que siempre he tenido razón. Cuando uno observe a los catalanes, será como mirar la sangre de la verdad; cuando uno les dé la mano, será como darle la mano a la verdad.
>
> Muchos catalanes llorarán de alegría, la gente tendrá que secarse las lágrimas con sus pañuelos. Y porque son catalanes, todos sus gastos, vayan donde vayan, serán pagados. Habrá tantos de ellos que la gente no tendrá lugar donde alojarlos en sus casas, por lo que los alojarán en hoteles, que es el mejor regalo que se le puede hacer a un catalán cuando viaja.
>
> En el último análisis, y si se reflexiona al respecto, será mejor ser catalán que millonario. Y puesto que las apariencias son engañosas, incluso si un catalán es ignorante como un burro, los extranjeros supondrán que es un hombre culto, en posesión de la verdad. Cuando Cataluña sea dueña y señora del mundo, nuestra reputación será tal y la admiración que despertaremos tan enorme, que montones de catalanes no se atreverán a decir de dónde son y se disfrazarán de extranjeros.

Tanto Dalí como Pujols eran «cachondos mentales»: irónicos, bromistas, nunca totalmente serios. A Dalí le divertían sobremanera las ambigüedades que conllevaba ser a la vez español y catalán, y jugaba al máximo con ellas, irritando, al hacerlo, a no pocas personas. A los nacionalistas catalanes les disgustaba profundamente, además, el monarquismo de Dalí, tan evidente en el libro de Pauwels. En 1947 Franco había promulgado su Ley de Sucesión, que definía a España como monarquía y preveía que su sucesor llevara el título de rey. La ley no contenía referencia alguna a la restauración de la monarquía borbónica (como se sabe, Franco no podía ver al legítimo sucesor del trono, Don Juan de Borbón) y, de tener un hijo, éste, en teoría al menos, podía ser el futuro soberano. Pero tal hijo no llegó. En 1949 el príncipe Juan Carlos había llegado a España para empezar sus estudios bajo la tutela del Caudillo, que se encariñó con él, y para 1966 ya se daba por sentado que Franco lo nombraría su sucesor. Dalí, en todo caso, lo daba por hecho.

Como demuestra el libro de Pauwels, Dalí creía que la venidera monarquía sería absoluta, no constitucional, más medieval que moderna, con el Derecho Divino incluido. Igual que a otros muchos admiradores de Franco, le parecía inconcebible que la restauración de la monarquía pudiera significar un retorno a la democracia. La monarquía, además, era un régimen que encajaba a la perfección con las nociones acerca de los factores hereditarios que venía elaborando Dalí desde el descubrimiento del ADN. En opinión suya, Crick y Watson habían «legitimado» la monarquía hereditaria como el sistema ideal para ordenar los asuntos humanos. Era una cuestión de pura biología.[10]

He aquí a Dalí, pues, hecho todo un ferviente monárquico. Y, visto que la cúpula, como declaraba a todo el mundo en esta época, es el máximo símbolo de la monarquía, su Teatro-Museo de Figueres tenía que cubrirse con una (y no seguir abierta a los elementos, como había propuesto en un principio). Dalí había topado en revistas norteamericanas con fotografías de las estructuras geodésicas diseñadas por Buckminster Fuller. Decidió que era algo así lo que quería para Figueres. Pero Fuller no estaba disponible. Cuando Dalí se enteró de que un brillante y joven arquitecto español llamado Emilio Pérez Piñero se especializaba en estructuras articuladas parecidas a las del estadounidense, se puso en contacto con él. Congeniaron enseguida, y Piñero recibió el encargo de diseñar la «cubierta monárquica» del Teatro-Museo. Pasarían varios años antes de que se hiciera realidad. Hoy, la transparente cúpula del edificio es una de las señas de identidad más notables de Figueres.

AMANDA LEAR

Unos seis años antes, Dalí había empezado a frecuentar Le Carrousel, en París, entonces tal vez el más famoso club travesti del mundo. Allí le había fascinado April Ashley, despampanante *vedette* del espectáculo, cuyo verdadero nombre era George Jamieson. Según Ashley, el pintor fue a verla actuar cada noche durante seis semanas, le dio infinitos regalos y expresó el ardiente deseo de pintarla desnuda en el papel de «Hermaphroditos». Pero a Ashley no le interesaba la propuesta. Se negó y, en sus propias palabras, «se lo pasé a Alain».

Alain era Alain Tap, que actuaba en Le Carrousel bajo el nombre de Peki d'Oslo. En su biografía *La odisea de April Ashley*, ésta recuerda que Tap, cuya familia franco-oriental vivía en Provenza, le dijo cuando se conocieron que era estudiante de Bellas Artes, mostrándole unas postales que había pintado para poder sobrevivir en París. Tenían gracia. «Yo le dije: "Pero, querido, son preciosas. Debes seguir con esto, desarrollar tu talento en lugar de echarte a perder en un cabaré".»

Pero Tap, que era físicamente casi tan llamativo como Ashley, siguió en Le Carrousel, y en su libro ésta incluye una fotografía de los dos 97
comiendo espaguetis en Milán durante una gira del elenco en 1959. Tap, entretanto, le había confiado que estaba empeñado en cambiar de sexo. También Ashley, que se sometió a una escalofriante y muy dolorosa intervención en Casablanca en mayo de 1960, a la edad de veinticinco años. Tap había ido a despedirle a Orly.[11]

Cuando Alain Tap, alias Peki d'Oslo, llegó a Chelsea en 1965, después de una temporada en el Chez Nous Club de Berlín, él también había sido operado, pero sólo, según Ashley, después de «terribles dudas». Los dos habían mantenido el contacto por carta y teléfono desde los días de Le Carrousel, y Ashley describe con humor la arribada de la ahora transexual Peki a aquel bullicioso Londres de los años sesenta, donde su primera actuación profesional fue un número de «cuero y látigos» en el famoso Raymond's Revue Bar, en el Soho. Entonces la principal ambición de Peki era conseguir un pasaporte británico, lo que logró al casarse con un escocés llamado Lear, elegido al azar en un bar y al que se le dieron cincuenta libras por la molestia de acudir a la ceremonia civil y de quien no se supo más. Peki ya podía obtener su codiciado pasaporte azul británico, y en adelante se llamaría Amanda Lear. «A su belleza eurasiática y a su misterio, se sumó ahora un exquisito sentido de la elegancia», sigue Ashley. «Se convirtió en una de las modelos favoritas de Ozzie Clark, y comenzó a orientarse hacia el mundo de la música pop, sobre todo hacia Brian Jones, de los Rolling Stones.» Ashley perdió pronto casi todo contacto con Amanda, que sólo la llamaba cuando necesitaba una dirección o estaba deprimida. Finalmente, cuando Lear se metió de lleno en el ambiente de la música pop, relacionándose sucesivamente con David Bowie y Brian Ferry, Ashley no recibió más noticias de ella. Llegó a la conclusión de que Amanda se sentía muy incómoda con su nueva identidad y que era de esos transexuales a los que les da pánico que los descubran. «Tenía una estructura ósea, pero le faltaba carácter. Incluso cuando se convirtió en la «Disco Queen» de Europa, se le notaba en la voz, era como un alce de América a la defensiva.»[12]

El relato que hace Ashley de la boda de Amanda no es invención suya, como puede comprobar cualquiera con sólo telefonear al registro civil de Chelsea. La boda se celebró el 11 de diciembre de 1965 y, según consta en el certificado oficial de la misma, el novio fue un tal Morgan Paul Lear, estudiante de arquitectura de veintidós años. La novia figura como Amanda Tap, modelo de veintiséis años, hija de André Tap, capitán retirado del ejército francés.[13]

En su libro *Le Dali d'Amanda* (1984), Lear no menciona su etapa en Le Carrousel, ni su amistad con April Ashley, y dice que su primer encuentro con el pintor tuvo lugar en 1965 en el restaurante Castell, en París. El verano siguiente volvió a ver a Dalí en Barcelona, aunque tampoco lo dice en el libro. Amanda actuaba entonces (todavía como Peki d'Oslo) en el New York, *boîte* situada en el carrer dels Escudellers. Allí, haciendo buen uso de sus largas piernas y su voz profunda, encandilaba al público con una espléndida imitación de Marlene Dietrich (que visitaba con frecuencia Le Carrousel, según April Ashley). Amanda se hospedaba en el Mesón Castilla, cerca de la Rambla, utilizando su pasaporte francés, donde constaba su auténtico nombre: Alain Tap.[14] Algunos amigos de Dalí la vieron en el New York, entre ellos Sue Guinness y un joven galerista barcelonés, Ignacio de Lassaletta. No enterados de que Dalí ya la conocía, le dijeron a éste, entusiasmados con la actuación de Lear, que diera una vuelta por el cabaret. Dalí, que entonces estaba en el Ritz, lo hizo enseguida, y poco después Amanda apareció por vez primera en Cadaqués. En el libro de autógrafos de Lassaletta, Peki
98 dejó un encantador autorretrato y una dedicatoria.[15]

Hoy Amanda Lear niega de plano haber sido nunca Peki d'Oslo o haber conocido jamás a un joven español llamado Ignacio de Lassaletta. Así como niega haber sido en su vida hombre.[16] Puesto que, a diferencia de April Ashley, Lear ha decidido no hacer público su transexualismo o reconocer sus anteriores encarnaciones, puede parecer poco delicado insistir sobre la cuestión. Ello se justifica porque su libro, tan importante desde otros puntos de vista, está viciado desde la primera página por la terca negativa de la autora a decir la verdad sobre su pasado. Además no hay duda de que, si Amanda fascinaba a Dalí, se debía, inicialmente, al hecho de que estaba al tanto de que era un hombre que se había transformado en mujer. «Para Dalí, el transexualismo de Amanda era parte de su encanto», ha dicho con insistencia Nanita Kalaschnikoff, que conocía y apreciaba a Lear. «Es que a Salvador le encantaba coleccionar a gente rara.»[17] Dalí, por su parte, disfrutaba sorprendiendo a sus conocidos con la revelación de la verdadera historia sexual de Amanda. Años más tarde le enseñaría a Luis Romero una fotografía de Lear publicada en una revista. «¿Te gusta?», le preguntó el pintor. «No está mal», respondió Romero, a lo que Dalí estalló en carcajadas, exclamando: «Pues, es un hombre.» Romero, naturalmente, se quedó perplejo. Y, como él, muchos de los que, habiendo visto a Amanda desnuda en la piscina fálica de Dalí, o en su estudio, no podían creerse que la encantadora criatura no hubiera sido siempre una mujer. Isidor Bea fue uno de ellos. Estaba convencido de que Amanda había nacido mujer y nada más que mujer, por cierto muy atractiva. Y eso que la veía día tras día desnuda y la podía observar de cerca.[18]

De lo que no hay duda es de que Dalí pronto se encariñó de veras con Amanda. Lear no sólo era de buen ver sino inteligente, graciosa, incisiva, rápida en aprender y, como señala April Ashley, extraordinaria
lingüista. Además, le gustaba la pintura –pintaba ella misma– y que- 99
ría saber más. Preguntaba constantemente, y Dalí, como Scott Fitzgerald con Zelda, gozaba con su nuevo papel de maestro y también, claro
está, al poder exhibirse con una protegida tan espectacular. Sus apari- 100
ciones en público con ella le hacían sentirse bien, masculino –podía fingir que era su amante–, y durante años, mientras Amanda progresaba de modelo y de chica Mary Quant a cantante y «Disco Queen» de Europa, Dalí disfrutó intensamente de su esporádica compañía (era siempre esporádica). En cuanto a Amanda, totalmente concentrada en su carrera –era casi tan ambiciosa como Dalí–, era sumamente placentero acceder a los deseos del pintor: dada la inmensa fama de Dalí, no podía haber mejor publicidad que ser considerada su amante, sobre todo en la reprimida España del general Franco («Love Story en Cadaqués», se titulaba un artículo sobre su relación publicada en una revista madrile-

ña).[19] Pero había más: Amanda necesitaba un segundo padre además de alguien que la ayudara a ser famosa, y Dalí, treinta y cinco años mayor que ella, reunía tales requisitos a la perfección. En fin, hacían una buena pareja.

Dalí no tardó en darse cuenta de que Amanda tomaba notas de sus conversaciones con él. «Ten cuidado con lo que le dices a Amanda; lo pone todo en su diario», le dijo un día a Peter Moore.[20] Nanita Kalaschnikoff recuerda cómo Dalí solía bromear: «Bueno, Amanda ya tiene bastante material para su tarea de esta noche, vámonos.»[21] Tales apuntes fueron la base de *Le Dali d'Amanda*, batiburrillo de realidad y ficción tan poco fiable como la *Vida secreta* del pintor. En su libro Amanda afirma ser la única hija de una madre de origen ruso-mongólico, lo que es posible (de ahí su aspecto oriental), y de un padre inglés, lo cual no lo es. La autora no da los nombres de sus padres ni otros detalles de su vida (sólo cuenta que estaban divorciados); tampoco explica nada respecto al lugar y la fecha de su nacimiento; no hay detalles de su infancia, ni, desde luego, referencia alguna a su cambio de sexo. Lo único que nos dice es que, cuando conoció a Dalí en 1965, año de la muerte de su padre, estaba estudiando en Londres en un colegio de Bellas Artes no identificado y en el que, al parecer, cayó bajo la influencia del surrealismo. Posteriormente Amanda diría que, en cuanto al colegio, había habido una equivocación: se trataba no de Londres sino del Beaux-Arts en París. Y así sucesivamente.[22]

Lear afirma que, la noche que conoció a Dalí y su séquito en el Castell, formaban parte del grupo John y Dennis Myers (dos atrayentes gemelos idénticos ingleses residentes en Cadaqués), Nanita Kalaschnikoff y Dado Ruspoli, príncipe italiano del que se decía que tenía uno de los penes más descomunales de Europa. Igual que Kalaschnikoff diez años antes en Nueva York, Lear dice que Dalí no le cayó muy bien en ese primer encuentro, pareciéndole exagerado y ridículo. Sin embargo, al día siguiente, tras visitar su Corte de los Milagros, como ella llama a la tertulia que se reunía todas las tardes (de cinco a ocho) en el Meurice, comenzó a cambiar de opinión, quedándose poco después, también como Nanita, «enganchada». Un día, cuenta, Dalí la llamó por radio desde el transatlántico que lo llevaba a Nueva York. «Que me llamasen desde el corazón del océano era precisamente el tipo de locura calculada para impresionar a una jovencita inglesa», comenta Amanda. ¿«Jovencita inglesa»? ¿Alain Tap, alias Peki d'Oslo y ahora Amanda Lear? Jovencita inglesa, ¡por Dios![23]

Lo que Lear cuenta sobre el *modus vivendi* de Dalí en París está bien observado, sin embargo, y lleno de datos interesantes. Pronto se dio cuenta, por ejemplo, de que la suite de Dalí en el Meurice estaba siempre adornada con ramos de aromáticos nardos. ¿Por qué nardos? El artista se lo explicó: cuando uno aprieta sus delicadas flores blancas entre los dedos, rezuman un líquido que parece esperma. Dalí le confesó muy pronto que era impotente. Lear tomó nota de que le obsesionaba el comadreo, especialmente el referido a la aristocracia y la realeza: Dalí quería saber todos los detalles de la vida privada de los famosos, y, por lo que tocaba a su corte personal, quién estaba haciendo qué con quién y a qué hora. Le explicó que, para él, el ser ideal era hermafrodita, y que ésta era la razón por la cual bautizaba con nombres femeninos a los miembros masculinos de su séquito y viceversa, induciendo así a los no iniciados a pensar que todos eran unos travestis. Lear descubrió que en la corte se utilizaba un argot sexual inventado por Dalí: *limousine*, por ejemplo, era el pene, *machine à coudre* (máquina de coser), el coito.

¿Y Gala, que había cumplido ya los setenta? Al parecer Amanda le resultó insoportable al principio, la juventud, la estatura (1,76 m) y el *glamour* de la bella realzando cruelmente su declive. En los archivos de la Fundación Gala-Salvador Dalí en Figueres hay docenas de fotografías de grupo en las que aparecen Gala y Amanda juntas. En muchas de ellas Gala ha quitado con tijeras no sólo su propia cara, dejando un hueco en la fotografía, sino la de su rival: la vista de ambas se le había vuelto insufrible. Sin embargo, la Musa llegaría poco a poco a aceptar a Lear, e incluso a tratarla con cierta deferencia. Obsesionada como estaba con sus propios lances amorosos, le parecía lógico que en sus ausencias Dalí estuviera acompañado por alguien a quien realmente apreciaba, pero que no significaba una amenaza a la estabilidad del matrimonio. De modo que finalmente dio su beneplácito.

El libro de Amanda Lear es un caos cronológico, un popurrí de episodios no fechados y a veces muy separados en el tiempo, pero agrupados en función de la fluidez de la narrativa (se dice que su amigo Roger Peyrefitte participó en la redacción). He aquí el *tout Paris* y el *tout Londres* como Dios manda: los nombres de los famosos del mundo de la moda y del *show business* pululan por las páginas del libro, pero, con la excepción de Dalí y Gala, no hay ninguna delineación de los personajes. Entre tanto oropel y chismorreo, sin embargo, se puede encontrar alguna brizna de información daliniana de interés. Gracias a Lear sabemos, por ejemplo, que en los años sesenta Dalí estaba celoso de Buñuel, lo cual no impedía que disfrutara pasando para los visitantes de Port Lligat una gastada copia de *Un perro andaluz* (redondeando el programa con cortos de Chaplin, Harry Langdon y Buster Keaton). Arturo Caminada manejaba el viejo proyector. Lear confirma que a Dalí le gustaba la música y que era muy dado a tararear o cantar canciones catalanas, que se conocía el repertorio de sardanas al dedillo (aunque había afirmado muchas veces despreciarlas) y que tenía una sarta de refranes catalanes siempre listos para ser disparados en el momento oportuno. Entre éstos su favorito era *«prometre no fa povre»* (prometer no cuesta nada), que para Dalí constituía una acertada formulación de la tan cacareada tacañería catalana, que él se decía feliz de ejemplificar. Entre otros rasgos de Dalí descritos por Lear está su inquebrantable empeño en cretinizar a quienes lo rodean, su costumbre de llevar camisetas mugrientas (detestaba cambiarse), la convicción de que su hermana Anna Maria se había vuelto lesbiana, su calidad de supersticioso y su patética obsesión por Picasso, revelada en su absurda afirmación de que él y el malagueño frecuentaron juntos los burdeles de Barcelona en su juventud y que, en París, otra vez juntos, habían visitado a menudo a Juan Gris (¡que había muerto en 1927 antes de que Dalí se instalara en la capital francesa!). Por Lear nos enteramos también de que la criada Rosa se pasaba los días escondiendo la colección de pornografía y de aparatos eróticos de Dalí.

Mayo de 1968 fue un mes importante para Dalí. Primero, vio la publicación del libro de Pauwels. Luego, la del lujoso *Dalí de Draeger,* que en poco tiempo conoció cinco o seis ediciones sucesivas y les reportó tanto dinero al pintor, al editor (Charles Draeger) y a Peter Moore, que aún hoy el capitán ríe satisfecho al recordarlo. Por estos días Dalí exhibía a Amanda en todas partes, y ella lo acompañó radiante durante el lanzamiento del libro de Draeger. Las revistas del corazón reaccionaron como se esperaba: Amanda era el «nuevo amor» del Genio.[24]

Fiel a su carácter, Dalí no pudo quedarse al margen cuando estalló la revuelta estudiantil de este mismo mes, redactando a toda velocidad el manifiesto *Mi revolución cultural.* Fechado el 18 de mayo de 1968, se distribuyó masivamente en las facultades parisinas. El meollo del texto era que la única oposición auténtica a los valores burgueses residía en un regreso a la tradición, a una «aristocracia del espíritu», que debía conseguirse mediante la aplicación del nunca definido método paranoico-crítico, «especialmente apropiado, a mi entender, a la naturaleza alegremente irracional de los actuales sucesos». Entre las sugerencias más concretas de Dalí estaba la de convertir a la UNESCO, esa «sede del aburrimiento supino», en un burdel que llevara el nombre de Ministerio de Cretinización Pública.

Decisiva para la rápida salida de *Mi revolución cultural* fue la actuación en estos momentos del efervescente editor Pierre Argillet, que había empezado a publicar obra gráfica de Dalí a comienzos de los años sesenta. Argillet, ferviente admirador de Breton, había intentado convencer a éste en 1965 para que se reconciliara con Dalí, pidiéndole que tomara en cuenta lo que el pintor había escrito sobre él en *Diario de un genio* («Breton será todo lo que ustedes quieran, pero es, ante todo, un hombre íntegro y rígido como una cruz de San Andrés»).[25] Breton, tras reflexionar al respecto, había decidido que tal reconciliación era imposible. Según Argillet, la decisión mortificó a Dalí, que nunca volvería a ver al fundador 88
del surrealismo, quien fallecería un año después.[26]

Tras lanzar *Mi revolución cultural,* Dalí decidió que no le gustaba nada el ambiente que se respiraba en París y «huyó» (según la palabra de Amanda Lear) con Gala a España en su nuevo Cadillac azul.[27]

Amanda fue testigo del ingreso en la corte daliniana de un llamativo colombiano de veintidós años llamado Carlos Lozano, que había trabajado en California con el Living Theatre. Lozano llegó a París en abril de 1969, y a los pocos días el actor Pierre Clementi lo llevó a uno de los célebres tés de Dalí en el Meurice. Según Lozano, Dalí se quedó tan deslumbrado por él que casi ignoró aquella tarde a los demás asistentes. No era de extrañar, pues el recién llegado parecía una versión hippy de un niño-dios azteca. Delgado y moreno, con larga cabellera negro azabache, dientes blanquísimos, una risa contagiosa y un encanto natural, la deidad vestía prendas de colores psicodélicos, utilizaba perfumes exóticos y gustaba de ir con el moreno estómago desnudo. Era imposible no quedarse impresionado ante su aparición (el embajador español, creyendo que se trataba de una mujer, le besó la mano). Dalí pidió a Lozano que regresara al día siguiente, y pronto lo trataría como a uno de sus protegidos especiales.[28]

Dalí consiguió para el colombiano un papel en *Hair,* que se representaba entonces con gran éxito en París,[29] y una noche el pintor y Gala llevaron a Amanda Lear a ver el espectáculo. A Lear Carlos no le impresionó tanto como a Dalí (si bien tampoco estuvo tan fría con él como Gala, que al principio lo odiaba). En los días siguientes Amanda pudo observar a Lozano de cerca en el Meurice, y tuvo la impresión de que, sus llamativos atuendos y su pose aparte, tenía poco que ofrecer. Pero era un juicio injusto. Lozano también tenía un intelecto y una sensibilidad.[30]

Lozano se quedó estupefacto ante Dalí y su corte, y apenas podía creerse su buena suerte. Cenas en los restaurantes más caros, la asombrosa conversación de Dalí, visitas a museos y galerías de arte y, por supuesto, los fotógrafos y el *glamour*... era diferente a todo lo que había vivido antes, incluso en California. Como Amanda y como Louis Pauwels antes, no tardó en descubrir que, en materia de belleza física, Dalí se decantaba por los «tipos andróginos, angelicales», especialmente los muchachos afeminados («Ver una polla tiesa en un cuerpo muy suave, casi femenino, es un placer para mis ojos», le había dicho el pintor a Pauwels), [31] mientras Peter Moore, que sabía tanto como cualquiera sobre los gustos sexuales del artista, ha comentado que lo que Dalí quería realmente era «un muchacho con tetas».[32] Lozano también descubrió que Dalí era un *voyeur* desenfrenado, y que detestaba que lo tocaran. Sus propias tentativas por comunicarse con el Maestro mediante el tacto fracasaron rotundamente: Dalí le «rehuía». En cuanto a Dalí, cuando era imprescindible tocar a alguien «era como si te cogiera el brazo con una especie de garra de ave rapaz». Lozano, *gay* sin traumas, estaba seguro de que las verdaderas inclinaciones del artista eran homosexuales. El pintor tenía una gran resistencia a admitirlo, y aún más a ponerlas en práctica. Pero no se podía dudar de que prefería el cuerpo masculino al femenino.[33]

Al principio sorprendió a Lozano, aunque sin escandalizarlo, la exclusiva dependencia daliniana de la masturbación, que no le importaba practicar abiertamente durante los juegos eróticos que orquestaba para satisfacer su voyeurismo. Pronto el colombiano empezó a participar en estas sesiones, e incluso se le encargó encontrar a jovencitos andróginos. «Una vez reclutado, me convertí en reclutador», diría riéndose Lozano más tarde.[34] Las «orgías» de Dalí no eran realmente orgiásticas en el sentido dionisíaco de la palabra, hay que decirlo, porque el pintor las planificaba hasta el último detalle e intervenía a cada momento para decirles a los actores qué debían hacer, qué no debían hacer o seguir haciendo (le gustaba interrumpirlos cuando estaban a punto de llegar al orgasmo, por ejemplo) o cómo hacer mejor lo que estuvieran haciendo. El Divino era entonces el todopoderoso maestro de ceremonias de un ritual erótico del que nadie, salvo Dalí, conocía las reglas. A veces el rito incluía actos de sodomía heterosexual, y Dalí le dijo a Louis Pauwels que una vez una muchacha se había dejado penetrar analmente al grito de «¡Lo hago por el Divino! ¡Sólo por el Divino Dalí!».[35]

En general las sesiones eran menos exigentes. El fotógrafo australiano Robert Whitaker, que había conocido a Dalí en los últimos años de la década de los sesenta, estaba presente cuando, en Port Lligat, el pintor invitaba a chicas guapas a posar desnudas en su estudio, con el pretexto de dibujarlas, y luego se masturbaba detrás del caballete. Cuando la mujer de Whitaker, Susie, llegó a Port Lligat en 1972, «lo primero que hizo Dalí fue darle un vibrador y preguntarle si se masturbaba». Los que tomaban parte en las libidinosas veladas dalinianas tienden hoy a ser un poco evasivos. Carlos Lozano es una refrescante excepción a la regla. No necesitó mucho tiempo para descubrir que a Dalí le acomplejaba el pequeño tamaño de su pene, ni que su máximo placer consistía en convencer a los efebos para que se bajaran los pantalones y se masturbaran en su presencia.[36]

Lozano hizo otro descubrimiento. Era que Dalí no sólo se atiborraba de cápsulas vitamínicas sino que recurría a antidepresivos. Según Lozano, continuaría tomándolos a lo largo de los más o menos doce años que duró su amistad. Se trata de una revelación de gran importancia que demuestra que, aunque Dalí logró convencer al mundo de que había perdido sus inhibiciones, no pudo hacer lo mismo con su subconsciente. Dalí nunca bebía alcohol, medida prudente, sin duda, para una persona cuya vida entera estaba en función del autocontrol, del no dejarse atrapar, del máximo despliegue de su inteligencia. No obstante, el alcohol, como Dalí bien sabía por su experiencia en Madrid en los años veinte, y más tarde en París, tiene la gran ventaja de proporcionar una liberación provisional de la timidez. Y allí estaba el dilema. ¿Tal vez los antidepresivos le ayudaban a Dalí a amortiguar los sentimientos de vergüenza que a veces le atenazaban, sin poner en peligro el autocontrol que era esencial a su supervivencia?[37]

El libro de Amanda Lear, reimpreso casi literalmente en 1994 con un nuevo título y sin mencionar para nada su anterior edición,[38] puede leerse como una metáfora del mundo de confusión, ambigüedad y extravagancia que Dalí creó deliberadamente a su alrededor. En este sentido destaca en especial un episodio: las supuestas gestiones llevadas a cabo por Dalí para que él y Amanda pudiesen conseguir de la Iglesia un «matrimonio espiritual». Lear quiere que aceptemos que, a tal fin, consultaron con un ermitaño del santuario de Rocacorba, boscosa y escarpada montaña de unos mil metros de altura en la provincia de Gerona. Si incluso hoy el lamentable estado de la carretera sin asfaltar, que arranca de Pujarnol, a nueve kilómetros del santuario, sólo permite llegar a la cima en un vehículo todoterreno, podemos imaginar las dificultades que a principios de los años setenta tendría Arturo Caminada al volante del Cadillac. Lear dice que, cuando el coche ya no pudo avanzar más, ella y Dalí subieron la pendiente final en burro y a pie. No es de extrañar que llegaran cansadísimos al lugar sagrado. El anacoreta tenía una larga barba, como correspondía. Dalí estaba encantado: el «matrimonio espiritual» era posible, les dijo el sabio, pero antes tendrían que hablar con cierto monje del monasterio de Sant Pere de Roda. Lear no nos da más detalles. ¿Ocurrió realmente este episodio? ¿Usaron de verdad un burro para llegar hasta el santuario y luego para volver al Cadillac? Nunca sabremos si se trata sólo de un brillante invento de la autora, o si el episodio tenía alguna base en la realidad. Así es este libro.[39]

En 1970 Amanda era ya una *habitué* de los veranos de Cadaqués, acompañando a Dalí a corridas de toros en Barcelona y a fiestas de sociedad a lo largo de la Costa Brava. Por dondequiera que apareciesen los dos, eran admirados por los boquiabiertos lugareños y por los turistas. Por supuesto, su relación era exactamente lo que necesitaban las revistas del corazón. El periódico gerundense *Los Sitios* tenía una columna de sociedad, que firmaba Enric Sabater Bonany, nativo de Corçà, en el Baix Empordà, hijo de un mecánico. Nacido el 20 de noviembre de 1936, Sabater era ambicioso y polifacético. Buen futbolista (a los diecisiete años había jugado en el equipo juvenil de Gerona), fotógrafo aventajado y hábil piloto, una temporada en Suiza había sido un acicate para su innato don de lenguas. Luego, al regresar a Cataluña, había desempeñado los más variados trabajos, siendo, entre otras cosas, chófer de una emisora de radio, empleado de una agencia de viajes y relaciones públicas de la oficina de desarrollo turístico de Ampuriabrava. Sabater tenía carisma personal, era bien parecido y gustaba a las mujeres. Y, como buen catalán, tenía talento para los negocios.[40]

La columna de cotilleos de *Los Sitios* permitía a Sabater acceder a los famosos que veraneaban en la Costa Brava, cuyo estilo de vida alentó rápidamente su propio empeño en ser rico. Teniendo a Dalí tan a mano, habría sido una torpeza por su parte no cultivar la amistad del pintor. El primer encuentro tuvo lugar en 1968, cuando Dalí le concedió una entrevista para *Los Sitios.* Los dos se llevaron bien, y pronto el reportero frecuentaba la casa de Port Lligat, aceptado no sólo por Dalí sino por Gala y Peter Moore. Éste, según Sabater, estuvo muy amable con él al principio. Difícilmente habría podido imaginar el capitán que, antes de que pasara mucho tiempo, el avispado catalán le empezaría a tomar el relevo.[41]

GÉRARD DOU Y LA NUEVA ESTEREOSCOPIA

Gérard Dou (1613-1675), retratista y pintor de género holandés discípulo del joven Rembrandt y contemporáneo de Vermeer, fue uno de los maestros de la Colección Gowans, que tanto había influido en la formación del Dalí joven. Sus escenas de la vida doméstica, a menudo iluminadas por una vela, son encantadoras, y se comprende que fuesen tan populares en vida del artista.

En la primavera de 1969 se celebró en el Petit Palais de París una exposición de Dou que Dalí visitó acompañado de Amanda Lear. Ésta se quedó intrigada por un cuadro en el que un aguamanil dorado daba la impresión de estar en relieve. Por la descripción dada por Lear es posible que se tratara de *Criada en la ventana,* en la que Dou consigue con maestría captar la luz del jarro.[42] Dalí, también impresionado por la obra, fue corriendo, al salir de la exposición, a ver si podía conseguir una reproducción del cuadro en una librería de viejo que frecuentaba en la rue Mont-Tabor. Compraron un libro sobre Dou, pero no incluía el cuadro en cuestión. Sin embargo, les reservaba una sorpresa.

Lear, al hojearlo, observó no sólo que había dos versiones de muchas de las pinturas reproducidas, sino que eran ligeramente diferentes. Dalí las miró detenidamente y confirmó que Amanda tenía razón. ¿Era posible que Bou lo hubiera hecho así deliberadamente? ¿Pretendía que se contemplaran una junto a la otra? ¿Buscaba un efecto estereoscópico? Gracias a Amanda un nuevo bichito comenzaba a picarle a Dalí. En Port Lligat, explica a Amanda, tiene un par de anaglifos, gafas de colores, populares a principios de siglo, que con una lente roja y otra verde permitían ver un dibujo o una imagen fotográfica en relieve. Gracias al descubrimiento de Amanda, Dalí le dijo, se pondría a trabajar ahora en un sistema que le permitiera aplicar el mismo principio a su propia obra. No parece que en esa ocasión Dalí evocara para Lear el «teatro mágico» de su profesor Esteban Trayter, pero es difícil imaginar que no lo tuviera presente al empezar a darle vueltas a la posibilidad de aventurarse ahora por la vía tridimensional.[43]

Poco después Dalí le dijo a Luis Romero que estaba convencido de que Dou era «el primer pintor estereoscópico» y que había creado sus pares de cuadros casi idénticos para ser contemplados a través de algún artilugio óptico aún no documentado. Según Dalí, no podía ser una coincidencia el que el científico Cornelius van Drebbel, muerto en Leyden en 1636, hubiera inventado un aparato considerado como el primer microscopio. En efecto, Leyden era entonces un centro de investigación de la óptica. Desde el punto de vista de la lógica daliniana, todas las piezas encajaban.[44]

No hay constancia, sin embargo, de que Dou hubiera experimentado realmente con la pintura estereoscópica y, viendo las cosas con calma, no parece probable. Pero ello no le importaba a Dalí, naturalmente. El Salvador del Arte Moderno había descubierto una nueva variación de *trompe l'œil*, y a ella se dedicaría con su acostumbrado tesón durante los próximos años. Algunos de los resultados, no especialmente interesantes, pueden contemplarse hoy en el Teatro-Museo de Figueres.

Encantado con el descubrimiento hecho por Amanda, Dalí la recompensó con una visita a la Feria de Abril sevillana. Viajaron en el Cadillac (Gala ya había salido de París), deteniéndose en Lyon y Avignon para comer en los mejores restaurantes. Según cuenta Amanda, ella se quedaba a veces dormida sobre el hombro del pintor mientras el automóvil avanzaba hacia el sur, y cada vez que se despertaba ahí estaba Dalí, mirándola y acariciándole el pelo. En Sevilla se sumó a ellos Nanita Kalaschnikoff, y un fragmento de secuencia de Televisión Española nos muestra a un Dalí muy orgulloso, flanqueado por las dos bellezas, en un carro tirado por caballos y contestando las preguntas de un periodista. En Sevilla también estaba Ricardo Sicre, aventurero que había hecho fortuna, nadie sabía cómo, y que había dado clases de inglés a Dalí en Nueva York (el yate de Sicre, *The Rampager*, era uno de los más lujosos del Mediterráneo). Kalaschnikoff encontraba desagradable a Sicre, y nunca pudo entender la fascinación que ejercía sobre Dalí.

Según Nanita, lo que a Dalí más le gustó de Sevilla fue la visita al Hospital de la Caridad, donde pudo admirar la tumba de Miguel de Mañara, personaje considerado prototipo del Don Juan de Tirso de Molina. A la entrada del edificio está el sitio que Mañara eligió para su sepultura (si bien, pese a sus deseos, lo enterraron en el interior). El epitafio, que él quería que todo el mundo pisara, reza «Aquí yacen los huesos y las cenizas del hombre más malo que jamás vivió. Ruega a Dios por él». A Dalí le encantó la inscripción, y aún más el célebre cuadro de Juan Valdés Leal inspirador de la escena de los arzobispos al comienzo de *La edad de oro*, y que hasta ahora sólo conocía por reproducciones: el escalofriante *Finis Gloriae Mundi*, conocido popularmente en la Residencia de Estudiantes como *El obispo podrido*.[45]

«EL TORERO ALUCINÓGENO»

A diferencia de Picasso, Dalí no era un auténtico aficionado a los toros, pero de vez en cuando iba a verlos. Habiendo invertido muchos esfuerzos en convencer al público extranjero de que era el más grande pintor de España, tampoco podía prescindir de agraciar la fiesta nacional con su presencia. Además, las corridas tenían la ventaja añadida de darle publicidad gratuita. Los Morse asistieron al menos a cuatro corridas con la pareja. «A Gala le encantaba que los matadores la honraran obsequiándole con su montera», ha escrito Reynolds, «y a Dalí le gustaban los murmullos de adulación de la multitud a su alrededor.» Pero adulación no es la palabra correcta. A Dalí nunca lo adularon en España. Era famosísimo, eso sí. Y a los famosos se los escudriña en las corridas de toros, sobre todo cuando ocupan las primeras filas del tendido, como suele ser el caso, claro está.[46]

Dalí había interiorizado el *Llanto por Ignacio Sánchez Mejías*, de Lorca, casi tanto como su *Oda a Salvador Dalí* (no se ha podido establecer si conocía personalmente al espada, muerto de una cornada en 1934, aunque parece probable). Al pintor le obsesionaba en particular el nítido contraste entre sol y sombra que vibra en la exclamación de dolor por el amigo muerto:

¡Oh, blanco muro de España!
¡Oh, negro toro de pena!

En una ocasión Dalí hasta vería su patio de Port Lligat en términos del claroscuro establecido por Lorca.[47] Por lo tanto no era del todo sorprendente que, al recibir la noticia del asesinato del poeta, hubiera reaccionado con el españolísimo «¡Olé!» que sabemos: Lorca, como Sánchez

Mejías, no había podido evitar su destino, y había muerto frente al adversario.[48]

Cuando se piensa bien, quizá era inevitable que tarde o temprano, recordando ambas muertes, Dalí sintiera la necesidad de dedicar un importante lienzo a la lidia, con Lorca como protagonista. El punto de partida del *El torero alucinógeno* se dio a principios de 1968 en Nueva York, cuando en una tienda de artículos para artistas Dalí se encontró, de repente, mirando fijamente la etiqueta de una caja de lápices de la
101 marca Venus. En el torso de la Venus de Milo, donde éste se dobla por el borde de la caja, había visto el rostro de un torero.[49] Reynolds Morse ha calificado la revelación de «paranoico-crítica», pero no parece necesario ir tan lejos. Sabemos que Dalí tendía a «ver cuadros en las manchas de las paredes», como había recomendado Leonardo Da Vinci. Y esta vez, en el torso de la Venus de Milo, vio una cara, una cara triste, como años antes había atisbado el rostro de Picasso en una postal de un pueblo africano.[50]

Tras muchos estudios preparatorios, Dalí comenzó a pintar *El torero alucinógeno* en Port Lligat en la primavera de 1969.
XXXVIII

El motivo central del cuadro es la imagen que había percibido en la etiqueta de la caja de lápices. La tela mide 398,8 x 299,7 cm, casi exactamente las mismas dimensiones que *Santiago el Grande, El descubrimiento de América por Cristóbal Colón* y *El Concilio Ecuménico.*

El escritor Luis Romero, que vivía parte del año en Cadaqués, había conocido a Dalí por vez primera en 1951, en la época del *Manifiesto místico* (texto que no le convenció), y desde entonces visitaba al pintor con regularidad en Port Lligat, llegando a menudo en su barca.[51] Romero llevaba algunos años pensando en la posibilidad de escribir un libro sobre Dalí, pero el espectacular *Dalí de Draeger* le había hecho dejar de lado el proyecto. Ahora, de improviso, Dalí hizo una sugerencia: ¿por qué no escribía Romero un libro sobre él basado en este nuevo cuadro de grandes dimensiones, y que pretendía ser «una antología de toda su obra»? Dalí opinaba que, al tener el cuadro doce metros cuadrados, Romero debería dividir el libro suyo en doce partes. Romero aceptó –la idea le parecía excelente– y se firmó un contrato con el editor. Pasarían seis años, sin embargo, antes de la publicación del muy valioso *Todo Dalí en un rostro.*[52]

Gracias sobre todo a Romero, pero también al fotógrafo Melitón Casals («Meli») y a Reynolds Morse, la ejecución de *El torero alucinóge-*

no, que duró quince meses, está muy bien documentada. Casi cada componente de esta «antología» pictórica de Dalí ha sido analizado y clasificado: desde la silla cubista del ángulo inferior izquierdo del cuadro (tomada de *Naturaleza muerta sobre una silla,* de Juan Gris, de 1917), las multicolores «partículas atómicas» que señalan la estocada fatal, la indiscreta bragueta de Henri Matisse al lado del abdomen de Venus, la lágrima del torero («premonitoria» la llamó Dalí, porque el diestro sabe que va a morir)[53] y la turista tumbada sobre una colchoneta inflable en una cala de Creus (referencia a la escandalosa invasión de Tudela por el Club Méditérranée) hasta el perro «invisible» (abajo, centro) –copiado de una famosa fotografía experimental de un dálmata tomada por R. C. James–,[54] la mujer orante del *Ángelus* de Millet (vista como una sombra de Venus), las moscas de Gerona, la fotografía original del toro muerto o agonizante, y la recuperación del Dalí niño de *El espectro del sex-appeal* (1934).

Para Reynolds Morse, todo el cuadro es un supremo y deslumbrante ejemplo de continuidad daliniana. El botón, por ejemplo:

> Se ve justo encima de la pierna en sombra de la Venus que se transforma en la corbata del torero. El movimiento hacia atrás que lleva hasta el agujero en la vela más alta del *Colón,* al de *Aparato y mano* (1927) y finalmente a la puerta que se ve al fondo de *Las meninas,* proporciona los vínculos con la tradición tantas veces ausente en el arte «moderno». Si la pintura de Dalí representa efectivamente una especie de renacimiento siglo XX, es también una aventura en el espacio y en el tiempo y en el empleo inteligente de la profunda sabiduría de sus precursores.

Pese a la continuidad daliniana, Morse rechazaba la posibilidad de que el can tuviera algo que ver con *Un perro andaluz.* Y se equivocó, porque el propio Dalí había garabateado en un papel, mientras Romero trabajaba en *Todo Dalí en un rostro*: «El perro andaluz, turista en cala Perona» (dicha cala, pronunciada localmente «Prona», se encuentra en el extremo norte del cabo de Creus).[55] Puesto que para Dalí y Buñuel el «perro andaluz» de la película era Lorca, y éste había visitado Creus con Dalí, como sabemos, la referencia al poeta parece evidente, especialmente si se tienen en cuenta los otros muchos elementos del lienzo que aluden a él y al *Llanto por Ignacio Sánchez Mejías.*

Dalí le dijo a Romero que el torero era una figura compuesta en la que se fundían su hermano muerto y un grupo de amigos desaparecidos: Pierre Batcheff, protagonista de *Un perro andaluz,* el príncipe Alex Mdivani, René Crevel y Lorca.[56] Es posible que la insólita corbata verde del torero sea una alusión al famoso verso de Lorca «Verde que te quiero verde», del «Romance sonámbulo», y que la rosa de la solapa remita al papel central de esta flor en la *Oda a Salvador Dalí.* También hay una contribución de Carlos Lozano. Cuando Dalí regresó a Port Lligat en la primavera de 1969 y empezó a trabajar en *El torero alucinógeno,* éste le envió desde París una afectuosa postal de una rosa roja. Al visitarlo meses más tarde en su estudio, le sorprendió ver que el pintor había incorporado la flor en el cuadro. «Dalí era así, utilizaba lo que tenía a mano», comenta Lozano. «De golpe veía el potencial latente de algo que estaba ahí y lo usaba. Era tan creativo en ese aspecto que yo me sentía totalmente atrapado por él, y esa fascinación duró años y años.»[57]

Los arcos de la plaza que aparecen en la parte superior del lienzo, ejecutados a la manera de De Chirico, recuerdan a un circo romano, otro detalle que hace pensar en el *Llanto* lorquiano, en el cual Ignacio, muerto, con la cabeza dorada por el «aire de Roma andaluza», sube por las gradas en busca del amanecer, de su «perfil seguro», de su hermoso cuerpo. Pero no hay amanecer, ni perfil seguro, ni cuerpo hermoso, sólo la sangre derramada en la arena, que Lorca quiere ver cubierta por la luz de la luna y por los jazmines «con su blancura pequeña». El arco central, a diferencia de todos los demás, no arroja sombra. Flanqueado por dos ángeles, es sin duda el portal a través del cual el alma de Ignacio, y, por extensión, la de Lorca y del torero alucinógeno de Dalí, ascienden al cielo.

La presencia de una luna menguante, a la izquierda del cuadro, refuerza la asociación lorquiana. Romero ha señalado que el mundo de Dalí es casi exclusivamente solar, y que la luna sólo sale contadas veces en su obra.[58] Es cierto. Por el contrario, Lorca es esencialmente, y así lo consideraba Dalí, un poeta lunar, y la presencia del astro nocturno en *El torero alucinógeno* es otra indicación de que el pintor está pensando en el *Llanto,* y que Lorca es el protagonista oculto del lienzo.

Gala está aquí, también, apareciendo como un fantasma sobre las gradas del ruedo donde le saluda Dalí, quien, como apuntó en un estudio preparatorio, «se ha convertido en un torero joven que sueña con ofrecer a Gala el toro de su Revolución Cultural».[59] Se trata de una de las representaciones más feas de la Musa jamás ejecutadas por Dalí, y la expresión de su ademán contrasta brutalmente con la del torero, nostálgica y noble. ¿Ello es intencionado? No se puede excluir tal posibilidad. Las relaciones entre Dalí y Gala se habían vuelto muy tensas durante el romance con William Rotlein, y no iban a mejorar.

Reynolds Morse adquirió *El torero alucinógeno* en 1970, antes de que estuviera acabado. Después, a medida que el artista producía cada vez menos obras de calidad, los Morse se limitarían a comprar unos pocos «objetos» dalinianos. Fue el triste final de casi treinta años de coleccionismo.[60]

EL CASTILLO DE GALA Y EL MUSEO DE DALÍ

El versátil Enric Sabater no sólo era útil para Dalí como fotógrafo y periodista. Uno de sus más importantes servicios iniciales consistió en ayudar al pintor a encontrar el castillo que éste llevaba años prometiendo a Gala. La propiedad deseada tenía que estar lo suficientemente lejos de Port Lligat para que Gala se sintiera de verdad independiente, pero no tanto como para dificultar demasiado la comunicación física entre ambos. Para propiciar la búsqueda vino de perlas la licencia de piloto de Sabater, que empezó a barrer la región desde una avioneta, sacando fotografías aéreas de posibles candidatos. Un día de 1969 sobrevoló una arruinada mansión medieval con un jardín amurallado, sita en el poblado de Púbol, en el Baix Empordà, no lejos de su Corçà natal. Le pareció que el lugar prometía. El pintor estaba trabajando en su estudio cuando Sabater llegó con las ampliaciones. «Dalí lo dejó todo y comenzó a decir "¡Gala, Gala, Gala, Gala!"», recuerda Sabater hoy. «Se enamoró enseguida del sitio, le había bastado con ver una sola fotografía, nunca supe por qué.» La reacción de Gala era igualmente entusiasta. Había encontrado su «castillo».[61]

Las negociaciones para la compra de Púbol se iniciaron enseguida y no tropezaron con dificultades. Giuseppe Albaretto recuerda con orgullo que la entrada se pagó con el fajo de billetes de cien dólares que acababa de entregar a Gala por las ilustraciones de Dalí para la *Odisea.* «Los hemos utilizado para comprar Púbol», le dijo entusiasmado Emilio Puignau.[62]

Desde el momento mismo de la adquisición, Gala le dejó bien claro a Puignau que el lugar tenía que estar listo para cuando ella y Dalí regresaran de Nueva York el verano siguiente. No toleraría retrasos. Puignau tenía carta blanca y podía tomar las decisiones que considerara necesarias en su ausencia, pero la mansión debía restaurarse en el plazo señalado. Tarea casi imposible, pero Puignau era un constructor experimentado y, debido a las muchas reformas que había efectuado en la casa de Port Lligat, conocía a sus clientes al dedillo. Prometió que haría todo lo posible por complacerlos.

Durante siete meses Puignau se encargó de dirigir a los equipos de albañiles y decoradores contratados a tales efectos, procurando mantener la calma ante el alud de cartas que llegaban de Gala, cada una con nuevas exigencias. No la perdió, y en mayo de 1970, cuando los Dalí regresaron, la ruina había sido completamente transformada, o casi. Sólo faltaban los toques finales y la elección de muebles.[63]

Los Dalí se quedaron encantados con el trabajo de Puignau y dieron una pequeña fiesta «familiar» para inaugurar el refugio de Gala. El fotógrafo francés Marc Lacroix estuvo presente como cronista gráfico del acontecimiento. Gala, recuerda éste, estaba contenta como una niña al tomar posesión de sus dominios.[64] Joaquim y Dolors Xicot, un matrimonio del lugar, fueron alistados como caseros, y al instalarse Gala el verano siguiente, Dolors desempeñaría también las funciones de cocinera.[65]

Durante diez años Púbol será el nido de amor de Gala al cual Dalí, como le gustaba alardear, sólo tendrá acceso por invitación escrita de la Musa. Nunca se sabrá la verdadera historia de los periodos pasados por Gala en el castillo. Los labios de Joaquim y Dolors Xicot están sellados, los jóvenes de turno no han escrito sus memorias (se conservan fotografías de algunos de ellos) y no había libro de visitas.

Si bien Dalí contribuyó personalmente a la decoración del edificio, pintando el techo de la gran sala, poniendo aquí y allá algunos efectos *trompe l'œil* de mal gusto y diseñando una piscina notablemente *kitsch* para el jardín, dedicaba la mayor parte de sus energías en estos momentos a conseguir que las autoridades madrileñas se hicieran finalmente cargo de las obras del Teatro-Museo de Figueres. Dichas autoridades llevaban tiempo dándole largas. Hubo complicaciones financieras interminables, y varios cambios ministeriales no habían ayudado nada. El 10 de octubre de 1968 Dalí había tenido una segunda audiencia con el general Franco y le había explicado el proyecto con todo detalle. Al parecer, el Caudillo, ya bastante envejecido, manifestó interés por el proyecto y dijo que Dalí convertiría Figueres «en una Meca del arte contemporáneo». El pintor no esperaba oír tal frase de labios del dictador, y le expresó su gratitud.[66] Ese mismo día, Peter Moore, convencido de que Madrid paralizaba deliberadamente el proyecto, se ofreció para conseguir financiación privada para el museo... y a dirigirlo. Junto con el fotógrafo Meli y Lluís Durán Camps, propietario del famoso Hotel Durán –cuartel general de Dalí en Figueres–, Moore había elaborado un plan para instalar un restaurante en el edificio del museo y prestar su propia colección de Dalís. Pero el alcalde Ramón Guardiola le dijo con firmeza que, por el momento, las intenciones del Ministerio de Vivienda, que se había comprometido a llevar adelante el proyecto, le parecían respetables. No se requerían, en consecuencia, sus servicios.[67]

Dos años más tarde las cosas seguían igual, y Dalí comenzaba a irritarse. El 1 de abril de 1970 el pintor dio una conferencia de prensa en el Museo Gustave Moreau de París para anunciar la creación del museo. ¿Por qué el 1 de abril, día que equivale a los Santos Inocentes españoles? Porque, explicó Dalí, él siempre nadaba a contracorriente, y lo que ese día tenía que decir no era ninguna inocentada. ¿Y el Museo Moreau? En primer lugar, porque era uno de los que él más admiraba en el mundo y que siempre recomendaba a sus amigos. Segundo, porque consideraba a Moreau «el más glorioso de los pintores eróticos y escatológicos», un pintor alquimista que, como el propio Dalí, convertía los materiales vulgares en oro.[68] Dalí anunció que había comprado un castillo para Gala, que le había sugerido al presidente de la República que Francia creara un museo del surrealismo, que su caché por un minuto de publicidad era ahora diez mil dólares y que (como le había dicho a Carlton Lake unos años antes) estaba ponderando la posibilidad de hacerse hibernar. El pintor estuvo brillante y provocativo como nunca, y Carlos Lozano, vestido como un personaje salido de uno de los cuadros del mismo Moreau, recuerda aquel 1 de abril como un día estelar en su vida. Interrogado sobre el Teatro-Museo, y sobre las obras que pensaba donar, Dalí contestó que daría más que Picasso al suyo en Barcelona. Como siempre, Dalí pensaba mucho en su máximo rival, y ahora más que nunca al tener el malagueño un imponente museo propio en la capital de Cataluña.[69]

Finalmente, en un consejo de ministros celebrado el 26 de junio de 1970 en el castillo de Perelada, propiedad del millonario Miguel Mateu –el aliado de Dalí en el asunto del notario ultrajado–, se dio luz verde al Teatro-Museo.[70] Las obras comenzarían aquel octubre, y ahora que el proyecto empezaba a convertirse en realidad, Dalí se puso a meditar en serio sobre la estructura, contenidos y funcionamiento del edificio. Pasarían todavía cuatro años antes de que abriera sus puertas al público.

Enric Sabater informaba ahora con frecuencia sobre Dalí y su entorno en su columna de *Los Sitios.* El 14 de junio recogió la noticia de que el artista acababa de donar al Teatro-Museo el cuadro *Naturaleza muerta de Cadaqués con guitarra blanda,* más conocido como *Pez y ventana (Naturaleza muerta al claro de luna).* Dalí hizo ante Sabater la que al parecer fue su primera alusión pública a la fusión de su cabeza con la de Lorca en las obras de los años veinte. «El cuadro tiene la particularidad de ser además el retrato de un amigo nuestro», le comentó, «pero la sombra del busto es la sombra que corresponde a mi propia sombra, o sea es un poco la sombra de un autorretrato.» En la misma entrevista Dalí declaró que, puesto que no tenía descendencia, toda su herencia iría al museo de Figueres, lo que en la práctica significaba que estaba ya pensando en cambiar su testamento.[71]

Unas semanas después, en julio, Sabater conoció por vez primera a Amanda Lear, cuando ésta acompañó a Dalí y Gala a una fiesta en S'Agaró. Sacó muchas fotografías de la ocasión, algunas de las cuales ilustraron su reportaje en *Los Sitios*, y algunos días después se las enseñó a Amanda y a Dalí en Port Lligat. Les gustaron, y ambos lo alentaron a que les hiciera más. Poco a poco Sabater se iba volviendo indispensable.[72]

Durante estos primeros años de su relación con Dalí, Sabater pasaba muchas horas en el estudio de Port Lligat, sorprendiéndose ante la extraordinaria capacidad de trabajo del pintor. Dalí empezaba cada día a las siete de la mañana, siguiendo sin parar hasta la hora del almuerzo. Luego tomaba una siesta y, tras ésta, volvía a su caballete. Sólo se relajaba, durante unas horas, por la noche. El programa era invariable..., con una sola excepción. Cuando Gala estaba a punto de marcharse con alguno de sus chicos a Italia, su destino habitual, el artista solía llamar a Amanda o a Nanita Kalaschnikoff, que llegaban a los pocos días y se quedaban una o dos semanas. Sólo entonces se tomaba Dalí un descanso.[73]

Si, como demuestra su libro, Amanda Lear pronto comenzó a sospechar de Sabater, tampoco el fotógrafo tenía una elevada opinión de ella. Era agradable y atractiva, recordó en 1996, pero sólo un juguete al que Dalí recurría cuando Gala se marchaba con su última adquisición. En la casa y en Cadaqués todos la llamaban «La Pisseuse», porque cuando salía con Dalí continuamente pedía pesetas para ir al lavabo. Según

Sabater, que conserva algunos recibos, Amanda cobraba sesenta dólares por hora para posar con el pintor. Era una modelo. Y punto.[74]

El juicio de Sabater sobre el papel de Amanda es injusto, sin embargo. Cuando la edición francesa de *Vogue* le encargó a Dalí que diseñara el número especial de diciembre de 1971, éste se lo dedicó a Gala, haciendo a ella y su castillo protagonistas del mismo. Pero también recurrió a Amanda, que apareció deslumbrante en varias fotografías sacadas por Robert Descharnes y Robert Bailey. Para Dalí, Lear era sin duda una modelo fabulosa. Pero –lo hemos visto de sobra– era también mucho más que eso. Y, sobre todo, una compañera inteligente y sumamente divertida.

Amanda nunca había visto a Dalí tan feliz como cuando lo visitó en Port Lligat durante el verano de 1972: el museo avanzaba, y el pintor estaba entusiasmado con los planos de Pérez Piñero para la cúpula geodésica que cubriría el viejo teatro; Gala, contenta y cómodamente instalada en Púbol, le daba, por fin, un respiro; y Dalí estaba ya convencido de que, tras la muerte de Franco, habría una suave transición, sin alharacas, a la monarquía. Dalí siempre le había dicho a Amanda que era monárquico. ¡Pero ahora iba a tener un rey de verdad a quien rendir homenaje! Isidor Bea había estado enfermo y convalecía en estos momentos en Barcelona. Amanda lo reemplazó como pudo en el estudio y tuvo más oportunidades que nunca para departir con el Maestro.[75]

Un día Gala invitó a Dalí y a Amanda a Púbol. El ambiente estaba algo cargado, y la rusa se obstinó en no enseñarles sus aposentos privados. Lear dijo que el castillo le parecía un poco espartano. Gala replicó que Port Lligat era demasiado barroco, demasiado *«surchargé»*. ¡Esa horrenda piscina llena de hippies! A ella siempre le había gustado la sencillez. «¡Tienes el gusto de un palurdo de Figueres!», le espetó a Dalí. Al marcharse, Dalí dijo, tal vez en broma: «Vuelve pronto a casa, Galuchka, te echo de menos. *Baby, come back to me.*» «Nunca», contestaría ella. «Soy demasiado feliz aquí. ¡Quédate con tu Amanda!»[76]

En mayo de 1973, cuando la London Weekend Television llegó a España para hacer un documental sobre el pintor, a Russell Harty, el simpático presentador del espacio *Aquarius*, se le permitió filmar fugazmente a Gala en Púbol, dignándose la Musa aparecer brevemente en una ventana de su castillo, con una ligera y enigmática sonrisa.

Harty descubrió que entonces Dalí no pensaba más que en su Teatro-Museo. El Maestro se lo mostró. «Mi única ambición es reconstruir aquí mi periodo de adolescencia en Figueres y Cadaqués», dijo en su esperpéntico inglés, mirando a la cámara. «Todos mis tempranos recuerdos y actos eróticos se desarrollaron exactamente AQUÍ, y por eso éste es el lugar más idóneo para mi museo.» Harty trepó a los andamios para ver a Dalí trabajando en el techo. Al observar que pintaba una muleta, le preguntó por su significado.

HARTY: A usted le gustan mucho las muletas.
DALÍ: Sí, porque simbolizan la impotencia.
HARTY: ¿Impotencia?
DALÍ: Sí, todos los grandes hombres que consiguen hacer cosas excepcionales son impotentes. Napoleón, todos. La gente que no es impotente hace hijos, embriones, nada más. Pero en cuanto el sexo funciona con extrema dificultad, uno crea música fantástica, arquitectura e invasiones, invasiones imperiales.
HARTY: Claro.

Puesto que era obvio que Dalí se incluía a sí mismo en el bando de aquellos para los que el sexo sólo funcionaba con «extrema dificultad», el anodino «claro» con el que Harty puso punto final a la conversación puede considerarse como una de las peores reacciones en la historia de las entrevistas televisivas. Cabe deducir que Harty estaba tan exhausto mentalmente después de unos días con Dalí que sus reflejos ya no funcionaban con su trepidante velocidad habitual.[77]

EL ESCÁNDALO DE LAS HOJAS EN BLANCO

A comienzos de los años sesenta, entusiasmado con las posibilidades de ganar ingentes cantidades de dinero fácil que le ofrecía el cada vez más boyante mercado reproductivo, Dalí había adoptado el dudoso procedimiento de estampar una firma original debajo de láminas suyas preparadas por otras manos, procedimiento mucho menos engorroso, obviamente, que trabajar en grabados o litografías originales.

Alrededor de 1965 el pintor dio otro paso aún más peligroso: empezó a firmar hojas de papel litográfico en blanco. En *Relojes blandos, tiempos duros* Peter Moore afirma que todo comenzó cuando uno de los editores franceses del pintor (Pierre Argillet, según una nota de

Reynolds Morse) le convenció de la utilidad de este método, que permitía poner una edición a la venta en la fecha prevista sin que el pintor tuviera que trasladarse a París para firmar las litografías, o en caso de no comparecer allí a tiempo. No fue difícil que el pintor diera su conformidad, desde luego. Según Moore, Argillet le pagaba a Dalí diez dólares más por cada firma estampada según tal sistema. Puesto que el artista era capaz de firmar hasta mil hojas por hora, ello significaba que podía ganar dinero a un ritmo fenomenal con sólo poner su nombre en un trozo de papel. «La primera vez», escribe Moore, «firmó diez mil hojas, lo que nos reportó cien mil dólares, todo en billetes de cien. "Con esto tenemos para los gastos en América"», proclamó orgulloso Dalí.[78]

Firmar en blanco se convirtió pronto en una manía, y a veces, al regresar al St. Regis después de cenar, Dalí le pedía a Moore que lo dejara pasar unas horas despachando más hojas, «por si no estuviéramos aquí el año que viene».[79]

En sus memorias inéditas Moore no acepta responsabilidad alguna por la conducta de Dalí en relación con la firma de hojas en blanco, y no hay indicio de que intentara contener la codicia del pintor. ¡Después de todo, el capitán se llevaba un diez por ciento! Aunque no siempre. La tacañería de Dalí era tal que al cabo de un tiempo empezó a firmar hojas a escondidas, sin que su «asesor militar» lo supiera, para ahorrarse la comisión. Pero el astuto Moore se dio cuenta rápidamente de lo que ocurría, e intervino para pararle los pies –o la mano derecha– al Maestro.[80]

La situación se desmandó pronto, a medida que día a día aumentaba la demanda de reproducciones de Dalí. Según Moore, el papel prefirmado era almacenado, en la mayoría de los casos, por un editor de confianza. Pero, por supuesto, siempre había personas sin escrúpulos «que retenían montones de papel en blanco». Resultado: en lugares tan distantes entre sí como Barcelona, París y Nueva York «hay miles de hojas de papel Arches o Japón en blanco con la firma auténtica de Salvador Dalí. El papel se guarda en almacenes oscuros; será utilizado para reimprimir ediciones de Dalí. A veces se hace con su aprobación y otras sin que él lo sepa.»[81]

Luis Romero ha dicho que lo que a Dalí más le gustaba era *firmar:* hojas en blanco, reproducciones, libros, lo que fuera. «Más, más, más...», decía el Maestro, gesticulando enérgicamente. Según el mismo escritor, Dalí nunca se preocupaba por saber cuántas láminas se tiraban, si las placas se destruían después de la impresión o qué hacían con ellas. Lo único que quería era firmar más y más ejemplares... y con ello ganar más y más dinero.[82]

La situación creada por las hojas en blanco llegaría a ser caótica antes de que Moore cesara como «asesor militar» de Dalí en 1974. Aquel año la aduana francesa detuvo un pequeño camión procedente de Andorra, y descubrió que llevaba cuarenta mil hojas litográficas en blanco firmadas por Salvador Dalí. Iban a nombre de un tal Jean Lavigne, editor de arte parisiense residente en Palm Beach, Florida. Lavigne alegó que la importación de tales hojas no era ilegal en Francia, y el cargamento pudo seguir hasta París. Procedía, presumiblemente, de Port Lligat.[83]

Emilio Puignau, en su calidad de «administrador doméstico» de los Dalí, sabía más que nadie sobre la rutina diaria del pintor. Le preocupaba profundamente lo que ocurría:

> Como conocí bien su vínculo profesional, puedo decir que la relación del señor Moore con Dalí fue siempre muy correcta. Hubo, no obstante, un hecho que fue muy comentado, propagado e incluso criticado. Me refiero a la firma en blanco de unos cientos de cartulinas o láminas para realizar reproducciones de las obras de Dalí.
>
> En su barraca de la Riera había varias cajas con estas cartulinas, una mesa y Dalí que estaba sentado frente a ella. Aún recuerdo los días que se pasó Dalí firmando de una manera totalmente automática: un señor ponía una lámina sobre la mesa, Dalí firmaba, y mientras uno la sacaba otro ponía la siguiente; y así sucesivamente, como si se tratara de una imprenta.
>
> A mí me parecía imposible que Dalí quisiera someterse a un trabajo tan pesado, y sobre todo tan monótono, y que nada tenía que ver con su arte. Le comenté, solamente una vez, que no entendía muy bien aquella operación y me atreví a decirle: «Si usted firma en blanco tantas láminas, ni sabe cuántas, el que las compre podrá imprimir en ellas cualquier imitación, cualquier cosa que se parezca a un Dalí.» «Yo ya he cobrado por ello lo que me ofrecieron. Por lo tanto lo que hagan con ellas no me importa», fue su contestación.
>
> Verdaderamente, Dalí era un *Avida dollars.*
>
> En cuanto al negocio que pudo hacer con ello el capitán, sólo lo sabe él, aunque siempre podrá decir a los que le sucedieron que «el que esté libre de pecado que tire la primera piedra».[84]

Moore no ocultaba el hecho de que, en nombre de Dalí, había comercializado hojas en blanco firmadas por el pintor. Pero ¿cuántas? El 22 de octubre de 1981 el capitán declararía haber vendido, con autorización expresa de Dalí, 15.000 hojas firmadas en blanco a Gilbert Hamon; 3.500 a Klaus Cotta; 9.500 a Carlos Galofre, y 7.500 a Jacques Carpentier. Total: 35.500. Juró que a él no le quedaba hoja alguna. Su declaración estaba refrendada por la firma de Gala.[85]

Ninguno de dichos compradores destacaba por tener una ética profesional, digamos, muy estricta, como demuestra ampliamente Lee Catterall (a quien Peter Moore se negó a ver)[86] en su libro *The Great Dalí Art Fraud and Other Deceptions* (El gran fraude de las reproducciones de Dalí y otros engaños). Hamon, marchante de obra gráfica nacido en Argel en 1924 y establecido en París, era sobre todo un mayorista que vendía derechos de reproducción a otros editores, y que más tarde confesaría ante un tribunal haber impreso él mismo falsificaciones;[87] Klaus Cotta importaba a España, vía Barcelona, programas de televisión y películas;[88] Carlos Galofre tenía una galería junto al Museo Picasso en Barcelona y durante una época se especializó en la venta de reproducciones con la firma falsificada de Dalí;[89] Jacques Carpentier, otro editor de arte de París, era socio de Hamon.[90] En un momento diferente, Moore habló de otro cargamento de 22.000 hojas en blanco firmadas por Dalí, que, tras un periodo de almacenamiento en Ginebra, fueron a parar a manos de Galofre, Hamon y otro turbio marchante, Pierre Marcand, cuyas actividades están bien documentadas por Catterall. Parece claro que el número de hojas en blanco firmado por Dalí era altísimo.[91]

Después de la muerte de Gala, Reynolds Morse recordaría que, cuando le dijeron a la Musa que Hamon era un ladrón, ella había exclamado: «¡Son chorizos TODOS ELLOS! ¿A quién le importa? Nos pagan en metálico, de modo que ¿qué diferencia hay? Dalí creó las obras. Puede vender los derechos a quien quiera, y todas las veces que desee.» Morse no dudaba que la corrupción empezaba, llana y lisamente, con Dalí y Gala.

Moore ha escrito que durante su «mandato», que finalizó en 1974, «no se produjo ni un solo caso de fraude», y que es su sucesor, Enric Sabater, quien detenta «la clave del enigma».[92] No obstante, está claro que toda la operación de las hojas en blanco se puso en marcha durante la «época Moore», y que, dados los editores implicados, ni él ni Dalí podían estar seguros de que las hojas se dedicaran a un fin profesionalmente honrado. Por supuesto, como él mismo decía, a Dalí todo ello lo traía sin cuidado: ya le habían pagado. Así, con Moore a su lado, Dalí, que en 1950 había protestado porque circulaba alguna firma suya falsa por Barcelona, empezó a destruir él mismo, concienzudamente, su reputación como artista.

La creciente influencia que, para comienzos de los años setenta, ya ejercía Sabater sobre Dalí y Gala inquietaba a Emilio Puignau.[93] Según Peter Moore, Dalí quería ahora que Sabater estuviera allí por las mañanas y él por las tardes, pero al darse cuenta de que tal componenda no era viable, decidió que Sabater tendría que irse. «Le dije a Dalí que no lo despidiera, pobre tipo, de alguna forma tenía que ganarse la vida...», afirma hoy Moore.[94] En cuanto a Gala, estaba empeñada en que Sabater sustituyera a Moore, diciéndole al capitán, según éste: «Aceptará una comisión del cinco por ciento en vez del diez que se lleva usted; es más guapo que usted; es más joven y más inteligente que usted, y, además, habla catalán.» Moore alega que le contestó: «¡Sí, sí, es exactamente el hombre que ustedes necesitan! ¡Es una buena idea!» En realidad, el capitán, que había ganado una fortuna con Dalí, estaba pensando ya en retirarse. Además, no se encontraba bien. Por todo ello tomó la resolución de desvincularse de los Dalí tranquilamente cuando llegara el momento propicio.[95]

Ni Moore ni Sabater son fiables en cuanto a fechas, pero es casi seguro que ya por 1972 Sabater hacía algunos negocios para la pareja (y para sí mismo). Se iniciaba la salida del capitán, pues, aunque todavía tardaría dos años en alejarse definitivamente del circo daliniano.

DU BARRY Y «JESUCRISTO SUPERSTAR»

Por esta época había cobrado importancia en el círculo de los Dalí otro personaje. Jean-Claude Du Barry era un guapo, amable y simpático gascón que afirmaba descender de la condesa Du Barry, la amante de Luis XV. Dirigía una agencia de modelos en Barcelona y, según él, había conocido a Dalí en 1968 en el vestíbulo del Hotel Ritz, empezando poco después a facilitarles a la pareja jóvenes «sansebastianes» y «ginestas» con los que satisfacer sus necesidades: abiertamente físicas en el caso de Gala, artísticas y voyeurísticas en el de Dalí.[96]

Los amigos de Du Barry, incluido Dalí, solían llamarle «Vérité» (Verdad), y a él le gustaba este reconocimiento de su franqueza (se dice que los gascones son muy directos). Du Barry mantenía, además, que, como todos los gascones, era muy fiel a sus amigos.[97] Según Amanda Lear, divertía a Dalí con su acento provinciano, sus historias obscenas y sus costumbres libidinosas.[98] En cuanto a Gala, le gustaban sus amables atenciones. «A Jean-Claude, mi excelentísimo amigo», reza la dedicatoria de un libro de Paul Éluard que le regaló de su colección particular.[99] Luis Romero, que coincidió con Du Barry más de una vez en el Ritz de Barcelona y en Port Lligat, no pudo por menos de observar que las modelos que lo acompañaban eran siempre espectaculares.[100] «Después de un año comprendí qué tipo de chica quería Dalí», le dijo Du Barry a Meryle Secrest. «Sobre todo, quería que fueran perfectas, hermosas, altas y rubias, con largas piernas y rasgos muy regulares.»[101] Agradecido por los esmerados servicios de Du Barry, Dalí lo apodó su *«officier de culs»*.[102]

En 1973 Gala ya no necesitaba a los hermosos muchachos que le enviaba Du Barry porque, tras un prolongado romance con un estudiante francés de Aix en Provence llamado Michel Pastore, que pasó con ella largas temporadas en Púbol,[103] había encontrado al último gran amor de su vida: Jeff Fenholt, conocido por su interpretación de Cristo en *Jesucristo Superstar*. Fenholt había quedado tan afectado por su papel que, cuando Gala se prendó de él, parece que empezaba a creer que era la reencarnación del Mesías. Tenía el pelo largo y castaño y, según Amanda Lear, «Gala lo encontraba bello y admiraba su talento». Enric Sabater estuvo una vez en casa de Fenholt en Manhattan. Después de la cena el actor le regaló un cuadro enmarcado de Jesús. «Toma, Enrique; soy yo», diría.[104]

Gala y Fenholt pronto se verían con frecuencia, y durante siete años el actor pasaría parte del verano con ella en Púbol, donde, para alentarlo en su carrera, Gala instaló un piano de cola y un equipo electrónico. A Fenholt le gustaba tocar la guitarra por la noche, y armaba tanto barullo que no dejaba dormir a los otros huéspedes. Una tarde, no mucho después de que los dos se conociesen, Amanda Lear estaba con Dalí en Port Lligat cuando llegaron Gala y Jeff. El pintor le dio un beso a Jesucristo y le recomendó que no se cortara el pelo. Fenholt habló poco, parecía arrogante e, ignorando prácticamente a Gala, no dejaba de clavar sus ojos negros en Amanda (a quien más tarde trataría infructuosamente de llevarse a la cama, cosa que, según Lear, ella nunca le contó a Gala).[105]

El romance con Fenholt le costó a Gala una fortuna. No sólo le compró una casa en Long Island, tasada entonces en un millón doscientos cincuenta mil dólares, sino que le regaló varios cuadros de Dalí sin decírselo al pintor.[106] Gala le enseñó una vez a Reynolds Morse un telegrama que acababa de recibir de Fenholt: «Tengo que tener 38.000 dólares o me muero.» Morse se negó a llevarle los billetes. Que Gala pasara dinero negro por la aduana si quería, ése era asunto suyo, pero él no iba a comprometerse.[107]

Cuando Dalí descubrió la magnitud de lo que gastaba Gala en Fenholt, se puso furioso. Y parece claro que el prolongado encaprichamiento de la rusa con el actor fue uno de los factores que condujeron a la paulatina decadencia del pintor a finales de los años setenta y comienzos de los ochenta.

Más tarde Fenholt se convertiría en predicador televisivo en California y negaría haber tenido una relación sexual con Gala. Era una amiga, nada más. ¿A quién se le ocurriría acostarse con una vieja? Era sencillamente inconcebible.[108]

LA INAUGURACIÓN DEL TEATRO-MUSEO

En 1971, inspirado por las investigaciones del premio Nobel Dennis Gabor, y siguiendo los consejos del mismo científico, Dalí había empezado a experimentar con hologramas, exponiendo en Knoedler, al año siguiente, tres composiciones holográficas además de otros resultados de sus investigaciones visuales. Fueron comentados muy negativamente en *Time* por el distinguido crítico de arte Robert Hughes, para quien el artista, que a su juicio ya no hacía más que repetirse, «se había limitado a usar un nuevo medio para transmitir sus viejos manierismos».[109] La opinión de Hughes estaba justificada –Dalí estaba todavía obsesionado con los trucos ópticos– pero no implicaba que el interés del pintor por los hologramas no fuera sincero. Éstos sí le interesaban, como unos años antes le habían interesado los rinocerontes y el ADN, y como seguía fascinándole la estereoscopia. Los hologramas eran, sencillamente, la última obsesión de un artista que siempre había expresado su entusiasmo por los nuevos descubrimientos científicos.

Knoedler era ahora la principal base expositiva de Dalí en Nueva York. En 1973 hizo pública desde dicha galería una declaración sobre la importancia de su trabajo con hologramas (un día, afirmó, la historia del arte la reconocería),[110] y entre el 6 de marzo y el 6 de abril de 1974 celebró allí otra exposición. Los Morse, a quienes no convencía el rumbo que tomaba la obra reciente del pintor, estuvieron en la galería para ayudarle a clausurar la muestra. Intuyeron que Dalí y el «fogoso» Peter Moore, ese «astuto aventurero irlandés», estaban a punto de separarse. Poco después, una vez que Reynolds hubiera dado la vuelta a Nueva York para pagar las cuentas pendientes de Gala, los Morse acompañaron a los Dalí a Cannes a bordo del *S.S. France* (Gala había pasado una hora esperando impaciente que Jeff Fenholt viniera a despedirla, pero no apareció). Durante el viaje Morse y Dalí proyectaron un libro sobre el papel de los animales en la obra del pintor. Dalí insistió en que se le diera el mismo título que una de sus películas favoritas de los hermanos Marx, *Animal Crackers.*

A Morse se le hizo insoportable Peter Moore durante la travesía, y estaba convencido de que el «edecán» de Dalí estaba «muerto de celos» por su amistad, y la de su mujer, con el pintor. En primer lugar, Moore estaba haciendo correr el rumor de que Morse y Dalí se habían conocido por casualidad en los urinarios del St. Regis. Luego estaba el asunto de *El descubrimiento de América por Cristóbal Colón,* que a Morse todavía seguía doliéndole. El Museo de Arte Moderno de Huntington Hartford no había ido bien, y en 1970, tras cerrar sus puertas, Hartford había empezado a vender algunos de sus cuadros, saliendo a subasta la obra de marras el 10 de marzo de 1971. En su *Dalí Journal* Morse apunta que él y Moore decidieron comprar el cuadro a medias, pero que el capitán, «un psicótico y un mentiroso», se había rajado, dejándolo a él en la brecha.[111] La versión de Moore es diferente. Según cuenta hoy, el valor de salida del cuadro era de veintisiete mil dólares, a su juicio un precio ridículamente bajo. ¿No acababa él mismo de venderle seis litografías de Dalí a una tal señora Lucas por cincuenta mil dólares? ¿Qué pensaría de él si se enteraba ahora de que la inmensa tela se vendía por tan poco? En consecuencia, Moore convocó a algunos amigos para que compitieran por el cuadro y pujaran hasta los cien mil dólares. El ardid salió bien y Reynolds Morse, que esperaba comprarlo por el precio de salida, estaba furioso. «Fue todo tan absurdo», dice hoy Moore. «Yo había conseguido que la colección de Morse valiera una fortuna. Le había convertido en millonario, ¡y no hacía más que quejarse!»[112] En cuanto a la relación de los Morse con Dalí, el capitán, pese a lo que creía Reynolds, no estaba en absoluto celoso de ella, y sentía desprecio por Morse, a quien consideraba aburrido, ignorante y bocazas. En resumen, eran dos hombres radicalmente incompatibles.[113]

Cuando Dalí desembarcó en Cannes el 30 de abril de 1974, debió de descubrir con satisfacción que en los escaparates de todas las librerías de la ciudad se exhibía en un lugar destacado *Comment on devient Dalí,* de André Parinaud (editado luego en España con el título de *Confesiones inconfesables*). «Cómo deshacernos de nuestro padre», «Cómo ser erótico y permanecer casto», «Cómo no ser catalán», «Cómo hacer el amor con Gala»..., así se titulan algunos de los capítulos del libro, ejemplificando el tono del mismo. La introducción de Parinaud demostraba que el autor había ensamblado comentarios de Dalí publicados en una gran variedad de sitios, de modo que un lector cauto sólo se habría aventurado por estas páginas con cierto escepticismo. El autor decía haber intentado seguir el pensamiento daliniano a través de «sus escritos, sus recuerdos, el testimonio de sus conocidos y amigos», y se declaraba satisfecho con lo logrado: «Para situar las expresiones dalinianas en su contexto y en sus referencias, nos hemos servido de conversaciones con él, con el magnetófono sobre la mesa y micrófono en mano, y toda suerte de técnicas analíticas.» ¿Toda suerte de técnicas analíticas? Parinaud no las especificaba. Tampoco identificaba en el texto las distintas fuentes empleadas. El resultado era un caos, pero ello no impidió que a los críticos, o a algunos de ellos, les gustara el libro..., ni que los futuros biógrafos de Dalí siguieran éste demasiado de cerca. Es de presumir que al propio Dalí le daban igual tales lacras. Parinaud tenía prestigio –su libro sobre Breton era muy conocido– y *Comment on devient Dalí* constituía una excelente publicidad para el pintor.

Por estas fechas Dalí pensaba continuamente en su Teatro-Museo, y telefoneó desde Cannes a Ramón Guardiola con instrucciones.[114] El 2 de mayo, cuando el pintor llegó a Figueres y donó al museo una de sus posesiones más queridas, el cuadro *Cesta de pan,* Guardiola (que ya no era alcalde pero estaba todavía muy involucrado en el proyecto museístico) sabía que la batalla estaba ganada.[115] Habían pasado trece años desde que asumiera la responsabilidad de convertir en realidad el sueño de Dalí. Había tenido que librar infinidad de batallas contra la burocracia y hacer frente a constantes contratiempos, pero sus esfuerzos estaban a punto de ser recompensados. Sólo faltaban los toques finales a los estatutos de la Fundación y concretar la composición de la junta.

El 20 de mayo, Dalí, que acababa de cumplir setenta años, viajó con Guardiola y su primo Gonzalo Serraclara a Madrid, donde los recibieron Franco, el príncipe Juan Carlos y otras autoridades. Todo iba dirigido a asegurar que el Teatro-Museo se inaugurara, como estaba previsto, aquel septiembre.[116]

Durante el viaje a Madrid, Guardiola se dio cuenta de que Dalí estaba preocupado por la condición de su próstata. El pintor se hacía todos los años un chequeo en Estados Unidos, y nunca había habido un problema. Pero ahora necesitaba orinar dos veces por la noche (él, que no bebía vino) y estaba convencido de que algo no andaba bien.[117] Nada más regresar de Madrid consultó en Barcelona al renombrado doctor Antonio Puigvert, que diagnosticó un problema de hernia, no de próstata, y le operó el 3 de junio. Dalí pudo volver a Port Lligat el 17. Parecía animado, pero la operación lo había afectado más de lo que estaba dispuesto a admitir.[118]

Antes de la intervención, Dalí y Gala tomaron la precaución de hacer nuevos testamentos, en los que, tras atender a Cécile Éluard y a Lidia, hermana de Gala, dejaban todas sus posesiones artísticas, no al Museo del Prado, como en 1960, sino, bajo la égida del Patrimonio Nacional, al Teatro-Museo de Figueres. No cabía duda de que el éxito de éste era ya una obsesión de Dalí.[119]

El 27 de septiembre el Ayuntamiento aprobó los estatutos de la Fundación Pública de Servicios «Teatro-Museo Dalí», y al día siguiente tuvo lugar la inauguración oficial del edificio, aún no completamente terminado.[120] Dalí había diseñado la invitación: una imaginativa vista del Teatro-Museo desde la plaza de enfrente. La cúpula de Piñero aparecía rematada con una esfera y una cruz (nunca colocadas allí en realidad), y de ella salían llamas, o eso parecían, en todas direcciones. En el centro exacto de la planta baja había una puerta con la silueta de una figura: cualquier persona familiarizada con la obra de Dalí habría reconocido la doble alusión a *El casamiento de la Virgen,* de Rafael, y a *Las meninas.* La invitación la firmaban «Gala y Salvador Dalí, y, en su nombre, el Excmo. Ayuntamiento de Figueres».[121]

La ciudad se llenó a rebosar para la gran ocasión. Por todos lados había cámaras de televisión. *Majorettes,* bailarines y músicos, y hasta un elefante, actuaron en las calles, llegó un numeroso grupo de hippies de abigarrada vestimenta y ni siquiera la fuerte tramontana consiguió desanimar a la multitud que se concentró para ver a Dalí y su Musa en el

Cadillac abierto. Tras la ceremonia oficial en el Ayuntamiento, durante la cual el ministro de Vivienda cedió el edificio a Figueres y Dalí recibió la Medalla de Oro de la ciudad, él y Gala recorrieron a pie los pocos metros hasta la entrada del Teatro-Museo, donde esperaban más de mil invitados impacientes por el retraso.

Con sus ochenta años inocultables, pese a los *liftings* y la peluca negra, Gala llevaba un ramillete de nardos en la mano y parecía algo aturdida al traspasar el umbral del edificio con Dalí.[122] Junto a ellos iba Amanda Lear, espectacular con el vestido de muselina castaño claro que Dalí le había comprado para tan magno acontecimiento. Gala había traído desde Nueva York a Jeff Fenholt, pero éste se había quedado atrás entre la multitud. «¡Jeff! ¡Jeff!» Los gritos de Gala apenas se oían entre tanto bullicio. «¡No te preocupes, ya nos alcanzará!», le dijo Dalí. Una vez dentro del museo, Jeff desapareció otra vez... y otra, lo cual no era sorprendente dado aquel despliegue de fabulosas mujeres, morenas después del verano, bajo la cúpula articulada de Emilio Pérez Piñero. Gala, lívida de celos, logró finalmente acorralar a Jeff y llevárselo otra vez a Púbol.

Entre las obras expuestas para la inauguración del museo había algunos *collages* de Amanda Lear, que, según ella, despertaron la admiración del público, mientras el inacabado cuadro *Roger liberando a Angélica*, celebración daliniana de las angulosas formas de Amanda, dominaba el amplio vestíbulo. Lear se sentía orgullosa de estar junto a Dalí en su momento de gloria, así como de haber hecho su propia, aunque modesta, contribución a las distintas fases del desarrollo del museo.[123]

Reacciones hubo para todos los gustos, pero la opinión general fue que el Teatro-Museo carecía de obras importantes, pese a las afirmaciones de Dalí en el sentido de que se trataba, no de un museo convencional, sino de un Teatro de la Memoria concebido para remover el subconsciente de los visitantes y llevarlos a descubrimientos interiores e inesperados. El artista le había dicho una vez a Reynolds Morse (que en
90 1971 había abierto su propio museo Dalí en Cleveland) que a la salida del Teatro-Museo pensaba colocar un «vomitorio» para que la gente pudiera devolver a voluntad. No fue ésta exactamente la reacción de los críticos tras la inauguración del edificio, pero es cierto que la mayoría consideraban que, por el momento, salvo excepciones como *El espectro del sex-appeal*, el tan esperado museo daba gato por liebre.[124]

Es probable que aquella noche la persona más desilusionada entre los asistentes fuera Ramón Guardiola, a quien el proyecto ahora culminado debía más que a nadie. En su opinión Dalí tenía derecho a estar acompañado no sólo por las autoridades locales y de Madrid, sino por artistas, escritores e intelectuales de prestigio internacional. Pero no se veía a ninguno. El acto se había diseñado para satisfacer los intereses y las perspectivas de los políticos, no para honrar el deseo explícito de Dalí de que el Teatro-Museo fuera uno de los «centros espirituales» de Europa. En opinión del ex alcalde, la inauguración había sido una chapuza, notable solamente por su desorganización.[125]

ANTONI PITXOT; «ÊTRE DIEU» (SER DIOS)

En 1972 había hecho su entrada en la vida de Dalí alguien que iba a adquirir gran importancia en sus últimos años: Antonio Pichot Soler. Hijo del violoncelista Ricard Pichot Gironés, a quien en 1920 Dalí había pintado ensayando en Es Sortell, Antonio había nacido en Figueres en 1924, en una casa sita frente a la de los Dalí, al otro lado de la plaza de la Palmera. Había heredado el temperamento artístico, además del buen ver, de su excepcional familia y, al igual que Ramon, su hermano mayor, había decidido muy joven ser pintor, siguiendo conscientemente los pasos de su tío Ramon Pichot, el gran amigo de Picasso, cuyos últimos cuadros impresionistas inspiraran tan poderosamente a Dalí durante su temporada en el Molí de la Torre en 1916.

Antonio Pichot se había formado mayormente en San Sebastián, donde, por una extraña coincidencia, su profesor de arte era Juan Núñez Fernández, el mismo que había enseñado a Dalí en Figueres y al que éste consideraba una de las influencias fundamentales sobre su desarrollo artístico. En 1964, tras casarse con Leocadia Pla, Pichot había regresado al Empordà, identificándose hasta tal punto con sus raíces que había decidido adoptar la forma catalana de su apellido, Pitxot, además de la de su nombre de pila.

Antoni Pitxot había tenido noticias de Dalí desde su más tierna infancia, visitando el estudio de Port Lligat en varias ocasiones con su familia antes de la guerra civil. Pero no fue hasta 1970, cuando un día Dalí se presentó en su taller, acompañado de Amanda, que nació la amistad entre ambos. Dalí conocía a Ramon, el hermano de Antoni, pero no le interesaba particularmente su pintura. Al enterarse de que Antoni era más original, y de que hacía cuadros con las piedras de Creus, había querido conocer su obra. De ahí la visita a Es Sortell. A Dalí le gustó lo que vio allí, le cayó bien Pitxot y le pidió que le ayudara con el Teatro-Museo. En poco tiempo éste hacía un viaje semanal a Figueres.[126]

A Dalí le encantaba la idea de poder echar una mano a un sobrino de su querido Pepito Pichot. Y así, cuando concibió la idea de exponer la obra de artistas catalanes en las salas del primer piso de su museo, Pitxot fue su primera elección. Pronto su obra sería un componente permanente del Teatro-Museo, provocando cierto resentimiento entre los demás pintores locales, o algunos de ellos. Poco a poco Pitxot llegaría a ser una de las figuras clave del entorno de Dalí.[127]

En 1972, el mismo año que conoció a Pitxot, Dalí empezó a trabajar en una «ópera-poema» titulada *Être Dieu* (Ser Dios), de la cual él mismo sería el protagonista. Al novelista Manuel Vázquez Montalbán se le encargó el libreto, y al compositor Igor Wakhévitch la música. Aunque la mayor parte de los proyectos operísticos, balletísticos y cinematográficos de Dalí habían fracasado, a éste le fue algo mejor y en 1974 se grabó en París, si bien tardaría diez años más en salir al mercado (en forma de disco compacto).[128] El tema de esta megalomaníaca obra es que Dalí es *casi* Dios, pero sólo *casi*. Al fin y al cabo, si fuera realmente Dios, como el Coro se encarga de recordarnos a lo largo de la obra, no sería Dalí, cosa poco conveniente. Además, Gala está allí para recordarle que es humano, apareciendo al final de la «ópera-poema» para tenderle una «mano redentora».

Entre los contenidos de la obra hay una fuerte veta antidemocrática, y en uno de sus monólogos Dalí hace una apasionada defensa de José Antonio Primo de Rivera y ataca con sorna los sistemas electorales que permiten votar a unos «cretinos». El elogio de la monarquía absoluta confirma que a Dalí ya le preocupaba el problema de la sucesión del general Franco, aunque no hay ninguna alusión directa a la situación política española en esos momentos.

Las sesiones de grabación en París se caracterizaron por un alto grado de improvisación. El libreto está en francés, aunque con pasajes en catalán y en castellano y alguna que otra mínima intromisión del inglés. Ninguna grabación daliniana capta como ésta las ricas inflexiones de la voz del pintor, y al oírle cantar trocitos de canciones catalanas pícaras, o recitar sus trabalenguas favoritos, vislumbramos el carisma personal y el humor que, en sus mejores momentos, mitigaban el obsesivo egotismo del pintor. Pese a todo, parece improbable que, sin Dalí, *Ser Dios* se represente jamás en un teatro.

ADIÓS AL CAPITÁN

Con Gala insistiendo en que quería que Sabater sustituyera definitivamente a Peter Moore, y con Dalí ofreciendo sólo una débil resistencia, el «asesor militar» sabía que tarde o temprano –tal vez más bien temprano– la Musa ganaría la partida. Y en 1974 decidió marcharse.

El capitán tenía otras buenas razones para hacerlo: había ganado dinero, mucho, más que suficiente para el resto de sus días, si hiciera falta, y tenía un tumor que requería atención urgente. «Cuando me marché Dalí tenía treinta y dos millones de dólares en el banco», dijo Moore en mayo de 1993. Calculando por lo bajo, ello significa que, con Dalí, Moore había ganado unos tres millones de dólares.[129] También había ganado algunos adversarios, entre ellos Robert Descharnes, o, como a Moore le gusta llamarlo, «Robert Sans Charme». Por el fotógrafo francés el capitán no sentía más que desprecio. Un día, Catherine Perrot, la esposa de Moore –joven suiza con la que se había casado en 1971–, invitó a tomar el té, en su casa de Port Lligat, a los dos hijos de Descharnes. «¿Dónde está el ladrón? ¿Dónde están todas las chicas?», preguntó uno de ellos. Moore regresó poco después, escuchó lo que habían dicho y, cuando Descharnes pasó a recogerlos, lo echó a patadas por la escalera. Ésta es, al menos, la versión de Moore. Cabe suponer que Descharnes la contaría de otra manera.[130]

Uno de los últimos negocios de Moore antes de dejar a los Dalí fue un contrato en virtud del cual el pintor se comprometía a realizar cuarenta y ocho ilustraciones para una baraja de tarot que aparecería en una película de James Bond. Cuando era ya evidente que Dalí no iba a hacer el trabajo a tiempo, y el productor retiró en consecuencia la oferta, entró en escena un editor norteamericano de nombre Lyle Stuart. Al fallar Dalí otra vez, Stuart inició procedimientos legales y se congelaron trescientos mil dólares de la cuenta del pintor en el First National City Bank. Finalmente se llegó a un acuerdo según el cual, entre 1976 y 1977, Dalí firmaría para Stuart diecisiete mil quinientas hojas en blanco para las ilustraciones del tarot. De hecho, firmó tres mil más de las necesarias, que fueron vendidas a Leon Amiel, editor de reproducciones y de libros de arte. No se sabe a qué se destinaron esas hojas, y es de suponer que a Dalí no le importaba.[131]

Igual que Moore, Enric Sabater, que ahora tomó el mando de los negocios de Dalí, no cobraría nunca un sueldo. ¿Qué comisión recibía? ¿El cinco por ciento, como afirma el capitán Moore? En 1996 Sabater declaró indignado: «Yo nací aquí, soy catalán, ¡y no creo que un catalán acepte ser menos que un inglés! Yo sacaba más del diez por ciento porque el señor Moore sólo hacía los contratos para los grabados y para espectáculos de televisión y ese tipo de cosas, pero nunca para pinturas al óleo, nunca.»[132]

Peter Moore siempre había tenido mucho cuidado de separar su vida profesional de la privada. «Hice con Dalí un pacto desde el principio», recuerda. «*"Pas de familiarité, pas de déjeuners, pas de dîners..."* ("Nada de familiaridad, nada de comidas, nada de cenas").» Por ello, ni siquiera lo invitó a su boda en 1971. Dalí, estupefacto, se encariñó con
105 Catherine Moore, y un año más tarde hizo algo totalmente ajeno a su carácter: no sólo le dio como tardío regalo de bodas el cuadro *La triple imagen* (1939), sino que se lo dedicó. Dalí le diría a Moore incontables veces que disfrutaba como un crío sembrando la confusión a su alrededor y cretinizando a los demás. Pero nunca lo intentó con su «asesor militar», a quien parece evidente que respetaba.[133]

Enric Sabater, en cambio, no separaba esas dos vertientes de su vida. «El hecho es que, sin ningún mérito especial por mi parte, viví con ellos, comí y cené con ellos y viajé con ellos casi cada día durante unos doce años», recordaba en 1996. Como Dalí y Sabater eran ampurdaneses, los dos compartían, además del catalán, un fondo común de vivencias y de cultura popular. Eso era lo más importante. Con Gala tampoco había problemas de comunicación, porque Sabater dominaba el francés.[134]

En pocos años Enric Sabater sería multimillonario, conduciendo un Maserati y manejando un imperio que se extendía por cuatro continentes. El hecho es que, por lo que tocaba a los negocios, Peter Moore parecía un novato a su lado.

Hoy el capitán recuerda con nostalgia los años pasados con Dalí, y lamenta no haber prestado más atención a lo que le decía el Maestro (a diferencia de Morse, Moore no llevaba un diario). «Nunca conocí realmente bien a Dalí porque, a decir verdad, no estaba muy interesado en él», dice. «Nunca intenté vivir en función de él. Lo único que hice, cuando entré en la vida de Dalí, fue dinero. Claro que disfruté de esa relación, pero no me la tomé demasiado en serio. Después de todo, también había dormido y comido en casa de Churchill y ni siquiera a él me lo tomé en serio. A menudo me preguntaba cuánto tiempo podía durar mi relación con Dalí. ¡Con él ganaba más dinero que el presidente de Estados Unidos!»[135]

Que Moore se comportó bien con Dalí y Gala lo confirma Nanita Kalaschnikoff. «Peter Moore adoraba a Dalí», ha dicho. «Tenía sus defectos, como todo el mundo, y era un poco aventurero, pero adoraba a Dalí y nunca lo engañó. Además, era todo un caballero. Si hubiera seguido, Dalí habría tenido quien lo cuidara. Fue una tragedia que se marchara.»[136]

Moore nunca se las dio de avispado entendedor de arte, pero sabía lo que le gustaba. Cuando dejó a Dalí había adquirido varias obras suyas, también de otros artistas, con las que formó el fondo del museo Dalí que abrió en Cadaqués en 1978, en el Hotel Miramar (donde Gala, Éluard y Cécile se habían hospedado en 1929). Se ha dicho que Dalí estaba celoso del museo de Moore, creyendo que el capitán quería hacer la competencia a su Teatro-Museo de Figueres. Pero ello es absurdo. Dalí lo visitó, dio el visto bueno y le dijo a Moore que temía que en tal empresa perdiera todo el dinero que había hecho como «asesor militar» suyo.[137]

Pero Moore no lo perdió. Era demasiado listo. Por lo que respecta a los medios utilizados para amasar su fortuna, insiste hoy en que fueron legítimos: era un buen hombre de negocios, ciertamente, pero honrado. ¿Y las hojas en blanco? El capitán niega rotundamente haber traficado con ellas ni antes ni después de abandonar al pintor. Sin embargo, dado el estilo de vida de Dalí y su empeño en corromper a todos los que lo rodeaban, cualquiera que desarrollara las funciones de su secretario o asesor estaba casi obligado a bajar el listón ético: la enorme cantidad de dinero en juego hacía prácticamente imposible no hacerlo. A favor de Moore podemos decir que su persona y sus buenos modales tuvieron cierta influencia benéfica sobre Dalí y su entorno.

QUINCE

LA DECADENCIA
(1975-1982)

GOLPES AL SISTEMA

El 27 de septiembre de 1975, el general Franco, enfermo y decrépito, ejecutó a las últimas de sus incontables víctimas, cinco presuntos terroristas, tres de ellos supuestamente miembros de ETA. El Caudillo desafió con ello la opinión mundial, siendo especialmente comentadas, en vista del tan pregonado catolicismo del régimen, las varias peticiones de clemencia formuladas por Pablo VI.

El gobierno español reaccionó con energía contra las protestas extranjeras, y para el 1 de octubre se convocaron en todo el país, con carácter obligatorio, manifestaciones profranquistas (previéndose severas penalizaciones para los trabajadores que no acudiesen). El mayor acto de todos tuvo lugar en la plaza de Oriente, a la que llegaron multitud de autobuses cargados de participantes traídos de los alrededores de la capital e incluso desde provincias. Según el matutino francés *Le Monde,* doscientas mil personas abarrotaron la plaza, aunque las autoridades españolas reivindicaron un millón.[1] Entre pancartas antieuropeas, camisas falangistas y saludos fascistas, el grito «¡Franco, Franco, Franco!» salió con fuerza de decenas de miles de gargantas hasta que el dictador apareció en un balcón del Palacio Real, acompañado de un «rígido e impasible» príncipe Juan Carlos. Protegido con gafas oscuras, el Caudillo pronunció un discurso de siete minutos con un hilillo de voz apenas audible a causa de las deficiencias del sistema de megafonía. Siete veces pidió la muchedumbre que el Generalísimo volviera a salir al balcón. Lloraba Franco de emoción. Aquella noche por la televisión los españoles oyeron a Franco atribuir las protestas extranjeras a un complot marxista-masónico, prometer que el ejército y las fuerzas del orden cumplirían con su deber, y afirmar que estaba seguro de que los españoles volvían a ocupar su lugar en el mundo.[2]

A lo largo del día se registraron desagradables incidentes. Tres policías fueron heridos de bala en Madrid, y numerosos extranjeros, entre ellos unos periodistas, fueron el blanco de escupitajos, amenazas y burlas.[3]

La situación fue particularmente tensa en el País Vasco, naturalmente. Los trabajadores se declararon en huelga en Guipúzcoa y Vizcaya, y en San Sebastián la policía impidió la celebración de una misa de réquiem por los ajusticiados, haciendo todo lo posible en el proceso por aumentar su impopularidad. Un periodista francés calificó la situación de «prerrevolucionaria».[4]

La reacción internacional fue un estímulo para los adversarios españoles de la dictadura. México pidió la expulsión de España de las Naciones Unidas. Amnistía Internacional acusó a la policía española del «uso masivo y sistemático de la tortura». Los sindicatos franceses organizaron un «día de acción y de boicot contra España», y orquestaron un importante corte de suministro eléctrico en París. Air France suspendió sus vuelos a Madrid y Barcelona, el Senado y la Asamblea Nacional levantaron sus sesiones, y un gentío colérico se congregó frente a la embajada española en París. En Inglaterra, el personal de tierra del aeropuerto de Heathrow votó el boicot contra Iberia. Hubo un momento de silencio en el Senado italiano. Finlandia y Austria llamaron a sus embajadores. Y la Comisión Europea recomendó la interrupción de las negociaciones con España sobre su ingreso en el Mercado Común.[5]

La agencia France-Press le pidió a Dalí su opinión sobre las ejecuciones y sus consecuencias. El artista respondió que, para él, la concentración de Madrid y las protestas extranjeras eran «el mejor regalo» que se le podía hacer «a nuestro Generalísimo». Y añadió, cargando las tintas:

> El triunfo que ha obtenido hoy, con una multitud de más de dos millones de personas aclamándole como héroe supremo de España –todo el pueblo español brindándole su apoyo–, nunca habría sido posible si no se hubieran producido estos incidentes. La hostilidad de los demás países lo ha rejuvenecido treinta años en un segundo. Franco es una persona maravillosa. Esto es una garantía de que la venidera monarquía será un éxito total. Veremos entonces que España es un país donde, en pocos meses, ya no habrá terrorismo, porque los van a liquidar como ratas. Lo que se necesita es el triple de ejecuciones. Pero, de momento, ya son suficientes.

«Personalmente yo estoy en contra de la libertad», siguió Dalí, «y a favor de la Santa Inquisición. La libertad es una mierda, y es por eso que todos los países fracasan cuando hay un exceso de libertad. Lenin lo expresó así: "La libertad no sirve para nada".»[6]

La mañana siguiente, 2 de octubre de 1975, Dalí matizó sus declaraciones anteriores. Explicó ahora que estaba en contra de todas las variedades de terrorismo y, en principio, contra todas las penas de muerte. Pero que, dado que esta pena existía en algunos países, no le correspondía a él interferir en la aplicación de la ley. En lo relativo al futuro de España, sería un error introducir un sistema democrático. «Como todos los españoles, espero el reinado del príncipe Juan Carlos, el futuro rey de España», dijo. En otras palabras, la llegada de una monarquía absoluta.[7]

Los comentarios de Dalí provocaron un alud de protestas, y el director de cine Alexander Jodorowsky, que había querido contratarlo para el papel de Emperador de la Galaxia en la versión cinematográfica de la novela *Dune,* de Frank Herbert, declaró que había cambiado de idea. «Me daría vergüenza trabajar con un hombre que en su exhibicionismo masoquista pide la muerte innoble de seres humanos», afirmó el realizador.[8]

La prensa franquista hizo caso omiso de las protestas suscitadas por las ejecuciones y por los comentarios de Dalí, pero éstos se difundieron ampliamente por las emisoras de radio hispanófonas de Europa y, sobre todo, por el BBC World Service, que tenía un importante número de oyentes en España. Esta vez Dalí se dio cuenta de que había ido demasiado lejos, y cuando en las paredes de su casa de Port Lligat aparecieron pintadas insultantes, se tiraron piedras contra sus ventanas y amenazas de muerte empezaron a llegar por carta y telegrama, decidió salir pitando del país.[9]

Lo animó a tomar esta iniciativa Enric Sabater, ahora a cargo de todos los asuntos del pintor y flamante titular de una licencia de armas y de detective privado. Se ha dicho a menudo que la pistola de Sabater aterrorizaba a Dalí, y que ese nuevo ingrediente reforzó el poder que el sustituto de Moore ejercía sobre él. Era lo que pensaba Amanda Lear, de todas maneras: Sabater alimentaba los temores de Dalí para poder luego ejercer de protector (hoy Sabater niega esto rotundamente y asegura que la idea del revólver no fue suya sino de Dalí).[10] Durante los años siguientes el secretario sacaría el arma en alguna ocasión –como el día en que un holandés desquiciado entró por la fuerza en Port Lligat y amenazó a la servidumbre–, pero nunca apretaría el gatillo.[11]

Los Dalí volaron desde Barcelona a Ginebra, acompañados por Sabater y, según ella, Amanda Lear. Dalí estaba muy nervioso ante su primer vuelo, de modo que Amanda le dio un valium para tranquilizarlo. Tuvo el efecto deseado y le gustó tanto el trayecto aéreo que anunció que en adelante siempre viajaría así. Luego, el 10 de octubre, los Dalí y Sabater volaron a Nueva York, dejando a Amanda atrás, y se instalaron una vez más en el St. Regis. Allí descubrieron que todo el mundo estaba al tanto de los comentarios del artista sobre las ejecuciones que la prensa estadounidense se había encargado de difundir. El abogado de Dalí, Arnold Grant, se confesó muy preocupado por la situación. Le inquietaba más que nada que el escándalo afectara a la cotización de la obra de Dalí (preocupación tanto más comprensible cuanto que el pintor le pagaba con obras de arte y no en efectivo).[12] Sabater le explicó a Reynolds Morse que él y los Dalí habían pasado primero por Ginebra. ¿Por qué? Morse sospechaba, y probablemente con razón, que Gala (que ya tenía ochenta y un años) había salido de España con un grueso fajo de dinero negro que, como era su costumbre, quería depositar en una cuenta suiza.[13]

Dalí empezó ahora a tratar de convencer a los norteamericanos de que no se había manifestado a favor de las ejecuciones, ni pedido más. Sí, era cierto, estaba a favor de la Inquisición; sí, detestaba la libertad y apoyaba a Franco; pero estaba en contra de la pena de muerte (pues podía morir un inocente) y contra el aborto (que podía privar al mundo de un genio, tal vez incluso de otro Dalí).[14] Pocos se tragaron este mentís, y mucho menos los exiliados españoles en Nueva York, que esperaban ansiosos la muerte de Franco para poder regresar a la patria con la cabeza alta. El pintor surrealista gallego Eugenio Granell, amigo de Breton, era uno de ellos. Dalí, dijo Granell, «era despreciado por todos los intelectuales y artistas serios», y entre la comunidad antifranquista de Nueva York prevalecía el sentimiento de que el genio de los años treinta ya no era más que un triste payaso.[15]

Convencido Dalí de que los comunistas y ETA estaban sedientos de venganza, su dependencia de Sabater creció a ritmo acelerado, y durante esos meses rara vez apareció en público. En opinión de Reynolds Morse, ofrecía un aspecto de innegable abatimiento. Sabater se dedicaba a «sacarle todo el jugo posible a las amenazas comunistas», según

Morse, y el asunto estaba afectando a Dalí «más que cualquier otro que hemos visto en los últimos treinta y dos años». Morse descubrió que el artista seguía de cerca y con angustia la decadencia de Franco, y que parecía «envejecer al mismo ritmo que el Generalísimo».[16]

Era ya obvio que Franco estaba grave, y que, pese a lo estipulado por el dictador respecto de su sucesión, España podía muy bien estar al borde de otro periodo de confusión, incluso ante el espectro de una nueva guerra civil. Dalí, que no obstante su «conversión» al catolicismo en los años cincuenta rara vez pisaba una iglesia, comenzó de pronto a visitar a diario la catedral de San Patricio –no lejos del St. Regis– para rezar por la recuperación del Caudillo, quedándose Sabater pasmado cada vez que lo veía persignarse y arrodillarse. Todos los días llamaba Dalí por teléfono a la residencia de Franco en Madrid para preguntar por su salud. Y cuando el 20 de noviembre llegó la noticia de su muerte, casi se derrumbó. Dalí temía, probablemente, que si la monarquía fracasaba y la izquierda tomaba el poder, nunca pudiera volver a casa.[17]

Por suerte para Dalí, y para España, don Juan Carlos, bien aconsejado, supo conducir con pericia y valentía el peligroso paso de la dictadura a una monarquía democrática. Los tres años que precedieron a la promulgación de la Constitución estuvieron cargados de tensión y peligro, y había una grave posibilidad de que los franquistas descontentos, furiosos al ver que Juan Carlos no respetaba la palabra dada al dictador, se decidieran a dar un golpe militar. Manuel Vergara, el médico de Dalí en Cadaqués, observó un grave empeoramiento en la salud del artista cuando volvió a verlo. «La muerte de Franco aterrorizó a Dalí», recordaría en 1996. «Lo mismo le pasaba con el revólver de Sabater. Siempre tenía miedo. Yo intentaba animarlo. "Vamos, Salvador, por amor de Dios", le decía, "no tiene usted nada, compórtese como un hombre". Él remontaba un día y, al siguiente, vuelta a empezar.»[18]

El año 1975 supuso un cambio radical en la organización de la vida profesional de Dalí y Gala. Ello se debió sobre todo a la crisis nerviosa de su abogado, Arnold Grant, que obligó a éste a jubilarse. Su lugar fue tomado por un ambicioso e inteligente letrado de Wisconsin llamado Michael Ward Stout, que había conocido a Dalí en un cóctel ofrecido al pintor en el St. Regis. Stout admiraba a Motherwell y a Rauschenberg, y en principio tenía poco interés en que lo presentasen a Dalí: la pintura del catalán no le atraía, sus actuaciones en público le parecían ridículas, y entre sus amigos Dalí era considerado como «una especie de tío que se prostituía, el antiguo genio ya comercializado que sólo se preocupaba ahora, fundamentalmente, de la autoexplotación de su talento para venderse». Sin embargo, la velada transcurrió de manera agradable. A Dalí, Stout, que entonces tenía treinta y dos años, le pareció fascinante –su cara regordeta y la prematura calva le recordaban a su padre– y más aún cuando supo que se especializaba en propiedad intelectual. Stout se convirtió en el nuevo abogado de Dalí en Nueva York y pronto comenzó a trabajar para él a escala internacional. Uno de sus primeros y más fáciles cometidos fue solucionar un problema comercial para Gala.[19]

Poco a poco Stout fue tomándole aprecio a Dalí, aunque no a su obra. Y, a diferencia de Arnold Grant, nunca aceptaría dibujos ni otros artículos dalinianos en lugar de honorarios. Como cualquier abogado de Nueva York que se precia, cobraba por hora (hay quien dice que por cuartos de hora), cualesquiera que fuesen los servicios prestados. Gala, reticente al principio, acabó aceptando el sistema, aunque nunca dejaría de protestar al recibir las minutas.[20]

Stout no tardó en conocer a Sabater y a Peter Moore, dándose cuenta enseguida de que se trataba de dos personalidades bien distintas. Moore, según recordaría el abogado, había sido útil a los Dalí en los años sesenta «porque tenía ese carácter encantador y por su extravagancia; además, hablaba un francés perfecto, tenía un gusto exquisito, era muy afable y también todo un Don Juan, y eso era muy buena propaganda para Dalí». Pero llegados los setenta, con el pintor y Gala cada vez más necesitados de ayuda de un tipo u otro, Moore ya no les era de tanta utilidad. «Al principio Enric era mucho mejor en cosas como conseguir mesa en un restaurante, un coche cuando llovía o reservar los vuelos..., era muy hábil para ese tipo de cosas y eso era lo que ellos realmente necesitaban, alguien que les llevara las maletas, digamos, y Sabater también era muy hábil para los negocios, sí, muy hábil.» Sin embargo, en opinión de Stout, la pistola de Sabater era netamente contraproducente: «Creo que Dalí estaba en un continuo estado de inquietud y temor, y también que Sabater, aunque en un aspecto se esforzaba tanto por protegerlo, imponía a su estilo de protección un nivel demasiado alto, y eso era lo que más asustaba a Dalí. En primer lugar, porque Sabater introdujo el arma, apareció de repente con un revólver y los Dalí nunca habían tenido a nadie armado paseándose alrededor de ellos; fue así como se impuso un clima de temor.»[21]

Stout descubrió pronto que los negocios –y más que nada, la situación fiscal– de Dalí estaban en una situación caótica. En esa época el pintor «afirmaba tener la residencia permanente en Estados Unidos; él y su esposa eran titulares de lo que aquí comúnmente llamamos la "tarjeta verde", que demuestra que alguien es residente permanente».[22] Los Dalí siempre habían pagado algunos impuestos en Estados Unidos, pero nunca los correspondientes a la inmensa renta del artista, en su mayor parte cobrada en efectivo. Durante años Gala había estado llevando dinero ilegalmente de un lado para otro, y cada vez lo hacía con mayor frecuencia. Poco después de que Stout comenzara a trabajar para la pareja, el fisco estadounidense (el temible Internal Revenue Service) inició una investigación criminal de su situación fiscal. Según parece, la sospecha la despertó el despido de Harry Bach, antiguo contable de los Dalí, conocido por su honestidad.[23] Una investigación del IRS era un asunto muy, muy serio, y Stout contrató los servicios de un renombrado bufete de abogados especializado «en los más complejos problemas fiscales internacionales». Tras largas e intrincadas negociaciones fue posible arreglar la situación de los Dalí para el curso 1976-1977 a satisfacción de las autoridades federales, quienes –no se sabe cómo– se dejaron persuadir de que en adelante la pareja fuera clasificada como «extranjeros no residentes». Con todo, a partir de ese momento el IRS nunca aflojaría la vigilancia.[24]

La posición de Stout se hizo mucho más complicada y ambigua cuando empezó a actuar también para Enric Sabater. Más tarde el mismo Stout declararía que había intentado evitar esa situación, pero que tanto Dalí como Sabater habían insistido en retenerlo. Sea como fuera, el hecho de que trabajara para ambos resultaría ser uno de los aspectos clave del embrollo que iba a caracterizar los últimos años de Dalí, con Sabater en el centro de la trama.[25]

Una de las primeras operaciones de envergadura orquestada por Stout fue la creación de una sociedad limitada española para Dalí, Sabater y la esposa de éste: Dasa Ediciones («Da» por Dalí, «Sa» por Sabater), inscrita en Gerona el 31 de mayo de 1976.[26] Stout también participó en la creación, para Sabater (y quizá también para Dalí) de una compañía *off-shore* en el paraíso fiscal de Curaçao, llamada Dalart Naamloze Vernootschap (Dalart Ltd.), para la venta de joyas y otros objetos diseñados por Dalí, así como de los derechos reprográficos de su obra.[27]

Entretanto, mientras España seguía avanzando hacia la plena democracia, Dalí fue objeto más de una vez de la hostilidad que suscitaba su persona en numerosos catalanes. El pintor se inquietó mucho cuando en febrero de 1976 (estando él en Nueva York) se descubrió una bomba bajo su asiento habitual en el restaurante Via Veneto de Barcelona,[28] y no menos cuando, pocos meses después, se le impidió participar en una exposición celebrada en Gerona en honor del escritor e historiador Carles Rahola, ejecutado por los fascistas en 1939.[29]

Cuando Dalí estuvo en España por estos años se cuidó de no aparecer con frecuencia en público, a la espera de que la situación mejorara. La gradual consolidación de la monarquía le ayudó a superar sus miedos, y, conforme aumentaba el prestigio de los reyes, no perdía oportunidad de expresarles su devoción, llegando a ver a don Juan Carlos como Defensor de Dalí y a sí mismo como potencial Pintor de la Corte. Su fe estaba justificada, pues, al margen de una relación protocolaria, Juan Carlos y Sofía sentían cariño por Dalí y lo visitaron extraoficialmente en varias ocasiones.

El proceso democrático español no pudo evitar serios obstáculos. Las fuerzas ultraconservadoras y neofascistas estaban consternadas por los cambios que se iban produciendo, y el 24 de enero de 1977 asesinaron a cinco abogados de izquierdas en Madrid. Medio millón de personas salieron a la calle en señal de protesta. En marzo de 1977 se disolvieron los sindicatos franquistas controlados por el Estado. Luego, el 9 de abril, Domingo de Pascua, con la mayor parte del Ejército de permiso, el gobierno legalizó el Partido Comunista, confirmando con esta decisión los más hondos temores de la extrema derecha. La cúpula militar estaba indignada (algunos de sus sectores ya planeaban un golpe) y varios ministros presentaron su renuncia. Fue uno de los momentos más peligrosos de la transición. Dalí seguía estos sucesos de cerca y con aprehensión. Pero tuvo mucho cuidado de no abrir la boca.[30]

Su ánimo no mejoró cuando, en junio de 1977, descubrió que volvía a tener dificultades para orinar. Ocurrió en Nueva York. Siempre preocupado por el peligro de desarrollar un cáncer de próstata, la enfermedad que había matado a su padre, Dalí, presa del pánico, telefoneó a Antonio Puigvert, el mismo cirujano de Barcelona que le había operado la hernia en 1974. Puigvert se negó a desplazarse a Nueva York (conocía bien a Dalí), pero le envió un ayudante que le preparó para el vuelo de regreso a España. El personal de la TWA cooperó magníficamente, separando del resto de la cabina cuatro asientos traseros para que el artista pudiera tener intimidad. «Hora tras hora de ese vuelo interminable tuve que acompañar a Dalí al lavabo», ha recordado Enric Sabater, «bajarle los pantalones, vaciar el recipiente que le había puesto el médico y volvérselo a poner. Nunca olvidaré ese vuelo. Fue un infierno, y parecía que no terminaría nunca.»[31]

Cuando Dalí llegó a Barcelona, el doctor Puigvert observó en él algo extraño. De repente cayó: el pintor estaba seriamente drogado. Resultó que Dalí llevaba tiempo tomando diez o más pastillas al día, prescritas independientemente por diferentes médicos por una variedad de achaques, reales o imaginarios. Tal vez entre ellas estaban los antidepresivos que le había visto ingerir Carlos Lozano. Puigvert ordenó en primer lugar una desintoxicación. Luego le operó de la próstata. No hubo complicaciones. El artista sintió un alivio inmenso y en adelante llamaría a Puigvert su «Ángel del Pipí». Pero el médico no recibiría nunca el cuadro que el pintor le había prometido como recompensa.[32]

Tras unas semanas de reposo en la clínica, a Dalí se le permitió volver a casa. El pintor tenía un aspecto muy deteriorado al abandonar la clínica, pero cuando Josep Pla lo visitó en Port Lligat en julio lo encontró «estupendo, sano, muy animado».[33] Pla, como sabemos, admiraba a Dalí desde antes de la guerra. A su manera éste también admiraba a Pla, y cuando el escritor le propuso un libro sobre su figura que hiciera hincapié en sus raíces locales e incluyera algunas ilustraciones suyas, Dalí aceptó. Titulado *Salvador Dalí. Obres de museu,* el texto de Pla se publicaría en Dasa Ediciones, la editorial de Sabater, en 1981.

Mientras Dalí se recuperaba en Port Lligat, el Museo Goya de la ciudad francesa de Castres (departamento de Tarn) celebró una exposición veraniega de las ochenta reelaboraciones a punta seca de los *Caprichos* de Goya ejecutadas por Dalí, a instancias de Peter Moore, entre 1973 y principios de 1977, sobre heliograbados preparados especialmente en París.[34] Estas adaptaciones en color tienen cierto interés, incluso cierto encanto, pues Dalí utilizó los expresivos aguafuertes de Goya como vehículo para sus obsesiones secretas. Las obras desarrollan la más ligera alusión sexual o escatológica de los originales y (salvo una o dos excepciones) están salpicadas de muletas, relojes blandos, penes que eyaculan (incluso el de un ahorcado), vaginas, traseros femeninos y grandes masturbadores (uno de ellos variedad aérea). Dalí ha sustituido los pies de Goya por los suyos propios. Tal vez la variación más interesante es la número ocho. El grabado de Goya muestra a una joven muerta elegantemente ataviada arrastrada por dos siniestros encapuchados. El pie dice escuetamente: «Se la llevaron.» Hay una sugerencia de violación. El pie le recordó a Dalí los versos iniciales del famoso romance lorquiano «La casada infiel» («Y que yo me la llevé al río/ creyendo que era mozuela, pero tenía marido»). La escena del coito contada por el gitano de Lorca es única en la poesía española por su brío y la riqueza de sus imágenes, y es muy probable que Dalí conociera el romance de memoria. El nuevo pie tomaba prestadas las palabras lorquianas «al río creyendo que era mozuela», y, en el espacio en blanco detrás del grupo de Goya, Dalí introdujo un grotesco monstruo macho que contempla la brutal escena que se desarrolla, o se ha desarrollado, en primer plano. El pene es enorme, pero fláccido. ¿Alusión a la impotencia heterosexual de Lorca y Dalí? En todo caso, el grabado es una indicación más del continuo poder que el poeta y su obra ejercen sobre el pintor.[35]

Aunque para finales del verano de 1977 Dalí ya se había recuperado de su operación de próstata, se encontraba en baja forma general al atravesar la barrera de los setenta y tres años. Gala, pese a llevarle diez años, estaba bastante mejor. El doctor Vergara, que ya venía atendiéndola desde hacía diecisiete años, seguía sorprendido por el empeño que ponía la rusa en vivir la vida a tope. Ello quería decir especialmente, en estos momentos, Jeff Fenholt. Las visitas de Jesucristo Superstar a Púbol se habían vuelto más espaciadas, por lo que ahora el principal objetivo de Gala, además de permanecer eternamente joven, era pasar el mayor tiempo posible en Nueva York.[36]

Durante años el estilo de vida de los Dalí había requerido un constante raudal de dinero contante y sonante. Mientras el pintor hacía ahora prácticamente cualquier cosa por dinero en efectivo, las reproducciones continuaban siendo su principal fuente de ingresos. En 1979 el precio normal del derecho a reproducir una obra, apuntó Morse en su diario, era ya de cien mil dólares. Sabater conservaba el original y los derechos para otras ediciones del mismo. Con un sistema así tanto el secretario como Dalí se hacían cada día más ricos.[37]

A fin de reducir los impuestos de los Dalí, o de ayudarles a evadir impuestos sin más, en 1977 Sabater les consiguió la residencia en Mónaco. Fue un error. Los Dalí nunca pasarían en el Principado el tiempo requerido por la ley, y la estratagema sólo les traería más problemas cuando intentasen regularizar su situación en España.[38]

Según Morse, ya para entonces Dalí había obligado a Sabater a adquirir de Peter Moore el contrato de arrendamiento del edificio sito frente al Teatro-Museo de Figueres. Moore había esperado vender allí un montón de «basura» daliniana (la palabra es de Morse), pero ahora el establecimiento iba a parar a manos del responsable de la producción de tal basura, Enric Sabater, cuya intención era comercializar allí las reproducciones de obras dalinianas editadas por Dasa Ediciones. Reynolds Morse estaba muy preocupado: la asociación comercial de Dalí con su propio secretario había dado lugar a «un panorama totalmente nuevo y aún más cuestionable». Mientras tanto, Gala gastaba una fortuna en Jeff Fenholt, cuyo busto adornaba ahora la «sala oval» de Port Lligat donde, según Morse, lo veneraba la rusa como si de un ídolo se tratara.[39]

LA GRAN EXPOSICIÓN ANTOLÓGICA DEL POMPIDOU

El 9 de mayo de 1979, dos días antes de cumplir los setenta y cinco años, Dalí ingresó en la Académie des Beaux-Arts del Institut de France, de la cual había sido elegido miembro asociado un año antes. Para la ocasión se hizo confeccionar un uniforme especial, de inspiración napoleónica, y una enorme espada toledana de oro, cuyo puño, diseñado por él mismo, representaba la cabeza de Gala coronada por el cisne de Leda.

En la víspera de la investidura se celebró una recepción en el Hotel Meurice, durante el cual Dalí y Nanita Kalaschnikoff entretuvieron a los invitados cantando y bailando pasajes de *La corte de Faraón,* su zarzuela favorita. Amanda Lear hizo acto de presencia y, después de fotografiarse con Dalí, se esfumó.[40]

Dalí había preparado una absurda lista de invitados famosos para la ceremonia en el Institut de France. Ninguno de ellos compareció. Tampoco Reynolds Morse, aunque sí asistió Eleanor. Había ido primero al Meurice para ayudar a Dalí con los preparativos, y allí pudo constatar con cuánto cariño Nanita le cortaba el pelo y lo peinaba. Sólo Nanita, pensó entonces Eleanor, podría cuidar a Dalí cuando Gala faltase.[41]

El título del farragoso discurso de investidura fue *Gala, Velázquez y el Toisón de Oro,* pero nadie supo muy bien de qué trataba. Improvisando a partir de unas notas, Dalí habló un poco de todo, desde Velázquez al ADN, pasando por Descartes, Leibniz, el matemático René Thom, la estación de Perpiñán y el hiperrealista norteamericano Richard Estes, cuya obra glosó con entusiasmo. Una vez más Dalí elogió la pintura académica, que según él estaba abriendo el camino a un nuevo arte clásico. Hizo un comentario sobre el vello púbico, relacionándolo con el Toisón de Oro, que algunos asistentes juzgaron inapropiado, e insistió, invocando en su ayuda a su «amigo» Michel de Montaigne, en que el deber del artista es convertir lo local en universal. El discurso concluyó con un fervoroso «¡Vivan la estación de Perpiñán y Figueres!».

Las reseñas del acto eran para todos los gustos. Uno de los académicos, Michel Déon, expresó la esperanza de que a partir de ahora Dalí abandonaría algunas de sus «fantochadas» más ridículas. Dalí había nacido con todo el talento que un artista pudiera desear. ¿Por qué, entonces, esa constante necesidad de hacer el payaso? Déon reconocía, con todo, que era ya demasiado tarde para que Dalí cambiara, pues el artista había llevado su empeño de mixtificación al nivel de dogma.[42]

Tras su investidura Dalí le declaró al periodista español Antonio Olano que su «pintura era una mierda», observación que Reynolds Morse consideró más ofensiva que los comentarios del artista sobre las últimas ejecuciones franquistas. Es de suponer que al hacer tal afirmación Dalí se atribuía el papel de alquimista, de transmutador de metales humildes en oro. Pero cualquiera que fuera su intención, sus palabras dieron lugar a numerosas críticas y muestras de desprecio en España, como sin duda él mismo descubrió cuando unos días más tarde regresó a Port Lligat.[43]

Allí también se enteró de que en Figueres se avecinaban problemas. El 15 de junio el primer Ayuntamiento democrático de la ciudad aprobó por mayoría restituir su nombre original a la plaza Gala-Salvador Dalí, así rebautizada durante el régimen de Franco. Aunque una fuerte presión nacional e internacional obligó a revocar la decisión, es probable que Dalí nunca olvidara aquella afrenta.[44]

Entusiasmado con su nuevo rango de académico, Dalí terminó *En busca de la cuarta dimensión,* comenzado el año anterior y quizá su último cuadro de cierta relevancia. Pese a la presencia en la obra de los gastados tópicos de siempre –el reloj blando, la barra de pan sobre la cabeza de uno de los personajes–, el pintor seguía dominando su técnica.[45]

Para celebrar el septuagésimo quinto cumpleaños de Dalí y su ingreso en la Académie de Beaux-Arts, Radiotelevisión Española realizó tres programas sobre la vida y la obra del pintor. Estructurados en torno a una larga entrevista con Paloma Chamorro filmada durante dos días seguidos en el St. Regis antes de que Dalí viajara a París, los programas evitaron deliberadamente cuestiones espinosas tales como el escándalo de las hojas en blanco, y se excluyeron tajantemente cualesquiera opiniones adversas al pintor. La mayoría de las preguntas de Chamorro pisaban terreno conocido y, como resultado, dieron lugar a respuestas estereotipadas. Sin embargo, hubo algunos momentos memorables: la versión daliniana de una de las canciones de *La corte de Faraón,* su petición de que una niña con voz muy bella recitara el famoso soneto de Quevedo sobre las virtudes del ano, y, muy especialmente, su respuesta a un ejercicio de asociación de palabras que la presentadora le hizo pasar el primer día de filmación.

A «Marcel Duchamp» Dalí había contestado sin dudar «¡Ballena!». Pero ¿por qué ballena? Dalí lo había consultado con la almohada. Al día siguiente Chamorro le preguntó sobre el cuadro estereoscópico en que estaba trabajando, *Mano de Dalí retirando un toisón de oro en forma de nube para enseñar a Gala la aurora desnuda lejos, muy lejos detrás del sol.* Al lado de Dalí, bien visibles para el telespectador, estaban los dos paneles que componen la obra, inspirados en *El puerto de Ostia* de Claudio de Lorena (en el Museo del Prado). Chamorro quería que Dalí le aclarara si entendía el sentido de los elementos irracionales del cuadro. Lo único que sabía, respondió, era que, si había decidido pintar el alba detrás del sol, debía de tener algo que ver con el nombre de Claude Lorrain. Luego, recordando la «ballena» del día anterior, tuvo de repente la asociación de un incidente ocurrido en Venecia en 1961 durante los preparativos para el estreno de su ballet *Gala* en La Fenice. Onassis había prometido conseguir una ballena sobre la cual Dalí haría su entrada triunfal en la ciudad, dijo. Encontrar un ejemplar del cetáceo había resultado imposible, pero, sin embargo, una ballena hizo una inesperada aparición en el estreno, ¡distinguiendo el público su forma en un trozo de telón arrugado que Dalí había ordenado que se enrollara y guardara encima del escenario! Avisado, el pintor había ido a echar un vistazo, quedándose estupefacto al comprobar que, en efecto, el trozo de telón arrugado se parecía a una ballena. En ese momento de la entrevista Dalí le comentó a Chamorro que, ya que había recordado por asociación ese incidente, en poco tiempo descubriría qué había en el nombre de Claudio de Lorena para que le inspirara un cuadro estereoscópico basado en *El puerto de Ostia*. La secuencia permite una visión desacostumbrada del funcionamiento de la mente daliniana, y es una prueba de que, pese a sus declaraciones en contra, la asociación libre –a la que tanta importancia concediera el surrealismo en su primera etapa– seguía fascinando al artista.

Los programas también son interesantes por brindarnos la oportunidad de observar de cerca los tics faciales de Dalí en presencia de una cámara de televisión. Cada vez que está a punto de decir algo que pretende ser chocante o atrevido, suele echar la cabeza un poco atrás y cerrar los ojos un instante: mecanismo de defensa, presumiblemente (Carlton Lake había observado algo similar unos años antes). Luego, lanzada la barbaridad de turno, hay una tendencia a mover los ojos para ver si alguien está mirando, como un niño en busca de aprobación. Una vez más tenemos la impresión de que a Dalí podría voltearlo con facilidad una pregunta inesperada, y que gran parte de su intervención ha sido cuidadosamente preparada de antemano para impedir que algo así ocurra.[46]

Tras convertir a Dalí en «inmortal», los franceses dieron un paso más y lo homenajearon con la más ambiciosa antológica de su obra hasta la fecha. Organizada en el Centro Georges Pompidou, la exposición estuvo abierta del 18 de diciembre de 1979 hasta abril de 1980 y atrajo a casi un millón de visitantes antes de pasar a la Tate Gallery, en Londres.[47]

Los organizadores no habían respetado los deseos de Dalí para el montaje de la exposición, que en un principio debía haberse celebrado en el Grand Palais.[48] El artista había querido que las obras cubrieran las paredes de una sola sala, lo más espaciosa posible, «como en los "salones" del siglo pasado, para poder ver todo Dalí de una sola mirada».[49] Nada más diferente de tal concepción que la atestada *mise en scène* instalada en la quinta planta del Pompidou.

Dalí y Gala llegaron a París unos días antes de la inauguración y fueron corriendo a ver la exposición. Allí, según Reynolds Morse, el artista exclamaría «¡Nunca pensé que había tenido tiempo para pintar tanto!».[50]

La planta baja del Centro Pompidou se había transformado en una «kermesse héroïque», especie de revoltijo de símbolos dalinianos con añadidos parisinos. Del techo colgaba un surtido de gigantescas butifarras artificiales, representación algo arbitraria de Cataluña, y también, sin duda, de la obsesión de Dalí por lo blando y comestible. Un Citroën estilo Maigret (¿símbolo de Francia?) colgaba encima de una cuchara de treinta y dos metros de largo inspirada en las que aparecen en *Símbolo agnóstico* (1932) y otras obras del catalán. El radiador del automóvil vertía agua en la cuchara. Había también una réplica de una de las bocas *Art Nouveau* del metro de París, tan queridas por Dalí. Y así sucesivamente. Más tarde el pintor diría que la cuchara no le había gustado.

El 17 de diciembre, día de la inauguración oficial, se declaró una huelga en el Pompidou y no se permitió la entrada a nadie, ni siquiera a Dalí y Gala. Según parece, el artista no se sintió particularmente ofendido, y hasta parece que llegó a expresar su solidaridad con los piquetes. Gala, en cambio, estaba furiosa y armó un escándalo en el Meurice, arremetiendo contra Pontus Hulten, comisario de la exposición, por «someter» a Dalí a semejante «indignidad». Unos días más tarde la pareja voló a Nueva York.[51] Se ha repetido a menudo que, enfadado, Dalí añadió ahora la frase que figura al final de *La Vie publique de Salvador Dalí,* volumen complementario del catálogo de la exposición, publicado en abril de 1980 («Este 18 de diciembre de 1979 termina, hasta su próximo escándalo, la vida pública de Salvador Dalí»).[52] Pero la frase, que está en relación con la que se lee en la primera página del mismo volumen («Aquí comienza la vida pública de Salvador Dalí»), se había escrito bastante antes.

La antológica de París se centró en el periodo surrealista del pintor e incluyó ciento veinte cuadros, doscientos dibujos y más de dos mil documentos. Ignorando virtualmente los últimos treinta y cinco años de su producción, y sin cubrir de un modo satisfactorio el crucial periodo 1925-1930, fue, sin embargo, una exposición impresionante.

El 6 de marzo de 1980, antes de viajar a París para ver la exposición, Reynolds Morse había recibido en Cleveland la visita de Michael Stout. Hablaron diez horas seguidas sobre la situación de Dalí. Stout no era ya única y exclusivamente el abogado del artista, sino, y cada vez más, dadas las frecuentes ausencias de Sabater, su «niñera». Dalí tenía muy pocos amigos verdaderos aparte de Nanita Kalaschnikoff, comentó Stout, sólo «sus travestis, sus modelos venidos a menos y sus cenas de tres mil dólares todos los domingos en Trader Vic's con sus maricones y sus *freaks,* sus acompañantes de pago y otros muertos de hambre, todos superficiales hasta decir basta».[53]

Morse se quedó boquiabierto al constatar la cantidad y la calidad de las obras expuestas en París. Algunas de las mejores procedían de las colecciones privadas de Gala y Dalí, sacadas por Sabater de los depósitos de Nueva York y París. Las obras cedidas en préstamo por Edward James eran «el producto supremo de los últimos años realmente cumbres de Dalí antes de que el episodio del escaparate de Bonwit Teller lo convirtiera por casualidad en un *showman* profesional». Morse tenía sus reservas sobre las pocas obras tardías incluidas en la exposición, que en su opinión revelaban con toda claridad la mano de Isidor Bea y, posiblemente, otras. Morse reflexionó sobre la paradoja de que Dalí, aun ocultando gran parte de sus mejores obras, hubiera logrado su objetivo de ser mundialmente famoso. «Ningún otro pintor se ha mantenido así en el candelero sobre la base de una producción artística tan poco concreta. Eso es, en cierto modo, una marca de su genio.»[54]

El catálogo de la exposición Pompidou, concebido y cuidado por Daniel Abadie, estaba encuadernado en tela basada en un diseño hecho por Dalí para Elsa Schiaparelli en la década de los años treinta. Se titulaba, sencillamente, *Salvador Dalí,* e incluía, entre las reproducciones, una antología de textos de Dalí y media docena de ensayos sobre la obra del pintor. El más importante de éstos, escrito por José Pierre, analizaba en considerable profundidad, acudiendo a su correspondencia, la relación de Dalí y André Breton. Una segunda parte, *La vida pública de Salvador Dalí,* no publicada hasta abril, como hemos dicho, constituía un esfuerzo ambicioso por establecer los hechos comprobables de la trayectoria e imparable actividad del artista (a diferencia de su vida «secreta»), e incluía muchos documentos originales y fotografías inéditas además de una bibliografía de casi 2.500 entradas. La exposición y el catálogo, pues, estaban cimentados sobre una investigación en profundidad. Sólo hay que lamentar que los volúmenes no lleven el imprescindible índice onomástico, lo cual reduce fatalmente su utilidad.

A Morse ya no sólo le caía mal Sabater, sino que desconfiaba positivamente de él, viendo por todos lados indicios de sus maquinaciones. Si Moore había sido malo, Sabater, en opinión del norteamericano, era mucho peor. Morse sospechaba que algunas de las obras recuperadas de los depósitos se «perderían» entre el Pompidou y la Tate Gallery; y que, puesto que no figuraban en ningún inventario, el secretario nunca podría ser acusado de apropiación indebida. Morse se había negado a prestar obras de su colección, pero, sin embargo, algunas de ellas aparecían reproducidas en el catálogo sin ninguna mención de su procedencia. Otras se comercializaban como pósters sin su permiso. El coleccionista opinaba que los organizadores le castigaban injustamente por su falta de cooperación.[55]

Robert Descharnes, activo colaborador en la preparación de la muestra[56] y autor de un ensayo para el catálogo, le confió a Morse su honda preocupación por la magnitud de la dependencia que ahora vinculaba a Dalí y Sabater. Mientras recorrieron juntos la exposición, le sugirió que crearan un organismo para apoyar a Dalí en momentos tan críticos. Morse acogió la idea con entusiasmo y propuso que se establecieran diferentes categorías de socios. El Comité de Amigos para Salvar a Dalí pronto se hizo realidad. Según el membrete del papel de correspondencia del Comité, los socios eran Arturo Caminada, Benjamín Castillo (amigo de Dalí en Figueres), Robert Descharnes, Nanita Kalaschnikoff, Eleanor y Reynolds Morse, Antoni Pitxot y Gonzalo Serraclara. El Comité, reza una nota al pie del papel, «es una organización internacional benéfica cuya única misión es preservar el bienestar físico y artístico de Salvador Dalí».[57]

MALOS MOMENTOS

En febrero de 1980, mientras el público seguía acudiendo masivamente a la antológica de Dalí en el Centro Pompidou, una fuerte gripe se cebó en el pintor y Gala, otra vez instalados en el St. Regis. La pareja estaba en muy baja forma emocional y física, sobre todo Dalí. «Aunque ya había tenido dos operaciones», escribe Albert Field, «nunca había padecido una larga enfermedad, y se deprimía al ver que no se recuperaba. Para calmarlo, Gala le daba valium y otros sedantes, sin control médico. Con ello sus miedos remitían en parte, pero los medicamentos lo dejaban un poco aletargado por la mañana.» Tal cansancio se convirtió en «una nueva fuente de inquietud», y, siempre sin control médico, Gala empezó a administrarle «cantidades desconocidas de uno o más tipos de anfetaminas». Según Field, estas dosis irregulares de sedantes y estimulantes le produjeron a Dalí «daños neurológicos irreversibles» y fueron la causa del incontrolable temblor de su mano que, como le impedía trabajar, ahora lo obsesionaba.[58]

Dadas las frecuentes ausencias de Enric Sabater, cada día más ocupado con su creciente imperio comercial, la pareja sobrecargaba ahora con exigencias a Michael Stout, que, cuando se declaró una huelga en el hotel, se sintió algo perplejo al verse obligado a hacerles de mayordomo además de niñera.[59] Por suerte para el abogado y los Dalí, la siempre servicial Nanita Kalaschnikoff estaba a su lado. Aunque Kalaschnikoff quería regresar urgentemente a España, Dalí insistió en que se quedara en Nueva York hasta que estuviera totalmente recuperado. De pronto se ponía a llorar, agarraba a Nanita de la mano y le rogaba que no lo abandonara: «¡Si te marchas, me voy a poner muy malo! ¡No te vayas!» Al final «Luis XIV» no tuvo más remedio que volver a España, pero no lo hizo sin antes prometerles a Gala y a Dalí que iría a verlos inmediatamente en cuanto regresaran a Europa.[60]

Poco después Nanita recibió una llamada del pintor. ¿No podrían Gala y él pasar la convalecencia en su casa de Torremolinos? Nanita les dijo que era imposible, que no había sitio suficiente para atenderlos. ¿No sería mejor la clínica Incosol, ubicada cerca de ella en Marbella? Allí tendrían la ventaja de contar con atención médica de primera clase. Dalí y Gala reconocieron que se trataba de una idea excelente.[61]

El 20 de marzo, acompañados por Sabater, los Dalí volaron a España en un DC 8 de Iberia. Nanita, que visitó a la pareja apenas llegaron al Incosol, quedó consternada ante el aspecto de Salvador. «Cuando me despedí de él en Nueva York estaba bien», recordaría, «pero tres semanas después estaba hecho polvo. Piel y huesos, nada más.»[62] La clínica se cerró a cal y canto para impedir la entrada de las docenas de periodistas que, avisados de la llegada de la pareja, se arremolinaban alrededor del edificio, pero una filtración confirmó la impresión de Nanita. Dalí apenas podía caminar y estaba muy deprimido. Kalaschnikoff responsabilizaba del estado del pintor a Sabater. Pero la culpa no era sólo suya, seguramente, pues todo indica que los medicamentos administrados por Gala al margen de las prescripciones de los médicos había contribuido grandemente a los estragos ocasionados.[63]

Los Dalí ocuparon toda una suite del Incosol y Sabater otra. Cada día que pasaban en la clínica les costaba una fortuna. Se quedaron hasta mediados de abril, cuando volaron en un avión privado a Gerona. Allí los esperaba Arturo Caminada con el Cadillac para llevarlos a Port Lligat.[64] Unos días más tarde recibieron la visita de Michael Stout, que llamó a los Morse el 26 de abril para contarles que en Port Lligat le habían dicho que no podía ver a Dalí, pero que había entrado abriéndose camino entre guardias armados. Stout estaba en una situación imposible como abogado a la vez de Dalí y de Sabater, e incapaz, a juicio de Morse, de hacerse una idea de hasta qué punto el secretario había minado la confianza de Dalí. El mismo Morse no lo dudaba: las acciones de Sabater habían reducido al artista «a una temblorosa masa de gelatina»; al secretario nunca se le veía sin su automática en el cinturón y hasta había conseguido que la policía escuchara las llamadas telefónicas del pintor. Tanto Dalí como Gala le habían dicho a Stout que les preocupaban los negocios de Sabater. Gala, sin embargo, con sus constantes demandas de dinero en efectivo, era tan culpable como el pintor de la situación en la que ahora se veían atrapados.[65]

Lo que Stout le contó del estado de Dalí alarmó tanto a Morse que quince días más tarde regresó a España para reunirse con Robert Descharnes. El encuentro se produjo el 16 de mayo en el Motel del Ampurdán, de Figueres: el Comité de Amigos para Salvar a Dalí había empezado su andadura. Cabe señalar que entre sus miembros no figuraba Peter Moore, considerado demasiado poco fiable para participar en la «operación de rescate».[66] Antes de dirigirse a Port Lligat, Stout, Descharnes y Morse vieron a Sabater, que, como siempre, iba armado. Aunque el secretario estuvo bastante amable, Morse ya no se fiaba de él para nada.[67]

Tras la reunión en el Motel del Ampurdán, Morse intentó ver a Dalí, pero se lo impidió Gala, «esa vieja rusa durísima y cascarrabias», que en su presencia se abalanzó sobre una criada para preguntarle si se había acostado con Arturo Caminada. La chica, mortificada, se había puesto a llorar. El mismo Arturo había salido furioso de la casa, al empezar Gala a meterse a voces con Dalí, pues era incapaz de soportar esas escenas. Gala le dijo a Morse que Caminada «se había marchado», pero, por supuesto, el más leal servidor de la pareja regresó unas horas más tarde. Morse nunca había experimentado por Gala tanta repugnancia, y se fue sin poder ver al pintor. «Si en este momento yo pudiera elegir a quién salvaría el día del juicio final, seguramente elegiría a Arturo, no a su jefe ni a su jefa», apuntó en su diario.[68]

El día siguiente Dalí fue examinado por un neurólogo de Barcelona, Manuel Subirana, para quien los problemas del artista eran psíquicos, no físicos, pero que, según Morse, «no pudo obtener ninguna información clínicamente válida de un hombre que se había pasado toda su vida profesional mintiendo».[69]

Entretanto, Morse y Stout habían estado intentado convencer a Sabater para que abandonara libremente el puesto de secretario de Dalí, en beneficio tanto de sus propios intereses como de los del pintor. «Le dije que nadie lo acusaría si se largaba sin más», escribió Morse en su diario el 16 de mayo. «Al fin y al cabo, había asumido la imposible tarea de atender al Maestro durante sus críticos años de transición, cuando pasó desde la cumbre de su grandeza a los albores de la senilidad y a una crisis nerviosa.» Sabater pareció estar de acuerdo, y se comprometió a ingresar a Dalí sin demora en la clínica del doctor Puigvert para un examen exhaustivo. Dos veces le pidió Morse a Dios esa noche que apartara de Dalí «la maligna fuerza de Gala». La Musa, ya con ochenta y seis años a cuestas, se había convertido en Bruja, y estaba profundamente amargada porque la neurosis de Dalí le impedía a ella vivir su vida. Es decir, su vida amorosa. «¿Cuánta gente se dará cuenta de lo terrible que es», musitaba Morse, «al contemplar su rostro sublime en cuadros como *La Madona de Port Lligat?*»[70]

¿Al atiborrar a Dalí con píldoras de su farmacopia particular, esperaba Gala envenenarlo poco a poco? Tal vez no pueda descartarse esta posibilidad.

Pese a no haber recibido nunca al parecer un céntimo por haber operado con éxito a Dalí de la hernia y de la próstata, el doctor Puigvert lo visitó en Port Lligat a instancias de Morse y lo convenció de que ingresara otra vez en su clínica. El 21 de mayo de 1980, día del traslado de Dalí a Barcelona, hubo otra conversación, esta vez de magnas consecuencias, entre Morse, Stout y Descharnes. Tuvo lugar en la plaza de la Catedral durante la hora de la siesta. Morse apuntó:

> Stout dijo que él ya no podía dedicar más tiempo a hacer de niñera de los Dalí. Yo dije que tampoco haría nada por convertirme en su guardián. Dicho esto, sólo quedaban Robert Descharnes o Antoni Pitxot. Le suplicamos a Robert que se hiciera cargo de la ingrata tarea. Des-

charnes respondió que Dalí ya le había costado una pequeña fortuna. Le dijimos que recibiría una buena retribución por el tiempo que le tuviera que dedicar, y que podía permitirse contratar a un abogado para ocuparse de los derechos del pintor. Si le pagaba a un abogado cien mil dólares al año y se quedaba con otros cien mil, aún sobrarían algunos millones para Dalí y Gala. Robert no tenía muchas ganas de hacer ese trabajo, pero, con el vacío que iba a dejar Sabater, ¿quién sino él podía hacerlo? Me parecía que era una especie de decisión fatídica, y tal vez no la mejor, pues Robert no es un buen hombre de negocios ni tampoco es capaz de tomar una decisión cuando hace falta. Es timorato y le da vueltas y vueltas a todo, perdiendo su tiempo con nimiedades..., lo que sea para no tener que tomar una decisión en firme. Tanto yo como Stout tuvimos nuestras dudas a la hora de pedirle a un francés que llenara ese vacío, pero la verdad es que no había candidatos españoles ni catalanes capaces de empezar a entender mínimamente a su compatriota.[71]

Y así fue como se decidió que Robert Descharnes fuera quien le tomara el relevo a Sabater.

El mismo agitado día en que Dalí ingresó en la clínica Puigvert, Morse, Descharnes y Stout consultaron con algunos abogados de Barcelona sobre la situación legal de la pareja en España. Uno de ellos, Ventura Garcés, dijo que los Dalí no podían seguir sin tener una residencia fija, y que el ardid de Mónaco sólo funcionaría si pasaban allí tres o cuatro meses al año. Garcés insistió en que alguien debía recibir poderes para actuar en nombre de los Dalí en España, sobre todo en cuestiones fiscales. Según el mismo abogado, era un milagro que Gala, acostumbrada a pasar ingentes cantidades de dinero negro por las aduanas, nunca hubiera sido cogida con las manos en la masa.[72]

En la clínica Puigvert examinaron a Dalí el doctor Joan Obiols, catedrático de Psiquiatría de la Universidad de Barcelona, y el neurólogo Luis Barraquer. También estuvo presente Manuel Subirana, que ya había visto al pintor. La conclusión, una vez más, fue que los problemas de Dalí eran en su mayor parte psicológicos, y Subirana opinó que padecía «un estado depresivo de variedad melancólica». Por lo tanto, se le recetó «un intenso tratamiento antidepresivo». Parecía dar buenos resultados. En cuanto a Puigvert, diría poco después que desde hacía diez años Dalí había estado desarrollando lentamente una arteriosclerosis.[73]

Morse insistió en visitar a Dalí en la clínica. Cuando entró en la habitación 417, el pintor estaba espiando desde el retrete, desnudo de cintura para abajo. Arturo y la enfermera lo ayudaron a volver, basculándose, al dormitorio, donde se sentó en una silla, temblando, sin aliento y casi sin poder hablar. Morse captó las palabras «¡Familia no! ¡No quiero ver a nadie de mi familia! ¡Ni a Gonzalo! ¡Ni a Serraclara! ¡Mi familia me odia!». Morse se quedó horrorizado ante el estado físico de Dalí. Sus brazos y piernas estaban terriblemente delgados y daba la impresión de haberse encogido unos diez o doce centímetros. El brazo derecho «tenía una especie de temblor desde el hombro a la muñeca». Dalí murmuró que Gala pronto iba a abandonarlo por Jeff Fenholt, y que él estaba a punto de morir. Sabater estuvo allí todo el rato, poniendo la oreja cuando no atendía las llamadas telefónicas de los periodistas que pedían con insistencia noticias sobre el estado del artista. En opinión de Morse, Sabater «disfrutaba de su posición de único portavoz del más famoso pintor vivo del mundo».[74]

Reynolds Morse nunca volvería a ver con vida a Dalí. El 26 de mayo, de regreso en Cleveland, le escribió a Peter Moore para ponerlo al tanto de la situación, dado que ni él ni los demás miembros del Comité habían podido ver al capitán en Cadaqués. Morse le expuso que a su juicio sólo había una manera de ayudar a la pareja, a saber, llegar a «un arreglo amistoso» con ellos en interés de su propia protección:

> Comprobamos bastante bien que con los negligentes cuidados de Gala y los métodos terroristas de Sabater, Dalí había quedado reducido a una sombra de lo que había sido. Nos preocupa que Sabater haya ganado con Dalí seis veces más que el pintor mismo, y que esté inflando la cuenta de gastos que le pagan en unos cien mil dólares por año. Su mala gestión de todos los asuntos dalinianos es tremenda, y va desde no invitar a nadie de Figueres al Pompidou hasta chanchullos con libros publicados por el Pompidou por los que Dalí no recibe derechos. Realmente hay que neutralizar dos cosas: Sabater y Jeff Fenholt. Si lo logramos, creo que hay alguna esperanza de formar un trust y poner algo de orden en los asuntos de los Dalí, para que puedan vivir holgadamente donde y como quieran. La omisión más grave de Sabater como gestor fue no solicitar la amnistía ofrecida por el fisco español. Los Dalí deberían ser residentes españoles, pero Sabater les hizo creer que Mónaco era la mejor solución para sus problemas fiscales, y eso es falso. También habría que hacer un testamento válido en todos

> los países donde tengan algún negocio. Todo eso podría arreglarse sin mayores problemas si no fuera por el hecho de que la pobre Gala está verdaderamente senil, es incapaz de decir la verdad y, lo peor de todo, ha perdido todas sus amistades. Y con Dalí en un estado de total agotamiento, los que somos meros amigos no podemos hacer realmente nada. Creo que, en estas circunstancias, fue muy prudente que te quedaras al margen de todo el lío, pues, tras dialogar con el enemigo, pudimos no sólo llevar a Dalí a la clínica en Barcelona, sino también verlo. En este momento no tengo forma ni motivo alguno para poner en marcha un plan de acción, y no lo haré hasta que se produzca una crisis real, pero Stout ya sentó las bases de un plan para proteger a Dalí. Todo su mundo se ha venido abajo por culpa de la incompetencia absoluta de Sabater y su burda gestión de los asuntos dalinianos. El pobre Sabater es un enfermo, no sabe decir la verdad, y en este asunto ha perdido los papeles. Y como el mundo privado de Dalí es objeto de constantes habladurías, y hasta la pescadora de Cadaqués sabe las últimas noticias antes de que se produzcan, no creo que haya necesidad alguna de disfrazar los hechos de este caso esencialmente trágico. Ahora lo más importante es encontrar la ocasión apropiada para llegar hasta los Dalí, ayudarlos con sus tortuosos y complejos problemas fiscales, crear un consorcio, conseguir que se amplíe el alcance de la amnistía española alegando como motivos su senilidad y la negligencia de Sabater, poner coto al terrible goteo de sus recursos debido al dinero vertido en el sumidero Fenholt, etc. Descharnes actuaría como secretario durante un año y esto ayudaría.[75]

Llama la atención la referencia a Robert Descharnes al final de la carta. Está claro que, tras la conversación mantenida en Barcelona, el fotógrafo ha aceptado ser el nuevo secretario del artista. Sin embargo, no será tan fácil convencer a los veleidosos Dalí para que prescindan de los servicios de Enric Sabater.

La entrada en el diario de Morse correspondiente al 21 de mayo de 1980, en la que se basaba su carta a Moore, demuestra que el coleccionista no tenía duda alguna acerca del papel desempeñado por Gala en el imparable ascenso y enriquecimiento de Sabater:

> Todos estuvimos de acuerdo en que Gala había hecho rico a Sabater con su sistema de un pago único. En los últimos años, ella fijaba el precio de una acuarela que un cliente quería litografiar. Sabater entonces

> le pasaba el efectivo entregado por el cliente, luego le vendía al cliente en cuestión los derechos de reproducción para su país, conservando la obra original. Después, cuando iban a otro país, Sabater volvía a vender los derechos de reproducción para ESE país a un nuevo cliente, de modo que ganaba, digamos, quinientos mil dólares frente a los cien mil que le había pagado a los Dalí y, además, se quedaba con el único objeto de verdadero valor: la acuarela original. ¿Listo, no?[76]

A Dalí le gustaba conversar con Joan Obiols, el psiquiatra, por lo visto persona agradable e inteligente. Cuando el artista pudo regresar a Port Lligat en junio, Obiols comenzó a visitarlo allí una vez por semana. Pero pronto ocurrió algo grotesco. El 17 de julio, mientras charlaba y se tomaba un whisky con Gala, Obiols cayó muerto, fulminado por un infarto. Gala se puso histérica y mandó llamar a Antoni Pitxot, que la encontró gritando. Dalí estaba en otro rincón del laberinto, ignorante de lo ocurrido. Según el doctor Puigvert, que acudió desde Barcelona, al pintor nunca le contaron la verdad de lo que había pasado con Obiols.[77]

El lugar de éste lo ocupó otro psiquiatra, Ramon Vidal Teixidor, al que Dalí conocía ya de la clínica Puigvert. Vidal se quebró una pierna en su primera visita a Port Lligat, por lo que a los médicos barceloneses debió de parecerles que ver a Dalí entrañaba un verdadero peligro profesional.[78]

Uno de los periodistas españoles que seguía el caso Dalí con más tenacidad por estas fechas era Alfons Quinta, corresponsal de *El País* en Barcelona. A principios de septiembre Quinta publicó en dicho diario un irónico reportaje de dos páginas sobre la situación financiera de Dalí. Había investigado el ascenso de Sabater a la categoría de multimillonario, y calculó que en cinco años el secretario de Dalí había amasado una fortuna que superaba los cinco mil millones de pesetas. El reportaje ofrecía detalles de las compañías y propiedades de Sabater, explicaba cómo, con el propósito de que pudiesen evadir impuestos, había conseguido que los Dalí fueran, de derecho si no de hecho, residentes del principado de Mónaco, y señaló el caos que imperaba en el Teatro-Museo de Figueres, cuyos contenidos eran todavía tan pobres y chabacanos que muchos turistas se marchaban disgustados, sintiéndose objeto de una tomadura de pelo. Quinta cometió un grave error, sin embargo: subestimó la cantidad e importancia de las obras pertenecientes a las colecciones particulares de Dalí y Gala y aún no instaladas en el museo.

Unos meses después, el semanario madrileño *Cambio 16* publicó un inventario de setenta de esas obras, cuyo valor total era incalculable.[79]

Poco después Quinta informó sobre la situación fiscal de Dalí en España. Desde 1978 el pintor no había presentado ni una sola declaración a Hacienda, ni de patrimonio ni de renta, alegando que, en su calidad de residente en Mónaco, no tenía obligación de hacerlo y que, además, obtenía todas sus ganancias fuera de España. Las autoridades fiscales sabían que esta última aseveración no era cierta. De acuerdo con la legislación fiscal mucho más severa introducida en 1980, los españoles residentes en el extranjero debían hacer una declaración anual de su patrimonio en España. Y, si pasaban más de seis meses seguidos en el país, cosa que Dalí acababa de hacer; se les exigía también que declararan sus ingresos. En resumen, Dalí estaba ahora obligado a presentar una declaración por los dos conceptos. El no haberlo hecho iba a condicionar las futuras negociaciones con el gobierno español en relación con su patrimonio.[80]

La prensa tanto nacional como internacional orquestaba ahora una considerable campaña contra Sabater. Se le acusaba no sólo de hacer una fortuna a costa de Dalí y Gala, sino de impedir que los amigos del pintor lo visitaran. Sabater negaba tenazmente tales cargos. Uno de sus principales dolores de cabeza era, cabe pensarlo, James M. Markham, corresponsal en Madrid del *New York Times,* que transmitía a su diario gran parte de la información que se publicaba sobre Dalí en España. El 12 de octubre, tras revelar que Sabater era ahora un millonario «de muchos ceros», Markham proporcionó detalles sobre sus diversas empresas *off-shore.* Según el periodista, una de las dos lujosas residencias del secretario en la Costa Brava tenía un circuito cerrado de televisión, una piscina climatizada y hasta un estanque con bogavantes. Entre los demás lujos había un yate, dos automóviles y espléndidas fiestas de verano con «jeques del petróleo y personalidades del mundo del espectáculo».[81]

Dalí decidió ahora que, tras siete meses fuera de combate, había llegado el momento de volver al escenario público. ¿Y qué mejor que dar una rueda de prensa internacional en su propio Teatro-Museo? La reaparición del Divino tuvo lugar el 24 de octubre de 1980 con la asistencia de más de un centenar de periodistas españoles y extranjeros. Mientras un bronceado Sabater ponía orden entre los reporteros, la entrada de Dalí se retrasó a propósito para provocar el máximo de expectación. Finalmente el artista apareció a los acordes de *Tristán e Isolda,* seguido de Gala, que repartió ramos de nardos entre los fotógrafos. Dalí, increíblemente envejecido y exhausto, parecía una parodia del artista, aún fornido, entrevistado por Paloma Chamorro apenas un año antes. Sus primeras palabras, «*¡Ja soc aquí!*», repetían intencionadamente las pronunciadas por Josep Tarradellas a su regreso triunfal a Barcelona tras la muerte de Franco. El pintor dio tres golpes en la mesa con su bastón. Luego besó a Gala. Lucía su famoso abrigo de piel de leopardo y, en la cabeza, una *barretina* catalana. Gala, sentada a su lado, parecía una vieja *madame* de burdel parisino, con la cara recargada de maquillaje, los labios pintados de un rojo chillón y la peluca mantenida en su lugar por el habitual lazo de terciopelo a lo Minnie Mouse. Dalí le aseguró a la concurrencia que ya había vuelto a trabajar, a un ritmo de tres horas diarias. «¿Ven como me tiembla la mano?», preguntó, alzando el brazo derecho. De repente, la mano dejó de temblar. «Ya no tiembla», murmuró. Luego, con una voz muy débil, explicó que había estado cerca de la muerte pero que ya no tenía miedo a morir porque había descubierto, aliviado, que Dios era tremendamente pequeño. El descubrimiento lo había llevado a abandonar la idea de que, una vez muerto, lo congelaran. Los periodistas franceses estuvieron obsequiosos aquella lluviosa tarde de Figueres y la mayoría de sus preguntas resultaban imbéciles. Dalí contestaba lacónicamente, en una mezcla indiscriminada de francés, catalán y español y, si bien su antigua chispa sólo brilló fugazmente, demostró que aún era capaz de recitar complicados trabalenguas catalanes sin tropiezos.

La *pièce de résistance* de la tarde vino cuando se descubrió la última donación de Gala al Teatro-Museo, un reciente cuadro de Dalí titulado *El caballo feliz*. Representaba los restos de un caballo que se pudren en la campiña ampurdanesa. Pero ¿se trataba realmente de un caballo?, preguntó un periodista francés. ¿No podía ser una mula? «No estoy seguro de que ustedes puedan ver que es un caballo», contestó Dalí. «Pero lo que sí pueden ver es que está podrido.» A continuación se quitó otro velo y Dalí mostró su último proyecto: la maqueta de una escultura gigante de un caballo que, con la ayuda de la cibernética, tenía pensado realizar en Rumania. El proyecto no consiguió interesar a la concurrencia. Unos minutos más tarde Sabater se llevó al pintor y a Gala en el famoso Cadillac azul con la matrícula de Mónaco.[82]

Las autoridades españolas habían contado con que la antológica del Centro Pompidou pudiera trasladarse a Madrid y Barcelona tras su temporada en la Tate Gallery de Londres. Al ver que no era posible, decidieron que España organizara su propia gran retrospectiva daliniana. ¡Ya verían los franceses! A tal fin se llegó a un acuerdo preliminar en Port Lligat el 22 de noviembre de 1980. Dalí y Gala se comprometieron a prestar suficientes obras originales de sus colecciones particulares para formar el núcleo de la exposición, y la inauguración se fijó, con demasiado optimismo, para noviembre de 1981 en Madrid. Pronto se pospondría hasta 1982 y, finalmente, 1983.[83]

Los Dalí llevaban meses perfilando sendos borradores de sus nuevos testamentos, y más tarde Sabater afirmaría que su papel había sido decisivo a la hora de persuadirlos a que lo hicieran.[84] El 12 de diciembre de 1980 los documentos definitivos se firmaron en presencia de Ramon Coll, notario de Llançà. Estipulaban que a la muerte de Gala y Dalí la mitad de la obra pictórica y artística de cada uno se legaría al Estado Español y la otra mitad al «Pueblo Catalán, a través de la Generalitat de Cataluña, o del ente que lo represente», e insistían en que dicha obra se incorporase a «los museos que los legatarios designen o construyan a fin de que, sin restricción alguna, pueda ser contemplada, sin excepción, por todos los pueblos de España». Había disposiciones jurídicas para zanjar cualquier conflicto que pudiera surgir entre los legatarios por el reparto de las obras (cuestión que se reconocía compleja). Los dos testamentos diferían en algunos puntos secundarios. Gala hizo una brutal tentativa de excluir a su hija Cécile, «por haber heredado en vida, con creces, cuantos derechos pudiera acreditar en su herencia y en forma especial cuantos derechos correspondían a la testadora con motivo de la disolución de su primer matrimonio» (tal tentativa se frustraría en virtud de la ley española). En cuanto al testamento de Dalí, se le añadieron dos cláusulas que no figuraban en el de Gala. La primera decía: «Recomiendo de forma especial a la Generalitat que tenga en cuenta el cariño que siempre he profesado a mi museo de Figueres.» Conociendo la obsesión de Dalí por el Teatro-Museo, la recomendación parecía perfectamente razonable. Pero la segunda cláusula era extraña, confusa: «Manifiesta expresamente el compareciente que nunca ha tenido ni tiene ningún secretario ni hombre de confianza.» ¿Qué quería decir esto? Tal vez la voluntad daliniana de dejar constancia de que tenía ahora serias dudas acerca de la integridad de su secretario. También es probable que ya para entonces Sabater le hubiera comunicado su intención de dimitir a finales de año. Lo cierto, de todas maneras, es que Dalí daba señales de estar muy inquieto.[85]

Tras firmar los testamentos, Dalí y Gala aceleraron sus preparativos para pasar las Navidades como siempre en París. Pero Sabater insistió en que primero lo acompañasen a Ginebra, por lo visto para organizar el almacenaje, en el puerto franco, de las obras expuestas en el Pompidou y la Tate Gallery de Londres. Ello para evitar futuros problemas a la hora de trasladarlas a España. Al parecer también hubo un rápido viaje prenavideño a Montecarlo para ocuparse de las gestiones relativas a la renuncia a la nacionalidad monegasca, paso necesario para que los Dalí pudieran solicitar la residencia legal y fiscal en España (en septiembre Sabater había comunicado a las autoridades españolas el inminente cambio de régimen fiscal de la pareja).[86]

En París, Dalí y Gala ocuparon su suite de siempre en el Meurice. La agencia France Press informó de que, pese a su enfermedad, el pintor no había perdido la vitalidad. Dalí explicó al periodista que su escultura del caballo iba a medir ahora más de treinta y cinco kilómetros de largo, y le enseñó su última obra, guardada en una gran caja negra. Titulada *El incendio de la escuela de Atenas,* demostraba que la antigua fascinación del pintor por la estereoscopia y las ilusiones ópticas seguía tan viva como siempre. Esta vez el truco consistía en fundir dos pinturas de Rafael, *La escuela de Atenas* y *El incendio de Borgo,* de tal modo que las llamas de la segunda envolvieran a los filósofos de la primera. Dalí dijo que la obra expresaba su manera de entender los agujeros negros. Si un año antes se había marchado de París insistiendo en que «la pintura debía ser estereoscópica o no ser» (una glosa más sobre la bretoniana «La belleza será convulsiva o no será»), ahora la consigna era que debía ser *cibernética.*[87]

El cuadro, bastante optimista, del estado de Dalí transmitido por la agencia francesa lo contradijo en enero la revista *Elle* con un artículo de Pierre Roumeguère, que al parecer había visitado al pintor: «La verdad es que Dalí ha perdido su deseo de vivir», sentenciaba el esperpéntico psiquiatra francés. «Estamos asistiendo a un suicidio. Sencillamente porque Gala ya no se ocupa de él. Ella tiene ochenta y seis años y sólo dos o tres horas de lucidez al día, y las usa para pensar en Jeff.» Dalí, a juicio de Roumeguère, se moría como un bebé abandonado. Quizás el diagnóstico no andaba demasiado lejos de la realidad.[88]

Más o menos por estas fechas Gala llamó por teléfono a Emilio

Puignau. Le dijo que ella y Dalí no se quedarían mucho tiempo en París, pidió noticias de Port Lligat y le advirtió que el pintor no se encontraba nada bien. Puignau, preocupado, salió enseguida hacia París, donde encontró a Gala consternada: Dalí no quería que nadie lo viera, no andaba bien, no coordinaba sus ideas, era presa de pánico y tenía frecuentes y espantosas rabietas. Los doctores eran incapaces de determinar qué le pasaba. En cuanto a Gala, estaba deprimida y físicamente muy desmejorada. Cuando Puignau subió a ver a Dalí no pudo creer lo que veían sus ojos: el aspecto y ademán del pintor no se parecían a nada que hubiera visto antes. Dalí se arrojó en sus brazos. «Estoy deshecho, desesperado», exclamaría; «ya debes de saber que me lo han quitado todo.»[89]

Ello sonaba a crisis paranoica... y a los informes aparecidos en la prensa en 1886 sobre los delirios del abuelo Gal antes de que se suicidara. Sabater había ganado mucho dinero gracias a su relación con los Dalí, es cierto, pero decir que él y otros le habían robado todo era una absurda exageración. De todos modos, Enric Sabater ya no era el secretario de Dalí, pues había renunciado a su puesto el 31 de diciembre de 1980. No obstante, había aceptado permanecer un tiempo con la pareja en calidad de amigo y colaborador y seguía instalado en el Meurice.[90] En febrero Sabater le diría lacónicamente a un periodista: «El carácter del señor Dalí es muy difícil, incluso insoportable. No siempre, claro. También resulta agradable y ameno. De todas formas, para estar tanto tiempo a su lado como lo he estado yo se necesita ser del Empurdà y estar un poco tocado por la tramontana.» «Dalí», terminó Sabater, «es un gran masoquista.»[91]

SE VA SABATER

Por estas fechas Gala hacía frenéticos negocios por su cuenta con Jean-Claude Du Barry, el simpático gascón que llevaba diez años suministrando a la pareja un flujo constante de chicos y chicas de buen ver para animar sus fiestas en Port Lligat y Púbol. Impresionados por el talento del francés para los negocios, los Dalí le habían permitido organizar unos suculentos asuntos a espaldas de Sabater en el verano de 1980. Y ahora querían más.[92]

Instigado por Gala, Du Barry preparó numerosos contratos irregulares a principios de 1981 para la explotación de la obra daliniana, volviendo a congregarse en el Meurice turbios marchantes que años antes habían tratado al artista. «Comencé a llamar a los antiguos clientes de Dalí, gente con la que Sabater había cortado de raíz», declaró Du Barry este noviembre, y les dije que si querían hacer negocios con Dalí, que me llamaran.» Sí querían y sí le llamaron, y Du Barry no tardó en organizar ventas de derechos por el orden de un millón trescientos mil dólares, quedándose con generosas comisiones.[93] «Así se creó una situación de lo más caótica», recordaba Michael Stout en 1996.[94] El mandato del gascón fue breve, sin embargo, pues pisándole los talones, y a punto de alcanzarlo, venía Robert Descharnes. A principios de octubre de 1980, intuyendo que la ruptura con Sabater era inminente y siguiendo el consejo de Antoni Pitxot, Dalí había llamado a Descharnes, entonces en París, para solicitar su ayuda.[95] Descharnes había reaccionado sin perder tiempo, poniéndose en contacto, en nombre del pintor, con Spadem (Société de la Propriété Artistique et des Dessins et des Modèles), agencia francesa especializada en derechos de artistas. De modo que, cuando Dalí llegó a París en diciembre, se reunió con un alto cargo de Spadem, Jean-Paul Oberthur, y decidió contratar los servicios de la agencia. El 6 de enero de 1981 se formalizó un acuerdo entre ambas partes, y el 27 de febrero una carta firmada por Dalí comunicó la nueva situación a aquellos «amigos, coleccionistas, museos, editores y otros beneficiarios» con derechos de reproducción de sus obras. La carta les pedía que facilitaran a Spadem todos los detalles de sus acuerdos. Reynolds Morse estaba indignado: el contrato con la agencia francesa era un desastre, y se había redactado la carta en términos tan poco diplomáticos que constituía un insulto a todos los destinatarios.[96]

Tanto Descharnes como Sabater estuvieron presentes cuando Dalí firmó el contrato con Spadem. Sabater se manifestó dispuesto a cooperar con la agencia y a enviar una lista completa de todas las operaciones que había realizado en nombre de Dalí, con copias de los acuerdos. Pero por lo visto no cumplió su palabra.[97]

Spadem se encargó primero de los derechos de la obra gráfica del pintor; luego, de la totalidad de su producción. Pero la agencia comenzó pronto a perder pie y cinco años después se disolvería en circunstancias aún hoy no muy claras.[98]

Dalí estaba seriamente preocupado por su mano derecha –la mano con la cual pintaba–, que le temblaba más que nunca. A comienzos de febrero lo visitó el doctor François Lhermitte, autoridad mundial en la enfermedad de Parkinson. Descartó el diagnóstico dado por otros médicos, según el cual Dalí padecía esta enfermedad.[99]

Una semana más tarde, el 17 de febrero de 1981, el pintor irrumpió al amanecer en la habitación de Sabater en el Meurice, pidiendo ayuda a gritos. Tenía un ojo morado. Sabater lo acompañó a su suite, donde encontró a Gala tendida en el suelo del dormitorio. Aunque era evidente que sufría, la Musa, estoica, no se quejaba. Resultó que, en un ataque de furia, Dalí la había tirado de la cama. Un médico le diagnosticó dos costillas rotas y unas contusiones bastante pronunciadas en ambos brazos y una pierna. Fue trasladada en ambulancia al American Hospital de Neully. Estaba claro que la pareja había tenido una violenta pelea, provocada, tal vez, por el empeño de Gala en volver a Nueva York para estar con Jeff Fenholt y por el terror de Dalí a que las cantidades astronómicas que gastaba la rusa en su vida amorosa los redujera a la pobreza. Los Albaretto habían sido testigos de una escena similar. «¡Tú has despilfarrado una fortuna en tus muchachos y yo no he gastado casi nada en Amanda!», había gritado Dalí fuera de sí.[100]

El 13 de marzo de 1981, Alfons Quinta, de *El País,* publicó un detallado informe sobre el caótico estado del mercado de la obra gráfica de Dalí y el escándalo de las hojas en blanco. Ahora que el artista no podía firmar su nombre de manera satisfactoria, él y sus socios habían ideado un sello con la reproducción de su pulgar, nada menos. Ya se habían firmado contratos por este procedimiento, en especial con Gilbert Hamon, «el mayor distribuidor de reproducciones de París». Quinta reveló que, si bien Dalí seguía recibiendo importantes sumas en efectivo por la explotación de sus diseños para joyas y pequeñas esculturas, los marchantes, y en especial un tal Isidro Clot Fuentes, ganaban con ello mil veces más que el artista. Clot, insinuó el periodista, trabajaba con Sabater, cuyo imperio comercial ahora «abarcaba el mundo entero». Es de presumir que las autoridades españolas leyeron con gran interés el reportaje.[101]

El 18 de marzo la tormentosa relación de los Dalí con Sabater llegó a su final con un comunicado del pintor a la agencia France Press. «Declaro que durante varios años, y sobre todo durante mi enfermedad, se ha abusado de mi confianza de diferentes maneras y que no se ha respetado mi voluntad», decía. «Por esa razón estoy haciendo todo lo posible para aclarar esta situación. Gala y yo estamos recuperando nuestra libertad.» Dalí no había nombrado directamente a Sabater, pero el ex secretario captó la indirecta. Dos días después abandonó indignado el Meurice.[102]

Unas horas más tarde, ya de regreso en España, Sabater negó con vehemencia haber engañado nunca a Dalí, e insistió en que el pintor había rectificado su declaración a France Press, diciendo a la agencia española Efe que al hacerla no pensaba en nadie en particular. En cuanto a sus propios negocios en nombre de Dalí, Sabater recalcó que habían concluido en marzo de 1980. Los contratos firmados desde esa fecha no tenían nada que ver con él. ¿Y su amistad con los Dalí? Seguía intacta.[103]

Sin embargo, Sabater nunca volvería a ver a la pareja, y Robert Descharnes entró ahora en funciones como nuevo secretario. Los Dalí se negarían, como en el caso de Sabater y Moore, a pagarle un salario, y su terquedad en este punto daría lugar con el tiempo a un caos aún mayor en el manejo de sus asuntos y, en opinión de Reynolds Morse, a una mayor corrupción.[104]

Descharnes diría después que fue él quien había convencido a Dalí de la necesidad de volver a España lo antes posible. Es probable que así fuera. A través del abogado de Dalí en París, el ex ministro socialista Jacques Verdeuil, se había establecido contacto con las autoridades españolas, y ya para junio de 1981 un influyente abogado madrileño, Miguel Domenech Martínez, había recibido el encargo de aclarar la complicada situación fiscal de la pareja para facilitar la plena legalización de su residencia en España.[105]

Domenech era el hombre idóneo para llevar a cabo tal tarea. Cuñado del presidente del Gobierno, Leopoldo Calvo Sotelo, vicepresidente y senador de la UCD y persona extremadamente afable y conciliadora, tenía acceso a la Corona, vital para que se pudiera arreglar la situación de Dalí. En París, Domenech les aseguró al pintor y a Gala que se haría todo lo posible por propiciar su vuelta oficial a España, y que el rey y la reina se habían interesado por su bienestar. También el Gobierno. Cabe pensar que la noticia gustaría sobremanera a los Dalí.

Gala estaba decidida a viajar a Nueva York nada más recuperarse de la paliza que le había propinado Dalí. Pero por una vez no se salió con la suya. Ni ella ni el pintor volverían jamás a poner los pies en Estados Unidos.[106]

LA MUERTE DE GALA

El 6 de julio de 1981 Dalí y Gala volaron de París a Perpiñán en un avión alquilado, acompañados por Robert Descharnes. Arturo Caminada los esperaba con el Cadillac. Sería la última vez que el pintor y Gala cruzaran la frontera franco-española. El hijo del notario de Figueres había vuelto a casa para siempre.[107]

Dalí estaba tan animado con el regreso a Port Lligat que tres días después de su llegada pintó *El ángel exterminador.* La espada del ángel, declaró a los periodistas, contenía una alusión al verso «hasta que mi espada resplandezca» del poeta catalán Salvat-Papasseit, a quien tanto había admirado en los años veinte. Con ello quería decir que no tenía intención de regresar a la vida pública hasta que no estuviera totalmente restablecido.[108]

Tanto las autoridades madrileñas como las catalanas emprendieron ahora una operación para asegurar que Dalí se sintiera bien acogido entre los suyos. Primero fue la visita de Jordi Pujol; luego, el 15 de agosto, la de los reyes. Las fotografías publicadas a raíz de ésta demostraron que Dalí se encontraba en un estado físico lamentable (incluso circuló el rumor de que Gala lo había lastimado en la cabeza con un zapato).[109] La visita real actuó como un potente tónico, de todas maneras, sobre el ánimo del pintor y lo transportó a un éxtasis de fervor monárquico. «Siempre he sido anarquista y monárquico», declaró, cambiando la historia. «Soy monárquico porque la monarquía significa orden, que la anarquía del pueblo, de los que estamos abajo, esté protegida por un orden superior. La monarquía significa perfecto orden.»[110]

Por estas fechas la principal preocupación de Dalí, informaron los periodistas, era su Teatro-Museo, que se había convertido en el museo más popular del país después del Prado y atraía a más de dos mil visitantes diarios. En cuanto al arte, las opiniones de Dalí eran tan dogmáticas como siempre: insistió en que había sido el primer pintor en aplicar a su producción los descubrimientos de la cibernética, y que las obras maestras ya no eran posibles sin la participación de la misma.[111]

Durante décadas Dalí y Gala habían hecho cada otoño las maletas y abandonado Port Lligat con destino a París y Nueva York, seguros de que regresarían en primavera. Pero esto ya no era posible, y se dispusieron ahora a pasar su primer invierno en Port Lligat. El lugar es deprimente fuera de temporada; deprimente cuando la lluvia cae sobre las rocas negras, deprimente cuando la fría tramontana sopla y mantiene encerrados en sus casas a los habitantes de Cadaqués. Gala y Dalí, achacosos y conscientes de que los felices tiempos habían pasado para siempre, se peleaban a todas horas y debieron de pensar con frecuencia en la muerte.

En un largo reportaje publicado ese noviembre en el *New York Times Magazine,* James Markham pasó revista a la situación de Dalí. Creía que básicamente había mejorado y que, «contra todos los pronósticos», Dalí volvía a la vida. En opinión de Markham, la causa principal de tal mejoría había que buscarla en la partida de Sabater, que en cinco años había pasado de «sicofante del séquito de los Dalí a una especie de Rasputín que, dominando al artista, se había convertido en multimillonario».

Era injusto por parte de Markham, sin embargo, culpar a Sabater de todos los males que se habían abatido sobre el pintor ya que, como el mismo periodista reconocía, el centro de la corrupción había sido, en primera instancia, el propio artista (Dalí había empezado a firmar hojas en blanco mucho antes de que Sabater se hiciera cargo de sus asuntos). La caída del secretario, a juicio de Markham, significaba «en cierto sentido, la historia de la tentativa de Dalí por renacer». ¿Y Descharnes? Representaba una «presencia tranquilizadora» en la vida de Dalí, un factor vital en el ambiente «sosegado» que ahora reinaba en Port Lligat.[112]

En diciembre de 1981 Dalí recibió una nueva muestra de la especial atención que ahora se le prestaba desde Madrid, cuando el rey le concedió la Gran Cruz de la Orden de Carlos III, la más alta condecoración del Estado. El pintor estaba encantado.[113]

Poco después, Gala, que tenía un problema de vesícula, fue ingresada de urgencias en la clínica Platón de Barcelona, donde el 30 de diciembre la operó el doctor Ignacio Orsolà.[114] Se recuperó satisfactoriamente, pero el 24 de febrero, ya de regreso en Port Lligat, tuvo otro contratiempo al caer por una escalera (hubo quien dijo que Dalí la empujó) y hacerse daño en una pierna. Dos días después resbaló en la bañera y se rompió un fémur. Se la trasladó, aquejada de fuertes dolores, a una clínica privada de Figueres. Allí los médicos decidieron que la necesaria intervención quirúrgica tendría que realizarse en Barcelona. Gala volvió a ingresar en la clínica Platón.[115]

La operación se efectuó el 2 de marzo de 1982, dirigida otra vez por el doctor Orsolà. Aunque en un primer momento los cirujanos expresaron su satisfacción por el resultado de sus esfuerzos, surgieron pronto complicaciones: una aguda irritación cutánea y horribles llagas. Gala podría haber muerto en cualquier momento, pero, una vez más, salió adelante.[116]

Dalí visitó a Gala el día de la intervención, pero no volvería a verla hasta su regreso a Port Lligat a finales de abril. Entre tanto, el 20 de marzo, el pintor recibió la más preciada condecoración catalana, la Medalla de Oro de la Generalitat de Cataluña.[117]

Al regresar a Port Lligat Gala no quería comer nada. Sus ojos ya no tenían aquella mirada penetrante celebrada por Éluard, y a menudo deliraba. Cuando le preguntaban si quería tomar algo, contestaba: «¿Para qué?» Gala, que nunca había tenido la costumbre de hablar por teléfono con Nanita Kalaschnikoff, la llamaba ahora a cada momento para decirle lo enfermos y lo infelices que estaban ella y Dalí.[118]

A mediados de mayo se llamó al cura párroco de La Pera, Joaquim Goy, para que le administrara a Gala los últimos sacramentos. Benjamí Artigas, alcalde del pueblo, lo acompañó a Port Lligat. Entre los presentes estaban Descharnes, Domenech, Pitxot, Gonzalo Serraclara y el pintor. Gala apenas reaccionó y no dijo una palabra, pero tanto el sacerdote como el doctor Vergara tenían la impresión de que aún le quedaban algunos resortes.[119]

Forzado a aceptar que Gala se moría, Dalí le encargó a Emilio Puignau que preparara una tumba para los dos en la cripta de Púbol. ¿Para los dos? Puignau se sorprendió: siempre había supuesto, ingenuamente quizás, que el pintor pediría que lo enterrasen en el cementerio de Sant Baldiri, junto a su padre. Artigas no tuvo dificultades para obtener de las autoridades el permiso especial necesario: Dalí era Dalí.[120]

Cécile Éluard, enterada por los medios de comunicación de que su madre agonizaba, hizo un último intento por verla, llegando a Port Lligat a principios de junio. Ni Dalí ni Gala aceptaron recibirla y no tuvo más remedio que volver desconsolada a París.[121]

Por estos días Amanda Lear recibió una llamada de Gala. Estaba enferma y desesperada, dijo, y tenía una tos crónica. Dalí se negaba a probar bocado. ¿Qué le ocurriría cuando ella ya no estuviera? Gala le rogó a Amanda que cuidara de él.[122]

La Musa murió cerca de las seis de la mañana del 10 de junio de 1982. Estaban presentes el doctor Vergara, el doctor José María Cos (de la Fundación Puigvert), Arturo Caminada y Robert Descharnes.[123] Antoni Pitxot se había marchado unas tres horas antes. Dalí le había preguntado si pensaba que Gala se iba a morir. «Creo que sí», contestaría Pitxot. Dalí les había pedido a Pitxot y al doctor Vergara que instalasen una mampara entre su cama y la de Gala para poder estar a solas con sus pensamientos.[124]

Gala había dejado claro no sólo que quería que la enterraran en Púbol, sino que, de ser posible, muriese allí (petición ésta que incluso había puesto por escrito).[125] Ello planteaba ahora un grave problema. Si se hacía público que Gala había fallecido en Port Lligat, un juez tendría que ver el cadáver antes de poder trasladarlo a Púbol, lo cual acarrearía demoras e infinitos problemas burocráticos. Los allegados más íntimos de Dalí decidieron ahora, por lo tanto, llevar el cadáver a Púbol en secreto. Así se respetarían ambos deseos de Gala, por lo menos en apariencia. Al doctor Vergara le tocó organizar la operación. Telefoneó a su colega de Corçà, Carles Pongilupi Pagés. «Gala ha muerto. ¿Firmarías los papeles diciendo que murió en Púbol?» Pongilupi aceptó. A Gala, como nuevo Cid Campeador, la colocaron, sentada, en el asiento trasero del Cadillac, envuelta en una manta. Luego, a eso de las once de la mañana, Arturo Caminada emprendió su último viaje con ella a Púbol. Una enfermera acompañaba al cadáver, para poder decir, si por alguna razón la policía detenía el coche, que llevaban a la señora Dalí al hospital y que acababa de morirse.[126]

Pero nadie los detuvo. Poco después Arturo llamó a Nanita Kalaschnikoff para decirle que Gala había muerto y que habían llevado su cuerpo a Púbol. «Es la primera vez que la señora ha viajado conmigo detrás y no delante», diría con tristeza Arturo.[127]

Los portavoces de Dalí declararon a los medios de comunicación que Gala había sido llevada a Púbol en «coma irreversible», y que había expirado poco después de su llegada.[128] Según el certificado de defunción, Helena Ivánovna Diákonova murió de un «paro cardiaco» en el castillo de Púbol a las dos y cuarto de la tarde del 10 de junio de 1982.[129] Parece ser que en el primer borrador del certificado el doctor Pongilupi había puesto «arteriosclerosis senil» como causa de muerte, pero que Dalí, al que por lo visto consultaron, puso objeciones a tal fórmula. Miguel Domenech, que acompañó a Pongilupi al Ayuntamiento de La Pera, aparece en el certificado de defunción como «representante» de la difunta.[130]

Tras depositar el cadáver en Púbol, Caminada regresó a Port Lligat para recoger a Dalí y a Pitxot. A eso de las siete y media de la tarde el Cadillac entraba otra vez en el «castillo». Según uno de los reportajes, Dalí llevaba consigo su cuadro *Los tres gloriosos enigmas de Gala* y una fotografía de la rusa con los reyes de España: el pintor quería que ambos objetos estuvieran a la vista en Púbol.[131] Tras la llegada de Robert Descharnes y de Miguel Domenech, la Guardia Civil y la policía local acordonaron el lugar. A las ocho y media de la noche hubo una breve rueda de prensa en el curso de la cual Domenech declaró que Dalí, aunque muy emocionado, conservaba la entereza y la lucidez. El entierro estaba previsto para el día siguiente por la tarde.

La mañana del 11 de junio *El País* cuestionó la veracidad de la declaración oficial sobre el sitio y la hora de la muerte de Gala. «Parece fuera de toda duda», decía, «que Gala era ya cadáver cuando salió del Cadillac desde la residencia del pintor en Port Lligat (Cadaqués), y que ese viaje se realizó para evitar los trámites de los traslados.»[132] Pese a lo ilegal del procedimiento, nunca se abriría una investigación oficial: se había infringido la ley, pero el Estado no podía permitirse el lujo de ofender a Dalí y se hizo la vista gorda.

Un equipo de médicos de Barcelona se encargó de embalsamar a Gala. Según Antoni Pitxot, Dalí en persona había dado las instrucciones pertinentes: quería que el cuerpo de la Musa resistiera al máximo los estragos del tiempo.[133] Gala fue ataviada con el vestido rojo de Dior que tanto amaba y que había lucido en numerosos momentos estelares a lo largo de los años. Muchas veces le había dicho a Mara Albaretto, y seguramente también a Dalí, que quería que fuese su mortaja.[134]

Conducido por Joaquim Goy, el entierro empezó en la cripta a las seis de la tarde del 11 de junio. Duró media hora. Dalí no estuvo presente, habiéndole pedido a Pitxot que se quedara a su lado en la habitación de Gala, donde, para no pensar en lo que estaba ocurriendo en la cripta, hablaron de asuntos banales.[135] Al servicio fúnebre asistieron Robert Descharnes, Miguel Domenech, Arturo Caminada, Emilio Puignau, el doctor José María Cos, los caseros Joaquim y Dolors Xicot y algún criado más.[136] El único miembro de la familia cuya presencia autorizó el pintor fue Gonzalo Serraclara. Para su inmensa indignación, ni siquiera a Montserrat Dalí, a quien Salvador le había profesado tanto cariño, se le permitió entrar.[137]

Según Gonzalo Serraclara, Dalí visitó la tumba unas horas después de la inhumación. El pintor, que ni siquiera parecía emocionado, le diría: «Mira, no lloro.» Serraclara atribuyó esta actitud al hecho de que Dalí y Gala llevaban meses peleando y de que, en el fondo, la muerte de la rusa significaba para él un alivio. Pero quién sabe lo que pensaba Dalí en estos momentos.[138]

Unos días más tarde, movido por un incontenible impulso, Dalí bajó a la cripta, solo, antes del amanecer. Allí lo encontraron las enfermeras. Temblaba de miedo y lo ayudaron a regresar a su habitación. Después Dalí le contó a Pitxot el horror de su visita a la tumba: había tropezado con los escombros dejados por los albañiles y caído de rodillas. La visita le impresionó tanto que nunca la repetiría.[139]

Que Gala se hubiera muerto antes que Dalí produjo alivio entre las autoridades de Madrid, Barcelona y Figueres, porque, si las cosas hubiesen ocurrido al revés, la rusa habría podido decidir marcharse al extranjero sin más explicaciones y cambiar su testamento, desheredando así a un país por el que nunca había manifestado gran afecto (aunque le encantaban las atenciones de los reyes). El 12 de junio de 1982 se reveló que, de acuerdo con un documento firmado por Dalí y Gala el 11 de noviembre de 1977, la famosa colección privada de la Musa pasaría al pintor mientras éste viviera, tras lo cual se cedería al Teatro-Museo de Figueres.[140] El testamento de 1980 había introducido una modificación: si Dalí la sobrevivía, a su muerte los cuadros de Gala se dividirían al cincuenta por ciento entre el Estado español y Cataluña. Parecía un reparto muy justo.[141]

Cécile Éluard se quedó profundamente conmocionada al saber que su madre había tratado de desheredarla del todo. Perfectamente al tanto, sin embargo, de que la ley española no permitía tal exclusión, inició enseguida las acciones legales pertinentes. Finalmente se llegaría a una solución de compromiso con el Estado español que paliaría con generosidad la última crueldad de Gala para con su hija.[142]

Con Gala muerta, el Gobierno y la Corona redoblaron sus atenciones para con el pintor. La primera sorpresa fue una llamada telefónica desde la Casa Real en la cual se le informaba de que don Juan Carlos había decidido nombrarlo marqués de Púbol. Durante toda su vida Dalí había admirado profundamente a la aristocracia. ¡Ahora iba a pertenecer a ella! No le satisfacía del todo el título propuesto, sin embargo, y logró que se modificara en marqués de Dalí y Púbol. La concesión del mismo se anunció públicamente el 20 de julio de 1982.[143]

Hubo otro gesto el 27 del mismo mes: la compra por parte del gobierno, por cien millones de pesetas, de dos obras cruciales de los años veinte que obraban en la colección privada del pintor, *Cenicitas* y *Arlequín.* A instancias de Dalí, el dinero se depositó en su cuenta en Figueres para la organización doméstica de Púbol, los honorarios de los médicos, etc. Según Miguel Domenech, Dalí, aterrorizado ante la posibilidad de no tener dinero en metálico, agradeció profundamente estos detalles. Su reacción fue regalar al Estado *Los tres enigmas gloriosos de Gala.*[144]

DIECISÉIS

LA CAÍDA
(1982-1989)

DOS AÑOS EN PÚBOL: ÚLTIMAS OBRAS (1982-1984)

«Si Gala desapareciera, nadie podría ocupar su lugar. Es imposible. Me quedaría completamente solo», dijo Dalí en 1966, rectificando luego, como para darse valor: «Si Gala muriera, me sería terriblemente difícil aceptarlo. No sé cómo me las arreglaría. Pero lo conseguiría y hasta seguiría disfrutando de la vida porque mi amor a la vida es más fuerte que todo.»[1] Sin embargo, tras la muerte de Gala, el derrumbe de Dalí fue espectacular. «Al margen de sus diferencias y de sus peleas, eran vitales el uno para el otro», ha comentado Mara Albaretto, que tan bien conocía a ambos. «Gala era el principal sostén, la fuerza de voluntad. Y se había ido. Dalí se sentía como un niño abandonado por su madre. Dejó de comer. Era un grito de ayuda.»[2]

Los miembros del séquito de Dalí declararon a los periodistas que el artista tenía pensado volver a casa a pintar una vez encajado el golpe.[3] Al parecer era realmente su proyecto, pero surgieron problemas cuando el personal doméstico de Púbol, procedente de Port Lligat, se atrevió ahora a pedir unas muy necesarias vacaciones. ¿Vacaciones? El pintor despidió furioso a todos. La esposa de Arturo Caminada, Paquita, fue contratada para en cierta manera reemplazarlos. Y un día Dalí, que ahora ocupaba el dormitorio de Gala, anunció de repente que se quedaba definitivamente con ella en Púbol.[4]

El artista nunca volvería a pisar Port Lligat. Dos antiguos amigos suyos, el crítico Rafael Santos Torroella y Luis Romero, su biógrafo, han declarado públicamente que desde ese momento Port Lligat fue prácticamente saqueado. «Allí quedaban multitud de obras de todo género, croquis o apuntes, manuscritos, documentos innumerables, fotografías, objetos y obras de arte ajenas, cartas, intimidades y cualquiera

49 Max Ernst, *Pietà o Revolución por la noche,* 1923. Dalí conocía bien este cuadro, y en *Los placeres iluminados* (lámina XVI) parece que se apropió de la imagen de Freud (sobre la pared a la derecha).

50 Jean Arp, *Montaña, mesa, anclas y ombligo,* 1925. Dalí admiraba a Arp, cuya obra conocía por fotografías, y le llamó la atención la introducción de Breton al catálogo de su exposición de 1927.

mais pour la culture intensive.

« On peut, dans les louves, trouver de quoi se fabriquer un mobilier rustique.

« Le fond donne le fond, les fèves le dossier et les pieds et la messe ainsi faite, a l'air d'un meuble en bois courbé.

« Avec deux fonds et trois manches on a un petit guéridon à la fois élégant et rustique; de la même manière on construit de très jolies étrangères. Des tonnelles et des kiosques se montent en utilisant les cercles que l'on recouvre de soie sur laquelle on sème des graines !

« Je repartis à toute vitesse. C'est alors que je te rencontrai, dans la pousserie de Boulogne, craquant (3) avec une culotte qui criait : « Oh ! « les bons champignonsgnongnons ! »

« — Et voilà ! Qu'est-ce que tu penses de cela ?

« — Je pense qu'on pourrait gratter le sel (4) et passer nos vacances à Deauville.

« — Tu as raison, groutons à Deauville. »

Benjamin Péret

51 Joan Miró, *El cazador*, 1923-1924, reproducido en *La Révolution Surréaliste*, París, núm. 4, 15 de julio de 1925. A la mitad de los años veinte Dalí admiraba profundamente la obra de su paisano catalán, que dejó su impronta en la suya. Miró, además, le sirvió de Juan Bautista en París.

MES REGRETS : SAOULER L'AVIS ET LE SOULEVER : MON CHIRURGIEN : AME DE « LINE » RAR CIEL

Certes que faire pour ceindre les mystères. La chimie de l'inegal est encore insoluble. La conclusion nette d'une batteuse telle que nos poitrines en contiennent est une châtelaine intransigeante.

« Nos gens » ne sont-ils pas ces souillures, et ces vilenies qui n'ont d'égal que la vidange des Cieux sales.

Je touche mes tourbillons de trop près pour ne pas avoir conscience de mes vertiges.

Histoire vermeille « mois » que le dégoût créa blanc comme boue de neige — « mois » qui fait l'an — « mois » qui fait l'âne pour avoir ce que mes cloches donnent — adolescent, j'étais pourvoyeur en projectiles — je devins tireur —

« Le « Tout-seul » porte une fleur dans sa tombe. »

Et à midi le lendemain une comète qui pour moi seul avait épinglé sur sa robe un bouquet de « Cœur-volant » vint me sourire avec des yeux qui faisaient des réussites avec des cartes invisibles.

L'HISTOIRE vivante suivit.

Mon esprit retardataire n'est pas comestible, il empoisonne ma vie. Ce cœur embarrassant qui glousse dans ses jambes, traîne péniblement ses proies, ou sa poigne est insuffisante ou ses mains n'ont pas l'expérience de l'arme, doute, doute, mène du piédestal au pied-à-terre, il est dommage que le doute soit le plus gros dé-

52 Joan Miró, *El carnaval de Arlequín*, 1924-1925, reproducido en *La Révolution Surréaliste*, París, núm. 8, 1 de diciembre de 1926. Claro antecedente de las playas de Dalí en cuadros como *La miel es más dulce que la sangre.*

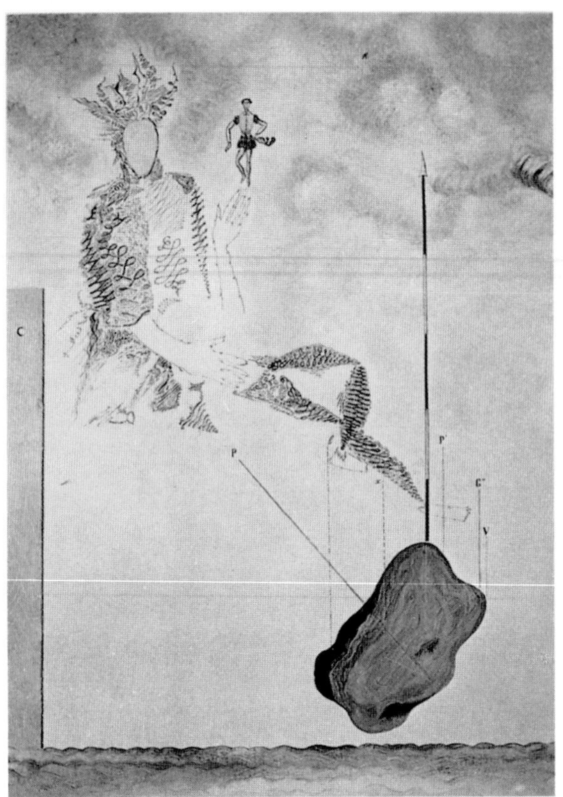

53 Yves Tanguy, *El anillo de invisibilidad*, 1925. Reproducido en *La Révolution Surréaliste*, París, núm. 7, 15 de junio de 1926, donde Dalí lo vio con toda seguridad. El cielo y los personajes misteriosos influyeron en el estudio daliniano para *La miel es más dulce que la sangre.*

12 POEMES

un liquide gluant comme leur gloire
qu'ils versaient dans la pissotière de leur pays
et chacune criait
Je ne suis donc pas crevée

LE CONGRÈS EUCHARISTIQUE DE CHICAGO

Lorsque les cloportes rencontrent les cafards
et que les biftecks verdâtres secrètent leurs hosties
tous les crachats se réunissent dans le même égout et disent
Jésus viens avec nous
et toutes les biques du monde répandent leurs crottes dans l'égout
et s'ouvre le congrès eucharistique
et chacun d'accourir vers les divins excréments et les crachats sacrés

54 Yves Tanguy, *Animales perdidos*, 1926, reproducido en *La Révolution Surréaliste*, París, núm. 8, 1 de diciembre de 1926. La cabeza de pez del personaje a la izquierda del cuadro probablemente inspiró la del San Sebastián de Dalí (véase ilustración en blanco y negro número 41).

55 Yves Tanguy, *Él hacía lo que quería*, 1927. «He robado todo del tío Yves», Dalí exageró una vez, aunque le debía mucho. A las playas o fondos marinos de Tanguy Dalí añadió la deslumbrante luminosidad de l'Empordà y una técnica de extremada precisión.

56 Yves Tanguy, *Extinción de luces inútiles*, 1927. Parece probable que Dalí se fijara en la mano cortada y la nítida sombra proyectada por el objeto en el primer plano.

57 Dalí, *Figura masculina y figura femenina en la playa*, 1928. Dimensiones y paradero desconocidos. Reproducido en *La Gaceta Literaria*, Madrid, 1 de febrero de 1929. Más dedos insinuantes.

57 bis Chiste a expensas de la película *Un perro andaluz* aparecido en *Cinópolis*, Barcelona (2 de febrero de 1929). El pie dice: «Para dar esa película tendrán que fabricarse nuevos aparatos de proyección.» «¿Es que la cinta no tendrá la medida universal, señor Dalí?» «Es que tendrá arena pegada.»

58 En Le Havre, 1929, durante un descanso en el rodaje de la escena de la playa de *Un perro andaluz*. De izquierda a derecha: Dalí (con uno de sus jerséis ingleses favoritos), Buñuel, Simone Mareuil (la protagonista femenina), la novia de Buñuel, Jeanne Rucard y Robert Hommet, que encarna al joven que acompaña a Mareuil por la playa al final de la cinta.

59 Gala haciendo un *striptease* en el jardín, *c.* 1924.

60 Gala vista como arpía por Max Ernst. Página de dibujos editada en Paul Éluard, *Au Départ du silence*, 1924.

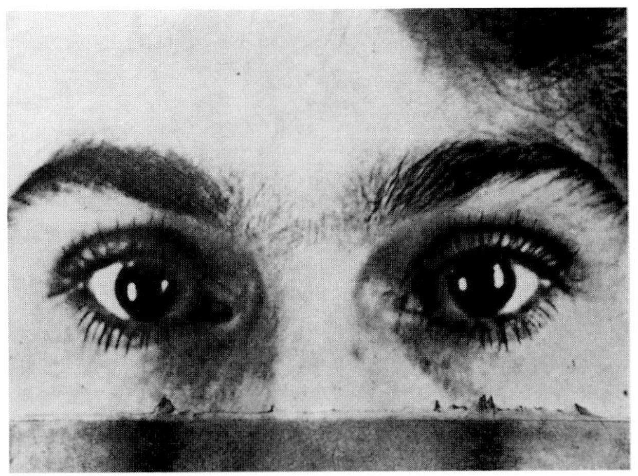

61 Los penetrantes ojos de Gala fotografiados y retocados por Max Ernst, 1925.

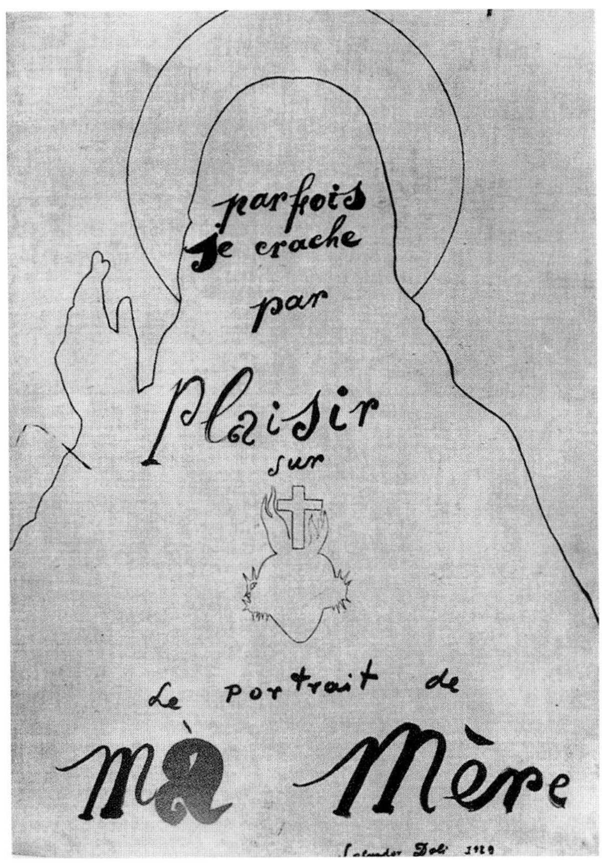

62 Dalí, *A veces para divertirme escupo sobre el retrato de mi madre*, 1929. Tinta china sobre lino pegado sobre cartón. 68,3 × 50,1 cm. El cuadro, expuesto en París en 1929, que ocasionó la expulsión de Dalí del seno de su familia.

63 Dalí y Buñuel en el cabo de Creus, 1929.

64 Dalí, *Retrato de Paul Éluard*, 1929. Óleo sobre cartón. 35 × 25 cm. Dalí empezó el cuadro a los pocos días de conocer a Gala en Cadaqués.

65 Marie-Laure y Charles de Noailles, 1929.

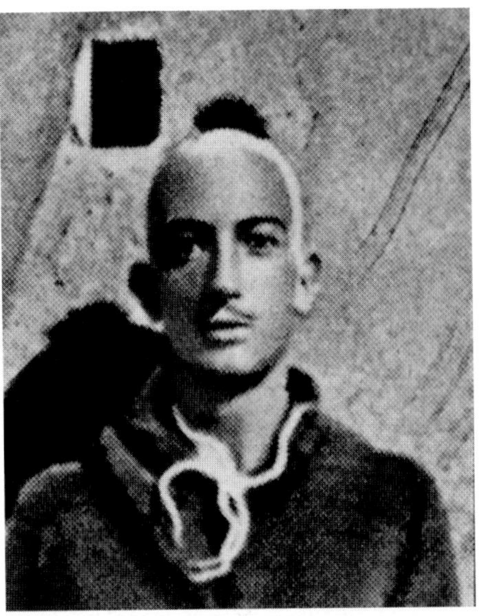

66 Dalí se cortó el pelo al cero después de ser repudiado por su padre. Fotografiado por Buñuel, Cadaqués, 1929.

67 Gala y Dalí en 1930.

68 Port Lligat antes de que Dalí comprara la barraca de Lídia.

69 Los obispos esqueléticos de *La edad de oro*, cabo de Creus, 1930, recuerdo del famoso cuadro de Valdés Leal tan admirado por Dalí, Lorca y Buñuel.

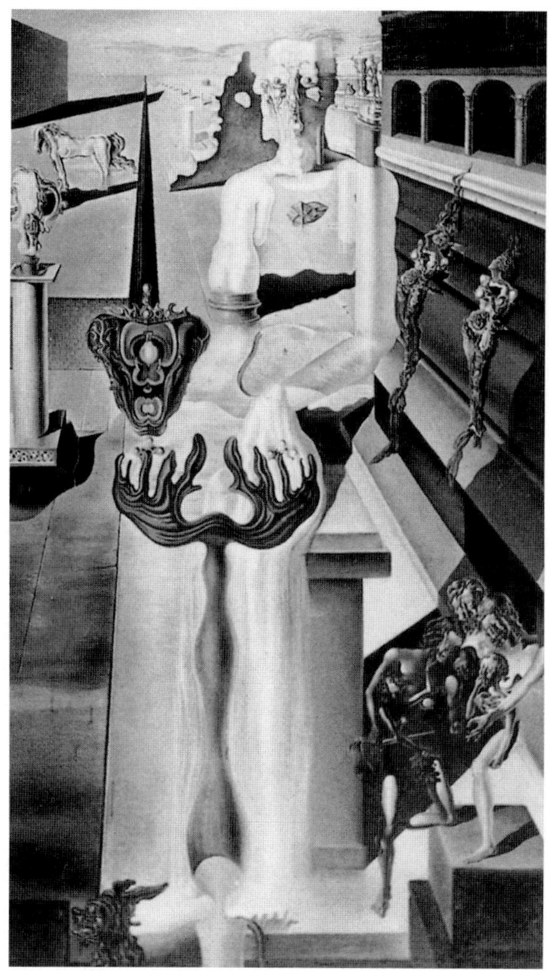

70 Dalí, *El hombre invisible*, 1930. Óleo sobre lienzo, 140 × 80 cm. En este cuadro inacabado la cabeza del hombre y la silueta general de su figura sentada son más visibles de lo que el pintor quería.

71 Dalí, elegantísimo, con Gala y unos amigos en Barcelona, *c.* 1931. Detrás, René Crevel.

72 Frederic Soler («Pitarra»), considerado el fundador del teatro catalán moderno, sobre su plinto modernista en las Ramblas de Barcelona. Dalí admiraba la estatua, que inspiró *La fuente* (1930) y otras obras.

73 «La belleza será comestible o no será» (la réplica daliniana a la frase de Breton «La belleza será convulsiva o no será»). La fotografía acompañó el artículo de Dalí sobre arquitectura *Art Nouveau* en *Minotaure*. Se trata del edificio conocido como La Rotonda (1918), Barcelona, de Adolf Ruiz Casamitjana.

74 En Port Lligat los días grises pueden ser deprimentes. Guardando la entrada a la bahía, la isla negra de Sa Farnera.

75 Gala otrar vez con los pechos al aire, Port Lligat, *c.* 1931.

76 Dalí con Gala y Edward James en Roma, década de los treinta.

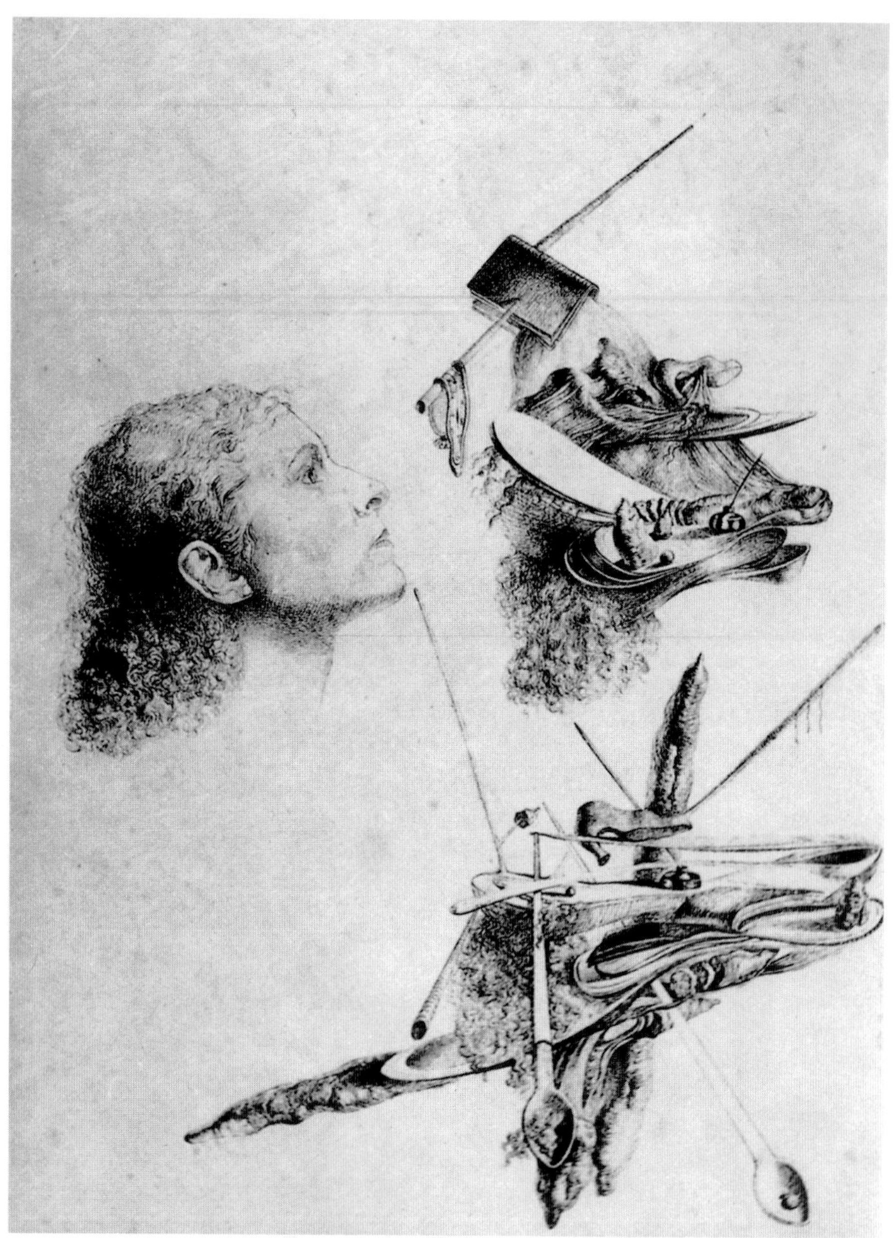

77 Dalí, *Metamorfosis paranoica del rostro de Gala,* 1932. Tinta china, 29 × 21 cm. Gala en un momento de vulnerabilidad. El tintero y la pluma hacen pensar que la oposición del notario a la relación de Dalí con Gala estaba en esos momentos presente en sus pensamientos.

78 Dalí, *Meditación sobre el arpa,* 1932-1934. Óleo sobre lienzo, 67 × 47 cm. Una de las más brillantes variaciones dalinianas sobre *El Ángelus* de Millet (lámina XVII), con el hombre en un manifiesto estado de erección debajo de su sombrero.

79 Alberto Giacometti, *Pelota suspendida*, 1930-1931, reproducida en *Le Surréalisme au Service de la Révolution*, París, núm. 3, diciembre de 1931. Dalí no ocultó que la pelota de Giacometti fue el punto de partida para el Objeto de Funcionamiento Simbólico.

80 Dalí vestido de buzo antes de iniciar su conferencia sobre las profundidades surrealistas, Londres, 1936. Sentados sobre el suelo, de izquierda a derecha: Paul Éluard, Nusch Éluard y E. L. T. Mesens. A la derecha de Dalí, Diana Lee; a su izquierda, Rupert Lee.

81 Dalí, *Paisaje con muchacha saltando a la cuerda*, 1936. Óleo sobre lienzo, 293 × 280 cm. El tríptico pertenecía a Edward James. La imagen de la chica que salta a la comba, recuerdo de la fallecida tía Carolineta de Dalí, aparece muchas veces en sus obras.

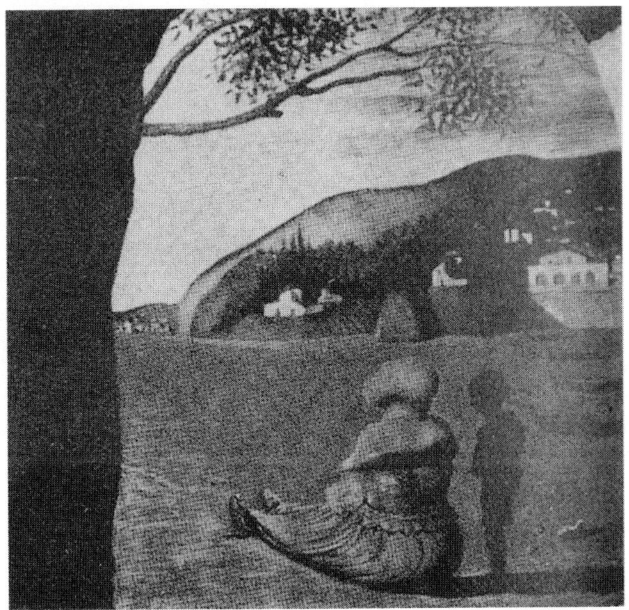

82 Cuadro, hoy en paradero desconocido, reproducido en *Vida secreta de Salvador Dalí* con el comentario «Boca misteriosa que aparece en la espalda de mi niñera». La cabeza es la de Lorca.

83 Escribiendo *Vida secreta de Salvador Dalí* en la casa de Caresse Crosby, Hampton Manor, Virginia, 1940.

THE ENDLESS ENIGMA

BEACH OF CAPE CREUS WITH SEATED WOMAN MENDING SAIL SEEN FROM THE BACK, AND BOAT.

RECLINING PHILOSOPHER.

FACE OF THE GREAT ONE-EYED MORON.

GREYHOUND.

MANDOLINE, FRUIT-DISH WITH PEARS, TWO FIGS ON TABLE.

MYTHOLOGICAL BEAST.

84 El «desenmarañamiento» por Dalí de las imágenes múltiples de *El enigma sin fin*, 1938 (lámina XXX).

85 Dalí, *Araignée du soir, espoir*, luego titulado *Violoncelo blando, araña, gran masturbador*, 1940. Óleo sobre lienzo, 39,3 × 78,6 cm. El primer cuadro pintado por Dalí en casa de Caresse Crosby. Su tema, tal vez, es que del caos de la guerra emergería un nuevo orden. ¿Orden fascista?

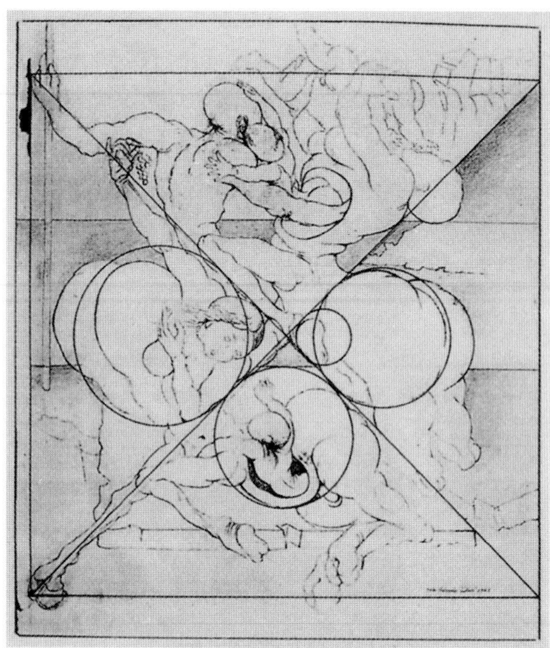

86 Dalí, estudio para *Familia de centauros marsupiales,* 1940. Incluido en el catálogo para la exposición de 1941 en Julien Levy, la finalidad era demostrar que el pintor se volvía

87 El padre de Dalí en Es Llané, con su segunda esposa, Catalina (*la tieta*), a la izquierda, y Anna Maria. La fotografía fue sacada en 1948, a la vuelta de Dalí y Gala a España después de sus ocho años en Estados Unidos.

88 Un André Breton ya mayor con *Guillermo Tell*, de Dalí, que le pertenecía y que seguía admirando profundamente (véase lámina XX).

89 Dalí, *Assumpta Corpuscularia Lapislazulina*, 1952. Óleo sobre lienzo, 230 x 144 cm. Gala otra vez como Virgen María.

90 Dalí con Reynolds Morse y Peter Moore en la inauguración del Museo Dalí de aquél, Cleveland, marzo de 1971.

91 Dalí preparando su retrato de Laurence Olivier durante el rodaje de *Ricardo III*, 1955.

92 La casa de los Dalí en Port Lligat, 1995.

93 Dalí con Rafael Santos Torroella y su esposa Maite (centro), Port Lligat, 1954.

94 Dalí, *Dos adolescentes,* 1954. Óleo sobre lienzo, 86,4 × 110 cm. El cuadro más homoerótico jamás pintado por Dalí.

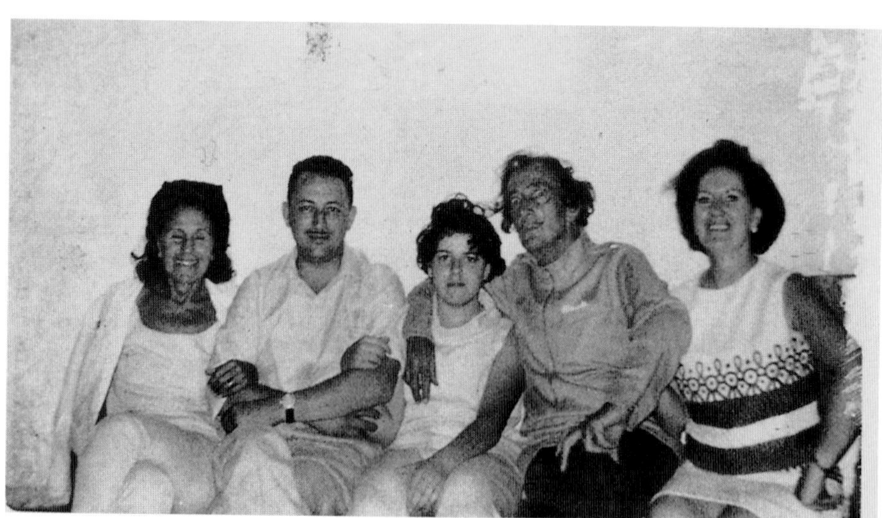

95 Dalí y Gala con los Albaretto, su «familia italiana».

96 William Rotlein era yonqui en Nueva York cuando lo conoció Gala. Le parecía una reencarnación del joven Dalí. Su relación hizo sufrir al pintor, que llegó a creer que Gala lo abandonaría por él. En esta instantánea, tomada por un paparazzi, Gala y Rotlein abandonan un restaurante romano en 1966. Los Albaretto compraron esta y otras fotografías de la pareja para impedir su publicación en revistas del corazón.

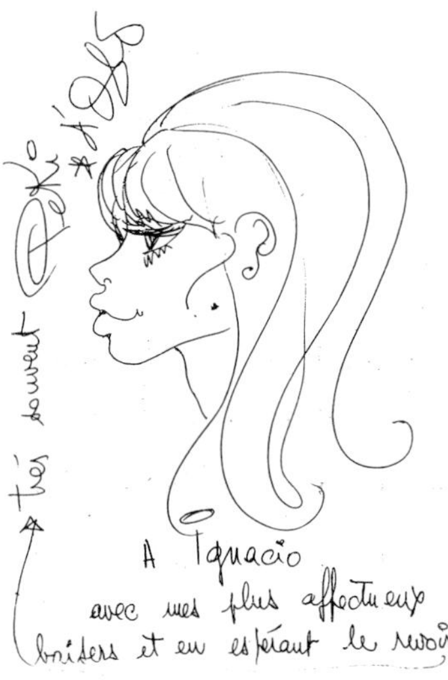

97 Alain Tap, alias Peki d'Oslo, pero todavía no Amanda Lear (izquierda), con April Ashley en Milán, 1959, en gira con el club parisino travesti Le Carrousel.

98 Peki d'Oslo improvisó este autorretrato en Barcelona, *c.* 1966. Hoy Amanda Lear niega tajantemente haber sido jamás Peki d'Oslo.

99 Dalí con Amanda Lear (a su derecha), Nanita Kalaschnikoff (primera a la izquierda), los gemelos Myer y otros *beautiful people* en el Lido, París.

100 Un orgulloso Dalí con Amanda Lear.

101 Dalí vio una cara en el torso de Venus y así nació *El torero alucinógeno*, 1969-1970 (lámina XXXVIII).

102 Amanda posa en Port Lligat para *Roger liberando a Angélica*, 1970-1974.

103 Una Gala feliz con Michel Pastore, conocido familiarmente como Pastoret, uno de sus favoritos antes de conocer a Jeff Fenholt.

104 Dalí posa delante de su fotografía de José Antonio Primo de Rivera, Port Lligat, 1974.

105 Dalí con Peter y Catherine Moore, 1975-1976.

106 La llamada *troika* en Púbol. De izquierda a derecha: Miguel Domenech, Antoni Pitxot y Robert Descharnes.

107 Enric Sabater, que sucedió a Peter Moore como secretario de Dalí, en 1996.

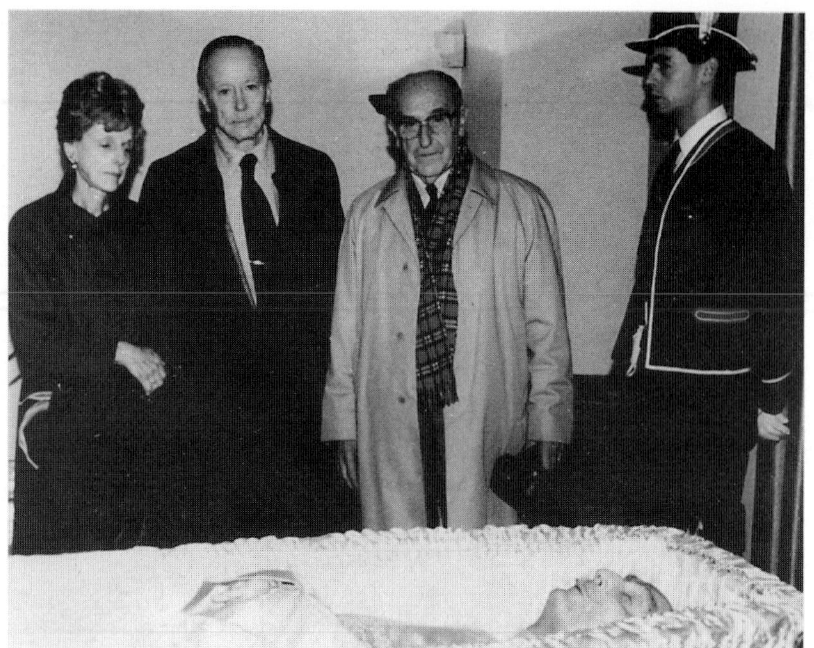

108 Fieles hasta la muerte. Reynolds y Eleanor Morse, los coleccionistas más importantes de Dalí y unos de sus mejores amigos, contemplan el cadáver del maestro acompañados del fotógrafo Meli Casals.

109 *La cola de golondrina*, 1983. Óleo sobre lienzo, 73 × 92,2 cm. El último cuadro de Dalí revela casi con seguridad la mano de su ayudante, Isidor Bea.

sabe qué incognitos etcéteras. ¿Alguien se instaló allí?», escribió Romero, escogiendo cuidadosamente sus palabras, en 1984.[5] «Nadie inventarió lo que dentro se guardaba, y otros lo ocuparon», insistiría cinco años después, añadiendo en una enigmática nota a pie de página:

> Resulta incomprensible que antes de penetrar en la casa abandonada por su dueño y de registrarla llevándose a Francia –según se ha escrito en artículos publicados–, con pretexto de que se trataba de documentos u obras que tenían que ser fotografiados, varias cajas cargadas de ignorado contenido, no se hubiese hecho un detallado inventario ante autoridades o personas de plena solvencia. Las cajas se dijo que pasaron la frontera. ¿Regresó su contenido? ¿Quién puede demostrarlo? Todos sabíamos que la casa de Port Lligat, la única de Dalí, contenía cosas, obras y objetos de arte valiosísimos y un sinfín de dibujos, croquis, documentos, manuscritos, correspondencia... Por ejemplo, ignorábamos que se guardara la correspondencia de Éluard a Gala, y allí estaba. El estado mental y físico de Dalí en aquella temporada invalida cualquier pretensión de que alguien fuera autorizado verbal, ni siquiera por escrito, para justificar lo que ocurrió.[6]

No hay duda de que Romero se refería a Robert Descharnes. Entrevistado por la BBC en 1994, Rafael Santos Torroella fue más explícito: Descharnes y su familia ocuparon la casa durante el verano de 1982 y los vecinos notaron cómo el secretario salía de la misma con cajas. Cuando alguien le preguntó qué estaba haciendo, Descharnes contestó que Dalí le había dado permiso para llevar documentos a París para que se fotografiaran. «¿Y por qué no le dijo que aquí hay mejor luz que en París para sacar fotos?», replicaría el lugareño con sorna. Santos Torroella está convencido de que los documentos no regresaron íntegros a España.[7]

El diario de Reynolds Morse confirma la información de Luis Romero y Rafael Santos Torroella: «Descharnes sigue siendo ambiguo y peligroso, en absoluto el torpe, libresco "tipo simpático" que parece superficialmente. Nos ha desacreditado totalmente a mí y a Eleanor, aunque lo niega. Ha pasado dos semanas en casa de Dalí sin testigo alguno, mientras los vecinos espiaban sus idas y venidas con maletas llenas de material que ha tomado "prestado" de Port Lligat».[8]

A la vista de tal situación, Santos Torroella intentó conseguir que la casa se precintara y vigilara. Según parece, el juez de La Bisbal se manifestó en principio a favor de estas medidas, pero dijo que antes un miembro de la familia Dalí tendría que hacer una declaración. Al día siguiente Santos Torroella regresó al juzgado con Gonzalo Serraclara, que, como él, estaba escandalizado ante la noticia de lo que ocurría en Port Lligat. Otra vez el juez se mostró bien dispuesto, pero al día siguiente, cuando Santos Torroella y Serraclara volvieron, el magistrado se negó a recibirlos y no tuvieron más remedio que concluir que había sido presionado desde Púbol.[9]

Es posible que así fuera. Poco antes de su muerte en 1950, el padre de Dalí le había hecho jurar a Gonzalo Serraclara que, cuando Gala muriera, haría lo posible por reconciliar a su hijo con Anna Maria. Cuando Serraclara intentó hacerlo, Dalí se puso furioso, diciéndole que estaba metiendo las narices donde no debía y ordenándole que se marchara. Antoni Pitxot lo ha recordado como un incidente muy desagradable. Es de presumir que Dalí se enfurecería al enterarse ahora de que Serraclara, instigado por Santos Torroella, estaba intentando que se precintara la casa de Port Lligat.[10]

El enfado de Dalí era comprensible, porque, como tiende a establecer el diario de Reynolds Morse, Descharnes tenía permiso de Dalí para fotografiar en París los documentos necesarios para su próximo libro, el monumental *Salvador Dalí. La obra y el hombre,* cuya publicación iba a coincidir con el ochenta aniversario del artista en 1984. Morse, sin embargo, tenía sus recelos respecto de los verdaderos motivos de Descharnes: «No obstante, dio lugar a muchas dudas sobre lo que realmente hacía, que los que estábamos dentro sabíamos muy bien que era ir reuniendo poco a poco su "archivo" para evitar su propia ruina, exactamente como habían hecho antes que él Moore y Sabater.»[11]

Para serio descrédito de las autoridades catalanas, la casa de Dalí en Port Lligat nunca se puso bajo vigilancia. Otras personas entraron allí en 1982 y más tarde, apropiándose de documentos dalinianos que iban a generar un mercado negro que por lo visto sigue hoy funcionando.

Con Gala muerta, Dalí, cuya salud empeoraba, se ratificó en su decisión de residir permanentemente en España. Desde el otoño anterior, su abogado en Madrid, Miguel Domenech, estaba trabajando en estrecho contacto con el gobierno sobre la situación del pintor. Las autoridades estaban ansiosas por cooperar: el buen arreglo de los asuntos de Dalí redundaría en interés de todos.

El 9 de agosto de 1982 Dalí otorgó poderes a Domenech y Descharnes para llevar a cabo en Estados Unidos «cuantas gestiones y trámites sean necesarios o convenientes para confeccionar el inventario detallado de la totalidad de los bienes, derechos, valores, acciones, cuadros, pinturas o cualesquiera otros que pudieran pertenecer al poderdante o a su fallecida esposa». Quedaban así facultados Domenech y Descharnes para examinar «cuentas de inversión, cuentas corrientes o de crédito, cajas de seguridad, locales, establecimientos públicos o privados, o almacenes donde pudieran hallarse tales bienes, firmando cuantas solicitudes, instancias o documentos públicos o privados fuesen menester». Los bienes se administrarían «adoptando cuantas medidas o decisiones parecieren convenientes» a los apoderados. Descharnes y Domenech estaban obligados a levantar acta de todas las iniciativas llevadas a cabo.[12]

Domenech declaró más tarde que entre 1981 y 1982 la cuenta de Dalí en el City Bank de Nueva York (sucursal de la Quinta Avenida) arrojaba un saldo cercano al millón doscientos mil dólares. Había otra cantidad sin especificar en el Chase Manhattan Bank. En Europa, en una cuenta del Pictet Bank de Ginebra el pintor tenía tres millones de dólares, y una suma muy inferior en el Banco Hispano-Americano de Figueres.[13]

Dalí hizo ahora un nuevo testamento en el que instituyó «heredero universal y libre de todos sus bienes, derechos y creaciones artísticas al Estado Español, con el fervoroso encargo de conservar, divulgar y proteger sus obras de arte.» Cataluña, que según lo estipulado en el testamento anterior iba a compartir el legado daliniano al cincuenta por ciento con Madrid, no se mencionaba esta vez para nada, como tampoco el Teatro-Museo de Figueres. ¿Se habían ejercido presiones sobre Dalí para que cambiara su testamento, tal vez a través de Miguel Domenech? Parecería lógico, pero Domenech lo ha negado. El pintor, según éste, decidió efectuar las modificaciones sin que nadie se lo sugiriera, lleno de gratitud hacia los reyes por la consideración que le habían demostrado. Dalí, recuerda Domenech, había dicho ya a los medios de comunicación que dejaba todo al «Patrimonio Nacional», de modo que sólo era cuestión de formalizar este deseo en el testamento: «Su decisión era España..., tenía una idea imperialista de las cosas..., veía siempre a Cataluña en España, no excluida de España, un círculo más grande y un círculo más pequeño que era Cataluña..., la dimensión mayor, no menor..., el testamento fue obra de Dalí, no hubo ninguna influencia en ningún sentido, no había más que la mejora técnica en el momento en que se hace y no dudó nunca de que eso era lo que tenía que hacer...»[14]

El testamento se firmó en Púbol el 20 de septiembre de 1982 en presencia del notario de La Bisbal, José María Foncillas Casaus. Actuaron como testigos Joaquim Xicot (el casero de Dalí en Púbol) y un vecino del pueblo, Narcís Vila Vila. Ninguno de los dos podía tener la más mínima noción de la gravedad de la ocasión, y ésa fue, en opinión de Benjamí Artigas, alcalde del municipio, la razón por la cual se les escogió. Pero... ¿quién los escogió? Artigas cree que fue el propio Dalí, tras consultar con Miguel Domenech, que no estuvo presente esa tarde.[15] Tampoco asistieron a la firma Antoni Pitxot y Robert Descharnes. Pitxot había intentado convencer al pintor para que dejara las propiedades de Port Lligat y Púbol a la Fundación de Figueres, pero sus insinuaciones en este sentido siempre habían tropezado con un silencio absoluto por parte de Dalí. Cuando el 23 de septiembre éste le comunicó que había hecho un nuevo testamento, Pitxot se preguntó qué cambios habría efectuado. Pero el artista no le aclaró nada al respecto.[16]

Dos meses más tarde, en noviembre de 1982, los socialistas, liderados por Felipe González, ganaron por mayoría absoluta las elecciones a Cortes. Miguel Domenech era cuñado no sólo del ex primer ministro Leopoldo Calvo Sotelo sino del flamante ministro de Asuntos Exteriores, Fernando Morán, circunstancia feliz que garantizaba que la comunicación a alto nivel entre los asesores de Dalí y el gobierno no se viese afectada.

La investigación de la situación de Dalí avanzaba despacio, y hasta 1985 el pintor no sería considerado como residente español a plenos efectos fiscales. Con todo, nunca presentaría una declaración de renta. Los socialistas resultaron ser tan «comprensivos» con Dalí como la UCD, y, tras la muerte del pintor, Miguel Domenech admitiría que se había decidido «no molestar a Dalí en los últimos años de su vida». La razón, claro, era que el Estado sabía que iba a heredar una fortuna.[17]

En el otoño de 1982 Dalí no pensaba sólo en disposiciones testamentarias sino en su viejo amigo Luis Buñuel, con quien llevaba tiempo tratando de restablecer relaciones. El 6 de noviembre le envió un telegrama a México: «QUERIDO BUNUEL CADA DIEZ AÑOS TE MANDO UNA KARTA CON LA QUE NO ESTAS DE ACUERDO PERO INSISTO, ESTA NOCHE HE CONCEBIDO UN FILM QUE PODEMOS REALIZAR EN DIEZ DIAS A PROPOSITO NO DEL DEMONIO FILOSOFICO SINO DE NUESTRO QUERIDO DIABLONCILLO. SI TE DA LA GANA PASA A VERME EN EL CASTILLO DE PUBOL. UN ABRAZO DALI.» El pintor se olvidó de incluir sus señas completas y le volvió a telegrafiar inmediatamente. Buñuel hizo entonces algo inaudito: decidió contestarle. Es casi seguro que estaba enterado de la muerte de Gala, y tal vez sintió que había llegado la hora de hacer un mínimo gesto de reconciliación. Entre los papeles conservados en su archivo hay un borrador manuscrito del telegrama: «Recibí tus dos cables estup– [sic] idea sobre film diabloncillo pero me retiré del cine hace cinco años y ya no salgo de casa. Lástima. Abrazos.» Según Antoni Pitxot, a Dalí le afectó mucho el mensaje del director.[18]

Quizá fue ese mismo noviembre cuando Dalí telefoneó al director de cine y fotógrafo Luis Revenga para pedirle ayuda. Se habían conocido dos años antes, mientras Revenga rodaba un documental sobre Picasso, y se habían caído bien. Ahora Dalí quería que Revenga filmara en vídeo el final de su proyectada película con Buñuel, para poder enviárselo a México. Revenga se presentó enseguida, cámara en mano, en Púbol, donde, con aspecto de cadáver galvanizado, Dalí hizo una sobrecogedora interpretación de una canción folklórica catalana, «La filla del marxant», agitando los brazos y con los ojos desorbitados:

La filla del marxant
diuen que és la més bella,
no es la més bella, no,
que altres n'hi ha sens ella...

La hija del mercader / dicen que es la más bella, / no es la más bella, no, / otras hay sin ella...

Tras la actuación, Dalí se derrumbó, exhausto, en una silla. Horrorizado por su aspecto, Antoni Pitxot, que ya lo visitaba casi a diario, se interpuso entre el pintor y la cámara. No se rodó más.[19]

El proyectado film derivaba en parte del frustrado *Babaouo* de 1932. Iba a empezar y terminar en una estación de metro asolada por una tormenta de nieve subterránea. Un personaje mitad enano, mitad «diablillo», gesticularía solo mientras cantaba una y otra vez «La filla del marxant». Llegarían y saldrían trenes, las ruedas salpicadas de copos de nieve.[20]

Cuando en 1939 Dalí se negó a prestarle dinero, Buñuel había jurado no volver a colaborar jamás con el pintor. Y así fue. El 29 de julio de 1983, nueve meses después del último y patético intento por parte de Dalí de reanimar su relación creativa, se moría en México. Como Buñuel se había encargado tantas veces de recordarle a Dalí, «agua pasada no mueve molino».

Dalí era ahora un saco de huesos, y le resultaba cada vez más difícil controlar el temblor de su mano derecha. Incapaz de conseguir la precisión que había caracterizado su mejor pintura, sólo lograba manchar las telas con óleo sirviéndose de un grueso pincel. A Elda Ferrer, una de las enfermeras contratadas en Púbol en 1983, se le ordenó que dijera a los periodistas, si le preguntaban, que Dalí seguía trabajando. Ferrer pensó que se trataba de una exigencia razonable, pero cambió de opinión cuando vio a Dalí: el artista «deseaba ardientemente» pintar pero no podía siquiera sostener el pincel.[21] En otra ocasión Ferrer recordaría que Dalí apenas podía hablar, que lloriqueaba sin cesar y que se pasaba horas haciendo ruidos animales. Tenía alucinaciones y se creía un caracol. «En dos años», dijo la enfermera, «sólo le entendí una frase coherente: "Mi amigo Lorca."»[22] Ningún destino peor podía esperarle a un hombre para quien la representación lo había sido todo, o casi todo. Había perdido dramáticamente su atractivo físico, por lo cual no podía aparecer en público; había perdido su hermosa voz, y, finalmente, la capacidad de pintar. Todo se había venido abajo.

Los últimos óleos de Dalí muestran su horror a la muerte, y reafirman su lealtad a Velázquez y a Miguel Ángel. También delatan la intervención de otras manos. Después de la muerte de Dalí, Bea admitiría que le había ayudado, pero negándose a dar detalles sobre su colaboración.[23]

En 1982 Dalí pintó dos *pietàs.* En una de ellas, el fondo es una *calma blanca* en Port Lligat, y a través de los agujeros abiertos en los pechos de la Virgen (Dalí sigue aferrado a sus ilusiones ópticas) se ven escenas en miniatura de rocas y de mar.[24] La otra, inspirada en una escultura de Miguel Ángel, la *Pietà di Palestrina,* es, en comparación con la anterior, un pintarrajo horrible.[25] Varios de los últimos cuadros de Dalí demuestran que *Las meninas* seguía obsesionando al pintor. En uno de ellos –*Detrás de la ventana, a mano izquierda, de donde asoma una cuchara, Velázquez agonizante* (1982)–, vemos al bufón enano, Sebastián de Porras, engalanado con huevos fritos, sentado sin mucho entusiasmo en el patio de El Escorial; en otro, el lugar del enano lo ocupa la infanta Margarita.[26] Los huevos fritos no son el único tópico que aflora en estas cansadas obras. Abundan las muletas, en dos lienzos reaparecen los «bastoncillos» que comenzaron a pender sobre barras de pan allá por finales de 1926, y hay también distintas variaciones sobre el cuerpo lacerado de San Sebastián, que nos remiten a los años veinte.

La más interesante de las últimas obras de Dalí es *Llegaremos más tarde, hacia las cinco* (o *El camión de mudanzas,* 1983), que Dalí comentó en detalle con Pitxot y el joven crítico de arte Ignacio Gómez de Liaño. Pintada con gruesas pinceladas, la tela nos muestra el interior de un camión de mudanzas visto desde el asiento del conductor. Al estudiarlo Gómez de Liaño recordó la recomendación de André Breton: «No olvides hacer testamentos generosos; en cuanto a mí, pido que me lleven al cementerio en un camión de mudanzas.» Esta obra parece confirmar que a Dalí le resulta ya imposible no pensar continuamente en la muerte.[27]

Según Robert Descharnes, el último cuadro de Dalí fue *La cola de* 109
golondrina, fechada en mayo de 1983. Parece imposible que para entonces Dalí hubiera podido trazar las líneas que ocupan el centro de la tela, y menos las eses del violoncelo o del finamente ejecutado instrumento del ángulo superior izquierdo.[28] Antoni Pitxot ha insistido, sin embargo, en que a veces, cuando durante algunos momentos le dejaba de temblar la mano, Dalí era todavía capaz de pintar con cierto dominio. Pitxot estuvo presente parte del tiempo cuando Dalí trabajaba en este cuadro, y admite de todas maneras que Bea probablemente le ayudó con algunos de los detalles más mecánicos del mismo.

Sea como fuera, *La cola de golondrina* se «terminó» demasiado tarde para ser incluida en la antológica *400 obras de Salvador Dalí de 1914 a 1983*, que se inauguró en el Museo Español de Arte Contemporáneo (MEAC) el 15 de abril de 1983. Por expreso deseo del pintor, fue el príncipe Felipe el encargado de hacer los honores el día de la presentación oficial de la muestra. Dalí, que estaba demasiado deprimido para viajar a Madrid, envió una nota en la que elogiaba a la familia real y, con pésimo gusto, atacaba a la suya propia, proclamando que había sido el «mayor obstáculo» a su carrera artística. Era exactamente lo que había dicho en 1950 en el feroz memorándum que hiciera circular cuando Anna Maria publicó su libro.[29] Era tan fuerte el resentimiento antifamiliar de Dalí en estas fechas que en agosto firmó en Púbol, ante el notario de La Bisbal, José María Foncillas Casaus, un documento en el cual explicaba por qué había excluido a Anna Maria de su testamento. Tal desheredación, reza el escrito, «no constituye un acto arbitrario y coyuntural, sino una decisión coherente con las innumerables actitudes que su dicha hermana ha adoptado a lo largo de su vida». Antoni Pitxot, Arturo Caminada y Robert Descharnes fueron testigos de la firma.[30]

En su introducción al catálogo del MEAC, los comisarios Robert Descharnes y Ana Beristain señalaron que muchas de las obras anteriores a 1929 incluidas en la muestra se exponían ahora por vez primera. Éstas daban fe de que Dalí, antes de llegar a París, «tiene ya incorporado en su obra el personalísimo código que trastocará tantos esquemas del surrealismo parisino».[31] La observación de los comisarios era válida, pero los críticos no tardaron en observar que, si bien la antológica del MEAC superaba con creces a la del Pompidou en lo tocante a la temprana producción de Dalí, la década que se inició en 1929 estaba representada con tanta pobreza que la retrospectiva resultaba lamentablemente desigual.[32]

Era cierto que se exponían muy pocos de los mejores cuadros surrealistas de Dalí. *El gran paranoico* fue una excepción. También *El gran masturbador,* que fascinó al público. Pero éstos no podían compensar la ausencia de obras tan espléndidas como *Los primeros días de primavera, El juego lúgubre, Los placeres iluminados, Afueras de la ciudad paranoico-crítica* o *El canibalismo del otoño.*

El aparatoso catálogo, en dos volúmenes, se había confeccionado de manera muy descuidada y atropellada y era notablemente inferior a los dos tomos editados por el Centro Pompidou en cuanto a la exactitud de los hechos relatados, la transcripción de documentos o el alcance y calidad de los ensayos. De hecho, para el siempre riguroso Rafael Santos Torroella se trataba casi de una vergüenza nacional, de la que, en opinión del crítico, el principal responsable era Robert Descharnes. Santos Torroella llegó a la conclusión de que el francés se había desembarazado de cualquier pretensión de honradez erudita al convertirse en secretario de Dalí tras la partida de Sabater.[33]

Cuando el 29 de mayo se clausuró la muestra para trasladarse al Palacio de Pedralbes en Barcelona, la habían visitado doscientos cincuenta mil personas. Su inauguración en Barcelona el 10 de junio se programó para coincidir con el primer aniversario de la muerte de Gala. Dalí se quedó en Púbol, mandó poner un ramo de nardos en la tumba de la Musa y se negó a hablar de ella. Antoni Pitxot dijo a los periodistas que varios especialistas habían visto recientemente al pintor, pero que no había ninguna crisis: se trataba de controles rutinarios. Entretanto, los albañiles hacían más altos los muros que rodeaban al jardín del «castillo» para impedir la mirada de los curiosos, y como advertencia a las posibles visitas. Cuando Edward James apareció en agosto dando por supuesto que podría ver a Dalí, no se le permitió entrar. Dos meses después Descharnes le escribió para disculparse, alegando que Arturo Caminada se había equivocado al decirle a Dalí el nombre de quien quería verlo. Él mismo había llegado tres días después e intentado ponerse en contacto con James, pero ya era demasiado tarde: el inglés había abandonado el hotel donde se hospedaba en Gerona. Dalí, escribió Descharnes, se había puesto muy triste al enterarse de lo ocurrido. Ahora, en octubre, estaba hundido en una tremenda depresión. ¿Le haría James el honor de unirse al Comité de Honor de la nueva Fundación Gala-Salvador Dalí?[34]

Las visitas de Descharnes a Púbol eran esporádicas, sólo una o dos veces al mes, y por pocos días. Las de Domenech eran asimismo irregulares. La responsabilidad diaria de cuidar al anciano cascarrabias les correspondía a Arturo Caminada, los Xicot, un ejército de enfermeras y médicos, y, cada vez más, a Antoni Pitxot, que llegaba desde Cadaqués varias veces a la semana para hacerle compañía a Dalí. Dados los orígenes familiares de Pitxot y su propia profesión de artista, nunca faltaban temas de conversación. A medida que el habla del pintor fuera haciéndose más difícil de entender, sólo Pitxot sería capaz de competir con Caminada a la hora de descifrar lo que decía.

Caminada no era hombre de letras, y por eso le correspondió a Pitxot copiar un texto dictado por Dalí el 31 de octubre de 1983: «El descubrimiento más importante de mi método paranoico-crítico: la estación de Perpiñán.» Que la modesta estación de Perpiñán superara ahora para Dalí al mismísimo *Ángelus* de Millet en significado crítico-paranoico era una señal de que el cerebro del pintor, si no el resto de su cuerpo, aún funcionaba con eficacia.[35]

Otra señal fue el enorme interés que ponía Dalí en la ampliación del Teatro-Museo y en el desarrollo de su Fundación. El Ayuntamiento de Figueres y la Generalitat habían adquirido conjuntamente la Torre Gorgot, adyacente al museo y antiguamente parte de las fortificaciones medievales de la ciudad. Fascinado desde su juventud por las torres, Dalí estaba encantado con la nueva adquisición, a la que rebautizó Torre Galatea, en honor a la difunta compañera, proclamando que la convertiría en un edificio «único en el mundo». Quizás, al ponerle el nombre de Gala, recordó que en los primeros tiempos del surrealismo llamaban «Tour» a la rusa, en reconocimiento de su misterio. Dalí anunció ahora al mundo que la Torre Galatea representaría «todos los enigmas».[36]

La Fundación Gala-Salvador Dalí se constituyó formalmente el 23 de diciembre de 1983 ante el notario público de La Bisbal, José María Foncillas Casaus (que un año antes había presenciado la firma del nuevo testamento de Dalí). En el preámbulo del documento, Dalí recordaba que siempre había sido su deseo «reunir en España el mayor número posible de mis creaciones y obras de toda índole para que aquí puedan ser visitadas y estudiadas» y también convertir Figueres, su ciudad natal, en «meca cultural y museística de España y del mundo» (que era más o menos lo que Franco le había sugerido). El primer paso había sido la puesta en marcha, unos años atrás, de la Fundación Teatro Museo Dalí. «Pero es ahora», continuaba, «cuando quiero llegar a la cumbre y sublimación de mis anhelos, con la creación de una fundación cuya resonancia y proyección, transcendiendo los límites de la Patria, sea la fuente de los infinitos beneficios culturales que mi amor quiere para España, Cataluña, el Empordà, y para mi querida ciudad de Figueres». Antes de entrar en los pormenores del asunto, con la relación de la dotación inicial, nombramientos, estatutos, etc., Dalí dejó claro que, a diferencia de su predecesora, la nueva Fundación Gala-Salvador Dalí sería una institución privada.[37]

Unos días más tarde Dalí le pidió al Ayuntamiento de Figueres, que se había desconcertado inicialmente ante la noticia del cambio propuesto, que considerara la conveniencia de disolver la antigua fundación e integrar sus funciones en la nueva, prometiendo que, de hacerse así, el Teatro-Museo se beneficiaría de numerosas ventajas: no sólo de la donación de todas las obras que Dalí había depositado en la fundación original y de las seiscientas veintiuna que acababa de donar a la recién constituida, sino muchas más. El Ayuntamiento no tardó en decidir que le gustaba la visión daliniana de Figueres como Meca del arte, y expresó su consentimiento unánime. El rey y la reina aceptaron la invitación de presidir el Comité de Honor. Entre los miembros propuestos por Dalí para el mismo figuraban Edward James, el ex primer ministro de Francia Raymond Barre, Julien Green, el príncipe Jean-Louis Faucigny-Lucinge (de los días heroicos del Zodíaco), Thomas Messer, director del Solomon R.W. Guggenheim Museum de Nueva York, el biólogo y premio Nobel Severo Ochoa, el matemático René Thom y Josep Tarradellas. Entre los invitados a formar parte del Patronato estaban Antoni Pitxot (delegado artístico, delegado en el Consejo Superior de Estudios e Investigaciones), Miguel Domenech (delegado de relaciones jurídicas, económicas y administrativas, además de delegado permanente en Madrid), Robert Descharnes (delegado de relaciones externas), Gonzalo Serraclara, el ex alcalde de Figueres Ramón Guardiola (sin cuya labor el sueño del Teatro-Museo nunca se habría hecho realidad) y el arquitecto Óscar Tusquets.

La Fundación Gala-Salvador Dalí se inauguró oficialmente en Figueres el 27 de marzo de 1984, presentándose a bombo y platillo en Madrid al día siguiente. Dalí había dictado un estrambótico mensaje a los reyes: «Majestades: España es una espina *sanglante* [sic];* el Rey, una corona sublime de España. Santa Teresa y Nietzsche creían que toda obra para ser universal tenía que estar grabada con sangre. Nuestra sangre y la de Gala.»[38]

En esta época cuidar a Dalí era una pesadilla, como demuestran las notas de la enfermera Carme Barris en el registro diario. Las comidas eran una lucha continua: por regla general, Dalí se negaba a comer y rechazaba como un niño furioso los platos que le servían, incluso los preparados especialmente en la excelente cocina del Motel del Ampurdán (recogidos diariamente por Arturo Caminada en el Cadillac). El pintor trataba a las enfermeras como si fuesen perros, y a menudo les escupía. Y se negaba a cooperar con los médicos. El 2 de abril de 1984 Carme Barris apuntó: «Dalí se despertó a medianoche muy excitado, pidiendo una pastilla; cuando se la trajimos, la escupió. Al final aceptó tomar media pastilla, insistiendo que la otra mitad se la tomara el médico.» ¿Creía que le trataban de envenenar?[39]

A medida que se aproximaba su octogésimo aniversario, la depresión de Dalí se agudizó. Tan decaído andaba que ni siquiera se dignó saludar a los miembros del nuevo Comité de Honor de la Fundación, elegidos por él mismo, cuando fueron a visitarle a Púbol.[40] El día de su cumpleaños llegaron felicitaciones de todo el mundo, pero no lograron levantarle el ánimo, todo lo contrario. A una joven periodista del *Abc,* Blanca Berasátegui, se le permitió verle brevemente ese día. Se llevó la impresión de que lo cuidaban muy bien y que el rumor de que lo mantenían encerrado contra su voluntad no estaba fundado. Lo único que Dalí quería era que se le dejara a solas con sus pensamientos. Berasátegui observó que estaba leyendo *Paraboles et catastrophes,* de René Thom, y la recién publicada monografía de Ramon Guardiola sobre el Teatro-Museo. Robert Descharnes estaba en excelente forma: su monumental *Dalí. La obra y el hombre* estaba a punto de aparecer, y estaba seguro de que, con mil doscientas reproducciones y mucho material nuevo, el libro sería la obra más importante jamás publicada sobre el genio.[41]

Descharnes se había beneficiado de un acceso privilegiado a Dalí y al archivo del pintor (incluido el álbum de recortes de prensa compilado por el padre de éste, que le ahorró tener que visitar hemerotecas). Pero hay que decir que tal acceso no compensó su ignorancia de la cultura española en

* Dalí gustaba de imaginar que la palabra España procedía del latín *spina.*

general y de la catalana en particular, patente a lo largo de la obra. Tampoco le impidió cometer numerosos errores garrafales en lo relativo a la vida y la obra del artista, como no tardaría en demostrar Rafael Santos Torroella en tres demoledoras reseñas de las ediciones francesa y española del libro. En ellas castigaba no sólo al presumido autor francés sino a su editor español (Tusquets) por afirmar en la solapa que Descharnes estaba «comúnmente considerado el mejor especialista de la obra de Dalí». Santos Torroella citó una observación de Descharnes sobre la sexualidad infantil del pintor que dejaba en ridículo al cacareado «mejor especialista». «Desde la masturbación desarrollada en varios lienzos hasta la autosodomía», había escrito Descharnes, «su infancia está presente con fuerza.» ¿Autosodomía? Santos Torroella no podía por menos de asombrarse «de las enrevesadas y dificilísimas contorsiones corporales en que debió de especializarse el joven Dalí para realizar consigo ese *tour de force* del coito contra natura».[42]

Las hostilidades habían empezado con una carta abierta en la que Santos Torroella criticaba a Descharnes por el caótico catálogo de una reciente exposición de Dalí en Ferrara, la primera organizada bajo la égida de la Fundación Gala-Salvador Dalí y en la cual se habían expuesto unas falsificaciones. Ahora los tres artículos de Santos echaron más leña al fuego, haciendo del eminente crítico y especialista en Dalí el principal adversario de Descharnes en España. También consiguieron que en adelante Santos Torroella fuera tenida por *persona non grata* en la Fundación.[43]

Pese a la depresión que padecía, hubo días de ese verano en que Dalí estuvo animado. En una de tales ocasiones anunció que quería organizar una exposición en honor de Juan Núñez Fernández, su admirado profesor de arte en Figueres, la persona a la que, según el pintor, más debía toda su carrera. Fue un impulso generoso, pero no pasó de ahí.[44]

La publicación de la monografía de Robert Descharnes acrecentó el ya intenso escepticismo existente en España en relación con la autenticidad de las últimas obras del artista, varias de ellas reproducidas en el profusamente ilustrado libro. Para el pintor catalán J. J. Tharrats, viejo amigo de Dalí pero ahora excluido de Púbol, las obras no sólo eran malas, sino distintas de todo lo que había hecho antes. Según él no debían considerarse correctamente como obras de Dalí.[45] Robert Descharnes rechazó la acusación: el pintor había usado técnicas diferentes toda su vida, y tanto su estado físico como su avanzada edad habían requerido un cambio estilístico; por lo tanto, nadie tenía derecho a cuestionar la autenticidad de las creaciones resultantes.[46]

Lo que Descharnes no explicó fue cómo un artista con una mano que le temblaba como una hoja de álamo podía ser capaz de ejecutar una obra de tanta precisión como *La cola de golondrina,* según el francés el último cuadro de Dalí. En los años siguientes el escepticismo de los críticos iría en aumento, especialmente cuando la Fundación comenzara a afirmar que entre julio de 1982 y mediados de 1983 el artista había producido *no menos de cien cuadros.*[47] El editor Eduard Fornés, especialista en Dalí, aceptó que el pintor, tal vez por razones terapéuticas, hubiera participado en cierta medida en la elaboración de tales obras, pero declaró que era imposible no ver en ellas la intervención de otras manos, e incorrecto, por lo tanto, «decir que en los últimos años de su vida Dalí fue capaz de producir un corpus tan voluminoso e importante de obra como quieren hacernos creer».[48] Luis Romero era de la misma opinión. «Era mala, no se parecía a nada de lo que había pintado antes», dijo. «Y además, si en las épocas que estaba bien de salud, optimista y todo, él a veces tardaba en pintar un cuadro meses, ¿cómo es posible que en unos años de estar casi siempre enfermo, casi siempre inútil, pintara cien cuadros? No lo creo.»[49]

Sólo un pequeño porcentaje de las supuestas cien pinturas de Dalí se ha expuesto desde 1984. El escepticismo de Luis Romero, Tharrats, Fornés y otras autoridades en Dalí parece justificado.

FUEGO EN LA NOCHE

Dalí había tenido siempre miedo a la muerte. Ahora temía también la noche. Le resultaba difícil dormir, y se pasaba horas despierto en la oscuridad, a solas con sus pensamientos. A solas... pero, en teoría al menos, siempre había alguien muy cerca. En la manga derecha del pijama le habían sujetado (con una pinza de colgar la ropa) el cable de una pera que hacía sonar un timbre. Cuando el pintor necesitaba algo, quería molestar a la enfermera de turno o simplemente conversar con alguien, apretaba la pera con insistencia. Con tanta insistencia que los constantes timbrazos les hacía imposible la vida a las enfermeras, algunas de las cuales, pese a cobrar unos sueldos fuera de lo común, se habían marchado al poco tiempo, incapaces de soportar, además del ruido, el mal genio del artista, sus gritos, sus escupitajos, sus cacas en la cama o sus tentativas de arañarles la cara. A menudo, cuando el timbre sonaba en mitad de la noche, lo único que Dalí quería era asegurarse de que la enfermera estaba allí. Y es probable que algunas veces ésta, harta de tantas exigencias, no acudiera a su llamada, dejándole que se las arreglara solo. Según Arturo Caminada, a veces se desconectaba el aparato para que el timbre dejara de sonar y, cuando Dalí se daba cuenta de lo que ocurría, insistía en que lo volvieran a conectar. Finalmente el infernal aparato (que impedía que nadie pudiera descansar en el castillo de día o de noche) había sido reemplazado por una lámpara especial que se encendía en la habitación de la enfermera cuando Dalí apretaba la pera.[50]

Siempre había dos enfermeras en el castillo, una de servicio y la otra descansando, o durmiendo, antes de comenzar su turno. La única condición era que una de ellas tuviera siempre la responsabilidad de atender al pintor.[51]

El jueves 30 de agosto de 1984, justo antes del amanecer, la cama de Dalí comenzó a arder. La habitación estaba mal ventilada y pasó un rato, media hora tal vez, antes de que apareciesen las llamas. Mientras la habitación se llenaba de humo y la cama se iba calentando, Dalí se dio cuenta de lo que ocurría. Debió de apretar la perilla desesperadamente, pero ya no funcionaba. Debió de intentar gritar, pero nadie acudió. Entonces se tiró de la cama y, casi sin poder respirar, empezó a arrastrarse hacia la puerta que daba al pasillo. Pero, a los pies de la cama, se derrumbó.[52]

Carme Fábregas era la enfermera de servicio. Como parte de su rutina fue a la habitación a controlar si todo estaba en orden. Al observar que salía humo por debajo de la puerta se precipitó a avisar al policía de guardia, Fortunato Golpe Bañuls. Luego llamó a gritos a Descharnes desde una ventana que daba al patio interior.[53] Golpe Bañuls corrió a la habitación de Dalí y abrió la puerta, donde una espesa humareda le dio en plena cara. Consiguió llegar a la cama pero allí no estaba Dalí. Enseguida llegó Descharnes. Ahora había llamas. Envueltos en toallas mojadas los dos localizaron a Dalí en el suelo, medio inconsciente, y lo arrastraron fuera.[54]

Entretanto Carme Barris, la otra enfermera, que había estado durmiendo,[55] llamó a los bomberos y a los médicos de Gerona. Descharnes y Golpe Bañuls, ayudados por ella y Carme Fábregas, llevaron a Dalí a la biblioteca, donde el pintor le gritó a ésta: «¡Puta! ¡Criminal! ¡Asesina! ¡Te llamé y no viniste!» Pese a los insultos la enfermera le hizo la respiración boca a boca, mientras Barris le aplicaba un masaje cardiaco. Golpe Bañuls alertó al cuartel de la Guardia Civil del cercano Flaçà.[56]

Existiendo peligro de que todo el castillo ardiera, Carme Fábregas cogió su coche y se llevó a Dalí a unos cientos de metros del edificio, mientras esperaban la llegada de los bomberos. No sabemos si Dalí continuó insultándola, pero dada la situación es más que probable.[57] Cuando llegaron los bomberos tardaron más de veinte minutos en apagar el fuego, que ya estaba sofocado poco después de las siete de la mañana. El dormitorio de Dalí estaba casi completamente destrozado.[58]

Según Emilio Puignau, que salió de Cadaqués apenas se enteró de lo ocurrido, lo primero que Dalí le dijo fue: «Ah, has venido. Fue culpa mía.» Puignau concluyó que el constante uso de la pera había provocado un cortocircuito. El calor había sido tan intenso que el marco de plata de uno de los cuadros de Dalí apareció casi fundido.[59]

Los médicos del lugar que examinaron y atendieron inicialmente a Dalí no consideraron graves las quemaduras de primer y segundo grado sufridas en su pierna derecha. Televisión Española entrevistó a Pitxot y Descharnes. Pitxot, normalmente muy tranquilo ante las cámaras, estaba esta vez nervioso: «Ha habido un pequeño incendio esta madrugada en, en los aposentos de nuestro amigo Dalí», dijo con una sonrisa forzada, «y han tenido que, que venir hasta los bomberos... Pero estamos todos contentos de, de poder, de poder decir, pues, que, que no pasa nada, que Dalí está relativamente bien, está restab... reposando en estos momentos, ha tenido un susto...»[60]

Las cosas estaban lejos de «ir bien». Veinticuatro horas después del incendio, por consejo del médico de cabecera de Dalí, Juan García Sanmiguel, y del doctor José Visa Miracle, especialista en quemaduras llamado desde Barcelona, se decidió trasladar al pintor a la Clínica del Pilar de la Ciudad Condal.[61]

Dalí insistió en que sólo iría a Barcelona con una condición: que primero lo llevaran a ver su Teatro-Museo. Acceder a esta petición significaba recorrer sesenta y cinco kilómetros de más y perder quizá tres horas vitales. Pero la «troika» –como ahora llamaba la prensa a Domenech, 106
Descharnes y Pitxot–, plenamente consciente de la importancia del museo y del progreso de las obras para el bienestar de Dalí, le permitió, para bien o para mal, salirse con la suya.[62] Acompañado por Antoni Pitxot y una enfermera, Dalí fue llevado a Figueres por Caminada en el Cadillac, entrando en el Teatro-Museo sobre una camilla. Eran las diez de la noche

del 31 de agosto de 1984, casi cuarenta horas después del incendio.

Entre los que esperaban a Dalí en la entrada del Teatro-Museo estaban el fotógrafo Melitón Casals, Marià Lorca, alcalde de la ciudad, y el ex alcalde Ramon Guardiola. Lorca tuvo la impresión de que Dalí estaba despidiéndose. El artista inspeccionó las obras realizadas desde su última visita, en especial la barca amarilla de Gala, y declaró terminada la Torre Galatea. Luego, a eso de las once menos cuarto, una ambulancia lo llevó a Barcelona, llegando a la Clínica del Pilar alrededor de la medianoche.[63]

Cuando Dalí entró en la clínica farfullaba sin parar las palabras «mártir, mártir». Las enfermeras creyeron que el pintor quería decir que lo estaban martirizando. Sin embargo, parece ser que expresaba su preocupación por la posible desaparición en el incendio del manuscrito de su drama erótico *Mártir,* que siempre guardaba a su lado en Púbol. Por suerte, se había salvado.[64]

Un parte médico hecho público al día siguiente establecía que las quemaduras de Dalí, localizadas en la pierna derecha, las nalgas y el perineo, afectaban al dieciocho por ciento de su cuerpo. Refiriéndose al manifiesto estado de desnutrición del artista (pesaba sólo cuarenta kilos), Miguel Domenech explicó a los periodistas cuán difícil había sido durante los últimos años conseguir que Dalí comiera.[65]

El 4 de septiembre Anna Maria Dalí insistió en visitar a su hermano en la clínica. Llevaban más de treinta años sin hablarse, y cabe pensar que era la última persona que el pintor deseaba ver asomarse por la puerta de la habitación 401 de la Clínica del Pilar. Se sabe que le gritó que se marchara, ¿pero es cierto que la llamó «vieja lesbiana» y que intentó pegarle? Probablemente. En cambio, Anna Maria dio a la prensa una versión más positiva de su visita, declarando a *Avui* que pocas frases habían bastado para que entre ambos renaciera su viejo amor fraternal, lo cual no había sido el caso en absoluto.[66]

Según los siguientes partes médicos, la condición de Dalí estaba ahora «estacionaria». Pero luego, el 5 de septiembre, los facultativos anunciaron que el artista tendría que someterse a una larga y difícil operación de injerto de piel. Si no, las posibilidades de que sobreviviera eran nulas, ya que se daba como segura una grave infección. Los médicos admitieron que se trataba de una intervención de alto riesgo.[67]

El 6 de septiembre Dalí declaró ante notario, y en presencia de los medios de comunicación, que estaba de acuerdo con someterse a la operación. Sus parientes también dieron su consentimiento.[68]

La intervención empezó el 7 de septiembre a las nueve de la mañana y duró más de seis horas. Los cirujanos se declararon optimistas ante los resultados obtenidos: si los injertos de piel prendían, Dalí viviría. Durante los dos días siguientes hubo un amago de fiebre, acompañado de problemas respiratorios. Pero Dalí siguió luchando.[69]

A medida que se iban conociendo más datos sobre el incendio, prevaleció la sensación de que quienes rodeaban a Dalí habían actuado con negligencia. Rafael Santos Torroella pidió públicamente una investigación judicial de lo ocurrido, y otra más amplia sobre el control que ejercían Descharnes, Pitxot y Domenech sobre el anciano artista.[70] Algunos periodistas llegaron a sugerir que Dalí había sido «secuestrado» por sus colaboradores, que le impedían ver a sus parientes y amigos. La «troika», ofendida por estas acusaciones, respondió diciendo que, cuando Dalí mejorara, se defenderían en los tribunales contra sus acusadores. Xavier Corberó, joven escultor amigo de Dalí, salió en defensa del trío. Estaba convencido, dijo, que si alguna vez Dalí hubiera pedido verle, Antoni Pitxot le habría telefoneado enseguida. Pero Dalí estaba viejo y decrépito y no quería que sus amigos lo viesen en un estado tan lamentable, a él, que siempre había brillado en público. En su lugar, añadió Corberó, sentiría exactamente lo mismo. Es difícil no coincidir con este análisis de la situación.[71]

El día de la operación quirúrgica, José Isidro Rey Huidobro, juez de La Bisbal, abrió una investigación oficial para elucidar las causas del incendio y las responsabilidades que en su caso debieran imputarse. Hoy el grueso expediente puede examinarse en las oficinas del juzgado de la localidad.[72]

El día anterior al inicio de la investigación, el juez recibió la visita del primo de Dalí, Gonzalo Serraclara, acompañado de Rafael Santos Torroella. Sin acusar a nadie en concreto, Serraclara le dijo que él y otros miembros de la familia creían que el incendio era resultado de negligencia por parte de los que rodeaban al artista, y que, además, se estaban produciendo irregularidades en el manejo de su vida profesional.[73] En los días siguientes el juez interrogó a Descharnes, Domenech y Pitxot, a las enfermeras Carme Fábregas y Carme Barris, a los médicos que habían atendido al pintor, a Arturo Caminada, al jardinero, a los bomberos, al policía Golpe Bañuls y, por último, al mismo Dalí.

Varias de las declaraciones dejaron claro que el sistema eléctrico con que contaba Dalí para llamar a las enfermeras no sólo era anticuado, sino muy peligroso. Caminada le dijo al juez que, si bien al principio Dalí sólo usaba la pera para llamar a las enfermeras, poco a poco la había convertido en juguete que utilizaba incluso cuando había gente a su lado. En realidad abusaba tanto de ella que por dos veces el aparato se había quemado y había sido reemplazado. Caminada se había encargado de que siempre hubiera perillas de repuesto. Todos los que atendían a Dalí estaban al corriente de esta situación, insistió Caminada, añadiendo que le había advertido al mismo Dalí del peligro de que podía quemarse y que le había aconsejado cambiar el sistema. El pintor, empecinado, se había negado a escucharle.[74]

Todos los interrogados coincidieron en subrayar la terquedad al respecto del artista: a Dalí no se le podía llevar la contraria. Antoni Pitxot declaró que el pintor se ponía frenético cuando no conseguía lo que quería. En cuanto a la demora en trasladar a Dalí a la clínica, Pitxot explicó que el pintor había insistido en que sólo consentiría si antes le permitían visitar el Teatro-Museo. Para Pitxot, se trataba de una determinación «heroica» por parte de Dalí.[75]

En cuanto al propio pintor, dijo que cuando empezó el fuego llevaba largo rato apretando su pera, tratando en vano de llamar la atención. En su opinión fue ese uso intensivo del aparato lo que había ocasionado el incendio. En su última declaración al juez, Dalí exoneró al personal de Púbol de toda responsabilidad por lo ocurrido.[76]

El juez no le preguntó a Carme Fábregas, la enfermera, si había notado que se encendía la lámpara pero había desistido por desgana, pereza o lo que fuera de acudir al dormitorio de Dalí, y es imposible saber la verdad del asunto. En su declaración la enfermera dijo que Dalí podía ser muy difícil, y que a menudo les gritaba a los que tenía a su alrededor, llamándolos «hijos de puta» y «ladrones». En tales ocasiones Arturo Caminada llegaba incluso a llorar.[77] Fábregas diría más tarde a la radio que, si Dalí hubiera sido su padre, ella se habría encargado de que lo llevaran directamente al hospital tras el incendio, añadiendo que en su propia casa jamás habría permitido que se siguiera utilizando un sistema eléctrico tan anticuado.[78] Elda Ferrer, que ya no trabajaba en Púbol cuando ocurrió el incendio, recordaría por su parte que ella también había señalado más de una vez que la instalación era muy peligrosa, pero que nadie le había hecho caso.[79]

Al doctor García Sanmiguel, que atendía a Dalí desde mayo de 1983, el juez le pidió su opinión sobre el estado general del pintor. El médico respondió que, a su entender, Dalí no padecía ninguna enfermedad física. Desde un punto de vista psiquiátrico, en cambio, tenía «una personalidad psicopática con rasgos depresivos muy acentuados». Del temblor de las manos dijo que muy pronto se había descartado la hipótesis de la enfermedad de Parkinson: el temblor era consecuencia de la edad, y empeoraba cuando Dalí se alteraba. ¿Arteriosclerosis? Sí, pero moderada, más o menos la que cabía esperar en una persona de la edad de Dalí.

García Sanmiguel declaró que «normalmente se concedía a Dalí todo lo que solicitaba hablando desde el punto de vista médico, con la excepción del LSD, que solicitó para que le diera imágenes que le inspirasen para la pintura». Dalí siempre se había cuidado de negar en público que tomara drogas, pero la declaración de Sanmiguel sugiere que no estaba ajeno a experimentos ocasionales. Según el mismo médico, el pintor «estaba perfectamente lúcido pero tenía una personalidad psicopática que se traducía en actos agresivos, insultos y una tendencia al aislamiento y a la oscuridad». La descripción hace pensar que, en los últimos años de su vida e imposibilitado ya para exhibirse públicamente, los sentimientos de vergüenza que habían atormentado al Dalí joven volvieron a deprimirlo.[80]

Las autoridades judiciales de Gerona decidieron llevar a cabo una investigación completa paralela sobre «la situación general de Dalí». El sevillano Luis Frontela, catedrático de Medicina Forense, fue el encargado de la tarea. Frontela no terminaría su informe hasta febrero de 1985, concluyendo, como el juez de La Bisbal, que habían causado el incendio una instalación eléctrica deficiente y el excesivo uso de la perilla. Por raro que parezca, no atribuyó culpa alguna a quienes rodeaban a Dalí por no haberse ocupado de renovar el anticuado sistema, o instalar otro diferente. A la vista de las conclusiones de Frontela, el caso se archivó.[81]

Todo indica, sin embargo, que se había actuado con negligencia. Conocido el riesgo de incendio, al menos debería haberse instalado un extintor. Pero no se hizo. En lo tocante a la sustitución del sistema eléctrico, podría haberse instalado fácilmente una variante parecida a una alarma para bebés, por ejemplo, con un micrófono en lugar de un timbre. Pero nada en el expediente de La Bisbal da a entender que a nadie se le ocurriera esa posibilidad.

Dalí permaneció en la Clínica del Pilar hasta el 17 de octubre de

1984, cuando, entre las luces de las cámaras y una muchedumbre de periodistas, Arturo Caminada se lo llevó en el enorme Cadillac azul, rumbo no a Púbol sino a Figueres.

ENTREVISTA EN LA TORRE GALATEA

Poco antes del incendio, Dalí le había dicho a Robert Descharnes que le gustaría pasar la primavera y el otoño en Port Lligat, el invierno en la Torre Galatea y el verano en Púbol.[82] Era natural, por lo tanto, que, al acercarse el invierno, se instalara en la ampliación de su Teatro-Museo, donde, mientras el pintor estaba ingresado en Barcelona, se habían iniciado a toda prisa los preparativos para recibirlo.

La Torre Galatea sería la última morada de Dalí y, pese a sus planes, nunca volvería a pisar Púbol ni Port Lligat. Los cinco años que le quedaban se verían envueltos en un secretismo aún más denso que el de su temporada en el castillo de Gala. De tanto en tanto emitiría un comunicado preparado por sus asistentes, o anunciaría que estaba escribiendo un poema, pero los días de las entrevistas televisivas habían terminado para siempre. Además, su aspecto físico, ya repulsivo, empeoraría cuando los médicos, desesperados porque se negaba a comer, le colocasen una grotesca sonda gastriconasal directamente conectada al estómago y que haría aún más incoherentes sus palabras al secarle la garganta.

La mente daliniana estaba todavía lúcida, sin embargo, y, cercano ya el final de este libro, quizá se me perdonará si añado mi testimonio personal al respecto. Durante varios años había estado intentando en vano conseguir una entrevista con Dalí. Enric Sabater me había permitido estar presente en la rueda de prensa en el Teatro-Museo el 24 de octubre de 1980, pero no pude hablar personalmente con el pintor en dicha ocasión. Unos meses más tarde, cuando telefoneé a Port Lligat con la esperanza de poder conseguir una entrevista, Gala me invitó a visitar a Dalí unas semanas más tarde en el Meurice, cosa que resultó imposible. Luego me di por vencido. Sin embargo, cuando en 1985 se publicó el primer volumen de mi biografía de Lorca, le envié a Dalí un ejemplar, y luego llamé a Antoni Pitxot para preguntarle si lo había recibido. Pitxot estuvo sumamente amable y me manifestó su aprecio por el libro, en el que había tratado la relación entre Dalí y Lorca con una considerable profundidad. Me dijo entonces que intentaría convencer al pintor para que me recibiera.

No supe nada durante meses, hasta que el 15 de enero de 1986 Pitxot me llamó desde la Torre Galatea para decirme que Dalí le había expresado su deseo de verme inmediatamente. «Si no viene usted hoy mismo, puede cambiar de idea», me advirtió. A las seis de la tarde, tras tomar un avión de Madrid a Barcelona y dirigirme a toda prisa hacia Figueres por la autopista en un coche alquilado, el amigo del pintor me llevó por una intrincada sucesión de laberínticas antesalas hasta donde Dalí me esperaba.

En un extremo de la imponente sala, vestido con una túnica de seda blanca que le llegaba hasta los pies, realzada con una cadena de oro, la cabeza cubierta con su famosa *barretina,* estaba el hombre que de niño se había divertido disfrazándose de rey. Fue una imagen impresionante. También fue impresionante irme acercando a la fantasmagórica figura por la que me parecía una interminable alfombra roja.

El aspecto físico de Dalí era verdaderamente espantoso. El hermoso rostro estaba hundido, la boca abierta llena de babas. De la nariz salía un racimo de tubos de plástico. El pintor me agarró con una mano temblorosa. Pitxot se sentó a un lado del trono y yo al otro, tras colocar el magnetófono en la mesa que había cerca.

Mirándome con ojos acuosos, Dalí empezó a hablar muy deprisa en una mezcla casi ininteligible de castellano y catalán que se hacía aún más difícil de seguir por el febril tamborileo de la mano derecha en el brazo de su sillón.

Una vez acostumbrado mi oído a su voz, me di cuenta, con la imprescindible ayuda de Pitxot, de que Dalí me estaba contando cuánto lo había querido Federico García Lorca. El poeta había sentido por él un intenso amor físico, me dijo. Nada de amor platónico. Hubiera querido corresponderle, pero fue incapaz. A cambio, Lorca había hecho el amor en su presencia con la escuálida pero seductora Margarita Manso. Dalí recordó luego la obsesión del poeta por la muerte, y aquellas famosas representaciones de sus momentos finales, entierro y putrefacción en Granada. A Gala apenas la mencionó: se trataba de hablar de Lorca y nada más que de Lorca, por eso me había convocado a la Torre Galatea. Me marché con el convencimiento de que Dalí percibía su amistad con el poeta como una de las experiencias fundamentales de su vida.

También me llevé la impresión de que muy poca gente, tal vez sólo

Antoni Pitxot y Arturo Caminada, podían entender ahora lo que decía Dalí. La cinta que grabé esa tarde es una prueba de que en enero de 1986, dadas las enormes dificultades para articular con claridad y su sempiterna tendencia al monólogo, ya era absolutamente imposible mantener una conversación satisfactoria con el pintor.

Unos días después publiqué la entrevista con Dalí en *El País*.[83] Se la leyeron. El pintor estimó que yo no había reflejado suficientemente la intensidad de su relación con Lorca y dictó una breve carta al diario para subrayar que aquélla, lejos de «una azucarada novela rosa», había sido «en realidad todo lo contrario. Fue un amor erótico y trágico, por el hecho de no poderlo compartir». A continuación el pintor adujo otras «pruebas» de que su amistad con Lorca no había cesado nunca:

> 1. El homenaje más grande que yo le hice en Nueva York, haciendo representar, pintando yo mismo los decorados, *El café de Chinitas*, con un tema musical de Lorca, con asistencia de familiares del poeta y con un éxito sin precedentes.
> 2. Y antes, en pleno surrealismo, cuando Gala se ocupa con su ex esposo, el poeta surrealista Paul Éluard, de la traducción al francés de la *Oda a Salvador Dalí*.[84]

Las revelaciones de Dalí sobre la escena con Margarita Manso ofendieron profundamente a alguna antigua amiga de La Barraca, que escribió airada a *El País* el 31 de enero para protestar contra la «falta de sensibilidad» del diario con «la publicación de determinado acto de lo más vil y bajo, en detrimento de la imagen de Federico García Lorca».[85] Pero ni el acto había sido vil ni su revelación supuso detrimento de la imagen de Lorca. Hoy, de todas maneras, parece que hay más tolerancia hacia comportamientos antes considerados nefandos.

DEMART PRO ARTE BV: PROBLEMAS PARA EL FUTURO

Desde enero de 1981 la Société de la Propriété Artistique et des Dessins et Modèles de París (Spadem) gestionaba los derechos de autor de Dalí. Pero a la vista de los cambios introducidos en la legislación francesa en 1985, y sin duda también porque la Spadem no había demostrado ser muy eficaz en su cometido, los asesores de Dalí, con Robert Descharnes a la cabeza, convencieron ahora al pintor para que cortara sus relaciones con dicho organismo y confiara sus derechos a una nueva empresa creada específicamente con esta finalidad.

Así nació Demart Pro Arte BV, con sede en Amsterdam y Descharnes como administrador general. El 13 de junio de 1986 Dalí y Descharnes firmaron en la Torre Galatea un contrato por el que se otorgaba a Demart el control exclusivo de los derechos del pintor hasta el 11 de mayo del año 2004, centenario de su nacimiento. El documento había sido preparado por Miguel Domenech, que ha declarado que en estos momentos Dalí, él y Pitxot estaban sometidos a «una presión tremenda» por parte de un Descharnes ya hambriento de poder. Según Domenech, trabajó en el contrato lo más lenta y cuidadosamente posible para ganar tiempo y para asegurar que contuviera las suficientes garantías para frenar las ambiciones de Descharnes: validez sujeta a la aprobación de las autoridades españolas competentes, auditoría anual, cláusulas para penalizar cualquier falta de respeto al espíritu del testamento de Dalí, etc.[86]

Considerando las amplias consecuencias que inevitablemente generaría el contrato, que cedía a una empresa extranjera el control absoluto de los derechos de Dalí por dieciocho años, parece inconcebible que no se llamara a un notario para dar fe de que Dalí estaba suficientemente lúcido cuando puso su temblorosa firma al pie del documento.[87] La ley española no exigía la presencia de un notario, es cierto, pero ésta habría conferido la debida seriedad a un acto de innegable relevancia nacional y que podía dar lugar a futuras controversias, como ocurriría efectivamente. En cuanto al affidávit fechado más de un año después, en el que Miguel Domenech y el abogado francés Jacques Sinard certificaban que las firmas de Descharnes y Dalí que constaban en el contrato eran auténticas, no compensaba la ausencia de un notario en el momento de estamparse aquéllas.[88]

El contrato era un documento muy peligroso desde otro punto de vista, dado el manifiesto empeño de Descharnes en ser reconocido como autoridad mundial, si no *la* autoridad mundial, en la obra y la vida de Dalí. Y es que otorgaba a éste, como administrador general de Demart, no sólo el control de la propiedad intelectual de Dalí sino el derecho de imponer duras condiciones a quienes quisieran escribir libros, o hacer una película o programa de televisión, sobre el pintor, condiciones que podían conllevar incluso la activa participación del francés en tales proyectos.

Ni siquiera cuando se encontraba bien había mostrado Dalí mucho interés por la letra menuda de sus contratos. Lo que quería era dinero contante y sonante. Esta vez, además, se trataba de un documento muy complejo, y cuesta creer que, por más que se esforzara por entender las aclaraciones al respecto que presumiblemente le diera Miguel Domenech, pudiera haber entendido todas las futuras implicaciones del mismo. Por otra parte, lo estipulado en el contrato tenía visos de entrar en conflicto con algunas de las atribuciones especificadas en los estatutos de la Fundación Gala-Salvador Dalí, cuya cuarta cláusula rezaba: «La Fundación tiene por objeto promocionar, fomentar, divulgar, prestigiar, proteger y defender en el territorio del Estado español y en el de cualquier otro Estado, la obra artística, cultural e intelectual de Salvador Dalí Domènech, sus bienes y derechos de cualquier naturaleza, su experiencia vital, su pensamiento y sus inquietudes.»[89]

Hay que subrayar que el estado físico del pintor era lamentable en estos momentos. Tanto era así que un mes después, al descubrir los médicos que el corazón de Dalí no bombeaba como debía, decidirían instalarle un marcapasos.[90]

Ni Miguel Domenech ni Antoni Pitxot estuvieron presentes en la Torre Galatea el 13 de junio de 1986, cuando Dalí y Descharnes firmaron sin testigos el contrato de Demart. Diez años después Pitxot daría a entender que Descharnes había organizado deliberadamente así la sesión.[91]

El gobierno socialista, además de mostrarse tolerante con la caótica situación fiscal de Dalí, dio su *nihil obstat* al contrato de Demart una vez que el abogado español de la empresa, José Briones, hubiera pasado a Hacienda, en septiembre de 1986, una lista de los bienes del pintor en España y en el extranjero.[92] En febrero de 1987 Dalí recibió una carta del entonces ministro de Economía y Hacienda, Carlos Solchaga. Empezaba: «Querido Maestro: Tengo el gusto de confirmarle la autorización por la que se regulariza la situación del patrimonio que constituyó en el exterior antes de regresar a España y se autoriza la cesión temporal de derechos de autor en favor de la sociedad holandesa DEMART PRO ARTE B.V».[93] «Resulta difícil entender», comentó al respecto el editor Eduard Fornés, «cómo el Ministerio de Hacienda español autorizó a una sociedad extranjera a gestionar los derechos del pintor, y renunció a un patrimonio que debía ser gestionado por la Fundación.» Muy difícil, en efecto.[94]

El 6 de octubre de 1987 un comunicado de Demart anunciaba que la sociedad era ya operativa. Señalaba que el administrador general de la misma, Robert Descharnes, era «un experto de reputación mundial» en Dalí, amigo desde hacía muchos años del pintor y, además, delegado para relaciones nacionales e internacionales de la Fundación Gala-Salvador Dalí. Parecía, pues, la persona más idónea para el puesto.[95]

Pero no lo veía así todo el mundo. En una carta remitida en 1988 a Jordi Pujol, Jean-Paul Oberthur, antiguo director de Spadem, expresó sus recelos. Si Demart era tan legal, ¿por qué estaba establecida en Amsterdam y no en España, preferentemente en la misma Fundación Gala-Salvador Dalí? ¿Por qué necesitaba una oficina en Ginebra? ¿Para evadir o reducir impuestos? ¿Por qué no había presenciado un notario la firma del contrato por Dalí y Descharnes? Además, ¿no era un hecho que los derechos otorgados a Demart estaban en conflicto con la cláusula cuarta de los estatutos de la Fundación? (que hemos citado arriba). ¿Era realmente creíble que el pintor hubiera podido querer que su propia Fundación perdiera algunos de sus derechos y atribuciones? Dado que la Generalitat estaba representada en el Patronato de la Fundación, ¿por qué no se habían planteado públicamente estas cuestiones? La carta de Oberthur las planteaba con suma cortesía. Pero, por lo que se sabe, nunca recibió contestación de Jordi Pujol.[96]

Reynolds Morse, un competente hombre de negocios, estaba convencido de que Descharnes no lo era.[97] Probablemente tenía razón. Descharnes declararía después que casi todos los ingresos de Demart durante estos años –un millón y medio o dos millones de dólares anuales, según él– se habían utilizado para sufragar los costos legales de la lucha contra los falsificadores de Dalí alrededor del mundo.[98] Ésta era la razón, según Descharnes, por la cual no llegaban todavía a la Fundación Gala-Salvador Dalí los derechos de Dalí para el control de los cuales se había fundado Demart. En una ocasión la Fundación aceptó, en lugar de ellos, una remesa de litografías de Dalí editadas por la sociedad dirigida por el francés. Eran de pésima calidad, como otras series publicadas por Demart. El editor Eduard Fornés expresó su indignación ante las cámaras de televisión, señalando que Demart hasta tenía la caradura de utilizar para dichas litografías una firma de Dalí de 1943, sacada de *Vida secreta*, sin importarle para nada las fechas de las obras reproducidas.[99] «Ésta es una estafa a la gente», exclamó un enfadado Rafael Santos Torroella en el mismo programa, «porque se ponen como obras de Dalí, obras en las que Dalí no ha puesto ni el perfil de una uña, y esto en toda tierra de garbanzos es una falsedad, y quien se encarga de distribuir esta falsedad, no solamente aquí sino en todo el mundo, es una entidad que se llama Demart. Y que, como ya dije en un periódico de Madrid, no comprendo cómo se ha dejado constituir con la anuencia de las autoridades españolas.»[100]

Tras la muerte de Dalí, la mala gestión de Demart Pro Arte BV y el difícil carácter de su administrador general ocasionarían interminables problemas con la Fundación Gala-Salvador Dalí y sucesivos gobiernos españoles. En 1995 el Ministerio de Cultura decretaría que la gestión de los derechos de Dalí pasara a la Fundación. Ante un recurso de Demart, el decreto sería suspendido cautelarmente por la Audiencia Nacional pero ratificado por la misma en marzo de 1997. Y el asunto aún colea.[101]

LA MUERTE

El 27 de noviembre de 1988 Dalí ingresó en el hospital de Figueres, aconsejado por su médico de cabecera, Juan García Sanmiguel. El pintor tenía un poco de gripe, agravada por complicaciones pulmonares y cardiacas, y parecía prudente tenerlo bajo observación. El director del hospital, Carles Ponsatí, dijo que si todo salía bien Dalí podría regresar a la Torre Galatea en una semana.[102]

Pero todo no salió bien, y al día siguiente los médicos decidieron enviar a Dalí a la Clínica Quirón de Barcelona. La ambulancia, equipada para cuidados intensivos, era tan ancha que, llegada a la Ciudad Condal, no pudo aparcar en la puerta de la Quirón. En consecuencia Dalí fue objeto de escrutinio público cuando lo sacaron del vehículo en camilla y lo llevaron por la acera. Los periodistas tenían sus cámaras listas para captar la patética visión. Según un parte médico hecho público a medianoche, Dalí padecía «una insuficiencia cardiorrespiratoria aguda por infección y tromboembolismo pulmonar». Los médicos consideraban que la recuperación del pintor sería, en el mejor de los casos, «muy difícil». Entretanto, Dalí había pedido que le pusieran un televisor. De acuerdo con uno de sus colaboradores, «el muy pillo» quería controlar la información que se daba sobre su salud.[103]

Había mucha información que controlar, desde luego. Los boletines informativos de todas las cadenas de radio y televisión no hacían más que hablar de Dalí; unidades móviles bloqueaban el acceso reservado a las ambulancias; los periódicos ponían al día sus *dossiers* sobre la vida y obra del pintor, y una variopinta muchedumbre de personalidades políticas y otras notabilidades inundaba la clínica. De hecho, eran tantas las visitas que el establecimiento se vio obligado a imponer restricciones. Entre los que se acercaron a la Quirón, por los motivos que fueran, estuvieron Jordi Pujol y el alcalde de Barcelona, Pasqual Maragall (que había esperado en vano durante años que Dalí lo hiciera miembro de su Fundación para poder aclarar de una vez por todas la difícil relación del pintor con la capital catalana). «Sus ojos brillan y miran con gran intensidad y esto quiere decir que tiene ganas de vivir», declaró Antoni Pitxot.[104]

Parecía, en efecto, que Dalí tenía ganas de vivir, y los doctores pudieron comunicar pronto que su condición mejoraba. Al enterarse de que el rey se hallaba por casualidad en Barcelona en estos momentos, decidió, con la terquedad que le caracterizaba, que quería verlo. Acosada por el pintor, la Fundación preparó como pudo dos ejemplares de lujo de cuatro textos dalinianos escritos entre 1985 y 1988, que el enfermo se empeñaba ahora en entregar al monarca: «La alquimia de mi amor» (panegírico a la reina Sofía), «Elegías a Gala», «Oda a la monarquía» y un himno, «Laureada», dedicado a don Juan Carlos y doña Sofía.[105]

El rey accedió a satisfacer los deseos de Dalí. La visita tuvo lugar el 5 de diciembre, con el nuevo ocupante de la habitación 655, trasladado aquella mañana desde la UVI, incorporado en su cama con almohadas para la magna ocasión. Unos minutos antes de la llegada del jefe de Estado, Dalí le pidió a Arturo Caminada que le limpiara el bigote, que estaba algo sucio. Muy emocionado, entregó al monarca dos ejemplares de su libro de poemas y le prometió que pronto volvería a pintar. Así fue, al menos, como Pitxot interpretó los incoherentes balbuceos del artista, que al rey, como mostró claramente el reportaje televisivo, le resultó imposible descifrar. En el curso de la visita, que duró diez minutos, Dalí cogió a don Juan Carlos de la mano. Cuando se marchó, éste dijo que había encontrado al pintor «muy bien, teniendo en cuenta la gravedad de su estado». Tal vez sabía que Dalí vería el reportaje en la televisión, y que había que infundirle ánimos.[106]

Entretanto, en Turín, Giuseppe y Mara Albaretto hacían declaraciones polémicas, acusando a la «troika» de lo que consideraban una «especulación vergonzosa» con las obras de Dalí y señalando que, en contra de la creencia general, Dalí y Gala habían llegado a odiarse en los últimos años de su relación.[107] Giuseppe Albaretto opinó que el gobierno español debía intervenir en seguida para proteger a Dalí de sus tres «ángeles custodios», que a su juicio impedían que los verdaderos amigos del pintor pudieran llegar hasta él.[108]

La mejoría de Dalí parecía continuar. «Ya no mira la televisión ni escucha la radio», comentó el alcalde de Figueres, Marià Lorca. «Esto significa que empieza a sentirse mucho mejor.»[109] Dalí sí oía música, sobre todo una grabación de dos obras de Toselli, la *Serenata* y *Les Millions d'Arlequin*, interpretadas por la orquesta de Maxim's: «Poned el Maxim's», ordenaba a los que le rodeaban. También pedía «La mer», de Charles Trenet, y cuplés y tangos, entre éstos los de un trío que le gustaba mucho: Irusta, Fugazot y Demare. Al escuchar estas obras y canciones, que le evocaban los tiempos felices, a veces lloraba.[110]

El 14 de diciembre Dalí fue dado de alta en la clínica Quirón y se le permitió volver a la Torre Galatea. Pero casi de inmediato hubo un nuevo susto cuando, el 22 de diciembre, ingresó en el hospital de Figueres con «una ligera hemorragia gástrica». Fue sólo una fugaz recaída, sin embargo, y el día de Navidad estaba otra vez en casa.[111]

Tres semanas después, a primera hora de la mañana del miércoles 18 de enero de 1989, tuvo que volver al hospital de Figueres con una seria insuficiencia cardiaca complicada por una neumonía.[112] Todo este día y el siguiente su estado pareció mantenerse estable. Según Robert Descharnes, entrevistado por la radio la noche del 19 de enero, Dalí estaba totalmente lúcido y había pedido que le pusieran la grabación de Maxim's. Marià Lorca regresó a toda prisa del extranjero. Tras visitar al pintor, dijo pesimista: «Nunca lo he visto tan mal.»[113]

Arturo Caminada, convencido de que esta vez Dalí se moría, llamó por la noche a Joaquim y Dolors Xicot a Púbol: había que iniciar los preparativos para el entierro del Maestro en la cripta. Los Xicot y el alcalde Artigas contrataron enseguida a un técnico de La Bisbal para que encendiera la calefacción (que desde hacía años no se utilizaba), y Artigas reunió una cuadrilla para limpiar los alrededores del castillo. Había llegado el momento que Púbol esperaba. No había tiempo que perder.[114]

El 20 de enero, el cura párroco de Sant Pere de Figueres, Narcís Costabella, administró la extremaunción al pintor. «Dalí se sintió muy confortado al recibir los sacramentos», dijo; «así lo hacía notar con su mirada.»[115]

Mientras la vida del pintor se apagaba poco a poco y la redacción del semanario *Empordà* de Figueres se transformaba en cuartel general de la prensa nacional e internacional, dos mujeres clave en la vida de Dalí intentaron en vano llegar hasta su lecho de muerte: su novia de la adolescencia, Carme Roget, y su prima Montserrat. «Nunca sabré si no quiso verme o si no me dejaron verlo», diría después ésta. En cuanto a Anna Maria, un fémur fracturado le impidió salir de Cadaqués. Tal vez fue una suerte, pues sabía que a ella también le habrían impedido el acceso.[116]

El mediodía del sábado 21 de enero, con la muerte de Dalí ya inminente, el alcalde de Figueres, Marià Lorca, convocó una rueda de prensa. Junto a él estaban Robert Descharnes, Miguel Domenech y Francesc Calvet, concejal de Cultura de Figueres. Lorca hizo una revelación sensacional. El primero de diciembre, dijo, Dalí lo había llamado a su lado en la clínica Quirón y, tras ordenar a todos los presentes que los dejaran a solas, le había dicho que quería que lo enterraran bajo la cúpula del Teatro-Museo, y no al lado de Gala en Púbol. Dalí le había encargado que no diera a conocer su última voluntad a nadie. Pero, al salir de la habitación, Lorca había desobedecido al artista por primera vez en su vida y se la había comunicado a Pitxot y a Domenech, que esperaban fuera. «No se lo dije a Descharnes porque estaba en París», añadió Lorca. Pero es de suponer que telefonearía enseguida al secretario de Dalí para ponerlo al tanto de la noticia. Lorca declaró que también había informado entonces al presidente de la Generalitat, Jordi Pujol.[117]

El último deseo de Dalí, manifestó Lorca, iba a ser respetado, y ya se habían puesto en marcha los preparativos para el entierro en el Teatro-Museo. Descharnes, Domenech y el concejal de Cultura asintieron con la cabeza, pero no dijeron nada.[118]

Lorca añadió a continuación que, desde el momento en que abandonó Dalí la clínica Quirón, había esperado poder convencerlo para que expresara por escrito su deseo de ser enterrado en el Teatro-Museo, pero que nunca se había presentado el momento propicio.[119]

Alguien brillaba por su ausencia en la rueda de prensa. Antoni Pitxot, explicó Lorca, «no ha podido asistir porque ha tenido que salir, pero está totalmente de acuerdo con nosotros».[120]

Robert Descharnes declaró a *El País* que hasta hacía muy poco había oído al pintor repetir que su deseo era que lo enterraran en Púbol, junto a Gala y «con la cara tapada», deseo especificado incluso en un documento firmado ante notario. Con todo, tratándose de Dalí, un cambio de última hora no era nada extraño. Además era un hecho que el pintor se sentía totalmente identificado con su Teatro-Museo.[121]

La petición de Dalí de que le taparan la cara cuando muriera tiene un interés excepcional. Al mayor exhibicionista del mundo le avergonzaba tanto su aspecto físico en los años de su decadencia que se negaba a mirarse en el espejo y no quería que ninguno de sus viejos amigos lo viera. Ahora trascendía que había tomado disposiciones legales para que, al morirse, lo enterraran con la cara tapada. Ello nos recuerda a John Randolph, el ex aviador republicano de *Rostros ocultos,* que ocultaba con una máscara el horror de su rostro desfigurado.

Tres años más tarde Robert Descharnes cambiaría convenientemente su versión de los hechos, escribiendo que no había quedado nada satisfecho con la decisión de enterrar a Dalí en Figueres. No solamente Dalí le había dicho «infinidad de veces» que quería descansar en Púbol junto a su musa, sino que había llegado a planear un complicado mausoleo para ambos en la cripta, inspirado en la Tumba de los Carmelitas de la Catedral de Nantes. Era precisamente a la vista de tal insistencia, remachaba ahora Descharnes, que él y Arturo Caminada habían convencido a Dalí en los últimos años de su vida para que dictara un documento pidiendo explícitamente que lo enterraran junto a Gala. En consecuencia, Descharnes no creía que Dalí hubiera cambiado de idea. «La ciudad de Figueres, consumida por la impaciencia, quería aferrarse a su genio», sentenció. En otras palabras, Figueres había robado el cadáver contra la voluntad del propio Dalí. Pero si Descharnes transmitió su insatisfacción a Lorca, Pitxot y Domenech en las semanas anteriores a la muerte de Dalí, nunca llegó a oídos de la prensa. Tampoco parece que la expresara públicamente inmediatamente después del fallecimiento del artista.[122]

Antes de la muerte de Gala el pintor había exigido de Pitxot la promesa de no enterrarlo en el cementerio de Sant Baldiri, entre Cadaqués y Port Lligat, donde descansaba su padre, sino en el de Figueres.[123] Luego, fallecida Gala, le había dicho algunas veces que quería reposar junto a ella en Púbol.[124] Pese a ello la postrera determinación del pintor no parecía sorprender excesivamente a Pitxot. «Me parece maravilloso esta última voluntad de ser enterrado en Figueres bajo la cúpula», declaró a la prensa. «Y cuando más lo pienso, más tengo la sensación de que con esta decisión Dalí nos manifiesta un deseo y nos señala claramente que quiere estar en el centro de lo que tanto ha amado, su museo de Figueres. Yo sé mejor que nadie lo mucho que ha querido este museo. Descansar aquí es estar no sólo junto a su obra, sino estar en su intimidad.»[125] En 1995 Pitxot confirmaría que estaba en una habitación próxima de la Quirón cuando Marià Lorca había aparecido con la noticia de que Dalí quería que lo enterrasen en su Teatro-Museo. «Le preguntamos a Dalí si quería ratificar su decisión ante notario», recordaba, «pero dijo que no, que bastaba con haber informado al alcalde.»[126] Teniendo en cuenta que Dalí hablaba de manera tan incoherente que ni siquiera Caminada podía ya entender lo que decía, habría sido prudente que Pitxot y Lorca repitiesen ante un notario lo que les acababa de decir Dalí, o lo que creían que acababa de decirles. Al no hacerlo abonaron el terreno para especulaciones que continúan en el presente.

Dalí, reveló con cautela Marià Lorca posteriormente, le había dicho en la misma ocasión que quería hacer algunos cambios en su testamento. ¿Cuáles? El ex alcalde se negaba a revelarlos. Y sigue haciéndolo. ¿Quería Dalí modificar la cláusula en la que legaba todos sus bienes al Estado español, sin referencia explícita a Cataluña? Quizás. El notario José Gómez de la Serna, que conocía bien a Dalí y había presenciado la firma de dos de sus testamentos anteriores, fue puesto en estado de alerta permanente en caso de que el pintor decidiera verlo. Pero parece que el artista nunca pidió que lo llamasen.[127]

La persona más afectada por el cambio del entierro de Dalí fue, sin duda alguna, Arturo Caminada, que se sentía brutalmente traicionado por Lorca, Pitxot, Descharnes y Domenech. Más tarde Caminada sostendría que las autoridades de Figueres habían frustrado deliberadamente el más profundo deseo del Maestro: estar al lado de Gala. Caminada estaba convencido de que, si Dalí realmente hubiera cambiado de opinión, él, y no la «troika», habría sido el primero en saberlo. ¿Se podía dudar que la razón por la cual no le habían informado de todo ello era que sabían que habría protestado públicamente enseguida, e incluso, si hacía falta, se habría enfrentado con el propio Dalí?[128]

Los vecinos de Púbol se enteraron por la radio de lo ocurrido. El alcalde Artigas no recibió ninguna comunicación oficial al respecto, y nadie en el pueblo estaba dispuesto a creer que, de haber cambiado de idea Dalí, habría confiado en el alcalde de Figueres. Artigas recurrió a imágenes futbolísticas para expresar su profunda decepción: había habido una «mala jugada» por parte de Lorca, y a Púbol le habían «metido un gol». «Una vez más», siguió el edil, «se demuestra que el pez grande se come al chico.»[129] «El señor Dalí se lo habría dicho primero a Arturo, o al señor Pitxot», insistió Dolors Xicot. Ella y su marido Joaquim siguen hoy tan convencidos como siempre de que Figueres, en la persona del alcalde, le robó a Púbol el cadáver del artista.[130]

El anuncio de los planes para enterrar a Dalí bajo su cúpula del Teatro-Museo hizo correr ríos de tinta: Dalí, el actor nato, el gran exhibicionista, iba a seguir estando, muerto, el candelero. Cuando el Teatro-Museo se inauguró, había proclamado a los cuatro vientos con su habitual grandilocuencia: «Quiero que sea el centro espiritual de Europa. Desde hoy el centro espiritual de Europa está en el centro perpendicular de la cúpula del museo.» Ahora que por lo visto había escogido descansar eternamente en el corazón del «centro espiritual de Europa», todo parecía encajar perfectamente. Se trataba de la mayor propaganda imaginable para el Teatro-Museo.[131]

Figueres era ya un hervidero de rumores y de polémicas. ¿Por qué la «troika» no había insistido para que el pintor ratificara ante notario su deseo de ser enterrado en el Teatro-Museo? ¿No habría tenido Dalí, pese a lo dicho por Lorca, suficientes momentos de lucidez para hacerlo? ¿No era más probable que el alcalde, sopesando los beneficios económicos que obtendría Figueres, le había sugerido que tal vez preferiría descansar en el Teatro-Museo, interpretando su incoherente respuesta, o hasta un simple gesto, como una señal de consentimiento?

Entre los allegados y los amigos más íntimos de Dalí las opiniones se dividieron al cincuenta por ciento. Gonzalo Serraclara seguiría creyendo hasta la muerte que era imposible que Dalí hubiera ordenado que no lo enterrasen junto a Gala. Peter Moore ha sido más directo (y más ocurrente): «Dalí no cambió de idea, le cambiaron las ideas, pues él ya no tenía ideas cuando cambió de idea.»[132] Otros amigos estaban convencidos de que a lo largo de los años, y especialmente durante los cinco pasados en la Torre Galatea, el museo, donde había tenido además su primera exposición años atrás, se había vuelto para Dalí mucho más importante que Púbol y su cripta: el cambio, por tanto, era consecuente con su deseo de identificarse plenamente, al final, con su ciudad natal. También sospechaban que la tensa relación de Dalí con Gala en los últimos años había tenido algo que ver. Rafael Santos Torroella, por ejemplo, dijo: «Dalí inventó el mito de Gala. Tal vez no la quería; ella era su protección contra su padre. Sus relaciones fueron siempre tempestuosas. Dijo que quería que lo enterrasen en Púbol con la cara cubierta, pero el cambio que ordenó en el último momento es daliniano.»[133] Hablando con otro periodista, el mismo crítico recordó que Dalí se había llamado a sí mismo «rey de los cornudos». Era lógico, por consiguiente, que quisiera estar enterrado en su museo, pues Gala había reservado el castillo en exclusiva para sus actividades eróticas con otros.[134] «Con su pasión por los reyes-dioses, por el mundo de los faraones, era normal que quisiera ser enterrado, como ellos, con sus juguetes y viajar con ellos por la eternidad», comentó otro allegado.[135] «Él y Gala no pararon de pelearse los últimos años», observaría por su parte Nanita Kalaschnikoff en 1995, «y Púbol no significaba nada para él, sólo era un lugar para Gala y sus amiguitos. Dalí siempre estuvo obsesionado con su infancia, con Figueres y Cadaqués. Por encima de todo amaba su museo, y estoy convencida de que quería que lo enterrasen allí. Era su centro, su sueño, y sabía que si lo enterraban allí, vendrían más visitantes y que la gente pensaría siempre en él.»[136] Reynolds Morse también opinaba que, tras las continuas peleas de los últimos años con Gala, era natural que Dalí hubiera optado finalmente por su Teatro-Museo. Entre tantas opiniones encontradas, ¿cómo saber qué quería realmente Dalí? ¿Lo sabía él mismo?[137]

Mientras arreciaba la polémica sobre el lugar de su eterno reposo, Dalí murió a las diez y cuarto de la mañana del lunes 23 de enero de 1989 en presencia de Miguel Domenech, Marià Lorca y Arturo Caminada. Hasta el último momento había seguido repitiendo, con un hilillo de voz, «quiero irme a casa», y escuchando su música favorita. En la mesita de noche tenía *What is Life?*, del físico Erwin Schrodinger, y su gastado ejemplar de *Impresiones de África,* de Raymond Roussel, uno de sus libros favoritos desde los años veinte.[138] Según el parte médico oficial, la muerte se debió a «una insuficiencia cardiaca, asociada a una neumonía, evolucionando de forma irreversible a una insuficiencia respiratoria severa con paro cardiorrespiratorio».[139]

Unos días antes Caminada había predicho con exactitud la fecha de la muerte del Maestro. «Dalí morirá el lunes que viene», auguró, «porque es el día en que la luna comienza a menguar.»[140] Arturo había llegado al hospital a las ocho de la mañana. «Le he cogido la mano, una mano muy caliente, y él me ha mirado con esos ojos tan tremendamente bonitos que tenía. Luego los ha cerrado. Seguíamos cogidos de la mano. Un calor muy extraño ha invadido su cuerpo y sus ojos han vuelto a abrirse, pero ya no para mirarme a mí sino a la muerte.» «Él y Gala eran mi familia», añadió Caminada con profunda tristeza; «ahora necesito descansar.»[141]

El cadáver del pintor fue trasladado casi enseguida a la Torre Galatea. Durante la noche, mientras seguían febrilmente los preparativos para el entierro, Dalí fue embalsamado, como Gala seis años antes. El médico encargado de la tarea, Narcís Bardalet –médico forense que había conocido a Dalí por vez primera cuando el incendio de Púbol–, creyendo que el pintor había padecido de arteriosclerosis, estimó que las arterias no resistirían la presión de los más de siete litros de formalina que necesitaba inyectarle. Para sorpresa suya descubrió que estaban en excelente estado. ¿Y qué hacer con el marcapasos? Se decidió que, dado el interés que Dalí había mostrado siempre por los adelantos de la ciencia y de la tecnología, lo correcto era permitir que siguiera en su sitio el aparato que había hecho funcionar mejor el corazón del genio... y que incluso lo seguía haciendo funcionar media hora después de muerto.[142]

EL ENTIERRO

Dalí fue amortajado con una simple túnica de seda beige en la que unas monjas de Figueres habían bordado una corona de oro (alusión al título concedido por el Rey) y una «D». Miguel Domenech explicó que en sí la túnica no tenía ningún significado especial, pues Dalí había llevado prendas similares cuando vivía.[143]

La muerte de Dalí ocupaba ahora, naturalmente, las primeras planas de la prensa internacional. Figueres estaba abarrotada de periodistas, y las autoridades españolas recibían mensajes de condolencia desde todos los rincones del globo.

La capilla ardiente se instaló en una de las salas de la Torre Galatea, y abrió al público a las ocho de la mañana del 25 de enero. A los periodistas se les permitió la entrada dos horas antes. Detrás del ataúd abierto colgaba una cortina malva con la cruz procesional de la ciudad de Figueres. El doctor Narcís Bardalet estaba satisfecho con su trabajo de embalsador, declarando que había intentado que el pintor pareciera dormido, y que, con suerte, la momia se conservaría como mínimo du-

rante doscientos años. Dalí ofrecía un aspecto estupendo, ciertamente, aunque algo pálido. Su rostro, de expresión serena, no tenía apenas 108
arrugas, y las puntas del cuidadosamente recortado bigote se orientaban confiadamente hacia arriba. El cadáver tenía las manos cruzadas sobre el abdomen. La derecha no se veía y sólo tres dedos de la izquierda salían de la blanca mortaja. Las uñas estaban sucias. Arturo Caminada encontró que Dalí estaba «muy bonito», pero insistió en que al Maestro no le habría gustado que lo expusieran al público. Dalí, dijo Caminada, había dicho que no quería fotógrafos ni flores, y que quería tener la cara cubierta. Nada de eso se había respetado. Al día siguiente los periódicos informaron de que unos quince mil ciudadanos habían desfilado por la sala para dar el último adiós, y el último vistazo, al más extravagante y famoso hijo de Figueres.[144]

Entretanto, se producían disensiones en el seno de la Fundación. Se había acordado que no se permitiría sacar fotografías del cadáver antes de que estuviera embalsamado, pero ahora se rumoreaba que Robert Descharnes, saltándose tal decisión a la torera, había hecho una que estaba a punto de vender en exclusiva a *Paris-Match*. Descharnes se negó a decirle a un periodista si el rumor era cierto o no, contestándole con un críptico «¿Por qué no podría tomar una fotografía de un amigo y guardarla?»[145] Ante otro rechazó de plano haberlo hecho. Durante esas horas, según la prensa, la impertinencia y las injerencias de Descharnes enfurecieron a muchas personas. El último secretario de Dalí se comportaba como si fuera la única persona con autoridad para tomar decisiones en nombre del fallecido artista. El hecho de ser francés empeoraba las cosas, y flotaba en el ambiente cierto rencor chovinista, sobre todo en relación con los derechos de Dalí y el hecho de que los detentara un extranjero. Prevalecía el sentimiento de que los herederos de Dalí –aún se creía que eran por igual las administraciones central y catalana– anularían, por incumplimiento, el contrato de Demart, y Miguel Domenech, que lo había preparado y sabía lo que decía, declaró a *La Vanguardia:* «Los herederos podrán ceder los derechos a la Fundación o buscar otras fórmulas, entre las que cabe la resolución del contrato si consideran que no ha sido lo bueno que se esperaba.»[146]

La improvisada capilla ardiente cerró a las tres de la tarde del 26 de enero. Arturo Caminada miró a Dalí por última vez y, llorando, le cubrió la cara con una tela de encaje.[147] A continuación se cerró la tapa del ataúd. A las 16.35 salió de la Torre Galatea el cortejo fúnebre, encabecabezado por Jorge Semprún, ministro de Cultura, Jordi Pujol y otras personalidades políticas de menor rango. Llovía, y en la plaza no cabía un alfiler. Por todas partes había periodistas y cámaras de televisión. Detrás del ataúd, llevado a hombros por cuatro funcionarios del Teatro-Museo vestidos con el llamativo uniforme diseñado por el artista, iba la minúscula y frágil Montserrat Dalí, envuelta en un voluminoso abrigo de pieles. No había que andar mucho, sólo cruzar la plaza a la iglesia de Sant Pere, donde ochenta y cuatro años antes se había bautizado a Dalí.

Bien por un torpe olvido, bien a propósito, los familiares por el lado Domènech no habían sido invitados al entierro, y cuando llegaron a la iglesia se les quiso impedir la entrada. Se produjo una escena bochornosa, tras la cual les permitieron pasar. Felipe Domènech Vilanova, primo de Dalí, se quejó amargamente de lo ocurrido en una carta a *La Vanguardia,* y todavía hoy la sangre de la familia hierve cuando recuerdan el desaire de aquella tarde en Figueres, o cómo, durante años, vieron frustrados sus intentos por visitar a Dalí.[148]

El servicio fúnebre fue oficiado, en catalán, por el párroco Narcís Costabella, que unos días antes le había administrado a Dalí la extremaunción (antes de finalizar el acto, añadiría algunas palabras en castellano y en francés). Si alguien esperaba asistir a un acto surrealista, estaba muy equivocado: resultó abrumadoramente serio, y el breve sermón no tuvo ni la menor chispa de ironía. Costabella, a decir verdad, no estuvo a la altura del acontecimiento, limitándose a glosar superficialmente la contribución de «nuestro hermano Salvador» al mundo del arte. Las únicas personas de la primera fila que dieron alguna muestra de emoción fueron Jordi Pujol y Antoni Pitxot. Ocultos entre la multitud detrás de las personalidades, sin embargo, y apenas escudriñados por las cámaras de televisión, había algunos amigos íntimos de Dalí para quienes al acto fue muy emotivo. Nanita Kalaschnikoff, que había llegado desde Marbella, estaba acompañada por Miette, una amiga francesa de Dalí, y Carlos Lozano. Éste se quedó horrorizado ante la presencia de tantos «hombres grises» que nunca habían conocido a Dalí pero que, pese a ello, estaban allí. Reynolds y Eleanor Morse, con los ojos humedecidos, consideraban que habían sido tratados con una total falta de respeto por parte de los más íntimos colaboradores de Dalí. Peter y Kathy Moore también asistieron, así como los Albaretto y Michael Stout. En cuanto a las ausencias, la de Enric Sabater se comentó mucho (al parecer Stout dijo que era demasiado cobarde para comparecer, lo cual era muy injusto).[149] Tampoco acudió Amanda Lear. En cuanto a Pierre Argillet, furioso por la negativa de Robert Descharnes a recibirlo unas horas antes, había regresado a toda prisa a su castillo de las afueras de París, donde organizaría, la noche de San Juan, una sorprendente *stravaganza* surrealista para celebrar la vida y la obra de Dalí. Pero la ausencia más notable fue la de Anna Maria, que se había quedado en casa aduciendo que su fémur fracturado le impedía asistir. Declaró que ofrecería una misa en Cadaqués en memoria de su hermano, a la que sólo invitaría a los verdaderos amigos de Salvador.

Se respetó el deseo del artista de que no hubiera flores en el entierro. En el vídeo del funeral, sin embargo, puede apreciarse que, una vez sellada la tumba, alguien había colocado un ramillete de manzanilla sobre la lápida. La planta se cría abundantemente en Port Lligat.[150]

Unos días más tarde, en declaraciones a *La Vanguardia*, Enric Sabater explicó que, si no había asistido al funeral, en absoluto era por cobardía, sino por respeto a Dalí. Al pintor no le habría gustado nada la aparatosa ceremonia organizada por la Fundación, dijo, y Arturo Caminada era el único que había respetado el deseo del Maestro de que no lo exhibiesen muerto. Sabater declaró que asistiría a la misa encomendada por Anna Maria en Cadaqués, «porque considero que es lo que al señor Dalí le habría gustado más, pues allí estará la familia y sus amigos, sin gentes que quieran figurar ante la prensa».[151]

Sabater cumplió su palabra y el 30 de enero estuvo presente en el funeral de Cadaqués. Declaró entonces que pensaba escribir un libro sobre sus relaciones con Dalí, que molestaría a no pocas personas. Luego se volatilizó. Pasarían seis años antes de que se volviera a saber algo de él. Y el libro, si lo llegó a escribir, aún sigue sin publicar.[152]

Unos días después, Reynolds Morse escribió a los Albaretto, a quienes, por una serie de circunstancias, no había podido saludar en Figueres durante los funerales. A los Morse les había molestado ver allí a tantos magnates que, sin sentir el menor cariño por el pintor, no hacían más que hablar de sus negocios. Sobre todo, a Morse le preocupaba Robert Descharnes:

> La AUTÉNTICA guerra civil daliniana va a empezar ahora. No hay un líder fuerte, y no hace falta que diga que mi diario retrata al pobre Robert como uno de los hombres más ineptos del mundo. No es en abso-

> luto un hombre de negocios. Será interesante ver cómo explican lo de los alrededor de doce millones de dólares de Dalí. La «troika» son como tres ladrones cada uno con una pistola apuntando a la cabeza del otro a ver quién dispara primero. Mi opinión es que Descharnes estaba envidioso de todo el mundo. Se sentía pobre y que todos los demás alrededor de Dalí tenían dinero, y que a él se le utilizaba. De modo que tuvo su oportunidad cuando por desgracia no había nadie más para encargarse de cuidar a Dalí y la cogió. Pero ¡joder!, por un salario de 350.000 dólares por año de Demart.[153]

Ya antes de que Dalí muriera había más interés por el contenido de su testamento que por los partes médicos sobre su estado de salud. La ley española prescribe que han de pasar quince días antes de proceder a la lectura de los testamentos, pero dos populares semanarios, *Cambio 16* e *Interviú*, lograron acceder previamente al documento (nunca se ha explicado cómo). «DALÍ DESHEREDA A CATALUÑA», proclamaba la portada de *Cambio 16* el lunes 30 de enero. Dentro se revelaban los términos exactos del testamento.[154]

La reacción inmediata en Barcelona y Figueres fue de orgullo herido y rabia mientras en Madrid hubo enorme satisfacción: la capital estaba a punto de recibir una excelente colección de importantes Dalís (hasta entonces sólo tenía cuatro obras), y sin la necesidad de desembolsar una peseta. La noticia no podía ser mejor. ¡Albricias! En Cataluña la crispación llegó pronto a niveles peligrosos. Max Cahner, responsable de Cultura, calificó al gobierno central de «fuerza de ocupación» que había robado a Cataluña una propiedad legítima. Y el siempre diplomático Jordi Pujol se permitió declarar: «Sabemos que nos han engañado, pero no sabemos quién.»[155]

Los catalanes son buenos negociadores y entienden de soluciones de compromiso. Cuando se anunció con carácter oficial el contenido del testamento, iniciaron una investigación independiente para ver qué podía hacerse.[156] Jorge Semprún, por su parte, hizo todo lo posible por ser conciliador. Con todo, la transacción final favoreció inevitablemente a Madrid, que se llevó la parte del león de las mejores obras, entre ellas *El gran masturbador*.

Los catalanes nunca se dejarían convencer de que el último testamento de Dalí no había sido una treta de Madrid para desheredarlos. Cinco años después, Jordi Pujol ya creía saber quién había «engañado» a los catalanes, implicando a Miguel Domenech y al gobierno de la UCD liderado por su cuñado Leopoldo Calvo Sotelo. Según Pujol, en los siete años anteriores a la muerte de Dalí, Domenech jamás le había sugerido ni por asomo que se había modificado el testamento de 1980, que, como todo el mundo sabía, dividía el legado a partes iguales entre Madrid y Cataluña.[157]

En medio de todo el barullo, pocas personas se pararon a considerar que, a la vista de las generosas donaciones hechas por el pintor, antes de su muerte, al pueblo de Figueres y a la nueva Fundación Gala-Salvador Dalí, Cataluña ya había recibido una considerable herencia anticipada, con lo cual se disminuía lo que quedaba para el resto del Estado.

Si el último testamento de Dalí no mencionaba específicamente a Cataluña, tampoco favoreció a la gente que más cerca había estado del pintor, ni a quienes le habían servido mejor ni a los que le habían sido especialmente simpáticos. Arturo Caminada encajaba mejor que nadie en todas estas categorías, y no recibió una sola peseta, pese al cruel rumor, difundido por la prensa, según el cual el artista se había encargado de velar por él.[158] Años antes Peter Moore le había regalado a Caminada un coche modesto, pensando que era injusto que el sirviente más fiel de Dalí tuviera todavía que ir a Port Lligat en bicicleta desde Cadaqués. «¿Para qué le regalas un coche si yo voy a hacerlo rico?», le habría dicho Dalí, añadiendo que se ocuparía de él en su testamento.[159]

Arturo no podía creerse que, tras casi cuarenta años de esforzado servicio, Dalí lo hubiera olvidado. Emilio Puignau lo acompañó, por ello, a La Bisbal, donde el notario Foncillas Casaus les enseñó el testamento, que escudriñaron cláusula por cláusula. No había duda alguna: nada. Al volver al coche, Caminada le dijo a Puignau, destrozado: «El señor Dalí nunca quiso a nadie.» Para paliar algo la situación, la Fundación Gala-Salvador Dalí lo contrató para que cuidara la casa de Port Lligat, pero de poco le sirvió. Arturo Caminada Batlle se moría apenas dos años después, el 14 de diciembre de 1990, a la temprana edad de cincuenta y siete años. Durante esos dos últimos años había mantenido su dignidad, negándose a recibir a los periodistas, precisamente él, que conocía más secretos que nadie de la vida doméstica de los Dalí y que los habría podido vender muy ventajosamente al mejor postor. Caminada está enterrado en el cementerio de Cadaqués, y la gente del lugar atribuye su muerte al dolor que le ocasionó el testamento del Maestro.[160]

También Anna Maria debió de sentirse dolida cuando supo que su hermano no había hecho ningún gesto final de reconciliación. En Figueres todo el mundo pensaba que Anna Maria impugnaría el testamento (como había hecho Cécile Éluard con el de Gala), pero nunca lo hizo. Tras la misa celebrada en Cadaqués, se retiró a su casa de Es Llané y murió un año después. Había esperado hasta el último momento para confesarle al doctor Vergara que tenía un cáncer de mama. «¿Pero qué has hecho, Anna Maria?», le dijo Vergara, horrorizado. «Tras la operación», recuerda, «se negó a comer, igual que Salvador, y se dejó morir poquito a poco. Los dos murieron de lo que yo llamo "el síndrome Dalí". Los Dalí eran un poco paranoides. El miedo latía hondo dentro de ellos. Y, de repente, sin más, se daban por vencidos. Así eran ellos.»[161]

EPÍLOGO

Las dos terceras partes de este libro se dedican a los primeros treinta y seis años de la vida de Salvador Dalí. Tal estructura no se escogió de antemano, sino que se fue imponiendo imperiosamente a medida que avanzaba mi investigación. La obra de Dalí, después de que él y Gala se desplazaran a Estados Unidos en 1940, se hizo cada vez más banal y repetitiva, o así me fue pareciendo. Trazar su decadencia paso a paso habría sido extremadamente aburrido no sólo para mí sino para el lector o lectora. Había que contarla, desde luego, pero la necesidad de comprimir se hizo inapelable. ¿Los biógrafos futuros cambiarán este énfasis y encontrarán valores que a mí se me escapan en la producción daliniana de las últimas décadas? Lo dudo, aunque, desde luego, puede que me equivoque.

A Dalí le gustaba verse a sí mismo, o por lo menos que le viesen, como genio completo, multiforme. «Espiritualmente soy el mayor genio de nuestra época, el auténtico genio de los tiempos modernos», nos informa en la introducción de *Diario de un genio* (1964). Cuatro años después, hablando con Louis Pauwels, parece que se definió como «un hombre que tiene una visión del mundo y una cosmogonía y a quien habita un genio capaz de vislumbrar la estructura total de las cosas». Dalí no solía alardear, sin embargo, de ser un pintor genial. En 1979 dijo en Televisión Española: «Soy muy mal pintor porque soy demasiado inteligente. Para ser buen pintor hay que ser un poco tonto.» Luego añadió que valía mucho más como escritor.

Dalí no fue un genio total. Su muy cacareado conocimiento de los avances científicos era, como él mismo admitió en más de una ocasión, tenue (sus teorías acerca de la estación de Perpiñán y la separación de los continentes, si divertidas en su momento, ahora parecen ridículas). Su misticismo, «nuclear» u otro, era poco más que un engaño. Su obra literaria es a menudo enmarañada y confusa, incluso después de que la corrigieran Gala, André Breton y Haakon Chevalier, aunque indudablemente tenía talento como escritor. Dalí poseía sentido del humor, eso sí; era un buen *raconteur* y sabía contar chistes. Pero repetía las mismas anécdotas hasta la saciedad, en la radio, en la televisión, en revistas, en cenas. Varios testigos han consignado que tendía a rodearse de gente intelectualmente mediocre. Era cierto. Escogía a comensales que no le pudieran hacer la competencia. Su función era ser físicamente deslumbrantes... y dejarse deslumbrar por Dalí. Y, por supuesto, nunca cuestionar al hombre que se escondía tras la máscara. Ningún intelectual de verdad habría podido aguantar por mucho tiempo las payasadas dalinianas, su egocentrismo. Y Ramón Guardiola no tenía por qué sorprenderse de que muy pocos artistas y escritores de primera fila quisieran asistir a la inauguración del Teatro-Museo de Figueres.

Detrás de la máscara daliniana, a mi juicio, había un rostro avergonzado. Un ser humano para quien el sentimiento de la vergüenza era un problema acuciante. Tal vez no haya razonado con suficiente pericia, o con suficiente profundidad, mi tesis al respecto. La vergüenza es, probablemente, la emoción humana menos conocida de todas, puesto que se oculta hasta de sí misma (la «doble vergüenza» de Helen Merrell Lynd). Una persona que la padece en su vertiente auténticamente ereutofóbica no puede nunca admitirlo cara a cara ante los demás. La vergüenza, como explica Lynd, es «incomunicable» en tal situación. Pero sí se puede comunicar, distanciada, en la expresión literaria o artística. Es lo que, a mi juicio, logra hacer Dalí.

Que la vergüenza sea un componente fundamental del carácter de Dalí se ve en la *Vida secreta* con tal vez más claridad de lo que él mismo deseara, y hay otras indicaciones en *Rostros ocultos,* con su título tan significativo. Pero es en los cuadros y los dibujos donde se expresa con más insistencia, a partir de *El juego lúgubre.* Allí, en numerosísimas obras, Dalí nos muestra la vergüenza a la luz del día, donde la podemos escrutar y medir. Creo que ningún pintor en la historia del arte ha hecho esto, y puede ser que, al exponernos con tanta maestría tales manifestaciones e invitarnos a contemplar sus fuentes y sus agonías, Dalí ha hecho su más importante contribución a la civilización.

El pintor mantuvo su máscara a lo largo de su vida –o casi–, y al hacerlo se mostró con frecuencia brutalmente indiferente a las demandas de la decencia, de la honradez y de la confianza. Su pose implicaba estar siempre dispuesto a tergiversar la verdad cuando hiciera falta, y a veces hasta traicionar a los que se creían sus amigos. Implicaba minimizar su deuda para con Breton y el surrealismo, negar que hubiera contribuido al contenido anticlerical de *La edad de oro*, o dárselas de místico católico. Implicaba prostituir su talento en aras de la rápida ganancia. Y participar en el fraude de muchas decenas de miles de hojas litográficas firmadas en blanco.

«El señor Dalí no quería a nadie», comentó Arturo Caminada al darse cuenta de que, después de una vida sirviéndole con inquebrantable lealtad, el Maestro no le había dejado una peseta en su testamento. Una persona que no quiere a nadie no puede esperar ser amado. A Dalí le admiraron y hasta le adularon, pero, incapaz de ternura, recibió poca. Mientras yacía solo en su cama de la Torre Gorgot, rodeado de médicos y de enfermeras, lleno de tubos, ¿recordó el augurio de su padre de que moriría sin amigos? Según Miguel Domenech, al último Dalí, temeroso de no tener nada en el banco, había que decirle constantemente que no se preocupara, que había de sobra.

¿Y Gala? Para Reynolds Morse, fue ella quien convirtió a Dalí en «gigante». Así fue en parte, sin duda. Le ayudó a poder vivir con su angustia sexual, durante un tiempo por lo menos, y su valentía, sentido práctico y arrolladora ambición eran vitales a la hora de encaminarlo con resolución hacia el éxito comercial. Si Gala no hubiera aparecido cuando lo hizo, la vida de Dalí habría sido muy diferente. Pero el problema es que Gala sigue siendo un enigma, pese a los tres libros que se le han dedicado hasta la fecha. Si apareciera la autobiografía sobre la cual, de acuerdo con Dalí, trabajó durante cuatro años, sabríamos más, tal vez mucho más. Y lo mismo se puede decir del diario que, según Amanda Lear, llevaba en ruso. Pero hasta la fecha no hay pista ni de la una ni del otro. La destrucción de las cartas de Gala a Éluard (con la afortunada excepción de las primeras) no ayuda nada, por supuesto, ni el hecho de que, durante cincuenta años, Gala se negó tercamente a hablar públicamente de su relación con Dalí. Es triste y desconcertante constatar que tal vez no sabremos nunca nada más acerca de aquella mujer enigmática y secreta.

¿Cuál, pues, es el balance, ahora que Dalí el exhibicionista y el *showman* ya no está aquí para entretenernos, o aburrirnos, con su extravagante presencia personal? Por lo que toca a su pintura, creo que no puede caber duda de que las obras ejecutadas entre 1926 y, aproximadamente, 1938 constituyen su gran contribución al arte. En cuanto a su obra literaria, destacan un manojo de artículos teóricos, el ensayo sobre el *Ángelus* de Millet y, sobre todo, *Vida secreta de Salvador Dalí.* Todo ello creado antes de que tuviera cuarenta años.

Y lo esencial, la obra artística, bajo la influencia del surrealismo, que, como sabemos, empezó a incidir sobre Dalí dos años antes de conocer a Breton (y a Gala). Contemplado desde este fin de siglo, podemos ver que el surrealismo, con su empeño por conocer, liberar y expresar las profundidades de la psique además de *épater le bourgeois,* era exactamente el estímulo que necesitaba el joven Dalí. Su obsesión por el detalle pormenorizado, y su don para expresarlo, lo había preparado para ser el Meissonier de los sueños; y el programa surrealista para subvertir los valores de la clase media no podía por menos de encandilar a un rebelde que ya odiaba la Iglesia y el Estado y estaba convencido, con Freud, de que el auténtico héroe es el hijo que se opone a su padre y lo vence. Vencer a Salvador Dalí Cusí era una empresa de proporciones épicas, desde luego. Y el pintor lo consiguió a su manera.

Dalí dio lo mejor de sí cuando compartía los ideales comunes del grupo surrealista, viviendo su programa con estricto apego a la letra, además de al espíritu, de las tablas de la ley bretoniana, y contribuyendo con fanática energía y con originalidad a sus actividades de grupo y a su voluntad de cambiar el mundo. La experiencia surrealista frenó su egoísmo, le inspiró sus mejores esfuerzos e hizo que tomara un poco en cuenta las necesidades de los demás.

Durante sus doce años, más o menos, dentro de la órbita surrealista, Dalí creó imágenes de horror, desequilibrio psíquico y alienación sexual únicas entre sus contemporáneos. Gala dijo que, una vez visto su reloj blando, nadie podría olvidarlo. Y era verdad. Millones de personas, sin saber nada de arte, tienen grabadas en su mente imágenes dalinianas. Su escenario clave de la playa fantasmagórica, con su inquietante yuxtaposición de objetos dispares –rocas con agujeros, «aparatos», nítidos perfiles y negras sombras, presencias humanas angustiadas– y sus perspectivas profundas, todo ello pintado con la precisión de una pesadilla, ¿cómo negar que sea uno de los más inolvidables creados en nuestros tiempos?

Tal escenario es un homenaje, ante todo, al paisaje que Dalí amó con fanatismo desde su infancia y con el cual siempre estará asociado: Cadaqués, Port Lligat y la desolación planetaria y mineral del cabo de

Creus, ese inmenso teatro óptico que le enseñó de niño que una cosa puede ser otra... y otra, y donde, un día primaveral de 1925, en Tudela, Lorca, Dalí y Anna Maria comieron sus bocadillos debajo del Águila.

Dalí nunca pudo olvidar a Federico, cuya presencia impregna su obra y cuyo fantasma le persiguió hasta el final. Tal vez, después de todo, la mayor tragedia de Dalí fue no haber podido amar suficientemente al poeta antes de que fuera demasiado tarde.

NOTAS

SIGLAS

AA: *L'Amic de les Arts*, Sitges.
AMD: Ana María Dalí, *Salvador Dalí visto por su hermana*, Barcelona, Juventud, 2.ª edición, 1949.
BUS: Luis Buñuel, *Mi último suspiro*, Barcelona, Plaza y Janés, 2.ª edición, 1983.
CG: Paul Éluard, *Cartas a Gala*. Traducción de Manuel Sáenz de la Heredia, Barcelona, Tusquets, 1986.
CI: Dalí, *Confesiones inconfesables*, Barcelona, Bruguera, 1975.
DG: Dalí, *Diario de un genio. Edición especialmente revisada, anotada e ilustrada de nuevo para Tusquets Editores por Robert Descharnes.* Traducción de Paula Brines. Barcelona, Tusquets, 1983.
DOH: Robert Descharnes, *Dalí. La obra y el hombre*, Barcelona, Tusquets/Edita, 1984.
EJF: Edward James Foundation, West Dean, Chichester, Inglaterra.
GL: *La Gaceta Literaria*, Madrid.
LRS: *La Révolution Surréaliste*, París.
LSASDLR: *Le Surréalisme au Service de la Révolution*, París.
MDJ: Reynolds Morse, *A Dali Journal.* Diario inédito. Salvador Dali Museum, Saint Petersburg, Florida, EE.UU.
MEAC: *400 obras de Salvador Dalí de 1914 a 1983*, 2 tomos, Madrid, Ministerio de Cultura, 1983.
SD: *Salvador Dalí. Rétrospective. 1920-1980*, París, Centre Georges Pompidou, Musée National d'Art Moderne, 2ª edición revisada y corregida, 1980.
SDFGL: Rafael Santos Torroella (ed.), *Salvador Dalí escribe a Federico García Lorca [1925-1936], Poesía. Revista ilustrada de información poética*, Madrid, número 27-28, abril de 1987.
STF: Rafael Santos Torroella (ed.), *Salvador Dalí corresponsal de J. V. Foix. 1932-1936*, Barcelona, Editorial Mediterrània, 1986.
SVBLD: Agustín Sánchez Vidal, *Buñuel, Lorca, Dalí: El enigma sin fin*, Barcelona, Planeta, 1988.
UD: Màrius Carol *et al.*, *El último Dalí*, Madrid, *El País*, 1975.
VPSD: *La Vie publique de Salvador Dalí*, París, Centre Pompidou, 1975.
VS: Dalí, *Vida secreta de Salvador Dalí*. Traducción de José Martínez. Figueres, DASA Edicions, S.A., 1981.

1. LOS ORÍGENES CATALANES

1. Beya i Martí, *passim.*
2. Los registros parroquiales de Llers se encontraban, en el momento en que los consultamos, en la casa parroquial del pueblo nuevo. Mosén Pere Travesa, cura párroco en 1993, me explicó que los registros anteriores se perdieron durante uno de los muchos conflictos habidos a lo largo de los siglos entre España y Francia.
3. Archivo Histórico de Gerona, Protocolos notariales de Figueres, vol. 16, 12 de abril de 1558; mismo archivo, Protocolos de Figueres, vol. 571. Quiero agradecer al historiador don Antonio Egea, que atrajo generosamente mi atención sobre estos documentos, proporcionándome fotocopias.
4. *VS,* pág. 43, nota 1.
5. Lake, pág. 21; para Dalí Mamí, véase Byron, pág. 186.
6. Lear, *Le Dali d'Amanda,* pág. 180.
7. *VS,* pág. 344.
8. Descharnes, *The World of Salvador Dalí,* pág. 171. Véase también *DG,* pág. 107 («mis ansias atávicas y árabes») y nota de la pág. 123 («mis atavismos prenatales árabes»). Para lo relativo a la tez oscura de Dalí, véase *VS,* pág. 242.
9. Guía telefónica de la Gobernación de Túnez, 1996, pág. 402; consultas hechas en la Embajada de Argelia en Madrid, 1996. Quiero dar las gracias a mis amigos Bernabé y Cecilia López García por explorar la guía telefónica de Marruecos.
10. «Bastó de crossa, molt gruixut i ferm, en el qual es recolzava el daliner de la sirga per tal de poder fer més força», *Diccionari de la llengua catalana,* Barcelona, Enciclopèdia Catalana, S.A., 1982.
11. Para Dalí como «Salvador» del arte moderno véase *VS,* págs. 4 y 96; *CI,* págs. 316, 356 y 377; *DG,* págs. 30 y 173-174; *Manifiesto místico,* pág. 192. Para Dalí y *delit,* véase *CI,* págs. 18 y 210; *DG,* pág. 81; Pauwels, pág. 78, y Lear, *L'Amant-Dali,* pág. 204.
12. *Llibre de núpcies de la Iglesia Parroquial de Santa Julia y Santa Basilisa de la Vila de Llers.*
13. No he podido encontrar datos relativos al nacimiento de Pere Dalí Raguer en los registros parroquiales de Llers. Según su certificado de defunción, murió el 17 de febrero de 1830 a la edad de 45 o –la letra no es clara– 48 años (*Llibre 3 de òbits 1814-1854,* f. 193, v. 103).
14. Mi agradecimiento a don Joan Vives, natural de Llers, que me hizo de guía por el pueblo y me señaló los edificios relacionados con los Dalí. Para más información sobre la historia y la suerte de Llers véase Beya i Martí, *Al terraprim de l'Alt Empordà. Llers.*

15. *Llibre de babtismes de la Parroquial Igla. de Cadaqués, Bisbat de Girona, que comensa lo dia quatre Janer del Any 1801, i fineix dia 25 juliol de 1825,* 24 de enero de 1804, f. 23, v.
16. *Libro de Desposorios de la parroquia de Cadaqués,* Libro 3, f. 238. La boda se celebró el 1 de julio de 1817.
17. Por ejemplo, el documento mencionado en la nota siguiente.
18. *Llibre de babtismes de la Parroquial Igla de Cadaqués, Bisbat de Girona, que comensa lo dia quatre Janer del any 1801, y fineix dia 25 juliol de 1825,* f. 139. Salvador Manuel Sebastià Dalí Cruanyas fue bautizado el 19 de enero de 1822.
19. *Libro de Desposorios de la parroquia de Cadaqués,* Libro 3, f. 341 v. La boda se celebró el 12 de julio de 1843.
20. Partida de nacimiento de Gal Josep Salvador Dalí, nieto de Josep Viñas, *Libro 7º de bautismos, 1825-1851,* 2 de julio de 1849, f. 188 v.
21. Pla, *Obres de museu,* pág. 61.
22. Rahola i Trèmols, pág. 9; Pla, *Cadaqués,* págs. 11-12.
23. Ferrer, *Cadaqués des de l'arxiu,* pág. 17.
24. Pla, *Cadaqués,* págs. 80-81.
25. Ferrer, *Cadaqués des de l'arxiu,* págs. 16 y 33.
26. *Ídem,* pág. 43.
27. Registros parroquiales de Cadaqués, *Libro 7º de bautismos, 1825-1851,* 30 de marzo de 1846.
28. *Ídem,* 2 de julio de 1849, f. 188.
29. Agradezco a don Gonzalo Serraclara el haberme facilitado la fecha de nacimiento de su abuela Catalina Berta; Teresa Cusí Marcó nació en Roses el 13 de julio de 1841 (*Empordà,* Figueres, 18 de julio de 1995, pág. 31).
30. Aniceta Francisca Ana murió el 8 de septiembre de 1872. Registros parroquiales de Cadaqués, *Libro de óbitos...,* Libro 5, f. 60.
31. Salvador Dalí Cusí fue bautizado el 3 de noviembre de 1872. Registros parroquiales de Cadaqués, *Libro IX de bautismos de la Iglesia Parroquial de Cadaqués, Años 1867-1884,* f. 89.
32. El bautizo de Rafael Dalí Cusí se celebró el 1 de febrero de 1874. De acuerdo con el documento, los padres estaban casados sólo «por lo civil». Fuente, véase nota anterior, f. 105 v.
33. Registros parroquiales de Cadaqués, *Libro 5º de Desposorios...,* f. 55 y verso. La ceremonia religiosa tuvo lugar el 25 de marzo de 1874.
34. Conversación con doña Montserrat Dalí, Barcelona, 26 de noviembre de 1992.
35. Dalí, *Un diari: 1919-1920,* págs. 131-132.
36. El documento oficial más temprano que hemos encontrado en que se des-

cribe a Gal Dalí como taponero se remonta a 1871. Se trata de una hoja del padrón de Cadaqués con fecha 2 de julio de dicho año (Arxiu Municipal de Cadaqués, Població, capsa-356). En 1875 un documento del Registro de la Propiedad, en Roses, también lo describe como taponero (propiedad 651) y asimismo, en 1877, un documento judicial de Cadaqués (Jutjat Municipal de Cadaqués, Afers Penals, capsa-21). En una solicitud judicial fechada el 8 de mayo de 1878, el mismo Gal se autodenomina taponero (Jutjat Municipal de Cadaqués, Afers Civils, capsa-17). El asunto parece claro, pues, al margen de las otras ocupaciones que pudiera tener Gal, contrabando incluido.

37. Registro de la Propiedad, Roses, propiedad 651.
38. Conversación con la pintora doña Roser Villar, Figueres, 28 de junio de 1996.
39. Esta divertida información acerca de la Guardia Civil se la debo a don Lluís Durán, Hotel Durán, Figueres, enero de 1993.
40. Díaz i Romañach, págs. 12-13.
41. Teixidor Elies, pág. 166.
42. Gabriel García Márquez, *Doce cuentos peregrinos,* Madrid, Mondadori, 1992.
43. John Lomas, ed., *O'Shea's Guide to Spain and Portugal,* Edimburgo, Adam and Charles Black, 1885, pág. 34; Romero y Ruiz, pág. 73.
44. Citado por Teixidor Elies, pág. 496.
45. Conversaciones con doña Montserrat Dalí acerca de Galo, Barcelona, 1991-1992.
46. La información incluida en este párrafo procede básicamente de Robert Hughes, *Barcelona,* págs. 422-433. Para la cita, *ídem,* pág. 430.
47. El expediente de Salvador Dalí Cusí en la Universidad de Barcelona incluye una copia del de sus estudios de bachillerato.
48. El expediente de Rafael Dalí Cusí en la Universidad de Barcelona incluye una copia del de sus estudios de bachillerato.
49. Conversaciones con doña Montserrat Dalí, Barcelona, 1992-1993.
50. Más detalles en Gonzalo Serraclara, *La nueva inquisición* (véase la bibliografía).
51. Conversaciones con doña Montserrat Dalí, Barcelona, 1992-1993.
52. Gibson, «¿Un paranoico en la familia?».
53. *Ídem*; Registre Civil de Barcelona, 1886, número 899.
54. Conversación con doña Montserrat Dalí, Barcelona, 26 de noviembre de 1992.
55. Don Gonzalo Serraclara me aseguró que, pese a ser íntimos amigos, Dalí nunca trató con él el asunto de la muerte de Galo. Y según me dijo doña Montserrat Dalí, el pintor tampoco lo volvió a comentar jamás con ella.

56. Pauwels, pág. 9.
57. Conversación con doña Montserrat Dalí, Barcelona, 26 de noviembre de 1992.
58. Para lo referente al reconocimiento por parte de Oller de que su novela fuera un *roman à clef*, véase la introducción de Carmen Arnau a la edición citada en la bibliografía, I, pág. 7.
59. Expediente de Salvador Dalí Cusí, Universidad de Barcelona.
60. Expediente de Rafael Dalí Cusí, Universidad de Barcelona.
61. Maria dels Angels Vayreda, «Com és Salvador Dalí?», pág. 13.
62. *La Vanguardia,* Barcelona, 14 de diciembre de 1896, pág. 1.
63. Esta versión de la personalidad de ambos hermanos se basa principalmente en mis muchas conversaciones con doña Montserrat Dalí y en los recuerdos de Josep Pla en «Salvador Dalí, una notícia» (en *Homenots), Obres de museu* y en referencias esporádicas en otras de sus obras.
64. Conversaciones con doña Montserrat Dalí, Barcelona, 1991-1992.
65. Expediente de Salvador Dalí Cusí, Universidad de Barcelona.
66. Carta de Salvador Dalí Cusí a su madre y a la familia Serraclara fechada el 6 de noviembre de 1911. Doña Montserrat Dalí Cusí tuvo la gentileza de facilitarme una copia de este documento de incalculable valor biográfico en el que Salvador Dalí Cusí insiste en que su padre, Gal, dejó al morir suficiente dinero para mantener a su familia y garantizar la educación de los hijos.
67. En este párrafo mi principal fuente es Robert Hughes, *Barcelona,* págs. 536-537.
68. *La Vanguardia,* Barcelona 14 de diciembre de 1896, pág. 1.
69. Hurtado, pág. 32.
70. Conversación telefónica con don Antoni Pitxot (en Cadaqués), julio de 1993.
71. Expediente de Josep Pichot, Universidad de Barcelona.
72. Conversaciones con don Antoni Pitxot, Cadaqués, 1993; Pla, *Vida de Manolo,* págs. 75-76; Pla, *Cadaqués,* pág. 98.
73. Montero Alonso, págs. 10-11, 49-50 y 96.
74. Según el certificado de matrimonio de su hijo Ricardo (1919), Antonia Gironés, fallecida, era natural de Figueres (Registro Civil, Figueres, Sección 2, Libro 43, f. 118). Don Antoni Pitxot me lo ha confirmado oralmente.
75. El padrón de habitantes de Figueres del año 1900 registra que ese año Josep Pichot Gironés y Angeleta Gironés Bofill ya residían en la ciudad, en la calle Barceloneta, número 4. El documento da también las respectivas fechas de nacimiento (1869 y 1871).
76. Conversaciones con don Antoni Pitxot, Cadaqués, 1993. Anna Maria

Dalí también defendía enérgicamente esta opinión (véase Joan Guillamet, *Vent de tramuntana, gent de tramuntana,* pág. 114).

77. Doña Montserrat Dalí me aseguró que, si bien su tío Salvador siempre quería regresar a Cadaqués, su padre Rafael, como el abuelo Gal, juró no volver a vivir allí por culpa de la tramontana. Quizá él también temía el efecto del viento sobre su estabilidad emocional. En 1935 Rafael visitó Cadaqués y escribió a su hija: *«El meu poble seria el parais terrenal si no fos la tramuntana»* («Mi pueblo sería el paraíso terrenal si no fuera por la tramontana»; archivo de la hija de Montserrat Dalí, doña Eulalia Maria Bas i Dalí, Barcelona).
78. La fecha de la incorporación de Salvador Dalí Cusí al Col·legi de Notaris de Barcelona me la ha suministrado gentilmente esta institución; la restante información relativa a su nombramiento figura en el expediente conservado en el Ministerio de Justicia, Madrid, que hemos consultado.
79. El periódico *El Regional* puede consultarse en la Biblioteca Municipal Fages de Climent, Figueres.
80. El certificado de matrimonio de Felipa (parroquia de los Santos Justo y Pastor, Barcelona) indica que la madre del pintor fue bautizada en la parroquia de San Jaime el 26 de abril de 1874. La información relativa al primer encuentro de Salvador y Felipa se la debo a don Gonzalo Serraclara, Barcelona, 26 de mayo de 1993.
81. Murió el 6 de octubre de 1887. Copia del certificado de defunción, cortesía del Archivo Diocesano de Barcelona. Quiero dar las gracias al archivero, padre Leandre Niqui Puigvert, y al director, padre Josep Maria Martí Bonet.
82. *AMD*, págs. 36 y 86-87.
83. *Ídem*, pág. 86.
84. Ésta es la opinión de la familia Domènech hoy. Conversación con don Felipe Domènech Vilanova y su hijo, don Felipe Domènech Biosca, Borredà, 24 de octubre de 1993.
85. Conversaciones con don Felipe Domènech Biosca, Barcelona, 1993; *AMD*, pág. 36.
86. Conversación con don Felipe Domènech Biosca, Barcelona, septiembre de 1993.
87. *Ídem.*
88. *Ídem*; *AMD*, pág. 36.
89. Copia del certificado de matrimonio, cortesía del Archivo Diocesano de Barcelona (véase la nota 81).

2. INFANCIA Y JUVENTUD (1904-1916)

1. Detalles extraídos de Romero y Ruiz, pág. 20.
2. *Ídem*, pág. 76; Teixidor i Elies, pág. 295.
3. Para más detalles sobre el Sport, véase Teixidor i Elies, págs. 57-62.
4. Partida de nacimiento del primer Salvador Dalí, reproducida por Rojas, págs. [298-299].
5. Certificado de defunción del primer Salvador Dalí, en Rojas, págs. [300-301].
6. «Crónica local», *El Regional*, número 893, Figueres, 9 de agosto de 1903; registro de entierros, Ayuntamiento de Figueres.
7. A. Reynolds Morse, citado en *Surrealism in the Tate Gallery Collection* (catálogo); A. Reynolds Morse, «The Dalí Adventure»; cuadro reproducido en *DOH*, pág. 242.
8. Partida de nacimiento reproducida por Rojas, págs. [302-303].
9. Le agradezco a mi amigo Víctor Fernández una copia del acta de bautismo.
10. *VS*, pág. 2.
11. *CI*, pág. 357.
12. El cuadro se reproduce en *DOH*, pág. 361.
13. En su biografía de Dalí, Meryle Secrest ha afirmado que tanto la madre como el padre, aunque quizá sobre todo este último, estaban «absolutamente convencidos de que su hijo muerto había renacido» y que se empeñaron en inculcar esta idea en la «maleable mente del pequeño» (pág. 21). Es necesario señalar que no existe la más mínima prueba que permita apoyar esta absurda opinión. Secrest sostiene que, al ponerle el mismo nombre que al difunto, los Dalí estaban burlándose de las convenciones locales a la vez que ponían una especie de maldición sobre la cabeza del niño. «En esa parte de España no es común ponerle al hijo el nombre del padre, y mucho menos habitual el de un niño muerto», asegura la biógrafa, y añade: «De hecho, algo así se mira con cierta desaprobación supersticiosa, pues se cree que el nombre transmitirá al segundo el destino del primero» *(ídem)*. Nada de esto es exacto. En Cataluña, como en el resto de España, es corriente ponerle al hijo el primer nombre del padre y, si bien puede no ser tan habitual que un niño lleve el nombre de su hermano fallecido, esta práctica no se relaciona necesariamente con una superstición, en especial si el nombre en cuestión es tradicional en la familia. En caso de que tales reparos hubiesen existido, es inconcebible que los Dalí hubieran procedido como lo hicieron. Secrest afirma que Felipa Domènech se «oponía con vehemencia a la repetición del bautizo», creyendo que «corría peligro la vida»

de su segundo hijo *(ídem).* La biógrafa no nos ofrece una sola prueba que sostenga esta afirmación. Si las objeciones de Felipa hubieran sido tan vehementes, es difícil comprender cómo don Salvador Dalí, pese a ser hombre de personalidad tan enérgica, hubiese podido salirse con la suya.

14. *AMD*, págs. 9-22, *passim.*
15. Dalí, *Ninots*, citado por Anna Maria Dalí, *Noves imatges de Salvador Dalí,* pág. 75.
16. *AMD*, pág. 12.
17. Maria Anna Ferrés y su hija Catalina aparecen por primera vez en el padrón de habitantes de 1911, f. 177, donde se dice que llevan un año viviendo en Monturiol, 20 (Archivo Histórico Municipal, Ayuntamiento de Figueres).
18. Padrón de habitantes, Ayuntamiento de Figueres, 1906, f. 109.
19. Anna Maria Dalí, *Noves imatges de Salvador Dalí,* págs. 34 y 40.
20. Lear, *Le Dalí d'Amanda,* pág. 183.
21. *VS*, págs. 5-6; Úrsula Matas nació el 12 de junio de 1890, según el padrón de habitantes de 1906 del Ayuntamiento de Figueres, f. 109; la familia Matas ya no vive en Monturiol, 20, según el censo de 1911, f. 176.
22. *AMD*, págs. 11-12.
23. *VS*, pág. 53.
24. *Ídem*, pág. 74.
25. *AMD*, págs. 19-20.
26. *VS*, págs. 74, 250-252 y 372. Anna Maria también recuerda que Llúcia le contaba cuentos a su hermano (*AMD*, pág. 36).
27. Reproducción en color en *MEAC*, I, número 11, pág. 20. Para Llúcia, véase Jiménez y Playà, «Dalí vist des de l'Empordà - X. Llúcia Gispert de Montcanut», *Hora Nova,* Figueres, suplemento al número 361, mayo de 1984, pág. 39.
28. La letra de la canción se reproduce en *AMD*, pág. 9; Dalí también menciona la canción en *VS*, pág. 74.
29. *AMD*, págs. 12-14.
30. *Ídem*, pág. 16.
31. Conversación con doña Nanita Kalaschnikoff, Marbella, 13 de septiembre de 1995; Lear, *Le Dalí d'Amanda,* pág. 159; véase también *DG*, pág. 199.
32. *CI*, pág. 42; Bernils i Mach, *Figueres,* pág. 77; *AMD*, pág. 35.
33. *VS*, págs. 12-13. El cometa se vio la noche del 20 de mayo de 1910. Según informó *La Veu de l'Empordà* del 22 de mayo de ese año, no fue visible desde Figueres a causa de un temporal.
34. *CI*, pág. 36.
35. *VS*, pág. 1; *CI*, pág. 36.

36. *VS,* págs. 39-41.
37. *Ídem,* pág. 40.
38. *Ídem,* págs. 39-41; don Pere Buxeda, propietario de una magnífica colección de antiguas fotografías de Figueres, tiene una que muestra parte de la colección de piezas románicas de Trayter; para la información relativa a Darwin, los almacenes Lafayette y al mal humor de Trayter, quiero agradecer a mi amiga doña María Asunción Trayter Sabater, nieta del profesor (Figueres, octubre de 1993).
39. «La verdad sobre el mito de Guillermo Tell. Toda la verdad acerca de mi expulsión del grupo surrealista.» Dalí repite este párrafo casi literalmente en *DG,* pág. 15.
40. Cuando los comentarios de Dalí sobre Trayter aparecieron en un artículo en *La Vanguardia,* la hija del maestro, María Trayter Colls, profesora como su padre, escribió enfadada al periódico (15 de abril de 1972), insistiendo en que Trayter nunca había sido ateo y que muchos de los antiguos alumnos que aún vivían podían dar fe de ello.
41. Conversación con doña María Asunción Trayter Sabater, Figueres, octubre de 1993.
42. Para Dalí Cusí como ateo y librepensador, véase, además del documento citado, *VS,* pág. 40, y *DG,* pág. 15.
43. *VS,* págs. 39-41.
44. *Ídem,* págs. 44-45.
45. *Ídem,* pág. 45.
46. Un agradecimiento especial a mi amiga doña María Asunción Trayter Sabater, que me ayudó a encontrar el estereoscopio, ahora en poder de don Enrique Orio Trayter, quien tuvo la gentileza de enseñarme el aparato y me permitió estudiar su funcionamiento.
47. *VS,* pág. 45.
48. *Ídem,* pág. 51.
49. *Ídem,* págs. 47 y 49.
50. *Ídem,* pág. 55.
51. Lynd, por ejemplo, insiste en este aspecto de la vergüenza. Véanse las págs. 24, 33, 50, 64 y otras.
52. *VS,* págs. 56 y 57.
53. Lynd, pág. 67.
54. Lafora, págs. 381-382.
55. *VS,* pág. 51.
56. *Ídem,* pág. 66.
57. Romero, *Dedálico Dalí,* pág. 10.
58. Conversación con don Gonzalo Serraclara de la Pompa, Barcelona, 9 de mayo de 1992. El señor Serraclara no me permitió leer esta corresponden-

cia, compuesta de unas cincuenta cartas, asegurándome que él mismo tenía intención de publicarla. Murió sin cumplir.

59. Pie de una fotografía de estos «árboles» incluida en la Lámina IV de la *Vida Secreta,* entre las págs. 94 y 95.
60. *AMD,* pág. 16.
61. *Ídem,* págs. 16-17; hay una referencia al que parece haber sido el mismo incidente en *VS,* pág. 2.
62. Conversación con don Gonzalo Serraclara, Barcelona, 26 de mayo de 1993.
63. *VS,* pág. 11.
64. *Ídem,* págs. 13-14.
65. Conversación telefónica con don Antoni Pitxot (nacido en esa misma casa), 28 de octubre de 1993; Anna Maria Dalí también la describió como un paraíso a Joan Guillamet, citado por Gómez de Liaño, «En la casa del arte», pág. 26.
66. Para los abortos me baso en una conversación con doña Paz Jiménez Encina, hija de Lluís Pichot, Madrid, 20 de agosto de 1983.
67. *VS,* pág. 84, nota 1.
68. Palau i Fabre, pág. 60. Don Antoni Pitxot ha confirmado esta información en nuestras numerosas conversaciones.
69. Los detalles de la compra se encuentran en el Registro de la Propiedad de Roses, finca número 1236 (Cadaqués), donde figura con fecha de 1908. No obstante, es posible que la operación tuviera lugar con anterioridad (según me han asegurado las autoridades de dicho Registro, en esa época las inscripciones en el mismo no se solían efectuar hasta varios años después de la transacción). De acuerdo con Palau i Fabre, cuya información procede de los Pichot, la casa original se construyó en 1899 siguiendo un proyecto de Miquel Utrillo. No ha sido posible corroborar la fecha, pero parece improbable pues sabemos que Pepito Pichot no se estableció en Figueres hasta 1900.
70. Palau i Fabre, pág. 60; conversaciones con don Antoni Pitxot, Cadaqués, 1993 y 1994.
71. Stein, *The Autobiography of Alice B. Toklas,* pág. 30.
72. Richardson, *A Life of Picasso,* I, *passim.* Una espléndida fotografía de Germaine Gargallo (hacia 1900) se encuentra en la página 162 de esta obra.
73. Reproducido en color en *MEAC,* I, pág. 24; Descharnes, *DOH,* pág. 29.
74. Quiero agradecer a don Antoni Pitxot, con el que examiné con minuciosidad esta fotografía en su casa de Cadaqués en 1993, y que a lo largo de los años me ha facilitado detalladas informaciones sobre su familia.
75. Palau i Fabre, págs. 60-61.
76. La información relativa a esta construcción procede de la mujer que coci-

naba para los Dalí en aquellos tiempos, y que me ha sido transmitida por su yerno, Miquel Figueres, ex alcalde de Cadaqués. Doña Rosa Maria Salleras me ha confirmado en nuestras conversaciones que la casa de su padre y la de don Salvador Dalí eran alquiladas por Pepito Pichot, que más tarde se las vendió.

77. Conversaciones con doña Rosa Maria Salleras, Cadaqués, 1993.
78. *VS*, pág. 327.
79. Palau i Fabre, págs. 60-61.
80. Citado por Joan Josep Tharrats, *Cent anys de pintura a Cadaqués,* Barcelona, Ediciones del Cotal, 1981, pág. 98.
81. *VS*, pág. 326; Dalí en Descharnes, *The World of Salvador Dalí,* pág. 49.
82. Conversación con doña Paz Jiménez Encina, Madrid, 20 de agosto de 1983; Anna Maria Dalí, *Noves imatges de Salvador Dalí,* pág. 24. Lluís Marquina Pichot nació el 25 de mayo de 1904.
83. Conversaciones con don Antoni Pitxot, Cadaqués, 1993.
84. Para la visita de Picasso a Cadaqués en 1910, la mejor fuente es «Picasso a Cadaqués», número especial de *Negre + gris,* Barcelona, número 10, otoño de 1985. Véase también Tharrats, «Picasso entre nosaltres», en *Cent anys de pintura a Cadaqués,* págs. 59-70. Para el dicho ampurdanés, véase Daudet, 1 de marzo de 1970, pág. 47.
85. Bernils i Mach, *Els Fossos, 75 anys d'història,* págs. 7-15.
86. *Ídem*, págs. 15-20 y 27-51; Jiménez y Playà, «El col·legi La Salle»; conversación con doña Montserrat Dalí, Barcelona, 26 de noviembre de 1992.
87. Según nos ha contado don Joan Vives, que ingresó en el colegio poco después de que Dalí lo dejara, a los alumnos descubiertos hablando en catalán en el patio se les hacía llevar una piedra llamada *la parleuse* (la parlanchina). Conversación con don Joan Vives, Figueres, 25 de enero de 1993.
88. Jiménez y Playà, «El col·legi La Salle».
89. Quiero agradecer al entonces director, el hermano Domingo Bóveda, que gentilmente me facilitó una fotocopia del documento relativo a los años de Dalí en Els Fossos, descubierto en Béziers con ocasión del 75º aniversario del colegio de Figueres.
90. Dalí, «El sentit comú d'un germà de Sant Joan Baptista de La Salle».
91. *VS*, pág. 69.
92. Agradezco al hermano Leoncio su visita guiada por el establecimiento (1993), rica en información.
93. *VS*, pág. 70 y nota.
94. El primer anuncio apareció el 6 de julio de 1912, y el último el 17 de agosto del mismo año.
95. *AMD*, pág. 22.
96. *VS*, págs. 76-77.

97. Por la información relativa a la ausencia de otros niños en el edificio, mi agradecimiento a los actuales propietarios, los señores Carbó; para el regalo de la capa, la corona y el cetro, y la pasión de Dalí por los disfraces, véase *VS,* págs. 77-78; para estar «en la cumbre», *ídem,* pág. 79.
98. *VS,* pág. 78.
99. Anna Maria Dalí, *Noves imatges de Salvador Dalí,* págs. 74-75.
100. Los documentos relativos al entierro de Teresa Cusí me los enseñó amablemente su nieta, doña Montserrat Dalí, propietaria de la tumba (en la que ahora yace también ella).
101. *AMD,* pág. 31.
102. Reseña de la exposición a cargo de «Puvis» en *Empordà Federal,* número 113, Figueres, 17 de mayo de 1913, pág. 2. El cuadro, que Anna Maria Dalí heredó al morir su padre, se halla hoy en poder de su heredera.
103. Rodrigo, *Lorca-Dalí. Una amistad traicionada,* págs. 47-48.
104. *VS,* pág. 141.
105. Gibson, *Federico García Lorca,* pág. 88.
106. Conversación con doña Rosa Maria Salleras, Cadaqués, 1993.
107. El cuadro perteneciente a Albert Field se reproduce en color en Romero, *Psicodálico Dalí,* pág. 10, donde, siguiendo *VPSD,* pág. 5, número 344, está fechado en 1910. *MEAC,* que también reproduce el cuadro, es más prudente y lo fecha «hacia 1914» (I, pág. 16).
108. Conversación con el capitán Peter Moore, Cadaqués, 1993. El cuadro del capitán Moore, expuesto en el Museo Perrot-Moore de Cadaqués, se reproduce en color en *La Collection Salvador Dalí du Musée Perrot-Moore, Cadaqués,* número 1 (véase la bibliografía, sección 1). Las otras tres obras, también en color, se pueden ver en *MEAC,* I, números 2-5, págs. 16-17. El número 2, titulado *Paisaje,* es una vista de la llanura del Empordà desde –así me parece– lo alto del Molí de la Torre, la propiedad de Maria Pichot en las afueras de Figueres.
109. Playà i Maset, *Dalí de l'Empordà,* pág. 40.
110. *VS,* pág. 73; agradezco a don Eduard Fornés una fotocopia de la carta.
111. El certificado de defunción lleva fecha del 23 de diciembre de 1914 (Registro Civil de Barcelona, distrito de la Lonja, número 1078); el relato de Dalí a Edward James está en el archivo de éste (EJF); los cuadros son *Aparición de mi prima Carolineta en la playa de Rosas (Presentimiento fluídico),* pintado en 1933, y *Aparición de mi prima Carolineta en la playa de Rosas* (1934).
112. Daudet (8 de marzo de 1971), p. 30.
113. Conversación con doña Nanita Kalaschnikoff, Marbella, 15 de septiembre de 1995; Dalí le había contado la misma historia al periodista Lluís Permanyer en 1978, pidiéndole que no reprodujera los detalles en su entrevista para *Playboy* («El pincel erótico de Dalí») para no ofender a su

hermana. No obstante, en esa ocasión situó el episodio en 1929, cinco días después de haber terminado *El juego lúgubre,* fecha que parece muy improbable. Le agradezco al señor Permanyer el envío de una copia de la grabación de su conversación con Dalí.

114. Conversación con doña Rosa Maria Salleras, Cadaqués, 1995; *CI,* pág. 31.
115. Para un relato completo de la visita de Tixier véase *Alt Empordà,* Figueres, 27 de abril, 4 y 11 de mayo de 1912.
116. Miravitlles, «Dalí i l'aritmètica», pág. 32.
117. La fecha del examen de ingreso, 2 de junio de 1916, figura en la segunda página del expediente del bachillerato de Dalí conservado en el Instituto de Figueres. Dalí recuerda la experiencia del examen en *Cançons dels dotze anys,* manuscrito inédito conservado en la Fundación Gala-Salvador Dalí, Figueres.

3. ADOLESCENCIA Y VOCACIÓN (1916-1922)

1. Los documentos de la compraventa se conservan en el Registro de la Propiedad de Figueres, finca número 695. Maria Pichot amplió su parte de la propiedad en 1914. El mismo año su hermano puso un anuncio en *Empordà Federal* pidiendo un molinero, señal, cabe pensarlo, de que prosperaban sus esfuerzos agrícolas (*Empordà Federal,* Figueres, 17 de enero de 1914, pág. 3). Quiero agradecer a don Josep Maria Juan Rosa, que me acompañó al Molí de la Torre e hizo en mi nombre averiguaciones relativas a los actuales propietarios.
2. Dalí, *Les cançons dels dotze anys. Versus em prosa i em color,* 1922.
3. Conversación telefónica con don Antoni Pitxot (en Figueres), 24 de enero de 1997.
4. *VS,* págs. 88-89.
5. Véase la nota 2.
6. El cuadro se reproduce en *MEAC,* II, pág. 16, y en Descharnes y Néret, I, pág. 13.
7. *VS,* págs. 89-92; conversación con don Antoni Pitxot, Cadaqués, 1995.
8. El manuscrito, conservado en el Museu Joan Abelló de Mollet del Vallès, Barcelona, tiene dieciséis páginas y se publicó por primera vez en 1966, en edición de Víctor Fernández (véase la sección 6 de la bibliografía).
9. Para las fechas véase Romero y Ruiz, *Figueres,* pág. 34.
10. Las notas del bachillerato de Dalí se conservan en su expediente de la Facultad de Bellas Artes, Universidad Complutense, Madrid.
11. Detalles tomados de Montserrat Vayreda y Ramon Reig en el catálogo de Juan Núñez Fernández (véase la sección 4 de la bibliografía).

12. *Catálogo general de la calcografía nacional,* Madrid, Real Academia de Bellas Artes, 1987, número 5.778 y número 5.779.
13. Véase la nota 19.
14. Hay una fotografía del diploma en Morse, *Pablo Picasso, Salvador Dalí. A Preliminary Study in their Similarities and Contrasts,* pág. 8.
15. *AMD,* págs. 51-52.
16. *VS,* pág. 150.
17. Daudet (8 de marzo de 1970), pág. 33.
18. Mi especial agradecimiento a doña Alicia Viñas, entonces directora del Museu de l'Empordà, por facilitarme fotografías de los cuadros procedentes del Prado e información sobre la llegada de los mismos a Figueres.
19. Necrológica reproducida en el catálogo *Juan Núñez Fernández* (véase la sección 4 de la bibliografía).
20. Vallès i Rovira, I, pág. 35; conversaciones con doña Alicia Viñas, Figueres, 1994.
21. *VS,* págs. 49-50.
22. Dalí, *Un diari: 1919-1920,* págs. 71-72.
23. Leonardo da Vinci, *Tratado de pintura,* ed. de Ángel González García, Madrid, Editora Nacional, 1980, págs. 362 y 364.
24. Dalí, «Dalí, Dalí».
25. Véase la nota 10.
26. Dalí, *Un diari: 1919-1920, passim.*
27. Miravitlles, «Dalí i l'aritmètica», pág. 32; «Una vida con Dalí», pág. 5.
28. *VS,* pág. 16.
29. *DG,* pág. 103.
30. *VS,* pág. 73.
31. *Ídem,* pág. 16.
32. Mi agradecimiento a Michael Lambert, autoridad en la materia, que me ayudó a identificar la especie en cuestión, tanto sobre la base de su representación en la obra de Dalí como por factores de distribución.
33. Dalí, «...l'al·liberament dels dits», pág. 6.
34. *VS,* pág. 138.
35. Conversación con doña Rosa Maria Salleras, Cadaqués, 1993.
36. Jiménez y Playà, «Dalí des de l'Empordà. Jaume Miravitlles». Para otros testigos de la fobia de Dalí, véase Rojas, pág. 94, nota 10.
37. Véanse, por ejemplo, los recuerdos del excéntrico matemático Alexandre Deulofeu, cuyo padre tenía una droguería enfrente de los Dalí (Deulofeu, pág. 34).
38. Dalí, *Un diari: 1919-1920,* pág. 139.
39. *VS,* págs. 138-140.

40. Elies, págs. 189-96; Romero y Ruiz, págs. 16-17 y 72-73.
41. *Empordà Federal,* Figueres, 1 de junio de 1918.
42. Dalí, *Ninots. Ensatjos sobre pintura,* 1922, reproducido por Anna Maria Dalí en *Noves imatges de Salvador Dalí,* págs. 27-28.
43. R. Girald Casadesús, «L'exposició d'artistes empordanesos».
44. Jiménez y Playà, «Dalí vist des de l'Empordà. Jaume Miravitlles», *Hora Nova,* Figueres, número 370, 10 de julio de 1984, pág. 13; Miravitlles, «Una vida con Dalí».
45. Guillaumet, «*Studium,* la revista del jove Dalí».
46. «Puvis», «Notes d'art. L'exposició de la Societat de Concerts», *Empordà Federal,* Figueres, número 415, 11 de enero de 1919.
47. Reproducido en *DOH,* p. 18.
48. Dalí, *Ninots. Ensatjos sobre pintura,* citado por Anna Maria Dalí en *Noves imatges de Salvador Dalí,* pág. 28.
49. *Ídem,* pág. 27.
50. *DOH,* pág. 26.
51. Anna Maria Dalí, *Noves imatges de Salvador Dalí,* pág. 14.
52. *Studium,* Figueres, número 2, 1 de febrero de 1919, pág. 4.
53. *Ídem,* número 6, 1 de junio de 1919, pág. 5.
54. *AMD,* pág. 14.
55. Lear, *El Dalí de Amanda,* pág. 92.
56. *VS,* pág. 152; Dalí, «La verdad sobre el mito de Guillermo Tell».
57. Dalí, «La verdad sobre el mito de Guillermo Tell».
58. *VS,* pág. 152; y, repitiéndose a sí mismo, en *DG,* pág. 18.
59. En *VS,* pág. 48, Dalí menciona que su padre ganó una medalla en esperanto. En 1904 Dalí Cusí publicó un artículo en la revista *Espero de Katalanujo* (*Empordà,* Figueres, 31 de octubre de 1995, pág. 44); y una nota publicada en *La Veu de l'Empordà* en septiembre de 1913, con el título «Figueres pro esperanto», menciona que el notario, entonces presidente del Casino Menestral, era un convencido «esperantista».
60. Los volúmenes 2, 3, 9, 10 y 11 del diario han sido editados por Fèlix Fanés con el título *Un diari: 1919-1920. Les meves impressions i records íntims,* Barcelona, Edicions 62, 1994. En notas anteriores de este capítulo, y en adelante: Dalí, *Un diari: 1919-1920.*
61. Dalí, *Un diari: 1919-1920,* pág. 135.
62. *Ídem,* págs. 57-58.
63. Dalí, *Ninots. Ensatjos sobre pintura,* citado por Anna Maria Dalí en *Noves imatges de Salvador Dalí,* págs. 28-29.
64. Dalí, *Un diari: 1919-1920, passim.*
65. *Ídem,* págs. 97-104.
66. *Ídem,* pág. 27.

67. *Ídem*, pág. 37.
68. *Ídem*, pág. 38.
69. *Ídem*, pág. 46.
70. *Ídem*, pág. 50.
71. *Ídem*, págs. 36-38.
72. *Ídem*, págs. 100 y 137-138.
73. *Ídem*, pág. 55.
74. *L'Hora,* Barcelona, número 38, 25 de septiembre de 1931, pág. 7; Miravitlles, *El ritme de la revolució,* págs. 13-14.
75. Hay una buena reproducción del retrato en *MEAC,* I, pág. 27; Descharnes, *DOH,* pág. 26, publica una fotografía en color del jarrón de cerámica. Jiménez y Playà Maset («Dalí vist des de l'Empordà», VII) afirman que se conservaron seis fotografías de los murales, de las platos y de las láminas con las que Dalí decoró el estudio.
76. *Empordà Federal,* Figueres, 28 de septiembre de 1912, pág. 3, y 6 de abril de 1918, pág. 3.
77. Giralt-Miracle, pág. 45.
78. Oliver Belmás, pág. 291; Giralt-Miracle, pág. 45; Ghiraldo, págs. 201-205. *El futurisme,* título de una conferencia pronunciada en el Ateneu de Barcelona en 1904, se publicó como *plaquette* en 1905. La portada está reproducida en *AV. Las vanguardias en Cataluña* (catálogo, véase la bibliografía, sección 3), pág. 44.
79. *Empordà Federal,* Figueres, 7 de junio de 1919.
80. Miravitlles, «Una vida con Dalí», pág. 5.
81. *DG,* pág. 15; para la amistad de Alomar con Salvador Dalí Cusí, véase *AMD,* pág. 53.
82. La pelea entre el notario y Alomar se recuerda en el seno de la familia Pichot (conversación con don Antoni Pitxot, Cadaqués, 1995); la referencia de Alomar a Dalí se publicó en *Mirador,* Barcelona, 22 de mayo de 1929, y el padre del pintor la incorporó a su álbum de recortes, conservado en la Fundación Gala-Salvador Dalí, Figueres.
83. Dalí, *Un diari: 1919-1920,* pág. 105.
84. Dalí, *Tardes d'estiu,* pág. 23.
85. Jiménez y Playà, «Dalí vist des de l'Empordà – X. L'amistat amb Ramon Reig», *Hora Nova,* Figueres, suplemento al número 361, mayo de 1984, pág. 39.
86. Para el cuadro de Núñez *El lago de Vilabertrán,* véase la reproducción en color en el catálogo *Juan Fernández Núñez* (véase la bibliografía, sección 3), número 50; *El campanario de Vilabertrán* se reproduce en Descharnes y Néret, *Salvador Dalí,* I, pág. 22; *El lago de Vilabertrán* en *DOH,* pág. 22.
87. Lear, *Le Dalí d'Amanda,* pág. 222.

88. Dalí, *Un diari: 1919-1920,* pág. 85.
89. Teixidor Elies, págs. 34-36.
90. Dalí, *Un diari: 1919-1920,* pág. 85.
91. *DG,* pág. 53.
92. Dalí, *Un diari: 1919-1920,* págs. 135, 154 y 172.
93. *VS,* pág. 133.
94. Josep Clara, pág. 53.
95. *VS,* pág. 131.
96. *Ídem,* págs. 133-134.
97. Dalí, *Un diari: 1919-1920,* pág. 66.
98. *Ídem,* pág. 98; véase también *VS,* págs. 149-150.
99. Para los dogmas sobre la masturbación mantenidos por la medicina oficial –británica en este caso–, véase Acton, *The Functions and Disorders of the Reproductive Organs,* de escalofriante lectura (véase bibliografía).
100. Pauwels, págs. 51-53.
101. Comentario de doña Nanita Kalaschnikoff, la primera vez que contempló *Muchacha de Figueres* con el autor y don Antoni Pitxot, Museo-Teatro Dalí, Figueres, 5 de agosto de 1995. Dalí habla de las fantasías con campanarios en Pauwels, *Les Passions selon Dalí,* págs. 51-53, y Permanyer, «El pincel erótico de Dalí», pág. 162.
102. Miravitlles, «Notes a l'entorn de l'art d'avanguarda», pág. 321.
103. Dalí, *Un diari: 1919-1920,* págs. 48-49.
104. *CI,* págs. 103-104.
105. Conversación con don Carlos Lozano, Cadaqués, 29 de junio de 1996.
106. Lynd, pág. 136.
107. Permanyer, «El pincel erótico de Dalí», pág. 161.
108. Para el recuerdo que tenía Dalí de las fotografías de enfermedades venéreas, véase Permanyer, «El pincel erótico de Dalí», pág. 161. Dalí le habló también a Luis Romero de esas fotografías y del horror que le provocaban los genitales femeninos (*Dedálico Dalí,* pág. 57).
109. Dalí, *Un diari: 1919-1920,* págs. 26, 28-30, 42, 48, 49, 59, 72-73, 74, 88-89, 92, 93, 99, 124-125, 141-142 y 161.
110. *Ídem,* pág. 125.
111. Entrevista con doña Carme Roget Pumerola, Figueres, 23 de septiembre de 1993, acompañada de su sobrina, doña Alicia Viñas, entonces directora del Museu de l'Empordà. En *VS,* pág. 152, Dalí –que en el libro nunca menciona a Carme por su nombre– se contradice y afirma que el flechazo mutuo se produjo en un curso suplementario de filosofía, fuera de programa, impartido por las tardes, de siete a ocho, por uno de los profesores más jóvenes del instituto. En nuestra larga conversación, doña Carme me aseguró que ella nunca asistió a dichas clases, pero que duran-

te un tiempo consintió en ir al instituto a ayudar a traducir un libro español al francés, lengua que dominaba por ser alumna de un colegio de monjas francesas. Doña Carme creía que podría haber sido allí donde por primera vez notara la presencia de Dalí.

112. Dalí, *Un diari: 1919-1920,* pág. 144.
113. *Ídem, passim;* la página manuscrita de la fantasía de Dalí sobre Norteamérica está fechada 23 de enero de 1920 (colección de don Pere Vehí, Cadaqués).
114. Dalí, *Un diari: 1919-1920,* pág. 104.
115. *Ídem,* pág. 111.
116. Esta carta, y otra escrita en un tono similar y fechada el 28 de septiembre de 1920 en Figueres, se conservan en el Archivo Histórico Comarcal de Figueres; Albert Arbós las publicó por primera vez, en traducción castellana (véase la sección 6 de la bibliografía).
117. Véase la nota anterior.
118. Dalí, *Un diari:1919-1920,* págs. 141-142; con su habitual despreocupación cronológica, Anna Maria Dalí atribuye a esta evocación la fecha de 1917 (*Noves imatges de Salvador Dalí,* págs. 12-13).
119. Carta publicada por primera vez, en traducción castellana, por Albert Arbós, pág. 46. Agradezco a don Eduard Fornés el facilitarme una copia del original catalán, del cual la he traducido.
120. Conversación con doña Carme Roget Pumerola, Figueres, 23 de septiembre de 1993 (véase la nota 111).
121. *VS,* pág. 155.
122. Conversación con doña Carme Roget Pumerola, Figueres, 23 de septiembre de 1993 (véase la nota 111).
123. Dalí, *Un diari: 1919-1920,* pág. 48.
124. Fèlix Fanés, nota 259 a Dalí, *Un diari: 1919-1920,* págs. 217-218.
125. Dalí, *Un diari: 1919-1920,* pág. 121.
126. Lista de cuadros elaborada por Dalí en *Ninots. Ensatjos sobre pintura* (1922), citada por Anna Maria Dalí, *Noves imatges de Salvador Dalí,* págs. 29-30.
127. Agradezco a don Antoni Pitxot la comunicación de la frase de su tío Pepito sobre la muerte del impresionismo, que oyó de boca del mismo Dalí cuando éste le obsequió el libro en cuestión. En la portada se lee: Boccioni, futurista, *Pittura, scultura, futuriste (dinamismo plastico), con 51 riproduzioni, quadri sculture di Boccioni-Carrà-Russolo-Balla-Severini-Soffici, Edizioni Futuriste di «Poesia»,* Milano, Corso Venezia, 61, 1914.
128. Carta sin fecha reproducida en Gasch, *L'expansió de l'art català al món,* pág. 146.
129. Santos Torroella, *La trágica vida de Salvador Dalí,* pág. 44.

130. Vallés i Rovira, *Diccionari de l'Alt Empordà*, pág. 329; Dalí, *Un diari: 1919-1920, passim*. Subias fue comisario artístico del Gobierno catalán durante la República e iniciador de los procedimientos para declarar monumento nacional el monasterio benedictino de Sant Pere de Roda.

131. Joan Subias, «Cartells. A Salvador Dalí Domènech», *Alt Empordà*, Figueres, 2 de mayo de 1921, pág. 1. Para otras reproducciones de la obra de Nogués, véase *El noucentisme. Un projecte de modernitat* (catálogo, véase la sección 4 de la bibliografía), págs. 129-130, 142-143, 183-185, 294-298 y 327. Para las críticas, véase la nota 365 de Fèlix Fanés a Dalí, *Un diari: 1919-1920*, pág. 231; el desmentido de Dalí está en *Ninots. Ensatjos sobre pintura* (1922).

132. Vallés i Rovira, *Diccionari de l'Alt Empordà*, págs. 223-224; Teixidor Elies, págs. 165-167 y 498-500.

133. Miravitlles, «Dalí y Buñuel I». Según Met, fue Dalí quien lo introdujo a la poesía de Salvat-Papasseit, que ambos llegaron a saberse de memoria.

134. *Alt Empordà*, «La pàgina literaria», Figueres, 17 de enero de 1920.

135. Dibujos reproducidos en el catálogo *Dalí en los fondos de la Fundación Gala-Salvador Dalí* (véase la sección 1 de la bibliografía). Comprenden portadas para la traducción de *Per la musica. Poemes*, de Léon-Paul Fargue (pág. 145) y para los poemarios *Estrelles caigudes* (pág. 146) y *Poemes amb ocells* (pág. 147).

136. Catálogo *Miró, Dalmau, Gasch* (véase la sección 4 de la bibliografía).

137. *AC. Las vanguardias en Cataluña* (catálogo, véase la sección 4 de la bibliografía), págs. 156-157. La portada del catálogo de Dalmau se reproduce en *Miró, Dalmau, Gasch* (catálogo, véase la sección 4 de la bibliografía), pág. 51.

138. Vidal i Oliveras, pág. 51.

139. Dalí, *Un diari: 1919-1920*, pág. 144; algunas de las ilustraciones se reproducen en *AC. Las vanguardias en Cataluña* (catálogo, véase la sección 4 de la bibliografía), págs. 156-157.

140. Conversación con doña Carme Roget Pumerola, Figueres, 23 de septiembre de 1993 (véase la nota 111); los detalles del entierro me los comunicó doña Montserrat Dalí, Barcelona, 1993; necrológicas en *Alt Empordà*, Figueres, 12 de febrero de 1921, y *La Veu de l'Empordà*, Figueres, misma fecha; certificado de defunción de Felipa Domènech, Registro Civil, Barcelona. El 22 de octubre de 1920 Dalí apuntó en su diario que su madre no se encontraba bien: una primera señal, quizá, de la tragedia que se avecinaba (*Un diari: 1919-1920*, pág. 147).

141. Conversaciones con doña Montserrat Dalí, Barcelona, 1993.

142. *VS*, pág. 163.

143. Pepito Pichot murió el 5 de julio de 1921. Necrológica en *Empordà Fe-*

deral, Figueres, 9 de julio, y un artículo en elogio del difunto, en el mismo periódico el 16 de julio.

144. Dalí, diario inédito de diez páginas correspondientes a octubre de 1921, Fundación Gala-Salvador Dalí, Figueres.
145. Dalí, *Un diari: 1919-1920,* pág. 153.
146. Véase nota 144.
147. *L'Hora,* Barcelona, número 38 (25 de septiembre de 1931), pág. 7.
148. «Jak», «De la Rússia dels soviets. Un museu de pintura impressionista a Moscou», *Renovació Social,* número 1, Figueres, 26 de diciembre de 1921. Reproducido en Dalí, *L'alliberament dels dits. Obra catalana completa,* págs. 7-8. El único ejemplar conocido de *Renovació Social* se conserva en la Biblioteca Municipal Carles Fages de Climent, Figueres. Lleva la firma manuscrita de uno de los líderes del grupo, Martí Vilanova.
149. «C» [Carlos Costa], «De arte. En las Galeries Dalmau», *La Tribuna,* Barcelona, pág. 1.
150. Véase, por ejemplo, Eusebio Corominas, «Arte y Letras. Salon Parés. Galeries Dalmau», en *El Diluvio,* Barcelona, 21 de enero de 1922, pág. 17.
151. «Exposició d'obres d'art organitzada per l'Assocació Catalana d'Estudiants», *Catalunya Gràfica,* Barcelona, 10 de febrero de 1922, sin número de página; Rafael Santos Torroella, *Salvador Dalí y el Saló de Tardor,* pág. 6, número 3.
152. *Empordà Federal,* Figueres, número 574, 21 de enero de 1922, pág. 3.
153. *Empordà Federal,* Figueres, número 597, 1 de julio de 1922. El retrato de Torres aparece reproducido en color en *MEAC,* II, pág. 25. Los de Miravitlles, en blanco y negro, en Jiménez y Playà Maset, «Dalí, el fútbol i la Unió Esportiva Figueres», págs. 78 y 79.
154. Véase, por ejemplo, *Empordà Federal,* Figueres, 6 de mayo de 1922, pág. 1. «Será el pintor-poeta de nuestro mar, que en las ensenadas junto al cabo de Creus y en la Costa Brava adquiere tonalidades tan intensas que solamente alguien con gran dominio de la técnica...»
155. Dalí, *Ninots. Ensatjos sobre pintura.*
156. Reflexiones al final del cuaderno inédito *Les cançons dels dotze anys* (1922), Fundación Gala-Salvador Dalí, Figueres.
157. *Ídem.*
158. Citado por Fèlix Fanés en su edición de Dalí, *Un diari: 1919-1920,* pág. 194, nota 97; en la página 165 Andrea aparece mencionada por su nombre.

4. LOS AÑOS DE MADRID (1922-1926)

1. Para la Institución Libre de Enseñanza, véanse J. B. Trend, *The Origins of Modern Spain*, y Jiménez Landi, *La Institución Libre de Enseñanza.*
2. García de Valdeavellano, págs. 13-15; Jiménez Fraud (1971), págs. 435-436.
3. Pritchett, pág. 129.
4. Crispin, pág. 41.
5. *Ídem*, págs. 40-41.
6. Para la falta de vino, *BUS*, pág. 67.
7. Trend, *A Picture of Modern Spain*, pág. 36.
8. *AMD*, págs. 82-83.
9. Glendinning, pág. 522.
10. Eugenio d'Ors, «Las obras y los días», *El Día Gráfico*, Barcelona, 19 de octubre de 1924, pág. 6.
11. Una copia de este documento se conserva en el expediente de Dalí en la Facultad de Bellas Artes de la Universidad Complutense, Madrid.
12. *VS*, págs. 167-171.
13. La carta se conserva en la Fundació Municipal Joan Abelló, Mollet del Vallès (Barcelona). Véase Fernández Puertas, «Les cartes de Salvador Dalí al seu oncle Anselm Domènech al Museu Abelló».
14. Dalí, «Poesia de l'útil standarditzat».
15. Rodrigo, *Lorca-Dalí. Una amistad traicionada*, págs. 18-21.
16. El documento se conserva en el expediente de Dalí en la Facultad de Bellas Artes de la Universidad Complutense.
17. *VS*, pág. 171.
18. *Ídem*, pág. 187.
19. Conversación con don José Bello, Madrid, 14 de octubre de 1992.
20. Moreiro, «Dalí en el centro de los recuerdos», pág. 21.
21. *Ídem.*
22. Conversaciones con don José Bello, Madrid, 1978-1993.
23. *BUS*, pág. 54.
24. *Ídem*, págs. 56-57, 67; Santos Torroella, *Dalí residente*, pág. 28.
25. *BUS*, págs. 55-56.
26. *Ídem*, pág. 66.
27. Carta de Dalí a Joan Xirau, escrita en Figueres (en catalán). Fundació Municipal Joan Abelló, Mollet del Vallès (Barcelona). Agradezco a mi amigo Víctor Fernández una fotocopia de la misma.
28. Videla, págs. 1-88, *passim; BUS*, págs. 61-62.
29. Véase nota 15.

30. Gómez de la Serna, *Greguerías. Selección 1940-1952.*
31. G. de Candamo, pág. 79.
32. *BUS*, pág. 62.
33. La presencia de Dalí en Pombo está documentada por un apunte de Barradas reproducido por Ramón Gómez de la Serna en su *Sagrada cripta,* pág. 253.
34. Santos Torroella, *Dalí residente,* págs. 30-31.
35. Para los detalles de la vida de Barradas, véanse los catálogos Barradas/Torres García y Rafael Barradas que figuran en la sección 4 de la bibliografía.
36. Santos Torroella, *Dalí residente,* págs. 30-31.
37. Varias de estas obras se conservaban en la colección Estalella, Madrid, y ahora pertenecen a la Fundación Gala-Salvador Dalí, Figueres; reproducciones en blanco y negro en el catálogo *Ramón Estalella y su tiempo* (véase la sección 4 de la bibliografía), págs. 77-79, y en el catálogo *Salvador Dalí: The Early Years,* págs. 98-99; *Escena de cabaret* (colección François Petit, París) se reproduce en color en el catálogo *Salvador Dalí: The Early Years,* pág. 100. Otra escena de Madrid, reproducida en color en el mismo catálogo, *ídem,* pág. 98. *Los primeros días de otoño* (colección privada), en color en Santos Torroella, *Dalí residente,* pág. 29.
38. *Los primeros días de primavera* (Fundación Gala-Salvador Dalí, Figueres); en color en Santos Torroella, *Dalí residente,* pág. 29.
39. Certificado de defunción de Maria Anna Ferrés, Registro Civil de Figueres.
40. *AMD*, pág. 89.
41. Los documentos relativos a la dispensa se conservan en el Archivo Diocesano de Gerona. Estoy muy agradecido a don Leandre Niqui Puigvert, del Archivo Episcopal de Barcelona, por sugerir que me dirigiera a las autoridades eclesiásticas de Gerona. Sin su ayuda habría abandonado toda esperanza de averiguar dónde y cuándo se celebró la boda. Gracias también a don Leandre por la búsqueda que dio como resultado la localización del certificado de matrimonio.
42. Conversación con doña Montserrat Dalí, Barcelona, 1992. La anécdota me la ha confirmado también su hija, doña Eulàlia Maria Bas i Dalí, en carta fechada en Barcelona el 28 de octubre de 1993.
43. Etherington-Smith, pág. 42.
44. Conversaciones con doña Montserrat Dalí, Barcelona, 1993.
45. Certificado de matrimonio (véase la nota 41).
46. «Hostes selectes», *Empordà Federal,* Figueres, número 623, 30 de diciembre de 1922, pág. 3.
47. *VS,* pág. 161.
48. Véase, por ejemplo, M. A. Cassanyes, «Sobre l'exposició Picàbia i la con-

ferència de Breton», *La Publicitat,* Barcelona, 22 de noviembre de 1922, pág. 3.

49. Breton, *Oeuvres complètes,* I, págs. 291-308.
50. Borrás, *Picabia,* págs. 236-237, describe la exposición e identifica los cuadros expuestos (con varias reproducciones de los mismos).
51. El prefacio de Breton, así como la conferencia, se incluyeron más tarde en *Les Pas perdus.* Véase Breton, *Oeuvres complètes,* I, págs. 280-283.
52. Moreno Villa, *Vida en claro,* pág. 107.
53. Carta, tal vez de 1927, citada por Gasch, *L'expansió de l'art catalá al mon,* pág. 145. Traducimos del catalán original.
54. *VS,* pág. 188.
55. *Ídem,* pág. 218.
56. Conversación con don José Bello, Madrid, 19 de octubre de 1994.
57. Alberti, *Imagen primera de...,* págs. 19-20.
58. *Dalí in New York,* producido y dirigido por Jack Bond. Presentadora: Jane Arden. Emitido por BBC2 el 14 de enero de 1966.
59. Se trata de la sexta composición de *La bonne chanson.*
60. Dalí, «En el cuarto numeru 3 de la Residencia de Estudians. Cunciliambuls d'un grup d'avanguardia».
61. Declaraciones de Josep Riogol a Antonina Rodrigo, recogidas en Rodrigo, *Lorca-Dalí. Una amistad traicionada,* pág. 21.
62. Moreiro, pág. 19.
63. *VS,* pág. 176.
64. *Ídem,* pág. 176.
65. Una breve información sobre la visita del rey apareció en *Abc,* Madrid, 4 de marzo de 1923 («El monarca pronuncia un interesante discurso con motivo de la inauguración de una biblioteca», pág. 15). No incluye referencia alguna a Dalí.
66. *BUS,* págs. 72-75.
67. Conversación con doña María Luisa González, Madrid, 8 de abril de 1982.
68. Alberti, *La arboleda perdida,* pág. 222; *SVBLD,* págs. 79-80.
69. Dalí, «*...sempre, per damunt de la música, Harry Langdon...*»
70. Colección de don Pere Vehí, Cadaqués.
71. *VS,* págs. 199-201; conversaciones con don José Bello, Madrid, 1994-1995; para las clases de charlestón, *SDFGL,* pág. 44.
72. *VS,* pág. 200.
73. Lear, *Le Dalí d'Amanda,* pág. 165; Dalí en el programa «Imágenes», RTVE, 6 de junio de 1979 (véase la sección 7 de la bibliografía).
74. Dalí, «Skeets arbitraris. De la fira», reproducido por Fèlix Fanès en Dalí, *L'alliberament dels dits,* págs. 9-11.

75. Santos Torroella, «The Madrid Years», pág. 84.
76. La «Hoja de estudios» de Dalí se conserva en su expediente de la Facultad de Bellas Artes de la Universidad Complutense. Reproducida en *VPSD*, documento número 371, pág. 15, y *MEAC*, II, pág. 171.
77. Documento conservado en el expediente de Dalí mencionado en la nota anterior.
78. Francisco Alcántara, «Las oposiciones a cátedra de Pintura al Aire Libre de la Escuela de San Fernando», *El Sol*, Madrid, 10 de octubre de 1923, pág. 4.
79. Información y declaración en *Heraldo de Madrid*, 18 de octubre de 1923, pág. 5; otra información en *El Sol*, Madrid, 18 de octubre de 1923, pág. 8.
80. La nota publicada por *Heraldo de Madrid*, 18 de octubre de 1923, pág. 5, dice: «Un grupo de estudiantes de la Escuela de Bellas Artes protesta, en nombre de sus compañeros, contra la decisión del tribunal encargado de nombrar al catedrático de Pintura al Aire Libre. Los estudiantes sostienen que el tribunal no ha adoptado una decisión sensata, pues ha declarado vacante una plaza para la que había un candidato apropiado.»
81. La carta de Dalí a Rigol se publicó por vez primera, en versión castellana, en Rodrigo, *Lorca-Dalí. Una amistad traicionada*, págs. 32-36. Quiero agradecer a don Rafael Santos Torroella el facilitarme una fotocopia del original catalán. El expediente de Rafael Calatayud (Facultad de Bellas Artes de la Universidad Complutense) confirma que éste fue expulsado en 1923-1924, pero, a diferencia del de Dalí, no contiene más información sobre el asunto.
82. Documento reproducido en *DOH*, pág. 35.
83. Moreiro, pág. 19.
84. Los comentarios de Salvador Dalí Cusí sobre la expulsión definitiva de su hijo se estamparon en su álbum de recortes (Fundación Gala-Salvador Dalí, Figueres), págs. 144-150.
85. Documento hasta ahora inédito conservado en el expediente de Dalí en la Facultad de Bellas Artes de la Universidad Complutense.
86. *Ídem*. En *AMD*, pág. 96, Anna Maria Dalí afirma que fue la segunda esposa del notario, Catalina Domènech, quien se trasladó a Madrid a investigar lo ocurrido. Es difícil creer que la *tieta*, de nula formación académica, hubiera sido capaz de interrogar a estudiantes, profesores y empleados y evaluar adecuadamente sus opiniones. Tal vez acompañó a su marido a Madrid, dando lugar al equívoco de Anna Maria.
87. *VS*, págs. 210-211.
88. Dalí, *CI*, pág. 79; *AMD*, pág. 100; para el grabado, véase Michler y Löpsinger, pág. 126, número 1.

89. La primera referencia a la asistencia de Dalí a la Academia Libre se encuentra en Rodrigo, *Lorca-Dalí. Una amistad traicionada,* pág. 36, sin mención de fuente. De Rodrigo la han tomado otros autores, sin añadir más detalles, inclusive el por lo general extremadamente cauto Rafael Santos Torroella *(Dalí residente,* págs. 39, 55 y 74, nota 1).
90. Dalí, *Un diari: 1919-1920,* pág. 137.
91. Rivas Cherif, pág. 7.
92. *Abc,* Madrid, 16 de mayo de 1924, págs. 10-11.
93. *Diario de Gerona,* 22 de mayo de 1924, citado por Clara, pág. 53; *El Día Gráfico,* Barcelona, 25 de mayo de 1924.
94. *Justicia Social,* Barcelona, 31 de mayo de 1924; *El Autonomista,* Gerona, 13 de junio de 1924. Al parecer no ha sobrevivido ninguna colección de estas publicaciones. Por suerte las notas en cuestión, así como la aparecida en *La Veu de l'Empordà,* Figueres, 14 de junio de 1924, se incluyen en el álbum de recortes de Salvador Dalí Cusí (Fundación Gala-Salvador Dalí, Figueres).
95. «Empresonaments», *Justicia Social,* Barcelona, 14 de junio de 1924 (véase la nota anterior); *La Veu de l'Empordà,* Figueres, 14 de junio de 1924 (véase la nota anterior); Clara, pág. 53.
96. Clara, pág. 53.
97. Salvador Dalí Cusí dio su versión de lo ocurrido en una entrevista con *Empordà Federal,* Figueres, 2 de junio de 1923.
98. Salvador Dalí [Cusí], «Al Sr. Procurador de la República Española, Fiscal del Tribunal Supremo», *Empordà Federal,* Figueres, 9 de mayo de 1931; *VS,* pág. 133.
99. *VS,* pág. 213; Arco, pág. 54.
100. El documento se conserva en el expediente de Dalí en la Facultad de Bellas Artes de la Universidad Complutense.
101. Hay una reproducción de la fotografía en *Poesía. Número monográfico dedicado a la Residencia de Estudiantes* (véase la sección 7 de la bibliografía, bajo *Poesía),* págs. 80-81, y en *Buñuel. La mirada del siglo* (catálogo, véase la sección 4 de la bibliografía), pág. 298; para las representaciones de *Don Juan Tenorio* en la Residencia, véase *SVBLD,* págs. 86-91.
102. Antonio Marichalar, reseña de *El nuevo glosario: Los diálogos de la pasión meditabunda,* de Eugenio D'Ors, en *Revista de Occidente*, Madrid, I, número 4, octubre de 1923, pág. 126.
103. Ruiz-Castillo Basala, págs. 108-109.
104. La reseña apareció en *La Voz,* Madrid, 10 de junio de 1922.
105. Valenciano Gayá, *El doctor Lafora y su época.*
106. *BUS,* p. 222.
107. Moreno Villa, *Vida en claro,* pág. 111.

108. James Strachey en la Nota del Editor a Freud, *Three Essays on Sexuality* (Standard Edition), pág. 126.
109. El libro lleva la fecha de 1923, pero no tiene colofón. Gonzalo Lafora, autor de la reseña aparecida en *Revista de Occidente,* Madrid, VI, número 16, octubre de 1924, págs. 161-165, apunta que el libro «[apareció] hace pocos meses».
110. *VS,* pág. 179, nota.
111. La mayor parte de la biblioteca de Dalí permaneció en su casa paterna cuando su padre lo desheredó en 1929, y nunca se la devolvieron. Hoy, la heredera de Anna Maria Dalí conserva los siguientes volúmenes: *Tótem y tabú, Psicopatología de la vida cotidiana, El porvenir de las religiones, Interpretación de los sueños* y *Psicología de la vida erótica.*
112. Agradezco a don Pere Vehí, de Cadaqués, los detalles sobre las anotaciones de Dalí.
113. Breton, *Oeuvres complètes,* I, pág. 1332.
114. Vela, «El suprarrealismo».
115. Para los detalles básicos de la vida de Ducasse, la mejor fuente es la cronología incluida en el volumen Lautréamont, Germaine Nouveau, *Oeuvres complètes,* París, Gallimard (Bibliothèque de la Pléiade), 1970, págs. 4-12.
116. *Ídem,* pág. 1354.
117. *Ídem.*
118. Breton, *Oeuvres complètes,* I, págs. 300-301.
119. Breton, *Entretiens.*
120. En *Prometeo,* Madrid, número 9, julio de 1909, págs. 69-78. La edición de Biblioteca Nueva no lleva fecha. Aún no ha sido posible establecer con certeza el año de publicación. En 1924 el libro ya había aparecido, pues figura en un extracto del catálogo de la editorial impreso al final de una novela de Pirandello *(El difunto Matías Pascal),* publicada ese año en la misma colección. Las alusiones bibliográficas en el prólogo de Ramón Gómez de la Serna sugieren la fecha de 1920. No he encontrado ninguna reseña del libro en la prensa española de la época.
121. Lautréamont, *Los cantos de Maldoror* (edición Biblioteca Nueva), pág. 25.
122. Lorca leyó *Los raros* en la edición de Maucci, Barcelona. Para la referencia a Lautréamont en *Impresiones y paisajes,* véase García Lorca, *OC,* III, págs. 43-45.
123. Carta de don José Bello al autor, Madrid, 17 de marzo de 1996.
124. *VS,* pág. 217.
125. Carta reproducida en Gibson, *Federico García Lorca,* I, pág. 401.

126. Rodrigo, *Lorca-Dalí. Una amistad traicionada,* pág. 39.
127. Playà i Maset, *Dalí de l'Empordà,* págs. 15-16.
128. *AMD,* pág. 102.
129. Jardí, págs. 306-309.
130. Pauwels, pág. 24.
131. *VS,* pág. 284.
132. Fotografía conservada en la Fundación Gala-Salvador Dalí, Figueres.
133. El manuscrito se conserva en la Fundación Federico García Lorca, Madrid.
134. *AMD,* pág. 102.
135. *Ídem,* págs. 101-103.
136. García Lorca, *Epistolario completo,* pág. 296.
137. *AMD,* págs. 103-104.
138. Aragon, pág. 25.
139. *BUS,* pág. 65.
140. El manifiesto se publicó en la revista *Alfar,* La Coruña, número 51, julio de 1925, pág. 68; reproducido por Brihuega en *Manifiestos, proclamas,* etc., págs. 114-118.
141. *Abc,* Madrid, 29 de mayo de 1925. La fotografía se reproduce en *SDFGL,* pág. 129, y en *DOH,* pág. 35.
142. Moreno Villa, «Nuevos artistas», pág. 80.
143. *MEAC,* II, p. 143.
144. Moreno Villa, «La jerga profesional».
145. Santos Torroella, *Dalí. Época de Madrid* y «Salvador Dalí en la primera exposición de la Sociedad de Artistas Ibéricos».
146. Santos Torroella, «The Madrid Years».
147. El recorte del artículo con el comentario manuscrito (pero sin firma) de Lorca se encuentra en el álbum de Salvador Dalí Cusí (Fundación Gala-Salvador Dalí, Figueres). El artículo apareció en *Buen humor,* Madrid, 21 de junio de 1925. El número siguiente de la revista (28 de junio) traía una reproducción de *Bañista,* que representa a Joan Xirau, amigo de Dalí y colaborador suyo en la aventura de *Studium.*
148. Álbum de recortes de Salvador Dalí Cusí (Fundación Gala-Salvador Dalí, Figueres).
149. Moreno Villa, «La exposición de Artistas Ibéricos».
150. Manuel Abril, en *Heraldo de Madrid,* 16 de junio de 1925, pág. 3.
151. Eugenio d'Ors, «Glosas», *Abc,* Madrid, 3 de junio de 1925.
152. Jean Cassou, «Lettres espagnoles», *Mercure de France,* París, número 655, 1 de octubre de 1925, págs. 233-234.
153. Hay numerosos recortes de prensa en el álbum de Salvador Dalí Cusí (Fundación Gala-Salvador Dalí, Figueres).

154. La carta figura en el álbum de recortes de Salvador Dalí Cusí en la Fundación Gala-Salvador Dalí, Figueres.
155. Hoja de estudios de Dalí, en el expediente conservado en la Facultad de Bellas Artes de la Universidad Complutense.
156. *SDFGL,* pág. 16.
157. Alberti, *La arboleda perdida,* pág. 176.
158. Documento conservado en el expediente de Dalí en la Facultad de Bellas Artes de la Universidad Complutense.
159. Documento pegado por Dalí Cusí en el su álbum de recortes, pág. 53. Fundación Gala-Salvador Dalí, Figueres.
160. *SDFGL,* pág. 19.
161. *CI,* pág. 80; catálogo reproducido en *SDFGL,* pág. 162. *CI,* pág. 80.
162. *CI,* pág. 80.
163. *«Celui qui ne voudra mettre à contribution aucun autre esprit que le sien même se trouvera bientôt réduit à la plus misérable de toutes les imitations, c'est-à-dire, à celle de ses propres ouvrages»; «Le dessin est la probité de l'art»; «Les belles formes, ce sont des plans droits avec des rondeurs. Les belles formes sont celles qui ont de la fermeté et de la plénitude, où les details ne compromettent pas l'aspect des grandes masses.»*
164. *SDFGL,* págs. 24 y 122, nota 2 a la carta IX.
165. Para extractos de algunas de las reseñas, véase *AMD,* págs. 117-120.
166. *VS,* pág. 219.
167. *Ídem,* págs. 165-167.
168. El telegrama figura en el álbum de recortes de Salvador Dalí Cusí (Fundación Gala-Salvador Dalí, Figueres).
169. Cipriano Rivas Cherif, «Divagaciones de un aprendiz de cicerone. "Venus y un marinero"», *Heraldo de Madrid,* 21 de enero de 1926.
170. Carta de Buñuel a Lorca, 2 de febrero de 1926. Fundación Federico García Lorca, Madrid.
171. *SDFGL,* pág. 36.
172. Para las cartas, véase Santos Torroella, *La miel es más dulce que la sangre,* págs. 239-240.
173. Fernández Puertas, págs. 74-76.
174. *SDFGL,* pág. 127, col. 3, nota 1; Rodrigo, *Memoria de Granada,* pág. 223.
175. Es posible que Dalí llegara con la carta de Lorca a Ortiz en el bolsillo (Rodrigo, *Memoria de Granada,* pág. 223).
176. *VS,* pág. 221.
177. *Ídem.*
178. Rodrigo, *Memoria de Granada,* pág. 223.
179. *VS,* pág. 221.

180. Zervos, «Oeuvres récentes de Picasso», incluye dos fotografías que muestran las obras que se veían entonces en los rincones del estudio del artista.
181. Alley, pág. 13.
182. No hay referencia a la visita en *Conversations avec Picasso* de Brassaï, donde el pintor malagueño afirma que la primera vez que vio cuadros de Dalí fue en Barcelona en 1926 (después de la olvidada visita).
183. *AMD,* págs. 120-121.
184. *SDFGL,* págs. 32 y 124-126.
185. Rodrigo, *Memoria de Granada,* pág. 223.
186. Miró, *Ceci est la couleur de mes rêves. Entretien avec Georges Raillard,* París, Seuil, 1977. Citado por Rosa Maria Malet en documentos facilitados a Radiotelevisión Española para una serie sobre el surrealismo, basada en un proyecto de Juan Caño y Ian Gibson.
187. James Johnson Sweeney, «Joan Miró: Comment and Interview», *Partisan Review,* Nueva York, tomo 15, número 2, Nueva York, febrero de 1948. Citado por Rosa Maria Malet en los documentos mencionados en la nota anterior.
188. Minguet Batllori, pág. 65.
189. Breton, *Le Surréalisme et la peinture,* pág. 70.
190. *LRS,* número 6, 1 de marzo de 1926; anuncio en el dorso de la portada.
191. Penrose, *Miró,* pág. 44. La lista de los artistas de la galería se publicó en un anuncio aparecido en *LRS,* número 7, 15 de junio de 1926.
192. Penrose, *Miró,* pág. 44.
193. Conversación con doña María Luisa González, Madrid, 28 de noviembre de 1991; *BUS,* pág. 179.
194. Anna Maria Dalí, *Noves imatges de Salvador Dalí,* pág. 116; *SDFGL,* pág. 34.
195. Matasellos de la postal de Cadaqués enviada por Salvador y Anna Maria a García Lorca (Santos Torroella, *Dalí residente,* pág. 40 y nota).
196. Fernández Puertas, «Anselm Domènech, l'oncle de Salvador Dalí», pág. 76.
197. *SDFGL,* págs. 16, 20 y 32.
198. García Lorca, *Obras completas,* I, págs. 953-957.
199. Jean Cassou, «Lettres espagnoles», *Mercure de France,* París, número 673 (1 de julio de 1926), págs. 235-236.
200. Bosquet, pág. 56: *«Mais je me sentais fort flatté au point de vue du prestige. C'est que, au fond de moi-même, je me disais qu'il était un très grand poète et que je lui devais un petit peu du trou du c... du Divin Dalí! Il a fini par s'emparer d'une jeune fille, et c'est elle qui m'a remplacé dans le sacrifice. N'ayant pas obtenu que je mette mon c... à sa disposition, il m'a juré que le sacrifice obtenu de la jeune fille se trouvait compensé par son sacrifice à lui: c'était la première fois qu'il couchait avec une femme.»*

201. Gibson, «Con Dalí y Lorca en Figueres», pág. 11.
202. Ontañón y Moreiro, pág. 122.
203. El expediente de Margarita Manso se conserva, como el de Dalí, en los archivos de la Facultad de Bellas Artes de la Universidad Complutense; la postal está en la colección de don Pere Vehí, Cadaqués.
204. Conversación con doña Maruja Mallo, Madrid, 15 de mayo de 1979.
205. *Ídem.*
206. *SDFGL*, pág. 36.
207. *Ídem*, pág. 57.
208. *Ídem*, pág. 88.
209. García Lorca, *Obras completas*, I, pág. 441.
210. *Ídem*, pág. 421. Véase *VS*, pág. 260: «y el mes de septiembre mantenía sobre nosotros el diente de ajo de "plata moribunda" del incipiente creciente lunar».
211. Expediente de Dalí en el archivo de la Facultad de Bellas Artes de la Universidad Complutense.
212. El informe del Consejo de Disciplina de San Fernando se encuentra en el expediente de Dalí conservado en la Facultad de Bellas Artes de la Universidad Complutense.
213. Comentario de siete páginas de Dalí Cusí sobre la expulsión de su hijo, fechado el 20 de noviembre de 1926, en su álbum de recortes (Fundación Gala-Salvador Dalí, Figueres), págs. 144-150.
214. Documento conservado en el expediente de Dalí en la Facultad de Bellas Artes de la Universidad Complutense.
215. *VS*, pág. 18.
216. Rodrigo, *Lorca-Dalí. Una amistad traicionada*, pág. 85.
217. Copia del documento mecanografiado titulado «Junta de profesores, reunidos en consejo de disciplina el día 23 de junio de 1926, a la siete de la tarde», en el expediente de Dalí conservado en la Facultad de Bellas Artes de la Universidad Complutense.
218. Fundación Federico García Lorca, Madrid.
219. Álbum de recortes de Salvador Dalí Cusí (Fundación Gala-Salvador Dalí, Figueres), págs. 144-150. Véanse también los comentarios de Dalí Cusí escritos en el dorso de la hoja de estudios de Salvador en la Escuela Especial (fechada el 17 de junio de 1926). Tanto esta hoja como los comentarios del notario se reproducen fotográficamente en *Dalí: els anys joves* (catálogo, véase bibliografía, sección 1), pág. 27.
220. *VS*, pág. 218.
221. Dalí, *Un diari: 1919-1920*, pág. 85.
222. Pedro Rodríguez, «Dalí vuelve a casa. "Soy el primer distribuidor, a escala mundial, del libro *Camino...*"», *Los Sitios*, Gerona, 12 de julio de 1970.

5. SAN SEBASTIÁN Y EL GRAN MASTURBADOR (1926-1927)

1. Fernández Almagro, «Por Cataluña».
2. Santos Torroella, *Dalí. Época de Madrid,* pág. 68.
3. *DG,* pág. 81.
4. *Ídem*; *CI,* pág. 17.
5. Malanga, sin número de página.
6. El cuadro acaba de ser donado por doña Josefina Cusí, hija de Joaquim Cusí Fortunet, a la abadía de Montserrat.
7. Santos Torroella, *Dalí. Época de Madrid,* pág. 72.
8. García Lorca, *Epistolario completo,* pág. 374.
9. Beurdeley, pág. 84.
10. Savinio, *Nueva enciclopedia,* pág. 369.
11. Freud, *Introductory Lectures on Psycho-Analysis,* Standard Edition, XV, pág. 154.
12. *SDFGL,* pág. 44.
13. *Ídem,* pág. 42.
14. Santos Torroella fue el primero en señalar esta conexión. Véase *La miel es más dulce que la sangre,* pág. 224.
15. *On Classic Ground. Picasso, Léger, De Chirico and the New Classicism 1910-1930* (catálogo, véase la sección 4 de la bibliografía).
16. Santos Torroella, *La miel es más dulce que la sangre,* pág. [110].
17. Reproducido en *DOH,* pág. 49; *MEAC,* II, pág. 59.
18. Santos Torroella, *La miel es más dulce que la sangre,* pág. [110].
19. Anna Maria Dalí, *Noves imatges de Salvador Dalí,* pág. 94.
20. En el Salvador Dali Museum, Florida. Reproducido en *Salvador Dalí: The Early Years,* pág. 128 (véase la sección 1 de la bibliografía).
21. Santos Torroella, *Dalí. Época de Madrid,* pág. 73.
22. *Ídem.*
23. Fotografía conservada en la Fundación Federico García Lorca, Madrid.
24. Óleo sobre cobre de dimensiones desconocidas (colección particular, Carles Noguer Cusí, Barcelona), reproducido en blanco y negro en *DOH,* pág. 56 (con el título *Ana María),* donde se fecha 1925, y en *Salvador Dalí: The Early Years* (catálogo, sección 1 de la bibliografía), pág. 36, fechado 1926 (lo que parece menos probable). Para la participación de Dalí en el Salón de Otoño, véase Santos Torroella, *Salvador Dalí i el Saló de Tardor.*
25. La obra se conserva en el Salvador Dali Museum, Florida. Se reproduce en color en *Salvador Dalí: The Early Years* (catálogo, véase la sección 1 de la bibliografía), pág. 128; en *The Salvador Dali Museum Collection* (catálogo,

véase la sección 2 de la bibliografía), número 24 (con el título *Femme couchée);* en *DOH,* pág. 67.

26. Para reproducciones en color de *Naturaleza muerta al claro de luna malva,* véase *DOH,* pág. 69, y *Salvador Dalí: The Early Years* (catálogo, véase sección 1 de la bibliografía), pág. 164; para *La maniquí (Maniquí barcelonesa), DOH,* pág. 68, y *Salvador Dalí: The Early Years,* pág. 161.
27. Gasch, *L'expansió de l'art català al mon,* págs. 139-140.
28. Gasch, «De galeria en galeria», *AA,* número 2, mayo de 1926, pág. 5.
29. Gasch, «Les exposicions», *ídem,* número 14, 31 de mayo de 1927, pág. 40.
30. Gasch, «De galeria en galeria», *ídem,* número 8, noviembre de 1926, pág. 4.
31. *Ídem,* pág. 6.
32. Gasch, «Salvador Dalí», *La Gaseta de les Arts,* Barcelona, número 60, 1 de noviembre de 1926; reimpreso en Gasch, *Escrits d'art i d'avantguarda (1925-1938),* págs. 67-70.
33. Gasch, *L'expansió de l'art català al món,* pág. 142. Traducimos del original catalán.
34. *Ídem,* pág. 143.
35. *Ídem,* págs. 143-144.
36. M. A. Cassanyes, «L'espai en les pintures de Salvador Dalí», pág. 30.
37. *SDFGL,* pág. 46.
38. J. V. Foix, «Presentació de Salvador Dalí».
39. Fotografía en blanco y negro en *DOH,* pág. 67, con el título *Mujeres echadas en la arena.*
40. Gasch, «Salvador Dalí», *AA,* número 11, 28 de febrero de 1927, págs. 16-17.
41. Para el descubrimiento de De Chirico por Tanguy, véase Biro y Passeron, pág. 396; José Pierre, «Le Peintre surréaliste par excellence», pág. 43; Jean, pág. 162; para el descubrimiento del mismo cuadro por Breton, véase Pierre, *ídem.*
42. Reproducido en DOH, pág. 76.
43. Santos Torroella, *La miel es más dulce que la sangre,* pág. [107], pie de foto: «La cabeza solitaria que se ve aquí es la de García Lorca.»
44. Buñuel, «Recuerdos literarios del Bajo Aragón», en Buñuel, *Obra literaria,* edición de A. Sánchez Vidal, pág. 241. Para los recuerdos de José Bello, véase *SVBLD,* págs. 26-28.
45. Bataille, «Le "Jeu lugubre"».
46. Dalí, *El mito trágico del «Ángelus» de Millet,* pág. 165.
47. Miró, «Je rêve d'un grand atelier», *XXe Siècle,* París, número 2, mayo-junio de 1938, págs. 25-28.
48. *CI,* pág. 84.
49. *SDFGL,* pág. 48.

50. *Ídem*, pág. 52.
51. *Ídem*, págs. 58-59.
52. Rafael Moragas, «Durante un ensayo, en el Goya, de "Mariana Pineda", cambiamos impresiones con el poeta García Lorca y el pintor Salvador Dalí», *La Noche*, Barcelona, 23 de junio de 1927, pág. 3.
53. Gibson, *Federico García Lorca*, I, pág. 480.
54. *Ídem*, págs. 479-482.
55. Gasch, «F. G. Lorca», *AA*, número 15, 30 de junio de 1927, pág. 50.
56. García Lorca, *Cartas a sus amigos*, págs. 8-11.
57. Reproducido en color en García Lorca, *Dibujos* (catálogo, véase la sección 4 de la bibliografía), número 114, pág. 153, y en Romero, *Todo Dalí en un rostro*, número 277, pág. 220.
58. Descharnes, *Dalí de Gala*, pág. 21; reproducción del dibujo, en color, en García Lorca, *Dibujos* (catálogo, véase la sección 4 de la bibliografía), número 114, pág. 153, y en Romero, *Todo Dalí en un rostro*, número 277, pág. 220.
59. García Lorca, *Cartas a sus amigos*, pág. 10.
60. Montanyà, «Superrealisme», *AA*, número 10, 31 de enero de 1927, págs. 3-4.
61. Montanyà, «Panorama», *ídem*, número 16, 31 de julio de 1927, pág. 55.
62. Gasch, «Intermezzo càustic», *ídem*, número 15, 30 de junio de 1927, pág. 50.
63. «Informacions artístiques», *ídem*.
64. «Informacions literàries», *ídem*, pág. 48.
65. *SDFGL*, pág. 46. Véase también la pág. 93, donde vuelve a aparecer el término.
66. *AA*, núm. 16, 31 de julio de 1927, págs. 52-54.
67. El borrador se conserva en la Fundació Municipal Joan Abelló, Mollet del Vallès (Barcelona). Agradezco a mi amigo Víctor Fernández una copia del mismo; veáse Dalí, «Reflexions. El sentit comú d'un germá de Sant Joan Baptista de la Salle».
68. *VS*, pág. 221.
69. La fotografía se publicó en *Alhambra*, Nueva York, I, número 3, agosto de 1929. La reproduce Antonina Rodrigo en *Lorca-Dalí. Una amistad traicionada*, pág. 173, con otra de la torre de copas.
70. García Lorca, *Cartas a sus amigos*, pág. 32; García Lorca, *Epistolario completo*, p. 492.
71. «Informacions artístiques», *AA*, número 17, 31 de agosto de 1927, pág. 73.
72. La carta, hoy en la Biblioteca de Catalunya, Barcelona, fue reproducida por primera vez en Fernández Puertas, «Una carta obligada».
73. Quiero dar las gracias a Dawn Ades por facilitarme una fotocopia del catálogo. Los cuadros expuestos fueron:

1. *La Lueur ressemblante*
2. *Premier Message*
3. *Second Message* (colección Louis Aragon)
4. *Troisième Message*
5. *Leur Ventre blanc m'avait frappé*
6. *Bélomancie*
7. *Mort guettant sa famille*
8. *Une Couleur, une fleur, une personne présente* (colección Roland Tual)
9. *Vite! Vite!* (colección Mme. J. T.)
10. *Elberfeld* (colección Paul Éluard)
11. *Je suis venu comme j'avais promis. Adieu* (colección Janine Kahn)
12. *L'anneau d'invisibilité* (colección Nancy Cunard)
13. *Essai sur les erreurs populaires*
14. *Argent potable*
15. *Fumier à gauche, violettes à droite*
16. *Finissez ce que j'ai commencé*
17. *Un Grand Tableau qui représente un paysage*
18. *Il faisait ce qu'il voulait* (colección André Breton)
19. *Tous ces Détails étaient exacts*
20. *Extinction des lumières inutiles*
21. *Le 4 juin je ne vois plus*
22. *Maman, Papa est blessé*
23. *Je m'en vais, venez vous!*

José Pierre da por hecho, sin aducir pruebas ni defender sus argumentos, que Dalí vio el catálogo de la exposición (*Yves Tanguy,* Centro Georges Pompidou, París, pág. 53). El mismo autor facilita detalles sobre los tres cuadros reproducidos en el catálogo (*ídem,* pág. 61, nota 26). La portada del catálogo y la página con la lista de las obras expuestas se reproducen en el catálogo *Yves Tanguy* (edición alemana, pág. 67); la edición francesa reproduce el prefacio de Breton para la exposición de 1927 (págs. 92-93). Ambas publicaciones se relacionan en la bibliografía, sección 4.

74. Ades, pág. 45.
75. Pierre, pág. 53.
76. *Ídem.*
77. Secrest, pág. 87.
78. *SVBLD,* pág. 116.
79. García Lorca, *Epistolario completo,* págs. 498-501. El manuscrito de la carta se conserva en la Fundación Gala-Salvador Dalí, Figueres. Escrita en letra menuda, ofrece varias dificultades de lectura. La ha reproducido en facsímil, con comentarios, Santos Torroella en *Dalí residente,* págs. 177-178.

80. Romero, *Todo Dalí en un rostro,* número 213, pág. 172.
81. *VS,* pág. 320; por Eugenio D'Ors sabemos que Lídia ya usaba la frase cuando la conoció en 1911 (*La verdadera historia de Lídia de Cadaqués,* pág. 34).
82. Santos Torroella, *La miel es más dulce que la sangre,* pág. 74; *VS,* pág. 236.
83. García Lorca, *Obras completas,* I, pág. 531.
84. Santos Torroella, *La miel es más dulce que la sangre,* pág. 75, nota 9.
85. Véanse, por ejemplo, sus comentarios sobre el tema en Permanyer, «El pincel erótico de Salvador Dalí».
86. Moorhouse, pág. 32.
87. *SVBLD,* pág. 158.
88. *Ídem,* pág. 159.
89. *Ídem,* pág. 162.

6. HACIA EL SURREALISMO (1927-1928)

1. Catalán original en Combalía, *El descubrimiento de Miró,* pág. 83, nota 84. Gasch menciona la carta en «Les fantasies d'un reporter», pág. 108.
2. Massot y Playà, «Sis anys de correspondència entre Miró i Dalí», pág. 36.
3. Gasch, «Les fantasies d'un reporter», pág. 108.
4. Véase el final del artículo de Gasch sobre Miró publicado en *Gaseta de les Arts,* Barcelona, número 39, 15 de diciembre de 1925 (reproducido en Gasch, *Escrits d'art i d'avantguarda,* págs. 52-57): «Para concluir, debería subrayarse que la obra de Joan Miró representa, dentro de la pintura moderna, el esfuerzo más original e importante desde Picasso. A muchos esta afirmación podrá parecerles gratuita. Pero no soy yo quien lo afirma. Miró ha tenido la gran fortuna de oírla de labios del artista de Málaga.»
5. *SDFGL,* pág. 66.
6. Santos Torroella, *Salvador Dalí i el Saló de Tardor,* págs. 32-33, nota 21.
7. Dalí, «La fotografia, pura creació de l'esperit».
8. Ades, «Morphologies of Desire», pág. 142.
9. Para las fechas, véase Santos Torroella, *Dalí residente,* pág. 193, nota 8; *AA,* número 17 (31 de agosto de 1927), pág. 73.
10. Gasch, «Max Ernst».
11. Gasch, «Cop d'ull sobre l'evolució de l'art modern», pág. 93.
12. Gasch, «Del cubismo al surrealismo», *GL,* número 20 (15 de octubre de 1927), pág. 5. La versión original en catalán de este artículo (*La Nova Revista,* Barcelona, número 7, julio de 1927) no contiene la frase sobre la inmoralidad.
13. Gasch, «L'exposició colectiva de la Sala Parés», *AA,* número 19 (31 de octubre de 1927), pág. 95.

14. Gasch, «Comentaris. Al marge d'un article de Rafael Benet», *AA,* número 22 (29 de febrero de 1928), págs. 166-167. Cada vez quedaba más claro que las principales objeciones de Gasch al surrealismo eran la negación agresiva de Dios y su explícito carácter sexual. Véase en particular su artículo «André Breton: "Le Surréalisme et la peinture"», *La Veu de Catalunya,* Barcelona, 15 de abril de 1928, reproducido en Gasch, *Escrits d'art i d'avantguarda (1925-1938),* págs. 101-105, en el que puede leerse: «Acepto la parte poética y sana del surrealismo. Pero rechazo categóricamente su enfermizo componente sádico, su pederastia, su suciedad, y la peste a drogas y burdeles que exhala el surrealismo literario.»
15. Dalí, «Els meus quadros del Saló de Tardor».
16. Massip, «Dalí hoy».
17. Para Gasch («Del cubismo al superrealismo», *GL,* número 20, 15 de octubre de 1927, pág. 5), Foix es «el poeta surrealista catalán»; para Montanyà («Un "nou" poeta català [Sebastià Sánchez-Juan]», *GL,* número 22, 15 de noviembre de 1927, pág. 3), es «el surrealista catalán (un surrealista con las más nobles preocupaciones estéticas)».
18. *SDFGL,* pág. 69.
19. *SVBLD,* pág. 165.
20. Dalí, «Film-arte, fil[m]-antiartístico».
21. *Dalí joven* (catálogo, véase la sección 1 de la bibliografía), pág. 33.
22. *Ídem.*
23. *Dalí: els anys joves* (catálogo, véase sección 1 de la bibliografía), págs. 29-30. Traducimos del original catalán.
24. *AA,* 29 de febrero de 1928, pág. 165.
25. Citado en *SVBLD,* págs. 166-167.
26. *SDFGL,* págs. 80-81.
27. Los extractos aparecieron en *LRS,* número 4 (15 de julio de 1925), págs. 26-30; número 6 (1 de marzo de 1926), págs. 30-32; número 7 (15 de junio de 1926), págs. 3-5, y número 9-10 (1 de octubre de 1927), págs. 36-43.
28. «Hoy, 12 de febrero de 1928, a medianoche, *el noi* ha terminado su servicio militar»: álbum de recortes de Salvador Dalí Cusí, Fundación Gala-Salvador Dalí, Figueres. Para los detalles de publicación de «Nous límits de la pintura», véase la bibliografía, sección 6.
29. Breton, *Le Surréalisme et la peinture,* págs. 47-48.
30. Dalí, «Nous límits de la pintura» [primera entrega], pág. 167.
31. *Ídem.*
32. Dalí, «Realidad y sobrerrealidad».
33. *SDFGL,* págs. 89-90.
34. Breton, «Le Surréalisme et la peinture», *LRS,* número 9-10 (1 de octubre

de 1927), pág. 41: «Fue así que Max Ernst comenzó a preguntarse por la sustancia de los objetos, para darle toda la libertad de escoger, una vez más, su sombra, su actitud y su forma»; *Le Surréalisme et la peinture,* pág. 30. Comparar Dalí, en «Nous límits de la pintura» (segunda entrega, pág. 186, co. 3): «[...] en el complejísimo y turbador proceso del instante en que estas cosas no dotadas de visión comienzan a caminar o consideran conveniente modificar el curso de la proyección de su sombra».

35. *SDFGL,* págs. 89-90.
36. Dalí, «Nous límits de la pintura» [tercera entrega], pág. 195. Para Miró y el «asesinato» de la pintura, véase Combalía, *El descubrimiento de Miró,* págs. 84-86.
37. Según el recopilador de Breton, *Oeuvres complètes,* I, pág. lvi, *Le Surréalisme et la peinture* se terminó de imprimir el 11 de febrero de 1928.
38. Santos Torroella, *«Los putrefactos» de Dalí y Lorca,* pág. 95.
39. Gasch reseñó ásperamente el libro en mayo de 1928 (véase la bibliografía).
40. *SVBLD,* pág. 164.
41. Gasch, *L'expansió de l'art català al mon,* pág. 150.
42. Gasch, *ídem,* omite el nombre de Aurea, que aparece en una carta suya a Dalí conservada en el álbum de recortes de Salvador Dalí Cusí, Fundación Gala-Salvador Dalí, Figueres.
43. Gasch, *L'expansió de l'art catalá al mon,* pág. 150.
44. Carta de Gasch a Salvador Dalí, diciembre de 1927, conservada en el álbum del padre del pintor, Fundación Gala-Salvador Dalí, Figueres.
45. El manifiesto se reproduce en facsímil en Molas, pág. 331.
46. Gasch, *L'expansió de l'art catalá al mon,* pág. 152; álbum de recortes de Salvador Dalí Cusí, Fundación Gala-Salvador Dalí, Figueres.
47. Gasch, *L'expansió de l'art catalá al mon,* pág. 153.
48. *AA,* 30 de abril de 1928, pág. 181.
49. Dalí, «Per al "meeting" de Sitges».
50. *La Veu de l'Empordà,* Figueres, 26 de mayo de 1928, págs. 5-6.
51. *Ídem,* pág. 6; véase también *Sol Ixent,* Cadaqués, 2 de junio de 1928, págs. 8 y 10.
52. *VS,* pág. 21.
53. Descharnes, *Dalí,* pág. 64.
54. Ades, *Dalí,* pág. 60.
55. Santos Torroella, *Salvador Dalí i el Saló de Tardor,* pág. 11.
56. Ambas obras se reproducen en DOH, pág. 75.
57. Ricardo Baeza, «Los "Romances gitanos" de Federico García Lorca», *El Sol,* Madrid, 29 de julio de 1928, pág. 2.
58. García Lorca, *Obras completas,* III, pág. 977.
59. García Lorca, *Epistolario completo,* pág. 585.

60. Dalí, «Realidad y sobrerrealidad».
61. Santos Torroella, *Dalí i el Saló de Tardor,* pág. 17, nota 15.
62. Es muy probable que se trate de la tela que hoy se encuentra en el Salvador Dali Museum, Florida, reproducida en color en el catálogo del museo con el número 31 (véase la sección 2 de la bibliografía).
63. Santos Torroella, *Salvador Dalí i el Saló de Tardor,* pág. 12.
64. *Ídem,* págs. 13-14.
65. *Ídem,* pág. 15.
66. *Ídem,* pág. 20.
67. *Ídem,* págs. 18-19.
68. «Les exposicions d'art. El Saló de Tardor. A darrera hora, Salvador Dalí retira el seus quadros del Saló», *La Nau,* Barcelona, 6 de octubre de 1928. La nota del comité apareció también en *La Publicitat,* Barcelona, 6 de octubre de 1928, pág. 5 («Una obra de Salvador Dalí es retirada del Saló de Tardor»).
69. Santos Torroella, *Salvador Dalí i el Saló de Tardor,* págs. 20-21.
70. *La Publicitat,* Barcelona, 17 de octubre de 1928, pág. 4.
71. *Ídem,* págs. 4-5.
72. *Ídem,* págs. 4-5; *ídem,* 24 de octubre de 1928, pág. 6.
73. Pla en *La Veu de Catalunya,* citado por Gasch, *L'expansió de l'art català al món,* pág. 153.
74. Santos Torroella, *Dalí i el Saló de Tardor,* pág. 24.
75. *Ídem,* págs. 25-27.
76. *Ídem,* págs. 27-29.
77. *Ídem,* págs. 29-30.
78. *Ídem,* págs. 32-34.
79. Francisco Madrid, «El escándalo del Salón de Otoño de Barcelona. Salvador Dalí, pintor de vanguardia, dice que todos los artistas actuales están putrefactos», *Estampa,* Madrid, 6 de noviembre de 1928, pág. [8].

7. EN EL VÓRTICE SURREALISTA (1929)

1. *SVBLD,* pág. 186.
2. *Ídem.*
3. *BUS,* pág. 102.
4. Sánchez Vidal, «Las bestias andaluzas», pág. 193.
5. *VS,* pág. 220; una versión similar en *CI,* pág. 110.
6. Lear, *L'Amant-Dali,* pág. 190; Aub, págs. 547-548.
7. *SVBLD,* pág. 184.
8. Carta de Buñuel a Dalí, 24 de junio de 1929, Fundació Municipal Joan

Abelló, Mollet del Vallès (Barcelona). En 1934, ocho años antes de la publicación de *Vida secreta,* furioso porque su nombre había desaparecido de los títulos de crédito de *Un perro andaluz* y *La edad de oro,* Dalí le escribió a Buñuel: «Sin mi no hubiera habido esos films, acuerdate de tus proyectos avanguardistas i Gomez de la Serna, contemporaneos a cuando yo escrivi la primera version del *Chien* en la cual el *film surrealista* era inventado por primera vez.» Su indignación tiene un tono convincente (carta citada en *SVBLD,* págs. 248-250. El testimonio de Jaume Miravitlles, que participó en la película, también es relevante. Según Met, si la realización de *Un perro andaluz* se debía claramente a Buñuel, la idea original fue sin duda alguna de Dalí: él fue la «madre». Buñuel, escribe Miravitlles, se lo había confirmado en una carta (Miravitlles, «Dalí y Buñuel», 8 de julio de 1977, y *Més gent que he conegut,* pág. 160).

9. Carta de Buñuel a José Bello (París, 10 de febrero de 1929), reproducida en *SVBLD,* págs. 189-191. El profesor Sánchez Vidal me ha confirmado por carta que Buñuel escribió «La marista» y no «El marista» (carta al autor, 20 de diciembre de 1995).
10. J. Puig Pujades, «Un film a Figueres. Una idea de Salvador Dalí i Lluís Buñuel», *La Veu de l'Empordà,* Figueres, 2 de febrero de 1929, artículo reproducido por Santos Torroella, *Dalí residente,* págs. 237-240.
11. Buñuel en una entrevista concedida a José de la Colina y Tomás Pérez Turrent en *Contracampo,* Madrid, número 16, octubre-noviembre de 1980, págs. 33-34. El texto de la entrevista se reproduce en *Buñuel por Buñuel,* de los mismos autores, págs. 23-26.
12. *LRS,* número 12 (15 de diciembre de 1929), pág. 34.
13. Antonina Rodrigo, *Lorca/Dalí. Una amistad traicionada,* págs. 214-215, reproduce la siguiente descripción del sistema empleado por Buñuel, transmitido, varias décadas después, por Anna Maria Dalí y, por lo tanto, no necesariamente del todo fidedigna. Al parecer lo que Anna Maria recuerda es el modo en que Buñuel solía pulir con su hermano el borrador de la sesión anterior: «Luis era muy metódico y disfrutaba con su trabajo. Cada día, después de comer, se instalaba en la salita con su máquina de escribir, su paquete de cigarrillos Luky Strike y whisky White Horse. Estaba completamente absorto en su trabajo escribiendo a máquina hasta que le parecía haber logrado expresar plásticamente una escena o una idea. Entonces hacía una pausa, su fumaba un cigarrillo y bebía un poco de whisky, con *verdadero deleite.* Llamaba a Salvador para comentar lo que acababa de escribir; estaban un rato discutiendo y después de fumarse otro cigarrillo, para digerir la discusión, se ponía a escribir a máquina de nuevo.»
14. Carta citada en *SVBLD,* pág. 203.

15. Bataille, «Le "Jeu lugubre"».
16. Dalí, «La meva amiga i la platja», en «Dues proses»: «A mi amiga le gustan las morbideces dormidas de los lavabos, y las dulzuras de los finísimos cortes del bisturí sobre la curvada pupila, dilatada para la extracción de la catarata.»
17. Aranda, *Luis Buñuel. Biografía crítica,* pág. 85, nota 2.
18. Santiago Ontañón a Max Aub, en Aub, pág. 320.
19. En «To Spain, Guided by Dalí», pág. 94, Dalí dice que *La muerte de la Virgen* era el cuadro del Museo del Prado que más impresionaba a Lorca, que lo imaginaba pintado «a la luz de un eclipse».
20. Aranda, *Luis Buñuel. Biografía crítica,* pág. 85, nota 2; *BUS,* pág. 118.
21. Para manos y brazos amputados en la pintura europea, véase el catálogo *Buñuel. La mirada del siglo* (sección 4 de la bibliografía). Sánchez Vidal, *El mundo de Buñuel,* pág. 69, reproduce *Le Musée d'une nuit* (1927) de Magritte, obra en que la mano cortada es muy parecida a la que se ve en *Un perro andaluz.* La misma autoridad ha llamado la atención sobre un poema de Benjamin Péret, «Les Odeurs de l'amour», incluido en *Grand Jeu* (1928), en la cual es explícita la relación ojo/navaja: *«S'il est un plaisir/c'est bien celui de faire l'amour/le corps entouré de ficelles/les yeux clos par des lames de rasoirs»* (Péret, *Oeuvres complètes,* I, pág. 167).
22. Bataille, «Le "Jeu lugubre"».
23. Buñuel, «Recuerdos literarios del Bajo Aragón», en *Obra literaria,* edición de Sánchez Vidal, pág. 241; para José Bello, véase *SVBLD,* págs. 27-28.
24. Conversación telefónica con don Agustín Sánchez Vidal (en Zaragoza), 3 de mayo de 1995.
25. Freud, *La interpretación de los sueños,* Madrid, Biblioteca Nueva, 1923, vol. 2, pág. 113.
26. Buñuel, «Notes on the making of "Un Chien Andalou"», pág. 153.
27. Torrent y José de la Colina, *Buñuel por Buñuel,* pág. 21; véase también *BUS,* pág. 154.
28. *Ídem.*
29. Aranda, *Luis Buñuel. Biografía crítica,* págs. 65-66, nota.
30. Aub, pág. 59.
31. Durgnat, pág. 24.
32. García Lorca, *Obras completas,* II, págs. 277-280; publicado por primera vez con fecha «julio de 1925» en *gallo,* Granada, número 2, abril de 1928, págs. 19-20.
33. *SDFGL,* pág. 32.
34. Aub, pág. 105.
35. García Lorca, *Obras completas,* II, pág. 280.

36. Para una interesante estudio del contenido homosexual de la obra, véase Jérez-Farrán, «García Lorca y "El paseo de Buster Keaton"».
37. *LRS,* número 12 (15 de diciembre de 1929), pág. 35.
38. Gibson, «Con Dalí y Lorca en Figueres».
39. *BUS,* pág. 21.
40. *CI,* pág. 111.
41. J. Puig Pujades, «Un film a Figueres. Una idea de Salvador Dalí i Lluís Buñuel», *La Nau,* Barcelona, 29 de enero de 1929.
42. «Buñuel y Dalí en el Cineclub», *GL,* 1 de febrero de 1929, pág. 6.
43. *SVBLD,* págs. 189-191.
44. «Un número violento de "L'Amic de les Arts"», *GL,* 1 de febrero de 1929, pág. 7.
45. Carta de Buñuel fechada el 22 de marzo de 1929. Colección de don Pere Vehí, Cadaqués.
46. Miravitlles, «Notes a l'entorn de l'art d'avanguarda. Miró-Dalí-Domingo», pág. 321.
47. *LRS,* número 8 (1 de diciembre de 1926), pág. 13.
48. *BUS,* pág. 116.
49. Publicadas por vez primera en *SVBLD,* págs. 193-198.
50. *BUS,* pág. 108.
51. La novela se terminó de imprimir el 25 de mayo de 1928 (Breton, *Oeuvres complètes,* I, pág. liv).
52. Dalí, «La dada fotogràfica».
53. *BUS,* págs. 101.
54. «Revistas», *GL,* 1 de abril de 1929, pág. 7; el rumor lo confirmó la bien informada revista barcelonesa *Mirador,* cuyo corresponsal en París, Domènec de Bellmunt, comunicó el 18 de abril de 1929 que Dalí había llegado para ultimar los detalles de la sofisticada revista de vanguardia.
55. Citado en *Poesía. Revista ilustrada de información poética,* número 18-19, 1983, Madrid, número monográfico dedicado a la Residencia de Estudiantes, pág. 124.
56. La prueba de que la pintura la adquirió la duquesa figura en el álbum de recortes de Salvador Dalí Cusí (Fundación Gala-Salvador Dalí, Figueres); en el volumen 2, f. 38, de dicho álbum, una carta remitida a Dalí por la Residencia de Estudiantes con fecha del 4 de mayo de 1929 confirma la venta de *La miel es más dulce que la sangre* por 700 pesetas. Con frecuencia se ha afirmado que posteriormente el cuadro fue adquirido por Coco Chanel, pero no hay ningún documento que permita ratificar esta afirmación. Doña Ana Beristain, del Centro de Arte Reina Sofía de Madrid, comisaria de la exposición Dalí Joven, nos aseguró en 1994 que la familia de la duquesa de Lerma desconoce el paradero de la tela.

57. Reproducción en *MEAC,* I, pág. 79.
58. A. García y Bellido, «Los nuevos pintores españoles. La exposición del Botánico», *GL,* número 56 (1 de abril de 1929), pág. 1; una carta incluida en el álbum de recortes del padre de Dalí revela que la duquesa adquirió esta obra por 1.000 pesetas.
59. Antonio Méndez Casal, «Crítica de arte. Comentarios del actual momento», *Blanco y Negro,* Madrid, 7 de abril de 1929.
60. Colección de don Pere Vehí, Cadaqués.
61. *SVBLD,* pág. 203.
62. *BUS,* pág. 90.
63. *VS,* pág. 225.
64. Declaraciones de Denise Tual en el programa *The Life and Times of Don Luis Buñuel,* BBC Arena, 1984 (véase la sección 7 de la bibliografía).
65. *VS,* pág. 231.
66. «Chronique», *Documents,* París, número 4, septiembre de 1929: *VS,* págs. 225-226.
67. Pere Artigas, «Un film d'en Dalí», *Mirador,* Barcelona, 23 de mayo de 1929, pág. 6.
68. *VS,* pág. 220.
69. *BUS,* págs. 103-104.
70. Dalí, *Comment on devient Dali,* p. 138; *CI,* pág. 165.
71. *CI,* págs. 120-121.
72. Maxime Alexandre, *Mémoires d'un surréaliste,* París, La Jeune Parque, 1968, pág. 181, citado por Gateau, *Paul Éluard et la peinture surréaliste,* pág. 156.
73. Fernández y Kobuz, pág. 82.
74. Sadoul, *Rencontres,* pág. 138; un texto anterior de Sadoul revela que se confunde entre el estreno de *Un perro andaluz* en el Studio des Ursulines en junio de 1929, y la subsiguiente temporada comercial del film en Studio 28, que comenzó en octubre (Sadoul, prólogo a *Viridiana,* págs. 12-13; véase Sadoul, bibliografía).
75. *VS,* pág. 231.
76. *Ídem,* pág. 228.
77. *CI,* pág. 118.
78. Lubar, pág. 13.
79. Véase el útil «Indice de símbolos» en Freud, Standard Edition, XXIV, págs. 173-176.
80. *CI,* págs. 190-191 y 217; Pauwels, págs. 32-33.
81. *VS,* pág. 234.
82. Moorhouse, pág. 35.
83. *Ídem.*

84. Morla Lynch, pág. 310.
85. Francisco Lucientes, «¡Hurra la vanguardia! El ruidoso jazz artístico del Botánico», *Heraldo de Madrid,* 22 de marzo de 1929.
86. *VS,* pág. 224.
87. *Ídem.*
88. Sylvester, *Magritte,* págs. 120-121.
89. Dalí, «Documental-París-1929», *La Publicitat,* Barcelona, 23 de mayo de 1929.
90. Segundo álbum de recortes, sin encuadernar, de Salvador Dalí Cusí (Fundación Gala-Salvador Dalí, Figueres), f. 39.
91. Sylvester, *Magritte,* pág. 181.
92. Dalí, «Documental-París-1929», 7 de mayo de 1929.
93. *VS,* págs. 231-232.
94. Éluard, *Cartas a Gala* (en adelante, *CG*), cartas números 37-50, págs. 60-73; Gateau, *Paul Éluard ou Le frère voyant,* págs. 163-164.
95. *VS,* pág. 232.
96. *Ídem*; *Sol Ixent,* Cadaqués, número 44, 15 de junio de 1929, pág. 10.
97. *VS,* págs. 226-232.
98. *Ídem,* pág. 228.
99. Segundo volumen, sin encuadernar, del álbum de recortes de Salvador Dalí Cusí, f. 40 (Fundación Gala-Salvador Dalí, Figueres). Firma la receta el doctor Charles Brzezicki, 88 bis, Avenue Parmentier, París XI.
100. Invitación al estreno reproducida en García Buñuel, *Recordando a Luis Buñuel,* pág. 80.
101. Louis Chavance, «Les influences de "L'Age d'or"», *La Revue du cinéma,* París, número 19, 1 de febrero de 1931, pág. 48.
102. *BUS,* pág. 104.
103. «Un Chien Andalou», *D'así i d'allà,* Barcelona, agosto de 1929, pág. 273.
104. André Delons, «"Un Chien andalou". Film de Bunuel», *Varietés,* Bruselas, 15 de julio de 1929, pág. 22.
105. J. Bernard Brunius, «"Un Chien andalou". Film par Louis Buñuel», *Cahiers d'Art,* París, número 5, 1929, págs. 230-231.
106. *Le Merle,* París, 28 de junio de 1929, citado por Murcia, pág. 21.
107. *VS,* págs. 226-227.
108. Montes, «Un Chien andalou».
109. *VS,* pág. 227.
110. Carta conservada en la Fundació Municipal Joan Abelló, Mollet del Vallès (Barcelona); dada a conocer por Playà Maset y Víctor Fernández, «Buñuel escribe a Dalí».
111. Bouhours y Schoeller, pág. 32.

112. *BUS*, pág. 130.
113. Bouhours y Schoeller, pág. 31.
114. *Ídem.*
115. Aub, pág. 62; *BUS*, págs. 112-113.
116. Etherington-Smith, pág. 124; Bouhours y Schoeller, págs. 32-33.
117. Bouhours y Schoeller, pág. 32.
118. O.B. [Oswell Blakeston], «Paris Shorts and Longs», *Close Up*, Londres, agosto de 1929, págs. 143-144.
119. Gold y Fitzdale, pág. 279.
120. *Ídem*, pág. 284, nota.
121. Lord, pág. 110.
122. *Ídem.*
123. El conde Jean-Louis de Faucigny-Lucinge entrevistado por Patrick Mimouni en el programa de éste para la televisión francesa, *Charles et Marie-Laure de Noailles*, 1990.
124. *Ídem.*
125. Aub, pág. 336, entrevista a Charles de Noailles.
126. *BUS*, págs. 112-113.
127. Dalí, «Documental-París-1929», 28 de junio de 1929, pág. 1.
128. *VS*, pág. 234.
129. *Ídem*, págs. 234-235.
130. *Ídem*, pág. 236.
131. Moorhouse, pág. 38.
132. Bataille, «Le "Jeu lugubre"».
133. Ades, *Dalí*, pág. 73.
134. Santos Torroella (ed.), *Dalí residente*, págs. 229-230.
135. Gowans' Arts Books, número 46, *The Masterpieces of Ingres*, Londres-Glasgow, Gowans and Grey, 1913, pág. 43.
136. *SVBLD*, págs. 189-191.
137. Moorhouse, pág. 38.
138. *Ídem.*
139. Ades, *Dalí*, pág. 75.
140. *Ídem.*
141. *Ídem*, pág. 76.
142. *Ídem.*
143. Bataille, «Le "Jeu lugubre"».
144. *VPSD*, pág. 150.
145. Swinburne, *Atalanta*, 1865.
146. *AMD*, pág. 141.
147. Sylvester, pág. 81.
148. *Sol Ixent*, Cadaqués, 15 de agosto de 1929, pág. 10.

149. *CG,* carta 75, pág. 95.
150. *VS,* pág. 244.
151. Paul Lorenz, editor de *Plaisirs de Paris,* a Eleanor y Reynolds Morse, tal como me lo contó ésta en St. Petersburg, Florida, el 16 de julio de 1996.
152. Permanyer, «El pincel erótico de Dalí», pág. 163.
153. En *Au Défaut du silence* (1925). Véase Éluard, *Oeuvres complètes,* I, pág. 165.
154. Conversación con doña María Luisa González, Madrid, 2 de noviembre de 1991.
155. Conversación con doña Nanita Kalaschnikoff, Marbella, verano de 1996.
156. Navarro Arisa, pág. 19.
157. Nanita Kalaschnikoff, la mujer con la que, después de Gala, Dalí tuvo quizá la amistad más íntima de su vida, insiste en que Dalí siempre afirmó que la madre de Gala era judía (conversaciones con doña Nanita Kalaschnikoff, 1994-1995). La señora Cécile Éluard, en la conversación que mantuve con ella en París el 25 de febrero de 1995, lo negó rotundamente. Si hubo algún judío en la familia, según ella, fue el amigo de Antonina, Gomberg.
158. Vieuille, págs. 17-18.
159. Conversación con doña Cécile Éluard, París, 25 de febrero de 1995.
160. McGirk, pág. 12.
161. Vieuille, pág. 11.
162. McGirk, págs. 12-13.
163. Lidia, hermana de Gala, en McGirk, págs. 14-15.
164. McGirk, págs. 13-14.
165. *Ídem,* pág. 19.
166. Navarro Arisa, pág. 13.
167. *CG,* pág. 339.
168. *Ídem,* págs. 338, 345, 346, 349-351, 352, 353-355 y 356.
169. *Ídem,* pág. 348.
170. *Ídem,* pág. 350.
171. *Ídem,* pág. 352.
172. *Ídem,* pág. 351.
173. *Ídem,* pág. 352.
174. McGirk, pág. 37. Gala hizo esta confidencia a Henri Pastoureau.
175. Hay una excelente reproducción en color de esta obra en Gimferrer, *Max Ernst o la dissolució de la identitat,* lámina 45.
176. Vieuille, págs. 60-61; *LRS,* número 5 (15 de octubre de 1925), pág. 28. Al parecer la tela fue destruida por los nazis (Vieuille, pág. 61).
177. Reproducción de una selección de estos dibujos en *Pleine Marge,* París, número 6 (diciembre de 1987), págs. 33-37. Para «Gala la Gale», conversación con David Gascoyne, Isla de Man, Inglaterra, 1994.

178. Véase, por ejemplo, las reproducidas en Valette, *Éluard. Livre d'identité.*
179. Gateau, *Éluard ou Le frère voyant,* págs. 166-167.
180. McGirk, pág. 105.
181. *CG,* carta 267.
182. Patrick Waldberg, *Max Ernst chez Paul Éluard,* citado por Vieuille, pág. 58; para «Tour», véase Vieuille, págs. 61-62.
183. *CG,* carta 50, pág. 72.
184. Lear, *Le Dalí d'Amanda,* pág. 238.
185. *CG,* carta 39, pág. 62.
186. *Ídem,* carta 43, pág. 65.
187. *Ídem,* carta 42, pág. 64.
188. *Ídem,* carta 46, pág. 67.
189. *Ídem,* págs. 62 (carta 39) y 70 (carta 50).
190. *Ídem,* carta 53, pág. 75; Gateau, *Paul Éluard ou Le frère voyant,* pág. 167.
191. *VS,* págs. 241-245.
192. McGirk, págs. 1-2, sin consignar la fuente.
193. *VS,* pág. 244.
194. *BUS,* págs. 95-96.
195. Aub, págs. 63-64.
196. *VS,* pág. 245.
197. Aub, pág. 63.
198. Gateau, *Paul Éluard et la peinture surréaliste,* pág. 157.
199. Sylvester, *Magritte,* págs. 181-182; reproducción en color en la pág. 183.
200. Santos Torroella, «El extraño caso del "El tiempo amenazador"».
201. Sylvester, *Magritte,* pág. 181.
202. *VS,* pág. 247.
203. *Ídem,* pág. 246.
204. Dalí, *El mito trágico del «Ángelus» de Millet,* pág. 100, nota 1.
205. *CG,* cartas 63 y 64, págs. 83-84.
206. Aub, pág. 64; véase también *BUS,* pág. 96.
207. Conversación con doña Cécile Éluard, París, 25 de febrero de 1995; Quiñonero, «Cécile Éluard».
208. Manuscrito de *Vida secreta,* Fundación Gala-Salvador Dalí, Figueres, pág. 212.
209. *VS,* págs. 260-262.
210. Romero, *Dedálico Dalí,* pág. 56.
211. Conversación con don Antoni Pitxot, Cadaqués, 1996.
212. El primer testamento, fechado el 5 de agosto de 1926, se había firmado en Figueres en presencia del notario Salvador Candal y Costa; el segundo, también en Figueres, ante el notario Martín Mestres y Borrella. Ambos se conservan en el archivo notarial de la localidad. Quiero agradecer a

la entonces ministra de Cultura, doña Carmen Alborch, por permitirme consultar estos y otros testamentos de la familia, y también al notario encargado del archivo, don Raimundo Fortuny i Marqués, y a mi amigo el notario don José Gómez de la Serna. Los detallados comentarios de éste sobre los testamentos me han sido de gran utilidad.

213. *VS*, pág. 265-266.
214. *Ídem*, págs. 265-267.
215. Descharnes, *Dalí*, pág. 68.
216. Permanyer, «El pincel erótico de Dalí», pág.160.
217. *Ídem*, pág. 162.
218. *VS*, pág. 259
219. Traducimos de *Comment on devient Dali*, pág. 113: «*Des gueles des lions traduisent mon effroi devant la révélation de la possession d'un sexe de femme qui va aboutir à la révélation de mon impuissance. Je me préparais au choc en retour de ma honte.*»
220. Moorhouse, pág. 40.
221. Descharnes, *Dalí*, pág. 68.
222. *Ídem*.
223. Para un brillante análisis de este cuadro de Ernst, véase Gee (bibliografía). La obra se reprodujo en *LRS*, número 4, julio de 1925, pág. [133]. Dawn Ades, *Dalí*, pág. 69, nos recuerda que Éluard también tenía cuadros de De Chirico, pero que fue la obra de Ernst «la que parece haber hechizado sobre todo a Dalí».
224. Rubin, *Dada, Surrealism and their Heritage*, pág. 113.
225. Janis, «Painting as a Key to Psychoanalysis».
226. Ades, *Dalí*, pág. 80.
227. Dalí, *El mito trágico del «Ángelus» de Millet*, pág. 57.
228. Descharnes, *The World of Salvador Dalí*, pág. 154; para los guijarros de Confitera, *ídem*, págs. 52, 54, 56, 62, 63, 132 y 160.
229. Hay una buena reproducción en *Dalí joven [1918-1930]*, pág. 240 (catálogo, véase bibliografía, sección 1).
230. Para Mauclaire y el Studio 28, véase Bouhours y Schoeller, pág. 321, nota 2; ejemplar del programa con detalles de los films proyectados, en la exposición *Buñuel. La mirada del siglo*, Madrid, 1996.
231. Bataille, «Chronique. Dictionnaire», *Documents*, París, número 4, septiembre de 1929.
232. Dalí, «Un Chien andalou»; una larga cita del artículo de Dalí apareció en *GL*, 1 de noviembre de 1929, pág. 5, con el anuncio del inminente estreno de la película en Madrid.
233. Gasch, «Les obres recents de Salvador Dalí». Véase también *La Nau*, Barcelona, 30 de octubre de 1929; A. F., «L'argument de "Un Chien anda-

lou"», *La Publicitat,* Barcelona, 30 de octubre de 1929; *La Noche,* Barcelona, 30 de octubre de 1929 (Guillermo Díaz Plaja); Joan Margarit, «Entorn d'"Un Chien andalou"», *Mirador,* Barcelona, 21 de noviembre de 1929, pág. 6.

234. *VS,* pág. 266.
235. La primera referencia al título *La Bête andalouse* aparece en una carta de Buñuel a Charles de Noailles fechada el 15 de marzo de 1930 (Bouhours y Schoeller, pág. 63).
236. Bouhours y Schoeller, pág. 118, nota 1.
237. Conversaciones con doña María Luisa González, Madrid, 1994.
238. *BUS,* pág. 211. La edición en cuestión debió de ser la publicada en 1904 por el sexólogo Iwan Bloch bajo el seudónimo de Eugène Duhren. Sólo se imprimieron 180 ejemplares. El sello editorial era falso: *París, Club des Bibliophiles* (Sade, *Les 120 Journées de Sodome,* pág. 21).
239. *BUS,* págs. 211-213.
240. En *VS,* pág. 269, Dalí dice que los cuadros se vendieron por precios que oscilaban entre 6.000 y 12.000 francos.
241. El encuentro no se menciona en *Vida secreta;* algunos detalles en *CI,* pág. 143.
242. Dalí, «No veo nada, nada, en torno del paisaje. Poema». El recorte del texto no fue incorporado –quizá no por casualidad– al álbum de Salvador Dalí Cusí.
243. Dalí, «Posició moral del surrealisme»; De Arco, págs. 65-66.
244. El prólogo de André Breton, titulado «Stériliser Dalí», se reproduce en *SD,* págs. 124-125.
245. E. Tériade, «Les Expositions», en *L'Intransigeant,* París, 25 de noviembre de 1929; recorte incluido en el álbum de Salvador Dalí Cusí y citado en *VPSD,* pág. 22.
246. «Le Rapin», *Comoedia,* París, 2 de diciembre de 1929.
247. Flouquet, «Salvador Dalí. Galerie Goemans, 49 rue de Seine», *Monde,* París, 30 de noviembre de 1929; «Les lletres. Meridians», *La Publicitat,* Barcelona, 6 de diciembre de 1929, pág. 5.
248. *VS,* pág. 268.
249. *Ídem,* pág. 269.
250. «Crónica local» en *El Eco de Sitges,* 24 de noviembre de 1929, número 2268, pág. 3. La misma información apareció días después en *Gaseta de Sitges,* 1 de diciembre de 1929, número 22, pág. 5 («Cap de la Vila»).
251. *VS,* págs. 269-270.
252. *CI,* pág. 143.
253. *BUS,* pág. 113.
254. Anna Maria Dalí creía que d'Ors también había publicado el artículo en

La Vanguardia de Barcelona (Aub, pág. 539), pero no fue así. Parece, no obstante, que sí se dio a conocer en alguna otra parte antes de publicarse en *La Gaceta Literaria.*

255. *AMD,* pág. 142.
256. Eugenio d'Ors, «El juego lúgubre y el doble juego», *GL,* 15 de diciembre de 1929, pág. 3.
257. Santos Torroella, «La trágica vida de Salvador Dalí», pág. 3.
258. *SDFGL,* pág. 95.
259. Bouhours y Schoeller, pág. 367.
260. *Ídem,* pág. 40; para la presencia de los dos amigos en Cadaqués, véase *Sol Ixent,* 15 de diciembre de 1929.
261. *VS,* págs. 270-272.
262. Bouhours y Schoeller, pág. 40; para la presencia de Buñuel en Madrid, «Boletín del Cineclub», *GL,* 15 de diciembre de 1929, pág. 5, y Alberti, *La arboleda perdida,* pág. 283.
263. *VS,* pág. 272.
264. Conversación con doña Montserrat Dalí, Barcelona, 1 de marzo de 1992.

8. PARÍS, GALA Y «LA EDAD DE ORO» (1929-1930)

1. Bouhours y Schoeller, pág. 44.
2. El guión había aparecido por primera vez en *La Revue du Cinéma,* París, número 5, 5 de noviembre de 1929, págs. 2-16, en circunstancias recordadas por Buñuel en *BUS,* págs. 123-125. La traducción del castellano, atribuida a Maxime Zvoinski, concuerda casi palabra por palabra con la publicada en *LRS.*
3. *LRS,* número 12 (5 de diciembre de 1929), pág. 34.
4. Breton, *Entretiens,* Gallimard, 1952, pág. 159, citado por Pierre, «Breton et Dalí», pág. 132.
5. Breton, *Second Manifeste du surréalisme,* en Breton, *Oeuvres complètes,* I, pág. 793.
6. *Ídem,* pág. 791.
7. Portada reproducida en *SD,* pág. 133. Para detalles sobre la publicación del *Segundo manifiesto,* véase Breton, *Oeuvres complètes,* I, pág. lxii.
8. El guión de Dalí forma parte del préstamo permanente a la Galería Nacional de Arte Moderno de Escocia, Edimburgo, y ha sido publicado por Dawn Ades (véase la sección 6 de la bibliografía).
9. *VS,* pág. 275.
10. *CG,* carta número 65, pág. 85; fotografía del hotel en *VPSD,* pág. 23.

11. *CG,* carta 6, pág. 86, con matasellos París, 16 de enero de 1930.
12. *VS,* pág. 282; *CI,* págs. 144-145.
13. Dibujo reproducido en *VS,* pág. 281; *BUS,* pág. 180.
14. *VS,* pág. 282.
15. *Ídem,* págs. 282-283.
16. Bouhours y Schoeller, págs. 48-49.
17. *VS,* pág. 287.
18. Carta conservada en el Archivo Noailles del Museo Nacional de Arte Moderno (Centro Pompidou), París.
19. Bouhours y Schoeller, págs. 59-60.
20. Fotografía de la carta en *VPSD,* pág. 23.
21. Las cartas se conservan en la Filmoteca Nacional, Madrid, y se transcribieron y publicaron por primera vez, con fotocopias, en *SVBLD,* págs. 237-244. Se desconocen las cartas de Buñuel.
22. Bouhours y Schoeller, pág. 60.
23. Sánchez Vidal, «The Andalusian Beasts», pág. 197.
24. *«Tellement longtemps que je t'attendais. Quelle joie! Quelle joie d'avoir assassiné nos enfants!» «Mon amour»* (seis veces). Transcripción nuestra de la banda sonora. Al parecer fue Paul Éluard quien prestó su voz para la séxtuple exclamación. Para el texto completo del guión, véase la bibliografía (Buñuel).
25. *BUS,* pág. 112.
26. *SVBLD,* pág. 246.
27. Bouhours y Schoeller, págs. 59-60.
28. *Ídem,* pág. 177.
29. Ramón Gómez de la Serna, «París. La bestia andaluza», *El Sol,* Madrid, 6 de marzo de 1930, pág. 1.
30. Von Maur, pág. 196.
31. Para la fecha, *CG,* pág. 375, nota 3 a la carta 71.
32. *VS,* pág. 287.
33. Registro de la Propiedad, Roses, finca número 1714, volumen 1157, f. 101.
34. *Ídem,* f. 102. La escritura se firmó en Figueres el 20 de agosto de 1930 en presencia del notario público Francisco Lovaco y de Ledesma.
35. Miravitlles, *Contra la cultura burguesa,* pág. 55.
36. El texto catalán se publicó en *Hélix,* Vilafranca del Penedés, número 10 (marzo de 1930), págs. 4-6; se reproduce en facsímil en Molas, págs. 364-368. Se desconoce el manuscrito original.
37. Miravitlles, *Contra la cultura burguesa,* pág. 55.
38. Gasch, *L'expansió de l'art català al món,* pág. 156.
39. *La Publicitat,* Barcelona, 23 de marzo de 1930, pág. 8. No hemos encontrado referencias a la conferencia en *La Vanguardia, La Noche* o *El Día Gráfico.*

40. *VS*, pág. 345.
41. *Ídem*, pág. 331.
42. La obra se reproduce en DOH, pág. 100.
43. Dalí, «La Chèvre sanitaire», fechado 13 de agosto de 1930 e incluido en *La mujer visible.*
44. Según Ades, pág. 121, «hacia 1933».
45. Dalí entrevistado por Paloma Chamorro en 1979 en el programa de RTVE *Imágenes.*
46. *DG*, pág. 191.
47. Ades, pág. 122.
48. Freud, Standard Edition, tomo XVI, pág. 308.
49. Roudinesco, págs. 56-57.
50. Lluís Permanyer, «Cuando Dalí no era divino ni arcangélico», 6 de mayo de 1972.
51. *Dalí joven* (catálogo, véase la sección 1 de la bibliografía), págs. 39-40.
52. Bouhours y Schoeller, págs. 66 y 177.
53. *Salvador Dalí: The Early Years* (catálogo, véase la sección 1 de la bibliografía), pág. 44.
54. Bouhours y Schoeller, pág. 66.
55. *Sol Ixent*, Cadaqués, número 164 (3 de mayo de 1930), pág. 6.
56. Celosamente guardada por Anna Maria Dalí durante décadas en una lata de galletas, la película se conserva hoy en la Filmoteca de Catalunya, Barcelona.
57. Descharnes, *El mundo de Salvador Dalí*, pág. 156; *DOH*, pág. 92.
58. *CG*, carta 71, pág. 91.
59. *VS*, págs. 291-292.
60. El dibujo, titulado «Homenaje a Góngora», está fechado en 1927 y es muy similar a otros dibujos de ese verano en que Lorca lo visitó en Cadaqués.
61. *VS*, pág. 292.
62. *CG*, págs. 91-98.
63. *VS*, págs. 292-293; *La Unión Mercantil*, Málaga, 15 de abril de 1930, «Notas de sociedad», pág. 15.
64. Lacuey, pág. 125.
65. Tomás García, *Y todo fue distinto;* conversación telefónica con don Tomás García, 16 de mayo de 1995; *VS*, pág. 294.
66. *VS*, pág. 294.
67. Cano, *Los cuadernos de Adrián Dale*, págs. 70-71.
68. Tomás García, págs. [9-10].
69. Sánchez Rodríguez, págs. 166-167.
70. *Ídem*, pág. 170.
71. Altolaguirre, «Gala y Dalí, en Torremolinos».

72. Cano, *Los cuadernos de Adrián Dale,* págs. 70-71.
73. Carmona, pág. [11].
74. Aleixandre estaba entonces en Málaga, y *La Unión Mercantil* notificó su partida el 10 de mayo de 1930, págs. 70-71.
75. Carmona, págs. [6-7]; Cano, *Los cuadernos de Adrián Dale,* págs. 69-70.
76. *VS,* pág. 295; Carmona, págs. [10-11]; Cano, *Los cuadernos de Adrián Dale,* pág. 69.
77. Santos Torroella, «"Las rosas sangrantes" y la imposible descendencia de Dalí»; reproducción del cuadro en *DOH,* pág. 107.
78. *CG,* págs. 91-102.
79. *La Unión Mercantil,* Málaga, 22 de mayo de 1930, «Notas de sociedad», pág. 12.
80. Giménez Caballero, «¡¡Dalí!! ¡Querido Dalí!». La secuencia se conserva en la Filmoteca Nacional, Madrid.
81. Moreiro, pág. 21.
82. Natalia Jiménez de Cossío, en *Poesía. Revista ilustrada de información poética,* Madrid, número 18-19, 1983, pág. 120.
83. Aranda, pág. 104.
84. Sánchez Vidal, «De "L'Âge d'or" à la ruée vers l'or», págs. 19-21.
85. *BUS,* pág. 113.
86. *VPSD,* pág. 23.
87. Bouhours y Schoeller, pág. 74.
88. *Ídem,* pág. 80.
89. *CG,* carta 83, pág. 104.
90. *Ídem,* carta 84, pág. 105, y nota 3 a la misma carta, pág. 379.
91. *Ídem,* carta 83, pág. 104.
92. *Ídem,* carta 85, pág. 106.
93. *Ídem,* carta 87, págs. 107-108.
94. *Ídem,* pág. 379, nota 13 a la carta 83; Char, pág. LXVII.
95. Fotografía reproducida en *STF,* pág. [49].
96. Dalí, «La Chèvre sanitaire», en *La Femme visible,* págs. [21-34]; Dalí, «El Gran Masturbador».
97. Dalí, «Intellectuals castillans et catalans – Expositions – Arrestation d'un exhibitionniste dans le métro».
98. *CG,* carta 91, págs. 110-111.
99. Bouhours y Schoeller, pág. 83.
100. *BUS,* pág. 115.
101. Bouhours y Schoeller, pág. 82-84.
102. Jean Cocteau, «La Vie d'un poète», *Le Figaro,* París, 9 de noviembre de 1930, pág. 6.
103. Bouhours y Schoeller, pág. 82; «Notas del puerto», *La Prensa,* Nueva

York, 3 de noviembre de 1930, pág. 8; carta de Juan Vicéns a León Sánchez Cuesta, París, 29 de octubre de 1928 (archivo Sánchez Cuesta, Residencia de Estudiantes, Madrid). Buñuel viajó acompañado del humorista español Antonio de Lara («Tono») y su esposa, Leonor.

104. Conversación con don Rafael Alberti, Madrid, 4 de octubre de 1980.

105. Catálogo reproducido en *Salvador Dalí: The Early Years* (véase la sección 1 de la bibliografía), pág. 4.

106. El manuscrito de la nota y de la sinopsis de Dalí se conserva entre los papeles del vizconde de Noailles, hoy en el Museo Nacional de Arte Moderno (Centro Pompidou), París. Se reproduce fotográficamente en Bouhours y Schoeller, págs. 84 y 86-87. Para la versión impresa en el folleto, véase *SD*, pág. 100.

107. Para este párrafo he seguido la información contenida en el folleto de cuatro páginas titulado «L'Affaire de "L'Âge d'or"» (reproducido en *SD*, pág. 115, y, en facsímil, por García Buñuel, entre las págs. 80-81), así como en la carta remitida por Dalí a Noailles el día siguiente al ataque (Bouhours y Schoeller, págs. 92-94). Para la nota de protesta del público, véase Bouhours y Schoeller, pág. 103.

108. Bouhours y Schoeller, pág. 92.

109. *La Revue du Cinéma,* París, suplemento al número 8, 1 de marzo de 1930. Para la censura cinematográfica en París, véase Georges Altman, «La Censure contre le cinéma», *ídem,* nº 19, 1 de febrero de 1931, págs. 36-37.

110. Recortes reproducidos en Bouhours y Schoeller, pág. [174].

111. *Ídem,* pág. [176].

112. Jean-Paul Dreyfus, «"L'Âge d'or", par Louis Buñuel, scénario de Louis Buñuel y Salvador Dali», *La Revue du Cinéma,* París, número 17 (1 de diciembre de 1930), págs. 55-56.

113. Leon Moussinac, «Notre point de vue. "L'Âge d'or"», *L'Humanité,* París, 7 de diciembre de 1930, pág. 2.

114. Louis Chavance, «Les influences de "L'Âge d'or"», *La Revue du Cinema,* París, número 19 (1 de febrero de 1931), págs. 48-50.

115. Bouhours y Schoeller, pág. 94.

116. Detalles tomados de «L'Affaire de "L'Âge d'or"» (véase la nota 107).

117. Recorte reproducido en Bouhours y Schoeller, pág [175].

118. Bouhours y Schoeller, pág. 105; *BUS,* pág. 115.

119. El texto completo del revue-programa se reproduce en *SD,* págs. 110-114. Lo firmaron Maxime Alexandre, Aragon, Breton, René Char, René Crevel, Dalí, Éluard, Péret, Sadoul, Thirion, Tristan Tzara, Pierre Unik y Albert Valentin.

120. *BUS,* pág. 233.

121. «Cine francés. Protesta surrealista contra Luis Buñuel. Un film de Jean Cocteau», *Abc,* Madrid, 10 de diciembre de 1930, pág. 15.
122. E. G. C. [Ernesto Giménez Caballero], «El escándalo de "L'Âge d'or" en París. Palabras con Salvador Dalí».
123. Para las ilustraciones véase *VPSD*, pág. 24; para el elogio, Breton, *Oeuvres completes,* I, pág. 1632.
124. Éluard, *Oeuvres completes,* II, págs. 827-828.
125. Testamento firmado en presencia del notario de Figueres Francisco Lovaco y de Ledesma, conservado en el Archivo Notarial de la ciudad. Mi agradecimiento al notario don Raimundo Fortuny i Marqués por facilitarme una copia.
126. André Breton, *La Beauté convulsive* (catálogo, véase bibliografía, sección 3), pág. 195.
127. Los dos esbozos se reproducen en color en el catálogo *Salvador Dalí, 1904-1989* (Stuttgart, véase la sección 1 de la bibliografía), págs. 84-85. Detalles del proyecto en Thirion, págs. 267-268.

9. LA SALIDA A FLOTE (1931-1934)

1. Jackson, págs. 30-34.
2. *Au feu!,* reproducido en Nadeau, *Histoire du surréalisme. Documents surréalistes,* págs. 184-186.
3. Mi agradecimiento al Museo Nacional Centro de Arte Reina Sofía por facilitarme una fotocopia del catálogo, un extracto del cual se reproduce en *VPSD,* pág. 26.
4. *VS,* págs. 340-341.
5. *Ídem.*
6. Moorhouse, pág. 20.
7. *CI,* pág. 103; Permanyer, «El pincel erótico de Dalí»; Romero, *Dedálico Dalí,* pág. 57.
8. *CI,* pág. 31.
9. Quiero dar las gracias a Peter Tush, del Salvador Dali Museum (St. Petersburg, Florida), por facilitarme una copia de estas inscripciones, así como de otros pormenores del cuadro. «Chienalie» significa probablemente «perro en la cama», alusión a la escena de *Un perro andaluz* en la que el protagonista se materializa de repente en la cama. «Chanasie» podría referirse al «perro asirio» del escalofriante poema de Lorca «Paisaje con dos tumbas y un perro asirio», escrito en Nueva York y enviado, tal vez, al pintor.
10. *VS,* pág. 331.

11. Santos Torroella, «Giménez Caballero y Dalí», pág. 55; Dalí, *Un diari: 1919-1920,* pág. 98.
12. Santos Torroella, «Giménez Caballero y Dalí», pág. 56; Giménez Caballero, *Yo, inspector de alcantarillas,* pág. 70.
13. Cuadro reproducido en el volumen 41 de la Colección Gowans (*Masterpieces of Masaccio* [sic]), págs. 13-15, por lo que puede ser que Dalí lo conociera bien desde su juventud; también reproducido en *LRS,* número 8, diciembre de 1926, pág. [276], donde es muy probable que Dalí lo volviera a ver.
14. Ernst, «Danger de pollution», *LSASDLR,* número 3 (diciembre de 1931), págs. 22-25.
15. Véanse, por ejemplo, *La fuente,* 1930 (catálogo Morse, número 36); el frontispicio para *La mujer visible,* 1930 (*DOH,* pág. 105); el frontispicio para el *Segundo manifiesto del surrealismo,* 1930 (Dalí, catálogo de Stuttgart, pág. 80); *Dibujo erótico,* 1931 (*SD,* pág. 168, número 98) y *Paul-Gala,* dibujo, 1932 (catálogo de Stuttgart, pág. 86).
16. Levy, *Memoir of an Art Gallery, passim.*
17. *Ídem,* págs. 70-71; *VS,* págs. 341-342.
18. Levy, *Memoir of an Art Gallery,* pág. 72.
19. *Art News,* Nueva York, 16 de enero de 1932.
20. Levy, *Memoir of an Art Gallery,* págs. 76-83.
21. *Ídem,* pág. 72.
22. *VS,* pág. 350.
23. [Ernesto Giménez Caballero], «Robinsón habla de teatro», *GL,* número 112 (15 de agosto de 1931), pág. 10.
24. Crevel, *Lettres de désir et de souffrance,* págs. 330-332; CG, carta 113.
25. Buot, pág. 301.
26. Crevel, *Lettres de désir et de souffrance,* págs. 330-332; «Benvinguda», *Empordà Federal,* Figueres, 15 de agosto de 1931.
27. Buot, págs. 302-303.
28. Thirion, pág. 207.
29. *DOH,* pág. 108.
30. Secrest, pág. 131.
31. Buot, pág. 305.
32. *Ídem.*
33. Guzmán, pág. 411.
34. «A la recerca d'una nova moral», *L'hora. Setmanari d'avançada,* Barcelona, número 38, 25 de septiembre de 1931, pág. 7.
35. El resumen de la conferencia se publicó en *LSASDLR,* número 3, diciembre de 1931, págs. 35-36, y difiere considerablemente del que apareció en *L'hora* (véase la nota anterior). Al parecer se trata de una versión muy co-

rregida de la intervención. Para la versión dada por el propio poeta, véase Crevel, *Lettres de désir et de souffrance,* pág. 334.

36. Véase nota anterior.
37. Miravitlles, *Contra la cultura burguesa,* pág. 30.
38. Biro y Passeron, pág. 306.
39. *LRS,* número 1 (1 de diciembre de 1924), pág. 1.
40. Breton, *Oeuvres complètes,* II, pág. 277.
41. *LRS,* número 11 (15 de marzo de 1928), pág. 8.
42. Dalí, «Revista de tendències anti-artístiques».
43. Thirion, pág. 295.
44. *LSASDLR,* número 3 (diciembre de 1931), pág. 22.
45. *Ídem,* pág. 36.
46. Hay una excelente fotografía en color de esta mano, uno de los más inquietantes objetos surrealistas, en *André Breton. La beauté convulsive* (catálogo, véase la sección 4 de la bibliografía), pág. 284.
47. *Ídem,* pág. 286 (en blanco y negro).
48. Dalí, «Objets surréalistes».
49. *STF,* págs. 62-65.
50. Dalí, «El objeto tal como lo revela la experimentación surrealista».
51. Carta con matasellos de Cadaqués, 3 de octubre de 1932, Fonds Breton, Bibliothèque Littéraire Jacques Doucet, París.
52. Dalí, «Objets psycho-atmosphériques-anamorphiques».
53. *LSASDLR,* número 4 (diciembre de 1931), págs. 31-36.
54. Para la cita de *Mémoires d'un surréaliste,* de Alexandre, véase *CG,* carta 126, pág. 136 y nota 1 a la misma, págs. 387-388; Breton, *Oeuvres complètes,* II, pág. 23, nota, y *Conversations: the Autobiography of Surrealism,* pág. 131.
55. Thirion, pág. 315.
56. «Tandis que Aymes-Maurras sont libres... Louis Aragon inculpé de "provocation au meurtre" pour un poème exaltant la lutte du prolétariat parisien», *L'Humanité,* París, 17 de enero de 1932, pág. 3.
57. «L'inculpation d'Aragon», *L'Humanité,* París, 9 de febrero de 1932, pág. 2.
58. Breton, *Oeuvres complètes,* II, pág. 23. La versión daliniana del «asunto Aragon», no totalmente exacta, está en *CI,* pág. 172-173.
59. Carta con matasellos de Cadaqués, 5 de marzo de 1932, Fonds Breton, Bibliothèque Littéraire Jacques Doucet, París.
60. Aleksis, págs. 55-60.
61. Levy, *Memoir of an Art Gallery,* pág. 73.
62. *STF,* págs. 58-61; para los recuerdos de Valentine Hugo, véase Romero, *Dedálico Dalí,* pág. 70 y nota; el «cadáver exquisito» se reproduce en Aleksic, como frontispicio.

63. Gasch, «L'esperit nou», *La Publicitat,* Barcelona, 15 de abril de 1932.
64. Gasch, *L'expansió de l'art català al món,* pág. 156.
65. La difunta doña Caritat Gasch, viuda del crítico, no nos permitió ver las cartas de Dalí a su esposo, como dijimos antes. Las escritas por Gasch a Dalí parecen haber desaparecido, y sólo un puñado de ellas se conserva entre los papeles de Dalí en la Fundación Gala-Salvador Dalí, Figueres.
66. *La Publicitat,* Barcelona, 25 de mayo de 1932; véase *STF,* pág. 69, nota 1.
67. Dalí, *El mito trágico del «Ángelus» de Millet,* pág. 101.
68. En la revista de Belgrado *Nadrealizam danas i ovde* («El surrealismo hoy y aquí»).
69. Fragmento publicado por Aleksic, págs. 41-52; *STF,* págs. 83-84.
70. Bona, pág. 262.
71. *CG,* carta 148 y nota 1, pág. 394, para la fecha de la mudanza.
72. *VS,* pág. 348.
73. «Prière d'insérer» a la edición de Barcelona (Editorial Labor), pág. 10.
74. Lear, *El Dalí de Amanda,* pág. 54.
75. *Dictionnaire abrégé du surréalisme,* pág. 5.
76. Ades, *Dalí,* pág. 202.
77. Agradezco a la señora Eulàlia Maria Bas i Dalí el detalle de haberme pasado fotocopias de estas simpáticas cartas.
78. *CG,* carta 145, nota 5, pág. 393; *STF,* pag. 75, nota 1; Bouhours y Schoeller, pág. 158; *André Breton. La Beauté convulsive* (catálogo, véase sección 4 de la bibliografía), pág. 205.
79. *STF,* pág. 67, nota 5.
80. Carta con matasellos de Cadaqués, 3 de octubre de 1932, Fonds Breton, Bibliothèque Littéraire Jacques Doucet, París.
81. *STF,* págs. 78-81.
82. *CG,* carta 145, nota 6, pág. 393; el artículo se reproduce en francés en *SD,* págs. 215-220.
83. Crosby, pág. 136; el dibujo se reproduce en *Devour The Fire: The Selected Poems of Harry Crosby,* introducción por Sy M.Kahn (Berkeley, Twowindows Press, 1983), pág. vii.
84. *In Transition: A Paris Anthology,* Londres, Secker y Warburg, 1990, pág. 223.
85. Crosby, págs. 191-197.
86. *Ídem,* págs. 174-177. Para mayor información sobre los Crosby, véase Conover y Wolff en la bibliografía.
87. Levy, *Memoir of an Art Gallery,* pág. 131.
88. *VS,* pág. 350.
89. Véase, por ejemplo, *VS,* págs. 267 y 344.
90. *Ídem,* págs. 350-351.

91. *Ídem.*
92. Faucigny-Lucinge en una entrevista para *Dalí,* programa de televisión de la BBC («Arena»), dirigido por Adam Low en 1986.
93. Green, «Los años mágicos», págs. 8-9.
94. Green, *Oeuvres complètes,* IV, pág. 207; para el conocimiento previo de Anne Green y Dalí, véase Green «Los años mágicos», pág. 8; para más detalles de esta poco conocida exposición de Dalí en Pierre Colle, véase *STF,* pág. 85.
95. Green, *Oeuvres complètes,* IV, pág. 209; Green, «Los años mágicos», pág. 8.
96. *CG,* carta 119, nota 1, pág. 385.
97. *VPSD,* pág. 32.
98. Green, *Oeuvres complètes,* IV, págs. 226-227; traducción inglesa, *Diary 1928-1957* (Londres, Collins Harvill, 1975), pág. 35, citada por Etherington-Smith, pág. 194.
99. Obra reproducida en *DOH,* pág. 143.
100. Green, «Los años mágicos», pág. 9.
101. Información procedente de la solapa de la edición facsímil de la revista *Minotaure,* vol. II (véase bibliografía).
102. *VPSD,* pág. 32.
103. Skira, *Vingt Ans d'activité,* pág. 67.
104. *DG,* pág. 28.
105. Carta sin fechar en el Archivo Skira, Ginebra, citada por Mason, pág. 27.
106. Telegrama de Dalí a Skira, *ídem.*
107. Carta sin fecha, *ídem.*
108. Carta sin fecha, *ídem.*
109. Mason, pág. 10.
110. Mason, págs. 62-63; Michler y Löpsinger, pág. 128.
111. Porcel, pág. 204.
112. Reproducida en Mason, pág. 51.
113. Mason, págs. 50-56 («La leyenda de un grabado a dos manos»).
114. *VS,* págs. 69-70 y nota.
115. Dalí, *El mito trágico del «Ángelus» de Millet,* pág. 25.
116. *STF,* pág. 89.
117. Dalí, *El mito trágico del «Ángelus» de Millet,* págs. 11-18.
118. *Ídem,* pág. 147.
119. *Ídem,* pág. 94.
120. *Ídem,* pág. 82.
121. Notas de Dalí para el catálogo de la exposición montada para el lanzamiento de la edición por Skira de *Los cantos de Maldoror,* reproducidas en *SD,* págs. 331-332, e incorporadas como apéndice a *El mito trágico del «Ángelus» de Millet,* págs. 153-162.

122. Para la serie completa de ilustraciones de *Maldoror,* las mejores reproducciones se encuentran en *SD,* págs. 335-339, y Michler y Löpsinger, págs. 128-134.
123. Pie a la reproducción del cuadro en la Lámina VI de *Vida secreta.*
124. Doña Nanita Kalaschnikoff al autor, Figueres, agosto de 1995.
125. *VPSD,* págs. 34-35.
126. Mi agradecimiento al Salvador Dali Museum, Florida, por facilitarme una copia del catálogo. La carta abierta de Dalí a Breton se reproduce en *SD,* págs. 178-180.
127. Georges Hilaire en *Beaux-Arts,* París, 30 de junio de 1933, citado en *VPSD,* págs. 34-36.
128. Carta con matasellos de Cadaqués, 29 de julio de 1933, Fonds Breton, Bibliothèque Littéraire Jacques Doucet, París.
129. *STF,* pág. 105, nota 2.
130. Dalí, «De la Beauté terrifiante et comestible de l'architecture "modern style"», pág. 69.
131. M. A. Cassanyes, «El pintor Modest Urgell», *La Publicitat,* Barcelona, 8 de octubre de 1933. Traducción española en *STF,* págs. 177-178.
132. Carta con matasellos del 15 de septiembre de 1933. Fonds Breton, Bibliothèque Littéraire Jacques Doucet, París.
133. Green, *Oeuvres complètes,* IV, pág. 267.
134. Levy, *Memoir of an Art Gallery,* pág. 75.
135. *STF,* pág. 116, nota 4.
136. El catálogo de la exposición incluye las siguientes obras (las previamente expuestas en Colle se señalan con un asterisco):
    1. *La nostalgia del caníbal (Imagen instantánea)**
    2. *El peluquero entristecido por la persistencia del buen tiempo.**
    3. *Presencia instantánea de una pantufla atmosfericocéfala hipnagógica y de una mariposa craneal**
    4. *Yo a los diez años cuando era el niño saltamontes (complejo de castración)**
    5. *Atavismo del crepúsculo (fenómeno obsesivo)**
    6. *Burócrata medio atmosfericocéfalo ordeñando un arpa craneal**
    7. *Arquitectura surrealista**
    8. *El cerebro fotográfico-atmosférico.*
    9. *Gala y el «Ángelus» de Millet precediendo la llegada inminente de las anamorfosis cónicas**
    10. *El hombre invisible*
    11. *El enigma de Guillermo Tell*
    12. *El Ángelus de la tarde*
    13. *Retrato enigmático de Gala*
    14. *Recuerdo sentimental** (préstamo de Emilio Terry)

15. *Convalecencia de un cleptómano*
16. *Remordimientos*
17. *Efecto surrealista*
18. *Hemorragia necesaria*
19. *El día prolongado*
20. *Fantasías diurnas*
21. *Vida heterosexual*
22. *En memoria de un niño pequeño*
23. *La sensación de velocidad*
24. *La fuente*
25. *Paisaje surrealista* (préstamo de la señora Harry Crosby)
26. *Las tentaciones de San Antonio,* de El Bosco (pintor flamenco, 1460-1518).

137. Levy, *Memoir of an Art Gallery,* pág. 75.
138. Lewis Mumford, citado en *MEAC,* II, pág. 100.
139. *STF,* pág. 115.
140. Catálogo reproducido en *STF,* pág. 115, nota 3.
141. Cassanyes ya había manifestado esta opinión sobre *El enigma de Guillermo Tell* en el artículo mencionado en la nota 129.
142. M. A. Cassanyes, «Dalí o la anti-qualitat», *La Publicitat,* Barcelona, 22 de diciembre de 1933. Traducción española en *STF,* págs. 177-179.
143. J. C., «Una exposició i un llibre», *Mirador,* Barcelona, número 257 (4 de enero de 1934), pág. 7.
144. Carta sin fecha de Breton a Dalí, Galería Nacional de Escocia, Edimburgo.
145. Brassaï, págs. 41-2.
146. *Nouvelle Revue Française,* París, número 246 (1 de marzo de 1934), pág. 565; citado en *CG,* carta 190, nota 3, pág. 407.
147. Stein, *Everybody's Autobiography,* págs. 11-12.
148. *Ídem,* págs. 17-18.
149. Brassaï, pág. 44.
150. Fonds Breton, Bibliothèque Littéraire Jacques Doucet, París.
151. Dalí, «L'énigme de Salvador Dalí», en *XXe Siècle,* París, diciembre de 1974, citado en *SD,* pág. 37.
152. Carta fechada el 25 de enero de 1934, Galería Nacional de Escocia, Edimburgo.
153. *CG,* carta 160.
154. Copia del certificado de boda proporcionada por el Parquet du Tribunal de Grande Instance de París, 10 de diciembre de 1996. Les agradezco extraordinariamente a mis amigos Eutimio Martín, Antonio Portunet y Gérard Dufour las infinitas molestias que se tomaron para convencer a

las autoridades francesas de facilitar una copia de este documento desconocido hasta ahora.

155. *VPSD,* pág. 37.
156. *Ídem,* pág. 255.
157. Carta de Breton a Dalí, fechada el 3 de febrero de 1934. Galería Nacional de Escocia, Edimburgo.
158. Hugnet, *Pleins et déliés,* págs. 256-257.
159. *CG,* carta 189, nota 1, págs. 406-407.
160. Carta de Breton a Dalí, 3 de febrero de 1934. Galería Nacional de Escocia, Edimburgo.
161. Jean, págs. 220-223; *CG,* notas 1 y 3 a la carta 189, págs. 406-407; Hugnet, *Pleins et déliés,* págs. 25-27.
162. *Crónica del siglo XX,* Barcelona, Plaza y Janés, 1986, pág. 469; «France», *Encyclopedia Britannica* (1957), IX, pág. 638.
163. *CG,* carta 185, pág. 194.
164. La carta de Breton está en la Galería Nacional de Escocia, Edimburgo; para la respuesta de Dalí, Bibliothèque Littéraire Jacques Doucet, París.
165. *VPSD,* pág. 37; Levy, *Memoir of an Art Gallery,* pág. 299.
166. La carta de Dalí a Breton, franqueada en Cadaqués el 17 de abril de 1934, está en el Fonds Breton, Bibliothèque Littéraire Jacques Doucet, París; *La Publicitat,* Barcelona, 14 de abril de 1934, pág. 2.
167. Joan Tomàs, «El poeta García Lorca i l'escenògraf Manuel Fontanals vénen de fer una revolució a Buenos Aires», *La Publicitat,* Barcelona, 13 de abril de 1934, págs 1 y 6.
168. No ha sido posible consultar el original de la postal, transcrita, sin indicación de fuente ni más pormenores, en Rodrigo, *Lorca-Dalí. Una amistad traicionada,* pág. 225. Es de suponer que Rodrigo la vio en casa de Anna Maria Dalí y que, por el mismo hecho de estar allí, no la enviara el pintor a su destinatario, por razones que desconocemos. En cuanto a «Bogen», no se conoce a ningún personaje así llamado. Es posible que Rodrigo no transcribiera correctamente el nombre. Creemos que se trata de Wagner por ir asociado con frecuencia el nombre del compositor al de Luis II de Baviera y Sacher Masoch en los textos y proyectos dalinianos de estos años.
169. *STF,* pág. 149.
170. *Documents 34,* Bruselas, junio de 1934, págs. 33-35.
171. *STF,* pág. 129; *CG,* carta 196, págs. 203-204.
172. Agradezco al Victoria and Albert Museum una fotocopia del catálogo de la exposición (el único que pude localizar). Para la posibilidad de que los Dalí se alojaran en la residencia de James, véase Etherington-Smith, pág. 211.

173. Purser, pág. 6.
174. Citado por Purser, pág. 169.
175. Conversación del autor con George Melly, París, 1 de agosto de 1995.
176. Lowe, *passim.*
177. Secrest, pág. 164.
178. Citado en *VPSD,* pág. 39.
179. Santos Torroella, *La miel es más dulce que la sangre,* págs. 195-219.
180. *CG,* carta 202, págs. 207-208.
181. *José María Sert* (catálogo, véase la sección 4 de la bibliografía); Etherington-Smith, págs. 212-213.
182. *STF,* pág. 131.
183. *Ídem,* págs. 131-132; estas cartas de Dalí a Buñuel fueron publicadas por primera vez en *SVBLD,* págs. 247-250.
184. Pérez Galán, *passim.*
185. Jackson, pág. 30.
186. *Ídem,* pág. 75; Preston, págs. 184-188.
187. Jackson, págs. 148-168. Para los antecedentes de la revolución de octubre véase también el amplio capítulo «El bienio negro», en Brenan, págs. 265-297.
188. *STF,* pág. 136, nota 5, y Apéndice F, págs. 195-198.
189. *VS,* págs. 381-383; *STF,* págs [54], 138 y 212.
190. J.C. [Just Cabot], «Abans d'anar a Nova York. Una estona amb Dalí», *Mirador,* Barcelona, 18 de octubre de 1934, reproducida por *STF,* págs. 215-218.
191. Agradezco a doña Eulàlia Maria Bas i Dalí, hija de doña Montserrat Dalí, su generosidad al facilitarme una fotocopia de esta carta.
192. Véase nota anterior.
193. Postal de Dalí a su tío Anselm Domènech con matasellos de Nueva York, 13 de diciembre de 1934 (Fundació Municipal Joan Abelló, Mollet del Vallès, Barcelona), publicada (con algún error de transcripción) por Fernández Puertas, «Les cartes de Salvador Dalí al seu oncle Anselm Domènech al Museu Abelló», pág. 70.
194. Para los bocetos, *SD,* pág. 304. En algunos de estos dibujos puede leerse sin dificultad la fecha 6 de mayo de 1934. Para el inexacto recuerdo de los sucesos de Barcelona, y la génesis del cuadro, véase *VS,* págs. 381-384.
195. Read, «Bosch and Dalí».
196. Douglas Goldring, «Artists and Pictures», *The Studio,* Londres, enero de 1935, pág. 36.
197. Anthony Blunt, «The Beaver and the Silk-worm», *The Spectator,* Londres, 2 de noviembre de 1934.

198. Clive Bell, «The Zwemmer Gallery», *New Statesman and Nation,* Londres, 22 de diciembre de 1934, pág. 938.
199. Para la fecha de salida del buque, véase *La Prensa,* Nueva York, 14 de noviembre de 1934 («Vapores que llegan») y *New York Times,* 14 de noviembre de 1934, pág. 41. Para su llegada a Nueva York, *New York Times, ídem,* y 15 de noviembre de 1934, pág. 22.
200. *VS,* pág. 353.
201. *CI,* pág. 260.
202. Crosby, pág. 29.
203. «Vapores que llegan», *La Prensa,* Nueva York, 14 de noviembre de 1934.
204. Crosby, pág. 331.
205. *STF,* pág. 139.
206. Citado en *VPSD,* pág. 40, del cual traducimos al no haber podido ver el original.
207. Véase nota anterior.
208. Aurelio Pego, «Un pintor catalán en Nueva York», *La Vanguardia,* Barcelona, 22 de enero de 1935, pág. 9.
209. Fernández Puertas, «Les cartes de Salvador Dalí al seu oncle Anselm Domènech», pág. 70.
210. Galería Nacional de Escocia, Edimburgo.
211. Carta sin fecha en el Fonds Paul Éluard, Musée de Saint-Denis, Saint-Denis, citada en *SD,* pág. 300.
212. «Información cultural. Se dio una recepción al pintor Salvador Dalí en la Casa de las Españas», *La Prensa,* Nueva York, 12 de diciembre de 1934, págs. 4 y 6.
213. «"Not a madman!" – Dalí», *Art Digest,* Nueva York, 1 de enero de 1935.
214. «Información cultural. Salvador Dalí trató del surrealismo en la velada de la Casa de las Españas», *La Prensa,* Nueva York, 9 de enero de 1935, pág. 4.
215. «Salvador Dalí dio en el Museo de Arte Moderno otra de sus conferencias», *La Prensa,* Nueva York, 14 de enero de 1935, pág. 4; «Dalí Proclaims Surrealism a Paranoiac Art», *Art Digest,* Nueva York, 1 de febrero de 1935, pág. 10; *VPSD,* pág. 43; cita tomada de Levy, *Surrealism,* pág. 7.
216. *STF,* pág. 143.
217. Invitación reproducida en *VPSD,* pág. 43.
218. *Sunday Mirror,* Nueva York, 24 de febrero de 1935, págs. 10-11, reproducido en *VPSD,* págs. 42-43; *VS,* págs. 362-363; Crosby, págs. 331-332.
219. *VS,* pág. 363.

10. LA CONSOLIDACIÓN DE LA FAMA (1935-1940)

1. La carta se conserva en el archivo de la hija de Montserrat Dalí, doña Eulàlia Maria Bas i Dalí, Barcelona, a quien agradezco su generosa colaboración.
2. Conversación con doña Montserrat Dalí, Barcelona, 28 de febrero de 1992, en presencia de su hija, Eulàlia, y de don Rafael Santos Torroella y su esposa Maite. Anna Maria Dalí contó al señor Santos Torroella que había vuelto a casa de una excursión a Roses justo a tiempo para ser testigo del apoteósico final del tempestuoso reencuentro. Pero la carta de la madre de Montserrat parece demostrar que no pudo ser así, ya que Anna Maria estaba ya en Cadaqués.
3. Carta de la madre de Montserrat Dalí, véase nota 1.
4. Archivo de doña Eulàlia Maria Bas i Dalí (véase nota 1).
5. El testamento y la carta de pago se firmaron en presencia del notario de Figueres Jesús Solís de Ecénarro. Agradezco a la entonces ministra de Cultura, doña Carmen Alborch, al haberme permitido obtener copias de estos documentos, que se conservan en el Archivo Notarial de Figueres. Mi agradecimiento, también, al notario en funciones, don Raimundo Fortuny i Marqués, por su desinteresada colaboración.
6. Testamento fechado el 10 de septiembre de 1936. Archivo Notarial, Figueres. Véase nota anterior.
7. Los testamentos están fechados: 12 de mayo de 1937, 19 de noviembre de 1937, 17 de julio de 1942, 20 de diciembre de 1944, 17 de octubre de 1947, 6 de noviembre de 1948, 17 de julio de 1949, 30 de enero de 1950, 31 de mayo de 1950. Hemos conseguido copias de todos ellos menos el correspondiente al 17 de julio de 1942, firmado ante el notario Evaristo Vallés. Archivo Notarial, Figueres. Véase la nota 5.
8. Tarjeta de Breton, su esposa Jacqueline y Paul Éluard a Dalí y Gala, con matasellos de Praga del 30 de marzo de 1935, Fonds Breton, Bibliothèque Littéraire Jacques Doucet, París; *CG*, carta 206, nota 8, pág. 412.
9. *CG*, carta 207, nota 2, pág. 413; Breton, «Le Château étoilé», *Minotaure*, París, número 8 (15 de junio de 1936), pág. 29.
10. Conversación con David Gascoyne, Isla de Wight, Inglaterra, 22 de marzo de 1994.
11. *Ídem*; véase también, Gascoyne, «À propos du suicide de René Crevel».
12. *STF*, pág. 147.
13. El maletín y su contenido se conservan en la Bibliothèque Littéraire Jacques Doucet, París, B'-111-112.
14. Para el viaje a Londres, hemos consultado la postal de Dalí a Anselm Domènech (con matasellos del 5 de julio de 1935) conservada en la Bi-

blioteca de Cataluña, Barcelona (según Lowe, pág. 124, James zarpó para Barcelona el 21 de julio de 1935); las cifras de ejemplares impresos se dan en la pág. [6] de la *plaquette.*

15. Brassaï, pág. 45.
16. Carta de Edward James a Diane Abdy, 20 de octubre de 1935, EJF.
17. *La Publicitat,* Barcelona, 2, 3 y 4 de agosto de 1935; *Crónica,* Barcelona, 11 de agosto de 1935.
18. *VS,* pág. 368.
19. EJF.
20. En *Dalí* (catálogo del museo Boijmans Van Beuningen, Rotterdam, véase la sección 1 de la bibliografía), número 49.
21. En el folleto *Palamós 1995 Festa Major,* del cual poseemos un ejemplar, se incluyen unas fotografías antiguas en las que se aprecian estos edificios.
22. Dalí y Pauwels, pág. 24.
23. Véase la nota 19.
24. Comentario de doña Nanita Kalaschnikoff viendo por primera vez *Muchacha de Figueres,* junto con el autor y don Antoni Pitxot; para la donación de la campana, don Antoni Pitxot, en la misma ocasión; para el escenario masturbatorio, véase también Permanyer, «El pincel erótico de Dalí», pág. 62.
25. Conversación con don Antoni Pitxot, Figueres, 5 de agosto de 1995.
26. Carta de Edward James a Diane Abdy, 20 de octubre de 1935. EJF.
27. *L'Humanitat,* Barcelona, 1 de octubre de 1935, pág. 1.
28. García Lorca, *Obras completas,* III, pág. 661.
29. El dibujo, con los comentarios de Dalí, se reproduce en Descharnes, *The World of Salvador Dalí,* pág. 21.
30. Dalí, «Les Morts et moi».
31. Carta de James a Diane Abdy fechada el 20 de octubre de 1935. EJF.
32. Dalí, «Les Morts et moi».
33. *Ídem,* retocado en *DG,* págs. 81-85.
34. *STF,* pág. 153.
35. Citado por Lowe, págs. 125-126.
36. EJF.
37. Lowe, págs. 26-27.
38. EJF.
39. *VS,* pág. 365.
40. Cossart, pág. 218.
41. *SDFGL,* pág. 97.
42. Carta de Dalí a Edward James, sin fecha. EJF.
43. Carta de Gala a Edward James con matasellos de Cadaqués, 11 de mayo de 1936. EJF.

44. Correspondencia Dalí-James, EJF.
45. Agradezco a la Galería Nacional de Escocia una fotocopia del catálogo de la exposición, que se incluye en el álbum de recortes de David Gascoyne.
46. *STF*, pág. 155.
47. Buck, introducción al catálogo *The Surrealist Spirit in Britain.*
48. *Ídem.*
49. Penrose, *Scrapbook: 1900-1981,* Londres, Thames and Hudson, 1981, citado por Etherington-Smith, pág. 245.
50. El cuarto número del *International Surrealist Bulletin* (Londres, Curwen Press, septiembre de 1936) publicó un sucinto informe sobre el acontecimiento.
51. Carta de Gala y Dalí a Edward James, EJF; para las fiestas en casa de Berners y Beaton, Etherington-Smith, págs. 244-245, sin precisión de fuente.
52. Véase la nota 49.
53. Read, *Surrealism,* pág. 19.
54. *International Surrealist Bulletin,* véase la nota 49; para la amenaza de los fascistas, véase Buck, introducción a *The Surrealist Spirit in Britain* (catálogo, véase bibliografía, sección 4).
55. Catálogo de la exposición, págs. 16-17.
56. Breton, *What is Surrealism?,* 1936, pág. 82.
57. Read, *Surrealism,* pág. 59.
58. Dalí, «El surrealismo espectral del eterno femenino prerrafaelita».
59. Read, *Surrealism,* págs. 240-242.
60. *STF*, págs. 155-158 y 220-221.
61. Los títulos de los dibujos expuestos no fueron facilitados por el catálogo. Los cuadros relacionados eran:
    1. *Mediodía* [?], 1936
    2. *Aparición de la ciudad de Delft,* 1936
    3. *El espectro del sex-appeal,* 1936.
    4. *El automóvil fósil del cabo de Creus,* 1936
    5. *Construcción blanda con albaricoques* [sic] *hervidos,* 1936
    6. *Melancolía diurna,* 1936
    7. *La ciudad de los cajones,* 1936
    8/9. *Pareja con las cabezas llenas de nubes,* 1936
    10. *Retrato geodésico de Gala,* 1936
    11. *Retrato de Gala con dos costillas de cordero en equilibrio sobre su hombro,* 1934
    12. *El hombre invisible,* 1929-1933
    13. *Cabeza de Gala con el cabello dando a luz un ramo de olivo,* 1934
    14. *Eco morfológico,* 1936
    15. *Mesa solar,* 1936

16. *Burócrata medio atmosfericocéfalo ordeñando un arpa craneal,* 1934
17. *Cráneo con su apéndice lírico,* 1934
18. *Antropomorfismo, extra-plano,* 1936
19. *El horizonte olvidado,* 1936
20. *Imagen hipnagógica de Gala,* 1934
21. *Monumento imperial a la mujer-niña,* 1934
22. *El destete del mueble-alimento,* 1935 (prestado por la señora Jocelyn Walker, Londres)
23. *Patio oeste de la Isla de los Muertos,* 1935 (prestado por el señor Peter Watson, Londres)
24. *La fuente de Böcklin,* 1934 (prestado por el príncipe J. L. Faucigny-Lucinge, París)
25. *El arpa invisible, fina y media,* 1934 (prestado por el vizconde de Noailles, París)
26. *Afueras de la ciudad paranoico-crítica,* 1935 (prestado por el señor Edward James, Londres)
27. *La calma blanca,* 1935 (prestado por el señor Edward James, Londres)
28. *Retrato de Emilio Terry,* 1934 (prestado por el señor Emilio Terry, París)
29. *Metamorfosis vegetal,* 1935 (prestado por el señor Cecil Beaton, París).

62. *VS,* págs. 384-386; véase también una afirmación similar de Dalí en Descharnes, *Dalí de Gala* (Lausana, Edita, 1962), citada en *DOH,* pág. 189.
63. «Reali$m in Surrealism. Modernists are not Priceless Asses», *The Star,* Londres, 2 de julio de 1936.
64. *The Studio,* Londres, número 112, septiembre de 1936, citado por Etherington-Smith, pág. 247; para la rápida venta de doce cuadros, *Standard,* Londres, 25 de junio de 1936 (citado por Secrest, pág. 165); T. W. Earp, *The Daily Telegraph,* Londres, 1 de julio de 1936 (citado por Secrest, *ídem*).
65. «Reali$m in Surrealism. Modernists are not Priceless Asses», *The Star,* Londres, 2 de julio de 1936.
66. «Surrealist in Diving Suit. Helmet Gets Stuck», *The Daily Mail,* Londres, 2 de julio de 1936.
67. Conversación con David Gascoyne, Isla de Wight, Inglaterra, 22 de marzo de 1994.
68. EJF.
69. Lowe, pág. 133.
70. Hemos consultado la copia del contrato que obra en EJF.
71. EJF.
72. Carta sin fecha citada por Etherington-Smith, págs. 259-260; en *VS,* pág. 384, Dalí dice que estaba cenando en el Savoy cuando llegó la noticia

del levantamiento; Puignau, pág. 20, afirma que Gala y Dalí estaban en Port Lligat cuando oyeron la noticia, y que inmediatamente viajaron a París, pero no pudo ser así.

73. *BUS*, pág. 161.
74. *VS*, pág. 388.
75. Sobre todo ello véase nuestro libro *El asesinato de García Lorca.*
76. Dalí, «Les Morts et moi».
77. *VS*, pág. 388.
78. Lowe, pág. 133.
79. *VS*, págs. 388-395; Lowe, pág. 133; la carta a Breton está en el Fonds Breton, Bibliothèque Littéraire Jacques Doucet, París.
80. Cartas de Gala a Edward James, EJF.
81. Fonds Breton, Bibliothèque Littéraire Jacques Doucet, París.
82. Levy, *Memoir of an Art Gallery*, pág. 173.
83. Hugnet, «In the Light of Surrealism», *Fantastic Art, Dada, Surrealism* (catálogo, véase bibliografía, sección 4), págs. 45-46.
84. Fonds Breton, Bibliothèque Littéraire Jacques Doucet, París. Sobre con matasellos de Quebec, 28 de diciembre de 1936. La carta lleve membrete de Canadian Pacific Hotels, Château Frontenac, Québec.
85. «Frozen Nightmares», *Time*, Nueva York, 26 de noviembre de 1934, págs. 44-45.
86. «Marvelous and Fantastic», *Time*, Nueva York, 12 de diciembre de 1934.
87. *CI*, págs. 268-269.
88. E. A. J., «The New Dalis Again», *The New York Times*, 20 de diciembre de 1936.
89. Integraban la muestra las siguientes obras. Señalamos con asterisco las cedidas en préstamo por Edward James:
    1. *Momento de transición*
    2. *El gran soñador de Dalí*
    3. *Tres jóvenes mujeres surrealistas llevando en sus brazos las pieles de una orquesta*
    4. *Canibalismo del otoño**
    5. *Primavera necrofílica*
    6. *La negra de Harlem en viaje por Cataluña se mira en el espejo invisible*
    7. *El hombre con cabeza de hortensia azul*
    8. *Farmacéutico levantando con suma precaución la tapa de un piano de cola*
    9. *Cabeza de mujer en forma de batalla*
    10. *Pan sobre la cabeza del hijo pródigo*
    11. *Trombón y sofá de saliva*
    12. *Afueras de la ciudad paranoico-crítica: tarde a la orilla de la historia europea**

13. *Pareja con las cabezas llenas de nubes**
14. *La silla del espectro de Vermeer*
15. *¿Mediodía?* (1936)
16. *Construcción blanda con judías hervidas-premonición de la guerra civil*
17. *Melancolía diurna* (1936; colección particular, Londres)
18. *Retrato geodésico de Gala* (1936; colección Gala-Dalí)
19. *Mesa solar** (1936)
20. *El sueño apoya su mano en el hombro de un hombre*

90. Véase nota 87.
91. *Art News,* Nueva York, 2 de enero de 1937, citado en *VPSD,* pág. 60.
92. «The Battle of the Surrealists», *New York Sun,* 19 de diciembre de 1936.
93. Dalí, en Descharnes, *Dalí de Gala* (1962), citado en *DOH,* pág. 223.
94. «Fifth Ave. Crowd Stops to View Dali Window», *New York Weekly Telegraph,* 26 de diciembre de 1936.
95. Levy, *Surrealism,* pág. 23.
96. Fonds Breton, Bibliothèque Littéraire Jacques Doucet, París.
97. Copia conformada del documento en EJF.
98. Dalí, «Surrealism in Hollywood».
99. *DOH,* pág. 158.
100. Dalí, «Surrealism in Hollywood».
101. Dibujo reproducido en *SD,* pág. 358; la fotografía en *DOH,* pág. 158.
102. Carta de Dalí a Edward James con matasellos del 19 de enero de 1937. Los Dalí se alojaron en The Garden of Allah, 8159 Sunset Boulevard, Hollywood. EJF.
103. Fonds Breton, Bibliothèque Littéraire, Jacques Doucet, París.
104. EJF. Al parecer Dalí le dio el borrador a Edward James para que lo tradujera al inglés. No sabemos si la carta fue enviada alguna vez a Harpo.
105. El manuscrito del guión, al parecer adquirido a la señora Cécile Éluard, se conserva en el Centro Georges Pompidou, París.
106. Dalí a Éluard en *CG,* carta 229, nota 2, págs. 420-421.
107. Reproducidos en *SD,* págs. 286 y 288.
108. Freud, *Obras completas,* IV, pág. 255, nota 1.
109. *Ídem,* XII, pág. 60.
110. Santos Torroella, *La miel es más dulce que la sangre,* pág. 153.
111. Dalí en *Dalí,* Museo Boijmans Van Beuningen, Rotterdam, número 50 (catálogo, véase la sección 1 de la bibliografía).
112. García Lorca, *Obras completas,* I, pág. 483.
113. *Ídem,* pág. 409.
114. Santos Torroella, *La miel es más dulce que la sangre,* pág. 153.
115. Hemos traducido del texto francés, reproducido en *SD,* pags. 284-288.
116. Pierre, «Breton et Dalí», pág. 140.

117. Documentos conservados en EJF.
118. EJF. Documento citado por Etherington-Smith, págs. 258-260.
119. *Ídem*, pág. 260.
120. Invitación reproducida en *SD*, pág. 62. Mis esfuerzos por encontrar un catálogo de la exposición han sido inútiles. Según la señora Evelyne Pomey, encargada de la documentación para la antológica de Dalí en el Pompidou, es posible que no se imprimiera un catálogo en aquella ocasión (carta al autor de la señora Nathalie Schoeller, Centro Pompidou, 11 de abril de 1996).
121. Carta de Dalí a James, primavera de 1937, EJF; copia de la carta de Edward James a Dalí fechada el 31 de agosto de 1937, EJF.
122. Para la actitud de Breton hacia esta exposición, véase *CG*, carta 234, nota 3, pág. 423.
123. Carta de Dalí a Edward James, en EJF.
124. Lowe, pág. 139; *CG*, carta 234, pág. 236.
125. Conversaciones con doña Rosa Maria Salleras, Cadaqués, 1994-1996.
126. Jean, págs. 280-286.
127. *Ídem*; *CI*, págs. 283-284.
128. Jean, pág. 282.
129. *CI*, págs. 190-191.
130. La definición había aparecido en «Las pantuflas de Picasso» (1935).
131. Dalí, *El mito trágico del «Ángelus» de Millet*, pág. 10.
132. Carta de Dalí a Edward James, EJF; *VS*, pág. 390.
133. Reproducciones en color en Moorhouse, pág. 90, y *DOH*, pág. 241; Romero, *Todo Dalí en un rostro*, pág. 203, reproduce un útil detalle del grupo de imágenes dobles; carta de Dalí a James, EJF.
134. *Cahiers G.L.M*, París, número 7, 1938, pág. 4.
135. Jones, págs. 642-643.
136. *VS*, pág. 25.
137. Dalí a Edward James, EJF.
138. Cowles, págs. 291-293.
139. *LSASDLR*, número 5 (13 de mayo de 1933), págs. 10-11, reproducido en la segunda edición de *Los vasos comunicantes*, veáse Breton, *Oeuvres complètes*, págs. 210-213.
140. Cowles, pág. 294. Se trata de nuestra traducción al español de una traducción inglesa de un original alemán por lo visto no publicado hasta la fecha y que nosotros no hemos podido consultar. La versión que ofrecemos, por lo tanto, es defectuosa.
141. Carta citada en Lowe, pág. 144, excepto el comentario de Freud, añadido por Etherington-Smith, pág. 279, en su transcripción de la misma, cuyo original no hemos logrado consultar.

142. Fonds Breton, Bibliothèque Littéraire Jacques Doucet, París. Carta citada por Pierre, pág. 137.
143. *VS*, pág. 25; Cowles, pág. 293; Zweig, pág. 325.
144. *VS*, pág. 427.
145. *Ídem*, pág. 400.
146. *Ídem*; reproducción del cuadro en *DOH*, pág. 221.
147. Etherington-Smith, pág. 282.
148. «Fundamentos geológicos de Venusberg», citado en *DOH*, pág. 227.
149. Ambos cuadros se reproducen en *DOH*, pág. 238.
150. Santos Torroella, «El Reina Sofía se equivoca con Dalí», pág. 38.
151. Fonds Breton, Bibliothèque Littéraire Jacques Doucet, París.
152. Galería Nacional de Escocia, Edimburgo.
153. Breton, «Les tendances les plus récentes de la peinture surrealiste», pág. 17.
154. La tarjeta de invitación se reproduce en *VPSD*, pág. 73; para las indicaciones de Dalí sobre la fotografía estroboscópica, véase *Cincuenta secretos mágicos para pintar*, pág. 167.
155. «Surrealist Dali Explains Fury for His Art; Never Meant to Smash 5th Ave. Window. Couldn't Bear Sight of Expurgated Version of His Work», *New York Post*, 17 de marzo de 1939; «Dali's Display», *Time*, Nueva York, 27 de marzo de 1939; *VS*, págs. 400-401.
156. *New York Post* (véase nota anterior).
157. *New York Post, ídem.*
158. *Paris-Soir*, 18 de marzo de 1939, citado en *CG*, carta 249, nota 1, pág. 426; *Daily News*, Nueva York, 17 de marzo de 1939, citado en *VPSD*, pág. 74; *Time*, Nueva York, 27 de marzo de 1939; *VS*, págs. 400-406; Dalí, *Carta abierta a Salvador Dalí*, pág. 31; Dalí, *Declaration of the Independence of the Imagination and The Rights of Man to his Own Madness.*
159. Mi agradecimiento a la Fundación Gala-Salvador Dalí, Figueres, por proporcionarme una fotocopia del catálogo, que relaciona las siguientes obras:

CUADROS

1. *Restos de un automóvil dando a luz a un caballo ciego que muerde un teléfono*
2. *Gala*
3. *El enigma de Hitler*
4. *Teléfono en bandeja con tres sardinas fritas*
5. *El abismo de la reflexión*
6. *España*
7. *Violetas imperiales*

8. *Mujeres-caballo*
9. *Tristán loco*
10. *El enigma sin fin:*
Mandolina, frutero con peras, dos higos encima de una mesa
Animal mitológico
Cara del gran cíclope cretino
Galgo
Filósofo recostado
Playa del cabo de Creus con mujer sentada vista de espaldas remendando una vela, y barca
11. *Playa encantada con tres gracias fluidas*
12. *Aparición de un rostro y un frutero en una playa*
13. *Excentricidad melancólica*
14. *El encuentro del psicoanálisis y la morfología*
15. *La imagen desaparece*
16. *El simulacro transparente de la falsa imagen*
17. *San Jerónimo*
18. *Evening Palisades*
19. *El sueño*
20. *El pasillo de Palladio con sorpresa dramática*
21. *El momento sublime*

DIBUJOS

22. *Retrato de Gala*
23. *Retrato del doctor Freud*
24. *Retrato de figura femenina andante*
25. *Retrato imaginario de Lautréamont*
26. *Retrato de Harpo Marx*

160. *Life,* Nueva York, 18 de abril de 1939, citado en *VPSD*, pág. 75.
161. EJF.
162. Un borrador de *Sueño de Venus* redactado por Dalí en francés se encuentra en EJF.
163. EJF.
164. Memorándum de Edward James, EJF.
165. «Throngs Dazed By a Glimpse of World of Dali. Exhibit at Fair Has Diving Girls Milk a Frustrated Cow as Giraffe Explodes», *Herald Tribune,* Nueva York, 16 de junio de 1939.
166. El borrador del telegrama y una copia de la carta, fechada el 21 de julio de 1939, se conservan en EJF. Para la versión de Dalí, véase *VS,* págs. 405-406; *VPSD,* págs. 76-83, reproduce numerosas fotografías de los preparativos de *Sueño de Venus.*

167. Hay tres cajas llenas de recortes de periódicos en EJF.
168. Norman Siegel, «Dalí and "Dollies" Make the "Dream of Venus" an Out-Standing Fair Exhibit», *Press,* Cleveland, 18 de julio de 1939.
169. «World's Fair. Pay As You Enter», *Time Magazine,* Chicago, 26 de junio de 1939.
170. Dalí, *Declaration of the Independence of the Imagination and the Rights of Man to His Own Madness*; la cubierta de la declaración, protagonizada por la Venus de Botticelli con cabeza de pez, se reproduce en *VPSD*, pág. 84.
171. *SVBLD*, págs. 283-284.
172. Archivo Luis Buñuel, Ministerio de Cultura, Madrid.
173. *Ídem.*
174. Conversación del autor con don Juan Luis Buñuel, hijo del director, Madrid, 1995.
175. Breton, «Des tendances les plus récentes de la peinture surréaliste», pág. 17.
176. *VS*, pág. 407.
177. Carta de Gala a Edward James, 5 de agosto de 1939, EJF.
178. EJF.
179. *VS*, págs. 410-412.
180. EJF.
181. *Ídem.*
182. Levy, *Memoir of an Art Gallery,* pág. 168.
183. Testimonio escrito de Léonor Fini, en Vieuille, pág. 181; Secrest, pág. 175.
184. Etherington-Smith, pág. 293.
185. EJF.
186. *Ídem.*
187. *Ídem.*
188. *Ídem.*
189. Lowe, pág. 149; Etherington-Smith, pág. 295.
190. EJF.
191. *VPSD*, pág. 88.
192. EJF.
193. *Ídem.*
194. Conovan, pág. 73.
195. Vieuille, pág. 181; Secrest, pág. 175.
196. «La bandera del Reich ondea en la frontera francoespañola», *Pueblo,* Madrid, 28 de junio de 1940, pág. 2.
197. *VS,* págs. 417-420.
198. Véase Rodríguez-Puértolas, págs. 347-348.

199. Etherington-Smith, pág. 305.
200. Bosquet, *Dalí desnudado,* pág. 13.
201. *VS,* pág. 413.
202. EJF.
203. Carlos Sentís, «Castillos de España y el fácil neoamericanismo», *Destino,* Barcelona, 17 de agosto de 1940, págs. 1-2.
204. «Secretos a voces», *ídem,* 24 de agosto de 1940, pág. 11.
205. *VS,* pág. 420.
206. *VPSD,* pág. 88.

11. ESTADOS UNIDOS (1940-1948)

1. Fotografía de la llegada de los Dalí en *New York Post,* 16 de agosto de 1940, reproducida en *DOH,* pág. 231.
2. *New York Post,* 16 de agosto de 1940.
3. Etherington-Smith, pág. 307.
4. John White, «A Day with Dalí. Or –The Cow in the Library», *Times Herald,* Washington, 23 de febrero de 1941, reproducido en *DOH,* pág. 260.
5. *Ídem*; Crosby, pág. 337.
6. Carta inédita, colección de don Pere Vehí, Cadaqués.
7. Parke Rouse Jr., «Spiders –That's What Fascinates Dalí Most About Virginia», *Richmond-Time Dispatch,* 6 de abril de 1941.
8. Anaïs Nin, *The Diary of Anaïs Nin. 1939-1944,* págs. 39-40.
9. *Ídem,* pág. 40.
10. Etherington-Smith, pág. 311; Lowe, págs. 185-186.
11. Para las dificultades de Chevalier con el original francés, véase *VS,* pág. 81, nota.
12. El manuscrito original francés, la copia en limpio manuscrita debida a Gala y la copia a máquina se conservan en la Fundación Gala-Salvador Dalí, Figueres. La copia en limpio se efectuó en papel de cartas con el membrete «Beverly Hills Hotel and Bungalows, Beverly Hill, California (11 acres of sunshine for 122 months of playtime in the heart of residential Los Angeles)». La copia a máquina contiene correcciones manuscritas de Gala.
13. *VS,* pág. 238.
14. *Ídem,* págs. 238 y 268.
15. *Ídem,* pág. 335.
16. *Ídem,* pág. 364.
17. *Ídem,* pág. 270.
18. *Ídem,* pág. 364.

19. *Ídem*, pág. 388.
20. *Ídem*, pág. 11.
21. *Ídem*, pág. 78.
22. *Ídem*, pág. 268.
23. *Ídem*, págs. 422-423.
24. Es muy posible que Dalí conociera también *La nueva catolicidad* (1933); véase Giménez Caballero en la bibliografía.
25. *VS*, págs. 207 y 364.
26. Reproducida en *VPSD*, pág. 89.
27. *VS*, lámina 14.
28. Morse, *Dali A Study of His Life and Work*, pág. 51.
29. Citado por Etherington-Smith, pág. 315.
30. Correspondencia Edward James-Julien Levy, citada por Etherington-Smith, pág. 314.
31. Levy, *Memoir of an Art Gallery*, pág. 255.
32. Henry McBride, «The Classic Dali. Not so Very Different From Dali the Surrealist», *New York Sun*, 26 de abril de 1941.
33. Sawin, págs. 151-152.
34. Nicholas Calas, «Anti-surrealist Dalí: I say his flies are ersatz», *View*, Nueva York, junio de 1941.
35. *VS*, pág. 222, nota.
36. Fotografías del estudio en Morse, «Romantic Ampurdán», pág. 209.
37. Morse, *Dali. A Study of His Life and Work*, pág. 56.
38. Levy, *Memoir of an Art Gallery*, pág. 255; *DOH*, pág. 258; «Dali Out West», *Art Digest*, Nueva York, 1 de octubre de 1941, pág. 9; «Dali in California», *ídem*, 1 de noviembre de 1941, pág. 22.
39. Etherington-Smith, págs. 317-320; un fragmento de la película filmada en aquella ocasión se incluyó en el programa *Dalí* (documental televisivo BBC, «Arena»; véase la sección 8 de la bibliografía).
40. Inez Robb, «Dali's Daffy Day», *American Weekly*, Nueva York, 8 de octubre de 1941.
41. *VPSD*, págs. 94-95; *DOH*, págs. 258 y 276; Descharnes y Néret, *Dalí*, I, págs. 343-345.
42. «Richard Wagner, Reported Killed», *Dalí News*, Nueva York, 20 de noviembre de 1945, pág. 1, reproducido en *VPSD*, pág. 116.
43. Francisco Madrid, «El escándalo del Salón de Otoño».
44. Soby, *Salvador Dalí. Paintings, Drawings, Prints*, pág. 7.
45. Robert M. Coates, «The Art Galleries. Had Any Good Dreams Lately?», *The New Yorker*, 29 de noviembre de 1941.
46. Sweeney, pág. 13; Edward Alden Jewell, «Melange. From the Antipodes to Surrealism», *New York Times*, 23 de noviembre de 1941.

47. Henry McBride, «Dali and Miro», *New York Sun,* 21 de noviembre de 1941.
48. Robert M. Coates, «The Art Galleries. Had any Good Dreams Lately?», *The New Yorker,* 29 de noviembre de 1929.
49. «Peyton Boswell comments: Mr Dalí Goes to Town», *Art Digest,* Nueva York, 1 de diciembre de 1941.
50. Morse, *Dali: A Study of His Life and Work,* pág. 57.
51. «The Secret Life of Dalí by Dalí», *Click,* Nueva York, septiembre de 1942, reproducido en *VPSD,* pág. 103.
52. Anna Maria Dalí publicó una traducción del cuento *La flauta de Chiang Luang,* de Maurice Baring, en *Destino,* Barcelona, número 429, 6 de octubre de 1945; carta de Salvador Dalí a su hermana, en la colección particular de don Pere Vehí, Cadaqués.
53. Carta inédita en la colección de don Pere Vehí, Cadaqués.
54. Dibujo reproducido en color en Fornés, *Dalí y los libros,* pág. 40.
55. *The New Yorker,* 27 de febrero de 1943, citado por Secrest, pág. 183.
56. «Not so Secret Life», *Time,* Nueva York, 28 de diciembre de 1942, págs. 30-31.
57. Benjamin de Casseres, en un recorte incluido en el álbum de reseñas de *Vida secreta* recopilado por Gala y conservado en la Fundación Gala-Salvador Dalí, Figueres.
58. *Nation,* Nueva York, 6 de febrero de 1943.
59. Citado por Etherington-Smith, pág. 326.
60. *Ídem.*
61. «Elsa Maxwell's Party Line», *Dallas Texas Herald,* 24 de enero de 1943.
62. Citado en *VPSD,* pág. 104.
63. *SVBLD,* pág. 365; ejemplar de *Vida secreta* perteneciente a Luis Buñuel, en el Archivo Buñuel, Ministerio de Cultura, Madrid.
64. *VS,* lámina 6.
65. Orwell, «Benefit of Clergy», pág. 195.
66. Reynolds Morse, *The Dali Adventure,* pág. [iii]; el Museo de Arte de Cleveland ha tenido la gentileza de informarme de que la retrospectiva de Dalí permaneció abierta del 6 al 29 de marzo (fax del 13 de junio de 1996); Eleanor Morse, «My View», pág. xxv; *MDJ,* vol. I; conversaciones con el señor y la señora Morse, España y Florida, 1995-1996.
67. Comunicación escrita de la señora Eleanor Morse, 31 de mayo, 1996; en *MDJ* Reynolds Morse afirma que los cuadros los compró en la galería Julien Levy, no en Knoedler.
68. Comunicación escrita de la señora Eleanor Morse, 31 de mayo de 1996; véase también Eleanor Morse, «My View», pág. xxv. Según Reynolds Morse, «Reminiscences and Reassessments», pág. iii, la pintura costó $1.200 y el marco, $1.850.

69. Comunicación escrita de Eleanor Morse, 31 de mayo de 1996.
70. Copia de la carta de Gala facilitada por gentileza de la señora Morse.
71. Reynolds Morse, *The Dali Adventure,* pág. [iii]
72. Comunicación escrita de la señora Morse, 31 de mayo de 1996.
73. Eleanor Morse, «My View», pág. xxv; Etherington-Smith, pág. 343.
74. Jimmy Ernst, págs. 151-155.
75. *MDJ,* vol. I; conversación con el señor Reynolds Morse, Salvador Dali Museum, Florida, 16 de julio de 1994.
76. *New York Sun,* 16 de abril de 1943.
77. *CI,* págs. 301-308.
78. Chevalier, «Prólogo del traductor» a *Hidden Faces;* Dalí, «Prólogo del autor».
79. Chevalier, «Salvador Dalí as Writer».
80. El amigo era Carlos Lozano. Conversación con el señor Lozano, Cadaqués, 6 de agosto de 1995.
81. Dalí, *Hidden Faces,* pág. 12.
82. *STFGL,* pág. 127, nota 7.
83. *Ídem,* pág. 148.
84. Dalí y Pauwels, pág. 241.
85. Permanyer, «El pincel erótico de Dalí».
86. Dalí, *Hidden Faces,* pág. 13.
87. Dalí, *Rostros ocultos,* pág. 10.
88. Dalí, *Hidden Faces,* pág. 76.
89. *Ídem,* pág. 242.
90. *Ídem,* pág. 212.
91. *Ídem,* pág. 105.
92. *Ídem,* pág. 295.
93. *Ídem,* pág. 179.
94. Chevalier, «Prólogo del traductor» a *Hidden Faces,* pág. 8.
95. Dalí, *Hidden Faces,* pág. 337.
96. Gold y Fitzdale, pág. 238. Véanse también las páginas 233 y 238-239.
97. *Ídem,* pág. 233; Etherington-Smith, pág. 334.
98. Según Secrest, pág. 184, Bettina Bergery creía que Solange de Cléda «era una mezcla de Roussy Sert y de ella». Era tan ridículo como afirmar que Gala «entra en la novela como un personaje menor, una joven estudiante del Barrio Latino». Para Etherington-Smith, pág. 333, Solange de Cléda es una combinación de Bettina Bergery, Caresse Crosby y Marie-Laure de Noailles. Tampoco vemos base alguna para esta hipótesis.
99. Chevalier, «Salvador Dalí as Writer».
100. Edmund Wilson, «Salvador Dalí as a Novelist».
101. Harrison Smith, «Salvador Dalí in Your Bathtub», *Saturday Review,* Nueva York, 24 de junio de 1944.

102. «Dalí's Love-in-Death», *Newsweek,* Nueva York, 12 de junio de 1944.
103. *The Dali News,* Nueva York, 20 de noviembre de 1945, pág. 3; reproducido en *VPSD,* pág. 118.
104. Carta inédita en la colección de don Pere Vehí, Cadaqués.
105. *VPSD,* pág. 105.
106. *Ídem,* pág. 106.
107. *Ídem.*
108. «3 New Dalí Paintings "Interpret" Perfume», *New York Times,* 31 de octubre de 1946; *VPSD,* pág. 121.
109. Para una opinión discrepante, al menos en lo tocante a las ilustraciones de Dalí para las *Memorias fantásticas* de Sandoz, véase Thomas Sugrue, «In a Fortunate Collaboration», *New York Herald Tribune Weekly Book Review,* 31 de diciembre de 1944.
110. Las ilustraciones para *Fantastic Memories,* de Sandoz, se reproducen en *VPSD,* págs. 107-111; para *The Maze,* del mismo autor, *ídem,* págs. 114-115; para tres de las ilustraciones para *Macbeth,* véase *ídem,* pág. 122; para la portada de *Wine, Women and Words, ídem,* pág. 123.
111. Algunas de estas ilustraciones se reproducen en *DOH,* págs. 272-273; véase también Descharnes y Néret, *Dalí,* I, págs. 352-353.
112. Green, «Los años mágicos».
113. Paul Bowles, *Without Stopping,* Londres, Hamish Hamilton, 1972, pág. 252 (citado por Etherington-Smith, pág. 346).
114. «Richard Wagner Reported Killed», *Dali News,* Nueva York, 20 de noviembre de 1945, pág. 2, reproducido en *VPSD,* pág. 117.
115. *VPSD,* pág. 114; Descharnes y Néret, *Dalí,* I, págs. 362-363; Dalí en *Dali News,* Nueva York, 20 de noviembre de 1945, pág. 2, reproducido en *VPSD,* pág. 116.
116. *VPSD,* pág. 114; Descharnes y Néret, *Dalí,* I, págs. 362-363; Dalí en *Dali News,* Nueva York, 20 de noviembre de 1945, pág. 1, reproducido en *VPSD,* pág. 116.
117. Reproducción facsímil del manuscrito en *Dalí y los muertos* (véase bibliografía, sección 6).
118. *MDJ,* vol. I, 1942-1956; reproducción en color en *DOH,* pág. 297.
119. Lowe, pág. 186.
120. *CI,* pág. 319.
121. *Dalí,* programa de la BBC TV, Londres («Arena»), 1986 (véase la sección 8 de la bibliografía).
122. «Movies. Spellbound», en *Dali News,* Nueva York, 20 de noviembre de 1945, reproducido en *VPSD,* pág. 117.
123. Fundación Gala-Salvador Dalí, Figueres.
124. En *VPSD,* págs. 116-119.

125. Alfred Frankenstein, «Dalí, "Stops Experimenting" –But He's Still Enigmatic», *San Francisco Chronicle,* 19 de noviembre de 1945.
126. Etherington-Smith, pág. 356.
127. A. Frankenstein en *Arts,* París, 14 de abril de 1946, citado en *VPSD,* pág. 120.
128. Este dibujo y otros de los realizados para el film, reproducidos en *DOH,* págs. 310-311.
129. Véase la nota 126.
130. Morse, «A Walt Disney Interview», *MDJ.*
131. Etherington-Smith, pág. 357.
132. *Ídem.*
133. *DOH,* págs. 309-311; Descharnes y Néret, *Dalí,* I, pág. 393.
134. *MDJ,* vol. 2; la portada de *Vogue* se reproduce en Descharnes y Néret, *Dalí,* I, pág. 395.
135. Colección particular de don Pere Vehí, Cadaqués.
136. Conversación con don Reynolds Morse, Florida, 15 de julio de 1996.
137. Josep Pla, «Calendario sin fechas», *Destino,* Barcelona, 29 de mayo de 1943, pág. 8.
138. Tristan, «Salvador Dalí desde Cadaqués».
139. Carta inédita en la colección de don Pere Vehí, Cadaqués.
140. «Salvador Dalí», *Destino,* Barcelona, 9 de noviembre de 1946, pág. 14.
141. Manuel Brunet, «Salvador Dalí».
142. *DG,* pág. 11.
143. Conversación con doña Roser Villar, Figueres, 28 de junio de 1996.
144. Dalí firmó *La persistencia de la memoria* «Olive Salvador Dalí», véase *DOH,* pág. 114; tal vez la primera obra firmada «Gala-Salvador Dalí» sea *Encuentro de la ilusión y el momento detenido. Huevos fritos presentados en una cuchara* (1932), reproducido en *DOH,* pág. 135.
145. Detalle de la dedicatoria en Descharnes, *The World of Salvador Dalí,* pág. 144.
146. «The Dalí Exhibition at the Bignou Gallery. Notes for the Study "Leda Atomica"», *Dali News,* Nueva York, 25 de noviembre de 1947, pág. 2, reproducido en *VPSD,* pág. 125.
147. *CI,* pág. 321.
148. *Dalí. Arquitectura* (catálogo, véase la sección 1 de la bibliografía), págs. 152-153; Descharnes y Néret, *Dalí,* II, págs. 551-552.
149. Morse, *Animal Crackers,* pág. 229.
150. Fundación Gala-Salvador Dalí, Figueres.
151. Reproducidos en *DOH,* págs. 306-307.
152. Descharnes y Néret, *Dalí,* I, pág. 362.
153. Descharnes, *The World of Dalí,* pág. 182.

154. Etherington-Smith, pág. 355.
155. Reproducción en *DOH*, pág. 308.
156. El número de *Dali News* se reproduce íntegro en *VPSD*, págs. 124-127.
157. Recorte de prensa reproducido en Morse, *The Dali Adventure*, sin número de página.
158. *MDJ*, vol. I.
159. Carlos Sentís, «Carta al padre de Salvador Dalí», *Destino*, Barcelona, 28 de febrero de 1948.
160. Carta, fechada «1948», en el archivo de doña Eulàlia Bas i Dalí, hija de Montserrat Dalí, Barcelona.

12. UN EX SURREALISTA EN LA ESPAÑA DE FRANCO (1948-1959)

1. Puignau, págs. 29-30.
2. Agustí, «Bienvenida a Salvador Dalí».
3. Carta sin fecha, hoy en la colección de don Pere Vehí, Cadaqués.
4. Muchas de las cartas de Gala a Gonzalo Serraclara se conservan en la Biblioteca de Catalunya, Barcelona, y proceden de la colección de Eduard Fornés.
5. Gonzalo Serraclara en el vídeo sobre la situación de Dalí realizado por Giuseppe y Mara Albaretto a comienzos de 1989.
6. Para el episodio del Cadillac, conversación con don Joan Vives, Figueres, 25 de enero de 1993.
7. Miguel Alabrús, «Extraordinarias declaraciones de Salvador Dalí», *Ampurdán*, Figueres, 1 de septiembre de 1948.
8. «Una carta del padre del pintor Dalí», *ídem*, 15 de septiembre de 1948.
9. Agradezco al notario don Raimundo Fortuny i Marqués, de Figueres, una copia de este testamento.
10. Carta sin fecha en la colección de don Pere Vehí, Cadaqués.
11. Oriol Anguera, pág. 38.
12. Dalí, *50 secretos mágicos para pintar*, pág. 166.
13. Arco, págs. 37-38.
14. Descharnes, *The World of Salvador Dalí*, pág. 175.
15. Arco, págs. 17-19.
16. Juan Luca de Tena, citado por *Crónica de Madrid*, Barcelona, Plaza y Janés, 1990, pág. 460.
17. «Art in Three Mediums», *The Sphere*, Londres, 19 de noviembre de 1949, pág. 287.
18. Cowles, págs. 197-202.
19. Morse, *Dali. A Study of His Life and Work*, pág. 62.

20. Arco, pág. 122.
21. Massip, pág. 3.
22. Puignau, pág. 32; Arco, pág. 79.
23. Arco, pág. 78; *DG,* pág. 169.
24. Breton, *Oeuvres complètes,* II, pág. 1152.
25. Fotografías en *VPSD,* págs. 128-129. Dibujos reproducidos en la edición de *As You Like It,* Folio Society, con introducción de Peter Brook, Londres, 1953.
26. *VPSD,* pág. 131.
27. Descharnes, *The World of Salvador Dalí,* pág. 26.
28. *AMD,* pág. 16.
29. *Ídem,* pág. 38.
30. *Ídem,* pág. 50.
31. *Ídem,* pág. 138.
32. *Ídem,* pág. 136.
33. Archivo Eduard Fornés, Biblioteca de Catalunya, Barcelona.
34. *Ídem.*
35. Reproducida en *VPSD,* pág. 132.
36. Archivo Eduard Fornés, Biblioteca de Catalunya, Barcelona.
37. Testamento firmado en Figueres ante el notario Raimundo Negre Balet. Agradezco al notario don Raimundo Fortuny i Marqués, de Figueres, una copia del documento.
38. Massip, pág. 3.
39. Véase, por ejemplo, *Abc,* Madrid, 24 de marzo de 1950.
40. Massip, pág. 5.
41. *CI,* pág. 370.
42. Puignau, págs. 38-39.
43. Reproducción en *DOH,* pág. 325.
44. Puignau, págs. 41-42.
45. El certificado de defunción de Salvador Dalí Cusí especifica que murió de «carcinomatosis generalizada» (Registro Civil, Cadaqués); la información relativa a la visita de Dalí a su padre muerto procede de doña Emilia Pomés, cuya madre era casera de los Dalí en Cadaqués; conversación con doña Montserrat Dalí, Barcelona, 1 de mayo de 1992.
46. Puignau, pág. 42.
47. El último testamento de Dalí Cusí, al igual que el anterior, se firmó en presencia del notario de Figueres Raimundo Negre Balet. Agradezco una vez más al notario don Raimundo Fortuny i Marqués, de Figueres, una copia del mismo. Según una nota añadida al final del documento, el 14 de octubre de 1950 se redactó una copia para el pintor; para las esperanzas de Dalí y Gala de heredar una parte de la casa, mi fuente es la familia Albaret-

to (conversación con los señores Giuseppe y Mara Albaretto, Turín, 24 de octubre de 1995).

48. Archivo Eduard Fornés, Biblioteca de Catalunya, Barcelona.
49. Postal inédita con matasellos de Nueva York, 15 de diciembre de 1950. Colección de don Pere Vehí, Cadaqués.
50. Carta de Gonzalo Serraclara a Dalí, fechada el 4 de diciembre de 1951, en la Biblioteca de Catalunya, Barcelona.
51. Puignau, págs. 43-45.
52. Documentos en el Archivo Histórico de Gerona (Departament de Cultura de la Generalitat de Catalunya); la documentación acerca de la intervención de Miguel Mateu, así como la correspondencia entre éste y Dalí, se conservan en el archivo del castillo de Perelada (mi agradecimiento a la bibliotecaria, doña Inés Padrosa Gorgot); para la versión contemporánea de Dalí, véase *DG,* págs. 66-70; Puignau, págs. 47-50; para el aspecto edípico, Daudet, «Mágico Dalí», 1 de marzo de 1970, pág. 46.
53. Arco, págs. 26 y 92.
54. Dalí, «Porque fui sacrílego, porque soy místico», manuscrito mecanografiado, fechado en Barcelona el 30 de octubre de 1950, Biblioteca de Catalunya, Barcelona.
55. Gasch, *L'expansió de l'art català al món,* pág. 163.
56. Puignau, págs. 53-56.
57. Morse. *Dali. A Story of His Life and Work,* pág. 63.
58. *DOH,* pág. 333.
59. Puignau, págs. 59-62; *DOH,* pág. 318.
60. *Dalí* (Salvador Dali Museum, Florida, catálogo, véase la sección 2 de la bibliografía), números 79-80.
61. *Ídem,* número 86.
62. Puignau, págs. 62-64. El libro incluye una fotografía en color de la *Cruz nuclear* con la dedicatoria de Dalí.
63. Reproducido en *VPSD,* pág. 34.
64. Descharnes, *The World of Salvador Dalí,* pág. 18.
65. Arco, págs. 61 y 114.
66. *Ídem,* pág. 22.
67. *Ídem,* pág. 77.
68. *Ídem,* pág. 24.
69. El capitán Peter Moore, secretario de Dalí en los años sesenta y principios de los setenta, insiste en que Dalí nunca fue a misa (conversaciones con el capitán Moore, Cadaqués, 1995-1996). Lo mismo afirma doña Nanita Kalashshnikoff, una de sus amigas más íntimas (conversaciones con la señora Kalashnikoff, París y Marbella, 1994-1995).
70. *CI,* pág. 402; fotografías de los trajes de los Dalí en *VPSD,* pág. 135.

71. El «texto completo» de la conferencia impreso por Utrillo, págs. 25-33, contiene indicaciones de las reacciones del público.
72. Utrillo, pág. 37.
73. Antonio Saura, «La playa desierta de Salvador Dalí», *El País,* Madrid, 9 de octubre de 1983, págs. 36-37.
74. Conversaciones con don Rafael Santos Torroella, Barcelona, Cadaqués y Madrid, 1990-1996; Jiménez i Playà, «Dalí vist des de l'Empordà», número VIII.
75. Santos Torroella, «Con Salvador Dalí en Portlligat», *Correo Literario,* Barcelona, 1 de septiembre de 1951, reproducido en Santos Torroella, *La trágica vida de Salvador Dalí,* págs. 21-27; Santos Torroella, *Salvador Dalí,* Madrid, Afrodisio Aguado, 1952. Para la exposición en la Sociedad de Amigos del Arte, véase este último libro, págs. 57-58.
76. *Madrid,* citado por Utrillo, pág. 50.
77. Utrillo, págs. 15, 19-20 y 101.
78. *Ídem,* pág. 70.
79. Etherington-Smith, pág. 384.
80. Para la exposición en Lefevre, *MEAC,* II, pág. 28; para la declaración de Dalí, Santos Torroella, *Salvador Dalí,* pág. 56.
81. Utrillo, pág. 47.
82. *Ídem,* pág. 55.
83. *DG,* pág. 33.
84. *Ídem,* pág. 37.
85. *Ídem,* pág. 34.
86. Dalí, «Authenticité et mensonge», *Arts,* París, 1 de mayo de 1952, citado en *VPSD,* pág. 136.
87. Cowles, pág. 264, nota 1.
88. *DG,* pág. 75.
89. Conversación con doña Cécile Éluard, París, 25 de febrero de 1995.
90. Catálogo de la exposición, en la colección particular de don Pere Vehí, Cadaqués.
91. Descharnes, *The World of Salvador Dalí,* pág. 182.
92. *DG,* pág. 135.
93. Lear, *L'amant-Dali,* págs. 62-63.
94. Dalí, *Martir. Tragédie-Lirique en III Actes,* publicada por Ignacio Gómez de Liaño (véase la sección 6 de la bibliografía).
95. *DG,* pág. 135.
96. «Panorama», BBC, Londres, 4 de mayo de 1955.
97. Ades, pág. 175.
98. *CI,* pág. 242.
99. *MDJ,* vol. 1; *VPSD,* pág. 139; *MEAC,* II, pág. 130; tres ilustraciones para

La *divina comedia,* en *DOH,* págs. 330-331, otras cuatro en Descharnes y Néret, *Dalí,* II, pág. 449.

100. Juan Cortés Cabanillas, «Salvador Dalí, el disparate genial», *Ideal,* Granada, 23 de junio de 1983.
101. Miguel Utrillo, «Dalí hará cine», *Cine Mundo,* Madrid, 5 de junio de 1954; *DG,* págs. 98-100.
102. *MDJ,* vol. 1; Eleanor Morse, «My View», págs. xxvii-xxviii; Morse, *Animal Crackers,* pág. 3.
103. Morse, *Dali. A Panorama of His Art,* pág. 159.
104. Conversación con el señor y la señora Morse, Madrid, Hotel Ritz, 23 de octubre de 1993.
105. Morse, *Dali. A Panorama of His Art,* pág. 127.
106. Reynolds Morse, «Romantic Ampurdán», en *Dali. A Panorama of His Art,* págs. 205-214; Eleanor Morse, «My View», págs. xxvii-xxix; *MDJ,* vol. 1.
107. *MDJ,* vol. 1.
108. Morse, *Animal Crackers,* pág. 95.
109. Morse, *A Dali Primer,* pág. 31.
110. Morse, *A New Introduction to Salvador Dali,* pág. 22.
111. Morse, *Dali. A Study of His Life and Work,* pág. 25.
112. *Ídem,* pág. 24.
113. Morse, *Animal Crackers,* pág. 115
114. *Ídem,* págs. 135-136.
115. Morse, *Dali. A Panorama of His Art,* pág. 148.
116. *Ídem,* pág. 203.
117. Morse, *Salvador Dali, Pablo Picasso,* pág. 24.
118. Morse, *Dali. A Panorama of His Art,* pág. 137.
119. *Ídem,* pág. 164.
120. *Ídem,* pág. 150.
121. Morse, *Salvador Dali, Pablo Picasso,* pág. 24.
122. Rubin, *Dada and Surrealism,* pág. 220.
123. Morse, *Animal Crackers,* pág. viii.
124. *DG,* pág. 50.
125. Descharnes y Néret, *Dalí,* II, pág. 437.
126. *DG,* págs. 52-53, 57; para el cuerno encima de la roca del Gran Masturbador, véase Morse, *Dali. A Panorama of His Art,* pág. 193.
127. Descharnes y Néret, *Dalí,* II, pág. 480.
128. Morse, *Dali. A Story of His Life and Work,* págs. 78-82.
129. Reproducido en *DOH,* pág. 338.
130. Morse, *Animal Crackers,* pág. 72.
131. Descharnes, *The World of Salvador Dalí,* pág. 54; el cuadro se reproduce en la pág. 55 y también en *DOH,* pág. 348.

132. Robert Descharnes nació en Nevers el 1 de enero de 1926 (Juzgado de Instrucción de La Bisbal, Gerona. Diligencias Previas nº 1875, Año 1984, f. 25); *DOH*, pág. 323; para el número de fotografías sacadas por Descharnes, véase la solapa posterior de *DOH*.
133. Texto de la conferencia en *VPSD*, págs. 144-145.
134. *Ídem*, pág. 146.
135. Dalí y Pauwels, pág. 248; para las fotografías de Halsman, véase el catálogo *Dalí fotògraf, Dalí en els seus fotògrafs* (sección 1 de la bibliografía), págs. 52-53.
136. Carol, «El escenógrafo de Portlligat».
137. Conversación con don Isidor Bea, Cadaqués, 10 de agosto de 1995.
138. Secrest, pág. 205.
139. Estos párrafos son el resultado de docenas de horas de conversación con el capitán Peter Moore (Cadaqués, Madrid y por teléfono, entre 1991 y 1996). Le estoy profundamente agradecido por tanta información y documentación sobre su vida y su relación con Dalí, entre ellas una fotocopia de su partida de nacimiento, los documentos de desmovilización del ejército y correspondencia privada. Sin su colaboración, reconocida en la introducción, este libro habría sido mucho más pobre.
140. *MUS*, pág. 62.
141. Conversación con doña Nanita Kalaschnikoff, Marbella, 14 de septiembre de 1995.
142. Permanyer, «El pincel erótico de Dalí».
143. Conversación con doña Nanita Kalaschnikoff, Marbella, 14 de septiembre de 1995.
144. *Ídem*.
145. Conversación con el capitán Peter Moore, Cadaqués, 1 de diciembre de 1993.
146. Fotografía de Dalí con Franco, *VPSD*, pág. 136; el decreto se emitió el 9 de octubre de 1953 (Playà, *Dalí de l'Empordà*, pág. 32).
147. Conversaciones con don Rafael Santos Torroella y su esposa Maite, Barcelona y Cadaqués, 1995-1996; conversaciones con don Giuseppe y doña Mara Albaretto, Turín, 1995.
148. Conversación con don Giuseppe y doña Mara Albaretto, Londres, 2 de marzo de 1994.
149. *Ídem*.
150. *Ídem*.
151. El retrato de Anna Maria se reproduce en el catálogo *Salvador Dalí. La vita è sogno* (véase la sección 1 de la bibliografía).
152. *VPSD*, págs. 147-148.
153. Secrest, pág. 214.

154. *Ídem,* pág. 216.
155. Bosquet, *Dalí desnudado,* pág. 17.
156. Morse, *Salvador Dali. A Panorama of His Art,* págs. 194-195.
157. Descharnes, *The World of Dalí,* pág. 68.
158. Conversación con don Isidor Bea, Cadaqués, 10 de agosto de 1995.
159. Morse, *Salvador Dali. A Panorama of His Art,* pág. 195.
160. *VPSD,* pág. 156.
161. Descharnes, *The World of Salvador Dalí,* pág. 70.
162. *Ídem.*
163. Roumeguère, «Canibalismo y estética»; *CI,* pág. 358.
164. Roumeguère, «La mística daliniana ante la historia de las religiones», págs. 277-278.
165. *DG,* pág. 204.
166. Bosquet, *Dalí desnudado,* págs. 39-40.
167. Roumeguère, «The Cosmic Dalí».
168. *Ídem,* pág. v.
169. *Ídem,* pág. vii.
170. *Ídem,* pág. vi.
171. Bosquet, *Dalí desnudado,* pág. 40.
172. Roumeguère, «The Cosmic Dalí», págs. vii-viii.
173. Roumeguère, «Canibalismo y estética».
174. Madrenys, «Un casament històric».
175. *DOH,* pág. 355.
176. *VPSD,* pág. 151.
177. *Ídem,* pág. 151.
178. *Ídem,* pág. 152; para la portada, véase *DOH,* pág. 357.
179. *VPSD,* pág. 153; *DOH,* pág. 321.

13. LA «AMPLIFICACIÓN» DE TALENTOS (1960-1966)

1. Conversaciones con el capitán Peter Moore, Cadaqués, 1995-1996.
2. El capitán Peter Moore, entrevistado en el programa *Dalí,* (BBC TV, Londres, 1986 (véase la sección 7 de la bibliografía).
3. El capitán Moore entrevistado por nosotros, Cadaqués, 6 de agosto de 1995, para el programa «The Shame and the Fame of Salvador Dalí», emitido por BBC TV, Londres, octubre de 1997; conversación telefónica con el capitán Moore (en Cadaqués), 26 de agosto de 1996.
4. Morse, *Salvador Dali, Pablo Picasso,* pág. 36.
5. Fotocopia del borrador del manuscrito mecanografiado de *Soft Watches and Hard Times,* Salvador Dali Museum, St. Petersburg, Florida.

6. Morse, «Up-dating», en *A New Introduction to Salvador Dali,* págs. 13-14.
7. Morse, *Animal Crackers,* pág. 197. El cuadro era *El Concilio Ecuménico.*
8. Conversación con el capitán Moore, Cadaqués, 27 de octubre de 1995.
9. Morse, *Salvador Dali. A Panorama of His Art,* pág. 194; Secrest, pág. 215.
10. *CI,* pág. 242.
11. *DG,* pág. 209.
12. Reproducido en blanco y negro por Morse en *Dali. A Panorama of His Art,* pág. 197.
13. Reproducido en *DOH,* pág. 361; en Descharnes y Néret, II, pág. 530.
14. El panfleto se reproduce en *VPSD,* pág. 157.
15. Testamentos hechos ante el notario Raimundo Negre Balet, de Figueres. Agradezco al notario Raimundo Fortuny i Marqués, de Figueres, copias de los mismos.
16. Vallès i Rovira, I, pág. 158.
17. Guardiola, pág. 13.
18. *Ídem.*
19. *Ídem,* pág. 14.
20. Romero, *Todo Dalí en un rostro,* pág. 254.
21. Resumen de los actos del día tomado de Guardiola, págs. 62-79; Playà, *Dalí de l'Empordà,* págs. 26-28.
22. Copia del cartel en el Salvador Dali Museum, St. Petersburg, Florida; conversación con don Isidor Bea, Cadaqués, 10 de agosto de 1995.
23. Moore, *Soft Watches and Hard Times,* págs. 53-54.
24. Etherington-Smith, pág. 409.
25. «Dali v Scarlatti», *Time,* Nueva York, 1 de septiembre de 1961; Morse, *animal Crackers,* págs. 35, 45, 46, 183, 211 y 238. Véase también *DG,* pág. 166, para cómo hacer sufrir a una oca.
26. «Dali v Scarlatti», *Time, ídem.*
27. *Ídem.*
28. *Ídem.*
29. Etherington-Smith, pág. 159; *VPSD,* pág. 158; *ídem,* pág. 59, para una fotografía de Ludmila Tcherina en *Gala.*
30. *VS,* pág. 159, nota.
31. *Catàleg de pintura segles XIX a XX. Fons del Museu d'Art Modern,* Ayuntamiento de Barcelona, 1987, I, pág. 406.
32. Entrada al final del diario adolescente de diez páginas, Fundación Gala-Salvador Dalí, Figueres.
33. Reproducción en *DOH,* pág. 363; el cuadro y algunos estudios se reproducen en Descharnes y Néret, II, págs. 538-541.
34. Santos Torroella, «Arte y no arte de Salvador Dalí en su homenaje a Fortuny».

35. Secrest, pág. 195.
36. *VPSD,* pág. 160.
37. *CI,* pág. 222.
38. Vivien Raynor en *Arts,* París, enero de 1964, citada en *VPSD,* pág. 161.
39. Portada del catálogo reproducida en *VPSD,* pág. 161.
40. Lake, pág. 29.
41. *Ídem.*
42. *Ídem,* pág. 21.
43. *CI,* pág. 227.
44. Dalí y Pauwels, pág. 214.
45. *DG,* págs. 235-236.
46. *Ídem,* pág. 236.
47. Grabado reproducido en *idem,* pág. 234.
48. Dalí, «Résumé of History and the History of Painting».
49. *CI,* pág. 229.
50. *VPSD,* pág. 165.
51. *Ídem,* pág. 161.
52. *CI,* pág. 388.
53. Conversación con doña Mara Albaretto, Turín, 25 de octubre de 1995.
54. *Ídem.*
55. McGirk, pág. 127, fecha el encuentro de Gala y Rotlein en 1963, sin dar una fuente.
56. Conversación con doña Mara Albaretto, Turín, 23 de octubre de 1995.
57. Mi sincero agradecimiento a doña Mara Albaretto por las fotocopias de estos dos documentos.
58. *Ídem.*
59. Para la fecha del premio, *VPSD,* pág. 162; conversaciones con los señores Albaretto, Turín, 23-24 de octubre de 1995; conversación con el capitán Moore, Cadaqués, 1994. Lo esencial de la versión de los Albaretto, tal como ellos me la contaron, se había publicado ya unos años antes en *La Vanguardia,* Barcelona, 29 de enero de 1989, pág. 43.
60. Conversación con el doctor Manuel Vergara, Cadaqués, 6 de agosto de 1996.
61. Bosquet, *Dalí desnudado,* págs. 86-87.
62. Conversación con don Giuseppe Albaretto, Turín, 25 de octubre de 1995.
63. Conversación con doña Mara Albaretto, Turín, 25 de octubre de 1995.
64. Lake, págs. 30-40.
65. *Ídem,* págs. 41-42.
66. *Dalí à Perpignan* (catálogo, véase la sección 1 de la bibliografía), comentario a la ilustración número 89.
67. Lake, pág. 75.

68. *Ídem*, pág. 229.
69. *Ídem*, pág. 81; *VPSD*, págs. 200-201.
70. Lake, pág. 182.
71. *Ídem*, págs. 223 y 263.
72. *Ídem*, pág. 202.
73. *Ídem*, pág. 239.
74. *Ídem*, pág. 163.
75. *Dalí in New York* (programa de la BBC TV, véase la sección 8 de la bibliografía).
76. Lake, pág. 300.
77. *Ídem*, pág. 301.
78. *Ídem*, pág. 302.
79. *Ídem*, pág. 305.
80. *Ídem*.
81. Citado por Secrest, pág. 215.
82. *Ídem*, pág. 215.
83. Morse, *The Dali Adventure*, fotografía número 56.
84. *Ídem*, pie de la ilustración número 61, que reproduce el programa.
85. Morse, «Homage to Dali», en el catálogo *Salvador Dalí 1910-1965* (véase la sección 1 de la bibliografía).
86. Secrest, pág. 215.
87. Morse, *Salvador Dali, Pablo Picasso*, pág. 24.

14. AMANDA LEAR Y OTRAS EXTRAVAGANCIAS (1966-1975)

1. Extracto del catálogo de «Hommage à Meissonier», en Descharnes y Néret, *Dalí*, II, pág. 567.
2. Morse, *Animal Crackers*, pág. 237.
3. Fornés, *Dalí y los libros*, pág. 67; Descharnes y Néret, II, pág. 567.
4. Descharnes y Néret, *Dalí*, II, pág. 567.
5. Secrest, pág. 195.
6. En *Les Nouvelles Littéraires*, París, citado en *VPSD*, pág. 167.
7. Dalí y Pauwels, pág. 108; Bosquet, *Dalí desnudado*, pág. 26.
8. Dalí y Pauwels, pág. 108.
9. *Ídem*, pág. 125.
10. *Ídem*, pág. 182.
11. Fallowell y Ashley, *passim*.
12. *Ídem*, págs. 178-180 y 240-241.
13. Copia del «Entry of Marriage», certificado emitido por el Chelsea Register Office.

14. Conversación con la actual directora del hotel, la señora Quinto, y con doña Àngels Torres, que recuerdan muy claramente a Amanda.
15. Conversaciones con don Ignacio de Lassaletta, Barcelona, julio y agosto de 1996; conversación con doña Sue Guinness, Cadaqués, 7 de agosto de 1996.
16. Conversación con doña Amanda Lear, St. Rémy de Provence, 2 de julio de 1996.
17. Conversación con doña Nanita Kalaschnikoff, Marbella, 23 de julio de 1995.
18. *Tiempo,* Madrid, suplemento especial a la muerte de Dalí, 23 de enero de 1989, pág. 8; conversación con don Isidor Bea, Cadaqués, 10 de agosto de 1995.
19. «Love Story en Cadaqués», *Turismo y Vida,* Madrid, octubre de 1971.
20. Conversación telefónica con el capitán Moore (en Cadaqués), 10 de agosto de 1993.
21. Conversación telefónica con doña Nanita Kalaschnikoff (en Marbella), 8 de mayo de 1996.
22. Conversación con doña Amanda Lear, St. Rémy de Provence, 2 de julio de 1996.
23. Lear, *Le Dali d'Amanda,* pág. 29.
24. *Ídem,* pág. 85; *VPSD,* pág. 168.
25. *DG,* pág. 81.
26. Argillet, «Dalí-Breton».
27. Lear, *Le Dali d'Amanda,* pág. 87.
28. Conversación con don Carlos Lozano, Cadaqués, 29 de junio de 1996.
29. *Ídem.*
30. Lear, *Le Dali d'Amanda,* pág. 87.
31. Dalí y Pauwels, pág. 239.
32. Conversación con el capitán Moore, Cadaqués, 26 de octubre de 1993.
33. Conversación con don Carlos Lozano, Cadaqués, 29 de junio de 1996.
34. *Ídem.*
35. Dalí y Pauwels, págs. 160-161.
36. Clifford Thurlow, *Sex, Surrealism, Dalí... and Me. The Memoirs of Carlos Lozano,* autobiografía inédita.
37. *Ídem.*
38. Lear, *L'amant-Dali. Ma vie avec Salvador Dali,* París, Michel Lafon, 1994.
39. Lear, *Le Dali d'Amanda,* págs. 207-208.
40. Carol, *Dalí. El final oculto de un exhibicionista,* pág. 110; conversación con don Enric Sabater, Calella de Palafrugell, 30 de junio de 1996.
41. Conversación con don Enric Sabater, Calella de Palafrugell, 30 de junio de 1996.

42. *Gowans's Art Books,* número 38 (1910), pág. 37.
43. Lear, *Le Dali d'Amanda,* págs. 194-195; sobre los anaglifos y sus connotaciones en la Residencia de Estudiantes, véase *SVBLD,* págs. 72-74.
44. Romero, *Todo Dalí en un rostro,* pág. 160.
45. Conversación con doña Nanita Kalaschnikoff, Granada, 7 de junio de 1996.
46. Morse, *Animal Crackers,* pág. 32.
47. *DG,* pág. 204.
48. Para las circunstancias de la muerte de Sánchez Mejías, véase Gibson, *Federico García Lorca,* págs. 387-391.
49. Morse, *Salvador Dali. A Panorama of His Art,* págs. 198 y 202.
50. *Ídem,* pág. 198.
51. Romero, *Todo Dalí en un rostro,* págs. 145 y 311, nota 15.
52. Romero, *Torero al·lucinogen,* pág. 5.
53. Romero, *Todo Dalí en un rostro,* pág. 189.
54. Reproducida por Morse, *Salvador Dali. A Panorama of His Art,* pág. 200.
55. Conversación con don Reynolds Morse, Saint Petersburg, Florida, 15 de julio de 1996; Romero, *Todo Dalí en un rostro,* pág. 93.
56. Romero, *Todo Dalí en un rostro,* págs. 171-182.
57. Conversación con don Carlos Lozano, Cadaqués, 29 de junio de 1996.
58. Romero, *Todo Dalí en un rostro,* pág. 225.
59. *Ídem,* pág. 217.
60. *MDJ,* 15 de mayo de 1979.
61. Conversación con don Enric Sabater, Calella de Palafrugell, 30 de junio de 1996.
62. Conversación con los señores Mara y Giuseppe Albaretto, Turín, 23 de octubre de 1995.
63. Puignau, pág. 112.
64. Conversación con don Marc Lacroix, Perpiñán, junio de 1996.
65. Puignau, págs. 112-114.
66. Guardiola, pág. 131.
67. Guardiola, pág. 131; «Le remití por escrito una propuesta al entonces alcalde ofreciéndole alquilar el viejo teatro con el señor Durán para convertirlo en restaurante-museo con mi colección de Dalís. El resto es historia. El Ayuntamiento decidió luego anticipar algunos fondos y quitar los escombros; después llegaron los muchachos de Franco» (capitán Moore en comunicación escrita al autor); conversación telefónica con mi amigo Luis Durán, hijo de Lluís Durán Camps y actual propietario del hotel, 19 de enero de 1997.
68. Dalí y Pauwels, págs. 132-133.
69. Guardiola, págs. 151-152.

70. *Ídem*, pág. 157.
71. Enrique Sabater, «Éste será el primer cuadro que Dalí donará a su museo», *Los Sitios,* Gerona, 14 de junio de 1970, pág. 7.
72. *Los Sitios,* Gerona, 14 de julio de 1970, pág. 8; Lear, *Le Dali d'Amanda,* págs. 156 y 164.
73. Conversación con don Enric Sabater, Calella de Palafrugell, 30 de junio de 1996.
74. *Ídem.*
75. Lear, *Le Dali d'Amanda,* págs. 201-203.
76. *Ídem*, págs. 205-206.
77. *Hullo Dalí* (véase la sección 8 de la bibliografía).
78. Moore, *Soft Watches and Hard Times,* pág. 152. La nota de Morse está en el ejemplar del manuscrito conservado en el Salvador Dali Museum, Florida.
79. Moore, *ídem.*
80. *Ídem*, págs. 152-153.
81. *Ídem*, pág. 153.
82. Luis Romero en «El enigma Dalí», programa de RTVE (véase la sección 8 de la bibliografía).
83. Alfons Quinta, «Dalí ha firmado papeles en blanco que facilitan la reproducción incontrolada de su obra», *El País,* Madrid, 13 de marzo de 1981, págs. 1 y 28-29.
84. Puignau, págs. 155-156.
85. Documento presentado en *Pintar después de morir (Documentos TV),* programa de RTVE emitido en 1989 (véase la sección 8 de la bibliografía).
86. Catterall, pág. 4.
87. *Ídem*, págs. 60-61; Field, *The Official Catalog,* pág. 247.
88. Catterall, págs. 60-61.
89. *Ídem*, págs. 273.
90. *Ídem*, págs. 61 y 183.
91. Carol, pág. 120; Catterall, *passim.*
92. Respuesta del capitán Moore, por escrito, a una de nuestras preguntas.
93. Puignau, págs. 156-157.
94. Conversación con el capitán Moore, Cadaqués, 7 de agosto de 1996.
95. Conversación telefónica con el capitán Moore (en Cadaqués), 1 de diciembre de 1993; conversación con el mismo en Cadaqués, 7 de agosto de 1996.
96. Màrius Carol, «Jean Claude du Barry: "Los franceses no hemos sabido reivindicar a Salvador Dalí para Francia"», *La Vanguardia,* Barcelona, 27 de enero de 1989, pág. 43.
97. *UD,* págs. 105-108; Màrius Carol, «Jean Claude du Barry: "Los franceses

no hemos sabido reivindicar a Salvador Dalí para Francia"», *La Vanguardia* (véase la nota anterior).

98. Lear, *Le Dali d'Amanda,* pág. 175.
99. Bona, pág. 383.
100. Romero, *Dedálico Dalí,* pág. 269.
101. Secrest, pág. 203.
102. *UD,* pág. 104.
103. *Ídem,* págs. 98 y 103.
104. McGirk, págs. 140-141.
105. Lear, *L'Amant-Dalí,* págs. 248-249 y 277.
106. McGirk, pág. 145.
107. *MDJ,* 19 de mayo de 1980.
108. Carta al Salvador Dali Museum, St. Petersburg, Florida, del abogado de Fenholt, John Hendrickson, protestando por una alusión a la relación del actor con Gala publicada en las notas a la exposición redactadas para la muestra de fotografías «Galuchka. Dalí's Russian Muse».
109. Etherington-Smith, págs. 435-436; *VPSD,* pág. 178.
110. «Statement by Salvador Dalí, 3 April 1973, at Knoedler Galleries.» Agradezco a Frank Hunter, de Nueva York, una copia de este documento.
111. Morse, *MDJ,* vol. 11.
112. Conversación telefónica con el capitán Peter Moore (en Cadaqués), 26 de agosto de 1996.
113. Morse, *Animal Crackers,* págs. viii-ix; conversaciones con el capitán Moore, Cadaqués, 1995-1996.
114. Guardiola, pág. 247.
115. *Ídem.*
116. *Ídem,* págs. 247-252.
117. *Ídem,* pág. 52.
118. *Ídem,* págs. 254-256.
119. Testamentos hechos en Cadaqués ante don José Gómez de la Serna, notario de Llançà, el 1 de junio de 1974. Agradezco a don Luis Ignacio Fernández Posada sendas copias de estos documentos.
120. Texto de los estatutos en Fornés, págs. 11-30.
121. Invitación reproducida en Romero, *Todo Dalí en un rostro,* pág. 262.
122. Romero, *Aquel Dalí,* págs. 176-179, incluye algunas fotografías del acontecimiento sacadas por Josep Postius.
123. Lear, *L'Amant-Dali,* págs. 242-243.
124. *MDJ,* 18 de marzo de 1979.
125. Guardiola, págs. 283-284.
126. Conversación telefónica con don Antoni Pitxot (en Cadaqués), 18 de enero de 1997; véase también Lear, *L'Amant-Dali,* pág. 250.

127. Conversación con don Enric Sabater, Calella de Palafrugell, 30 de julio de 1996.
128. Dalí, *Être Dieu,* «Ópera-poema», Distribucions d'Art Surrealista, Barcelona, DCD-50001-3.
129. Conversación con el capitán Peter Moore, Cadaqués, 9 de mayo de 1993.
130. *Ídem.*
131. Catterall, págs. 45-47; «Demandado en USA. Una editorial reclama a Dalí la entrega de 78 gouaches», *Diario de Barcelona,* 30 de enero de 1975.
132. Conversación con don Enric Sabater, Calella de Palafrugell, 30 de junio de 1996.
133. Conversación con los señores Moore, Cadaqués, 7 de marzo de 1994.
134. *Ídem.*
135. Conversación telefónica con el capitán Moore (en Cadaqués), 25 de noviembre de 1993.
136. Conversación con doña Nanita Kalaschnikoff, Marbella, 11 de enero de 1995.
137. Conversación con el capitán Moore, Cadaqués, 9 de noviembre de 1991.

15. LA DECADENCIA (1975-1982)

1. *Le Monde,* París, 3 de octubre de 1975, pág. 2.
2. *Le Figaro,* París, 2 de octubre de 1975, págs. 1 y 3; *Le Monde,* 3 de octubre de 1975, pág. 2.
3. *Le Monde,* París, 2 de octubre de 1975, págs. 1-3; 3 de octubre de 1975, pág. 2.
4. *Ídem,* 2 de octubre de 1975, pág. 2.
5. *Ídem,* 2 de octubre de 1975, págs. 1-3; «La campaña extranjera. La "Jornada de protesta" causa perturbaciones en los transportes y en el suministro de electricidad de París», *La Vanguardia,* Barcelona, 3 de octubre de 1975, pág. 24.
6. «Salvador Dalí: "Franco est un être merveilleux"», *Le Monde,* París, 3 de octubre de 1975, pág. 2. Véanse también: «Salvador Dalí: "Franco est merveilleux"», *Le Figaro,* París, 2 de octubre de 1975, pág. 3; *La Vanguardia,* Barcelona, 3 de octubre de 1975, pág. 24; «Dalí: Bring Back the Inquisition», *New York Post,* 2 de octubre de 1975.
7. *Le Monde, ídem*; «La campaña extranjera. La "Jornada de protesta" causa perturbaciones en los transportes y en el suministro de electricidad de París», *La Vanguardia,* Barcelona, 3 de octubre de 1975.

8. «Dalí speaks his mind and loses his job», *San Francisco Examiner,* 10 de octubre de 1975.
9. «La casa de Dalí apedreada», *Tele-Express,* Barcelona, 4 de octubre de 1975, pág. 5 (no comprobado); Sandra Lee Stuart, «Dalí denies he called for liquidations», *Times Advertiser,* Trenton, Nueva Jersey, 12 de octubre de 1975.
10. Lear, *Le Dali d'Amanda,* pág. 262.
11. Conversación con don Enric Sabater, Calella de Palafrugell, 30 de junio de 1996.
12. Para la cita, Caterall, pág. 46; *MDJ,* octubre de 1975.
13. Para la fecha de la llegada de Dalí a Nueva York, *New York Times,* 11 de octubre de 1975; *MDJ.*
14. *New York Times,* 11 de octubre de 1975.
15. Sandra Lee Stuart, «Dalí denies he called for liquidations», *Times Advertiser,* Trento, Nueva Jersey, 12 de octubre de 1975.
16. *MDJ,* octubre de 1975.
17. *Ídem,* 28 de octubre de 1979, 22 de mayo de 1980; *UD,* págs. 48-49.
18. Conversación con el doctor Manuel Vergara, Cadaqués, 6 de agosto de 1996.
19. Conversación con don Michael Stout, Nueva York, 11 de julio de 1996.
20. *Ídem.*
21. *Ídem.*
22. *Ídem.*
23. Alfonso Quinta, «La compleja y tortuosa situación financiera de Dalí», *El País,* Madrid, 4 de septiembre de 1980, pág. 23.
24. Conversación con don Michael Stout, Nueva York, 11 de julio de 1996.
25. *MDJ,* 27 de octubre de 1979, 14 de marzo de 1980, etc.
26. Alfonso Quinta, «La compleja y tortuosa situación financiera de Dalí», *El País,* Madrid, 4 de septiembre de 1980, pág. 22.
27. *Ídem.*
28. *MDJ,* 15 de septiembre de 1981.
29. Playà, *Dalí de l'Empordà,* págs. 30-31.
30. Gibson, *Fire in the Blood. The New Spain,* pág. 52.
31. Conversación con don Enric Sabater, Calella de Palafrugell, 30 de junio de 1996.
32. Vila-San-Juan, págs. 228-230.
33. Pla, *Obres de museu,* pág. 181.
34. Michler y Löpsinger, pág. 252; conversación telefónica con el capitán Peter Moore (en Cadaqués), 30 de agosto de 1996.
35. *Les Caprices de Goya de Salvador Dalí,* Hamburgo, Galería Levy, 1977.
36. Conversación con el doctor Manuel Vergara, Cadaqués, 6 de agosto de 1996.

37. *MDJ,* 27 de octubre de 1979.
38. Carol, pág. 114.
39. *MDJ,* 8 de marzo de 1980.
40. Antonio D. Olano, «Salvador Dalí: "Mi pintura es una m..."», *La Gaceta Ilustrada,* Madrid, 20 de mayo de 1979, págs. 100-102.
41. *MDJ,* 14 de mayo de 1979.
42. Dalí se refirió a su discurso en *Le Figaro* de esa mañana, véase *VPSD,* pág. 194, donde se incluyen algunos fragmentos del discurso; para fotografías de la ceremonia, *ídem,* pág. 195. Hay un extracto más largo en *DOH,* pág. 420.
43. *MDJ,* 20 de mayo de 1979; Antonio D. Olano, «Salvador Dalí. "Mi pintura es una m..."», *La Gaceta Ilustrada,* Madrid, 20 de mayo de 1979.
44. Playà, *Dalí de l'Empordà,* pág. 31.
45. Gómez de Liaño, *Dalí,* pág. 32.
46. Los tres programas, escritos, dirigidos y presentados por Paloma Chamorro, se emitieron en «Imágenes», RTVE, Madrid, 30 de mayo, 6 de junio y 13 de junio de 1979.
47. *Guardian Weekly,* Londres, 15 de octubre de 1995, pág. 33, apunta, al comentar la exposición de Cézanne, que la antológica de Dalí en el Pompidou la visitaron ochocientas cuarenta mil personas.
48. *MDJ,* 21 de marzo de 1980.
49. *DOH,* pág. 419.
50. *MDJ,* 8 de marzo de 1980.
51. Álvaro Martínez-Novillo, «El largo proyecto de una exposición antológica», *El País,* Madrid, «Artes», 9 de abril de 1983, pág. 2; según Reynolds Morse, *MDJ,* 22 de marzo de 1980, una Gala cada vez más paranoica consideró a Hulten y Daniel Abadie «sucios comunistas» y creyó que habían provocado intencionadamente la huelga.
52. Màrius Carol, «Las otras muertes de Salvador Dalí», *La Vanguardia,* Barcelona, 24 de enero de 1989, pág. 50; Romero, *Dedálico Dalí,* pág. 261.
53. *MDJ,* 8 de marzo de 1980.
54. *Ídem,* 19-22 de marzo de 1980.
55. *Ídem.*
56. *SD,* pág. 3.
57. *MDJ,* 22 de marzo de 1980; hoja del papel de correspondencia insertada por Reynolds Morse en su ejemplar de *Hard Times and Soft Watches,* inédito de Peter Moore, archivo del Salvador Dali Museum, St. Petersburg, Florida.
58. Field, *The Official Catalog,* pág. 227.
59. Conversación con don Michael Stout, Nueva York, 11 de julio de 1996.
60. Secrest, págs. 240-241; conversación con doña Nanita Kalaschnikoff, Cadaqués, 25 de agosto de 1995.

61. Conversación telefónica con doña Nanita Kalaschnikoff (en París), 10 de enero de 1995.
62. Conversación telefónica con doña Nanita Kalaschnikoff (en Marbella), 10 de enero de 1995.
63. Conversación con don Albert Field, Nueva York, 11 de julio de 1996.
64. *UD,* págs. 53-56.
65. *MDJ,* 26 de abril de 1980.
66. Nota manuscrita de Reynolds Morse en su ejemplar de *Hard Times and Soft Watches,* inédito de Peter Moore, en el archivo del Salvador Dali Museum, Florida.
67. *MDJ,* 13 de mayo de 1980.
68. *Ídem,* 16 de mayo de 1980.
69. *Ídem,* 18 de mayo de 1980.
70. *Ídem.*
71. *Ídem,* 21 de mayo de 1980.
72. *Ídem,* 23 de mayo de 1980.
73. James Markham, *New York Times,* 12 de octubre de 1980; *UD,* pág. 56.
74. *MDJ,* 22 de mayo de 1980.
75. Archivo del capitán Peter Moore, Cadaqués.
76. *MDJ,* 21 de mayo de 1980, a las 23.45.
77. Vila-San-Juan, pág. 232.
78. *UD,* págs. 256-257; Secrest, pág. 241; conversación con don Antoni Pitxot, Figueres, 29 de junio de 1996.
79. Alfons Quinta, «La compleja y tortuosa situación financiera de Salvador Dalí», *El País,* Madrid, 4 de septiembre de 1980, págs. 22-23; Albert Arbós, «Los tesoros ocultos de Dalí», *Cambio 16,* Madrid, 23 de marzo de 1981.
80. Alfons Quinta, «Salvador Dalí no ha efectuado declaración de renta o patrimonio a la Hacienda española», *El País,* Madrid, 18 de septiembre de 1980.
81. James Markham, *New York Times,* 12 de octubre de 1980.
82. Estos párrafos se basan en las notas que tomé durante la conferencia de prensa la primera vez que vi a Dalí y a Gala personalmente. Dado el gran número de periodistas presentes, el suceso recibió amplia cobertura por parte de la prensa nacional e internacional.
83. «Retratos de una exposición», *El País,* Madrid, 14 de enero de 1981, pág. 20; Álvaro Martínez-Novillo, «El largo proyecto de una exposición antológica», *ídem,* 9 de abril de 1983.
84. *El enigma Dalí,* programa de RTVE (véase la sección 8 de la bibliografía).
85. El texto del testamento de Gala está en Fornés, *Les contradiccions del cas Dalí,* págs. 137-139. Le agradezco al señor Fornés una copia del testamen-

to de Dalí. Para la fecha en que Sabater dejó el servicio del pintor, véase la entrevista concedida a *El País,* Madrid, 29 de enero de 1989, pág. 56.

86. *UD,* pág. 61; Romero, *Dedálico Dalí,* pág. 268; «Dalí y Gala anularán su residencia en Mónaco», *La Vanguardia,* Barcelona, 14 de septiembre de 1980, pág. 5.
87. «Dalí proyecta en París un gigantesco homenaje al filósofo Spinoza», *El País,* Madrid, 4 de enero de 1981, pág. 20.
88. *Elle,* París, 26 de enero de 1981, citado por Bona, pág. 416; «Dalí, abandonado por Gala, se deja morir de amor», *Noticiero Universal,* Barcelona, 28 de enero de 1981.
89. Puignau, págs. 163-164.
90. *El País,* Madrid, 29 de enero de 1989, pág. 56.
91. Albert Arbós, «Los tesoros ocultos de Dalí», *Cambio 16,* Madrid, 23 de marzo de 1981.
92. *UD,* págs. 105-108; Secrest, pág. 242.
93. James Markham, «Dalí Untangles His Life», *The New York Times Magazine,* 22 de noviembre de 1981.
94. Conversación con don Michael Stout, Nueva York, 11 de julio de 1996.
95. *UD,* pág. 61.
96. Documentos reproducidos en Fornés, *Les contradiccions del cas Dalí,* págs. 177-181; *MDJ,* 3 de abril de 1981.
97. Francisco Mora, «Enrique Sabater: "Desde noviembre hasta aquí han abusado de Dalí"», *Correo Catalán,* Barcelona, 21 de marzo de 1981; *UD,* págs. 61-62.
98. Romero, *Dedálico Dalí,* págs. 269-270; Fornés, *Les contradiccions del cas Dalí,* pág. 186.
99. *UD,* pág. 62.
100. *Ídem,* págs. 62-63; Romero, *Dedálico Dalí,* págs. 268-269; conversación con los señores Giuseppe y Mara Albaretto, Turín, 24 de octubre de 1995.
101. Alfons Quinta, «Dalí ha firmado papeles en blanco que facilitan la reproducción incontrolada de su obra», *El País,* Madrid, 13 de marzo de 1981, págs. 1 y 28-29.
102. James Markham, «Dalí Entangles His Life», *The New York Times Magazine,* 22 de noviembre de 1981. Según una fuente, Sabater presentó su renuncia escrita el 12 de marzo de 1981, y Gala le escupió en la cara (Carol, pág. 131).
103. Francisco Mora, «Declaraciones exclusivas del antiguo secretario de Salvador Dalí. Enrique Sabater: "Desde noviembre hasta aquí han abusado de Dalí"», *Correo Catalán,* Barcelona, 21 de marzo de 1981.
104. *Ídem,* 30 de octubre de 1983.

105. Carol, págs. 133-134.
106. Robert Descharnes, entrevistado en *La Vanguardia,* Barcelona, 30 de noviembre de 1994.
107. Romero, *Dedálico Dalí,* pág. 270.
108. *El País,* Madrid, 27 de agosto de 1981, pág. 17; hay una fotografía en blanco y negro de Dalí y Gala con el cuadro en *DOH,* pág. 421.
109. *UD,* pág. 77.
110. *El País,* Madrid, 27 de agosto de 1981, pág. 17.
111. *Ídem.*
112. James Markham, «Dalí Untangles His Life», *The New York Times Magazine,* 22 de noviembre de 1981.
113. *DOH,* pág. 419, 424.
114. *UD,* pág. 79.
115. *Ídem.*
116. *Ídem,* págs. 79-80.
117. *Ídem,* pág. 80; fotografía de la ocasión en *DOH,* pág. 422.
118. Conversación con doña Nanita Kalaschnikoff, Marbella, 30 de mayo de 1996.
119. *UD,* pág. 81.
120. *Ídem,* págs. 80-81; Puignau, pág. 173.
121. Conversación con Cécile Éluard, París, 25 de febrero de 1995; Puignau, pág. 174.
122. Lear, *Le Dali d'Amanda,* págs. 285-286.
123. *UD,* pág. 82; Descharnes, «La solitaria de Púbol».
124. Conversación telefónica con don Antoni Pitxot (en Cadaqués), 30 de agosto de 1995; conversación con el doctor Manuel Vergara, Cadaqués, 6 de agosto de 1996.
125. Para el deseo de Gala de ser enterrada en Púbol, conversación con don Antoni Pitxot, Cadaqués, 30 de agosto de 1995, y con Giuseppe y Mara Albaretto, Turín, 23 de octubre de 1995; para el deseo de morir allí, Robert Descharnes, entrevista en *La Vanguardia,* 22 de enero de 1989, pág. 58.
126. Conversación con el doctor Manuel Vergara, Cadaqués, 6 de agosto de 1996.
127. Conversación telefónica con doña Nanita Kalaschnikoff (en Marbella), 29 de agosto de 1995.
128. *La Vanguardia,* Barcelona, 11 de junio de 1995, pág. 6.
129. Copia del certificado de defunción de Gala en el Ayuntamiento de La Pera, Gerona.
130. *UD,* págs. 82-83.
131. *El Periódico,* Barcelona, 12 de junio de 1982.

132. *El País,* Madrid 11 de junio de 1982, pág. 32.
133. Conversación telefónica con don Antoni Pitxot (en Cadaqués), 30 de agosto de 1995; *La Vanguardia,* Barcelona, 12 de junio de 1982, pág. 18.
134. Según *La Vanguardia, ídem,* la amortajaron con una túnica blanca, pero no es cierto.
135. Conversación telefónica con don Antoni Pitxot (en Cadaqués), 30 de agosto de 1995.
136. *UD,* pág. 84.
137. Conversación con don Gonzalo Serraclara, Barcelona, 26 de mayo de 1993; conversación con doña Montserrat Dalí, Barcelona, 10 de junio de 1992.
138. Conversación con don Gonzalo Serraclara, Barcelona, 26 de mayo de 1993.
139. Conversación telefónica con don Antoni Pitxot (en Cadaqués), 30 de agosto de 1995.
140. *El Periódico,* Barcelona, 12 de junio de 1982.
141. Testamento de Gala reproducido en Fornés, *Les contradiccions del cas Dalí,* págs. 137-139.
142. *Ídem,* pág. 135.
143. *UD,* págs. 170-171.
144. *Íbid.* pág. 171; conversación con don Miguel Domenech, Madrid, 19 de febrero de 1997; para la fecha de la compra por parte del gobierno, la fuente es un documento firmado por Dalí y conservado en la notaría de La Bisbal (Gerona).

16. LA CAÍDA (1982-1989)

1. Dalí y Pauwels, págs. 62-63.
2. Conversación con doña Mara Albaretto, Turín, 25 de octubre de 1995.
3. *La Vanguardia,* Barcelona, 12 de junio de 1982, pág. 25.
4. Puignau, pág. 176.
5. Romero, *Aquel Dalí,* pág. 35.
6. Romero, *Dedálico Dalí,* pág. 62 y nota 7.
7. Conversación con don Rafael Santos Torroella, Port Lligat, 5 de junio de 1994.
8. *MDJ,* tomo XII, 9 de enero de 1984.
9. *Ídem;* conversación con don Gonzalo Serraclara, Barcelona, 26 de mayo de 1993.
10. Conversación con don Gonzalo Serraclara, Barcelona, 26 de mayo de 1993; conversación con don Antoni Pitxot, Cadaqués, 5 de agosto

de 1995; Gonzalo Serraclara a *El País,* Madrid, 4 de septiembre de 1984, pág. 20.

11. *MDJ,* 13 de octubre de 1983.
12. Notaría de La Bisbal, Gerona. Doy las gracias al notario don José María Martínez Palmer por facilitarme una copia de este documento.
13. Miguel Domenech entrevistado en el programa de RTVE *El enigma Dalí* (véase la sección 8 de la bibliografía).
14. El testamento se reproduce en Fornés, *Les contradiccions del cas Dalí,* págs. 221-222; entrevista nuestra con don Miguel Domenech, grabada en magnetofón, Madrid, 19 de febrero de 1997.
15. Jesús Conte, «Com Dalí va desheredar Catalunya», *Set Dies,* Barcelona, 12 de octubre de 1990; conversación telefónica con don Benjamí Artigas (en La Pera), 29 de octubre de 1996.
16. Carol, pág. 189.
17. Miguel Domenech entrevistado en el programa de RTVE *El enigma Dalí* (véase la sección 8 de la bibliografía).
18. Los telegramas de Dalí y el borrador de la respuesta de Buñuel se conservan en el Archivo Luis Buñuel, Ministerio de Educación y Ciencia, Madrid; Antoni Pitxot, prólogo a Carol, *Dalí, el final oculto de un exhibicionista,* pág. 10.
19. *UD,* págs. 13-15; mi agradecimiento a don Luis Revenga por enseñarme el vídeo en Madrid, 25 de septiembre de 1996. Hay un problema con la fecha de esta película. Según Antoni Pitxot, se rodó el 7 de noviembre de 1982 (Carol, *Dalí, el final oculto de un exhibicionista,* pág. 9); el señor Revenga la sitúa a comienzos de 1983.
20. Antoni Pitxot, prólogo a Carol, *Dalí, el final oculto de un exhibicionista,* págs. 9-10.
21. Elda Ferrer, en el programa de RTVE *El enigma Dalí* (véase la sección 8 de la bibliografía).
22. Secrest, pág. 17.
23. *Pintar después de morir,* programa de RTVE, 1989 (véase la sección 8 de la bibliografía).
24. Reproducido en *DOH,* pág. 431.
25. *Ídem,* pág. 435.
26. Reproducciones en *DOH,* págs. 432-433.
27. Gómez de Liaño, «"Llegaremos más tarde, hacia las cinco..."»; reproducido en *DOH,* pág. 436.
28. Reproducido en *DOH,* pág. 439.
29. *El País,* Madrid, 15 de abril de 1983, pág. 27.
30. Documento firmado ante el notario José María Foncillas Casaus, La Bisbal, el 31 de agosto de 1983.

31. *MEAC*, I, pág. 15.
32. Véase, por ejemplo, F. Calvo Serraller, *El País*, Madrid, 18 de abril de 1983, pág. 35.
33. Santos Torroella, «La ceremonia daliniana de la confusión».
34. *El País*, Madrid, 11 de junio de 1983, pág. 29; Purser, pág. 183; carta de Robert Descharnes a Edward James, 11 de octubre de 1983, EJF.
35. Texto reproducido en *DOH*, pág. 423.
36. *Ídem*, pág. 423.
37. Mi agradecimiento al actual notario, don José María Martínez Palmer, por enviarme una fotocopia de este documento.
38. Carta de Dalí (28 de diciembre de 1983) a Marià Lorca, alcalde de Figueres, informándole del cambio, y respuesta favorable del alcalde, en Fornés, *Les contradiccions del cas Dalí*, págs. 66-69; para otros documentos relativos a la nueva fundación, véase *ídem*, págs. 70-84; para la inauguración y el mensaje de Dalí, *El País*, Madrid, 29 de marzo de 1984, pág. 26, y Romero, *Dedálico Dalí*, pág. 283.
39. Carol, págs. 144 y 148-149; para la larga lista de médicos que atendieron a Dalí, véase *ídem*, págs. 149-150.
40. Romero, *Dedálico Dalí*, pág. 283.
41. Berasátegui, «En Púbol con el genio escondido».
42. Santos Torroella, «Descharnes y el estilo "cárcel de papel"».
43. Santos Torroella, «Descharnes y el estilo "cárcel de papel"», «Dalí fue un modélico alumno del instituto», «La ceremonia daliniana de la confusión» y «Carta abierta a monsieur Robert Descharnes. La exposición de Salvador Dalí en Ferrara».
44. Nuria Munárriz, «El voluntario escondido de Púbol», *Diario 16*, edición de Sevilla, «Cuadernos del mediodía», 1 de junio de 1984, pág. 20.
45. J. J. Tharrats, entrevistado en el programa de RTVE *Todos los hombres de Dalí*, 1984 (véase la sección 8 de la bibliografía).
46. *Ídem.*
47. Berasátegui, pág. vi.
48. Eduard Fornés, entrevistado en el programa de RTVE *Pintar después de morir* (véase la sección 8 de la bibliografía).
49. Luis Romero en el programa de RTVE *El enigma Dalí* (véase la sección 8 de la bibliografía).
50. *UD*, págs. 209-211; el testimonio de Caminada en la investigación, 12 de septiembre de 1984, Juzgado de Instrucción de La Bisbal, Diligencias previas n.º 1875 Año 1984, Registro General Nº 1879/84. Sobre: INCENDIO en el castillo de Púbol, resultando lesionado SALVADOR DALÍ en Púbol.
51. «Relación de personas relacionadas de alguna forma con Salvador Dalí en el castillo de Púbol», lista incluida en el Juzgado de Instrucción de La

Bisbal, Diligencias previas n.º 1875 Año 1984 (véase la nota anterior), f. 40.

52. *UD,* págs. 211-212.
53. *Ídem,* pág 212.
54. *Ídem,* págs. 212-213.
55. «Relación de personas relacionadas de alguna forma con Salvador Dalí en el castillo de Púbol», véase la nota 51.
56. *UD,* pág. 213.
57. *Ídem.*
58. *Ídem,* pág. 214.
59. Puignau, pág. 182.
60. Pitxot en el programa de televisión *El enigma Dalí* (véase la sección 8 de la bibliografía).
61. *El País,* Madrid, 2 de septiembre de 1984.
62. Miguel Domenech en declaraciones a *El País,* Madrid, 5 de septiembre de 1984.
63. *Ídem,* 1 de septiembre de 1984; *UD,* pág. 216.
64. Ignacio Gómez de Liaño, introducción a su edición de *Martyr. Tragédie Lyrique en III Actes* (véase la sección 6 de la bibliografía), pág. 13.
65. *El País,* Madrid 2 de septiembre de 1984, pág. 24.
66. *Ídem,* 6 de septiembre de 1984, pág. 21; 28 de junio de 1985, pág. 37; para la visita de Anna Maria Dalí a la clínica y las noticias aparecidas en la prensa, véase *UD,* págs. 219-220.
67. Documento reproducido en Fornés, *Les contradiccions del cas Dalí,* pág. 147; véase también *El País,* Madrid, 6 de septiembre de 1984, pág. 21.
68. Documento notarial en Fornés, *Les contradiccions del cas Dalí,* págs. 148-151.
69. *UD,* págs. 218-219.
70. *El País,* Madrid, 4 de septiembre de 1984, pág. 20.
71. *Ídem,* 9 de septiembre de 1984, pág. 35.
72. Juzgado de Instrucción de La Bisbal, Diligencias previas n.º 1875 (véase la nota 50).
73. *Ídem,* f. 20.
74. *Ídem,* ff. 65 y 82.
75. *Ídem,* f. 61 v.
76. *Ídem,* ff. 80 y 117.
77. *Ídem,* f. 62.
78. *El País,* Madrid, 8 de septiembre de 1984.
79. Elda Ferrer entrevistada en el programa de RTVE *El enigma Dalí* (véase la sección 8 de la bibliografía).
80. Juzgado de Instrucción de La Bisbal (véase la nota 50), ff. 54-55.

81. *El País,* Madrid, 7 de septiembre de 1984, pág. 22; 1 de febrero de 1985; 12 de febrero de 1985; Fornés, *Les contradiccions del cas Dalí,* pág. 145.
82. Descharnes, «La solitaria de Púbol».
83. Gibson, «En Figueres con Salvador Dalí».
84. «Matización de Dalí», *El País,* Madrid, 30 de enero de 1986.
85. Carta de doña María del Carmen García Lasgoity a *El País,* Madrid, 31 de enero de 1986, pág. 12.
86. Conversación con don Miguel Domenech, grabada en magnetófono, Madrid, 19 de febrero de 1997.
87. El contrato se reproduce en Fornés, *Les contradiccions del cas Dalí,* págs. 186-192.
88. Documento reproducido por Fornés, *ídem,* págs. 193-194.
89. *Ídem,* pág. 177.
90. *El País,* Madrid, 14 de julio de 1986, pág. 25; *Ya,* Madrid, 15 de julio de 1986, pág. 33.
91. Conversación con don Antoni Pitxot, Torre del Molí, Figueres, 29 de junio de 1996.
92. Jesús Conte, «El Estado quiere arrebatar a Descharnes el negocio de Dalí», *Cambio 16,* Madrid, número 899, 20 de febrero de 1989, págs. 30-31.
93. La carta se dio a conocer en el programa de RTVE *El enigma Dalí* (véase la sección 8 de la bibliografía).
94. Fornés, *Les contradiccions del cas Dalí,* pág. 177.
95. Documento reproducido por Fornés, *ídem,* págs. 195-196.
96. Carta reproducida por Fornés, *ídem,* págs. 209-216.
97. *MDJ,* 29 de agosto de 1981.
98. Descharnes en el programa de RTVE *El enigma Dalí* (véase la sección 8 de la bibliografía).
99. Eduard Fornés en el programa de RTVE *Pintar después de morir* (véase bibliografía, sección 7).
100. Rafael Santos Torroella, *ídem.*
101. Véanse *La Vanguardia,* Barcelona, 14 de marzo de 1997 y *Abc,* Madrid, misma fecha, pág. 59.
102. *Abc,* Madrid, 28 de noviembre de 1988, pág. 39; *El País,* Madrid, 29 de noviembre de 1988, pág. 43.
103. *El País,* Madrid, 29 de noviembre de 1988, pág. 38; *Diario 16,* Madrid, 29 de noviembre de 1988, pág. 31.
104. *El País,* Madrid, 30 de noviembre de 1988, pág. 40.
105. *Empordà,* Figueres, 25 de enero de 1989, pág. 19.
106. *Abc,* Madrid, 6 de diciembre de 1988, pág. 43; *Diario 16,* Madrid, 6 de diciembre de 1988, pág. 27; un fragmento del reportaje televisivo se incluyó en el programa *El enigma Dalí* (véase la sección 8 de la bibliografía).

107. *Diario 16,* Madrid, 6 de diciembre de 1988, pág. 27.
108. *Interviú,* Madrid, número 660, 3-9 de enero de 1988, págs. 86-90.
109. *Diario 16,* Madrid, 6 de diciembre de 1988, pág. 27.
110. Conversación con don Antoni Pitxot, Cadaqués, 5 de agosto de 1995; E. Martín de Pozuelo y Santiago Tarín, «El último Dalí quería huevos de caracol», *La Vanguardia,* Barcelona, 31 de octubre de 1997, págs. 39-40.
111. *El País,* Madrid, 24 de diciembre de 1988, pág. 28; 26 de diciembre de 1988, pág. 38; *Diario 16,* Madrid, 26 de diciembre de 1988, pág. 34.
112. *El País,* Madrid, 20 de enero de 1989, pág. 32.
113. *Ídem.*
114. *El Periódico,* Barcelona, 24 de enero de 1989, pág. 4; *El País,* Madrid, 27 de enero de 1989, pág. 36; el señor y la señora Xicot me han confirmado que fue Arturo Caminada quien los llamó (Púbol, 20 de octubre de 1995).
115. *El País,* Madrid, 24 de enero de 1989, pág. 24.
116. Conversación con doña Carme Roget, Figueres, 23 de septiembre de 1993; *El País,* Madrid, 24 de enero de 1989, pág. 24.
117. «Salvador Dalí sigue muy grave y ya se preparan sus funerales», *El Periódico,* Barcelona, 22 de enero de 1989; «Dalí desea ser enterrado en su museo de Figueres, bajo la cúpula geodésica», *La Vanguardia,* Barcelona, 22 de enero de 1989, pág. 89; Carol, págs. 11-12.
118. «Salvador Dalí sigue muy grave y ya se preparan sus funerales», *El Periódico,* Barcelona, 22 de enero de 1989.
119. *Ídem.*
120. *Ídem;* James Markham («Dalí's Gift to Spain: No Homage to Catalonia», *New York Times,* 12 de febrero de 1989) informa que las instrucciones de Dalí a Lorca se dieron el 1 de diciembre de 1988. Según *Diario 16,* Madrid, 22 de enero de 1989, pág. 9, Pitxot «no pudo llegar a tiempo». Un año después de la muerte de Dalí, Marià Lorca declaró a *El País* (Madrid, 21 de enero de 1990, pág. 26): «Entré en la habitación y había una enfermera y otras personas. Dalí hizo señas de que salieran todos, hizo que me acercara a él y dijo: "Quiero ser enterrado bajo la cúpula del Museo." Se lo hice repetir, porque era difícil entenderlo, pero a los que habíamos estado con él nos era más fácil. Repetí otra vez sus palabras y le dije: "Señor Dalí, ¿me está pidiendo esto exactamente?" Me hizo que sí con la cabeza y añadió: "No se lo digas a nadie." Al salir, encontré a Pitxot y se lo dije. Creo que es la única vez que no he hecho caso de un deseo de Dalí. También se lo dijimos a Domenech.»
121. *El País,* Madrid, 23 de enero de 1989, pág. 26. El documento aludido por Descharnes no se ha publicado y no hay rastro de él en la notaría de La Bisbal. El alcalde de La Pera, Benjamí Artigas, afirma hoy tener en su

poder uno que debe de ser el mismo (original o copia), y que lo dará a conocer cuando llegue la ocasión apropiada (conversación con don Benjamí Artigas, Púbol, 30 de junio de 1996).

122. Descharnes, «La solitaria de Púbol».
123. Conversaciones con don Antoni Pitxot, Cadaqués, 1995-1996.
124. Carol, pág. 183.
125. *La Vanguardia,* Barcelona, 25 de enero de 1989, pág. 39.
126. Conversación con don Antoni Pitxot, Figueres, 5 de agosto de 1995.
127. *Ídem.*
128. Conversación con don Isidre Escofet, ex alcalde de Cadaqués y amigo íntimo de Caminada, 21 de octubre de 1995.
129. *La Vanguardia,* Barcelona, 25 de enero de 1989, pág. 39. Para el *ex abrupto* del alcalde Artigas, véase también Descharnes, «La solitaria de Púbol».
130. *Cambio 16,* Madrid, 30 de enero de 1989, pág. 17; *El País,* Madrid, 27 de enero de 1985, pág. 36; conversación con el señor y la señora Xicot, Púbol, 20 de octubre de 1995.
131. Playà, *Dalí de l'Empordà,* pág. 34.
132. Conversación con el capitán Peter Moore, Cadaqués, 7 de agosto de 1996.
133. *Diario 16,* Madrid, 24 de enero de 1989, pág. 37
134. *El Periódico,* Barcelona, 24 de enero de 1989, pág. 3.
135. *La Vanguardia,* Barcelona, 24 de enero de 1989, pág. 45.
136. Conversación con doña Nanita Kalaschnikoff, Cadaqués, 6 de agosto de 1995.
137. *La Vanguardia,* Barcelona, 26 de enero de 1995, pág. 45.
138. *Ídem,* 23 de enero de 1989, pág. 46.
139. *Abc,* Madrid, 24 de enero de 1989, pág. 29.
140. *El Periódico,* Barcelona, 24 de enero de 1989, pág. 4.
141. *El País,* Madrid, 24 de enero de 1989, pág. 24.
142. Carol, *Dalí. El final oculto de un exhibicionista,* pág. 182; declaraciones del doctor Bardalet a *La Vanguardia,* Barcelona, 31 de octubre de 1997, pág. 39.
143. *Abc,* Madrid, suplemento especial, 24 de enero de 1989, pág. I.
144. *El País,* 25 de enero de 1989, pág. 31; *Diario 16,* Madrid, 25 de enero de 1989, pág. 27; *La Vanguardia,* Barcelona, 25 de enero de 1989, pág. 39; reportaje de RTVE.
145. *El País,* 25 de enero de 1989, pág. 31; *Abc,* Madrid, 25 de enero de 1989, pág. 53.
146. *Ídem;* Màrius Carol, «Todo apunta a que Descharnes dejará de gestionar los derechos de la obra de Dalí», *La Vanguardia,* Barcelona, 25 de enero de 1989, pág. 53.

147. Un fragmento de este emotivo momento se recoge en el programa de RTVE *El enigma Dalí* (véase la sección 8 de la bibliografía).
148. Carta de Felipe Domènech Vilanova, *La Vanguardia,* Barcelona, 29 de enero de 1989, pág. 7; conversación telefónica con el hijo de aquél, don Felipe Domènech Biosca (en Barcelona), 30 de septiembre de 1996.
149. Màrius Carol, «Retrato de grupo, con ausencia de Sabater», *La Vanguardia,* Barcelona, 26 de enero de 1989, pág. 43.
150. Conversación telefónica con doña Nanita Kalaschnikoff (en París), 29 de agosto de 1995.
151. Màrius Carol, «El ex secretario Enrique Sabater afirma que asistirá al funeral que Cadaqués dedicará a Dalí», *La Vanguardia,* Barcelona, 28 de enero de 1989, pág. 40.
152. *Íbid.,* 31 de enero de 1989, pág. 50.
153. Carta de Reynolds Morse a los Albarretto, con fecha del 4 de febrero de 1989. Agradezco al capitán Peter Moore fotocopia de la misma.
154. Jesús Conte, «Dalí nombra heredero universal de sus bienes al Estado español», *Cambio 16,* Madrid, número 287, 6 de febrero de 1989, págs. 13-16. El número, preparado a toda velocidad, apareció seis días antes de la fecha de publicación que figura en la portada (conversación telefónica con don Jesús Conte, en Barcelona, 22 de octubre de 1996).
155. *El País,* Madrid, 4 de febrero de 1989, pág. 32.
156. *Tribuna,* Madrid, 16 de marzo de 1992.
157. Jordi Pujol, en el programa de RTVE *El enigma Dalí* (véase la sección 8 de la bibliografía). En dos lacónicas cartas remitidas a las autoridades catalanas en 1986, Domenech dijo que, de acuerdo con las declaraciones públicas de Dalí, el artista había testado formalmente en favor de España y Cataluña (Fornés, *Les contradiccions del cas Dalí,* pág. 217).
158. «El testamento hace referencia al mayordomo», *La Vanguardia,* Barcelona, 27 de enero de 1989, pág. 43.
159. Conversación telefónica con el capitán Peter Moore (en Cadaqués), 25 de noviembre de 1993.
160. *Ídem*; *La Vanguardia,* Barcelona, 27 de enero de 1989, pág. 43; los datos acerca de la muerte de Caminada me los proporcionó gentilmente el Ayuntamiento de Cadaqués.
161. Conversación con el doctor Vergara, Cadaqués, 6 de agosto de 1996.

BIBLIOGRAFÍA

1. CATÁLOGOS DE EXPOSICIONES DE DALÍ CONSULTADOS (por orden cronológico)

Nueva York, Museo de Arte Moderno: *Salvador Dalí. Paintings, Drawings, Prints.* 19 de noviembre de 1941-11 de enero de 1942. Autor del catálogo: James Thrall Soby.

Nueva York, Galería de Arte Moderno: *Salvador Dalí. His Art. 1910-1965.* 18 de diciembre de 1965-28 de febrero de 1966.

Rotterdam, Museo Boijmans Van Beuningen: *Dalí.* 21 de noviembre de 1970 - 10 de enero de 1971.

París: Centro Georges Pompidou, Museo Nacional de Arte Moderno. *Salvador Dalí. Rétrospective. 1920-1980.* 18 de diciembre de 1979-21 de abril de 1980. Catálogo: Daniel Abadie. En abril de 1980 se editó el volumen complementario *La Vie publique de Salvador Dalí.*

Londres, Tate Gallery: *Salvador Dalí.* 14 de mayo-29 de junio de 1980. Autor del catálogo: Simon Wilson.

Perpiñán, Palais des Rois de Majorque: *Dalí à Perpignan. La Collection Salvador Dalí du Musée Perrot-Moore, Cadaqués.* Agosto-septiembre de 1982.

Stuttgart, Staatsgalerie; Zurich, Kunsthaus: *Salvador Dalí. 1904-1989.* 13 de mayo-23 de julio de 1989 y 18 de agosto-22 de octubre de 1989, respectivamente. Catálogo: Karin v. Maur. Stuttgart, Verlag Gerd Hatje, 1989.

Madrid, Museo Español de Arte Contemporáneo (MEAC): *400 obras de Salvador Dalí de 1914 a 1983.* 15 de abril-29 de mayo de 1983. La exposición se trasladó de Madrid al Palacio Real de Pedralbes, Barcelona. Catálogo (dos volúmenes) publicado conjuntamente por el Ministerio de Cultura en Madrid y, en Barcelona, por la Generalitat de Cataluña. Versiones en español y en catalán. Introducción de Ana Beristain y Robert Descharnes.

Frankfurt, Schirn Kunsthalle: *Picasso-Miró-Dalí und der Beginn der Spanischen Moderne 1900-1936.* 6 de septiembre-10 de noviembre de 1991.

Valencia, IVAM Centro Julio González: 3 de diciembre de 1992-7 de febrero de 1993. *Dalí verdadero/grabado falso. La obra impresa 1930-1934.* Comisario y autor del catálogo: Rainer Michael Mason.

Sevilla, Fundación Fondo de Cultura de Sevilla: *Dalí en los fondos de la Fundación Gala-Salvador Dalí.* 27 de abril-4 de julio de 1993.

Londres, Hayward Gallery (South Bank Centre): *Salvador Dalí: The Early Years.* 3 de marzo-30 de mayo de 1994.

Madrid, Museo Nacional Centro de Arte Reina Sofía (MNCARS): *Dalí joven [1918-1930].* 18 de octubre de 1994-16 de enero de 1995.

Barcelona, Palau Robert: *Dalí: els anys joves [1918-1930].* 15 de febrero-9 de abril de 1995.

Barcelona, La Pedrera; Fundación Gala-Salvador Dalí y Fundació Caixa de Catalunya: *Dalí. Arquitectura.* 19 de junio-25 de agosto de 1996.

Cadaqués, Museu de Cadaqués: *Salvador Dalí. Antològica sobre paper, 1916-1980.* Julio de 1996.

Turín, Palazzo Bricherasio: *Salvador Dalí, la vita è sogno.* Noviembre de 1996-marzo de 1997.

2. CATÁLOGOS DE EXPOSICIONES PERMANENTES DE DALÍ CONSULTADOS

Dalí, The Salvador Dali Museum Collection, Saint Petersburg, Florida. Prólogo de A. Reynolds Morse, introducción de Robert S. Lubar, 1991.

Teatre-Museu Dalí, Figueres, texto de J. L. Giménez-Frontín, Barcelona, Tusquets/Electa, 1994.

3. CATÁLOGOS RAZONADOS DE LA OBRA DE DALÍ

Field, Albert, *The Official Catalog of the Graphic Works of Salvador Dalí,* New York, The Salvador Dalí Archives, 1992.

Michler, Ralf y Lutz W. Löpsinger, *Salvador Dalí. Catalogue Raisonné of Etchings and Mixed-Media Prints, 1924-1980.* Prólogo de Robert Descharnes, Munich, Prestel-Verlag, 1994.

Santos Torroella, Rafael, *Dalí. Época de Madrid. Catálogo razonado,* Madrid, Residencia de Estudiantes, 1994.

—, «Salvador Dalí en la primera exposición de la Sociedad de Artistas Ibéricos. Catalogación razonada», en *La Sociedad de Artistas Ibéricos y el arte español de 1925* (catálogo, véase abajo sección 4), págs. 59-66.

4. OTROS CATÁLOGOS DE EXPOSICIONES CONSULTADOS (ordenados alfabéticamente por artistas o títulos de las exposiciones)

AC. Las vanguardias en Cataluña, 1906-1939. Protagonistas, tendencias, acontecimientos, Barcelona, La Pedrera, 1992.

Barradas/Torres-García, Galería Guillermo de Osma, Madrid, 1991.

Barradas, Rafael. Galería Jorge Mara, Madrid, 1992.

Breton, André. La Beauté convulsive, París, Centro Georges Pompidou, 1991.

Breton, André y el surrealismo, Madrid, Museo Nacional Centro de Arte Reina Sofía, 1991.

Buñuel. Auge des Jahrhunderts, al cuidado de David Yasha, Bonn, Kunst und Ausstellungshalle der Bundesrepublik Deustchland, 1994.

Buñuel. La mirada del siglo, al cuidado de David Yasha, Madrid, Museo Nacional Centro de Arte Reina Sofía, 1996.

Cubismo, Madrid, Galería Multitud, 1975.

Cuerpos perdidos, Los. Fotografía y surrealistas, Madrid, Fundación «La Caixa», 1995.

Dada and Surrealism Reviewed, por Dawn Ades con una introducción de David Sylvester y un ensayo suplementario de Elizabeth Cowling, Londres, Arts Council, 1978.

Dada y constructivismo, Madrid, Centro de Arte Reina Sofía, 1989.

Dada, Surrealism and their Heritage, por William Rubin, Nueva York, Museo de Arte Moderno, 1968.

Ernst, Max. A Retrospective, Londres, Tate Gallery en asociación con Prestel, 1991.

Ernst, Max. Obra gráfica y libros ilustrados (Colección Lufthansa), introducción de Werner Spiers, Barcelona, Lufthansa Promoción Cultural, 1992.

Estalella, Ramón, y su tiempo, Madrid, Centro Cultural del Conde Duque, 1990.

Fantastic Art, Dada, Surrealism, editado por Alfred H. Barr, Jr., ensayos de Georges Hugnet, Nueva York, Museo de Arte Moderno, 1947.

Femme et le surréalisme. La. Lausana, Museo Cantonal de Bellas Artes, 1987.

Futurismo, 1909-1919. Exhibition of Italian Futurism, Newcastle-upon-Tyne, Northern Arts y Scottish Arts Council, 1972.

García Lorca, Federico. Dibujos, al cuidado de Mario Hernández, Madrid, Museo Español de Arte Contemporáneo, 1986.

Literatura y compromiso político en los años treinta, Valencia, Diputación Provincial, 1984.

Magic Mirror, The. Dada and Surrealism from a Private Collection, por Elizabeth Cowling, Edimburgo, Galería Nacional de Arte Moderno de Escocia, 1988.

Magritte, Madrid, Fundación Juan March, 1989.
Miró en las colecciones del Estado, Madrid, Centro de Arte Reina Sofía, 1987.
Miró, Dalmau, Gasch. L'aventura per l'art modern, 1918-1937, Barcelona, Centre d'Art Santa Mònica, 1993.
Moreno Villa, José [1887-1955], al cuidado de Juan Pérez de Ayala, Madrid, Ministerio de Cultura, 1987.
Noucentisme, El. Un projecte de modernitat, Barcelona, Centre de Cultura Contemporània, 1994.
Núñez Fernández , Juan (1877-1963), Figueres, Museu de l'Empordà, 1987.
On Classic Ground. Picasso, Léger, De Chirico and the New Classicism, 1918-1930, por Elizabeth Cowling y Jennifer Mundy, Londres, Tate Gallery, 1990.
Orígenes de la vanguardia española: 1920-1936, Madrid, Galería Multitud, 1974.
Pabellón Español Exposición Internacional de París 1937, Madrid, Centro de Arte Reina Sofía, 1987.
Palencia, Benjamín y el Arte Nuevo. Obras 1919-1936, Barcelona, Centro Cultural Bancaixa/Ministerio de Cultura, 1994.
Picasso/Miró/Dalí. Évocations d'Espagne, Charleroi, Palacio de Bellas Artes, 1985.
Picasso, 1905-1906. De la época rosa a los ocres de Gósol, Barcelona, Ayuntamiento de Barcelona, 1992.
Pichot, Los. Una dinastía de artistas, Madrid, Centro Cultural del Conde Duque, 1992.
Regards sur Minotaure. La revue à tête de bête, Ginebra, Museo de Arte y de Historia, 1987.
Sert , José María (1874-1945), Madrid, Ministerio de Cultura, 1987
Sociedad de Artistas Ibéricos , y el arte español de 1925, La. Madrid, Museo Nacional Centro de Arte Reina Sofía, 1995.
Surrealisme a Catalunya, 1924-1936. De «L'Amic de les Arts» al Logicofobisme, Barcelona, Generalitat de Cataluña, 1988.
Surrealism in the Tate Gallery Collection, Londres, 1988.
Surrealismo en España, Madrid, Galería Multitud, 1975.
Surrealismo en España, El . Madrid, Museo Nacional Centro de Arte Reina Sofía, 1994.
Surrealismo entre el viejo y nuevo mundo, El. Las Palmas de Gran Canaria, Centro Atlántico de Arte Moderno, 1989.
Surrealist Spirit in Great Britain, The. redacción e investigación por Louisa Buck, Londres, Whitford and Hughes, 1988.
Tanguy, Yves. Rétrospective 1925-1955, París, Centro Georges Pompidou, 1982. Introducción de José Pierre.

Tanguy, Yves. Retrospektive 1925-1955, Baden-Baden, Staatliche Kunsthalle, 1983.

Treinta artistas españoles de la Escuela de París, Madrid, Centro Cultural del Conde Duque, 1984.

Urgell, Modest 1839-1919, Madrid, Fundació «La Caixa», 1992.

Vanguardia en Cataluña, La, 1906-1939, Barcelona, Fundació Caixa de Catalunya, 1992.

Ver a Miró. La irradiación de Miró en el arte español, Madrid, Fundació «La Caixa», 1993.

5. CORRESPONDENCIA (por orden cronológico de publicación)

Santos Torroella, Rafael (ed.), *Salvador Dalí corresponsal de J.V. Foix, 1932-1936,* Barcelona, Editorial Mediterrània, 1986.

—, *Salvador Dalí escribe a Federico García Lorca [1925-1936], Poesía. Revista ilustrada de información poética,* Madrid, n.º 27-28, abril de 1987.

—, «Las cartas de Salvador Dalí a José Bello Lasierra», *Abc,* Madrid, suplemento literario, 14 de noviembre de 1987, págs. IX-XV.

—, *Dalí residente,* Madrid, Publicaciones de la Residencia de Estudiantes, 1992.

Bouhours, Jean-Michel, y Nathalie Schoeller (eds.), *L'Âge d'or. Correspondance Luis Buñuel-Charles de Noailles, Les Cahiers du Musée National d'Art Moderne,* Hors-Série/Archives, París, 1993.

Fanés, Fèlix, «Joan Miró escribe a Salvador Dalí. El breve encuentro de los artistas catalanes en Figueres y su ambivalente relación posterior», *El País,* Madrid, suplemento *Babelia,* 25-26 de diciembre de 1993, págs. 6 y 11.

Massot, Josep, y Josep Playà, «Six anys de correspondència entre Miró i Dalí», *Revista de Girona,* Girona, n.º 164 (mayo-junio de 1994), págs. 36-41.

Fernández Puertas, Víctor, «Les cartes de Salvador Dalí al seu oncle Anselm Domènech al Museu Abelló», *Revista de Catalunya,* Barcelona, n.º 104 (febrero de 1996), págs. 57-73.

6. OBRAS DE DALÍ A LAS QUE SE HACE REFERENCIA EN EL TEXTO (por orden cronológico, en la medida de lo posible)

«Los grandes maestros de la pintura. Goya», *Studium,* Figueres, n.º 1 (1 de enero 1919), pág. 3.

«Los grandes maestros de la pintura. El Greco», *ídem,* n.º 2 (1 de febrero de 1919), pág. 3.

«Capvespre», *ídem*, pág. 5.

«Los grandes maestros de la pintura. Durero», *ídem*, n.º 3 (1 de marzo de 1919), pág. 3.

«Los grandes maestros de la pintura. Leonardo Da Vinci», *ídem*, n.º 4 (1 de abril de 1919), pág. 3.

«Los grandes maestros de la pintura. Miguel Ángel», *ídem*, n.º 5 (1 de mayo de 1919), pág. 3.

«Los grandes maestros de la pintura. Velázquez», *ídem*, n.º 6 (1 de junio de 1919), pág. 3.

«Divagacions. Cuan els sorolls s'adormen», *ídem*, pág. 5.

Un diari: 1919-1920. Les meves impressions i records íntims, edición de Fèlix Fanés, Fundación Gala-Salvador Dalí/ Edicions 62, Barcelona, 1994.

A Dalí Journal. 1920. Traducción de Joaquim Cortada i Pérez del Libro 6 del diario de Dalí, publicado con carácter privado por Stratford Press en edición limitada para The Reynolds Morse Foundation, Cleveland, 1962.

Tardes d'estiu. Fragmento de novela (once páginas), Fundació Municipal Joan Abelló, Mollet del Vallès (Barcelona). ¿1920? Publicado por Víctor Fernández en edición limitada de 600 ejemplares, Cave Canis, Barcelona, 1996.

Diario inédito de diez páginas, octubre de 1921. Fundación Gala-Salvador Dalí, Figueres.

[«Jak», seudónimo], «De la Russia dels Soviets. Un museu de pintura impresionista a Moscou», *Renovació Social,* Figueres, any 1, n.º 1, 26 de diciembre de 1921.

Ninots. Ensatjos sobre pintura. Catàlec dels cuadrus em notes. (1922). Manuscrito inédito de veintidós páginas (incompleto), Fundació Municipal Joan Abelló, Mollet del Vallès (Barcelona).

Les cançons dels dotze anys. Versus em prosa i em color (1922), manuscrito inédito, Fundación Gala-Salvador Dalí, Figueres.

En el cuartel numeru 3 de la Residencia d'Estudians. Cunciliambuls d'un grup d'avanguardia, manuscrito de dos páginas, ¿1923?, Fundació Municipal Joan Abelló, Mollet del Vallès (Barcelona).

«Skeets [sic] arbitraris. De la fira», *Empordà Federal,* Figueres, n.º 646 (26 de mayo de 1923), pág. 2.

«Sant Sebastià», *L'Amic de les Arts,* Sitges, n.º 16 (31 de julio de 1927), págs. 52-54.

«Reflexions. El sentit comú d'un germà de Sant Joan Baptista de La Salle», *ídem,* n.º 17 (31 de agosto de 1927), pág. 69.

«Federico García Lorca: exposició de dibuixos colorits. (Galeries Dalmau)», *La nova revista,* Barcelona, vol. III, n.º 9 (septiembre de 1927), págs. 84-85.

«La fotografia, pura creació de l'esperit», *L'Amic de les Arts,* Sitges, n.º 19 (31 de octubre de 1927), hoja adicional.

«Dues proses. La meva amiga i la platja. Nadal a Brussel.les (conte antic)», *ídem*, n.º 20 (30 de noviembre de 1927), pág. 104.

«Film-arte, fil[m]-antiartístico», *La Gaceta Literaria*, Madrid, n.º 24, 15 de diciembre de 1927, págs.4-5.

«Nous límits de la pintura», *L'Amic de les Arts*, Sitges, n.º 22 (29 de febrero de 1928), págs. 167-168; n.º 24 (30 de abril de 1928), págs. 185-186; n.º 25 (31 de mayo de 1928), págs. 195-196.

«Poesia de l'útil standarditzat», *ídem*, n.º 23 (31 de marzo de 1928), págs. 176-177.

«Per al *meeting* de Sitges», *ídem*, n.º 25 (31 de mayo de 1928), págs. 194-195.

«Poema de les cosetes», *ídem*, n.º 27 (31 de agosto de 1928), pág. 211.

«Realidad y sobrerrealidad», *La Gaceta Literaria,* Madrid, 15 de octubre de 1928, pág. 7.

«La dada fotogràfica», *La Gaseta de les Arts,* Barcelona, Año II, n.º 6 (febrero de 1929), págs. 40-42.

«...sempre per damunt de la música, Harry Langdon», *L'Amic de les Arts,* Sitges, n.º 31 (31 de marzo, 1929), pág. 3.

« ...L'alliberament dels dits...», *ídem*, págs. 6-7.

«Revista de tendències anti-artístiques», *ídem*, pág. 10.

«Documental-París-1929», *La Publicitat,* Barcelona, 26 de abril de 1929, pág. 1; 28 de abril de 1929, pág. 1; 23 de mayo de 1929, pág. 1; 7 de junio de 1929, pág. 1; 16 de junio de 1929, pág. 6; 28 de junio de 1929, pág. 1.

«No veo nada, nada en torno del paisaje. Poema», *La Gaceta Literaria,* Madrid, n.º 61 (1 de julio de 1929), pág. 6.

Un Chien Andalou (con Luis Buñuel), *Revue du Cinéma,* París, n.º 5 (15 de noviembre de 1929), págs. 2-16, y *La Révolution Surréaliste,* París, n.º 12 (15 de diciembre de 1929), págs. 34-37.

«"Un Chien andalou"», *Mirador,* Barcelona, 24 de octubre de 1929, pág. 6.

L'Âge d'or, con Luis Buñuel, 1929-1930, guión publicado en *L'Avant-Scène du Cinéma,* París, junio de 1963, págs. 28-50.

«Posició moral del surrealisme», *Hélix,* Vilafranca del Penedés, n.º 10 (marzo de 1930), págs. 4-6; reproducido en fascímil por Molas, *La literatura catalana d'avantguarda* (véase la sección 7 de esta bibliografía), págs. 364-368.

«L'Âne pourri», *Le Surréalisme au Service de la Révolution,* París, n.º 1 (julio de 1930), págs. 9-12.

Guión inédito para un documental sobre surrealismo (¿1930?), publicado por Dawn Ades en *Studio International. Journal of the Creative Arts and Design,* Londres, vol. 195, n.º 993/4, 1982, págs. 62-77.

«Intellectuels castillans et catalans - Expositions - Arrestation d'un exhibitionniste dans le métro», *Le Surréalisme au Service de la Révolution,* París, n.º 2 (octubre de 1930), págs. 7-9.

La Femme visible, París, Éditions Surréalistes, 1930.

L'Amour et la mémoire, París, Éditions Surréalistes, 1931.

«Objets surréalistes», *Le Surréalisme au Service de la Révolution,* París, n.º 3 (diciembre de 1931), págs. 16-17.

«Rêverie», *ídem,* n.º 4 (diciembre de 1931), págs. 31-36.

«Vive le surréalisme! Roman surréaliste (extrait)», *Nadrealizam danas o ovde,* Belgrado, junio de 1932, pág. 17, reproducido por Aleksic, *Dalí: inédits de Belgrade* (véase la sección 7 de esta bibliografía), págs. 43-52.

«Réponse» a la encuesta sobre el deseo, *Nadrealizam danas o ovde,* Belgrado, *ídem,* pág. 31, reproducido por Aleksic, *ídem,* págs. 55-61.

Babaouo. C'est un film surréaliste [cubierta]. En la portada: *Babaouo. Scénario inédit. Précedé d'un Abrégé d'une histoire critique du cinéma et suivi de Guillaume Tell, ballet portugais,* París, Éditions des Cahiers Livres, 1932. [Terminado de imprimir el 12 de julio de 1932, según el colofón.]

«The Object as Revealed in Surrealist Experiment», *This Quarter,* París, número especial dedicado al surrealismo, septiembre de 1932, págs. 197-207.

Le Mythe tragique de l'«Angélus» de Millet. Interprétation «paranoïaque-critique» [¿1932-1935?], publicado por vez primera en París, Jean-Jacques Pauvert, 1963; *El mito trágico del «Ángelus» de Millet,* edición a cargo de Óscar Tusquets, traducción de Joan Vinyoli, Barcelona, Tusquets, 1978.

«Objets psycho-atmosphériques-anamorphiques», *Le Surréalisme au Service de la Révolution,* París, n.º 5 (15 de mayo de 1933), págs. 45-8 [287-290].

«Notes-Communications», *ídem,* n.º 6 (15 de mayo de 1933), págs. 40-41.

«Interprétation paranoïaque-critique de l'image obsédante. L'"Angélus" de Millet.» Prologue. Nouvelles considérations générales sur le mécanisme du phénomène paranoïaque du point de vue surréaliste», *Minotaure,* París, n.º 1 (1 de junio de 1933), págs. 65-67.

«De la Beauté terrifiante et comestible de l'architecture "modern style"», *ídem,* n.º 3-4 (diciembre de 1933), págs. 69-76.

«Le Phénomène de l'extase», *ídem,* págs. 76-77.

«Cher Breton: l'exposition de mes peintures...», carta abierta a Breton que introduce el catálogo de la exposición de Dalí en la Galería Pierre Colle, París, 19-29 de junio de 1933. Fechada por Dalí el 12 de junio de 1933; reproducida en *Salvador Dalí* (catálogo Pompidou, véase arriba sección 1), págs. 178-180.

«Les Nouvelles couleurs du "sex-appeal" spectral», *Le Surréalisme au Service de la Révolution,* París, n.º 5 (mayo de 1934), págs. 20-22.

«L'"Angélus" de Millet», prefacio al catálogo de la exposición para el lanzamiento de *Les Chants de Maldoror,* ilustrados por Dalí, en la librería Quatre Chemins, París, 13-25 de junio de 1934. Reproducido en *Salvador Dalí* (catálogo Pompidou, véase arriba sección 1), págs. 331-339.

«Honneur à l'objet!», *Cahiers d'Art,* París, n.º 1-2, 1935, págs. 33-36.

«Analyse de "L'Escalier de l'Amour et Psyché"», *ídem,* pág. 37.

«Analyse du veston aphrodisiaque de Salvador Dalí», *ídem.*

«Les Pantoufles de Picasso», *ídem,* n.º 7-10, 1935, págs. 208-212.

«Crazy Movie Scenario by M. Dalí, the Super-Realist», *American Weekly,* Nueva York, 7 de julio de 1935.

La Conquête de l'irrationnel, París, Éditions Surréalistes, 1935; editado simultáneamente en inglés por Julien Levy, Nueva York.

«Le Surréalisme spectral de l'Éternel Féminin préraphaélite», *Minotaure,* París, n.º 8 (15 de junio de 1936), págs. 46-49.

«I Defy Aragon», *Art Front,* Nueva York, marzo de 1937.

«Surrealism in Hollywood», *Harper's Bazaar,* Nueva York, junio de 1937, págs. 68 y 132.

Métamorphose de Narcisse, París, Éditions Surréalistes, 1937, y simultáneamente, en inglés, por Julien Levy, Nueva York. El texto francés se reproduce en *Salvador Dalí* (catálogo Pompidou, véase sección 1, arriba), págs. 284-288.

«Declaration of the Independence of the Imagination and the Rights of Man to his Own Madness», Nueva York, 1939. Texto completo reproducido en Levy, *Memoir of an Art Gallery* (véase más abajo, sección 7), págs. 219-222.

«Les Idées lumineuses. "Nous ne mangeons pas de cette lumière-là"», *Cahiers d'Art,* París, n.º 1-2, 1940, págs. 24-25.

The Secret Life of Salvador Dalí, Nueva York, The Dial Press, 1942, traducción del francés por Haakon Chevalier; *Vida secreta de Salvador Dalí,* Figueres, Dasa Edicions S.A., 1981 (se trata de una reimpresión de la edición argentina de 1944).

Hidden Faces, Londres, Nicholson and Watson, 1947, traducción del original francés por Haakon Chevalier; *Rostros ocultos,* Barcelona, Planeta, 1974 (no consta nombre del traductor).

50 secretos mágicos para pintar [1948], Barcelona, Luis de Caralt, 2ª edición, 1949.

«To Spain, Guided by Dalí», *Vogue,* Nueva York, 15 de mayo de 1950, págs. 54-55, 57 y 94.

«Por qué fui sacrílego. Porque soy místico», conferencia pronunciada en el Ateneu Barcelonès. Cuatro páginas a máquina, con fecha 30 de octubre de 1950 y correcciones manuscritas, tal vez de Gala. Biblioteca de Catalunya, Barcelona.

Manifeste mystique, París, Robert J. Godet, 1951; reproducido en *Salvador Dalí* (catálogo Pompidou, véase arriba, sección 1), págs. 372-374.

«Picasso y yo», conferencia pronunciada en el Teatro María Guerrero, 11 de noviembre de 1951; publicada en edición facsímil en *Mundo Hispánico,* Madrid, n.º 46 (1952), págs. 37-42. Se reproduce en Dalí, *¿Por qué se ataca a la Gioconda?,* págs. 228-232.

«Le Mythe de Guillaume Tell. Toute la verité sur mon expulsion du groupe surréaliste», *La Table Ronde,* París, n.º 55 (julio de 1952), págs. 21-38.

«Les Morts et moi», *La Parisienne,* París, n.º 17 (mayo de 1954), págs. 52-53. Edición facsímil del manuscrito en Dalí, *Les Morts et moi,* Barcelona, Editorial Mediterrània, 1991.

Martyr. Tragédie Lyrique en III actes, ¿1954? Sólo se conoce el primer acto. Editado por Ignacio Gómez de Liaño en *El Paseante,* Madrid, n.º 5, 1987.

Con Philippe Halsman, *Dalí's Moustache* (1954), París, Flammarion, 1994.

Les cocus du vieil art moderne, París, Fasquelle, 1956; *Los cornudos del viejo arte moderno,* traducción de Carmen Artal, Barcelona, Tusquets, 1990.

Journal d'un génie, París, Éditions de la Table Ronde, 1964; *Diario de un genio,* traducción de Paula Brines, Barcelona, Tusquets, 1983.

Lettre ouverte à Salvador Dalí, París, Albin Michel, 1966; *Carta abierta a Salvador Dalí,* Buenos Aires, Ultramar, 1976.

Dalí par Dalí, prefacio del doctor Rouméguère, París, Draeger, 1970.

Oui, París, Editions Denöel, 1971; *Sí,* Barcelona, Ariel, 1977, traducción de Gloria Martinengo.

Comment on devient Dalí. Les aveux inavouables de Salvador Dalí, récit présenté par André Parinaud, París, Robert Laffont, 1973; *Confesiones inconfesables, recogidas por André Parinaud,* traducción de Ramón Hervás, Barcelona, Bruguera, 1973; edición norteamericana, *The Unspeakable Confessions of Salvador Dalí, as told to André Parinaud,* traducidas del francés por Harold J. Salemson, Nueva York, William Morrow and Company, 1976.

Les Caprices de Goya de Salvador Dalí, Hamburgo, Galería Levy, 1977.

¿Por qué se ataca a la Gioconda?, edición a cargo de María J. Vera, traducción de Edison Simmons, Madrid, Siruela, 1994.

L'alliberament del dits. Obra catalana completa, presentación y edición de Fèlix Fanés, Barcelona, Quaderns Crema, 1995.

7. LIBROS Y ARTÍCULOS

Abadie, Daniel, «Les obsessions déguisées de Salvador Dalí», en *Salvador Dalí* (catálogo Pompidou, véase arriba, sección 1), págs. 11-15.

Acton, William, *The Functions and Disorders of the Reproductive Organs,* Londres, Churchill, 5ª ed., 1871

Ades, Dawn, *Dalí,* Londres, Thames and Hudson, «World of Art», 1982, reimpreso en 1990.

—, Introducción al guión inédito de Dalí para un documental sobre el surrealismo, *Studio International. Journal of the Creative Arts and Design,* Londres, vol. 195, n.º 993/4, 1982, pág. 62.

—, «Morphologies of Desire», en *Salvador Dalí: The Early Years* (catálogo, véase arriba, sección 1), págs. 129-160.

Agustí, Ignacio, «Bienvenida a Salvador Dalí», *Destino,* Barcelona, 14 de agosto de 1948, págs. 3-5.

Alberti, Rafael, *Imagen primera de...,* Buenos Aires, Losada, 1945.

—, *La arboleda perdida. Libros I y II de memorias,* Buenos Aires, Compañía General Fabril Editora, 1959.

Alexandrian, Sarane, *L'Aventure en soi. Autobiographie,* París, Mercure de France, 1990.

Aleksic, Branko, *Dalí: Inédits de Belgrade (1932),* París, Change International/Equivalences, 1987.

Alley, Ronald, *Picasso: «The Three Dancers»,* Londres, Tate Gallery («Tate Modern Masters»), 1986.

Altolaguirre, Manuel, «Gala y Dalí, en Torremolinos», *Diario 16,* Madrid, «Culturas», 1 de septiembre de 1985, pág. II.

Apollinaire, *Oeuvres Poétiques,* París, Gallimard («Pléiade»), 1959.

—, *Oeuvres en prose complètes,* París, Gallimard («Pléiade»), 2 tomos, 1991 y 1993, respectivamente.

Aranda, J. Francisco, *Luis Buñuel. Biografía crítica,* Barcelona, Lumen, 2ª ed., 1975.

Aragon, Louis, «Fragments d'une conférence», *La Révolution Surréaliste,* París, n.º 4 (15 de julio de 1925), págs. 23-25.

Arbós, Albert, «Aquellos amores de Dalí y Pla», *Cambio 16,* Madrid, n.º 542 (19 de abril de 1982), págs. 44-51.

Arco, Manuel del, *Dalí al desnudo,* Barcelona, José Janés, 1952.

Aub, Max, *Conversaciones con Buñuel, seguidas de 45 entrevistas con familiares, amigos y colaboradores del cineasta aragonés,* prólogo de Federico Álvarez, Madrid, Aguilar, 1985.

Bataille, Georges, «Le "Jeu lugubre"», *Documents,* París, n.º 7, diciembre de 1929, págs. 369-372. Reproducido en el catálogo de la exposición *Salvador Dalí* (Pompidou, véase arriba sección 1), págs. 150-153.

Berasátegui, Blanca, «En Púbol, con el genio escondido», *Abc,* Madrid, «Sábado Cultural», 12 de mayo de 1984, págs. VI-VIII.

Bernils i Mach, Josep Maria, *Els Fossos, 75 anys d'història, 1909-1984,* Figueres, 1984.

—, «Dalí a la presó», *El Perdrís. Revista cultural de L'Empordà,* Figueres, n.º 4, 12 de junio de 1987.

—, *Figueres,* Figueres, Editorial Empordà, 3ª ed., 1994.

Beurdeley, Cecile, *L'Amour bleu,* traducido del francés por Michel Taylor, Rizzoli, Nueva York, 1978.

Beya i Martí, Pere, *Al terraprim de l'Alt Empordà. Llers. El passat en la vida local,* Figueres, edición particular, 1992.

Biro, Adam, y René Passeron (eds.), *Dictionnaire général du surréalisme et de ses environs,* Friburgo, Office du Livre, 1982.

Bockriss, Victor, «A Dalirious Evening», *Exposure,* Los Ángeles, octubre de 1990, págs. 60-63.

Bofarull i Terrades, Manuel, *Origen dels noms geogràfics de Catalunya,* Barcelona, Editorial Millà, 1991.

Bona, Dominique, *Gala,* París, Flammarion, 1995; *Gala,* Barcelona, Tusquets, 1996, traducción de Javier Albiñana.

Bonet Correa, Antonio (a cargo de), *El surrealismo,* Madrid, Universidad Menéndez Pelayo y Cátedra, 1983.

Borrás, María Luisa, *Picabia,* Barcelona, Polígrafa, 1985.

Bosquet, Alain, *Entretiens avec Salvador Dalí,* París, Pierre Belfond, 1966; *Dalí desnudado,* Buenos Aires, Paidós, 1967.

—, «Les Peintres du rêve», *Magazine Littéraire,* París, n.º 213 (diciembre de 1984), págs. 58-60.

Bouhours, Jean-Michel y Nathalie Schoeller, *L'Âge d'or. Correspondence Luis Buñuel-Charles de Noailles. Lettres et documents,* París, Centro Pompidou, «Les Cahiers du Musée National d'Art Moderne», 1993.

Brassaï, *Conversations avec Picasso,* París, Gallimard, 1964.

Brenan, Gerald, *The Spanish Labyrinth. An Account of the Social and Political Background of the Spanish Civil War,* Cambridge University Press, 1960.

Breton, André, «Des tendances les plus récentes de la peinture surréaliste», *Minotaure,* París, n.º 12-13 (mayo de 1930), págs. 16-21.

—, *What is Surrealism?,* traducción de David Gascoyne, Londres, Faber and Faber («Criterion Miscellany, n.º 43»), 1936.

—, [Anónimo, con Paul Éluard], *Dictionnaire abrégé du surréalisme,* París, Galerie des Beaux Arts, 1938. Edición facsímil: París, José Corti, 1980.

—, *Le Surréalisme et la peinture, nouvelle édition revue et corrigée, 1928-1965,* París, Gallimard, 1965, reimpreso en 1979.

—, *Oeuvres complètes,* París, Gallimard («Pléiade»), 2 tomos, 1988 y 1992, respectivamente.

—, *What is Surrealism? Selected Writing,* edición de Franklin Rosemont, Londres, Pluto Press, 1989.

—, *Conversations: the Autobiography of Surrealism,* con André Parinaud y otros, traducción al inglés e introducción de Mark Polizotti, Nueva York, Paragon House, 1993 (traducción de *Entretiens,* publicado por primera vez en 1952).

Brihuega, Jaime, *Manifiestos, proclamas, panfletos y textos doctrinales (Las vanguardias artísticas en España, 1910-1931),* Madrid, Cátedra, 1982.

Brunet, Manuel, «Picasso en Barcelona. Una conversación con el gran pintor», *Heraldo de Madrid,* 12 de octubre de 1926, pág. 4.

—, M.B. [Manuel Brunet], «Despedida al notario Salvador Dalí y Cusí», *Destino,* Barcelona, n.º 491 (14 de diciembre de 1946), pág. 7.

Bullejos, José, *España en la Segunda República,* Madrid, Ediciones Júcar, 1979.

Buñuel, Luis, «Notes on the Making of *Un Chien Andalou*», en *Art in Cinema,* Frank Stauffacher (editor), Museo de Arte de San Francisco, 1947. Traducción de Grace L. McCann Morley; reimpreso por Arno Press, Inc., 1968.

—, *Mon dernier soupir,* París, Robert Laffont, 1982; *Mi último suspiro,* Barcelona, Plaza y Janés, traducción de Ana María de la Fuente, 2.ª ed., 1983.

—, *Obra literaria,* introducción y notas de Agustín Sánchez Vidal, Zaragoza, Ediciones de Heraldo de Aragón, 1982.

Buot, Francois, *René Crevel. Biographie,* París, Grasset, 1991.

Buxeda, Pere, *L'ahir de Figueres,* Figueres, 1992.

Calvo Serraller, Francisco, «Salvador Dalí y la vanguardia artística española de los años veinte», en el catálogo *400 obras de Salvador Dalí de 1914 a 1983,* 1983 (véase arriba la sección 1), vol. II, págs. 9-15.

—, «El vaivén artístico de una dinastía», en el catálogo *Los Pichot. Una dinastía de artistas,* 1992 (véase arriba, sección 4), págs. 49-71.

Cano, José Luis, *Los cuadernos de Adrián Dale (memorias y relecturas),* Madrid, Orígenes, 1991.

Carmona, Darío, «Anecdotario de Darío Carmona (Apuntes de una conversación de Darío Carmona con José María Amado)», introducción a la edición facsímil de la revista *Litoral,* Frankfurt, Detlev Avvermann - Madrid, Turner, 1975.

Carol, Màrius, *Dalí, el final oculto de un exhibicionista,* Barcelona, Plaza y Janés, 1990.

—, «El escenógrafo de Portlligat. Muere Isidoro Bea, el hombre que durante treinta años colaboró con Dalí», *La Vanguardia,* Barcelona, «Revista», 19 de marzo de 1996, pág. 2.

Cassanyes, M. A., «L'espai en les pintures de Salvador Dalí», *L'Amic de les Arts,* Sitges, n.º 13 (30 de abril de 1927), págs. 30-31.

Catterall, Lee, *The Great Dalí Art Fraud and Other Deceptions,* Nueva Jersey, Barricada Books Inc., 1992.

Cernuda, Luis, «Gómez de la Serna y la generación poética de 1925», en *Estudios sobre poesía española contemporánea,* Madrid, Guadarrama, 1957.

Chadwick, Whitney, *Women Artists and the Surrealist Movement,* Londres, Thames and Hudson, 1991.

Chevalier, Haakon, «Salvador Dalí as Writer. Surrealism Takes to the Typewriter», *Saturday Review*, Nueva York, 15 de abril de 1944.

Clara, Josep, «Salvador Dalí, empresonat per la dictadura de Primo de Rivera», *Revista de Girona*, n.º 162 (enero-febrero de 1993), págs. 52-55.

Combalía, Victoria, *El descubrimiento de Miró. Miró y sus críticos, 1918-1929*, Barcelona, Destino, 1990.

—, «Los años 20-30. El impacto del primer Miró», en *Ver a Miró* (véase arriba sección 4), págs. 20-43.

Comfort, Alex, *The Anxiety Makers*, Nueva York, Delta, 1970.

Conover, Anne, *Caresse Crosby. From Black Sun to Roccasinibalda*, Santa Barbara, Capra Press, 1989.

Cossart, Michael de, *The Food of Love. Princesse Edmonde de Polignac (1865-1943) and her Salon*, Londres, Hamish Hamilton, 1978.

Cowles, Fleur, *The Case of Salvador Dalí*, Londres, Heinemann, 1959.

Crevel, René, *Dalí ou l'anti-obscurantisme*, París, Éditions Surréalistes, 1931; *Dalí o el antioscurantismo*, Barcelona, José J. de Olañeta, Editor, 1977, traducción de Ramón Molina.

—, *Lettres de désir et de souffrance*. Prólogo de Julien Green; presentación y notas de Eric le Bouvier, París, Fayard, 1996.

Crispin, John, *Oxford y Cambridge en Madrid. La Residencia de Estudiantes, 1910-1936, y su entorno cultural*, Santander, La Isla de los Ratones, 1981.

Crosby, Caresse, *The Passionate Years*, Londres, Alvin Redman, 1955.

Dalí, Ana María, *Salvador Dalí visto por su hermana*, Barcelona, Juventud, 1949.

—, *Noves imatges de Salvador Dalí*, prólogo de Jaume Maurici, Barcelona, Columna, 1988.

Daudet, Elvira, «Mágico Dalí», *Abc*, Madrid, suplemento dominical, 1 de marzo de 1971, págs. 41-47; 8 de marzo de 1971, págs. 28-33.

Descharnes, Robert, *The World of Salvador Dalí*, Nueva York y Evanston, Harper and Row, 1962,

—, *Dalí*, Londres, Thames and Hudson, 1985, traducción de Eleanor R. Morse.

—, *Dalí, l'oeuvre et l'homme*, Lausana, Edita, 1989; *Dalí, la obra y el hombre*, Barcelona, Tusquets, 1984, traducción de Carmen Artal.

—, «La solitaria de Púbol», *Abc*, Madrid, 12 de junio de 1992, pág. 64.

Descharnes, Robert, y Gilles Néret, *Dalí*, 2 tomos, Colonia, Benedikt Taschen Verlag, 1994, traducción de Pedro Guillermet.

Deulofeu, Alexandre, «El complex dalinià», *Revista de Girona*, n.º 68 (1974), págs. 23-6.

Díaz i Romañach, Narcís, *Roses, una vila amb història*, Ajuntament de Roses, 1991.

Domènech [Ferrés], Anselm, *La llibreria Verdaguer i el renaixement català*, Barcelona, 1933.

Drummond, Phillip, «Surrealism and *Un Chien Andalou*», en Luis Buñuel y Salvador Dalí, *Un Chien Andalou*, Londres, Faber and Faber, 1994, págs. v-xxiii.

Ducasse, Isidore, *véase* Lautréamont, conde de.

Durgnat, Raymond, *Luis Buñuel*, University of California Press (1967), edición revisada y aumentada, 1977.

Egea Codina, Antoni, *Llers. Els homes i els fets*, extraído de *Annals de l'Institut d'Estudis Empordanesos*, Figueres, 1979-80.

«Eleanora» [Adelina Bello Lasierra], *Novísimo testamento*, Madrid, Editorial Barlovento, 1988.

Éluard, Paul, *Lettres à Gala (1924-1948)*, edición de Pierre Dreyfus, con un prólogo de Jean-Claude Carrière, París, Gallimard, 1984; *Cartas a Gala*, Barcelona, Tusquets, 1986, traducción de Manuel Sáenz de Heredia.

—, *Oeuvres complètes*, París, Gallimard («Pléiade»), 2 tomos, 1968.

Erben, Walter, *Joan Miró, 1893-1983. Mensch und Werk*, Colonia, Benedikt Taschen Verlag, 1988.

Ernst, Jimmy, *A Not-So-Still Life. A Memoir* [1984], Nueva York, Pushcart Press, 1992.

Ernst, Max, *Écritures*, París, Gallimard, 1970.

Etherington-Smith, Meredith, *Dalí*, London, Sinclair-Stevenson, 1992.

Fallowell, Duncan y April Ashley, *April Ashley's Odyssey*, Londres, Jonathan Cape, 1982; Londres, Arena Books, 1983.

Fanés, Fèlix, «Retrato del artista adolescente. El amor, los amigos, la política y la pintura vistos con el desparpajo y la inteligencia de un estudiante de 15 años», Madrid, *El País*, suplemento *Babelia*, n.º 68 (30 de enero de 1993), págs. 7-8.

Fernández, Jean, y Patrick Kobuz, «Conversación con Louis Aragon», *Poesía*, Madrid, Ministerio de Cultura, n.º 9 (otoño de 1980), págs. 81-90.

Fernández Almagro, Melchor, «Por Cataluña», *La Época*, Madrid, 17 de julio de 1926, pág. 1.

Fernández Puertas, Víctor, «Anna Maria Dalí vista pel seu germà», *Hora Nova*, Figueres, 22-28 de agosto de 1995, págs. 8-14 y 15-21.

—, «Una carta obligada», *ídem*, 29 de agosto-4 de septiembre de 1995, pág. 19.

—, «Anselm Domènech, l'oncle de Salvador Dalí Domènech», *Revista de Catalunya*, Barcelona, n.º 97 (1995), págs. 61-81.

—, «Las cartas de Salvador Dalí al seu oncle Anselm Domènech al Museu Abelló», *ídem*, n.º 104 (febrero de 1996), págs. 57-73.

—, «Descripció d'un manuscrit inèdit de Salvador Dalí: "Ninots"», *ídem*, n.º 120 (julio de 1997), págs. 69-79.

Ferrer, Firmo, *Cadaqués des de l'arxiu*, Barcelona, Montagud Editores, 1991.

Ferrerós, Joan, «L'Institut i la ciutat», apéndice a la edición facsímil de *Studium,* Figueres, Ediciones Federales, 1993, págs. 49-54.

Fornés, Eduard, *Dalí y los libros,* Barcelona, Mediterrània, 1985.

—, *Les contradiccions del cas Dalí,* Barcelona, Llibres de l'Avui, 1989.

Freud, Sigmund, *Psicopatología de la vida cotidiana (olvidos, equivocaciones, torpezas, supersticiones y errores),* traducido del alemán por Luis López-Ballesteros y de Torres, Madrid, Biblioteca Nueva, 1922.

—, *Una teoría sexual y otros ensayos. Una teoría sexual. Cinco conferencias sobre psicoanálisis. Introducción al estudio de los sueños. Más allá del principio del placer,* traducido del alemán por Luis López-Ballesteros y de Torres, Madrid, Biblioteca Nueva, 1922.

—, *La interpretación de los sueños,* traducido del alemán por Luis López-Ballesteros y de Torres, Madrid, Biblioteca Nueva, 2 tomos, 1923.

—, *The Standard Edition of the Complete Psychological Works,* traducción de James Strachey, en colaboración con Anna Freud y con la ayuda de Alix Strachey y Alan Tyson, Londres, The Hogarth Press, 24 vols., 1966-1974.

García de Candamo, Luis, «Estalella en su paisaje cultural», en *Ramón Estalella y su tiempo,* Madrid, Centro Cultural del Conde Duque, 1990, págs. 69-83.

García, Tomás, *Y todo fue distinto,* edición de Ángel Caffarena, Málaga, publicaciones de la Librería Antigua El Guadalhorce, 1990.

García Buñuel, Pedro Christian, *Recordando a Luis Buñuel,* Zaragoza, Excma. Diputación Provincial/Excmo. Ayuntamiento, 1985

García Gallego, Jesús, *La recepción del surrealismo en España (1924-1931) (La crítica de las revistas literarias en castellano y catalán),* Granada, Antonio Ubago, 1984.

—, *Bibliografía y crítica del surrealismo y la generación del veintisiete,* Málaga, Centro Cultural de la Generación del 27, 1989.

García Lorca, Federico, *Cartas a sus amigos,* edición de Sebastián Gasch, Barcelona, Cobalto, 1950.

—, *Epistolario completo,* edición de Andrew A. Anderson y Christopher Maurer, Madrid, Cátedra, 1997.

—*Obras Completas,* Madrid, Aguilar, 3 vols., 22ª ed., 1986.

García Márquez, Gabriel, «Tramontana», en *Doce cuentos peregrinos,* Barcelona, Mondadori, 1992, págs. 177-186.

García de Valdellano, Luis, «Un educador humanista: Alberto Jiménez Fraud y la Residencia de Estudiantes», introducción a Alberto Jiménez Fraud, *La Residencia de Estudiantes. Viaje a Maquiavelo,* Barcelona, Ariel, 1972.

Garriga Camps, Pere, «El jove Dalí de la "Pairal"» (1), *Empordà,* Figueres, 3 de febrero de 1993, pág. 25; (y 2), *ídem,* 10 de febrero de 1993, pág. 25.

Gasch, Sebastià, «Max Ernst», *L'Amic de les Arts,* Sitges, n.º 7 (octubre de 1926), pág. 7.

—, «Les fantasies d'un reporter», *ídem,* n.º 20 (30 de noviembre de 1927), págs. 108-109.

—, «André Breton: "Le Surréalisme et la peinture"», *La Veu de Catalunya,* Barcelona, 15 de mayo de 1928. Reproducido en *Escrits d'art* (veáse abajo), págs. 101-105.

—, «Belleza y realidad», *La Gaceta Literaria,* Madrid, n.º 49 (1 de enero de 1929), pág. 4.

—, «Les obres recents de Salvador Dalí», *La Publicitat,* Barcelona, 16 de noviembre de 1929, pág. 5. Reproducido en *Escrits d'art* (veáse abajo), págs. 116-123.

—, «Salvador Dalí», en *L'expansió de l'art català al món,* Barcelona, edición del autor, 1953, págs. 139-163.

—, *Escrits d'art i d'avantguarda (1925-1938),* Barcelona, Edicions del Mall, 1987.

Gascoyne, David, *A Short History of Surrealism,* Londres, Cobden-Sanderson, 1935.

—, «À propos du suicide de René Crevel», en *Europe,* número monográfico dedicado a R. Crevel, París, n.º 79-80 (noviembre-diciembre de 1985), págs. 90-94.

—, *Collected Journals, 1936-42,* Londres, Skoob Books Publishing, 1991.

Gateau, Jean-Charles, *Paul Éluard et la peinture surréaliste,* Génova, Droz, 1962.

—, *Paul Éluard ou Le frère voyant,* París, Laffont, 1988.

Gee Malcolm, *Ernst, «Pietà or Revolution by Night»,* Londres, Tate Gallery («Tate Modern Masterpieces»), 1986.

Gerard, Max, *Dalí de Draeger,* París, Le Soleil Noir, 1968; Barcelona, Blume, traduccion de José Corredor Matheos, 9ª ed., 1980.

—, *Dalí... Dalí... Dalí...,* prefacio del doctor Roumeguère, París, Draeger, 1974; *ídem,* Barcelona, Blume, traducción de Ángel Buendía, 2ª ed., 1983.

Ghiraldo, Alberto, *El archivo de Rubén Darío,* Buenos Aires, Losada, 1945.

Gibson, Ian, «Con Dalí y Lorca en Figueres», *El País,* Madrid, 26 de enero de 1986, suplemento dominical, págs. 10.11.

—, *Federico García Lorca,* Barcelona, Plaza y Janés, 1998.

—, *Fire in the Blood. The New Spain,* Londres, Faber and Faber/BBC Books, 1992.

—, «¿Un paranoico en la familia? El extraño caso del abuelo paterno de Salvador Dalí, un "infeliz demente" que se suicidó en Barcelona en 1886», *El País,* Madrid, suplemento *Babelia,* 10 de abril de 1993, págs. 2-3.

—, «Salvador Dalí: the Catalan Background», en *Salvador Dalí: The Early Years* (catálogo, veáse arriba sección 1), págs. 49-64.

Giménez Caballero, Ernesto, *Yo, inspector de alcantarillas (Epiplasmas),* Madrid, Biblioteca Nueva, 1928.

—, «El escándalo de "L'Âge d'Or" en París. Palabras con Salvador Dalí», *La Gaceta Literaria,* Madrid, n.º 96 (15 de diciembre de 1930), pág. 3.

—, «Robinson habla de arte, teatro. Salvador Dalí. Teatro de Bali», *ídem,* n.º 112 (15 de agosto de 1931), pág. 10.

—, «El comunismo español y madame Éluard», *ídem,* n.º 117 (1 de noviembre de 1931), pág. 6.

—, *La nueva catolicidad. Teoría general sobre el fascismo en Europa; en España,* Madrid, «La Gaceta Literaria», 2ª ed., 1933.

—, *Roma madre,* Madrid, Ediciones Jerarquía, 1939.

—, *Memorias de un dictador,* Barcelona, Planeta, 1979.

—, «¡¡Dalí!! ¡Querido Dalí! Gala te ha devorado ya medio cráneo», *Diario 16,* Madrid, 26 de febrero de 1981, suplemento, pág. X.

Gimferrer, Pere, *Max Ernst o la dissoluciò de la identitat,* Barcelona, Ediciones Polígrafa, 1975.

—, *Giorgio De Chirico,* Barcelona, Ediciones Polígrafa, 1988.

Giralt Casadesús, R., «L'exposició d'artistes empordanesos», *Alt Empordà,* Figueres, «Fulla artística», n.º VI (junio de 1918), pág. 1.

Giralt-Miracle, Daniel, «Caminos de las vanguardias. Recorrido de una exposición», en *AC. Las vanguardias en Catalunya* (catálogo, véase arriba sección 4), págs. 60-117.

Glendinning, Nigel, «The Visual Arts in Spain», en P.E. Russell (edición), *A Companion to Spanish Studies,* Londres, Methuen, 1973, págs. 473-542.

Gold, Arthur, y Robert Fitzdale, *Misia. The Life of Misia Sert,* Londres, Macmillan, 1980; *Misia,* Barcelona, Destino, traducción de Jordi Fibla, 1985.

Gómez de la Serna, Ramón, *La sagrada cripta de Pombo. (Tomo II, aunque independiente del I, pudiendo leerse el II sin contar con el I)* [1924], edición facsímil, Madrid, Editorial Trieste, Madrid, 1986.

—, *Ismos* [1930], Madrid, Guadarrama («Punto Omega»), 1975.

—, *Greguerías. Selección 1940-1952,* Madrid, Espasa-Calpe, 1952.

—, *Dalí,* «Epílogo» de Baltasar Porcel, Madrid, Espasa-Calpe, 1977.

Gómez de Liaño, Ignacio, «Le Théâtre Dalí de la mémoire», en *La Vie publique de Salvador Dalí* (catálogo, véase arriba, sección 1), págs. 182-185.

—, *Dalí,* Barcelona, Ediciones Polígrafa, 1982.

—, «"...Llegaremos más tarde, hacia las cinco"». Dalí visto por Pitxot», en *400 obras de Salvador Dalí de 1914 a 1983* (catálogo, véase arriba, sección 1), vol. I, págs. 254-257.

—, «Odisea Dalí», *ídem,* vol. II, págs. 21-43.

—, «En la casa del arte», en *Los Pichot. Una dinastía de artistas,* 1992 (catálogo, véase arriba, sección 4), págs. 15-45.

Green, Julien, *Oeuvres complètes,* París, Gallimard («Pléiade»), tomo iv, 1975.

—, «Los años mágicos», *Blanco y Negro,* Madrid, 26 de febrero de 1989, págs. 8-10.

—, *La Fin d'un monde. Juin 1940,* París, Seuil, 1992.

Guardiola Rovira, Ramón, *Dalí y su museo. La obra que no quiso Bellas Artes,* Figueres, Editora Empordanesa, 1984.

Guillamet, Jaume, «"Studium", la revista del jove Dalí», introducción a la edición facsímil de *Studium,* Edicions Federales, Figueres, 1993, págs. 5-11.

Guillamet, Joan, *Vent de tramuntana, gent de tramuntana,* Barcelona, Editorial Joventut, 1992.

Guzmán, Eduardo de, *1930. Historia política de una año decisivo,* Madrid, Ediciones Tebas, 1973.

Halsman, Philippe (con Salvador Dalí), *Dalí's Moustache. A Photographic Interview,* (1954), París, Flammarion, 2.ª ed., 1994.

Hammond, Paul, *L'Âge d'or,* Londres, British Film Institute, 1997.

Hernández, Mario, «García Lorca y Salvador Dalí: del ruiseñor lírico a los burros podridos (Poética y epistolario)», en Laura Dolfi (edición), *L'imposible/posible di Federico García Lorca,* Nápoles, Edizioni Scientifiche Italiana, 1989, págs. 267- 319.

Hernández, Patricio, *Emilio Prados: la memoria del olvido,* Zaragoza, Prensas Universitarias, 2 tomos, 1988.

Hughes, Robert, *Barcelona,* Nueva York, Knopf, 1992; Barcelona, Anagrama, 1992.

Hugnet, Georges, introducción a *Petite Anthologie poétique du Surréalisme* [editada anónimamente por Éluard y Breton], París, Ediciones Jeanne Bucher, 1934, págs. 7-42.

—, *Pleins et déliés. Témoignages et souvenirs, 1926-1972,* La Chapelle-sur-Loire, Guy Authier Éditeur, 1972.

Hurtado, Amadeu, *Quaranta anys d'advocat. Història del meu temps: 1894-1930,* Barcelona, Ariel, 2.ª ed., 1969.

Jackson, Gabriel, *The Spanish Republic and the Civil War,* Nueva Jersey, Princeton University Press, 1965.

James, Edward, *Swans Reflecting Elephants. My Early Years,* edición de George Melly, Londres, Weidenfeld & Nicolson, 1982.

Janis, Harriet, «Paintings as a Key to Psychoanalysis», *Art and Architecture,* Nueva York, febrero de 1946.

Jardí, Enric, *Eugeni d'Ors,* Barcelona, Aymà, 1967.

Jean, Marcel, con la colaboración de Arpad Mezei, *The History of Surrealist Painting,* Londres, Weidenfeld & Nicolson, traducido del francés por Simon Watson Taylor, 1960.

Jerez-Farrán, Carlos, «García Lorca y "El paseo de Buster Keaton"» (en preparación).

Jiménez, Xavier y J. Playà i Maset, «Dalí vist des de l'Empordà», serie de quince artículos publicados en *Hora Nova,* Figueres, entre enero y diciembre de

1984. Citamos por orden de aparición los mencionados en la presente biografía:

. «Joan Butchacas», n.º 348 (24-30 de enero), pág. 9.

. «Pere Garriga Camps», n.º 353 (28 de febrero-5 de marzo), pág.8; n.º 354 (6-12 de marzo), pág. 6; n.º 356 (20-26 de marzo), pág. 8.

. «L'amistat amb Ramon Reig» y «Llúcia Gispert de Montcanut», n.º 361 (suplemento de mayo, Fires de Santa Creu), pág. 39.

. «El col.legi La Salle», n.º 365 (29 de mayo-4 de junio), pág. 6.

. «Jaume Miravitlles», n.º 370 (4-10 de julio), pág. 13.

—, «Dalí, el fútbol i la Unió Esportiva Figueres», *Revista de Girona,* Girona, junio de 1986, págs. 75-82.

Jiménez Fraud, Alberto, *Historia de la Universidad española,* Madrid, Alianza, 1971.

Jiménez-Landi, Antonio, *La Institución Libre de Enseñanza y su ambiente. Los orígenes,* Madrid, Taurus, 1973.

Jones, Ernst, *Sigmund Freud,* edición abreviada de Lionel Trilling y Steven Marcus, Harmondsworth, Penguin Books, 1974.

Kaufman, Gershen, *The Psychology of Shame. Theory and Treatment of Shame-Based Syndromes,* Londres, Routledge, 1993; *Psicología de la vergüenza. Teoría y tratamiento de sus síndromes,* Barcelona, Editorial Herder, 1994.

Lacan, Jacques, «Le problème du style et la concéption psychiatrique des formes paranoïaques de l'expérience», *Minotaure,* París, n.º 1 (1 de junio de 1933), págs. 68-69.

—, «Motifs du crime paranoïaque. Le crime des soeurs Papin», *ídem,* n.º 3-4 (15 de diciembre de 1933), págs. 25-8.

Lacuey, J., *Torremolinos,* Torremolinos, Batan, 1990.

Lafora, Gonzalo R., «Ereutofobia o temor de ruborizarse», en *Archivos de Neurobiología,* Madrid, XVI, n.º 3-6 (1936), págs. 319-382.

Lake, Carlton, *In Quest of Dalí* [1969], Nueva York, Paragon House, 1990.

Larraz, Emmanuel, *Le Cinéma espagnol des origines à nos jours,* prólogo de Luis García Berlanga, París, Les Éditions du Cerf, 1986.

Lautréamont, conde de (Isidore Ducasse), *Los cantos de Maldoror por el conde de Lautréamont,* Madrid, Biblioteca Nueva, traducción de Julio Gómez de la Serna, prólogo de Ramón Gómez de la Serna, sin fecha [¿1921?].

—, *Les Chants de Maldoror. Lettres. Poésies I et II,* París, Gallimard, 1973.

Lear, Amanda, *Le Dali d'Amanda.* París, Favre, 1984; reimpreso, con dos nuevas páginas finales, como *L'Amant-Dali. Ma Vie avec Salvador Dalí,* París, Michel Lafon, 1994; edición española *El Dalí de Amanda,* Barcelona, Planeta, traducción de Jordi Marfà, 1985.

Lenier, Jacqueline, «Les Chevaliers du Graal au service de Marz», introducción a la edición facsímil de *Le Surréalisme au Service de la Révolution* (veáse abajo, sección 9).

Levy, Julien, *Surrealism,* Nueva York, The Black Sun Press, 1936.

—, *Memoir of an Art Gallery,* Nueva York, G.P. Putnam's Sons, 1977.

Lowe, John, *Edward James. A Surrealist Life,* Londres, Collins, 1991.

Lynd, Helen Merrel, *On Shame and the Search for Identity,* Nueva York, Harcourt, Brace and World, 1958.

Madrenys, Pere, «Un casament històric. Document inèdit sobre la boda de Dalí», *Presència,* Gerona, 19-25 de octubre de 1997, págs. 12-16.

Madrid, Francisco, «El escándalo del Salón de Otoño de Barcelona. Salvador Dalí, pintor de vanguardia, dice que todos los artistas actuales están putrefactos», *Estampa,* Madrid, n.º 45 (6 de noviembre de 1928), pág. [9].

Malanga, Gerard, «Explosion of the Swan. Salvador Dalí on Federico García Lorca» [entrevista con Dalí], *Sparrow 35,* Black Sparrow Press, Santa Rosa, California, agosto de 1975.

Martínez Nadal, Rafael, *Federico García Lorca. Mi penúltimo libro sobre el hombre y el poeta,* Madrid, Editorial Casariego, 1992.

Mason, Rainer Michel, *Dalí verdadero/grabado falso. La obra impresa 1930-1934* (catálogo, véase arriba sección 1).

Massip, José María, «Dalí hoy», *Destino,* Barcelona, n.º 661 (1 de abril de 1950); págs. 1, 4-5.

Maur, Karen von, «Breton et Dalí, à la lumière d'une correspondence inédite», en *André Breton. La Beauté convulsive* (catálogo, véase arriba, sección 4), págs. 196-202.

McGirk, Tim, *Wicked Lady: Salvador Dalí's Muse,* Londres, Hutchinson, 1989.

Minguet Batllori, Joan M., «Joan Miró en el arte español. Una aproximación cronológica (1918-1983), en *Ver a Miró* (véase arriba, sección 4), págs. 65-83.

Miravitlles, Jaume, «Notes a l'entorn de l'art d'avantguarda. Miró-Dalí-Domingo», *La Nova Revista,* Barcelona, n.º 24 (diciembre de 1928), págs. 318-23.

—, *Contra la cultura burguesa,* Barcelona, L'hora, 1931.

—, *El ritme de la revolució,* Barcelona, Documents, 1933.

—, «Encuentros en mi vida. Dalí y Buñuel», *Tele/eXpres,* Barcelona, 1 de julio de 1977, pág. 2, y 8 de julio de 1977, pág. 2.

—, «Dalí i l'aritmètica», *Revista de Girona,* Gerona, n.º 68 (tercer trimestre de 1974), págs. 31-35.

—, *Gent que he conegut,* Barcelona, Destino, 1980.

—, *Més gent que he conegut,* Barcelona, Destino, 1981.

—, «He visto llorar a Gala», *La Vanguardia,* Barcelona, 11 de junio de 1982, pág. 6.

—, « Una vida con Dalí», en *400 obras de Salvador Dalí de 1914 a 1983* (catálogo, véase arriba sección 1), vol. II, págs. 5-9.

Molas, Joaquim, *La literatura catalana d'avantguardia, 1916-1938. Selecció, edició i estudi,* Barcelona, Antoni Bosch, 1983.

Molina, César Antonio, *La revista "Alfar" y la prensa literaria de la época (1920-1930),* La Coruña, Ediciones Nos, 1984.

Montero Alonso, José, *Vida de Eduardo Marquina,* Madrid, Editora Nacional, 1965.

Montes, Eugenio, «"Un chien andalou" (Film de Luis Buñuel y Salvador Dalí, estrenado en Le Studio des Ursulines-París)», *La Gaceta Literaria,* Madrid, III, n.º 60 (15 de junio de 1929), pág. 1.

Moorhouse, Paul, *Dalí,* Wigston (Leicester), Magna Books, 1990.

Moreiro, José María, «Dalí, en el centro de los recuerdos», *El País Semanal,* Madrid, 23 de octubre de 1983, págs. 15-21.

Morelli, Gabriele (edición), *Trent'anni di avanguardia spagnola. Da Ramón Gómez de la Serna a Juan Eduardo Cirlot,* Milán, Edizioni Universitarie Jaca, 1987.

Moreno Villa, José, «Nuevos artistas. Primera exposición de la Sociedad de Artistas Ibéricos», *Revista de Occidente,* Madrid, III, n.º 24 (julio-agosto-septiembre de 1925), págs. 80-91.

—, «La jerga profesional», *El Sol,* Madrid, 12 de junio de 1925, pág. 5.

—, «La exposición de Artistas Ibéricos», *La Noche,* Barcelona, 12 de junio de 1925, pág. 4.

—, *Vida en claro,* México, El Colegio de México, 1944.

Morla Lynch, Carlos, *En España con Federico García Lorca,* Madrid, Aguilar, 1958.

Morris, C. B., *Surrealism and Spain. 1920-1936,* Cambridge University Press, 1972.

—, *This Loving Darkness. The Cinema and Spanish Writers, 1920-1936,* Oxford University Press, 1980.

Morse, Eleanor, «My View», en Reynolds Morse, *Salvador Dalí. A Panorama of his Art* (veáse más abajo), págs. xxv-xxvi.

Morse, Reynolds, *Dali. A Study of His Life and Work, with a Special Appreciation by Michel Tapié,* Greenwich, Connecticut, New York Graphic Society, 1958.

—, *Salvador Dali, Pablo Picasso. A Preliminary Study in their Similarities and Contrasts,* Cleveland, Salvador Dali Museum, 1973.

—, y Eleanor R. Morse, *The Dali Adventure. 1943-1973,* Beachwood (Cleveland), Salvador Dali Museum, 1973.

—, *Salvador Dali. A Panorama of His Art,* Beachwood (Cleveland), Salvador Dali Museum, 1974.

—, «Reminiscences and Reassessments», *ibid.*, págs. iii-xxiv.

—, «Romantic Ampurdán», *ibid.*, págs. 205-214.

—, *A Dali Journal.* Diario inédito. Salvador Dali Museum, Saint Petersburg, Florida, EE.UU.

Murcia, Claude, *Luis Buñuel. Un Chien andalou; L'Âge d'or,* étude critique par Claude Murcia, París, Nathan (Synopsis), 1994.

Nadeau, Maurice, *Histoire du Surréalisme. II. Documents surréalistes,* París, Aux Editions du Seuil, 1948.

—, *The History of Surrealism,* introducción de Roger Shattuck, Nueva York, Collier Books, 1967.

Naville, Pierre, *Le Temps du surréel. L'Espérance mathématique,* vol. I, París, Galilée, 1977.

Nin, Anaïs, *The Diary of Anaïs Nin. Volume Three. 1939-1944,* prólogo de Gunther Stuhlmann, Nueva York, Harcourt Brace, 1969; *Diario: 1939-1944,* Barcelona, Plaza y Janés, 1987, traducción de Enrique Hegewicz.

Olano, Antonio D., *Dalí, secreto,* Barcelona, Círculo de Lectores, 1975.

Oliver Belmás, Antonio, *Este otro Rubén Darío,* Barcelona, Aedos, 1960.

Oller, Narcís, *La febre d'or* [1890-92], Barcelona, Edicions 62, 2 tomos, 1933.

Ontañón, Santiago, y José María Moreiro, *Unos pocos amigos verdaderos,* prólogo de Rafael Alberti, Madrid, Fundación Banco Exterior, 1988.

Oriol y Anguera, A., *Mentira y verdad de Salvador Dalí,* Barcelona, Cobalto, 1948.

Ors, Eugenio d', «El juego lúgubre y el doble juego», *La Gaceta Literaria,* Madrid, n.º 72 (15 de diciembre de 1929), pág. 3.

—, *La verdadera historia de Lídia de Cadaqués,* ilustraciones y cubierta por Salvador Dalí, Barcelona, José Janés, 1954.

—, *La ben plantada, seguida de Galeria de Noucentistes,* prólogo de Enric Jardí, Barcelona, Editorial Selecta, 8.ª ed., 1980.

Orwell, George, «Benefit of Clergy: Some notes on Salvador Dalí» [1944], en *The Collected Essays, Journalism and Letters of George Orwell,* Harmondsworth, Penguin Books, 1971, vol. 3, págs. 185-195.

Palau i Fabre, Josep, *Picasso i els seus amics catalans,* Barcelona, Aedos, 1971.

Pastoureau, Henri, «Soirées chez Gala en 1933 et 1934», *Pleine Marge. Cahiers de littérature, d'arts plastiques et de critique,* París, n.º 6 (diciembre de 1987), págs. 39-43.

Pauwels, Louis, y Salvador Dalí, *Les Passions selon Dalí,* París, Denoël, 1968; *The Passions According to Dalí,* traducción de Eleanor Morse, Salvador Dali Museum, Saint Petersburg, Florida, 1985.

Pella y Forgas, *Historia del Ampurdán. Estudios de la civilización en las comarcas del noroeste de Cataluña,* Barcelona, Luis Tasso y Serra, 1883. Reimpresión facsímil: Olot, Aubert Impresor, 2.ª ed., 1980.

Penrose, Roland, *Picasso: His Life and Work,* Londres, Gollanz, 1958; *Picasso (su vida y su obra),* Argos Vergara, traducción de Horacio González Trejo, 2.ª ed., 1982.

—, *80 años de surrealismo, 1900-1981,* Barcelona, Ediciones Polígrafa, 1981.

—, *Miró,* Londres, Thames and Hudson, «World of Art», 1988.

Péret, Benjamin, *Oeuvres complètes,* París, Association des Amis de Benjamin Péret, Eric Losfeld y Librairie José Corti, 5 tomos, 1969-1989.

Pérez Galán, Mariano, *La enseñanza en la Segunda República Española,* Madrid, Cuadernos para el Diálogo, 2ª ed., 1977.

Pérez Turrent, Tomás, y José de la Colina, *Buñuel por Buñuel,* Madrid, Plot, 1993.

Permanyer, Lluís, «Salvador Dalí, a través del cuestionario "Marcel Proust"», *Destino,* Barcelona, 6 de abril de 1962.

—, «Cuando Dalí no era divino ni arcangélico», *La Vanguardia,* Barcelona, 7 de abril; 12 de abril; 5 y 6 de mayo de 1972.

—, «El pincel erótico de Dalí. Reportaje por Lluís Permanyer», *Playboy,* Barcelona, n.º 3 (enero de 1979), págs. 73-74 y 160-164.

Pierre, José, «Breton et Dalí» en *Salvador Dalí. Rétrospective 1920-1980* (catálogo, véase arriba, sección 4), págs. 131-140.

—, «Le peinture surréaliste par excellence», en *Yves Tanguy,* París, 1982 (catálogo, véase arriba sección 1), págs. 42-61.

Piers, Gerhart, y Milton B. Singer, *Shame and Guilt. A Psychoanalytic and a Cultural Study,* Nueva York, W. W. Norton, 1971.

Pla, Josep, *Vida de Manolo contada per ell mateix* [1927], en *Tres artistes,* Barcelona, Destino, *Obra completa,* vol. XXIV, 2.ª ed., 1981, págs. 7-297.

—, *Costa Brava. Guía general y verídica,* prólogo de Alberto Puig, Barcelona, Destino, 1941.

—, [Con el seudónimo «Tristán»], «Salvador Dalí visto desde Cadaqués», *Destino,* Barcelona, 28 de septiembre de 1946, págs. 3-5.

— con Salvador Dalí, *Obres de museu,* Figueres, Dasa Edicions, 1981.

—, «Salvador Dalí (una notícia)», en *Homenots. Quarta serie,* Barcelona, Destino, *Obra completa,* vol. XXIX, 2.ª ed., 1985, págs. 159-201.

—, «Cadaqués», en *Un petit món del Pirineu,* Barcelona, Destino, *Obra completa,* vol. XXVII, 2.ª ed., 1981, págs. 7-212.

—, «Pa i Raïm» y «Contraban», en *Contraban i altres narracions,* Barcelona, Edicions 62, 1992.

Playà i Maset, Josep, *Dalí de l'Empordà,* Barcelona, Labor, «Terra Nostra», 1992.

— y Víctor Fernández, «Buñuel escribe a Dalí. Dos cartas inéditas del cineasta aclaran aspectos de "Un Chien andalou" y de las pugnas intelectuales de los años veinte», *La Vanguardia,* Barcelona, «Cultura y Espectáculos», 1 de abril de 1966, pág. 25.

Poesía, Madrid, n.º 18-19 (1983), número monográfico dedicado a la Residencia de Estudiantes (1910-1936) con motivo de cumplirse el centenario del nacimiento de su director, Alberto Jiménez Fraud (1883-1964) y en el que se da cuenta de su vida y de las actividades que en aquélla se desarrollaron.

Porcel, Baltasar, «Con Salvador Dalí en su Teatro-Museo bajo la sombra místico-aurífera y el eco de Ramón Gómez de la Serna», «Epílogo» para Goméz de la Serna, *Dalí* (véase arriba), págs. 196-212.

Pritchett, V. S., *Midnight Oil,* Harmondsworth (Inglaterra), Penguin Books, 1974.

Puccini, Dario, «La "Oda a Salvador Dalí" nella storia poetica de Lorca», en *Il segno del presente. Studi di letteratura spagnola,* Turín, Edizioni dell'Orso, 1992, págs. 89-108.

Puignau, Emilio, *Vivencias con Salvador Dalí,* prólogo de Luis Romero, Barcelona, Editorial Juventud, 1995.

Purser, Philip, *Poeted. The Final Quest of Edward James,* Londres, Quartet Books, 1991.

«Puvis», «Notes de art. L'exposició de la Societat de Concerts», *Empordà Federal,* Figueres, n.º 414 (11 de enero de 1919), pág. 3.

Quiñonero, Juan Pedro, «Cécile Éluard. El surrealismo llama a la memoria», *Blanco y Negro,* Madrid, 20 de marzo de 1988, págs. 62-66.

Rahola i Escofet, Gaietà, y Josep Rahola i Sastre, *La marina mercant de Cadaqués,* Gerona, Editorial Dalmau Carles, Pla, S.A., 1976.

Rahola y Tremols, Federico, *Antiguas comunidades de pescadores de cabo de Creus,* Barcelona, Imprenta de la Casa Provincial de Caridad, 1904.

Read, Herbert, «Bosch and Dalí», *The Listener,* Londres, 14 de diciembre de 1934.

—, (edición), *Surrealism,* con una introducción de Herbert Read, y artículos de André Breton, Hugh Sykes Davies, Paul Éluard y Georges Hugnet, Londres, Faber and Faber, 2.ª ed., 1937.

Revenga, Luis, «Imágenes de un enigma: Dalí», en *400 obras de Salvador Dalí de 1914 a 1983* (catálogo, véase arriba sección 1), vol. II, págs. 50-61.

Rey, Henri-François, *Dalí en su laberinto. Ensayo comentado por Dalí,* Barcelona, Euros, 1975.

Rivas Cherif, Cipriano, «El caso de Salvador Dalí», *España,* Madrid, n.º 413 (14 de marzo de 1924), págs. 6-7.

Rodrigo, Antonina, *García Lorca en Cataluña,* Barcelona, Planeta, 1975.

—, *Lorca-Dalí. Una amistad traicionada,* Barcelona, Planeta, 1981.

—, *Memoria de Granada: Manuel Ángeles Ortiz y Federico García Lorca,* Barcelona, Plaza & Janés, 1984; 2.ª ed., Fuente Vaqueros (Granada), Casa-Museo Federico García Lorca, 1984.

—, *García Lorca, el amigo de Cataluña,* Barcelona, Edhasa, 1984.

Rodríguez Puértolas, Julio, *Literatura fascista española. I. Historia,* Madrid, Akal, 1986.

Rojas, Carlos, *El mundo mítico y mágico de Salvador Dalí,* Barcelona, Plaza y Janés, 1985.

Romero, Alfons y Joan Ruiz, *Quaderns de la Revista de Girona,* Figueres, n.º 34, 1992.

Romero, Luis, *Todo Dalí en un rostro,* Barcelona, Blume, 1975.

—, *Aquel Dalí,* con fotografías de Josep Postius, Barcelona, Argos Vergara, 1984.

—, *Dedálico Dalí,* Barcelona, Ediciones B, 1989.

—, *Psicodálico Dalí,* Barcelona, Editorial Mediterrània, 1991.

Roumeguère, Pierre, «La mística daliniana ante la historia de las religiones», en Dalí, *Diario de un genio,* Barcelona, Tusquets, 1983, págs. 275-278.

—, «The Cosmic Dalí. The "Royal Way" of Access to the Dalinian Universe», prólogo para *Dalí by Dalí* (véase arriba sección 6), págs. iii-ix.

—, «Canibalismo y estética. Del canibalismo paranoico de la gastro-estética hacia una Estética Biológica. La oralidad, vía imperial de acceso al universo daliniano», prefacio para Max Gerard, *Dalí...Dalí...Dalí...* (véase arriba sección 6).

Rubin William S., *Dada and Surrealist Art,* Nueva York, Harry N. Abrams [1968].

Rucar de Buñuel, Jeanne, con Marisol Martín del Campo, *Memorias de una mujer sin piano,* Madrid, Alianza, 1990.

Ruiz-Castillo Basala, José, *El apasionante mundo del libro. Memorias de un editor,* Madrid, Biblioteca Nueva, 1979.

Sade, Marqués de, *Les 120 Journées de Sodome,* prefacio de Jean-François Revel, París, Jean-Jacques Pauvert, 1972.

Sadoul, Georges, *Rencontres (1) Chroniques et entretiens,* París, Denoël, 1984.

—, Prefacio a Buñuel, *Viridiana. Scénario et dialogues. Variantes. Dossier historique et critique,* París, Pierre Lherminier Éditeur, «Filméditions», 1984.

Sahuquillo, Ángel, *Federico García Lorca y la cultura de la homosexualidad masculina. Lorca, Dalí, Cernuda, Gil-Albert, Prados y la voz silenciada del amor homosexual,* Alicante, Instituto de Cultura Juan Gil-Albert y Diputación de Alicante, 1991.

Sánchez Rodríguez, Alfredo, «1930: Salvador Dalí, a Torremolinos. Come e perché fallisce il progetto di pubblicare a Málaga una rivista del surrealismo spagnolo», en Gabriele Morelli (edición), *Trent'anni di avanguardia spagnola* (véase arriba), págs. 165-77

Sánchez Vidal, Agustín (edición), *Luis Buñuel. Obra literaria,* Zaragoza, Ediciones de Heraldo de Aragón, 1982.

—, *Luis Buñuel. Obra cinematográfica,* Madrid , Ediciones J.C., 1984.

—, *Buñuel, Lorca, Dalí: el enigma sin fin,* Barcelona, Planeta, 1988.

—, «"La nefasta influencia del García"», en Laura Dolfi (editora), *L'imposible/posible di Federico García Lorca,* Nápoles, Edizione Scientifiche Italiane, 1989, págs. 219-228.

—, *El mundo de Luis Buñuel,* Zaragoza, Caja de Ahorros de la Inmaculada, 1993.

—, «The Andalusian Beasts», en *Salvador Dalí: The Early Years* (catálogo, véase arriba, sección 1), págs. 193-207.

Santos Torroella, Rafael, *Salvador Dalí,* Madrid, Afrodisio Aguado, 1952.

—, *La miel es más dulce que la sangre. Las épocas lorquiana y freudiana de Salvador Dalí,* Barcelona, Planeta, 1984.

—, «Carta abierta a monsieur Robert Descharnes. La exposición de Salvador Dalí en Ferrara», *La Vanguardia,* Barcelona, 2 de septiembre de 1984, pág. 30.

—, «Descharnes y el estilo "cárcel de papel"», *ídem,* Barcelona, 27 de septiembre de 1984, pág. 38.

—, «Nuevas puntualizaciones al libro de Robert Descharnes. Dalí fue un modélico alumno de instituto», *ídem,* 25 de octubre de 1984.

—, «La ceremonia daliniana de la confusión», *ídem,* 6 de junio de 1985, pág. 33.

—, *Salvador Dalí i el Saló de Tardor. Un episodi de la vida artística barcelonina el 1928,* Barcelona, Reial Acadèmia Catalana de Belles Arts de Sant Jordi, 1985.

—, «"Las rosas sangrantes" y la imposible descendencia de Dalí», *Abc,* Madrid, 26 de noviembre de 1987.

—, «Giménez Caballero y Dalí: influencias recíprocas y un tema compartido», en *Anthropos. Revista de documentación científica de la cultura,* Barcelona, nº 84 (1988), págs. 53-56.

—, «Sant Sebastià i el mite dalinià», en *Curs Dalí escriptor,* Barcelona, Fundació Caixa de Pensions, 1990, págs. 33-47.

—, «Barradas y el clownismo. Con Dalí y García Lorca al fondo», en *Rafael Barradas* (catálogo, véase arriba, sección 4), págs. 25-33.

—, «El extraño caso de "El tiempo amenazador"», *Abc,* Madrid, suplemento «Abc de las artes», 14 de agosto de 1992, págs. 32-33.

—, *Dalí, residente,* Madrid, Publicaciones de la Residencia de Estudiantes, Consejo Superior de Investigaciones Científicas, 1992.

—, «El Reina Sofía se equivoca con Dalí», *Abc,* Madrid, suplemento «Abc de las artes», 2 de octubre de 1992, págs. 36-38.

—, «La trágica vida de Dalí», *Diario 16,* Madrid, suplemento «Culturas», 25 de septiembre de 1993, págs. 2-4.

— «The Madrid Years», en *Salvador Dalí: The Early Years* (catálogo, véase arriba, sección 1), págs. 81-89.

—, *«Los putrefactos» de Dalí y Lorca. Historia y antología de un libro que no pudo ser,* Madrid, Residencia de Estudiantes, 1995.

—, *Dalí. Época de Madrid. Catálogo razonado,* Madrid, Residencia de Estudiantes, 1994.

—, «Salvador Dalí en la primera exposición de la Sociedad de Artistas Ibéricos. Catalogación razonada», en *La Sociedad de Artistas Ibéricos y el arte español de 1925* (catálogo, véase arriba, sección 4), págs. 59-66.
—, *La trágica vida de Salvador Dalí,* Barcelona, Parsifal, 1995.
Savinio, Alberto, *Nueva enciclopedia,* Barcelona, Seix Barral, traducción de Jesús Pardo, 1983.
Secrest, Meryle, *Salvador Dalí,* Nueva York, E. P. Dutton, 1986.
Serraclara, Gonzalo, *La nueva inquisición. Proceso del diputado Serraclara y sucesos ocurridos en Barcelona el día 25 de septiembre de 1869,* Barcelona, Librería de I. López, 1870.
Sert, Misia, *Misia,* Barcelona, Tusquets, traducción, prólogo y notas de Francisco Sert, 5.ª ed., 1989.
Shattuck, Roger, *The Banquet Years. The Origins of the Avant Garde in France. 1885 to World War I,* Nueva York, Vintage Books, edición corregida, 1968.
Skira, Albert, *Vingt Ans d'activité,* París, Skira, 1948.
Soby, James, «Salvador Dalí» en *Salvador Dalí. Paintings, Drawings, Prints* (catálogo, véase arriba sección 1).
Stein, Gertrude, *The Autobiography of Alice B. Toklas* [1933], Londres, Penguin Books, 1966; *Autobiografía de Alice B. Toklas,* Barcelona, Lumen, traducción de Carlos Ribalta, 1967.
—, *Everybody's Autobiography* [1937], Londres, Virago, 1985.
Sylvester, David, *Magritte,* Londres, Thames and Hudson en asociación con la Fundación Menil, 1992.
Teixidor Elies, P., *Figueres anecdòtica segle XX,* Figueres, patrocinado por el Excmo. Ayuntamiento, 1978; «Pòrtic» de Montserrat Vayreda i Trullol.
Terry, Arthur, *Catalan Literature,* Londres, Ernest Benn, 1972.
Tharrats, Joan Josep, *Cent anys de pintura a Cadaqués,* Barcelona, Ediciones del Cotal, 1981.
—, (edición), *Picasso a Cadaqués,* número especial de *Negre+ gris,* Barcelona, n.º 10, otoño de 1985.
Thirion, André, *Révolutionnaires sans révolution,* París, Le Pré aux Clercs, 1988.
Torre, Guillermo de, *Hélices. Poemas,* Madrid, Editorial Mundo Latino, 1923.
—, *Literaturas europeas de vanguardia,* Madrid, Caro Raggio, 1925.
—, *Historia de las literaturas de vanguardia,* Madrid, Ediciones Guadarrama, 1965.
Trend, J. B., *A Picture of Modern Spain, Men and Music,* Londres, Constable, 1921.
—, *The Origins of Modern Spain,* Cambridge University Press, 1935.
Ultra Violet, «Dallying with Dalí», *Exposure,* Los Ángeles, octubre de 1990, págs. 56-59.

Utrillo, Miguel, *Salvador Dalí y sus enemigos,* Sitges-Barcelona, Ediciones Maspe, 1952.

Valdivieso Miquel, Emilio, *El drama oculto. Buñuel, Dalí, Falla, García Lorca y Sánchez Mejías,* Madrid, Ediciones de la Torre, 1992.

Valenciano Gayá, L., *El doctor Lafora y su época,* Madrid, Ediciones Morata, 1977.

Valette, Robert D., *Éluard. Livre d'identité,* París, Tchou, 1967.

Vallés i Rovira, Carles, *Diccionari de l'Alt Empordà (Històric, geogàfic, biogràfic, gastronòmic, folklòric...),* Figueres, Carles Vallés Editor, 2 tomos, 1984-85.

Vayreda, Maria dels Angels, «Com és Salvador Dalí?», *Revista de Girona,* Gerona, n.º 68 (1974), págs. 11-14.

Vela, Fernando, «El suprarrealismo», *Revista de Occidente,* Madrid, vol. VI, n.º xviii (diciembre de 1924), págs. 428-434.

Vidal i Oliveras, «Josep Dalmau. El primer marxant de Joan Miró», en *Miró, Dalmau, Gasch* (catálogo, véase arriba, sección 4), págs. 49-74.

—, *Josep Dalmau. L'aventura per l'art moderne,* Manresa, Fundació Caixa de Manresa, 1988.

Videla, Gloria, *El ultraísmo. Estudio sobre movimientos poéticos de vanguardia en España,* Madrid, Gredos («Biblioteca Románica Hispánica»), 1963.

Vieuille, Chantal, *Gala,* Faver, Lausana-París, 1988.

Vila-San-Juan, F., *Dr. Antonio Puigvert. Mi vida... y otras más,* Barcelona, Planeta, 1981.

Waldberg, Patrick, *Surrealism,* Londres, Thames and Hudson, 1965.

—, «Salvador Dalí», en *Dalí,* Museo Boijmans Van Beuningen, Rotterdam (catálogo, véase arriba, sección 1), págs. 34-37.

Wilson, Edmund, «Salvador Dalí as Novelist», *The New Yorker,* 1 de julio de 1944.

Woolf Geoffrey, *Black Sun. The Brief Transit and Violent Eclipse of Harry Crosby,* Nueva York, Random House, 1976.

Zerbib, Mónica, «Salvador Dalí: "Soy demasiado inteligente para dedicarme sólo a la pintura"», *El País,* Madrid, «Arte y pensamiento», 30 de julio de 1978, págs. I-VI.

Zervos, Christian, «Oeuvres récentes de Picasso», *Cahiers d'Art,* París, n.º 5 (junio de 1926), págs. 89-93.

—, *Pablo Picasso,* París, Éditions «Cahiers d'Art», 1952, vols. 5 y 7.

Zweig, Stefan, *El mundo de ayer,* Barcelona, Editorial Juventud, 1968.

8. PRINCIPALES PROGRAMAS TELEVISIVOS DEDICADOS A DALÍ (o referidos a él) consultados en formato vídeo

1955: Entrevista con Malcolm Muggeridge, Londres, BBC, «Panorama», 4 de mayo de 1955.

1966: *Dalí in New York,* Londres, BBC. Director, Jack Bond; presentadora, Jane Arden.

1973: *Hello, Dalí!,* London Weekend Television, «Aquarius». Director, Bruce Gowers; presentador, Russell Harty.

1979: Tres programas sobre Dalí en *Imágenes,* Madrid, RTVE (segunda cadena), 30 de mayo, 6 de junio y 13 de junio de 1979. Escritos, dirigidos y presentados por Paloma Chamorro; producción de Jesús González.

1984: «La máscara se trasluce», reportaje del programa *Informe semanal,* Madrid, RTVE, 30 de junio de 1984.

1984: *The Life and Times of Don Luis Buñuel,* Londres, BBC, «Arena». Producción: Alan Yentob; dirección: Anthony Wall.

1984: *Todos los hombres de Dalí,* Madrid, RTVE, 16 de diciembre de 1984 («El Dominical»).

1986: *Dalí,* Londres, BBC, «Arena», en asociación con Demart. Producción: Adam Low.

1989: *Pintar después de morir,* Madrid, RTVE, 25 de septiembre de 1989 («Documentos TV»).

1993: *El enigma Dalí,* Madrid, RTVE, 1993; emitido el 7 de agosto de 1994. Guión: Juan Manuel Sáenz; dirección: Jordi Lladó.

9. EDICIONES FACSÍMILES DE LAS PRINCIPALES REVISTAS CITADAS O MENCIONADAS

L'Amic de les Arts, Sitges, 1926-1929. Sabadell, Editorial Ausa [1990].

La Gaceta Literaria, Madrid, 1927-1932. Vaduz/Liechtenstein, Topos Verlag, 3 vols., 1980.

gallo. Revista de Granada, 1928. Granada, Editorial Comares, 1988.

Littérature, París, 1919-1921. París, Jean-Michel Place, 1978.

Littérature, París, Nouvelle Série, 1922-1924. París, Jean-Michel Place, 1978.

Minotaure, París, 1933-1939. París, Éditions Albert Skira, sin fecha.

Nord-Sud, París, 1917-1918. París, Jean-Michel Place, 1980.

La Révolution Surréaliste, París, 1924-1929. París, Jean-Michel Place, 1975.

Studium, Figueres, 1919. Figueres, Edicions Federales, 1989.

Le Surréalisme au Service de la Révolution, París, 1930-1933. París, Jean-Michel Place, 1976.
391, Barcelona-Nueva York-Zurich-París, 1917-1924. París, Le Terrain Vague, 1960.
Troços [después *Trossos],* Barcelona, 1916-1918. Barcelona, Leteradura, 1977.
Ultra, Madrid, 1921-1922. Madrid, Visor, 1993.
Verso y prosa, Murcia, 1927-1928. Murcia, CHYS, Galería de Arte, 1976.

ÍNDICE ONOMÁSTICO

199
205
201
207 (Tanguy)
209 (Miró)
210
211-212
213
222-223
224 (Tanguy)